KB042954

한국 고대사 관련 동아시아 사료의 연대기적 집성

上

원 문

B.C.2333년
~ 642년

정호섭 외 10인

주류성

한국 고대사 관련 동아시아 사료의 연대기적 집성
원문 (上) B.C.2333년~642년

펴낸이 최병식
엮은이 정호섭 외
펴낸날 2018년 12월 28일
주류성출판사 www.juluesung.co.kr
06612 서울시 서초구 강남대로 435 주류성빌딩 15층
전 화 02-3481-1024
전 송 02-3482-0656
이메일 juluesung@daum.net

책 값 30,000원

ISBN 978-89-6246-378-1 94910
978-89-6246-377-4 94910 (세트)

● 본 연구는 한국학중앙연구원의 한국학분야 토대연구지원사업 지원과제임
(과제번호 : AKS-2013-KFR-123000)

한국 고대사 관련 동아시아 사료의 연대기적 집성

上

원 문

B.C.2333년
~ 642년

정호섭 외 10인

[범례 및 매뉴얼]

Ⅰ. 범례

1. 이 책은 한-중-일 동아시아 삼국의 한국고대사 관련 사료를 연대기적으로 집성한 것이다.
   동일사건에 대한 연대가 자료마다 다른 경우도 전부 자료의 연대에 맞추어 배열하였다.
   단, 『日本書紀』의 경우 神功紀~應神紀는 원사료의 해당 연대에 배치하였으나, 2주갑 인하한
   연대에도 배치하였다.
2. 본 서에서 활용한 사료의 판본은 다음과 같다. 단, 금석문·목간 등의 경우 저본에 없는 것은 최
   초 보고기관의 최종 결과보고서에 따른다.
   『三國史記』: 中宗 壬申정덕본
   『三國遺事』: 中宗 壬申정덕본
   『東國李相國集』: 서울대 奎章閣本
   『帝王韻紀』: 동국대 소장본
   『三國史節要』: 규장각 장서본
   중국정사(『史記』~『宋史』까지): 중화서국본
   『日本書紀』·『續日本記』·『日本後紀』… : 국사대계본
   금석문 : 금석문영상정보시스템(http://gsm.nricp.go.kr/)
   목간 : 국사편찬위원회 한국고대목간자료(http://db.history.go.kr/item/level.do?itemId=mg)
3. 원문
   1) 판본에서 발견되는 오자/속자 또는 뒤바뀐 글자는 가능한 경우 원문대로 표기하였다. 오자 또
      는 뒤바뀐 글자의 경우는 주해에서 교감하였다.
   2) 원문은 띄어쓰기만 하고 표점을 하지 않았다.
   3) 원문 사료의 협주는 채택한 저본에 한정하여 [   ]로 본문에서 처리하였다. 단, 『사기』삼가주
      처럼 후대에 추가된 것이라도 그 중요도에 따라 일부 주해하였다.
   4) 사료의 연대 중 원사료의 인용한 부분에는 나오지 않으나, 앞에 있어서 알 수 있는 경우에는 (
) 안에 원문대로 넣었다.
   5) 문헌 또는 금석문 자료에 불분명하거나 탈각이 있는 경우 △로 표기하였다. 단, 기존 연구에서
      이의가 없는 추독자는 < > 안에 기입하였다.
   6) 금석문, 목간 등에 일부 깨진 부분이 있는 경우 '(上缺)' '(中缺)' '(下缺)' 등으로 표시한다.
   7) 탈각된 문자는 후대자료에서 보이는 사례가 있을 경우 그 내용을 각주로 주해한다.
4. 본 서는 서력 연대에 맞춰 한·중·일 사료를 연·월·일 순으로 배열하였다.
5. 동일 기사는 연대가 구체적인 것을 먼저 배치하는 것을 원칙으로 하되, 한-중-일, 정사류-금석
   문-목간-유사류-문집 순으로 배열하였다. 단, 『삼국유사』는 정사류로 취급하였다.
6. 각 사료의 표제국명은 한글로 표기하며 출전, 기사의 주체, 등장 국가(집단) 등을 기준으로 하
   였다. 표제국명은 고대 한국과 한군현에 한정하였다.
7. 개별 사료 끝에 그 출전을 밝혔다. 출전의 표기원칙은 사료마다 따로 정하였다.
8. 주해는 원 사료의 오탈자 수정과 편년 문제 등으로 제한하여 각주로 처리하였다.
9. 금석문 목간 등은 저본을 기준으로 삼되, 파편이나 면 분류 등은 최초 보고기관의 최종 결과보
   고서에 따라 배열하였다.
10. 번역은 한글 전용을 원칙으로 하였다.

Ⅱ. 매뉴얼[1]

1. 서기 연대와 간지

1) 연대는 서력기원을 기준으로 한다. 기원후는 별도의 표시를 하지 않고 기원전만 B.C.로 표시한다. 서력연도에 이어 (   )에 간지/한(신라/고구려/백제順)·중·일 왕명 재위년, 연호를 한자로 병기하되, 국내 왕조의 왕명만 한글로 기입한다. 단. 서력 기원 후부터는 '년'을 표기하지 않는다.

　　　예 1) B.C.E.1(庚申/신라 혁거세거서간 57/고구려 유리왕 19/백제 온조왕 18/前漢 元壽 2/倭 垂仁 29)

　　　예 2) 201(辛巳/신라 나해이사금 6/고구려 산상왕 5/백제 초고왕 36/後漢 建安 6/倭 神功 1)

　　　예 3) 240(庚申/신라 조분이사금 11/고구려 동천왕 14/백제 고이왕 7/魏 正始 1/倭 神功 40)

　　　예 4) 703(癸卯/신라 성덕왕 2/발해 고왕 6/唐 長安 3/日本 大寶 3)

2) 국내 연호의 경우 왕명 다음에 쉼표없이 기입하고, 중국과 일본의 왕명은 기입하지 않는다. 단, 사료에서 왕명이 편제목과 본문이 다를 경우 본문에 따른다.

　　　예 1) 538(戊午/신라 법흥왕 25: 建元 3/고구려 안원왕 8/백제 성왕 16/梁 大同 4/倭 宣化 3)

　　　예 2) 고구려 유리왕의 경우 편제목에서는 琉璃王이라 하였으나 본문에서는 琉璃明王이라 하였다. 이 경우 왕명은 琉璃明王을 따른다.

3) 즉위년 또는 연호가 한 해에 2개인 경우는 둘 다 표시하고 쉼표로 연결한다.

　　　예 1) 214(甲午/신라 나해이사금 19/고구려 산상왕 18/백제 초고왕 49, 구수왕 1/後漢 建安 19/倭 神功 14)

　　　예 2) 701(辛丑/신라 효소왕 10/발해 고왕 4/唐 大足 1, 長安 1/日本 大寶 1)

4) 해당 자료의 연대를 그대로 서력기원에 배치하는 것을 원칙으로 한다. 단, 분명한 연대오류는 수정편년하여 수정 연대에 기입하고 수정연대와 해당연대에서 그 착오사항을 주해로 밝힌다.

5) 한 해에 3회 이상 연호가 교체된 경우 수집된 사료에서 사용한 연호만을 연대 표기에 기록하고 나머지는 삭제한다. 단 삭제했을 경우 그 내용을 주해한다.

　　　예) 189년의 경우 현재까지의 사료 수집 상황으로는 中平 6년만 기록하고, 나머지 光熹 元年, 昭寧 元年, 永漢 元年은 삭제하고 주해로 기록한다.

2. 표제국명

1) 각 사료의 표제국명은 한글로 표기한다.
2) 표제국명의 표기는 고대 한국과 한군현에 한정한다.
3) 표제국명의 표기는 일반적으로 통용되는 명칭으로 통일한다.

　　　예) 高麗→고구려/徐羅伐·斯盧·斯羅→신라/駕洛國·任那·駕落→가야

4) 사료의 표제국명은 출전, 기사의 주체, 등장 국가(집단) 등 순으로 모두 표기한다.

　　　예 1) 240(庚申/신라 조분이사금 11/고구려 동천왕 14/백제 고이왕 7/魏 正始 1/倭 神功 40)

　　　　신라 백제百濟侵西邊 (『三國史記』 2 新羅本紀 2)

---

1) 본 매뉴얼에 따른 연대기 작업은 '흐글 2010 함초롬바탕체'를 사용한다. 각종 기호는 '한국어 2벌식 표준 자판'의 것을 사용한다. 단 자판상에 기호가 없을 경우 문자표 입력(ctrl+F10)의 '완성형(KS)문자표'에서 선택한다. 글자 크기는 9.5point(각주는 8.5point)로 한다.

백제 신라   百濟遣兵侵新羅西鄙(『三國史節要』3)
  예 2) 283년 기사
    신라   冬十月 圍槐谷城 命一吉湌良質 領兵禦之 (『三國史記』2 신라본기 2)
    신라   冬十月 至槐谷城 圍之新羅王命一吉湌良質 領兵禦之(『三國史節要』3)
  예 3) 276(丙申/신라 미추이사금 15/고구려 서천왕 7/백제 고이왕 43/晉 咸寧 2/倭 應神 7)
         고구려 백제 가야 신라
              秋九月 高麗人 百濟人 任那人 新羅人 竝來朝 時命武內宿禰 領諸韓
      人等作池 因以名池號韓人池(『日本書紀』10 應神紀)
 5) 사료의 표제국명은 원문을 기준으로 하되, 불분명하지만 내용상 그 실체를 알 수 있는 것은 (
) 안에 넣는다.

3. 편년2)

 1) 편년은 서력 기원을 기준으로 한다.
 2) 편년 기록은 서력 / 왕명 / 재위년 / 월 / 일 順으로 한다.
 3) 즉위년은 재위 1년으로 기입한다. 즉위 월에 대한 기록이 없을 경우 전왕이 薨한 다음 월에
    배치한다. 단 薨한 월이 없는 경우 앞뒤 기사를 참고하여 주해한다.
 4) 동일기사가 출전에 따라 편년에 차이가 있는 경우 각각의 해당 편년에 배치 후 주해한다.
    예) 298년 봉상왕 7년 『삼국사절요』 기사
        고구려   冬十月 王增營宮室 頗極侈麗 民饑且困 羣臣驟諫 不從 (『三國史記』17 高句麗
                本紀 5)
        고구려   (冬十月) 高勾麗王增營宮室 頗極侈麗 民饑且困 羣臣驟諫 不從 (『三國史節要』
                4)
        고구려   十月 高勾麗王欲殺咄固之子乙弗索之 不得 (『三國史節要』4)3)
        신라   (十月) 新羅有印 (…) (『三國史節要』4)4)
        백제   冬十月 大赦 (『三國史記』24 百濟本紀 2)
        백제   冬十月 百濟大赦 (『三國史節要』4)
        고구려   十一月 王使人索乙弗殺之 不得 (『三國史記』17 高句麗本紀 5)5)
        신라   冬十二月 王薨 (『三國史記』2 新羅本紀 2)
        신라   冬十二月 新羅王儒禮薨 基臨立 基臨助賁王子乞馭之子也 (『三國史節要』4)
 5) 편년기사와 무편년 기사가 동일기사일 경우, 무편년 기사라도 해당 연대에 배열하되 편년기사
    뒤에 배치한다. 배치순서는 출간순서를 원칙으로 하고, 시간표시가 된 사료를 앞에 배열한다.
    예) 209년 물계자
        신라 포상팔국 가야   秋七月 浦上八國 謀侵加羅 加羅王子來請救 王命太子于老
                與伊伐湌利音 將六部兵 往救之 擊殺八國將軍 奪所虜六千人 還之 (『三國史記』
                2 新羅本紀 2)6)
        신라 포상팔국 가야   秋七月 浦上八國 謀侵加羅 加羅王子請救於新羅 王命太子
                于老 與伊伐湌利音將六部兵 往救之 擊殺八國將軍 奪所虜六千人 還之 是役也
                勿稽子有大功 以見忌於利音 故不記其功 或謂曰 子之功 莫大而不見錄 怨乎 曰

---

2) 본 매뉴얼에서 편년은 연/월/일을 포함한다.
3) 『三國史記』에는 11월로 나온다. 『三國史節要』에는 10월 기사를 전후하여 동10월과 동12월 기사가 나온다.
   때문에 본 기사는 11월에 해당하는 것으로 보이지만, 사료 배치의 원칙에 따라 10월에 그대로 두었다.
4) 『三國史記』에는 그 내용이 보이지 않는다. 이 기사 역시 『三國史節要』의 사료 배치상 11월에 해당하지만,
   사료 배치의 원칙에 따라 10월에 그대로 두었다.
5) 『三國史節要』에는 10월로 기록되어 있다. 하지만 『三國史節要』의 사료 배치를 볼 때 『三國史記』의 11월
   로 보는 것이 타당하다.
6) 『三國遺事』5 避隱 8 勿稽子에는 동일내용이 212년의 일로 되어 있다.

何怨之有 或曰 盍聞之於王 曰 矜功求名 志士所不爲也 但當勵志 以待後時而已 勿稽子家世平微 爲人偶儻 有壯志 (『三國史節要』3)

신라 팔포상국(포상팔국) 가야　　　　勿稽子 奈解尼師今時人也 家世平微 爲人偶儻 少有壯志 時 八浦上國同謀伐阿羅國 阿羅使來請救 尼師今使王孫捺音 率近郡及六部軍往救 遂敗八國兵 是役也 勿稽子有大功 以見憎於王孫 故不記其功 或謂勿稽子曰 子之功莫大而不見錄 怨乎 曰 何怨之有 或曰 盍聞之於王 勿稽子曰 矜功求名 志士所不爲也 但當勵志 以待後時而已 (『三國史記』48 列傳 8 勿稽子)

6) 연대확인이 어려운 사료의 경우 관련 연대기 자료에서 주해한다.

　예) 670(庚午/신라 문무왕 10/唐 總章 3, 咸亨 1/倭 天智 9)

　　신라　　秋七月 遣沙湌須彌山 封安勝爲高句麗王 其冊曰 維咸亨元年歲次庚午秋八月一日辛丑 新羅王致命高句麗嗣子安勝 (『三國史記』6 新羅本紀 6)[7]

7) 여러 연대가 동시에 나오는 경우 해당 연대에 전부 배치한다.

　예) 280년과 281년 『晉書』 마한 기사

　　마한　　武帝 太康元年二年 其主頻遣使入貢方物 (『晉書』97 列傳 67 四夷 東夷)

8) 날짜가 간지로만 되어 있는 경우 번역에서만 숫자로 된 일자를 밝힌다.

　예) 669(己巳/신라 문무왕 9/唐 摠章 2/倭 天智 8)

　　신라　　九月丁丑朔丁亥 新羅遣沙湌督儒等進調 (『日本書紀』27 天智紀)

　　신라　　9월 정해일(11)에 신라가 沙湌 督儒 등을 파견하여 調를 진상하였다. (『日本書紀』27 天智紀)

9) 동일사료의 전거와 관련하여 선후 관계에 대한 내용은 본문과 주해에는 기록하지 않는다.

4. 수정편년과 기간편년

1) 모든 편년기사는 원 사료의 연대를 그대로 따르되, 간지와 연대 오류가 있을 경우 수정 편년하여 배치하며, 그 착오사항을 주해한다.

2) 원사료에는 편년이 없지만, 다른 사료의 동일 기사에 의해 편년이 되는 경우는 수정 편년한다.

3) 기간편년의 경우 해당 기간의 마지막 기사 다음에 배치한다.

　예) 220(庚子/신라 나해이사금 25/고구려 산상왕 24/백제 구수왕 7/後漢 建安 25, 延康 1, 曹魏 黃初 1/倭 神功 20)

　　　　　　　　　　　　~다른 기사~

　　삼한 대방 예

　　　　　　　建安中 公孫康分屯有縣以南荒 地爲帶方郡 遣公孫模 張敞等收集遺民 興兵伐韓濊 舊民稍出 是後倭韓遂屬帶方 (『三國志』30 魏書 30 烏丸鮮卑東夷傳 30 韓)

4) 간지가 2개 이상인 단일 기사는 기간편년한다.

5) 사료 중간에 간지가 나오면 기간편년으로 처리한다.

6) 생몰년만 확인되는 인물의 기록은 기간편년한다.

7) 왕 또는 연호만 나오는 경우 왕의 재위기간과 연호 사용기간으로 기간편년한다. 단 2개 이상의 자료에서 연대가 정확히 나올 경우 그 연대를 따른다.

　예) 武帝時(265~290), 咸寧中(275~279)

　　부여　　武帝時 頻來朝貢 (『晉書』97 列傳 67 四夷 東夷)

　　마한 삼한 백제 신라

　　　　　晉武帝咸寧中 馬韓王來朝 自是無聞 三韓蓋爲百濟新羅所吞幷 (『通典』185 邊防

---

7) 『三國遺事』2 紀異 2 文虎王法敏에 연대를 특정하지 않고 "又伐高麗 以其國王孫還國 置之眞骨位"라 하였는데, 이 무렵의 일로 보인다.

1 東夷 上)
8) 금석문과 목간 등에서 문장구성이 안되거나 낱글자로 된 것은 해당 자료의 편년에 따라 기간 편년한다.
　단. 연대편년이 어려운 자료는 최초 보고기관의 최종 결과보고서를 따른다.
　또. 연대편년이 되지 않는 낱글자 자료는 민족지 자료처럼 별도로 일괄 정리한다.
　예) 최초 목간 관련 약보고서(보고논문)가 나온 뒤. 나중에 정식 보고서가 출간되었을 경우 정식 보고서를 기준으로 한다.
　문무왕릉비(편년/해석 가능) → 연대기
　흥덕왕비(기간편년/해석 불가) → 기간편년(흥덕왕 말년)
　능산리 목간(유적 성격 등 기간편년) → 기간편년(6세기 중반)

5. 사료 배치

1) 연·월·일이 동일한 사료는 한·중·일 순으로 배치하고, 국내 사료의 경우『삼국사기』본기 순서에 따른다.
2) 판본에서 발견되는 오자/속자 또는 뒤바뀐 글자는 가능한 경우 원문대로 표기하였다. 오자 또는 뒤바뀐 글자의 경우는 주해에서 교감하였다.
　예) 秋七月 慶雲見鶻嶺南 其邑8)靑赤 (『三國史記』13 高句麗本紀 1)
3) 같은 날의 기사라도 내용이 다른 기사는 분리하여 배치한다. (단 서로 연관성이 있는 경우 분리하지 않는다)
　예 1) 671(辛未/신라 문무왕 11/唐 咸亨 2/倭 天智 10)
　　신라　　秋七月二十六日 大唐摠管薛仁貴使琳潤法師寄書曰 (…) (『三國史記』7 新羅本紀 7)
　　신라　　秋七月 唐摠管薛仁貴遣僧琳潤致書於王曰 (…) 今遣王所部僧琳潤貴書 仔布一二 (『三國史節要』10)
　　신라　　(秋七月二十六日) 大王報書云 (…) (『三國史記』7 新羅本紀 7)
　　신라　　(秋七月) 王報書云 (『三國史節要』10)
　　신라　　(秋七月二十六日) 置所夫里州 以阿湌眞王爲都督 (『三國史記』7 新羅本紀 7)
　　신라　　(秋七月) 置所夫里州 以阿湌眞王爲都督 (『三國史節要』10)
　예 2) 200(庚辰/신라 나해이사금 5/고구려 산상왕 4/백제 초고왕 35/後漢 建安 5/倭 仲哀 9)
　　신라　　九月庚午朔 日有食之 (『三國史記』2 新羅本紀 2)
　　신라　　九月庚午朔 新羅日有食之 (『三國史節要』3)
　　신라　　(九月庚午朔) 大閱於閼川 (『三國史記』2 新羅本紀 2)
　　신라　　(九月庚午朔) 新羅大閱於閼川 (『三國史節要』3)
4) 사론 등은 해당 기사 말미에 줄을 달리하여 기입한다.
5) 열전 등의 비연대기 기사는 기간편년하여 해당 인물의 몰년에 주해한다.
　몰년을 알 수 없을 경우 해당 인물의 마지막 사적에서 주해한다.
6) 전쟁 등 일련의 기사는 연/월/일 별로 해당 연대에 배치한다.
7) 민족지 기사나 碑文의 경우 (1) 연대기 기사 및 관련기사가 있는 기사의 해당 연대에 주해한다.
　　(2) 편년이 불가능한 기사는 편제하지 않는다.

---

8) 원문에서는 '邑'으로 되어 있으나. 내용상 '色'으로 수정하는 것이 옳다.

(3) (2)의 연대기 기사는 (…) 표시 후 해당 연도에 배치하였음을 주해하거나 범례에서 일괄 처리한다.

8) 건국신화는 건국연대에서 일괄 처리한다. 단 부여관련 신화는 최초 등장 기사에서 주해한다.

9) 원 사료에 없는 연대(연호)는 (　　)로 처리한다.

10) 사료에 나오는 춘·하·추·동은 각각 3월, 6월, 9월, 12월 뒤에 배치한다.

11) 각국 정사의 본기 등 편년사료에 나오는 연도는 모두 생략한다. 즉 월부터 표시한다.

　　예) 편년사료 :『資治通鑑』,『前漢紀』,『日本書紀』등

　　예 1) 200(庚辰/신라 나해이사금 5/고구려 산상왕 4/백제 초고왕 35/後漢 建安 5/倭 仲哀 9)

　　　　春二月 (…) (『日本書紀』9 神功紀)

　　예 2) 238(戊午/신라 조분이사금 9/고구려 동천왕 12/백제 고이왕 5/曹魏 景初 2/倭 神功 38)

　　　　春正月 (…) (『三國志』3 魏書 3 明帝紀)

　　단, 본기 이외(열전, 지 등), 금석문 등은 원사료대로 표시한다.

　　예 1) 212(壬辰/신라 나해이사금 17/고구려 산상왕 16/백제 초고왕 47/後漢 建安 17/倭 神功 12)

　　　　신라　　　第十奈解王卽位十七年壬辰 (…) (『三國遺事』5 避隱 8 勿稽子)

　　예 2) 238(戊午/신라 조분이사금 9/고구려 동천왕 12/백제 고이왕 5/曹魏 景初 2/倭 神功 38)

　　　　고구려　　　(景初)二年春 (…) (『三國志』8 魏書 8 公孫淵傳)

　　예 3) 664(甲子/신라 문무왕 4/고구려 보장왕 23/唐 麟德 1/日本 天智 3)

　　　　신라　　　春正月 下敎 婦人亦服中朝衣裳(『三國史記』6 신라본기 6)

　　　　신라　　　在位四年 又革婦人之服 自此已後 衣冠同於中國(『三國史記』32 雜志 2 色服)

　　예 4) 260(庚辰/신라 첨해이사금 14/고구려 중천왕 13/백제 고이왕 27/晉 景元 1/倭 神功 60)

　　　　낙랑　　　景元元年 七月卄三日 (「景元 元年銘塼」側銘)

12) 신이, 재해, 기상, 천문 등의 동일기사는 분리하지 않는다. 아래와 같이 기간편년은 최대한 길게 하되 필요한 경우[사건 발생 시점 등] 배치는 앞쪽으로 한다.

　　예) "春 大旱 至夏 赤地"의 경우 : 1~6월로 기간편년 후 3월 뒤(春)에 배치

13) 碑片 등은 발견 순서에 따라 배열한다.

　　예) 남산신성비, 흥덕왕 비편 등

14) 유민의 묘지명 등은 본국에서의 선대 계보나 사적(임관, 활동 등)이 있는 것은 편년 가능한 내용만 해당 연대에 배치하고, 편년이 불가능한 그 외의 내용은 편제하지 않는다. 다만 중국으로 건너간 이후의 사적은 본국에서의 마지막 사적 부분에 국내 사적과 연관된 경우 편년 가능한 내용만 주해하고 나머지는 가급적 생략한다.

15) 연대 추정이 불가능한 금석문의 배치는 지역별(신라→고구려→백제) 배치 후 재질별(비문→묘지명→목기명→토기명 등)로, 목간의 배치는 지역별(신라→고구려→백제) 배치 후 용도별(문서→하찰→습서 등)로 배열한다.

6. 記事

1) 즉위년 기사

(1) 훙거 기사와 즉위년 기사는 분리하며 『三國遺事』 왕력 기사는 주해하되, 본문과 세주를 구별하여 표기한다.

　　예1) 286(丙午/신라 유례이사금 3/고구려 서천왕 17/백제 고이왕 53 책계왕 1/晉 太康 7/倭

응신 17)

백제　　冬十一月 王薨 (『三國史記』24 百濟本紀 2)

백제　　冬十一月 百濟王古尒薨 (『三國史節要』3)

백제　　責稽王[或云靑稽] 古尒王子 身長大 志氣雄傑 古尒薨卽位 (『三國史記』24 百濟
　　　　本紀 2)9)

백제　　(冬十一月) 子責稽立 身長大 志氣雄傑 (『三國史節要』3)

백제 고구려 대방
　　　　王徵發丁夫葺慰禮城 高句麗伐帶方 帶方請救於我 先是 王娶帶方王女寶菓爲夫
　　　　人 故曰 帶方我舅甥之國 不可不副其請 遂出師救之 高句麗怨 王慮其侵寇 修阿
　　　　旦城蛇城備之 (『三國史記』24 百濟本紀 2)

백제　　(冬十一月) 百濟徵發丁夫葺慰禮城 高句麗伐帶方 帶方求救於百濟王曰 帶方我舅
　　　　甥之國 不可不副其請 出師以救 高句麗怨之 百濟修阿旦城蛇城以備之 王之夫人
　　　　卽帶方王之女 (『三國史節要』3)

(2) 즉위년 기사는 훙거한 달의 전체 기사 마지막에 배치한다. 단 훙거 기사와 즉위년 기사의 일
괄적 분리가 어려운 경우 훙거기사와 같이 배열한나.

　　예) 661(甲子/신라 태종무열왕 8, 문무왕 1/고구려 보장왕 20/唐 顯慶 6, 龍朔 1/日本 齊明
　　　　7, 天智 즉위년)

신라　　(六月) 王薨 謚曰武烈 葬永敬寺北 上號太宗 高宗聞訃 擧哀於洛城門 (『三國史
　　　　記』5 新羅本紀 5)

신라　　(六月) 新羅王金春秋薨 壽五十九 太子法敏立 上諡曰武烈 廟號太宗 葬永敬寺北
　　　　太宗統一三韓 時和歲豊 京城布一匹直 租三十碩 或五十碩 民謂之聖代 妃文明
　　　　王后金氏 庾信之妹也 初 其姊寶姬 夢登西兄山頂 坐旋流徧國內 覺與文明言 文
　　　　明戱曰 願買兄夢 因與錦裙爲直後 武烈與庾信蹴踘 庾信故踐武烈衣紐落之 庾信
　　　　曰 吾家幸近 請往綴 因與俱往置酒 從容喚寶姬來綴 寶姬辭曰 豈可以細事 輕
　　　　近貴公子乎 文明乃進綴紐 妃美而艶 武烈悅之 仍請婚 遂生男曰法敏 次仁問 次
　　　　文汪 次老且 次智境 次愷元 唐高宗聞新羅王訃 擧哀於洛城門 (『三國史節要』9)

신라　　(六月) 新羅改都督爲摠管 (『三國史節要』9)
　　　　신라 고구려 六月 入唐宿衛仁問儒敦等至 告王 皇帝已遣蘇定方領水陸三十五道
　　　　兵 伐高句麗 遂命王擧兵相應 雖在服 重違皇帝勅命 (『三國史記』6 新羅本紀
　　　　6)

신라 고구려 六月 唐高宗皇帝遣將軍蘇定方等 征高句麗 入唐宿衛金仁問受命來告兵期 兼諭出
　　　　兵會伐 (『三國史記』42 列傳 2 金庾信中)

신라 고구려 六月 帝遣蘇定方領水陸三十五道兵 伐高句麗 又遣仁問儒敦等 還新羅 諭出兵會伐
　　　　帝謂仁問曰 朕旣滅百濟 除爾國患 今高句麗負固 與穢貊同惡 違事大之禮 棄善
　　　　鄰之義 朕欲遣兵致討 爾歸告國王 出師同伐 以殲垂亡之虜 (『三國史節要』9)

신라 고구려 龍朔元年 高宗召謂曰 朕旣滅百濟 除爾國患 今高句麗負固 與穢貊同惡 違事大之
　　　　禮 棄善鄰之義 朕欲遣兵致討 爾歸告國王 出師同伐 以殲垂亡之虜 仁問便歸國
　　　　以致帝命 國王使仁問與庾信等練兵以待 皇帝命邢國公蘇定方爲遼東道行軍大摠
　　　　管 以六軍長驅萬里 迮麗人於浿江擊破之 遂圍平壤 麗人固守 故不能克 士馬多
　　　　死傷 糧道不繼 仁問與留鎭劉仁願率兵 兼輸米四千石租二萬餘斛赴之 唐人得食
　　　　以大雪解圍還 羅人將歸 高句麗謀要擊於半塗 仁問與庾信詭謀夜遁 麗人翌日覺
　　　　而追之 仁問等廻擊大敗之 斬首一萬餘級 獲人五千餘口而歸 (『三國史記』44 列

---

9) 『三國遺事』1 王曆 1 "第九責稽王[古爾子 一作靑替誤 丙午立 治十二年]"이라 하였다. 여기에서 책계왕은
청계라고도 하였다. 그리고 『三國遺事』 왕력편에는 책계왕의 재위 기간은 12년으로 나오지만, 『三國史記』
백제본기에는 13년으로 나온다.

傳 4 金仁問)[10]

　　신라　　文武王立 諱法敏 太宗王之元子 母金氏文明王后 蘇判舒玄之季女 庾信之妹也
　　　　　　其妹[姊]夢登西兄山頂 坐旋流徧國內 覺與季言夢 季戲曰 予願買兄此夢 因與錦
　　　　　　裙爲直 後數日 庾信與春秋公蹴鞠 因踐落春秋衣紐 庾信曰 吾家幸近 請往綴紐
　　　　　　因與俱往宅 置酒 從容喚寶姬 特針線來縫 其姊有故不進 其季進前縫綴 淡糚輕
　　　　　　服 光艷炤人 春秋見而悅之 乃請婚成禮 則有娠生男 是謂法敏 妃慈儀王后 波珍
　　　　　　飡善品之女也 法敏姿表英特 聰明多智略 永徽初如唐 高宗授以大府卿 太宗元年
　　　　　　以波珍飡爲兵部令 尋封爲太子 顯慶五年 太宗與唐將蘇定方平百濟 法敏從之 有
　　　　　　大功 至是卽位 (『三國史記』6 新羅本紀 6)[11]

(3) 훙거한 달과 즉위한 달이 명백히 달라 연도가 바뀔 경우 별도 배치한다.
　　예) 미추이사금
　　261(辛巳/신라 첨해이사금 15/고구려 중천왕 14/백제 고이왕 28/魏 景元 2/倭 神功 61)
　　　　신라　　冬十二月二十八日 王暴疾薨 (『三國史記』2 新羅本紀 2)
　　　　신라　　冬十二月 新羅王沾解薨 (『三國史節要』3)

　　262(壬午/신라 미추이사금 1/고구려 중천왕 15/백제 고이왕 29/魏 景元 3/倭 神功 62)
　　　　신라　　味鄒尼師今立[一云味照] 姓金 母朴氏 葛文王伊柒之女 妃昔氏 光明夫人 助賁王
　　　　　　之女 其先閼智 出於雞林 脫解王得之 養於宮中 後拜爲大輔 閼智生勢漢 勢漢生
　　　　　　阿道 阿道生首留 首留生郁甫郁甫生仇道 仇道則味鄒之考也 沾解無子 國人立味
　　　　　　鄒 此金氏有國之始也 (『三國史記』2 新羅本紀 2)[12]
　　　　신라　　第十三未鄒尼叱今[一作未祖 又未古] 金閼智七世孫 赫世紫纓 仍有聖德 受禪于
　　　　　　理解 始登王位[今俗稱王之陵爲始祖堂 盖以金氏始登王 位故 後代金氏諸王
　　　　　　皆以未鄒爲始祖宜矣] (『三國遺事』1 紀異2 味鄒王 竹葉軍)
　　　　신라　　金味鄒立 初昔脫解得金閼智於雞林 養於宮中 後拜爲大輔 閼智生勢漢 勢漢生阿
　　　　　　道 阿道生首留 首留生郁甫郁甫生仇道 仇道生味鄒 助賁王以其女妻之 至是薨無
　　　　　　子 國人立以爲王(『三國史節要』3)
　　　　신라　　春三月 龍見宮東池(『三國史記』2 新羅本紀 2)

2) 『三國史節要』 기사의 처리방식
(1) ○으로 표시된 사료는 달을 알 수 있을 경우 ( ) 안에 그 달을 표시한다.
　　예) 227년 3월 백제 기사
　　　　백제　　春三月 雨雹(『三國史記』24 百濟본기 2)
　　　　백제　　(三月) 百濟雨雹 (『三國史節要』3)
(2) 달을 알 수 없는 경우는 표시하지 않고, 해당기사의 다른 원전사료 아래에 배치한다.
　　예 1) 208년 백제 기사
　　　　백제　　秋 蝗 旱 穀不順成 盜賊多起 王撫安之 (『三國史記』23 百濟本紀 1)
　　　　백제　　百濟 蝗 旱 穀不登 盜賊多起 王撫安之 (『三國史節要』3)
　　예 2) 212년 물계자
　　　　신라 골포 칠포 고사포　　　　後三年 骨浦柒浦古史浦三國人 來攻竭火城 王率兵出救 大
　　　　　　敗三國之師 勿稽子斬獲數十餘級 及其論功 又無所得 乃語其婦曰 嘗聞爲臣之道

10) 이 기사에는 월이 표시되어 있지 않으나, 『三國史記』 6 新羅本紀 6에 따라 6월로 편년하여 배치하였다.
11) 『三國遺事』 1 王曆 1 第三十文武王에 따르면 “名法敏 太宗之子也 母訓帝夫人 妃慈義 一作訥王后 善品
　　海干之女辛酉立 治二十年 陵在感恩寺東海中”으로 나온다.
12) 『三國遺事』 1 王曆 1 第十三未鄒尼叱今에 “一作味炤 又未祖 又未召 姓金氏 始立 父仇道葛文王 母生乎
　　一作述禮夫人 伊非葛文王之女 朴氏 妃諸賁王之女光明娘 壬午立 理二十二年”이라 하였다. 한편 『三國史
　　記』 29 年表 上에 미추이사금 원년은 262년으로 나온다. 이로 볼 때 미추이사금은 전왕인 첨해이사금이
　　261년 12월 28일 죽었지만, 그 해에 즉위하지 않았음을 알 수 있다.

見危則致命　臨難則忘身　前日浦上竭火之役　可謂危且難矣　而不能以致命忘身聞
於人　將何面目以出市朝乎　遂被髮携琴　入師彘山　不反 (『三國史記』 48, 列傳 8
勿稽子)[13]

신라 골포 칠포 고포　　　　骨浦柒浦古浦三國　攻新羅竭火城　王率兵救之　大破三國之師
勿稽子斬獲數十餘級　及其論功　又不見錄　乃語婦曰　嘗聞爲臣之道　見危則致命
臨難則忘身　忠也　前日浦上竭火之役　可謂危且難矣　而不能以致命忘身聞於人　不
忠也　旣以不忠而仕君　累及於先人　可謂孝乎　旣失忠孝將何面目以出市朝乎　遂被
髮携琴　入師彘山　不返 (『三國史節要』 3)

3) 금석문/목간 자료의 처리 방식
 (1) 紀年銘은 모두 해당 연도에 배치한다.
　예 1) 泰始 10年銘塼
　274(甲午/신라 미추이사금 13 /고구려 서천왕 5/백제 고이왕 41/晉 泰始 10/倭 應神 5)
　　　낙랑　　　泰始十年杜奴△ (「泰始 10年銘塼」 側銘)
　　　낙랑　　　晉△ (「泰始 10年銘塼」 小口銘)
　예 2) 광개토왕비
　407(丁未/신라 실성이사금 6/고구려 광개토왕17 영락 17/백제 전지왕 3/晉 義熙 3/倭 反正
　　　2)
　　　고구려　　　(永樂)十七年　丁未　敎遣步騎五萬△△△△△△△△△師　△△合戰斬煞蕩盡所獲
　　　　　　鎧鉀一萬餘領　軍資器械不可稱數　△破沙溝城婁城△△城△△△△△△△△城 (「
　　　　　　광개토왕비」 3면)
　예 3) 좌관대식기 목간
　618(戊寅/신라 진평왕 40/고구려 영양왕 29. 영류왕 1/백제 무왕 19/隋 義寧 2, 唐 武德 1/
　　　倭 推古 26)
　　백제　戊寅年六月中　　固淳多三石　　　　　　　佃麻那二石
　　　　　　　　　　　　上夫三石上四石　　　　　　比至二石上一石未二石
　　　　　　　佐官貸食記　　佃目之二石上二石未一石　　習利一石五斗上一石未一石 (제
1면)
　　　　　　　　　素麻一石五斗上一石五斗未七斗半　佃首行一石三斗半上石未石甲　幷十九石得十
　　　一石
　　　　　　　今沽一石三斗半上一石未一石甲　　刀刀邑佐 三石与　　　　(제2면) (「佐官貸食記
　　　목간」)
 (2) 기년이 있으나 연대 확정이 어려운 경우에는 저본에 따르고 다른 설을 주해한다.
　저본에 없는 금석문, 목간은 최초보고기관의 최종보고서에 따르고 다른 설을 주해한다.
　저본에서 연대를 확정하지 않은 경우는 유력한 견해를 취한다.
　예) 충주고구려비, 중성리비, 집안고구려비 등
 (3) 기년은 없으나 기간편년이 가능한 경우에는 원칙대로 기간편년의 최종연도에 배치한다.
　　단, 기년은 없으나 연대 추정이 가능한 경우 해당 연도에 배치하고 주해한다.
　예) 흥덕왕비(기간편년/해석 불가) → 기간편년(흥덕왕 말년)
　　능산리 목간(유적 성격 등 기간편년) → 기간편년(6세기 중반. 최종연도는 조사 후 결정)
　　남산신성비 기년 없는 파편 : 다른 기년명과 똑같이 591년에 배치 후 주해
 (4) 편년이 불가능한 비문 잔편, 목간 등은 생략한다.
 (5) 유민 묘지명의 경우 원칙적으로 본국에서의 선대 계보나 사적(임관, 활동 등)이 밝혀져 있는
　　경우만 채록한다. 본국에서의 선대 계보나 사적이 전혀 없는 것은 채록 범주에서 제외한다.

---

13) 『三國遺事』 5 避隱 8 勿稽子에는 奈解尼師今 20년(215)의 일로 기록되어 있다.

예) 예소사 묘지명/예인수 묘지명 : 본국 본인 사적 없으나, 선대 계보는 있음

→ 선대 계보만 채록하되 선대 인물의 마지막 사적 연도에서 주해한다.

(6) 유민 묘지명에서 중국으로 건너간 이후의 사적은 본국에서의 마지막 사적 부분에 편년 가능한 내용만 주해한다.

(8) 생몰년 전후의 인물평과 음기는 해당 인물의 사적이 처음 나오는 연대에 주해한다.

(9) 확실한 연대가 확인되는 기사에 뒤이은 불분명한 시간대의 기록은 주해한다.

　예) 菩提寺大鏡大師塔碑

　　　880년

　　　신라　　廣明元年（大鏡大師)始具大戒 其於守夏草擊如囚14)

(10) 연대가 확실한 기사 사이에 있는 것은 기간편년한다.

　　　909년

　　　신라　　數換星霜 光啓三年冬（廣宗)大師寂滅 其後不遠千里邐迤南行 至於靈覺山中 虔謁深光和尙 是 大師師兄長老也15)（…）以此 傳大覺之心 佩雲居之印 重超」絲水 再至鯤岑 此時 天祐六年七月 達于武州之昇平

(11) 금석문, 목간 등의 판독/면 분류는 저본을 따르며 다른 판독은 주해한다.

　예) 저본은 금석문영상정보시스템 등 최근에 종합·집성된 것을 기준으로 한다. 다만 저본과 다른 다수설이 있을 경우만 주해하여, 주해와 문자의 이동 표기를 최소화한다.

(12) 금석문, 목간 등에 일부 깨진 부분이 있는 경우 '(上缺)' '(中缺)' '(下缺)' 등으로 표시한다.

4) 탈각자/오각자의 처리방식

(1) 탈각자/오각자의 경우 원문대로 기입하거나 △로 표시한다.

(2) 수정 또는 보입 가능한 탈각자/오각자는 주해한다.

7. 기호 삽입

1) 각종 기호는 자판상의 기호를 사용하되, 없는 경우 흔글(HNC) 문자표의 '전각기호'를 활용한다.

2) 원문 사료에는 없으나, 연대기 배열상 빠진 연호는 ( )에 표기한다.

　예) (正始)六年 復征之 宮遂奔買溝 儉遣玄菟太守王頎追之(『三國志』 28 魏書 28 王毋丘諸葛鄧鍾傳)

3) 사료에 '明年', '是年' 등 연대나 연호가 명시되어 있지 않은 경우에는 정확한 연대나 연호를 '( )' 안에 한글로 넣는다.

　예) 278년 마한 『晉書』 기사

　　　마한　　明年(함녕 4년) 又請內附 (『晉書』 97 列傳 67 四夷 東夷)

4) 사료의 연대 중 원사료의 인용한 부분에 나오지 않으나, 앞에 있어서 알 수 있는 경우에는 '( )' 안에 원문대로 넣는다.

　예) 233년 융맥 『자치통감』 기사

---

14) 이하 "然而漸認敎宗 覺非眞實 傾心玄境 寓目寶林 此時西向望嵩嚴山 遠聞有善知識 忽携瓶錫 潛往依焉 廣宗大師 始見初來 方聞所志 許爲入室"라 하였다. 이 부분은 廣明元年(880)에 뒤이어 나오는 기사로, 연대를 알 수 없다.

15) 이하 "早蘊摩尸 人中師子 以爲崇嚴之祠 學者咸宗 然則枇李成蹊 其門如市 朝三暮四 虛往實歸」 大師 師事殷勤 服膺數歲 由是 擲守株之念 抛緣木之心 挈瓶下山 泧其西海 乘査之客 邂逅相逢 託足而西 遄凌巨寖 珍重夷洲之浪 直衝禹穴之煙" 此時 江表假赴 次於洪府 行行西上 禮見雲居 大師謂曰 戱 別慮遙 相逢於此 運斤之際 猶喜子來 吾師問義不休 爲仁由已 屢經星紀 寒苦」 彌堅 已抵驪困 得認探珠之契 仍登鳥徑 方諸採玉之符 大師雖則觀空 豈△忘本 忽念歸歟之詠 潛含暮矣之愁 欲別禪尸 先陳血懇 大師謂曰」 飛鳴在彼 且莫因循 所冀 敷演眞宗 以光吾道 保持法要 知在汝曹 可謂龍躍天池 鶴歸日域 其於來往 不失其時"라 하였다. 이 부분은 光啓 3년(887)에 뒤이어 나오는 기사로 연대를 알 수 없으나, 배치된 위치상 天祐 6년(909) 7월 이전으로 파악된다.

융맥　　　(冬十二月) 尙書僕射薛綜上疏曰 (…)　(『資治通鑑』72 魏紀 4 烈祖明皇帝)

5) 문헌 또는 금석문 자료에 불분명하거나 탈각이 있는 경우 △로 표기한다.

　　　예) 고구려　　　(正始)六年五月旋△16) 討寇將軍巍烏丸單于△ 威寇將軍都亭侯△ 行裨將軍領△
　　　　　　　　　　　△ △裨將軍△△△△△ (魏毌丘儉紀功碑)

6) 「ᄒᆞᆫ글」에서 지원되지 않는 한자는 그 한자의 본 글자 또는 통용자로 기입하고, 주해한다.

7) 금석문, 목간 등 자료의 저본에서 사용한 기호들은 본서에서 정한 기호로 통일한다. 단, 미독
　　　자의 수를 확인할 수 없는 경우, △ 표시 후 주해한다.

　　　예) □(미독자 표시) : △

　　　　　○(구멍 표시) : 표시하지 않음

　　　　　×(결락 표시) : '(上缺)'(中缺)'(下缺)' 등

8) '고구려' 국호 처리문제 : '고구려'를 '고려'로 표기한 원사료를 번역할 경우 원 사료의 '고려'
　　　는 번역문에서만 '고(구)려'로 처리한다.

8. 주해

1) 원문 사료의 협주는 채택한 저본에 한정하여 [　]로 본문에서 처리한다. 단, 『사기』 삼가주처
　　　럼 후대에 추가된 것이라도 그 중요도에 따라 일부 주해한다.

　　　예 1) 傳子至孫右渠[師古曰 孫名右渠] 眞番辰國 欲上書見天子 雍閼不通[師古曰 辰謂辰韓也]
　　　　　　(『三國遺事』1 紀異 2 魏滿朝鮮)

　　　예 2) 至今上卽位數歲 (…) 彭吳17) 賈滅朝鮮18) 置滄海之郡 則燕齊之閒靡然發動 (…) 東至滄
　　　　　　海之郡 人徒之費擬於南夷 (『史記』30 平準書 8)

　　　예 3) 秋七月 遼東太守祭肜使偏何討赤山19)烏桓20) 大破之 斬其魁帥21) 塞外震讋22) 西自武威
　　　　　　東盡玄菟23) 皆來內附 野無風塵 乃悉罷緣邊屯兵 (『資治通鑑』44 漢紀 36 顯宗孝明皇帝
　　　　　　上)

2) 주해는 각주 형태로 출전 뒤에 표시하고, 문장 형태로 작성한다. 단, 전거와 연호, 본문에 안
　　　나오는 인명 이외에는 전부 한글로 표기한다.

3) 편년기사에 민족지적 자료가 참고될 경우 주해한다.

　　　예 1) 260년 백제의 좌평 설치 기사와 관복제 기사

　　　　　백제　　　春正月 置內臣佐平掌宣納事 內頭佐平掌庫藏事 內法佐平掌禮儀事衛士佐平掌宿
　　　　　　　　　衛兵事 朝廷佐平掌刑獄事 兵官佐平掌外兵馬事 又置達率恩率德率扞率奈率及將
　　　　　　　　　德施德固德季德對德文督武督佐軍振武克虞 六佐平並一品 達率二品 恩率三品
　　　　　　　　　德率四品 扞率五品 奈率六品 將德七品 施德八品 固德九品 季德十品 對德十一
　　　　　　　　　品 文督十二品 武督十三品 佐軍十四品 振武十五品 克虞十六品 (『三國史記』
　　　　　　　　　24 百濟本紀 2)24)

───────────────

16) 일반적으로 '師'로 추독한다.

17) 索隱 人姓名

18) 索隱 彭吳始開其道而滅之也

19) 偏氏 高辛後 急就章有偏 呂 何

20) 烏桓傳 赤山 在遼東西北數千里 鮮卑傳云 偏何擊漁陽赤山烏桓欽〔歆-(『후한서』 오환선비열전에는 '歆'이라
　　　하였다)〕志賁 蓋歆志賁本赤山種而居漁陽塞外也

21) 帥 所類翻

22) 讋 之涉翻

23) 郡國志 武威郡 在雒陽西三千五百里 玄菟郡 在雒陽東北四千里 菟 同都翻

24) 6좌평을 두고 16관등을 두었다는 기록은 『周書』 등 중국 역사책에도 보인다. 이를 제시하면 다음과 같
　　　다.
　　　"官有十六品 左平五人 一品 達率三十人 二品 恩率三品 德率四品 杆率五品 奈率六品 已上冠飾銀華 將德
　　　七品 紫帶 施德八品 皀帶 固德九品 赤帶 季德十品 青帶 對德十一品 文督十二品 皆黃帶 武督十三品 佐軍
　　　十四品 振武十五品 剋虞十六品 皆白帶 自恩率以下 官無常員"(『周書』49 列傳 41 異域上 百濟)
　　　"官有十六品 長曰左平 次大率 次恩率 次德率 次杆率 次奈率 次將德 服紫帶 次施德 皀帶 次固德 赤帶 次

백제 　　二月 下令六品已上服紫 以銀花飾冠 十一品已上服緋 十六品已上服靑 (『三國史記』 24 百濟本紀 2)25)

예 2) 261년 백제 고이왕의 정장 모습

백제 　　春正月 初吉 王服紫大袖袍 靑錦袴 金花飾烏羅冠 素皮帶烏韋履 坐南堂廳事 (『三國史記』 24 百濟本紀 2)26)

4) 해당 자료의 연대(월)를 그대로 배치하는 것을 원칙으로 하며, 그 사항을 각각의 기사에서 주해한다.

예 1) 212년 물계자

신라 보라 사물

　　第十奈解王卽位十七年壬辰　保羅國[今固城]史勿國[今泗州]等八國　倂力來侵邊境 王命太子㮈音 將軍一伐等 率兵拒之 八國皆降 時勿稽子軍功第一 然爲太子所嫌 不賞其功 或謂勿稽子 此戰之功 唯子而已 而賞不及子 太子之嫌 君其怨乎 稽曰 國君在上 何怨人臣 或曰然則奏聞于王幸矣 稽曰 代功爭命 命揚己掩人 志士之所不爲也 勵之待時而已(『三國遺事』 5 避隱 8 勿稽子)27)

신라 골포 칠포 고사포

　　後三年 骨浦柒浦古史浦三國人 來攻竭火城 王率兵出救 大敗三國之師 勿稽子斬獲數十餘級 及其論功 又無所得 乃語其婦曰 嘗聞爲臣之道 見危則致命 臨難則忘身 前日浦上竭火之役 可謂危且難矣 而不能以致命忘身聞於人 將何面目以出市朝乎 遂被髮携琴 入師彘山 不反 (『三國史記』 48 列傳 8 勿稽子)28)

예 2) 215년 물계자

신라 골포 (二)十年乙未29) 骨浦國[今合浦也]等三國王 各率兵來攻竭火[疑屈弗也 今蔚州] 王親率禦之 三國皆敗 稽所獲數十級 而人不言稽之功 稽謂其妻曰 吾聞仕君之道 見危致命 臨難忘身仗於節義 不顧死生之謂忠也 夫保羅[疑發羅 今羅州]竭火之役 誠是國之難 君之危 而吾未曾有忘身致命之勇 此乃不忠甚也 旣以不忠而仕君 累及於先人 可謂孝乎 旣失忠孝 何顔復遊朝市之中乎 乃被髮荷琴 入師彘山[未詳] 悲竹樹之性病 寄託作歌 擬溪澗之咽響 扣琴制曲 隱居不復現世 (『三國遺事』 5 避隱 8 勿稽子)30)

5) 동일연대에 동일 기사가 2개 이상인 경우 해당 연대의 편년 기준이 되는 사료에만 주해한다.

예) 209년 물계자

李德 靑帶 次對德以下 皆黃帶 次文督 次武督 次佐軍 次振武 次剋虞 皆用白帶 其冠制並同 唯奈率以上飾以銀花"(『隋書』 81 列傳 46 東夷 百濟)
"所置內官曰 內臣佐平 掌宣納事 內頭佐平 掌庫藏事 內法佐平 掌禮儀事 衛士佐平 掌宿衛兵事 朝廷佐平 掌刑獄事 兵官佐平 掌在外兵馬事"(『舊唐書』 199上 列傳 149上 東夷 百濟)
"官有內臣佐平者主宣納號令 內頭佐平主帑聚 內法佐平主禮 衛士佐平典衛兵 朝廷佐平主獄 兵官佐平掌外兵"(『新唐書』 220 列傳 145 東夷 百濟)
"官有十六品 左平一品 達率二品 恩率三品 德率四品 扞率五品 奈率六品 以上冠飾銀花 將德七品 紫帶 施德八品 皁帶 固德九品 赤帶 季德十品 靑帶 對德十一品 文督十二品 皆黃帶 武督十三品 佐軍十四品 振武十五品 克虞十六品 皆白帶"(『通典』 185 邊防 1 東夷 上 百濟)
25) 紫·緋·靑色의 관복을 입었다는 기사와 관련해서 다음의 중국 기록도 참고된다.
"官人盡緋爲衣 銀花飾冠 庶人不得衣緋色"(『舊唐書』 199上 列傳 149上 東夷 百濟)
"群臣絳衣 飾冠以銀蘤 禁民衣絳紫"(『新唐書』 220 列傳 145 東夷 百濟)
26) 백제 왕의 正裝한 모습과 관련해서 다음 기록도 참고된다.
"其王服大袖紫布 靑錦袴 烏羅冠 金花爲飾 素皮帶 烏韋履"(『舊唐書』 199上 列傳 149上 東夷 百濟)
27) 본 내용은 포상팔국의 가야 침공기사로 보이는 바, 『三國史記』 2 新羅本紀 2 奈解尼師今 14년(209)에 해당된다.
28) 『三國遺事』 5 避隱 8 勿稽子에는 동일기사가 奈解王 20년(215)으로 되어 있다.
29) 원문에는 "十年乙未"라고 되어 있으나, 연대와 간지가 맞지 않는 데다가 앞에는 "十七年壬辰"의 기록이 있어 "二十年乙未"의 오류라고 생각된다.
30) 『三國史記』 48 列傳 8 勿稽子에는 奈解尼師今 14년(209)의 3년 뒤(212) 일로 기록되어 있고, 『三國史節要』 3에도 연대가 명시되어 있지는 않으나 奈解尼師今 17년(212)에 배치되어 있다.

신라 포상팔국 가야

> 秋七月 浦上八國 謀侵加羅 加羅王子來請救 王命太子于老 與伊伐湌
> 利音 將六部兵 往救之 擊殺八國將軍 奪所虜六千人 還之 (『三國史記』 2 新羅
> 本紀 2 奈解尼師今)[31]

신라 포상팔국 가야

> 秋七月 浦上八國 謀侵加羅 加羅王子請救於新羅 王命太子于老 與伊
> 伐湌利音 將六部兵 往救之 擊殺八國將軍 奪所虜六千人 還之 是役也 勿稽子有
> 大功 以見忌於利音 故不記其功 或謂曰 子之功 莫大而不見錄 怨乎 曰 何怨之
> 有 或曰 盍聞之於王 曰 矜功求名 志士所不爲也 但當勵志 以待後時而已 勿稽
> 子 家世平微 爲人倜儻 有壯志 (『三國史節要』 3)

신라 팔포상국(포상팔국) 가야

> 勿稽子 奈解尼師今時人也 家世平微 爲人倜儻 少有壯志 時 八浦上國
> 同謀伐阿羅國 阿羅使來請救 尼師今使王孫捺音 率近郡及六部軍往救 遂敗八國
> 兵 是役也 勿稽子有大功 以見憎於王孫 故不記其功 或謂勿稽子曰 子之功莫大
> 而不見錄 怨乎 曰 何怨之有 或曰 盍聞之於王 勿稽子曰 矜功求名 志士所不爲
> 也 但當勵志 以待後時而已 (『三國史記』 48 列傳 8 勿稽子)

6) 편년기사와 무편년기사가 동일기사일 경우, 무편년 기사는 주해한다.

   예) 미추이사금 즉위조

      신라　味鄒尼師今立[一云味照] 姓金 母朴氏 葛文王伊柒之女 妃昔氏 光明夫人 助賁王
> 之女 其先閼智 出於雞林 脫解王得之 養於宮中 後拜爲大輔 閼智生勢漢 勢漢生
> 阿道 阿道生首留 首留生郁甫 郁甫生仇道 仇道則味鄒之考也 沾解無子 國人立味
> 鄒 此金氏有國之始也 (『三國史記』 2 新羅本紀 2)[32]

7) 연대가 다르거나 무편년 기사 중 다른 출전의 사료와 연관이 있는 것은 모두 주해하여 그 출전을 밝혀준다.

   예) 봉상왕 2년

      고구려　九月 王謂其弟咄固有異心 賜死 國人以咄固無罪 哀慟之 咄固子乙弗 出避於野
> (『三國史記』 17 高句麗本紀 5)[33]

      고구려　九月 高句麗王以其弟咄固有異心 賜死 國人以咄固無罪 哀慟之 咄固子乙弗 出
> 避於野 (『三國史節要』 4)

8) 무편년 기사 중 연대가 확인 또는 추정되어 수정편년하는 경우 주해한다.

   예) 296년 봉상왕 5

      고구려　秋八月 慕容廆來侵 至故國原 見西川王墓 使人發之 役者有暴死者亦聞壙內有樂
> 聲 恐有神乃引退 王謂羣臣曰 慕容氏兵馬精强 屢犯我疆場 爲之 奈何 相國倉助
> 利對曰 北部大兄高奴子賢且勇 大王若欲禦寇安民 非高奴子無可用者 王以高奴
> 子爲新城太守 善政有威聲 慕容廆不復來寇 (『三國史記』 17 高句麗本紀 5)

      고구려　時 慕容廆爲邊患 王謂群臣曰 慕容氏兵强 屢犯我疆場 爲之奈何 倉助利對曰 北
> 部大兄高奴子賢且勇 大王若欲禦寇安民 非高奴子無可用者 王以爲新城太守 慕
> 容廆不復來 (『三國史記』 49 列傳 9 倉助利)[34]

9) 편자의 주가 필요할 경우 주해한다.

10) 주해에서 사료를 인용할 때에는 " "로 한다.

---

31) 『三國遺事』 5 避隱 8 勿稽子에는 동일내용이 212년의 일로 되어 있다.

32) 본문의 "其先閼智 出於雞林 脫解王得之 養於宮中 後拜爲大輔"와 관련하여 『三國史記』 11 新羅本紀 1
    탈해이사금 9년 3월 기사가 참고된다.

33) 이 기사와 관련해서 『삼국사기』 17 고구려본기 5 미천왕 즉위년도 참고된다.

34) 본문의 '時'는 고구려 봉상왕 5년 추8월이다.

11) 금석문/목간 등에서 국적을 달리 보는 경우는 주해한다.

　예) 계양산성 목간은 백제 목간으로 보고되었으나 대부분 신라 목간으로 분류함

　　　운천동 사적비는 686년에 건립된 것으로 알려졌으나, 최근 고려 초기(후삼국 통일 직후)로 보는 설도 있음

9. 출전 표기는 다음과 같이 하되, 사료 원문 다음에 한 칸을 띄우고 '( )'안에 삽입한다.

　예)　『三國史記』 2 新羅本紀 2

　　　『三國遺事』 1 王曆 1 / 『三國遺事』 2 紀異 2 文虎王法敏

　　　『三國史節要』 3

　　　『三國志』 3 魏書 3 明帝紀

　　　『三國志』 30 魏書 30 烏丸鮮卑東夷傳 韓

　　　『晉書』 97 列傳 67 四夷 東夷

　　　『舊唐書』 4 本紀 4 高宗 上

　　　『日本書紀』 9 神功紀

　　　「魏冊丘儉紀功碑」 / 「景元 元年銘塼」 側銘

10. 기사 번역

1) 한글 전용을 원칙으로 하되, 중요 어휘와 중의 어휘 등은 한자를 병기한다.

2) 번역에 논란이 있는 경우 관련 논의와 그 번역을 주해한다.

3) 간지로 된 날짜 표기는 "~일(숫자)" 형태로 통일한다.

　예) 59(己未/신라 탈해이사금 3/고구려 태조왕 7/백제 다루왕 32/後漢 永平 2/倭 垂仁 88)

　예맥　　봄 정월 신미일(19)에 명당(明堂)에서 조상으로서 광무황제(光武皇帝)를 제사하였다. (…) 예가 끝난 뒤 영대(靈臺)에 올라 상서령지절(尙書令持節)로 하여금 표기장군(驃騎將軍)과 3공(公)에게 알려 말하기를, " (…) 뭇 신료들이 잘 보좌하며, 종실의 자손들이 번성하고, 뭇 군(郡)이 상계(上計)를 하며, 많은 오랑캐들이 조공을 바치고 오환(烏桓)과 예맥(濊貊)이 모두 와서 제사를 돕고 선우(單于)가 시중을 들며, 골도후(骨都侯) 또한 모두 함께 자리에 배열하니 이는 진실로 성조(聖祖)의 공덕 덕택이다." 하였다. (『後漢書』 2 帝紀 2 顯宗孝明帝)

4) 인명, 지명, 관직명 등 고유명사와 상투어는 번역하지 않고 각 해당 연도의 최초 기사에서만 한자를 병기한다.

5) 論曰의 경우 "논하여 말한다."로 통일하여 번역한다.

6) 사망과 관련된 표현은 '崩' '薨'은 "돌아가셨다"로, '卒' '死' 등은 "죽었다"로 통일하여 번역한다.

7) 인용문은 원칙적으로 문장을 달리 하지 않는다. 단, 복수의 문장이나 3줄 이상의 인용문 등 가독성을 고려할 필요가 있는 경우, 문장을 달리 한다. 인용문 내에 인용문이 있을 경우 첫번째는 ' ', 두 번째는 「 」로 표기한다.

8) 숫자는 가능한 아라비아 숫자로 통일한다.

9) 내용이 길어져서 가독성이 떨어질 경우, 원문에 단락 구분이 되어 있지 않더라도 번역에서 적절히 단락을 구분한다.

10) 한자에 2가지 발음이 있을 경우 『한국민족문화대백과사전』을 기준으로 통일하여 기재하고 최초 사례에 주해한다.

　예) 훼부/탁부 : 탁부, 현도/현토 : 현도, 관구검/무구검 : 관구검 등

[책을 내면서]

한국고대사 연구는 한·중·일 삼국에서 생성된 한국고대사 관련 자료를 두루 비교·검토해야 균형 잡힌 연구가 가능하다. 한국, 중국, 일본 등 동아시아 문헌 등에 기록된 한국고대사관련 사료는 다른 시대에 비해 내용도 매우 소략한 편이고, 기록 자체도 매우 부족한 것으로 여지지고 있다. 지금까지 여러 연구기관이나 연구자 등이 한국사서·중국사서·일본사서에 기록된 한국고대사 관계 기사를 발췌하여 사료집을 간행하기도 하였다. 한국사서, 중국사서와 일본사서들에 보이는 한국고대사 관련 사료집은 국가별 내지는 특정 시기 및 주제에 한정되어 간행된 것이 보통이다. 이처럼 한국고대사관련 사료가 개별적으로 많이 정리되고 간행된 바 있으나, 사료를 필요에 따라 취사선택함으로 말미암아 동아시아 속에서 한국고대사를 일목요연하게 보기에도 부족함이 있다고 느꼈고, 이늘 사료를 연대별도 정리하여 종합화할 필요성이 있다고 생각했다. 한국고대사 전체를 시간적 범위로 하여 한·중·일 삼국의 한국고대사 관련 자료를 총망라하여 집성해보고 싶었다. 대학원에서 공부를 시작할 때부터 개인적으로 이러한 작업을 해 볼 생각을 가지고 있었으나, 한 개인의 힘으로는 도저히 불가능한 일임을 자각한 바 있다. 이에 관련 연구자들이 공동으로 이 작업을 하는 것이 가능하지 않을까 하는 막연한 기대감에서 한국학 토대연구 사업의 일환으로 이 과제를 신청하여 11인이 공동으로 연구를 진행하게 되었다. 중국의 '자치통감'이나 조선의 '동국통감'처럼 한국고대사와 관련한 사료를 정리한 일종의 현대판 '한국고대사통감'을 만들어보고자 하는 욕심이었다고 할 수 있다. 물론 매우 과한 욕심이었다는 점은 인정하지만, 이러한 자료의 필요성만큼은 대부분 공감하리라 생각한다. 결국 이 작업은 한국고대사 관련 동아시아 사료를 연대기적으로 종합하고자 하는 것이 목적이었다. 이를 통해 한국고대사 관련 동아시아 사료에 대해 번역하고, 유기적이고 총체적으로 사료를 집성하며, 주해를 통한 한국고대사 관련 사료의 객관성 추구하고자 한 것이다. 이 과정에서 새로운 사료를 발굴하고, 사료를 유기적으로 결합시킬 수도 있을 것으로 기대했다. 이에 이 작업을 위해 주변에 있는 한국 고대사 전공자와 중국, 일본의 고중세사 전공자 11인으로 연구팀을 구성하였다. 한국고대사 관련 동아시아 사료의 연대기적 집성을 위해 자료조사 및 수집, 원문 교감 및 판본 확인, 사료배열, 번역 및 주해, 사료 종합의 5단계의 과정을 거쳐 작업을 진행하였다. 먼저 한국고대사관련 사료의 연대기적 집성에 맞는 원칙을 정하기 위해 많은 시행착오를 거쳐서 매뉴얼을 작성하였고, 그 매뉴얼에 따라 사료를 정리하였다. 이를 통해 연대기적으로 사료를 정리하였고, 상호비교를 통해 인용사료들의 출전과 전거를 확인할 수 있도록 함으로써 사료간의 관계와 상이점 등을 확인할 수 있도록 하였다. 아울러 연대와 월일이 불분명한 사료의 주해하여 사료의 객관화를 이루고자 하였고, 번역되어 있지 않은 중국 정사류와 유사류 등을 번역하여 사료에 접근이 용이하도록 하고자 하였다. 다만 편년이 불가능한 비연대기 사료들은 연대기 자료에 포함될 수 없는 부분이 많아서 여기에는 수록하지 않았다.

애초의 막연한 기대와는 달리 한국고대사관련 동아시아 사료를 연대기로 집성하는 작업이 쉽지 않은 것임을 금방 깨달았기 때문에 3년이라는 시간동안 모든 것을 잘 정리하고 마무리할 수 있을 것인지에 대해 많은 걱정을 했던 것도 사실이다. 처음 생각한 것보다 많은 노력이 필요했고, 연구팀이 같이 손발을 맞추는 것도 현실적으로 매우 어려웠다. 사료들을 종합하고자 하니 생각한 것보다 방대한 양이었고, 하나하나를 세심하게 검토하는 작업도 쉽지 않았다. 사료를 배열하고 번역하고 주해하는 과정에서 간혹 의도하지 않게 누락시키거나 혹은 번역이 다소 문제가 있거나 배치상 오류가 있는 부분도 적지 않으리라 생각된다. 다양한 학설이 존재하는 고대사 사료 가운데 논란이 되는 부분도 적지 않기에 그것을 일목요연하게 정리한다는 것

자체가 쉽지 않은 작업이었던 것 같다. 결과물이 많은 분들의 기대와 달리 매우 부족할 수도 있으리란 것을 연구팀 모두 잘 알고 있고, 결과물에 대해 다양한 비판을 받을 수도 있으리라 생각한다. 그럼에도 불구하고 굳이 작업을 결과물을 책으로 출간하여 세상에 내어놓는 이유는 연구비를 받고서 해야 할 의무였기도 하지만, 동아시아 사료를 연대기적으로 정리하여 한눈에 일목요연하게 확인해볼 수 있는 사료집이 있다는 측면만으로도 나름 의미가 있을 수도 있겠다는 생각에서이다. 특히 연구를 시작하면서 사료에 대한 접근이 쉽지 않을 수도 있는 학문 후속 세대에게는 이러한 작업의 결과물이 공부에 도움이 될 수도 있을 것으로 기대한다. 아울러 사료에 접근할 때 그 사료가 어떤 전거에서 시작된 것인지, 그것이 어떻게 변형되어 수록되었는지를 확인할 수 있다는 점에서도 유용할 수 있을 것으로 기대한다.

한국고대사관련 동아시아 사료의 연대기적 집성이 더욱 좋은 자료로 활용되기 위해서는 지속적으로 수정, 보완의 필요성이 있음은 두말할 나위도 없다. 향후 이 책에서 부족한 부분을 더욱 정교하게 다듬고 수정하고 보충하여 보다 나은 사료집이 간행될 수 있기를 희망한다. 그러기 위해서는 한국고대사 연구자들의 아낌없는 질정과 아울러 이 사료집을 함께 보완해나가자는 제안도 드리는 바이다. 한국고대사 연구자들께서 주저하지 말고 많은 고견을 주시기를 바라며 이를 최대한 반영하여 추후 기회가 되면 증보할 수 있도록 노력해나갈 생각이다.

여러 면에서 부족한 연구책임자를 믿고 3년 동안 함께 작업을 하신 전임연구원 채미하, 박승범, 정동준 선생님과 공동연구원 박근칠, 이재석, 박현숙, 박찬흥, 김종복, 최재영, 박준형 선생님께 감사드린다. 아울러 함께 작업한 연구보조원들의 노고에도 감사드린다. 마지막으로 어려운 출판 여건에도 책이 간행되도록 물심양면으로 도와주신 주류성출판사의 최병식 사장님과 책의 간행에 직접적으로 수고해주신 담당자님께도 사의를 표하는 바이다.

연구팀을 대표하여 정 호 섭

한국 고대사 관련 동아시아 사료의 연대기적 집성
원문 (上) B.C.2333년~642년

B.C.2333(戊辰)

조선 옥저 부여 예맥

初誰開國啓風雲 釋帝之孫名檀君[本紀曰 上帝桓因有庶子 曰雄云云 謂曰 下至三危太白 弘益人間歟 故雄受天符印三箇 率鬼三千而降太白山頂神檀樹下 是謂檀雄天王也云云 令孫女飮藥 成人身 與檀樹神婚而生男 名檀君 據朝鮮之域爲王 故尸羅高禮南北沃沮東北扶餘穢與貊 皆檀君之壽也 理一千三十八年 入阿斯達山爲神 不死故也] 並與帝高[35]興戊辰 經虞歷夏居中宸 (『帝王韻紀』 下 前朝鮮紀)

B.C.2311(庚寅)[36]

조선

魏書云 乃往二千載有壇君王儉 立都阿斯達[経云無葉山 亦云白岳 在白州地 或云在開城東 今白岳宮是] 開國號朝鮮 與高[37]同時 古記云 昔有桓国[38][謂帝釈也]庶子桓雄 數意天下 貪求人世 父知子意 下視三危太伯 可以弘益人間 乃授天符印三箇 遣往理之 雄率徒三千 降於太伯山頂[卽太伯今妙香山]神壇樹下 謂之神市 是謂桓雄天王也 將風伯雨師雲師 而主穀主命主病主刑主善惡 凡主人間三百六十餘事 在世理化 時有一熊一虎 同穴而居 常祈于神雄 願化爲人 時神遺靈艾一炷蒜二十枚曰 爾輩食之 不見日光百日 便得人形 熊虎得而食之忌三七日 熊得女身 虎不能忌而不得人身 熊女者 無與爲婚 故每於壇樹下 呪願有孕 雄乃假化而婚之 孕生子 號曰壇君王儉 以唐高[39]卽位五十年庚寅[唐堯卽位元年戊辰 則五十年丁巳 非庚寅也 疑其未實] 都平壤城[今西京] 始稱朝鮮 又移都於白岳山阿斯達 又名弓[一作方]忽山 又今旀達 (『三國遺事』 1 紀異 1 古朝鮮 王儉朝鮮)

B.C.1226 또는 1166(乙未/殷 武丁 8)[40]

조선

於殷虎[41]丁八乙未 入阿斯達山爲神[今九月山也 一名弓忽 又名三危 祠堂猶在] 享國

---

35) 원문의 高는 堯의 避諱이다. 고려 정종의 이름이 堯이기 때문이다.
36) 『三國遺事』의 庚寅은 B.C.2311이고, 戊辰을 기준으로 22년 후이다. 단군의 건국연대로 알려진 B.C.2333은 『東國通鑑』의 戊辰을 기준으로 한 것이다. 어느 쪽이건 帝堯 즉위를 기준으로 관계를 설정한 연대이다.
37) 원문의 高는 堯의 避諱이다. 고려 정종의 이름이 堯이기 때문이다.
38) 저본은 '国'으로 되어 있으나, 파른본 등 '因'으로 되어 있는 판본도 있다.
39) 원문의 高는 堯의 避諱이다. 고려 정종의 이름이 堯이기 때문이다.
40) 殷 武丁의 재위시기나 생몰연대는 확실하지 않으나 대체로 B.C.1200 전후로 추정된다. 따라서 그 시기의 乙未는 B.C.1226 또는 B.C.1166이 된다.

一千二十八　無奈變化傳桓因　却後一百六十四　仁人聊復開君臣[一作　爾後一百六十四
雖有父子無君臣] (『帝王韻紀』下　前朝鮮紀)

B.C.1062(己卯)42)

조선	後朝鮮祖是箕子　周虎43)元年己卯春　適來至此自立國　周虎44)遙封降命綸　禮難不謝乃
入覲　洪範九疇問彝倫[尚書疏云 45)王46)箕子之囚　箕子走之朝鮮立國　虎47)王聞之因
封焉　箕子受封　不得無臣禮　因謝入覲　虎48)王問洪範九疇　在周之十三年也　已下現於
傳者皆不注] (『帝王韻紀』下　後朝鮮紀)
조선 고려	古記云 (…) 御國一千五百年　周虎49)王卽位己卯　封箕子於朝鮮　壇君乃移於藏唐京　後
還隱於阿斯達爲山神　壽一千九百八歲　唐裴矩傳云　高麗本孤竹國[今海州]　周以封箕子
爲朝鮮 (『三國遺事』1 紀異 1 古朝鮮 王儉朝鮮)50)

B.C.1046(乙未/周 武王 11)

조선	武王封微子於宋　封箕子於朝鮮 (『潛夫論』8 五德志 34)
조선	**武王勝殷**　釋箕子之囚　箕子不忍爲周之釋　走之朝鮮　武王聞之　因以朝鮮封之　箕子旣
受周之封　不得無臣禮　故於十二祀來朝 (『尚書大傳』周傳 洪範)51)
구려 부여 맥	
	武王克商　海東諸夷句麗夫餘馯貊之屬　皆通道焉 (『尚書大傳』周官 孔氏傳)
조선	箕子居朝鮮 (『博物志』9 雜說)
조선	昔武王封箕子於朝鮮 (『後漢書』85 東夷列傳 75 濊)
조선	周初封商太師國於朝鮮[太師爲周陳洪範　其地　今安東府之東　悉爲東夷所據] (『通典』
185 邊防 1 東夷 上 序略)
조선 낙랑	朝鮮[晉張華曰　朝鮮有泉水洌水汕水　三水合爲洌水　疑樂浪朝鮮取名於此也　汕 所晏
反]　周封殷之太師之國 (『通典』185 邊防 1 東夷 上 朝鮮)
조선	朝鮮城　卽箕子受殷封之地　今有廢城 (『太平寰宇記』70 河北道 19 平州 盧龍縣)
조선	昔周武王封殷太師箕子於朝鮮 (『太平寰宇記』172下 四夷 1 東夷 1 東夷總述)
조선 낙랑	朝鮮[晉張華曰　朝鮮有泉水洌水汕水　三水合爲洌水　疑樂浪朝鮮取名於此也　汕 所晏
切]　周封箕子之國　昔武王釋箕子之囚　箕子不忍食周粟　走之朝鮮　武王聞之　因以朝鮮
封之[見尚書大傳] (『太平寰宇記』172下 四夷 1 東夷 1 朝鮮)
조선 낙랑	尚書大傳曰　武王勝殷　繼公子祿父[祿父 紂之子也]　釋箕子之囚　箕子不忍商之亡　走之
朝鮮[朝鮮 今樂浪郡]　武王聞之　因以朝鮮封之　箕子旣受周之封　不得無臣禮　故於十二
祀來朝 (『太平御覽』780 四夷部 1 東夷 1 朝鮮)
조선 낙랑	史記曰　朝鮮　張晏注曰　朝鮮有濕水洌水汕水　合爲洌水　疑樂浪朝鮮取名於此 (『太平御
覽』780 四夷部 1 東夷 1 朝鮮)

---

41) 원문의 虎는 武의 避諱이다. 고려 혜종의 이름이 武이기 때문이다.
42) 주 무왕이 즉위했다는 己卯年은 B.C.1062에 해당한다.
43) 원문의 虎는 武의 避諱이다. 고려 혜종의 이름이 武이기 때문이다.
44) 원문의 虎는 武의 避諱이다. 고려 혜종의 이름이 武이기 때문이다.
45) 원문의 虎는 武의 避諱이다. 고려 혜종의 이름이 武이기 때문이다.
46) 원문에는 '王' 다음 글자가 빠져 있으나 내용상 '釋'자가 들어가야 한다.
47) 원문의 虎는 武의 避諱이다. 고려 혜종의 이름이 武이기 때문이다.
48) 원문의 虎는 武의 避諱이다. 고려 혜종의 이름이 武이기 때문이다.
49) 원문의 虎는 武의 避諱이다. 고려 혜종의 이름이 武이기 때문이다.
50) 이 기사는 월을 표기하지 않았으나, 『帝王韻紀』下 後朝鮮紀에 의거하여 春에 편년하고 배치하였다.
51) 무왕이 은에게 이긴 것은 『史記』32 齊太公世家 2에 무왕 11년 정월 甲子(23)라고 하고, 기사내용상 기
자를 조선에 봉한 것은 12년(B.C.1045)보다 먼저이다. 그에 의거하여 편년하고 배치하였다. 이하 모두 같
다.

| 조선 | 朝鮮者 周武王勝殷 釋箕子之囚 箕子不忍受周之釋 走之朝鮮 武王聞之 因以朝鮮封之 (『册府元龜』957 外臣部 2 國邑 1 東夷) |

B.C.1044(丁酉/周 武王 13)

| 조선 | 武王旣克殷 訪問箕子 (…) 於是 武王乃封箕子於朝鮮[52]而不臣也 其後箕子朝周 過故殷虚 感宮室毀壞 生禾黍 箕子傷之 欲哭則不可 欲泣爲其近婦人[53] 乃作麥秀之詩以歌詠之 其詩曰 麥秀漸漸兮 禾黍油油[54] 彼狡僮兮 不與我好兮 所謂狡童者 紂也 殷民聞之 皆爲流涕[55] (『史記』38 宋微子世家 8)[56] |

B.C.782(己未/周 宣王 46)

| 예 맥 | 溥彼韓城 燕師所完 以先祖受命 因時百蠻 王錫韓侯 其追其貊 奄受北國 因以其伯 實墉實壑 實畝實籍 獻其貔皮 赤豹黃羆 (『詩經』大雅 韓奕篇)[57] |

B.C.661(庚申/春秋時代)[58]

한	(…) 故 其大年神 娶神活須毘神之女 伊怒比売 生子大国御魂神 次韓神 次曾富理神 次白日神 次聖神 [五柱] (…) (『古事記』[59] 上 大年神系譜)
한국	(…) 於是 詔之 此地者 向韓国 真来通笠沙之御前而 朝日之直刺國 夕日之日照國也 故此地甚吉地 詔而 於底津石根宮柱布斗斯理 於高天原氷椽多迦斯理而坐也 (…) (『古事記』上 天孫降臨)
한	一書曰 素戔嗚尊欲幸奇稻田媛而乞之 脚摩乳 手摩乳對曰 請先殺彼蛇 然後幸者宜也 彼大蛇每頭各有石松 兩脇有山 甚可畏矣 將何以殺之 素戔嗚尊乃計釀毒酒以飮之 蛇醉而睡 素戔嗚尊乃以蛇韓鋤之劒斬頭斬腹 其斬尾之時 劒刃少缺 故裂尾而看即別有一劒焉 名爲草薙劒 此劒昔在素戔嗚尊許 今在於尾張國也 其素戔嗚尊斷蛇之劒 今在吉備神部許也 出雲簸之川上山是也 (『日本書紀』[60] 1 神代 上)

---

52) 索隱 潮仙二音 地因水爲名也
53) 索隱 婦人之性多涕泣
54) 索隱 漸漸 麥芒之狀 音子廉反 又依字讀 油油者 禾黍之苗光悅貌
55) 集解 杜預曰 梁國蒙縣有箕子冢
56) 무왕이 기자를 방문한 것은 『史記』4 周本紀 4에 殷에게 이긴 11년(B.C.1046)의 2년 후, 즉 13년 (B.C.1044)이라고 한다. 그에 의거하여 편년하고 배치하였다.
57) 이 시는 西周 선왕대(B.C.827~782)에 韓侯를 재책명한 시의 일부로 본다. 그에 따라 B.C.827~782로 기간편년하고 마지막해인 B.C.782에 배치하였다. 追는 濊로 보기도 하고, 貊·亳·發은 周代에 北境에 있던 같은 부족명의 漢字異字로 보며, 胡族과 구별된 東夷系의 부족이었다고 보기도 한다.
58) 이 연대에 편성한 일본 측 사료는 모두 『古事記』와 『日本書紀』에 神代의 기록으로 나오는 부분들이다. 특정 연대를 지정할 수 없는 내용들이기 때문에 여기서는 일본 최초의 천황인 神武天皇이 B.C.660 辛酉年에 즉위하였다고 하는 『日本書紀』의 전승 기록에 의거하여 그 전해인 B.C.661에 일괄하여 배치하였다.
59) 『古事記』는 현존하는 일본 最古의 역사기록물이며 712년 元明天皇의 명으로 오오노야스마로(太安麻呂)가 최종 완성하였다. 서문(序文) 및 上·中·下 3卷으로 구성되어 있으며 상권은 신들의 이야기, 중·하권은 일본을 최초로 건국하였다는 신무천황에서부터 628년 推古天皇의 시대에 이르기까지 각 천황 대(代)의 계보와 전승을 수록하고 있다. 7세기 후반 고대 천황제 국가의 성립에 발맞추어 일본 국가와 왕권의 유래를 강조하기 위한 정치적 목적에서 기획되었다는 점에서 『古事記』는 『日本書紀』와 함께 양대 고전으로 주목받아 왔으나, 최초의 정사(正史)로서 기획되었던 『日本書紀』와는 달리 옛이야기 모음집으로서의 성격이 더 강하다. 『古事記』의 편찬이 최초로 기획된 것은 天武天皇(재위 672~686)의 시대였으며 『古事記』의 편찬 사정을 밝힌 서문에 의하면, 천무천황이 히에다노아레(稗田阿禮)에게 기존에 전해오던 <제기(帝記)>와 <구사(舊辭)>를 송습(誦習)하게 하였으나 완성하지 못했고, 오호노야스마로가 그 자료를 바탕으로 집필하여, 712년에 헌상했다고 한다. 『古事記』는 중국풍의 사서를 모델로 하였던 한문체 위주의 『日本書紀』와 달리 한문과 일본어를 혼용하였으며, 한자의 음과 훈을 따서 기록되어 있는 내용이나 古語는 어문학과 신화학·민속학 등 제반 분야에 풍부한 데이터를 제공해주고 있다. 과거 근세에 이르기까지 『古事記』는 『日本書紀』에 비해 별로 주목받지 못한 고전이었으나, 국학자 모토오리 노리나가(本居宣長)의 『古事記伝』 연구를 계기로 가장 일본적인 심성을 전해주고 있는 고전으로 주목받기 시작하였다. 상권에 나와 있는 일본 신화는 한국의 신화 연구에도 도움이 된다.

신라 한	一書日 素戔嗚尊所行無狀 故諸神科以千座置戶而逐逐之 是時 素戔嗚尊帥其子五十猛神 降到於新羅國 居曾尸茂梨之處 乃興言日 此地吾不欲居 遂以埴土作舟乘之東渡 到出雲國簸川上所在鳥上之峯 時彼處有呑人大蛇 素戔嗚尊乃以天蠅斫之劍斬彼大蛇 時斬蛇尾而刀缺 即擘而視之 尾中有一神劍 素戔嗚尊日 此不可以吾私用也 乃遺五世孫天之葺根神上奉於天 此今所謂草薙劍矣 初五十猛神天降之時 多將樹種而下 然不殖韓地盡以持歸 逐始自筑紫 凡大八洲國之內莫不播殖而成靑山焉 所以稱五十猛命爲有功之神 即紀伊國所坐大神是也 (『日本書紀』1 神代 上)
한	一書日 素戔嗚尊日 韓鄕之嶋 是有金銀 若使吾兒所御之國 不有浮寶者 未是佳也 乃拔鬚髯散之 即成杉 又拔散胸毛 是成檜 尻毛是成柀 眉毛是成櫲樟 已而定其當用 乃稱之日 杉及櫲樟 此兩樹者 可以爲浮寶 檜可以爲瑞宮之材 柀可以爲顯見蒼生奧津棄戶將臥之具 夫須噉八十木種皆播生 于時素戔嗚尊之子 號日五十猛命 妹大屋津姬命 次抓津姬命 凡此三神亦能分布木種 即奉渡於紀伊國也 然後素戔嗚尊居熊成峯 而遂入於根國者矣 棄戶 此云須多杯 柀 此云磨紀 (『日本書紀』1 神代 上)

B.C.651(庚午/고조선/春秋時代/倭 神武 10)

예맥	葵丘之會 天子使大夫宰孔致胙於桓公日 余一人之命有事於文武 使宰孔致胙 且有後命日 以爾自卑勞 實謂爾伯舅毋下拜 桓公召管仲而謀 管仲對日 爲君不君 爲臣不臣 亂之本也 桓公日 余乘車之會三 兵車之會六 九合諸侯 一匡天下 北至於孤竹山戎穢貉 拘秦夏 西至流沙西虞 南至吳越巴牂柯牂不庾雕題黑齒 荊夷之國 莫違寡人之命 而中國卑我 昔三代之受命者 其異於此乎 (『管子』8 小匡 20)[61]

B.C.645(丙子/고조선/春秋時代/倭 神武 16)[62]

---

60) 『日本書紀』는 일본 최초의 정사(正史)로서 일본의 신화시대에서 시작하여 B.C.660 초대 神武天皇의 일본 건국을 거쳐 41대 持統天皇(재위 686~697)의 시대까지를 다루고 있다. 순한문의 편년체(編年體)로 구성되어 있으며, 전 30권과 계도(系圖) 1권으로 이루어져 있지만 계도는 현재 전해지지 않는다. 편찬의 경위는 『日本書紀』에 서문이 없어 자세하게 알 수 없는데, 天武天皇(재위 673~686)의 명으로 편찬 작업이 진행되었던 것으로 보이며 최종적으로는 舍人親王 등이 중심이 되어 43대 元正天皇의 시대인 720년에 완성했다. 712년에 간행된 『古事記』에 이어 일본에서는 두 번째로 오래된 현존 역사서이다. 『続日本紀』에는 '日本紀'로 표기되어 있으며 『日本書紀』의 후속 正史가 『續日本紀』인 점에서 볼 때 『日本紀』라고도 하였음을 알 수 있다. 『日本書紀』의 편찬은 국가의 대사업으로 이루어졌고, 태양신의 자손인 천황가(天皇家)의 일본 통치의 정통성과 정당성을 강조하고 그 유래를 명확히 하는 것이 일차적인 목적이었기 때문에 매우 정치적인 의도성이 강하게 반영되었다. 『日本書紀』 편찬의 자료로는 제기(帝紀)와 구사(舊辭), 각 씨족의 전승기록(家傳) 등이 중심이 되었으며 특히 『百濟記』·『百濟新撰』·『百濟本記』 등 백제계 자료, 『魏書』·『晉書』 등 중국의 사서도 일부 인용하고 있다. 일본 중심주의에 입각하여 고구려 백제 신라 가야(임나) 등 한반도 諸國이 일본에 조공하였다는 식의 왜곡된 내용을 다수 포함하고 있으며 특히 神功皇后의 소위 삼한정벌 전승은 그 왜곡성에도 불구하고 후대 일본인에게 왜곡된 한국관을 심어주는 등 심대한 영향을 미쳤다.

61) 『史記』齊太公世家에 의하면 齊 桓公 35년(B.C.651)에 여름·가을 두 차례에 걸쳐 葵丘會盟이 열렸다. 천자가 文王·武王의 제사에 올렸던 고기를 환공에게 보낸 것은 여름에 일어난 것이고, 제 환공이 자신의 업적을 과신하면서 封禪에 나아가려다 管仲의 만류로 중지한 사건은 가을에 일어난 것이다. 이 사료는 두 회맹의 내용을 하나의 사건인 것처럼 서술하고 있다.
山戎이 燕을 공격하자 연이 제에게 구원을 요청하였다. B.C.663 제 환공은 宋[趙[南州侯]와의 회맹군을 이끌고 산융을 정벌하였다. 이후 B.C.658 봄에 제는 狄人의 침입을 받은 衛를 구하였다. 제가 산융 정벌(1차 정벌)시 회맹에 참여하지 않은 北州侯의 일원인 孤竹, 令支를 정벌(2차 정벌)한 것은 B.C.658 이후에야 가능하였다. 『史記』齊太公世家에 의하면 제 환공은 산융, 영지, 고죽을 정벌한 것으로 되어 있지 濊貊은 정벌대상에 포함되어 있지 않다. 위의 『管子』小匡篇의 내용은 제 환공이 자신의 군사적 위업을 과장하면서 사실과 달리 예맥을 포함시켰던 것으로 보인다. 위 사료의 기준인 규구회맹은 B.C.651이지만 예맥과 관련된 것은 이보다 6~7년 이전이라고 할 수 있다.
『管子』小匡篇의 예맥 관련 사료는 예와 맥이 연칭되는 가장 이른 사례이다. 『管子』小匡篇이 전국시대 이후에 서술된 만큼 사료상의 예·맥의 연칭이 전국시대 이후에 이루어진 것으로 보는 견해와 『管子』小匡篇이 전국시대 이후에 서술된 것은 사실이지만 춘추시대의 전승을 반영한 것으로 보면서 예·맥의 연칭이 이미 춘추 중기인 B.C.7세기 중반에 나타나는 것으로 보는 견해가 있다.

발 조선　　　桓公問管子曰 吾聞海內玉幣有七筴 可得而聞乎 管子對曰 陰山之礝䃉 一筴也 燕之
　　　　　　　紫山白金 一筴也 發朝鮮之文皮[63] 一筴也 汝漢水之右衢黃金 一筴也 江陽之珠 一筴
　　　　　　　也 秦明山之曾青 一筴也 禺氏邊山之玉 一筴也 此謂以寡爲多 以狹爲廣 天下之數
　　　　　　　盡於輕重矣 (『管子』23 揆度 78)

발 조선　　　桓公曰 四夷不服 恐其逆政游於天下而傷寡人 寡人之行 爲此有道乎 管子對曰 吳越
　　　　　　　不朝 珠象而以爲幣乎 發朝鮮不朝 請文皮毤服而以爲幣乎 禺氏不朝 請以白璧爲幣乎
　　　　　　　崑崙之虛不朝 請以璆琳琅玕爲幣乎 故夫握而不見於手 含而不見於口 而辟千金者 珠
　　　　　　　也 然后八千里之吳越可得而朝也 一豹之皮 容金而金也 然後八千里之發朝鮮可得而
　　　　　　　朝也 懷而不見於抱 挾而不見於掖 而辟千金者 白璧也 然后八千里之禺氏可得而朝也
　　　　　　　簪珥而辟千金者 璆琳琅玕也 然后八千里之崑崙之虛可得而朝也 故物無主 事無接 遠
　　　　　　　近無以相因 則四夷不得而朝矣 (『管子』23 輕重甲 80)

B.C.533(戊辰/고조선/春秋時代/倭 安寧 16)

숙신 박　　　(傳 九年春二月庚申) 王使詹桓伯辭於晉[64]曰 我自夏以后稷 魏駘芮岐畢 吾西土也[65]
　　　　　　　及武王克商 蒲姑商奄 吾東土也[66] 巴濮楚鄧 吾南土也 肅愼燕亳 吾北土也[67] 吾何邇
　　　　　　　封之有[68] (『春秋左氏傳』45 昭公 5)[69]

B.C.479(壬戌/고조선/春秋時代/倭 懿德 32)[70]

발 식신(숙신)
　　　　　　　宰我曰 請問帝舜 孔子曰 蟜牛之孫 瞽叟之子也 曰重華 好學孝友 聞於四海 (…) 其
　　　　　　　言不或 其德不懋 擧賢而天下平 南撫交趾大敎 鮮支渠廋氏羌 北山戎發息愼 東長鳥
　　　　　　　夷羽民 (『大戴禮記』7 五帝德)

숙신 발　　　公曰 我聞子之言 始蒙矣 子曰 由君居之 成於純 胡爲其蒙也 雖古之治天下者 豈生
　　　　　　　於異州哉 昔虞舜以天德嗣堯 布功散德制禮 朔方幽都來服 南撫交趾 出入日月 莫不
　　　　　　　率俾 西王母來獻其白琯 粒食之民 昭然明視 民明敎 通于四海 海外肅愼北發渠搜氏
　　　　　　　羌來服 舜有禹代興 禹卒受命乃遷邑 姚姓于陳 作物配天 修使來力 民明敎 通于四海
　　　　　　　海之外肅愼北發渠搜氏羌來服 禹崩 十有七世乃有末孫桀卽位 (…) 成湯卒受天命 (…)
　　　　　　　海之外肅愼北發渠搜氏羌來服 文王卒受天命 (…) 海之外肅愼北發渠搜氏羌來服 (『大
　　　　　　　戴禮記』少閒)

B.C.334(丁亥/고조선/戰國時代/倭 孝安 59)

조선 요동　　(周顯王三十五年) 蘇秦將爲從 北說燕文侯曰 燕東有朝鮮遼東 北有林胡樓煩 西有雲
　　　　　　　中九原 南有呼沱易水 地方二千餘里 帶甲數十萬 車七百乘 騎六千匹 粟支十年 南有

---

62) 『管子』의 이 기록들은 齊 桓公(재위 B.C.685~642)과 그 재상 管仲(?~B.C.645)의 문답을 담은 것이다.
　　따라서 B.C.685~645로 기간편년하여 B.C.645에 배치하였다.
63) 이와 관련하여 『淮南子』(B.C.139 편찬) 4 墜形訓에 있는 "東方之美者 有醫毋閭之珣玗琪焉 東南之美者
　　有會稽之竹箭焉 南方之美者 有梁山之犀象焉 西南方之美者 有華山之金石焉 西方之美者 有霍山之珠玉焉
　　西北方之美者 有昆侖之球琳琅玕焉 北方之美者 有幽都之筋角焉 東北方之美者 有斥山之文皮焉 中央之美者
　　有岱嶽以生五穀桑麻 魚鹽出焉"이 참고된다.
64) 注 辭 責讓之 桓伯 周大夫 音義 詹 之廉反
65) 注 在夏世 以后稷功受此五國 爲西土之長 駘在始平武功縣 所治釐城 岐在扶風美陽縣西北 音義 夏 戶雅反
　　芮 如銳反
66) 注 樂安博昌縣北有蒲姑城 音義 蒲 如字又音博 奄 於撿反 樂 音洛
67) 注 肅愼 北夷 在玄菟北三千餘里 音義 巴 必加反 燕 於賢反 亳 步各反
68) 注 邇 近也
69) 박(亳)은 발(發), 맥(貊)의 同音異寫로 보기도 한다. 사료의 연대는 昭公 9년(B.C.533)이지만 내용은 주의
　　강역을 언급한 것으로 내용상의 연대는 서주 초기(B.C.11세기 후반)에 해당된다.
70) 孔子와의 대화이므로 그 생존연대인 B.C.552~479로 기간편년하고, 마지막해인 B.C.479에 배치하였다.

	碣石鴈門之饒 北有棗栗之利 民雖不由田作 棗栗之實足食於民矣 此所謂天府也 (『戰國策』 29 燕策 1)[71]
조선 요동	去游燕 歲餘而後得見 說燕文侯[72]曰 燕東有朝鮮[73]遼東 北有林胡樓煩[74] 西有雲中九原[75] 南有嘑沱易水[76] 地方二千餘里 帶甲數十萬 車六百乘 騎六千匹 粟支數年[77] 南有碣石[78]鴈門之饒[79] 北有棗栗之利 民雖不佃作而足於棗栗矣 此所謂天府者也 (『史記』 69 蘇秦列傳 9)[80]
조선 요동	史記 蘇秦說燕文侯曰 燕東有朝鮮遼東 (『太平御覽』 162 州郡部 8 河北道 中 燕州)[81]

B.C.323(戊戌/고조선/戰國時代/倭 孝安 70) 이후[82]

조선	魏略曰 昔箕子之後朝鮮侯 見周衰 燕自尊爲王 欲東略地 朝鮮侯亦自稱爲王 欲興兵逆擊燕以尊周室 其大夫禮諫之 乃止 使禮西說燕 燕止之 不攻 (『三國志』 30 魏書 30 烏丸鮮卑東夷傳 韓 裴松之註)
조선	其後四十餘世 至朝鮮侯準 自稱王 (『後漢書』 85 東夷列傳 75 濊)
조선	其後四十餘世 朝鮮侯准[83]僭號稱王 (『三國志』 30 魏書 30 烏丸鮮卑東夷傳 濊)
조선	其後四十餘代 至戰國時 朝鮮準亦僭稱王 (『通典』 185 邊防 1 東夷 上 朝鮮)
조선	其後四十餘代 至戰國時 朝鮮侯僭稱王 (『太平寰宇記』 172下 四夷 1 東夷 1 朝鮮)
조선	(魏志曰) 其後四十餘世 朝鮮侯准僭號稱王 (『太平御覽』 780 四夷部 1 東夷 1 獩貊)

B.C.289(壬申/고조선/戰國時代/倭 孝靈 2)[84]

| 맥 | 白圭曰 吾欲二十而取一 如何 孟子曰 子之道 貉道也 萬室之國 一人陶 則可乎 曰 不可 器不足用也 曰 夫貉 五穀不生 惟黍生之 無城郭宮室宗廟祭祀之禮 無諸侯幣帛饔殖 無百官有司 故二十取一而足也 今居中國 去人倫 無君子 如之何其可也 陶以寡且不可以爲國 況無君子乎 欲輕之於堯舜之道者 大貉小貉也 欲重之於堯舜之道者 大桀小桀也 (『孟子』 告子章 下) |

B.C.282(己卯/고조선/戰國時代/倭 孝靈 9)

| 요동 | 其後燕有賢將秦開 爲質於胡 胡甚信之 歸而襲破走東胡 東胡卻千餘里 與荊軻刺秦王秦舞陽者 開之孫也 燕亦築長城 自造陽[85]至襄平[86] 置上谷漁陽右北平遼西遼東郡以拒胡 (『史記』 110 匈奴列傳 50)[87] |

---

71) 周 顯王 35년은 燕 文侯 28년으로 B.C.334이다.
72) 索隱 說音稅 下並同 燕文侯 史失名
73) 索隱 潮仙二音 水名
74) 索隱 地理志樓煩屬鴈門郡 正義 二胡國名 朔嵐已北
75) 索隱 按 地理志雲中九原二郡名 秦曰九原 漢武帝改曰五原郡 正義 二郡並在勝州也 雲中郡城在榆林縣東北四十里 九原郡城在榆林縣西界
76) 集解 周禮曰 正北曰幷州 其川嘑沱 鄭玄曰 嘑沱出鹵城 索隱 按 滹沱 水名 幷州之川也 音呼沱 又地理志鹵城 縣名 屬代郡 滹沱河自縣東至叅合 又東至文安入海也 正義 嘑沱出代州繁時縣 東南流經五臺山北 東南流過定州 流入海 易水出易州易縣 東流過幽州歸義縣 東與呼沱河合也
77) 索隱 按 戰國策 車七百乘 粟支十年
78) 索隱 戰國策 碣石山在常山九門縣 地理志大碣石山在右北平驪城縣西南
79) 正義 鴈門山在代 燕西門
80) 이 기사는 연대가 표기되지 않았으나, 『戰國策』 29 燕策 1에 의거해 B.C.334로 편년하고 배치하였다.
81) 이 기사는 연대가 표기되지 않았으나, 『戰國策』 29 燕策 1에 의거해 B.C.334로 편년하고 배치하였다.
82) 이 기사는 燕이 王을 칭한 B.C.323 이후이지만 연대 미상이어서 일단 여기에 배치해 두었다.
83) 저본에는 '淮'으로 되어 있으나, '準'이 맞다.
84) 孟子와의 대화이므로 그 생존연대인 B.C.372~289로 기간편년하고, 마지막해인 B.C.289에 배치하였다.
85) 集解 韋昭曰 地名 在上谷 正義 按 上谷郡今嬀州
86) 索隱 韋昭云 今遼東所理也

요동	其後燕有賢將秦開 爲質於胡 胡甚信之 歸而襲破東胡[88] 卻千餘里[89] 與荊軻刺秦王秦舞陽者 開之孫也 燕亦築長城 自造陽至襄平[90] 置上谷漁陽右北平遼西遼東郡以距胡 (『漢書』 94上 匈奴傳 64上)
조선	(魏略:) 後子孫稍驕虐 燕乃遣將秦開攻其西方 取地二千餘里 至滿番汗爲界 朝鮮遂弱 (『三國志』 30 魏書 30 烏丸鮮卑東夷傳 韓 裴松之註)
조선	其後伐燕之 朝鮮亡入海爲鮮國 (『博物志』 9 雜說)
조선 진번	前漢朝鮮傳云 自始燕時 常畧得眞番朝鮮[師古曰 戰國時△[91]因始畧得此地也] 爲置吏 築障 (『三國遺事』 1 紀異 1 魏滿朝鮮)[92]
조선 진번	朝鮮[93]王滿者 故燕人也[94] 自始全燕時[95] 嘗畧屬眞番[96]朝鮮[97] 爲置吏 築鄣塞 (『史記』115 朝鮮列傳 55)
조선 진번	朝鮮王滿 燕人 自始燕時 嘗畧屬眞番朝鮮[98] 爲置吏築障[99] (『漢書』 95 西南夷兩粤朝鮮傳 65 朝鮮)
진번 조선	初 全燕之世 嘗畧屬眞番朝鮮[100] 爲置吏 築障塞[101] 秦滅燕 屬遼東外徼[102] 漢與 爲其遠難守 復修遼東故塞 至浿水爲界[103] 屬燕 (『資治通鑑』 21 漢紀 13 世宗孝武皇帝 下之上)
조선	始全燕時 嘗畧屬焉 爲置吏 築障塞 (『通典』 185 邊防 1 東夷 上 朝鮮)
조선	始全燕時 屬焉 爲置吏 築障塞 (『太平寰宇記』 172下 四夷 1 東夷 1 朝鮮)
조선 진번	(史記)又曰 朝鮮王滿 燕人也 自始燕時 嘗畧屬眞番朝鮮 爲置吏 築鄣塞 (『太平御覽』 780 四夷部 1 東夷 1 朝鮮)

---

87) 연이 제를 공격한 것이 B.C.283이고 연 소왕이 B.C.279에 죽기 때문에 연이 동호와 고조선을 공격한 것은 B.C.282~280으로 보는 것이 통설이다. 그러나 楚人이 楚 경양왕 18년(B.C.281)에 연의 요동을 유람할 수 있다는 고사(『史記』 楚世家 경양왕 18년)로 보아 연의 공격은 B.C.282에 일어났을 가능성이 높다. 이하 모두 같다. 이와 관련하여 『資治通鑑』 6 秦紀 1 始皇帝 3년(B.C.244)에 있는 "其後將秦開爲質於胡 胡甚信之 歸而襲破東胡 東胡卻千餘里 燕亦築長城 自造陽至襄平 置上谷漁陽右北平遼東郡以拒胡"가 참고가 된다.

88) 저본에는 '東胡' 다음에 바로 '卻千餘里'가 이어지지만, 景祐本(宋本)·武英殿本에서는 둘 사이에 '東胡'가 한번 더 나온다.

89) 師古曰 卻 退也 音丘略反

90) 師古曰 造陽 地名 在上谷界 襄平卽遼東所治也

91) 저본에는 글자가 빠져 있으나, 『漢書』의 해당 부분 顔師古註에는 '燕'자로 되어 있다.

92) 연이 제를 공격한 것이 B.C.283이고 연 소왕이 B.C.279에 죽기 때문에 연이 동호와 고조선을 공격한 것은 B.C.282~280으로 보는 것이 통설이다. 그러나 楚人이 楚 경양왕 18년(B.C.281)에 연의 요동을 유람할 수 있다는 고사(『史記』 楚世家 경양왕 18년)로 보아 연의 공격은 B.C.282에 일어났을 가능성이 높다. 그 후속조치인 장새의 축성은 B.C.282 이후이지만 연대 미상이어서 일단 여기에 배치해 두었다. 이하 모두 같다. 이와 관련하여 『資治通鑑』 21 漢紀 13 世宗孝武皇帝 元封 2년(B.C.109) 4월에 있는 "初 全燕之世 嘗畧屬眞番朝鮮 爲置吏 築障塞"가 참고가 된다.

93) 正義 潮仙二音 括地志云 高驪都平壤城 本漢樂浪郡王險城 又古云朝鮮地也

94) 索隱 案漢書 滿 燕人 姓衛 擊破朝鮮而自王之

95) 索隱 始全燕時 謂六國燕方全盛之時

96) 集解 徐廣曰 一作莫 遼東有番汗縣 番音普寒反 索隱 徐氏據地理志而知也 番音潘 又音盤 汗音寒

97) 索隱 如淳云 燕嘗畧二國以屬己也 應劭云 玄菟本眞番國

98) 師古曰 戰國時燕國畧得此地

99) 師古曰 障 所以自障蔽也 音之亮反

100) 徐廣曰 遼東有番汗縣 應劭曰 玄菟本眞番國 番 普安翻 張晏曰 朝鮮有濕水洌水汕水三水 合爲洌水 疑樂浪朝鮮取名於此 括地志 高麗都平壤城 本樂浪郡 王險城 又古云朝鮮 索隱曰 按朝 音潮 直驕翻 鮮 音仙 以有汕水故也 汕 一音訕

101) 爲 于僞翻 下同

102) 徼 吉弔翻

103) 班 志 浿水出遼東塞外 西南至樂浪縣西入海 水經 浿水出樂浪 鏤方縣 東南過臨浿縣 東入海 酈道元 註曰 滿自浿水而至朝鮮 若浿水東流無渡浿之理 余訪蕃使 言城在浿水之陽 其水西流 逕樂浪郡 朝鮮縣 故志曰浿水西至增地縣入海 經誤 浿 普蓋翻 又滂沛翻 普大翻 杜佑曰 浿 滂拜翻

조선 진번 요동

　　　朝鮮王衛滿 故燕人 自始全燕時 嘗略屬眞番[番音普寒切 一作莫 遼東有番汗縣 戰國時 燕略得此地] (『冊府元龜』956 外臣部 1 種族 朝鮮)

조선 진번 요동

　　　周末 燕人衛滿 自始全燕時 嘗略屬眞番[一作莫 遼東有番汗縣 番音普寒切]朝鮮 爲置吏 築鄣塞 (『冊府元龜』957 外臣部 2 國邑 1 東夷)

B.C.237(甲子/고조선/秦 始皇 10/倭 孝靈 54)

예

　　　非濱之東 夷穢之鄉 大解陵魚其鹿野搖山揚島大人之居 多無君 揚漢之南 百越之際 敝凱諸夫風餘靡之地 縛婁陽禺驩兜之國 多無君 氐羌呼唐離水之西 僰人野人篇笮之川 舟人送龍突人之鄉 多無君 雁門之北 鷹隼所鷙須窺之國 饕餮窮奇之地 叔逆之所 儋耳之居 多無君 此四方之無君者也 (『呂氏春秋』20 恃君覽 8)[104]

B.C.222(己卯/고조선/秦 始皇 25/倭 孝靈 69)

낙랑

　　　廿五年上郡守△ 造高奴工師[竈]　丞申工△薪△(以上 背面 縱書)　洛 都 武 上(陽刻) 郡 庫(以上 表面 橫書) (「秦 25年銘 銅戈」)

조선 요동　　　秦滅燕 屬遼東外徼 (『三國遺事』1 紀異 1 魏滿朝鮮)[105]

조선 요동　　　秦滅燕 屬遼東外徼 (『史記』115 朝鮮列傳 55)

조선 요동　　　秦滅燕 屬遼東外徼 (『漢書』95 西南夷兩粤朝鮮傳 65 朝鮮)

조선 요동　　　秦滅燕 屬遼東外徼[秦遼東郡 今安東府之地] (『通典』185 邊防 1 東夷 上 朝鮮)

조선 요동　　　秦滅燕 屬遼東外徼 秦遼東郡 今安東府之地 (『太平寰宇記』172下 四夷 1 東夷 1 朝鮮 四至)

조선 요동　　　秦滅燕 屬遼東外徼 (『太平御覽』780 四夷部 1 東夷 1 朝鮮)

조선 요동　　　秦滅燕 屬遼東外徼 (『冊府元龜』957 外臣部 2 國邑 1 東夷)

요동　　　及秦滅燕 以其地爲漁陽上谷右北平遼西遼東五郡 (『通典』178 州郡 8 幽州)[106]

요동 험독 서안평

　　　遼東郡[秦置 屬幽州] 戶五萬五千九百七十二 口二十七萬二千五百三十九 縣十八 襄平[有牧師官 莽曰昌平] 新昌 無慮[西部都尉治][107] 望平[大遼水出塞外 南至安市入海 行千二百五十里 莽曰長說][108] 房 候城[中部都尉治] 遼隊[莽曰順睦][109] 遼陽[大梁水西南至遼陽入遼 莽曰遼陰] 險瀆[110] 居就[室僞山 室僞水所出 北至襄平入梁也] 高顯 安市 武次[東部都尉治 莽曰桓次] 平郭[有鐵官鹽官] 西安平[莽曰北安平] 文[莽曰受[111]亭] 番汗[沛水出塞外 西南入海][112] 杳氏[113] (『漢書』28下 地理志 8下)

---

104)『呂氏春秋』의 편찬연대가 B.C.237이므로, 해당연도에 편년하고 배치하였다. 그러나 실제 내용은 西周 시기이다.

105) 이 기사는 연대 미상이지만, 燕이 멸망한 해(B.C.222)의 일이다. 이하 모두 같다. 이와 관련하여 『前漢紀』14 孝武皇帝紀 5의 元封 2년(B.C.109) 4월에 있는 "朝鮮本秦時屬遼東", 『資治通鑑』21 漢紀 13 世宗孝武皇帝 元封 2년(B.C.109) 4월에 있는 "秦滅燕 屬遼東外徼"가 참고가 된다.

106) 秦이 燕을 멸망시킨 것은 B.C.222이다. 이하 모두 같다. 『漢書』28下 地理志 8下에 '上谷至遼東 地廣民希 數被胡寇 俗與趙代相類 有魚鹽棗栗之饒 北隙烏丸夫餘 東賈眞番之利'라는 기사가 있어 참고가 된다.

107) 應劭曰 慮音閭 師古曰 卽所謂醫巫閭

108) 師古曰 說讀曰倪[悅]

109) 師古曰 隊音遂

110) 應劭曰 朝鮮王滿都也 依水險 故曰險瀆 臣瓚曰 王險城在樂浪郡浿水之東 此自是險瀆也 師古曰 瓚說是也 浿音普大反

111) 저본에는 '受'로 되어 있으나, 景祐本(宋本)·武英殿本에 의거해 '文'으로 수정해야 한다.

요동 낙랑 현도 대방
　　　　　　安東大都護府 舜分青州爲營州 置牧 宜遼水之東是也[已具注序篇] 春秋及戰國並屬燕
　　　　　　秦二漢曰遼東郡 東通樂浪[樂浪本朝鮮國 漢元封三年 朝鮮人斬其王而降 以其地爲樂
　　　　　　浪玄菟等郡 後又置帶方郡 並在遼水之東 浪音郎] (『通典』180 州郡 10 安東府)

맥　　　　　 及秦幷呑三晋燕代 自河山以南者中國 中國於四海內則在東南 爲陽 陽則日歲星熒惑
　　　　　　塡星 占於街南 畢主之 其西北則胡貉月氏旃裘引弓之民 爲陰 陰則月太白辰星 占於
　　　　　　街北 昴主之 故中國山川東北流 其維 首在隴蜀 尾沒於勃海碣石 是以 秦晉好用
　　　　　　兵114) 復占太白 太白主中國 而胡貉數侵掠 獨占辰星 辰星出入躁疾 常主夷狄 其大
　　　　　　經也 (『漢書』26 天文志 6)115)

B.C.221(庚辰/고조선/秦 始皇 26/倭 孝靈 70)
조선 요동　　 地東至海暨朝鮮116) 西至臨洮羌中117) 南至北嚮戶118) 北據河爲塞 並陰山至遼東119)
　　　　　　(『史記』6 秦始皇本紀 6)
조선 요동　　 (史記曰) 二十六年 秦初幷天下 廷尉斯等 與博士議曰 (…) 地東至海暨朝鮮 西至臨洮
　　　　　　羌中 南至北向戶 北據河爲塞 並陰山至遼東 (『太平御覽』86 皇王部 11 秦始皇帝)

B.C.214(丁亥/고조선 부왕/秦 始皇 33/倭 孝元 1)120)
조선　　　　 秦皇挾錄圖 見其傳曰 亡秦者 胡也 因發卒五十萬 使蒙公楊翁子 將築修城 西屬流沙
　　　　　　北擊遼水 東結朝鮮 中國內郡輓車而餉之 (『淮南子』18 人間訓)
요동 조선　　 (魏略:) 及秦幷天下 使蒙恬築長城 到遼東 時朝鮮王否立 畏秦襲之 略服屬秦 不肯朝
　　　　　　會 (『三國志』30 魏書 30 烏丸鮮卑東夷傳 韓 裴松之註)

B.C.209(壬辰/고조선 준왕/秦 二世 1/倭 孝元 6)
조선　　　　 陳勝等起 天下叛秦 燕齊趙民避地朝鮮數萬口 (『三國志』30 魏書 30 烏丸鮮卑東夷
　　　　　　傳 濊)121)
조선　　　　 (魏略:) 否死 其子準立 二十餘年而陳項起 天下亂 燕齊趙民愁苦 稍稍亡往準 準乃置
　　　　　　之於西方 (『三國志』30 魏書 30 烏丸鮮卑東夷傳 韓 裴松之註)
조선　　　　 陳勝等起略叛秦 燕齊趙民避地東入朝鮮數萬口 (『太平御覽』780 四夷部 1 東夷 1
　　　　　　濊貊)
조선　　　　 及秦亂 中國人往避地者數萬口 (『通典』185 邊防 1 東夷 上 朝鮮)122)

---

112) 應劭曰 汙水出塞外 西南入海 番音盤 師古曰 沛音普蓋反 汙音寒
113) 應劭曰 氏水也 音長答反 師古曰 凡言氏者 皆謂因之而立名
114) 孟康曰 秦晉西南維之北爲陰 與胡貉引弓之民同 故好用兵
115) 이 기사는 연대 미상이지만, 燕이 멸망하기(B.C.222) 이전의 일이다. 따라서 그에 따라 기간편년한 후
　　 마지막해인 B.C.222에 배치하였다.
116) 正義 暨 其記反 朝音潮 鮮音仙 海謂渤海南至揚蘇台等州之東海也 暨 及也 東北朝鮮國 括地志云 高驪治
　　 平壤城 本漢樂浪郡王險城 卽古朝鮮也
117) 正義 洮 吐高反 括地志云 臨洮郡卽今洮州 亦古西羌之地 在京西千五百五十一里羌中 從臨洮西南芳州扶
　　 松府以西 並古諸羌地也
118) 集解 吳都賦曰 開北戶以向日 劉逵曰 日南之北戶 猶日北之南戶也
119) 集解 地理志西河有陰山縣 正義 塞 先代反 並 白浪反 謂靈夏勝等州之北黃河 陰山在朔州北塞外 從河傍
　　 陰山 東至遼東 築長城爲北界
120) 『史記』6 秦始皇本紀 6에 따르면, 蒙恬 등이 만리장성 공사에 동원된 것은 始皇 32년(B.C.215)의 일이
　　 고, 匈奴를 쫓아내고 영역을 확장한 것은 이듬해(B.C.214)의 일이다. B.C.215~214로 기간편년하고, 마지
　　 막해인 B.C.214에 배치하였다. 이하 모두 같다.
121) 『史記』48 陳涉世家 18 등에 따르면, 陳勝의 봉기는 秦 二世 원년(B.C.209) 7월에 일어났으므로, 그에
　　 따라 수정편년하고 배치하였다. 이하 모두 같다.

조선	及秦亂 中國人或避地者數萬口 (『太平寰宇記』 172下 四夷 1 東夷 1 朝鮮 四至)
진한 마한	辰韓 耆老自言 秦之亡人 避苦役 適韓國 馬韓割東界地與之 其名國爲邦 弓爲弧 賊爲寇 行酒爲行觴 相呼爲徒 有似秦語 故或名之爲秦韓 (『後漢書』 85 東夷列傳 75 韓)
진한 마한	辰韓 在馬韓之東 其耆老傳世自言 古之亡人 避秦役 來適韓國 馬韓割其東界地與之 有城柵 其言語不與馬韓同 名國爲邦 弓爲弧 賊爲寇 行酒爲行觴 相呼皆爲徒 有似秦人 非但燕齊之名物也 (『三國志』 30 魏書 30 烏丸鮮卑東夷傳 辰韓)
진한 마한	辰韓 在馬韓之東 自言 秦之亡人避役入韓 韓割東界以居之 立城柵 言語有類秦人 由是或謂之爲秦韓 (『晉書』 97 四夷列傳 67 東夷 辰韓)
진한 마한	辰韓 耆老自言 秦之亡人 避苦役 來適韓國 馬韓割其東界地與之 有城柵 其言語有類秦人 由是或謂之爲秦韓 (『通典』 185 邊防 1 東夷 上 辰韓)123)
진한 마한	辰韓 耆老自言 秦之亡人 避苦役 適韓 韓割其東界地與之 有城柵 其言語有類秦人 由是 或謂之秦韓 (『太平寰宇記』 172下 四夷 1 東夷 1 三韓國)
진한 한	後漢書曰 辰韓 耆老自言 秦之亡人 避苦役 適韓 韓割東界地與之 其名國爲邦 弓爲弧 賊爲寇 行酒爲行觴 相呼皆爲徒 有似秦語 故或名之爲秦韓 (『太平御覽』 780 四夷部 1 東夷 1 辰韓)
진한 마한	辰韓 在馬韓之東 其耆老自言 秦之亡人 避苦役 適韓國 馬韓割東界地與之 其名國爲邦 號爲弧 賊爲寇 行酒爲行觴 相呼爲徒 有似秦語 故或名之爲秦韓 (『冊府元龜』 956 外臣部 1 種族 辰韓)
예맥 조선	(冒頓旣立) 諸左方王將居東方 直上谷124)以往者 東接穢貉朝鮮 右方王將居西方 直上郡125)以西 接月氏氐羌126) 而單于之庭直代雲中127) (『史記』 110 匈奴列傳 50)128)
예맥 조선	(冒頓旣立) 諸左王將居東方 直上谷以東129) 接穢貉朝鮮 右王將居西方 直上郡以西 接氐羌 而單于庭直代雲中 (『漢書』 94上 匈奴列傳 64上)

B.C.203(戊戌/고조선 준왕/前漢 高祖 4/倭 孝元 12)

맥	(八月) 北貉燕人來致梟騎助漢130) (『漢書』 1上 高帝紀 1上)131)
맥	八月 北貉燕人來致梟騎助漢132) (『資治通鑑』 10 漢紀2 太祖高皇帝)

---

122) '秦亂'은 陳勝·吳廣의 난을 가리키는 것으로 보인다. 이하 모두 같다.

123) '秦之亡人 避苦役'이 陳勝·吳廣의 난을 가리키는 것으로 보아, B.C.209 7월로 수정편년하고 배치하였다. 이하 모두 같다.

124) 索隱 案 姚氏云 古字例以直爲値 値者 當也 正義 上谷郡 今嬀州也 言匈奴東方南出 直當嬀州也

125) 正義 上郡故城在涇州上縣東南五十里 言匈奴西方南直當綏州也

126) 索隱 西接氐羌 案 風俗通云 二氏 本西南夷種 地理志武都有白馬氏 又魚豢魏略云 漢置武都郡 排其種人 分竄山谷 或號靑氏 或號白氏 纂文云 氏亦羊稱 說文云 羌 西方牧羊人 續漢書云 羌 三苗姜姓之別 舜徙于 三危 今河關之西南羌是也

127) 索隱 案 謂匈奴所都處爲庭 樂産云 單于無城郭 不知何以國之 穹廬前地若庭 故云庭 正義 代郡城 北狄代 國 秦漢代城也 在蔚州羌胡縣北百五十里 雲中故城 趙雲中城 秦雲中郡 在勝州榆林縣東北四十里 言匈奴 之南直當代雲中也

128) 冒頓의 單于 즉위는 B.C.209의 일이다. 이하 모두 같다. 또 이 기사와 관련하여 『前漢紀』 11 孝武皇帝 紀 2의 元光 2년 10월(B.C.134)에 "左賢王將居東方 上谷之東北 接穢貊朝鮮 右賢王將居西方 治上郡西 接 互羌 而單于庭直代雲中"이라는 내용이 있어 참고가 된다.

129) 師古曰 直 當也 其下亦同也

130) 應劭曰 北貉 國也 梟 健也 張晏曰 梟 勇也 若六博之梟也 師古曰 貉在東北方 三韓之屬皆貉類也 音莫客 反

131) 『玉海』 152 朝貢 外夷來朝 內附에는 高祖 5년(B.C.202)으로 되어 있다.

132) 應劭曰 北貉 國也 梟 健也 張晏曰 梟 勇也 若六博之梟也 師古曰 貉在東北方 三韓之屬 皆貉類也 蓋貉 人及燕皆來助漢 孔穎達曰 經傳說貊多是東夷 故職方掌九夷九貊 鄭志答趙商云 九貊 卽九夷也 又周官貊隸 註云征東北夷所獲 貉 讀與貊同

B.C.202(己亥/고조선 준왕/前漢 高祖 5/倭 孝元 13)

맥 삼한   帝紀高祖五年 漢北燕人來致梟騎 助漢[133] (『玉海』152 朝貢 外夷來朝 內附)[134]

조선   及漢以盧綰爲燕王 朝鮮與燕界於浿水 (『三國志』30 魏書 30 烏丸鮮卑東夷傳 韓 裴松之註)[135]

B.C.196(乙巳/고조선 준왕/前漢 高祖 11/倭 孝元 19)[136]
조선 요동 낙랑

　　漢興 爲遠難守 復修遼東故塞 至浿水爲界[師古曰 浿在樂浪郡] 屬燕 (『三國遺事』1 紀異 1 魏滿朝鮮)

조선 요동   漢興 爲其遠難守 復修遼東故塞 至浿水爲界[137] 屬燕 (『史記』115 朝鮮列傳 55)

조선 요동   漢興 爲遠難守 復修遼東故塞 至浿水爲界[138] 屬燕 (『漢書』95 西南夷兩粵朝鮮傳 65 朝鮮)

조선 요동   漢興 爲其遠難守 復修遼東故塞 至浿水爲界[浿音滂拜反] (『通典』185 邊防 1 東夷 上 朝鮮)

요동   遼東故塞 至浿水爲界 屬燕 (『太平寰宇記』172下 四夷 1 東夷 1 東夷總述)

조선 요동   漢興 爲其遠難守 復修遼東故塞 至浿水爲界 (『太平寰宇記』172下 四夷 1 東夷 1 朝鮮 四至)

조선 요동   漢興 爲遠難守 復修遼東故塞 至浿水爲界 屬燕 (『太平御覽』780 四夷部 1 東夷 1 朝鮮)

조선   漢興 屬燕 (『冊府元龜』956 外臣部 1 種族 朝鮮)

조선 요동   漢興 爲其遠難守 復修遼東故塞 至浿水爲界 屬燕 (『冊府元龜』957 外臣部 2 國邑 1 東夷)

B.C.195(丙午/고조선 준왕, 위만왕 1/前漢 高祖 12/倭 孝元 20)
조선 진번 낙랑

　　燕王盧綰反 入匈奴 燕人魏滿亡命 聚黨千餘人 東走出塞 渡浿水 居秦故空地上下障 稍役屬眞番朝鮮蠻夷及故燕齊亡命者王之 都王儉[李曰 地名 臣瓚曰 王儉城在樂浪郡 浿水之東] (『三國遺事』1 紀異 1 魏滿朝鮮)[139]

조선   漢將衛滿生自燕 高帝十二丙午年 來攻逐準乃奪國 (『帝王韻紀』下 衛滿朝鮮紀)

---

133) 注 貉在東北方 三韓之屬
134) 『漢書』1上 高帝紀 1上, 『資治通鑑』10 漢紀2 太祖高皇帝에는 高祖 4년(B.C.203) 8월로 되어 있다.
135) 盧綰이 燕王이 된 것은 『漢書』1下 高帝紀 1下에 따르면 高祖 5년(B.C.202) 9월이다. 그에 따라 편년하고 배치하였다.
136) 이 기사는 연대 미상이지만, 前漢 高祖 재위시(B.C.206~195)의 일로 파악된다. 또 燕王 盧綰의 반란(B.C.195)보다 앞서서 서술되어 있으므로, B.C.206~196으로 기간편년한 후 마지막해인 B.C.196에 배치하였다. 이하 모두 같다. 이와 관련하여 『前漢紀』14 孝武皇帝紀 5의 元封 2년(B.C.109) 4월에 있는 "漢興以爲其遠難守 故遼水爲塞", 『資治通鑑』21 漢紀 13 世宗孝武皇帝 元封 2년(B.C.109) 4월에 있는 "漢興 爲其遠難守 復修遼東故塞 至浿水爲界 屬燕"이 참고가 된다.
137) 集解 漢書音義曰 浿音傍沛反 索隱 浿音旁沛反 正義 地理志云浿水出遼東塞外 西南至樂浪縣西入海 浿普大反
138) 師古曰 浿水在樂浪縣 音普蓋反
139) 盧綰의 반란은 사료에 따라 1년 정도 차이가 있지만, 대체로 高祖 12년(B.C.195)으로 기록되어 있다. 위만의 망명도 같은 해로 판단된다. 이하 모두 같다. 이와 관련하여 『前漢紀』14 孝武皇帝紀 5의 元封 2년(B.C.109) 4월에 있는 "盧綰之反也 燕人衛滿亡命 聚黨千餘人在遼 居秦故地 稍稍侵屬其東小蠻夷而王之 地方數千里 保塞外爲臣", 『資治通鑑』21 漢紀 13 世宗孝武皇帝 元封 2년(B.C.109) 4월에 있는 "燕王盧綰反 入匈奴 燕人衛滿亡命 聚黨千餘人 椎髻蠻夷服而東走出塞 渡浿水 居秦故空地上下障 稍役屬眞番朝鮮蠻夷及燕亡命者王之 都王險"이 참고가 된다.

조선 진번   燕王盧綰反 入匈奴 滿亡命[140] 聚黨千餘人 魋結蠻夷服而東走出塞 渡浿水 居秦故空地上下鄣[141] 稍役屬眞番朝鮮蠻夷及故燕齊亡命者王之 都王險[142] (『史記』115 朝鮮列傳 55)

조선 진번   燕王盧綰反 入匈奴 滿亡命 聚黨千餘人 椎結蠻夷服而東走出塞 度浿水 居秦故空地上下障 稍役屬眞番朝鮮蠻夷及故燕齊亡在者王之[143] 都王險[144] (『漢書』 95 西南夷兩粤朝鮮傳 65 朝鮮)

조선   燕人衛滿避地朝鮮[145] 因王其國 (『後漢書』85 東夷列傳 75 序)

옥저 조선   漢初 燕亡人衛滿王朝鮮 時沃沮皆屬焉 (『三國志』30 魏書 30 烏丸鮮卑東夷傳 東沃沮)

조선   燕人衛滿 魋結夷服 復來王之 (『三國志』30 魏書 30 烏丸鮮卑東夷傳 濊)

조선   (魏略:) 及綰反 入匈奴 燕人衛滿亡命 爲胡服 東度浿水 詣準降 說準求居西界 故[146] 中國亡命爲朝鮮藩屏 準信寵之 拜爲博士 賜以圭 封之百里 令守西邊 (『三國志』30 魏書 30 烏丸鮮卑東夷傳 韓 裴松之註)

조선 진번   燕王盧綰反 入匈奴[147] 燕人衛滿亡命 聚黨千餘人 椎髻蠻夷服而東走出塞 渡浿水 居秦故空地上下障 稍役屬眞番朝鮮蠻夷及燕亡命者王之[148] 都王險[149] (『資治通鑑』21 漢紀 13 世宗孝武皇帝 下之上)

조선 진번   屬燕王盧綰反 入匈奴 燕人衛滿亡命 聚黨千餘人 魋結[魋 杜回反]蠻夷服而東走出塞 度浿水 擊破朝鮮王準 居秦故空地上下障 後稍役屬眞蕃朝鮮諸夷及故燕齊亡命者王之 都王險[在浿水之東] (『通典』185 邊防 1 東夷 上 朝鮮)

조선   燕王盧綰及[150] 燕人衛滿亡命而出塞 渡浿水 居秦之空地 王之 (『太平寰宇記』172下 四夷 1 東夷 1 東夷總述)

조선 진번   其後燕王盧綰反 入匈奴 燕人衛滿亡命 聚黨千餘人 椎髻蠻服 東走出塞 渡浿水 擊破朝鮮王準 居秦故空地上下障 稍役屬眞番朝鮮諸夷及故燕齊亡命者王之 都王險[地名在浿水東] (『太平寰宇記』172下 四夷 1 東夷 1 朝鮮)

조선 진번   燕王盧綰反 入匈奴 滿亡命 聚黨千餘人 魋結蠻夷服而東走出塞 渡浿水 居秦故空地上下鄣 稍役屬眞番朝鮮蠻夷及故燕齊亡命者王之 都王險[王險 地名] (『太平御覽』780 四夷部 1 東夷 1 朝鮮)

조선   燕人衛滿 魋結夷服 復來王之 (『太平御覽』780 四夷部 1 東夷 1 獩貊)

옥저 조선   (魏志曰) 漢初 燕亡人衛滿王朝鮮 時沃沮皆屬焉 (『太平御覽』784 四夷部 5 東夷 5 沃沮)

조선 진번 낙랑 예 옥저 구려
    燕王盧綰反 入匈奴 滿亡命 聚黨千餘人 椎結[讀曰槌髻]蠻夷服而東走 出塞[151]浿水

---

140) 正義 命謂敎令
141) 索隱 案 地理志樂浪有雲鄣
142) 集解 徐廣曰 昌黎有險瀆縣也 索隱 韋昭云 古邑名 徐廣曰 昌黎有險瀆縣 應劭注 地理志遼東險瀆縣 朝鮮王舊都 臣瓚云 王險城在樂浪郡浿水之東也
143) 師古曰 燕齊之人亡居此地 及眞番朝鮮蠻夷皆屬滿也
144) 李奇曰 地名也
145) 前書曰 朝鮮王滿 燕人 自始全燕時 嘗略屬眞番朝鮮 爲置吏 築障 漢興屬△ 燕王盧綰反 入匈奴 滿亡命東走 渡浿水 居秦故空地 稍役屬朝鮮蠻夷及故燕齊亡任[在]者王之 都王險 也
146) 저본에는 '故'로 되어 있으나, '收'가 맞다.
147) 見十二卷高祖十三年
148) 王 于況翻
149) 韋昭曰 王險 故邑名 應劭曰 遼東有險瀆縣 卽滿所都 因水險 故曰險瀆 臣瓚曰 王險在樂浪郡 浿水之東 師古曰 瓚說是 賢曰 卽平壤城
150) 저본에는 '及'으로 되어 있으나, '反'이 맞다.

稍役属眞番[浿水在樂浪縣　音普盖切]朝鮮蠻夷及故燕齊亡存者王之[燕齊之人　亡居此地　及眞番朝鮮蠻夷　皆屬滿也]　都王險[地名　臣欽若等按後漢書　濊及沃沮句驪本皆朝鮮之地　以渠師[^152]爲侯王　元無族] (『冊府元龜』956 外臣部 1 種族　朝鮮)

조선 진번　燕王盧綰叛　入匈奴　滿亡命　聚黨千餘人　魋結蠻夷服而東者出塞　渡浿水　居秦故空地上下鄣　稍役屬眞番朝鮮蠻夷及故燕齊亡命者王之　都王險[昌黎[^153]有險濱縣] (『冊府元龜』957 外臣部 2 國邑 1 東夷)

조선 진번　朝鮮王衛滿　初聚亡命千餘人　東走出塞　渡浿水　屬眞番朝鮮蠻夷 (『冊府元龜』1000 外臣部 45 疆盛)

조선 마한　魏志云　魏滿擊朝鮮　王準率宮人左右　越海而南至韓地　開國號馬韓 (『三國遺事』1 紀異 1 馬韓)[^154]

조선　四十一代孫名準　被人侵奪聊去民　九百二十八年理　遺風餘烈傳熙淳　準乃移居金馬郡立都又復能君人 (『帝王韻紀』下 後朝鮮紀)

조선　凡桓叔之後　有韓氏言氏嬰氏禍餘氏公族氏張氏　此皆韓侯姬姓也　昔周宣王亦有韓侯其國也　近燕　故詩云　普彼韓城　燕師所完　其後韓西亦姓韓　爲魏滿所伐　遷居海中 (『潛夫論』志氏姓 35)

조선　漢初大亂　燕齊趙民往避地者數萬口　而燕人衛滿擊破準而自王朝鮮 (『後漢書』85 東夷列傳 75 濊)

조선 마한　初　朝鮮王準爲衛滿所破　乃將其餘衆數千人走入海　攻馬韓破之　自立爲韓王　準後滅絶馬韓人復自立爲辰王 (『後漢書』85 東夷列傳 75 韓)

조선 한　侯準旣僭號稱王　爲燕亡人衛滿所攻奪[^155]　將其左右宮人走入海　居韓地　自號韓王[^156]其後絶滅 (『三國志』30 魏書 30 烏丸鮮卑東夷傳　韓)

조선　(魏略:) 滿誘亡黨　衆稍多　乃詐遣人告準言　漢兵十道至　求入宿衛　遂還攻準　準與滿戰不敵也 (『三國志』30 魏書 30 烏丸鮮卑東夷傳　韓 裴松之註)

조선　其朝鮮歷千餘年　至漢高帝時滅 (『通典』185 邊防 1 東夷 上 序略)

변진 조선 마한

初　朝鮮王準爲衛滿所破　乃將其餘衆數千人走入海　攻馬韓破之　自立爲韓王　準後滅絶馬韓人復自立爲辰王 (『通典』185 邊防 1 東夷 上 弁辰)

삼한 조선 마한

初　朝鮮王準爲衛滿所破　乃將其衆餘種數千人走入海　攻馬韓破之　自立爲韓王　準後滅絶　馬韓人復自立爲辰王 (『太平寰宇記』172下 四夷 1 東夷 1 三韓國)

변한 조선 마한

(後漢書曰) 初　朝鮮王准爲衛滿所破　乃將其餘種數千人走入海　攻馬韓破之　自立爲韓王　准後滅絶　馬韓人復自立爲辰王 (『太平御覽』780 四夷部 1 東夷 1 弁韓)

[^151]: 저본에는 '寒'으로 되어 있으나, '塞'가 맞다.
[^152]: 저본에는 '師'로 되어 있으나, '帥'가 맞다.
[^153]: 저본에는 '黎'로 되어 있으나, '黎'가 맞다.
[^154]: 위만이 준왕을 공격하여 쫓아낸 것은 『通典』185 邊防 1 東夷 上 朝鮮에 의거하면 노관의 반란과 같은 해(B.C.195) 또는 그 이후 멀지 않은 시점인 것으로 보인다. 연대 미상이어서 일단 여기에 배치해 두었다. 이하 모두 같다.
[^155]: 魏略曰 昔箕子之後朝鮮侯　見周衰　燕自尊爲王　欲東略地　朝鮮侯亦自稱爲王　欲興兵逆擊燕以尊周室　其大夫禮諫　乃止　使禮西說燕　燕止之　不攻　後子孫稍驕虐　燕乃遣將秦開攻其西方　取地二千餘里　至滿番汗爲界朝鮮遂弱　及秦幷天下　使蒙恬築長城　到遼東　時朝鮮王否立　畏秦襲之　略服屬秦　不肯朝會　否死 其子準立　二十餘年而陳項起　天下亂　燕齊趙民愁苦　稍稍亡往準　準乃置之於西方　及漢以盧綰爲燕王　朝鮮與燕界於浿水及綰反　入匈奴　燕人衛滿亡命　爲胡服　東度浿水　詣準降　說準求居西界　故[收]中國亡命爲朝鮮藩屏　準信寵之拜爲博士　賜以圭　封之百里　令守西邊　滿誘亡黨　衆稍多　乃詐遣人告準　言漢兵十道至　求入宿衛　遂還攻準 準與滿戰　不敵也
[^156]: 魏略曰 其子及親留在國者　因冒姓韓氏　準王海中　不與朝鮮相往來

요동	燕王盧綰反 勃以相國代樊噲將 擊下薊 得綰大將抵丞相偃守陘[157]太尉弱御史大夫施 屠渾都[158] 破綰軍上蘭[159] 復擊破綰軍沮陽[160] 追至長城[161] 定上谷十二縣 右北平十 六縣 遼西遼東二十九縣 漁陽二十二縣 (『史記』57 絳侯周勃世家 27)	
요동	後燕王盧綰反 率其黨數千人降匈奴 往來苦上谷以東 (『史記』110 匈奴列傳 50)	

진번 조선	燕丹散亂遼閒 滿收其亡民 厥聚海東 以集眞藩[162] 葆塞爲外臣 作朝鮮列傳第五十五 (『史記』130 太史公自序 70)[163]	

B.C.180(辛酉/고조선/前漢 呂后 8/倭 孝元 35)[164]

조선 요동 진번 임둔

　　　會孝惠高后時 天下初定 遼東太守卽約滿爲外臣 保塞外蠻夷 無使盜邊 諸蠻夷君長欲
　　　入見天子 勿得禁止 以聞 上許之 以故滿得兵威財物侵降其旁小邑 眞番臨屯[165]皆來
　　　服屬 方數千里[166] (『史記』115 朝鮮列傳 55)

조선 요동 진번 임둔

　　　會孝惠高后 天下初定 遼東太守卽約滿爲外臣 保塞外蠻夷 母使盜邊 蠻夷君長欲入見
　　　天子 勿得禁止 以聞 上許之 以故滿得以兵威財物侵降其旁小邑 眞番臨屯皆來服屬
　　　方數千里 (『漢書』95 西南夷兩粵朝鮮傳 65 朝鮮)

조선 요동 진번 임둔

　　　會孝惠高后時 天下初定 遼東太守卽約滿爲外臣 保塞外蠻夷 無使盜邊,諸蠻夷君欲入
　　　見天子 勿得禁止[167] 以故滿得以兵威財物侵降其旁小邑 眞番臨屯皆來服屬[168] 方數
　　　千里 (『資治通鑑』21 漢紀 13 世宗孝武皇帝 下之上)

조선 요동 진번 임둔

　　　會孝惠高后時 天下初定 遼東太守卽約滿爲外臣 保塞外 以故滿得兵威財物 侵降其旁
　　　小邑 眞番臨屯皆來服屬 地方數千里 (『通典』185 邊防 1 東夷 上 朝鮮)

조선 요동 진번 임둔

　　　會孝惠高后時 天下初定 遼東太守卽約滿爲外臣 保塞外蠻夷 是故滿得以威力 侵其旁
　　　小邑 眞番臨屯皆來服屬 地方數千里 (『太平寰宇記』172下 四夷 1 東夷 1 朝鮮)

조선 요동 진번 임둔

---

157) 集解 張晏曰 盧綰郡守 陘其名
158) 集解 徐廣曰 在上谷 索隱 施 名也 屠 滅之也 地理志渾都縣屬上谷 一云 御史大夫姓施屠 名渾都 正義 括地志云 幽州昌平縣 本漢渾都縣
159) 正義 括地志云 嬀州懷戎縣東北有馬蘭谿水 恐是也
160) 集解 徐廣曰 在上谷 駰案 服虔曰沮音阻 索隱 按 地理志沮陽縣屬上谷 正義 括地志云 上谷郡故城在嬀州 懷戎縣東北百二十里 燕上谷 秦因不改 漢爲沮陽縣
161) 正義 卽馬邑長城 亦名燕長城 在嬀州北 今是
162) 集解 徐廣曰 一作莫 藩音普寒反
163) 燕의 太子 丹이 遼東으로 달아난 것은 B.C.226이고, 衛滿이 고조선의 외신이 된 것은 B.C.195이다. 그에 따라 기간편년하고, 마지막해인 B.C.195에 배치하였다.
164) 이 기사는 연대 미상이지만, 前漢 惠帝(재위 B.C.195～188)와 呂后(재위 B.C.188～180)가 재위할 때 (B.C.195～180)의 일이다. 따라서 그에 따라 기간편년한 후 마지막해인 B.C.180에 배치하였다. 이와 관련하여 『資治通鑑』21 漢紀 13 世宗孝武皇帝 元封 2년(B.C.109) 4월에 있는 "會孝惠高后時 天下初定 遼東太守卽約滿爲外臣 保塞外蠻夷 無使盜邊 諸蠻夷君欲入見天子 勿得禁止 以故滿得兵威財物侵降其旁小邑 眞番臨屯皆來服屬 方數千里"가 참고가 된다.
165) 索隱 東夷小國 後以爲郡
166) 正義 括地志云 朝鮮高驪貊東沃沮五國之地 國東西千三百里 南北二千里 在京師東 東至大海四百里 北至營州界九百二十里 南至新羅國六百里 北至靺鞨國千四百里
167) 見 賢遍翻下同
168) 臨屯 帝後開爲郡 註見下三年 降 戶江翻

會孝惠高后時 天下初定 遼東太守卽約滿爲外臣 保塞外蠻夷 毋使侵盜邊 以聞 上許之 以故滿得以兵威財物 侵降其旁小邑 眞番臨屯皆來服屬 方數千里 (『太平御覽』 780 四夷部 1 東夷 1 朝鮮)

조선 요동 진번 임둔

會孝惠高后時 天下初定 遼東太守卽約滿爲外臣 保塞外蠻夷 無使盜邊 諸蠻夷君長欲入見天子 勿得禁止 以聞 帝許之 以故滿得兵威財物 侵降其旁小邑 眞番臨屯皆來服屬 方數千里 (『冊府元龜』 957 外臣部 2 國邑 1 東夷)

조선 요동 진번 임둔

會孝惠高后時 天下初定 遼東太守卽約滿爲外臣 保塞外蠻夷 毋使盜邊 蠻夷君長欲入見天子 勿得禁止 以聞 帝許之 以故滿得以兵威財物 侵降其旁小邑 眞番臨屯皆來服屬 方數千里 (『冊府元龜』 1000 外臣部 45 彊盛)

조선 진번 임둔

以兵威侵降其旁小邑 真番臨屯皆來服屬 方數千里 (『三國遺事』 1 紀異 1 魏滿朝鮮)

조선　　　　　地方數千里 (『太平寰宇記』 172下 四夷 1 東夷 1 東夷總述)

B.C.179(壬戌/고조선/前漢 文帝 前1/倭 孝元 36)

조선　　　　　歷至孝文卽位 將軍陳武等議曰 南越朝鮮[169]自全秦時內屬爲臣子 後且擁兵阻阨 選蠕觀望[170] 高祖時天下新定 人民小安 未可復興兵 今陛下仁惠撫百姓 恩澤加海內 宜及士民樂用 征討逆黨 以一封疆 (『史記』 25 律書 3)

B.C.144(丁酉/고조선/前漢 景帝 中6/倭 開化 14)

숙신 청구　　　烏有先生曰 (…) 且齊東陼鉅海 南有琅邪[171] 觀乎成山[172] 射乎之罘[173] 浮勃澥[174] 游孟諸[175] 邪與肅愼爲鄰[176] 右以湯谷爲界[177] 秋田乎靑丘[178] 仿偟乎海外[179] 呑若雲夢者八九 其於匈中曾不蔕芥[180] (…) 亡是公听然而笑曰[181] 楚則失矣 而齊亦未爲得也 夫使諸侯納貢者 非爲財幣 所以述職也[182] 封疆畫界者 非爲守禦 所以禁淫也[183] 今齊列爲東蕃 而外私肅愼[184] 捐國隃限 越海而田[185] 其於義固未可也 (『漢書』 57上 司馬相如傳 27上)[186]

B.C.139(壬寅/고조선/前漢 建元 2/倭 開化 19)

---

169) 正義 潮仙二音 高驪平壤城本漢樂浪郡王險城 卽古朝鮮地 時朝鮮王滿據之也
170) 集解 阨音戹賣反 選音思兗反 蠕音而兗反 索隱 蠕音軟 選蠕謂動身欲有進取之狀也
171) 蘇林曰 小州曰陼 張揖曰 琅邪 臺名也 在勃海間 師古曰 東陼鉅海 東有大海之陼 字與渚同也
172) 張揖曰 觀 闕也 成山在東萊不夜縣 於其上築宮闕 師古曰 觀音工喚反
173) 晉灼曰 之罘山在東萊腄縣 射獵其上也 師古曰 腄音直瑞反 又音誰
174) 師古曰 勃澥 海別枝也 澥音蟹
175) 文穎曰 宋之大澤也 故屬齊
176) 郭璞曰 肅愼 國名 在海外也 師古曰 邪讀爲左 謂東北接也
177) 師古曰 湯谷 日所出也 許愼云熱如湯也
178) 服虔曰 靑丘國在海東三百里
179) 師古曰 仿音旁
180) 張揖曰 蔕芥 刺鯁也 師古曰 蔕音丑介反
181) 師古曰 听 笑貌也 音齗 又音牛隱反
182) 郭璞曰 諸侯朝於天子曰述職 師古曰 述 循也 謂順行也
183) 郭璞曰 天下有道 守在四夷 立境界者 欲以禁絕淫放耳 師古曰 彊讀曰疆
184) 郭璞曰 私與通也
185) 師古曰 捐 棄也 謂田於靑丘也
186) 이 기사는 연대 미상이지만, B.C.150~144에 저술된 것으로 추정되는 「子虛賦」의 일부이다. 따라서 그에 따라 기간편년한 후 마지막해인 B.C.144에 배치하였다.

조선	五位 東方之極 自碣石山過朝鮮 貫大人之國 東至日出之次 榑木之地 靑土樹木之野
	太皥句芒之所司者 萬二千里 (『淮南子』 5 時則訓)[187]
조선 동이	淮南子曰 東方之極 自碣石[碣石山 在東北海中] 過朝鮮[朝鮮 東夷] 貫大人之國[東方
	有大人之國也] 東至日出之次 扶木之池 靑土樹木之野[皆日所出之地] 太皥勾芒所司
	者 萬二千里 (『太平御覽』 37 地部 2 地下)

B.C.134(丁未/고조선/前漢 元光 1/倭 開化 24)

숙신 발	五月 詔賢良曰 朕聞昔在唐虞 畫象而民不犯[188] 日月所燭 莫不率俾[189] 周之成康 刑
	錯不用[190] 德及鳥獸 敎通四海 海外肅眘[191] 北發渠搜[192] 氐羌徠服[193] (『漢書』 6
	武帝紀 6)

예맥 조선	(元光二年冬十月) 始詔公卿議伐匈奴 匈奴者 其先 夏后氏之苗裔 (…) 左賢王將居東
	方 上谷之東北 接穢貊朝鮮 右賢王將居西方 治上郡西 接氐羌 (『前漢紀』 11 孝武皇
	帝紀 2)[194]
예주	嚴安上書曰 (…) 今欲招南夷 朝夜郎 降羌僰[195] 略濊州[196] 建城邑 深入匈奴 燔其龍
	城[197] 議者美之 (『史記』 112 平津侯主父列傳 52)[198]
예주	嚴安 (…) 以故丞相史上書曰 (…) 今徇南夷 朝夜郎 降羌僰 略薉州 建城邑[199] 深入
	匈奴 燔其龍城[200] 議者美之 (『漢書』 64下 嚴朱五丘主父徐嚴終王賈傳 34下 嚴安)

B.C.128(癸丑/고조선/前漢 元朔 1/倭 開化 30)

동이 창해군	(漢武帝)元朔元年三月 東夷濊君南閭等口二十八萬人降 以爲蒼海郡 (『册府元龜』
	977 外臣部 22 降附)
동이 창해군	(秋) 東夷薉君南閭等[201]口二十八萬人降 爲蒼海郡 (『漢書』 6 武帝紀 6)
동이 창해군	(秋) 東夷薉君南閭等共[202]二十八萬人降 爲蒼海郡[203] (『資治通鑑』 18 漢紀 10 世宗

---

187) 『淮南子』의 편찬시기는 建元 2년(B.C.139)이다. 그에 따라 배치하였다.

188) 應劭曰 二帝但畫衣冠 異章服 而民不敢犯也 師古曰 白虎通云 畫象者 其衣服象五刑也 犯墨者蒙巾 犯劓
者以赭著其衣 犯髕者以墨蒙其髕象而畫之 犯宮者屝 犯大辟者布衣無領 墨謂以墨黥其面也 劓 截其鼻 髕
去膝蓋骨也 宮 割其陰也 屝 草屨也 劓音牛冀反 字或作劓 其音同耳 髕音頻忍反 屝音扶味反

189) 師古曰 燭 照也 率 循也 俾 使也 言皆循其貢職而可使也

190) 師古曰 錯 置也 音千故反

191) 晉灼曰 東夷傳今挹婁地是也 在夫餘之東北千餘里大海之濱 師古曰 周書序云 成王旣伐東夷 肅眘來賀 卽
謂此

192) 服虔曰 地名也 應劭曰 禹貢析支渠搜屬雍州 在金城河關之西 西戎也 晉灼曰 王恢傳 北發月支可得而臣
似國名也 地理志朔方有渠搜縣 臣瓚曰 孔子三朝記云 北發渠搜 南撫交阯 此舉北以南爲對也 禹貢渠搜在雍
州西北 渠搜在朔方 師古曰 北發 非國名也 言北方卽可徵發渠搜而役屬之 瓚說近是

193) 師古曰 徠 古往來之字也 氐音丁奚反

194) 元光 2년은 B.C.133년이지만, 이 시기에는 아직 10월이 해의 시작이다. 따라서 해의 시작인 10월은 1년
전인 B.C.134년에 해당된다.

195) 索隱 僰 白北反 又皮逼反

196) 集解 如淳曰 東夷也 索隱：濊州地名 卽古濊貊國也 音紆廢反

197) 索隱 匈奴城名 音龍 燔音煩 燔 燒也

198) 이 기사는 元光 元年 主父偃이 무제에게 상소문을 올릴 때 같이 올린 상소문으로 B.C. 134년에 배치하
였다.

199) 張晏曰 薉貉也 師古曰：薉與穢同

200) 師古曰 燔 燒也 龍城 匈奴祭天處 燔音 扶元反

201) 服虔曰：穢貊在辰韓之北 高句麗沃沮之南 東窮于大海 晉灼曰：薉 古穢字 師古曰 南閭者 薉君之名

202) 章 乙十一行本共作с 孔本同 熊校同

203) 服虔曰 薉貊在辰韓之北 高麗沃沮之南 東窮大海 師古曰 南閭 薉君名 食貨志 彭吳開道通薉貊朝鮮 置滄
海郡 陳壽 夫餘傳 魏時 夫餘庫有玉璧珪瓚 傳世以爲寶 耆老言先代所賜 其印文言薉王之印 國有故城名薉城
蓋本薉貊之地 又薉傳云 武帝滅朝鮮 置樂浪郡 自單單大嶺以西屬樂浪 自嶺以東七縣 都尉主之 皆以薉爲民
今不耐薉 皆其種也 班志 樂浪東部都尉治不耐縣 薉 音濊 降 戶江翻 考異曰 史記 平準書曰 彭吳賈滅朝鮮

孝武皇帝)

동이　창해군　(秋) 東夷穢貊君南閭等口二十八萬人降 以爲蒼海郡 (『前漢紀』12 孝武皇帝紀 3)

창해군 동이　【武紀】元朔元年　秋　東夷薉君南閭等　口二十八萬人降　爲蒼海郡　三年春　罷蒼海郡 (『玉海』17 地理　郡國　漢蒼海郡)

조선 창해군　至今上卽位數歲　(…)　彭吳204)賈滅朝鮮205) 置滄海之郡　則燕齊之閒靡然發動 (…) 東至滄海之郡　人徒之費擬於南夷 (『史記』30 平準書　8)

예맥 조선 창해군
　　　　彭吳穿穢貊朝鮮　置滄海郡　則燕齊之間　靡然發動 (…) 東置滄海郡　人徒之費疑於南夷 (『漢書』24下 食貨志 4下)

창해군 예맥 조선
　　　　【食貨志】彭吳穿穢貊·朝鮮　置滄海郡　東置滄海郡　人徒之費疑[注讀曰儗] 於南夷 (『玉海』17 地理　郡國　漢蒼海郡)

예 요동　元朔元年206) 濊君南閭等　畔右渠　率二十八萬口詣遼東內屬　武帝以其地爲蒼海郡　數年乃罷　(『後漢書』85 東夷列傳 75 濊)

조선　其後東滅朝鮮　置滄海郡　人徒之費　擬西南夷 (『通典』10 食貨 10 漕運 6)

B.C.126(乙卯/고조선/前漢 元朔 3/倭 開化 32)

창해군　春　罷蒼梧207)郡 (『前漢紀』12 孝武皇帝紀 3)208)

창해군　春　罷蒼海郡 (『漢書』6 武帝紀 6)

창해군　(元朔三年冬) 是時　方通西南夷　東置蒼海　北築朔方之郡　公孫弘數諫　以爲罷敝中國以奉無用之地　願罷之209) 天子使朱買臣等難以置朔方之便　發十策　弘不得一210) 弘乃謝曰　山東鄙人　不知其便若是　願罷西南夷　蒼海而專奉朔方　上乃許之　春　罷蒼海郡 (『資治通鑑』18 漢紀 10 世宗孝武皇帝)

창해군　元朔三年　張歐免　以弘爲御史大夫　是時通西南夷　東置滄海　北築朔方之郡　弘數諫　以爲罷敝中國　以奉無用之地　願罷之　於是天子乃使朱買臣等難弘　置朔方之便　發十策　弘不得一　弘迺謝曰　山東鄙人　不知其便若是　願罷西南夷　滄海而專奉朔方　上乃許之 (『史記』112 平津侯主父列傳 52)

창해　爲內史數年　遷御史大夫　時又東置蒼海　北築朔方之郡　弘數諫　以爲罷弊中國以奉無用之地　願罷之　於是上乃使朱買臣等難弘　置朔方之便　發十策　弘不得一　弘乃謝曰　山東鄙人　不知其便若是　願罷西南夷蒼海　專奉朔方　上乃許之 (『漢書』58 公孫弘卜式兒寬傳 28 公孫弘)211)

창해군 동이　【武紀】三年春　罷蒼海郡 (『玉海』17 地理　郡國　漢蒼海郡)

창해군　【公孫弘傳】弘爲御史大夫　時東置蒼海　北築朔方郡　弘數諫　以爲罷弊中國　奉無用之地　上使朱買臣等難弘置朔方之便　發十策　弘不得一　謝曰　不知其便, 願罷西南夷·蒼海, 專奉朔方 許之 (『玉海』17 地理　郡國　漢朔方五原郡)

　　置蒼海之郡　按　滅朝鮮　置蒼海　兩事也　不知何者出賈之謀　人徒之費　擬於南夷　燕齊之間　靡然騷動
204) 索隱　人姓名
205) 索隱　彭吳始開其道而滅之也
206) 武帝年也.
207) '海'의 誤記로 보인다.
208) 뒤의 기사가 3월조이므로 봄 1~2월로 기간편제하였음.
209) 數 所角翻　爲罷 讀曰疲
210) 師古曰 言其利害十條　弘無以應之　難　乃旦翻
211) 이 기사는 연대 미상이지만,『漢書』6 武帝紀 6에 따라 B.C.126년 春으로 편년하고 배치하였다.

B.C.117(甲子/고조선/前漢 元狩 6/倭 開化 41)

갈석 현도 낙랑

　　　　至孝武皇帝元狩六年 太倉之粟紅腐而不可食[212] 都內之錢貫朽而不可校[213] 乃探平城
　　　　之事[214] 錄冒頓以來數爲邊害 籍兵厲馬 因富民以攘服之 西連諸國至于安息 東過碣
　　　　石以玄菟樂浪爲郡 比[215]卻匈奴萬里 更起營塞 制南海以爲八郡 則天下斷獄萬數 民
　　　　賦數百 造鹽鐵酒権之利以佐用度 猶不能足 (『漢書』 64下 嚴朱吾丘主父徐嚴終王賈
　　　　傳 34下 賈捐之)[216]

B.C.112(己巳/고조선/前漢 元鼎 5/倭 開化 46)

조선　　　(萬石君) 元鼎五年秋 丞相有罪 罷[217] 制詔御史 萬石君先帝尊之 子孫孝 其以御史大
　　　　夫慶爲丞相 封爲牧丘侯 是時漢方南誅兩越 東擊朝鮮 北逐匈奴 西伐大宛 中國多事
　　　　(『史記』 103 萬石張叔列傳 43)

조선　　　元鼎五年 丞相趙周坐酎金免 制詔御史 萬石君先帝尊之 子孫至孝 其以御史大夫慶爲
　　　　丞相 封牧丘侯 是時 漢方南誅兩越 東擊朝鮮 北逐匈奴 西伐大宛 中國多事 天子巡
　　　　狩海內 修古神祠 封禪 興禮樂 (『漢書』 46 萬石衛直周張傳 16)

조선　　　漢使楊信於匈奴 是時 漢東拔穢貉朝鮮以爲郡[218] 而西置酒泉郡[219] 以鬲絶胡與羌通
　　　　之路 漢又西通月氏 大夏[220] 又以公主妻烏孫王 以分匈奴西方之援國 又北益廣田 至
　　　　眩靁爲塞[221] 而匈奴終不敢以爲言 (『史記』 110 匈奴列傳 50)

예맥 조선　(烏維立三年) 漢使楊信使於匈奴 是時 漢東拔濊貉朝鮮以爲郡 而西置酒泉郡 以隔絶
　　　　胡與羌通之路 又西通月氏大夏 以翁主妻烏孫王 以分匈奴西方之援國 又北益廣田 至
　　　　眩雷爲塞 而匈奴終不敢以爲言 (『漢書』 94上 匈奴傳 64上)[222]

B.C.111(庚午/고조선/前漢 元鼎 6/倭 開化 47)

조선　　　西南外夷 種別域殊 南越尉佗 自王番禺 攸攸外寓 閩越東甌[223] 爰洎朝鮮 燕之外區
　　　　漢興柔遠 與爾剖符[224] 皆恃其岨 乍臣乍驕 孝武行師 誅滅海隅 述西南夷兩越朝鮮傳
　　　　第六十五 (『漢書』 100下 敍傳 70下)[225]

B.C.110(辛未/고조선 우거왕/前漢 元封 1/倭 開化 48)

조선 진번 진국 진한

　　　　傳子至孫右渠[師古曰 孫名右渠] 眞番辰國 欲上書見天子 雍閼不通[師古曰 辰謂辰韓

---

212) 師古曰 粟久腐壞 則色紅赤也
213) 저본에는 '按'로 되어 있으나. '校'가 맞다.
214) 師古曰 追計其事 故言探
215) 저본에는 '比'로 되어 있으나, '北'이 맞다.
216) 이 기사는 元帝 初元 원년(B.C.48)에 賈捐之가 王商의 질책에 대답하는 내용이다.
217) 集解 趙周坐酎金免 索隱 案漢書而知也.
218) 正義 卽玄菟 樂浪二郡
219) 正義 今肅州
220) 正義 漢書西域傳云 大月氏國去長安城萬一千六百里 本居燉煌 祁連閒 冒頓單于破月氏 而老上單于殺月
　　氏王 以頭爲飮器 月氏乃遠去 過大宛西 擊大夏而臣之 都嬀水北 爲王庭也
221) 漢書音義曰 眩靁 地名 在烏孫北
222) 烏維가 單于로 즉위한 것은 『漢書』 94上 匈奴傳 64上에 따르면 元鼎 3년(B.C.114)의 일이다. 따라서
　　그 3년째인 B.C.112로 편년하고 배치하였다.
223) 師古曰 攸攸 遠貌
224) 師古曰 柔 安也 剖符 謂封之也
225) 이 기사는 연대 미상이지만, 南越이 멸망한 것은 元鼎 6년(B.C.111)의 일이다. 따라서 이 기사는 武帝
　　즉위(B.C.140) ~ 元鼎 6년(B.C.111)으로 기간편년하고 마지막해인 B.C.111에 배치하였다.

조선 　　　　也] (『三國遺事』 1 紀異 2 魏滿朝鮮)226)

조선 　　　　至孫右渠盈厥愆 (『帝王韻紀』 下 衛滿朝鮮紀)

조선 진번 진국

　　　　傳子至孫右渠227) 所誘漢亡人滋多 又未嘗入見 眞番旁衆國228)欲上書見天子 又擁閼
　　　　不通 (『史記』 115 朝鮮列傳 55)

조선 진번 진국

　　　　傳子至孫右渠229) 所誘漢亡人滋多230) 又未嘗入見231) 眞番辰國欲上書見天子 又雍閼
　　　　弗通232) (『漢書』 95 西南夷兩粤朝鮮傳 65 朝鮮)233)

조선 진국 　　　傳子至孫右渠 所誘漢亡人滋多 又未嘗入見234) 辰國欲上書見天子 又雍閼不通235)
　　　　(『資治通鑑』 21 漢紀 13 世宗孝武皇帝 下之上)

B.C.109(壬申/고조선 우거왕/前漢 元封 2/倭 開化 49)

조선 요동 　　　(夏四月) 朝鮮王攻殺遼東都尉 乃募天下死罪擊朝鮮 (『漢書』 6 武帝紀 6)

조선 요동 　　　(夏四月) 朝鮮王反 殺遼東太守236) 募天下死罪擊朝鮮 朝鮮本秦時屬遼東 漢興以爲
　　　　其遠難守 故遼水爲塞 盧綰之反也 燕人衛滿亡命 聚黨千餘人在遼 居秦故地 稍稍侵
　　　　屬其東小蠻夷 而王之 地方數千里 保塞外爲臣 傳子到孫 至右渠抗命不賓 故於是 而
　　　　伐之 (『前漢紀』 14 孝武皇帝紀 5)

조선 요동 　　　(漢武帝)元封二年四月 朝鮮王攻殺遼東都尉 乃募天下死罪 擊之 先是 朝鮮王右渠誘
　　　　漢亡人滋多 又未嘗入見237) 漢使涉何 譙諭右渠 終不肯奉詔238) 何去至界 臨浿水 使
　　　　馭刺殺送何者朝鮮裨王長239) 遂歸報天子 曰 殺朝鮮將 帝爲其名美 弗詰 拜何爲遼東
　　　　東部都尉 朝鮮怨何 發兵襲攻殺何 天子募罪人擊朝鮮 (『册府元龜』 982 外臣部 27
　　　　征討 1)

조선 요동 　　　元封二年 漢使涉何諭右渠 終不肯奉詔 何去至界 臨浿水 使馭刺殺送何者朝鮮裨王長
　　　　[師古曰 送何者名也] 卽渡水 馳入塞遂歸報 天子拜何爲遼東之部都尉 朝鮮怨何 襲攻
　　　　殺何 (『三國遺事』 1 紀異 2 魏滿朝鮮)

조선 요동 　　　元封二年 漢使涉何譙諭240) 右渠 終不肯奉詔 何去至界上 臨浿水 使御刺殺送何
　　　　者241) 朝鮮裨王長242)卽渡馳入塞243) 遂歸報天子曰 殺朝鮮將 上爲其名美244) 卽不詰

---

226) 이 뒤의 기사가 元封 2년(B.C.109)의 일이므로, 이 기사는 武帝 즉위(B.C.140)~元封 원년(B.C.110)으로
　　기간편년하고 마지막해인 B.C.110에 배치하였다. 이와 관련하여 『前漢紀』 14 孝武皇帝紀 5의 元封 2년
　　(B.C.109) 4월조에 있는 "傳子到孫至右渠 抗命不賓", 『資治通鑑』 21 漢紀 13 世宗孝武皇帝 元封 2년
　　(B.C.109) 4월조에 있는 "傳子至孫右渠 所誘漢亡人滋多 又未嘗入見 辰國欲上書見天子 又雍閼不通"이 참
　　고가 된다.

227) 正義 其孫名也

228) 『사기』 宋板本과 百納本에는 辰國으로 되어 있으나 中華書局 校勘本에는 衆國으로, 『한서』와 『자치통
　　감』에는 辰國으로 되어 있다.

229) 師古曰 滿死傳子 子死傳孫 右渠者 其孫名也

230) 師古曰 滋 益也

231) 師古曰 不朝見天子也

232) 師古曰 辰謂辰韓之國也 雍讀曰壅

233) 이 뒤의 기사가 元封 2년(B.C.109)의 일이므로, 이 기사는 武帝 즉위(B.C.140)~元封 원년(B.C.110)으로
　　기간편년하고 마지막 해인 B.C.110에 배치하였다.

234) 誘 音酉 見 賢遍翻 下同

235) 師古曰 辰國 卽辰韓之國 雍 讀曰壅 閼 一曷翻

236) '都尉'의 오기로 보인다. 이 때 요동도위는 섭하로 위만조선측에서 자객을 보내 죽인 바 있고, 이를 빌
　　미로 한 무제가 조선을 침공한 것이다.

237) 不朝見天子也

238) 譙 責讓也

239) 長者 裨王名也 送何至浿水上 何因刺殺之

240) 【索隱】 說文云 譙 讓也 諭 曉也 譙音才笑反

241) 【索隱】卽送何之御也

		拜何爲遼東東部都尉245) 朝鮮怨何 發兵襲攻殺何 天子募罪人擊朝鮮 (『史記』115 朝鮮列傳 55)246)

조선 요동　元封二年 漢使涉何譙諭右渠 終不肯奉詔247) 何去至界臨浿水 使馭 刺殺送何者朝鮮裨王長248) 卽渡 馳入塞 遂歸報天子曰 殺朝鮮將 上爲其名美 不詰 拜何爲遼東東部都尉 朝鮮怨何 發兵攻襲 殺何 天子募罪人擊朝鮮 (『漢書』95 西南夷兩粤朝鮮傳 65 朝鮮)

조선 요동　是歲 漢使涉何誘諭249) 右渠終不肯奉詔 何去至界上 臨浿水 使御刺殺送何者朝鮮裨王長250) 卽渡 馳入塞 遂歸報天子曰 殺朝鮮將 上爲其名美251) 卽不詰 拜何爲遼東東部都尉252) 朝鮮怨何 發兵襲攻殺何 (『資治通鑑』21 漢紀 13 世宗孝武皇帝 下之上)

조선　夏 有芝生殿防內中253) 天子爲塞河 興通天臺 若有光雲254) 乃下詔曰 甘泉防生芝九莖 赦天下 毋有復作 其明年 伐朝鮮 (『史記』12 孝武本紀 12)

조선　夏 有芝生殿房內中255) 天子爲塞河 興通天臺 若見有光云 乃下詔 甘泉房中生芝九莖256) 赦天下 毋有復作 其明年 伐朝鮮 (『史記』28 封禪書 6)

조선　夏 有芝生甘泉殿房內中 天子爲塞河 興通天 若有光云 乃下詔赦天下 其明年 伐朝鮮 (『漢書』25, 郊祀志 5 下)

요동 조선　(元封)二 秋 樓船將軍楊僕左將軍荀彘出遼東 擊朝鮮 (『史記』22 漢興以來將相名臣年表 10)

	大事記	相位	將位	御史大夫位
(元封)二			秋 樓船將軍楊僕左將軍荀彘出遼東擊朝鮮	

조선　(元封二年)其秋 遣樓船將軍楊僕從 齊浮渤海 兵五萬人 左將軍荀彘出遼東 討右渠 右渠發兵距險 左將軍卒正多率遼東兵先縱 敗散 多還走 坐法斬 樓船將軍將齊兵七千人 先至王險 右渠城守 窺知樓船軍少 卽出城擊樓船 樓船軍敗散走 將軍楊僕失其衆 遁山中十餘日 稍求收散卒 復聚 左將軍擊朝鮮 浿水西軍 未能破自前 天子爲兩將 未有利 乃使衛山因兵威往諭右渠 右渠見使者頓首謝 願 降 恐兩將詐殺臣 今見信節 請服降 遣太子入謝 獻馬五千匹 及饋 軍糧 人衆萬餘 持兵 方渡浿水 使者及左將軍疑其爲變 謂太子已服降 宜命 人毋持兵 太子亦疑使者左將軍詐殺之 遂不渡浿水 復引歸山還報天子 天子誅山 左將軍破浿水上軍 乃前 至城下 圍其西北 樓船亦往會 居城南 右渠遂堅守城 數月未能下 左將軍素侍中幸 將燕代卒 悍 乘勝 軍多驕 樓船將齊卒 入海 固已多敗亡 其先與右渠戰 困辱亡卒 卒皆恐 將心慙 其圍右渠 常持和節 左將

---

242)【正義】顏師古云長者 裨王名也 送何至浿水 何因刺殺也 按 裨王及將士長 恐顏非也

243)【正義】入平州 楡林關也

244)【索隱】有殺將之美名

245)【正義】地理志云遼東郡 武次縣 東部都尉所理也

246) 바로 뒤의 기사가 '秋'의 일이므로 여름 4월 기사에 이어 배치하였다.

247) 師古曰 譙 責讓也 音材笑反

248) 師古曰 長者 裨王名也 送何至浿水 何因刺殺之

249) 涉 姓也 左傳 晉有大夫涉佗

250) 刺 七亦翻

251) 將 卽亮翻 爲 于僞翻 下同

252) 遼東東部都尉治武次縣

253) 集解 徐廣曰 元封二年也 索隱芝生殿房中 案 生芝九莖 於是作芝房歌

254) 集解 李奇曰 爲此作事而有光應 瓚曰 作通天臺也

255) 集解 徐廣曰 元封二年

256) 集解 應劭曰 芝 芝草也 其葉相連 如淳曰 瑞應圖云王者敬事耆老 不失舊故 則芝草生

	軍急擊之 朝鮮大臣乃陰閒使人私約降樓船 往來言 尚未肯決 左將軍數與樓船期戰 樓船欲急就其約 不會 左將軍亦使人求閒郤 降下朝鮮 朝鮮不肯 心附樓船 以故兩將不相能 左將軍心意 樓船前有失軍罪 今與朝鮮私善而又不降 疑其有反計 未敢發 天子曰 將率不能 前及使衞山諭降右渠 右渠遣太子 山使不能剸決 與左將軍計相誤 卒沮約 今兩將圍城 又乖異 以故久不決 使濟南太守公孫遂往征之 有便宜得以從事 遂至 左將軍曰 朝鮮當下久矣 不下者有狀 言樓船數期不會 具以素所意告遂曰 今如此不取 恐爲大害 非獨樓船 又且與朝鮮共滅吾軍 遂亦以爲然 而以節召樓船將軍入左將軍營 計事 卽命左將軍麾下執捕樓船將軍 幷其軍 以報天子 天子誅遂 左將軍已幷兩軍 卽急擊朝鮮 朝鮮相路人相韓陰 尼谿相參 將軍王唊257) 相與謀曰 始欲降樓船 樓船今執 獨左將軍幷將 戰益急 恐不能與(戰) 王又不肯降 陰唊路人皆亡降漢 路人道死 (『史記』 115 朝鮮列傳 55)
조선	(秋) 遣樓船將軍楊僕左將軍荀彘將應募罪人 擊朝鮮 又遣將軍郭昌中郎將衞廣發巴蜀兵 平西南夷未服者 以爲益州郡 (『漢書』 6 武帝紀 6)
조선 요동	(元封二年)其秋 遣樓船將軍楊僕從齊浮勃海 兵五萬 左將軍荀彘出遼東 誅右渠 右渠發兵距險 左將軍卒多率遼東士258) 兵先縱 敗散 多還走 坐法斬259) 樓船將齊兵七千人先至王險 右渠城守 窺知樓船軍少 卽出擊樓船 樓船軍敗走 將軍僕失其衆 遁山中十餘日 稍求收散卒 復聚 左將軍擊朝鮮浿水西軍 未能破 天子爲兩將未有利 乃使衞山因兵威往諭右渠 右渠見使者 頓首謝 願降 恐將詐殺臣 今見信節 請服降 遣太子入謝 獻馬五千匹 及餽軍糧260) 人衆萬餘持兵 方度浿水 使者及左將軍疑其爲變 謂太子已服降 宜令人毋持兵 太子亦疑使者左將軍詐之 遂不度浿水 復引歸 山報 天子誅山 左將軍破浿水上軍 乃前至城下 圍其西北 樓船亦往會 居城南 右渠遂堅城守 數月未能下 左將軍素侍中 幸261) 將燕代卒 悍 乘勝 軍多驕 樓船將齊卒 入海已多敗亡 其先與右渠戰 困辱亡卒 卒皆恐 將心慙 其圍右渠 常持和節 左將軍急擊之 朝鮮大臣乃陰間使人私約降樓船262) 往來言 尚未肯決 左將軍數與樓船期戰 樓船欲就其約 不會 左將軍亦使人求間隙降下朝鮮 不肯 心附樓船 以故兩將不相得 左將軍心意樓船前有失軍罪263) 今與朝鮮和善而又不降 疑其有反計 未敢發 天子曰 將率不能前 乃使衞山諭降右渠 不能顓決 與左將軍相誤 卒沮約264) 今兩將圍城又乖異 以故久不決 使故濟南太守公孫遂往正之 有便宜得以從事 遂至 左將軍曰 朝鮮當下久矣 不下者 樓船數期不會 具以素所意告遂曰 今如此不取 恐爲大害 非獨樓船 又且與朝鮮共滅吾軍 遂亦以爲然 而以節召樓船將軍入左將軍軍計事 卽令左將軍戲下執縛樓船將軍265) 幷其軍 以報 天子許266)遂 左將軍已幷兩軍 卽急擊朝鮮 朝鮮相路人相韓陶尼谿相參將軍王唊267)相與謀曰 始欲降樓船 樓船今執 獨左將軍幷將 戰益急 恐不能與268) 王又不肯降 陶唊路人皆亡降漢 路人道死 (『漢書』 95 西南夷兩粵朝鮮傳 65 朝鮮)
조선	秋 作明堂於太山下 遣樓船將軍楊僕 左將軍荀彘將應募罪人擊朝鮮 又遣將軍郭昌等

---

257) 集解 漢書音義曰 凡五人也 戎狄不知官紀 故皆稱相 唊音頰　索隱 應劭云 凡五人 戎狄不知官 紀 故皆稱相也 路人 漁陽縣人 如淳云 相 其國宰相 路人 名也 唊音頰 一音協
258) 如淳曰 遼東兵多也
259) 師古曰 於法合斬
260) 師古曰 餽亦饋字
261) 師古曰 親幸於天子
262) 師古曰 與樓船爲要約而請降
263) 師古曰 意 疑也
264) 師古曰 顓與專同 卒終也 沮壞也
265) 師古曰 戲讀與麾同
266) 저본에는 '許'로 되어 있으나 '誅'가 맞다.
267) 應劭曰 凡五人也 戎狄不知官紀 故皆稱相 師古曰 相路人一也 相韓陶二也 尼谿相參三也 將軍王唊四也 應氏乃云五人 誤讀爲句 謂尼谿人名 失之矣 不當尋下文乎 唊音頰
268) 如淳曰 不能與左將軍相持也 師古曰 此說非也 不能與猶言不如也

平西南夷未腹者 以爲益州郡 (『前漢紀』孝武皇帝紀 5)

요동 조선　(秋) 上募天下死罪爲兵 遣樓船將軍楊僕從齊浮渤海[269]　左將軍荀彘出遼東 以討朝鮮 (『資治通鑑』21 漢紀 13 世宗孝武皇帝)

조선　(元封二年)其秋 遣樓船將軍楊僕 從濟浮渤海 兵五萬 左將軍荀彘出遼東 誅右渠 (『册府元龜』982 外臣部 27 征討 1)

조선　天子遣樓舡將軍楊僕 從齊浮渤海 兵五萬 左將軍筍彘出遼 討右渠 右渠發兵距嶮 樓舡將軍將齊七千人 先到王儉 右渠城守 規知樓舡軍小 卽出擊樓舡 樓舡敗走 僕失衆 遁山中獲免 左將軍擊朝鮮浿水西軍 未能破 天子爲兩將未有利 乃使衛山 因兵威往諭右渠 右渠請降 遣太子獻馬 人衆萬餘持兵 方渡浿水 使者及左將軍疑其爲變 謂太子已服 宜毋持兵 太子亦疑使者詐之 遂不渡浿水 復引歸 報天子誅山 左將軍破浿水上軍 迺前至城下 圍其西北 樓舡亦往會居城南 右渠堅守 數月未能下 天子以久不能決 使故濟南太守公孫遂往正之 有便宜將以從事 遂至 縛樓舡將軍 並其軍與左將軍 急擊朝鮮 朝鮮相路人相韓陶 尼谿相叅 將軍王唊[師古曰 尼谿地名 四人也] 相與謀欲降 王不肯之 陶唊路人 皆亡降漢 路人道死 (『三國遺事』1 紀異 2　魏滿朝鮮)

동옥저 조선 현도

漢初 燕亡人衛滿王朝鮮 時沃沮皆屬焉 漢武[270] 元封二年 伐朝鮮 殺滿孫右渠 分其地爲四郡[271] 以沃沮城爲玄菟郡 (『三國志』30 魏書 30 東夷傳 30 東沃沮)

요동 조선　武帝元封二年 遣樓船將軍楊僕 從齊浮渤海兵五萬 左將軍荀彘出遼東討之 (『太平寰宇記』172 四夷 東夷 朝鮮)

진번 조선 요동 임둔 진국

初 全燕之世 嘗略屬眞番朝鮮[272] 爲置吏 築障塞[273] 秦滅燕 屬遼東外徼[274] 漢與 爲其遠難守 復修遼東故塞 至浿水爲界[275] 屬燕 燕王盧綰反 入匈奴[276] 燕人衛滿亡命 聚黨千餘人 椎髻蠻夷服而東走出塞 渡浿水 居秦故空地上下障 稍役屬眞番朝鮮蠻夷及燕亡命者王之[277] 都王險[278] 會孝惠高后時 天下初定 遼東太守卽約滿爲外臣 保塞外蠻夷 無使盜邊 諸蠻夷君欲入見天子 勿得禁止[279] 以故滿得以兵威財物侵降其旁小邑 眞番臨屯皆來服屬[280] 方數千里 傳子至孫右渠 所誘漢亡人滋多 又未嘗入見[281] 辰國欲上書見天子 又雍閼不通[282] 是歲 漢使涉何誘諭[283] 右渠終不肯奉詔 何去至界上 臨浿水 使御刺殺送何者朝鮮裨王長[284] 卽渡 馳入塞 遂歸報天子曰 殺朝鮮將 上

---

269) 僕從齊浮渤海 蓋自靑萊以北 幽平以南 皆濱於海 其海通謂之渤海 非指渤海郡而言也

270) 백납본에는 '武' 아래에 '帝'가 기입되어 있다.

271) 漢書朝鮮傳 遂定朝鮮 爲眞番臨屯樂浪玄鈝四郡

272) 徐廣曰 遼東有番汗縣 應劭曰 玄菟本眞番國 番 普安翻 張晏曰 朝鮮有濕水洌水汕水三水 合爲洌水 疑樂浪朝鮮取名於此 括地志 高麗都平壤城 本樂浪郡 王險城 又古云朝鮮 索隱曰 按朝 音潮 直驕翻 鮮 音仙 以有汕水故也 汕 一音訕

273) 爲 于僞翻 下同

274) 徼 吉弔翻

275) 班志 浿水出遼東塞外 西南至樂浪縣西入海 水經 浿水出樂浪 鏤方縣 東南過臨浿縣 東入海 酈道元 註曰 滿自浿水而至朝鮮 若浿水東流無渡浿之理 余訪蕃使 言城在浿水之陽 其水西流 逕樂浪郡 朝鮮縣 故志曰浿水西至增地縣入海 經誤 浿 普蓋翻 又滂沛翻 普大翻 杜佑曰 浿 滂拜翻

276) 見十二卷高祖十三年

277) 王 于況翻

278) 韋昭曰 王險 故邑名 應劭曰 遼東有險瀆縣 卽滿所都 因水險 故曰險瀆 臣瓚曰 王險在樂浪郡 浿水之東 師古 瓚說是 賢曰 卽平壤城

279) 見 賢遍翻下同

280) 臨屯 帝後開爲郡 註見下三年 降 戶江翻

281) 誘 音酉 見 賢遍翻 下同

282) 師古曰 辰國 卽辰韓之國 雍 讀曰壅 閼 一曷翻

283) 涉 姓也 左傳 晉有大夫涉佗

284) 刺 七亦翻

爲其名美285) 卽不詰 拜何爲遼東東部都尉286) 朝鮮怨何 發兵襲攻殺何 (『資治通鑑』
21 漢紀 13 世宗孝武皇帝 下之上)

동옥저 고구려 조선 현도 옥저

魏志曰 東沃沮 在高句驪 盖馬大山之東 濱大海而居 無大君王 世世有邑長 其言語與
句麗大同 時時小異 漢初 燕亡人衛滿王朝鮮 時沃沮皆屬焉 元封二年 伐朝鮮 分其地
爲四郡 以沃沮爲玄菟郡 (『太平御覽』784 四夷部 5 東夷 5 沃沮)

요동 부여 조선 진번

夫燕亦勃碣之閒287)一都會也 南通齊趙 東北邊胡 上谷至遼東 地踔遠288) 人民希 數
被寇 大與趙代俗相類 而民雕捍289)少慮 有魚鹽棗栗之饒 北隣烏桓290)夫餘 東綰穢
貉291)朝鮮眞番之利292) (『史記』129 貨殖列傳 69)293)

요동 부여 진번

上谷至遼東 地廣民希 數被胡寇 俗與趙代相類 有魚鹽棗栗之饒 北隙烏丸夫餘294) 東
賈眞番之利 (『漢書』28下 地理志 8下 燕地)295)

조선　　自靑圍單于後十四歲而卒 竟不復擊匈奴者 以漢馬少 又方南誅兩越 東伐朝鮮 擊羌西
南夷 以故久不伐胡 (『漢書』55 衛靑霍去病傳 25 衛靑)296)

조선　　後復與左將軍荀彘俱擊朝鮮 爲彘所縛 語在朝鮮傳 (『漢書』90 酷吏傳 60)297)

예맥 조선　　自左右賢王以下至當戶 大者萬餘騎 小者數千 凡二十四長 立號曰萬騎 其大臣皆世官
呼衍氏 蘭氏298) 其後有須卜氏 此三姓 其貴種也 諸左王將居東方 直上谷以東 接穢
貉朝鮮 右王將居西方 直上郡以西 接氐羌 而單于庭直代雲中 各有分地 逐水草移徙
(『漢書』94上 匈奴傳 64上)299)

조선 요동　　楊僕 爲樓船將軍 荀彘爲左將軍 彘與僕誅朝鮮王右渠 右渠發兵距險 左將軍卒多率遼
東士300) 兵先縱 敗散還走 坐法斬 樓船將齊兵七千人先至王險 右渠城守 窺知樓船軍
少 卽出擊樓船 樓船軍敗走 將軍僕失其衆 遁山中十餘日 稍求收散卒 復聚 (『册府元
龜』441 將帥部 102 敗衄 1)

조선　　漢荀彘 爲左將軍 楊僕爲樓船將軍 擊朝鮮 左將軍破浿水上軍 乃前至城下 圍其西北
樓船 亦往會居城南 其王右渠遂堅城守 數月未能下 左將軍素侍中幸301) 將燕代卒悍
乘勝軍多驕 樓船將齊卒入海 已多敗亡 其先與右渠戰 困辱亡卒 卒皆恐 將心慙其圍

---

285) 將 卽亮翻 爲 于僞翻 下同
286) 遼東東部都尉治武次縣
287) 正義 勃海 碣石在西北
288) 索隱 劉氏上音卓 一音勅教反 亦遠騰兒也
289) 索隱 人雕悍言 如雕性之捷捍也
290) 索隱 鄭 一作臨 臨者 亦卻背之義 他並類此也
291) 索隱 東綰穢貊 案 綰者 綰統其要津 則上云臨者 謂卻背之
292) 正義 番音潘
293) 조선 멸망 이전의 기사이므로 B.C. 109년 배치하였다.
294) 如淳曰 有怨隙也 或曰 隙際也 師古曰 訓際是也 烏丸本東胡也 為冒頓所滅 餘類保烏丸山 因以為號 夫餘
在長城之北 去玄菟千里夫讀曰扶
295) 조선 멸망 이전의 기사이므로 B.C. 109년 배치하였다.
296) 이 기사는 연대 미상이지만, 『漢』6 武帝紀 6 『漢書』95 西南夷兩粵朝鮮傳 65 朝鮮에 따라 元封 2
년(B.C.109) 秋로 편년하고 배치하였다.
297) 이 기사는 연대 미상이지만, 『漢書』95 西南夷兩粵朝鮮傳 65 朝鮮에 따라 元封 2년(B.C.109) 秋로 편
년하고 배치하였다.
298) 師古曰 呼衍 卽今鮮卑姓呼延者是也 蘭姓今亦有之
299) 이 기사는 연대 미상이지만, 고조선의 멸망(B.C.108) 이전이다. 따라서 元封 2년(B.C.109)으로 편년하고
배치하였다.
300) 遼東兵多也
301) 幸親於天子

右渠嘗持和節　左將軍急擊之　朝鮮大臣廼陰間使人私約　降樓船302)　往來言尚未肯決
左將軍數與樓船期約戰　樓船欲就其約不會　左將軍亦使人求間隙降下　朝鮮不肯心附樓
船　以故兩將不相得　左將軍心意　樓船前有失軍罪303)　今與朝鮮和善　而又不降　疑其有
反計　未敢發　天子曰　將率不能前　乃使衛山諭降　右渠不能顓決　與左將軍相誤　卒沮
約304)　今兩將圍城　又乖異　以故久不決　使故濟南太守公孫遂　往正之　有便宜得以從事
遂至　左將軍曰　朝鮮當下久矣　不下者樓船　數期不會　具以素所意　告遂曰　今如此不取
恐爲大害　非獨樓船　又且與朝鮮　共滅吾軍　遂亦以爲然　而以節召　樓船將軍入　左將軍
軍計事　卽令左將軍戲下　執縛樓船將軍305)　幷其軍　以報朝鮮　卒左將軍徵至　坐爭功
相嫉　乖計棄市　樓船將軍亦坐　兵至列口　當待左將軍306)　擅先縱失亡多　當誅　贖爲庶
人 (『册府元龜』456 將帥部 117 不和)

조선　요동　　涉何　元封中　武帝使譙諭朝鮮王右渠　終不肯奉詔307)　何去至界臨浿水　使馭刺殺送何
者朝鮮裨王長308)　卽度水馳入塞　遂歸報天子曰　殺朝鮮將　上爲其名美　弗詰　拜何爲遼
東部都尉 (『册府元龜』657 奉使部 6 機變)

조선　　(漢) 朝鮮者　其王滿　燕人也　傳子至孫右渠　漢遣左將軍擊朝鮮 (『册府元龜』1000 外
臣部 45 亡滅)

B.C.108(癸酉/고조선 우거왕/前漢 元封 3/倭 開化 50)

조선　　(正月) 漢兵入朝鮮境　朝鮮王右渠發兵距險　樓船將軍將齊兵七千人先至王險　右渠城守
窺知樓船軍少309)　卽出城擊樓船　樓船軍敗散　遁山中十餘日　稍求退310)　散卒　復聚　左
將軍擊朝鮮　浿311)　水西軍　未能破　天子爲兩將未有利312)　乃使衛山因兵威往諭右渠
右渠見使者　頓首謝　願降　恐兩將詐殺臣　今見信節　請復降313)　遣太子入謝　獻馬五千
匹　及饋軍糧　人衆萬餘　持兵方渡浿水　使者及左將軍疑其爲變　謂太子　已服降　宜令人
毋持兵　太子亦疑使者左將軍詐殺之　遂不渡浿水　復引歸　山還報天子　天子誅山　左將
軍破浿水上軍　乃前至城下　圍其西北　樓船亦往會　居城南　右渠遂堅守城　數月未能下
左將軍所將燕代卒多勁悍　樓船將齊卒已嘗敗亡困辱　卒皆恐　將心慚314)　其圍右渠　常
持和節　左將軍急擊之　朝鮮大臣乃陰間使人私約降樓船315)　往來言尚未肯決　左將軍數
與樓船期戰316)　樓船欲就其約　不會　左將軍亦使人求間隙降下朝鮮　朝鮮不肯　心附樓
船　以故兩將不相能　左將軍心意樓船前有失軍罪317)　今與與朝鮮私善　而又不降　疑其有
反計　未敢發　天子以兩將圍城乖異　兵久不決　使濟南太守公孫遂往正之318)　有便宜得
以從事　遂至　左將軍曰　朝鮮當下　久之不下者　樓船數期不會　具以素所意告　曰　今如
此不取　恐爲大害　遂亦以爲然　乃以節召樓船將軍入左將軍營計事　卽命左將軍麾下執

---

302) 與樓船爲要約　而請降
303) 意疑也
304) 顓與專同　卒終也　沮壞也
305) 戲讀與麾同
306) 列口　縣名也　度海先得之
307) 譙 責讓也　音才笑反
308) 長者 裨王名也　送何至沮水　何因刺殺之
309) 守 式又翻　少 詩沼翻
310) 嚴 退改收
311) 章 十四行本「浿」作「浿」孔本同 張校同 退齋校同 下三見均同
312) 爲 于僞翻
313) 復 扶又翻 降 戶江翻 下同
314) 將 卽亮翻 悍 下罕翻 又侯旰翻
315) 陰 暗密也 間 空隙也 言暗密遣使投空隙而出 與樓船約降 間 古莧翻]
316) 數 所角翻 下同
317) 意 疑也 億度也 料也
318) 濟 子禮翻 考異曰 史記作征之 蓋字誤 今從漢書

樓船將軍 幷其軍 以報天子 天子誅逐[319]　左將軍已幷兩軍 卽急擊朝鮮 朝鮮相路人 相韓陰[320]　尼谿相參將軍王唊[321]　相與謀曰 始欲降樓船 樓船今執 獨左將軍幷將[322]　戰益急 恐不能與戰 王又不肯降 陰唊路人皆亡降漢 路人道死 (『資治通鑑』 21 漢紀 13 世宗孝武皇帝)

조선　幾侯張降 以朝鮮王子 漢兵圍朝鮮 降侯 (『漢書』 17 景武昭宣元成功臣年表 5)

	功狀戶數		始封	子	孫	曾孫	玄孫
幾侯張陷	以朝鮮王子　漢兵圍朝鮮　降侯		三年[323]癸未封 六年 使朝鮮 謀反 格死				河東

조선　涅陽康侯最 以父朝鮮相路人 漢兵至 首先降 道死 子侯 (『漢書』 17 景武昭宣元成功臣年表 5)

號諡姓名	功狀戶數	始封	子	孫	曾孫	玄孫
涅陽康侯最	以父朝鮮相路人 漢兵至　首先降　道死 子侯	三月壬寅封 五年 太初元年薨 亡後				齊

조선　平州 以朝鮮將漢兵至降侯 (『史記』 20 建元以來侯者年表 8)

國名	侯功	元光	元朔	元狩	元鼎	元封	太初以後
平州	以朝鮮將 漢兵至降侯.					三年四月丁卯 侯唊[324] 元年 四年 侯唊薨 無後 國除	

조선　荻苴 以朝鮮相漢兵至圍之降侯 (『史記』 20 建元以來侯者年表 8)

國名	侯功	元光	元朔	元狩	元鼎	元封	太初以後
荻苴[325]	以朝鮮相　漢兵至圍之 降 侯					三年四月 侯朝鮮相韓陰 元年	

조선　平州侯王唊 以朝鮮將 漢兵至 降 侯 千四百八十戶 (『漢書』 17 景武昭宣元成功臣表 5)

號諡姓名	功狀戶數	始封	子	孫	曾孫	玄孫
平州侯王唊	以朝鮮將 漢兵至 降 侯 千四百八十戶	(元封)三年四月丁卯封				梁父

조선　荻直[326]侯韓陶 以朝鮮相將 漢兵圍之 降 侯 五百四十戶 (『漢書』 17 景武昭宣元成功臣表 5)

---

319) 考異曰 漢書作許逐 按左將軍亦以爭功相嫉乖計棄市 則武帝必以逐執樓船爲非 漢書作許 蓋字誤 今從史記
320) 考異曰 漢書陰作陶 今從史記
321) 應劭曰 凡五人也 戎狄不知官紀 故皆稱相 師古曰 相路人 一也 相韓陶 二也 尼谿相參 三也 將軍王唊 四
　　也 應氏乃云五人 失之矣 不當尋下文乎 余據韓陶今作韓陰, 蓋從史記 相 息亮翻 唊 音頰
322) 將 卽亮翻
323) '月'의 '오기'로 보인다.
324) [集解] 如淳曰唊音頰
325) [索隱] 音狄苴 表在勃海
326) 저본에는 '直'으로 되어 있으나 '苴'가 맞다.

號謚姓名	功狀戶數	始封	子	孫	曾孫	玄孫
荻苴侯韓陶	以朝鮮相將 漢兵圍之 降 侯 五百四 十戶	(元封三年)四月丁卯封 十 九年				勃海

조선　　　　　 澅清 以朝鮮尼谿相使人殺其王右渠 來降侯 (『史記』 20 建元以來侯者年表 8)

國名	侯功	元光	元朔	元狩	元鼎	元封	太初以後
澅清[327]	以朝鮮尼谿相使人殺其王右渠　來降侯					三年六月丙辰 侯朝鮮尼谿相(侯) 叄元年	

조선　　　　　 澅清侯叄 以朝鮮尼谿相使人殺其王右渠 降 侯千戶 (『漢書』 17 景武昭宣元成功臣表 5)

號謚姓名	功狀戶數	始封	子	孫	曾孫	玄孫
澅清侯叄	以朝鮮尼谿相 使人殺其王右渠 降 侯千戶	(元封三年)六月丙辰封 十一 年 天漢二年 坐匿朝鮮亡虜 下 獄病死				齊

조선 진번 임둔 낙랑 현도

　　　　　 元封三年夏 尼谿相叄 使人殺王右渠來降 王儉城未下 故右渠之大臣成巳又反 左將軍
　　　　　 使右渠子長 路人子最 告諭其民 謀殺成巳 故遂定朝鮮 爲眞番 臨屯 樂浪 玄菟四郡
　　　　　 (『三國遺事』 1 紀異 2　魏滿朝鮮)

조선　　　　　 元封三年夏　尼谿相叄乃使人殺朝鮮王右渠來降　王險城未下　故右渠之大臣成巳又反
　　　　　 復攻吏 左將軍使右渠子長降[328]　相路人之子最[329]　告諭其民　誅成巳 以故遂定朝鮮
　　　　　 爲四郡[330]　封叄爲澅清侯[331]　陰爲狄苴侯[332]　唊爲平州侯[333]　長爲幾侯 最以父死頗有
　　　　　 功　爲溫陽侯[334]　左將軍徵至 坐爭功相嫉 乖計 弃市 樓船將軍亦坐兵至洌口[335]　當待
　　　　　 左將軍　擅先縱 失亡多 當誅　贖爲庶人
　　　　　 太史公曰　右渠負固　國以絶祀　涉何誣功　爲兵發首　樓船將狹[336]　及難離咎　悔失番禺
　　　　　 乃反見疑　荀彘爭勞　與遂皆誅　兩軍俱辱　將率莫侯矣[337] (『史記』 115 朝鮮列傳 55)

조선 낙랑 임둔 현도 진번

---

327) [索隱] 表在齊 澅音獲 水名 在齊 又音乎卦反.
328) 集解　徐廣曰 表云 長路 漢書表云 長隆 音各　索隱　案 漢書表云 長隆 音各
329) 索隱　路人子也 名最
330) 集解　眞番 臨屯 樂浪 玄菟也
331) 集解　韋昭曰 屬齊 索隱 叄 澅清侯 韋昭云 縣名 屬齊 顧氏澅音獲
332) 集解　韋昭曰 屬勃海 索隱 陰 荻苴侯 晉灼云 屬勃海 荻音狄 苴音子餘反
333) 集解　韋昭曰 屬梁父 索隱 唊 平州侯 韋昭云 屬梁父
334) 集解　韋昭曰 屬齊 索隱 最 涅陽侯 韋昭云 屬齊也
335) 索隱　蘇林曰 縣名 度海先得之
336) 集解　徐廣曰 言其所將卒狹少
337) 索隱述賛　衛滿燕人 朝鮮是王 王險置都 路人作相 右渠首差 涉何謟上 兆禍自斯 狐疑二將 山 遂伏法 紛
　　 紜無狀

　　　　　　　　夏　朝鮮斬其王右渠降338)　以其地爲樂浪臨屯玄菟眞番郡339)　樓船将軍楊僕坐失亡多免

　　　　　　　　爲庶民　左將軍荀彘坐爭功棄市340)　(『漢書』6　武帝紀 6)

조선　　　　　元封三年夏　尼谿相叅乃使人殺朝鮮王右渠來降　王險城未下　故右渠之大臣成已又反

　　　　　　　　復攻吏　左將軍使右渠子長341)　降相路人子最342)　告諭其民　誅成已　故遂定朝鮮爲眞番

　　　　　　　　臨屯樂浪玄菟四郡　封叅爲澅淸侯343)　陶爲秋苴侯344)　唊爲平州侯　長爲幾侯　最以父死

　　　　　　　　頗有功　爲沮陽侯　左將軍徵至　坐爭功相嫉乖計　棄市　樓船将軍亦坐兵至列口當待左將

　　　　　　　　軍345)　擅先縦　失亡多　當誅　贖爲庶人　賛曰　楚粤之先　歴世有土　及周之衰　楚地方五

　　　　　　　　千里　而句踐亦以粤伯346)　秦滅諸侯　唯楚尚有滇王　漢誅西南夷　獨滇復寵　及東粤滅國

　　　　　　　　遷衆　繇王居股等猶爲萬戶侯　三方之開　皆自好事之臣　故西南夷發於唐蒙司馬相如　兩

　　　　　　　　粤起嚴助朱買臣　朝鮮由涉何　遭世富盛　能成功　然已勤矣347)　追觀太宗塡撫尉佗348)

　　　　　　　　豈古所謂　招攜以禮　懷遠以德　者哉349)　(『漢書』95　西南夷兩奥朝鮮列傳 65　朝鮮)350)

조선 낙랑 임둔 현도 진번

　　　　　　　　夏　朝鮮斬其王右渠以降　以其地爲樂浪臨屯玄菟眞番四郡　楊僕坐失亡多免爲庶人　荀

　　　　　　　　彘坐爭功棄市　(『前漢紀』14　孝武皇帝紀 5)

소선 낙랑 임둔 현도 진번

　　　　　　　　夏　尼谿　叅　使人殺朝鮮王右渠　來降　王險城未下　故右渠之大臣成己又反　復攻吏351)

　　　　　　　　左將軍使右渠子長　降相路人之子最352)　告諭其民　誅成己　以故遂定朝鮮　爲樂浪臨屯

　　　　　　　　玄菟眞番四郡353)　封叅爲澅淸侯354)　陰爲荻苴侯355)　唊爲平州侯356)　長爲幾侯357)　最

　　　　　　　　以父死頗有功　爲涅陽侯358)　左將軍徵至　坐爭功相嫉乖計　棄市　樓船将軍亦坐兵至列

　　　　　　　　口359)　當待左將軍　擅先縦　失亡多　當誅　贖爲庶人　班固曰　玄菟樂浪　本箕子所封360)

　　　　　　　　昔箕子居朝鮮　敎其民以禮義　田蠶織　作爲民設禁八條361)　相殺　以當時償殺　相傷　以

---

338)　師古曰　右渠　朝鮮王名

339)　臣瓚曰　茂陵書臨屯郡治東暆縣　去長安六千一百三十八里　十五縣　眞番郡治霅縣　去長安七千六百四十里　十
　　　五縣　師古曰　樂音洛浪音郎　番音普安反　暆音弋支反　霅音丈甲反

340)　師古曰：棄市　殺之於市也　解在景紀

341)　師古曰　右渠之子名長

342)　師古曰　相路人前已降漢而死於道　故謂之降相　最者　其子名

343)　師古曰　澅音獲

344)　晉灼曰　功臣表秋苴屬勃海　師古曰　苴音千餘反

345)　蘇林曰　列口　縣名也　度海先得之

346)　師古曰　伯讀曰霸

347)　師古曰　已　甚也　言其事甚勤勞

348)　師古曰　言文帝以恩德安撫之也　塡音竹刃反

349)　師古曰　春秋左氏傳僖七年諸侯盟于甯母　管仲言於齊侯曰　臣聞之　招攜以禮　懷遠以德　攜謂離貳者也　懷　來
　　　也　言有離貳者則招集之　懷遠者則懷來之也　故賛引之

350)　『漢書』73　韋賢傳 43　韋玄成에는　哀帝가 즉위한 해(B.C.7)의 논의 중에 '孝武皇帝愍中國罷勞無安寧之
　　　時　乃遣大將軍驃騎伏波樓船之屬　南滅百粤　起七郡　北攘匈奴　降昆邪十萬之衆　置五屬國　起朔方　以奪其肥饒
　　　之地　東伐朝鮮　起玄菟樂浪　以斷匈奴之左臂　西伐大宛　幷三十六國　結烏孫　起敦煌酒泉張掖　以鬲婼羌　裂匈
　　　奴之右肩　單于孤特　遠遁于幕北　四垂無事　斥地遠境　起十餘郡　功業既定　乃封丞相爲富民侯　以大安天下　富
　　　實百姓　其規橅可見'라는　내용이 있어　참고가 된다.

351)　復　扶又翻

352)　師古曰　右渠之子名長　路人先已降漢而死於道　故謂之降相　最者其子名

353)　樂浪郡治朝鮮縣　蓋以右渠所都爲治所也　臣瓚曰　茂陵書　臨屯郡治東暆縣　去長安六千一百三十八里　領十五
　　　縣　玄菟郡　本高句驪也　既平朝鮮　幷開爲郡　治沃沮城　後爲夷貊所侵　徙郡句驪西北　眞番郡治霅城　去長安七
　　　千六百四十里　領十五縣　余據後廢臨屯眞番二郡　班　志　東暆縣屬樂浪　霅縣無所考　樂　音洛　浪　音狼

354)　功臣表　澅淸侯食邑於齊　澅　音獲　又戶卦翻

355)　班　書　功臣表作荻苴侯　食邑於勃海　此從史記作荻　音秋　苴　子餘翻

356)　功臣表　平州侯食邑於泰山　梁父縣

357)　功臣表　作幾侯張洛　食邑於河東

358)　涅陽縣屬南陽郡　涅　乃結翻

359)　班　志　列口縣屬樂浪郡　郭璞曰　山海經　列水在遼東　余謂其地當列水入海之口

360)　武王封箕子於朝鮮

穀償 相盜者 男沒入爲其家奴 女爲婢 欲自贖者人五十萬 雖免爲民 俗猶羞之 嫁娶無
所售 是以其民終不相盜 無門戶之閉 婦人貞信不淫辟362) 其田野飲食以籩豆 都邑頗
放效吏 往往以杯器食363) 郡初取吏於遼東 吏見民無閉藏364) 及賈人往者365) 夜則爲
盜 俗稍益薄 今於犯禁寖多 至六十餘條 可貴哉 仁賢之化也 然東夷天性柔順 異於三
方之外 故孔子悼道不行 設浮桴於海 欲居九夷366) 有以也夫 (『資治通鑑』 21 漢紀
13 世宗孝武皇帝)

조선　　　　　(漢武帝元封)三年夏 朝鮮相尼谿相參使人殺其王右渠來降 初 左將軍荀彘 樓船將軍楊
僕擊朝鮮 二將不和 右將軍與使者 執樓船將軍 左將軍已幷兩軍師 急擊朝鮮 朝鮮相
路人 相韓陶 尼谿相參 將軍王唊367) 相與謀曰 始欲降樓船 樓船今執 獨左將軍幷將
戰益急 恐不能與368) 王又不肯降 陶 唊 路人皆亡降漢 路人道死 尼谿相參乃使人殺
朝鮮王右渠 來降 王險城未下 故右渠之大臣成己又反 復攻使369) 左將軍使右渠子
長370) 降相路人之子最371) 告諭其民 誅成己 故遂定朝鮮 (『册府元龜』 982 外臣部
27 征討 1)

조선　　　　　漢虎元封三癸酉 命將出師來討焉[國人殺右渠迎師] 三世幷爲八十八 背漢遂準殊宜然
(『帝王韻紀』 下 衛滿朝鮮紀)

조선　　　　　將軍荀彘 太原廣武人 以御見372) 侍中 爲校尉 數從大將軍 以元封三年爲左將軍擊朝
鮮 毋功 以捕樓船將軍坐法死 (『史記』 111 衛將軍驃騎列傳 51)

낙랑 조선 대방
　　　　　　　樂浪郡373) 戶六萬二千八百一十二 口四十萬六千七百四十八374) 縣二十五 朝鮮375)
　　　　　　　䛁邯376) 浿水377) 含資378) 黏蟬379) 遂成 增地380) 帶方 駟望 海冥381) 列口 長岑 屯
　　　　　　　有 昭明382) 鏤方 提奚 渾彌383) 呑列384) 東暆385) 不而386) 蠶台387) 華麗 邪頭昧388)
　　　　　　　前莫 夫租 (『漢書』 28下 地理志 8下)389)

---

361) 爲 于僞翻
362) 辟 讀曰僻
363) 放 甫往翻
364) 臧 讀曰藏
365) 賈 音古
366) 並見論語 桴 編竹木爲之 大者曰筏 小者曰桴 桴 芳無翻
367) 音頰
368) 不能與 猶言不如也
369) '使'는 '吏'의 오기로 보인다.
370) 右渠之子名長
371) 相路人前已降漢 而死于道 故謂之降相 最者 其子名
372) 正義 以善御求見也
373) 武帝元封三年開 莽曰樂鮮 屬幽州 應劭曰 故朝鮮國也 師古曰樂音洛浪音狼
374) 有雲鄣
375) 應劭曰 武王封箕子於朝鮮
376) 孟康曰 䛁音男 師古曰䛁音乃甘反 邯音酣
377) 水西至增地入海 莽曰樂鮮亭
378) 帶水西至帶方入海
379) 服虔曰 蟬音提
380) 莽曰增土
381) 莽曰海桓
382) 南部都尉治
383) 師古曰渾音下昆反
384) 分黎山 列水所出 西至黏蟬入海 行八百二十里
385) 應劭曰音移
386) 東郡(저본에는 '郡'으로 되어 있으나 '部'가 맞다)部都尉治
387) 師古曰台音胎
388) 孟康曰昧音妹
389) 樂浪郡 등의 관원 구성에 대해서는 『漢書』 19上 百官公卿表 7上에 '縣令長 皆秦官 掌治其縣 萬戶以上
　　爲令 秩千石至六百石 減萬戶爲長 秩五百石至三百石 皆有丞尉 秩四百石至二百石 是爲長吏 百石以下有斗

조선　　　　　　元封三年　爲左將軍擊朝鮮　無功　坐捕樓船將軍誅 (『漢書』 55　衛靑霍去病傳 25　荀
　　　　　　　　彘)390)

조선 낙랑 임둔 현도 진번
　　　　　　　　至元封三年　滅朝鮮　分置樂浪臨屯玄菟眞番四部391)392) (『後漢書』 85　東夷列傳 75
　　　　　　　　濊)

조선　　　　　　武帝元封三年　遣樓船將軍楊僕從齊浮渤海　兵五萬　左將軍荀彘出遼東　討之　朝鮮人相
　　　　　　　　與殺王右渠來降　遂以朝鮮爲眞蕃臨屯樂浪393)玄菟四郡394)　昭帝時罷臨屯眞蕃以幷樂
　　　　　　　　浪玄菟　自內屬以後　風俗稍薄　法禁亦寖多　至於六十餘條 (『通典』 185　邊方　東夷　上
　　　　　　　　朝鮮周封殷之太師之國)

조선 진번 임둔 낙랑 현도
　　　　　　　　三年　朝鮮人　殺右渠來降　遂定其地　因立爲　眞番臨屯樂浪玄菟　四郡　今悉爲東夷之地
　　　　　　　　(『太平寰宇記』 172　四夷　東夷　朝鮮)

조선 현도 고구려
　　　　　　　　至漢武帝元封三年　滅朝鮮置玄菟郡　以高勾驪爲縣　使屬之　賜以冠幘朝服鼓吹　嘗從
　　　　　　　　玄菟郡授之　後稍驕 不復詣郡　但於東界　築小城受之　遂名此城爲幘溝漊395)　溝漊者　勾
　　　　　　　　驪名城也 (『太平寰宇記』 173　四夷 2　東夷 2　高勾麗國)

예맥 조선　　　漢使楊信於匈奴　是時漢東拔穢貉朝鮮以爲396) (『史記』 110　匈奴列傳 50)397)

예맥 조선　　　漢使楊信於匈奴　是時漢東拔朝鮮以爲郡398) (『漢書』 94上　匈奴列傳 64上)

조선　　　　　　其明年　伐朝鮮 (『漢書』 25上　郊祀志 5下)

조선 낙랑 현도
　　　　　　　　元封中　星孛于河戌　占曰　南戌爲越門　北戌爲胡門　其後漢兵擊拔朝鮮　以爲樂浪玄菟
　　　　　　　　郡　朝鮮在海中　越之象也　居北方　胡之域也 (『漢書』 26　天文志 6)399)

조선　　　　　　自大將軍圍單于之後　十四年而卒　竟不復擊匈奴者　以漢馬少　而方南誅兩越　東伐朝鮮

食佐史之秩　是爲少吏　大率十里一亭　亭有長　十亭一鄉　鄉有三老　有秩嗇夫游徼　三老掌敎化　嗇夫職聽訟　收
賦稅　游徼徼循禁賊盜　縣大率方百里　其民稠則減　稀則曠　鄉亭亦如之　皆秦制也，列侯所食縣曰國　皇太后皇后
公主所食曰邑　有蠻夷曰道　凡縣道國邑千五百八十七　鄉六千六百二十二　亭二萬九千六百三十五’이라고 되어
있다.

390) 이 기사에는 월 표시가 없으나,『漢書』 6　武帝紀 6,『漢書』 95　西南夷兩粤朝鮮傳 65　朝鮮에 따라 夏로
　　편년하고 배치하였다.
391) ‘郡’의 誤記이다.
392) 番音潘
393) 音郎
394) 今悉爲東夷之地
395) 幘溝婁에 대해서는 다음의 기록들이 참고된다. “漢時賜鼓吹技人　常從玄菟郡受朝服衣幘　高句麗令主其名
　　籍　後稍驕恣　不復詣郡　于東界築小城　置朝服衣幘其中　歲時來取之　今胡猶名此城爲幘溝漊　溝漊者　句麗名
　　城也”(『三國志』 30　魏書 30　烏丸鮮卑東夷傳　高句麗); “漢時賜衣幘·朝服·鼓吹　常從玄菟郡受之　後稍驕 不
　　復詣郡　但於東界築小城以受之　至今猶名此城爲幘溝婁　溝婁者　句麗名城也”(『梁書』 54　列傳 48　諸夷　高句
　　驪); “漢時賜衣幘朝服鼓　常從玄菟郡受之　後稍驕　不復詣郡　但於東界築小城受之　遂名此城爲幘溝漊　溝漊者
　　句麗城 名也”(『北史』 94　列傳 82　高麗); “及武滅朝鮮　以高句麗爲縣　屬玄菟郡　賜以衣幘·朝服·鼓吹　常
　　從玄菟郡受之　後稍驕恣　不復詣郡　但於東界築小城以受之　遂名此城爲幘溝漊　溝漊者　句麗名城也”(『通典』
　　186　邊防 2　東夷　下　高句麗); “銀鉤玉唾明琲紙松筆輕凉并送似　可憐遠度幘溝婁[魏志東夷傳曰　高句麗　漢
　　時賜鼓吹伎人　常從玄菟郡受朝服衣幘　高句麗令主其名籍　後稍驕恣　不復詣郡　于東界　築小城　置朝服衣幘其
　　中　歲時來取之　今猶名此城　爲幘溝婁　溝婁者　句麗名城也]”(『山谷內集詩注』 7)
396) 正義　即玄菟　樂浪二郡
397) 이 기사와 관련하여『前漢紀』 29　孝哀皇帝紀 下에 다음과 같은 기사가 있어 참고된다 “(元壽)元年(155
　　년)…王舜劉歆議曰…孝武皇帝愍中國罷勞無安寧之時　乃南伐百越　起七郡(之師)　北攘匈奴　降十萬之衆　置
　　(吾)[五]屬國　起朔方　以奪其肥饒之地　東伐朝鮮　起玄菟樂浪　以斷匈奴之左臂　西伐大宛　幷三十六國　起燉煌
　　酒泉張掖　斷匈奴之右臂”
398) 師古曰　濊與穢同　亦或作薉
399) 이 기사는 元封 연간(B.C.110~105)으로 되어 있으나,『漢書』 6　武帝紀 6,『漢書』 95　西南夷兩粤朝鮮
　　傳 65　朝鮮에 따라 元封 3년(B.C.108) 夏로 편년하고 배치하였다.

擊羌西南夷 以故久不伐胡 (『史記』111 衛將軍驃騎列傳 51)

현도 낙랑 조선 예맥 고구려

玄菟樂浪 武帝時置 皆朝鮮濊貉句驪蠻夷[400] 殷道衰 箕子去之朝鮮[401] 教其民以禮義
田蠶織 作樂浪朝鮮民犯禁八條[402] 相殺以當時償殺 相傷以穀償 相盜者男沒入為其家
奴 女子為婢 欲自贖者 人五十萬 雖免為民 俗猶羞之 嫁取無所讐[403] 是以其民終不
相盜 無門戶之閉 婦人貞信不淫辟[404] 其田民飲食以籩豆[405] 都邑頗放效吏及內郡賈
人 往往以杯器食[406] 郡初取吏於遼東 吏見民無閉臧 及賈人往者 夜則為盜 俗稍益薄
今於犯禁浸多 至六十餘條 可貴哉 仁賢之化也 然東夷天性柔順 異於三方之外[407] 故
孔子悼道不行 設浮於海 欲居九夷 有以也夫[408] (『漢書』28下 地理志 8下)

낙랑

前漢時始置樂浪郡 應邵曰 故朝鮮國也 新唐書注云 平壤城 古漢之樂浪郡也 國史云
赫居世三十年 樂浪人來投 又第三弩禮王四年 高麗第三無恤王伐樂浪滅之 其國人與
帶方[北帶方]投于羅 又無恤王二十七年 光虎帝遣使伐樂浪 取其地為郡縣 薩水已南屬
漢[據上諸文 樂浪卽平壤城 宜矣 或云樂浪中頭山下靺鞨之界 薩水今大同江也 未詳孰
是] 又百濟溫祚之言 曰東有樂浪 北有靺鞨 則殆古漢時樂浪郡之屬縣之地也 新羅人亦
以稱樂浪 故今本朝亦因之 而稱樂浪郡夫人 又太祖降女於金傅 亦曰樂浪公主 (『三國
遺事』1 紀異 2 樂浪國)

조선

通典云 朝鮮之遺民 分為七十餘國 皆地方百里 後漢書云 西漢以朝鮮舊地 初置為四
郡 後置二府 法令漸煩 分為七十八國 各萬戶[馬韓在西 有五十四小邑 皆稱國 辰韓在
東 有十二小邑稱國 卞韓在南 有十二小邑 各稱國] (『三國遺事』1 紀異 2 七十二國)

진번 임둔 낙랑 현도부여 동부여 남북옥저

因分此地為四郡 各置郡長綏民編 眞番臨屯在南北 樂浪玄菟東西偏 胥匡以生理自絶
風俗漸醨民未安 隨時合散浮沈際 自然分界成三韓 三韓各有幾州縣 蚩蚩散在湖山間
各自稱國相侵凌 數餘七十何足徵[稱國者 馬有四十 辰有二十 弁有十二] 於中 何者是
大國 先以扶餘---沸流稱[檀君本紀曰 與非西岬河伯之女 婚而生男 名夫婁 東明本紀
曰 扶餘王夫婁 老無子 祭山川 求嗣 所御馬至鯤淵 見大石流殘 王怪而使人轉石 有
小兒 金色蛙形 王曰天賜我令胤乎 立為太子 名曰金蛙 其相阿蘭弗曰 日者 天降我曰
將使吾子孫 立國於此 汝其避之 東海濱有地 號迦葉原 土宜五穀 可都也 勸王移都
號東扶餘云云 臣嘗使於上國 至遼濱路傍有立墓 其人曰 扶餘駙馬大王墓也 又賈耽曰
大原南鴨綠 血扶餘舊地 則北扶餘者 宜在遼濱 其開國 盖自後朝鮮 而至此幾矣] 沸流
稱[東明本紀曰 沸流王 松讓 謂曰 予以仙人之後 累世為王 今君造國 日淺 為我附庸
可乎 則此亦疑檀君之後也] 次有尸羅與高禮 南北沃沮穢貊膺 此諸君長問誰後 世系亦
自檀君承 其餘小者名何等 於文籍中推未能 今之州府別號是 諺說那知應不應 想得漢
皇綏遠意 定黎蒸處害黎蒸 辰馬弁人終鼎峙 羅與麗濟相次興 自分為郡至羅 起計年七
十二籌零 (『帝王韻紀』下 漢四郡及列國紀)

조선

楊僕 宜陽人也 (…) 後復與左將軍荀彘俱擊朝鮮 為彘所縛 語在朝鮮傳 還 免為庶人
病死 (『漢書』90 酷吏傳 60)[409]

---

400) 師古曰 濊音穢 字或作薉 其音同
401) 師古曰 史記云 武王伐紂 封箕子於朝鮮 與此不同
402) 師古曰 八條不具見
403) 師古曰 讐 匹也 一曰 讐讀曰售
404) 師古曰 辟讀曰僻
405) 師古曰 以竹曰籩 以木曰豆 若今之槃也 槃音其敬反
406) 師古曰 都邑之人頗用杯器者 效吏及賈人也 放音甫往反
407) 師古曰 三方 謂南 西 北也
408) 師古曰 論語稱孔子曰 道不行 乘桴浮於海 從我者其由也歟 言欲乘桴筏而適東夷 以其國有仁賢之化 可以
   行道也 桴音孚 筏音伐
409) 이 기사는 연대 미상이지만, 『漢書』6 武帝紀 6, 『漢書』95 西南夷兩粵朝鮮傳 65 朝鮮에 따라 元封 3

고구려 현도　及漢武滅朝鮮　以高句麗爲縣　屬玄菟郡　賜以衣幘朝服鼓吹　常從玄菟郡受之　後稍驕恣
　　　　　　　不復詣郡　但於東界築小城以受之　遂名此城爲幘溝漊　溝漊者　句麗名城也　王莽時　發
　　　　　　　句麗兵以伐匈奴　其人不欲行　皆亡出塞爲寇盜　莽更名高句麗王爲下句麗侯　於是貊人
　　　　　　　寇邊愈甚　光武建武八年　遣使朝貢　帝復其王號 (『通典』186 邊方 2 東夷 下 高句麗)

조선　　　　元封六年秋　蝗　先是　兩將軍征朝鮮410)　開三郡411) (『漢書』27中之下 五行志 7中之
　　　　　　　下)

조선　　　　元光元狩　蚩尤之旗再見　長則半天　其後京師四出412)　誅夷狄者數十年　而伐胡尤甚
　　　　　　　越之亡　熒惑守斗413)　朝鮮之拔　星茀414)于河戌415) (『史記』27 天官書 5)

조선　　　　(成帝崩 哀帝卽位) 孝武皇帝愍中國罷勞無安寧之時416)　乃遣大將軍　驃騎　伏波　樓船
　　　　　　　之屬　南滅百粵　起七郡　北攘匈奴　降昆邪十萬之衆417)　置五屬國　起朔方　以奪其肥饒
　　　　　　　之地　東伐朝鮮　起玄菟　樂浪　以斷匈奴之左臂418) (『漢書』73 列傳 43 韋賢 子 玄成)

조선　　　　劉歆宗廟議曰　孝武皇帝愍中國罷勞無安寧之時　乃遣大將伏波樓船之屬　滅百越　七
　　　　　　　郡419)　北攘匈奴　降昆耶之衆　置五屬國　起朔方以奪其肥饒之地　東伐朝鮮　起玄菟樂
　　　　　　　浪　以斷匈奴之左臂 (『太平御覽』88 皇王部 13 漢 孝武皇帝)

현도 낙랑 조선 예맥 고구려
　　　　　　　漢書地理志曰　玄菟樂浪　武帝時初置　皆朝鮮獩貊勾驪　蠻夷　殷道衰　箕子去之朝鮮　敎
　　　　　　　其民以禮義　田蠶織作　樂浪朝鮮民犯禁八條420)　相殺以當時償殺　相傷者以穀償　相盜
　　　　　　　者　男沒入爲其家奴　女子爲婢　欲自贖者　人五十萬　雖免爲民　俗猶羞之　嫁娶無所讎
　　　　　　　是以　其民終不相盜　無門戶之閉　婦人貞信不淫辟　其田民飮食以籩豆　都邑頗放效吏
　　　　　　　及內郡賈人　往往以杯器食　郡初取吏於遼東　吏見民無閉藏　及賈人往者　夜則爲盜　俗
　　　　　　　稍益薄　今相犯禁寢多　致六十餘條　可貴哉仁賢之化也　然東夷天性柔順　異於三方之外
　　　　　　　故孔子悼道之不行　乘桴浮於海　欲居九夷　有以也 (『太平御覽』780 四夷部 東夷 朝
　　　　　　　鮮)

조선 진번 임둔 낙랑 현도
　　　　　　　元封三年　其相尼溪相叄　乃使人殺其王右渠　來降　而王險城未下　故右渠之大臣成己
　　　　　　　又反復功吏　左將軍使右渠子長　降相路人子最　告諭其民　誅成己　遂定朝鮮　爲眞番臨
　　　　　　　屯樂浪玄菟四郡 (『册府元龜』1000 外臣部 45 亡滅)

조선 낙랑 구야한국
　　　　　　　倭在韓東南大海中　依山島爲居　凡百餘國421)　自武帝滅朝鮮　使驛通於漢者三十許國
　　　　　　　國皆稱王　世世傳統　其大倭王居邪馬臺國　樂浪郡徼　去其國萬二千里　去其西北界拘邪
　　　　　　　韓國七千餘里　其地大較在會稽東冶之東　與朱崖儋耳相近　故其法俗多同 (『後漢書』
　　　　　　　85 東夷列傳 75 倭)

조선　　　　樓船[漢元封三年] (『通典』29 職官 11 雜號將軍)

　　년(B.C.108) 夏로 편년하고 배치하였다.
410) 師古曰 二年 樓船將軍楊僕 左將軍荀彘將應募罪人擊之
411) 師古曰 武紀云以其地爲樂浪 臨屯 玄菟 眞番郡 是四郡也 而此云三 蓋傳寫志者誤
412) 正義 元光元年 太中大夫衛靑等伐匈奴 元狩二年 冠軍侯霍去病等擊胡 元鼎五年 衛尉路博德等破南越 及
　　韓說破東越 幷破西南夷 開十餘郡 元年 樓船將軍楊僕擊朝鮮也
413) 正義 南斗爲吳越之分野
414) 索隱 音佩 卽孛星也
415) 索隱 案 天文志 武帝元封之中 星孛于河戌 其占曰 南戌爲越門 北戌爲胡門 其後漢兵擊拔朝鮮 以爲樂浪
　　玄菟郡 朝鮮在海中 越之象 居北方 胡之域也 其河戌卽南河北河也
416) 師古曰 罷讀曰疲
417) 師古曰 昆音下門反
418) 師古曰 樂音來各反 浪音郎
419) ‘七郡’ 앞에 ‘起’가 빠졌다.
420) 如淳曰 有其四 其四不見
421) 案 今名邪摩推 音之訛也

현도 낙랑	初武王定殷 封召公奭於燕 及秦滅燕 以其地爲漁陽·上谷·右北平·遼西·遼東五郡 漢高帝分上谷郡置涿郡 武帝置十三州 此爲幽州 領郡國十 其後開東邊 置玄菟·樂浪等郡 亦皆屬焉 (『通典』178 州郡 8 幽州)
조선 낙랑 진번	[紀]元封三年(B.C.108)夏 朝鮮降 以其地爲樂浪 臨屯 元[422]菟 眞番郡 [朝鮮傳]定朝鮮爲四郡 三方之開 皆自好事之臣 西南夷發於唐蒙司馬相如 兩粤起嚴助朱買臣 朝鮮由涉何 (『玉海』17 地理 郡國 漢朝鮮四郡)

B.C.107(甲戌/前漢 元封 4/倭 開化 51)

조선　　　以朝鮮王子漢兵圍朝鮮降侯 (『史記』20 建元以來侯者年表 8)

國名	侯功	元光	元朔	元狩	元鼎	元封	太初以後
幾[423]	以朝鮮王子漢兵圍朝鮮 降侯					四年三月癸未　侯張路　歸義元年[424]	

조선　　　以朝鮮王子漢兵圍朝鮮降侯 (『漢書』17 景武昭宣元成功臣表 5)

號諡姓名	功狀戶數	始封	子孫	曾孫	玄孫
幾侯張路[425]	以朝鮮王子漢兵圍朝鮮降侯	(元封四年)三年[426]癸未 封			河東

조선　　　以朝鮮相路人 漢兵至 首先降 道死 其子侯 (『史記』20 建元以來侯者年表 8)

國名	侯功	元光	元朔	元狩	元鼎	元封	太初以後
涅陽[427]	以朝鮮相路人漢兵至 首先降 道死 其子侯					四年三月壬寅 康侯子最元年	

조선　　　以父朝鮮相路人 漢兵至 首先降 道死 子侯 (『漢書』17 景武昭宣元成功臣表 5)

號諡姓名	功狀戶數	始封	子孫	曾孫	玄孫
涅陽康侯最	以父朝鮮相路人 漢兵至 首先降 道死 子侯	(元封四年)三月壬寅封			齊

조선　　　以朝鮮將 漢兵至 降 侯 (『史記』20 建元以來侯者年表 8)

國名	侯功	元光	元朔	元狩	元鼎	元封	太初以後
平州[428]	以朝鮮將漢兵至降侯					四年 侯唊薨 無後 國除	

조선　　　以樓船將軍 擊南越 椎鋒卻敵侯 (『漢書』17 景武昭宣元成功臣表 5)

---

422) '元'은 '玄'의 오기이다.

423) 索隱曰 音機表在河東

424) 索隱曰 韋昭云 路姑落反

425) 師古曰 路音格 又音各

426) 저본에는 '三年'이라고 되어 있다. 하지만 元封 4년(B.C.107)의 공신명단 속에 본문의 내용이 있고 『史記』에는 "三月 癸未"로 나온다. 따라서 본문의 年은 月이며, 元封 4년 3월 4일(癸未)로 편년할 수 있다.

427) 索隱曰 表在齊志屬南陽

428) 索隱曰 表在梁父

號諡姓名	功狀戶數	始封	子孫	曾孫	玄孫
將梁侯楊僕	以樓船將軍擊南越椎鋒卻敵侯	(元封)四年 坐爲將軍擊朝鮮畏懦 入竹二萬箇 贖完爲城旦[429]			

조선 　　　　以朝鮮將 漢兵至 降 侯 千四百八十戶 (『漢書』17 景武昭宣元成功臣表 5)

號諡姓名	功狀戶數	始封	子孫	曾孫	玄孫
平州侯王唊[430]	以朝鮮將 漢兵至 降 侯 千四百八十戶	(元封)四年 薨 凷後			梁父

현도 고구려　玄菟郡[431] 戶四萬五千六 口二十二萬一千八百四十五 縣三 高句驪[432] 上殷台[433] 西蓋馬[434] (『漢書』28 下 地理志 8 下)[435]

현도 진번 조선 고구려

　　　　帶玄菟 以開彊[漢書地理志曰 玄菟郡 武帝元封四年開 屬幽州 應邵注云 故眞番胡[436]鮮國也 領高句驪卜殷台西蓋馬三縣 治高句驪 後漢以遼東之高顯侯 城遼陽 三縣[437]來屬也] (『翰苑』 蕃夷部 高麗)

현도 낙랑 조선 예맥 고구려 기자 요동

　　　　玄菟樂浪 武帝時置 皆朝鮮濊貉句驪蠻夷[438] 殷道衰 箕子去之朝鮮[439] 教其民以禮義田蠶織作 樂浪朝鮮民犯禁八條[440] 相殺呂當時償殺 相傷以穀償 相盜者男沒入爲其家奴 女子爲婢 欲自贖者 人五十萬 雖免爲民 俗猶羞之 嫁取無所讎[441] 是呂 其民終不相盜 無門戶之閉 婦人貞信不淫辟[442] 其田民飲食呂籩豆[443] 都邑頗放效吏及內郡賈人 往往呂杯器食[444] 郡初取吏於遼東 吏見民無閉臧 及賈人往者 夜則爲盜 俗稍益薄 今於犯禁寢多 至六十餘條 可貴哉 仁賢之化也 然東夷天性柔順 異於三方之外[445] 故孔子悼道不行 設浮於海 欲居九夷 有呂也夫[446] (『漢書』28 下 地理志 8 下)[447]

현도 낙랑 조선 예맥 고구려 기자 요동

　　　　漢書地理志曰 玄菟·樂浪 武帝時初置 皆朝鮮獩貊勾驪蠻夷 殷道衰 箕子去之朝鮮 教其民以禮義田蠶織作 樂浪朝鮮民犯禁八條[448] 相殺以當時償殺 相傷者以穀償 相盜者

---

429) 師古曰 箇枚也 音古賀反
430) 如淳曰 唊音頰
431) 武帝元封四年開 高句驪 莽曰下句驪 屬幽州 應劭曰 故眞番 朝鮮胡國
432) 遼山遼水所出 西南至遼隊入大遼水 又有南蘇水 西北經塞外應劭曰 故句驪胡
433) 莽曰下殷 如淳曰 台音鮐 師古曰 音胎
434) 馬訾水西入鹽難水 西南至西安平入海 過郡二 行二千一百里 莽曰玄菟亭
435) 『漢書』28 下 地理志 8 下에 '燕地 尾箕分壄也 武王定殷 封召公於燕 其後三十六世與六國俱稱王 東有漁陽右北平遼西遼東 西有上谷代郡雁門 南得涿郡之易容城范陽北新城故安涿縣良鄕新昌 及勃海之安次 皆燕分也 樂浪玄菟 亦宜屬焉'라는 기사가 있어 참고된다.
436) 본문의 '胡'는 '朝'가 옳다.
437) 본문의 '懸'은 '縣'이 옳다.
438) 師古曰 獩音穢 字或作薉 其音同
439) 師古曰 史記云 武王伐紂 封箕子於朝鮮 與此不同
440) 師古曰 八條不具見
441) 師古曰 讎 匹也 一曰讎讀曰售
442) 師古曰 辟讀曰僻
443) 師古曰 以竹曰籩 以木曰豆 若今之槃也 籩音其敬反
444) 師古曰 都邑之人頗用杯器者 效吏及賈人也 放音甫往反
445) 師古曰 三方 謂南 西 北也
446) 師古曰 論語稱孔子曰 道不行 乘桴浮於海 從我者其由也歟 言欲乘桴筏而適東夷 以其國有仁賢之化 可以行道也 桴音孚 筏音伐
447) 이 기사는 武帝代(B.C.140~87)의 사실이다. 하지만 玄菟·樂浪郡의 설치가 완료되는 시점이 元封 4년(B.C.107)이기 때문에 B.C.107년으로 편년하였다.
448) 如淳曰 有其四 其四不見

男沒入爲其家奴 女子爲婢 欲自贖者 人五十萬 雖免爲民 俗猶羞之 嫁娶無所讎 是以
其民終不相盜 無門戶之閉 婦人貞信不淫辟 其田民飲食以籩豆 都邑頗放效 吏及內郡
賈人 往往以杯器食 郡初取吏於遼東 吏見民無閉藏 及賈人往者 夜則爲盜 俗稍益薄
今相犯禁寢多 致六十餘條 可貴哉仁賢之化也 然東夷天性柔順 異於三方之外 故孔子
悼道之不行 乘桴浮於海 欲居九夷 有以也 (『太平御覽』 780 四夷部 1 東夷 1 朝
鮮)449)

옥저 현도   (武帝滅朝鮮) 以沃沮地爲玄菟郡 (『後漢書』 85 東夷列傳 75 東沃沮)450)

옥저 현도   以沃沮城爲玄菟郡 (『三國志』 30 魏書 30 烏丸鮮卑東夷傳 東沃沮)451)

고구려 조선 현도 漢武帝元封四年 滅朝鮮 置玄菟郡 以高句驪爲縣以屬之 (『梁書』 54 列傳 48 諸
夷 高句驪)

고구려 조선 현도

    漢武帝元封四年 滅朝鮮 置玄菟郡 以高句麗爲縣以屬之 (『北史』 94 列傳 82 高麗)

옥저 현도   以其地爲玄菟郡 (『通典』 186 邊防 2 東夷 下 東沃沮)452)

옥저 현도   以沃沮城爲玄菟郡 東沃沮國 (『太平寰宇記』 175 四夷 4 東沃沮國)453)

옥저 현도   以沃沮城爲玄菟郡 (『册府元龜』 957 外臣部 2 國邑 東沃沮)454)

옥저 현도   (魏志曰) 以沃沮爲玄菟郡 (『太平御覽』 784 四夷部 5 東夷 5 沃沮)455)

조선 낙랑 현도 대방 임둔 예

    漢武帝伐滅朝鮮 分其地爲四郡 自是之後 胡漢稍別 (『三國志』 30 魏書 30 烏丸鮮卑
東夷傳 濊)456)

조선 낙랑 현도 대방 임둔 예맥

    (魏志曰) (…) 漢武帝伐滅朝鮮 分其地爲四郡 自是之後 胡漢稍別 (…) (『太平御覽』
780 四夷部 1 東夷 1 獩貊)457)

조선 현도 고구려

    (北史曰) 漢武帝 元封四年 滅朝鮮 置玄菟郡 以高句驪爲孫以屬之 (『太平御覽』 783
四夷部 4 東夷 4 高句驪)458)

예맥 조선   漢使楊信於匈奴 是時漢東拔穢貉朝鮮以爲郡459) 而西置酒泉郡460) 以鬲絶胡與羌通之

---

449) 이 기사는 武帝代(B.C.140~87)의 사실이다. 하지만 玄菟·樂浪郡의 설치가 완료되는 시점이 元封 4년
(B.C.107)이기 때문에 B.C.107년으로 편년하였다.
450) 玄菟·樂浪郡의 설치가 완료되는 시점은 元封 4년(B.C.107)이다. 따라서 본 기사를 B.C.107년으로 편년
하였다.
451) 玄菟·樂浪郡의 설치가 완료되는 시점은 元封 4년(B.C.107)이다. 따라서 본 기사를 B.C.107년으로 편년
하였다.
452) 玄菟·樂浪郡의 설치가 완료되는 시점은 元封 4년(B.C.107)이다. 따라서 본 기사를 B.C.107년으로 편년
하였다.
453) 玄菟·樂浪郡의 설치가 완료되는 시점은 元封 4년(B.C.107)이다. 따라서 본 기사를 B.C.107년으로 편년
하였다.
454) 玄菟·樂浪郡의 설치가 완료되는 시점은 元封 4년(B.C.107)이다. 따라서 본 기사를 B.C.107년으로 편년
하였다.
455) 玄菟·樂浪郡의 설치가 완료되는 시점은 元封 4년(B.C.107)이다. 따라서 본 기사를 B.C.107년으로 편년
하였다.
456) 玄菟·樂浪郡의 설치가 완료되는 시점은 元封 4년(B.C.107)이다. 따라서 본 기사를 B.C.107년으로 편년
하였다.
457) 玄菟·樂浪郡의 설치가 완료되는 시점은 元封 4년(B.C.107)이다. 따라서 본 기사를 B.C.107년으로 편년
하였다.
458) 玄菟·樂浪郡의 설치가 완료되는 시점은 元封 4년(B.C.107)이다. 따라서 본 기사를 B.C.107년으로 편년
하였다.
459) 正義 即玄菟 樂浪二郡
460) 正義 今肅州

路 漢又西通月氏 大夏461) 又以公主妻烏孫王 以分匈奴西方之援國 又北益廣田 至胘
靁爲塞462) 而匈奴終不敢以爲言 是歲 翕侯信死 漢用事者以匈奴爲已弱 可臣從也
(『史記』110 匈奴列傳 50)463)

예맥 조선　　漢使楊信使於匈奴 是時 漢東拔滅貉朝鮮以爲郡 而西置酒泉郡以隔絶胡與羌通之路
又西通月氏大夏 以翁主妻烏孫王 以分匈奴西方之援國 又北益廣田至胘雷爲塞 而匈
奴終不敢以爲言 是歲 翕侯信死 漢用事者以匈奴已弱 可臣從也 (『漢書』94 上 匈奴
傳 64 上)464)

B.C.105(丙子/前漢 元封 6/倭 開化 53)

조선　　元封六年 秋 蝗 先是 兩將軍征朝鮮465) 開三郡466) (『漢書』27中之下 五行志 7中之
下)

조선　　以朝鮮王子 漢兵圍朝鮮 降侯 (『史記』20 建元以來侯者年表 8)

國名	侯功	元光	元朔	元狩	元鼎	元封	太初以後
幾467)	以朝鮮王子漢兵圍朝鮮降侯					元封六年 侯張降使朝鮮 謀反 死國除	

조선　　以朝鮮王子 漢兵圍朝鮮 降侯 (『漢書』17 景武昭宣元成功臣表 5)

號諡姓名	功狀戶數	始封	子孫	曾孫	玄孫
幾侯張路468)	以朝鮮王子漢兵圍朝鮮降侯	(元封)六年 使朝鮮 謀反 格死			河東

조선　　元封 侯者十七 以東越甌駱南粵朝鮮西域封 則時之用兵 孰多孰少 皆可知矣 (『玉海』
135 官制 褒功 漢建元功臣受封)469)

B.C.104(丁丑/前漢 太初 1/倭 開化 54)

조선　　以父朝鮮相路人 漢兵至 首先降 道死 子侯 (『漢書』17 景武昭宣元成功臣表 5)

號諡姓名	功狀戶數	始封	子孫	曾孫	玄孫
涅陽康侯最	以父朝鮮相路人 漢兵至 首先降 道死 子侯	太初元年薨 囚後			齊

B.C.103(戊寅/前漢 太初 2/倭 開化 55)

조선　　以朝鮮將漢兵至降侯 (『史記』20 建元以來侯者年表 8)

---

461) 正義 漢書西域傳云 大月氏國去長安城萬一千六百里 本居燉煌 祁連閒 冒頓單于破月氏 而老上單于殺月氏
　　王 以頭爲飮器 月氏乃遠去 過大宛西 擊大夏而臣之 都嬀水北 爲王庭也
462) 漢書音義曰 胘靁 地名 在烏孫北
463) 漢이 楊信을 흉노에 보낸 정확한 시점은 알 수 없으나, 이 해에 趙信이 죽었다고 한다. 조신은 元朔 6
　　년(B.C.126)에 흉노에 투항하였고 元封 4년(B.C.107)에 죽었다. 따라서 본 기사를 조신이 죽은 해인
　　B.C.107년에 편제하였다.
464) 漢이 楊信을 흉노에 보낸 정확한 시점은 알 수 없으나, 이 해에 趙信이 죽었다고 한다. 조신은 元朔 6
　　년(B.C.126)에 흉노에 투항하였고 元封 4년(B.C.107)에 죽었다. 따라서 본 기사를 조신이 죽은 해인
　　B.C.107년에 편제하였다.
465) 師古曰 二年 樓船將軍楊僕 左將軍荀彘將應募罪人擊之
466) 師古曰 武紀云以其地爲樂浪臨屯玄菟眞番郡 是四郡也 而此云三 蓋傳寫志者誤
467) 索隱曰 音機表在河東
468) 師古曰 路音格 又音各
469) 元封은 B.C.110~B.C.105까지이다. 따라서 B.C.105년에 편제하였다.

國名	侯功	元光	元朔	元狩	元鼎	元封	太初以後
涅陽[470]	以朝鮮將漢兵至降侯						太初二年 侯最死 無後 國除

B.C.100(辛巳/前漢 天漢 1/倭 開化 58)

조선　(春正月) 武罵律曰 汝爲人臣子 不顧恩義 畔主背親[471] 爲降虜於蠻夷 何以汝爲見[472] 且單于信汝 使決人死生 不平心持正 反欲鬪兩主 觀禍敗 南越殺漢使者 屠爲九郡 宛王殺漢使者 頭縣北闕 朝鮮殺漢使者 卽時誅滅[473] 獨匈奴未耳 若知我不降明[474] 欲令兩國相攻 匈奴之禍從我始矣 (『資治通鑑』21 漢紀 13 世宗孝武皇帝)

조선　武罵律曰 女爲人臣子 不顧恩義 畔主背親 爲降虜於蠻夷 何乆女爲見[475] 且單于信女 使決人死生 不平心持正 反欲鬪兩主 觀禍敗 南越殺漢使者 屠爲九郡 宛王殺漢使者 頭縣北闕 朝鮮殺漢使者 卽時誅滅 獨匈奴未耳 若知我不降明[476] 欲令兩國相攻 匈奴之禍從我始矣 (『漢書』54 李廣蘇建傳 24 蘇武)[477]

요동 낙랑　巴蜀越嶲鬱林日南遼東樂浪[478] 周時被髮椎髻 今戴皮弁 周時重譯 今吟詩書 (『論衡』19 恢國篇)[479]

B.C.99(壬午/前漢 天漢 2/倭 開化 59)

조선　以朝鮮尼谿相使人殺其王右渠 降 侯 千戶 (『漢書』17 景武昭宣元成功臣表 5)

號諡姓名	功狀戶數	始封	子孫	曾孫	玄孫
澅清侯參[480]	以朝鮮尼谿相使人殺其王右渠 降 侯 千戶	天漢二年 坐匿朝鮮亾虜 下獄病死			齊

B.C.91(庚寅/前漢 征和 2/倭 崇神 7)

조선　以朝鮮相將 漢兵圍之 降 侯 五百四十戶 (『漢書』17 景武昭宣元成功臣表 5)

號諡姓名	功狀戶數	始封	子孫	曾孫	玄孫
荻苴[481]侯韓陶[482]	以朝鮮相將 漢兵圍之 降 侯 五百四十戶[483]	延[484]和二年薨 封終身 不得嗣			勃海

조선　十年而遭李陵之禍 幽於縲紲[485] 迺喟然而歎曰 是余之皋夫[486] 身虧不用矣 退而深惟

---

470) 索隱曰表在齊志屬南陽
471) 背 蒲妹翻
472) 師古曰 言何用見汝爲也
473) 南越事見上卷元鼎五年六年 宛事見上太初三年 朝鮮事見上元封二年 縣 讀曰懸
474) 師古曰 若 汝也 言汝知我不降明矣
475) 師古曰 言何用見女爲也
476) 師古曰 若 汝也 言汝知我不肯降明矣
477) 본문 기사는 연대 미상이다. 하지만 蘇武가 匈奴에 억류되어 투항을 권유받고 거절한 본문의 내용은 天漢 원년(B.C.100)의 일이다. 따라서 B.C.100년으로 편년하였다.
478) 郡國志 巴郡 秦置 雒陽西三千七百里 蜀郡 秦置 雒陽西三千一百里 越嶲郡 雒陽西四千八百里 鬱林郡 雒陽南六千四百一十里 日南郡 雒陽南萬三千四百里 遼東郡 秦置 雒陽東北三千六百里 樂浪郡 雒陽東北五千里 地理志 越嶲郡 武帝元鼎六年開 鬱林郡 故秦桂林郡 屬尉佗 武帝元鼎六年開 更名 日南郡 故秦象郡 武帝元鼎六年開 更名 樂浪郡 武帝元封三年開 應劭注 故朝鮮國
479) 본문 기사의 시점은 『논형』의 저자인 王充의 사망연대에 맞춰 배열하였다.
480) 師古曰 澅音獲 又音卦反
481) 저본에는 '直'으로 되어 있으나 '苴'가 맞다
482) 師古曰 荻音狄 苴音七余反
483) 師古曰 爲相而將朝鮮兵
484) 저본에는 '延'으로 되어 있으나 이 시기 전후로 '延和'라는 연호는 없다 '征和'의 '征'이 맞는 것으로 보인다.

日487) 夫詩書隱約者　欲遂其志之思也488)　卒述陶唐以來　至于麟止489)　自黃帝始490)

五帝本紀第一　夏本紀第二　殷本紀第三　(…)　朝鮮列傳第五十五　西南夷列傳第五十六

(『漢書』62　司馬遷傳 32)491)

B.C.87(甲午/前漢 後元 2/倭 崇神 11)

예맥 조선　宣帝初卽位　欲褒先帝　詔丞相御史曰　朕以眇身　蒙遺德　承聖業　奉宗廟　夙夜惟念492)
孝武皇帝躬仁誼　厲威武　北征匈奴　單于遠遁　南平氐羌昆明甌駱兩越493)　東定薉貉朝
鮮494)　廓地斥境　(…) (『漢書』75　眭兩夏侯京翼李傳 45　夏侯勝)495)

B.C.85(丙申/前漢 始元 2/倭 崇神 13)

낙랑　始元二年　蜀西工　長廣成　丞何放　護工卒史勝　守令史母夷496)　嗇夫索喜　佐勝　　工當
畫工文造 (「始元 2年銘 耳杯」)497)

낙랑　始元二年　蜀西工　長廣成　丞何放　護工卒史勝　守令史母夷498)嗇夫索喜　佐勝　㱃工當
汨工將夫　畫工定造 (「始元 2年銘 耳杯」)499)

낙랑　始元二年　蜀西工　長廣成　丞何放　護工卒史勝　守令史母夷500)　嗇夫索喜　佐勝　㱃工當
汨工將夫　(…) (「始元 2年銘 耳杯」)501)

낙랑　始元二年　蜀西工　長廣成　丞何放　護工卒史勝　守令史母夷502)　嗇夫索喜　佐勝　㱃工??
汨將夫　畫工充富造 (「始元 2年銘 耳杯」)503)

낙랑　始元二年　蜀西工　長廣成　丞何放　護工卒史勝　守令史母夷504)　嗇夫　索喜　佐勝　㱃工
右柳　汨工將夫　畫工母放造 (「始元 2年銘 耳杯」)505)

낙랑　始元二年　蜀西工　長廣成　丞何放　護工卒史勝　守令史母夷506)　嗇夫　索喜　佐勝　㱃??
汨工將夫　畫工 (…) (「始元 2年銘 耳杯」)507)

---

485) 師古曰　纍 係也　紲 長繩也　纍音力追反　紲音先列反
486) 師古曰　喟然 歎息貌也　音邱位反
487) 師古曰　惟 思也
488) 師古曰　隱 憂也　約 屈也
489) 服虔曰　武帝得白麟　而鑄金作麟足形　作史記止於此也　張晏曰　武帝獲麟　遷以為述事之端　上記黃帝　下至麟
　　止　猶春秋止於獲麟也　師古曰　遷序事盡太初　故言至麟而止　張說是也
490) 師古曰　遷之書序衆篇各別有辭　班氏以其文多　故略而不載　但取最後一首　故此單目盡於六十九　至惟漢繼五
　　帝末流之後　乃言第七十　讀者不詳其意　或於目中加云　敘傳第七十　此大妄矣
491) 본문 기사는 李陵을 변호하다가 궁형을 받은 天漢 2년(B.C.99)부터 『史記』가 완성되는 해로 끝나고 있
　　다. 『史記』의 완성은 征和 2년(B.C.91) 이전으로 추정된다. 따라서 본문을 B.C.99~B.C.91년으로 기간 편
　　년하였으며, B.C.91년에 편제하였다.
492) 師古曰　惟 思也
493) 師古曰　甌駱皆越號
494) 張晏曰　薉也　貉也　在遼東之東　師古曰　薉字與穢字同　貉音莫客反
495) 본문의 내용은 전한 세종 효무황제의 업적과 관련된 것이다. 효무황제는 B.C.141~B.C.87년까지 재위했
　　다. 하지만 이것은 B.C.74년(前漢 元平 1)의 기사이다. 따라서 B.C.74년에도 배치하였다.
496) '弟'로도 판독한다
497) 평양 석암리 194호분에서 출토하였다.
498) '弟'로도 판독한다.
499) 평양 석암리 194호분에서 출토하였다.
500) '弟'로도 판독한다.
501) 평양 석암리 194호분에서 출토하였다.
502) '弟'로도 판독한다.
503) 평양 정오동 1호분에서 출토하였다.
504) '弟'로도 판독한다.
505) 평양 정오동 1호분에서 출토하였다.
506) '弟'로도 판독한다.
507) 평양 정오동 1호분에서 출토하였다.

B.C.82(己亥/前漢 始元 5/倭 崇神 16)

진번　　　　　(夏六月) 罷儋耳眞番郡[508] (『漢書』 7 昭帝紀 7)

진번　　　　　(始元五年 夏六月) 罷儋耳眞番郡[509] (『資治通鑑』 23 漢紀 15 孝昭皇帝)

진번　　　　　(儋耳郡) 昭紀 始元五年 六月 罷儋耳眞番郡[510] (『玉海』 17 地理 郡國 漢初郡十七
　　　　　　　南越九郡 西南夷五郡)[511]

예 임둔 진번 낙랑 현도
　　　　　　　至昭帝始元五年 罷臨屯眞番 以幷樂浪玄菟 (『後漢書』 85 東夷列傳 75 濊)[512]

조선 임둔 진번 낙랑 현도
　　　　　　　昭帝時 罷臨屯 眞番 以倂樂浪 玄菟 自此內屬 (『太平寰宇記』 173下 四夷 1 東夷 1
　　　　　　　朝鮮)[513]

부여 임둔 진번 낙랑 현도
　　　　　　　至昭帝始元五年罷臨屯眞番 以幷樂浪玄菟 (『册府元龜』 957 外臣部 2 國邑 夫餘
　　　　　　　國)[514]

조선 현도 임둔 낙랑 진번
　　　　　　　前漢書 昭帝始元五年己亥 置二外府 謂朝鮮舊地平那及玄菟郡等 爲平州都督府 臨屯
　　　　　　　樂浪等兩郡之地 置東部都尉府[私曰 朝鮮傳則眞番玄菟臨屯樂浪等四 今有平那無眞番
　　　　　　　盖一地二名也] (『三國遺事』 1 紀異 2 二府)[515]

예 현도 고구려 옥저 예맥 낙랑
　　　　　　　玄菟復徙居句驪 自單單大領已東 沃沮濊貊悉屬樂浪 (『後漢書』 85 東夷列傳 75 濊)

예 낙랑　　　自單單大山領以西 屬樂浪 (『三國志』 30 魏書 30 烏丸鮮卑東夷傳 濊)

부여 현도 고구려 옥저 예맥 낙랑
　　　　　　　玄菟復徙居句麗 自單單大嶺已東 沃沮濊貊悉屬樂浪 (『册府元龜』 957 外臣部 2 國
　　　　　　　邑 夫餘國)

예맥 낙랑　　(魏志曰) (…) 自單單大嶺以西屬樂浪 (…) (『太平御覽』 780 四夷部 1 東夷 1 濊貊)

조선　　　　　通典云 朝鮮之遺民 分爲七十餘國 皆地方百里 後漢書云 (…) 後置二府 法令漸煩 分
　　　　　　　爲七十八國 各萬戶[馬韓在西 有五十四小邑 皆稱國 辰韓在東 有十二小邑 稱國 卞韓
　　　　　　　在南 有十二小邑 各稱國] (『三國遺事』 1 紀異 1 七十二國) [516]

B.C.81(庚子/前漢 始元 6/倭 崇神 17)

---

508) 師古曰 儋耳本南越地 真番本朝鮮地 皆武帝所置也 番音普安反
509) 武帝 元鼎六年置儋耳郡 元封三年置眞番郡 今皆罷之 儋 都甘翻
510) 後漢傳云 罷臨屯
511) 儋耳郡이 혁파되는 것과 관련해서 『玉海』 17 地理 郡國 漢初郡十七 南越九郡 西南夷五郡의 "(賈捐之
　　傳) (…) 至昭帝始元元年 二十餘年間 凡六反叛 至五年 罷儋耳郡幷屬珠崖 (…)"도 참고된다.
512) 본 기사에는 월이 나오지 않으나, 임둔과 진번이 혁파된 것은 B.C.82년 6월이다. 따라서 B.C.82년 6월
　　에 편제하였다.
513) 본 기사에는 연·월이 나오지 않으나, 임둔과 진번이 혁파된 것은 B.C.82년 6월이다. 따라서 B.C.82년 6
　　월에 편제하였다.
514) 본 기사에는 월이 나오지 않으나, 임둔과 진번이 혁파된 것은 B.C.82년 6월이다. 따라서 B.C.82년 6월
　　에 편제하였다.
515) 낙랑의 동부동위 설치와 관련해서 『玉海』 131 官制 牧守[令長附] 漢都尉 三輔都尉[見內史] 西部都尉府
　　玉門關候를 보면 "後東夷傳 武帝以沃沮爲縣 屬樂浪東部都尉 光武罷都尉官 封渠帥爲沃沮侯[昭帝始元五年
　　置樂浪東部都尉 分領東七縣]"이 참고된다.
516) 본문 뒷부분에 2부 설치 후 풍속이 각박해지고 78국으로 나뉘었다는 내용을 같은 것으로 보고, 앞서 2
　　부조에서 기원전 82년에 2부가 설치되었다는 내용을 근거로 하여 통전 관련 기록을 기원전 82년으로 편
　　년하였다.

文學曰 秦之用兵可謂極矣 蒙恬斥境 可謂遠矣 今踰蒙恬之塞 立郡縣寇虜之地 地彌 遠而民滋勞 朔方以西 長安以北 新郡之功 外城之費 不可勝計 非徒是也 司馬唐蒙鑿 西南夷之塗 巴蜀獘於邛笮 橫海征東夷 樓舩戍東越 荊楚罷於甌駱 左將伐朝鮮 開臨 洮[517] 燕齊困于穢貊 張騫通殊遠 納無用 府庫之藏 流於外國 非特什[518]辟之費 造陽 之役 由此觀之 非人主用心 好事之臣爲縣官計過也 (『鹽鐵論』 4 地廣 16)[519]

조선　　大夫曰 往者 四夷俱强 並爲寇虐 朝鮮踰徼 刦燕之東地 東越越東海 略浙江之南 南 越內侵 滑服令 氏棘人卭駹嶲唐昆明之屬 擾隴西巴蜀 今三垂已平 唯北邊未定 夫一 擧則匈奴中外震懼 釋備而何寡也 (『鹽鐵論』 7 備胡 38)[520]

조선　　大夫曰 秦楚燕齊周之封國也 三晉之君 齊之田氏 諸侯家臣也 內守其國 外伐不義 地 廣壤進 故立號萬乘 而爲諸侯 宗周修禮長文 然國羸弱 不能自存 東攝六國 西畏於秦 身以放遷 宗廟絶祀 賴先帝大惠 紹興其後 封嘉潁川 號周子男君 秦旣并天下 東絶沛 水 并滅朝鮮 南取陸梁 北却胡狄 西略氏[521]羌 立帝號 朝四夷 舟車所通 足迹所及 靡不畢至 非服其德 畏其威也 力多則人朝 力寡則朝於人矣 (『鹽鐵論』 8 誅秦 44)[522]

요동 조선　大夫曰 齊桓公越燕伐山戎 破孤竹 殘令支 趙武靈王踰句注 過代谷 略滅林胡樓煩 燕 襲走東胡 辟地千里 度遼東而攻朝鮮 蒙公爲秦擊走匈奴 若鷙鳥之迫羣雀 匈奴勢慴 不敢南面而望十餘年 及其後 蒙公死而諸侯叛秦 中國擾亂 匈奴紛紛 乃敢復爲邊寇 夫以小國燕趙 尙猶却寇虜以廣地 今以漢國之大 士民之力 非特齊桓之衆 燕趙之師也 然匈奴久未服者 羣臣不幷力 上下未諧故也 (『鹽鐵論』 8 伐功 45)[523]

B.C.78(癸卯/前漢 元鳳 3/倭 崇神 20)

요동　　冬 遼東烏桓反 以中郞將范明友爲度遼將軍[524] 將北邊七郡郡二千騎擊之 (『漢書』 7 昭帝紀 7)

요동　　(元鳳三年)冬 遼東烏桓反 初 冒頓破東胡 東胡餘衆散保烏桓及鮮卑山爲二族[525] 世役 屬匈奴 武帝擊破匈奴左地 因徙烏桓於上谷漁陽右北平遼東塞外[526] 爲漢偵察匈奴動 靜[527] 置護烏桓校尉監領之[528] 使不得與匈奴交通 至是 部衆漸强 遂反 先是 匈奴三 千餘騎入五原[529] 殺略數千人 後數萬騎南旁塞獵[530] 行攻塞外亭障 略取吏民去 是時 漢邊郡烽火候望精明 匈奴爲邊寇者少利 希復犯塞[531] 漢復得匈奴降者 言烏桓嘗發先

---

517) 원문에는 '洮'로 되어 있으나, '屯'이 맞다.
518) 원문에는 '什'으로 되어 있으나, '斗'가 맞다.
519) 鹽鐵論은 前漢 宣帝代(B.C.73~B.C.49)에 桓寬이 편찬하였다. 본문의 내용은 B.C.81년에 前漢 조정에서 이루어진 회의 내용이다. 따라서 B.C.81년에 편제하였다.
520) 鹽鐵論은 前漢 宣帝代(B.C.73~B.C.49)에 桓寬이 편찬하였다. 본문의 내용은 B.C.81년에 前漢 조정에서 이루어진 회의 내용이다. 따라서 B.C.81년에 편제하였다.
521) 원문에는 氏로 나오나. 氐가 맞다.
522) 鹽鐵論은 前漢 宣帝代(B.C.73~B.C.49)에 桓寬이 편찬하였다. 본문의 내용은 B.C.81년에 前漢 조정에서 이루어진 회의 내용이다. 따라서 B.C.81년에 편제하였다.
523) 鹽鐵論은 前漢 宣帝代(B.C.73~B.C.49)에 桓寬이 편찬하였다. 본문의 내용은 B.C.81년 前漢 조정에서 이루어진 회의내용이다. 따라서 B.C.81년에 편제하였다.
524) 應劭曰 當度遼水往擊之 故以度遼爲官號
525) 遼東郡屬幽州 唐嘗置安東都護府於其地 東胡破見十一卷高祖六年 後漢書 烏桓之地在丁零西南烏孫東北 武帝遣霍去病擊破匈奴左地 因徙烏桓於上谷漁陽右北平遼東遼西五郡塞外 爲漢偵察匈奴動靜 其大人歲一朝 見 於是始置護烏桓校尉 秩比二千石 鮮卑先遠窟於遼東塞外 與烏桓相接 未嘗通中國 至後漢稍徙遼西塞外 始爲中國患
526) 上谷漁陽北平皆屬幽州 上谷 唐嬀州 漁陽 唐檀薊州 北平 唐平州之地
527) 爲 于僞翻 偵 丑鄭翻 又丑貞翻 候也
528) 監 古銜翻
529) 五原郡屬幷州 先 悉薦翻
530) 旁 步浪翻
531) 少 詩照翻 復 扶又翻 下同

單于家 匈奴怨之 方發二萬騎擊烏桓 霍光欲發兵邀擊之[532)] 以問護軍都尉趙充國[533)]
充國以爲 烏桓間數犯塞[534)] 今匈奴擊之 於漢便 又匈奴希寇盜 北邊幸無事 蠻夷自相
攻擊而發兵要之[535)] 招寇生事 非計也 光更問中郎將范明友 明友言可擊 於是拜明友
爲度遼將軍[536)] 將二萬騎出遼東 匈奴聞漢兵至 引去 初 光誡明友 兵不空出 卽後匈
奴 遂擊烏桓[537)] 烏桓時新中匈奴兵[538)] 明友旣後匈奴 因乘烏桓敝 擊之 斬首六千餘
級 獲三王首 匈奴由是恐 不能復出兵 (『資治通鑑』 23 漢紀 15 孝昭皇帝)

B.C.76(乙巳/前漢 元鳳 5/倭 崇神 22)

요동　　　　　六月 發三輔及郡國惡少年吏有告劾亡者 屯遼東[539)] (『漢書』 7 昭帝紀 7)

B.C.75(丙午/前漢 元鳳 6/倭 崇神 23)

요동 현도　　　春正月 募郡國徒 築遼東玄菟城 (『漢書』 7 昭帝紀 7)

요동 현도　　　(元鳳)其六年正月 築遼東玄菟城 (『漢書』 26 天文志 6)[540)]

요동 현도　　　(元鳳六年)春正月 募郡國徒築遼東玄菟城[541)] (『資治通鑑』 23 漢紀 15 孝昭皇帝)

요동 현도　　　昭紀元鳳六年正月 募郡國徒 築遼東元[542)]菟城[543)] (『玉海』 173 宮室 城 上 漢遼東
　　　　　　　城 烏壘城 玉門亭障[見西域都護])

요동 현도　　　(漢書) 又曰 昭帝元鳳六年 募郡國 徙遼東玄免城 (『太平御覽』 192 居處部 20 城上)

예 낙랑　　　後以境土廣遠 復分領東七縣 置樂浪東部都尉 自內屬已後 風俗稍薄 法禁亦浸多 至
　　　　　　有六十餘條 (『後漢書』 85 東夷列傳 75 濊)[544)]

예 낙랑　　　自領以東七縣 都尉主之 皆以濊爲民 (『三國志』 30 魏書 30 烏丸鮮卑東夷傳 濊)[545)]

예 낙랑　　　(魏志曰) (…) 以東七縣 都尉主之 皆以獩爲民 (…) (『太平御覽』 780 四夷部 1 東夷
　　　　　　1 獩貊)[546)]

옥저 고구려 낙랑
　　　　　　後爲夷貊所侵 徙郡於高句驪西北[547)] 更以沃沮爲縣 屬樂浪東部都尉 (『後漢書』 85
　　　　　　東夷列傳 75 東沃沮)[548)]

옥저 고구려 낙랑 현도
　　　　　　後爲夷貊所侵 徙郡句麗西北 今所謂玄菟故府是也[549)] 沃沮還屬樂浪 漢以土地廣遠

---

532) 師古曰 邀迎而擊之
533) 護軍都尉 秦官 武帝以屬大司馬 此時蓋屬大將軍也
534) 師古曰 間 卽中間也 猶言比日也 數 所角翻
535) 要 與邀同
536) 度遼將軍 蓋使之度遼水以伐烏桓 至後漢 遂以爲將軍之號以護匈奴
537) 師古曰 後匈奴者 言兵遲後 邀匈奴不及 後 戶遘翻
538) 師古曰 爲匈奴所中傷 中 竹仲翻
539) 如淳曰 告者 爲人所告也 劾者 爲人所劾也 師古曰 惡少年謂無賴子弟也 告劾亡者 謂被告劾而逃亡
540) 본문 기사 앞에 천문현상으로 '(元鳳)五年四月 燭星見奎婁間 占曰有土功 胡人死 邊城和'가 보인다.
541) 菟 音塗
542) 원본의 元은 玄이 옳다.
543) 黃龍成 元菟城
544) 본문 기사는 연대가 나오지 않으나, 예가 낙랑군의 동부도위에 속하게 된 것이 B.C.75년이다. 따라서
　　B.C.75년에 편제하였다.
545) 본문 기사는 연대가 나오지 않으나, 예가 낙랑군의 동부도위에 속하게 된 것이 B.C.75년이다. 따라서
　　B.C.75년에 편제하였다.
546) 본문 기사는 연대가 나오지 않으나, 예가 낙랑군의 동부도위에 속하게 된 것이 B.C.75년이다. 따라서
　　B.C.75년에 편제하였다.
547) "後爲夷貊所侵 徙郡於高句驪西北"는 B.C.82년부터 B.C.75년 이전의 내용이다. 이와 관련해서 『太平寰
　　宇記』175 四夷 4 東沃沮國에도 보인다.
548) 본문 기사는 연대가 나오지 않으나, 동옥저가 낙랑군의 동부도위에 속하게 된 것이 B.C.75년이다. 따라
　　서 B.C.75년에 편제하였다.

在單單大領之東　分置東部都尉　治不耐城　別主領東七縣　時沃沮亦皆爲縣 (『三國志』
30 魏書 30 烏丸鮮卑東夷傳 東沃沮)550)

옥저 현도 낙랑

　　　後爲夷貊所侵　徙都句麗西北　所謂玄菟故府是也551)　漢以土地廣遠　在單單大領之東
　　　分置東部都尉 不耐城別主領東七縣 (『册府元龜』 957 外臣部 2 國邑 1 東沃沮)552)

옥저 예 낙랑

　　　後以境土廣遠　復分領東七縣　置樂浪東部都尉 (『册府元龜』 957 外臣部 2 國邑 夫餘
　　　國)553)

옥저 낙랑　後東夷傳　武帝以沃沮爲縣　屬樂浪東部都尉 (『玉海』 131 官制 牧守[令長附] 漢都尉
　　　三輔都尉[見內史] 西部都尉府 玉門關候)554)

B.C.74(丙午/前漢 元平 1/倭 崇神 24)

예맥 조선　宣帝初卽位　欲褒先帝　詔丞相御史曰　朕以眇身　蒙遺德　承聖業　奉宗廟　夙夜惟念555)
　　　孝武皇帝躬仁誼　厲威武　北征匈奴　單于遠遁　南平氐羌昆明甌駱兩越556)　東定薉貉朝
　　　鮮557)　廓地斥境 (…) (『漢書』 75 眭兩夏侯京翼李傳 45 夏侯勝)558)

B.C.69(壬子/前漢 地節 元年/倭 崇神 29)

신라　　前漢地節元年壬子[古本云建虎元年　又云建元三年等　皆誤] 三月朔　六部祖各率子弟
　　　俱會於閼川岸上　議曰　我輩上無君主臨理蒸民　民皆放逸　自從所欲　盍覓有德人　爲之
　　　君主　立邦設都乎　於時乘高南望　楊山下蘿井傍　異氣如電光垂地　有一白馬跪拜之狀
　　　尋撿之　有一紫卵[一云青大卵]　馬見人長嘶上天　剖其卵得童男　形儀端美　驚異之
　　　俗559)於東泉[東泉寺在詞腦野北]　身生光彩　鳥獸率舞　天地振動　日月淸明　因名赫居世
　　　王[蓋鄉言也　或作弗矩內王　言光明理世也　說者云　是西述聖母之所誕也　故中華人讚
　　　仚?560)聖母　有娠賢肇邦之語是也　乃至雞龍現瑞　産閼英　又焉知非西述聖母之所現
　　　耶]561)　位號曰居瑟邯[或作居西干　初開口之時　自稱云　閼智居西干一起　因其言稱之

549) "後爲夷貊所侵　徙郡句麗西北　今所謂玄菟故府是也"는 B.C.82년부터 B.C.75년 이전의 내용이다. 이와 관
　　련해서 『太平寰宇記』 175 四夷 4 東沃沮國에도 보인다.
550) 본문 기사는 연대가 나오지 않으나, 동옥저가 낙랑군의 동부도위에 속하게 된 것이 B.C.75년이다. 따라
　　서 B.C.75년에 편제하였다.
551) "後爲夷貊所侵　徙郡句麗西北　所謂玄菟故府是也"는 B.C.82년부터 B.C.75년 이전의 내용이다. 이와 관련
　　해서 『太平寰宇記』 175 四夷 4 東沃沮國에도 보인다.
552) 본문 기사는 연대가 나오지 않으나, 동옥저가 낙랑군의 동부도위에 속하게 된 것이 B.C.75년이다. 따라
　　서 B.C.75년에 편제하였다.
553) 본문 기사는 연대가 나오지 않으나, 동옥저와 예가 낙랑군의 동부도위에 속하게 된 것이 B.C.75년이다.
　　따라서 B.C.75년에 편제하였다.
554) 본문 기사는 연대가 나오지 않으나, 동옥저와 예가 낙랑군의 동부도위에 속하게 된 것이 B.C.75년이다.
　　따라서 B.C.75년에 편제하였다.
555) 師古曰　惟　思也
556) 師古曰　甌駱皆越號
557) 張晏曰　薉也　貉也　在遼東之東　師古曰　薉字與穢字同　貉音莫客反
558) 본문은 B.C.74년 前漢 元平 1년 기사이다. 하지만 그 내용은 전한 세종 효무황제의 업적과 관련된 것이
　　다. 효무황제는 B.C.141~B.C.87까지 재위했다. 따라서 B.C.87에도 배치하였다. 이와 관련해서 『太平
　　御覽』의 다음 기사도 참고된다. "(…) 劉歆宗廟議曰　孝武皇帝　愍中國罷勞無安寧之　時乃遣大將伏波樓船之
　　屬　滅百越七郡　北攘匈奴　降昆耶之衆　置五屬國　起朔方以奪其肥饒之地　東伐朝鮮　起玄菟樂浪　以斷匈奴之左
　　臂 (…)" (『太平御覽』 88 皇王部 13 漢 孝武皇帝) "(漢書) 又曰　劉歆上議曰　武帝立五廟　國伐朝鮮　起玄菟
　　樂浪　以斷匈奴左臂　西伐大宛　結烏孫　以裂匈奴 右臂" (『太平御覽』 369 人事部 10 臂)
559) 원문에는 俗으로 되어 있으나 浴으로 보는 것이 옳다.
560) 원문에는 ?로 되어 있으나, 桃로 보는 것이 옳다.
561) 西述聖母(仙桃聖母)와 관련해서는 『三國遺事』 5 感通 7 仙桃聖母隨喜佛事가 참고된다. "眞平王朝　有比
　　丘尼名智惠　多賢行　住安興寺　擬新修佛殿而力未也　夢一女仙風儀婥約　珠翠飾鬟　來慰曰　我是仙桃山神母也
　　喜汝欲修佛殿　願施金十斤以助之　宜取金於予座下　粧點主尊三像　壁上繪五十三佛六類聖衆及諸天神五岳神君

自後爲王者之尊稱] 時人爭賀曰 今天子已降 宜覓有德女君配之 (『三國遺事』 1 紀異
2 新羅始祖 赫居世王)

신라 　　(前漢地節元年壬子 三月朔) 是日 沙梁里閼英井[一作娥利英井]邉 有雞龍現 而左脇誕
生童女[一云龍現死而剖其腹得之] 姿容殊麗 然而唇似雞觜 將浴於月城北川 其觜撥落
因名其川曰撥川 營宮室於南山西麓[今昌林寺] 奉養二聖兒 男以卵生 卵如瓠 鄕人以
瓠爲朴 故因姓朴 女以所出井名名之 (『三國遺事』 1 紀異 2 新羅始祖 赫居世王)

B.C.66(乙卯/前漢 地節 4/倭 崇神 32)

낙랑 　　地節四年二月 (「地節 4年銘 漆郭」)562)

현도 　　(地節四年 夏五月) 禹山等家數有妖怪563) 擧家憂愁 山曰 丞相擅減宗廟羔菟蹛 可以
此罪也564) 謀令太后爲博平君置酒565) 召丞相平恩侯以下 使范明友鄧廣漢承太后制引
斬之 因廢天子而立禹 約定 未發 雲拜爲玄菟太守566) 太中大夫任宣爲代郡太守 會事
發覺 (『資治通鑑』 25 漢紀 17 中宗孝宣皇帝)

B.C.59(壬戌/前漢 神爵 3/倭 崇神 37)

북부여 동부여 졸본부여 고구려
　　古記云 前漢書567)宣帝神爵三年壬戌四月八日 天帝降于訖升骨城[在大遼醫州界]乘五
龍車 立都稱王 國號北扶餘568) 自稱名解慕漱 生子名扶婁 以解爲氏焉 王後因上帝之

[羅時五岳 謂東吐含山 南智異山 西雞龍 北太伯 中父岳 亦云公山也] 每春秋二季之十日 叢會善男善女 廣
爲一切含靈 設占察法會以爲恒規[本朝屈弗池龍 託夢於帝 請於靈鷲山長開藥師道場 平海途 其事亦同] 惠乃
驚覺 率徒往神祠座下 堀得黃金一百六十兩 克就乃功 皆依神母所諭 其事唯存 而法事廢矣 神母本中國帝室
之女 名娑蘇 早得神仙之術 歸止海東 久而不還 父皇寄書繫足云 隨鳶所止爲家 蘇得書放鳶 飛到此山而止
遂來宅爲地仙 故名西鳶山 神母久據玆山 鎭祐邦國 靈異甚多 有國已來 常爲三祀之一 秩在群望之上 第五十
四景明王好使鷹 嘗登此放鷹而失之 禱於神母曰 若得鷹 當封爵 俄而鷹飛來止机上 因封爵大王焉 其始到辰
韓也 生聖子爲東國始君 盖赫居閼英二聖之所自也 故稱雞龍雞林白馬等 雞屬西故也 嘗使諸天仙織羅 緋染作
朝衣 贈其夫 國人因此始知神驗 又國史 史臣 軾政和中 嘗奉使入宋 詣佑神舘 有一堂 設女仙像 舘伴學士
王黼曰 此是貴國之神 公知之乎 遂言曰 古有中國帝室之女 泛海抵辰韓 生子爲海東始祖 女爲地仙 長在仙桃
山 此其像也 又大宋國使王襄到我朝 祭東神聖母 文有娠賢肇邦之句 今能施金奉佛 爲含生開香火 作津梁 豈
徒學長生而冨於溟濛者哉 讚曰 來宅西鳶幾十霜 招呼帝子織霓裳 長生未必無生異 故謁金仙作玉皇"
562) 평양 정백동 37호분에서 출토되었다.
563) 數 所角翻 妖 於驕翻
564) 如淳曰 高后時定令 輒有擅議宗廟者棄市 師古曰 羔菟蹛 所以供祭也 菟 吐故翻 蹛 古蛀字
565) 爲 于僞翻
566) 菟 同都翻
567) 본문의 ‘前漢書’는 ‘前漢’으로 보는 것이 옳다.
568) 부여 관련신화로 다음의 것들이 참고된다.
"珠琳傳第二十一卷載 昔寧禀離王侍婢有娠 相者占之曰 貴而當王 王曰 非我之胤也 當殺之 婢曰 氣從天來 故
我有娠 及子之産 謂爲不祥 捐圈則猪噓 弃欄則馬乳 而得不死 卒爲扶餘之王[卽東明帝爲卒夲扶餘王之謂也
此卒夲扶餘 亦是北扶餘之別都 故云扶餘王也 寧禀離 乃夫婁王之異稱也]"(『三國遺事』 1 紀異 1 高句麗).
"初 北夷 索離國 王出行[索或作槀 音度洛反] 其侍兒於後妊身[妊音人鴆反] 王還 欲殺之 侍兒曰 前見天上有
氣 大如雞子 來降我 因以有身 王囚之 後遂生男 王令置於豕牢[牢 圈也] 豕以口氣噓之 不死 復徙於馬蘭[蘭
卽欄也] 馬亦如之 王以爲神 乃聽母收養 名曰東明 東明長而善射 王忌其猛 復欲殺之 東明奔走 南至掩㴲水
[今 高麗中有蓋斯水 疑此水是也] 以弓擊水 魚鼈皆聚浮水上 東明乘之得度 因至夫餘而王之焉"(『後漢書』
85 東夷列傳 75 夫餘).
"魏略曰 舊志又言 昔北方有高離之國者 其王者侍婢有身 王欲殺之 婢云 有氣如雞子來下 我故有身 後生子 王
捐之於溷中 豬以喙噓之 徙至馬閑 馬以氣噓之 不死 王疑以爲天子也 乃令其母收畜 名曰東明 常令牧馬
東明善射 王恐奪其國也 欲殺之 東明走 南至施掩水 以弓擊水 魚鼈浮爲橋 東明得度 魚鼈乃解散 追兵不得
渡 東明因都王夫餘之地"(『三國志』 30 魏書 30 烏丸鮮卑東夷傳 30 東夷 夫餘 所引 魏略)
"東明 本北夷槀離王之子 離王出行 其侍兒於後妊娠 離王還 欲殺之 侍兒曰 前見天上有氣如大雞子 來降我
因以有娠 王囚之 後遂生男 王置之豕牢 豕以口氣噓之 不死 王以爲神 乃聽收養 長而善射 王忌其猛 復欲殺
之 東明乃奔走 南至淹滯水 以弓擊水 魚鼈皆浮爲橋 東明乘之得渡 至夫餘而王焉"(『梁書』 54 列傳 48 諸夷
東夷 高句驪)

命　移都于東扶餘569)　東明帝継北扶餘而興　立都于卒本州　爲卒本扶餘　即高句麗之始
[見下] (『三國遺事』1 紀異 2 北扶餘)

부여 고구려　漢神雀三年孟夏　斗立已[漢神雀三年四月甲寅]　海東解慕漱　真是天之子[本記云　夫余
王解夫婁老無子　祭山川求嗣　所御馬至鯤淵　見大石流涙　王怪之　使人轉其石　有小兒
金色蛙形　王曰　此天錫我令胤乎　乃收養之　名曰金蛙　立爲太子　其相阿蘭弗曰　日者天
降我曰　將使吾子孫　立國於此　汝之避之　東海之濱有地　號迦葉原　土宜五穀　可都也
阿蘭弗勸王移都　号東夫余　於舊都　解慕漱爲天帝子來都]　初從空中下　身乘五龍軌　從
者百餘人　騎鵠紛襂襹　清樂動鏘洋　彩雲浮旖旃[漢神雀三年壬戌歲　天帝遣太子降遊扶
余王古都　号解慕漱　從天而下　乘五龍車　從者百餘人　皆騎白鵠　彩雲浮於上　音樂動雲
中　止熊心山　經十餘日始下　首戴烏羽之冠　腰帶龍光之劒]　自古受命君　何是非天賜　白
日下青冥　從昔所未睹　朝居人世中　暮反天宮裡[朝則聽事　暮即升天　世謂之天王郎]　吾
聞於古人　蒼穹之去地二億萬八千七百八十里　梯棧躡難升　羽翮飛易瘁　朝夕恣升降　此
理復何爾　城北有青河[青河今鴨綠江也]　河伯三女美[長曰柳花　次曰萱花　季曰葦花]　擘
出鴨頭波　往遊熊心浹[自青河出遊熊心淵上]　鏘琅佩玉鳴　綽約顏花媚[神姿艷麗　雜佩
鏘洋　與漢皋無異]　初疑漢皋濱　復想洛水沚　土曰出獵見　目送頗留意　兹非悦紛華　誠急
生繼嗣[王謂左右曰　得而爲妃　可有後胤]　三女見君來　入水尋相避　擬將作宮殿　潛候同
來戲　馬撾一畫地　銅室欻然峙　錦席鋪絢明　金罇置淳旨　蹁躚果自入　對酌還徑醉[其女
見王即入水　左右曰　大王何不作宮殿　俟女入室　當戶遮之　王以爲然　以馬鞭畫地　銅室
俄成壯麗　於室中　設三席置樽酒　其女各坐其席　相勸飲酒大醉云云]　王時出橫遮　驚走
僅顛躓[王俟三女大醉急出　遮女等驚走　長女柳花　爲王所止]　長女曰柳花　是爲王所止
河伯大怒嗔　遣使急且駛　告云渠何人　乃敢放輕肆　報云天帝子　高族請相累　指天降龍
馭　徑到海宮邃[河伯大怒　遣使告曰　汝是何人　留我女乎　王報云　我是天帝之子　今欲與

"北夷橐離國王侍婢　有娠　王欲殺之　侍婢對曰　有氣大如雞子　從天而下　我故有娠　後産子　損於猪溷中　猪以口氣
嘘之　不死復置馬欄中　欲使馬藉殺之　馬復以口氣嘘之　不死　王疑以爲天子　令其母收取　奴畜之　名東明　令
牧牛馬　東明善射　王恐奪其國也　欲殺之　東明走南　至掩淲水　以弓擊水　魚鼈浮爲橋　東明得渡　魚鼈解散　追兵
不得渡　因都王夫餘　北夷有夫餘國焉" (『論衡』2 吉驗篇).
"氣降清旻　入橐離而結孕祥　流穢地　躍淅水　以開疆[後漢書曰　夫餘國本穢地　初北夷　橐離國王出行　其侍兒於後
姙身　王還欲殺之　侍兒曰　前見天上有氣，大如雞子，來降我，故有　王囚之　後遂生男　令王置於　豕以口氣嘘之
不死　復從馬蘭　馬亦如之　王以爲神　乃聽母枚養　名曰東明　東明長而善射　王忌其猛　復欲殺之　東明奔走　南至
淹淲水　以弓擊水　魚鼈皆聚水上　東明乘之得渡　因至夫餘而王之　焉子]" (『翰苑』蕃夷部 夫餘).
"初　北夷　橐離國王[按後漢魏二史皆云　夫餘國在高句麗北　又案　後魏及隋史　高句麗在夫餘國南　而隋史云百濟
出於夫餘　夫餘出於高句麗王子東明之後也　又謂橐離國即高麗國　乃夫餘國當在句麗之南矣　若詳考諸家所說
疑橐離在夫餘之北　別是一國　然未詳孰是]　有子曰東明　長而善射　王忌其猛而欲殺之　東明奔走　南渡掩淲水
因至夫餘而王之" (『通典』185 邊防 1 東夷 上 夫餘).
"後漢書曰　夫餘國　在玄菟北千里　南與高句麗　東與挹婁　西與鮮卑接　北有弱水　地方二千里　本濊地也　初北夷
橐離國王出行　其侍兒於後姙身　正逐欲殺之　侍兒曰　前見天上有氣　如大雞子　來降我　因以有身　王囚之　後遂
生男　王令置於豕牢　豕以口氣嘘之　不死　復徙於馬欄　馬亦如之　以爲神　乃聽母收養　名曰東明　東明長而善射
王忌其猛　欲殺之　東明奔走　南至掩淲[音斯]水　以弓擊水　魚鼈皆聚浮水上　東明乘之　得度　因至夫餘　而王之
焉" (『太平御覽』781 四夷部 2 東夷 2 夫餘).
"夫餘國　後漢通焉　初北夷　索離國一作橐　王有子曰東明　長而善射　王忌其猛　欲殺之　東明奔走　東渡掩淲水　因
至夫餘而王之" (『太平寰宇記』174 四夷 3 東夷 3 夫餘國).
그리고 『帝王韻紀』下　漢四郡及列國紀에서는 협주로 "檀本紀曰　與非西岬河伯之女　婚而生男　名夫婁　東明
本紀曰　扶餘王夫婁　老無子　祭山川　求嗣　所御馬至鯤淵　見大石流殘　王怪而使人轉石　有小兒　金色蛙形　王曰
天賜我令胤乎　立爲太子　名曰金蛙　其相阿蘭弗曰　日者　天降我曰　將使吾子孫　立國於此　汝其避之　東海濱有
地　號迦葉原　土宜五穀　可都也　勸王移都　號東扶餘云云　臣嘗使於上國　至遼濱路傍有立墓　其人曰　扶餘駙馬
大王墓也　又貫耽曰　大原南鴨綠　血扶餘舊地　則北扶餘者　宜在遼濱其開國　蓋自後朝鮮　而至此幾矣"라 하였
다.
569) 『三國遺事』1 紀異 1 東扶餘에 "北扶餘王解夫婁之相阿蘭弗　夢天帝降而謂曰　將使吾子孫　立國於此　汝其
避之[謂東明將興之兆也]　東海之濱　有地名迦葉原　土壤膏腴　宜立王都　阿蘭弗勸王移都於彼　國號東扶餘　夫
婁老無子　一日祭山川求嗣　所乘馬至鯤淵　見大石相對俠流　王怪之　使人轉其石　有小兒金色蛙形　王喜曰　此乃
天賚我令胤乎　乃收而養之　名曰金蛙　及其長為太子　夫婁薨　金蛙嗣位為王　次傳位于太子帶素　至地皇三年壬
午　高麗王無恤伐之　殺王帶素　國除"라 하였다.

62　한국고대사 관련 동아시아 사료의 연대기적 집성 - 원문 (상)

河伯結婚 河伯又使告曰 汝若天帝之子 於我有求昏者 當使媒云云 今輒留我女 何其
失禮 王慙之 將徃見河伯 不能入室 欲放其女 女旣與王芝情 不肯離去 乃勸王曰 如
有龍車 可到河伯之國 王指天而告 俄而五龍車從空而下 王與女乘車 風雲忽起 至其
宮] 河伯乃謂王 婚姻是大事 媒贄有通法 胡奈淂自恣[河伯備禮迎之 坐定 謂曰 婚姻
之道 天下之通規 何爲失禮 辱我門宗云云] 君是上帝胤 神變請可試 漣漪碧波中 河伯
化作鯉 王尋變爲獺 立捕不待跬 又復生兩翼 翩然化爲雉 王又化神鷹 摶擊何大鷙 彼
爲鹿而走 我爲豺而趂 河伯知有神 置酒相燕喜 伺醉載革輿 幷置女於輢[車傍曰輢] 意
令與其女 天上同騰轡 其車未出水 酒醒忽驚起[河伯之酒 七日乃醒] 取女黃金釵 刺革
從竅出[叶韻] 獨乘赤霄上 寂寞不廻騎[河伯曰 王是天帝之子 有何神異 王曰 唯在所
試 於是 河伯於庭前水 化爲鯉 隨浪而游 王化爲獺而捕之 河伯又化爲鹿而走 王化爲
豺逐之 河伯化爲雉 王化爲鷹擊之 河伯以爲誠是天帝之子 以禮成婚 恐王無將女之心
張樂置酒 勸王大醉 與女入於小革輿中 載以龍車 欲令升天 其車未出水 王即酒醒 取
女黃金釵刺革輿 從孔獨出升天] 河伯責厥女 挽吻三尺弛 乃貶優渤中 唯與婢僕二[河
伯大怒 其女曰 汝不從我訓 終欲我門 令左右絞挽女口 其唇吻長三尺 唯與奴婢二人
貶於優渤水中 優渤澤名 今在太伯山南] 漁師觀波中 奇獸行駓駇 乃告王金蛙 鐵網投
溪溪 引得坐石女 姿貌甚堪畏 唇長不能言 三截乃啓齒[漁師强力扶鄒告曰 近有盜梁中
魚而將去者 未知何獸也 王乃使 魚師以網引之 其網破裂 更造鐵網引之 始得一女 坐
石而出 其女唇長不能言 令三截其唇乃言] 王知慕漱妃 仍以別宮置 (『東國李相國集』
3 古律詩 東明王篇)

부여 고구려 文[570)]解慕漱母柳花[本紀云 漢神雀三年壬戌 天帝遣太子解慕漱 遊扶餘王古都 乘五
龍車 從者百餘人 皆乘白鵠云云 臺上立君臣之禮 獵於熊心山 河伯三女 出遊優渤之
河 長女柳花爲王所止云云 文順公東明詩云 天孫河伯甥] 皇天之孫河伯甥 父還天宮不
復返 母在優渤淸江汀 扶餘國王名金蛙 爲開別舘相邀迎 (『帝王韻紀』下 高句麗紀)

부여 동부여 고구려
先是 扶餘王解夫婁 老無子 祭山川求嗣 其所御馬至鯤淵 見大石相對流淚 王怪之 使
人轉其石 有小兒 金色蛙形[蛙一作蝸] 王喜曰 此乃天賚我令胤乎 乃收而養之 名曰金
蛙 及其長立爲太子 後其相阿蘭弗曰 日者天降我曰 將使吾子孫 立國於此 汝其避之
東海之濱有地 號曰迦葉原 土壤膏腴宜五穀 可都也 阿蘭弗遂勸王 移都於彼 國號東
扶餘 其舊都有人 不知所從來 自稱天帝子解慕漱 來都焉 及解夫婁薨 金蛙嗣位於是
時 得女子於大[571)]白山南優渤水 問之曰 我是河伯之女 名柳花 與諸弟出遊 時有一男
子 自言天帝子解慕漱 誘我於熊心山下 鴨淥邊室中私之 即往不返 父母責我無媒而從
人 遂謫居優渤水 金蛙異之 幽閉於室中 爲日所炤 引身避之 日影又逐而炤之 因而有
孕 (『三國史記』13 高句麗本紀 1)[572)]

부여 동부여 고구려
先是 北扶餘王解夫婁 旣避地于東扶餘 及夫婁薨 金蛙嗣位 于時得一女子於大[573)]伯
山南優渤水 問之 云我是河伯之女 名柳花 與諸弟出遊 時有一男子 自言天帝子解慕
漱 誘我於熊神山下 鴨淥邊室中 知[574)]之而徃不返[壇君記云 君與西河河伯之女要親
有産子 名曰夫婁 今拠此記 則解慕漱私河伯之女 而後産朱蒙 壇君記云 産子名曰夫
婁 夫婁與朱蒙異母兄弟也] 父母責我無媒而從人 遂謫居于此 金蛙異之 幽閉於室中

---
570) 원문에는 ‘文’으로 나오나, ‘父’가 옳다.
571) 원문에는 ‘大’로 나온다. ‘太’가 옳다.
572) 본문의 ‘先時’는 주몽이 고구려를 건국한 B.C.37년 이전이고, 본문의 내용은 주몽이 탄생하기 전까지의
    일을 전하고 있다. 주몽은 神雀 4년(B.C.58)에 태어났다. 따라서 B.C.59년에 편제하였다.
573) 원문에는 ‘大’로 되어 있으나, ‘太’가 옳다.
574) 원문에는 ‘知’로 되어 있으나, ‘私’가 옳다.

爲日光所照 引身避之 日影又逐而照之 因而有孕 (『三國遺事』 1 紀異 1 高句麗)575)

부여 동부여 고구려

先是 扶餘王解夫婁 老無子 祭山川求嗣 其所御馬至鯤淵 見大石相對而淚 王怪之 使人轉其石 有小兒 金色蛙形 王喜曰 此乃天賚我令胤乎 乃收而養之 名曰金蛙 及其長 立爲太子 後其相阿蘭弗曰 夢天帝謂我曰 將使吾子孫 立國於此 汝其避之 東海之濱 有地 號曰迦葉原 土壤膏腴宜五穀 可都也 遂勸王 移都 國號東扶餘 其舊都有人 不知所從來 自稱天帝子解慕漱 來都焉 及解夫婁薨 金蛙嗣 得女子於大白山南優渤水 問之曰 我是河伯之女 名柳花 與諸弟出遊 有一男子 自言天帝子解慕漱 誘我於熊心山下 鴨淥邊室中私之 即往不返 父母責我無媒而從人 遂謫居優渤水 金蛙異之 幽閉於室中 爲日所炤 引身避之 日影又逐而炤之 因而有孕 (『三國史節要』 1)576)

B.C.58(癸亥/前漢 神爵 4/倭 崇神 38)

부여 고구려

懷日生朱蒙 是歲歲在癸 骨表諒最奇 啼聲亦甚偉 初生卵如升 觀者皆驚悸 王以爲不祥 此豈人之類 置之馬牧中 群馬皆不履 棄之深山中 百獸皆擁衛[王知天帝子妃 以別宮置之 其女懷中日曜 因以有娠 神雀四年癸亥歲夏四月 生朱蒙 啼聲甚偉 骨表英奇 初生左腋生一卵 大如五升許 王怪之曰 人生鳥卵 可爲不祥 使人置之馬牧 群馬不踐 棄於深山 百獸皆護 雲陰之日 卵上恒有日光 王取卵送母養之 卵終乃開得一男 生未經月 言語並實 母姑舉而養 經月言語始 自言蠅噆目 臥不能安睡 母爲作弓矢 其弓不虛掎[謂母曰 群蠅噆目 不能睡 母爲我作弓矢 其母以蓽作弓矢與之 自射紡車上蠅 發矢卽中 扶余謂善射曰朱蒙] (『東國李相國集』 3 古律詩 東明王篇)577)

부여 고구려

生一卵 大如五升許 王棄之與犬豕 皆不食 又棄之路中 牛馬避之 後棄之野 鳥覆翼之 王欲剖之 不能破 遂還其母 以物裹之 置於暖處 有一男兒 破殼而出 骨表英奇 (『三國史記』 13 高句麗本紀 1)578)

부여 고구려

生一卵 大五升許 王棄之與犬猪 皆不食 又弃之路 牛馬避之 弃之野 鳥獸覆之 王欲剖之 而不能破 乃還其母 母以物裹之 置於暖處 有一兒 破殼而出 骨表英奇 (『三國遺事』 1 紀異 1 高句麗)579)

부여 고구려

升大卵左脇誕 陰雲之日生陽晶 兒生數月能言語 (『帝王韻紀』 下 高句麗紀)580)

부여 고구려

生一卵 大如五升許 王弃之與犬豕 不食 棄之路 牛馬避之 棄之野 鳥覆翼之 王欲剖之 不能破 遂還其母 母裹置暖處 有男子 破殼而出 骨表英奇 (『三國史節要』 1)581)

B.C.57(甲子/신라 혁거세거서간 1/前漢 五鳳 1/倭 崇神 41)

신라

始祖 姓朴氏 諱赫居世 前漢孝宣帝 五鳳元年甲子 四月丙辰[一曰正月十五日] 即位 號居西干 時年十三 国號徐那伐 先是 朝鮮遺民 分居山谷之間爲六村 一曰閼川楊山

---

575) 본문의 '先時'는 주몽이 고구려를 건국한 B.C.37년 이전이고, 본문의 내용은 주몽이 탄생하기 전까지의 일을 전하고 있다. 주몽은 神雀 4년(B.C.58)에 태어났다. 따라서 B.C.59년에 편년하였다.
576) 본문의 '先時'는 주몽이 고구려를 건국한 B.C.37년 이전이고, 본문의 내용은 주몽이 탄생하기 전까지의 일을 전하고 있다. 주몽은 神雀 4년(B.C.58)에 태어났다. 따라서 B.C.59년에 편년하였다.
577) 주몽은 神雀 4년(B.C.58)에 태어났다. 그리고 『東國李相國集』 3 古律詩 東明王篇을 보면 "神雀四年癸亥歲夏月"에 주몽이 태어났다고 한다. 따라서 B.C.58년 여름, 4~6월로 기간 편년하였다.
578) 주몽은 神雀 4년(B.C.58)에 태어났다. 그리고 『東國李相國集』 3 古律詩 東明王篇을 보면 "神雀四年癸亥歲夏月"에 주몽이 태어났다고 한다. 따라서 B.C.58년 여름, 4~6월로 기간 편년하였다.
579) 주몽은 神雀 4년(B.C.58)에 태어났다. 그리고 『東國李相國集』 3 古律詩 東明王篇을 보면 "神雀四年癸亥歲夏月"에 주몽이 태어났다고 한다. 따라서 B.C.58년 여름, 4~6월로 기간 편년하였다.
580) 주몽은 神雀 4년(B.C.58)에 태어났다. 그리고 『東國李相國集』 3 古律詩 東明王篇을 보면 "神雀四年癸亥歲夏月"에 주몽이 태어났다고 한다. 따라서 B.C.58년 여름, 4~6월로 기간 편년하였다.
581) 주몽은 神雀 4년(B.C.58)에 태어났다. 그리고 『東國李相國集』 3 古律詩 東明王篇을 보면 "神雀四年癸亥歲夏月"에 주몽이 태어났다고 한다. 따라서 B.C.58년 여름, 4~6월로 기간 편년하였다.

村　二曰突山高墟村　三曰觜山珍支村[或云干珍村]　四曰茂山大樹村　五曰金山加利村
六曰明活山高耶村　是爲辰韓六部　高墟村長蘇伐公　望楊山麓　蘿井傍林間　有馬跪而嘶
則往觀之　忽不見馬　只有大卵　剖之　有嬰兒出焉　則收而養之　及年十餘歲　岐嶷然夙成
六部人以其生神異　推尊之　至是立爲君焉　辰人謂瓠爲朴　以初大卵如瓠　故以朴爲姓
居西干　辰言王[或云呼貴人之稱]582)　(『三國史記』1 新羅本紀 1)

신라　敬順王九年　(…)　論曰　新羅朴氏昔氏皆自卵生　金氏從天入金櫃而降　或云乘金車　此尤
詭怪不可信　然世俗相傳　爲之實事　政和中　我朝遣尙書李資諒　入宋朝貢　臣富軾以文
翰之任輔行　詣佑神館見一堂設女仙像　館伴學士王黼曰　此貴國之神　公等知之乎　遂言
曰　古有帝室之女　不夫而孕　爲人所疑　乃泛海抵辰韓生子　爲海東始主　帝女爲地仙　長
在仙桃山　此其像也　臣又見大宋國信使王襄祭東神聖母文有娠賢肇邦之句　乃知東神則
仙桃山神聖者也　然而不知其子　王於何時　(…)　(『三國史記』12新羅本紀 12)

신라　新羅疆界　古傳記不同　杜佑通典云　其先本辰韓種　其國左百濟高麗二國東南　東濱大海
劉煦唐書云　東南俱限大海　宋祁新書云　東南日本　西百濟　北高麗　南濱海　賈耽四夷述
曰　辰韓在馬韓東　東抵海　北與濊接　新羅崔致遠曰　馬韓則高麗　卞韓則百濟　辰韓則新
羅也　此諸說可謂近似焉　若新舊唐書皆云　卞韓苗裔在樂浪之地　新書又云　東距長人
長人者人長三丈　鋸牙鉤爪　搏人以食　新羅常屯弩士數千守之　此皆傳聞懸說　非實錄也
按兩漢志　樂浪郡距洛陽東北五千里　注曰　屬幽州　故朝鮮國也　則似與雞林地分隔絶
又相傳　東海絶島上有大人國　而人無見者　豈有弩士守之者　今按新羅始祖赫居世　前漢
五鳳元年甲子開國　王都長三千七十五步　廣三千一十八步　三十五里　六部　國號曰徐耶
伐　或云斯羅　或云斯盧　或云新羅　(『三國史記』34 雜志 3 地理 1)

신라　辰韓之地　古有六村　一曰閼川楊山村　南今曇嚴寺　長曰謁平　初降于瓢嵒峰　是爲及梁
部李氏祖[奴583)礼王九年置　名及梁部　本朝大584)祖天福五年庚子　改名中興部　波
替585)東山彼上村屬焉]　二曰突山高墟村　長曰蘇伐都利　初降于兄山　是爲沙梁部[梁
讀云道　或作涿　亦音道]　鄭氏祖　今曰南山部　仇良伐麻等烏道北迴德等南村属焉[称今
曰者　太祖所置也　下例知586)]　三曰茂山大樹村　長曰俱[一作仇]禮馬　初降于伊山[一作
皆比山]　是爲漸梁[一作涿]部　又牟梁部孫氏之祖　今云長福　朴谷村等西村屬焉　四曰
觜山珎支村[一作賓之　又賓子　又水587)之]　長曰智伯虎　初降于花山　是爲本彼部崔氏祖
今曰通仙部　柴巴等東南村属焉　致遠乃本彼部人也　今皇龍寺南味呑寺南有古墟　云是
崔侯古宅也　殆明矣　五曰金山加利村[今金剛山栢栗寺之北山也]　長曰祇沱[一作只他]
初降于明活山　是爲漢歧部[又作韓歧部]裵氏祖　今云加德部　上下西知乃兒等東村屬焉
六曰明活山高耶村　長曰虎珎　初降于金剛山　是爲習比部薛氏祖　今臨川部　勿伊村仍仇
㳛村闕谷[一作□588)谷]等　東北村屬焉　按上文此六部之祖　似皆從天而降　弩礼王九年
始改六部名　又賜六姓　令589)俗中興部爲母　長福部爲父　臨川部爲子　加德部爲女　其實
未詳　前漢地節元年壬子[古本云建虎590)元年　又云建元三年等　皆誤]　三月朔　六部祖各
率子弟　俱會於閼川岸上　議曰　我輩上無君主臨理蒸民　民皆放逸　自從所欲　盍覓有德

582)『三國遺事』1 王曆 1에 “新羅第一赫居世[姓朴　卵生　年十三　甲子卽位　理六十年　妃娥伊英　娥英　國號曰
　　徐羅伐　又徐伐　或斯盧　或雞林 일설　至脫解王時　始置雞林之處”라고 나온다.
583) 원문에는 ‘奴’ 아래쪽의 ‘弓’이 보이지 않는데, ‘弩’가 옳다.
584) 원문에는 ‘大’로 되어 있으나, ‘太’가 옳다.
585) 원문에는 ‘替’로 되어 있으나, ‘潜’으로 보는 것이 옳다.
586) 원문에는 ‘知’로 되어 있으나, ‘如’로 보는 것이 옳다.
587) 원문에는 ‘水’로 되어 있으나 ‘氷’으로 보는 것이 옳다.
588) 원문은 판독이 불가능하나, ‘葛’로 보는 것이 옳다.
589) 원문에는 ‘令’으로 되어 있으나, ‘今’으로 보는 것이 옳다.
590) 虎는 고려 혜종의 이름인 武를 避諱한 것이다.

人 爲之君主 立邦設都乎 於時乘高南望 楊山下蘿井傍 異氣如電光垂地 有一白馬跪拜之狀 尋撿之 有一紫卵[一云青大卵] 馬見人長嘶上天 剖其卵得童男 形儀端美 驚異之 俗591)於東泉[東泉寺在詞腦野北] 身生光彩 鳥獸率舞 天地振動 日月清明 因名赫居世王[蓋鄕言也 或作弗矩內王 言光明理世也 說者云 是西述聖母之所誕也 故中華人讚仚?592)聖母 有娠賢肇邦之語是也 乃至雞龍現瑞 産閼英 又焉知非西述聖母之所現耶]593) 位號曰居瑟邯[或作居西干 初開口之時 自稱云 閼智居西干一起 因其言稱之 自後爲王者之尊稱] 時人爭賀曰 今天子已降 宜覓有德女君配之 是日 沙梁里閼英井[一作娥利英井]邊 有雞龍現 而左脇誕生童女[一云龍現死而剖其腹得之] 姿容殊麗 然而脣似雞觜 將浴於月城北川 其觜撥落 因名其川曰撥川 營宮室於南山西麓[今昌林寺] 奉養二聖兒 男以卵生 卵如瓠 鄕人以瓠爲朴 故因姓朴 女以所出井名名之 二聖年至十三歲 以五鳳元年甲子男立爲王 仍以女爲后 國號徐羅伐 又徐伐[今俗訓京字云徐伐 以此故也] 或云斯羅 又斯盧 初王生於雞井 故或云雞林國 以其雞龍現瑞也 一說 脫解王時 得金閼智 而雞鳴於林中 乃改國號爲雞林 後世遂定新羅之號 理國六十一年 王升于天 七日後 遺體散落于地 后亦云亡 國人欲合而葬之 有大虵逐禁 各葬五體爲五陵 亦名虵陵 曇嚴寺北陵是也 太子南解王繼位 (『二國遺事』1 紀異 2 新羅始祖 赫居世王)

신라 마한 고구려 진한

崔致遠云 馬韓 麗也 辰韓 羅也[據本紀 卽羅先起甲子 (…)] (『三國遺事』1 紀異 1 馬韓)

신라

新羅始祖奕(亦+大↕)居世 所出不是人間系 有卵降自蒼蒼來 其大如瓠594)紅縷繫 筒中長生因姓朴[羅人呼瓠爲朴] 此豈非爲天所啓 漢宣五鳳元甲子 開國辰韓定疆界 風淳俗美都局平 聖君賢相臨相繼 羲皇上世何以加 朝野肅穆無欺弊 士女熙熙分路 行行不齎糧門不閉 花朝月夕携手遊 別曲歌詞隨意製 或感鳩林或金樻 昔氏金氏相承遞 二十九代春秋王 請兵於唐平麗濟 庾信金公是功臣 得妙兵書精虎藝 文章何人動中華 淸河致遠方延譽 釋焉元曉與相師 心與古佛相符契 弘儒薛侯製吏書 俗言鄕語通科隸 聖賢雜還來賛襄 蠢蠢黔蒼皆踐禮 瓜綿椒遠業將衰 裔萱向主行狂吠 群情洶洶未知歸 金傅大王能遠計 後唐末帝淸泰二 乙未仲冬朝我陛[我太祖十八年也 自檀君元年戊辰 至此九三千二百八十八年] 妻以長主[樂浪公主也]封尙父 衣冠亦使朝連袂[賜羅臣 皆以本職詣朝行] 九百九十二年來 五十六王能稱制 至今餘慶猶不窮 鸞臺鳳閣流苗裔 知幾能弱信多哉 我嘆未足處臣無替 臨書點撿開闢來 萬有千古無斯例 (『帝王韻紀』下 東國君王開國年代 新羅紀)

---

591) 원문에는 '俗'으로 되어 있으나 '浴'으로 보는 것이 옳다.
592) 원문에는 ?로 되어 있으나, '桃'로 보는 것이 옳다.
593) 西述聖母(仙桃聖母)와 관련해서는 『三國遺事』5 感通 7 仙桃聖母隨喜佛事가 참고된다. "眞平王朝 有比丘尼名智惠 多賢行 住安興寺 擬新修佛殿而力未也 夢一女仙風儀婥約 珠翠飾鬟 來慰曰 我是仙桃山神母也 喜汝欲修佛殿 願施金十斤以助之 宜取金於予座下 粧點主尊三像 壁上繪五十三佛六類聖衆及諸天神五岳神君[羅時五岳 謂東吐含山 南智異山 西雞龍 北太伯 中父岳 亦云公山也] 每春秋二季之十日 叢會善男善女 廣爲一切含靈 設占察法會以爲恒規[本朝屈弗池龍 託夢於帝 請於靈鷲山長開藥師道場 平海途 其事亦同] 惠乃驚覺 率徒往神祠座下 堀得黃金一百六十兩 克就乃功 皆依神母諭 其事唯存 而法事廢矣 神母本中國帝室之女 名娑蘇 早得神仙之術 歸止海東 久而不還 父皇寄書繫足云 隨鳶所止爲家 蘇得書放鳶 飛到此山而止 遂來宅爲地仙 故名西鳶山 神母久據玆山 鎭祐邦國 靈異甚多 有國已來 常爲三祀之一 秩在群望之上 第五十四景明王好使鷹 嘗登此放鷹而失之 禱於神母曰 若得鷹 當封爵 俄而鷹飛來止机上 因封爵大王焉 其始到辰韓也 生聖子爲東國始君 盖赫居閼英二聖之所自也 故稱雞龍雞林白馬等 雞屬西故也 嘗使諸天仙織羅 緋染作朝衣 贈其夫 國人因此始知神驗 又國史 史臣曰 軾政和中 嘗奉使入宋 詣佑神館 有一堂 設女仙像 舘伴學士王黼曰 此是貴國之神 公知之乎 遂言曰 古有中國帝室之女 泛海抵辰韓 生子爲海東始祖 女爲地仙 長在仙桃山 此其像也 又大宋國使王襄到我朝 祭東神聖母 文有娠賢肇邦之句 今能施金奉佛 爲含生開香火 作津梁 豈徒學長生而囿於溟濛者哉 讚曰 來宅西鳶幾十霜 招呼帝子織霓裳 長生未必無生異 故謁金仙作玉皇"
594) 원문은 '瓢'로 되어 있으나, '瓠'로 보는 것이 옳다.

신라 　　　夏四月丙辰 始祖朴赫居世立 先是 朝鮮遺民 分居山谷之間爲六村 一曰閼川楊山 二
　　　　　曰突山高墟 三曰觜山珍支 四曰茂山大樹 五曰金山加里 六曰明活山高耶 是爲辰韓六
　　　　　部 高墟村長蘇伐公 望楊山麓 蘿井傍林閒 有馬跪而嘶 往觀之 忽不見 只有大卵 剖
　　　　　之 有嬰兒出焉 收而養之 岐嶷夙成 六部以其神異 推尊之 至是立爲君 年十三 號居
　　　　　西干 居西干辰言王也 或云呼貴人之稱 國號徐羅伐[一作徐伐] 後改雞林 又稱新羅 以
　　　　　朴爲姓者 以所剖之 卵似瓠俗爲瓠爲朴 [三國遺事 辰韓之地 古有六村 一曰閼山楊山
　　　　　村 長曰謁平 是爲及梁部 二曰突山高墟村 長曰蘇伐都利 是爲沙梁部 三曰茂山大樹
　　　　　村 長曰俱禮馬 是爲漸梁部 又稱牟梁部 四曰觜山珍支村 長曰智伯虎 是爲本彼部 五
　　　　　曰金山加里村 長曰祇沱 是爲漢歧部 六曰明活山高耶村 長曰虎珍 是爲習比部 漢地
　　　　　節元年 三月朔 六部各率子弟 會閼川岸上 議曰 我輩上無君主民 皆放縱 盍求有德者
　　　　　爲之主 於時望楊山下蘿井傍 有異氣 如電光垂地 白馬跪拜 往尋之 有一紫卵剖之 得
　　　　　童男 形儀端美 衆皆驚異 立爲主 因名赫居世 盖鄕言王也 或曰弗矩內王 或曰居瑟邯]
　　　　　權近曰 孔子刪詩書 斷自唐虞 盖以唐虞以前世 道洪荒難 可盡信也 唐虞以降 則中國
　　　　　載籍 已無可怪之事矣 三國始祖之生 俱與漢並時矣 安有若是其可怪者乎 非獨始祖爲
　　　　　然 閼英之生 脫解之出 亦皆怪而不常 豈非厥初海隅之地 有生之衆 淳朴無知閒 有一
　　　　　爲詭說者 擧皆信而神之 以傳後世也 不然何其怪異之多乎 (『三國史節要』1)

B.C.56(乙丑/신라 혁거세거서간 2/前漢 五鳳 2/倭 崇神 42)

B.C.55(丙寅/신라 혁거세거서간 3/前漢 五鳳 3/倭 崇神 43)

B.C.54(丁卯/신라 혁거세거서간 4/前漢 五鳳 4/倭 崇神 44)

신라 　　　夏四月辛丑朔 日有食之 (『三國史記』1 新羅本紀 1)
신라 　　　夏四月辛丑朔 日有食之 (『三國史節要』1)

B.C.53(戊辰/신라 혁거세거서간 5/前漢 甘露 1/倭 崇神 45)

신라 　　　春正月 龍見於閼英井 右脇誕生女兒 老嫗見而異之 收養之 以井名名之 及長有德容
　　　　　始祖聞之 納以爲妃 有賢行 能內輔 時人謂之二聖 (『三國史記』1 新羅本紀 1)[595]
신라 　　　春正月 立閼英爲后 初龍見於閼英井 右脇生女兒 老嫗異而養之 以井名之 及長有德
　　　　　容 始祖納以爲妃 有賢行能內輔 時人謂之二聖[遺事 始祖降是日 沙梁里閼英井邊 有
　　　　　雞龍左脇生童女 姿容殊麗 部人營宮室 奉養二兒 年至十三 男立爲王 女爲后] 權近曰
　　　　　國家之興 莫不有內助之美 夏有塗山 商有有娀 周有大姒 所以正始而基化者 其至矣
　　　　　哉 閼英爲始祖之妃 國人稱美之 必其德有以服國人之心矣 然其至與始祖並稱爲二聖
　　　　　則非矣 二聖之稱 見於唐高宗武后之時 高宗溺於武后 立以爲后 武后以巧慧陰鷙 干
　　　　　與大政 垂簾同聽斷 時人謂之二聖 羅代之初 民俗淳朴 其稱君尙 用方言 未應遽稱二
　　　　　聖 是必羅人 事唐高宗之後 習聞二聖之稱 未知其非慕效而追稱之歟 況唐制書稱聖德
　　　　　王爲二明慶祚 則羅人入唐 不敢稱二聖而以爲二明 其自稱於國中則乃爾也 (『三國史節
　　　　　要』1)

B.C.52(己巳/신라 혁거세거서간 6/前漢 甘露 2/倭 崇神 46)

595) 『三國遺事』1 紀異 2 新羅始祖 赫居世王에는 알영이 태어난 해는 前漢 地節 元年(B.C.69) 壬子 三月朔
　　이고 왕후에 오른 해는 五鳳 元年(B.C.57) 甲子로 나온다. "是日 沙梁里閼英井[一作娥利英井]邊 有雞龍現
　　而左脇誕生童女[一云龍現死而剖其腹得之] 姿容殊麗 然而脣似雞嘴 將浴於月城北川 其嘴撥落 因名其川曰
　　撥川 營宮室於南山西麓[今昌林寺] 奉養二聖兒 男以卵生 卵如瓠 鄕人以瓠爲朴 故因姓朴 女以所出井名
　　之 二聖年至十三歲 以五鳳元年甲子 男立爲王 仍以女爲后"

B.C.51(庚午/신라 혁거세거서간 7/前漢 甘露 3/倭 崇神 47)

B.C.50(辛未/신라 혁거세거서간 8/前漢 甘露 4/倭 崇神 48)

신라   倭人行兵 欲犯邊 聞始祖有神德 乃還 (『三國史記』1 新羅本紀 1)

신라   倭來寇邊 聞王有神德 乃還 (『三國史節要』1)

B.C.49(壬申/신라 혁거세거서간 9/前漢 黃龍 1/倭 崇神 49)

신라   春三月 有星孛于王良 (『三國史記』1 新羅本紀 1)

신라   春三月 有星孛于王良 (『三國史節要』1)

B.C.48(癸酉/신라 혁거세거서간 10/前漢 初元 1/倭 崇神 50)

현도 낙랑   (元帝初元元年) 捐之對曰 (…) 至孝武皇帝 元狩六年 太倉之粟紅腐而不可食[596] 都內
之錢貫朽而不可挍[597] 乃探平城之事[598] 錄冒頓以來數爲邊害 籍兵厲馬 因富民以攘
服之[599] 西連諸國至于安息 東過碣石以玄菟樂浪爲郡[600] 比[601]卻匈奴萬里 更起營塞
制南海以爲八郡 則天下斷獄萬數 民賦數百 造鹽鐵酒榷之利以佐用度 猶不能足 (『漢
書』64 下 嚴朱吾丘主父徐嚴終王賈傳 34 下 賈捐之)[602]

B.C.47(甲戌/신라 혁거세거서간 11/前漢 初元 2/倭 崇神 51)

B.C.46(乙亥/신라 혁거세거서간 12/前漢 初元 3/倭 崇神 52)

B.C.45(丙子/신라 혁거세거서간 13/前漢 初元 4/倭 崇神 53)

낙랑   樂浪郡初元四年縣別戶口多少□簿
朝鮮戶九千六百七十八 多前九十三 口五萬六千八百九十 多前千八百六十二
譀邯戶二千二百八十四 多前卅四 口萬四千三百卅[603]七 多前四百六十七
增地戶五百卅[604]八 多前卅 口三千三百五十三 多前七十一
黏蟬戶千卅九 多前十三 口六千三百卅二 多前二百六
駟望戶千二百八十三 多前十一[605] 口七千三百九十一 多前二百七十八
屯有戶四千八百卅六 多前五十九 口二萬一千九百六 多前二百七十三[606]
帶方戶四千三百卅六 多前五十三 口二萬八千九百卅一 多前五百七十四[607]
吞列戶八百一十七 多前十五[608] 口五千二百卅一 多前百七十
長岑戶六百八十三 多前九 口四千九百卅二 多前百六十一

---

596) 師古曰 粟久腐壞 則色紅赤也
597) 師古曰 挍 謂數計也. 저본에는 '挍'로 되어 있으나. '校'가 맞다.
598) 師古曰 追計其事 故言探
599) 師古曰 攘 卻也
600) 師古曰 樂音洛 浪音郎
601) 저본에는 '比'로 되어 있으나, '北'이 맞다.
602) 이 기사는 武帝 元狩 6년(B.C.117)의 상황과 관련 있는 것으로, 해당연도에도 배치되어 있다.
603) '卌'으로 판독하기도 한다.
604) '卌'으로 판독하기도 한다.
605) '十一'을 '十七'로 판독하기도 한다.
606) '二百七十三'을 '二百七十'으로 판독하기도 한다.
607) '五百七十四'를 '五百七'로 판독하기도 한다.
608) '十五'를 '十一'로 판독하기도 한다

海冥戶三百卅[609])八　多前七　口二千四百九十二　多前九十一

昭明戶六百卅三　多前十　口四千四百卅五　多前百卅七

提奚戶百七十三　多前四　口千三百三　多前卅七

含資戶三百卅三　多前十　口二千八百一十三　多前百九

遂成戶三千五　多前五十三　口萬九千九十二　多前六百卅

鏤方戶二千三百卅五　多前卅九　口萬六千六百廿一　多前三百卅三

渾彌戶千七百五十八　多前卅八　口萬三千二百五十八　多前三百五十五

浿水戶千一百五十二　多前廿八　口八千八百卅七　多前二百九十七

口列戶千九百八十八　多前卅六　口萬六千三百卅　多前五百卅七

東暆戶二百七十九　多前八　口二千一十三　多前六十一

蠶台戶五百卅四　多前十七　口四千一百五十四　多前百卅九

不而戶千五百六十四　多前五　口萬二千三百卅八　多前四百一

華麗戶千二百九十一　多前八　口九千一百一十四　多前三百八

邪頭昧戶千二百卅四　如前　口萬二百八十五　多前三百卅三

前莫戶五百卅[610])四　多前二　口三千二　多前卅六

夫租戶千一百五十　多前二　口萬□百七十六　多前□十八

凡戶四萬三千八百卅五　多前五百八十四[611])　口廿八萬□千二百六十一

其戶三萬七千□□卅四　口廿四萬二千□□□□□□（「樂浪郡初元四年縣別戶口多少□簿」）[612]

B.C.44(丁丑/신라 혁거星孛세거서간 14/前漢 初元 5/倭 崇神 54)
신라　　　　夏四月 有于叄 (『三國史記』1 新羅本紀 1)
신라　　　　夏四月 有星孛于叄 (『三國史節要』1)

B.C.43(戊寅/신라 혁거세거서간 15/前漢 永光 1/倭 崇神 55)
낙랑　　　　永光元年 右工賜綵 塗工旦 嗇夫憲主 右丞裁 令曷省 (「永光 元年銘 耳杯」)[613]
낙랑　　　　永光元年 供工 髹畫工賀 汨工宗[614] 塗[615]工 (…)篝[616] 令建省 (「永光 元年銘 耳杯」)[617]

B.C.42(己卯/신라 혁거세거서간 16/前漢 永光 2/倭 崇神 56)

B.C.41(庚辰/신라 혁거세거서간 17/前漢 永光 3/倭 崇神 57)
낙랑　　　　孝文廟銅鍾容十升 重卅十[618]斤 永光三年六月造 (「永光 3年銘 銅鍾」)[619]

---

609) ‘卄’으로 판독하기도 한다.
610) ‘卅’으로 판독하기도 한다.
611) ‘四’를 ‘六’으로 판독하기도 한다.
612) 釋文의 원문은 권오중 외, 2010, 「初元4年 樂浪郡戶口簿 木牘 釋文」, 『낙랑군 호구부 연구』(동북아역사재단), 23쪽을 전재한 것이다.
613) 평양 정백리 17호분에서 출토하였다.
614) ‘寶’로 판독하기도 한다.
615) ‘涂’로 판독하기도 한다.
616) ‘簀’으로 판독하기도 한다.
617) 평양 정백리 17호분에서 출토하였다.
618) 명문상 十으로 되어 있으나, 漢代에는 흔히 七을 十으로 새겼다.
619) 평양 선교리에서 출토하였다.

신라 　　　王巡撫六部 妃閼英從焉 勸督農桑 以盡地利 (『三國史記』1 新羅本紀 1)

신라 　　　王巡撫六部 勸督農桑 妃閼英從焉 權近曰 省方人君之事也 古之人君 春省耕而補不
　　　　　足 秋省歛而助不給 一遊一預 無非所以爲民也 今始祖巡撫六部勸督農桑 庶幾古者
　　　　　省方補助之法矣 若婦人則無外事 敎令不出於閨門之內 而妃從焉非禮也 (『三國史節
　　　　　要』1)

B.C.40(辛巳/신라 혁거세거서간 18/前漢 永光 4/倭 崇神 58)

B.C.39(壬午/신라 혁거세거서간 19/前漢 永光 5/倭 崇神 59)

신라 변한 　　春正月 卞韓以國來降 (『三國史記』1 新羅本紀 1)

신라 변한 　　春正月 卞韓以其國來降 (『三國史節要』1)

신라 변한 마한 백제

　　　　　新羅始祖 赫居世即位十九年壬午 卞韓人以國來降 新舊唐書云 卞韓苗裔在樂浪之地
　　　　　後漢書云 卞韓在南 馬韓在西 辰韓在東 致遠云 卞韓 百濟也 (『三國遺事』1 紀異 2
　　　　　卞韓 百濟)[620]

B.C.38(癸未/신라 혁거세거서간 20/前漢 建昭 5/倭 崇神 60)

부여 고구려 　年甫七歲嶷然異常 自作弓矢射之 百發百中 扶餘俗語 善射爲朱蒙 故以名云 金蛙有
　　　　　七子 常與朱蒙遊戲 其伎能皆不及朱蒙 其長子帶素 言於王曰 朱蒙非人所生 其爲人
　　　　　也勇 若不早圖 恐有後患 請除之 王不聽 使之養馬 朱蒙知其駿者 而減食令瘦 駑者
　　　　　善養令肥 王以肥者自乘 瘦者給朱蒙 後獵于野 以朱蒙善射 與其矢小[621] 而朱蒙殪獸
　　　　　甚多 王子及諸臣 又謀殺之 朱蒙母陰知之 告曰 國人將害汝 以汝才略 何往而不可
　　　　　與其遲留而受辱 不若遠適以有爲 朱蒙乃與鳥[622]伊摩離陜父等三人爲友 行至淹㴲水
　　　　　[一名蓋斯水 在今鴨綠[623]東北] 欲渡無梁 恐爲追兵所迫 告水曰 我是天帝子 何[624]伯
　　　　　外孫 今日逃走 追者垂及如何 於是 魚鼈浮出成橋 朱蒙得渡 魚鼈乃解 追騎不得渡
　　　　　朱蒙行至毛屯谷[魏書云 至音[625]述水] 遇三人 其一人着麻衣 一人着衲衣 一人着水藻
　　　　　衣 朱蒙問曰 予等何許人也 何姓何名乎 麻衣者曰 名再思 衲衣者曰 名武骨 水藻衣
　　　　　者曰 名黙居 而不言姓 朱蒙賜再思姓克氏 武骨仲室氏 黙居少室氏 乃告於衆曰 我方
　　　　　承景命 欲啓元基 而適遇此三賢 豈非天賜乎 遂揆其能 各任以事 與之俱至卒本川[魏
　　　　　書云 至紇升骨城] (『三國史記』13 高句麗本紀 1)[626]

부여 고구려 　年甫七歲 岐嶷異常 自作弓矢 百發百中 國俗謂善射爲朱蒙 故以名焉 金蛙有
　　　　　七子 常與朱蒙遊戲 技能莫及 長子帶素言於王曰 朱蒙非人所生 若不早圖 恐有後患
　　　　　王不聽 使之養馬 朱蒙知其駿者 減食令瘦 駑者善養令肥 王自乘肥 瘦者給蒙 王之諸
　　　　　子與諸臣將謀害之 蒙母知之 告曰 國人將害汝 以汝才略 何往不可 宜速圖之 於是蒙
　　　　　與鳥伊等三人爲友 行至淹水[今未詳] 告水曰 我是天帝子 河伯孫 今日逃遁 追者垂及
　　　　　奈何 扵是魚鼈成橋 得渡而橋解 追騎不得渡 至卒本州[玄菟郡之界] (『三國遺事』1
　　　　　紀異 1 高句麗)[627]

---

620) 본 기사는 月이 표기되어 있지 않지만, 『삼국사기』와 『삼국사절요』를 참고하여 춘정월에 편제하였다.
621) 원문에는 '小'로 나오나, '少'가 옳다.
622) 원문에는 '鳥'로 되어 있으나, '烏'가 옳다.
623) 원문에는 '綠'으로 되어 있으나, '淥'이 옳다.
624) 원문의 '何'는 '河'의 誤記이다.
625) 원문에는 '音'으로 되어 있으나, '普'가 옳다.
626) 주몽이 태어난 해는 B.C.58년이다. 본문의 내용은 주몽이 7세 되는 B.C.52년부터 고구려가 건국하는
　　 B.C.37년 이전의 내용이다. 따라서 B.C.52~B.C.38년으로 기간편년하고, B.C.38년에 편제하였다.
627) 주몽이 태어난 해는 B.C.58년이다. 본문의 내용은 주몽이 7세 되는 B.C.52년부터 고구려가 건국하는
　　 B.C.37년 이전의 내용이다. 따라서 B.C.52~B.C.38년으로 기간편년하고, B.C.38년에 편제하였다.

부여 고구려	年甫七歲 嶷然異常 自作弓矢射之 百發百中 扶餘俗謂 善射爲朱蒙 故名之 金蛙有七子 常與朱蒙遊戲 其伎能皆不及 長子帶素 言於王曰 朱蒙其生也 非常而且有勇 若不早圖 恐有後患 請除之 王不聽 掌喂馬 朱蒙增損其葯豆 令駿者瘦而駑者肥 王常自乘肥 而與朱蒙瘦 後獵于野 又以朱蒙善射 與矢少 而殪必多 王諸子忌而欲殺之 朱蒙母陰知之 告曰 國人將害汝 以汝才略 何往不可 執與其遲留而後悔者乎 朱蒙乃與烏伊摩離陜父等三人 行至淹淲水[一名盖斯水 在鴨淥東北] 欲渡無梁 恐爲追兵所迫 祝曰 我是天帝子 河伯外甥 今日逃難 至此 追者垂及奈何 於是 魚鼈成橋 朱蒙得渡 橋乃解 追騎不及 朱蒙行至毛屯谷 遇三人 一麻衣 一衲衣 一水藻衣 朱蒙問曰 予等何人 姓名爲誰 麻衣者曰 名再思 衲衣者曰 武骨 水藻衣者曰 黙居 而皆不言姓 朱蒙賜再思姓克氏 武骨仲室氏 黙居少室氏 乃告於衆 我方承景命 欲啓元基 而遇此三賢 豈非天乎 俱至卒本川[或云 紇升骨城] (『三國史節要』 1)628)	

부여 고구려	年至漸長大 才能日漸備 扶余王太子 其心生妬忌 乃言朱蒙者 此必非常士 若不早自圖 其患誠未已[年至長大 才能並備 金蛙有子七人 常共朱蒙遊獵 王子及從者四十餘人 唯獲一鹿 朱蒙射鹿至多 王子妬之 乃執朱蒙縛樹 奪鹿而去 朱蒙拔樹而去 太子帶素 言於王曰 朱蒙者 神勇之士 瞻視非常 若不早圖 必有後患] 王令往牧馬 欲以試厥志 自思天之孫 厮牧良可恥 捫心常竊導 吾生不如死 意將往南土 立國立城市 爲緣慈母在 離別誠未易[王使朱蒙牧馬 欲試其意 朱蒙內自懷恨 謂母曰 我是天帝之孫 爲人牧馬 生不如死 欲往南土造國家 母在不敢自專 其母云云] 其母聞此言 潸然抆淸淚 汝幸勿爲念 我亦常痛痞 士之涉長途 須必憑騄駬 相將往馬閑 即以長鞭捶 群馬皆突走 一馬騂色斐 跳過二丈欄 始覺是駿驥[通典云 朱蒙所乘 皆果下也] 潛以針刺舌 酸痛不受飼 不日形甚癯 却與駑駘似 爾後王巡觀 予馬此即是 得之始抽針 日夜屢加餧[其母曰 此吾之所以日夜腐心也 吾聞士之涉長途者 須憑駿足 吾能擇馬矣 遂往馬牧 即以長鞭亂捶 群馬皆驚走 一騂馬跳過二丈之欄 朱蒙知馬駿逸 潛以針捶馬舌根 其馬舌痛 不食水草 甚瘦悴 王巡行馬牧 見群馬悉肥大喜 仍以瘦錫朱蒙 朱蒙得之 拔其針加餧云] 暗結三賢友 其人共多智[烏伊 摩離 陜父等三人] 南行至淹滯[一名盖斯水 在今鴨綠東北] 欲渡無舟艤[欲渡無舟 恐追兵奄及 迺以策指天 慨然嘆曰 我天帝之孫 河伯之甥 今避難至此 皇天后土 憐我孤子 速致舟橋 言訖 以弓打水 魚鼈浮出成橋 朱蒙乃得渡 良久追兵至] 秉策指彼蒼 慨然發長唱 天孫河伯甥 避難至於此 哀哀孤子心 天地其忍棄 操弓打河水 魚鼈駢首尾 屹然成橋梯 始乃得渡矣 俄爾追兵至 上橋橋旋圮[追兵至河 魚鼈橋即滅 已上橋者 皆沒死] 雙鳩含麥飛 來作神母使[朱蒙臨別 不忍暌違 其母曰 汝勿以一母爲念 乃裹五穀種以送之 朱蒙自切生別之心 忘其麥子 朱蒙息大樹之下 有雙鳩來集 朱蒙曰 應是神母使送麥子 乃引弓射之 一矢俱擧 開喉得麥子 以水噴鳩 更蘇而飛去云云] (『東國李相國集』 3 古律詩 東明王篇)629)	

부여 고구려	漸至壯大才豪英 時王太子生妬忌 譖令牧馬驅駉駒 王來欲渡盖斯水[今大寧江也] 魚鼈化作橋梁橫 (『帝王韻紀』 下 高句麗紀)630)	

B.C.37(甲申/신라 혁거세거서간 21/고구려 동명성왕 1/漢 建昭 2/倭 崇神 61)

신라	築京城 號曰金城 是歲 高句麗始祖東明立 (『三國史記』 1 新羅本紀 1)631)	
신라	初赫居世二十一年 築宮城 號金城 (『三國史記』 34 雜志 3 地理 1)	

---

628) 주몽이 태어난 해는 B.C.58년이다. 본문의 내용은 주몽이 7세 되는 B.C.52년부터 고구려가 건국하는 B.C.37년 이전의 내용이다. 따라서 B.C.52~B.C.38년으로 기간편년하고, B.C.38년에 편제하였다.
629) 주몽이 태어난 해는 B.C.58년이다. 본문의 내용은 주몽이 7세 되는 B.C.52년부터 고구려가 건국하는 B.C.37년 이전의 내용이다. 따라서 B.C.52~B.C.38년으로 기간편년하고, B.C.38년에 편제하였다.
630) 주몽이 태어난 해는 B.C.58년이다. 본문의 내용은 주몽이 7세 되는 B.C.52년부터 고구려가 건국하는 B.C.37년 이전의 내용이다. 따라서 B.C.52~B.C.38년으로 기간편년하고, B.C.38년에 편제하였다.
631) 이와 관련하여 『三國遺事』 1 王曆 新羅第一赫居世에 "甲申 築金城"이라 하였다.

신라   新羅築京城 號曰金城 長三千七十五步 廣三千一十八步 (『三國史節要』1)

고구려 부여 동부여

始祖東明聖王 姓高氏 諱朱蒙[一云 鄒<牟>632) 一云 象解] 先是 扶餘633)王解夫婁 老
無子 祭山川求嗣 其所御馬至鯤淵 見大石相對流淚 王怪之 使人轉其石 有小兒 金色
蛙形[蛙一作蝸] 王喜曰 此乃天賚我令胤乎 乃收而養之 名曰金蛙 及其長立爲太子 後
其相阿蘭弗曰 日者天降我曰 將使吾子孫 立國於此 汝其避之 東海之濱有地 號曰迦
葉原 土壤膏腴宜五穀 可都也 阿蘭弗遂勸王 移都於彼 國號東扶餘634) 其舊都有人
不知所從來 自稱天帝子解慕漱 來都焉 及解夫婁薨 金蛙嗣位 於是時 得女子於大白
山南優渤水 問之曰 我是河伯之女 名柳花 與諸弟出遊 時有一男子 自言天帝子解慕
漱 誘我於熊心山下 鴨淥邊室中私之 卽往不返 父母責我無媒而從人 遂謫居優渤水
金蛙異之 幽閉於室中 爲日所炤 引身避之 日影又逐而炤之 因而有孕 生一卵 大如五
升許 王棄之與犬豕 皆不食 又棄之路中 牛馬避之 後棄之野 鳥覆翼之 王欲剖之 不
能破 遂還其母 以物裹之 置於暖處 有一男兒 破殼而出 骨表英奇 年甫七歲 嶷然異
常 自作弓矢射之 百發百中 扶餘俗語 善射爲朱蒙 故以名云 金蛙有七子 常與朱蒙遊
戲 其伎能皆不及朱蒙 其長子帶素 言於王曰 朱蒙非人所生 其爲人也勇 若不早圖 恐
有後患 請除之 王不聽 使之養馬 朱蒙知其駿者 而減食令瘦 駑者善養令肥 王以肥者
自乘 瘦者給朱蒙 後獵于野 以朱蒙善射 與其矢小 而朱蒙殪獸甚多 王子及諸臣 又謀
殺之 朱蒙母陰知之 告曰 國人將害汝 以汝才略 何往而不可 與其遲留而受辱 不若遠
適以有爲 朱蒙乃與鳥伊摩離陜父等三人爲友 行至淹㴲水[一名蓋斯水 在今鴨綠東北]
欲渡無梁 恐爲追兵所迫 告水曰 我是天帝子 何635)伯外孫 今日逃走 追者垂及如何

---

632) 「廣開土王碑」와 『三國史記』 23 백제본기 1 溫祚王에 의거하여 보충하였다.
633) 『三國遺事』 1 紀異 1 고구려에 "珠琳傳第二十一卷載 昔寧稟離王侍婢有娠 相者占之曰 貴而當王 王曰
 非我之胤也 當殺之 婢曰 氣從天來 故我有娠 及子之産 謂爲不祥 捐圈則猪噓 棄欄則馬乳 而得不死 卒爲扶
 餘之王[卽東明帝爲卒本扶餘王之謂也] 此卒本扶餘 亦是北扶餘之別都 故云扶餘王也 寧稟離 乃夫婁王之異稱
 也]"라 하여 부여 건국신화가 소개되어 있다. 부여 관련신화로 다음과 같은 기록이 있다.
 『三國遺事』 1 紀異 1 北扶餘에 "古記云 前漢書 宣帝神爵三年壬戌四月八日 天帝降于訖升骨城[在大遼醫州
 界] 乘五龍車 立都 稱王 國號北扶餘 自稱名解慕漱 生子名夫婁 以解爲氏焉 王後因上帝之命 移都于東扶餘
 東明帝継北扶餘而興立都于卒本州 爲卒本扶餘 卽高句麗之始"라 하였다.
 『論衡』 2 吉驗篇에서는 "北夷橐離國王侍婢 有娠 王欲殺之 侍婢對曰 有氣大如雞子 從天而下 我故有娠 後
 産子 損於猪溷中 猪以口氣噓之 不死復徙置馬欄中 欲使馬藉殺之 馬復以口氣噓之 不死 王疑以爲天子 令其
 母收取 奴畜之 名東明 令牧牛馬 東明善射 王恐奪其國也 欲殺之 東明走南 至掩淲水 以弓擊水 魚鼈浮爲橋
 東明得渡 魚鼈解散 追兵不得渡 因都王夫餘 北夷有夫餘國焉"이라 하였다.
 『册府元龜』 956 外臣部 1 種族에서는 "夫餘國 本濊地也 初北夷 索離國王出行[索或作橐 音度雒切] 其侍
 兒於後姙身 [姙 人鴆切] 王還欲殺之 侍兒曰 前見天上 有氣大如雞子 來降我 因以有身 王囚之 後遂生男
 王令置于豕牢[牢圈] 豕以口氣噓之 不死 復置於馬蘭[蘭卽攔也] 馬亦如之 王以爲神 乃聽母收養 名曰東明
 東明長而善射 王忌其猛 復欲殺之 東明奔走南至掩淲水[今高麗中有善斯水 疑此水是] 以弓擊水 魚鼈皆聚浮
 水上 東明乘之得度 因至夫餘而王之焉"이라 하였고, 같은 책 다른 부분에서도 "(後漢) 夫餘王 其先北夷索
 小離國王侍兒 見天上有氣 大如鷄子來降 因以有身 生子名曰東明 長而善射 王忌其猛 欲殺之 因走至夫餘而
 王焉"이라 하였다. (册府元龜 卷九百九十七 外臣部 四十二 勇鷙)
 또한 『帝王韻紀』 下 漢四郡及列國紀에서는 협주로 "檀君本紀曰 與非西岬河伯之女 婚而生男 名夫婁 東明
 本紀曰 扶餘王夫婁 老無子 祭山川 求嗣 所御馬至鯤淵 見大石流殘 王怪而使人轉石 有小兒 金色蛙形 王曰
 天賜我令胤乎 立爲太子 名曰金蛙 其相阿蘭弗曰 日者 天降我曰 將使吾子孫 立國於此 汝其避之 東海濱有
 地 號迦葉原 土宜五穀 可都也 勸王移都 號東扶餘云云 臣嘗使於上國 至遼濱路傍有立墓 其人曰 扶餘駙馬
 大王墓也 又賈耽曰 大原南鴨綠 血扶餘舊地 則北扶餘者 宜在遼濱其開國 盖自後朝鮮 而至此幾矣"라 하였
 다.
634) 『三國遺事』 1 紀異 1 東扶餘에 "北扶餘王解夫婁之相阿蘭弗 夢天帝降而謂曰 將使吾子孫 立國於此 汝其
 避之 [謂東明將興之兆也] 東海之濱 有地名迦葉原 土壤膏腴 冝立王都 阿蘭弗勸王移都於彼 國號東扶餘 夫
 婁老無子 一日祭山川求嗣 所乘馬至鯤淵 見大石相對俠流 王怪之 使人轉其石 有小兒金色蛙形 王喜曰 此
 乃天賚我令胤乎 乃收而養之 名曰金蛙 及其長爲太子 夫婁薨 金蛙嗣位爲王 次傳位于太子帶素 至地皇三年
 壬午 高麗王無恤伐之 殺王帶素 國除"라 하였다.
635) '何'는 '河'의 誤記이다.

於是 魚鼈浮出成橋 朱蒙得渡 魚鼈乃解 追騎不得渡 朱蒙行至毛屯谷[魏書云 至普述
水] 遇三人 其一人着麻衣 一人着衲衣 一人着水藻衣 朱蒙問曰 予等何許人也 何姓何
名乎 麻衣者曰 名再思 衲衣者曰 名武骨 水藻衣者曰 名黙居 而不言姓 朱蒙賜再思
姓克氏 武骨仲室氏 黙居少室氏 乃告於衆曰 我方承景命 欲啓元基 而適遇此三賢 豈
非天賜乎 遂揆其能 各任以事 與之俱至卒本川[魏書云 至紇升骨城] 觀其土壤肥美 山
河險固 遂欲都焉 而未皇作宮室 但結廬於沸流水上居之 國號高句麗 因以高爲氏[一云
朱蒙至卒本扶餘 王無子 見朱蒙 知非常人 以其女妻之 王薨 朱蒙嗣位] 時朱蒙年二十
二歲 是漢孝元帝建昭二年 新羅始祖赫居世二十一年甲申歲也 四方聞之 來附者衆 其
地連靺鞨部落 恐侵盜爲害 遂壤斥之 靺鞨畏服 不敢犯焉 王見沸流水中有菜葉逐流下
知有人在上流者 因以獵往尋 至沸流國636) 其國王松讓出見曰 寡人僻在海隅 未嘗得
見君子 今日邂逅相遇 不亦幸乎 然不識吾子自何而來 答曰 我是天帝子 來都於某所
松讓曰 我累世爲王 地小不足容兩主 君立都日淺 爲我附庸可乎 王忿其言 因與之鬪
辯 亦相射以校藝 松讓不能抗 (『三國史記』13 高句麗本紀 1)637)

고구려 북부여　　按通典云 朱蒙以漢建昭二年 自北扶餘東南行 渡普述水 至紇升骨城居焉 號曰句
麗 以高爲氏 古記云 朱蒙自扶餘逃難 至卒本 則紇升骨城·卒本似一處也 漢書志云 遼
東郡 距洛陽三千六百里 屬縣有無慮 則周禮北鎭醫巫閭山也 大遼於其下置醫州 玄菟
郡 距洛陽東北四千里 所屬三縣 高句麗是其一焉 則所謂朱蒙所都紇升骨城·卒本者 蓋
漢玄菟郡之界 大遼國東京之西 漢志所謂玄菟屬縣高句麗是歟 昔大遼未亡時 遼帝在
燕景638) 則吾人朝聘者 過東京涉遼水 一兩日行至醫州 以向燕薊 故知其然也 (『三國
史記』37 雜志 6 地理 4 高句麗)

고구려　　高句麗 卽卒本扶餘也 或云今和州 又成州等 皆誤矣 卒本州在遼東界 國史高麗本記
云 始祖東明聖帝姓言氏 諱朱蒙 先是 北扶餘王解夫婁 旣避地于東扶餘 及夫婁薨 金
蛙嗣位 于時得一女子於太伯山南優渤水 問之 云我是河伯之女 名柳花 與諸弟出遊
時有一男子 自言天帝子解慕漱 誘我於熊神山下 鴨淥邊室中知之 而往不返[壇君記云
君與西河河伯之女要親 有産子 名曰夫婁 今按此記 則解慕漱私河伯之女 而後産朱蒙
壇君記云 産子名曰夫婁 夫婁與朱蒙異母兄弟也] 父母責我無媒而從人 遂謫居于此 金
蛙異之 幽閉於室中 爲日光所照 引身避之 日影又逐而照之 因而有孕 生一卵 大五升
許 王棄之與犬猪 皆不食 又棄之路 牛馬避之 棄之野 鳥獸覆之 王欲剖之 而不能破
乃還其母 母以物裹之 置於暖處 有一兒 破殼而出 骨表英奇 年甫七歲 岐嶷異常 自
作弓矢 百發百中 國俗謂善射爲朱蒙 故以名焉 金蛙有七子 常與朱蒙遊戱 技能莫及
長子帶素言於王曰 朱蒙非人所生 若不早圖 恐有後患 王不聽 使之養馬 朱蒙知其駿
者 減食令瘦 駑者善養令肥 王自乘肥 瘦者給蒙 王之諸子與諸臣將謀害之 蒙母知之
告曰 國人將害汝 以汝才略 何往不可 宜速圖之 於是蒙與烏伊等三人爲友 行至淹水
[今未詳] 告水曰 我是天帝子 河伯孫 今日逃遁 追者垂及 奈何 於是魚鼈成橋 得渡而
橋解 追騎不得渡 至卒本州[玄菟郡之界] 遂都焉 未皇作宮室 但結廬於沸流水上居之
國號高句麗 因以高爲氏[本姓解也 今自言是天帝子 承日光而生 故自以高爲氏] 時年
十二歲 漢孝元帝建昭二年甲申歲 卽位稱王 高麗全盛之日 二十一萬五百八戶 珠琳傳
第二十一卷載 昔寧稟離王侍婢有娠 相者占之曰 貴而當王 王曰 非我之胤也 當殺之
婢曰 氣從天來 故我有娠 及子之産 謂爲不祥 捐圈則猪噓 棄欄則馬乳 而得不死 卒
爲扶餘之王[卽東明帝爲卒本扶餘王之謂也 此卒本扶餘 亦是北扶餘之別都 故云扶餘王
也 寧稟離 乃夫婁王之異稱也] (『三國遺事』1 紀異 1 高句麗)

---

636) 『帝王韻紀』下 漢四郡及列國紀에서는 협주로 "東明本紀曰 沸流王 松讓 謂曰 子以仙人之後 累世爲王
　　今君造國 日淺 爲我附庸可乎 則此亦疑檀君之後也"라 하였다.
637) 『三國遺事』1 王曆 1에서는 "第一東明王[甲申立 理十一八 姓高名朱蒙 一作鄒蒙 壇君之子]"라 하였다.
638) '景'은 '京'의 오자이다.

고구려　高勾麗始祖高朱蒙立[一云 鄒祥 一云 衆解] 先是 扶餘王解夫婁 老無子 祭山川求嗣
其所御馬至鯤淵 見大石相對流淚 王怪之 使人轉其石 有小兒 金色蛙形 王喜曰 此乃
天賚我令胤乎 乃收而養之 名曰金蛙 及其長立爲太子 後其相阿蘭弗曰 夢天帝謂我曰
將使吾子孫 立國於此 汝其避之 東海之濱有地 號曰迦葉原 土壤膏腴宜五穀 可都也
遂勸王 移都 國號東扶餘 其舊都有人 不知所從來 自稱天帝子解慕漱 來都焉 及解夫
婁薨 金蛙嗣 得女子於大白山南優渤水 問之曰 我是河伯之女 名柳花 與諸弟出遊 時
有一男子 自言天帝子解慕漱 誘我於熊心山下 鴨淥邊室中私之 卽往不返 父母責我無
媒而從人 遂謫居優渤水 金蛙異之 幽閉於室中 爲日所炤 引身避之 日影又逐而炤之
因而有孕 生一卵 大如五升許 王棄之與犬豕 皆不食 又棄之路中 牛馬避之 後棄之野
鳥覆翼之 王欲剖之 不能破 遂還其母 母裹置於暖處 有男子 破殼而出 骨表英奇 年
甫七歲 嶷然異常 自作弓矢射之 百發百中 扶餘俗語 善射爲朱蒙 故名之 金蛙有七子
常與朱蒙遊戲 其伎能皆不及 長子帶素 言於王曰 朱蒙其生也 非常而且有勇 若不早
圖 恐有後患 請除之 王不聽 掌喂馬 朱蒙增損其蒭豆 令駿者瘦而駑者肥 王常自乘肥
而與朱蒙瘦 後獵于野 以朱蒙善射 與矢少 而殪必多 王諸子忌而欲殺之 朱蒙母陰知
之 告曰 國人將害汝 以汝才略 何往不可 孰與其遲留而後悔者乎 朱蒙乃與鳥伊摩離
陜父等三人 行至淹淲水[一名蓋斯水 在鴨淥東北] 欲渡無梁 恐爲追兵所迫 祝曰 我是
天帝子 河伯外甥 今日逃難 至此 追者垂及奈何 於是 魚鼈成橋 朱蒙得渡 橋乃解 追
騎不及 朱蒙行至毛屯谷 遇三人 其一麻衣 一人衲衣 一人水藻衣 朱蒙問曰 予等何人
姓名爲誰 麻衣者曰 名再思 衲衣者曰 武骨 水藻衣者曰 黙居 而皆不言姓 朱蒙賜再
思姓克氏 武骨仲室氏 黙居少室氏 乃告於衆 我方承景命 欲啓元基 而遇此三賢 豈
非天乎 俱至卒本川[或云 紇升骨城] 觀其土壤肥美 山河險固 遂欲都焉 而未皇作宮室
但結廬於沸流水上居之 國號高句麗 因以高爲氏[一說 本姓解 今自言 是天帝子 承日
光而生 故以高爲 氏 或云 王初誕 擧國高之因以爲姓] 時朱蒙年二十二 四方聞之 來
附者衆 其地連靺鞨 朱蒙恐見侵盜 遂壤斥之 靺鞨畏服 不敢犯 王見沸流水中有菜葉
流下 知有人在上流者 因獵往尋之 果有國曰沸流 其王松讓出見曰 寡人僻在海隅 未
嘗得見君子 吾子何自而來 曰我是天帝子 來都於卒本 松讓曰 我累世爲王 地小不足
容兩主 君立都日淺 爲我附庸可乎 朱蒙忿其言 因與之較藝 松讓不能抗[李奎報集 漢
神雀三年壬戌歲 天帝遣太子降遊扶餘王古都 號解慕漱 從天而下 乘五龍車 從者百餘
人 皆騎白鵠 彩雲浮於上 音樂動雲中 止熊心山 經十餘日始下 首戴鳥羽之冠 腰帶龍
光之劒 朝則聽事 暮卽升天 世謂之天王郞也 河伯三女 長曰柳花 次曰萱花 季曰葦花
自靑河出遊熊心淵上 靑河今鴨淥江也 神姿艶麗 雜佩鏘洋 與漢皐無異 王謂左右曰
得而爲妃 可有後胤 其女見王卽入水 左右曰 大王何不作宮殿 俟女入室 當戶遮之 王
以爲然 以馬鞭畫地 銅室俄成壯麗 於室中 設三席置樽酒 其女各坐其席 相勸飮酒大
醉 王俟三女大醉 急出 遮女等驚走 長女柳花 爲王所止 河伯大怒 遣使告曰 汝是何
人 留我女乎 王報云 我是天帝之子 今欲與河伯結婚 河伯又使告曰 汝若天帝之子 於
我有求昏者 當使媒云云 今輒留我女 何其失禮 王慙之 將往見河伯 不能入室 欲放其
女 女旣與王定情 不肯離去 乃勸王曰 如有龍車 可到河伯之國 王指天而告 俄而五龍
車從空而下 王與女乘車 風雲忽起 至其宮 河伯備禮迎之 坐定 謂曰 婚姻之道 天下
之通規 何爲失禮 辱我門宗 王是天帝之子 有何神異 王曰 唯在所試 於是 河伯於庭
前水 化爲鯉 隨浪而游 王化爲獺而捕之 河伯又化爲鹿而走 王化爲豺逐之 河伯化爲
雉 王化鷹擊之 河伯以爲誠是天帝之子 以禮成婚 恐王無將女之心 張樂置酒 勸王大
醉 與女入於小革輿中 載以龍車 欲令升天 其車未出水 王卽酒醒 河伯之酒 七日乃醒
取女黃金釵刺革輿 從孔獨出升天 河伯大怒 其女曰 汝不從我訓 終辱我門 令左右絞
挽女口 其唇吻長三尺 唯與奴婢二人 貶於優渤水中 優渤澤名 今在大伯山南 漁師强
力扶鄒告曰 近有盜梁中魚而將去者 未知何獸也 王乃使漁師 以網引之 其網破裂 更

造鐵網引之 始得一女 坐石而出 其女唇長不能言 令三截其唇乃言 王知天帝子妃 以
別宮置之 其女懷牖中日曜 因而有娠 神雀四年癸亥歲夏四月 生朱蒙 啼聲甚偉 骨表
英奇 初生左腋生一卵 大如五升許 王怪之曰 人生鳥卵 可爲不祥 使人置之馬牧 羣馬
不踐 棄於深山 百獸皆護 雲陰之日 卵上恒有日光 王取卵送母養之 月[639]終乃開得一
男 生未經月 言語竝實 謂母曰 羣蠅噆目 不能睡 母爲我作弓矢 其母以蓽[640]作弓矢
與之 自射紡車上蠅 發矢卽中 扶餘謂善射曰朱蒙 年至長大 才能竝備 金蛙有子七人
常共朱蒙遊獵 王子及從者四十餘人 唯獲一鹿 朱蒙射鹿至多 王子妬之 乃執朱蒙縛樹
奪鹿而去 朱蒙拔樹而去 太子帶素言於王曰 朱蒙者 神勇之士 瞻視非常 若不早圖 必
有後患 王使朱蒙牧馬 欲試其意 朱蒙內自懷恨 謂母曰 我是天帝之孫 爲人牧馬 生不
如死 欲往南土造國家 母在不敢自專 其母曰 此吾之所日夜腐心也 吾聞士之涉長途
者 須憑駿足 吾能擇馬矣 遂往馬牧 卽以長鞭亂捶 羣馬皆驚走 一騂馬跳過二丈之欄
朱蒙知馬駿逸 潛以針捶馬舌根 其馬舌痛 不食水草 甚瘦悴 王巡行馬牧 見群馬悉肥
大喜 仍以瘦錫朱蒙 朱蒙得之 拔其針加餧 暗結烏伊摩離陝父等三人 南行至淹淲[641]
欲渡無舟 恐追兵奄及 乃以策指天 慨然嘆曰 我天帝之孫 河伯之甥 今避亂至此 皇天
后土 怜我孤子 速致舟橋 言訖 以弓打水 魚鼈浮出成橋 朱蒙乃得渡 良久追兵至 追
兵至河 魚鼈橋卽滅 已上橋者 皆沒死 朱蒙臨別 不忍暌違 其母曰 汝勿以一母爲念
乃裹五穀種以送之 朱蒙自切生別之心 忘其麥子 朱蒙息大樹之下 有雙鳩來集 朱蒙曰
應是神母使送麥子 乃引弓射之 一矢俱擧 開喉得麥子 以水噴鳩 更蘇而飛去 王自坐
茀蕝之上 略定君臣之位 沸流王松讓出獵 見王容貌非常 引而與坐曰 僻在海隅 未曾
得見君子 今日邂逅 何其幸乎 君是何人 從何而至 王曰 寡人 天帝之孫 西國之王也
敢問君王繼誰之後 讓曰 予是仙人之後 累世爲王 今地方至小 不可分爲兩王 君造國
日淺 爲我附庸可乎 王曰 寡人繼天之後 今主非神之冑 强號爲王 若不歸我 天必殛之
松讓以王累稱天孫 內自懷疑 欲試其才 乃曰願與王射矣 以畫鹿置百步內射之 其矢不
入鹿臍 猶如倒手 王使人以玉指環懸於百步之外 射之 破如瓦解 松讓大驚 王曰 以國
業新造 未有鼓角威儀 沸流使者往來 我不能以王禮迎送 所以輕我也 從臣扶芬奴進曰
臣爲大王 取沸流鼓角 王曰 他國藏物 汝何取乎 對曰 此天之與物 何爲不取乎 夫大
王困於扶餘 誰謂大王能至於此 今大王脫身於萬死之危 揚名於遼左 此天帝命而爲之
何事不成 於是扶芬奴等三人 往沸流取鼓而來 沸流王遣使告曰云云 王恐來觀鼓角 色
暗如故 松讓不敢爭而去 松讓欲以立都 先後爲附庸 王造宮室 以朽木爲柱 故如千歲
松讓來見 竟不敢爭立都先後 東明西狩獲白鹿 倒懸於蟹原 呪曰 天若不雨而漂沒沸流
王都者 我固不汝放矣 欲免斯難 汝能訴天 其鹿哀鳴 聲徹于天 霖雨七日 漂沒松讓都
王以葦索橫流 乘鴨馬 百姓皆執其索 朱蒙以鞭畫水 水卽減[642] (『三國史節要』1)

고구려　世多說東明王神異之事 雖愚夫騃婦 亦頗能說其事 僕嘗聞之 笑曰 先師仲尼 不語怪
力亂神 此實荒唐奇詭之事 非吾曹所說 及讀魏書通典 亦載其事 然略而未詳 豈詳內
略外之意耶 越癸丑四月 得舊三國史 見東明王本紀 其神異之迹 踰世之所說者 然亦
初不能信之 意以爲鬼幻 及三復耽味 漸涉其源 非幻也 乃聖也 非鬼也 乃神也 況國
史直筆之書 豈妄傳之哉 金公富軾重撰國史 頗略其事 意者公以爲國史矯世之書 不可
以大異之事爲示於後世而略之耶 按唐玄宗本紀 楊貴妃傳 並無方士升天入地之事 唯
詩人白樂天恐其事淪沒 作歌以志之 彼實荒淫奇誕之事 猶且詠之 以示于後 矧東明之
事 非以變化神異眩惑衆目 乃實創國之神迹 則此而不述 後將何觀 是用作詩以記之

639) 『三國史節要』가 인용한 이규보의 「동명왕편」 원문에는 ‘月’이 ‘卵’으로 표기되어 있음.
640) 「東明王篇」 원문에는 ‘葦’로 표기되어 있음.
641) 「東明王篇」 원문에는 ‘淹滯’로 표기되어 있음.
642) 『三國史節要』는 「동명왕편」의 원문과 가감이 있음. 여기서는 인명과 지명 및 일부 주요 자구 중 「동명
왕편」과 차이가 있는 글자에 대해 주석하였음.

欲使夫天下知我國本聖人之都耳 元氣判还渾 天皇地皇氏 十三十一頭 體貌多奇異 其
餘聖帝王 亦備載經史 女節感大星 乃生大昊摯 女樞生顓頊 亦感瑤光暉 伏羲制牲犠
燧人始鑽燧 生蓂高帝祥 雨粟神農瑞 靑天女媧補 洪水大禹理 黃帝將升天 胡髥龍自
至 太古淳朴時 靈聖難備記 後世漸澆漓 風俗例汰侈 聖人間或生 神迹少所示 漢神雀
三年 孟夏斗立巳 [漢神雀三年四月甲寅] 海東解慕漱 眞是天之子 [本記云 夫余王解
夫妻老無子 祭山川求嗣 所御馬至鯤淵 見大石流淚 王怪之 使人轉其石 有小兒金色
蛙形 王曰 此天錫我令胤乎 乃收養之 名曰金蛙 立爲太子 其相阿蘭弗曰 日者天降我
曰 將使吾子孫 立國於此 汝其避之 東海之濱有地 號迦葉原 土宜五穀 可都也 阿蘭
弗勸王移都 號東夫余 於舊都 解慕漱爲天帝子來都] 初從空中下 身乘五龍軌 從者百
餘人 騎鵠紛襜襹 淸樂動鏘洋 彩雲浮旖旎[漢神雀三年壬戌歲 天帝遣太子降遊扶余王
古都 號解慕漱 從天而下 乘五龍車 從者百餘人 皆騎白鵠 彩雲浮於上 音樂動雲中
止熊心山 經十餘日始下 首戴烏羽之冠 腰帶龍光之劍] 自古受命君 何是非天賜 白日
下靑冥 從昔所未視 朝居人世中 暮反天宮裡 [朝則聽事 暮卽升天 世謂之天王郞]吾聞
於古人 蒼穹之去地二億萬八千七百八十里 梯棧躡難升 羽翮飛易瘁 朝夕恣升降 此理
復何爾 城北有靑河 [靑河今鴨綠江也] 河伯三女美 [長曰柳花 次曰萱花 季曰葦花] 擘
出鴨頭波 往遊熊心涘 [自靑河出遊熊心淵上] 鏘琅佩玉鳴 綽約顔花媚 [神姿艷麗 雜
佩鏘洋 與漢皐無異] 初疑漢皐濱 復想洛水沚 王因出獵見 目送頗留意 兹非悅紛華 誠
急生繼嗣 [王謂左右曰 得而爲妃 可有後胤] 三女見君來 入水尋相避 擬將作宮殿 潛
候同來戲 馬撾一畫地 銅室欻然峙 錦席鋪絢明 金罇置淳旨 蹁躚果自入 對酌還徑醉
[其女見王卽入水 左右曰 大王何不作宮殿 俟女入室 當戶遮之 王以爲然 以馬鞭畫地
銅室俄成壯麗 於室中 設三席置樽酒 其女各坐其席 相勸飮酒大醉云云] 王時出橫遮
驚走僅顚躓 [王俟三女大醉急出 遮女等驚走 長女柳花 爲王所止] 長女曰柳花 是爲王
所止 河伯大怒嗔 遣使急且駛 告云渠何人 乃敢放輕肆 報云天帝子 高族請相累 指天
降龍馭 徑到海宮邃 [河伯大怒 遣使告曰 汝是何人 留我女乎 王報云 我是天帝之子
今欲與河伯結婚 河伯又使告曰 汝若天帝之子 於我有求昏者 當使媒云云 今輒留我女
何其失禮 王慙之 將往見河伯 不能入室 欲放其女 女旣與王定情 不肯離去 乃勸王曰
如有龍車 可到河伯之國 王指天而告 俄而五龍車從空而下 王與女乘車 風雲忽起 至
其宮] 河伯乃謂王 婚姻是大事 媒贄有通法 胡奈得自恣 [河伯備禮迎之 坐定 謂曰 婚
姻之道 天下之通規 何爲失禮 辱我門宗云云] 君是上帝胤 神變請可試 漣漪碧波中 河
伯化作鯉 王尋變爲獺 立捕不待跬 又復生兩翼 翩然化爲雉 王又化神鷹 搏擊何大鷙
彼爲鹿而走 我爲豺而趡 河伯知有神 置酒相燕喜 伺醉載革輿 幷置女於輢 [車傍曰輢]
意令與其女 天上同騰轡 其車未出水 酒醒忽驚起 [河伯之酒 七日乃醒] 取女黃金釵
刺革從竅出 [叶韻] 獨乘赤霄上 寂寞不廻騎 [河伯曰 王是天帝之子 有何神異 王曰
唯在所試 於是 河伯於庭前水 化爲鯉 隨浪而游 王化爲獺而捕之 河伯又化爲鹿而走
王化爲豺逐之 河伯化爲雉 王化爲鷹擊之 河伯以爲誠是天帝之子 以禮成婚 恐王無將
女之心 張樂置酒 勸王大醉 與女入於小革輿中 載以龍車 欲令升天 其車未出水 王卽
酒醒 取女黃金釵刺革輿 從孔獨出升天] 河伯責厥女 挽吻三尺弛 乃貶優渤中 唯與婢
僕二 河伯大怒 其女曰 汝不從我訓 終欲我門 令左右絞挽女口 其唇吻長三尺 唯與奴
婢二人 貶於優渤水中 優渤澤名 今在太伯山南] 漁師觀波中 奇獸行駊騀 乃告王金蛙
鐵網投溪溪 引得坐石女 姿貌甚堪畏 唇長不能言 三截乃啓齒 [漁師强力扶鄒告曰 近
有盜梁中魚而將去者 未知何獸也 王乃使 魚師以網引之 其網破裂 更造鐵網引之 始
得一女 坐石而出 其女唇長不能言 令三截其唇乃言] 王知慕漱妃 仍以別宮置 懷日生
朱蒙 是歲歲在癸 骨表諒最奇 啼聲亦甚偉 初生卵如升 觀者皆驚悸 王以爲不祥 此豈
人之類 置之馬牧中 群馬皆不履 棄之深山中 百獸皆擁衛 [王知天帝子妃 以別宮置之
其女懷中日曜 因以有娠 神雀四年癸亥歲夏四月 生朱蒙 啼聲甚偉 骨表英奇 初生左

腋生一卵 大如五升許 王怪之曰 人生鳥卵 可爲不祥 使人置之馬牧 群馬不踐 棄於深
山 百獸皆護 雲陰之日 卵上恒有日光 王取卵送母養之 卵終乃開得一男 生未經月 言
語竝實] 母姑擧而養 經月言語始 自言蠅噆目 臥不能安睡 母爲作弓矢 其弓不虛掎
[謂母曰 群蠅噆目 不能睡 母爲我作弓矢 其弓以葦作弓矢與之 自射紡車上蠅 發矢卽
中 扶余謂善射曰朱蒙] 年至漸長大 才能日漸備 扶余王太子 其心生妬忌 乃言朱蒙者
此必非常士 若不早自圖 其患誠未已 [年至長大 才能竝備 金蛙有子七人 常共朱蒙遊
獵 王子及從者四十餘人 唯獲一鹿 朱蒙射鹿至多 王子妬之 乃執朱蒙縛樹 奪鹿而去
朱蒙拔樹而去 太子帶素言於王曰 朱蒙者 神勇之士 瞻視非常 若不早圖 必有後患] 王
令往牧馬 欲以試厥志 自思天之孫 廝牧良可恥 捫心常竊導 吾生不如死 意將往南土
立國立城市 爲緣慈母在 離別誠未易 [王使朱蒙牧馬 欲試其意 朱蒙內自懷恨 謂母曰
我是天帝之孫 爲人牧馬 生不如死 欲往南土造國家 母在不敢自專 其母云] 其母聞
此言 潸然抆淸淚 汝幸勿爲念 我亦常痛痞 士之涉長途 須必憑駿騏 相將往馬閑 卽以
長鞭捶 群馬皆突走 一馬騂色斐 跳過二丈欄 始覺是駿驥 [通典云 朱蒙所乘 皆果下
也] 潛以針刺舌 酸痛不受飼 不日形甚瘴 却與駑駘似 爾後王巡觀 予馬此卽是 得之始
抽針 日夜屢加餧 [其母曰 此吾之所以日夜腐心也 吾聞士之涉長途者 須憑駿足 吾能
擇馬矣 遂往馬牧 卽以長鞭亂捶 群馬皆驚走 一騂馬跳過二丈之欄 朱蒙知馬駿逸 潛
以針捶馬舌根 其馬舌痛 不食水草 甚瘦悴 王巡行馬牧 見群馬悉肥大喜 仍以瘦錫朱
蒙 朱蒙得之 拔其針加餧云] 暗結三賢友 其人共多智 [烏伊，摩離，陝父等三人] 南
行至淹滯 [一名蓋斯水 在今鴨綠東北] 欲渡無舟艤 [欲渡無舟 恐追兵奄及 迺以策指
天 慨然嘆曰 我天帝之孫 河伯之甥 今避難至此 皇天后土 憐我孤子 速致舟橋 言訖
以弓打水 魚鼈浮出成橋 朱蒙乃得渡 良久追兵至] 秉策指彼蒼 慨然發長喟 天孫河伯
甥 避難至於此 哀哀孤子心 天地其忍棄 操弓打河水 魚鼈騈首尾 屹然成橋梯 始乃得
渡矣 俄爾追兵至 上橋橋旋圮 [追兵至河 魚鼈橋卽滅 已上橋者 皆沒死] 雙鳩含麥飛
來作神母使 [朱蒙臨別 不忍睽違 其母曰 汝勿以一母爲念 乃裹五穀種以送之 朱蒙自
切生別之心 忘其麥子 朱蒙息大樹之下 有雙鳩來集 朱蒙曰 應是神母使送麥子 乃引
弓射之 一矢俱擧 開喉得麥子 以水噴鳩 更蘇而飛去云云] 形勝開王都 山川鬱嵓巋 自
坐茀蕝上 略定君臣位 [王自坐茀蕝之上 略定君臣之位] 咄哉沸流王 何奈不自揆 苦矜
仙人後 未識帝孫貴 徒欲爲附庸 出語不愼葸 未中畫鹿臍 驚我倒玉指 [沸流王松讓出
獵 見王容貌非常 引而與坐曰 僻在海隅 未曾得見君子 今日邂逅 何其幸乎 君是何人
從何而至 王曰 寡人 天帝之孫 西國之王也 敢問君王繼誰之後 讓曰 予是仙人之後
累世爲王 今地方至小 不可分爲兩王 君造國日淺 爲我附庸可乎 王曰 寡人 繼天之後
今主非神之冑 强號爲王 若不歸我 天必殛之 松讓以王累稱天孫 內自懷疑 欲試其才
乃曰願與王射矣 以畫鹿置百步內射之 其矢不入鹿臍 猶如倒手 王使人以玉指環 懸於
百步之外射之 破如瓦解 松讓大驚云云] 來觀鼓角變 不敢稱我器 [王曰 以國業新造
未有鼓角威儀 沸流使者往來 我不能以王禮迎送 所以輕我也 從臣扶芬奴進曰 臣爲大
王取沸流鼓角 王曰 他國藏物 汝何取乎 對曰 此天之與物 何爲不取乎 夫大王困於扶
余 誰謂大王能至於此 今大王奮身於萬死之危 揚名於遼左 此天帝命而爲之 何事不成
於是扶芬奴等三人 往沸流取鼓而來 沸流王遣使告曰云云 王恐來觀鼓角 色暗如故 松
讓不敢爭而去] 來觀屋柱故 咋舌還自愧 [松讓欲以立都 先後爲附庸 王造宮室 以朽木
爲柱 故如千歲 松讓來見 竟不敢爭立都先後] 東明西狩時 偶獲雪色麂 [大鹿曰麂] 倒
懸蟹原上 敢自呪而謂 天不雨沸流 漂沒其都鄙 我固不汝放 汝可助我憤 鹿鳴聲甚哀
上徹天之耳 霖雨注七日 霈若傾淮泗 松讓甚憂懼 沿流漫橫葦 士民競來攀 流汗相睍
眙 東明卽以鞭 畫水水停沸 松讓擧國降 是後莫予訾 [西狩獲白鹿 倒懸於蟹原 呪曰
天若不雨而漂沒沸流王都者 我固不汝放矣 欲免斯難 汝能訴天 其鹿哀鳴 聲徹于天
霖雨七日 漂沒松讓都 王以葦索橫流 乘鴨馬 百姓皆執其索 朱蒙以鞭畫水 水卽滅 六

月 松讓舉國來降云云] 玄雲冪鶻嶺 不見山邐迤 有人數千許 斲木聲丁丁 王曰天爲我
築城於其趾 忽然雲霧散 宮闕高嵽嵬 [七月 玄雲起鶻嶺 人不見其山 唯聞數千人聲以
起土功 王曰 天爲我築城 七日 雲霧自散 城郭宮臺自然成 王拜皇天就居] (『東國李相
國集』 3 古律詩 東明王篇)

고구려　麗祖姓高[王初誕 而擧國高之 因以爲姓] 諡東明 善射故以朱蒙名[扶餘人 名善射爲朱
蒙] 文[643])解慕漱母由花[本紀云 漢神雀三年壬戌 天帝遣太子解慕漱 遊扶餘王古都 乘
五龍車 從者百餘人 皆乘白鵠云云 臺上立君臣之禮 獵於熊心山 河伯三女 出遊優渤
之河 長女柳花爲王所止云云 文順公東明詩云 天孫河伯甥] 皇天之孫河伯甥 父還天宮
不復返 母在優渤淸江汀 扶餘國王名金蛙 爲開別舘相邀迎 五升大卵左脇誕 陰雲之日
生陽晶 兒生數月能言語 漸至壯大才豪英 時王太子生妬忌 譖令牧馬驅駉駉 王來欲渡
斯水[今大寧江也] 魚鼈化作橋梁橫 漢元立昭二甲申[羅之二十一年也] 開國馬韓王儉城
[今西京也 以高句麗縣名立國 五代史曰 高句麗扶餘別種也] 天遣人來立宮闕 山昏谷
暗聞丁丁 爲七日己雲霧捲 金碧崾屼磨新晴 烏伊摩離與陜父 三臣同德聊贊成 沸流國
王松讓者 禮以後先開國爭 尋爲大雨所漂突 擧國款附輸忠誠 往來天上詣天政 朝天石
上驎蹄輕 (『帝王韻紀』 下 高句麗紀)

고구려　부여　高句麗者 出於夫餘 自言先祖朱蒙 朱蒙母河伯女 爲夫餘王閉於室中 爲日所照 引身
避之 日影又逐 旣而有孕 生一卵 大如五升 夫餘王棄之與犬 犬不食 棄之與豕 豕又
不食 棄之於路 牛馬避之 後棄之野 衆鳥以毛茹之 夫餘王割剖之 不能破 遂還其母
其母以物裹之 置於暖處 有一男破殼而出 及其長也 字之曰朱蒙 其俗言 朱蒙者 善射
也 夫餘人以朱蒙非人所生 將有異志 請除之 王不聽 命之養馬 朱蒙每私試 知有善惡
駿者減食令瘦 駑者善養令肥 夫餘王以肥者自乘 以瘦者給朱蒙 後狩于田 以朱蒙善射
限之一矢 朱蒙雖矢少 殪獸甚多 夫餘之臣又謀殺之 朱蒙母陰知 告朱蒙曰 國將害汝
以汝才略 宜遠適四方 朱蒙乃與烏引·烏違等二人 棄夫餘 東南走 中道遇一大水 欲濟
無梁 夫餘人追之甚急 朱蒙告水曰 我是日子 河伯外孫 今日逃走 追兵垂及 如何得濟
於是魚鼈並浮 爲之成橋 朱蒙得渡 魚鼈乃解 追騎不得渡 朱蒙遂至普述水 遇見三人
其一人著麻衣 一人著納衣 一人著水藻衣 與朱蒙至紇升骨城 遂居焉 號曰高句麗 因
以爲氏焉 (『魏書』 100 列傳 88 高句麗)

고구려　부여　高麗者 其先出於夫餘 自言始祖曰朱蒙 河伯女感日影所孕也 朱蒙長而有材畧 夫餘人
惡而逐之 土于紇斗骨城 自號曰高句麗 仍以高為氏 (『周書』 49 列傳 41 異域 上 高
麗)

고구려　부여　高句麗 其先出夫餘 王嘗得河伯女 因閉於室內 為日所照 引身避之 日影又逐 旣而有
孕 生一卵 大如五升 夫餘王棄之與犬 犬不食 與豕 豕不食 棄於路 牛馬避之 棄於野
衆鳥以毛茹之 王剖之不能破 遂還其母 母以物裹置暖處 有一男破而出 及長 字之曰
朱蒙 其俗言 朱蒙者 善射也 夫餘人 以朱蒙非人所生 請除之 王不聽 命之 養馬 朱
蒙私試 知有善惡 駿者減食令瘦 駑者善養令肥 夫餘王以肥者自乘 以瘦者給 朱蒙 後
狩于田 以朱蒙善射 給之一矢 朱蒙雖一矢 殪獸甚多 夫餘之臣 又謀殺之 其母以告朱
蒙 朱蒙乃與焉違等二人東南走 中道遇一大水 欲濟無梁 夫餘人追之甚急 朱蒙告水曰
我是日子 河伯外孫 今追兵垂及 如何得濟 於是 魚鼈為之成橋 朱蒙得度 魚鼈乃解
追騎不度 朱蒙遂至普述水 遇見三人 一著麻衣 一著衲衣 一著水藻衣 與朱蒙至紇升
骨城 遂居焉 號曰高句麗 因以高為氏 (『北史』 88 列傳 82 高句麗)

고구려　부여　高麗之先 出自夫餘 夫餘王嘗得河伯女 因閉於室內 為日光隨而照之 感而遂孕 生一
大卵 有一男子破殼而出 名曰朱蒙 夫餘之臣以朱蒙非人所生 咸請殺之 王不聽 及壯
因從獵 所獲居多 又請殺之 其母以告朱蒙 朱蒙棄夫餘東南走 遇一大水 深不 可越

643) ‘父’의 誤記이다

朱蒙曰 我是河伯外孫 日之子也 今有難 而追兵且及 如何得渡 於是 魚鼈積而成橋 朱蒙遂渡 追騎不得濟而還 朱蒙建國 自號高句麗 以高為氏 (『隋書』 81 列傳 46 東夷 高麗)

고구려 부여   後漢朝貢 云本出於夫餘先祖朱蒙 朱蒙母河伯女 爲夫餘王妻 爲日所照 遂有孕而生 及長 名曰朱蒙 俗言善射也 國人欲殺之 朱蒙棄夫餘 東南走渡普述水 至紇升骨城 遂居焉 號曰句麗 以高爲氏 (『通典』 186 邊方 2 東夷 下 高句麗)

고구려   高句驪644) 東夷相傳 以爲夫餘別種 凡有五族 有消奴部645)·絶奴部·順奴部·灌奴部·桂奴部646) 一說 夫餘王嘗得河伯女 因閉於室內 爲日所炤 引身避之 日影又逐 既而有孕 生一卵 大如五升 夫餘王棄之 與犬 犬不食 如豕 豕不食 棄於路 牛馬避之 棄於野 衆鳥以毛茹之 王剖之 不能破 遂還其母 母以物裹置煖處 有一男破而出 及長 字之曰朱蒙 朱蒙善射 夫餘之臣謀殺之 乃東走 北至紇升骨城 遂居焉 號曰高句驪 以高爲氏 (『册府元龜』 956 外臣部 1 種族)

고구려   惟昔始祖鄒牟王之創基也 出自北夫餘 天帝之子 母河伯女郎 剖卵降世 生而有聖△△ △△△△命駕 巡幸南下路由夫餘奄利大水 王臨津言曰 我是皇天之子 母河伯女郎 鄒牟王 爲我連葭浮 龜應聲卽爲 連葭浮龜然後造渡於沸流谷忽本西城山上而建都焉 (「廣開土王碑」)

B.C.36(乙酉/신라 혁거세거서간 22/고구려 동명성왕 2/漢 建昭 3/倭 崇神 62)

고구려   夏六月 松讓以國來降 以其地爲多勿都 封松讓爲主 麗語謂復舊土爲多勿 故以名焉 (『三國史記』 13 高句麗本紀 1)

고구려   夏六月 松讓以國來降于高勾麗 以其地爲多勿都 封松讓爲候 麗語謂復舊土爲多勿 (『三國史節要』 1)

B.C.35(丙戌/신라 혁거세거서간 23/고구려 동명성왕 3/漢 建昭 4/倭 崇神 63)

고구려   春三月 黃龍見於鶻嶺 (『三國史記』 13 高句麗本紀 1)

고구려   春三月 高勾麗黃龍見於鶻嶺 (『三國史節要』 1)

고구려   秋七月 慶雲見鶻嶺南 其色647)青赤 (『三國史記』 13 高句麗本紀 1)

고구려   秋七月 高勾麗慶雲見鶻嶺南 (『三國史節要』 1)

B.C.34(丁亥/신라 혁거세거서간 24/고구려 동명성왕 4/漢 建昭 5/倭 崇神 64)

고구려   夏四月 雲霧四起 人不辨色七日 (『三國史記』 13 高句麗本紀 1)

고구려   夏四月 高勾麗雲霧四塞 不辨人七日 (『三國史節要』 1)

신라   夏六月壬申晦 日有食之 (『三國史記』 1 新羅本紀 1)

신라   六月壬申晦 新羅日有食之 (『三國史節要』 1)

고구려   秋七月 營作城郭宮室 (『三國史記』 13 高句麗本紀 1)

고구려   秋七月 高勾麗營作城郭宮室[李奎報集 七月 玄雲起鶻嶺 人不見其山 唯聞數千人聲以起土功 王曰 天爲我築城 七日 雲霧自散 城郭宮臺成] (『三國史節要』 1)

---

644) 亦作麗 音離
645) 一作涓奴
646) 高驪五部 一曰內部 一名黃部 卽桂婁部也 二曰北部 一名後部 卽絶奴部也 三曰東部 一名左部 卽順奴部也 四曰南部 一名前部 卽灌奴部也 五曰西部 一名右部 卽消奴部也
647) 원문에서는 '邑'으로 되어 있으나, 내용상 '色'으로 수정하는 것이 옳다.

낙랑　　　　薛宣字贛君　東海郯人也[648]　少爲廷尉書佐·都船獄史　後以大司農斗食屬察廉　補不其
　　　　　　丞[649]　琅邪太守趙貢行縣[650]　見宣, 甚說其能[651]　從宣歷行屬縣[652]　還至府　令妻子與
　　　　　　相見　戒曰　贛君至丞相　我兩子亦中丞相史　察宣廉　遷樂浪都尉丞[653]　幽州刺史擧茂材
　　　　　　爲宛句令[654] (『漢書』83　薛宣朱博傳　53　薛宣)[655]

B.C.33(戊子/신라 혁거세거서간 25/고구려 동명성왕 5/漢 建昭 6/倭 崇神 65)

가야　　　　秋七月　任那國遣蘇那曷叱知令朝貢也　任那者　去筑紫國二千餘里　北阻海以在鷄林之
　　　　　　西南 (『日本書紀』5　崇神天皇紀)[656]

B.C.32(己丑/신라 혁거세거서간 26/고구려 동명성왕 6/漢 建始 1/倭 崇神 66)

신라　　　　春正月　營宮室於金城 (『三國史記』1　新羅本紀 1)
신라　　　　春正月　新羅營宮室於金城 (『三國史節要』1)

고구려　　　秋八月　神雀集宮庭 (『三國史記』13　高句麗本紀 1)
고구려　　　秋八月　高勾麗神雀集宮庭 (『三國史節要』1)

고구려 행인국
　　　　　　冬十月　王命烏伊扶芬奴　伐大白山東南荇人國　取其地爲城邑 (『三國史記』13　高句麗
　　　　　　本紀 1)
고구려 행인국
　　　　　　冬十月　高勾麗王命烏伊扶芬奴　伐荇人國　取之　荇人國在太白山東南 (『三國史節要』
　　　　　　1)

B.C.28(癸巳/신라 혁거세거서간 30/고구려 동명성왕 10/漢 建始 5, 河平 1/倭 垂仁 2)

신라 낙랑　　夏四月己亥晦　日有食之 (『三國史記』1　新羅本紀 1)
신라　　　　夏四月己亥晦　新羅日有食之 (『三國史節要』1)

신라 낙랑　　樂浪人將兵來侵　見邊人夜戶不扃　露積被野　相謂曰　此方民不相盜　可謂有道之國　吾
　　　　　　儕潛師而襲之　無異於盜　得不愧乎　乃引還 (『三國史記』1　新羅本紀 1)
신라 낙랑　　樂浪人侵新羅　見邊人夜戶不扃　露積被野　相謂曰　民不相盜　可謂有道之國　吾儕潛師
　　　　　　而襲之　無異於盜　得不愧乎　乃引退 (『三國史節要』1)

---

648) 師古曰　贛音貢　郯音談
649) 師古曰　斗食者　祿少　一歲不滿百石　計日以斗爲數也　不其　縣名也　其音基
650) 師古曰　行音下更反　其下亦同
651) 師古曰　說讀曰悅
652) 師古曰　以宣自從也
653) 師古曰　趙貢察擧宣　故得遷也　樂音洛　浪音郎
654) 師古曰　樂浪屬幽州　故爲刺史所擧也　宛音於元反　句音劬
655) 설선이 언제 낙랑도위승에 되었는지 알 수 없다. 다만 이어진 기사에서 대장군 왕봉(王鳳)이 그를 장안
　　령(長安令)으로 천거했는데, 이 때는 성제가 처음 즉위할 때로 설선을 중승에 임명했다고 한다. 따라서 성
　　제 즉위 이전인 서기전 34년에 배치하였다.
656) 『일본서기』 숭신천황 65년조가 『일본서기』의 기년으로는 B.C. 33년에 해당하지만, 이 기년과 천황의 재
　　위 사실이 반드시 역사적 사실을 말한다고는 보기 어렵다. 그렇지만 이 기사의 기년 조정과 관련하여 별
　　도의 절대적 참고 자료가 없는 점을 고려하여 여기서는 일단 『일본서기』의 기년에 따라 편의상 B.C. 33년
　　조에 기사를 배치해 둔다.

고구려	秋九月 鸞集於王臺 (『三國史記』 13 高句麗本紀 1)
고구려	秋九月 高勾麗鸞集於王臺 (『三國史節要』 1)657)

고구려 북옥저

冬十一月 王命扶尉猒 伐北沃沮 滅之 以其地爲城邑 (『三國史記』 13 高句麗本紀 1)

고구려 북옥저

冬十一月 高勾麗遣扶尉猒 滅北沃沮 沃沮一名置溝婁658) 其地南接挹婁 挹婁善乘舩 寇抄 沃沮畏之 每夏藏巖穴 至冬舩道不通 乃下居邑落659) 舊屬高勾麗 至是滅之 (『三國史節要』 1)660)

신라 낙랑   國史云 赫居世三十年 樂浪人來投 (『三國遺事』 1 紀異 2 樂浪國)

가야   是歲 任那人蘇那曷叱智請之 欲歸于國 蓋先皇之世來朝未還歟 故敦賞蘇那曷叱智 仍齎赤絹一百疋 賜任那王 然新羅人遮之於道而奪焉 其二國之怨始起於是時也 [一云御間城天皇之世 額有角人 乘一船泊于越國笥飯浦 故號其處曰角鹿也 問之曰 何國人也 對曰 意富加羅國王之子 名都怒我阿羅斯等 亦名于斯岐阿利叱智于岐 傳聞日本國有聖皇 以歸化之 到于穴門時 其國有人 名伊都都比古 謂臣曰 吾則是國王也 除吾復無二王 故勿往他處 然臣究見其爲人 必知非王也 旣更還之 不知道路留連嶋浦 自北海廻之 經出雲國至於此間也 是時遇天皇崩 便留之 仕活目天皇逮于三年 天皇問都怒我阿羅斯等曰 欲歸汝國耶 對諮 甚望也 天皇詔阿羅斯等曰 汝不迷道必速詣之 遇先皇而仕歟 是以改汝本國名 追負御間城天皇御名 便爲汝國名 仍以赤織絹給阿羅斯等 返于本土 故號其國謂彌摩那國 其是之緣也 於是 阿羅斯等以所給赤絹藏于己國郡府 新羅人聞之 起兵至之 皆奪其赤絹 是二國相怨之始也 一云 初都怒我阿羅斯等 有國之時 黃牛負田器 將往田舍 黃牛忽失 則尋迹覓之 跡留一郡家中 時有一老夫曰 汝所求牛者 入此郡家中 然郡公等曰 由牛所負物而推之 必設殺食 若其主覓至 則以物償耳 卽殺食也 若問牛直欲得何物 莫望財物 便欲得郡內祭神云爾 俄而郡公等到之曰 牛直欲得何物 對如老父之教 其所祭神 是白石也 乃以白石 授牛主 因以將來置于寢中 其神石化美麗童女 於是 阿羅斯等大歡之欲合 然阿羅斯等去他處之間 童女忽失也

---

657) 『三國史節要』의 이 기사는 동명왕 11년에 배치되어 있다.

658) 북옥저에 대해서는 『後漢書』 85 東夷列傳 75 東沃沮 '又有北沃沮 一名置溝婁 去南沃沮八百餘里 其俗皆與南同 界南接挹婁 挹婁人憙乘船寇抄 北沃沮畏之 每夏輒藏於巖穴 至冬船道不通 乃下居邑落 其耆老言 嘗於海中得一布衣 其形如中人衣 而兩袖長三丈 又於岸際見一人乘破船 頂中復有面 與語不通 不食而死 又說海中有女國 無男人 或傳其國有神井 闚之輒生子云[魏志曰 毌丘儉遣王頎追句驪王宮 窮沃沮東界 問其耆老所傳云]', 『三國志』 30 魏書 30 烏桓鮮卑東夷列傳 '北沃沮一名置溝婁 去南沃沮八百餘里 其俗南北皆同 與挹婁接 挹婁喜乘船寇鈔 北沃沮畏之 夏月恆在山巖深穴中爲守備 冬月冰凍 船道不通 乃下居村落 王頎別遣追討宮 盡其東界 問其耆老 海東復有人不 耆老言國人嘗乘船捕魚 遭風見吹數十日 東得一島 上有人 言語不相曉 其俗常以七月取童女沈海 又言有一國亦在海中 純女無男 又說得一布衣 從海中浮出 其身如中人衣 其兩袖長三丈 又得一破船 隨波出在海岸邊 有一人項中復有面 生得之 與語不相通 不食而死 其域皆在沃沮東大海中', 『通典』 186 邊防 2 東夷 下 '北沃沮一名置溝婁 去南沃沮八百餘里 其俗南北皆同, 與挹婁接', 『冊府元龜』 957 外臣部 2 國邑 1 '一名置溝婁 去南沃沮八百餘里界 南接挹婁 挹婁人善乘船寇沙 北沃沮畏之 每夏藏於巖穴至冬 船道不通 乃下居邑落', 『冊府元龜』 959 外臣部 4 土風 '其俗皆與南同 北沃沮 一名置溝婁', 『太平御覽』 784 四夷部 5 東夷 五 沃沮 '魏志曰 北沃沮一名置溝婁 去南沃沮八百里 其俗南北皆同 與挹婁接 喜乘船寇抄 沃沮畏之 夏日垣在山上 長深穴中爲守備 冬月冰凍 船道不通 乃下居村落 其耆老言 國人嘗乘船捕魚 遭風見吹數十日 東得一島 其上有人 言語不可曉 其俗常以七月取童女沈海 又言 一國亦在海中 純女無男 又得一布衣 其兩袖長二文 又得一破舡 在岸邊 有一人項中復有面 與語不相曉 不食而死' 등의 기록이 있다.

659) "沃沮一名置溝累 其地南接挹婁 挹婁善乘船寇抄 沃沮畏之 每夏藏巖穴 至冬舩道不通 乃下居邑落"이 기록은 『後漢書』 동이전 북옥저 기사를 참고한 것임.

660) 『三國史節要』의 이 기사는 동명왕 11년에 배치되어 있다.

阿羅斯等大驚之 問己婦曰 童女何處去矣 對曰 向東方 則尋追求 逐遠浮海以入日本
國 所求童女者 詣于難波爲比賣語曾社神 且至豊國國前郡 復爲比賣語曾社神 竝二處
見祭焉] (『日本書紀』6 垂仁天皇紀)661)

B.C.27(甲午/신라 혁거세거서간 31/고구려 동명성왕 11/漢 河平 2/倭 垂仁 3)

고구려 　　　　　秋九月 高勾麗鸇集於王臺 (『三國史節要』1)662)

고구려 북옥저

　　　　　冬十一月 高勾麗遣扶尉猒 滅北沃沮 沃沮一名置溝累 其地南接挹婁 挹婁善乘舡 寇
　　　　　抄 沃沮畏之 每夏藏巖穴 至冬舡道不通 乃下居邑落663) 舊屬高勾麗 至是滅之 (『三國
　　　　　史節要』1)664)

신라 　　　　　春三月 新羅王子天日槍來歸焉 將來物 羽太玉一箇 足高玉一箇 鵜鹿鹿赤石玉一箇
　　　　　出石小刀一口 出石桙一枝 日鏡一面 熊神籬一具 幷七物 則藏于但馬國 常爲神物也
　　　　　[一云 初天日槍 乘艇泊于播磨國 在於宍粟邑 時天皇遣三輪君祖大友主 與倭直祖長尾
　　　　　市於播磨 而問天日槍曰 汝也誰人 且何國人也 天日槍對曰 僕新羅國主之子也 然聞
　　　　　日本國有聖皇 則以己國授弟知古而化歸之 仍貢獻物 葉細珠 足高珠 鵜鹿鹿赤石珠
　　　　　出石刀子 出石槍 日鏡 熊神籬 膽狹淺大刀 幷八物 仍詔天日槍曰 播磨國宍粟邑 淡
　　　　　路島出淺邑 是二邑 汝任意居之 時天日槍啓之曰 臣將住處 若垂天恩 聽臣情願地者
　　　　　臣親歷視諸國 則合于臣心欲被給 乃聽之 於是 天日槍自菟道河 泝之 北入近江國吾
　　　　　名邑而暫住 復更自近江經若狹國 西到但馬國則定住處也 是以 近江國鏡村谷陶人 則
　　　　　天日槍之從人也 故天日槍娶但馬國出嶋人 太耳女麻多烏 生但馬諸助也 諸助生但馬
　　　　　日楢杵 日楢杵生淸彦 淸彦生田道間守之] (『日本書紀』6 垂仁天皇紀)665)

신라 　　　　　(應神天皇의 代) 又昔 有新羅国王之子 名謂天之日矛 是人参渡来也 所以以参渡来者
　　　　　新羅国有一沼 名以阿具奴摩 [自阿下四字以音] 此沼之辺 一賎女昼寝 於是 日耀如虹
　　　　　指其陰上 亦有一賎夫 思異其状 恒伺其女人之行 故 是女人 自其昼寝時 妊身 生赤
　　　　　玉 爾 其所伺賎夫 乞取其玉 恒裹著腰 此人営田於山谷之間 故 耕人等之飲食 負一
　　　　　牛而 入山谷之中 遇逢其国主之子 天之日矛 爾 問其人曰 何汝飲食負牛入山谷 汝必
　　　　　殺食是牛 即捕其人 将入獄囚 其人答曰 吾非殺牛 唯送田人之食耳 然猶不赦 爾 解
　　　　　其腰之玉 幣其国主之子 故 将来其玉 置於床辺 即化美麗嬢子 仍婚為嫡妻 爾 其嬢
　　　　　子 常設種々之珍味 恒食其夫 故 其国主之子 心奢罵妻 其女人言 凡吾者 非応為汝
　　　　　妻之女 将行吾祖之国 即 窃乗小船 逃遁度来 留于難波 [此者坐難波之比売碁曾社謂
　　　　　阿加流比売神也] 於是 天之日矛 聞其妻遁 乃追渡来 将到難波之間 其渡之神 塞以不
　　　　　入 故 更還泊多遅摩国 即留其国而、娶多遅摩之俣尾之女 名前津見 生子 多遅摩母
　　　　　呂須玖 此之子 多遅摩斐泥 此之子 多遅摩比那良岐 此之子 多遅摩毛理 次多遅摩比
　　　　　多訶 次清日子 [三柱] 此清日子 娶当麻之咩斐 生子酢鹿之諸男 次妹菅竃[上]由良度
　　　　　美 [此四字以音] 故 上云多遅摩比多訶 娶其姪 由良度美 生子葛城之高額比売命 [此

---

661) 이 기사는 내용상 『일본서기』 숭신천황 65년조(B.C. 33년)의 연결 기사이므로 여기서는 일단 『일본서
　　기』의 기년에 따라 편의상 B.C. 28년조에 기사를 배치해 둔다.
662) 『三國史節要』의 이 기사는 『三國史記』에 동명왕 10년의 일로 기록되어 있다.
663) "沃沮一名置溝累 其地南接挹婁 挹婁善乘舡寇抄 沃沮畏之 每夏藏巖穴 至冬舡道不通 乃下居邑落"이 기
　　록은 『後漢書』 동이전 북옥저 기사를 참고한 것임.
664) 『三國史節要』의 이 기사는 『三國史記』에 동명왕 10년의 일로 기록되어 있다.
665) 『일본서기』의 기년에 의하면 수인천황 3년은 B.C. 27에 해당한다. 하지만 수인천황 자체의 실존 여부
　　가 매우 불투명하다. 또한 여기에 나오는 신라 국왕을 박혁거세와 연결시켜야 할 단서는 어디에도 없다.
　　신라 왕자 천일창의 왜국 이주 전승 자체도 사실성 여부에 다양한 견해가 있을 수 있지만, 여기서는 일단
　　『일본서기』의 기년에 따라 B.C. 27년조에 기사를 배치해 둔다.

者　息長帯比売命之御祖]　故　其天之日矛持渡来物者　玉津宝云而珠二貫　又振浪比礼
[比礼二字以音　下效此]　切浪比礼・振風比礼・切風比礼　又興津鏡・辺津鏡　并八種也
[此者出石之八前大神也]　(『古事記』中　應神天皇段)666)

B.C.26(乙未/신라 혁거세거서간 32/고구려 동명성왕 12/漢 河平 3/倭 垂仁 4)

신라　　　　　　秋八月乙卯晦　日有食之 (『三國史記』1 新羅本紀 1)
신라　　　　　　秋八月乙卯晦　新羅日有食之 (『三國史節要』1)

낙랑　　　　　　河平三年　蜀郡西工造　乘輿具母中<緒>飯△△△△工會 (…) (「河平3年銘 漆盤)

B.C.24(丁酉/신라 혁거세거서간 34/고구려 동명성왕 14/漢 陽朔 1/倭 垂仁 6)

고구려 동부여

　　　　　　　　秋八月　王母柳花薨於東扶餘　其王金蛙　以大后禮葬之　遂立神廟 (『三國史記』13 高
　　　　　　　　句麗本紀 1)
고구려　　　　　古記云　東明王十四年秋八月　王母柳花薨於東扶餘　其王金蛙以大后禮葬之　遂立神廟
　　　　　　　　(『三國史記』32 雜志 1 祭祀)
고구려　　　　　秋八月　高勾麗王母柳花在東扶餘薨　東扶餘王金蛙　以太后禮葬之　遂立神廟 (『三國史
　　　　　　　　節要』1)

고구려 부여　　冬十月　遣使扶餘饋方物　以報其德 (『三國史記』13 高句麗本紀 1)
고구려 부여　　冬十月　高勾麗遣使東扶餘　致方物以謝 (『三國史節要』1)

B.C.23(戊戌/신라 혁거세거서간 35/고구려 동명성왕 15/漢 陽朔 2/倭 垂仁 7)

낙랑　　　　　　陽朔二年　廣漢郡工官造　乘輿髤泪畵木黃鈿<榼>　容二斗　素工<寬>　髤工巖　上工貴　銅
　　　　　　　　鈿黃塗工勳　畵工長　　工會　淸工博　造工同造　護工卒史成　長廷　丞爲　掾憙　佐宜王主
　　　　　　　　(陽朔二年銘漆扁壺)

B.C.22(己亥/신라 혁거세거서간 36/고구려 동명성왕 16/漢 陽朔 3/倭 垂仁 8)

B.C.20(辛丑/신라 혁거세거서간 38/고구려 동명성왕 18/漢 鴻嘉 1/倭 垂仁 10)

신라 마한 진한 변한 낙랑

　　　　　　　　春二月　遣瓠公　聘於馬韓　馬韓王讓瓠公曰　辰卞二韓　爲我屬國　比年不輸職貢　事大之
　　　　　　　　禮　其若是乎　對曰　我國自二聖肇興　人事修　天時和　倉庾充實　人民敬讓　自辰韓遺民
　　　　　　　　以至卞韓　樂浪　倭人　無不畏懷　而吾王謙虛　遣下臣修聘　可謂過於禮矣　而大王赫怒
　　　　　　　　劫之以兵　是何意耶　王慎欲殺之　左右諫止乃許歸　前此　中國之人　苦秦亂　東來者衆
　　　　　　　　多處馬韓東　與辰韓雜居　至是　寖盛　故馬韓忌之　有責焉　瓠公者未詳其族姓　本倭人
　　　　　　　　初以瓠繫腰　渡海而來　故稱瓠公 (『三國史記』1 新羅本紀 1)
신라 마한 진한 변한 낙랑

　　　　　　　　春二月　新羅遣瓠公　聘於馬韓　馬韓王讓瓠公曰　辰卞二韓　爲我屬國　比年不輸職貢　事
　　　　　　　　大之禮　其若是乎　對曰　我國自二聖肇興　人事俏　天時和　倉庾充實　人民敬讓　自辰韓

---

666) 『고사기』에는 신라왕자 천일창의 도왜 전승이 中卷 應神天皇段에 수록되어 있다. 『일본서기』의 기년에
의하면 응신천황의 재위 기간은 A.D 270 - A.D 310년이기 때문에 『일본서기』의 수인천황 치세 기간과는
많은 차이가 있다. 그러나 어느 쪽을 따른다고 해도 그것이 역사적 사실을 반영하고 있다고는 단정할 수
없기 때문에, 여기서는 『일본서기』의 기년에 의거하여 『고사기』의 천일창 전승을 수인천황조에 배치해둔
다.

遺民 以至卞韓 樂浪 倭人 無不畏懷 而吾王謙虛 遣下臣修聘 可謂過於禮矣 而大王
反怒 劫之以兵 何耶 馬韓王愈怒殺之 左右諫止乃請還 先是 中國之人 苦秦亂 東來
馬韓者頗衆 與辰韓雜居 至是 寢盛 故馬韓忌之 有是責焉 瓠公者未詳其族姓 本倭人
初以瓠繫腰 渡海而來 故稱瓠公 (『三國史節要』1)

B.C.19(壬寅/신라 혁거세거서간 39/고구려 동명성왕 19, 유리왕 1/漢 鴻嘉 2/倭 垂仁 11)

고구려 부여	夏四月 王子類利 自扶餘與其母逃歸 王喜之 立爲大子 (『三國史記』13 高句麗本紀 1)[667]
고구려 부여	夏四月 高勾麗王立子類利爲太子 初朱蒙在扶餘 娶禮氏女有娠 朱蒙旣去 乃生 是爲 類利 幼有年奇節 喜彈丸 嘗出遊彈雀 誤中汲婦盆 婦罵曰 此兒無父 其頑如此 類利 慙 復以泥彈丸塞之 歸問其母曰 我夫何人而今在何處 母戲之曰 汝無定父 類利泣曰 人無定父 何面目見立於世乎 遂欲自刎 母大驚止之曰 前言戲耳 汝父非常人也 不見 容於國 逃奔南地 開國稱王 類利曰 父爲人君 子爲匹夫 吾雖不材 豈不愧乎 母曰汝 父方行 謂予曰 若生男 言我有遺物 藏在七嶺七谷石上松下 得此者 乃吾兒也 類利往 山谷 遍索不得 一日聞柱礎閒若有聲 就而見礎石有七稜 自解曰 七嶺七谷者 七稜也 石上松者 柱也 乃搜柱下 得斷劍一段 遂持之 與屋智勾鄒都祖等三人行至卒本 見朱 蒙 以其劒進之 朱蒙出所藏斷劍合之 果驗 乃悅 立以嗣[李奎報集 類利以劒一片 奉之 於王 王出所有毀劒一片合之 血出連爲一劍 王謂類利曰 汝實我子 有何神聖乎 類利 應聲 擧身聳空 乘牖中日 示其神聖之異 王大悅 立爲太子] (『三國史節要』1)
고구려	秋九月 王升遐 時年四十歲 葬龍山 號東明聖王 (『三國史記』13 高句麗本紀 1)
고구려	秋九月 高勾麗始祖朱蒙薨 太子類利立 葬始祖于龍山 號東明聖王[李奎報集云 王升天 不下 太子以所遺玉鞭 葬於龍山 號東明聖王 享年四十] (『三國史節要』1)
고구려	在位十九年 升天不下莅 [秋九月 王升天不下 時年四十 太子以所遺玉鞭 葬於龍山云 云] 俶儻有奇節 元子曰類利 得劍繼父位 塞盆止人詈 [類利少有奇節云云 少以彈雀爲 業 見一婦戴水盆 彈破之 其女怒而詈曰 無父之兒 彈破我盆 類利大慙 以泥丸彈之 塞盆孔如故 歸家問母曰 我父是誰 母以類利年少戲之曰 汝無定父 類利泣曰 人無定 父 將何面目見人乎 遂欲自刎 母大驚止之曰 前言戲耳 汝父是天帝孫 河伯甥 怨爲扶 餘之臣 逃往南土 始造國家 汝往見之乎 對曰 父爲人君 子爲人臣 吾雖不才 豈不愧 乎 母曰 汝父去時有遺言 吾有藏物七嶺七谷石上之松 能得此者 乃我之子也 類利自 往山谷 搜求不得 疲倦而還 類利聞堂柱有悲聲 其柱乃石上之松木 體有七稜 類利自 解之曰 七嶺七谷者 七稜也 石上松者 柱也 起而就視之 柱上有孔 得毀劒一片 大喜 前漢鴻嘉四年夏四月 奔高句麗 以劒一片 奉之於王 王出所有毀劒一片合之 血出連爲 一劍 王謂類利曰 汝實我子 有何神聖乎 類利應聲 擧身聳空 乘牖中日 示其神聖之異 王大悅 立爲太子] 我性本質木 性不喜奇詭 初看東明事 疑幻又疑鬼 徐徐漸相涉 變化 難擬議 況是直筆文 一字無虛字 神哉又神哉 萬世之所韙 因思草創君 非聖卽何以 劉 媼息大澤 遇神於夢寐 雷電塞晦暝 蛟龍盤怪傀 因之卽有娠 乃生聖劉季 是惟赤帝子 其興多殊祚 世祖始生時 滿室光炳煒 自應赤伏符 掃除黃巾僞 自古帝王興 徵瑞紛蔚 蔚 未嗣多怠荒 共絶先王祀 乃知守成君 集蓼戒小毖 守位以寬仁 化民由禮義 永永傳 子孫 御國多年祀 (『東國李相國集』東明王篇)
고구려	在位十九年九月 升天不復 迥雲軒 聖子類利[在扶餘時 婦所孕者] 來嗣位 葬遺玉鞭成 墳塋[今龍山墓也] 繁葉茂承承理 時與江水爭澄淸 (『帝王韻紀』下 高句麗紀)

667) 『三國遺事』1 王曆 1에서는 "第二瑠璃王[一作累利又△留 東明子 立壬寅 理三十六年 姓解氏]"라 하였
다.

고구려	不樂世位 因遣黃龍來下迎王 王於忽本東罡 履龍頁昇天 (「廣開土王陵碑」)
고구려 부여	瑠璃明王立 諱類利 或云孺留 朱蒙元子 母禮氏 初朱蒙在扶餘 娶禮氏女有娠 朱蒙歸 後乃生 是爲類利 幼年出遊陌上彈雀 誤破汲水婦人瓦器 婦人罵曰 此兒無父 故頑如 此 類利慙歸 問母氏 我夫何人 今在何處 母曰 汝父非常人也 不見容於國 逃歸南地 開國稱王 歸時謂予曰 汝若生男子 則言我有遺物 藏在七稜石上松下 若能得此者 乃 吾子也 類利聞之 乃往山谷 索之不得 倦而還 一旦在堂上 聞柱礎間若有聲 就而見之 礎石有七稜 乃搜於柱下 得斷劍一段 遂持之與屋智-句鄒-都祖等三人 行至卒本 見父 王 以斷劍奉之 王出己所有斷劍合之 連爲一劍 王悅之 立爲大子 至是繼位 (『三國史 記』13 高句麗本紀 1)
고구려	初 朱蒙在夫餘時 妻懷孕 朱蒙逃後生一子 字始閭諧 及長 知朱蒙爲國主 卽與母亡而 歸之 名之曰閭達 委之國事 朱蒙死 閭達代立 (『魏書』100 列傳 88 高句麗)
신라 마한	馬韓王薨 或說上曰 西韓王前辱我使 今當其喪征之 其國不足平也 上曰 幸人之災 不 仁也 不從乃遣使 弔慰 (『三國史記』1 新羅本紀 1)
신라 마한	馬韓王薨 或說新羅王曰 西韓王前辱我使 今當其喪征之 其國不足平也 王曰 幸人之 災 不仁也 乃遣使弔慰 (『三國史節要』1)

B.C.18(癸卯/신라 혁거세거서간 40/고구려 유리왕 2/백제 온조왕 1/前漢 鴻嘉 3/倭 垂仁 12)

백제 북부여	(1~4월) 百濟始祖溫祚王 其父鄒牟 或云朱蒙 自北扶餘逃難 至卒本扶餘 扶餘王無子 只有三女子 見朱蒙 知非常人 以第二女妻之 未幾 扶餘王薨 朱蒙嗣位 生二子 長曰 沸流 次曰溫祚[或云 朱蒙到卒本 娶越郡女 生二子] 及朱蒙在北扶餘所生子來爲太子 沸流溫祚 恐爲太子所不容 遂與烏干馬黎等十臣南行 百姓從之者多 遂至漢山 登負兒 嶽 望可居之地 沸流欲居於海濱 十臣諫曰 惟此河南之地 北帶漢水 東據高岳 南望沃 澤 西阻大海 其天險地利 難得之勢 作都於斯 不亦宜乎 沸流不聽 分其民 歸弥鄒忽 以居之 溫祚都河南慰禮城 以十臣爲輔翼 國號十濟 是前漢成帝鴻嘉三年也 沸流以弥 鄒土濕水鹹 不得安居 歸見慰禮 都邑鼎定 人民安泰 遂慙悔而死 其臣民皆歸於慰禮 後以來時百姓樂從 改號百濟 其世系與高句麗同出扶餘 故以扶餘爲氏[一云 始祖沸流 王 其父優台 北扶餘王解扶婁庶孫 母召西奴 卒本人延陁勃之女 始歸于優台 生子二 人 長曰沸流 次曰溫祚 優台死 寡居于卒本 後朱蒙不容於扶餘 以前漢建昭二年春二 月 南奔至卒本 立都 號高句麗 娶召西奴爲妃 其於問668)基創業 頗有內助 故朱蒙寵 接之特厚 待沸流等如己子 及朱蒙在扶餘所生禮氏子孺留來 立之爲大669)子 以至嗣位 焉 於是 沸流謂弟溫祚曰 始大王避扶餘之難 逃歸至此 我母氏傾家財助成邦業 其勤 勞多矣 及大王猒世 國家屬於孺留 吾等徒在此 鬱鬱如疣贅 不如奉母氏南遊卜地 別 立國都 遂與弟率黨類 渡浿帶二水 至弥鄒忽以居之 北史及△670)書皆云 東明之後有 仇台 篤於仁信 初立國于帶方故地 漢遼東大671)守公孫度以女妻之 遂爲東夷强國 未 知孰是] (『三國史記』23 百濟本紀 1)672)

---

668) 저본에는 '問'으로 되어 있으나, 鑄字本·『三國史節要』에 의거하여 '開'로 수정해야 한다.
669) 저본에는 '大'로 되어 있으나. 『三國史節要』에 의거하여 '太'로 수정해야 한다.
670) '△書'는 그 내용이 『隋書』81 列傳 46 東夷 百濟와 일치하므로, △는 '隋'로 수정해야 한다.
671) 저본에는 '大'로 되어 있으나. 주해 5번의 『隋書』·『北史』 百濟傳에 의거하여 '太'로 수정해야 한다.
672) 이 기사는 즉위 후 같은 해에 5월 기사가 나오기 때문에 1~4월로 편년하였다. 『三國史記』13 高句麗 本紀 1에는 10월로 되어 있다. 『三國遺事』1 王曆에는 "第一溫祚王[東明第三子 圭第二 癸卯在位四十五 都△礼城 一云蛇川 今社山]"이라 하였고, 『三國遺事』1 紀異 1 卞韓百濟에는 "按本記 溫祚之起 在鴻嘉四 年甲辰 則後於赫世東明之世四十餘年"이라고 되어 있다. 이 밖에 中國正史 등에 나타난 건국설화는 아래 와 같다.

백제 부여　　(1~4월) 百濟始祖高溫祚立　初　朱蒙自北扶餘逃難　至卒本扶餘　其王無子　只有三女
見朱蒙　知非常人　以第二女妻之　未幾　扶餘王薨　朱蒙嗣位　生二子　長曰沸流　次曰溫
祚　及長子類利來　王立以爲太子　沸流溫祚　恐爲太子所不容　遂與烏干馬黎等十人南行
百姓從之者多　遂至漢山　登負兒嶽　望可居之地　沸流欲居於海濱　十臣諫曰　惟此河南
之地　北帶漢水　東據高岳　南望沃澤　西阻大海　其天險地利　難得之勢　定都於此　不亦
宜乎　沸流不聽　分其民　歸彌鄒忽以居之　溫祚都河南慰禮城　以十臣爲輔　國號十濟　沸
流以彌鄒土濕水鹹　不得安居　來見慰禮　都邑旣定　人民安泰　遂慙恚而死　其臣民皆歸
於慰禮　後以來時百姓樂從　改號百濟　其世系與高勾麗同出扶餘　故以扶餘爲氏[一說　沸
流父優台　北扶餘王解扶婁庶孫　母召西奴　卒本人延弛勃之女　始歸優台　生二子　長曰
沸流　次曰溫祚　優台死　寡居卒本　後朱蒙不容於扶餘　以前漢建昭二年春二月　南奔至
卒本　立都　號高勾麗　娶召西奴爲妃　其於開基創業　頗有內助　故朱蒙寵之特厚　待沸流
等如己子　及朱蒙在扶餘所生禮氏子孺留來　立爲太子　於是　沸流謂弟溫祚曰　始大王避
扶餘之難　逃歸至此　我母傾財助成邦業　其勤勞多矣　大王猒世　國家屬於孺留　吾等徒
在此　鬱鬱如疣贅　不如奉母南遊卜地　別立國都　遂與弟率其黨　渡浿帶二水　至彌鄒忽
以居之] (『三國史節要』1)673)

신라 백제　　百濟始祖溫祚立 (『三國史記』1 新羅本紀 1)674)

백제 부여　　史本記云 百濟始租675)溫祚 其父雛牟王 或云朱蒙 自北扶餘逃難 至卒本扶餘 州之王
無子　只有三女　見朱蒙知非常人　以第二女妻之　未幾　扶餘州王薨　朱蒙嗣位　生二子
長曰沸流　次曰溫祚　恐後大子所不容　遂與烏干馬黎等臣南行　百姓從之者多　遂至漢山
登負兒岳　望可居之地　沸流欲居於海濱　十臣諫曰　惟此河南之地　北帶漢水　東據高岳
南望沃澤　西阻大海　其天險地利　難得之勢　作都於斯　不亦宜乎　沸流不聽　分其民　歸
弥雛忽居之　溫祚都河南慰禮城　以十臣爲輔翼　國號十濟　是漢成帝鴻佳三年也　沸流以
弥雛忽土濕水鹹　不得安居　皈見慰禮　都邑鼎定　人民安泰　遂慙悔而死　其臣民皆皈於
慰礼城　後以來時百姓樂悅　改號百濟　其世系　與高句麗同出扶餘　故以解爲氏 (『三國遺
事』2 紀異 2 南扶餘 前百濟 北扶餘)676)

백제　　按古典記 東明王第三子溫祚 以前漢鴻嘉三年癸卯 自卒本扶餘 至慰礼城 立都稱王
(『三國史記』37 雜志 6 地理 4 百濟)677)

남부여 백제 북부여
　　按古典記云 東明王第三子溫祚 以前漢鴻佳三年癸酉678) 自卒本扶餘 至慰礼城 立都
　　稱王 (『三國遺事』2 紀異 2 南扶餘 前百濟 北扶餘)679)

百濟之先 出自高麗國 其國王有一侍婢 忽懷孕 王欲殺之 婢云 有物狀如雞子 來感於我 故有娠也 王捨之 後
遂生一男 棄之廁間 久而不死 以爲神 命養之 名曰東明 及長 高麗王忌之 東明懼 逃至淹水 夫餘人共奉之
東明之後 有仇台者 篤於仁信 始立其國于帶方故地 漢遼東太守公孫度以女妻之 漸以昌盛 爲東夷强國 初以
百家濟海 因號百濟 歷十餘代 代臣中國 前史載之詳矣 (『隋書』81 列傳 46 東夷 百濟)
百濟之國 蓋馬韓之屬也 出自索離國 其王出行 其侍兒於後姙娠 王還 欲殺之 侍兒曰 前見天上有氣如大雞子
來降 感 故有娠 王捨之 後生男 王置之豕牢 豕以口氣噓之 不死 後徙於馬閑 亦如之 王以爲神 命養之 名曰
東明 及長 善射 王忌其猛 復欲殺之 東明乃奔走 南至淹滯水 以弓擊水 魚鱉皆爲橋 東明乘之得度 至夫餘而
王焉 東明之後有仇台 篤於仁信 始立國于帶方故地 漢遼東太守公孫度以女妻之 遂爲東夷强國 初以百家濟
因號百濟 (『北史』94 列傳 82 百濟)
673) 이 기사는 즉위 후 같은 해에 5월 기사가 나오기 때문에 1~4월로 편년하였다.
674) 이 기사에는 월이 표기되지 않았지만, 『三國史記』23 百濟本紀 1에 의거하여 1~4월로 편년하고 배치
　　하였다.
675) 저본에는 '租'로 되어 있으나, 내용상 '祖'로 수정해야 한다.
676) 이 기사에는 월이 표기되지 않았지만, 『三國史記』23 百濟本紀 1에 의거하여 1~4월로 편년하고 배치
　　하였다.
677) 이 기사에는 월이 표기되지 않았지만, 『三國史記』23 百濟本紀 1에 의거하여 1~4월로 편년하고 배치
　　하였다.
678) 前漢 鴻嘉 3년(B.C.18)은 癸酉가 아니라 癸卯이다.
679) 이 기사에는 월이 표기되지 않았지만, 『三國史記』23 百濟本紀 1에 의거하여 1~4월로 편년하고 배치

백제	百濟始祖名溫祚 東明聖帝其皇考 其兄類利來嗣位 心不能平乃南渡[與母兄殷祚 南奔
	立國 殷祚立五月而卒] 漢成**鴻嘉**三癸卯[羅之四十年 麗之九十[680]年也] 開國弁韓原膴
	膴 天時地利得人和 經營不日千官具 系将蘭芷衍芬芳 業與松竹同苞茂 (『帝王韻紀』
	下 百濟紀)[681]
남부여 백제 북부여	
	又始祖溫祚 乃東明第三子 体洪大 性孝友 善騎射 (『三國遺事』 2 紀異 2 南扶餘 前
	百濟 北扶餘)[682]
백제	夏五月 立東明王廟 (『三國史記』 23 百濟本紀 1)
백제	夏五月 百濟立東明王廟 (『三國史節要』 1)
고구려	秋七月 納多勿侯松讓之女爲妃 (『三國史記』 13 高句麗本紀 1)
고구려	秋七月 高勾麗王納多勿侯松讓女爲妃 權近曰 按昔魯文公娶在三年之外 春秋猶譏其
	喪未畢而圖昏 況在期年之內而納妃乎 類利之罪 不待貶絶而自明矣 (『三國史節要』 1)
고구려	九月 西狩獲白獐 (『三國史記』 13 高句麗本紀 1)
고구려	九月 高勾麗西狩獲白獐 (『三國史節要』 1)
고구려	冬十月 神雀集王庭 (『三國史記』 13 高句麗本紀 1)
고구려	冬十月 高勾麗神雀集王庭 (『三國史節要』 1)
고구려 백제	(冬十月) 百濟始祖溫祚立 (『三國史記』 13 高句麗本紀 1)[683]

B.C.17(甲辰/신라 혁거세거서간 41/고구려 유리왕 3/백제 온조왕 2/前漢 鴻嘉 4/倭 垂仁 13)

백제 말갈	春正月 王謂羣臣曰 靺鞨連我北境 其人勇而多詐 宜繕兵積穀爲拒守之計 (『三國史記』
	23 百濟本紀 1)
백제 말갈	春正月 百濟王謂群臣曰 靺鞨連我北境 其人勇而多詐 宜繕兵積穀爲拒守之計 (『三國
	史節要』 1)
백제	三月 王以族父乙音有智識膽力 拜爲右輔 委以兵馬之事 (『三國史記』 23 百濟本紀 1)
백제	三月 以族父乙音有智識膽力 拜爲右輔 委以兵事 (『三國史節要』 1)
고구려	秋七月 作離宮於鶻川 (『三國史記』 13 高句麗本紀 1)
고구려	秋七月 高勾麗作離宮於鶻川 (『三國史節要』 1)
고구려	冬十月 王妃松氏薨 王更娶二女以繼室 一曰禾姬 鶻川人之女也 一曰雉姬 漢人之女
	也 二女爭寵不相和 王於涼谷 造東西二宮 各置之 後王田於箕山 七日不返 二女爭鬪
	禾姬罵雉姬曰 汝漢家婢妾 何無禮之甚乎 雉姬慙恨亡歸 王聞之 策馬追之 雉姬怒不
	還 王嘗息樹下 見黃鳥飛集 乃感而歌曰 翩翩黃鳥 雌雄相依 念我之獨 誰其與歸 (『三

하였다.
680) 저본에는 '九十'으로 되어 있으나, 그 위에 '十九'로 수정되어 있다.
681) 이 기사에는 월이 표기되지 않았지만, 『三國史記』 23 百濟本紀 1에 의거하여 1~4월로 편년하고 배치
하였다.
682) 이 기사에는 연대가 표기되지 않았지만, 『三國史記』 23 百濟本紀 1에 의거하여 鴻嘉 3년(B.C.18) 1~4
월로 편년하고 배치하였다.
683) 『三國史記』 23 百濟本紀 1에는 5월 기사보다 앞서 있어 1~4월로 파악된다.

고구려	國史記』13 高句麗本紀 1)
	冬十月 高勾麗王妃松氏薨 王更娶二姬 曰禾姬 鶻川人之女也 曰雉姬 漢人之女也 二
	姬爭寵 王於涼谷 造東西二宮 各置之 後王田於箕山 七日不返 二女相妬 禾姬罵雉姬
	曰 汝漢家婢 何無禮之甚乎 雉姬慙恨亡歸 王聞親自追之 雉姬怒不肯返 王息樹下 見
	黃鳥飛集 乃感而歌曰 翩翩黃鳥 雌雄相依 念我之獨 誰其與歸 (『三國史節要』1)

변한 백제	按本記 溫祚之起 在**鴻嘉四年**甲辰 則後於赫世東明之世四十餘年 (『三國遺事』1 紀
	異 1 卞韓 百濟)

B.C.16(乙巳/신라 혁거세거서간 42/고구려 유리왕 4/백제 온조왕 3/前漢 永始 1/倭 垂仁 14)

백제 말갈	秋九月 靺鞨侵北境 王帥勁兵 急擊大敗之 賊生還者十一二 (『三國史記』23 百濟本紀 1)
백제 말갈	秋九月 靺鞨侵百濟北境 王帥輕兵 急擊大破之 賊生還者十一二 (『三國史節要』1)

백제	冬十月 雷 桃李華 (『三國史記』23 百濟本紀 1)
백제	冬十月 百濟雷 桃李華 (『三國史節要』1)

B.C.15(丙午/신라 혁거세거서간 43/고구려 유리왕 5/백제 온조왕 4/前漢 永始 2/倭 垂仁 15)

신라	春二月乙酉晦(30) 日有食之 (『三國史記』1 新羅本紀 1)
신라	春二月乙酉晦(30) 新羅日有食之 (『三國史節要』1)

백제	春夏 旱 饑疫 (『三國史記』23 百濟本紀 1)
백제	百濟旱 饑疫 (『三國史節要』1)[684]

백제 낙랑	秋八月 遣使樂浪修好 (『三國史記』23 百濟本紀 1)
백제 낙랑	秋八月 百濟遣使樂浪修好 (『三國史節要』1)

B.C.14(丁未/신라 혁거세거서간 44/고구려 유리왕 6/백제 온조왕 5/前漢 永始 3/倭 垂仁 16)

백제	冬十月 巡撫北邊 獵獲神鹿 (『三國史記』23 百濟本紀 1)
백제	冬十月 百濟王北狩 獲神鹿 (『三國史節要』1)

낙랑	永始三年十二月杏鄭作 (「永始三年銘漆製日傘대」)
	高常賢印 (「高常賢銀印」
	夫租長印 (「夫租長白銅印」)[685]

B.C.13(戊申/신라 혁거세거서간 45/고구려 유리왕 7/백제 온조왕 6/前漢 永始 4/倭 垂仁 17)

백제	秋七月辛未晦 日有食之 (『三國史記』23 百濟本紀 1)

---

684) 이 기사는 월이 표기되지 않았지만, 『三國史記』23 百濟本紀 1에 의거하여 春夏로 편년하고 배치하였다.

685) 이 세 자료는 모두 정백동 2호분에서 출토된 것으로 '고상현인'과 '부조장인'은 서관에서, 영시삼년명 일산대는 귀틀곽 내에서 출토되었다. 이에 서기전 14년에 배치하였다.

백제	秋七月辛卯晦686) 百濟日有食之 (『三國史節要』1)

B.C.12(己酉/신라 혁거세거서간 46/고구려 유리왕 8/백제 온조왕 7/前漢 元延 1/倭 垂仁 18)

B.C.11(庚戌/신라 혁거세거서간 47/고구려 유리왕 9/백제 온조왕 8/前漢 元延 2/倭 垂仁 19)

백제	말갈	春二月 靺鞨賊三千來圍慰禮城 王閉城門不出 經旬 賊糧盡而歸 王簡銳卒 追及大斧峴 一戰克之 殺虜五百餘人 (『三國史記』23 百濟本紀 1)
백제	말갈	春二月 靺鞨兵三千圍百濟慰禮城 王閉城門不出 經旬 賊糧盡而歸 王簡銳卒 追及大斧峴 一戰克之 殺虜五百餘人 (『三國史節要』1)
백제	낙랑	秋七月 築馬首城 竪瓶山柵 樂浪太守使告曰 頃者 聘問結好 意同一家 今逼我疆 造立城柵 或者其有蠶食之謀乎 若不渝舊好 隳城破柵 則無所猜疑 苟或不然 請一戰以決勝負 王報曰 設險守國 古今常道 豈敢以此有渝於和好 宜若執事之所不疑也 若執事恃强出師 則小國亦有以待之耳 由是 與樂浪失和 (『三國史記』23 百濟本紀 1)
백제	낙랑	秋七月 百濟築馬首城 竪瓶山柵 樂浪太守使告曰 頃者 聘問結好 義同一家 今逼我疆 造立城柵 或者其有蠶食之謀乎 若不渝舊好 隳城破柵 則無所猜疑 不然 請一戰以決勝負 王報曰 設險守國 古今常道 豈敢以此有渝於好 宜若執事之所不疑也 若執事恃强出師 則小國亦有以待之耳 由是 與樂浪失和 (『三國史節要』1)

B.C.10(辛亥/신라 혁거세거서간 48/고구려 유리왕 10/백제 온조왕 9/前漢 元延 3/倭 垂仁 20)

B.C.9(壬子/신라 혁거세거서간 49/고구려 유리왕 11/백제 온조왕 10/前漢 元延 4/倭 垂仁 21)

고구려	夏四月 王謂羣臣曰 鮮卑恃險 不我和親 利則出抄 不利則入守 爲國之患 若有人能折此者 我將重賞之 扶芬奴進曰 鮮卑險固之國 人勇而愚 難以力鬪 易以謀屈 王曰 然則爲之奈何 荅曰 宜使人反間入彼 僞說我國小而兵弱 怯而難動 則鮮卑必易我 不爲之備 臣俟其隙 率精兵從間路 依山林以望其城 王使以羸兵 出其城南 彼必空城而遠追之 臣以精兵 走入其城 王親率勇騎挾擊之 則可克矣 王從之 鮮卑果開門出兵追之 扶芬奴將兵走入其城 鮮卑望之 大驚還奔 扶芬奴當關拒戰 斬殺甚多 王擧旗鳴鼓而前 鮮卑首尾受敵 計窮力屈 降爲屬國 王念扶芬奴功 賞以食邑 辭曰 此王之德也 臣何功焉 遂不受 王乃賜黃金三十斤良馬一十匹 (『三國史記』13 高句麗本紀 1)
고구려	夏四月 高勾麗王謂群臣曰 鮮卑恃險 不我和親 利則出抄 不利則入守 爲國之患 若有能制者 我將重賞之 扶芬奴進曰 鮮卑險固之國 人勇而愚 難以力鬪 易以謀屈 王曰 然則爲之奈何 對曰 宜使人反間 紿以我國小而兵弱 鮮卑必易我 不爲之備 臣俟其隙 率精兵從間路 莫山以望之 王使以羸兵 軍城南 佯敗而走 彼必空城追之 臣以精兵 走入其城 王親率勇騎挾擊之 則可克矣 王從之 鮮卑果開門出兵追之 扶芬奴走入其城 鮮卑望之 大驚還奔 扶芬奴當關拒戰 斬殺甚多 王擧旗鳴鼓而前 鮮卑首尾受敵 計窮力屈降之 遂爲屬國 王賞扶芬奴以食邑 辭曰 此王之德也 臣何功焉 遂不受 王乃賜黃金三十斤良馬一十匹 (『三國史節要』1)

---

686) 永始 4년(B.C.13)의 7월에는 辛卯가 없고, 그 30일은 辛未이다.

백제 마한	秋九月 王出獵獲神鹿 以送馬韓 (『三國史記』 23 百濟本紀 1)
백제 마한	秋九月 百濟王出獵獲神鹿 送馬韓 (『三國史節要』 1)

백제 말갈	冬十月 靺鞨寇北境 王遣兵二百 拒戰於昆彌川上 我軍敗績 依靑木山自保 王親帥精 騎一百 出烽峴救之 賊見之卽退 (『三國史記』 23 百濟本紀 1)
백제 말갈	冬十月 靺鞨寇百濟北境 王遣兵二百 拒戰於昆彌川上 百濟軍敗績 依靑木山自保 王 親率精騎一百 出烽峴救之 賊乃退 (『三國史節要』 1)

B.C.8(癸丑/신라 혁거세거서간 50/고구려 유리왕 12/백제 온조왕 11/前漢 綏和 1/倭 垂仁 22)

백제 낙랑 말갈	夏四月 樂浪使靺鞨襲破瓶山柵 殺掠一百餘人 (『三國史記』 23 百濟本紀 1)
백제 낙랑 말갈	夏四月 樂浪以靺鞨襲破百濟瓶山柵 殺掠一百餘人 (『三國史節要』 1)

백제 낙랑	秋七月 設禿山拘川兩柵 以塞樂浪之路 (『三國史記』 23 百濟本紀 1)
백제 낙랑	秋七月 百濟設禿山拘川兩柵 以塞樂浪之路 (『三國史節要』 1)

B.C.7(甲寅/신라 혁거세거서간 51/고구려 유리왕 13/백제 온조왕 12/前漢 綏和 2/倭 垂仁 23)

고구려	春正月 熒惑守心星 (『三國史記』 13 高句麗本紀 1)
고구려	春正月 高勾麗熒惑守心 (『三國史節要』 1)

B.C.6(乙卯/신라 혁거세거서간 52/고구려 유리왕 14/백제 온조왕 13/前漢 建平 1/倭 垂仁 24)

고구려 부여	春正月 扶餘王帶素 遣使來聘 請交質子 王憚扶餘强大 欲以太子都切爲質 都切恐不 行 帶素恚之 (『三國史記』 13 高句麗本紀 1)
고구려 부여	春正月 扶餘王帶素 遣使聘高勾麗 請交質子 王憚强大 欲以太子都切爲質 都切不肯 行 帶素恚之 (『三國史節要』 1)

백제	春二月 王都老嫗化爲男 五虎入城 (『三國史記』 23 百濟本紀 1)
백제	春二月 百濟王都有老嫗化爲男 五虎入王城 (『三國史節要』 1)
백제	(春二月) 王母薨 年六十一歲 (『三國史記』 23 百濟本紀 1)687)

백제	夏五月 百濟王母薨 (『三國史節要』 1)688)
백제	夏五月 王謂臣下曰 國家東有樂浪 北有靺鞨 侵軼疆境 少有寧日 況今妖祥屢見 國母 弃養 勢不自安 必將遷國 予昨出巡觀漢水之南 土壤膏腴 宜都於彼 以圖久安之計 (『三國史記』 23 百濟本紀 1)689)
백제	(夏五月) 王謂群臣曰 國家東有樂浪 北有靺鞨 侵軼疆境 少有寧日 況今妖祥屢見 國 母棄養 勢不自安 予觀漢水之南 土壤膏腴 將遷都以圖久安矣 (『三國史節要』 1)

---

687) 『三國史節要』 1에는 5월로 되어 있다.
688) 『三國史記』 23 百濟本紀 1에는 2월로 되어 있다.
689) 『三國遺事』 1 紀異 1 樂浪國에는 "又百濟溫祚之言曰 東有樂浪 北有靺鞨 則殆古漢時樂浪郡之屬縣之地 也"라는 기사가 있어 참고가 된다.

백제	秋七月 就漢山下立柵 移慰禮城民戶 (『三國史記』 23 百濟本紀 1)
백제	秋七月 命立柵于漢山下 移慰禮民戶以實之 (『三國史節要』 1)

백제 마한	八月 遣使馬韓告遷都 遂畫定疆場 北至浿河 南限熊川 西窮大海 東極走壤 (『三國史記』 23 百濟本紀 1)
백제 마한	八月 遣使馬韓告遷都 定疆場 北至浿河 南限熊川 西窮大海 東極走壤 (『三國史節要』 1)

백제	九月 立城闕 (『三國史記』 23 百濟本紀 1)
백제	九月 乃立城闕 (『三國史節要』 1)

고구려 부여	冬十月 扶餘王 以兵五萬侵高勾麗 會大雪 士多凍死 乃引去 (『三國史節要』 1)690)
고구려 부여	冬十一月 帶素 以兵五萬來侵 大雪 人多凍死乃去 (『三國史記』 13 高句麗本紀 1)691)

B.C.5(丙辰/신라 혁거세거서간 53/고구려 유리왕 15/백제 온조왕 14/前漢 建平 2/倭 垂仁 25)

백제	春正月 遷都 (『三國史記』 23 百濟本紀 1)692)
백제	春正月 百濟來遷漢山都 (『三國史節要』 1)
남부여 백제 북부여	
	十四年丙辰 移都漢山[今廣州] (『三國遺事』 2 紀異 2 南扶餘 前百濟 北扶餘)693)

백제	二月 王巡撫部落 務勸農事 (『三國史記』 23 百濟本紀 1)
백제	二月 王巡撫部落 勸農事 (『三國史節要』 1)

백제	秋七月 築城漢江西北 分漢城民 (『三國史節要』 1)694)
백제	秋九月 築城漢江西北 分漢城民 (『三國史記』 23 百濟本紀 1)695)

신라 동옥저	東沃沮使者來 獻良馬二十匹曰 寡君問696)南韓有聖人出 故遣臣來享 (『三國史記』 1 新羅本紀 1)
신라 동옥저 고구려 부여 조선 현도	
	東沃沮遣使新羅 獻良馬二十匹曰 寡君聞南韓有聖人出 遣臣來獻 沃沮 在高勾驪盖馬山之東 東濱大海 北與挹婁夫餘 南與濊貊相接 其地東西狹 南北長 可千里 漢武帝滅朝鮮 以其地爲玄菟郡 復徙於高勾驪西北爲縣 後臣屬高勾驪 高勾驪置使者監領 責其地租焉 (『三國史節要』 1)

B.C.4(丁巳/신라 혁거세거서간 54/고구려 유리왕 16/백제 온조왕 15/前漢 建平 3/倭 垂仁 26)

백제	春正月 作新宮室 儉而不陋 華而不侈 (『三國史記』 23 百濟本紀 1)

---

690) 『三國史記』 13 高句麗本紀 1에는 11월로 되어 있다.
691) 『三國史節要』 1에는 10월로 되어 있다.
692) 『三國遺事』 1 王曆 1에는 세주에 "丙辰 移都漢山 今廣州"라고 되어 있다.
693) 이 기사에는 월이 표기되지 않았지만, 『三國史記』 23 百濟本紀 1에 의거하여 1월로 편년하고 배치하였다.
694) 『三國史記』 23 百濟本紀 1에는 9월로 되어 있다.
695) 『三國史節要』 1에는 7월로 되어 있다.
696) 저본에는 '問'으로 되어 있으나, 鑄字本·『三國史節要』에 의거하여 '聞'으로 수정해야 한다.

백제	春正月 百濟作新宮 (『三國史節要』1)

신라	春二月己酉(28)⁶⁹⁷⁾ 星孛于河皷 (『三國史記』1 新羅本紀 1)
신라	春二月己酉(28) 新羅有星孛于河鼓 (『三國史節要』1)

B.C.3(戊午/신라 혁거세거서간 55/고구려 유리왕 17/백제 온조왕 16/前漢 建平 4/倭 垂仁 27)

조선	**(建平四年 秋八月)** 黃門郎揚雄上書諫曰(…) 往時嘗屠大宛之城 蹈烏桓之壘 探姑繒之壁 藉蕩姐之場 艾朝鮮之旃 拔兩越之旗 近不過旬月之役 遠不離二時之勞 固已犁其庭 掃其閭 郡縣而置之 雲徹席卷 後無餘災 唯北狄爲不然 眞中國之堅敵也 三垂比之懸矣 前世重之玆甚. 未易可輕也 (『資治通鑑』34 漢紀 26 孝哀皇帝)
조선	建平四年(…) 黃門郎揚雄上書諫曰(…) 往時嘗屠大宛之城 蹈烏桓之壘 探姑繒之壁 籍蕩姐之場 艾朝鮮之旃 拔兩越之旗 近不過旬月之役 遠不離二時之勞 固已犁其庭 掃其閭 郡縣而置之 雲徹席卷 後無餘菑 唯北狄爲不然 眞中國之堅敵也 三垂比之懸矣 前世重之玆甚 未易可輕也 (『漢書』94 下 匈奴傳 64 下)
조선	[匈奴傳] 楊雄上書曰 往時嘗屠大宛之城 蹈烏亘之壘 探姑繒之壁 藉蕩姐之場 艾朝鮮之旃 拔兩越之旗 近不過旬月之役 遠不離二時之勞 固已犁其庭 掃其閭 郡縣 而置之雲徹席卷 後無餘菑 惟北狄爲不然 眞中國之堅敵也 (『玉海』25 地理 表界 漢羣臣議匈奴 朔方十策)

B.C.2(己未/신라 혁거세거서간 56/고구려 유리왕 18/백제 온조왕 17/前漢 元壽 1/倭 垂仁 28)

신라	春正月辛丑朔 日有食之 (『三國史記』1 新羅本紀 1)
신라	春正月辛丑朔 新羅日有食之 (『三國史節要』1)

백제 낙랑	春 樂浪來侵 焚慰禮城 (『三國史記』23 百濟本紀 1)
백제 낙랑	樂浪侵百濟慰禮城 (『三國史節要』1)⁶⁹⁸⁾

백제	夏四月 立廟以祀國母 (『三國史記』23 百濟本紀 1)
백제	夏四月 百濟立國母廟 權近曰 有國家者 必立宗廟以祀其先 禮也 國母自當配食於禰 不宜別立廟而祀之也 魯隱公別爲仲子立廟 春秋譏之 今百濟旣立東明之廟 而爲國母別立其廟 何哉 借曰 禮無二嫡 而類利之母旣配東明 故溫祚不得不爲其母別立廟而祀之 則東明之廟在高勾麗 百濟以高勾麗爲宗國 不得別祀東明 當如虁子之不祀祝融與鬻熊也 若自別爲宗以立東明之廟 則不當配以他國之母而別祀其母也 溫祚於此 胥失之矣 (『三國史節要』1)

B.C.1(庚申/신라 혁거세거서간 57/고구려 유리왕 19/백제 온조왕 18/前漢 元壽 2/倭 垂仁 29)

---

697) 이 해 2월에는 '己酉日'이 없고, 정월28일 또는 3월28일에 해당한다.
698) 이 기사에는 월이 표기되지 않았지만, 『三國史記』23 百濟本紀 1에 의거하여 春으로 편년하고 배치하였다.

고구려	秋八月 郊豕逸 王使託利斯卑追之 至長屋澤中得之 以刀斷其脚筋 王聞之怒曰 祭天之牲 豈可傷也 遂投二人坑中 殺之 (『三國史記』13 高句麗本紀 1)
고구려	秋八月 高勾麗郊豕逸 王使託利斯卑追之 至長屋澤中得之 斷其脚筋 王聞之怒曰 祭天之牲 豈可傷也 遂投二人坑中 殺之 (『三國史節要』1)
고구려	九月 王疾病 巫曰 託利斯卑爲崇699) 王使謝之 卽愈 (『三國史記』13 高句麗本紀 1)
고구려	九月 高勾麗王疾病 巫曰 託利斯卑爲崇 王使謝之 卽愈 權近曰 祭天於郊 天子之禮也 高勾麗以蕞爾下國 僭行其禮 天豈受之哉 祭帝之牲 養之必有其所 掌之必有其人 郊豕之逸 至于再三 天示不受之意 明矣 夫天者 理之所在 而神不歆非禮 麗王不知 循理而無違 率禮而不越 小心翼翼 畏戚保民 實所以事天也 乃敢非義犯分 僭天子之禮 旣以失矣 又以一豕之故 遂殺二人 以是事天 反所以欺天也 其得疾病 豈必二人之崇哉 (『三國史節要』1)

백제 말갈 마한

	冬十月 靺鞨掩至 王帥兵逆戰於七重河 虜獲酋長素牟 送馬韓 其餘賊盡坑之 (『三國史記』23 百濟本紀 1)

백제 말갈 마한

	十月 靺鞨侵百濟 王帥兵逆戰於七重河 虜獲酋長素牟 送馬韓 坑其餘衆 (『三國史節要』1)

백제 낙랑	十一月 王欲襲樂浪牛頭山城 至臼谷 遇大雪乃還 (『三國史記』23 百濟本紀 1)
백제 낙랑	十一月 百濟王欲襲樂浪牛頭山城 至臼谷 遇大雪乃還 (『三國史節要』1)

1(辛酉/신라 혁거세거서간 58/고구려 유리명왕 20/백제 온조왕 19/前漢 元始 1/倭 垂仁 30)

고구려	春正月 大700)子都切卒 (『三國史記』13 高句麗本紀 1)
고구려	春正月 高勾麗太子都切卒 (『三國史節要』1)
낙랑	元始元年 廣漢郡工官造 乘輿汨畫紵黃釦飯槃 容一斗 髹工禁 上工孫 銅釦黃塗工禁 畫工黃 造工仁造 護工卒史陳 長△ 丞邵 掾史 令史禹主 (「元始 元年 漆盤」)701)

2(壬戌/신라 혁거세거서간 59/고구려 유리명왕 21/백제 온조왕 20/前漢 元始 2/倭 垂仁 31)

백제	春二月 王設大壇 親祠天地 異鳥五來翔 (『三國史記』23 百濟本紀 1)
백제	古記云 溫祖王二十年 春二月 設壇祠天地 三十八年 冬十月 多婁王二年 春二月 古尒王五年 春正月 十年 春正月 十四年 春正月 近肖古王二年 春正月 阿莘王二年 春正月 腆支王二年 春正月 牟大王十一年 冬十月 並如上行 (『三國史記』32 雜志 1 祭祀)
백제	春二月 百濟王設大壇 親祀天地 異鳥五來翔 自是每歲 四仲之月 王祭天及五帝之神 (『三國史節要』1)702)

---

699) 저본에는 '崇'으로 되어 있으나, 鑄字本·『三國史節要』에 의거하여 '崇'로 수정해야 한다.
700) 원문의 '大'는 '太'로 읽을 수 있다.
701) 傳 평양 낙랑고분에서 출토하였다.
702) 백제의 천과 오제신에 대한 제사와 관련해서는 『三國史記』와 중국 정사의 다음 기사도 참고된다. "冊府 元龜云 百濟每以四仲之月 王祭天及五帝之神 立其始祖仇台廟於國城 歲四祠之[按海東古記 或云始祖東明

고구려	春三月 郊豕逸 王命掌牲薛支逐之 至國內尉那巖得之 拘於國內人家養之 返見王曰 臣逐豕至國內尉那巖 見其山水深險 地宜五穀 又多麋鹿魚鼈之産 王若移都 則不唯民利之無窮 又可免兵革之患也 (『三國史記』 13 高句麗本紀 1)
고구려	三月 高勾麗郊豕逸 王命掌牲薛支逐之 至國內尉那巖得之 返見王曰 臣逐豕至尉那巖 見其山水深險 地宜五穀 又多麋鹿魚鼈 王若移都 則不唯民利無窮 又可免兵革之患也 (『三國史節要』 1)
고구려	夏四月 王田于尉中林 (『三國史記』 13 高句麗本紀 1)
고구려	夏四月 高勾麗王田于尉中林 (『三國史節要』 1)
고구려	秋八月 地震 (『三國史記』 13 高句麗本紀 1)
고구려	秋八月 高勾麗地震 (『三國史節要』 1)
신라	秋九月 戊申晦 日有食之 (『三國史記』 1 新羅本紀 1)
신라	九月 戊申晦 新羅日有食之 (『三國史節要』 1)
고구려	九月 王如國內觀地勢 還至沙勿澤 見一丈夫坐澤上石 謂王曰 願爲王臣 王喜許之 因賜名沙勿 姓位氏 (『三國史記』 13 高句麗本紀 1)
고구려	九月 高勾麗王如國內審地形 還至沙勿澤 有一丈夫 謂王爲臣 王許之 因賜名沙勿 姓位氏 (『三國史節要』 1)
낙랑	元始二年 蜀郡△△△△宜子孫 半氏作△△ (「元始 2年銘 漆案」)[703]

3(癸亥/신라 혁거세거서간 60/고구려 유리명왕 22/백제 온조왕 21/前漢 元始 3/倭 垂仁 32)

신라	秋九月 二龍見於金城井中 暴雷雨 震城南門 (『三國史記』 1 新羅本紀 1)
신라	秋九月 新羅二龍見於金城井中 暴雷雨 震城南門 (『三國史節要』 1)
고구려	冬十月 王遷都於國內 築尉那巖城 (『三國史記』 13 高句麗本紀 1)
고구려	冬十月 高勾麗王遷都國內 築尉耶巖城[或云尉那巖城 或云不而城] (『三國史節要』 1)
고구려 낙랑	自朱蒙立都紇升骨城 歷四十年 孺留王二十二年 移都國內城[或云尉耶巖城 或云不而城] 按漢書 樂浪郡屬縣有不而 (『三國史記』 37 雜志 6 地理 4)[704]
고구려	都國內 歷四百二十五年 長壽王十五年 移都平壤 歷一百五十六年 平原王二十八年 移都長安城 歷八十三年 寶臧王二十七年而滅 [古人記錄 自始祖朱蒙王[至]寶臧王歷年 丁寧纖悉若此 而或云 故國原王十三年 移居平壤東黃城 城在今西京東木覓山中 不可知然否] (『三國史記』 37 雜志 6 地理 4)[705]

或云始祖優台 北史及隋書皆云 東明之後有仇台 立國於帶方 此云始祖仇台 然東明爲始祖 事迹明白 其餘不可信也]"(『三國史記』 32 雜志 1 祭祀). "其王以四仲之月 祭天及五帝之神 又每歲四祠其始祖仇台之廟"(『周書』 49 列傳 41 異域上 百濟) "每以四仲之月 王祭天及五帝之神 立其始祖仇台廟於國城 歲四祠之"(『隋書』 81 列傳 46 東夷 百濟) "其王每以四仲月 祭天及五帝之神 立其始祖仇台之廟於國城 歲四祠之"(『北史』 94 列傳 82 百濟)

703) 傳 평양 낙랑고분에서 출토하였다.

704) 본문에는 月이 보이지 않지만, 『三國史記』 13 高句麗本紀 1에 10월로 나온다. 따라서 10월에 편제하였다.

705) 『三國遺事』 1 王曆 1에서는 "癸亥[移都國內城 亦云不而城]"라고 하였다.

고구려	十二月 王田于質山陰 五日不返 大輔陜父諫曰 王新移都邑 民不安堵 宜孜孜焉 刑政之是恤 而不念此 馳騁田獵 久而不返 若不改過自新 臣恐政荒民散 先王之業隆地 王聞之震怒 罷陜父職 俾司官園 陜父憤去之南韓 (『三國史記』13 高句麗本紀 1)
고구려 한	十二月 王田于質山五日不返 大輔陜父諫曰 王新移都邑 民不按堵 宜孜孜焉 德政是恤 而不念此 馳騁田獵 久而不返 若不改過自新 臣恐政荒民散 先王之業隆地 王聞之震怒 罷陜父職 陜父出奔南韓 (『三國史節要』1)
낙랑	① 元始三年 蜀郡西工造 乘輿髹泪畫木黃耳棓 容一升十六籥 素工豊 髹工? 上工譚 銅釦黃塗工充 畫工譚 泪工戎 淸工政 造工宜造 護工卒史章 長良 丞鳳 掾隆 令史寬 主 ② 利 (「元始 3年銘 耳杯」)706)
낙랑	元始三年 蜀郡西工造 乘輿髹泪畫木黃耳棓 容一升十六籥 素工 禁 髹工給 上工欽 銅耳黃塗工武 畫工豊 泪工宜 淸工政 造工宜造 護工卒史章 長良 丞鳳 掾隆 令史寬 主 (「元始 3年銘 耳杯」)707)

4(甲子/신라 혁거세거서간 61, 남해차차웅 1/고구려 유리명왕 23/백제 온조왕 22/前漢 元始 4/倭 垂仁 33)

고구려	春二月 立王子解明爲大708)子 大赦國內 (『三國史記』13 高句麗本紀 1)
고구려	春二月 高勾麗王立子解明爲太子 大赦 (『三國史節要』1)
신라	春三月 居西干升遐 葬蛇陵 在△709)巖寺北 (『三國史記』1 新羅本紀 1)
신라	三月 新羅王赫居世薨 越七日王妃閼英薨 (『三國史節要』1)
신라	理國六十一年 王升于天 七日後 遺體散落于地 后亦云亡 國人欲合而葬之 有大蛇逐禁 各葬五體爲五陵 亦名蛇陵 曇嚴寺北陵是也 太子南解王繼位 (『三國遺事』1 紀異 1 新羅始祖 赫居世王)
신라	南解次次雄 立[次次雄 或云慈充 金大問云 方言謂巫也 世人以巫事鬼神 尙祭祀 故畏敬之 遂稱尊長者爲慈充] 赫居世嫡子也 身長大 性沉厚 多智略 母閼英夫人 妃雲帝夫人[一云阿婁夫人] 繼父即位 稱元710) 論曰 人君即位 踰年稱元 其法詳於春秋 此先王不刊之典也 伊訓曰 成湯旣沒 大711)甲元年 正義曰 成湯旣沒 其歲 即大712)甲元年 然孟子曰 湯崩 大713)丁未立 外丙二年 仲壬四年 則疑若尙書之脫簡 而正義之誤說也 或曰 古者 人君即位 或踰月稱元年

---

706) 평양 석암리 194호분에서 출토하였다. 여기에서 ①은 이배의 겉면, ②는 이배의 안쪽 면 내용이다.
707) 傳 평양 낙랑고분에서 출토하였다.
708) 원문의 '大'는 '太'로 읽을 수 있다.
709) 원문에는 '曇'자가 缺刻되어 있다.
710) 『三國遺事』1 王曆 1에 "第二南解次次雄 [父赫居世 母閼英 姓朴氏 妃雲帝夫人 甲子立 理二十年 此王位 亦云居西干]"이라고 나온다. 그리고 『三國遺事』1 紀異 2 第二南解王에는 다음과 같이 기록되어 있다. "南解居西干 亦云次次雄 是尊長之稱 唯此王稱之 父赫居世 母閼英夫人 妃雲帝夫人[一作雲梯 今迎日縣西 有雲梯山聖母 祈旱有應] 前漢平帝元始四年甲子 即位 御理二十一年 以地皇四年甲申崩 此王乃三皇之弟一云 按三國史云 新羅稱王曰居西干 辰言王也 或云呼貴人之稱 或曰次次雄 或作慈充 金大問云 次次雄方言謂巫也 世人以巫事鬼神尙祭祀 故畏敬之 遂稱尊長者爲慈充 或云尼師今 言謂齒理也 初南解薨 子弩禮讓位於脫解 解云 吾聞 聖智人多齒 乃試以餠噬之 古傳如此 或曰麻立干[立一作袖] 金大問云 麻立者 方言謂橛也 橛標准位而置 則王橛爲主 臣橛列於下 因以名之 史論曰 新羅稱居西干 次次雄者一 尼師今者十六 麻立干者四 羅末名儒崔致遠 作帝王年代曆 皆稱某王 不言居西干等 豈以其言鄙野不足稱之也 今記新羅事 具存方言 亦宜矣 羅人凡追封者 稱葛文王 未詳"
711) 원문의 大는 '太'로 읽을 수 있다.
712) 원문의 大는 '太'로 읽을 수 있다.
713) 원문의 大는 '太'로 읽을 수 있다.

	或踰年而稱元年 踰月而稱元年者 成湯旣沒大[714]甲元年 是也 孟子云 大[715]丁未立者 謂大[716]丁未立而死也 外丙二年仲壬四年者 皆謂大[717]丁之子大[718]甲二兄 或生二年 或生四年而死 大[719]甲所以得繼湯耳 史記便謂 此仲壬外丙爲二君 誤也 由前 則以先君終年 卽位稱元 非是 由後 則可謂得商人之禮者矣 (『三國史記』1 新羅本紀 1)
신라	南解居西干 亦云次次雄 是尊長之稱 唯此王稱之 父赫居世 母閼英夫人 妃雲帝夫人 [一作雲梯 今迎日縣西 有雲梯山聖母 祈旱有應] 前漢平帝元始四年甲子卽位御理二十一年 以地皇四年甲申崩 此王乃三皇之弟一云 (『三國遺事』1 紀異 1 第二南解王)
신라	太子南解立 號次次雄 或云慈充 慈充方言巫也 世人以巫事鬼神 尚祭祀 故畏敬之 遂稱尊長爲慈充 王身長大 性沉厚 多智略 卽位而稱元
	金富軾曰 人君卽位 踰年稱元 其法 詳於春秋 此先王不刊之典也 伊訓曰 成湯旣歿 大甲元年 正義曰 成湯旣歿 其歲 卽大甲元年 然孟子曰 湯崩 大丁未立 外丙二年 仲壬四年 則疑若尚書之脫簡 而正義之誤說也 或曰 古者 人君卽位 或踰月稱元年 或踰年而稱元年 踰月而稱元年者 成湯旣歿 大甲元年 是也 孟子云大丁未立者 謂大丁未立而死也 外丙二年 仲壬四年者 皆謂大丁之子 大甲二兄 或生二年 或生四年而死 大甲所以得繼湯耳 史記便謂此仲壬 外丙爲二君 誤也 由前 則以先君終年 卽位稱元 非是 由後 則可謂得商人之禮者矣 新羅葬始祖蛇陵[王與妃薨 國人欲合葬 有蛇異各葬之 遂號始祖陵曰蛇陵] (『三國史節要』1)
신라 낙랑	秋七月 樂浪兵至 國[720]金城數重 王謂左右曰 二聖弃國 孤以國人推戴 謬居於位 危懼若涉川水 今鄰國來侵 是孤之不德也 爲之若何 左右對曰 賊幸我有喪 妾[721]以兵來 天必不祐 不足畏也 賊俄而退歸 (『三國史記』1 新羅本紀 1)[722]
신라 낙랑	秋七月 樂浪兵圍新羅金城數重 王謂左右曰 二聖棄國 孤以否德因國人推戴 謬居君位 危懼若涉川水 今隣國來侵 爲之迺何 左右對曰 賊幸我有喪 敢以兵來 天必不祐 不足畏也 俄而賊果退 (『三國史節要』1)
백제	秋八月 築石頭高木二城 (『三國史記』23 百濟本紀 1)
백제	八月 百濟築石頭高木二城 (『三國史節要』1)
백제 말갈	九月 王帥騎兵一千 獵斧峴東 遇靺鞨賊 一戰破之 虜獲生口 分賜將士 (『三國史記』23 百濟本紀 1)
백제 말갈	九月 百濟王帥騎一千獵斧峴東 猝遇靺鞨 一戰破之 虜獲生口 分賜將士 (『三國史節要』1)
낙랑	元始四年 蜀郡西工造 乘輿髹汮畵紵黃塗銅辟耳椑 容三升 蓋髹 工呂 上工浩[723] 銅辟黃塗工古 畵工欽 汨工戎 淸工平 造工宗造 護工卒史章 長良 丞鳳 掾隆 令史褒[724]主 (「元始 4年銘 漆盒蓋」)[725]

---

714) 원문의 '大'는 '太'로 읽을 수 있다.
715) 원문의 '大'는 '太'로 읽을 수 있다.
716) 원문의 '大'는 '太'로 읽을 수 있다.
717) 원문의 '大'는 '太'로 읽을 수 있다.
718) 원문의 '大'는 '太'로 읽을 수 있다.
719) 원문의 '大'는 '太'로 읽을 수 있다.
720) 원문은 '國'은 '圍'로 보는 것이 옳다.
721) 원문의 '妾'은 '妄'의 오자이다.
722) 『三國遺事』1 紀異 2 第二南解王에 보이는 "此王代樂浪國人來侵金城 不克而還"은 이와 관련 있다.
723) '活'로도 판독하였다.
724) '?'로도 판독하였다.

낙랑	元始四年 蜀郡西工造 乘輿髹洰畵紵黃釦飯槃 容一斗 髹工恭 上工周 銅釦黃塗工威 畵工輔 洰工豊 淸工平 造工宗造 護工卒史章 長良 丞鳳 掾隆 令史襃主 (「元始 4年銘 漆盤」)726)
낙랑	元始四年 蜀郡西工造 乘輿髹洰畵紵黃釦飯槃 容一斗 髹工石 上工譚 銅釦黃塗工豊 畵工張 洰工戎 淸工平 造工宗造 護工卒史章 長良 丞鳳 掾隆 令史襃主 (「元始 4年銘 漆盤」)727)
낙랑	元始四年 蜀郡西工造 乘輿髹洰畵木黃耳桮 容一升十六籥 素工凶 髹工順 上工匡 銅耳黃塗工叚 畵工岑728) 洰工戎 淸工平 造工宗造 護工卒史章 長良 丞鳳 掾隆 令史襃主 (「元始 4年銘 耳杯」)729)
낙랑	元始四年 蜀郡西工造 乘輿髹洰畵木黃耳桮 容一升十六籥 素工凶 髹工立 上工當 銅耳黃塗工古 畵工定 洰工豊 淸工平 造工宗造 護工卒史章 長良 丞鳳 掾隆 令史襃主 (「元始 4年銘 耳杯」)730)
낙랑	元始四年 蜀郡西工造 乘輿髹洰畵木黃耳桮 容一升十六籥 素工凶 髹工宗 上工活 銅耳黃塗工叚 畵工孟 洰工豊 淸工平 造工宜造 護工卒史章 長良 丞鳳 掾隆 令史襃主 (「元始 4年銘 耳杯」)731)
낙랑	元始四年 蜀郡西工造 乘輿髹工洰畵木黃耳桮 容一升十六籥 素工凶 髹工便 上工匡 黃耳黃塗工叚 畵工豊 洰工忠 淸工平 造工宜造 護工卒史章 長良 丞鳳 掾隆 令史襃主 (「元始 4年銘 耳杯」)732)
낙랑	元始四年 蜀郡西工造 乘輿髹洰畵 (…) (「元始 4年銘 漆器片」)733)
낙랑	元始四年 廣漢郡工官造 乘輿髹洰畵紵鬻桮 容二升 髹工玄 上工護 畵工武 造工仁造 護工卒史惲734) 長親 丞馮 掾忠 守令史萬主 (「元始 4年銘 耳杯」)735)

5(乙丑/신라 남해차차웅 2/고구려 유리명왕 24/백제 온조왕 23/前漢 元始 5/倭 垂仁 34)

고구려	秋九月 王田于箕山之野 得異人 兩腋有羽 登之朝 賜姓羽氏 俾尚王女 (『三國史記』 13 高句麗本紀 1)
고구려	秋九月 高勾麗王田于箕山之野 得異人 兩腋有羽 與之歸賜姓羽氏 俾尚王女 (『三國史節要』 1)
동이	(元始五年 秋) (…) 莽旣致太平 北化匈奴 東致海外 南懷黃支 唯西方未有加 乃遣中郎將平憲等多持金幣誘塞外羌 使獻地 願內屬 憲等奏言 (…) 事下莽 莽復奏曰 太后秉統數年 恩澤洋溢 和氣四塞 絶域殊俗 靡不慕義 越裳氏重譯獻白雉 黃支自三萬里貢生犀 東夷王度大海奉國珍 匈奴單于順制作 去二名 今西域良願等復擧地爲臣妾 昔唐堯橫被四表 亦亡以加之 今謹案已有東海南海北海郡 未有西海郡 請受良願等所獻地爲西海郡 臣又聞聖王序天文 定地理 因山川民俗以制州界 漢家地廣二帝三王736)

725) 傳 평양 낙랑고분에서 출토하였다.
726) 傳 평양 낙랑고분에서 출토하였다.
727) 傳 평양 낙랑고분에서 출토하였다.
728) '岺'으로도 판독하였다.
729) 傳 평양 낙랑고분에서 출토하였다.
730) 傳 평양 낙랑고분에서 출토하였다.
731) 傳 평양 낙랑고분에서 출토하였다.
732) 傳 평양 낙랑고분에서 출토하였다.
733) 傳 평양 낙랑고분에서 출토하였다.
734) '憚'으로도 판독하였다.
735) 평양 석암리 201호분에서 출토하였다.
736) 服虔曰 唐虞及周要服之內方七千里 夏殷方三千里 漢地南北萬三千里也

凡十三737)州 州名及界多不應經 堯典十有二州界 後定爲九州 漢家廓地遼遠 州牧行
部 遠者三萬餘里 不可爲九 謹以經義正十二州名分界 以應正始 奏可 (『漢書』 99 上
王莽傳 69 上)

낙랑　　　元始五年 蜀郡西工造 乘興髹汨畫木黃耳桮 容一升十六△738) △工處 髹工崇 上工石
銅耳黃塗工也 畫△△ 汨工宜 清工平 造工欽△△△丞? 掾隆 令史廣主 (「元始 5年銘
耳杯」)739)

6(丙寅/신라 남해차차웅 3/고구려 유리명왕 25/백제 온조왕 24/前漢 居攝 1/倭 垂仁 35)

신라　　　春正月 立始祖廟 (『三國史記』 1 新羅本紀 1)
신라　　　按新羅宗廟之制 第二代南解王三年春 始立始祖赫居世廟 四時祭之 以親妹阿老主祭
第二十二代智證主740) 於始祖誕降之地奈乙 創立神宮 以享之 至第三十六代惠恭王
始定五廟 以味鄒王爲金姓始祖 以太宗大王文武大王 平百濟高句麗 有大功德 並爲世
世不毀之宗 兼親廟二爲五廟 至第三十七代宣德王 立社稷壇 又見於祀典 皆境內山川
而不及天地者 蓋以王制曰 天子七廟 諸侯五廟 二昭二穆與太祖之廟而五 又曰 天子
祭天地天下名山大川 諸候祭社稷名山大川之在其地者 是故 不敢越禮而行之者歟 然
其壇堂之高下 壝門之內外 次位之尊卑 陳設登降之節 尊爵籩豆牲牢冊祝之禮 不可得
而推也 但粗記其大略云爾 一年六祭五廟 謂正月二日五日五月五日七月上旬八月一日
十五日十二月寅日 新城北門祭八椊741) 豐年用大牢 凶年用小牢 立春後亥日 明活城
南熊殺谷祭先農 立夏後亥日 新城北門祭中農 立秋後亥日 蒜園祭後農 立春後丑日
犬首谷門祭風伯 立夏後申日 卓渚祭雨師 立秋後辰日 本彼遊村祭靈星[撿諸禮典 只祭
先農 無中農後農] 三山五岳已下名山大川 分爲大中小祀 大祀 三山 一奈歷[習比部]
二骨火[切也火郡] 三穴禮[大城郡] 中祀 五岳 東吐含山[大城郡] 南地理山[菁州] 西雞
龍山[熊川州] 北太伯山[奈已郡] 中父岳[一云公山 押督郡] 四鎮 東溫沫懃[牙谷停] 南
海耻也里[一云悉帝 推大742)郡] 西加耶岬岳[馬尸山郡] 北熊谷岳[比烈忽郡] 四海 東
阿等邊[一云斤烏兄邊 退火郡] 南兄邊[居柒山郡] 西未陵邊[屎山郡] 北非禮山[悉直郡]
四瀆 東吐只河[一云槧浦 退火郡] 南黃山河[歃良州] 西熊川河[熊川州] 北漢山河[漢山
州] 俗離岳[三年山郡] 推心[火743)加耶郡] 上助音居西[西林郡] 烏西岳[結已郡] 北兄
山城[大城郡] 淸海鎮[助音島] 小祀 霜岳[高城郡] 雪岳[㳍城郡] 花岳[斤平郡] 鉗岳[七
重城] 負兒岳[北漢山州] 月奈岳[月奈郡] 武珍岳[武珍州] 西多山[伯海郡] 難知可縣]
月兄山[奈吐郡 沙熱伊縣] 道西城[萬弩郡] 冬老岳[進禮郡 丹川縣] 竹旨[及伐山郡] 熊
只[屈自郡 熊只縣] 岳髮[一云髮岳 于珍也郡] 于火[生西良郡 于大744)縣] 三岐[大城
郡] 卉黃[牟梁] 高墟[沙梁] 嘉阿岳[三年山郡] 波只谷原岳[阿支縣] 非藥岳[退火郡] 加
林城[加林縣 一本有靈品山虞風山 無加林城] 加良岳[菁州] 西述[牟梁] 四城門祭 一
大井門 二吐山良門 三習比門 四王后梯門 部庭祭 梁部 四川上祭 一犬首 二文熱林
三靑淵 四樸樹 文熱林行日月祭 靈廟寺南行五星祭 惠樹行祈雨祭 四大道祭 東古里
南簷并樹 西渚樹 北活併岐 壓丘祭辟氣祭 上件或因別制 或因水旱而行之者也 (『三國

---

737) 저본에는 ‘三’으로 되어 있으나. ‘二’가 맞다.
738) 판독문은 ‘六’이다. 다른 예를 보아 ‘簏’일 것이다
739) 평양 정오동 1호분에서 출토하였다.
740) 원문의 ‘主’는 ‘王’으로 보는 것이 옳다.
741) 원문의 ‘椊’는 ‘禘’로 보는 것이 옳다.
742) 원문의 ‘大’는 ‘火’가 옳다.
743) 원문의 ‘火’는 ‘大’가 옳다.
744) 원문의 ‘大’는 ‘火’가 옳다.

	史記』 32 雜志 1 祭祀)745)
신라	春正月 新羅立始祖廟 (『三國史節要』1)
백제 마한	秋七月 王作熊川柵 馬韓王遣使責讓曰 王初渡河 無所容足 吾割東北一百里之地安之746) 其待王不爲不厚 宜思有以報之 今以國完民聚 謂莫與我敵 大設城池 侵犯我封疆 其如義何 王慙 遂壞其柵 (『三國史記』23 百濟本紀 1)
백제 마한	秋七月 百濟王立熊川柵 馬韓王遣使責曰 王初度河 無所容足 吾割東北百里之地界之 其待王不爲不厚 宜思有以報之 今以國完民聚 謂我莫與敵 大設城池 侵犯我封疆 其如義何 王慙 遂壞其柵 (『三國史節要』1)
신라	冬十月 丙辰朔 日有食之 (『三國史記』1 新羅本紀 1)
신라	冬十月 丙辰朔 新羅日有食之 (『三國史節要』1)
낙랑	居攝元年自有眞 家當大富糶常有陳 △之治吏爲貴人 夫妻相喜日益親善 (「居攝元年銘內行花紋鏡」)747)

7(丁卯/신라 남해차차웅 4/고구려 유리명왕 26/백제 온조왕 25/前漢 居攝 2/倭 垂仁 36)

백제 마한 진한	春二月 王宮井水暴溢 漢城人家馬生牛 一首二身 日者曰 井水暴溢者 大王勃興之兆也 牛一首二身者 大王并鄰國之應也 王聞之喜 遂有并呑辰馬之心 (『三國史記』23 百濟本紀 1)
백제 마한 진한	春二月 百濟王宮井水暴溢 漢城人家馬生牛 一首二身 日者曰 井水暴溢者 大王勃興之兆也 牛一首二身者 大王并隣國之應也 王喜 遂有并呑辰馬之心 (『三國史節要』1)

8(戊辰/신라 남해차차웅 5/고구려 유리명왕 27/백제 온조왕 26/前漢 居攝 3, 初始1/倭 垂仁 37)

신라	春正月 王聞脫解之賢 以長女妻之 (『三國史記』1 新羅本紀 1)
신라	春正月 新羅王聞脫解賢 以長女妻之 (『三國史節要』1)
고구려	春正月 王大748)子解明在古都 有力而好勇 黃龍國王聞之 遣使以强弓爲贈 解明對其使者 挽而折之曰 非予有力 弓自不勁耳 黃龍王慙 王聞之怒 告黃龍曰 解明爲子不孝 請爲寡人誅之 (『三國史記』13 高句麗本紀 1)749)
고구려	三月 黃龍王遣使 請太子相見 太子欲行 人有諫者曰 今鄰國無故請見 其意不可則750)也 太子曰 天之不欲殺我 黃龍王其如我何 遂行 黃龍王始謀殺之 及見不敢加害 禮送

---

745) 원문의 시조묘 건립기사는 春으로 되어 있으나,『삼국사기』등에는 정월로 나온다. 따라서 정월에 배치하였다.

746) 이와 관련해서『三國志』30 魏書 30 烏丸鮮卑東夷傳 辰韓의 "辰韓在馬韓之東 其耆老傳世 自言古之亡人 避秦役來適韓國 馬韓割其東界地與之"가 참고된다.

747) 평양 석암리 부근에서 출토하였다.

748) 원문의 '大'는 '太'로 볼 수 있다.

749)『三國史節要』에는 이 내용이 3월에 실려 있다. "初王遷都解明不肯徙留在古都 有力而好勇 黃龍國王聞之 遣使贈强弓 解明對其使者 彎折之曰 非予有力 弓自不勁耳 黃龍王慙 麗王聞之怒 使告黃龍王曰 解明爲子不孝 請爲寡人誅之". 여기에서 '初'는 춘정월이다.

750) 원문에는 '則'이라 되어 있으나, '測'이 옳다.

	之 (『三國史記』13 高句麗本紀 1)
고구려	三月 高勾麗太子解明如黃龍國而還 初王遷都解明不肯徙留在古都 有力而好勇 黃龍國王聞之 遣使贈强弓 解明對其使者 彎折之曰 非予有力 弓自不勁耳 黃龍王慙 麗王聞之怒 使告黃龍王曰 解明爲子不孝 請爲寡人誅之 至是 黃龍王遣使 請太子相見 太子欲行 有諫者曰 今隣國無故請見 其意不可測也 太子曰 天之不欲殺我 黃龍王其如我何 遂行 黃龍王見之 不敢加害 禮送之 (『三國史節要』1)751)

백제 마한	秋七月 王曰 馬韓漸弱 上下離心 其勢不能又752) 儻爲他所幷 則脣亡齒寒 悔不可及 不如先人而取之 以免後艱 (『三國史記』23 百濟本紀 1)
백제 마한	秋七月 百濟王謂 諸將曰 馬韓漸弱 上下離心 其勢不能久 儻爲他所幷 則脣亡齒寒 悔不可及 不如先人而取之 (『三國史節要』1)

백제 마한	冬十月 王出師 陽言田獵 潛襲馬韓 遂幷其國邑 唯圓山錦峴二城 固守不下 (『三國史記』23 百濟本紀 1)
백제 마한	冬十月 出師陽獵而潛襲之 遂幷其國 唯圓山錦峴二山 固守不下 (『三國史節要』1)

낙랑	① 髹汨畵紵銀塗釦斗753)槃 居攝三年 考工虞造 守令史音 掾賞主 守右丞月 守令△省 ② 壽 (「居攝 3年銘 漆盤」)754)
낙랑	髹汨畵紵銅銀塗釦飯槃 容一斗755) 居攝三年 (…) 守令史竝 掾慶主 右丞△ 令就省 (「居攝 3年銘 漆盤」)756)
낙랑	① (…) 畵木銅銀塗耳桮 容二升 居攝三年 供工服造 守令史竝 掾 (…) 令就省 ② 田 (「居攝 3年銘 耳杯」)757)
낙랑	居攝三△ 蜀△西工△ (…) 髹汨畵紵黃釦果槃 髹工廣 上工廣 銅 釦黃塗工充 畵工廣 汨工豊 淸工平 造工宜造 護工卒史章 長良 守丞巨 掾親 守令史巖主 (「居攝 3年銘 漆盤」)758)
낙랑	居攝三年 △△西工造 乘輿髹汨畵紵 (…) 造工弘造 護工卒史嚴 長 (…) (「居攝 3年銘 漆盤」)759)
낙랑	① 居攝三年 蜀郡西工造 乘輿髹汨畵紵 (…) 髹工△ 上工竝 銅釦黃塗工當 畵工恭 汨工△ 淸工平 造工宜造 守護工卒史巖 長良 守丞欽 掾760)洽 令史戌主 ② 常樂大官 始建國元年正月受 第二千一百十761)十三至三千 (「居攝 3年銘 漆盤」)762)
낙랑	① 乘輿髹汨蜀畵紵黃金塗釦槃763) 容一斗 初始元年 供工服造 守令史臣竝 掾臣慶主

---

751) 본문의 "初王遷都解明不肯徙留在古都 有力而好勇 黃龍國王聞之 遣使贈强弓 解明對其使者 彎折之曰 非予有力 弓自不勁耳 黃龍王慙 王聞之怒 告黃龍曰 解明爲子不孝 請爲寡人誅之"는 『三國史記』를 보면 춘정월에 실려 있다.

752) 원문의 '又'는 '九'로 보는 것이 옳다.

753) '升'으로도 판독하였다.

754) 평양 석암리 201호분에서 출토하였다. 여기에서 ①은 칠반의 가장자리 아래면의 내용이며 ②는 칠반의 겉바닥 중앙에 朱書되어 있다.

755) '升'으로도 판독하였다.

756) 평양 석암리 201호분에서 출토하였다.

757) 평양 석암리 201호분에서 출토하였다. 여기에서 ①은 이배의 겉면에 보이며 ②는 안바닥 중앙에 黑漆로 쓰여 있다.

758) 평양 석암리 9호분에서 출토하였다.

759) 평양 석암리 9호분에서 출토하였다.

760) '援'으로도 판독하였다.

761) 명문상 十으로 되어 있으나, 漢代에는 흔히 七을 十으로 새겼다.

762) 평양 낙랑리 목곽분에서 출토하였다. 여기에서 ①은 칠반 가장 자리 아래면에, ②는 겉바닥 중앙에 음각되어 있다.

763) '槃'로도 판독하였다.

右丞臣叁 令臣就省 ② 西長 (「初始 元年銘 漆盤」)[764]

신라　脫解齒叱今[一作 吐解尼師今] 南解王時[古本云 壬寅年至者 謬矣 近則後於弩礼卽位
之初 無爭讓之事 前則在於赫居之世 故知壬寅非也] 駕洛國海中 有船來泊 其國首露
王 與臣民鼓譟而迎 將欲留之 而舡乃飛走 至於雞林東下西知村阿珍浦[今有上西知下
西知村名] 時浦邊有一嫗 名阿珍義先 乃赫居王之海尺之母 望之謂曰 此海中元無石嵓
何因鵲集而鳴 拏舡尋之 鵲集一舡上 舡中有一櫝[765]子 長二十尺 廣十三尺 曳其船
置於一樹林下 而未知凶乎吉乎 向天而誓爾 俄而乃開見 有端正男子 幷七寶奴婢滿載
其中 供給七日 迺言曰 我本龍城國人[亦云 正明國 或云 琓夏國 琓夏或作 花廈國 龍
城在倭東北一千里] 我國嘗有二十八龍王 從人胎而生 自五歲六歲 繼登王位 敎萬民修
正性命 而有八品姓骨 然無棟[766]擇 皆登大位 時我父王含達婆 娉積女國王女爲妃 久
無子胤[767] 禱祀求息 七年後 産一大卵 於是大王會問群臣 人而生卵 古今未有 殆非
吉祥 乃造樻[768]置我 幷七寶奴婢載於舡中 浮海而祝曰 任到有緣之地 立國成家 便有
赤龍 護舡而至此矣 言訖 其童子曳杖率二奴 登吐含山上 作石塚 留七日 望城中可居
之地 見一峰如三日月 勢可久之地 乃下尋之 卽瓠公宅也 乃設詭計 潛埋礪炭於其側
詰朝至門云 此是吾祖代家屋 瓠公云 否 爭訟不決 乃告于官 官曰 以何驗是汝家 童
曰 我本治[769]匠 乍出隣鄕 而人取居之 請堀地撿看 從之 果得礪炭 乃取而居焉[770]
時南解王 知脫解是智人 以長公主妻之 是爲阿尼夫人 一日吐解登東岳 廻程次 令白
衣索水飮之 白衣汲水 中路先嘗而進 其角盃貼於口不解 因而嘖之 白衣誓曰 爾後若
近遙 不敢先嘗 然後乃解 自此白衣讋服 不敢欺罔 今東岳中有一井 俗云 遙乃井 是
也[771] (『三國遺事』1 紀異 1 第四脫解王)

낙랑　東曦令延年賦七篇 (『漢書』30 藝文志 10 詩賦略 賦)[772]

9(己巳/신라 남해차차웅 6/고구려 유리명왕 28/백제 온조왕 27/新 始建國 1/倭 垂仁 38)

낙랑　常樂大官 始建國元年正月受 第千四百五十四 至三[773]千 (「始建國 元年銘 漆盤」)[774]

낙랑　② 常樂大官 始建國元年正月受 第二千一百十[775]十三至三千 (「居攝 3年銘 漆盤」)[776]

고구려　春三月 王遣人謂解明曰 吾遷都 欲安民以固邦業 汝不我隨 而恃剛力 結怨於鄰國 爲
子之道 其若是乎 乃賜劍使自裁 太子卽欲自殺 或止之曰 大王長子已卒 太子正當爲

---

764) 傳 평양 오야리 낙랑고분에서 출토하였다. 여기에서 ①은 칠반 가장 자리 아래면에 음각으로, ②는 안바
닥면 한쪽에 黑漆로 쓰여 있다.
765) 櫃의 잘못이다.
766) 揀의 잘못이다.
767) 胤의 잘못이다.
768) 櫃의 잘못이다.
769) 冶의 잘못이다.
770) 焉의 잘못이다.
771) 본문의 내용은 구체적인 시기는 보이지 않지만, 『삼국사기』 남해차차웅 5년에 맏딸을 탈해에게 시집보
냈다는 기사에 의거하여 그 앞의 사건까지 일괄하여 8년에 편년하고 편제하였다.
772) 생몰연대를 비롯하여 연년의 활동을 파악할 수 없어 전한 마지막 해에 편재하였다.
773) '四'로도 판독하였다.
774) 傳 평양 낙랑고분에서 출토하였다.
775) 명문상 十으로 되어 있으나, 漢代에는 흔히 七을 十으로 새겼다.
776) 평양 낙랑이 목곽분에서 출토하였다. 「居攝 3年銘 漆盤」의 겉바닥 중앙에 음각되어 있는 것이다.

後 今使者一至而自殺 安知其非詐乎 太子曰 嚮黃龍王 以强弓遺之 我恐其輕我國家 故挽折而報之 不意見責於父王 今父王以我爲不孝 賜劒自裁 父之命其可逃乎 乃往礪津東原 以槍插地 走馬觸之而死 時年二十一歲 以太子禮葬於東原 立廟 號其地爲槍原

論曰 孝子之事親也 當不離左右以致孝 若文王之爲世子 解明在於別都 以好勇聞 其於得罪也宜矣 又聞之 傳曰 愛子敎之以義方 弗納於邪 今王始未嘗敎之 及其惡成 疾之已甚 殺之而後已 可謂父不父 子不子矣 (『三國史記』 13 高句麗本紀 1)

고구려   春三月 高勾麗王遣人謂解明曰 吾遷都 欲安民保邦 汝不我隨 而恃强力 結怨於鄰國 爲子之道 其若是乎 乃賜劒自裁 太子欲自殺 或止之曰 大王長子已卒 太子當爲後 今使者一至而自殺 安知其非詐乎 太子曰 嚮黃龍王 以强弓遺之 我恐其輕我國家 故折之不意 見責於父王 今父王以我爲不孝 賜劒自裁 父命其可逃乎 乃往礪津東原 以槍插地 走馬觸之而死 年二十一 以太子禮 葬於東原 立廟 號其地爲槍京

金富軾曰 孝子之事親也 當不離左右以致孝 若文王之爲世子 解明在於別都 以好勇聞 其得罪也宜矣 傳曰 愛子敎之以義方 不納於邪 今王始未嘗敎之 及其惡成 疾之已甚 殺之而後已 可謂父不父 子不子矣 (『三國史節要』 1)

백제 마한   夏四月 二城降 移其民於漢山之北 馬韓遂滅 (『三國史記』 23 百濟本紀 1)
백제 마한   夏四月 圓山錦峴降于百濟 移其民於漢山之北 馬韓遂滅 (『三國史節要』 1)

백제   秋七月 築大豆山城 (『三國史記』 23 百濟本紀 1)
백제   秋七月 百濟築大豆山城 (『三國史節要』 1)

고구려 부여   秋八月 扶餘王帶素使來 讓王曰 我先王與先君東明王相好 而誘我臣逃至此 欲完聚以成國家 夫國有大小 人有長幼 以小事大者禮也 以幼事長者順也 今王若能以禮順事我 則天必佑之 國祚永終 不然則欲保其社稷難矣 於是 王自謂 立國日淺 民孱兵弱 勢合忍恥屈服 以圖後効 乃與羣臣謀 報曰 寡人僻在海隅 未聞禮義 今承大王之敎 敢不惟命之從 時王子無恤 年尙幼少 聞王欲報扶餘言 自見其使曰 我先祖神靈之孫 賢而多才 大王妬害 讒之父王 辱之以牧馬 故不安而出 今大王不念前愆 但恃兵多 輕蔑我邦邑 請使者歸報大王 今有累卵於此 若大王不毁其卵 則臣將事之 不然則否 扶餘王聞之 徧問羣下 有一老嫗對曰 累卵者危也 不毁其卵者安也 其意曰 王不知已危 而欲人之來 不如易危以安而自理[777]也 (『三國史記』 13 高句麗本紀 1)

부여 고구려   八月 扶餘王帶素遣使 高勾麗讓王曰 我先王與先君東明相好 而乃誘我臣僚逃至于南 以立國 夫國有大小 人有長幼 以小事大者禮也 以幼事長者順也 今王若能以禮順事我 則天必祐之 國祚永終 不然 則欲保其社稷難矣 於是 王自以爲立國日淺 民孱兵弱 且示屈以圖後效 乃議群臣報曰 寡人僻在海隅 未聞禮義 今承大王之敎 敢不唯命之從 時王子無恤 尙幼聞王 失對自見扶餘使者曰 我先祖生而神異 賢且多才 大王妬疾 讒于父王 辱先祖以牧馬 先祖不安而出 今大王不念前愆 但恃兵張 輕蔑我邦 請使者歸報大王 今有累卵於此 若大王不毁其卵 則吾將事之 不然則否 帶素聞之 徧問群下 莫有對者 有老嫗 對曰 累卵者危也 不毁者安也 其意若曰 王不知自危 而欲人之事 不如易危以安而自理也 (『三國史節要』 1)

고구려   (漢書曰 元年九月) 更名高句驪爲下句驪 (『太平御覽』 89 皇王部 14 漢 王莽)[778]

---

777) 고려 성종의 이름인 '治'의 代字로 避諱한 것이다.
778) 高句驪를 下句驪라고 한 사실과 관련해서 『三國史記』 13 高句麗本紀 1에는 유리명왕 31년(12)의 일로 나온다.

현토 낙랑 고구려 부여

(始建國元年)秋 遣五威將王奇等十二人班符命四十二篇於天下 (…) 五威將奉符命齎印
綬 王侯以下及吏官名更者[779] 外及匈奴西域 徼外蠻夷 皆即授新室印綬 因收故漢印
綬 賜吏爵人二級 民爵人一級 女子百戶羊酒 蠻夷幣帛各有差 大赦天下 (…) 莽策命
曰 普天之下 迄于四表[780] 靡所不至 其東出者 至玄菟樂浪高句驪夫餘[781] 南出者 踰
徼外 歷益州[782] 貶句町王爲侯 西出者 至西域 盡改其王爲侯 北出者 至匈奴庭 授單
于印 改漢印文 去璽曰章 單于欲求故印 陳饒椎破之 語在匈奴傳 單于大怒 而句町西
域後卒以此皆畔 饒還 拜爲大將軍 封威德子 (『漢書』 99 中 王莽傳 69 中)

현토 낙랑 고구려 부여

(始建國元年)秋 遣五威將王奇等十二人[783] 班符命四十二篇於天下 德祥五事 符命二
十五 福應十二 五威將奉符命 齎印綬 王侯以下及吏官名更者[784] 外及匈奴西域徼外
蠻夷[785] 皆卽授新室印綬 因收故漢印綬 大赦天下 五威將乘乾文車[786] 駕坤六馬[787]
背負鷩鳥之毛 服飾甚偉[788] 每一將各置五帥 將持節 帥持幢[789] 其東出者至玄菟樂浪
高句驪夫餘[790] 南出者踰徼外 歷益州 改句町王爲侯[791] 西出[792] 至西域 盡改其王爲
侯 北出至匈奴庭 授單于印 改漢印文 去璽言[793] 章[794] (『資治通鑑』 37 漢紀 29 王
莽)

10(庚午/신라 남해차차웅 7/고구려 유리명왕 29/백제 온조왕 28/新 始建國 2/倭 垂仁 39)

백제　　　春二月 立元子多婁爲太子 委以內外兵事 (『三國史記』 23 百濟本紀 1)
백제　　　春二月 百濟立元子多婁爲太子 委以內外軍事 (『三國史節要』 1)

백제　　　夏四月 隕霜害麥 (『三國史記』 23 百濟本紀 1)
백제　　　夏四月 百濟隕霜害麥 (『三國史節要』 1)

고구려　　夏六月 矛川上有黑蛙 與赤蛙羣鬪 黑蛙不勝死 議者曰 黑北方之色 北扶餘破滅之徵
　　　　　也 (『三國史記』 13 高句麗本紀 1)
고구려　　六月 高勾麗矛川上有黑蛙 與赤蛙群鬪 黑蛙不勝死 議者曰 黑北方之色 北扶餘破滅
　　　　　之徵也 (『三國史節要』 1)

779) 師古曰 更 改也
780) 師古曰 迄亦至也
781) 師古曰 夫餘 亦東北夷也 樂音洛 浪音郎 夫音扶
782) 師古曰 隃字與踰同
783) 五威將 分左右前後中帥 衣冠車服駕馬各如其方面色數 將 卽亮翻 帥 所類翻 下同
784) 師古曰 更 改也
785) 徼 吉弔翻 下同
786) 鄭氏曰 畫天文於車也
787) 鄭氏曰 坤 爲牝馬 六 地數
788) 師古曰 鷩鳥 雉屬 卽鵕䴊也 今俗呼云山雞 非也 鷩 音鼈
789) 帥 所類翻 幢 傳江翻 旛也
790) 菟 音塗 樂浪 音洛琅 陸德明曰 句 俱付翻 又音駒 驪 力支翻 師古曰 夫 音扶 范曄曰 武帝滅朝鮮 開高
　　 句驪爲縣 使屬玄菟 其人有五部 在遼東之東千里 夫餘在玄菟北千里 東明之後也 高句驪 朱蒙之後 以高爲氏
791) 徼外 邊徼之外 益州 武帝所置益州郡也 昭帝時 姑繒 葉榆夷反 句町侯 亡波擊反者有功 立爲王 隃 與踰
　　 同 徼 工釣翻 句町 音劬挺
792) 章 十二行本出下均有者字 乙十一行本同 孔本同
793) 章 十二行本言作曰 乙十一行本同
794) 印 符也 信也 亦因也 封物相因付 漢官儀曰 諸侯王 黃金橐駝鈕 文曰璽 列侯 黃金龜鈕 文曰章 御史大夫
　　 金印 中二千石 銀印 龜鈕 文曰章 千石至四百石皆銅印 文曰印 爲莽以更印綬撓亂四夷張本 去 羌呂翻 璽
　　 斯氏翻

신라	秋七月 以脫解爲大輔 委以軍國政事 (『三國史記』 1 新羅本紀 1)
신라	大輔 南解王七年 以脫解爲之 (『三國史記』 38 雜志 7 職官 上)[795]
신라	秋七月 新羅以脫解爲大輔 委以軍國政事 (『三國史節要』 1)
고구려	秋七月 作離宮於豆谷 (『三國史記』 13 高句麗本紀 1)
고구려	(秋七月) 高勾麗作離宮於豆谷 (『三國史節要』 1)

맥 예	(始建國二年冬十二月) 更名匈奴單于曰降奴服于 莽曰 (…) 命遣立國將軍孫建等凡十二將 十道並出 (…) 遣五威將軍苗訢虎賁將軍王況出五原 厭難將軍陳欽震狄將軍王巡出雲中[796] 振武將軍王嘉平狄將軍王萌出代郡 相威將軍李棽鎭遠將軍李翁出西河[797] 誅貉將軍陽俊討穢將軍嚴尤出漁陽 奮武將軍王駿定胡將軍王晏出張掖 及偏裨以下百八十人 募天下囚徒丁男甲卒三十萬人 轉衆郡委輸五大夫衣裘兵器糧食 長吏送自負海江淮至北邊 使者馳傳督趣 以軍興法從事 天下騷動 先至者屯邊郡 須畢具乃同時出 (『漢書』 99 中 王莽傳 69 中)
맥 예	(始建國二年十二月) 莽恃府庫之富 欲立威匈奴 乃更名匈奴單于曰 降奴服于[798] 下詔遣立國將軍孫建等率十二將分道並出 五威將軍苗訢[799] 虎賁將軍王況出五原 厭難將軍陳欽震狄將軍王巡出雲中[800] 振武將軍王嘉平狄將軍王萌出代郡 相威將軍李棽鎭遠將軍李翁出西河[801] 誅貉將軍楊俊討滅將軍嚴尤出漁陽[802] 奮武將軍王駿定胡將軍王晏出張掖 及偏裨以下百八十人 募天下囚徒丁男甲卒三十萬人 轉輸衣裘兵器糧食 自負海江淮至北邊 使者馳傳督趣 以軍興法從事[803] 先至者屯邊郡 須畢具乃同時出 窮追匈奴 內之丁令[804] 分其國土人民以爲十五 立呼韓邪子孫十五人皆爲單于 (『資治通鑑』 37 漢紀 29 王莽)

11(辛未/신라 남해차차웅 8/고구려 유리명왕 30/백제 온조왕 29/新 始建國 3/倭 垂仁 40)

신라	春夏 旱 (『三國史記』 1 新羅本紀 1)
신라	春夏 新羅旱 (『三國史節要』 1)

12(壬申/신라 남해차차웅 9/고구려 유리명왕 31/백제 온조왕 30/新 始建國 4/倭 垂仁 41)

고구려 부여 예맥	漢王莽發我兵伐胡 吾人不欲行 強迫遣之 皆亡出塞 因犯法爲寇 遼西大尹田譚追擊之 爲所殺 州郡歸咎於我 嚴尤奏言 貊人犯法 宜令州郡 且慰安之 今猥 被以大罪 恐其

---

795) 본 기사는 月이 편년되어 있지 않지만, 『삼국사기』와 『삼국사절요』에 따라 추7월에 편제하였다. 그리고 본문의 기사와 관련해서 다음도 참고된다. "新羅官號 因時沿革 不同其名言 唐夷相雜 其曰侍中郎中等者 皆唐官名 其義若可考 曰伊伐湌伊湌等者 皆夷言 不知所以言之之意 當初之施設 必也職有常守 位有定負 所以辨其尊卑 待其人才之大小 世久文記缺落 不可得覈考而周詳 觀其第二南解王 以國事委任大臣 謂之大輔 第三儒理王設位十七等 自是之後 其名目繁多 今採其可考者 以著于篇"(『三國史記』 38 雜志 7 職官 上)

796) 師古曰 厭音一涉反

797) 師古曰 棽音所林反

798) 降 戶江翻

799) 姓譜引風俗通曰 楚大夫伯棼之後 賁皇奔晉 食采於苗 因而氏焉 訢 音欣

800) 師古曰 厭 音一涉翻 難 乃旦翻

801) 相 息亮翻 師古曰 棽 音所林翻

802) 貉 音陌 莫百飜 滅 音穢

803) 言事誅斬也 傳 知戀翻 趣 讀曰促

804) 師古曰 逐之 遣入丁零也 令 音零

逐叛 扶餘之屬 必有和者 匈奴未克 扶餘獩貊復起 此大憂也 王莽不聽 詔尤擊之 尤誘我將廷丕斬[805]之 傳首京師[兩漢書及南北史皆云 誘句麗侯騊[806]斬之] 莽悅之 更名吾王爲下句麗侯 布告天下 令咸知焉 於是 寇漢邊地愈甚 (『三國史記』 13 高句麗本紀 1)[807]

고구려 부여 예맥 옥저 낙랑

漢王莽發高勾麗兵伐胡 高勾麗不欲行 強迫遣之 皆亡出塞 因爲寇 遼西太尹田譚追擊之 爲所殺 莽怒討之 嚴尤奏言 麗人犯法 宜令州郡且慰安之 今被以大罪 恐其逐叛 扶餘之属 必有和之者 且匈奴未克 扶餘穢貊復起 此大憂也 莽不聽 詔尤擊之 尤誘高勾麗將候雛斬之 傳首京師 莽悅降 封高勾麗王爲下勾麗侯 布告天下 於是 高麗侵漢邊地愈甚 穢貊本朝鮮之地 南與辰韓北與高勾麗 沃沮接東窮大海 西至樂浪 漢武帝元朔五年 穢君南閭畔朝鮮詣遼東內属以其地爲滄海郡 數年乃罷 後漢建武六年 封其渠帥爲縣侯 皆歲時朝貢 魏正始閒 幽州刺史毌丘儉討穢貊破之 穢侯擧邑降其言語法俗大抵與高麗同人性 愚慤少嗜欲邑落有侵犯者 責出生口牛馬又有軍征調賦如中國焉 (『三國史節要』 1)[808]

고구려　　王莽初 發句驪兵以伐匈奴 其人不欲行 彊迫遣之 皆亡出塞爲寇盜 遼西大尹田譚追擊戰死 莽令其將嚴尤擊之 誘句驪侯 騊入塞 斬之 傳首長安 莽大說 更名高句驪王爲下句驪侯 於是貊人寇邊愈甚 (『後漢書』 85 東夷列傳 75 高句驪)[809]

고구려　　王莽初發高句麗兵以伐胡 欲不行 彊迫遣之 皆亡出塞爲寇盜 遼西大尹田譚追擊之 爲所殺 州郡縣歸咎于句麗侯騊 嚴尤奏言 貊人犯法 罪不起于騊 且宜安慰 今猥被之大罪 恐其逐反 莽不聽 詔尤擊之 尤誘期句麗侯騊至而斬之 傳送其首詣長安 莽大悅 布告天下 更名高句麗爲下句麗 當此時爲侯國 (『三國志』 30 魏書 30 烏丸鮮卑東夷傳 高句麗)[810]

고구려　　王莽初 發高驪兵以伐胡 不欲行彊迫遣之 皆亡出塞爲寇盜 州郡歸咎於句驪侯 騊 嚴尤誘而斬之 王莽大悅 更名高句驪爲下句驪 當此時爲侯矣 (『梁書』 54 東夷列傳 48 高句驪)[811]

고구려　　王莽初 發高句麗兵以伐胡 而不欲行 莽强迫遣之 皆出塞爲寇盜 州郡歸咎於句麗侯騊 嚴尤誘而斬之 莽大悅勘 更名高句麗 高句麗侯 (『北史』 94 列傳 82 高麗)[812]

고구려 맥 예 부여

(始建國四年夏) 先是 莽發高句驪兵 當伐胡 不欲行 郡强迫之 皆亡出塞 因犯法爲寇

---

805) 원문의 '斬'은 '斬'의 잘못이다.
806) 원문의 '騊'는 '騊'로 보는 것이 옳다.
807) 『漢書』 99 中 王莽傳 69 中에 따르면 이 사실은 始建國 4년 夏보다 앞선 사실이다. 따라서 1~3월에 기간편년하였다. 『太平御覽』 89 皇王部 14 漢 王莽에는 "(漢書曰 元年九月) 更名高句驪爲下句驪"라고 하였다.
808) 『漢書』 99 中 王莽傳 69 中에 따르면 이 사실은 始建國 4년 夏보다 앞선 사실이다. 따라서 1~3월에 기간편년하였다. 『太平御覽』 89 皇王部 14 漢 王莽에는 "(漢書曰 元年九月) 更名高句驪爲下句驪"라고 하였다.
809) 『漢書』 99 中 王莽傳 69 中에 따르면 이 사실은 始建國 4년 夏보다 앞선 사실이다. 따라서 1~3월에 기간편년하였다. 『太平御覽』 89 皇王部 14 漢 王莽에는 "(漢書曰 元年九月) 更名高句驪爲下句驪"라고 하였다.
810) 『漢書』 99 中 王莽傳 69 中에 따르면 이 사실은 始建國 4년 夏보다 앞선 사실이다. 따라서 1~3월에 기간편년하였다. 『太平御覽』 89 皇王部 14 漢 王莽에는 "(漢書曰 元年九月) 更名高句驪爲下句驪"라고 하였다.
811) 『漢書』 99 中 王莽傳 69 中에 따르면 이 사실은 始建國 4년 夏보다 앞선 사실이다. 따라서 1~3월에 기간편년하였다. 『太平御覽』 89 皇王部 14 漢 王莽에는 "(漢書曰 元年九月) 更名高句驪爲下句驪"라고 하였다.
812) 『漢書』 99 中 王莽傳 69 中에 따르면 이 사실은 始建國 4년 夏보다 앞선 사실이다. 따라서 1~3월에 기간편년하였다. 『太平御覽』 89 皇王部 14 漢 王莽에는 "(漢書曰 元年九月) 更名高句驪爲下句驪"라고 하였다.

	遼西大尹田譚追擊之 爲所殺 州郡歸咎於高句驪侯騶 嚴尤奏言 貉人犯法 不從騶起 正有它心 宜令州郡且尉安之[813] 今猥被以大罪 恐其逐畔[814] 夫餘之屬必有和者[815] 匈奴未克 夫餘穢貉復起 此大憂也 莽不尉安 穢貉遂反 詔尤擊之 尤誘高句驪侯騶至 而斬焉 傳首長安 莽大說 (…) 其更名高句驪爲下句驪 布告天下 令咸知焉 於是貉人 愈犯邊 (『漢書』 99 中 王莽傳 69 中)[816]
고구려	王莽發其兵 以誅匈奴不至 降王爲侯 而麗人益寇邊 (『高麗圖經』 1 建國 始封)[817]
고구려 맥 예 부여	
	(始建國四年) 初 (…) 莽又發高句驪兵擊匈奴 高句驪不欲行 郡強迫 皆出塞 因犯法爲寇[818] 遼西大尹田譚追擊之 爲所殺 州郡歸咎於高句驪侯騶 嚴尤奏言 貉人犯法 不從騶起[819] 正有他心 宜令州郡且尉安之[820] 今猥被以大罪[821] 恐其逐畔 夫餘之屬必有和者[822] 匈奴未克 夫餘滅貉復起 此大憂也[823] 莽不尉安 滅貉遂反 詔尤擊之 尤誘高句驪侯騶 至而斬焉 傳首長安[824] 莽大說 更[825] 名高句驪爲下句驪[826] 於是貉人愈犯邊 東北與西南夷皆亂[827] 莽志方盛 以爲四夷不足呑滅 專念稽古之事 (『資治通鑑』 37 漢紀 29 王莽)[828]
고구려 맥	王莽時 發勾驪兵 以伐匈奴 其人不欲行 皆亡 出塞爲盜 王莽更名高勾驪王爲下勾驪侯 於時 貊人寇邊愈甚 (『太平寰宇記』 173 四夷 2 東夷 2 高勾驪國)[829]

13(癸酉/신라 남해차차웅 10/고구려 유리명왕 32/백제 온조왕 31/新 始建國 5/倭 垂仁 42)

백제	春正月 分國內民戶爲南北部 (『三國史記』 23 百濟本紀 1)
백제	春正月 百濟分國內民戶爲南北部 (『三國史節要』 1)
백제	夏四月 雹 (『三國史記』 23 百濟本紀 1)
백제	夏四月 百濟雨雹 (『三國史節要』 1)

---

813) 師古曰 假令騶有惡心亦當且尉安
814) 師古曰 猥多也 後也 被加也 音皮義反
815) 師古曰 和應也 音胡臥反
816) 본 기사는 始建國 四年 夏條에 실려 있으나, 본문의 先時는 夏보다는 앞선 내용이다. 따라서 春, 즉 1~3월로 기간 편년하였다. 『太平御覽』 89 皇王部 14 漢 王莽에는 "(漢書曰 元年九月) 更名高句驪爲下句驪"라고 하였다.
817) 『漢書』 99 中 王莽傳 69 中에 따르면 이 사실은 始建國 4년 夏보다 앞선 사실이다. 따라서 1~3월에 기간편년하였다. 『太平御覽』 89 皇王部 14 漢 王莽에는 "(漢書曰 元年九月) 更名高句驪爲下句驪"라고 하였다.
818) 強 其兩翻
819) 貉 與貊同 莫百翻 後漢書 句驪 一名貊耳
820) 師古曰 假令騶有惡心 亦當且慰安
821) 師古曰 猥 多也 厚也 被 加也 音皮義翻 余謂猥 積也 曲也
822) 和 胡臥翻
823) 後漢書 濊與句驪同種 言語法俗大抵相類 各有部界 復 扶又翻
824) 騶 側尤翻
825) 章 十二行本更上有下書二字 乙十一行本同 孔本同 退齋校同
826) 說 讀曰悅 更 工衡翻 下同
827) 東 濊貊 北 匈奴也
828) 『漢書』 99 中 王莽傳 69 中에 따르면 이 사실은 始建國 4년 夏보다 앞선 사실이다. 따라서 1~3월에 기간편년하였다. 『太平御覽』 89 皇王部 14 漢 王莽에는 "(漢書曰 元年九月) 更名高句驪爲下句驪"라고 하였다.
829) 『漢書』 99 中 王莽傳 69 中에 따르면 이 사실은 始建國 4년 夏보다 앞선 사실이다. 따라서 1~3월에 기간편년하였다. 『太平御覽』 89 皇王部 14 漢 王莽에는 "(漢書曰 元年九月) 更名高句驪爲下句驪"라고 하였다.

백제	五月 地震 (『三國史記』 23 百濟本紀 1)
백제	五月 百濟地震 (『三國史節要』 1)

백제	六月 又震 (『三國史記』 23 百濟本紀 1)
백제	六月 百濟又震(『三國史節要』 1)

고구려 부여   冬十一月 扶餘人來侵 王使子無恤率師禦之 無恤以兵小 恐不能敵 設奇計 親率軍 伏于[830]山谷以待之 扶餘兵直至鶴盤嶺下 伏兵發 擊其不意 扶餘軍大敗 棄馬登山 無恤縱兵盡之 (『三國史記』 13 高句麗本紀 1)

부여 고구려   冬十一月 扶餘侵高勾麗 麗王使子無恤帥 師禦之 無恤以兵少 恐不能敵 設奇計 親率軍 伏于山谷以待之 扶餘兵直至鶴盤嶺下 伏發擊其不意 扶餘軍大敗 棄馬登山 無恤縱兵盡殺之 (『三國史節要』 1)

낙랑   △△國五年 子同郡工官造 乘輿髹汨畵木黃耳桮 容一升十六籥 素工△ 髹工豊 上工詎 黃耳工丘 畵工敖 汨工威 淸工昌 造工成 護工史輔 宰音 守丞△ 掾忠 史倉掌 大尹播 威德子△△△ (「始建國 5年銘 耳杯」)[831]

낙랑   始建國五年 子同郡工官造 乘輿髹汨畵木黃耳 (…) 上工王 黃耳工埩 畵工呂 汨工△ 淸工昌 造工中 護工史輔 宰音 守丞常 掾忠 史倉掌 大尹播 威德子自省 (「始建國 5年銘 耳杯」)[832]

14(甲戌/신라 남해차차웅 11/고구려 유리명왕 33/백제 온조왕 32/新 天鳳 1/倭 垂仁 43)

고구려	春正月 立王子無恤爲太子 委以軍國之事 (『三國史記』 13 高句麗本紀 1)
고구려	春正月 高勾麗王立子無恤爲太子 委以軍國之事 年十一 (『三國史節要』 1)

고구려 양맥   秋八月 王命鳥[833]伊摩離 領兵二萬 西伐梁貊 滅其國 進兵襲取漢高句麗縣[縣屬玄菟郡] (『三國史記』 13 高句麗本紀 1)

고구려 양맥   秋八月 高勾麗王命鳥伊摩離 領兵二萬 西伐梁貊滅之 進兵襲取漢所置高勾麗縣 縣屬玄菟郡 (『三國史節要』 1)

신라 낙랑   倭人遣兵舩百餘艘 掠海邊民戶 發六部勁兵以禦之 樂浪謂內虛 求[834]攻金城 甚急 夜有流星 墜於賊營 衆懼而退 屯於閼川之上 造石堆二十而去 六部兵一千人追之 自吐含山東至閼川 見石堆 知賊衆乃止 (『三國史記』 1 新羅本紀 1)

신라 낙랑   倭遣兵百餘艘 掠新羅邊郡 新羅發六部勁兵千人以禦之 樂浪乘虛 攻金城甚急 夜有流星 墜於賊營 賊懼而退 屯閼井上 造石堆二十而去 六部兵追者 至閼川 見石堆知賊衆乃止 (『三國史節要』 1)

낙랑   始建國天鳳元年 成都郡工官造 乘輿髹汨畵紵黃釦飯槃 容一斗 髹工順 上工護 黃釦工昌 畵工就 汨工憲 淸工郎 造工宗 護工史輔 宰音 守丞戎 掾忠 史氾掌 尹咸 臧里 附城訴省 (「始建國 天鳳元年銘 漆盤」)[835]

---

830) 원문에는 干으로 되어 있으나, 于로 보는 것이 옳다.
831) 평양 석암리 194호분에서 출토하였다.
832) 傳 평양 오야리 낙랑고분에서 출토하였다.
833) 원문의 鳥는 烏로 보는 것이 옳다.
834) 원문의 '求'는 '來'로 보는 것이 옳다.
835) 傳 평양 낙랑고분에서 출토하였다.

신라 낙랑	此王代 樂浪國人 來侵金城 不克而還 (『三國遺事』 1 紀異 1 第二南解王)

15(乙亥/신라 남해차차웅 12/고구려 유리명왕 34/백제 온조왕 33/新 天鳳 2/倭 垂仁 44)

백제	春夏 大旱 民饑相食 盜賊大起 王撫安之 (『三國史記』 23 百濟本紀 1)
백제	春夏 百濟大旱 民饑相食 盜賊大起 王撫安之 (『三國史節要』 1)

백제	秋八月 加置東西二部 (『三國史記』 23 百濟本紀 1)
백제	秋八月 百濟加置東西二部 (『三國史節要』 1)

16(丙子/신라 남해차차웅 13/고구려 유리명왕 35/백제 온조왕 34/新 天鳳 3/倭 垂仁 45)

신라	秋七月戊子晦836) 日有食之 (『三國史記』 1 新羅本紀 1)
신라	秋七月戊子晦837) 新羅日有食之 (『三國史節要』 1)

백제 마한	冬十月 馬韓舊將周勤 據牛谷城叛 王躬帥兵五千討之 周勤自經 腰斬其尸 并誅其妻子 (『三國史記』 23 百濟本紀 1)
백제 마한	冬十月 馬韓舊將周勤據牛谷城叛 百濟王帥兵五千討之 周勤自經 腰斬其尸 并誅妻子 (『三國史節要』 1)

17(丁丑/신라 남해차차웅 14/고구려 유리명왕 36/백제 온조왕 35/新 天鳳 4/倭 垂仁 46)

18(戊寅/신라 남해차차웅 15/고구려 유리명왕 37, 대무신왕 1/백제 온조왕 36/前漢 天鳳 5/倭 垂仁 47)

신라	京城旱 (『三國史記』 1 新羅本紀 1)838)
신라	新羅 京城旱(『三國史節要』 1)839)

고구려	夏四月 王子如津 溺水死 王哀慟 使人求屍不得 後沸流人祭須得之 以聞 遂以禮葬於 王骨嶺 賜祭須金十斤田十頃 (『三國史記』 13 高句麗本紀 1)
고구려	夏四月 高勾麗王子如津溺死 王哀痛 求屍不得 後沸流人祭須得之 以聞 遂以禮葬於 王骨嶺 賜須金十斤田十頃 (『三國史節要』 1)

신라 고구려	又天鳳五年戊寅 高麗之裨屬七國來投 (『三國遺事』 1 紀異 2 第二南解王)840)
고구려 신라	高勾麗所屬七國投新羅(『三國史節要』 1)841)

신라	秋七月 蝗 民饑 發倉 廩救之 (『三國史記』 1 新羅本紀 1)
신라	秋七月 新羅蝗 民饑 發倉救之 (『三國史節要』 1)

---

836) 戊子는 추8월 30일이다. 따라서 원문의 7월은 8월의 오기이다.
837) 戊子는 추8월 30일이다. 따라서 원문의 7월은 8월의 오기이다.
838) 月이 기록되어 있지 않지만, 『三國史記』 新羅本紀의 다음 기사는 7월이다. 그리고 『三國史節要』에는 夏4월 앞에 기재되어 있다. 따라서 이 기사는 1~3월로 기간 편년하였다.
839) 『三國史記』 新羅本紀의 다음 기사는 7월이다. 그리고 『三國史節要』에는 夏4월 앞에 기재되어 있다. 따라서 이 기사는 1~3월로 기간 편년하였다.
840) 『三國史節要』에는 4월과 7월 기사 사이에 기록되어 있다. 따라서 4~6월로 기간 편년하였다.
841) 『三國史節要』에는 4월과 7월 기사 사이에 기록되어 있다. 따라서 4~6월로 기간 편년하였다.

고구려	秋七月 王幸豆谷 (『三國史記』13 高句麗本紀 1)
고구려	(秋七月) 高勾麗王幸豆谷 (『三國史節要』1)
백제	秋七月 築湯井城 分大豆城民戶居之 (『三國史記』23 百濟本紀 1)
백제	(秋七月) 百濟築湯井城 分大豆城民戶實之 (『三國史節要』1)
백제	八月 修葺圓山錦峴二城 築古沙夫里城 (『三國史記』23 百濟本紀 1)
백제	八月 百濟修圓山錦峴二城 築古沙夫里城 (『三國史節要』1)
고구려	冬十月 薨於豆谷離宮 葬於豆谷東原 號爲琉璃明王 (『三國史記』13 高句麗本紀 1)
고구려	冬十月 高勾麗王類利薨於豆谷離宮 葬豆谷東園 號爲琉璃明王 (『三國史節要』1)
고구려	大武神王 立[或云 大解朱留王] 諱無恤 琉璃王第三子 生而聰慧 壯而雄傑 有大略 琉璃王在位三十三年甲戌 立爲大842)子 時年十一歲 至是即位 母松氏 多勿國王松讓女也 (『三國史記』14 高句麗本紀 2)843)
고구려	太子無恤立 生而聰慧 及壯雄傑 有大略 (『三國史節要』1)
고구려	閭達死 子如栗代立 (『魏書』100 列傳 88 高句麗)

19(己卯/신라 남해차차웅 16/고구려 대무신왕 2/백제 온조왕 37/新 天鳳 6/倭 垂仁 48)

고구려	春正月 京都震 大赦 (『三國史記』13 高句麗本紀 1)
고구려	春正月 高勾麗京都地震 大赦 (『三國史節要』1)
고구려 백제	(春正月) 百濟民一千餘戶來投 (『三國史記』14 高句麗本紀 2)844)
백제 신라	(春正月) 百濟民千餘戶來投新羅 (『三國史節要』1)845)
신라 북명	春二月 北溟人耕田 得濊王印獻之 (『三國史記』1 新羅本紀 1)
신라 북명	二月 北溟人耕田 得穢王印獻新羅 (『三國史節要』1)
백제	春三月 雹 大如雞子 鳥雀遇者死 (『三國史記』23 百濟本紀 1)
백제	三月 百濟雨雹 大如雞子 中鳥雀死 (『三國史節要』1)
백제 고구려	夏四月 旱 至六月乃雨 漢水東北部落饑荒 亡入高句麗者一千餘戶 浿帶之間 空無居人 (『三國史記』23 百濟本紀 1)
백제 고구려	夏四月 百濟旱 至六月乃雨 漢水東北部落饑 亡入高勾麗者千餘戶 浿帶之間空無居民 (『三國史節要』1)

20(庚辰/신라 남해차차웅 17/고구려 대무신왕 3/백제 온조왕 38/新 地皇 1/倭 垂仁 49)

백제	春二月 王巡撫 東至走壤 北至浿河 五旬而返 (『三國史記』23 百濟本紀 1)
백제	春二月 百濟王巡撫 境內東至走壤 北至浿河 五旬而返 又發使勸農桑 除不急擾民之事 (『三國史節要』1)846)
고구려	春三月 立東明王廟 (『三國史記』14 高句麗本紀 2)

---

842) 원문의 '大'는 '太'이다.
843) 『三國遺事』1 王曆 1에 "第三大虎神王[名無恤 一作味留 姓解氏 瑠璃王第三子 戊寅立 理二十六年]"으로 나온다.
844) 『三國史節要』에는 백제민이 신라에 내투했다고 한다.
845) 『三國史記』高句麗本紀에는 백제민이 내투하였다고 한다.
846) "又發使勸農桑 除不急擾民之事"가 『三國史記』에는 3월에 기록되어 있다.

고구려		三月 高勾麗立東明王廟 (『三國史節要』1)
백제		三月 發使勸農桑 其以不急之事擾民者 皆除之 (『三國史記』23 百濟本紀 1)[847]

고구려		秋九月 王田骨句川 得神馬 名駏驤 (『三國史記』14 高句麗本紀 2)
고구려		秋九月 高勾麗王田骨勾川 得神馬名駏驤 (『三國史節要』1)

고구려 부여　　冬十月 扶餘王帶素遣使送赤烏 一頭二身 初扶餘人得此烏 獻之王 或曰 烏者黑也 今
　　　　　　　變而爲赤 又一頭二身 幷二國之徵也 王其兼高句麗乎 帶素喜送之 兼示或者之言 王
　　　　　　　與羣臣議荅曰 黑者 北方之色 今變而爲南方之色 又赤烏瑞物也 君得而不有之 以送
　　　　　　　於我 兩國存亡 未可知也 帶素聞之 驚悔 (『三國史記』14 高句麗本紀 2)

부여 고구려　　冬十月 扶餘王帶素 遣使高勾麗送赤烏 一頭二身 初扶餘人得烏 獻其王 或曰 烏本黑
　　　　　　　今變而赤 又一頭二身 幷二國之徵 王其兼高勾麗乎 帶素喜送之 兼示或者之言 王與
　　　　　　　群臣議 報曰 黑者北方之色 今變而爲南方之色 又赤烏瑞物也 君得而不有之 以送於
　　　　　　　我 兩國存亡 未可知也 帶素聞之悔 (『三國史節要』1)

백제		冬十月 王築大壇 祠天地 (『三國史記』23 百濟本紀 1)
백제		古記云 溫祖王二十年 春二月 設壇祠天地 三十八年 冬十月 設壇祠天地 (…) 並如上
		行 (『三國史記』32 雜志 1 祭祀)
백제		(冬十月) 百濟王築大壇 祀天地 (『三國史節要』1)

21(辛巳/신라 남해차차웅 18/고구려 대무신왕 4/백제 온조왕 39/新 地皇 2/倭 垂仁 50)

고구려 부여　　冬十二月 王出師伐扶餘 次沸流水上 望見水涯 若有女人舁鼎游戲 就見之 只有鼎 使
　　　　　　　之炊 不待火自熱 因得作食 飽一軍 忽有一壯夫曰 是鼎吾家物也 我妹失之 王今得之
　　　　　　　請負以從 遂賜姓負鼎氏 抵利勿林宿 夜聞金聲 向明使人尋之 得金璽兵物等 曰天賜
　　　　　　　也 拜受之 上道有一人 身長九尺許 面白而目有光 拜王曰 臣是北溟人怪由 竊聞大王
　　　　　　　北伐扶餘 臣請從行 取扶餘王頭 王悅許之 又有人曰 臣赤谷人麻盧 請以長矛爲導 王
　　　　　　　又許之 (『三國史記』14 高句麗本紀 2)

고구려 부여　　冬十二月 高勾麗王出師伐扶餘 次沸流水上 望見水涯 若有女舁鼎游戲者 就見之 只
　　　　　　　有鼎 忽有一壯夫曰 此吾家舊物也 我妹失之 王今得之 請負以從 遂賜姓負鼎氏 抵利
　　　　　　　勿林宿 夜聞金聲 向明尋之 得金璽兵器等 曰天賜也 拜受之 道遇一人 身長九尺許
　　　　　　　面白而目有光 拜王曰 臣是北溟人怪由 竊聞大王北伐扶餘 臣請從行 取扶餘王頭 王
　　　　　　　悅許之 又有人 曰臣赤谷人麻盧 請以長矛爲導 王又許之 (『三國史節要』1)

22(壬午/신라 남해차차웅 19/고구려 대무신왕 5/백제 온조왕 40/新 地皇 3/倭 垂仁 51)

고구려 부여　　春二月 王進軍於扶餘國南 其地多泥塗 王使擇平地爲營 解鞍休卒 無恐懼之態 扶餘
　　　　　　　王擧國出戰 欲掩其不備 策馬以前 陷濘不能進退 王於是揮怪由 怪由拔劒號吼擊之
　　　　　　　萬軍披靡 不能支 直進執扶餘王斬頭 扶餘人旣失其王 氣力摧折 而猶不自屈 圍數重
　　　　　　　王以糧盡士饑 憂懼不知所爲 乃乞靈於天 忽大霧 咫尺不辨人物七日 王令作草偶人
　　　　　　　執兵立營內外爲疑兵 從間道潛軍夜出 失骨句川神馬沸流源大鼎 至利勿林 兵飢不興
　　　　　　　得野獸以給食 王旣至國 乃會羣臣飮至曰 孤以不德 輕伐扶餘 雖殺其王 未滅其國 而
　　　　　　　又多失我軍資 此孤之過也 遂親弔死問疾 以存慰百姓 是以國人感王德義 皆許殺身於
　　　　　　　國事矣 (『三國史記』14 高句麗本紀 2)

고구려 부여　　二月 高勾麗王進軍於扶餘國南 其地多泥淖 王使擇平地爲營 解鞍休卒 無懼色 扶餘

---

847) 본 기사는 『三國史節要』에 춘2월에 보인다.

王自率衆出戰 欲掩其不備 策馬以前 陷泥淖不能進退 麗王揮怪由 進怪由拔劒號吼擊之 敵皆披靡不能支 怪由直進斬扶餘王頭 扶餘人氣摧折 而猶不屈 圍麗兵數重 麗王以糧盡士饑 憂懼不知所爲 忽大霧 咫尺不辨人物七日 王令作偶人 執兵器列營內外爲疑兵 從間道潛軍夜出 失骨勾川神馬沸流源大鼎焉 至利勿林 軍飢殆不能興 獲野獸纔給食之 王旣還乃會群臣飮至曰 孤以不德 輕伐扶餘 雖殺其王 未滅其國 而又多失我軍資 此孤之過也 遂親弔死問疾 以存慰百姓 國人感悅 皆欲致死 (『三國史節要』 1)

고구려 三月 神馬駏驤將扶餘馬百匹 俱至鶴盤嶺下車迴谷 (『三國史記』 14 高句麗本紀 2)
고구려 三月 所失神馬 引扶餘馬百匹 至鶴盤嶺下車回谷 (『三國史節要』 1)

신라 春 新羅大疫 人多死 (『三國史節要』 1)
신라 大疫 人多死 (『三國史記』 1 新羅本紀 1)848)
고구려 부여 至地皇三年壬午 高麗王無恤伐之 殺王帶素 國除 (『三國遺事』 2 紀異 2 東扶餘)849)

고구려 부여 夏四月 扶餘王帶素弟 至曷思水濱 立國稱王 是扶餘王金蛙季子 史失其名 初帶素之見殺也 知國之將亡 與從者百餘人 至鴨渌谷 見海頭王出獵 遂殺之 取其百姓 至此始都 是爲曷思王 (『三國史記』 14 高句麗本紀 2)
고구려 부여 夏四月 扶餘王帶素之弟自立爲王 王金蛙季子 史失其名 初帶素之見殺也 知國之將亡 與從者百餘人 至鴨淥谷 見海頭王出獵 遂殺之 取其民 至是 至曷思水濱 立都號曷思王 (『三國史節要』 1)

고구려 부여 秋七月 扶餘王從弟謂國人曰 我先王身亡國滅 民無所依 王弟逃竄 都於曷思 吾亦不肖 無以興復 乃與萬餘人來投 王封爲王 安置掾那部 以其背有絡文 賜姓絡氏 (『三國史記』 14 高句麗本紀 2)
고구려 부여 秋七月 帶素從弟謂國人曰 我先王身亡國滅 民無所依 王弟不念圖存逃竄出外 都於曷思 吾亦不肖 無以興復 乃與萬餘人投 高勾麗王封爲王 置椽那部 以其背有絡文 賜姓絡氏 (『三國史節要』 1)

백제 말갈 秋九月 靺鞨來攻述川城 (『三國史記』 23 百濟本紀 1)
백제 말갈 九月 靺鞨攻百濟述川城 (『三國史節要』 1)

고구려 冬十月 怪由卒 初疾革 王親臨存問 怪由言 臣北溟微賤之人 屢蒙厚恩 雖死猶生 不敢忘報 王善其言 又以有大功勞 葬於北溟山陽 命有司以時祀之 (『三國史記』 14 高句麗本紀 2)
고구려 冬十月 高勾麗將怪由疾革 王親臨存問 怪由言 臣北溟微賤之人 猥蒙厚恩 雖死猶生 不敢忘報 尋卒王善其言 又念前功 命有司葬北溟山陽 以時祀之 (『三國史節要』 1)

신라 冬十一月 無氷 (『三國史記』 1 新羅本紀 1)
신라 冬十一月 新羅無氷 (『三國史節要』 1)
백제 말갈 冬十一月 又襲斧峴城 殺掠百餘人 王命勁騎二百拒擊之 (『三國史記』 23 百濟本紀 1)
말갈 백제 (冬十一月) 靺鞨襲百濟斧峴城 殺掠百餘人 王命勁騎二百拒擊之 (『三國史節要』 1)

---

848) 『三國史記』 新羅本紀에는 다음 기사가 11월에 보이지만, 『三國史節要』에는 春으로 나온다. 따라서 1~3월로 기간 편년한다.
849) 『三國史記』 등에 대소가 죽은 후 대소의 동생이 나라를 세우고 왕을 칭한 것이 여름 4월로 나온다. 이로 볼 때 대소가 죽고 부여가 망한 것은 4월 이전으로 여겨진다. 따라서 1~3월로 편년하였다.

진한	(魏略曰) 至王莽地皇時 廉斯鑡爲辰韓右渠帥 聞樂浪土地美 人民饒樂 亡欲來降 出其
	邑落 見田中驅雀男子一人 其語非韓人 問之 男子曰 我等漢人 名戶來 我等輩千五百
	人伐材木 爲韓所擊得 皆斷髮爲奴 積三年矣 鑡曰 我當降漢樂浪 汝欲去不 戶來曰
	可 鑡因將戶來 出詣含資縣 縣言郡 郡卽以鑡爲譯 從芩中乘大船入辰韓 逆取戶來 降
	伴輩尙得千人 其五百人已死 鑡時曉謂辰韓 汝還五百人 若不者 樂浪當遣萬兵乘船來
	擊汝 辰韓曰 五百人已死 我當出贖直耳 乃出辰韓萬五千人 牟850)韓布萬五千匹 鑡收
	取直還 郡表鑡功義 賜冠幘田宅 (『三國志』30 魏書 30 烏丸鮮卑東夷傳 韓)851)

23(癸未/신라 남해차차웅 20/고구려 대무신왕 6/백제 온조왕 41/新 地皇 4, 後漢 更始 1/倭 垂仁 52)

백제	春正月 右輔乙音卒 拜北部解婁爲右輔 解婁本扶餘人也 神識淵與852) 年過七十
	旅853)力不愆 故用之 (『三國史記』23 百濟本紀 1)
백제	春正月 百濟右輔乙音卒 以北部解婁代之 解婁本扶餘人也 神識淵奧 年過七十 膂力
	不愆 (『三國史節要』1)
백제	二月 發漢水東北諸部落人年十五歲以上 修營慰禮城 (『三國史記』23 百濟本紀 1)
백제	二月 百濟發漢水東北諸部落人年十五以上 修慰禮城 (『三國史節要』1)
신라	秋 大854)白入大855)微 (『三國史記』1 新羅本紀 1)
신라	秋 新羅太白入太微 (『三國史節要』1)
신라	劉聖公更始元年癸未即位[年表云 甲申即位] (『三國遺事』1 紀異 2 第三弩禮王)856)

24(甲申/신라 남해차차웅 21, 유리이사금 1/고구려 대무신왕 7/백제 온조왕 42/後漢 更 始 2/倭 垂仁 53)

신라	秋九月 蝗 (『三國史記』1 新羅本紀 1)
신라	秋九月 新羅蝗 (『三國史節要』1)
신라	(秋九月) 王薨 葬蛇陵園內 (『三國史記』1 新羅本紀 1)
신라	南解居西干 (…) 御理二十一年 以地皇四年甲申崩 此王乃三皇之弟一云 按三國史云
	新羅稱王曰居西干 辰言王也 或云 呼貴人之稱 或曰次次雄 或作慈充 金大問云 次次
	雄 方言謂巫也 世人以巫事鬼神 尙祭祀 故畏敬之 遂稱尊長者爲慈充 或云尼師今 言
	謂齒理也 初南解王薨 子弩禮讓位於脫解 解云 吾聞聖智人多齒 乃試以餠噬之 占857)
	傳如此 或曰 麻立干[立一作袖] 金大問云 麻立者 方言謂橛也 橛標准位而置 則王橛
	爲主 臣橛列於下 因以名之 史論曰 新羅稱居西干次次雄者一 尼師今者十六 麻立干
	者四 羅末名儒崔致遠 作帝王年代曆 皆稱某王 不言居西干等 豈以其言鄙野 不足稱

---

850) 원문에는 '牟'로 되어 있으나, '弁'으로 보는 것이 옳다.
851) 왕망의 지황연간은 20~22년이다. 따라서 20~22년으로 기간 편년하고, 22년에 배치하였다.
852) 원문의 '與'는 '奧'의 오자이다.
853) 원문의 '旅'는 '膂'와 상통한다.
854) 원문의 '大'는 '太'와 같다.
855) 원문의 '大'는 '太'와 같다.
856) 여기에서 年表는 『三國史記』年表를 말하며, 『三國遺事』1 王曆 1 第三弩礼[一作弩]尼叱今에도 '甲申 立'으로 나온다.
857) 古의 잘못이다.

	之也 今記新羅事 具存方言 亦宜矣 羅人凡追封者 稱葛文王 未詳 (『三國遺事』1 紀異 1 第二南解王)
신라	(秋九月) 新羅王南解薨 葬蛇陵園內 (『三國史節要』1)
신라	儒理尼師今立 南解太子也 母雲帝夫人 妃日知葛文王之女也[或云妃姓朴 許婁王之女] 初南解薨 儒理當立 以大輔脫解 素有德望 推讓其位 脫解曰 神器大寶 非庸人所堪 吾聞聖智人多齒 試以餅噬之 儒理齒理多 乃與左右奉立之 號尼師今 古傳如此 金大問則云 尼師今方言也 謂齒理 昔南解將死 謂男儒理壻脫解曰 吾死後 汝朴昔二姓 以年長而嗣位焉 其後 金姓亦興 三姓以齒長相嗣 故稱尼師今 (『三國史記』1 新羅本紀 1)858)
신라	(秋九月) 太子儒理立 號尼師今 初南解將薨 謂儒理壻大輔脫解曰 吾死後 爾朴昔二姓 以年長嗣位焉 及薨儒理以脫解 有德望 讓之 脫解曰 神器大寶 非庸人所堪 吾聞聖智人多齒 試以餅噬之 儒理齒理多 乃與左右立之 始號王曰尼師今 尼師今方言齒理也 (『三國史節要』1)
신라	朴弩禮尼叱今[一作儒礼]王 初王與妹夫脫解讓位 脫解云 凡有德者多齒 宜以齒理試之 乃咬餅驗之王齒多故先立 因名尼叱今 尼叱今之稱 自此王始 劉聖公更始元年癸未即位[年表云 甲申即位] (『三國遺事』1 紀異 2 第三弩禮王)

백제 신라 남옥저

	溫祚王四十二年南沃沮二十餘家來投新羅 (『三國遺事』1 紀異 2 靺鞨 渤海)859)

25(乙酉/신라 유리이사금 2/고구려 대무신왕 8/백제 온조왕 43/後漢 建武 1/倭 垂仁 54)

신라	春二月 親祀始祖廟 大赦 (『三國史記』1 新羅本紀 1)
신라	春二月 新羅王親祀始祖廟 大赦 (『三國史節要』1)
고구려	春二月 拜乙豆智爲右輔 委以軍國之事 (『三國史記』14 高句麗本紀 2)
고구려	(春二月) 高勾麗 以乙豆智爲右輔 委以軍國之事 (『三國史節要』1)
요동 맥	(四月) 異恂移檄上狀 諸將入賀 因上尊號860) 將軍南陽馬武先進曰 大王雖執謙退 柰宗廟社稷何 宜先卽尊位 乃議征伐 今此誰賊而馳騖擊之乎861) 王驚曰 何將軍出此言 可斬也 乃引軍還薊 復遣吳漢率耿弇景丹等十三將軍追尤來等862) 斬首萬三千餘級 遂窮追至浚靡而還863) 賊散入遼西遼東 爲烏桓貊人所鈔擊略盡864) (『資治通鑑』40 漢紀 32 世祖光武皇帝)
백제	秋八月 王田牙山之原五日 (『三國史記』23 百濟本紀 1)
백제	秋八月 百濟王田于牙山原五日 (『三國史節要』1)
백제	九月 鴻鴈百餘集王宮 日者曰 鴻鴈民之象也 將有遠人來投者乎 (『三國史記』23 百

---

858) 『三國遺事』1 王曆 1에서는 "第三弩礼[一作弩]尼叱今 父南解 母雲帝 妃辭要王之女金氏 甲申立 理三十三年 尼叱今或作尼師今"이라고 하였다.

859) 『三國史記』23 百濟本紀 1 온조왕 43년의 "冬十月 南沃沮仇頗解等二十餘家至斧壤納款 王納之 安置漢山之西"기록이 來投新羅로 잘못 기록된 듯하다.

860) 上 時掌翻 下同

861) 賢曰 誰 謂未有主也 前書音義曰 直馳曰馳 亂馳曰騖 余謂誰賊者 蓋謂位號未正 指誰爲賊也

862) 復 扶又翻 下除賈復外皆同

863) 賢曰 浚靡 縣名 屬右北平郡 故城在今漁陽縣北 靡 音麻

864) 貊 莫白翻 鈔 楚交翻

		濟本紀 1)
백제		九月 百濟鴻鴈群集王宮 日者曰 鴻鴈民之象也 將有遠人來投者乎 (『三國史節要』1)

백제 남옥저	冬十月 南沃沮仇頗解等二十餘家 至斧壤納款 王納之 安置漢山之西 (『三國史記』23 百濟本紀 1)[865]
백제 남옥저	冬十月 南沃沮仇頗解等二十餘家 至斧壤納款 王置之漢山西 (『三國史節要』1)

낙랑	王景字仲通 樂浪䛁邯人也[866] 八世祖仲 本琅邪不其人 好道術 明天文 諸呂作亂 齊哀王襄謀發兵 而數問於仲 及濟北王興居反 欲委兵師仲[867] 仲懼禍及 乃浮海東奔樂浪山中 因而家焉 父閎 爲郡三老 更始敗 土人王調殺郡守劉憲 自稱大將軍·樂浪太守 (『後漢書』76 循吏列傳 66 王景)[868]
낙랑	樂浪大尹五官掾高春印 (「高春印封泥」)[869]

26(丙戌/신라 유리이사금 3/고구려 대무신왕 9/백제 온조왕 44/後漢 建武 2/倭 垂仁 55)

고구려 개마국	
	冬十月 王親征蓋馬國 殺其王 慰安百姓 毋虜掠 但以其地爲郡縣 (『三國史記』14 高句麗本紀 2)
고구려 개마국	
	冬十月 高勾麗王伐蓋馬國 殺其王 慰安百姓 禁虜掠 以其地爲郡縣 (『三國史節要』1)

고구려 구다국	
	十二月 句茶國王聞蓋馬滅 懼害及己 擧國來降 由是拓地浸廣 (『三國史記』14 高句麗本紀 2)
고구려 구다국	
	十二月 勾茶國王聞盖馬滅 懼擧國來降 高勾麗之地 由是浸廣 (『三國史節要』1)

27(丁亥/신라 유리이사금 4/고구려 대무신왕 10/백제 온조왕 45/後漢 建武 3/倭 垂仁 56)

고구려	春正月 拜乙豆智爲左輔 松屋句爲右輔 (『三國史記』14 高句麗本紀 2)
고구려	春正月 高勾麗拜乙豆智爲左輔 松屋勾爲右輔 (『三國史節要』1)

백제	春夏 大旱 草木焦枯 (『三國史記』23 百濟本紀 1)
백제	春夏 百濟大旱 草木焦枯 (『三國史節要』1)

백제	冬十月 地震 傾倒人屋 (『三國史記』23 百濟本紀 1)
백제	冬十月 百濟地震 毁人屋 (『三國史節要』1)

28(戊子/신라 유리이사금 5/고구려 대무신왕 11/백제 온조왕 46, 다루왕 1/後漢 建武

---

865) 『三國遺事』1 紀異 2 靺鞨 渤海의 "溫祚王四十二年 南沃沮二十餘家來投新羅" 기록 중 來投新羅는 온 조왕 43년의 사실이 잘못 들어간 것이다.

866) 䛁音諾甘反[邯音下甘反 縣名

867) 襄及興居並高祖孫 齊悼惠王肥之子也

868) 이 기사의 정확한 연대는 나오지 않으나 왕망이 패한 무렵의 일로 보아 서기 25년에 배치하였다.

869) 大尹은 왕망 始建國 원년(9년)부터 후한 建武 원년(25) 까지 있었던 관직이다. 이에 25년에 배치하였다.

| 백제 | 又始祖溫祚乃東明第三子 體洪大 性孝友 善騎射 (『三國遺事』2 紀異 2 南扶餘 前百濟 北扶餘) |

백제 　　春二月 王薨 (『三國史記』23 百濟本紀 1)

백제 　　春二月 百濟始祖溫祚薨 (『三國史節要』1)

백제 　　多婁王 溫祚王之元子 器宇寬厚 有威望 溫祚王在位第二十八年立爲太子 至四十六年 王薨 繼位 (『三國史記』23 百濟本紀 1)[870]

백제 　　(春二月) 太子多婁立 器宇寬厚有威望 (『三國史節要』1)

고구려 　　秋七月 漢遼東大[871]守將兵來伐 王會羣臣 問戰守之計 右輔松屋句曰 臣聞恃德者昌 恃力者亡 今中國荒儉 盜賊蜂起 而兵出無名 此非君臣定策 必是邊將規利 擅侵吾邦 逆天違人 師必無功 憑險出奇 破之必矣 左輔乙豆智曰 小敵之强 大敵之禽也 臣度大王之兵 孰與漢兵之多 可以謀伐 不可力勝 王曰 謀伐若何 對曰 今漢兵遠鬪 其鋒不可當也 大王閉城自固 待其師老 出而擊之 可也 王然之 入尉那巖城 固守數旬 漢兵圍不解 王以力盡兵疲 謂豆智曰 勢不能守 爲之奈何 豆智曰 漢人謂我巖石之地 無水泉 是以長圍 以待吾人之困 宜取池中鯉魚 包以氷[872]草 兼旨酒若干 致犒漢軍 王從之 貽書曰 寡人愚昧 獲罪於上國 致令將軍帥百萬之軍 暴露弊境 無以將厚意 輒用薄物 致供於左右 於是 漢將謂城內有水 不可猝拔 乃報曰 我皇帝不以臣駑 下令出師 問大王之罪 及境踰旬 未得要領 今聞來旨 言順且恭 敢不藉口以報皇帝 遂引退 (『三國史記』14 高句麗本紀 2)

고구려 　　秋七月 漢遼東太守 將兵伐 高勾麗王會群臣 問戰守之計 右輔松屋勾曰 臣聞 恃德者昌 恃力者亡 今中國荒儉 盜賊蜂起 而兵出無名 此必邊將規利 擅侵吾邦 逆天違人 師必無功 憑險出奇 破之必矣 左輔乙豆智曰 小敵之强 大敵之禽也 臣度大王之兵 孰與漢兵之多 可以謀伐 不可力勝 王曰 謀伐若何 對曰 今漢兵遠鬪 其鋒不可當也 大王閉城自固 待其師老 出而擊之可也 王然之 入尉那巖城 固守數旬 漢兵圍不解 王以力盡兵疲謂豆智曰 勢不能守 爲之奈何 豆智曰 漢軍謂我城爲巖石之地 必無水泉 是以 久圍待疲宜取池魚 包水草 兼以酒致犒 王從之 貽書曰 寡人愚昧 獲罪上國 致令將軍 帥百萬之軍 暴露弊境 無以答厚意 敢用薄物 致供於左右 於是 漢將謂 城內有水 不可猝拔 乃報曰 皇帝不以臣駑 下令出師 問罪 及境踰旬 未得要領 今聞來旨 言順且恭 敢不以此歸報 遂引還 (『三國史節要』1)

신라 　　冬十一月 王巡行國內 見一老嫗飢凍將死 曰予以眇身居上 不能養民 吏[873]老幼至於此極 是予之罪也 解衣以覆之 推食以食之 仍命有司 在處存問 鰥寡孤獨 老病不能自活者 給養之 於是 鄰國百姓 聞而來者衆矣 是年 民俗歡康 始製兜率歌 此歌樂之始也 (『三國史記』1 新羅本紀 1)[874]

신라 　　冬十一月 新羅王巡國內 見一老嫗凍餒將死 王曰予以眇躬居上 不能養民 使老幼至於此極 賜衣及食 仍命有司存問 鰥寡孤獨老病不能自活者 賑給之 鄰國百姓聞而來者衆矣 是年 民俗歡康 始作兜率歌 以謌之 (『三國史節要』1)

---

870) 『三國遺事』1 王曆 1에서는 "第二多婁王[溫祚第二子 戊子立 理四十九年]"이라 하였다.

871) 원문의 '大'는 '太'로도 읽힌다.
872) 원문의 '氷'은 '水'로 보는 것이 옳다.
873) 원문의 '吏'는 '使'로 보는 것이 옳다.
874) 원문의 도솔가와 관련해서 『三國遺事』1 紀異 2 第三弩禮王에 "始作兜率歌 有嗟辭 詞腦格 始製犁耜及 藏氷庫 作車乘"이 보인다.

29(己丑/신라 유리이사금 6/고구려 대무신왕 12/백제 다루왕 2/後漢 建武 5/倭 垂仁 58)

백제	春正月 謁始祖東明廟 (『三國史記』 23 百濟本紀 1)
백제	古記云 (…) 多婁王二年 春正月 謁始祖東明廟 責稽王二年 春正月 汾西王二年 春正月 契王二年夏四月 阿莘王二年 春正月 腆支王二年 春正月 並如上行 (『三國史記』 32 雜志 1 祭祀)
백제	春正月 百濟王謁始祖東明廟 (『三國史節要』 1)
백제	二月 王祀天地於南壇 (『三國史記』 23 百濟本紀 1)
백제	古記云 溫祚王二十年 春二月 設壇祠天地 (…) 多婁王二年 春二月 (…) 並如上行 (『三國史記』 32 雜志 1 祭祀)
백제	二月 百濟王祀天地於南壇 (『三國史節要』 1)
낙랑	建武五年 蜀郡西工造 乘輿涓畵木俠紵黃釦鮯 容一升 素△工安 黃釦△工 氾工黃 (…) 史造 △工卒史△ 長記△ (…) (「建武 5年銘 耳杯」)875)

30(庚寅/신라 유리이사금 7/고구려 대무신왕 13/백제 다루왕 3/後漢 建武 6/倭 垂仁 59)

낙랑	初 樂浪人王調據郡不服876) (『後漢書』 1 下 光武帝紀 1 下)877)
고구려 매구곡	秋七月 買溝谷人尙須 與其涕878)弟尉須及堂弟于刀等 來投 (『三國史記』 14 高句麗本紀 2)
고구려 매구곡	秋七月 買溝谷人尙須 與其弟尉須及當弟干刀等 投高勾麗 (『三國史節要』 1)
낙랑	秋九月庚子 赦樂浪謀反大逆殊死已下 (『後漢書』 1 下 光武帝紀 1 下)
낙랑	秋 遣樂浪太守王遵擊之 郡吏殺調降 (『後漢書』 1 下 光武帝紀 1 下)
낙랑 요동	建武六年 光武遣太守王遵將兵擊之 至遼東 閎與郡決曹史楊邑等共殺調迎遵 皆封爲列侯 閎獨讓爵 帝奇而徵之 道病卒 (『後漢書』 76 循吏列傳 66 王景)879)
백제 말갈	冬十月 東部屹于與靺鞨戰於馬首山西 克之 殺獲甚衆 王喜 賞屹于馬十匹租五百石

---

875) 평양 정오동 6호분에서 출토되었다.

876) 樂浪 郡 故朝鮮國也 在遼東

877) 왕조가 죽은 것은 그해 가을(7~9월)이므로, 본문의 初는 그해 春夏로 볼 수 있다. 따라서 본문의 내용을 1~6월로 기간 편년하였고 夏에 배치하였다. 한편 『後漢書』 76 循吏列傳 66 王景에 "王景字仲通 樂浪誹邯人也[誹音諾甘反 邯音下甘反 縣名] 八世祖仲 本琅邪 不其人 好道術 明天文 諸呂作亂 齊哀王襄謀發兵 而數問於仲 及濟北王興居反 欲委兵師仲[襄及興居並高祖孫齊悼惠王肥之子也] 仲懼禍及 乃浮海東奔樂浪山中 因而家焉 父閎 爲郡三老 更始敗 土人王調殺郡守劉憲 自稱大將軍樂浪太守"가 보인다. 여기에서 왕경의 아버지 때 토인왕조가 군수 유헌을 죽이고 대장군낙랑태수가 되었다고 한다. 이로 볼 때 서기 30년 이전에 왕조는 낙랑태수가 되었음을 알 수 있다.

878) 원문에는 '涕'로 되어 있으나, '弟'로 보는 것이 옳다.

879) 원문에는 그 달이 보이지 않으나, 『後漢書』 1 下 光武帝紀 1 下에 秋로 나오므로 7~9월에 기간 편제하였다.

(『三國史記』23 百濟本紀 1)

백제 말갈   冬十月 百濟東部屹于與靺鞨戰於馬首山西 克之 殺獲甚衆 王喜 賞屹于馬十四 租五
百石 (『三國史節要』1)

예맥   後漢建武六年 封其渠帥爲縣侯 皆歲時朝貢 (『三國史節要』1)880)
예   建武六年 省都尉官 遂棄領東地 悉封其渠帥爲縣侯 皆歲時朝賀 (『後漢書』85 東夷
列傳 75 濊)
예   後省都尉 封其渠帥爲侯 今不耐濊皆其種也 漢末更屬句麗 (『三國志』30 魏書 30
烏丸鮮卑東夷傳 濊)881)
예   後漢光武 建武六年 悉封其渠帥爲縣侯 皆歲時朝賀 (『通典』185 邊防 1 東夷 上 濊)
예   後漢 光武帝封其渠帥爲縣侯 皆歲時朝賀 (『太平寰宇記』172 四夷 1 東夷 1 濊
國)882)

불내 화려 옥저

後漢光武六年 省邊郡 都尉由此罷 其後皆以其縣中渠帥爲縣侯 不耐華麗沃沮諸縣皆爲
侯國 夷狄更相攻伐 唯不耐濊侯至今猶置功曹主簿諸曹 皆濊民作之 沃沮諸邑落渠帥
皆自稱三老 則故縣國之制也 (『三國志』30 魏書 30 烏丸鮮卑東夷傳 東沃沮)

예 옥저   (後官志) 建武六年省都尉 惟邊郡屬國都尉 往往仍舊 稍有分縣 治民比郡 (『玉海』
133 官制 屬國 都護 都督 漢五屬國[又見都尉])

옥저   至光武罷都尉官 後皆以封其渠帥 爲沃沮侯 (『後漢書』85 東夷列傳 75 東沃沮)883)

불내 화려 옥저

至光武 以其渠帥爲縣侯 不耐華麗沃沮諸縣皆爲侯國 (『通典』186 邊防 2 東夷 下
東沃沮)884)

불내 화려 옥저

至光武 以其渠帥爲縣侯 不耐華麗沃沮諸縣皆爲侯國 (『太平寰宇記』175 四夷 4 東
沃沮國)885)

예맥   (魏志曰) (…) 後省都尉 封其渠帥爲侯 今不耐濊 皆其種也 (…) (『太平御覽』780 四
夷部 1 東夷 1 獩貊)886)

옥저   (後東夷傳) (…) 光武罷都尉官 封渠帥爲沃沮侯887) (『玉海』131 官制 牧守[令長附]
漢都尉 三輔都尉[見內史] 西部都尉府 玉門關候)888)

31(辛卯/신라 유리이사금 8/고구려 대무신왕 14/백제 다루왕 4/後漢 建武 7/倭 垂仁 60)

---

880) 본문은 『三國史節要』1 고구려 유리명왕 31년(12)의 기사이다.
881) 본문의 '後省都尉'의 '後'는 『後漢書』등에 건무 6년의 사실로 나온다. 따라서 건무 6년에 편제하였다.
882) 본문에는 그 해가 나오지 않으나, 『後漢書』등에 건무 6년의 사실로 나온다. 따라서 건무 6년에 편제하
였다.
883) 본 기사는 그 연대는 나오지 않으나, 沃沮의 東部都尉가 폐지되는 것은 建武 6년(30)이다. 따라서 30년
에 편제하였다.
884) 본 기사는 그 연대는 나오지 않으나, 沃沮의 東部都尉가 폐지되는 것은 建武 6년(30)이다. 따라서 30년
에 편제하였다.
885) 본 기사는 그 연대는 나오지 않으나, 沃沮의 東部都尉가 폐지되는 것은 建武 6년(30)이다. 따라서 30년
에 편제하였다.
886) 본 기사는 그 연대는 나오지 않으나, 沃沮의 東部都尉가 폐지되는 것은 建武 6년(30)이다. 따라서 30년
에 편제하였다.
887) 昭帝始元五年 置樂浪東部都尉 分領東七縣
888) 본 기사는 그 연대는 나오지 않으나, 沃沮의 東部都尉가 폐지되는 것은 建武 6년(30)이다. 따라서 30년
에 편제하였다.

백제 말갈	秋八月 高木城昆優與靺鞨戰 大克 斬首二百餘級 (『三國史記』23 百濟本紀 1)
백제 말갈	秋八月 百濟高木城昆優與靺鞨戰 大克之 斬首二百餘級 (『三國史節要』1)

백제	九月 王田於橫岳下 連中雙鹿 衆人歎美之 (『三國史記』23 百濟本紀 1)
백제	九月 百濟王田於橫岳下 (『三國史節要』1)

고구려	冬十一月 有雷 無雪 (『三國史記』14 高句麗本紀 2)
고구려	冬十一月 高勾麗雷無雪 (『三國史節要』1)

낙랑	建武七年 蜀郡西工造 乘輿主洀木俠紵黃△耳桮 容一斗二合 素工? 耒工仲 黃耳塗工安 沘工高渹 淸工陉 畵工田 洀工定 造工忠造 △工卒史刻 ?辰紋正??? 令史??主 (「建武 7年銘 耳杯」)[889]
낙랑	建武七年 蜀郡西工造 乘輿臼洀△丈扶? 黃耳工石 沘工黃 淸工△ 主工? 洀工? 造工忠造 護工△振???丸? 令史?主 (「建武 7年銘 耳杯」)[890]
낙랑	建武七年 蜀郡西工造 乘△△洀造△△△黃二△ (…) 工忠 黃耳工? 沘工廣 淸△ 畵工用 洀工字 造工史造 護工卒史庫 長汜?? 用延 令史沼主 (「建武 7年銘 耳杯」)[891]

32(壬辰/신라 유리이사금 9/고구려 대무신왕 15/백제 다루왕 5/後漢 建武 8/倭 垂仁 61)

고구려	春三月 黜大臣仇都逸苟焚求等三人爲庶人 此三人爲沸流部長 資貪鄙 奪人妻妾牛馬財貨 忿[892]其所欲 有不與者 卽鞭之 人皆忿怨 王聞之 欲殺之 以東明舊臣 不忍致極法 黜退而已 遂使南部使者鄒敎素 代爲部長 敎素旣上任 別作大室以處 以仇都等罪人 不令升堂 仇都等詣前 告曰 吾儕小人 故犯王法 不勝愧悔 願公赦過 以令自新 則死無恨矣 敎素引上之 共坐曰 人不能無過 過而能改 則善莫大焉 乃與之爲友 仇都等感愧 不復爲惡 王聞之曰 敎素不用威嚴 能以智懲惡 可謂能矣 賜姓曰大室氏 (『三國史記』14 高句麗本紀 2)
고구려	三月 高勾麗癈大臣仇都逸苟焚求爲庶人 初仇都等三人爲沸流部長 性貪鄙 奪人妻妾財貨 恣其所欲 有不與者 鞭之 人懷忿怨 王聞之欲殺 以始祖舊臣 不忍致法 只令黜免 以南部使者鄒敎素代之 敎素作大室以處 仇都等三人 不令升堂 三人詣敎素謝曰 吾儕小人 犯王法 不勝愧悔 公能赦過 自新則死無恨矣 敎素引與之坐曰 人孰無過 過而能改 則善莫大焉 乃許爲友 仇都等感愧 不復爲惡 王聞之曰 勃素不用威嚴 能以智懲惡 可謂賢矣 賜姓曰大室氏 (『三國史節要』1)
신라	春 改六部之名 仍賜姓 楊山部爲梁部 姓李 高墟部爲沙梁部 姓崔 大樹部爲漸梁部[一云 牟梁] 姓孫 于[893]珍部爲本彼部 姓鄭 加利部爲漢祇部 姓裴 明活部爲習北部 姓薛 又設官有十七等 一伊伐湌 二伊尺湌 三迊湌 四波珍湌 五大阿湌 六阿湌 七一吉湌 八沙湌 九級伐湌 十大奈麻 十一奈麻 十二大舍 十三小舍 十四吉士 十五大烏 十六小烏 十七造位 王旣定六部 中分爲二 使王女二人 各率部內女子 分朋造黨 自秋七月 旣望 每日早集大部之庭績麻 乙夜而罷 至八月十五日 考其功之多小 負者置酒食 以謝勝者 於是 歌舞百戲皆作 謂之嘉俳 是時 負家一女子 起舞嘆曰 會蘇會蘇 其音哀

---

889) 평양 정오동 6호분에서 출토하였다.
890) 평양 정오동 6호분에서 출토하였다.
891) 평양 정오동 6호분에서 출토하였다.
892) 원문은 '忽'로 오각되어 있으나, '恣'가 옳다.
893) 원문의 '于'은 '干'으로 보는 것이 옳다.

雅 後人因其聲而作歌 名會蘇曲 (『三國史記』1 新羅本紀 1)

신라 儒理王九年 置十七等 一曰伊伐飡[或云伊罰干 或云干894)伐飡 或云角干 或云角粲895)
或云舒發翰 或云舒弗耶896)] 二曰伊尺飡[或云伊飡] 三曰迊飡[或云迊判 或云蘇判] 四
曰波珍飡[或云海干 或云破彌干] 五曰大阿飡 從此至伊伐飡 唯眞骨受之 他宗則否 六
曰阿飡[或云阿尺干 或云阿粲] 自重阿飡至四重阿飡 七曰一吉飡[或云乙吉干] 八曰沙
飡[或云薩飡 或云沙咄干] 九曰級伐飡[或云級飡 或云及伐干897)] 十曰大奈麻[或云大
奈末] 自重奈麻至九重奈麻. 十一曰奈麻[或云奈末] 自重奈麻至七重奈麻 十二曰大舍
[或云韓舍] 十三曰舍知[或云小舍] 十四曰吉士[或云稽知 或云吉次898)] 十五曰大鳥[或
云大鳥知] 十六曰小鳥[或云小鳥知] 十七曰造位[或云先沮知] (『三國史記』38 雜志 7
職官 上)899)

신라 弩禮王九年 始改六部名 又賜六姓 令900)俗中興部爲母 長福部爲父 臨川部爲子 加德
部爲女 其實未詳 (『三國遺事』1 紀異 2 新羅始祖 赫居世王)901)

신라 春 新羅改六部之名 仍賜姓 楊山部爲梁部 姓李 高墟部爲沙梁部 姓崔 大樹部爲漸梁
部[一云 牟梁] 姓孫 于珍部爲本彼部 姓鄭 加利部爲漢祇部 姓裴 明活部爲習北部 姓
薛 王旣定六部 中分爲二 使王女二人 各率部內女子 自秋七月旣望 每日早集大部之
庭績麻 夜分而罷 至八月十五日 考其功之多小 負者置酒食 以謝勝者 相與歌舞 百戲
皆作 謂之嘉俳 是時 負家一女子 起舞嘆曰 會蘇會蘇 其音哀雅 後人因其聲而作歌
名會蘇曲 (『三國史節要』1)

신라 (春) 新羅設官 有十七等 一曰伊伐飡[或云伊罰干 或云干伐飡 或云角干 或云角粲 或
云舒發翰 或云舒弗邯] 二曰伊尺飡[或云伊飡] 三曰迊飡[或云迊判 或云蘇判] 四曰波
珍飡[或云海干 或云破彌干] 五曰大阿飡 從此至伊伐飡 唯眞骨受之 眞骨王族也 六曰
阿飡[或云阿尺干 或云阿粲] 自重阿飡至四重阿飡 七曰一吉飡[或云乙吉干] 八曰沙飡
[或云薩飡 或云沙咄干] 九曰級伐飡[或云級飡 或云及伐干] 十曰大奈麻[或云大奈末]
自重奈麻至九重奈麻 十一曰奈麻[或云柰末] 自重奈麻至七重奈麻 十二曰大舍[或云韓
舍] 十三曰舍知[或云小舍] 十四曰吉士[或云稽知 或云吉次] 十五曰大鳥[或云大鳥知]
十六曰小鳥[或云小鳥知] 十七曰造位[或云先沮知] (『三國史節要』1)

---

894) 원문의 '干'은 '于'로 보는 것이 옳다.
895) 원문에는 오각되어 있다.
896) 원문의 '耶'는 '邯'으로 보는 것이 옳다.
897) 원문의 '于'는 '干'으로 보는 것이 옳다.
898) 원문의 '次'는 '次'로 보는 것이 옳다.
899) 『삼국사기』와 『삼국사절요』에 春으로 편제되어 있어, 春으로 편년하였다. 신라의 관등과 관련해서 중국
정사와 『翰苑』 등에는 다음과 같이 나온다. "其官名 有子賁旱支齊旱支謁旱支壹告支 奇貝旱支" (『梁書』
54 東夷列傳 48 新羅) "其官名 有子賁旱支壹旱支齊旱支謁旱支壹吉支 奇貝旱支" (『南史』79 列傳 69
夷貊下 東夷 新羅) "其官有十七等 一曰伊罰干 貴如相國 次伊尺干 次迎干 次破彌干 次大阿尺干 次阿尺干
次乙吉干 次沙咄干 次及伏干 次大奈摩干 次奈摩 次大舍 次小舍 次吉士 次大鳥 次小鳥 次造位"(『北史』
94 列傳 82 新羅) "其官有十七等 其一曰伊罰干 貴如相國 次伊尺干 次迎干 次破彌干 次大阿尺干 次阿尺
干 次乙吉干 次沙咄干 次及伏干 次大奈摩干 次奈摩 次大舍 次小舍 次吉士 吉土 次大鳥 次小鳥 次造位"
(『隋書』81 列傳 46 東夷 新羅) "文武官凡有十七等"(『舊唐書』199上 列傳 149上 東夷 新羅) "擁叛卒以
稱强 承附金而得姓[括地志曰 新羅王姓金氏 其先所出 未之詳也 隨[隋]東藩風俗記云 金姓相承卅餘代 其光
[先]附庸於百濟 <隋> 征高驪 驪人不堪役 相率歸之 遂致强盛 其官有七十[十七]等 一曰伊代[伐]干 二百[曰]
伊尺干 三曰迊干 (西)四曰波珍干 五曰大阿干 六曰何[阿]干 七曰乙吉干 八曰沙咄干 九曰級代[伐]干 <十>
曰大奈麻 十一曰奈<麻> 十二曰大舍 十三曰小舍 十四<曰>吉士 十五曰大鳥 十六曰小鳥 十七曰造位之]
"(『翰苑』蕃夷部 新羅) "(北史又曰) 其官有十七等 一曰伊罰干 貴如相國 次伊尺干 次迎干 破彌干 次大阿
尺干 次阿尺干 次乙吉干 次沙咄干 次及伏干 次太奈摩干 次奈摩 次大舍 次小舍 次吉土 次大焉 次小焉 次
達位"(『太平御覽』781 四夷部 2 東夷 2 新羅)
900) 원문에는 '令'으로 되어 있으나, '今'으로 보는 것이 옳다.
901) 『三國遺事』1 紀異 2 第三弩禮王에는 이 왕대에 "改定六部號 仍賜六姓"했다고 한다. 『삼국사기』와 『삼
국사절요』에 춘으로 편제되어 있어, 춘으로 편년하였다.

고구려 옥저 낙랑

　　　夏四月 王子好童 遊於沃沮 樂浪王崔理出行 因見之 問曰 觀君顔色 非常人 豈非北
　　　國神王之子乎 遂同歸以女妻之 後好童還國 潛遣人 告崔氏女曰 若能入而國武庫 割
　　　破鼓角 則我以禮迎 不然則否 先是 樂浪有鼓角 若有敵兵則自鳴 故令破之 於是 崔
　　　女將利刀 潛入庫中 割鼓面角口 以報好童 好童勸王襲樂浪 崔理以鼓角不鳴 不備 我
　　　兵掩至城下 然後知鼓角皆破 遂殺女子 出降[或云 欲滅樂浪 遂請婚娶其女 爲子妻 後
　　　使歸本国 壞其兵物] (『三國史記』14 高句麗本紀 2)

고구려 옥저 낙랑

　　　夏四月 高勾麗王子好童 遊於沃沮 樂浪王崔理 適見之 謂好童曰 相君之貌 必非常人
　　　豈比國神王之子乎 遂同歸妻以女 後好童將還 潛謂女曰 若能入武庫 割破鼓角 則我
　　　以禮迎之 先是 樂浪有鼓角 若有敵兵則自鳴 故好童令破之 於是 女潛入武庫 割鼓面
　　　角口 以報好童 好童勸王 襲樂浪 崔理以鼓角不鳴 不設備 麗兵奄至城下 乃知鼓角皆
　　　破 遂殺女 出降 (『三國史節要』1)

고구려

　　　冬十一月 王子好童自殺 好童 王之次妃曷思王孫女所生也 顔容美麗 王甚愛之 故名
　　　好童 元妃恐奪902)嫡爲大903)子 乃讒於王曰 好童不以禮待妾 殆欲乱乎 王曰 若以他
　　　兒 憎疾乎 妃知王不信 恐禍將及 乃涕泣而告曰 請大王密候 若無此事 妾自伏罪 於
　　　是 大王不能不疑 將罪之 或謂好童曰 子何不自釋乎 答曰 我若釋之 是顯母之惡 貽
　　　王之憂 可謂孝乎 乃伏劍而死
　　　論曰 今王信讒言 殺無辜之愛子 其不仁不足道矣 而好童不得無罪 何則 子之見責於
　　　其父也 宜若舜之於瞽瞍 小杖則受 大杖則走 期不陷父於不義 好童不知出於此 而死
　　　非其所 可謂執於小謹而昧於大義 其公子申生之譬耶 (『三國史記』14 高句麗本紀 2)

고구려

　　　冬十一月 高勾麗王子好童自殺 初王納曷思王孫女爲妃生 好童容貌美好 王奇愛之 故
　　　名好童 元妃恐奪嫡讒於王曰 好童欲無禮於妾 王曰 若以他産而疾之乎 妃見王不信
　　　恐取禍 更泣告曰 請大王密察之 妾若不實 妾當伏罪 於是 王不能不疑 將罪之 或謂
　　　好童曰 子何不自釋乎 好童曰 我若釋之 是顯母之惡 貽父之憂 可謂孝乎 遂伏劍而死
　　　金富軾曰 今王信讒言 殺無辜之愛子 其不仁 不足道矣 而好童不得無罪何則 子之見
　　　責於其父也 宜若舜之於瞽叟 小杖則受 大杖則走 期不陷父於不義 好童不知出此 而
　　　死非其所 可謂執於小謹 而昧於大義 其公子申生之譬耶 (『三國史節要』1)

고구려　　十二月 立王子解憂爲大904)子 (『三國史記』14 高句麗本紀 2)

고구려　　十二月 高勾麗王立解憂爲太子 (『三國史節要』1)

고구려　　(十二月) 遣使入漢朝貢 光虎905)帝復其王號 是立906)武八年也 (『三國史記』14 高句
　　　　　　麗本紀 2)

고구려　　(十二月) 遣使朝漢帝 復其王號 (『三國史節要』1)

고구려　　(十二月) 高句麗王遣使奉貢 (『後漢書』1 下 光武帝紀 1 下)

고구려　　十二月 高勾麗王遣使朝貢 帝復其王號907) (『資治通鑑』42 漢紀 34 世祖光武皇帝)

고구려　　(紀) 光武建武八年 十二月 高句麗王遣使奉貢 (『玉海』152 朝貢 外夷來朝 漢高麗奉
　　　　　　貢 內屬)

---

902) 원문에 오각되어 있어 奪로 고쳤다.
903) 원문의 '大'는 '太'가 맞다.
904) 원문의 '大'는 太가 맞다.
905) 고려 혜종의 이름 '武'자를 피휘하여 '虎'자를 사용했다.
906) 고려 태조의 이름 '建'자를 피휘하여 '立'자를 사용했다.
907) 王莽貶高勾麗爲侯 今復其王號 句 音如字 又音駒 又巨俱翻

고구려	建武八年 高句驪遣使朝貢 光武復其王號 (『後漢書』85 東夷列傳 75 高句驪)908)
고구려	漢光武帝八年 高句麗王遣使朝貢 始見稱王 (『三國志』30 魏書 30 烏丸鮮卑東夷傳 高句麗)909)
고구려	光武八年 高句驪王遣使朝貢 始稱王 (『梁書』54 列傳 48 諸夷 東夷 高句驪)910)
고구려	光武建武八年 高句麗遣使朝貢 (『北史』94 列傳 82 高麗)911)
고구려	王莽發其兵 以誅匈奴不至 降王爲侯 而麗人益寇邊912) (『高麗圖經』1 建國 始封)
고구려	(後漢光武建武)八年 高句驪侯 遣使朝貢 先是 王莽更名高句驪侯 於是 貊人寇邊愈甚 至是 遣使朝貢 帝復其王號 (『册府元龜』963 外臣部 8 封冊 1)913)
고구려	光武建武八年 遣使朝貢 帝復其王號 (『通典』186 邊防 2 東夷 下 高句麗)914)
고구려	光武帝建武八年 遣使朝貢 因復其王號 (『太平寰宇記』173 四夷 2 東夷 2 高句驪國)915)
고구려	(東夷傳) 建武八年 遣使朝貢 光武復其王號 (『玉海』152 朝貢 外夷來朝 漢高麗奉貢內屬)916)

33(癸巳/신라 유리이사금 10/고구려 대무신왕 16/백제 다루왕 6/後漢 建武 9/倭 垂仁 62)

백제	春正月 立元子己婁爲太子 大赦 (『三國史記』23 百濟本紀 1)
백제	春正月 百濟王立元子己婁爲太子 大赦 (『三國史節要』2)
백제	二月 下令國南州郡 始作稻田 (『三國史記』23 百濟本紀 1)
백제	二月 百濟下令國南州郡 始作稻田 (『三國史節要』2)

34(甲午/신라 유리이사금 11/고구려 대무신왕 17/백제 다루왕 7/後漢 建武 10/倭 垂仁 63)

백제	春二月 右輔解婁卒 年九十年歲 以東部屹于爲右輔 (『三國史記』23 百濟本紀 1)
백제	春二月 百濟右輔解婁卒 年九十 以東部屹于代之 (『三國史節要』2)
백제	夏四月 東方有赤氣 (『三國史記』23 百濟本紀 1)
백제	夏四月 百濟東方有赤氣 (『三國史節要』2)

---

908) 본문은 그 달이 기록되어 있지 않지만, 『三國史記』등에 광무제 8년에 고구려왕이 사신을 보내어 조공하자 12월에 고구려왕의 칭호를 회복시켰다고 한다. 따라서 본문의 기사를 12월에 편제하였다.
909) 본문은 그 달이 기록되어 있지 않지만, 『三國史記』등에 광무제 8년에 고구려왕이 사신을 보내어 조공하자 12월에 고구려왕의 칭호를 회복시켰다고 한다. 따라서 본문의 기사를 12월에 편제하였다.
910) 본문은 그 달이 기록되어 있지 않지만, 『三國史記』등에 광무제 8년에 고구려왕이 사신을 보내어 조공하자 12월에 고구려왕의 칭호를 회복시켰다고 한다. 따라서 본문의 기사를 12월에 편제하였다.
911) 본문은 그 달이 기록되어 있지 않지만, 『三國史記』등에 광무제 8년에 고구려왕이 사신을 보내어 조공하자 12월에 고구려왕의 칭호를 회복시켰다고 한다. 따라서 본문의 기사를 12월에 편제하였다.
912) 그리고 『高麗圖經』1 建國 始封조에 본문의 기사 뒤에 "安帝(107~124)以後 部衆滋熾 雖少鈔暴 旋卽賓服"했다고 한다.
913) 본문은 그 달이 기록되어 있지 않지만, 『三國史記』등에 광무제 8년에 고구려왕이 사신을 보내어 조공하자 12월에 고구려왕의 칭호를 회복시켰다고 한다. 따라서 본문의 기사를 12월에 편제하였다.
914) 본문은 그 달이 기록되어 있지 않지만, 『三國史記』등에 광무제 8년에 고구려왕이 사신을 보내어 조공하자 12월에 고구려왕의 칭호를 회복시켰다고 한다. 따라서 본문의 기사를 12월에 편제하였다.
915) 본문은 그 달이 기록되어 있지 않지만, 『三國史記』등에 광무제 8년에 고구려왕이 사신을 보내어 조공하자 12월에 고구려왕의 칭호를 회복시켰다고 한다. 따라서 본문의 기사를 12월에 편제하였다.
916) 본문은 그 달이 기록되어 있지 않지만, 『三國史記』등에 광무제 8년에 고구려왕이 사신을 보내어 조공하자 12월에 고구려왕의 칭호를 회복시켰다고 한다. 따라서 본문의 기사를 12월에 편제하였다.

신라	(1~5월)京都地裂 泉湧 (『三國史記』 1 新羅本紀 1)	
신라	新羅京都地裂 泉湧 (『三國史節要』 2)917)	

신라	夏六月 大水 (『三國史記』 1 新羅本紀 1)
신라	六月 新羅大水 (『三國史節要』 2)

백제 말갈	秋九月 靺鞨攻陷馬首城 放火 燒百姓廬屋 (『三國史記』 23 百濟本紀 1)
백제 말갈	秋九月 靺鞨攻陷百濟馬首城 火之 (『三國史節要』 2)

백제 말갈	冬十月 又襲瓶山柵 (『三國史記』 23 百濟本紀 1)
백제 말갈	冬十月 靺鞨襲百濟瓶山柵 (『三國史節要』 2)

35(乙未/신라 유리이사금 12/고구려 대무신왕 18/백제 다루왕 8/後漢 建武 11/倭 垂仁 64)

36(丙申/신라 유리이사금 13/고구려 대무신왕 19/백제 다루왕 9/後漢 建武 12/倭 垂仁 65)

신라 낙랑	秋八月 樂浪犯北邊 攻陷朶山城 (『三國史記』 1 新羅本紀 1)
신라 낙랑	秋八月 樂浪犯新羅北邊 攻陷朶山城 (『三國史節要』 2)

37(丁酉/신라 유리이사금 14/고구려 대무신왕 20/백제 다루왕 10/後漢 建武 13/倭 垂仁 66)

백제	冬十月 右輔屹于爲左輔 北部眞會爲右輔 (『三國史記』 23 百濟本紀 1)
백제	冬十月 百濟以右輔屹于爲左輔 北部眞會爲右輔 (『三國史節要』 2)

백제	十一月 地震聲如雷 (『三國史記』 23 百濟本紀 1)
백제	十一月 百濟地震聲如雷 (『三國史節要』 2)

신라 고구려 낙랑
　　　高句麗王無恤 襲樂浪滅之 其國人五千來投 分居六部 (『三國史記』 1 新羅本紀 1)
고구려 낙랑　王襲樂浪滅之 (『三國史記』 14 高句麗本紀 2)
신라 고구려 낙랑
　　　高勾麗襲樂浪滅之 樂浪人五千與帶方人投新羅 新羅分置六部 (『三國史節要』 2)
낙랑 대방 신라
　　　(國史云) 又第三弩禮王四年 高麗第三無恤王伐樂浪滅之 其國人與帶方[北帶方]投于羅 (『三國遺事』 1 紀異 2 樂浪國)
북대방 신라 낙랑
　　　北帶方 本竹覃城 新羅弩禮王四年 帶方人與樂浪人投于羅[此皆前漢所置二郡名 其後 借稱國 今來降] (『三國遺事』 1 紀異 2 北帶方)

38(戊戌/신라 유리이사금 15/고구려 대무신왕 21/백제 다루왕 11/後漢 建武 14/倭 垂仁 67)

---

917) 『三國史節要』의 이 기사는 월이 불분명하나 『三國史記』 기사에 의거 6월 이전으로 배치하였다.

백제	秋 穀不成 禁百姓私釀酒 (『三國史記』23 百濟本紀 1)
백제	秋 百濟饑禁民釀酒 (『三國史節要』2)

백제	冬十月 王巡撫東西兩部 貧不能自存者給穀人二石 (『三國史記』23 百濟本紀 1)
백제	冬十月 百濟王巡撫東西兩部 賑貧不能自存者給穀人二石 (『三國史節要』2)

39(己亥/신라 유리이사금 16/고구려 대무신왕 22/백제 다루왕 12/後漢 建武 15/倭 垂仁 68)

40(庚子/신라 유리이사금 17/고구려 대무신왕 23/백제 다루왕 13/後漢 建武 16/倭 垂仁 69)

신라 맥국	秋九月 華麗不耐二縣人連謀 率騎兵 犯北境 貊國渠帥以兵 要曲河西敗之 王喜 與貊國結好 (『三國史記』1 新羅本紀 1)
신라 맥국	秋九月 華麗不耐二縣連兵 犯新羅北境 貊國渠帥以兵 要曲河西敗之 王喜 與貊國結好 (『三國史節要』2)

41(辛丑/신라 유리이사금 18/고구려 대무신왕 24/백제 다루왕 14/後漢 建武 17/倭 垂仁 70)

고구려	春三月 京都雨雹 (『三國史記』14 高句麗本紀 2)
고구려	春三月 高勾麗京都雨雹 (『三國史節要』2)

고구려	秋七月 隕霜殺穀 (『三國史記』14 高句麗本紀 2)
고구려	秋七月 高勾麗隕霜殺穀 (『三國史節要』2)

고구려	八月 梅花發 (『三國史記』14 高句麗本紀 2)
고구려	八月 高勾麗梅花發 (『三國史節要』2)

42(壬寅/신라 유리이사금 19/고구려 대무신왕 25/백제 다루왕 15/後漢 建武 18/倭 垂仁 71)

가야	五伽耶[按駕洛記贊云 垂一紫纓 下六圓卵 五歸各邑 一在玆城 則一爲首露王 餘五各爲五伽耶之主 金官不入五數當矣 而本朝史畧 並數金官而濫記昌寧誤] 阿羅[一作耶]伽耶[今咸安] 古寧伽耶[今咸寧] 大伽耶[今高靈] 星山伽耶[今京山一云碧珍] 小伽耶[今固城] 又本朝史畧云 太祖天福五年庚子 改五伽耶名 一金官[爲金海府] 二古寧[爲加利縣] 三非火[今昌寧恐高靈之訛] 餘二 阿羅 星山[同前星山或作碧珍伽耶] (『三國遺事』1 紀異 1)
가야	開闢之後 此地未有邦國之號 亦無君臣之稱 越有我刀干汝刀干彼刀干五刀干留水干留天干神天干五天干神鬼干等九干者 是酋長領總百姓 凡一百戶 七万五千人 多以自都山野 鑿井而飲 耕田而食 屬後漢世祖光正帝建正十八年壬寅三月禊洛之日 所居北龜旨[是峯巒之稱 若十朋918)伏之狀 故云也] 有殊常聲氣呼喚 衆庶二三百人集會於此 有如人音 隱其形而發其音曰 此有人否 九干等云 吾徒在 又曰吾所在爲何 對云龜旨也 又曰 皇天所以命我者 御是處惟新家邦 爲君后 爲玆故降矣 你等須掘峯頂撮土 歌之云 龜何龜何 首其現也 若不現也 燔灼而喫也 以之蹈舞 則是迎大王 歡喜踴躍之也 九干等 如其言 咸忻而歌舞 未幾仰而観之 唯紫繩自天垂而着地 尋繩之下 乃見紅幅

---

918) 조병순본에는 '朋'으로 되어 있다.

	褢金合子 開而視之 有黃金卵六圓如日者 衆人悉皆驚喜 俱伸百拜 尋還褢著抱持而歸 我刀家 寘榻上 其衆各散 過浹辰 翌日平明 衆庶復相聚集開合 而六卵化爲童子 容兒 甚偉 仍坐於床 衆庶拜賀 盡恭敬止 日日而大 踰十餘晨昏 身長九尺則殷之天乙 顔如 龍焉則漢之高祖 眉之八彩則有唐之高 眼之重瞳則有虞之舜 其於月望日即位也 始現 故諱首露 或云首陵[首陵是崩後謚也] 國稱大駕洛 又稱伽耶國 即六伽耶之一也 餘五 人各歸爲五伽耶主 東以黃山江 西南以滄海 西北以地理山 東北以伽耶山 南而爲國尾 俾創假宮而入御 但要質儉 茅茨不剪 土階三尺 (『三國遺事』 2 紀異 1 駕洛國記)

가야	春三月旣望 駕洛國始祖金首露立 初駕洛有九干 曰我刀曰汝刀曰彼刀曰五刀曰留水曰 留天曰神天曰神鬼 各總其衆爲酋長 凡戸百口七萬五千 聚居山野耕鑿食飮 無君臣位 號 禊事適見龜峯 有異氣 且於空中 若有數百人呼九干語曰 皇天命我莅玆土建邦家 若等宜龜首之曲迎之 九干如其言 俄而降金合 開視之有六金卵 不日皆化爲男 奇偉長 大 貌類古聖人 人衆皆驚異 推立 始生者爲王 因金卵而生仍故姓金氏 始現故名首露 國號大駕洛 又稱伽耶 餘五人各爲五伽耶主 曰阿羅伽耶 曰古寧伽耶 曰大伽耶 曰星 山伽耶 曰小伽耶 駕洛後改稱金官國 (『三國史節要』 2)[919]

가야	金庾信 王京人也 十二世祖首露 不知何許人也 以後漢建武十八年壬寅 登龜峰 望駕 洛九村 遂至其地開國 號曰加耶 後改爲金官國 (『三國史記』 41 列傳 1 金庾信 上)[920]

신라 맥	秋八月 貊帥獵得禽獸 獻之 (『三國史記』 1 新羅本紀 1)
신라 맥	秋八月 貊帥獻獵得禽于新羅 (『三國史節要』 2)

신라 이서국	新羅伐伊西國 滅之 (『三國史節要』 2)

고구려 신라	高麗兵侵新羅 (『三國史節要』 2)

낙랑	建武十八年 蜀郡西工造 乘輿 (…) 汩畵△△△△釦飯△△△ 素工 (…) 工樂 黃釦塗 工△ 工商 淸工△ 畵工定 △工愔 造工△ 卒史西丗 (…) 梁 令習主 (「建武 18年 銘 耳杯」)
낙랑	建武十八年 蜀郡西工造 (「建武18年銘 漆盤」)

가야	古記云 萬魚寺者 古之慈成山也 又阿耶斯山[當作摩耶斯 此云魚也] 傍有呵囉國 昔 天卵下于海邊 作人御國 即首露王 當此時 境內有玉池 池有毒龍焉 万魚山有五羅刹 女 徃來交通 故時降電雨 歷四年 五穀不成 王呪禁不能 稽首請佛說法 然後羅刹女受 五戒 而無後害 故東海魚龍 遂化爲滿洞之石 各有鍾磬之聲 [已上古記] (『三國遺事』 3 塔像 4 魚山佛影)

43(癸卯/신라 유리이사금 20/고구려 대무신왕 26/백제 다루왕 16/後漢 建武 19/倭 垂 仁 72)

가야	(即位)二年癸卯春正月 王若曰 朕欲定置京都 仍駕幸假宮之南新畓坪[是古來閑田 新 耕作故云也 畓乃俗文也] 四望山嶽 顧左右曰 此地狹小如蓼葉 然而秀異 可爲十六羅 漢住地 何況自一成三 自三成七 七聖住地 固合于是 托土開疆 終然允藏歟 築置一千 五百步周迴羅城 宮禁殿宇 及諸有司屋宇 虎庫倉廩之地 事訖還宮 徧徵國內丁壯人夫

---

919) 『三國遺事』 1 王曆 1 駕洛에 "首露王[壬寅二月卯生是月即位理一百五十八年因金卵而生故姓金氏開皇曆 載]"이라 하였다. 한편 순암수택본에는 "壬寅三月"이라 하였다.

920) 이 기사에는 월 표기가 없으나, 『三國遺事』·『三國史節要』에 의거하여 3월로 편년하였다.

工匠 以其月二十日資始金陽921) 塈三月十日役畢 其宮闕屋舍 俟農隙而作之 經始于
厥年十月 逮甲辰二月而成 消吉辰御新宮 理万機而懃庶務 忽有琓夏國含達王之夫人
妊娠 於月生卵 卵化爲人 名曰脫解 從海而來 身長三尺 頭圓一尺 悅焉詣闕 語於王
云 我欲奪王之位故來耳 王荅曰 天命我俾即于位 將令安中國而綏下民 不敢違天之命
以與之位 又不敢以吾國吾民 付囑於汝 解云 若爾可爭其術 王曰 可也 俄頃之間 解
化爲鷹 王化爲鷲 又解化爲雀 王化爲鸇 于此際也 寸陰未移 解还本身 王亦復然 解
乃伏膺曰 僕也適於角術之場 鷹之鷲 雀之於鸇 獲免焉 此盖聖人惡殺之仁而然乎 僕
之與王 爭位良難 便拜辞而出 到麟郊外渡頭 將中朝來泊之水道而行 王竊恐滯留謀亂
急發舟師五百艘而追之 解奔入雞林地界 舟師盡還 事記所載多異與新羅 (『三國遺事』
2 紀異 1 駕洛國記)

44(甲辰/신라 유리이사금 21/고구려 대무신왕 27, 민중왕 1/백제 다루왕 17/後漢 建武 20/倭 垂仁 73)

고구려 낙랑　秋九月 漢光武帝 遣兵渡海伐樂浪 取其地爲郡縣 薩水已南 屬漢 (『三國史記』14 高
句麗本紀 2)

고구려 낙랑　秋九月 漢遣兵渡海伐樂浪 取其地爲郡縣 薩水已北 屬漢 (『三國史節要』2)

동이 한국 낙랑
　　　　　秋 東夷韓國人率眾詣樂浪內附922) (『後漢書』1 下 帝紀 1 下 光武皇帝)
동이 한국 낙랑
　　　　　(後漢光武建武)二十年秋 東夷韓國人率衆詣樂浪 內附923) (『册府元龜』977 外臣部
22 降附)
한국 낙랑　(後漢光武建武) 二十年 東韓國人廉斯人蘇馬諟等 詣樂浪貢獻 帝封蘇馬諟爲漢廉斯邑
君 所屬樂浪郡 四時朝謂 (『册府元龜』963 外臣部 8 封冊 1)
낙랑 한　建武二十年 韓人廉斯人蘇馬諟等詣樂浪貢獻[廉斯 邑名也 諟音是] 光武封蘇馬諟爲漢
廉斯邑君 使屬樂浪郡 四時朝謁 (『後漢書』85 東夷列傳 75 韓)

고구려　冬十月 王薨 葬於大獸村原 號爲大武神王 (『三國史記』14 高句麗本紀 2)
고구려　冬十月 高勾麗王無恤薨 葬於大獸村原 號爲大武神王[或云大解味留王] 太子解憂 幼
少 國人推王弟解邑朱爲王 大赦(『三國史節要』2)
고구려　(冬十月) 閔中王 諱解色朱 大武神王之弟也 大武神王薨 大子幼少 不克卽政 於是 國
人推戴以立之 (『三國史記』14 高句麗本紀 2)924)
고구려　如栗死 子莫來代立 乃征夫餘 夫餘大敗 逐統屬焉 (『魏書』100 列傳 88 高句麗)

고구려　十一月 大赦 (『三國史記』14 高句麗本紀 2)

낙랑　(國史云)又無恤王二十七年 光虎帝遣使伐樂浪 取其地爲郡縣 薩水已南屬漢[據上諸文
樂浪卽平壤城 宜矣 或云樂浪中頭山下靺鞨之界 薩水今大同江也 未詳孰是] 百濟温祚
之言曰 東有樂浪 北有靺鞨 則殆古漢時 樂浪郡之屬縣之地也 新羅人亦以稱樂浪故
今本朝亦因之 而稱樂浪郡夫人 又太祖降女於金傅 亦曰樂浪公主 (『三國遺事』1 紀

---

921) ‘湯’의 오자로 “金城湯池”의 준말이다.
922) 東夷有辰韓卞韓馬韓 謂之三韓國也
923) 東夷有辰韓·馬韓 謂之三韓國也
924) 『三國遺事』1 王曆 1에서는 “第四閔中王[名色朱 姓解氏 大虎之子 甲辰立 理四年]”이라 하였다. ‘色朱’
에 대해 순암 수택본에서는 “名邑朱”라 하였다.

　　　　　　　異 2 樂浪國)

한국 낙랑　　(後漢光武建武) 二十年　東韓國人廉斯人蘇馬諟等　詣樂浪貢獻　帝封蘇馬諟爲漢廉
　　　　　　　斯邑君 所屬樂浪郡 四時朝闕 (『册府元龜』 963 外臣部 8 封册 1)

45(乙巳/신라 유리이사금 22/고구려 민중왕 2/백제 다루왕 18/後漢 建武 21/倭 垂仁 74)

고구려　　　春三月 宴羣臣 (『三國史記』 14 高句麗本紀 2)
고구려　　　春三月 高勾麗宴群臣 (『三國史節要』 2)

고구려　　　夏五月 國東大水 民饑 發倉賑給 (『三國史記』 14 高句麗本紀 2)
고구려　　　夏五月 高勾麗國東大水 民饑 發倉賑給 (『三國史節要』 2)

낙랑　　　　① 建武十一年 廣漢郡工官造 乘輿髹汸木俠紵杯 容二升二合 素工伯 髹工魚 上工廣
　　　　　　 汸工合 造工隆造 護工卒史凡 長匡 丞 掾恂 令史郎主 ② 利王 (「建武 21年銘 耳杯」)

46(丙午/신라 유리이사금 23/고구려 민중왕 3/백제 다루왕 19/後漢 建武 22/倭 垂仁 75)

고구려　　　秋七月 王東狩獲白獐 (『三國史記』 14 高句麗本紀 2)
고구려　　　秋七月 高勾麗王東狩獲白獐 權近曰 按爲之後者爲之子 今閔中嗣無恤而王 則當以父
　　　　　　 事無恤矣 喪未數月而與群臣宴 未及祥碁而又狩獵 其失自著矣 (『三國史節要』 2)

고구려　　　冬十一月 星孛于南 二十日而滅 (『三國史記』 14 高句麗本紀 2)
고구려　　　冬十一月 高勾麗有星孛于南 二十日而滅 (『三國史節要』 2)

고구려　　　十二月 京都無雪 (『三國史記』 14 高句麗本紀 2)
고구려　　　十二月 高勾麗京都無雪 (『三國史節要』 2)

47(丁未/신라 유리이사금 24/고구려 민중왕 4/백제 다루왕 20/後漢 建武 23/倭 垂仁 76)

고구려　　　夏四月 王田於閔中原 (『三國史記』 14 高句麗本紀 2)
고구려　　　夏四月 高勾麗王田於閔中原 (『三國史節要』 2)

고구려　　　秋七月 又田見石窟 顧謂左右曰 吾死必葬於此 不須更作陵墓 (『三國史記』 14 高句
　　　　　　 麗本紀 2)
고구려　　　秋七月 又田于閔中見石窟 謂左右曰 吾死必葬於此 不須更作陵墓 (『三國史節要』 2)

고구려　　　九月 東海人高朱利獻鯨 魚目夜有光 (『三國史記』 14 高句麗本紀 2)

고구려 낙랑　(冬十月丙申) 高句麗率種人詣樂浪內屬 (『後漢書』 1 下 帝紀 1 下 光武皇帝)
고구려 낙랑　冬十月 蠶友落部大家戴升等一萬餘家 詣樂浪投漢[後漢書云 大加戴升等萬餘口] (『三
　　　　　　 國史記』 14 高句麗本紀 2)
고구려 낙랑　冬十月 高勾麗蠶友落部大家戴升等萬餘家 因樂浪投漢 (『三國史節要』 2)
고구려 낙랑　(後漢光武建武)二十三年 十月 高句麗率衆人 詣樂浪內屬 (『册府元龜』 977 外臣部
　　　　　　 22 降附)

고구려 낙랑   (建武)二十三年冬 句驪蠶支落大加戴升等萬餘口 詣樂浪內屬 (『後漢書』85 東夷列傳
              75 高句驪)

48(戊申/신라 유리이사금 25/고구려 민중왕 5, 모본왕 1/백제 다루왕 21/後漢 建武 24/倭 垂仁 77)

백제   春二月 宮中大槐樹自枯 (『三國史記』23 百濟本紀 1)

백제   三月 左輔屹于卒 王哭之哀 (『三國史記』23 百濟本紀 1)
백제   三月 百濟左輔屹于卒 (『三國史節要』2)

고구려   春 高勾麗王解邑朱薨 王后及群臣 從遺命 乃葬於石窟 號爲閔中王 太子解憂立 暴戾
              不仁 不恤國事 百姓怨之 (『三國史節要』2)925)

가야   屬建正二十四年戊申七月二十七日 九干等朝謁之次 献言曰 大王降靈已來 好仇未得
              請臣等所有處女絶好者 選入宮闈 俾爲伉儷 王曰 朕降于玆 天命也 配朕而作后 亦天
              之命 卿等無慮 逐命留天干押輕舟 持駿馬 到望山島立待 申命神鬼干就乘岾[望山島京
              南島嶼也 乘岾輦下國也] 忽自海之西南隅 掛緋帆 張茜旗 而指乎北 留天等先擧火於
              島上 則競渡下陸 爭奔而來 神鬼望之 走入闕奏 上聞欣欣 尋遣九干等 整蘭橈揚桂
              楫而迎之 旋欲陪入內 王后乃曰 我與等素昧平生 焉敢輕忽相隨而去 留天等返達后之
              語 王然之 率有司動蹕 從闕下西南六十步許地 山邊設幔殿祇候 王后於山外別浦津頭
              維舟登陸 憩於高嶠 解所著綾袴爲贄 遺于山靈也 其地侍從媵臣二員 名曰申輔趙匡
              其妻二人號慕貞慕良 或臧獲并計二十餘口 所賫錦繡綾羅 衣裳疋段 金銀珠玉 瓊玖服
              玩噐 不可勝記 王后漸近行在 上出迎之 同入帷宮 媵臣已下衆人就階下而見之 即退
              上命有司 引媵臣夫妻曰 人各以一房安置 已下臧獲各一房五六人安置 給之以蘭液蕙
              醑 寢之以文茵彩薦 至於衣服疋段寶貨之類 多以軍夫遴集而護之 於是王與后共御
              國寢 從容語王曰 妾是阿踰陁國公主也 姓許名黃玉年二八矣 在本國時 今年五月中
              父王與皇后顧妾而語曰 爺孃一昨夢中 同見皇天上帝 謂曰駕洛國元君首露者 天所降
              而俾御大寶 乃神乃聖 惟其人乎 且以新花家邦 未定匹偶 卿等湏遣公主而配之 言訖
              升天 形開之後 上帝之言 其猶在耳 你於此而忽辭親向彼乎往矣 妾也浮海遐尋於蒸棗
              移天夐赴於蟠桃 蟓首敢叨 龍顔是近 王荅曰 朕生而頗聖 先知公主自遠而屆 下臣有
              納妃之請 不敢從焉 今也淑質自臻眇躬多幸 遂以合歡 兩過清宵 一經白晝 於是遂還
              來船 篙工楫師共十有五人 各賜粮粳米十碩 布三十疋 令歸本國 (『三國遺事』2 紀異
              1 駕洛國記)

가야   秋七月 駕洛國主納許氏爲妃 初九干請納妃 王曰 朕降于玆天命也 當有配朕作后者卿
              等無憂 至是 阿踰陀國公主 浮海而至 王納爲妃 (『三國史節要』2)

가야   金官虎溪寺婆裟石塔者 昔此邑爲金官國時 世祖首露王之妃 許皇后名黃玉 以東漢建
              武二十四年甲926)申 自西域阿踰陀國所載來 初公主承二親之命 泛海將指東 阻波神之
              怒 不克而還 白父王 父王命載玆塔 乃獲利涉來 泊南涯 有緋帆茜旗珠玉之美 今云主
              浦 初解綾袴於岡上處曰綾峴 茜旗初入海涯曰旗出邊 首露王聘迎之 同御國一百五十
              餘年 然于時海東未927)有創寺奉法之事 蓋像敎未至 而土人不信伏 故本記無創寺之文
              (『三國遺事』3 塔像 4 金官城婆娑石塔)928)

---

925)『삼국사기』고구려본기에서 모본왕 즉위기사는 원년 8월조 앞에 즉위월이 없이 배치되었다.
926) 戊의 誤
927) 未의 誤
928) 이 기사에는 월일 표기가 없으나,『三國遺事』駕洛國記에 의거하여 7월27일로 편년하였다.

고구려   (1~7월) 王薨 王后及羣臣 重違遺命 乃葬於石窟 號爲閔中王 (『三國史記』14 高句麗
          本紀 2)929)

고구려   (1~7월) 慕本王 諱解憂[一云解愛婁] 大武神王元子 閔中王薨 繼而卽位 爲人暴戾不
          仁 不恤國事 百姓怨之 (『三國史記』14 高句麗本紀 2)930)

가야   八月一日 迴鑾與后同輦 媵臣夫妻齊鑣並駕 其漢肆雜物 感使乘載 徐徐入闕 時銅壺
          欲午 王后爰處中宮 勅賜媵臣夫妻 私屬空閑二室分入 餘外從者以賓舘一坐二十餘間
          酌定人數 區別安置 日給豊羡 其所載珍物 藏於內庫 以爲王后四時之費 一日上語臣
          下曰 九干等俱爲庶僚之長 其位與名皆是宵人野夫之號 頓非簪履職位之稱 儻化外傳
          聞 必有嗤笑之耻 遂改我刀爲我躬 汝刀爲汝諧 彼刀爲彼藏 五方爲五常 留水留天之
          名 不動上字 改下字留功留德 改爲神道 五天改爲五能 神鬼之音不易 改訓爲臣貴 取
          雞林職儀 置角干阿叱干級干之秩 其下官僚 以周判漢儀而分定之 斯所以革古鼎新設
          官分職之道歟 於是乎理國齊家 愛民如子 其敎不肅而威 其政不嚴而理 況與王后而居
          也 此如天之有地 日之有月 陽之有陰 其功也塗山翼夏 唐媛興嬌 頻年有夢得熊羆之
          兆 誕生太子居登公 (『三國遺事』2 紀異 1 駕洛國記)

고구려   秋八月 大水 山崩二十餘所 (『三國史記』14 高句麗本紀 2)
고구려   秋八月 高勾麗大水 山崩二十餘所 (『三國史節要』2)

고구려   冬十月 立王子翊爲王大子 (『三國史記』14 高句麗本紀 2)
고구려   冬十月 高勾麗王立王子翊爲太子 (『三國史節要』2)

49(기유/신라 유리이사금 26/고구려 모본왕 2/백제 다루왕 22/後漢 建武 25/倭 垂仁 78)

고구려 요동   二十五 春正月 遼東徼外貊人931) 寇右北平漁陽上谷太原 遼東太守祭肜招降之 烏桓
          大人來朝932) (『後漢書』1 下 帝紀 1 下 光武皇帝)
요동 맥   春正月 遼東徼外貊人寇邊933) 太守祭肜招降之934) 肜又以財利撫納鮮卑大都護偏何
          使招致異種 駱驛款塞935) 肜曰 審欲立功 當歸擊匈奴 斬送頭首 乃信耳 偏何等卽擊
          匈奴 斬首二千餘級 持頭詣郡 其後歲歲相攻 輒送首級 受賞賜 自是匈奴衰弱 邊無寇
          警 鮮卑·烏桓並入朝貢936) 肜爲人質厚重毅 撫夷狄以恩信 故皆畏而愛之 得其死力
          (『資治通鑑』44 漢紀 36 世祖光武)
고구려 요동   春(1~2월) 遣將襲漢北平漁陽上谷大原 而遼東太守蔡肜 以恩信待之 乃復和親 (『三國
          史記』14 高句麗本紀 2)
고구려 요동   春(1~2월) 高勾麗遣將襲漢北平漁陽上谷大原 遼東太守蔡肜 以恩信待之 乃復和親
          (『三國史節要』2)
고구려 요동   二十五年春 句驪寇右北平漁陽上谷太原 而遼東太守祭肜以恩信招之 皆復款塞 (『後漢

---

929) 『삼국사기』 고구려본기 해당 기사 뒤에 원년 8월조가 있어 모본왕 즉위 기사를 1~7월로 기간편년하여
    배치하였다. 『삼국사절요』에서는 모본왕의 즉위가 '春'에 이루어졌다고 보았다.
930) 『三國遺事』1 王曆 1 第五慕本王에는 "閔中之兄 名愛留一作憂 戊申立 理五年"이라 하였다.
931) 貊人 穢貊國人也 貊音陌
932) 大人謂渠帥也
933) 徼 古弔翻 貊 莫百翻
934) 降 戶江翻
935) 種 章勇翻 駱驛 相繼也 款 叩也 至也
936) 朝 直遙翻

書』85 東夷列傳 75 句驪)

고구려 예 맥 한

　　　　　建武之初　復來朝貢　時遼東太守祭肜　威讋北方　聲行海表　於是濊·貊·倭·韓萬里朝獻
　　　　　(『後漢書』85 東夷列傳 75 序)

고구려　　　三月　暴風拔樹 (『三國史記』14 高句麗本紀 2)
고구려　　　三月　高勾麗暴風拔樹 (『三國史節要』2)

고구려　　　夏四月　隕霜雨雹 (『三國史記』14 高句麗本紀 2)
고구려　　　夏四月　高勾麗隕霜雨雹 (『三國史節要』2)

고구려　　　秋八月　發使賑恤　國內饑民 (『三國史記』14 高句麗本紀 2)
고구려　　　秋八月　高勾麗饑　發使賑恤 (『三國史節要』2)

부여　　　　冬十月　叛蠻悉降　夫餘王遣使奉獻[937] (『後漢書』1 下 帝紀 1 下 光武皇帝)

50(庚戌/신라 유리이사금 27/고구려 모본왕 3/백제 다루왕 23/後漢 建武 26/倭 垂仁 79)

51(辛亥/신라 유리이사금 28/고구려 모본왕 4/백제 다루왕 24/後漢 建武 27/倭 垂仁 80)

고구려　　　王日增暴虐　居常坐人　臥則枕人　人或動搖殺無赦　臣有諫者　彎弓射之 (『三國史記』
　　　　　　14 高句麗本紀 2)
고구려　　　高勾麗王暴虐日增　居常坐必籍人　臥則枕之　人或動搖輒殺之　臣有諫者射之　李詹曰
　　　　　　君臣一體　相須以安　當以禮而相接　以恩相愛者也　麗王解憂凶狠無道　常坐臥於人　動
　　　　　　搖則輒殺之　罪惡彌天不可諫止矣　其敢言者　必是見危授命　殺身成仁者也　解憂徒惡其
　　　　　　忤已　而不知愛己之心出於至難也　草薙而禽獮之　暴戾孰甚焉　自古非大無道之君　未有
　　　　　　輕殺諫臣者　陳靈公之殺洩冶　陳後主之殺傳縡　唐僖宗之殺常濬　皆在三國垂亡之日　而
　　　　　　春秋綱目　直書其事　以著其所以亡　解憂亦未久而爲內豎杜魯所殺　且其世子不肖廢　不
　　　　　　得立　然則將失天下與國家者　當以此卜之 (『三國史節要』2)
고구려　　　二十七年　宮乃與楊虛侯馬武上書 曰　匈奴貪利　無有禮信　窮則稽首　安則侵盜　緣邊被
　　　　　　其毒痛　中國憂其抵突 [938]虜今人　畜疫死　旱蝗赤地[939]　疫困之[940]力不當中國一郡　萬
　　　　　　里死命　縣在陛下　福不再來　時或易失[941]　豈宜固守文德而墮武事乎　今命將臨塞　厚縣
　　　　　　購賞　喻告高句驪烏桓鮮卑攻其左　發河西四郡[942]　天水隴西羌胡擊其右　如此　北虜之
　　　　　　滅　不過數年　臣恐陛下仁恩　不忍　謀臣狐疑　令萬世刻石之功　不立於聖世 (『後漢書』
　　　　　　18 列傳 8 吳蓋陳臧)
고구려　　　(建武二十七年) 朗陵侯臧宮　揚虛侯馬武上書曰[943]　匈奴貪利　無有禮信　窮則稽首　安
　　　　　　則侵盜[944]　虜今人畜疫死　旱蝗赤地　疲困乏力　不當中國一郡　萬里死命　縣在陛下[945]
　　　　　　福不再來　時或易失　豈宜固守文德而墮武事乎[946]　今命將臨塞　厚縣購賞[947]　喻告高句

---

937) 夫餘國在海東　去玄菟千里餘
938) 抵觸也
939) 赤地　言在地之物皆盡　說苑曰　晉平公時　赤地千里
940) '力'은 '乏'의 오자로 보인다.
941) 左傳曰　大福不再　削通曰　時者　難遇而易失也
942) 謂張掖　酒泉　武威　金城也
943) 朗陵侯國　屬汝南郡　水經註　揚虛縣屬平原　瀗水逕其東　商河發源於此
944) 稽音啓
945) 縣讀曰懸　下同

	驪烏桓鮮卑 攻其左[948] 發河西四郡天水隴西羌胡擊其右 如此 北虜之滅 不過數年 臣恐陛下仁恩不忍 謀臣狐疑 令萬世刻石之功不立於聖世 (『資治通鑑』 44 漢紀 36 孝光武)
고구려	時北虜衰弱 臧宮與馬武上書曰 今匈奴人畜疫死 旱蝗赤地 疫困之力 不當中國一郡 萬里死命 懸在陛下 福不再來 時或易失 豈宜固守文德而墮武事乎 今命將臨塞 厚懸購賞 諭告高句麗烏桓鮮卑 攻其左 發西河四郡·天水·隴西羌胡擊其右 如此 北虜之滅 不過數年矣 (『通典』 195 邊方 11 北狄 2 南匈奴)

52(壬子/신라 유리이사금 29/고구려 모본왕 5/백제 다루왕 25/後漢 建武 28/倭 垂仁 81)

낙랑	①建武卄八年 蜀郡西工造 乘輿俠紵量 二升二合羹桮 素工回 髹工吳 　工文 氵工廷 造工忠 護工卒史旱 長汜 丞庚 掾翕 令史茂主 ②利王 (「建武 28年銘 耳杯」)

53(癸丑/신라 유리이사금 30/고구려 모본왕 6, 태조왕 1/백제 다루왕 26/後漢 建武 29/倭 垂仁 82)

고구려	冬十一月 杜魯弑其君 杜魯慕本人 侍王左右 慮其見殺乃哭 或曰 大丈夫何哭爲 古人曰 撫我則后 虐我則讎 今王行虐 以殺人 百姓之讎也 爾其圖之 杜魯藏刀 以進王前 王引而坐 於是 拔刀害之 遂葬於慕本原 號爲慕本王 (『三國史記』 14 高句麗本紀 2)
고구려	大祖大王[或云国祖王] 諱宮 小名於漱 琉璃王子古鄒加再思之子也 母大后 扶餘人也 慕本王薨 太子不肖 不足以主社稷 國人迎宮繼立 王生而開目能視 幼而歧嶷 以年七歲 大后垂簾聽政 (『三國史記』 15 高句麗本紀 3)[949]
고구려	冬十一月 高勾麗杜魯弑其君解憂 杜魯慕本人 侍王左右 慮禍及已乃哭 或曰 予夫也 何哭爲 古人曰 撫我則后 虐我則讎 今王行虐 以殺人 百姓之讎也 爾其圖之 魯藏刀 近王引而坐 遂弑之 遂葬於慕本原 因以爲號 太子翊不肖 不足以主社稷 國人迎琉璃王孫宮[一名於漱]立之 宮生而能視 幼而歧嶷 年七歲 太后垂簾聽政 太后扶餘人也 (『三國史節要』 2)
고구려	莫來子孫相傳 至裔孫宮 生而開目能視 國人惡之 及長凶虐 國以殘破 (『魏書』 100 列傳 88 高句麗)
고구려	後句驪王宮生而開目能視 國人懷之 及長勇壯 數犯邊境 (『後漢書』 85 東夷列傳 75 高句驪)

54(甲寅/신라 유리이사금 31/고구려 태조왕 2/백제 다루왕 27/後漢 建武 30/倭 垂仁 83)

신라	春二月 星孛于紫宮 (『三國史記』 1 新羅本紀 1)
신라	春二月 新羅有星孛于紫宮 (『三國史節要』 2)
낙랑	① 建武三十年 廣漢郡工官造 乘輿 (中缺) 容二升二合 素工△ 髹工右 上工壽 汨工都 造工△造 護工卒史凡 長匡 守丞長 掾恛 令史△主 ② 程 (「建武 30年銘 耳杯」)

55(乙卯/신라 유리이사금 32/고구려 태조왕 3/백제 다루왕 28/後漢 建武 31/倭 垂仁 84)

고구려	春二月 築遼西十城 以備漢兵 (『三國史記』 15 高句麗本紀 3)

---

946) 左傳曰 大福不在 蒯通曰 時難得而易失 易以豉翻 墮讀曰隳
947) 將卽亮翻 縣讀曰懸
948) 句如字 又音駒 驪力知翻
949) 『三國遺事』 1 王曆 1에서는 "第六國祖王[名宮 亦云大祖王 癸丑立 理九十三年 後漢傳云 初生開目能視 後遜位于母弟次大王]"이라 하였다.

| 고구려 | 春二月 高勾麗築遼西十城 以備漢 (『三國史節要』2) |

| 백제 | 春夏 旱 慮囚赦死罪 (『三國史記』23 百濟本紀 1) |
| 백제 | 春夏 百濟旱 慮囚赦死罪 (三國史節要』2) |

| 고구려 | 秋八月 國南蝗害穀 (『三國史記』15 高句麗本紀 3) |
| 고구려 | 秋八月 高勾麗國南蝗害穀 (『三國史節要』2) |

| 백제 말갈 | 秋八月 靺鞨侵北鄙 (『三國史記』23 百濟本紀 1) |
| 백제 말갈 | (秋八月) 靺鞨侵百濟北鄙 (『三國史節要』2) |

56(丙辰/신라 유리이사금 33/고구려 태조왕 4/백제 다루왕 29/後漢 建武中元 1/倭 垂仁 85)

| 백제 말갈 | 春二月 王命東部 築牛谷城 以備靺鞨 (『三國史記』23 百濟本紀 1) |
| 백제 말갈 | 春二月 百濟王命東部 築牛谷城 以備靺鞨 (『三國史節要』2) |

| 신라 | 夏四月 龍見金城井 有頃 暴雨自西北來 (『三國史記』1 新羅本紀 1) |
| 신라 | 夏四月 新羅龍見金城井 暴雨 (『三國史節要』2) |

| 신라 | 五月 大風拔木 (『三國史記』1 新羅本紀 1) |
| 신라 | 五月 新羅大風拔木 (『三國史節要』2) |

고구려 동옥저

秋士[950]月 伐東沃沮 取其土地爲城邑 拓境東至滄海 南至薩水 (『三國史記』15 高句麗本紀 3)

고구려 동옥저

秋七月 高勾麗伐東沃沮 取其土地爲城邑 於是 拓境東至滄海 南至薩水 (『三國史節要』2)

57(丁巳/신라 유리이사금 34, 탈해이사금 1/고구려 태조왕 5/백제 다루왕 30/後漢 建武中元 2/倭 垂仁 86)

| 신라 | 秋九月 王不豫 謂臣寮曰 脫解身聯國戚 位處輔臣 屢著功名 朕之二子 其才不及遠矣 吾死之後 俾卽大位 以無忘我遺訓 (『三國史記』1 新羅本紀 1) |
| 신라 | 秋九月 新羅王不豫 謂臣僚曰 脫解身聯國戚 位處輔臣 屢著功名 朕之二子 其才不及遠矣 且有先君之命 吾死之後 俾卽大位 以無忘我遺訓 (『三國史節要』2) |

| 신라 | 會樂及辛熱樂 儒理王時作也 (『三國史記』32 雜志 1 樂)[951] |

| 신라 | 冬十月 王薨 葬蛇陵園內 (『三國史記』1 新羅本紀 1) |
| 신라 | 脫解尼師今立[一云吐解] 時年六十二 姓昔 妃阿孝夫人 脫解本多婆那國所生也 其國在倭國東北一千里 初其國王娶女國王女爲妻 有娠七年 乃生大卵 王曰 人而生卵不祥也 宜棄之 其女不忍 以帛裏卵並寶物 置於櫝中 浮於海 任其所往 初至金官國海邊 |

950) 『三國史節要』에 따라 7월로 배치하였다.
951) 이 기사에는 연대 표기가 없으나, 儒理尼師今代(24~57)이므로 24~57년으로 기간편년하고 마지막해인 57년의 훙거기사 앞에 배치하였다.

金官人怪之不取 又至辰韓阿珍浦口 是始祖赫居世在位三十九年也 時海邊老母 以繩引繫海岸 開櫝見之 有一小兒在焉 其母取養 及壯身長九尺 風神秀朗 智識過人 或曰 此兒不知姓氏 初櫝來時 有一鵲飛鳴而隨之 宜省鵲字 以昔爲氏 又解韞櫝而出 宜名脫解 脫解始以漁釣爲業 供養其母 未嘗有懈色 母謂曰 汝非常人 骨相殊異 宜從學以立功名 於是 專精學問 兼知地理 望楊山下瓠公宅 以爲吉地 設詭計 以取而居之 其地後爲月城 至南解王五年 聞其賢 以其女妻之 至七年 登庸爲大輔 委以政事 儒理將死曰 先王顧命曰 吾死後 無論子壻 以年長且賢者 繼位是以 寡人先立 今也 宜傳其位焉 (『三國史記』1 新羅本紀 1)[952]

신라

脫解齒叱今[一作吐解尼師今] 南解王時[古夲云 壬寅年至者謬矣 近則後於弩礼即位之初 無爭讓之事 前則在於赫居之世 故知壬寅非也] 駕洛國海中有舡來泊 其國首露王與臣民鼓譟而迎 将欲留之 而舡乃飛走 至於雞林東下西知村阿珎浦[今有上西知下西知村名] 時浦邊有一嫗 名阿珎義先 乃赫居王之海尺之母 望之謂曰 此海中元無石嵓 何因鵲集而鳴 拏舡尋之 鵲集一舡上 舡中有一櫝子 長二十尺 廣十三尺 曳其舡 置於一樹林下 而未知凶乎吉乎 向天而誓爾 俄而乃開見 有端正男子 并七寶奴婢満載其中 供給七日 迺言曰 我夲龍城國人[亦云正明國 或云琓夏國 琓夏或作花厦國 龍城在倭東北一千里] 我國晉有二十八龍王 從人胎而生 自五歲六歲継登王位 教萬民修正性命 而有八品姓骨 然無棟擇 皆登大位 時我父王含達婆 娉積女國王女爲妃 久無子胤 禱祀求息 七年後産一大卵 於是 大王會問羣臣 人而生卵 古今未有 殆非吉祥 乃造櫝置我 并七寶奴婢載於舡中 浮海而祝曰 任到有縁之地 立國成家 便有赤龍 護舡而至此矣 言訖 其童子曳杖率二奴 登吐含山上 作石塚 留七日 望城中可居之地 見一峯如三日月 勢可久之地 乃下尋之 即瓠公宅也 乃設詭計 潛埋砺炭於其側 詰朝至門云 此是吾祖代家屋 瓠公云 否 爭訟不決 乃告于官 官曰 以何驗是汝家 童曰 我夲治匠 乍出隣鄉 而人取居之 請堀地檢看 從之 果得砺炭 乃取而居 焉 時南解王知脫解是智人 以長公主妻之 是爲阿尼夫人 一日 吐解登東岳 迴程次 令白衣索水飲之 白衣汲水中路先嘗而進 其角盃貼於口不解 因而嘖之 白衣誓曰 爾後 若近遥不敢先嘗 然後乃解 自此白衣讋服不敢欺罔 今東岳中有一井 俗云遥乃井 是也 及弩礼王崩 以光虎帝 中元二年丁巳六月 乃登王位 以昔是吾家取他人家故 因姓昔氏 或云因鵲開櫝 故去鳥字姓昔氏 解櫝脫夘而生 故因名脫解 (『三國遺事』1 紀異 1 第四 脫解王)

신라

冬十月 新羅王儒理薨 壻昔脫解立年六十二 脫解本多婆那國人 國在倭國東北一千里 初其國王娶女國王女爲妻 有娠七年 乃生大卵 王曰 人而生卵不祥 宜棄之 女以帛裹卵并寶物 置櫝中浮之 海任其所往 初至金官國海邊 人怪之不取 轉至辰韓阿珍浦口 有老嫗繩之 開櫝有兒存焉 遂收而養之[或曰是赫居世三十九年] 及壯身長九尺 風神秀朗 智識過人 時人不知姓氏 以櫝初來 有鵲飛鳴而隨 省鵲以昔爲氏 又以解櫝而出 名脫解 脫解始以漁釣爲業 奉養老嫗 無怠色 老嫗曰 汝非常人 骨相殊異 宜力學立功名 脫解遂精專學問 兼通地理 望楊山下瓠公宅 爲吉地 計取而居之 南解王聞其賢 以其女妻之[遺事南解王時 有船來駕洛國 首露王欲留之 船至雞林阿珍浦 有嫗阿珍義望見鵲集海中 拏船尋之 船有大櫝 開見童男言曰 我本龍城國人 父王含達婆娉積女國王女爲妃 久無子 禱求七年生一大卵 王以人而生卵 非吉祥 乃造櫝盛我 浮海至此 尒言訖 登吐含山 望城中可居之地 見一峯如半月勢 乃下尋之 即瓠公宅也 乃設詭計 潛埋礪炭云 昔是吾祖家訟曰 我系治匠 乍出隣鄉 人取居之 請堀地驗之 果得礪炭 乃取之 南解王知其爲智人 以長公主阿尼夫人 妻之 以昔是吾家因姓昔氏 殊異傳龍城國王妃生大卵 怪之 置卵小櫃 以奴婢七寶文貼載船 泛海來至阿珍浦 村長阿珍等開櫃 出卵 忽

952) 『三國遺事』1 王曆 第四脫解[一作吐解] 尼叱수에 "昔氏 父琓夏國含達婆王 一作 花夏國王 母積女國王之女 妃南解王之女 阿老夫人 丁巳立 理二十三年 王崩木葬末△ 疏井丘中塑骨安東岳수東△大王"이라 하였다.

有鵲來啄卵開　有童男自稱脫解　託村嫗爲母　學書史兼通地理　體貌雄傑　登吐含山　相京師地勢　新月城墟可居　而有瓠公者居焉　瓠公浮瓠渡海來居　不知何人也　脫解謀欲取之　夜入其家　園埋鍛金器　告於朝曰　予世業鍛金　暫適鄰鄉　瓠公取居吾家　請驗之　堀之果有家鍛金器　王知脫解實非雞林人也　特善其非凡　以其家賜之　遂降長公主　龍城國在倭國東北二千里] 權近曰　自夏后氏以來　有國家者必傳其子　不唯憂後世爭之之亂也　所以重宗祀也　傳之異姓則謂之革命而祖廟不血食矣　南解王欲傳位於脫解而儒理相讓　先立　從其亂命而卒傳之　其不識輕重甚矣　若曰雖傳異姓　祖廟尚存則神固不享非類矣　其可謂之血食乎　若以堯舜之禪讓爲言　則堯舜之禪讓　以天下爲公　爲天下得人也　南解之傳子瑐　以國家爲私　不分子瑐之輕重而欲傳之　安敢籍以爲言哉　李詹曰　三代以後帝王相繼之次第　皆以一姓相傳爲法　故漢高祖始有天下　約曰非劉氏而王者　天下共擊之　新室之末　光武中興　及漢又衰　雖天下瓜分　劉備猶以中山靖王之後　得爲三國之正統　新羅傳係則不然　南解王朴氏將薨　謂其男儒理與其瑐昔脫解曰　我死無論子瑐　年長且賢者立之　故脫解王繼儒理之後　七世而助賁王以奈解遺命立之　二世而味鄒王金氏以助賁之瑐嗣位　凡三易姓　而其傳受之際　先誦先王之訓　以爲受命之符　略無疑忌之辭　以基一千年悠久之業　然亦止於一方傳國之家法耳　不足與天下共論也 (『三國史節要』2)

신라　　　　　(10월) 新羅葬王于蛇園 (『三國史節要』2)

대방 구야한국

倭人在帶方東南大海之中　依山島爲國邑　舊百餘國　漢時有朝見者　今使譯所通三十國從郡至倭　循海岸水行　歷韓國　乍南乍東　到其北岸狗邪韓國　七千餘里　始度一海　千餘里至對馬國 (『三國志』30 魏書 30 烏丸鮮卑東夷傳 倭人)[953]

58(戊午/신라 탈해이사금 2/고구려 태조왕 6/백제 다루왕 31/後漢 永平 1/倭 垂仁 87)

신라　　　　　春正月 拜瓠公爲大輔 (『三國史記』1 新羅本紀 1)
신라　　　　　春正月 新羅拜瓠公爲大輔 (『三國史節要』2)

신라　　　　　二月 親祀始祖廟 (『三國史記』1 新羅本紀 1)
신라　　　　　二月 新羅王親祀始祖廟 (『三國史節要』2)

요동 현도　　　永平元年秋七月 遼東太守祭肜使偏何討赤山[954]烏桓[955]　大破之　斬其魁帥[956]　塞外震讋[957]　西自武威　東盡玄菟[958]　皆來內附　野無風塵　乃悉罷緣邊屯兵 (『資治通鑑』44 漢紀 36 顯宗孝明皇帝 上)

59(己未/신라 탈해이사금 3/고구려 태조왕 7/백제 다루왕 32/後漢 永平 2/倭 垂仁 88)

예맥　　　　　春正月辛末 宗祀光武皇帝於明堂　帝及公卿列侯 (…)　禮畢　登靈臺　使尚書令持節詔驃騎將軍三公曰 (…)　羣僚藩輔　宗室子孫　眾郡奉計　百蠻貢職[959]　烏桓濊貊咸來助祭　單

────────────────────

953) 『후한서』1 下 光武帝紀 1 下에 의하면 이해에 왜노국(倭奴國)이 후한에 사신을 파견하였다는 기록이 처음 보인다.
954) 偏氏 高辛後 急就章有偏 呂 何
955) 烏桓傳 赤山 在遼東西北數千里 鮮卑傳云 偏何擊漁陽赤山烏桓歆〔歆-(『후한서』오환선비열전에는 '歃'이라 하였다)〕志賁 蓋歆志賁本赤山種而居漁陽塞外也
956) 帥 所類翻
957) 讋 之涉翻
958) 郡國志 武威郡 在雒陽西三千五百里 玄菟郡 在雒陽東北四千里 菟 同都翻
959) 奉計 謂計吏也 詩曰「因時百蠻」百言眾多也 獨言蠻 通四夷]

于侍子 骨都侯亦皆陪位 斯固聖祖功德之所致也 (『後漢書』2 帝紀 2 顯宗孝明帝)

신라   春三月 王登吐含山 有玄雲如蓋 浮王頭上 良久而散 (『三國史記』1 新羅本紀 1)

고구려   夏四月 王如孤岸淵觀魚釣 得赤翅白魚 (『三國史記』15 高句麗本紀 3)
고구려   (4월)高勾麗王如孤岸淵觀魚 (『三國史節要』2)

신라   夏五月 與倭國結好交聘 (『三國史記』1 新羅本紀 1)
신라   五月 新羅與倭國交聘 (『三國史節要』2)

신라   六月 有星孛于天船 (『三國史記』1 新羅本紀 1)
신라   六月 新羅有星孛于天舩 (『三國史節要』2)

고구려   秋七月 京都大水 漂沒民屋 (『三國史記』15 高句麗本紀 3)
고구려   秋七月 高勾麗京都大水 漂沒民屋 (『三國史節要』2)

신라   秋七月己酉朔戊午 詔群卿曰 朕聞 新羅王子天日槍 初來之時 將來寶物 今有但馬 元
            爲國人見貴 則爲神寶也 朕欲見其寶物 卽日 遣使者 詔天日槍之曾孫淸彦而令獻 於
            是 淸彦被勅 乃自捧神寶而獻之 羽太玉一箇 足高玉一箇 鵜鹿鹿赤石玉一箇 日鏡一
            面 熊神籬一具 唯有小刀一 名曰出石 則淸彦忽以爲非獻刀子 仍匿袍中 而自佩之 天
            皇未知匿小刀之情 欲寵淸彦 而召之 賜酒於御所 時刀子從袍中出而顯之 天皇見之
            親問淸彦曰 爾袍中刀子者 何刀子也 爰淸彦知不得匿刀子 而呈言 所獻神寶之類也
            則天皇謂淸彦曰 其神寶之 豈得離類乎 乃出而獻焉 皆藏於神府 然後 開寶府而視之
            小刀自失 則使問淸彦曰 爾所獻刀子忽失矣 若至汝所乎 淸彦答曰 昨夕 刀子自然至
            於臣家 乃明旦失焉 天皇則惶之 且更勿覓 是後 出石刀子 自然至于淡路嶋 其嶋人謂
            神 而爲刀子立祠 是於今所祠也 昔有一人 乘艇而泊于但馬國 因問曰 汝何國人也 對
            曰 新羅王子 名曰天日槍 則留于但馬 娶其國前津耳 [一云 前津見 一云 太耳] 女 麻
            拕能烏 生但馬諸助 是淸彦之祖父也 (『日本書紀』6 垂仁天皇紀)[960]

60(庚申/신라 탈해이사금 4/고구려 태조왕 8/백제 다루왕 33/後漢 永平 3/倭 垂仁 89)

61(辛酉/신라 탈해이사금 5/고구려 태조왕 9/백제 다루왕 34/後漢 永平 4/倭 垂仁 90)
신라 마한   秋八月 馬韓將孟召 以覆嚴城降 (『三國史記』1 新羅本紀 1)
신라 마한   秋八月 馬韓將孟召 以覆巖城降于新羅 (『三國史節要』2)

62(壬戌/신라 탈해이사금 6/고구려 태조왕 10/백제 다루왕 35/後漢 永平 5/倭 垂仁 91)
고구려   秋八月 東獵得白鹿 (『三國史記』15 高句麗本紀 3)
고구려   秋八月 高勾麗王東獵白鹿 (『三國史節要』2)

고구려   (秋八月) 國南飛蝗害穀 (『三國史記』15 高句麗本紀 3)
고구려   (秋八月) 高勾麗國南飛蝗害穀 (『三國史節要』2)

---

960) 이 기사는 내용상 『일본서기』 수인천황 3년조(B.C. 27년)의 연결 기사이므로 여기서는 일단 『일본서
    기』의 기년에 따라 편의상 수인천황 88년(59년)조에 기사를 배치해 둔다.

63(癸亥/신라 탈해이사금 7/고구려 태조왕 11/백제 다루왕 36/後漢 永平 6/倭 垂仁 92)

신라 백제	冬十月 百濟王拓地 至娘子谷城 遣使請會 王不行 (『三國史記』 1 新羅本紀 1)
백제 신라	冬十月 王拓地至娘子谷城 仍遣使新羅請會 不從 (『三國史記』 23 百濟本紀1)
신라 백제	冬十月 百濟王侵新羅娘子谷城 仍遣使請會 新羅不許 (『三國史節要』 2)

64(甲子/신라 탈해이사금 8/고구려 태조왕 12/백제 다루왕 37/後漢 永平 7/倭 垂仁 93)

신라 백제	秋八月 百濟遣兵 攻蛭961)山城 (『三國史記』 1 新羅本紀1)
신라 백제	秋八月 百濟王遣兵攻新羅西鄙蛙山城 不克 (『三國史節要』 2)
백제 신라	(8월) 王遣兵攻新羅蛙山城 不克 (『三國史記』 23 百濟本紀 1)962)

신라 백제	冬十月 又攻狗壤城 王遣騎二千 擊走之 (『三國史記』 1 新羅本紀1)
백제 신라	冬十月 又攻狗壤城 新羅發騎兵二千 逆擊走之 (『三國史節要』 2)
백제 신라	(10월) 移兵攻拘壤城 新羅發騎兵二千 逆擊走之 (『三國史記』 23 百濟本紀 1)963)

신라	十二月 地震 無雪 (『三國史記』 1 新羅本紀1)
신라	十二月 新羅地震 無雪 (『三國史節要』 2)

65(乙丑/신라 탈해이사금 9/고구려 태조왕 13/백제 다루왕 38/後漢 永平 8/倭 垂仁 94)

신라	春三月 王夜聞 金城西始林樹間 有鷄鳴聲 遲明 遣瓠公視之 有金色小櫝掛樹枝 白鷄鳴於其下 瓠公還告 王使人取櫝開之 有小男兒在其中 姿容奇偉 上喜 謂左右曰 此豈非天遺我以令胤乎 乃收養之 及長聰明多智略 乃名閼智 以其出於金櫝姓金氏 改始林名鷄林 因以爲國號 (『三國史記』 1 新羅本紀1)
신라	春三月 新羅王夜聞 金城西始林樹間 有鷄鳴聲 遲明 遣瓠公視之 有金色小櫝掛樹枝 白鷄鳴於其下 瓠公還告 王使人取櫝開之 有小男兒在其中 姿貌奇偉 王喜 謂左右曰 此豈非天遺我以嗣子乎 乃收養之 及長聰明多智略 乃名閼智 閼智鄕言小兒之稱 以其出於金櫝姓金氏 有鷄怪改始林名鷄林 因以爲國號 權近曰 天道流行 萬物化生 栽培傾覆而已 安有金櫝盛兒降之 林中鷄鳴報人之事乎 豈非奸人見王 以其生神異而得國故 亦欲神異其子立 以爲後行詐而盜國 如黃歇不韋之尤者歟 王乃惑於金櫝白鷄而神之養以爲子 且更國號 遂使其異姓曖昧之後裔 得有其國家 南解旣失於前而脫解又失於後 其不智甚矣 (『三國史節要』 2)
신라	脫解王九年 始林有鷄恠 更名鷄林因以爲國號 (『三國史記』 34 雜志 3 地理 1)

66(丙寅/신라 탈해이사금 10/고구려 태조왕 14/백제 다루왕 39/後漢 永平 9/倭 垂仁 95)

신라 백제	百濟攻取蛙山城 留二百人居守 尋取之 (『三國史記』 1 新羅本紀1)
백제 신라	攻取蛙山城 留二百人守之 尋爲新羅所敗 (『三國史記』 23 百濟本紀1)
백제 신라	百濟攻取新羅蛙山城 留二百人守之 (『三國史節要』 2)

67(丁卯/신라 탈해이사금 11/고구려 태조왕 15/백제 다루왕 40/後漢 永平 10/倭 垂仁 96)

신라	春正月 以朴氏貴戚 分理國內州郡 號爲州主郡主 (『三國史記』 1 新羅本紀 1)

---

961) 백제본기 및 '蛭'은 '蛙'의 오기로 보임
962) 원문에서는 월표시없이 아래 10월 기사와 연이어 배치하였으나, 『三國史記』 1 新羅本紀 1 탈해이사금 8년조 및 『三國史節要』 기사에 의거하여 8월 기사로 처리하였다.
963) 원문에서는 월표시없이 위의 8월 기사와 연이어 배치하였으나, 『三國史記』 1 新羅本紀 1 탈해이사금 8년조 및 『三國史節要』 기사에 의거하여 10월 기사로 처리하였다.

신라	春正月 新羅以宗戚朴氏 分理州郡 號爲州主郡主 (『三國史節要』2)

신라	二月 以順貞爲伊伐湌 委以政事 (『三國史記』1 新羅本紀 1)
신라	二月 新羅以順貞爲伊伐湌 委以政事 (『三國史節要』2)

68(戊辰/신라 탈해이사금 12/고구려 태조왕 16/백제 다루왕 41/後漢 永平 11/倭 垂仁 97)

고구려	갈사	秋八月 曷思王孫都頭 以國來降 以都頭爲于台 (『三國史記』15 高句麗本紀 3)
고구려	갈사	秋八月 曷思王孫都頭 以國降于高勾麗 以都頭爲于台 (『三國史節要』2)

고구려	冬十月 雷 (『三國史記』15 高句麗本紀 3)
고구려	冬十月 高勾麗雷 (『三國史節要』2)

낙랑	① 永平十一年 蜀郡西工造 乘輿俠紵量一升八合杯 素工武 髤工戎 氿工翁 洀工當 造工代 護工掾封 長豐 丞嵩 掾羽 令史彊主 ② 利程 ③ 丁 (「永平 11年銘 耳杯」)

69(己巳/신라 탈해이사금 13/고구려 태조왕 17/백제 다루왕 42/後漢 永平 12/倭 垂仁 98)

낙랑	五官掾王盱印 王盱印信 (「王盱兩面木印」)964)

낙랑	永平十二年 蜀郡西工 俠紵行三丸 治千二百 盧氏作 宜子孫牢 (「永平 12年銘 神仙 畫象 漆盤」)
낙랑	永平十二年 蜀郡西工 俠紵行三丸 宜子孫 盧氏作 (「永平 12年銘 三足盤」)

70(庚午/신라 탈해이사금 14/고구려 태조왕 18/백제 다루왕 43/後漢 永平 13/倭 垂仁 99)

신라	백제	百濟来侵 (『三國史記』1 新羅本紀 1)
백제	신라	遣兵侵新羅 (『三國史記』23 百濟本紀 1)
백제	신라	百濟遣兵侵新羅 (『三國史節要』2)

71(辛未/신라 탈해이사금 15/고구려 태조왕 19/백제 다루왕 44/後漢 永平 14/倭 景行 1)

낙랑	永平十四年 蜀郡西工造 乘輿俠紵△一升八合杯 素工壽 氿工封 髤工常 洀工長 造工 原 護工掾順 長△守 丞惟 掾羽 令史方主 (「永平 14年銘 耳杯」)
낙랑	永平十四年造 三丸梓桄謹△堅 樂母事 宜洧食 (「永平 14年銘 漆盤」)

72(壬申/신라 탈해이사금 16/고구려 태조왕 20/백제 다루왕 45/後漢 永平 15/倭 景行 2)

고구려	조나	春二月 遣貫那部沛者達賈伐藻那 虜其王 (『三國史記』15 高句麗本紀 3)
고구려	조나	春二月 高勾麗遣貫那部沛者達賈伐藻那 虜其王 (『三國史節要』2)

---

964) 앞의 「永平 12年銘 神仙畵象 漆盤」 등과 함께 평안남도 대동군 대동강면 석암리 127호분 일명 '왕우묘' 에서 같이 출토되었기에 여기에 배치한다.

고구려		夏四月 京都旱 (『三國史記』 15 高句麗本紀 3)
고구려		夏四月 高勾麗京都旱 (『三國史節要』 2)

73(癸酉/신라 탈해이사금 17/고구려 태조왕 21/백제 다루왕 46/後漢 永平 16/倭 景行 3)

백제		夏五月戊午晦(29)[965] 日有食之 (『三國史記』 23 百濟本紀 1)
백제		夏五月戊午晦(29) 百濟日有食之 (『三國史節要』 2)

신라		(十一年[966]) 倭人侵木出島 王遣角干羽鳥禦之 不克 羽鳥死之 (『三國史記』 1 新羅本紀 1)
신라		倭人侵新羅木出島 王遣角干羽鳥禦之 不克死之 (『三國史節要』 2)

74(甲戌/신라 탈해이사금 18/고구려 태조왕 22/백제 다루왕 47/後漢 永平 17/倭 景行 4)

신라 백제		秋八月 百濟寇邊 遣兵拒之 (『三國史記』 1 新羅本紀 1)
백제 신라		秋八月 遣將侵新羅 (『三國史記』 23 百濟本紀 1)
백제 신라		秋八月 百濟侵新羅 新羅遣兵拒之 (『三國史節要』 2)

고구려 주나		冬十月 王遣桓那部沛者薛儒伐朱那 虜其王子乙音 爲古鄒加 (『三國史記』 15 高句麗本紀 3)
고구려 주나		冬十月 高勾麗王遣桓那部沛者薛儒伐朱那 虜其王子乙音 爲古鄒加 (『三國史節要』 2)

75(乙亥/신라 탈해이사금 19/고구려 태조왕 23/백제 다루왕 48/後漢 永平 18/倭 景行 5)

신라		大旱 民饑 發倉賑給 (『三國史記』 1 新羅本紀 1)[967]
신라		新羅大旱 民饑 發倉賑給之 (『三國史節要』 2)[968]

신라 백제		冬十月 百濟攻西鄙蛙山城 拔之 (『三國史記』 1 新羅本紀 1)
백제 신라		冬十月 又攻蛙山城 拔之 (『三國史記』 23 百濟本紀 1)
백제 신라		冬十月 百濟攻新羅蛙山城 拔之 (『三國史節要』 2)

76(丙子/신라 탈해이사금 20/고구려 태조왕 24/백제 다루왕 49/後漢 建初 1/倭 景行 6)

신라 백제		秋九月 遣兵伐百濟 復取蛙山城 自百濟來居者二百餘人 盡殺之 (『三國史記』 1 新羅本紀 1)
백제 신라		秋九月 蛙山城爲新羅所復 (『三國史記』 23 百濟本紀 1)
신라 백제		秋九月 新羅遣兵伐百濟 復取蛙山城 殲百濟守者二百餘人 (『三國史節要』 2)

77(丁丑/신라 탈해이사금 21/고구려 태조왕 25/백제 다루왕 50, 기루왕 1/後漢 建初 2/倭 景行 7)

신라 가야		秋八月 阿湌吉門與加耶兵 戰於黃山津口 獲一千餘級 以吉門爲波珍湌 賞功也 (『三國

---

965) 이 해 5월의 戊午晦는 閏5월에 해당한다.
966) 저본에는 '十一年'으로 되어 있으나, '十四年' 뒤에 있어서 맞지 않는다. 鑄字本·『三國史節要』에 의거하여 '十七年'으로 수정편년하고 배치하였다.
967) 이 기사에는 월이 표기되지 않았으나, 10월 기사 앞에 있어 1~9월로 편년하고 배치하였다.
968) 이 기사에는 월이 표기되지 않았으나, 10월 기사 앞에 있어 1~9월로 편년하고 배치하였다.

史記』1 新羅本紀 1)

신라 가야　秋八月 新羅阿湌吉門與加耶兵 戰於黃山津口 獲一千餘級 以吉門爲波珍湌 (『三國史節要』2)

백제　　秋九月 王薨 (『三國史記』23 百濟本紀 1)
백제　　秋九月 百濟王多婁薨 (『三國史節要』2)
백제　　多婁王之元子 志識宏遠 不留心細事 多婁王在位第六年 立爲太子 至五十年 王薨 繼位 (『三國史記』23 百濟本紀 1)969)
백제　　太子己婁立 志識宏遠 不留心細務 (『三國史節要』2)

고구려 부여　冬十月 扶餘使來 獻三角鹿長尾兔 王以爲瑞物 大赦 (『三國史記』15 高句麗本紀 3)
고구려 부여　冬十月 扶餘以三角鹿長尾兔獻 高勾麗王以爲瑞 大赦
　　　　李詹曰 時和歲豊爲上瑞 苟不然 則雖天降甘露 地出醴泉 不足以爲瑞也 況物反常者乎 夫鹿與兔 澤居而奔 穴處而伏 陰類也 今兹三其角而長其尾 陰道極而變其常也 是妖也 非瑞也 太祖享國日久 終致二子之禍 此豈其兆也 其後 紫獐赤豹之獲 亦何補於治道哉 太祖不以此恐懼修省 以弭其災 反以爲瑞 乃宥境內 殊無意謂也 (『三國史節要』2)

고구려　十一月 京都雪三尺 (『三國史記』15 高句麗本紀 3)
고구려　十一月 高勾麗京都雪三尺 (『三國史節要』2)

78(戊寅/신라 탈해이사금 22/고구려 태조왕 26/백제 기루왕 2/後漢 建初 3/倭 景行 8)

79(己卯/신라 탈해이사금 23/고구려 태조왕 27/백제 기루왕 3/後漢 建初 4/倭 景行 9)
신라　　春二月 彗星見東方 又見北方 二十日乃滅 (『三國史記』1 新羅本紀 1)
신라　　春二月 新羅彗見東方 又見北方 二十日乃滅 (『三國史節要』2)

신라 우시산국 거칠산국
　　　　居道 失其族姓 不知何所人也 仕脫解尼師今爲干 時于尸山國·居柒山國 介居鄰境 頗爲國患 居道爲邊官 潛懷幷吞之志 每年一度 集羣馬於張吐之野 使兵士騎之馳走 以爲戲樂 時人稱爲馬叔 兩國人習見之 以爲新羅常事 不以爲怪 於是 起兵馬 擊其不意 以滅二國 (『三國史記』44 列傳 4 居道)970)
신라　　新羅擊于時山居漆山二國滅之 初 二國居隣境 頗爲國患 新羅命居道爲邊官 居道志欲幷吞 常集群馬於張吐野 日使兵士馳走以爲戲 時人稱爲馬技 兩國人習見以爲常 不爲備 於是 起兵滅之 (『三國史節要』2)971)

신라　　在位二十三年 建初四年己卯崩 葬疏川丘中 (『三國遺事』1 紀異 1 第四脫解王)972)

80(庚辰/신라 탈해이사금 24, 파사이사금 1/고구려 태조왕 28/백제 기루왕 4/後漢 建初 5/倭 景行 10)
신라　　夏四月 京都大風 金城東門自壞 (『三國史記』1 新羅本紀 1)

---

969) 『三國遺事』1 王曆 1에서는 "第三巳婁王[多婁子 丁丑立 理五十五年]"이라 하였다.
970) 『三國史記』 거도 열전에는 탈해시기로만 하였는데, 『삼국사절요』에 의거하여 여기에 배치하였다.
971) 『三國史記』44 列傳 4 居道에는 脫解尼師今 시기로만 되어 있다.
972) 『三國史記』1 新羅本紀 1에는 24년 8월에 薨去한 것으로 되어 있다.

신라   夏四月 新羅京都大風 金城東門壞 (『三國史節要』2)

조선 현도 낙랑
夏五月 班超欲逐平西域 上疏請兵曰 臣竊見先帝欲開西域 故北擊匈奴 西使外國[973] 鄯善于寘即時向化[974] 今拘彌莎車疏勒月氏烏孫康居 復願歸附[975] 欲共幷力 破滅龜茲 平通漢道 若得龜茲 則西域未服者百分之一耳 前世議者皆曰 取三十六國 號爲斷匈奴右臂[976] (『資治通鑑』46 漢紀 38 肅宗孝章皇帝)

신라   突阿樂 脫解王時作也 (『三國史記』32 雜志 1 樂)[977]

신라   居道 失其族姓 不知何所人也 仕脫解尼師今 爲干 時 于尸山國居柒山國介居鄰境 頗爲國患 居道爲邊官 潛懷幷吞之志 每年一度集羣馬於張吐之野 使兵士騎之 馳走以爲戲樂 時人稱爲馬叔 兩國人 習見之 以爲新羅常事 不以爲怪 於是 起兵馬 擊其不意 以滅二國 (『三國史記』44 列傳 4 居道)[978]

신라   秋八月 王薨 葬城北壤井丘 (『三國史記』1 新羅本紀 1)[979]
신라   秋八月 新羅王脫解薨 葬壤井丘 (『三國史節要』2)
신라   婆娑尼師今立 儒理王第二子也[或云 儒理第[980]奈老之子也] 妃金氏 史省夫人 許要[981]葛文王之女也 初脫解薨 臣僚欲立儒理太子逸聖 或謂逸聖雖嫡嗣 而威明不及婆娑 遂立之 婆娑節儉省用 而愛民 國人嘉之 (『三國史記』1 新羅本紀 1)[982]

신라   儒理王第二子婆娑立 王之薨 也 群臣欲立儒理太子逸聖 或謂逸聖雖嫡嗣 而威明不及婆娑 遂立之 婆娑節儉愛民 國人悅服 權近曰 赫居世三十九年 海邊老母開櫝取卵 得脫解而養之 至儒理王三十四年 脫解卽位 時年六十二 今考年表 赫居世三十九年 是壬寅 距儒理三十四年丁巳 乃七十六年也 其云年六十二者 誤矣 脫解在位二十四年庚辰 乃薨 今不言其壽 若自赫居世三十九年壬寅而計之 則其薨之時爲九十九年 自脫解卽位之時年六十二而推之 則爲八十五歲也 以中壽觀之 卽位之時年六十二者爲是 而其開櫝乃在赫居世五十三年丙辰矣 開櫝之說旣爲怪誕 而其年壽亦相牴牾 皆不可信 然古之神人 其生有異於常者 享年亦有過百歲者 姑從舊史書之不必深辨也 (『三國史節要』2)

81(辛巳/신라 파사이사금 2/고구려 태조왕 29/백제 기루왕 5/後漢 建初 6/倭 景行 11)

신라   春二月 親祀始祖廟 (『三國史記』1 新羅本紀 1)
신라   春二月 新羅王親祀始祖廟 (『三國史節要』2)

신라   三月 巡撫州郡 發倉賑給 慮獄囚 非二罪悉原之 (『三國史記』1 新羅本紀 1)

---

973) 使 疏史翻 (胡三省 註)
974) 鄯 上扇翻 (胡三省 註)
975) 復 扶又翻 (胡三省 註)
976) 賢曰 前書曰 漢遣公主爲烏孫夫人 結爲昆弟 則是斷匈奴右臂也 哀帝時 劉歆上議曰 武帝立五屬國 起朔方 伐朝鮮 起玄菟樂浪以斷匈奴左臂也 西伐大宛 結烏孫 裂匈奴之右臂也 南面 以西爲右 斷 丁管翻 (胡三省 註)
977) 이 기사에는 脫解尼師今 시기로만 되어 있어서, 마지막 24년에 배치하였다.
978) 이 기사에는 脫解尼師今 시기로만 되어 있어서, 마지막 24년에 배치하였다. 『三國史節要』에는 脫解尼師今 23년으로 되어 있다.
979) 『三國遺事』1 紀異 1 第四脫解王에는 23년에 薨去한 것으로 되어 있다.
980) 저본에는 '第'로 되어 있으나, 鑄字本에 의거하여 '弟'로 수정해야 한다.
981) 저본에는 '要'로 되어 있으나, 鑄字本에 의거하여 '妻'로 수정해야 한다.
982) 『三國遺事』1 王曆에는 "第五婆娑尼叱今[姓朴氏 父弩礼王 母辞要王之女 妃史肖夫人 庚辰立 理△十二年]"이라고 되어 있다. 순암수택본에는 △를 '三'이라 하였다.

신라	三月 新羅王巡撫州郡 發倉賑飢 慮囚 (『三國史節要』 2)

82(壬午/신라 파사이사금 3/고구려 태조왕 30/백제 기루왕 6/後漢 建初 7/倭 景行 12)

신라	春正月 下令曰 今倉廩空匱 戎器頑鈍 儻有水旱之災邊鄙之警 其何以禦之 宜令有司 勸農桑練兵革 以備不虞 (『三國史記』 1 新羅本紀 1)
신라	春正月 新羅王下令曰 今倉廩空匱 戎器不堅利 儻有水旱之災邊鄙之警 其何以禦之 宜令有司 勸農桑鍊兵革 以備不虞 (『三國史節要』 2)

83(癸未/신라 파사이사금 4/고구려 태조왕 31/백제 기루왕 7/後漢 建初 8/倭 景行 13)

84(甲申/신라 파사이사금 5/고구려 태조왕 32/백제 기루왕 8/後漢 建初 9, 元和 1/倭 景行 14)

신라	春二月 以明宣爲伊湌 允良爲波珍湌 (『三國史記』 1 新羅本紀 1)
신라	春二月 新羅以明宣爲伊湌 允良爲波珍湌 (『三國史節要』 2)

신라	夏五月 古陁郡主獻靑牛 南新縣麥[983]連歧 (『三國史記』 1 新羅本紀 1)
신라	夏五月 新羅古陁郡主獻靑牛 南新縣獻麥連歧 (『三國史節要』 2)

신라	大有年 行者不賷糧 (『三國史記』 1 新羅本紀 1)
신라	新羅大有年 行者不賷糧 (『三國史節要』 2)

85(乙酉/신라 파사이사금 6/고구려 태조왕 33/백제 기루왕 9/後漢 元和 2/倭 景行 15)

신라 백제	春正月 百濟犯邊 (『三國史記』 1 新羅本紀 1)
백제 신라	春正月 遣兵侵新羅邊境 (『三國史記』 23 百濟本紀 1)
백제 신라	春正月 百濟遣兵侵新羅 (『三國史節要』 2)

신라	二月 以吉元爲阿湌 (『三國史記』 1 新羅本紀 1)
신라	二月 新羅以吉元爲阿湌 (『三國史節要』 2)

낙랑	△△△年四月戊午秥蟬長△△ △建丞屬 國會△△△△△ △神祠刻石 辭曰 △平山君 德配代嵩 承天△△ △佑秥蟬 興甘風雨 惠閏土田 △△壽考 五穀豊成 盜賊不起 △△ 蟄臧 出入吉利 咸受神光 (「秥蟬縣神祠碑」)[984]

백제	夏四月乙巳[985] 客星入紫微 (『三國史記』 23 百濟本紀 1)
백제	(夏四月)乙巳 百濟客星入紫微 (『三國史節要』 2)
신라	夏四月 客星入紫微 (『三國史記』 1 新羅本紀 1)
신라	夏四月 新羅客星入紫微 (『三國史節要』 2)

86(丙戌/신라 파사이사금 7/고구려 태조왕 34/백제 기루왕 10/後漢 元和 3/倭 景行 16)

---

983) 저본에는 '㸤'으로 되어 있으나, 鑄字本·『三國史節要』에 의거하여 '麥'으로 수정해야 한다.
984) 점제현신사비의 건립연대에 대해서는 32년(후한 광무제 건무 8)설, 85년(후한 장제 원화 2)설, 178년(후한 영제 광화 1)설 등이 있는데, 85년설이 가장 유력하다(『譯註韓國古代金石文』, 駕洛國史蹟開發硏究院, 1992, 204쪽).
985) 이 해 4월에는 乙巳日이 없다. 3월 乙巳日은 26일, 5월 乙巳日은 27일이다. 『後漢書』 3 本紀 3 肅宗孝章帝의 元和 2年 4月 乙巳에도 같은 기사가 있다.

87(丁亥/신라 파사이사금 8/고구려 태조왕 35/백제 기루왕 11/後漢 元和 4, 章和 1/倭 景行 17)

신라 백제 가야

秋七月 下令曰 朕以不德 有此國家 西鄰百濟 南接加耶 德不能綏 威不足畏 宜繕葺 城壘 以待侵軼 是月 築加召馬頭二城 (『三國史記』1 新羅本紀 1)

신라 백제 가야

秋七月 新羅王下令曰 國家西隣百濟 南接加耶 朕德不能綏 威不能讋 宜繕葺城壘 以 備不虞 是月 築加召馬頭二城 (『三國史節要』2)

백제   秋八月乙未晦(30) 日有食之 (『三國史記』23 百濟本紀 1)
백제   八月乙未晦(30) 百濟日有食之 (『三國史節要』2)

88(戊子/신라 파사이사금 9/고구려 태조왕 36/백제 기루왕 12/後漢 章和 2/倭 景行 18)

89(己丑/신라 파사이사금 10/고구려 태조왕 37/백제 기루왕 13/後漢 永元 1/倭 景行 19)

백제   夏六月 地震 裂陷民屋 死者多 (『三國史記』23 百濟本紀 1)
백제   夏六月 百濟地震 毀民屋 人多死 (『三國史節要』2)

90(庚寅/신라 파사이사금 11/고구려 태조왕 38/백제 기루왕 14/後漢 永元 2/倭 景行 20)

백제   春三月 大旱 無麥[986) (『三國史記』23 百濟本紀 1)
백제   春三月 百濟大旱 無麥 (『三國史節要』2)

백제   夏六月 大風拔木 (『三國史記』23 百濟本紀 1)
백제   夏六月 百濟大風拔木 (『三國史節要』2)

신라   秋七月 分遣使十人 廉察州郡主 不勤公事致田野多荒者 貶黜之 (『三國史記』1 新羅 本紀 1)
신라   秋七月 新羅分遣十人 廉察州郡主 不勤職事田野多荒者 黜之 (『三國史節要』2)

91(辛卯/신라 파사이사금 12/고구려 태조왕 39/백제 기루왕 15/後漢 永元 3/倭 景行 21)

낙랑   崔駰字亭伯 涿郡安平人也 (…) 及憲爲車騎將軍 辟駰爲掾 (…)憲擅權驕恣 駰數諫之 及出擊匈奴 道路愈多不法 駰爲主簿 前後奏記數十 指切長短 憲不能容 稍疎之 因察 駰高第 出爲長岑[987]長 駰自以遠去 不得意 遂不之官而歸 (『後漢書』52 崔駰列傳 42)[988)

---

986) 저본에는 '麥'으로 되어 있으나, 鑄字本·『三國史節要』에 의거하여 '麥'으로 수정해야 한다.

987) 長岑 縣 屬樂浪郡 其地在遼東

988) 최인은 후한 화제(88~105) 때 인물로 영원(永元) 원년(89) 거기장군 두헌(竇憲)이 흉노를 정벌하였는데, 그 전역은 91년까지 진행되었다. 이 과정에서 그와 막료들의 부정을 지적하는 관리들을 탄압했는데, 최인 의 낙랑군으로 파견은 이 때의 일로 여겨진다. 그리고 두헌은 92년 4월 자살하였다. 이에 이 기사를 91년 에 배치하였다.

92(壬辰/신라 파사이사금 13/고구려 태조왕 40/백제 기루왕 16/後漢 永元 4/倭 景行 22)

백제	夏六月戊戌朔 日有食之 (『三國史記』 23 百濟本紀 1)
백제	夏六月戊戌朔 百濟日有食之 (『三國史節要』 2)

93(癸巳/신라 파사이사금 14/고구려 태조왕 41/백제 기루왕 17/後漢 永元 5/倭 景行 23)

신라	春正月 拜几989)良爲伊湌 啓其爲波珍湌 (『三國史記』 1 新羅本紀 1)
신라	春正月 新羅拜允良爲伊湌 啓其爲波珍湌 (『三國史節要』 2)

신라	二月 巡幸古所夫里郡 親問高年 賜穀 (『三國史記』 1 新羅本紀 1)
신라	二月 新羅王巡幸古所夫里郡 問高年 賜穀 (『三國史節要』 2)

백제	秋八月 橫岳大石五 一時隕落 (『三國史記』 23 百濟本紀 1)
백제	秋八月 百濟橫岳隕大石五 (『三國史節要』 2)

신라	冬十月 京都地震 (『三國史記』 1 新羅本紀 1)
신라	冬十月 新羅京都地震 (『三國史節要』 2)

94(癸巳/신라 파사이사금 15/고구려 태조왕 42/백제 기루왕 18/後漢 永元 6/倭 景行 24)

신라 가야	春二月 加耶賊圍馬頭城 遣阿湌吉元 將騎一千擊走之 (『三國史記』 1 新羅本紀 1)
신라 가야	春二月 加耶兵圍新羅馬頭城 新羅遣阿湌吉元 將騎兵一千擊走之 (『三國史節要』 2)

신라	秋八月 閱兵於閼川 (『三國史記』 1 新羅本紀 1)
신라	秋八月 新羅閱兵於閼川 (『三國史節要』 2)

95(乙未/신라 파사이사금 16/고구려 태조왕 43/백제 기루왕 19/後漢 永元 7/倭 景行 25)

96(丙申/신라 파사이사금 17/고구려 태조왕 44/백제 기루왕 20/後漢 永元 8/倭 景行 26)

신라	秋七月 暴風自南 拔金城南大樹 (『三國史記』 1 新羅本紀 1)
신라	秋七月 新羅暴風 拔金城大樹 (『三國史節要』 2)

신라 가야	九月 加耶人襲南鄙 遣加城主長世 拒之 爲賊所殺 王怒 率勇士五千 出戰敗之 虜獲甚多 (『三國史記』 1 新羅本紀 1)
신라 가야	九月 加耶人襲新羅南鄙 新羅遣加城主長世 拒之戰 敗死 王怒 親率勇士五千 出戰破之 虜獲甚多 (『三國史節要』 2)

97(丁酉/신라 파사이사금 18/고구려 태조왕 45/백제 기루왕 21/後漢 永元 9/倭 景行 27)

---

989) 저본에는 '几'으로 되어 있으나, 鑄字本·『三國史節要』에 의거하여 '允'으로 수정해야 한다.

| 신라 가야 | 春正月 擧兵 欲伐加耶 其國主遣使請罪 乃止 (『三國史記』 1 新羅本紀 1) |
| 신라 가야 | 春正月 新羅擧兵 欲伐加耶 加耶國主遣使謝罪 乃止 (『三國史節要』 2) |

| 백제 | 夏四月 二龍見漢江 (『三國史記』 23 百濟本紀 1) |
| 백제 | 夏四月 百濟有二龍見漢江 (『三國史節要』 2) |

98(戊戌/신라 파사이사금 19/고구려 태조왕 46/백제 기루왕 22/後漢 永元 10/倭 景行 28)

| 고구려 | 春三月 王東巡柵城 至柵城西罽山 獲白鹿 及至柵城 與羣臣宴飮 賜柵城守吏物段 有差 遂紀功於岩 乃還 (『三國史記』 15 高句麗本紀 3) |
| 고구려 | 春三月 高勾麗王東巡 至西罽山 獲白鹿 及至柵城 與群臣宴飮 賜守城吏卒 有差 遂紀功於石 (『三國史節要』 2) |

| 신라 | 夏四月 京都旱 (『三國史記』 1 新羅本紀 1) |
| 신라 | 夏四月 新羅京都旱 (『三國史節要』 2) |

| 고구려 | 冬十月 王至自柵城 (『三國史記』 15 高句麗本紀 3) |
| 고구려 | 冬十月 高勾麗王至自柵城 (『三國史節要』 2) |

99(己亥/신라 파사이사금 20/고구려 태조왕 47/백제 기루왕 23/後漢 永元 11/倭 景行 29)

| 백제 | 秋八月 隕霜殺菽 (『三國史記』 23 百濟本紀 1) |
| 백제 | 秋八月 百濟隕霜殺菽 (『三國史節要』 2) |

| 백제 | 冬十月 雨雹 (『三國史記』 23 百濟本紀 1) |
| 백제 | 冬十月 百濟雨雹(『三國史節要』 2) |

100(庚子/신라 파사이사금 21/고구려 태조대왕 48/백제 기루왕 24/後漢 永元 12/倭 景行 30)

| 신라 | 秋七月 雨雹 飛鳥死 (『三國史記』 1 新羅本紀 1) |
| 신라 | 秋七月 新羅雨雹 鳥雀有死者 (『三國史節要』 2) |

| 신라 | 冬十月 京都地震 倒民屋有死者 (『三國史記』 1 新羅本紀 1) |
| 신라 | 冬十月 新羅京都地震 毁民屋有死者 (『三國史節要』 2) |

101(辛丑/신라 파사이사금 22/고구려 태조대왕 49/백제 기루왕 25/後漢 永元 13/倭 景行 31)

| 신라 | 春二月 築城名月城 (『三國史記』 1 新羅本紀 1) |
| 신라 | 婆娑王二十二年 於金城東南築城 號月城 或號在城 周一千二十三步 新月城北有滿月城 周一千八百三十八步 又新月城東有明活城 周一千九百六步 又新月城南有南山城 周二千八百四步 始祖已來處金城 至後世多處兩月城 (『三國史記』 34 雜志 3 地理 1)990) |

---

990) 본문의 기사는 月이 나오지 않지만, 『三國史記』 1 新羅本紀 1에는 봄 2월로 나온다. 따라서 2월에 편제하였다.

신라	春二月 新羅築城於金城東南 號月城 或號在城 周一千二十三步 (『三國史節要』2)

신라	秋七月 王移居月城 (『三國史記』1 新羅本紀 1)
신라	秋七月 王移居新城 (『三國史節要』2)

102(壬寅/신라 파사이사금 23/고구려 태조대왕 50/백제 기루왕 26/後漢 永元 14/倭 景行 32)

신라 음즙벌국 실직곡국 금관국

秋八月 音汁伐國與悉直谷國爭疆 詣王請決 王難之 謂金官國首露王 年老多智識 召問之 首露立議 以所爭之地 属音汁伐國 於是 王命六部 會饗首露王 五部皆以伊飡爲主 唯漢祇部 以位卑者主之 首露怒 命奴耽下里 殺漢祇部主保齊而歸 奴逃依音汁伐主陁鄒干家 王使人索其奴 陁鄒不送 王怒 以兵伐音汁伐國 其主與衆自降 (『三國史記』1 新羅本紀 1)991)

신라 음즙벌국 실직곡국 금관국

秋八月 音汁伐國與悉直谷國爭疆 詣新羅王請決 王難之 謂金官國首露王 年老多智識 召問之 首露立決 以所爭之地 属音汁伐國 於是 王命六部 以饗首露 五部皆以伊飡爲主 唯漢祇部 以位卑者主之 首露怒 命其奴 下里 執漢祇部主保齊而殺之 奴不從逃依音汁伐主陁鄒家 首露使人索其奴 不送 首露怒 以兵伐之 陁鄒與其衆降 (『三國史節要』2)

신라 실직 압독

(秋八月) 悉直押督二國王來降 (『三國史記』1 新羅本紀 1)992)

신라 실직 압독

(秋八月) 悉直押督二國降于新羅 (『三國史節要』2)

고구려	秋八月 遣使安撫柵城 (『三國史記』15 高句麗本紀 3)
고구려	秋八月 高勾麗遣使安撫柵城 (『三國史節要』2)

신라	冬十月 栱993)李華 (『三國史記』1 新羅本紀 1)
신라	冬十月 新羅桃李華 (『三國史節要』2)

103(癸卯/신라 파사이사금 24/고구려 태조대왕 51/백제 기루왕 27/後漢 永元 15/倭 景行 33)

백제	王獵漢山 獲神鹿 (『三國史記』23 百濟本紀 1)
백제	百濟王獵漢山 獲神鹿 (『三國史節要』2)

104(甲辰/신라 파사이사금 25/고구려 태조대왕 52/백제 기루왕 28/後漢 永元 16/倭 景行 34)

신라	春正月 衆星隕如雨 不至地 (『三國史記』1 新羅本紀 1)
신라	春正月 新羅星隕如雨 不至地 (『三國史節要』2)

---

991) 음즙벌국과 관련해서『三國遺事』1 王曆 1 第六祇磨尼師今에는 "是王代滅音質国 今安康 及押梁国今□山"이,『三國史記』34 雜志 3 地理 1 良州 義昌郡에 "音汁火縣 婆娑王時 取音汁伐國置縣 今合屬安康縣"이 보인다.

992) 실직과 관련해서는『三國史記』35 雜志 6 地理 2 溟州에 "三陟郡 本悉直國 婆娑王世來降 智證王六年 梁天監四年爲州 以異斯夫爲軍主"가 보인다. 압독과 관련해서는『三國遺事』1 王曆 1 第六祇磨尼師今에는 "是王代滅音質国 今安康 及押梁国 今□山"으로 나온다.

993) 원문의 '栱'은 '桃'의 오자이다.

신라 실직	秋七月 悉直叛 發兵討平之 徙其餘衆於南鄙 (『三國史記』1 新羅本紀 1)
신라 실직	秋七月 悉直叛 新羅發兵討平之 徙其餘衆於南鄙 (『三國史節要』2)

요동	(十二月) 復置遼東西部都尉官994) (『後漢書』4 孝和孝殤帝紀 4 和帝)
요동	(後紀) 和帝永元十六年 十二月 復置遼東西部都尉官 (『玉海』131 官制 牧守[令長附] 漢都尉 三輔都尉[見內史] 西部都尉府 玉門關候)

105(乙巳/신라 파사이사금 26/고구려 태조대왕 53/백제 기루왕 29/後漢 元興 1/倭 景行 35)

신라 백제	春正月 百濟遣使請和 (『三國史記』1 新羅本紀 1)
백제 신라	春正月 百濟遣使新羅請和 (『三國史節要』2)
백제 신라	遣使新羅請和 (『三國史記』23 百濟本紀 1)995)

고구려 부여	春正月 扶餘使來獻虎 長丈二 毛色甚明而無尾 (『三國史記』15 高句麗本紀 3)
고구려 부여	(春正月) 扶餘獻虎于高勾麗 長丈二無尾 (『三國史節要』2)

고구려	(春正月) 王遣將入漢遼東 奪掠六縣 大996)守耿夔出兵拒之 王軍大敗 (『三國史記』15 高句麗本紀 3)
고구려	(春正月) 高勾麗王遣將入漢遼東 掠六縣 太守耿夔出兵拒之 高勾麗軍大敗 (『三國史節要』2)
고구려	(春正月) 高句驪寇郡界 (『後漢書』4 孝和孝殤帝紀 4 和帝)
고구려	和帝 元興元年 春 復入遼東 寇略六縣 太守耿夔擊破之 斬其渠帥 (『後漢書』85 東夷列傳 75 高句驪)997)
맥	元興元年 貊人寇郡界 夔追擊 斬其渠帥 (『後漢書』19 耿弇列傳 9)998)
고구려	(元興元年) 春 高句驪王宮入遼東塞 寇略六縣999) (『資治通鑑』48 漢紀 40 孝和皇帝)1000)

신라	二月 京都雪三尺 (『三國史記』1 新羅本紀 1)
신라	二月 新羅京都雪三尺 (『三國史節要』2)

고구려 맥	秋九月 耿夔擊破貊人 (『三國史記』15 高句麗本紀 3)
고구려 맥	秋九月 漢耿夔擊陌人破之 (『三國史節要』2)
맥	秋九月 遼東太守耿夔擊貊人破之 (『後漢書』4 孝和孝殤帝紀 4 和帝)
요동 맥	其年 遼東貊人反 鈔六縣 發上谷漁陽右北平遼西烏桓討之 (『後漢書』101 志 11 天文 中)1001)

---

994) 西部都尉 安帝時以爲屬國都尉 在遼東郡 昌黎城也
995) 『三國史記』백제본기에는 월이 보이지 않으나, 『三國史記』신라본기와 『三國史節要』에 따라 춘정월에 편년하였다.
996) 원문의 '大'는 '太'로 보아도 좋다.
997) 본문의 내용은 春으로 나오나, 『三國史記』등에 춘정월의 사실로 나온다. 따라서 춘정월에 배치하였다.
998) 원문에는 月이 보이지 않으나, 『三國史記』등의 기록을 통해 9월에 편제하였다.
999) 句驪至宮浸强 數犯邊 句 如字 又音駒 驪 力知翻
1000) 본문의 내용은 春으로 나오나, 『三國史記』등에는 춘정월로 나온다. 따라서 춘정월로 편년하고 배치하였다.
1001) 본문의 내용에서는 월이 보이지 않으나, 『三國史記』등에는 秋九月로 나온다. 따라서 9월로 편년하고 배치하였다. 그리고 본문의 기사에 앞서 다음이 기록되어 있다. "元興元年 二月庚辰 有流星起角亢五丈所

| 고구려 | 秋九月 遼東太守耿夔擊高句驪 破之 (『資治通鑑』 48 漢紀 40 孝和皇帝) |
| 고구려 맥 | 淪碑尚在 耿夔播美於遼城[范曄 後漢書曰 耿夔遼遷[1002]東太守 元興元年 貊人冠[1003] 郡界 夔追擊斬其師渠[1004] 案高驪記云 故城南門有碑 年久淪沒 出土數尺 卽耿夔碑之者也] (『翰苑』 30 蕃夷部 高麗)[1005] |

106(丙午/신라 파사이사금 27/고구려 태조대왕 54/백제 기루왕 30/後漢 延平 1/倭 景行 36)

| 신라 압독 | 春正月 幸押督賑貧窮 (『三國史記』 1 新羅本紀 1) |
| 신라 압독 | 春正月 新羅王幸押督賑貧 (『三國史節要』 2) |

| 신라 압독 | 三月 至自押督 (『三國史記』 1 新羅本紀 1) |
| 신라 압독 | 三月 乃還 (『三國史節要』 2) |

| 신라 가야 | 秋八月 命馬頭城主 伐加耶 (『三國史記』 1 新羅本紀 1) |
| 신라 가야 | 秋八月 新羅王命馬頭城主 伐加耶 (『三國史節要』 2) |

107(丁未/신라 파사이사금 28/고구려 태조대왕 55/백제 기루왕 31/後漢 永初 1/倭 景行 37)

| 고구려 | 秋九月 王獵質山陽 獲紫獐 (『三國史記』 15 高句麗本紀 3)[1006] |
| 고구려 | 九月 高勾麗王獵質山陽 (『三國史節要』 2)[1007] |

| 고구려 | 冬十月 東海谷守獻朱豹 尾長九尺 (『三國史記』 15 高句麗本紀 3)[1008] |
| 고구려 | 冬十月 高勾麗東海谷守獻朱豹 尾長九尺 (『三國史節要』 2)[1009] |

| 백제 | 冬 無冰 (『三國史記』 23 百濟本紀 1) |
| 백제 | 冬 百濟無冰 (『三國史節要』 2) |

108(戊申/신라 파사이사금 29/고구려 태조대왕 56/백제 기루왕 32/後漢 永初 2/倭 景行 38)

四月辛亥 有流星起斗 東北行到須女 七月己巳 有流星起天市五丈所 光色赤 閏月辛亥 水金俱在氐[巫咸曰 辰星守氐 多水災海中 占曰天下大旱 所在不收 荊州星占曰 太白守氐 國君大哭] 流星起斗 東北行至須女 須女 燕地 天市爲外軍 水金會爲兵誅". 이상의 천문현상은 본문의 내용과 관련 있는 것이다.

1002) 원문에는 '遼遷'으로 되어 있으나, '遷遼'로 보는 것이 옳다.
1003) 원문에는 '冠'으로 되어 있으나, '寇'로 보는 것이 옳다.
1004) 원문에는 '師渠'로 되어 있으나, '渠帥'로 보는 것이 옳다.
1005) 본문의 내용은 월이 기재되어 있지 않으나, 『三國史記』 등에 추9월로 나온다. 따라서 추9월로 편년하고 배치하였다.
1006) 『三國史記』에는 본 기사가 태조대왕 56년의 사실로 나온다. 하지만 원문의 다음 기사가 春기사이다. 이것은 연대의 중복을 말해주는 것이다. 때문에 55년으로 수정하였다. 『三國史節要』 역시 본 기사를 태조대왕 56년에 기술하였다. 이 역시 55년으로 수정하고 배치하였다.
1007) 『三國史節要』에는 태조대왕 56년에 기술하였다. 『三國史記』 에도 본 기사가 태조대왕 56년의 사실로 나온다. 하지만 원문의 다음 기사가 春기사이다. 이것은 연대의 중복을 말해주는 것이다. 때문에 55년으로 수정하고 배치하였다.
1008) 『三國史記』에는 본 기사가 태조대왕 56년의 사실로 나온다. 하지만 원문의 다음 기사가 春기사이다. 이것은 연대의 중복을 말해주는 것이다. 때문에 55년으로 수정하였다. 『三國史節要』 역시 본 기사를 태조대왕 56년에 기술하였다. 이 역시 55년으로 수정하고 배치하였다.
1009) 『三國史節要』에는 태조대왕 56년에 기술하였다. 『三國史記』 에도 본 기사는 태조대왕 56년의 사실로 나온다. 하지만 원문의 다음 기사가 春기사이다. 이것은 연대의 중복을 말해주는 것이다. 때문에 55년으로 수정하고 배치하였다.

고구려	春 大旱 至夏赤地 民饑 王發使賑恤 (『三國史記』 15 高句麗本紀 3)
고구려	高勾麗大旱 民飢 王發使賑之 (『三國史節要』 2)[1010]

신라	夏五月 大水 民飢 發使十道 開食[1011]賑給 (『三國史記』 1 新羅本紀 1)
신라	夏五月 新羅大水 民飢 發使十道 開倉賑之 (『三國史節要』 2)

신라 비지국 다벌국 초팔국

(夏五月) 遣兵伐比只國多伐國草八國 幷之 (『三國史記』 1 新羅本紀 1)[1012]

신라 비지국 다벌국 초팔국

(夏五月) 新羅遣兵伐比只國多伐國草八國 幷之 (『三國史節要』 2)[1013]

백제	(夏五月) 百濟旱 饑民相食 (『三國史節要』 2)[1014]

백제	春夏 旱 年饑民相食 (『三國史記』 23 百濟本紀 1)

백제 말갈	秋七月 靺鞨入牛谷 奪椋[1015]民口而歸 (『三國史記』 23 百濟本紀 1)
백제 말갈	秋七月 靺鞨入百濟牛谷 掠民口而歸 (『三國史節要』 2)

고구려	秋九月 王獵質山陽 獲紫獐 (『三國史記』 15 高句麗本紀 3)[1016]
고구려	九月 高勾麗王獵質山陽 (『三國史節要』 2)[1017]

현도	冬十月庚寅 稟濟陰山陽玄菟貧民 (『後漢書』 5 孝安帝紀 5 安帝)

고구려	冬十月 東海谷守獻朱豹 尾長九尺 (『三國史記』 15 高句麗本紀 3)[1018]
고구려	冬十月 高勾麗東海谷守獻朱豹 尾長九尺 (『三國史節要』 2)[1019]

109(己酉/신라 파사이사금 30/고구려 태조대왕 57/백제 기루왕 33/後漢 永初 3/倭 景行 39)

1010) 『三國史記』에는 春에 기록되어 있으나, 『三國史節要』에는 하5월과 추7월 사이에 기록되어 있다. 따라서 본 기사는 『三國史記』에 따라 春에 편제하였다.

1011) 원문의 食은 倉의 오자이다.

1012) 본문의 초팔국과 관련해서 『三國史記』 34 雜志 3 地理 1 康州 江陽郡 "八谿縣 本草八兮縣 景德王改名 今草谿縣"이 참고된다.

1013) 『三國史記』에 하5월에 기록되어 있다. 하지만 『三國史節要』에는 하5월과 추7월 사이에 편제되어 있다. 따라서 본 기사는 『三國史記』에 따라 하5월에 편제하였다.

1014) 『三國史記』에 春夏에 기록되어 있다. 하지만 『三國史節要』에는 하5월과 추7월 사이에 편제되어 있다. 따라서 본 기사는 『三國史記』에 따라 춘하(1~6월)에 편제하였다.

1015) 원문에는 '椋'으로 되어 있으나, '掠'으로 보는 것이 옳다.

1016) 『三國史記』에는 본 기사가 태조대왕 56년의 사실로 나온다. 하지만 원문의 다음 기사가 春기사이다. 이것은 연대의 중복을 말해주는 것이다. 때문에 55년으로 수정하여 배치하였다. 하지만 해당 연도에도 재배치하였다.

1017) 『三國史節要』에는 태조대왕 56년에 기술하였다. 『三國史記』에도 본 기사가 태조대왕 56년의 사실로 나온다. 하지만 원문의 다음 기사가 春기사이다. 이것은 연대의 중복을 말해주는 것이다. 때문에 55년으로 수정하고 배치하였다. 하지만 해당 연도에도 재배치하였다.

1018) 『三國史記』에는 본 기사가 태조대왕 56년의 사실로 나온다. 하지만 원문의 다음 기사가 春기사이다. 이것은 연대의 중복을 말해주는 것이다. 때문에 55년으로 수정하였다. 『三國史節要』 역시 본 기사를 태조대왕 56년에 기술하였다. 이 역시 55년으로 수정하고 배치하였다. 하지만 해당 연도에도 재배치하였다.

1019) 『三國史節要』에는 태조대왕 56년에 기술하였다. 『三國史記』에도 본 기사는 태조대왕 56년의 사실로 나온다. 하지만 원문의 다음 기사가 春기사이다. 이것은 연대의 중복을 말해주는 것이다. 때문에 55년으로 수정하고 배치하였다. 하지만 해당 연도에도 재배치하였다.

고구려	永初三年春正月庚子 皇帝加元服 大赦天下 (…) 高句驪遣使貢獻 (『後漢書』5 孝安帝紀 5 安帝)
고구려	春正月 遣使如漢 賀安帝加元服 (『三國史記』15 高句麗本紀 3)
고구려	春正月 高勾麗遣使如漢 賀加元服 (『三國史節要』2)
고구려	(紀) 安帝永初三年正月 高句驪遣使貢獻 (『玉海』152 朝貢 外夷來朝 漢高麗奉貢 內屬)
신라	秋七月 蝗害穀 王遍祭山川 以禾斤[1020]禳之 蝗滅 (『三國史記』1 新羅本紀 1)
신라	秋七月 新羅蝗害穀 王遍祭山川 以祈禳之 蝗滅 (『三國史節要』2)
신라	(秋七月) 有年 (『三國史記』1 新羅本紀 1)
신라	(秋七月) 新羅有年 (『三國史節要』2)

110(庚戌/신라 파사이사금 31/고구려 태조대왕 58/백제 기루왕 34/後漢 永初 4/倭 景行 40)

111(辛亥/신라 파사이사금 32/고구려 태조대왕 59/백제 기루왕 35/後漢 永初 5/倭 景行 41)

백제	春三月 地震 (『三國史記』23 百濟本紀 1)
백제	三月 百濟地震 (『三國史節要』2)

고구려 예맥 현도	(永初五年三月) 高句驪王宮與濊貊寇玄菟[1021] (『資治通鑑』49 漢紀 41 孝安皇帝)[1022]
고구려 현도	春 高勾麗遣使如漢 獻方物 求屬玄菟 (『三國史節要』2)[1023]
고구려 현도	遣使如漢 貢獻方物 求屬玄菟[通鑑言 是年三月 麗王宮與濊貊寇玄菟 不知或求屬或寇耶 抑一誤耶] (『三國史記』15 高句麗本紀 3)[1024]
고구려 현도	安帝永初五年 宮遣使貢獻 求屬玄菟 (『後漢書』85 東夷列傳 75 高句驪)[1025]
고구려 현도	(永初)五年 高句麗王宮遣使貢獻 求屬玄菟 (『册府元龜』977 外臣部 22 降附)[1026]
고구려 현도	(東夷傳) 安帝永初五年 句驪王宮遣使貢獻 求屬玄菟 (『玉海』152 朝貢 外夷來朝 內附)[1027]
부여	(三月) 夫餘夷犯塞 殺傷吏人 (『後漢書』5 孝安帝紀 5)

1020) 원문에는 ' '로 오각되어 있다. '祈'로 보는 것이 옳다.
1021) 句 如字 又音駒 驪 力知翻 濊 音 穢 貊 莫百翻 菟 同都翻
1022) 본문의 내용은 아래의 『三國史記』 등과는 반대의 내용이다.
1023) 본문은 春으로 그 기간이 나오지만, 『자치통감』에는 3월로 되어 있어 3월에 편제하였다. 본문에서 고구려가 현도에 속하기를 구하였다는 기록은 『자치통감』과는 반대의 내용이다.
1024) 본문은 월이 표시되어 있지 않으나, 『자치통감』에는 3월로 되어 있어 3월에 편제하였다. 본문에서 고구려가 현도에 속하기를 구하였다는 기록은 『後漢書』 기록을 옮긴 것이나, 『자치통감』에는 이와 반대로 되어 있다.
1025) 본문은 월이 표시되어있지 않으나, 『자치통감』에는 3월로 되어 있어 3월에 편제하였다. 본문에서 고구려가 현도에 속하기를 구하였다는 기록은 『자치통감』과는 반대의 내용이다.
1026) 본문은 월이 표시되어있지 않으나, 『자치통감』에는 3월로 되어 있어 3월에 편제하였다. 본문에서 고구려가 현도에 속하기를 구하였다는 기록은 『자치통감』과는 반대의 내용이다.
1027) 본문은 월이 표시되어있지 않으나, 『자치통감』에는 3월로 되어 있어 3월에 편제하였다. 본문에서 고구려가 현도에 속하기를 구하였다는 기록은 『자치통감』과는 반대의 내용이다.

부여 낙랑	(永初五年三月) 夫餘王寇樂浪[1028] (『資治通鑑』 49 漢紀 41 孝安皇帝)
부여 낙랑	至安帝永初五年 夫餘王始將步騎七八千人寇鈔樂浪 殺傷吏民 後復歸附 (『後漢書』 85 東夷列傳 75 夫餘)[1029]
부여 낙랑	(後漢書曰) 至安帝永初五年 夫餘王始將步騎七八千人 寇鈔樂浪 殺傷吏人 後復歸附 (『太平御覽』 781 四夷部 2 東夷 2 夫餘)[1030]

신라	夏四月 城門自毀 (『三國史記』 1 新羅本紀 1)
신라	夏四月 新羅城門毀 (『三國史節要』 2)

신라	自五月至秋七月 不雨 (『三國史記』 1 新羅本紀 1)
신라	新羅自五月不雨 至秋七月 (『三國史節要』 2)

백제	冬十月 又震 (『三國史記』 23 百濟本紀 1)
백제	冬十月 百濟地震 (『三國史節要』 2)

112(壬子/신라 파사이사금 33, 지마이사금 1/고구려 태조대왕 60/백제 기루왕 36/後漢 永初 6/倭 景行 42)

신라 삼한	(冬十月己亥朔辛丑) 遂入其國中 封重寶府庫 收圖籍文書 卽以皇后所杖矛 樹於新羅 王門 爲後葉之印 故其矛今猶樹于新羅王之門也 爰新羅王波沙寐錦 卽以微叱己知波 珍干岐爲質 仍賚金銀彩色及綾羅縑絹 載于八十艘船 令從官軍 是以 新羅王 常以八 十船之調貢于日本國 其是之緣也 於是高麗 百濟二國王 聞新羅收圖籍 降於日本國 密令伺其軍勢 則知不可勝 自來于營外 叩頭而款曰 從今以後 永稱西藩 不絶朝貢 (…) 故因以 定內官家屯倉 是所謂之三韓也 皇后從新羅還之 (『日本書紀』 9 神功 紀)[1031]

신라	枝兒樂 婆娑王時作也 (『三國史記』 32 雜志 1 樂)[1032]
신라	良州 臨關郡 (…) 河曲(一作西)縣 婆娑王時 取屈阿火村置縣 (『三國史記』 34 雜志 3 地理 1)[1033]
신라	朔州 奈靈郡 本百濟奈巳郡 婆娑王取之 (『三國史記』 35 雜志 4 地理 2)[1034]
신라	冬十月 王薨 葬蛇陵園[1035]內 (『三國史記』 1 新羅本紀 1)[1036]
신라	冬十月 新羅王婆娑薨 葬蛇陵園內 (『三國史節要』 2)
신라	祇摩尼師今立[或云祇味] 婆娑王嫡子 母史省夫人 妃金氏 愛禮夫人 葛文王摩帝之女 也 初婆娑王獵於楡飡之澤 太子從焉 獵後 過韓歧部 伊飡許婁饗之 酒酣 許婁之妻 推門[1037]少女子出舞 摩帝伊飡之妻 亦引出其女 太子見而悅之 許婁不悅 王謂許婁曰

1028) 夫餘爲寇始此 夫 音扶 樂浪 音洛琅
1029) 본문은 월이 보이지 않으나, 『後漢書』에 이 사실이 3월에 편제되어 있다. 따라서 3월에 배치하였다.
1030) 본문은 월이 보이지 않으나, 『後漢書』에 이 사실이 3월에 편제되어 있다. 따라서 3월에 배치하였다.
1031) 이 사료는 『일본서기』 중애천황 9년(200)조에 보이는 소위 신공황후의 삼한정벌 전승의 일부이다. 여 기에 보이는 '신라왕 파사매금(波沙寐錦)'은 신라 제5대 왕인 파사이사금(재위 80~111년)과 그 명칭이 동 일하다. 때문에 『삼국사기』의 파사이사금 재위 말년조에 『일본서기』 내용의 일부를 배치해둔다.
1032) 파사이사금대의 사실이지만, 그 해를 알 수 없다. 따라서 파사이사금 재위 말년에 배치하였다.
1033) 파사이사금대의 사실이지만, 그 해를 알 수 없다. 따라서 파사이사금 재위 말년에 배치하였다.
1034) 파사이사금대의 사실이지만, 그 해를 알 수 없다. 따라서 파사이사금 재위 말년에 배치하였다.
1035) 원문에는 '圍'로 되어 있으나, '園'으로 보는 것이 옳다.
1036) 『三國史記』는 파사이사금이 재위 33년에 죽었다고 하는데, 『三國遺事』 1 王曆 1 第五婆娑尼師今에는 "庚辰立 理□十二年"으로 나오며 여기에서 □는 '三'으로 볼 수 있다. 이러한 차이는 『三國遺事』가 踰年 稱元法을 사용하였기 때문이다.

	此地名大庖 公於此 置盛饌美醞 以宴衎之 冝位酒多 在伊湌之上 以摩帝之女 配太子 焉 酒多後云角干 (『三國史記』1 新羅本紀 1)[1038]
신라	太子祇摩立[或云祇味] 妃金氏 葛文王摩帝之女也 初婆娑王獵於楡湌澤 太子從焉 過 韓歧部 伊湌許婁饗之 許婁之妻 以少女見摩帝之妻 亦出其女 太子悅 摩帝女許婁不 悅 王謂許婁曰 公於此 置盛饌美醞 以宴衎之 宜位酒多 在伊湌之上 酒多後稱角干 (『三國史節要』2)

113(癸丑/신라 지마이사금 2/고구려 태조대왕 61/백제 기루왕 37/後漢 永初 7/倭 景行 43)

신라	春二月 親祀始祖廟 (『三國史記』1 新羅本紀 1)
신라	春二月 新羅王親祀始祖廟 (『三國史節要』2)

신라	(春二月) 拜昌永爲伊湌 以叅政事 玉權爲波珍湌 申權爲一吉湌 順宣爲級湌 (『三國史 記』1 新羅本紀 1)
신라	(春二月) 新羅以昌永爲伊湌 俾叅政事 玉權爲波珍湌 申權爲一吉湌 順宣爲級湌 (『三 國史節要』2)

신라 백제	三月 百濟遣使來聘 (『三國史記』1 新羅本紀 1)
백제 신라	三月 百濟遣使聘新羅 (『三國史節要』2)
백제 신라	遣使聘新羅 (『三國史記』23 百濟本紀 1)[1039]

예 맥 왜 한	故章和已後 使聘流通 逮永初多難 始入寇鈔 (『後漢書』85 東夷列傳 75 序)[1040]

114(甲寅/신라 지마이사금 3/고구려 태조대왕 62/백제 기루왕 38/後漢 元初 1/倭 景行 44)

신라	春三月 雨雹 麥苗傷 (『三國史記』1 新羅本紀 1)
신라	春三月 新羅雨雹 害麥苗 (『三國史節要』2)

고구려	春三月 日有食之 (『三國史記』15 高句麗本紀 3)
고구려	(春三月) 高勾麗日有食之 (『三國史節要』2)

신라	夏四月 大水 慮囚 除死罪 餘悉原之 (『三國史記』1 新羅本紀 1)
신라	夏四月 新羅大水 慮囚 除死罪 餘悉原之 (『三國史節要』2)

고구려	秋八月 王巡守南海 (『三國史記』15 高句麗本紀 3)
고구려	秋八月 高勾麗王巡南海 (『三國史節要』2)

고구려	冬十月 至自南海 (『三國史記』15 高句麗本紀 3)
고구려	至十月 乃還 (『三國史節要』2)

1037) 원문에는 '推門'으로 오각 되어 있으나, '携'로 보는 것이 옳다.
1038) 『三國遺事』1 王曆 1에 "第六祇磨尼師今[一作祇味 姓朴氏 父婆娑王 母史肖夫人 妃磨帝国王之女 □礼 夫人 一作愛礼 金氏 壬子立 理二十三年 是王代滅音質國 今安康 及押梁國今□山"으로 나온다.
1039) 본문에는 월이 보이지 않으나, 『삼국사기』와 『삼국사절요』의 기사를 통해 3월로 편년하였고 배치하였 다.
1040) 영초 연간이 107~113년이므로 그 마지막해에 배치하였다.

115(乙卯/신라 지마이사금 4/고구려 태조대왕 63/백제 기루왕 39/後漢 元初 2/倭 景行 45)

| 신라 가야 | 春二月 加耶寇南邊 (『三國史記』 1 新羅本紀 1) |
| 신라 가야 | 春二月 加耶國寇新羅南邊 (『三國史節要』 2) |

| 신라 가야 | 秋七月 親征加耶 帥步騎度黃山河 加耶人伏兵林薄以待之 王不覺直前 伏發圍數重 王揮軍奮擊 決圍而退 (『三國史記』 1 新羅本紀 1) |
| 신라 가야 | 秋七月 新羅王伐加耶國 師渡黃山河 加耶伏兵發圍 王數重 王奮擊 決圍而退 (『三國史節要』 2) |

| 요동 | 八月 遼東鮮卑圍無慮縣[1041]) (『後漢書』 5 孝安帝紀 5 安帝) |

| 요동 | 九月 又攻夫犁營 殺縣令[1042]) (『後漢書』 5 孝安帝紀 5 安帝) |

116(丙辰/신라 지마이사금 5/고구려 태조대왕 64/백제 기루왕 40/後漢 元初 3/倭 景行 46)

| 고구려 | 春三月 日有食之 (『三國史記』 15 高句麗本紀 3) |
| 고구려 | 春三月 高勾麗日有食之 (『三國史節要』 2) |

| 백제 | 夏四月 鸛巢于都城門上 (『三國史記』 23 百濟本紀 1) |

| 백제 | 六月 大雨浹旬 漢江水漲 漂毀民屋 (『三國史記』 23 百濟本紀 1) |
| 백제 | 夏六月 百濟大雨十餘日 漢江漲 漂毀民屋 (『三國史節要』 2) |

| 백제 | 秋七月 命有司補水 [1043])之田 (『三國史記』 23 百濟本紀 1) |
| 백제 | 秋七月 命有司修毀田 (『三國史節要』 2) |

| 신라 가야 | 秋八月 遣將侵加耶 王帥精兵一萬以繼之 加耶嬰城固守 會久雨 乃還 (『三國史記』 1 新羅本紀 1) |
| 신라 가야 | 八月 新羅王先遣將侵加耶 帥精兵一萬繼之 加耶嬰城固守 會久雨 乃還 (『三國史節要』 2) |

| 낙랑 | (元初) 三年 十月辛亥 汝南樂浪冬雷 (『後漢書』 志 13 五行 3 冬雷) |

| 고구려 | 冬十二月 雪五尺 (『三國史記』 15 高句麗本紀 3) |
| 고구려 | 冬十二月 高勾麗雪五尺 (『三國史節要』 2) |

117(丁巳/신라 지마이사금 6/고구려 태조대왕 65/백제 기루왕 41/後漢 元初 4/倭 景行 47)

118(戊午/신라 지마이사금 7/고구려 태조대왕 66/백제 기루왕 42/後漢 元初 5/倭 景行

1041) 屬遼東郡 廬音閭 有醫無閭山 因以爲名焉
1042) 夫犁 縣名 屬遼東屬國
1043) 원문에는   로 오각되어 있으나, 損로 보는 것이 옳다.

48)
| 고구려 | 春二月 地震 (『三國史記』 15 高句麗本紀 3) |
| 고구려 | 春二月 高勾麗地震 (『三國史節要』 2) |

고구려 예맥 현도
    夏六月 王與穢貊襲漢玄菟 攻華麗城 (『三國史記』 15 高句麗本紀 3)1044)
고구려 예맥 현도
    夏六月 高勾麗王與穢貊襲漢玄菟 攻華麗城 (『三國史節要』 2)
고구려 예맥 현도
    (夏六月) 高句驪與穢貊寇玄菟1045) (『後漢書』 5 孝安帝紀 5 安帝)
고구려 예맥 현도
    (元初五年)夏六月 高句驪與濊貊寇玄菟1046) (『資治通鑑 50 漢紀 42 孝安皇帝)
고구려 예맥 현도
    元初五年 復與濊貊寇玄菟 攻華麗城1047) (『後漢書』 85 東夷列傳 75 高句驪)1048)

| 고구려 | 秋七月 蝗雹害穀 (『三國史記』 15 高句麗本紀 3) |
| 고구려 | 秋七月 高勾麗蝗雹害穀 (『三國史節要』 2) |

| 고구려 | 八月 命所司 擧賢良孝順 問鰥寡孤獨及老不能自存者 給衣食 (『三國史記』 15 高句麗本紀 3) |
| 고구려 | 八月 高勾麗命有司 擧賢良孝順 問鰥寡孤獨及老不能自存者 給衣食 (『三國史節要』 2) |

119(己未/신라 지마이사금 8/고구려 태조대왕 67/백제 기루왕 43/後漢 元初 6/倭 景行 49)

120(庚申/신라 지마이사금 9/고구려 태조대왕 68/백제 기루왕 44/後漢 永寧 1/倭 景行 50)

| 신라 | 春二月 大星墜月城西 聲如雷 (『三國史記』 1 新羅本紀 1) |
| 신라 | 春二月 新羅大星隕月城西 聲如雷 (『三國史節要』 2) |

| 신라 | 三月 京都大疫 (『三國史記』 1 新羅本紀 1) |
| 신라 | 三月 新羅京都大疫 (『三國史節要』 2) |

부여	(是歲) 夫餘王遣子詣闕貢獻 (『後漢書』 5 孝安帝紀 5 安帝)
부여	永寧元年 乃遣嗣子尉仇台 印1049)闕貢獻 天子賜尉仇台印綬金綵 (『後漢書』 85 東夷列傳 75 夫餘)
부여	占風入貢 增印綬之榮[後漢書曰 永寧元年 夫餘乃遣嗣子尉仇台諸1050)闕貢獻 天子賜

1044) 본문 기사는 『後漢書』 내용을 가져온 것이다.
1045) 郡名 在遼東
1046) 句 如字 又音駒 驪 力知翻 濊 音穢 貊 莫百翻 菟 同都翻
1047) 華麗 縣 屬樂浪郡
1048) 본문은 월이 보이지 않으나, 『三國史記』 등에 6월에 나온다. 따라서 6월에 배치하였다.
1049) 원문의 '印'은 '詣'로 보는 것이 옳다.
1050) 원문에는 '諸'로 되어 있으나, '詣'로 보는 것이 옳다.

尉仇台印綬金帛等也] (『翰苑』 30 蕃夷部 夫餘)

부여   永寧元年 扶餘王遣嗣子尉仇台 詣闕貢獻 帝賜以印綬 (『册府元龜』 974 外臣部 19 褒異 1)

부여   (後漢書曰) 永寧元年 乃遣嗣子尉仇台 詣闕貢獻 天子賜尉仇台印綬金綵 (『太平御覽』 781 四夷部 2 東夷 2 夫餘)

부여   (東夷傳) 永寧元年 夫餘遣子尉仇台 詣闕貢獻 賜印綬金綵 (『玉海』 152 朝貢 外夷來朝 漢夫餘貢獻)

121(辛酉/신라 지마이사금 10/고구려 태조대왕 69/백제 기루왕 45/後漢 建光 1/倭 景行 51)

신라   春正月 以翌宗爲伊飡 昕連爲波珍飡 林權爲河[1051]飡 (『三國史記』 1 新羅本紀 1)

신라   春正月 新羅以翌宗爲伊飡 昕連爲波珍飡 林權爲阿飡 (『三國史節要』 2)

고구려 예맥   建光元年春正月 幽州刺史馮煥率二郡太守討高句驪穢貊 不克 (『後漢書』 5 孝安帝紀 5 安帝)

신라   二月 築大甑山城 (『三國史記』 1 新羅本紀 1)[1052]

신라   二月 新羅築大甑山城 (『三國史節要』 2)

고구려 예맥 현도 요동

      春 漢幽州刺史馮煥玄菟大[1053]守姚光遼東大[1054]守蔡諷等 將兵來侵 擊殺穢貊渠帥 盡獲兵馬財物 王乃遣弟遂成 領兵二千餘人 逆煥光等 遂成遣使詐降 煥等信之 遂成 因據險以遮大軍 潛遣三千人 攻玄菟遼東二郡 焚其城郭 殺獲二千餘人 (『三國史記』 15 高句麗本紀 3)

고구려 예맥 현도 요동

      (春) 漢幽州刺史馮煥玄菟太守姚光遼東太守蔡諷等 將兵侵 高勾麗擊殺穢貊渠帥 盡獲兵仗財物 王乃遣弟遂成 領兵二千餘人 逆煥光等 遂成遣使詐降煥等信之 遂成因據險以遮大軍 潛遣三千人 攻玄菟遼東二郡 焚其城郭 殺獲二千餘人 (『三國史節要』 2)[1055]

고구려 예맥 현도 요동

      建光元年春 幽州刺史馮煥玄菟太守姚光遼東太守蔡諷等 將兵出塞擊之 捕斬穢貊渠帥 獲兵馬財物 宮乃遣嗣子遂成將二千餘人逆光等 遣使詐降 光等信之 遂成因據險阨以遮大軍 而潛遣三千人攻玄菟遼東 焚城郭 殺傷二千餘人 於是發廣陽漁陽右北平涿郡 屬國三千餘騎同救之 而貊人已去 (『後漢書』 85 東夷列傳 75 高句驪)

고구려 예맥 현도 요동

      (建光元年春) 幽州刺史巴郡 馮煥玄菟太守姚光遼東太守蔡諷等將兵擊高句驪 高句驪王宮遣子遂成詐降而襲玄菟遼東 殺傷二千餘人[1056] (『資治通鑑』 50 漢紀 42 孝安皇帝)

고구려 요동 현도

1051) 원문에는 '河'로 되어 있으나, '阿'로 보는 것이 옳다.

1052) 『三國史記』 34 雜志 3 地理 1 良州 東萊郡에 "東平縣 本大甑縣 景德王改名 今因之"이 보인다.

1053) 원문의 '大'는 '太'로 보는 것이 옳다.

1054) 원문의 '大'는 '太'로 보는 것이 옳다.

1055) 『三國史節要』에는 월이 기록되어 있지 않으나, 『三國史記』 등의 기록으로 春으로 편제한다.

1056) 菟 同都翻 句 如字 又音駒 麗 讀曰驪 力知翻 降 戶江翻

	遼東太守蔡風玄菟太守姚光以宮爲二郡害　興師伐之　宮詐降請和　二郡不進　宮密遣軍攻玄菟　焚燒候城　入遼隧　殺吏民 (『三國志』 30　魏書　30　烏丸鮮卑東夷傳　高句麗)[1057]
고구려 요동 현도	至殤·安之間　其王名宮　數寇遼東　玄菟太守蔡風　討之不能禁 (『梁書』 54　列傳　48　諸夷　高句驪)
고구려　요동 현도	至殤·安之間　莫來裔孫宮　數寇遼東　玄菟太守蔡風討之　不能禁 (『北史』 94　列傳　82　高句麗)
요동 현도	(夏四月)甲戌　遼東屬國都尉龐奮　承僞璽書殺玄菟太守姚光 (『後漢書』 5　孝安帝紀　5　安帝)
현도 요동	(建光元年夏四月)　幽州刺史馮煥玄菟太守姚光數糾發姦惡[1058]　怨者詐作璽書　譴責煥光　賜以歐刀[1059]　又下遼東都尉龐奮　使速行刑[1060]　奮卽斬光　收煥[1061]　煥欲自殺　其子緄疑詔文有異[1062]　止煥曰　大人在州　志欲去惡　實無他故　必是凶人妄詐　規肆姦毒　願以事自上[1063]　甘罪無晚　煥從其言　上書自訟　果詐者所爲　徵奮　抵罪 (『資治通鑑』 50　漢紀　42　孝安皇帝)[1064]
요동 현도	馮緄字鴻卿　巴郡　宕渠人也 (…)　父煥　安帝時爲幽州刺史　疾忌姦惡　數致其罪　時玄菟太守姚光亦失人和　建光元年　怨者乃詐作璽書譴責煥光　賜以歐刀　又下遼東都尉龐奮　使速行刑　奮卽斬光收煥　煥欲自殺　緄疑詔文有異　止煥曰　大人在州　志欲去惡　實無它故　必是凶人妄詐　規肆姦毒　願以事自上　甘罪無晚　煥從其言　上書自訟　果詐者所爲　徵奮抵罪 (…) (『後漢書』 38　張法滕馮度楊列傳　28　馮緄)[1065]
신라	夏四月　倭人侵東邊 (『三國史記』 1　新羅本紀　1)
신라	夏四月　倭寇新羅東邊 (『三國史節要』 2)
고구려	夏四月　王與鮮卑八千人　徃攻遼隊縣　遼東大[1066]守蔡諷　將兵出於新昌　戰沒　功曹掾龍端兵馬掾公孫酺　以身扞諷　俱沒於陣　死者百餘人 (『三國史記』 15　高句麗本紀　3)
고구려	(夏四月) 高勾麗王與鮮卑八千人　徃攻遼隊縣　遼東太守蔡諷　將兵戰於新昌　敗積　功曹橡龍端兵橡公孫酺　以身扞諷　俱歿於陣　死者百餘人 (『三國史節要』 2)
예맥 요동	夏四月　穢貊復與鮮卑寇遼東　遼東太守蔡諷追擊　戰歿 (『後漢書』 5　孝安帝紀　5　安帝)
고구려 요동	(建光元年)夏四月　高句麗復與鮮卑入寇遼東　蔡諷追擊於新昌　戰歿[1067]　功曹掾龍端兵馬掾公孫酺以身扞諷　俱歿於陳[1068] (『資治通鑑』 50　漢紀　42　孝安皇帝)
고구려 요동	(建光元年)夏　復與遼東　鮮卑八千餘人攻遼隊[1069]　殺略吏人　蔡諷等追擊於新昌　戰歿

1057) 『三國史記』와 『後漢書』에는 이 전쟁이 121년 봄에 있었던 것으로 나온다. 따라서 121년 봄에 편제하였다.
1058) 數　所角翻
1059) 賢曰　歐刀　刑人之刀也　歐　音一口翻　余謂古歐冶子善作劍　故謂劍爲歐刀　當音烏侯翻
1060) 下　遐稼翻
1061) 考異曰　帝紀　建光元年　四月　甲戌　龐奮承僞璽書殺姚光　馮緄傳亦云　建光元年　按帝紀　去年十二月　高驪圍玄菟　而高驪傳有姚光上言　蓋光實以延光元年被殺　紀傳誤以延爲建　又今年四月無甲戌
1062) 緄　古本翻
1063) 去　羌呂翻　上　時掌翻
1064) 원문에는 日이 나오지 않으나, 『後漢書』에 夏四月　甲戌(24)로 나오므로, 4월 24일로 편년하였다.
1065) 본문의 建光 元年의 사실은 『後漢書』 5　孝安帝紀　5 등에 따르면 여름 4월 24일의 일이다. 따라서 4월 24일에 편제하였다.
1066) 원문의 '大'는 '太'로 보는 것이 옳다.
1067) 新昌縣　屬遼東郡
1068) 范書　東夷傳作　功曹耿耗兵馬掾龍端酺　音蒲　陳　讀曰陣

攻曹耿耗兵曹掾龍端 兵馬掾公孫酺以身扞諷 俱沒於陳 死者百餘人 (『後漢書』85 東夷列傳 75 高句驪)1070)

고구려 요동　　後宮復犯遼東 蔡風輕將吏士追討之 軍敗沒 (『三國志』30 魏書 30 烏丸鮮卑東夷傳 高句麗)1071)

고구려 마한 예맥
　　(建光元年)秋 宮遂率馬韓濊貊數千騎圍玄菟夫餘王遣子尉仇台 將二萬餘人與州郡并力討破之 斬首五百餘級 (『後漢書』85 東夷列傳 75 高句驪)

고구려　　冬十月 王幸扶餘 祀大1072)后廟 存問百姓窮困者 賜物有差 (『三國史記』15 高句麗本紀 3)

고구려　　古記云 (…) 太祖王六十九年 冬十月 幸扶餘 祀大1073)后廟 (…) (『三國史記』32 雜志 1 祭祀)

고구려　　冬十月 高勾麗王幸扶餘 祀太后廟 存問百姓窮乏者 賜物有差 (『三國史節要』2)

고구려　　(冬十月) 肅愼使來 獻紫狐裘及白鷹白馬 王宴勞以遺之 (『三國史記』15 高句麗本紀 3)

고구려　　(冬十月) 肅愼使 獻紫狐裘及白鷹白馬于高勾麗 王宴勞以遺之 (『三國史節要』2)

고구려 부여　　十一月 王至自扶餘 王以遂成統軍國事 (『三國史記』15 高句麗本紀 3)

고구려 부여　　十一月 高勾麗王至自扶餘 以其弟遂成統軍國事 (『三國史節要』2)

현도　　(冬十一月) 鮮卑寇玄菟 (『後漢書』5 孝安帝紀 5 安帝)

현도　　(建光元年冬十一月) 鮮卑寇玄菟1074) (『資治通鑑』50 漢紀 42 孝安皇帝)

고구려 마한 예맥 현도 부여
　　十二月 王率馬韓濊貊一萬餘騎 進圍玄菟城 扶餘王遣子尉仇台 領兵二萬 與漢兵并力拒戰 我軍大敗 (『三國史記』15 高句麗本紀 3)

고구려 마한 예맥 현도 부여
　　十二月 高勾麗王率馬韓濊貊一萬餘騎 進圍玄菟城 扶餘王遣子尉仇台 領兵二萬 與漢兵并力拒戰 高勾麗軍大敗 (『三國史節要』2)

고구려 마한 예맥 현도 부여
　　冬十二月 高句驪馬韓濊貊圍玄菟城 夫餘王遣子與州郡并力討破之 (『後漢書』5 孝安帝紀 5 安帝)

고구려 마한 예맥 현도 부여
　　(建光元年十二月) 高句驪王宮率馬韓濊貊數千騎圍玄菟1075) 夫餘王遣子尉仇台將二萬餘人與州郡并力討破之1076) (『資治通鑑』50 漢紀 42 孝安皇帝)

고구려 마한 예맥 현도 부여
　　元1077)光元年十二月 高句驪馬韓濊貊圍玄菟城 扶餘王遣子 與州郡 并力討之 (『册府

1069) 縣名 屬遼東郡也
1070) 본문에는 夏로 나오지만, 『三國史記』등에는 하4월로 나온다. 따라서 하4월에 배치하였다.
1071) 본문에는 그 月이 나오지 않지만, 『三國史記』등에는 하4월로 나온다. 따라서 하4월에 배치하였다.
1072) 원문의 ‘大’는 ‘太’로 보는 것이 옳다.
1073) 원문의 ‘大’는 ‘太’로 보는 것이 옳다.
1074) 菟 同都翻
1075) 韓有三種 一曰馬韓 二曰辰韓 三曰弁辰 馬韓在西 有五十四國 句 如字 又音駒 驪 力知翻 濊 音穢 貊 莫百翻
1076) 夫 音扶

고구려	元龜』973 外臣部 18 助國討伐)

고구려	是歲 宮死 子遂成立 姚光上言欲因其喪發兵擊之 議者皆以爲可許 尚書陳忠曰 宮前 桀點 光不能討 死而擊之 非義也 宜遣弔問 因責讓前罪 赦不加誅 取其後善 安帝從 之 (『後漢書』85 東夷列傳 75 高句驪)[1078]
고구려	宮死 子伯固立 (『三國志』30 魏書 30 烏丸鮮卑東夷傳 高句麗)[1079]
고구려	宮死 子伯固立 (『梁書』54 列傳 48 諸夷 高句驪)
고구려	宮死 子伯固立 (『北史』94 列傳 82 四夷 上 高句麗)
고구려 현도	建光元年 高句驪王宮死 子遂成立 玄菟太守姚光上言欲因其喪發兵擊之 議者 皆以爲 可許 尚書陳忠曰 宮前桀點 光不能討 死而擊之 非義也 宜遣弔問 因責讓前罪 赦不 加誅 取其後善 帝從之 (『册府元龜』989 外臣部 34 備禦 2)
고구려 현도	是歲 宮死 子遂成立 玄菟太守姚光上言 欲因其喪 發兵擊之 議者皆以爲可許 陳忠曰 宮前桀點[1080] 光不能討 死而擊之 非義也 宜遣使弔問 因責讓前罪 赦不加誅 取其後 善 帝從之 (『資治通鑑』50 漢紀 42 孝安皇帝)

122(壬戌/신라 지마이사금 11/고구려 태조대왕 70/백제 기루왕 46/後漢 延光 /倭 景行 52)

부여 현도 고구려 마한 예맥	延光元年春二月 夫餘王遣子將兵救玄菟[1081] 擊高句驪馬韓穢貊 破之 遂遣使貢獻 (『後漢書』5 孝安帝紀 5 安帝)
부여 현도 고구려 마한 예맥	延光元年二月 扶餘王遣子將兵救玄菟 擊高句驪馬韓穢貊 破之 遂遣使貢獻 (『册府元 龜』973 外臣部 18 助國討伐)
고구려 마한 예맥 부여	王與馬韓 穢貊侵遼東 扶餘王遣兵?[1082]破之[馬韓以百濟溫祚王二十七年滅 今與麗王 行兵者 盖滅而復興者歟] (『三國史記』15 高句麗本紀 3)[1083]
고구려 마한 예맥 부여	高勾麗王與馬韓 穢貊侵遼東 扶餘王遣兵救之[馬韓 百濟溫祚王二十七年滅 今與麗王 行兵者 盖滅而復興者歟] (『三國史節要』2)[1084]

신라	夏四月 大風東來 折木飛瓦 至夕而止 都人訛言 倭兵大來 爭遁山谷 王命伊飡翌宗等 諭止之 (『三國史記』1 新羅本紀 1)
신라	夏四月 新羅大風東來 折木飛瓦 竟日乃止 都人訛言 倭兵大來 爭遁山谷 王命伊飡翌

1077) 원문에는 '元'으로 되어 있으나, '建'이 옳다.
1078) 『후한서』 고구려전과 달리 『삼국사기』에서는 태조왕의 사망을 146년이라 하였다.
1079) 『삼국지』와 『양서』, 『북사』는 태조왕의 아들이 백고 즉 신대왕이라 하였으나, 이는 고구려 왕계를 착 오한 것이다.
1080) 點 下八翻
1081) 夫餘王子 尉仇台也
1082) 원문에는 오각되어 있으나, 救로 보는 것이 옳다.
1083) 『三國史記』에서는 월이 나오지 않으나, 『後漢書』의 내용에 따라 2월로 편년하였다. 그리고 註에서 마 한이 멸망한 사실과 관련해서는 『三國史記』23 百濟本紀 1 온조왕 26년과 27년이 참고된다. "二十六年秋 七月 王曰 馬韓漸弱 上下離心 其勢不能久 儻爲他所幷 則脣亡齒寒 悔不可及 不如先人而取之 以免後艱 冬 十月 王出師 陽言田獵 潛襲馬韓 遂幷其國邑 唯圓山錦峴二城固守不下"및 "二十七年夏四月 二城降 移其 民於漢山之北 馬韓遂滅 秋七月 築大豆山城"
1084) 『三國史節要』에서는 기사의 맨 마지막에 위치하고 있고 월이 나오지 않으나, 『後漢書』의 내용에 따라 2월로 편년하였다.

	宗諭止之 (『三國史節要』2)

신라	秋七月 飛蝗害穀 年饑多盜 (『三國史記』1 新羅本紀 1)
신라	秋七月 新羅蝗害穀 年饑多盜 (『三國史節要』2)
고구려	(秋七月) 高句驪降 (『後漢書』5 孝安帝紀 5 安帝)
고구려 현도	(延光元年秋七月) 高句麗王遂成還漢生口 詣玄菟降¹⁰⁸⁵⁾ 其後濊貊率服 東垂少事¹⁰⁸⁶⁾ (『資治通鑑』50 漢紀 42 孝安皇帝)
고구려 현도	明年(연광원년) 遂成還漢生口 詣玄菟降 詔曰 遂成等桀逆無狀 當斬斷葅醢 以示百姓 幸會赦令 乞罪請降 鮮卑濊貊連年寇鈔 驅略小民 動以千數 而裁送數十百人 非向化之心也 自今已後 不與縣官戰鬪而自以親附送生口者 皆與贖直 縑人四十匹 小口半之 (『後漢書』85 東夷列傳 75 高句驪)¹⁰⁸⁷⁾
고구려 현도	明年(연광원년) 遂成還漢生口 詣玄菟降 詔曰 遂成等桀逆無狀 當斬斷俎醢 以示百姓 幸會赦令 乞罪請降 鮮卑濊貊 連年寇鈔 驅略小民 動以千數 而栽送數十百人 非向化之心也 自今以後 不與縣官戰鬪而自以親附送生口者 皆與贖直 縑人四十疋 小口半之 (『册府元龜』989 外臣部 34 備禦 2)¹⁰⁸⁸⁾

123(癸亥/신라 지마이사금 12/고구려 태조대왕 71/백제 기루왕 47/後漢 延光 2/倭 景行 53)

신라	春三月 與倭國講和 (『三國史記』1 新羅本紀 1)
신라	春三月 新羅與倭國講和 (『三國史節要』2)

신라	夏四月 隕霜 (『三國史記』1 新羅本紀 1)
신라	夏四月 新羅隕霜 (『三國史節要』2)

신라	五月 金城東民屋 陷爲他¹⁰⁸⁹⁾ 芙蕖生 (『三國史記』1 新羅本紀 1)
신라	五月 新羅金城東民屋陷爲池 芙蕖生 (『三國史節要』2)

고구려	冬十月 以沛者穆度婁爲左輔 高福?¹⁰⁹⁰⁾爲右輔 令與遂成 叅政事 (『三國史記』15 高句麗本紀 3)
고구려	冬十月 高勾麗以沛者穆度婁爲左輔 高福章爲右輔 令與遂成叅政事 (『三國史節要』2)

124(甲子/신라 지마이사금 13/고구려 태조대왕 72/백제 기루왕 48/後漢 延光 3/倭 景行 54)

현도	(六月) 鮮卑寇玄菟 (『後漢書』5 孝安帝紀 5 安帝)
현도	(延光三年)六月 鮮卑寇玄菟 (『資治通鑑』50 漢紀 42 孝安皇帝)

신라	秋九月庚申晦 日有食之 (『三國史記』1 新羅本紀 1)
고구려	秋九月庚申晦 日有食之 (『三國史記』15 高句麗本紀 3)

1085) 降 戶江翻 下同
1086) 濊 音穢 少 詩沼翻
1087) 본 기사는 月이 보이지 않는다. 하지만 『後漢書』5 孝安帝紀 5와 『資治通鑑』에 추7월로 나온다. 따라서 추7월에 편제하였다.
1088) 본 기사는 月이 보이지 않는다. 하지만 『後漢書』5 孝安帝紀 5와 『資治通鑑』에 추7월로 나온다. 따라서 추7월에 편제하였다.
1089) 원문의 '他'는 '池'로 보는 것이 옳다.
1090) 원문에는 오각 되어 있으나, '章'으로 보는 것이 옳다.

신라 고구려   秋九月庚申晦 新羅高勾麗 日有食之 (『三國史節要』2)

고구려   冬十月 遣使入漢朝貢 (『三國史記』15 高句麗本紀 3)
고구려   冬十月 高勾麗遣使如漢朝貢 (『三國史節要』2)

고구려   十一月 京都地震 (『三國史記』15 高句麗本紀 3)
고구려   十一月 高勾麗京都地震 (『三國史節要』2)

125(乙丑/신라 지마이사금 14/고구려 태조대왕 73/백제 기루왕 49/後漢 延光 4/倭 景行 55)

신라 말갈   春正月 靺鞨大入北境 殺掠吏民 (『三國史記』1 新羅本紀 1)
신라 말갈   春正月 靺鞨大入新羅北境 殺掠吏民 (『三國史節要』2)

신라 백제   秋七月 又襲大嶺柵 過於泥河 王移書百濟請救 百濟遣五將軍助之 賊聞而退 (『三國史記』1 新羅本紀 1)
신라 백제 말갈
    秋七月 靺鞨又襲新羅大嶺柵 過於泥河 王移書百濟請救 百濟遣五將軍助之 靺鞨退 (『三國史節要』2)
백제 신라 말갈
    新羅爲靺鞨所侵椋[1091] 移書請兵 王遣五將軍救之 (『三國史記』23 百濟本紀 1)[1092]

진한   (魏略曰) 至安帝 延光四年時 故受復除 (『三國志』30 魏書 30 烏丸鮮卑東夷傳 韓)
고구려 요동   至殤安之間 句麗王宮數寇遼東 更屬玄菟 (『三國志』30 魏書 30 烏丸鮮卑東夷傳 高句麗)

고구려 발해   又東明記云 卒本城地連靺鞨[或云 今東眞] 羅第六祇麻王十四年[乙丑] 靺鞨兵大入北境 襲大嶺柵 過泥河 後魏書 靺鞨作勿吉 指掌圖云 挹屢與勿吉 皆肅愼也 黑水沃沮[三] 按東坡指掌圖 辰韓之北 有南北黑水 (『三國遺事』1 紀異 1 靺鞨渤海)

126(丙寅/신라 지마이사금 15/고구려 태조대왕 74/백제 기루왕 50/後漢 永建 1/倭 景行 56)

127(丁卯/신라 지마이사금 16/고구려 태조대왕 75/백제 기루왕 51/後漢 永建 2/倭 景行 57)

요동 현도   (二月) 鮮卑寇遼東玄菟 (『後漢書』6 孝順孝沖孝質帝紀 6 順帝)
요동 현토   明年(영건 2년)春 (…) 時遼東鮮卑六千餘騎亦寇遼東玄菟 烏桓校尉耿曄發緣邊諸郡兵及烏桓率衆王出塞擊之 斬首數百級 大獲其生口牛馬什物 鮮卑乃率種衆三萬人詣遼東乞降 (『後漢書』90 烏桓鮮卑列傳 80 鮮卑)[1093]
요동 현도   (永建二年) 二月 遼東 鮮卑寇遼東玄菟[1094] 烏桓校尉耿曄發緣邊諸郡兵及烏桓出塞擊

1091) 원문에는 '椋'으로 되어 있으나, '掠'으로 보는 것이 옳다.
1092) 『三國史記』백제본기에는 月이 보이지 않으나, 『三國史記』신라본기와 『三國史節要』에 따라 추7월에 편년하였다.
1093) 본문의 내용은 春으로 나오지만, 『後漢書』6 孝順孝沖孝質帝紀 6에 2월에 나온다. 따라서 2월에 편제하였다.
1094) 菟 同都翻

之 斬獲甚衆 鮮卑三萬人詣遼東降[1095] (『資治通鑑』 51 漢紀 43 孝順皇帝)

| 신라 | 秋七月甲戌朔 日有食之 (『三國史記』 1 新羅本紀 1) |
| 신라 | 秋七月甲戌朔 新罪[1096]日有食之 (『三國史節要』 2) |

128(戊辰/신라 지마이사금 17/고구려 태조대왕 76/백제 기루왕 52, 개루왕 1/後漢 永建 3/倭 景行 58)

| 신라 | 秋八月 長星竟天 (『三國史記』 1 新羅本紀 1) |
| 신라 | 秋八月 新羅長星竟天 (『三國史節要』 2) |

| 신라 | 冬十月 國東地震 (『三國史記』 1 新羅本紀 1) |
| 신라 | 冬十月 新羅國東地震 (『三國史節要』 2) |

신라	十一月 雷 (『三國史記』 1 新羅本紀 1)
신라	十一月 新羅雷 (『三國史節要』 2)
백제	冬十一月 王薨 (『三國史記』 23 百濟本紀 1)
백제	(十一月) 百濟王己婁薨 (『三國史節要』 2)[1097]
백제	蓋婁王 己婁王之子 性恭順有操行 己婁在位五十二年薨 即位 (『三國史記』 23 百濟本紀 1)[1098]
백제	(十一月) 王子盖婁立 (『三國史節要』 2)

129(己巳/신라 지마이사금 18/고구려 태조대왕 77/백제 개루왕 2/後漢 永建 4/倭 景行 59)

| 신라 | 伊湌昌永卒 以波珍湌玉權爲伊湌 以叅政事 (『三國史記』 1 新羅本紀 1) |
| 신라 | 新羅 伊湌昌永卒 以波珍湌玉權爲伊湌 俾叅政事 (『三國史節要』 2) |

130(庚午/신라 지마이사금 19/고구려 태조대왕 78/백제 개루왕 3/後漢 永建 5/倭 景行 60)

131(辛未/신라 지마이사금 20/고구려 태조대왕 79/백제 개루왕 4/後漢 永建 6/倭 成務 1)

| 백제 | 夏四月 王獵漢山 (『三國史記』 23 百濟本紀 1) |
| 백제 | 夏四月 百濟王獵漢山 (『三國史節要』 2) |

| 신라 | 夏五月 大雨 漂沒民戶 (『三國史記』 1 新羅本紀 1) |
| 신라 | 五月 新羅大雨 漂沒民屋 (『三國史節要』 2) |

132(壬申/신라 지마이사금 21/고구려 태조대왕 80/백제 개루왕 5/後漢 陽嘉 1/倭 成務 2)

1095) 降 戶江翻 下同
1096) 원문의 '罪'는 '羅'가 옳다.
1097) 『三國史記』는 기루왕은 재위 52년에 죽었다고 하는데, 『三國遺事』 1 王曆 1 "第三己婁王 丁丑立 理五十五年"으로 나온다. 3년 중 1년은 『三國遺事』가 踰年稱元法을 사용하고 있기 때문으로, 실제로는 2년의 차이가 있다.
1098) 『三國遺事』 1 王曆 1에는 "第四蓋婁王[己婁子 戊辰立 理三十八年]"이라 하였다.

신라	春二月 宮南門災 (『三國史記』 1 新羅本紀 1)
신라	春二月 新羅宮南門災 (『三國史節要』 2)
백제	春二月 築北漢山城 (『三國史記』 23 百濟本紀 1)
백제	(春二月) 百濟築北漢山城 (『三國史節要』 2)

고구려 　　　秋七月　遂成獵於倭山　與左右宴　於是　貫那于台彌儒桓那于台菸支留沸流那皂衣陽神1099)等　陰謂遂成曰　初　慕本之薨也　太子不肯1100)　羣寮欲立王子再思　再思以老讓子者　欲使兄老弟及　今王旣已老矣　而無讓意　惟吾子計之　遂成曰　承襲必嫡　天下之常道也　王今雖老　有嫡子在　豈敢覬覦乎　彌儒曰　以弟之賢　承兄之後　古亦有之　子其勿疑　於是　左輔沛者穆度婁　知遂成有異心　稱疾不仕 (『三國史記』 15 高句麗本紀 3)

고구려 　　　秋七月　高勾麗王弟遂成獵於倭山　與左右宴　貫那于台彌儒桓那于台菸支留沸流那皂衣陽神等　陰謂遂成曰　初慕本之薨也　太子不肯　群寮欲立王子再思　再思以老讓子者　欲使兄老弟及　今王旣已老矣　而無讓意　惟吾子計之　遂成曰　承襲必嫡　天下之常道也　王今雖老　有嫡子在　豈敢覬覦乎　彌儒曰　以弟之賢　承兄之後　古亦有之　子其勿疑　於是　左輔沛者穆度婁　知遂成有異心　稱疾不仕 (『三國史節要』 2)

요동 　　　(九月) 鮮卑寇遼東 (『後漢書』 6 孝順孝忠孝質帝紀 6 順帝)

현도 　　　(十二月)庚戌 復置玄菟郡屯田六郡 (『後漢書』 6 孝順孝忠孝質帝紀 6 順帝)

현도 　　　順帝陽嘉元年 置玄菟郡屯田六部 (『後漢書』 85 東夷列傳 75 高句驪)1101)

현도 　　　(東夷傳) 順帝陽嘉元年1102) 置玄菟郡屯田六部 (『玉海』 152 朝貢 外夷來朝 漢高麗奉貢 內屬)1103)

요동 　　　陽嘉元年閏月戊子1104)1105) 客星氣白　廣二尺　長五丈　起天菀西南　主馬牛　爲外軍　色白爲兵　是時 (…) 烏桓校尉耿曅使烏桓親漢都尉戎末廆等出塞　鈔鮮卑　斬首　獲生口財物　鮮卑怨恨　鈔遼東代郡　殺傷吏民 (『後漢書』 101 志 11 天文 中)

요동 　　　陽嘉元年冬　耿曅遣烏桓親漢都尉戎朱廆率衆王侯咄歸等　出塞抄擊鮮卑　大斬獲而還　賜咄歸等已下爲率衆王侯長　賜綵繒各有差　鮮卑後寇遼東屬國　於是耿曅乃移屯遼東無慮城拒之 (『後漢書』 90 烏桓鮮卑列傳 80 鮮卑)1106)

133(癸酉/신라 지마이사금 22/고구려 태조대왕 81/백제 개루왕 6/後漢 陽嘉 2/倭 成務 3)

134(甲戌/신라 지마니사금 23, 일성이사금 1/고구려 태조왕 82/백제 개루왕 7/後漢 陽嘉 3/倭 成務 4)

신라 　　　春夏 旱 (『三國史記』 1 新羅本紀 1)

1099) 원문에는 오각 되어 있으나, '神'으로 보는 것이 옳다.
1100) 원문에는 '肯'으로 되어 있으나, '肯'로 보는 것이 옳다.
1101) 원문에는 월·일이 나오지 않으나, 『後漢書』 6 孝順孝忠孝質帝紀 6에 十二月 庚戌(8)로 나온다. 따라서 12월 8일에 배치하였다.
1102) 紀云 十二月庚戌(8)
1103) 원문에는 월·일이 나오지 않으나, 『後漢書』 6 孝順孝忠孝質帝紀 6에 十二月 庚戌(8)로 나온다. 따라서 12월 8일에 배치하였다.
1104) 본문의 閏月戊子의 윤월은 12월이며 무자일은 16일이다.
1105) 臣昭案 郎顗表云 七日己丑
1106) 『後漢書』 101 志 11 天文 中에 따르면 본문의 내용이 閏月戊子일로 나온다. 윤월은 12월이며 무자일은 16일이다. 따라서 윤월 12월 16일로 편년하고 배치하였다.

신라		春夏 新羅旱 (『三國史節要』2)

신라		秋八月 王薨 無子 (『三國史記』1 新羅本紀 1)
신라		(秋八月)逸聖尼師今立　儒理王之長子[或云　日知葛文王之子]　妃朴氏支所禮王之女 (『三國史記』1 新羅本紀 1)[1107]
신라		秋八月 新羅王祇摩薨 無子 儒理王長子逸聖立 (『三國史節要』2)

신라		九月 大赦 (『三國史記』1 新羅本紀 1)
신라		九月 大赦 (『三國史節要』2)

135(乙亥/신라 일성이사금 2/고구려 태조왕 83/백제 개루왕 8/後漢 陽嘉 4/倭 成務 5)

신라		春正月 親祀始祖廟 (『三國史記』1 新羅本紀 1)
신라		春正月 新羅王親祀始祖廟 (『三國史節要』2)

136(丙子/신라 일성이사금 3/고구려 태조왕 84/백제 개루왕 9/後漢 永和 1/倭 成務 6)

신라		春正月 拜雄宣爲伊湌 兼知內外兵馬事 近宗爲一吉湌 (『三國史記』1 新羅本紀 1)
신라		春正月 新羅拜雄宣爲伊湌 兼知內外兵馬事 近宗爲一吉湌 (『三國史節要』2)

부여		春正月 夫餘王來朝 (『後漢書』6 孝順孝沖孝質帝紀 6 孝順皇帝)
부여		順帝永和元年 其王來朝京師 帝作黃門鼓吹　角抵戲以遣之 (『後漢書』85 東夷列傳 75 夫餘國)
부여	고구려	順帝永和初 其王始來朝 帝作黃門鼓吹角抵戲　以遣之　夫餘本屬玄菟　至漢末公孫度 雄張海東　威服外夷 其王始死 子尉仇台立 更屬遼東 時句麗鮮卑强 度以夫餘在二虜 之間 妻以宗女 至孫位居嗣立 (『通典』185 邊方 1 東夷 上 夫餘國)[1108]
부여	고구려	順帝永和初 其王始來朝 帝作黃門鼓角抵戲　以遣之　夫餘本屬玄菟　至漢末公孫度 雄 張海東　感服外夷 其王始死 子尉仇台立 更屬遼東 時句麗鮮卑强 度以夫餘在二虜之 間 妻以宗女 至孫位居嗣立 (『太平寰宇記』174 四夷 3 東夷 3 夫餘國)[1109]
부여		[東夷傳]順帝永和元年 夫餘王來朝 帝作黃門·鼓吹·角抵以遣之 (『玉海』104 音樂 樂 2 漢古兵法武樂 黃門武樂 黃門鼓吹 鼓吹曲)

부여	현도	(後漢)扶餘 本屬玄菟 漢末 公孫度雄張海東 威服外夷 扶餘王尉仇台更屬遼東 時句驪 鮮卑彊 度以扶餘在二虜之間 妻以宗女 (『册府元龜』1000 外臣部 45 疆盛)

137(丁丑/신라 일성이사금 4/고구려 태조왕 85/백제 개루왕 10/後漢 永和 2/倭 成務 7)

신라	말갈	春二月 靺鞨入塞 燒長嶺五柵 (『三國史記』1 新羅本紀 1)
신라	말갈	春二月 靺鞨侵新羅 燒長嶺五柵 (『三國史節要』2)

백제		秋八月庚子 熒惑犯南斗一[1110] (『三國史記』23 百濟本紀 1)
백제		秋八月庚子 百濟熒惑犯南斗 (『三國史節要』2)

1107) 『三國遺事』1 王曆에 "第七逸聖尼叱今[父弩礼王之兄 或云祇磨王 妃△礼夫人日知葛文王之父 △△礼夫 人祇磨王之女 母伊刊生夫人 或云△△王夫人 朴氏 甲戌立 理二十年]"이라 하였다.
1108) 순제 영화는 136~141년에 해당하나, 『후한서』의 기록에 따라 136년에 배치하였다.
1109) 순제 영화는 136~141년에 해당하나, 『후한서』의 기록에 따라 136년에 배치하였다.
1110) '斗一'의 '一'은 衍文이다.

138(戊寅/신라 일성이사금 5/고구려 태조왕 86/백제 개루왕 11/後漢 永和 3/倭 成務 8)
신라 　　　　春二月 置政事堂於金城 (『三國史記』1 新羅本紀 1)
신라 　　　　春二月 新羅置政事堂於金城 (『三國史節要』2)

고구려 　　　春三月 逐成獵於質陽 七日不歸 戱樂無度 (『三國史記』15 高句麗本紀 3)
고구려 　　　三月 高勾麗王弟逐成獵於質陽 七日不歸 遊戱無度 (『三國史節要』2)

신라 　　　　秋七月 大閱閼川西 (『三國史記』1 新羅本紀 1)
신라 　　　　(秋七月) 新羅大閱閼川西 (『三國史節要』2)

고구려 　　　秋七月 又獵箕丘 五日乃反 其弟伯固諫曰 禍福無門 惟人所召 今子以王弟之親 爲百
　　　　　　寮之首 位已極矣 功亦盛矣 宜以忠義存心 禮讓克己 上同王德 下得民心 然後 富貴
　　　　　　不離於身 而禍亂不作矣 今不出於此 而貪樂忘憂 竊爲足下危之 答曰 凡人之情 誰不
　　　　　　欲富貴而歡樂者哉 而得之者 萬無一耳 今吾居可樂之勢 而不能肆志 將焉用哉 遂不
　　　　　　從 (『三國史記』15 高句麗本紀 3)
고구려 　　　秋七月 又獵箕丘 五日乃反 其弟伯固諫曰 禍福無門 惟人所召 今子以王之親弟 爲百
　　　　　　寮之首 位極功盛 宜以忠義存心 禮讓克己 上輔王德 下得民心 然後 富貴可保而禍亂
　　　　　　不作矣 今乃流運忘反 竊爲子危之 逐成曰 人情孰不欲富貴歡樂 然得之者 盖寡今吾
　　　　　　居可樂之勢 而不能肆志 將焉用哉 遂不從 (『三國史節要』2)

신라 　　　　冬十月 北巡 親祀大白山 (『三國史記』1 新羅本紀 1)
신라 　　　　冬十月 新羅王北巡 親祀大白山 (『三國史節要』2)

139(己卯/신라 일성이사금 6/고구려 태조왕 87/백제 개루왕 12/後漢 永和 4/倭 成務 9)
신라 　　　　秋七月 隕霜殺菽 (『三國史記』1 新羅本紀 1)
신라 　　　　秋七月 新羅隕霜殺菽 (『三國史節要』2)

신라 말갈 　八月 靺鞨襲長嶺 虜掠民口 (『三國史記』1 新羅本紀 1)
신라 말갈 　八月 靺鞨襲新羅長嶺 掠民口 (『三國史節要』2)
신라 말갈 　冬十月 又來 雷甚乃退 (『三國史記』1 新羅本紀 1)
신라 말갈 　冬十月 靺鞨來侵 雪甚乃退 (『三國史節要』2)

140(庚辰/신라 일성이사금 7/고구려 태조왕 88/백제 개루왕 13/後漢 永和 5/倭 成務 10)
신라 말갈 　春二月 立柵長嶺 以防靺鞨 (『三國史記』1 新羅本紀 1)
신라 말갈 　春二月 新羅立柵長嶺 以防靺鞨 (『三國史節要』2)

141(辛巳/신라 일성이사금 8/고구려 태조왕 89/백제 개루왕 14/後漢 永和 6/倭 成務 11)
신라 　　　　秋九月辛亥晦 日有食之 (『三國史記』1 新羅本紀 1)
신라 　　　　秋九月辛亥晦 新羅日有食之 (『三國史節要』2)

142(壬午/신라 일성이사금 9/고구려 태조왕 90/백제 개루왕 15/後漢 漢安 1/倭 成務 12)

신라 말갈	秋七月 召羣公 議征靺鞨 伊湌雄宣上言不可 乃止 (『三國史記』1 新羅本紀 1)
신라 말갈	秋七月 新羅王召群臣 議伐靺鞨 伊湌雄宣不可 乃止 (『三國史節要』2)

고구려	秋九月 丸都地震 王夜夢 一豹齧斷虎尾 覺而問其吉凶 或曰 虎者百獸之長 豹者同類而小者也 意者王之族類 殆有謨絶大王之後者乎 王不悅 謂右輔高福章曰 我昨夢有所見 占者之言如此 爲之奈何 答曰 作不善卽吉變爲凶 作善卽災反爲福 今大王憂國如家 愛民如子 雖有小異 庸何傷乎 (『三國史記』15 高句麗本紀 3)
고구려	秋九月 高勾麗丸都地震 王夢 一豹齧斷虎尾 覺而占之 或曰 虎者百獸之長 豹者同類而小者也 意者王之族類 殆有謨絶大王之後者乎 王不悅 謂右輔高福章曰 我昨有夢 占者之言如此 爲之奈何 對曰 作不善卽吉變爲凶 作善卽災反爲福 今大王憂國如家 愛民如子 雖有小異 庸何傷乎 (『三國史節要』2)

143(癸未/신라 일성이사금 10/고구려 태조왕 91/백제 개루왕 16/後漢 漢安 2/倭 成務 13)

신라	春二月 修葺宮室 (『三國史記』1 新羅本紀 1)
신라	春二月 新羅修宮室 (『三國史節要』2)

신라	夏六月乙丑 熒惑犯鎭星 (『三國史記』1 新羅本紀 1)
신라	夏六月乙丑 新羅熒惑犯鎭星 (『三國史節要』2)

신라	冬十一月 雷 (『三國史記』1 新羅本紀 1)
신라	冬十一月 新羅雷 (『三國史節要』2)

144(甲申/신라 일성이사금 11/고구려 태조왕 92/백제 개루왕 17/後漢 漢安 3, 建康 1/倭 成務 14)

신라	春二月 下令 農者政本 食惟民天 諸州郡修完堤防 廣闢田野 又下令 禁民間用金銀珠玉 (『三國史記』1 新羅本紀 1)
신라	春二月 新羅王下令州郡曰 農者政本 食惟民天 其修堤防闢田野 又下令 禁民閒用金銀珠玉 (『三國史節要』2)

145(乙酉/신라 일성이사금 12/고구려 태조왕 93/백제 개루왕 18/後漢 永嘉 1/倭 成務 15)

신라	春夏 旱 南地最甚 民飢 移其粟賑給之 (『三國史記』1 新羅本紀 1)
신라	春夏 新羅旱 南方爲甚 民飢 移粟賑之 (『三國史節要』2)

낙랑	永嘉 (…) [年]韓氏造塼 〔側銘〕(「永嘉銘塼」)

146(丙戌/신라 일성이사금 13/고구려 태조왕 94, 차대왕 1/백제 개루왕 19/後漢 本初 1/倭 成務 16)

고구려	秋七月 遂成獵於倭山之下 謂左右曰 大王老而不死 吾齒卽將暮矣 不可待也 惟願左右爲我計之 左右皆曰 敬從命矣 於是 一人獨進曰 向王子有不祥之言 而左右不能直諫 皆曰 敬從名者 可謂姦且諛矣 吾欲直言 未知尊意如何 遂成曰 子能直言 藥石也 何疑之有 其人對曰 今大王之賢 內外無異心 子雖有功 率羣下姦諛之人 謀廢明上 此何異將以單縷繫萬鈞之重而倒曳乎 雖復愚人 猶知其不可也 若王子改圖易慮 孝順事

上　即大王深知王子之善　必有揖讓之心　不然卽禍將及也　遂成不悅　左右妬其直　讒於
遂成曰　王子以大王年老　恐國祚之危　欲爲後圖　此人妄言如此　我等惟恐漏洩　以致患
也　宜殺以滅口　遂成從之 (『三國史記』15 高句麗本紀 3)

고구려　　秋七月　高勾麗王弟遂成獵於倭山　謂左右曰　王老而不死　吾齒亦將暮矣　不可待也　願
左右爲我計之　皆曰惟命　一人獨曰　王子有不遜之言　而左右不能直諫　皆曰　惟命　可謂
姦且諛矣　吾欲直言可乎　遂成曰　子能直言　藥石也　對曰　今王賢明　內外無異心　子雖
有功　率群下姦諛　不逞之徒　謀欲廢之　此何異以單縷引萬鈞之重乎　雖愚者　猶知其不
可也　若王子改圖易慮　王知王子孝順　必有揖讓之心　不然卽禍將及也　遂成不悅　左右
曰　王子以王年老　恐國祚之危爲來圖計　此人妄言禍福　若不殺　恐漏洩　致悔也　遂成從
之 (『三國史節要』2)

고구려 요동 낙랑
秋八月　王遣將　襲漢遼東西安平縣　殺帶方令　掠得樂浪太守妻子 (『三國史記』15 高
句麗本紀 3)

고구려 요동 낙랑
八月　高勾麗王遣將　襲漢遼東西安平縣　殺帶方令　掠得樂浪太守妻子 (『三國史節要』
2)

고구려 대방 낙랑
質·桓之閒　復犯遼東西安平　殺帶方令　掠得樂浪太守妻子 (『後漢書』85 東夷列傳 75
高句麗)

고구려 요동 대방 낙랑
順·桓之間　復犯遼東　寇新安·居鄕　又攻西安平　于道上殺帶方令　略得樂浪太守妻子
(『三國志』30 魏書 烏桓鮮卑東夷傳 東夷 高句麗)

신라 압독　冬十月　押督叛　發兵討平之　徙其餘衆於南地 (『三國史記』1 新羅本紀 1)
신라 압독　冬十月　新羅押督反　發兵討平之　徙其餘衆於南地 (『三國史節要』2)

고구려　　冬十月　右輔高福章　言於王曰　遂成將叛　請先誅之　王曰　吾旣老矣　遂成有功於國　吾
將禪位　子無煩慮　福章曰　遂成之爲人也　忍而不仁　今日受大王之禪　卽明日害大王之
子孫　大王但知施惠於不仁之弟　不知貽患於無辜之子孫　願大王熟計之 (『三國史記』
15 高句麗本紀 3)

고구려　　(冬十月) 高勾麗右輔高福章　言於王曰　遂成將叛　請先誅之　王曰　吾旣老矣　遂成有功
於國　吾將禪位　子無煩慮　福章曰　遂成爲人　忍而不仁　今日受大王之禪　卽明日害太王
之子孫　豈可施惠於不仁之弟而　貽患於無辜之子孫乎　願大王熟計之　王不聽 (『三國史
節要』2)

고구려 현도　十二月　王謂遂成曰　吾旣老　倦於萬機　天之曆數　在汝躬　況汝內叅國政　外摠軍事　久
有社稷之功　允塞臣民之望　吾所付託　可謂得人　作其卽位　永孚于休　乃禪位　退老於別
宮　稱爲大祖大王[後漢書云　安帝建光元年　高句麗王宮死子遂成立　玄菟大守姚光上言
欲因其喪　發兵擊之　議者皆以爲可許　尙書陣忠曰　宮前桀黠　光不能討　死而擊之　非義
也　宜遣弔問　因責讓前罪　赦不加誅　<取>其後善　安帝從之　明年　遂成還漢生口　案海
東古記　高句麗國祖王高宮　以後漢建武二十九年癸巳[1111] 卽位　時年七歲　國母攝政
至孝桓帝本初元年丙戌　遜位讓母弟遂成　時宮年一百歲　在位九十四年　卽建光元年　是

_____

1111) 後漢 건무 29년은 계축년이다.

	宮在位第六十九年 卽漢書所記與古記 抵梧不相符合 豈漢書所記誤耶〕(『三國史記』 15 高句麗本紀 3)[1112]
고구려	次大王 諱遂成 大祖大王同母弟也 勇壯有威嚴 小仁慈 受大祖大王推讓 卽位 時年七十六 (『三國史記』 15 高句麗本紀 3)
고구려	十二月 王謂遂成曰 吾旣老 倦於萬機 天之曆數 在汝躬 況汝內叅國政 外揔軍事 久有社稷之功 允塞臣民之望 吾所付托 可謂得人 乃禪位 退老於別宮 稱爲太祖大王 遂成立年七十六 (『三國史節要』 2)

147(丁亥/신라 일성이사금 14/고구려 차대왕 2/백제 개루왕 20/後漢 建和 1/倭 成務 17)

고구려	春二月 拜貫那沛者彌儒爲左輔 (『三國史記』 15 高句麗本紀 3)
고구려	春二月 高勾麗拜貫那沛者彌儒爲左輔 (『三國史節要』 2)
고구려	三月 誅右輔高福章 福章臨死嘆曰 痛哉寃乎 我當時爲先朝近臣 其可見賊亂之人 黙然不言哉 恨先君不用吾言 以至於此 今君甫陟大位 宜新政敎 以示百姓 而以不義 殺一忠臣 吾與其主於無道之時 不如死之速也 乃卽刑 遠近聞之 莫不憤惜 (『三國史記』 15 高句麗本紀 3)
고구려	三月 高勾麗誅右輔高福章 福章臨死嘆曰 痛哉寃乎 我當時爲先朝近臣 其可見賊亂不言哉 恨前王不用吾言 以至於此 今君甫陟大位 宜新政敎 以示百姓 而以不義 殺一忠臣 吾與其生於無道之時 不如死之速也 乃卽刑 遠近聞之 莫不憤惜 (『三國史節要』 2)
신라	秋七月 命臣寮 各擧智勇堪爲將帥者 (『三國史記』 1 新羅本紀 1)
신라	秋七月 新羅王命臣寮 各擧智勇堪爲將帥者 (『三國史節要』 2)
고구려	秋七月 左輔穆度婁稱疾退老 以桓那于台菸支留爲左輔 加爵爲大主簿 (『三國史記』 15 高句麗本紀 3)
고구려	(秋七月) 高勾麗左輔穆度婁稱疾退老 王以桓那于台尤[1113]支留爲左輔 陞主簿 以沸流那陽神爲中畏大夫 陞于台 皆王之故人[1114] (『三國史節要』 2)
고구려	冬十月 沸流那陽神爲中畏大夫 加爵爲于台 皆王之故舊 (『三國史記』 15 高句麗本紀 3)
고구려	十一月 地震 (『三國史記』 15 高句麗本紀 3)
고구려	十一月 高勾麗地震 (『三國史節要』 2)

148(戊子/신라 일성이사금 15/고구려 차대왕 3/백제 개루왕 21/後漢 建和 2/倭 成務 18)

고구려	夏四月 王使人殺大祖大王元子莫勤 其弟莫德 恐禍連及 自縊 論曰 昔宋宣公 不立其子與夷 而立其弟繆公 小不忍亂大謀 以致累世之亂 故春秋大居正 今大祖王不知義

1112) 『三國遺事』 1 王曆 第七次大王에 "名逐国祖王母弟丙戌立理十九"라 하였다.
1113) 원본에서는 '尤'으로 되어 있으나, 원본 新大王 즉위년조 및 『三國史節要』, 鑄字本에 의거 '菸'의 誤刻으로 보인다.
1114) "沸流那陽神爲中畏大夫 陞于台 皆王之故人"은 『三國史記』 15 高句麗本紀 3 같은 왕 2년 10월에 "沸流那陽神爲中畏大夫 加爵爲于台 皆王之故舊"라 하였다.

고구려	輕大位 以授不仁之弟 禍及一忠臣二愛子 可勝歎耶 (『三國史記』15 高句麗本紀 3)
고구려	夏四月 高勾麗遂成殺大祖王元子莫勤 次子莫德 恐禍及 自縊 金富軾曰 昔宋宣公 不立其子與夷 而立其弟繆公 小不忍亂大謀 以致累世之亂 故春秋大居正 今太祖王輕大位 以授不仁之弟 禍及一忠臣二愛子 可勝歎耶 (『三國史節要』2)

고구려	秋七月 王田于平儒原 白狐隨而鳴 王射之 不中 問於師巫曰 狐者妖獸 非吉祥況白其色 尤可怪也 然天不能諄諄其言 故示以妖怪者 欲令人君恐懼修省 以自新也 君若修德 卽可以轉禍爲福 王曰 凶卽爲凶 吉卽爲吉 爾旣以爲妖 又以爲福 何其誣也 遂殺之 (『三國史記』15 高句麗本紀 3)
고구려	秋七月 高勾麗王田于平儒原 白狐隨而鳴 王射之 不中 問於師巫曰 狐者妖獸 非吉祥況白其色 尤可恠也 然天不能諄諄其言 示以妖恠者 欲令人君恐懼修省 以自新也 君若修德 卽可以轉禍爲福 王曰 凶卽爲凶 吉卽爲吉 爾旣以爲妖 又以爲福 何其誣也 遂殺之 (『三國史節要』2)

신라	封朴阿道爲葛文王[新羅追封王 皆稱葛文王 其義未詳] (『三國史記』1 新羅本紀 1)
신라	新羅封朴阿道爲葛文王 新羅稱追封王 皆曰葛文王 (『三國史節要』2)

149(己丑/신라 일성이사금 16/고구려 차대왕 4/백제 개루왕 22/後漢 建和 3/倭 成務 19)

신라	春正月 以得訓爲沙湌 宣忠爲奈麻 (『三國史記』1 新羅本紀 1)
신라	春正月 新羅以得訓爲沙湌 宣忠爲奈麻 (『三國史節要』2)

고구려	夏四月丁卯晦[1115] 日有食之 (『三國史記』15 高句麗本紀 3)
고구려	夏四月丁卯晦 高勾麗日有食之 (『三國史節要』2)

고구려	五月 五星聚於東方 日者畏王之怒 誣告曰 是君之德也 國之福也 王喜 (『三國史記』15 高句麗本紀 3)
고구려	五月 高勾麗五星聚於東方 日者誣王曰 是君之德 國之福也 王喜 (『三國史節要』2)

신라	八月 有星孛于天市 (『三國史記』1 新羅本紀 1)
신라	秋八月 新羅有星孛于天市 (『三國史節要』2)

신라	冬十一月 雷 京都大疫 (『三國史記』1 新羅本紀 1)
신라	冬十一月 新羅雷 京都大疫 (『三國史節要』2)

고구려	冬十二月 無氷 (『三國史記』15 高句麗本紀 3)
고구려	冬十二月 高勾麗無氷 (『三國史節要』2)

150(庚寅/신라 일성이사금 17/고구려 차대왕 5/백제 개루왕 23/後漢 和平 1/倭 成務 20)

신라	自夏四月 不雨 至秋七月 乃雨 (『三國史記』1 新羅本紀 1)
신라	新羅自夏四月 不雨 至秋七月 乃雨 (『三國史節要』2)

1115) 간지일에 의거하면 이달은 5월이며, 그 다음이 윤5월이다.

151(辛卯/신라 일성이사금 18/고구려 차대왕 6/백제 개루왕 24/後漢 元嘉 1/倭 成務 21)

| 신라 | 春二月 伊湌雄宣卒 以大宣爲伊湌 兼知內外兵馬事 (『三國史記』 1 新羅本紀 1) |
| 신라 | 春二月 新羅伊湌雄宣卒 以大宣爲伊湌 兼知內外兵馬事 (『三國史節要』 2) |

| 신라 | 三月 雨雹 (『三國史記』 1 新羅本紀 1) |
| 신라 | 春三月 新羅雨雹 (『三國史節要』 2) |

152(壬辰/신라 일성이사금 19/고구려 차대왕 7/백제 개루왕 25/後漢 元嘉 2/倭 成務 22)

153(癸巳/신라 일성이사금 20/고구려 차대왕 8/백제 개루왕 26/後漢 永興 1/倭 成務 23)

| 고구려 | 夏六月 隕霜 (『三國史記』 15 高句麗本紀 3) |
| 고구려 | 夏六月 高勾麗隕霜 (『三國史節要』 2) |

| 신라 | 冬十月 宮門災 彗星見東方 又見東北方 (『三國史記』 1 新羅本紀 1) |
| 신라 | 冬十月 新羅宮門災 彗星見東方 又見東北方 (『三國史節要』 2) |

| 고구려 | 冬十二月 雷地震 晦 客星犯月 (『三國史記』 15 高句麗本紀 3) |
| 고구려 | 冬十二月 高勾麗雷地震 客星犯月 (『三國史節要』 2) |

154(甲午/신라 일성이사금 21, 아달라이사금 1/고구려 차대왕 9/백제 개루왕 27/後漢 永興 2/倭 成務 24)

신라	春二月 王薨 (『三國史記』 1 新羅本紀 1)
신라	春二月 新羅王逸聖薨 (『三國史節要』 2)
신라	阿達羅尼師今立 逸聖長子也 身長七尺 豊準 有奇相 母朴氏 支所禮王之女 妃朴氏 內禮夫人 祇摩王之女也 (『三國史記』 1 新羅本紀 2)[1116]
신라	長子阿達羅[一云阿陁]立 身長七尺 豊準 有奇相 (『三國史節要』 2)

| 신라 | 三月 以繼元爲伊湌 委軍國政事 (『三國史記』 1 新羅本紀 2) |
| 신라 | 三月 新羅以繼元爲伊湌 委軍國政事 (『三國史節要』 2) |

155(乙未/신라 아달라이사금 2/고구려 차대왕 10/백제 개루왕 28/後漢 永壽 1/倭 成務 25)

| 신라 | 春正月 親祀祖廟 大赦 以興宣爲一吉湌 (『三國史記』 1 新羅本紀 2) |
| 신라 | 春正月 新羅王親祀祖廟 大赦 以興宣爲一吉湌 (『三國史節要』 2) |

| 백제 | 春正月丙申晦[1117] 日有食之 (『三國史記』 23 百濟本紀 1) |
| 백제 | (春正月)丙申晦 百濟日有食之 (『三國史節要』 2) |

1116) 『三國遺事』 1 王曆 1 第八阿達羅尼叱今에 "(缺字)又與倭国相(缺字)(缺字)嶺(缺字)立峴 今彌勒大院東嶺是也" 이라 하였다.
1117) 陳垣, 『二十史朔閏表』(中華書局, 1962)에 의하면 이해 정월 그믐은 癸亥日이다.

백제 신라	冬十月 新羅阿湌吉宣謀叛 事露來奔 羅王移書請之 不送 羅王怒出師來伐 諸城堅壁 自守不出 羅兵絶糧而歸 論曰 春秋時莒僕來奔魯 季文子曰 見有禮於其君者 事之如 孝子之養父母也 見無禮於其君者 誅之如鷹鸇之逐鳥雀也 觀莒僕 不度於善而在於凶 德 是以去之 今吉宣赤姦賊之人 百濟王納而匿之 是謂 掩賊爲藏者也 由是 失鄰國之 和 使民困於兵革之役 其不明甚矣 (『三國史記』23 百濟本紀 1)[1118]	
백제 신라	冬十月 新羅阿湌吉宣謀叛 事露奔百濟 新羅王移書請之 不從 王怒出師 百濟諸城堅 壁自守 新羅兵糧盡乃歸 金富軾曰 春秋時莒僕來奔魯 季文子曰 見有禮於其君者 事 之如孝子之養父母也 見無禮於其君者 誅之如鷹鸇之逐鳥雀 觀莒僕 不度於善而在 於凶德 是以去之 今吉宣亦姦賊之人 百濟王納而匿之 是謂 掩賊爲藏者也 由是 失鄰 國之和 使民困於兵革之役 其不明甚矣 (『三國史節要』2)	

156(丙申/신라 아달라이사금 3/고구려 차대왕 11/백제 개루왕 29/後漢 永壽 2/倭 成務 26)

신라	夏四月 隕霜 (『三國史記』1 新羅本紀 2)
신라	夏四月 新羅隕霜 (『三國史節要』2)

신라	(夏四月) 開雞立嶺路 (『三國史記』1 新羅本紀 2)
신라	(夏四月) 新羅開雞立嶺路 (『三國史節要』2)

157(丁酉/신라 아달라이사금 4/고구려 차대왕 12/백제 개루왕 30/後漢 永壽 3/倭 成務 27)

신라	春二月 始置甘勿馬山二縣 (『三國史記』1 新羅本紀 2)
신라	春二月 新羅始置甘勿馬山二縣 (『三國史節要』2)

신라	三月 巡幸長嶺鎭 勞戍卒 各賜征袍 (『三國史記』1 新羅本紀 2)
신라	三月 新羅王如長嶺鎭 勞戍卒 各賜征袍 (『三國史節要』2)

신라	新羅置迎日縣[遺事 東海濱 有人 夫曰迎烏 妻曰細烏 一日迎烏採藻海濱 忽漂日本國 小島 爲王 細烏尋其夫 又漂至其國 立爲妃 是時 新羅日月無光 日者奏云 迎烏細烏 日月之精 今去日本 故致斯怪 王遣使求二人 迎烏曰 我到此 天也 以細烏所織絹 付 還 使者曰 以此祭天可矣 遂名祭天所 爲迎日縣] (『三國史節要』2)
신라	第八阿達羅王即位四年丁酉 東海濱有延烏郞細烏女夫婦而居 一日延烏歸海採藻忽有 一巖[一云一魚] 負歸日本 國人見之曰 此非常人也 乃立爲王[按日本帝記 前後無新羅 人爲王者 此乃邊邑小王而非眞王也] 細烏怪夫不來 歸尋之 見夫脫鞋 亦上其巖 巖亦 負歸如前 其國人驚訝 奏獻於王 夫婦相會立爲貴妃 是時新羅日月無光 日者奏云 日 月之精 降在我國 今去日本故致斯怪 王遣使來二人 延烏曰 我到此國 天使然也 今何 歸乎 雖然朕之妃有所織細綃 以此祭天可矣 仍賜其綃 使人來奏 依其言而祭之 然後 日月如舊 藏其綃於御庫爲國寶 名其庫爲貴妃庫 祭天所名迎日縣 又都祈野 (『三國遺 事』1 紀異 1)

158(戊戌/신라 아달라이사금 5/고구려 차대왕 13/백제 개루왕 31/後漢 永壽 4, 延熹 1/倭 成務 28)

1118) 吉宣의 모반과 관련하여 『三國史記』1 신라본기 2에는 아달라이사금 12년(165) 겨울 10월의 일로 기
록되어 있다.

고구려	春二月 星孛于北斗 (『三國史記』15 高句麗本紀 3)
고구려	春二月 高勾麗星孛于北斗 (『三國史節要』2)

신라	春三月 開竹嶺 (『三國史記』1 新羅本紀 2)
신라	三月 開竹嶺路 (『三國史節要』2)

신라	(春三月) 倭人來聘 (『三國史記』1 新羅本紀 2)
신라	(三月) 倭人聘新羅 (『三國史節要』2)

고구려	夏五月甲戌晦 日有食之 (『三國史記』15 高句麗本紀 3)
고구려	夏五月甲戌晦 高勾麗日有食之 (『三國史節要』2)

159(己亥/신라 아달라이사금 6/고구려 차대왕 14/백제 개루왕 32/後漢 延熹 2/倭 成務 29)

160(庚子/신라 아달라이사금 7/고구려 차대왕 15/백제 개루왕 33/後漢 延熹 3/倭 成務 30)

신라	夏四月 暴雨 閼川水溢 漂流人家 金城北門自毀 (『三國史記』1 新羅本紀 2)
신라	夏四月 新羅暴雨 閼川水溢 漂流人家 金城北門自毀 (『三國史節要』2)

161(辛丑/신라 아달라이사금 8/고구려 차대왕 16/백제 개루왕 34/後漢 延熹 4/倭 成務 31)

신라	秋七月 蝗害穀 海魚多出死 (『三國史記』1 新羅本紀 2)
신라	秋七月 新羅蝗害穀 海魚多出死 (『三國史節要』2)

부여	(延熹四年)十二月 夫餘王遣使來獻 (『後漢書』7 孝桓帝紀 7)
부여	桓帝延熹四年 遣使朝賀貢獻 (『後漢書』85 東夷列傳 75 夫餘國)

162(壬寅/신라 아달라이사금 9/고구려 차대왕 17/백제 개루왕 35/後漢 延熹 5/倭 成務 32)

신라	巡幸沙道城 勞戍卒 (『三國史記』1 新羅本紀 2)
신라	新羅王如沙道城 勞戍卒 (『三國史節要』2)

163(癸卯/신라 아달라이사금 10/고구려 차대왕 18/백제 개루왕 36/後漢 延熹 6/倭 成務 33)

164(甲辰/신라 아달라이사금 11/고구려 차대왕 19/백제 개루왕 37/後漢 延熹 7/倭 成務 34)

낙랑	延熹七年正月壬午 吾造作尙方明鏡 幽湅三岡 買人大富 師命長 (外) 長宜高官 (內) (「延熹七年銘 獸首鏡」)

신라	春二月 龍見京都 (『三國史記』1 新羅本紀 2)
신라	春二月 新羅龍見京都 (『三國史節要』2)

165(乙巳/신라 아달라이사금 12/고구려 차대왕 20, 신대왕 1/백제 개루왕 38/後漢 延熹 8/倭 成務 35)

고구려	春正月晦 日有食之 (『三國史記』 15 高句麗本紀 3)
고구려	春正月晦 高勾麗日有食之 (『三國史節要』 2)

고구려	三月 大祖大王薨於別宮 年百十九歲 (『三國史記』 15 高句麗本紀 3)1119)
고구려	三月 高勾麗前王宮薨於別宮 年百十九歲 (『三國史節要』 2)

신라	冬十月 阿湌吉宣謀叛 發覺懼誅 亡入百濟 王移書求之 百濟不許 王怒出師伐之 百濟 嬰城守不出 我軍粮盡 乃歸 (『三國史記』 1 新羅本紀 2)1120)

고구려	冬十月 椽那皀衣明臨答夫 因民不忍弑王 號爲次大王 (『三國史記』 15 高句麗本紀 3)
고구려	新大王 諱伯固[固 一作句] 大祖大王之季弟 儀表英特 性仁恕 初次大王無道 臣民不 親附 恐有禍亂 害及於己 遂避於山谷 及次大王被弑 左輔菸支留與羣公議 遣人迎致 及至 菸支留跪獻國璽曰 先君不幸弃國 雖有子 不克有國家 夫人之心歸于至仁 謹拜 稽首 請卽尊位 於是 俯伏三讓而後卽位 時年七十七歲 (『三國史記』 15 高句麗本紀 4)
고구려	冬十月 高勾麗椽那皀衣明臨答夫 因民不忍弑其主遂成 初遂成無道 季弟伯固恐禍急 己 避於山谷 遂成被弑 左輔菸支留與群臣議 遣人迎伯固 及至 菸支留獻璽曰 先君雖 有子 不克負荷 天人之心歸于至仁 請卽尊位 伯固三讓而後卽位 年七十七歲 遂成曰 次大王 (『三國史節要』 2)
고구려	遂成死 子伯固立 其後減貊率服 東垂少事1121) (『後漢書』 85 東夷列傳 75 高句驪)

166(丙午/신라 아달라이사금 13/고구려 신대왕 2/백제 개루왕 39/後漢 延熹 9/倭 成務 36)

신라	春正月辛亥朔1122) 日有食之 (『三國史記』 1 新羅本紀 2)
신라	春正月辛亥朔 新羅日有食之 (『三國史節要』 2)

고구려	春正月 下令曰 寡人生忝王親 本非君德 向屬友于之政 頗乖貽厥之謨 畏害難安 離羣 遠遯 洎聞凶計 但極哀摧 豈謂百姓樂推 羣公勸進 謬以眇末 據于崇高 不敢遑寧 如 涉潤1123)海 宜推恩而及遠 遂與衆而自新 可大赦國內 國人旣聞赦令 無不歡呼慶抃曰 大哉 新大王之德澤也 初明臨答夫之難 次大王太子鄒安逃1124)竄 及聞嗣王赦令 卽詣 王門 告曰 嚮國有災禍 臣不能死 遯于山谷 今聞新政 敢以罪告 若大王據法定罪 棄 之市朝 惟命是聽 若賜以不死 放之遠方 卽生死肉骨之惠也 臣所願也 非敢望也 王卽 賜狗山瀨_婁豆谷二所[谷 通鑑作谷] 仍封爲讓國君 拜答夫爲國相 加爵爲沛者 令知內 外兵馬 兼領梁貊部落 改左右輔爲國相 始於此 (『三國史記』 15 高句麗本紀 4)
고구려	春正月 下令曰 寡人生忝王親 本非君德 向屬友于之政 頗乖貽厥之謨 畏害遠遯 洎聞 凶計 但極哀摧 豈謂百姓樂推 群公勸進 謬以渺末 據于崇高 不敢遑寧 如涉淵海 宜

1119) 『三國遺事』 1 王曆 1에서는 이와 관련하여 "乙巳国祖王年百十九歲 兄△二王俱見弑于新王"라 하였다.
1120) 신라 아찬 吉宣의 모반과 관련해서 『三國史記』 23 백제본기 1에서는 蓋婁王 28년(155) 겨울 10월 기 사로 기재하였다.
1121) '其後減貊率服 東垂少事'의 기록은 『자치통감』에서는 연광 원년(122) '고구려 왕 수성이 한나라 포로 를 송환하고 현도에 와서 항복했다는 기사(高句麗王遂成還漢生口 詣玄菟降)' 기사 뒤에 이어서 나온다.
1122) 이해 정월 삭일은 辛卯日이다.
1123) 원본에는 "潤"이 誤刻되어 있다.
1124) 원본 誤刻. 『三國史節要』에 의거 수정하였다.

推恩而及遠 遂與衆而自新 可大赦國內 國人聞令 無不歡呼 初明臨答夫之難 次大王
太子鄒安 逃竄 及聞赦令 即詣王門 告曰 嚮國有禍 臣不能死 遯于山谷 今聞新政 敢
以罪告 若大王據法定罪 棄之市朝 惟命是聽 若賜以不死 放之遠方 則生死肉骨之惠
也 王即賜狗山瀨婁豆谷二所 仍封爲讓國君 (『三國史節要』2)

고구려 　(春正月) 高勾麗以答夫爲國相 陞爲沛者 令知內外兵馬兼領梁貊部落 改左右輔爲國相
權近曰 君臣之分 猶天壤 然弑逆之賊 無彼此一也 故春秋之法 國君有爲弑逆者所立
而不能討其賊 則是與聞乎故 而不免首惡之名矣 今答夫弑遂成而立伯固 伯固初遁于
野 未嘗與聞乎故 然徒知立己之爲有德 而不思弑君之爲當討 反寵任之以爲國相 是擧
國君臣皆爲弑逆之黨 三綱淪而人紀滅矣 若使伯固能伸大義 不賞私勞 以明弑逆之罪
而誅之 則三綱復正 人紀復立而亂賊懼 雖漢高帝之戮丁公 叔孫婼之逐豎牛 不足多矣
惜伯固之不能也 (『三國史節要』2)

부여 예맥 　(延憙)九年夏 遂分騎數萬人入緣邊九郡 並殺掠吏人 於是復遣張奐擊之 鮮卑乃出塞去
朝廷積患之 而不能制 遂遣使持印綬封檀石槐爲王 欲與和親 檀石槐不肯受 而寇抄滋
甚 乃自分其地爲三部 從右北平以東至遼東接夫餘濊貊二十餘邑爲東部 從右北平以西
至上谷十餘邑爲中部 從上谷以西至敦煌烏孫二十餘邑爲西部 各置大人主領之 皆屬檀
石槐 (『後漢書』90 烏丸鮮卑列傳 80 鮮卑)

백제 　都彌百濟人也 雖編戶小民 而頗知義理 其妻美麗 亦有節行 爲時人所稱 蓋婁王聞之
召都彌與語曰 凡婦人之德 雖以貞潔爲先 若於幽昏無人之處 誘之以巧言 則能不動心
者 鮮矣乎 對曰人之情 不可測也 而若臣之妻者 雖死無貳者也 王欲試之 留都彌以事
使一近臣 假王衣服馬從 夜抵其家 使人先報王來 謂其婦曰 我久聞爾好 與都彌博得
之 來日入爾爲宮人 自此後 爾身吾所有也 遂將亂之 婦曰 國王無妄語 吾敢不順 請
大王先人室 吾更衣乃進 退而雜飾一婢子薦之 王後知見欺 大怒 誣都彌以罪 矐其兩
眸子 使人牽出之 置小船泛之河上 遂引其婦 强欲淫之 婦曰今良人已失 單獨一身 不
能自持 況爲王御 豈敢相違 今以月經 渾身汚穢 請俟他日 薰浴而後來 王信而許之
婦便逃至江口 不能渡 呼天慟哭 忽見孤舟 隨波而至 乘至泉城島 遇其夫 未死掘草根
以喫 遂與同舟 至高勾麗蒜山之下 麗人哀之 丐以衣食 遂苟活 終於羈旅 (『三國史記』
48 列傳 8 都彌)

백제 　百濟人都彌雖編戶小民 而頗知義理 其妻豔而有節 王聞之 召都彌語曰 凡婦人之德
雖以貞潔爲先 若在幽昏無人之處 誘之以巧言 則能不動心者 鮮矣乎 對曰 人之情 不
可測也 若臣之妻者 雖死無貳者也 王欲試之 留都彌以事 使近臣 假爲王 夜抵其家
語其妻曰 朕聞爾美 與都彌博已賭之矣 欲來亂之 妻曰敢不惟命 請大王先入室 妾更
衣乃進 詿飾一婢薦之 後王知見欺 大怒 誣都彌以罪 矐其兩目 小舩泛之河 更引其妻
欲私之 妻曰 今良人已逝 妾身不能自保 敢爲王辭 但今有月事 請俟他日 王信而許之
妻逃江口 無舩不能渡 呼天慟哭 忽遇行舩 至泊泉城島則其夫已先往 遂同奔高勾麗
麗人哀之 置蒜山下 以終焉 (『三國史節要』2)

부여 예맥 　桓帝時 鮮卑檀石槐者 部落畏服 遂推爲大人 檀石槐乃立庭於彈汗山歠仇水[1125]
去高柳北三百餘里[1126]兵馬甚盛 東西部大人皆歸焉 因南抄緣邊 北折丁零 東卻夫
餘 西擊烏孫 盡據匈奴故地 東西萬四千餘里 南北七千餘里 網羅山川水澤鹽池
分其地爲三部 東接夫餘·濊貊二十餘邑爲東部 從右北平以西至上谷十餘邑爲中部

1125) 歠 昌悅反
1126) 今馬邑郡界

從上谷以西至燉煌接烏孫二十餘邑爲西部　各置大人主之　(『通典』196 邊防 12 北
狄 3 鮮卑)

백제	王薨 (『三國史記』23 百濟本紀 1)
백제	肖古王[一云素古] 蓋婁王之子 蓋婁在位三十九年薨　嗣位[1127] (『三國史記』23 百濟本紀 1)
백제	百濟王蓋婁薨　子肖古立 (『三國史節要』2)

167(丁未/신라 아달라이사금 14/고구려 신대왕 3/백제 초고왕 2/後漢 永康 1/倭 成務 37)

부여 현도	(春正月) 夫餘王寇玄菟 太守公孫域與戰 破之 (『後漢書』7 孝桓帝紀)
부여 현도	(春正月) 夫餘王夫台寇玄菟[1128]　玄菟太守公孫域擊破之[1129] (『資治通鑑』56 漢紀 48 孝桓皇帝)
부여 현도	永康元年　王夫台將二萬餘人寇玄菟　玄菟太守公孫域擊破之　斬首千餘級 (『後漢書』85 東夷列傳 75 夫餘)[1130]

신라 백제	秋七月 百濟襲破國西二城　虜獲民口一千而去 (『三國史記』2 新羅本紀 2)
백제 신라	秋七月 潛師襲破新羅西鄙二城　虜獲男女一千而還 (『三國史記』23 百濟本紀 1)
백제 신라	秋七月 百濟潛師襲破新羅西鄙二城　虜獲男女一千而還 (『三國史節要』2)

신라 백제	八月 命一吉湌興宣 領兵二萬伐之 王又率騎八千 自漢水臨之 百濟大懼 還其所掠男女 乞和 (『三國史記』2 新羅本紀 2)
백제 신라	八月 羅王遣一吉湌興宣 領兵二萬 來侵國東諸城 羅王又親帥精騎八千繼之 掩至漢水 王度羅兵衆不可敵 乃還前所掠 (『三國史記』23 百濟本紀 1)
백제 신라	八月 新羅王命一吉湌興宣 領兵二萬伐之 又率騎八千 自漢水臨之 百濟大懼 還其所掠男女 乞和 (『三國史節要』2)

고구려	秋九月 王如卒本 祀始組廟 (『三國史記』16 高句麗本紀 4)
고구려	古記云 (…) 新大王四年秋九月　如卒本祀始祖廟 (『三國史記』32 雜志 1 祭祀)
고구려	九月 高勾麗王如卒本 祀始組廟 (『三國史節要』2)

고구려	冬十月 王至自卒本 (『三國史記』16 高句麗本紀 4)
고구려	冬十月 王至自卒本 (『三國史節要』2)

고구려	桓帝末 鮮卑南匈奴及高句驪嗣子伯固並畔　爲寇鈔 四府擧玄爲度遼將軍 假黃鉞 玄至鎮 休兵養士 然後督諸將守討擊胡虜及伯固等 皆破散退走 在職三年 邊境安靜 (『後漢書』51 李陳龐陳橋列傳 41 橋玄)

낙랑	子曰 古之葬者 厚衣之以薪 葬之中野 不封不樹 喪期無時 後世聖人易之以棺槨 (…) 夫旣其終用 重且萬斤 非大衆不能擧 非大車不能輓 東至樂浪 西至敦煌 萬里之中 相

1127) 『三國遺事』1 王曆 1에 "第五肖古王[一作素古 蓋婁子 丙午立 理五十年]"이라 하였다.
1128) 夫 音扶 菟 同都翻
1129) 守 式又翻
1130) 이 기사에는 월이 표기되지 않았으나, 『後漢書』7 孝桓帝紀, 『資治通鑑』56 漢紀 48 孝桓皇帝에 의거하여 정월로 편년하고 배치하였다.

競用之 此之費功傷農 可爲痛心 (『潛夫論』浮侈 12)[1131]

168(戊申/신라 아달라이사금 15/고구려 신대왕 4/백제 초고왕 3/後漢 建寧 1/倭 成務 38)

신라　　　　夏四月 伊湌繼元卒 以興宣爲伊湌 (『三國史記』2 新羅本紀 2)

신라　　　　夏四月 新羅伊湌繼元卒 以興宣代之 (『三國史節要』2)

예맥　　　　十二月 鮮卑及濊貊寇幽幷二州 (『後漢書』8 孝靈帝紀)

예맥　　　　十二月 鮮卑及濊貊寇幽幷二州[1132] (『資治通鑑』56 漢紀 48 孝靈皇帝)

고구려 현도　漢玄菟郡大[1133]守耿臨來侵 殺我軍數百人 王自降乞屬玄菟 (『三國史記』16 高句麗 本紀 4)[1134]

고구려 현도　漢玄菟郡太守耿臨侵高句麗 殺數百人 王自降乞屬玄菟 (『三國史節要』2)

169(己酉/신라 아달라이사금 16/고구려 신대왕 5/백제 초고왕 4/後漢 建寧 2/倭 成務 39)

고구려 요동 현도

　　　　　　(十一月) 高句驪王伯固寇遼東 玄菟太守耿臨討降之[1135] (『資治通鑑』56 漢紀 48 孝 靈皇帝)[1136]

고구려 현도　建寧二年 玄菟太守耿臨討之 斬首數百級 伯固降服 乞屬玄菟云 (『後漢書』85 東夷 列傳 75 句驪)[1137]

현도 고구려 요동

　　　　　　靈帝建寧二年 玄菟太守耿臨討之 斬首虜數百級 伯固降 屬遼東 (『三國志』30 魏書 30 烏丸鮮卑東夷傳 高句麗)[1138]

고구려 현도　靈帝 建寧二年 玄菟太守耿臨討之 斬首虜數百級 伯固乃降 屬遼東 (『梁書』54 列傳 48 諸夷 高句驪)

고구려 현도　靈帝 建寧二年 玄菟太守耿臨討之 斬首虜數百級 伯固乃降 屬遼東 (『北史』94 列傳 82 四夷 上 高句麗)

현도 고구려　是年(건녕2년) 玄菟太守耿臨討高句麗 斬首數百級 其王伯固降服 乞屬玄菟 (『册府元 龜』983 外臣部 28 征討 2)[1139]

고구려 현도　王遣大加優居主簿然人等 將兵助玄菟大[1140]守公孫度 討富山賊 (『三國史記』16 高

1131) 『潛夫論』이 桓帝代(146~167) 편찬되었으므로, 146~167년으로 기간편년하고 마지막해인 167년에 배 치하였다.

1132) 濊 音穢 貊 莫百翻 (胡三省 註)

1133) 저본에는 '大'로 되어 있으나, 鑄字本·『三國史節要』에 의거하여 '太'로 수정해야 한다.

1134) 『資治通鑑』56 漢紀 48 孝靈皇帝에는 建寧 2년(169) 11월, 『後漢書』85 東夷列傳 75 句驪, 『三國志』 30 魏書 30 烏丸鮮卑東夷傳 高句麗에는 建寧 2년으로 되어 있다.

1135) 句 如字 又音駒 驪 力知翻 (胡三省 註)

1136) 『三國史記』16 高句麗本紀 4, 『三國史節要』2에는 신대왕 4년(168)으로 되어 있다.

1137) 이 기사에는 월이 표기되지 않았으나, 『資治通鑑』56 漢紀 48 孝靈皇帝에 의거하여 11월로 편년하고 배치하였다.

1138) 이 기사에는 월이 표기되지 않았으나, 『資治通鑑』56 漢紀 48 孝靈皇帝에 의거하여 11월로 편년하고 배치하였다. 다른 기사와 달리 요동에 속하였다가, 熹平 연간(172~177)에 현도에 속하기를 청한 것으로 되어 있다.

1139) 이 기사에는 월이 표기되지 않았으나, 『資治通鑑』56 漢紀 48 孝靈皇帝에 의거하여 11월로 편년하고 배치하였다.

1140) 저본에는 '大'로 되어 있으나, 鑄字本·『三國史節要』에 의거하여 '太'로 수정해야 한다.

句麗本紀 4)[1141]

| 고구려 현도 | 高勾麗王遣大加優居主簿然人等 將兵助玄菟太守公孫度 討富山賊 (『三國史節要』2) |
| 고구려 현도 | 是年(건녕2년) 高句麗伯固遣大加優居主簿然人等 助玄菟太守公孫度擊富山賊 討之 (『册府元龜』973 外臣部 18 助國討伐) |

170(庚戌/신라 아달라이사금 17/고구려 신대왕 6/백제 초고왕 5/後漢 建寧 3/倭 成務 40)

| 신라 | 春二月 重修始祖廟 (『三國史記』2 新羅本紀 2) |
| 신라 | 春二月 新羅重修始祖廟 (『三國史節要』2) |

| 백제 | 春三月丙寅晦(30) 日有食之 (『三國史記』23 百濟本紀 1) |
| 백제 | 三月丙寅晦(30) 百濟日有食之 (『三國史節要』2) |

| 신라 | 秋七月 京師地震 霜雹害穀 (『三國史記』2 新羅本紀 2) |
| 신라 | 秋七月 新羅京都地震 霜雹害穀 (『三國史節要』2) |

신라 백제	冬十月 百濟寇邊 (『三國史記』2 新羅本紀 2)
백제 신라	冬十月 出兵侵新羅邊鄙 (『三國史記』23 百濟本紀 1)
백제 신라	冬十月 百濟侵新羅邊鄙 (『三國史節要』2)

171(辛亥/신라 아달라이사금 18/고구려 신대왕 7/백제 초고왕 6/後漢 建寧 4/倭 成務 41)

| 신라 | 春 穀貴 民飢 (『三國史記』2 新羅本紀 2) |
| 신라 | 春 新羅飢 (『三國史節要』2) |

172(壬子/신라 아달라이사금 19/고구려 신대왕 8/백제 초고왕 7/後漢 熹平 1/倭 成務 42)

| 신라 | 春正月 以仇道爲波珍湌 仇須兮爲一吉湌 (『三國史記』2 新羅本紀 2) |
| 신라 | 春正月 新羅以仇道爲波珍湌 仇須兮爲一吉湌 (『三國史節要』2) |

| 신라 | 二月 有事始祖廟 (『三國史記』2 新羅本紀 2) |
| 신라 | 二月 新羅有事始祖廟 (『三國史節要』2) |

| 신라 | (二月) 京都大疫 (『三國史記』2 新羅本紀 2) |
| 신라 | (二月) 新羅京都大疫 (『三國史節要』2) |

| 고구려 | 冬十月 漢玄菟郡太守耿臨以大兵欲攻高勾麗 王問群臣戰守孰便 衆曰 漢兵恃衆輕我 若不出戰 彼以我爲怯必數來 且我國山險而路隘 此所謂一夫當関 萬夫莫當者也 漢兵 雖衆 無如我何 請出師禦之 荅夫曰 不然 漢國大民衆 今以强兵遠鬪 其鋒不可當也 且兵衆者宜戰 兵少者宜守 兵家之常 今漢人千里轉糧 不能持久 若我深溝高壘 淸野 待之 不過旬月 其勢飢窘必歸 我以勁卒薄之 可以得志 王然之 嬰城固守 漢人攻之不 克 士卒飢窘 引還 荅夫率騎千人追之 戰於坐原 漢軍大敗 匹馬不返 王大悅 賜荅夫 |

1141) 『三國志』30 魏書 30 烏丸鮮卑東夷傳 高句麗에는 공손도가 요동에 할거한 때 즉 初平 원년(190)으로 되어 있다.

坐原及質山爲食邑 (『三國史節要』2)1142)

| 고구려 | 冬十一月 漢以大兵嚮我 王問羣臣戰守孰便 衆議曰 漢兵恃衆輕我 若不出戰 彼以我 爲怯數來 且我國山險而路隘 此所謂一夫當關 萬夫莫當者也 漢兵雖衆 無如我何 請 出師禦之 答夫曰 不然 漢國大民衆 今以强兵遠鬪 其鋒不可當也 而又兵衆者宜戰 兵 少者宜守 兵家之常也 今漢人千里轉糧 不能持久 若我深溝高壘 淸野以待之 彼必不 過旬月 饑困而歸 我以勁卒薄之 可以得志 王然之 嬰城固守 漢人攻之不克 士卒飢餓 引還 答夫帥數千騎追之 戰於坐原 漢軍大敗 匹馬不反 王大悅 賜答夫坐原及質山爲 食邑 (『三國史記』16 高句麗本紀 4)1143) |

| 고구려 현도 | 明臨答夫 高句麗人也 新大王時 爲國相 漢玄菟郡太守耿臨發大兵欲攻我 王問羣臣戰 守孰便 衆議曰 漢兵恃衆輕我 若不出戰 彼以我爲怯數來 且我國山險而路隘 此所謂 一夫當關 萬夫莫當者也 漢兵雖衆 無如我何 請出師禦之 答夫曰 不然 漢國大民衆 今以强兵遠鬪 其鋒不可當也 而又兵衆者宜戰 兵少者宜守 兵家之常也 今漢人千里轉 糧 不能持久 若我深溝高壘 淸野以待之 彼必不過旬月 饑困而歸 我以勁卒迫之 可以 得志 王然之 嬰城固守 漢人攻之不克 士卒饑餓 引還 答夫帥數千騎追之 戰於坐原 漢軍大敗 匹馬不反 王大悅 賜答夫坐原及質山爲食邑 (『三國史記』45 列傳 5 明臨 答夫)1144) |

173(癸丑/신라 아달라이사금 20/고구려 신대왕 9/백제 초고왕 8/後漢 熹平 2/倭 成務 43)

| 신라 | 夏五月 倭女王卑彌乎 遣使来聘 (『三國史記』2 新羅本紀 2) |
| 신라 | 倭女王卑彌乎 遣使聘新羅 (『三國史節要』2)1145) |

174(甲寅/신라 아달라이사금 21/고구려 신대왕 10/백제 초고왕 9/後漢 熹平 3/倭 成務 44)

| 신라 | 春正月 雨王1146) (『三國史記』2 新羅本紀 2) |
| 신라 | 春正月 新羅雨土 (『三國史節要』2) |

부여	春正月 夫餘國遣使貢獻 (『後漢書』8 孝靈帝紀)
부여	至靈帝熹平三年 復奉章貢獻 (『後漢書』85 東夷列傳 75 夫餘)1147)
부여	靈帝熹平三年 復奉章貢獻 (『玉海』152 朝貢 外夷來朝 內附)1148)

| 신라 | 二月 旱 井泉竭 (『三國史記』2 新羅本紀 2) |
| 신라 | 二月 新羅旱 井泉竭 (『三國史節要』2) |

175(乙卯/신라 아달라이사금 22/고구려 신대왕 11/백제 초고왕 10/後漢 熹平 4/倭 成務 45)

1142) 『三國史記』16 高句麗本紀 4에는 11월로 되어 있다.
1143) 『三國史節要』2에는 10월로 되어 있다.
1144) 이 기사에는 월이 표기되지 않았으나, 『三國史記』16 高句麗本紀 4에 의거하여 11월에 편년 하고 배치하였다. 『三國史節要』2에는 10월로 되어 있다.
1145) 이 기사에는 월이 표기되지 않았으나, 『三國史記』2 新羅本紀 2에 의거하여 5월에 편년하고 배치하였 다.
1146) 저본에는 '王'으로 되어 있으나, 鑄字本·『三國史節要』에 의거하여 '土'로 수정해야 한다.
1147) 이 기사에는 월이 표기되지 않았으나, 『後漢書』8 孝靈帝紀에 의거하여 정월에 편년하고 배치하였다.
1148) 이 기사에는 월이 표기되지 않았으나, 『後漢書』8 孝靈帝紀에 의거하여 정월에 편년하고 배치하였다.

176(丙辰/신라 아달라이사금 23/고구려 신대왕 12/백제 초고왕 11/後漢 熹平 5/倭 成務 46)

고구려	春正月 羣臣請立太子 (『三國史記』16 高句麗本紀 4)
고구려	春正月 高勾麗群臣請立太子 (『三國史節要』2)

고구려	三月 立王子男武爲王太子 (『三國史記』16 高句麗本紀 4)
고구려	三月 王以長子拔奇不肖 立第二子男武爲太子 (『三國史節要』2)

177(丁巳/신라 아달라이사금 24/고구려 신대왕 13/백제 초고왕 12/後漢 熹平 6/倭 成務 47)

고구려 현도	嘉[1149]平中 伯固乞屬玄菟 (『三國志』30 魏書 30 烏丸鮮卑東夷傳 高句麗)[1150]

178(戊午/신라 아달라이사금 25/고구려 신대왕 14/백제 초고왕 13/後漢 光和 1/倭 成務 48)

고구려	冬十月丙子晦(30) 日有食之 (『三國史記』16 高句麗本紀 4)
고구려	冬十月丙子晦(30) 高勾麗日有食之 (『三國史節要』2)

179(己未/신라 아달라이사금 26/고구려 신대왕 15, 고국천왕 1/백제 초고왕 14/後漢 光和 2/倭 成務 49)

고구려	秋九月 國相答夫卒 年百十三歲 王自臨慟 罷朝七日 乃以禮葬於質山 置守墓二十家 (『三國史記』16 高句麗本紀 4)
고구려	(新大王)十五年秋九月 卒 年百十三歲 王自臨慟 罷朝七日 以禮葬於質山 置守墓二十家 (『三國史記』45 列傳 5 明臨答夫)
고구려	秋九月 高勾麗國相答夫卒 年百十三 王臨喪哀慟 罷朝七日 以禮葬於質山 置守墓二十家 (『三國史節要』2)
고구려	古記云 (…) 如卒本祀始祖廟 故國川王元年秋九月 (…) 並如上行 (『三國史記』32 雜志 1 祭祀)[1151]
고구려	冬十二月 王薨 葬於故國谷 號爲新大王 (『三國史記』16 高句麗本紀 4)
고구려	冬十二月 高勾麗王伯固薨 葬故國谷 號新大王 (『三國史節要』2)
고구려	故國川王[或云國襄] 諱男武[或云伊夷謨] 新大王伯固之弟二子 伯固薨 國人以長子拔奇不肖 共立伊夷謨爲王 漢献帝建安初 拔奇怨爲兄而不得立 與消奴加 各將下戶三萬餘口 詣公孫康降 還住沸流水上 王身長九尺 姿表雄偉 力能扛鼎 莅事聽斷 寬猛得中 (『三國史記』16 高句麗本紀 4)[1152]
고구려	太子男武立 身長九尺 姿表雄偉 力能扛鼎 莅事聽斷 寬猛得中 長子拔奇怨之 與消奴

1149) 저본에는 '嘉'로 되어 있으나, 靈帝 때에는 '嘉平'이라는 연호가 없으므로 '熹平'의 '熹'로 수정해야 한다.
1150) 『三國史記』16 高句麗本紀 4, 『三國史節要』2에는 신대왕 4년(168), 『後漢書』85 東夷列傳 75 句驪, 『册府元龜』983 外臣部 28 征討 2에는 建寧 2년(169)에 현도에 속하기를 청한 것으로 되어 있다.
1151) 『三國史記』16 高句麗本紀 4, 『三國史節要』2에는 고국천왕 2년(180) 9월로 되어 있다. 고국천왕이 12월에 즉위하였으므로, 원년에는 9월이 없다. 따라서 2년 9월이 맞다.
1152) 『三國遺事』1 王曆에는 "第九故国川王[名男虎 或云夷謨 己△立 理二十年 國川亦曰國壤 乃葬地名]"이라고 되어 있다.

加 各將下戶三萬口 詣公孫康降 後還住沸流水上 (『三國史節要』2)

180(庚申/신라 아달라이사금 27/고구려 고국천왕 2/백제 초고왕 15/後漢 光和 3/倭 成務 50)

고구려	春二月 立妃于氏爲王后 后提那部于素之女也 (『三國史記』16 高句麗本紀 4)
고구려	春二月 高勾麗王立妃于氏爲后 后提那部于素之女也 (『三國史節要』2)

고구려	秋九月 王如卒本 祀始祖廟 (『三國史記』16 高句麗本紀 4)[1153]
고구려	秋九月 高勾麗王如卒本 祀始祖廟 (『三國史節要』2)

181(辛酉/신라 아달라이사금 28/고구려 고국천왕 3/백제 초고왕 16/後漢 光和 4/倭 成務 51)

182(壬戌/신라 아달라이사금 29/고구려 고국천왕 4/백제 초고왕 17/後漢 光和 5/倭 成務 52)

고구려	春三月甲寅夜[1154] 赤氣貫於大微如虵 (『三國史記』16 高句麗本紀 4)
고구려	春三月甲寅 高勾麗 夜赤氣貫於大微如蛇 (『三國史節要』3)

고구려	秋七月 星孛于大[1155]微 (『三國史記』16 高句麗本紀 4)
고구려	秋七月 高勾麗有星孛于太微 (『三國史節要』3)

낙랑	光和五年韓氏造△ (「光和五年銘塼」 側銘)
낙랑	之壽 (「光和五年銘塼」 小口銘)
낙랑	光和五年韓氏造牢 (「光和五年銘塼」 側銘)
낙랑	壽者 (「光和五年銘塼」 小口銘)

183(癸亥/신라 아달라이사금 30/고구려 고국천왕 5/백제 초고왕 18/後漢 光和 6/倭 成務 53)

부여 예맥	虞初擧孝廉 稍遷幽州刺史 民夷感其德化 自鮮卑烏桓夫餘穢貊之輩 皆隨時朝貢 無敢擾邊者 百姓歌悅之 (『後漢書』73 劉虞公孫瓚陶謙列傳 63 劉虞)[1156]

184(甲子/신라 아달라이사금 31, 벌휴이사금 1/고구려 고국천왕 6/백제 초고왕 19/後漢 中平 1/倭 成務 54)

신라	春三月 王薨 (『三國史記』2 新羅本紀 2)
신라	春三月 新羅王阿達羅薨 (『三國史節要』3)
신라	伐休[一作發暉]尼師今立 姓昔 脫解王子仇鄒角于之子也 母姓金氏 只珍內禮夫人 阿達羅薨 無子 國人立之 王占風雲 預知水旱及年之豐儉 又知人邪正 人謂之聖 (『三國史記』2 新羅本紀 2)[1157]

1153) 『三國史記』32 祭祀志에는 고국천왕 원년(179) 9월로 되어 있다. 고국천왕이 12월에 즉위하였으므로, 원년에는 9월이 없다. 따라서 2년 9월이 맞다.
1154) 光和 5년(182) 3월에는 甲寅이 없다. 2월에는 27일, 4월에는 28일이다.
1155) 저본에는 '大'로 되어 있으나, 『三國史節要』에 의거하여 '太'로 수정해야 한다.
1156) 연대를 알 수 없는 기사이다. 뒤에 中平(184~189)初가 나오므로, 그 이전으로 기간편년하여 183년에 배치하였다.
1157) 『三國遺事』1 王曆에는 "第九伐休尼叱今"이라고 되어 있다.

신라   無子 國人立脫解王孫伐休爲王 王占風雲 預知水旱豐儉 又能知人邪正 人謂之聖 (『三國史節要』 3)

고구려 요동 漢遼東大[1158]守 興師伐我 王遣王子罽須拒之 不克 王親帥精騎往 與漢軍戰於坐原 敗之 斬首山積 (『三國史記』 16 高句麗本紀 4)

고구려 요동 漢遼東太守 興師伐高勾麗 王遣子罽須拒之 不克 王親帥精騎 與戰於坐原 敗之 殺獲甚衆 (『三國史節要』 3)

185(乙丑/신라 벌휴이사금 2/고구려 고국천왕 7/백제 초고왕 20/後漢 中平 2/倭 成務 55)

신라   春正月 親祀始祖廟 大赦 (『三國史記』 2 新羅本紀 2)

신라   春正月 新羅王親祀始祖廟 大赦 (『三國史節要』 3)

신라 소문국 二月 拜波珍湌仇道一吉湌仇須兮爲左右軍主 伐召文國 軍主之名 始於此 (『三國史記』 2 新羅本紀 2)

신라 소문국 二月 新羅拜波珍湌仇道一吉湌仇須兮爲左右軍主 伐召文國 軍主之名 始於此 (『三國史節要』 3)

186(丙寅/신라 벌휴이사금 3/고구려 고국천왕 8/백제 초고왕 21/後漢 中平 3/倭 成務 56)

신라   春正月 巡幸州郡 觀察風俗 (『三國史記』 2 新羅本紀 2)

신라   春正月 新羅王巡州郡 觀風俗 (『三國史節要』 3)

고구려   夏四月乙卯(22) 熒惑守心 (『三國史記』 16 高句麗本紀 4)

고구려   夏四月 高勾麗熒惑守心 (『三國史節要』 3)

신라   夏五月壬申晦(30)[1159] 日有食之 (『三國史記』 2 新羅本紀 2)

고구려   五月壬辰晦(30) 日有食之 (『三國史記』 16 高句麗本紀 4)

신라 고구려 五月壬辰晦(30) 新羅高勾麗日有食之 (『三國史節要』 3)

신라   秋七月 南新縣進嘉禾 (『三國史記』 2 新羅本紀 2)

신라   秋七月 新羅南新縣進嘉禾 (『三國史節要』 3)

백제   冬十月 無雲而雷 星孛于西北 二十日而滅 (『三國史記』 23 百濟本紀 1)

백제   冬十月 百濟無雲而雷 有星孛于西北 二十日而滅 (『三國史節要』 3)

187(丁卯/신라 벌휴이사금 4/고구려 고국천왕 9/백제 초고왕 22/後漢 中平 4/倭 成務 57)

신라   春三月 下令州郡 無作土木之事以奪農時 (『三國史記』 2 新羅本紀 2)

신라   春三月 新羅王下令州郡 無作土木之事以奪農時 (『三國史節要』 3)

백제   夏五月 王都井及漢水皆竭 (『三國史記』 23 百濟本紀 1)

1158) 저본에는 '大'로 되어 있다.

1159) 中平 3년(186) 5월의 壬申은 10일이다. 그믐(30일)은 壬辰이 맞다.

백제	夏五月 百濟王都井及漢水皆竭 (『三國史節要』3)

요동	(六月) 漁陽人張純與同郡張擧擧兵叛 攻殺右北平太守劉政遼東太守楊終護烏桓校尉公綦稠等 擧兵[1160]自稱天子 寇幽冀二州 (『後漢書』8 孝靈帝紀)
요동	(中平)四年 純等遂與烏桓大人共連盟 攻薊下 燔燒城郭 虜略百姓 殺護烏桓校尉箕稠 右北平太守劉政遼東太守陽終等 衆至十餘萬 屯肥如[1161] 擧稱天子 純稱彌天將軍安定王 移書州郡 云擧當代漢 告天子避位 勅公卿奉迎 純又使烏桓峭王等[1162]步騎五萬 入靑冀二州 攻破淸河平原 殺害吏民 (『後漢書』73 劉虞公孫瓚陶謙列傳 63 劉虞)[1163]

신라	冬十月 北地大雪 深一丈 (『三國史記』2 新羅本紀 2)
신라	冬十月 新羅北地大雪 深一丈 (『三國史節要』3)

188(戊辰/신라 벌휴이사금 5/고구려 고국천왕 10/백제 초고왕 23/後漢 中平 5/倭 成務 58)

백제	春二月 重修宮室 (『三國史記』23 百濟本紀 1)
백제	春二月 百濟修宮室 (『三國史節要』3)

신라 백제	春二月 百濟來攻母山城 命波珍湌仇道 出兵拒之 (『三國史記』2 新羅本紀 2)
백제 신라	(春二月) 出師攻新羅母山城 (『三國史記』23 百濟本紀 1)
백제 신라	(春二月) 百濟攻新羅母山城 新羅王命波珍湌仇道拒之 (『三國史節要』3)

백제	夏四月丙寅朔 百濟日有食之 (『三國史節要』3)[1164]

신라 백제	秋七月 新羅仇道與百濟 戰狗壤 勝之 殺獲五百餘級 (『三國史節要』3)[1165]

낙랑	吳祐字季英 陳留長垣人也(…) 長子鳳 官至樂浪太守 (『後漢書』64 吳延史盧趙列傳 54 吳祐)[1166]

189(己巳/신라 벌휴이사금 6/고구려 고국천왕 11/백제 초고왕 24/後漢 中平 6, 光熹 1, 昭寧 1, 永漢 1/倭 成務 59)

가야	靈帝中平六年己巳三月一日 后崩 壽一百五十七 國人如嘆坤崩 葬於龜旨東北塢 遂欲忘[1167]子愛下民之惠 因號初來下纜渡頭村曰主浦村 (『三國遺事』2 紀異 2 駕洛國記)
가야	春三月 駕洛國王后許氏薨 壽百五十七 (『三國史節要』3)

1160) 저본에는 '兵'자가 삽입되어 있으나, 衍字이므로 삭제해야 한다.
1161) 肥如 縣 屬遼西郡 故城在今平州 (李賢 註)
1162) 峭音七笑反 (李賢 註)
1163) 이 기사에는 월이 표기되지 않았으나, 『後漢書』8 孝靈帝紀에 의거하여 6월에 편년하고 배치하였다.
1164) 『三國史記』23 百濟本紀 1에는 초고왕 24년(189) 4월 병오삭으로 되어 있다. 그러나 초고왕 23년(188) 4월 1일은 壬子이고 丙寅은 15일이므로, 『三國史節要』가 잘못되었을 것이다.
1165) 『三國史記』2 新羅本紀 2, 『三國史記』23 百濟本紀 1에는 벌휴이사금 6년/초고왕 24년 (189) 7월로 되어 있다.
1166) 오봉의 생몰연대는 알 수 없다. 『海東繹史』5 世紀 5 四郡事實에서는 靈帝와 獻帝 때 오봉이 낙랑태수가 되었다고 하였다. 다만 오봉의 부친 오우가 마융(馬融)을 탄핵한 시점이 147년이고 오우가 98세 사망했다는 오우전의 기록, 양무(涼茂)가 낙랑태수로 부임하던 중 요동의 공손탁에게 억류된 때가 196년 무렵임을 고려하여 오봉의 낙랑태수 영제 연간으로 기간편년하여 188년에 배치하였다.
1167) 저본에는 '忘'으로 되어 있으나, 내용상 '志'로 수정해야 한다.

백제	夏四月丙午朔 日有食之 (『三國史記』 23 百濟本紀 1)[1168]

신라 백제	秋七月 仇道與百濟 戰於狗壤 勝之 殺獲五百餘級 (『三國史記』 2 新羅本紀 2)[1169]
백제 신라	秋七月 我軍與新羅戰於拘壤敗北 死者五百餘人 (『三國史記』 23 百濟本紀 1)

요동 현도	遭黃巾董卓之亂 乃避地遼東 夷人尊奉之 太守公孫度接以昆弟之禮[1170] 訪酬政事 欲以爲長史 烈乃爲商賈自穢 得免 曹操聞烈高名 遣徵不至 (『後漢書 81 獨行列傳 71 王烈)[1171]

한 예	靈帝末 韓濊並盛 郡縣不能制 百姓苦亂 多流亡入韓者 (『後漢書』 85 東夷列傳 75 韓)[1172]
한 예	桓靈之末 韓濊彊盛 郡縣不能制 民多流入韓國 (『三國志』 30 魏書 30 烏丸鮮卑東夷傳 韓)
한 예	靈帝末 韓濊並盛 郡縣不能制 百姓苦亂 多流亡入韓者 (『通典』 185 邊防 1 東夷 上 弁辰)
한 예	靈帝末 韓濊並盛 郡縣不能制 百姓苦亂 多流逃亡入韓者 (『太平寰宇記』 172下 四夷 1 東夷 1 三韓國)
한 예 고구려 옥저 진한 조선	韓濊 北與高句驪沃沮 南與辰韓接 本皆朝鮮之地也 靈帝末 竝盛 郡縣不能制 百姓苦亂 多流亡入韓者 (『册府元龜』 1000 外臣部 45 疆盛)

190(庚午/신라 벌휴이사금 7/고구려 고국천왕 12/백제 초고왕 25/後漢 初平 1/倭 成務 60)

신라 백제	秋八月 百濟襲[1173]西境圓山鄕 又進圍缶谷城 仇道率勁騎五百擊之 百濟兵佯走 仇道追及蛙山 爲百濟所敗 王以仇道失策 貶爲缶谷城主 以薛支爲左軍主 (『三國史記』 2 新羅本紀 2)
백제 신라	秋八月 出兵襲新羅西境圓山鄕 進圍缶谷城 新羅將軍仇道帥馬兵五百拒之 我兵佯退 仇道追至蛙山 我兵反擊之大克 (『三國史記』 23 百濟本紀 1)
백제 신라	秋八月 百濟襲新羅西境圓山鄕 進圍缶谷城 新羅將軍仇道帥勁騎五百拒之 百濟兵佯退 仇道追至蛙山 百濟兵還擊 大敗之 王以仇道失策 貶爲缶谷城主 以薛支爲左軍主 (『三國史節要』 3)

고구려	秋九月 京都雪六尺 (『三國史記』 16 高句麗本紀 4)
고구려	九月 高勾麗京都雪深六尺 (『三國史節要』 3)

고구려	(秋九月) 中畏大夫沛者於畀留評者左可慮 皆以王后親戚 執國權柄 其子弟 幷恃勢驕

1168) 『三國史節要』 3에는 초고왕 23년(188) 4월 병인삭으로 되어 있다.
1169) 『三國史節要』 3에는 벌휴왕 5년/초고왕 23년(188) 7월로 되어 있다.
1170) 魏志曰 公孫度字叔濟 本遼東襄平人 度父延 避吏居玄菟 任爲郡吏 時玄菟太守公孫域子豹 年十八 早死 度少時名豹 又與域子同年 域見親哀之 遣就師學 爲娶妻 後擧有道 除尙書郞 遼東太守
1171) 황건적의 난은 184년, 동탁의 난은 189년이다. 그에 따라 184~189년으로 기간편년하고 189년에 배치하였다.
1172) 靈帝의 재위기간은 168~189년이다. 그에 따라 기간편년하고 189년에 배치하였다. 이하 모두 같다.
1173) 저본에는 '襲'으로 되어 있으나, 鑄字本·『三國史節要』에 의거하여 '襲'으로 수정해야 한다.

	侈 掠人子女 奪人田宅 國人怨憤 王聞之怒 欲誅之 左可慮等 與四椽那謀叛 (『三國史記』 16 高句麗本紀 4)
고구려	(九月) 高勾麗中畏大夫沛者於畀留評者左可慮 皆以外戚 執國柄 多行不義 其子弟 並恃勢驕侈 掠人子女 奪人田宅 國人怨憤 王聞之怒 欲誅之 左可慮等 與四椽那謀叛 (『三國史節要』 3)
고구려	乙巴素 高勾麗人也 國川王時 沛者於畀留評者左可慮等 皆以外戚擅權 多行不義 國人怨憤 王怒欲誅之 左可慮等謀反 (『三國史記』 45 列傳 5 乙巴素)[1174]
요동 고구려	(冬) 中郞將徐榮薦同郡故冀州刺史公孫度於董卓 卓以爲遼東太守 度到官 以法誅滅郡中名豪大姓百餘家 郡中震慄 乃東伐高句驪[1175] 西擊烏桓 語所親吏柳毅陽儀等曰[1176][1177] 漢祚將絶 當與諸卿圖正[1178]耳 於是 分遼東爲遼西中遼郡 各置太守 越海收東萊諸縣 置營州刺史 自立爲遼東侯平州牧 立漢二祖廟 承制 郊祀天地 藉田[1179] 乘鸞路 設旄頭羽騎[1180] (『資治通鑑』 59 漢紀 51 孝獻皇帝)

부여 요동 현도 구려(고구려)

　　　　夫餘本屬玄菟 漢末公孫度雄張海東 威服外夷 夫餘王尉仇台更屬遼東 時句麗鮮卑彊 度以夫餘在二虜之間 妻以宗女 尉仇台死 簡位居立 (『三國志』 30 魏書 30 烏丸鮮卑東夷傳 夫餘)

부여 요동 현도 구려(고구려)

　　　　夫餘本屬玄菟 至漢末公孫度雄張海東 威服外夷 其王始死 子尉仇台立 更屬遼東 時句麗鮮卑强 度以夫餘在二虜之間 妻以宗女 至孫位居嗣立 (『通典』 185 邊防 1 東夷上 夫餘)

부여 요동 현도 구려(고구려)

　　　　夫餘本屬玄菟 至漢末公孫度雄張海東 感服外夷 其王始死 子尉仇台立 更屬遼東 時句麗鮮卑强 度以夫餘在二虜之間 妻以宗女 至孫位居嗣立 (『太平寰宇記』 174 四夷 3 東夷 3 夫餘國)

부여 요동 현도 구려(고구려)

　　　　扶餘本屬玄菟 漢末 公孫度雄張海東 威服外夷 扶餘王尉仇台更屬遼東 時句驪鮮卑彊 度以扶餘在二虜之間 妻以宗女 (『册府元龜』 1000 外臣部 45 疆盛)

고구려 해동(요동)

	公孫度之雄海東也 伯固遣大加優居主簿然人等 助度擊富山賊 破之 (『三國志』 30 魏書 30 烏丸鮮卑東夷傳 高句麗)[1181]
고구려 요동	公孫度之雄海東也 伯固與之通好 (『梁書』 54 列傳 48 諸夷 東夷 高句驪)
고구려 요동	公孫度之雄海東也 伯固與之通好 (『北史』 94 列傳 82 四夷 上 高句麗)

1174) 이 기사에는 연대가 표기되지 않았으나, 『三國史記』 16 高句麗本紀 4, 『三國史節要』 3에 의거하여 고국천왕 12년(190) 9월에 편년하고 배치하였다.

1175) 句 如字 又音駒 驪 力知翻 (胡三省 註)

1176) 語 牛倨翻 (胡三省 註)

1177) 姓譜 柳 本自魯孝公子子展之孫 以王父字爲氏 至展禽 食采於柳下 因爲氏 (胡三省 註?)

1178) 章 甲十一行本正作王 乙十一行本同 孔本同 熊校同 (校註)

1179) 杜佑曰 藉 借也 謂借人力以理之 勸率天下 使務農也 春秋傳曰 郊而後耕 遂藉人力以成歲功 故謂之帝藉 臣瓚曰 親耕以躬親爲義 不得以假借爲稱 藉 謂蹈藉也 師古曰 瓚說是 說文 帝藉千畝 藉 秦昔翻 (胡三省 註?)

1180) 羽騎 羽林騎也 (胡三省 註?)

1181) 『三國史記』 16 高句麗本紀 4와 『三國史節要』 2에는 建寧 2년(169)의 일이고 공손도는 현도태수라고 기록되어 있다.

낙랑 　馥紹竟遣故樂浪太守張岐等齎議上虞尊號 虞見岐等 厲色叱之曰 今天下崩亂 主上蒙
　　　塵 吾被重恩 未能淸雪國恥 諸君各據州郡 宜共戮力盡心王室 而反造逆謀以相垢汙邪
　　　固拒之 (『資治通鑑』 60 漢紀 52 孝憲皇帝)

낙랑 　(初平) 二年 冀州刺史韓馥·勃海太守袁紹及山東諸將議 以朝廷幼沖 逼於董卓[1182] 遠
　　　隔關塞 不知存否 以虞宗室長者 欲立爲主 乃遣故樂浪太守張岐等齎議 上虞尊號 虞
　　　見岐等 厲色叱之曰 今天下崩亂 主上蒙塵 吾被重恩 未能淸雪國恥 諸君各據州郡 宜
　　　共勠力 盡心王室 而反造逆謀 以相垢誤邪 固拒 (『後漢書』 73 列傳 63 劉虞公孫
　　　瓚陶謙)[1183]

고구려 　夏四月 聚衆攻王都 王徵畿[1184]內兵馬平之 遂下令曰 近者官以寵授 位非德進 毒流
　　　百姓 動我王家 此寡人不明所致也 令汝四部 各擧賢良在下者 於是 四部共擧東部晏
　　　留 王徵之 委以國政 晏留言於王曰 微臣庸愚 固不足以叅大政 西鴨淥谷左勿村乙巴
　　　素者 琉璃王大臣乙素之孫也 性質剛毅 智慮淵深 不見用於世 力田自給 大王若欲理
　　　國 非此人則不可 王遣使 以卑辭重禮聘之 拜中畏大夫 加爵爲于台 謂曰 孤叨承先業
　　　處臣民之上 德薄材短 未濟於理 先生藏用晦明 窮處草澤者久矣 今不我棄 幡然而來
　　　非獨孤之喜幸 社稷生民之福也 請安承敎 公其盡心 巴素意雖許國 謂所受職不足以濟
　　　事 乃對曰 臣之駑蹇 不敢當嚴命 願大王選賢良 授高官以成大業 王知其意 乃除爲國
　　　相 令知政事 於是 朝臣國戚 謂素以新閒舊 疾之 王有敎曰 無貴賤 苟不從國相者 族
　　　之 素退而告人曰 不逢時則隱 逢時則仕 士之常也 今上待我以厚意 其可復念舊隱乎
　　　乃以至誠奉國 明政敎愼賞罰 人民以安 內外無事 (『三國史記』 16 高句麗本紀 4)

고구려 　夏四月 高勾麗左可慮等 聚衆攻王都 王徵畿內兵平之 遂下令曰 近者官以寵授 位非
　　　德進 毒流百姓 動我王家 此寡人不明所致也 汝四郡 其各擧賢良在下者 於是 四郡共
　　　擧東都晏留 王徵之 委以國政 晏留言於王曰 微臣庸愚 固不足以叅大政 西鴨綠谷左
　　　勿村有乙巴素者 琉璃王大臣乙素之孫也 性質剛毅 智慮淵深 不見用於世 力田自給
　　　大王若欲理國 非此人不可 王遣使 以卑辭重禮聘之 拜中畏大夫 加爵爲于台 謂曰 孤
　　　叨承先業 處臣民之上 德薄材短 未濟於理 先生藏用晦明 窮處草澤者久矣 今不我棄
　　　幡然而來 非獨孤之喜幸 社稷生民之福也 請安承敎 公其盡心 巴素對曰 臣之駑蹇 不
　　　敢當命 願大王選賢良 授高官以成大業 王知巴素薄其位 乃除國相 大臣宗戚皆疾之
　　　王曰 苟不從國相者 無貴賤 皆族之 巴素曰 不遇則隱 遇則委質 士之常也 今上待我
　　　厚 其可復念舊隱乎 乃至誠奉國 (『三國史節要』 3)

고구려 　王誅竄之 遂下令曰 近者官以寵授 位非德進 毒流百姓 動我王家 此寡人不明所致也
　　　今汝四部 各擧賢良在下者 於是 四部共擧東部晏留 王徵之 委以國政 晏留言於王曰
　　　微臣庸愚 固不足以叅大政 西鴨淥谷左勿村乙巴素者 琉璃王大臣乙素之孫也 性質剛
　　　毅 智慮淵深 不見用於世 力田自給 大王若欲理國 非此人則不可 王遣使 以卑辭重禮

1182) 時獻帝年十歲

1183) 이 기사와 관련하여 『三國志』 8 魏書 8 二公孫陶四張傳 8 公孫瓚에 같은 기록이 있는데, 배송지는
　　　'九州春秋'를 인용하여 다음과 같이 주석하였다. "關東義兵起 卓遂劫帝西遷 徵虞爲太傅 道路隔塞 信命不得
　　　至 袁紹·韓馥議 以爲少帝制於姦臣 天下無所歸心 虞 宗室知名 民之望也 逐推虞爲帝 遣使詣虞 虞終不肯受
　　　紹等復勸虞領尚書事 承制封拜 虞又不聽 然猶與紹等連和[九州春秋曰 紹·馥使故樂浪太守甘陵張岐齎議詣虞
　　　使卽尊號 虞厲聲呵岐曰 卿敢出此言乎 忠孝之道 旣不能濟 孤受國恩 天下擾亂 未能竭命以除國恥 望諸州郡
　　　烈義之士勠力西面 援迎幼主 而乃妄造逆謀 欲塗汚忠臣邪"

1184) 저본에는 '幾'로 되어 있으나, 鑄字本·『三國史節要』에 의거하여 '畿'로 수정해야 한다.

聘之 拜中畏大夫 加爵爲于台 謂曰 孤叨承先業 處臣民之上 德薄材短 未濟於理 先
生藏用晦明 窮處草澤者久矣 今不我棄 幡然而來 非獨孤之喜幸 社稷生民之福也 請
安承敎 公其盡心 巴素意雖許國 謂所受職不足以濟事 乃對曰 臣之駑蹇 不敢當嚴令
願大王選賢良授高官 以成大業 王知其意 乃除爲國相 令知政事 於是 朝臣國戚 謂巴
素以新間舊 疾之 王有敎曰 無貴賤 苟不從國相者 族之 巴素退而告人曰 不逢時則隱
逢時則仕 士之常也 今上待我以厚意 其可復念舊隱乎 乃以至誠奉國 明政敎愼賞罰
人民以安 內外無事 (『三國史記』45 列傳 5 乙巴素)1185)

신라	秋九月 蚩尤旗見于角亢 (『三國史記』2 新羅本紀 2)
백제	秋九月 蚩尤旗見于角亢 (『三國史記』23 百濟本紀 1)
신라 백제	秋九月 新羅百濟蚩尤旗見于角亢 (『三國史節要』3)

고구려   冬十月 王謂晏留曰 若無子之一言 孤不能得巴素以共理 今庶績之疑1186) 子之功也'
乃拜爲大使者 論曰 古先哲王之於賢者也 立之無方 用之不惑 若殷高宗之傳說 蜀先
主之孔明 秦符1187)堅之王猛 然後 賢在位能在職 政敎修明 而國家可保 今王決然獨
斷 拔巴素於海濱 不撓衆口 置之百官之上 而又賞其擧者 可謂得先王之法矣 (『三國史
記』16 高句麗本紀 4)

고구려   冬十月 高勾麗王謂晏留曰 若無子言 孤不能得巴素共理 今庶績之凝 子之功也 乃拜
爲大使者 金富軾曰 古先哲王之於賢者也 立之無方 用之不惑 若殷高宗之傳說 蜀先
主之孔明 秦符堅之王猛 然後 賢在位能在職 政敎休明 而國家可保 今王決然獨斷 拔
巴素於海濱 不撓衆口 置之百官之上 而又賞其擧者 可謂得先王之法矣 (『三國史節要』
3)

고구려   王謂晏留曰 若無子之一言 孤不能得巴素以共理 今庶績之凝 子之功也 迺拜爲大使者
(『三國史記』45 列傳 5 乙巴素)1188)

192(壬申/신라 벌휴이사금 9/고구려 고국천왕 14/백제 초고왕 27/後漢 初平 3/倭 仲哀 1)

| 신라 | 春正月 拜國良爲阿飡 述明爲一吉飡 (『三國史記』2 新羅本紀 2) |
| 신라 | 春正月 新羅拜國良爲阿飡 述明爲一吉飡 (『三國史節要』3) |

| 신라 | 三月 新羅京都雪 深三尺 (『三國史節要』3)1189) |

| 신라 | △1190)月 京都雪 深三尺 (『三國史記』2 新羅本紀 2) |

| 신라 | 夏五月 大水 山崩十餘所 (『三國史記』2 新羅本紀 2) |
| 신라 | 夏五月 新羅大水 山崩十餘所 (『三國史節要』3) |

1185) 이 기사에는 연대가 표기되지 않았으나, 『三國史記』16 高句麗本紀 4, 『三國史節要』3에 의거하여 고
　국천왕 13년(191) 4월에 편년하고 배치하였다.
1186) 저본에는 '疑'로 되어 있으나, 鑄字本·『三國史節要』에 의거하여 '凝'으로 수정해야 한다.
1187) 저본에는 '符'로 되어 있으나, 鑄字本에 의거하여 '苻'로 수정해야 한다.
1188) 이 기사에는 연대가 표기되지 않았으나, 『三國史記』16 高句麗本紀 4, 『三國史節要』3에 의거하여 고
　국천왕 13년(191) 10월에 편년하고 배치하였다.
1189) 『三國史記』2 新羅本紀 2의 鑄字本에는 4월로 되어 있다.
1190) 저본에는 빠져 있으나, 鑄字本에 의거하여 '四'로 수정해야 한다. 그에 따라 4월로 수정편년하였다.
　『三國史節要』3에는 3월로 되어 있다.

193(癸酉/신라 벌휴이사금 10/고구려 고국천왕 15/백제 초고왕 28/後漢 初平 4/倭 仲哀 2)

| 신라 | 春正月甲寅朔 日有食之 (『三國史記』 2 新羅本紀 2) |
| 신라 | 春正月甲寅朔 新羅日有食之 (『三國史節要』 3) |

| 신라 | 三月 漢祇部女一産四男一女 (『三國史記』 2 新羅本紀 2) |
| 신라 | 三月 新羅漢祇部女一産四男一女 (『三國史節要』 3) |

| 신라 | 六月 倭人大饑 來求食者千餘人 (『三國史記』 2 新羅本紀 2) |
| 신라 | 夏六月 倭國大饑 求食新羅者千餘人 (『三國史節要』 3) |

194(甲戌/신라 벌휴이사금 11/고구려 고국천왕 16/백제 초고왕 29/後漢 興平 1/倭 仲哀 3)

| 신라 | 夏六月乙巳晦(30) 日有食之 (『三國史記』 2 新羅本紀 2) |
| 신라 | 夏六月乙巳晦(30) 新羅日有食之 (『三國史節要』 3) |

| 고구려 | 秋七月 墮霜殺穀 民饑 開倉賑給 (『三國史記』 16 高句麗本紀 4) |
| 고구려 | 秋七月 高勾麗隕霜殺穀 民饑 開倉賑之 (『三國史節要』 3) |

| 고구려 | 冬十月 王畋于質陽 路見坐而哭者 問何以哭爲 對曰 臣貧窮 常以傭力養母 今歲不登 無所傭作 不能得升斗之食 是以哭耳 王曰 嗟乎 孤爲民父母 使民至於此極 孤之罪也 給衣食以存撫之 仍命內外所司 博問鰥寡孤獨老病貧乏不能自存者 救恤之 命有司 每年自春三月至秋七月 出官穀 以百姓家口多小 賑貸有差 至冬十月還納 以爲恒式 內外大悅 (『三國史記』 16 高句麗本紀 4) |
| 고구려 | 冬十月 高勾麗王畋于質陽 路見哭者 問之 對曰 臣貧窮 常以傭力養母 今歲不登 無所傭作 不能得升斗之食 以是哭耳 王曰 嗟乎 孤爲民父母 使民至於此極 孤之罪也 給衣食以存撫之 仍命內外所司 訪鰥寡孤獨老病貧乏不能自存者 賑恤之 又令 每歲自三月至七月 出官穀以賑貸百姓 稱家口多少 至冬月還輸 以爲恒式 內外大悅 (『三國史節要』 3) |

195(乙亥/신라 벌휴이사금 12/고구려 고국천왕 17/백제 초고왕 30/後漢 興平 2/倭 仲哀 4)

| 낙랑 | 興平二載△月貫氏造壽郭 (「興平二年銘塼」 側銘) |
| 낙랑 | △張孟陵 (「興平二年銘塼」 小口銘) |

196(丙子/신라 벌휴이사금 13, 나해이사금 1/고구려 고국천왕 18/백제 초고왕 31/後漢 建安 1/倭 仲哀 5)

| 신라 | 春二月 重修宮室 (『三國史記』 2 新羅本紀 2) |
| 신라 | 春二月 新羅修宮室 (『三國史節要』 3) |

| 신라 | 三月 旱 (『三國史記』 2 新羅本紀 2) |
| 신라 | 三月 新羅旱 (『三國史節要』 3) |

| 신라 | 夏四月 震宮南大樹 又震金城東門 (『三國史記』 2 新羅本紀 2) |

신라	夏四月 震新羅宮南大樹 又震金城東門 (『三國史節要』 3)

신라	(夏四月) 王薨 (『三國史記』 2 新羅本紀 2)
신라	(夏四月) 新羅王伐休薨 (『三國史節要』 3)
신라	奈解尼師今立 伐休王之孫也 母內禮夫人 妃昔氏 助賁王之妹 容儀雄偉 有俊才 前王太子骨正及第二十[1191]伊買 先死 大孫尙幼少 乃立伊買之子 是爲奈解尼帥今 (『三國史記』 2 新羅本紀 2)[1192]
신라	太子骨正先卒 大孫助賁尙幼 第二子伊買之子奈解稍長 國人乃立之 容儀雄偉 有俊才 (『三國史節要』 3)

신라	是年 自正月至四月 不雨 及王卽位之日 大雨 百姓歡慶 (『三國史記』 2 新羅本紀 2)
신라	新羅自正月至四月 不雨 及奈解卽位 是日 大雨 百姓歡慶 (『三國史節要』 3)

197(丁丑/신라 나해이사금 2/고구려 고국천왕 19, 산상왕 1/백제 초고왕 32/後漢 建安 2/倭 仲哀 6)

신라	春正月 謁始祖廟 (『三國史記』 2 新羅本紀 2)
신라	春正月 新羅王謁始祖廟 (『三國史節要』 3)

고구려	(1~4월) 中國大亂 漢人避亂來投者甚多 是漢獻帝建安二年也 (『三國史記』 16 高句麗本紀 4)[1193]
고구려	(1~4월) 中國大亂 漢人避亂投高勾麗者甚多 (『三國史節要』 3)[1194]

고구려	夏五月 王薨 葬于故國川原 號爲故國川王 (『三國史記』 16 高句麗本紀 4)
고구려 요동	山上王 諱延優[一名位宮] 故國川王之弟也 魏書云 朱蒙裔孫宮 生而開目能視 是爲大[1195]祖 今王是大[1196]祖曾孫 亦生而視人 似曾祖宮 高句麗呼相似爲位 故名位宮云 故國川王無子 故延優嗣立 初故國川王之薨也 王后于氏 秘不發喪 夜往王弟發歧宅曰 王無後 子宜嗣之 發歧不知王薨 對曰 天之曆數 有所歸 不可輕議 況婦人而夜行 豈禮云乎 后慙 便往延優之宅 優起衣冠 迎門入座宴飮 王后曰 大王薨 無子 發歧作長 當嗣 而謂妾有異心 暴慢無禮 是以見叔 於是 延優加禮 親自操刀割肉 誤傷其指 后解裙帶 裹其傷指 將歸 謂延優曰 夜深恐有不虞 子其送我至宮 延優從之 王后執手入宮 至翌日質明 矯先王命 令羣臣立延優爲王 發歧聞之大怒 以兵圍王宮 呼曰 兄死弟及 禮也 汝越次簒奪 大罪也 宜速出 不然則誅及妻孥 延優閉門三日 國人又無從發歧者 發歧知難 以妻子奔遼東 見大[1197]守公孫度 告曰 某高句麗王男武之母弟也 男武死 無子 某之弟延優 與嫂于氏謀 卽位 以廢天倫之義 是用憤恚 來投上國 伏願假兵三萬 令擊之 得以平亂 公孫度從之 延優遣弟罽須 將兵禦之 漢兵大敗 罽須自爲先鋒追北 發歧告罽須曰 汝今忍害老兄乎 罽須不能無情於兄弟 不敢害之曰 延優不以國讓 雖非義也 爾以一時之憤 欲滅宗國 是何意耶 身沒之後 何面目以見先人乎 發歧聞之

1191) 저본에는 ‘十’으로 되어 있으나, 『三國史節要』에 의거하여 ‘子’로 수정해야 한다.
1192) 『三國遺事』 1 王曆에는 “第十奈△尼叱今”이라고 되어 있다.
1193) 이 기사에는 월이 표기되지 않았으나, 5월 앞에 배치되어 있기 때문에 1~4월로 기간편년하여 4월에 배치하였다.
1194) 이 기사에는 월이 표기되지 않았으나, 5월 앞에 배치되어 있기 때문에 1~4월로 기간편년하여 4월에 배치하였다.
1195) 저본에는 ‘大’로 되어 있으나, 『三國史節要』에 의거하여 ‘太’로 수정해야 한다.
1196) 저본에는 ‘大’로 되어 있으나, 『三國史節要』에 의거하여 ‘太’로 수정해야 한다.
1197) 저본에는 ‘大’로 되어 있으나, 『三國史節要』에 의거하여 ‘太’로 수정해야 한다.

不勝慙悔 奔至裴川 自刎死 閼須哀哭 收其屍 草葬訖而還 王悲喜 引閼須內中 宴見
以家人之禮 且曰 發歧請兵異國 以侵國家 罪莫大焉 今子克之 縱而不殺足矣 及其自
死哭甚哀 反謂寡人無道乎 閼須愀然銜淚而對曰 臣今請一言而死 王曰 何也 閼須曰
王后雖以先王遺命立大王 大王不以禮讓之 曾無兄弟友恭之義 臣欲成大王之美 故收
屍殯之 豈圖緣此逢大王之怒乎 大王若以仁忘惡 以兄喪禮葬之 孰謂大王不義乎 臣旣
以言之 雖死猶生 請出受誅有司 王聞其言 前席而坐 溫顔慰諭曰 寡人不肖 不能無惑
今聞子之言 誠知過矣 願子無責 王子拜之 王亦拜之 盡歡而罷 (『三國史記』16 高句
麗本紀 4)[1198]

| 고구려 요동 | 夏五月 高勾麗王男武薨 無子 王后于氏立王弟延優 延優小字位宮 太祖王宮 生而開
目能視人 延優太祖之曾孫 亦生而能視人 似其祖宮 國俗呼相似爲位 故以名位宮 王
之薨也 于氏秘不發喪 夜往王弟發歧第曰 王無後 子宜嗣之 發歧不知王薨 對曰 天之
曆數 必有所歸 不可輕議 況婦人而夜行 豈禮云乎 后慙 便往延優第 延優迎入飮之
后曰 大王薨 無子 發歧年長當嗣 而謂妾有異心 無禮 是以來見爾 延優親自操刀割肉
誤傷其指 后解裙帶 裹其傷指 將歸 謂延優曰 夜深恐有不虞 子其送我至宮 延優從之
后執手入宮 翌日 矯先王命 立延優爲王 發歧聞之大怒 以兵圍王宮 呼曰 兄死弟及
禮也 汝越次簒位 大罪也 宜速出 不然則誅及妻孥 延優閉門三日 國人又無從發歧者
發歧知事不成 以妻子奔遼東 高勾麗葬王于故國川原 因號之[一云國壤] 發歧見遼東太
守公孫度曰 發歧高勾麗王男武之母弟也 男武死 無子 發歧之弟延優 與嫂于氏通 簒
大位 以廢天倫 是用憤恚 來投上國 願假兵以平亂 公孫度從之 來伐高勾麗 延優弟閼
須 將兵禦之 漢兵大敗 發歧語閼須曰 汝今忍害老兄乎 閼須曰 延優不以國讓兄 曰非
義 兄亦以一時之憤 欲滅宗國 抑何意耶 身沒之後 何面目以見先人於地下乎 發歧不
勝慙悔 奔至裴川 自刎死 閼須哀哭 收其屍 殯葬而還 王悲且喜 語閼須曰 發歧謀伐
宗國 罪莫大焉 今爾縱而不殺足矣 反哭之甚哀 其謂寡人爲無道乎 閼須泣曰 臣請一
言而死 王后雖以先王遺命立大王 大王不以禮讓之 曾無兄弟友于之義 臣欲成大王之
美 故收屍殯之 大王反以我爲怒乎 大王若不廢懿親 以兄禮葬之 孰謂不義乎 臣旣言
之 請受誅 王前席慰諭曰 寡人不肖 不能無惑 今聞子言 我誠過矣 願子無責 (『三國史
節要』3) |

| 고구려 요동 | 伯固死 有二子 長子拔奇 小子伊夷模 拔奇不肖 國人便共立伊夷模爲王 自伯固時 數
寇遼東 又受亡胡五百餘家 建安中 公孫康出軍擊之 破其國 焚燒邑落 拔奇怨爲兄而
不得立 與涓奴加各將下戶三萬餘口 詣康降 還住沸流水 降胡亦叛伊夷模 (『三國志』
30 魏書 30 烏丸鮮卑東夷傳 高句麗)[1199] |

| 고구려 요동 | 其後王伯固死 有二子 長曰拔奇 小曰伊夷模 拔奇不肖 國人共立伊夷模爲王 自伯固
時 數寇遼東 又受亡胡五百餘家 獻帝建安中 拔奇怨爲兄而不得立 與消奴加各將下戶
三萬餘口 詣公孫康降 還住沸流水 降胡亦叛伊夷模 (『通典』186 邊防 2 東夷 下 高
句麗)[1200] |

| 고구려 요동 | 其後王伯固死 有二子 長曰拔奇 少曰伊夷模 國人立伊夷模爲王 自伯固時 數寇遼東
又受亡胡五百餘家 獻帝建安中 拔奇怨爲兄而不得立 與消奴部各將下戶三萬餘口 詣
公孫康降 還住沸流水 降胡亦叛伊夷模 (『太平寰宇記』173 四夷 2 東夷 2 高勾驪
國)[1201] |

1198) 『三國遺事』1 王曆에는 "第十山上王"이라고 되어 있다.
1199) 이 기사에는 연대가 표기되지 않았으나, 『三國史記』16 高句麗本紀 4, 『三國史節要』3에 의거하여 산
　　상왕 원년(197) 5월에 편년하고 배치하였다.
1200) 이 기사에는 연대가 표기되지 않았으나, 『三國史記』16 高句麗本紀 4, 『三國史節要』3에 의거하여 산
　　상왕 원년(197) 5월에 편년하고 배치하였다.
1201) 이 기사에는 연대가 표기되지 않았으나, 『三國史記』16 高句麗本紀 4, 『三國史節要』3에 의거하여 산
　　상왕 원년(197) 5월에 편년하고 배치하였다.

고구려	秋九月 命有司奉迎發歧之喪 以王禮葬於裴嶺 (『三國史記』16 高句麗本紀 4)
고구려	秋九月 命有司奉迎發歧之喪 以王禮葬於裴嶺 (『三國史節要』3)

고구려	(秋九月) 王本因于氏得位 不復更娶 立于氏爲后 (『三國史記』16 高句麗本紀 4)
고구려	(秋九月) 高勾麗王立于氏爲后 權近曰 配匹之際 人倫之本 王敎之端也 故婚姻之禮正 然後閨門正而邦國治 敎化行而風俗美 此周之二南 所以爲萬世法也 今于氏以王嫡妃 王薨不感 秘不發喪 夜奔其弟發歧 謀立爲後 發歧以禮辭而遣之 苟有人心 宜於此焉 變矣 尙不懲悔 又奔延優 與俱入宮 矯命立之 延優溺於利而忘其恥 乃立爲妃 其行甚 於犬彘 天理泯矣 人道滅矣 以是而居民上 國之不亡 幸矣 (『三國史節要』3)

198(戊寅/신라 나해이사금 3/고구려 산상왕 2/백제 초고왕 33/後漢 建安 3/倭 仲哀 7)

고구려		春二月 築丸都城 (『三國史記』16 高句麗本紀 4)
고구려		春二月 高勾麗築丸都城 (『三國史節要』3)
고구려	요동	降胡亦叛伊夷模 伊夷模更作新國 今日所在是也 拔奇遂往遼東 有子留句麗國 今古雛 加駮位居 是也 (『三國志』30 魏書 30 烏丸鮮卑東夷傳 高句麗)[1202]
고구려	요동	降胡亦叛伊夷模 伊夷模更作新國 都於丸都山下 拔奇遂往遼東 有子留句麗國 古雛加 駮位居 是也 (『通典』186 邊防 2 東夷 下 高句麗)[1203]
고구려	요동	伊夷模更作新國 都於丸都山下 拔奇遂往遼東 有子留勾驪國 古雛加駮位居 是也 (『太 平寰宇記』173 四夷 2 東夷 2 高勾驪國)[1204]

신라	夏四月 始祖廟前 臥柳自起 (『三國史記』2 新羅本紀 2)
신라	夏四月 新羅始祖廟前 僵柳自起 (『三國史節要』3)

고구려	夏四月 赦國內二罪已下 (『三國史記』16 高句麗本紀 4)
고구려	(夏四月) 高勾麗赦國內二罪已下 (『三國史節要』3)

신라	五月 國西大水 免遭水州縣一年租調 (『三國史記』2 新羅本紀 2)
신라	五月 新羅國西州縣大水 免一年租調 (『三國史節要』3)

신라	秋七月 遣使撫問 (『三國史記』2 新羅本紀 2)
신라	秋七月 又遣使撫問 (『三國史節要』3)

199(己卯/신라 나해이사금 4/고구려 산상왕 3/백제 초고왕 34/後漢 建安 4/倭 仲哀 8)

가야	元君乃每歌鰥枕 悲嘆良多 隔二五歲 以献帝立[1205]安四年己卯三月二十三日 而殂落 壽一百五十八歲矣 國中之人若亡天只 悲慟甚於后崩之日 遂於闕之艮方平地 造立殯 宮 高一丈 周三百步而葬之 號首陵王廟也 (『三國遺事』2 紀異 2 駕洛國記)
가야	居登王 父首露王 母許王后 立[1206]安四年己卯三月△十三日卽位 治三十九年 (『三國

1202) 이 기사에는 연대가 표기되지 않았으나, 『三國史記』16 高句麗本紀 4, 『三國史節要』3에 의거하여 산
상왕 2년(198) 2월에 편년하고 배치하였다.
1203) 이 기사에는 연대가 표기되지 않았으나, 『三國史記』16 高句麗本紀 4, 『三國史節要』3에 의거하여 산
상왕 2년(198) 2월에 편년하고 배치하였다.
1204) 이 기사에는 연대가 표기되지 않았으나, 『三國史記』16 高句麗本紀 4, 『三國史節要』3에 의거하여 산
상왕 2년(198) 2월에 편년하고 배치하였다.
1205) 원문의 立는 建의 避諱이다. 고려 태조의 이름이 건이기 때문이다.
1206) 원문의 立는 建의 避諱이다. 고려 태조의 이름이 건이기 때문이다.

	遺事』2 紀異 2 駕洛國記)[1207]
가야	春三月 駕洛國王首露薨 壽百五十八 子居登立 (『三國史節要』3)
백제	秋七月 地震 (『三國史記』23 百濟本紀 1)
백제	秋七月 百濟地震 (『三國史節要』3)
신라 백제	秋七月 百濟侵境 (『三國史記』2 新羅本紀 2)
백제 신라	(秋七月) 遣兵侵新羅邊境 (『三國史記』23 百濟本紀 1)
백제 신라	(秋七月) 百濟遣兵侵新羅 (『三國史節要』3)

신라　　　　秋九月乙亥朔己卯 詔群臣以議討熊襲 時有神託皇后而誨曰 天皇何憂熊襲之不服 是
脅△之空國也 豈足擧兵伐乎 愈茲國而有寶國 譬如美女之睞 有向津國[睞 此△麻用弭
枳] 眼炎之金銀彩色多在其國 是謂栲衾新羅國焉 若能祭吾者 則曾不血刃 其國必自服
矣 復熊襲爲服 其祭之 以天皇之御船及穴門直踐立所獻之水田名大田 是等物爲幣也
天皇聞神言 有疑之情 便登高岳遙望之 大海曠遠而不見國 於是 天皇對神曰 朕周望
之 有海無國 豈於大虛有國乎 誰神徒誘朕 復我皇祖諸天皇等盡祭神祇 豈有遺神耶
時神亦託皇后曰 如天津水影押伏而我所見國 何謂無國 以誹謗我言 其汝王之 如此言
而遂不信者 汝不得其國 唯今皇后始之有胎 其子有獲焉 然天皇猶不信 以強擊熊襲
不得勝而還之 (『日本書紀』8 仲哀紀)[1208]

고구려	秋九月 王畋于質陽 (『三國史記』16 高句麗本紀 4)
고구려	九月 高勾麗王畋于質陽 (『三國史節要』3)

200(庚辰/신라 나해이사금 5/고구려 산상왕 4/백제 초고왕 35/後漢 建安 5/倭 仲哀 9)

재보국(신라)　春二月 足仲彦天皇崩於筑紫橿日宮 時皇后傷天皇不從神教而早崩以爲 知所祟之神
欲求財寶國 是以 命群臣及百寮 以解罪改過 更造齋宮於小山田邑 (『日本書紀』9 神
功紀)

재국(신라)　　夏四月壬寅朔甲辰 北到火前國松浦縣 而進食於玉嶋里小河之側 於是皇后勾針爲鉤
取粒爲餌 抽取裳縷爲緡 登河中石上 而投鉤祈之曰 朕西欲求財國 若有成事者 河魚
飲鉤 因以擧竿 乃獲細鱗魚 時皇后曰 希見物也[希見 此云梅豆邏志] 故時人號其處曰
梅豆羅國 今謂松浦訛焉 是以其國女人 每當四月上旬 以鉤投河中 捕年魚於今不絶
唯男夫雖釣以不能獲魚 旣而皇后則識神教有驗 更祭祀神祇 躬欲西征 爰定神田而佃
之 時引儺河水 欲潤神田△掘溝 及于迹驚岡 大磐塞之 不得穿溝 皇后召武內宿禰捧
釼鏡 令禱祈神祇而求通溝 則當時 雷電霹靂 蹴裂其磐 令通水 故時人號其溝曰裂田
溝也 皇后還詣橿日浦 解髮臨海曰 吾被神祇之教 賴皇祖之靈 浮涉滄海 躬欲西征 是
以今頭滌海水 若有驗者 髮自分爲兩 卽入海洗之 髮自分也 皇后便結分髮而爲髻 因

1207) 『三國遺事』1 王曆 1에서는 "第二居登王[首露子 母許皇后 己卯立 理五十五年 姓金氏]"이라 하였다.
1208) 『日本書紀』의 기년에 의하면 仲哀天皇 8년은 199년에 해당한다. 하지만 仲哀天皇 자체의 실존 여부
가 매우 불투명하며 또한 여기에 보이는 仲哀天皇의 구마소 정벌 및 신라 정벌 신탁 전승은 어디까지나
『日本書紀』상의 전승 차원의 이야기이지 역사적 사실을 전제로 하고 있는 것은 아니다. 따라서 이 기사
의 실제 연대를 추출한다는 것은 사실상 의미가 없다. 仲哀天皇의 이 전승은 후속하는 神功皇后의 소위
삼한정벌 전승(『日本書紀』神功紀)과 직접 연결되는 일련의 기사이며 여기서는 일단 이 사료군은 일괄하
여 『日本書紀』의 기년에 따라 기사를 배치해 둔다. 다만 후술하는 것처럼 『日本書紀』神功紀 46년(246)조
이하의 한국관계 기사의 경우는 현실적으로 실제 연대를 추정할 수 있기 때문에 이들 기사의 경우는 『日
本書紀』의 기년을 그대로 따르지 않고 수정 연대를 적용하여 사료를 배치한다.

以謂群臣曰 夫興師動衆 國之大事 安危成敗必在於斯 今有所征伐 以事付群臣 若事
不成者 罪有於群臣 是甚傷焉 吾婦女之加以不肖 然暫假男貌 强起雄略 上蒙神祇之
靈 下藉群臣之助 振兵甲而度嶮浪 整艫船以求財土 若事就者群臣共有功 事不就者△
獨有罪 既有此意 其共議之 群臣皆曰 皇后爲天下計所以安宗廟社稷 且罪不及于臣下
頓首奉詔 (『日本書紀』9 神功紀)

신라 　　　秋七月 太白晝見 隕霜殺草 (『三國史記』2 新羅本紀 2)
신라 　　　秋七月 新羅太白晝見 隕霜殺草 (『三國史節要』3)

신라 　　　九月庚午朔 日有食之 (『三國史記』2 新羅本紀 2)
신라 　　　九月庚午朔 新羅日有食之 (『三國史節要』3)

신라 　　　(九月庚午朔) 大閱[1209]於閼川 (『三國史記』2 新羅本紀 2)
신라 　　　(九月庚午朔) 新羅大閱於閼川 (『三國史節要』3)

서해(신라)　秋九月庚午朔己卯(10) 令諸國集船舶練兵甲 時軍卒難集 皇后曰 必神心焉 則立大三
輪社以奉刀矛矣 軍衆自聚 於是 使吾瓮海人烏摩呂出於西海 令察有國耶 還曰 國不
見也 又遣磯鹿海人名草而令覩 數日還之曰 西北有山 帶雲橫絙 蓋有國乎 爰卜吉日
而臨發有日 時皇后親執斧鉞令三軍曰 金鼓無節 旌旗錯亂 則士卒不整 貪財多欲 懷
私內顧 必爲敵所虜 其敵少而勿輕 敵強而無屈 則姦暴勿聽 自服勿殺 遂戰勝者必有
賞 背走者自有罪 既而神有誨曰 和魂服王身而守壽命 荒魂爲先鋒而導師船[和魂 此云
珥岐瀰多摩 荒魂 此云阿邏瀰多摩] 卽得神敎而拜禮之 因以依網吾彦男垂見爲祭神主
于時也 適當皇后之開胎 皇后則取石揷腰 而祈之曰 事竟還日 産於茲土 其石今在于
伊覩縣道邊 既而則撝荒魂爲軍先鋒 請和魂爲王船鎭 (『日本書紀』9 神功紀)

신라 고려(고구려) 백제 삼한
　　　冬十月己亥朔辛丑(3) 從和珥津發之 時飛廉起風 陽侯擧浪 海中大魚悉浮扶船 則大風
順吹 帆舶隨波 不勞櫓楫 便到新羅 時隨船潮浪達逮國中 卽知天神地祇悉助歟 新羅
王於是戰戰栗栗 厝身無所 則集諸人曰 新羅之建國以來 未嘗聞海水凌國 若天運盡之
國爲海乎 是言未訖之間 船師滿海 旌旗耀日 鼓吹起聲 山川悉振 新羅王遙望以爲 非
常之兵 將滅己國 讋焉失志 乃今醒之曰 吾聞 東有神國謂日本 亦有聖王謂天皇 必其
國之神兵也 豈可擧兵以距乎 卽素旆而自服 素組以面縛 封圖籍 降於王船之前 因以
叩頭之曰 從今以後 長與乾坤 伏爲飼部 其不乾船柂 而春秋獻馬梳及馬鞭 復不煩海
遠 以每年貢男女之調 則重誓之曰 非東日更出西 且除阿利那禮河返以之逆流及河石
昇爲星辰 而殊闕春秋之朝 怠廢梳鞭之貢 天神地祇共討焉 時 或曰 欲誅新羅王 於是
皇后曰 初承神敎 將授金銀之國 又號令三軍曰 勿殺自服 今旣獲財國 亦人自降服 殺
之不祥 乃解其縛爲飼部 遂入其國中 封重寶府庫 收圖籍文書 卽以皇后所杖矛 樹於
新羅王門 爲後葉之印 故其矛今猶樹于新羅王之門也 爰新羅王波沙寐錦[1210] 卽以微
叱己知波珍干岐[1211]爲質 仍賷金銀彩色及綾羅縑絹 載于八十艘船 令從官軍 是以 新

1209) 저본에는 ‘關’로 되어 있으나, 鑄字本·『三國史節要』에 의거하여 ‘閼’로 수정해야 한다.
1210) ‘新羅王波沙寐錦’은 『三國史記』新羅本紀의 제5대 왕인 파사이사금(재위 80~111)과 그 명칭이 동일하
　　　다. 그런데 파사이사금 재위기간과 이 사료의 『日本書紀』상의 편년인 仲哀紀 9년(200)과 맞지 않는다.
　　　여기서는 일단 『日本書紀』상의 편년에 따라 전문(全文)을 배치하고, 파사이사금 관련 사료의 존재를 나타
　　　내기 위하여 『三國史記』상의 파사이사금 재위 말년조에도 그 내용의 일부를 배치해둔다.
1211) ‘微叱己知波珍干岐’는 『三國史記』新羅本紀의 제15대 왕인 내물이사금(재위 357~401)의 아들 미사흔
　　　(未斯欣)을 말한다. 따라서 이 사료의 『日本書紀』상의 편년인 仲哀紀 9년(200)과 맞지 않으며 또한 파사

<table>
<tr><td>신라 백제</td><td>羅王常以八十船之調 貢于日本國 其是之緣也 於是 高麗百濟二國王 聞新羅收圖籍降
於日本國 密令伺其軍勢 則知不可勝 自來于營外 叩頭而欵曰 從今以後 永稱西蕃 不
絶朝貢 故因以定內官家 是所謂之三韓也 皇后從新羅還之 (『日本書紀』 9 神功紀)</td></tr>
</table>

신라 백제　　故 備如敎覺 整軍雙船 度幸之時 海原之魚 不問大小 悉負御船而度爾 順風大起 御
　　　　　船從浪 故 其御船之波瀾 押騰新羅之國 旣到半國 於是 其國王 畏惶奏言 自今以後
　　　　　隨天皇命而 爲御馬甘每年雙船 不乾船腹 共与天地 無退仕奉 故是以 新羅國者 定御
　　　　　馬甘 百濟國者 定渡屯家爾 以其御杖 衝立新羅國王之門 卽以墨江大神之荒御魂 爲
　　　　　國守神而鎭祭還渡也 (『古事記』中 仲哀天皇)[1212]

신라　　　十二月戊戌朔辛亥(14) 生譽田天皇於筑紫 故時人號其産處曰宇瀰也[一云 足仲彦天皇
　　　　　居筑紫橿日宮 是有神託沙麼縣主祖內避高國避高松屋種 以誨天皇曰 御孫尊也 若欲
　　　　　得寶國耶 將現授之 便復曰 琴將來以進于皇后 則隨神言而皇后撫琴 於是 神託皇后
　　　　　以誨之曰 今御孫尊所望之國 譬如鹿角以無實國也 其今御孫尊所御之船及穴戶直踐立
　　　　　所貢之水田名大田 爲幣能祭我者 則如美女之睩 而金銀多之眠炎國以授御孫尊 時天
　　　　　皇對神曰 其雖神何謾語耶 何處將有國 且朕所乘船旣奉於神 朕乘曷船 然未知誰神
　　　　　願欲知其名 時神稱其名曰 表筒雄中筒雄底筒雄 如是稱三神名 且重曰 吾名向匱男聞
　　　　　襲大歷五御魂速狹騰尊也 時天皇謂皇后曰 聞惡事之言坐婦人乎 何言速狹騰也 於是
　　　　　神謂天皇曰 汝王如是不信 必不得其國 唯今皇后懷姙之子 蓋有獲歟 是夜 天皇忽病
　　　　　發以崩之 然後皇后隨神敎而祭 則皇后爲男束裝 征新羅 時神導之 由是 隨船浪之遠
　　　　　及于新羅國中 於是 新羅王宇流助富利智干[1213] 叅迎跪之 取王船卽叩頭曰 臣自今以
　　　　　後 於日本國所居神御子 爲內官家 無絶朝貢 一云 禽獲新羅王 詣于海邊 拔王臏肋
　　　　　令匍匐石上 俄而斬之埋沙中 則留一人 爲新羅宰而還之 然後新羅王妻不知埋夫屍之
　　　　　地 獨有誘宰之情 乃誂宰曰 汝當令識埋王屍之處 必篤報之 且吾爲汝妻 於是 宰信誘
　　　　　言 密告埋屍之處 則王妻與國人 共議之殺宰 更出王屍葬於他處 時取宰屍 埋于王墓
　　　　　土底 以擧王櫬窆其上曰 尊卑次第 固當如此 於是 天皇聞之 重發震忿 大起軍衆 欲
　　　　　頓滅新羅 是以 軍船滿海而詣之 是時 新羅國人悉懼不知所如 則相集共議之 殺王妻
　　　　　以謝罪] 於是 從軍神表筒男中筒男底筒男 三神誨皇后曰 我荒魂令祭於穴門山田邑也
　　　　　時穴門直之祖踐立 津守連之祖田裳見宿禰 啓于皇后曰 神欲居之地 必宜奉定 則以踐
　　　　　立爲祭荒魂之主 仍祠立於穴門山田邑 (『日本書紀』 9 神功紀)

신라　　　是年 由新羅役 以不得葬天皇也 (『日本書紀』 8 仲哀紀)

201(辛巳/신라 나해이사금 6/고구려 산상왕 5/백제 초고왕 36/後漢 建安 6/倭 神功 1)

신라 가야　　春二月 加耶國請和 (『三國史記』 2 新羅本紀 2)

신라 가야　　春二月 加耶國請和于新羅 (『三國史節要』 3)

　　이사금과의 관련성도 없다. 다만 여기서는 일단 『日本書紀』 상의 편년에 따라 전문(全文)을 배치하고, 미
　　사흔 관련 사료의 존재를 나타내기 위하여 4세기 말 5세기 초의 『三國史記』 편년사료에서 그 내용의 일
　　부를 배치해둔다.

1212) 『古事記』의 기술은 연월일이 표기되어 있는 『日本書紀』와는 달리 구체적인 연대 표시가 없다. 이 기
　　사의 내용은 『日本書紀』 神功紀(仲哀天皇 9년)의 소위 '삼한정벌' 전승과 동일한 것이므로 여기서는 『日本
　　書紀』의 기년에 맞추어 같이 배치하였다.

1213) '新羅王宇流助富利智干'은 일반적으로 『三國史記』 新羅本紀의 제10대 왕인 나해이사금(재위 196∼
　　230)의 아들 舒弗邯 于老와 동일인물로 인정받고 있다. 우로의 죽음은 『三國史記』 新羅本紀 점해이사금
　　3년(249) 4월조에 "夏四月 倭人殺舒弗邯于老"라고 나오는 등 한국측 사료에는 3세기 중엽의 사건으로 기
　　록되어 있다. 여기서는 사건의 실제 연대와 사료의 편년 연대가 일치하는 것은 아니지만 일단 여기서 『日
　　本書紀』의 사료를 소개하고 249년조 사료에서 다시 『日本書紀』의 이 부분의 사료를 발췌하여 배치해놓는
　　다.

신라　　　　三月丁卯朔 日有食之 大旱 錄內外繫囚 原輕罪 (『三國史記』2 新羅本紀 2)
신라　　　　三月丁卯朔 新羅日有食之 大旱 錄內外繫囚 原輕罪 (『三國史節要』3)

202(壬午/신라 나해이사금 7/고구려 산상왕 6/백제 초고왕 37/後漢 建安 7/倭 神功 2)

203(癸未/신라 나해이사금 8/고구려 산상왕 7/백제 초고왕 38/後漢 建安 8/倭 神功 3)

고구려　　　春三月 王以無子 禱於山川 是月十五夜 夢天謂曰 吾令汝少后生男勿憂 王覺語羣臣
　　　　　　曰 夢天語我諄諄如此 而無少后奈何 巴素對曰 天命不可測 王其待之 (『三國史記』
　　　　　　16 高句麗本紀 4)

고구려　　　春三月 高勾麗王以無子 禱於山川 是月十五夜 夢天謂曰 令汝少后生男勿憂 王覺語
　　　　　　群臣曰　夢天語我諄諄如此 奈無少后何 巴素對曰 天命不可測 王其待之 (『三國史節
　　　　　　要』3)

고구려　　　秋八月 國相乙巴素率[1214) 國人哭之慟 王以高優婁爲國相 (『三國史記』16 高句麗本
　　　　　　紀 4)

고구려　　　至山上王七年秋八月 巴素卒 國人哭之慟 (『三國史記』45 列傳 5 乙巴素)

고구려　　　秋八月 高勾麗國相乙巴素卒 國人哭之慟 王以高優婁爲國相 (『三國史節要』3)

신라 말갈　　冬十月 靺鞨犯境 (『三國史記』2 新羅本紀 2)
신라 말갈　　(冬十月) 靺鞨侵新羅 (『三國史節要』3)

신라　　　　(冬十月) 桃李華 人大疫 (『三國史記』2 新羅本紀 2)
신라　　　　冬十月 新羅桃李華 大疫 (『三國史節要』3)

204(甲申/신라 나해이사금 9/고구려 산상왕 8/백제 초고왕 39/後漢 建安 9/倭 神功 4)

백제 신라　　秋七月 出兵攻新羅腰車城拔之 殺其城主薛夫 羅王奈解怒 命伊伐湌利音爲將 帥六部
　　　　　　精兵 來攻我沙峴城 (『三國史記』23. 百濟本紀 1)[1215)

백제 신라　　秋七月 百濟攻新羅腰車城拔之 殺其城主薛夫 新羅王怒 命王子利音爲將 帥六部精兵
　　　　　　六千 伐百濟 破沙峴城 (『三國史節要』3)

백제　　　　冬十月 星孛于東井 (『三國史記』23 百濟本紀 1)
백제　　　　冬十月 百濟有星孛于東井 (『三國史節要』3)

요동 부여 예맥

　　　　　　(十二月) 操以奉招嘗爲袁氏領烏桓[1216) 遣詣柳城 撫慰烏桓 値峭王嚴五千騎欲助袁譚
　　　　　　又公孫康遣使韓忠假峭王單于印綬 峭王大會羣長[1217) 忠亦在坐[1218) 峭王問招 昔袁
　　　　　　公言 受天子之命 假我爲單于 今曹公復言 當更白天子 假我眞單于 遼東復持印綬
　　　　　　來[1219) 如此 誰當爲正 招答曰 昔袁公承制 得有所拜假 中間違錯天子命[1220) 曹公代

1214) 저본에는 '率'로 되어 있으나, 鑄字本·『三國史節要』에 의거하여 '卒'로 수정해야 한다.
1215) 『三國史記』2 新羅本紀 2 奈解尼師今 19년(214) 7월에도 동일기사가 나온다.
1216) 奉 姓 招 名 袁紹先嘗辟招爲督軍從事 兼領烏桓突騎 (胡三省 註)
1217) 烏桓部落 各有君長 峭 七笑翻 使 疏吏翻 長 知兩翻 (胡三省 註)
1218) 坐 才臥翻 下同 (胡三省 註)
1219) 復 扶又翻 (胡三省 註)
1220) 違 異也 背也 錯 乖也 (胡三省 註)

之言 當白天子 更假眞單于[1221] 遼東下郡 何得擅稱拜假也 忠曰 我遼東在滄海之東
擁兵百餘萬 又有扶餘濊貊之用[1222] 當今之勢 强者爲右 曹操何得獨爲是也 招呵忠曰
曹公允恭明哲[1223] 翼戴天子 伐叛柔服 寧靜四海 汝君臣頑嚚[1224] 今恃險遠 背違王
命[1225] 欲擅拜假 侮弄神器[1226] 方當屠戮 何敢慢易咨毁大人[1227] 便捉忠頭頓築 拔
刀欲斬之 峭王驚怖[1228] 徒跣拘招 以救請忠 左右失色 招乃還坐 爲峭王等說成敗之
效禍福所歸 皆下席跪伏 敬受敕敎[1229] 便辭遼東之使 罷所嚴騎 (『資治通鑑』 64 漢
紀 56 孝獻皇帝)

요동 부여 예맥

太祖將討袁譚 而柳城烏丸欲出騎助譚 太祖以招嘗領烏丸 遣詣柳城 到 値峭王嚴以五
千騎當遣詣譚 又遼東太守公孫康自稱平州牧 遣使韓忠齎單于印綬往假峭王 峭王大會
羣長 忠亦在坐 峭王問招 昔袁公言 受天子之命 假我爲單于 今曹公復言 當更白天子
假我眞單于 遼東復持印綬來 如此 誰當爲正 招答曰 昔袁公承制 得有所拜假 中間違
錯天子命 曹公代之言 當白天子 更假眞單于 是也 遼東下郡 何得擅稱拜假也 忠曰
我遼東在滄海之東 擁兵百萬 又有扶餘濊貊之用 當今之勢 彊者爲右 曹操獨何得爲是
也 招呵忠曰 曹公允恭明哲 翼戴天子 伐叛柔服 寧靜四海 汝君臣頑嚚 今恃險遠 背
違王命 欲擅拜假 侮弄神器 方當屠戮 何敢慢易咨毁大人 便捉忠頭頓築 拔刀欲斬之
峭王驚怖 徒跣抱招 以救請忠 左右失色 招乃還坐 爲峭王等說成敗之效 禍福所歸 皆
下席跪伏 敬受敕敎 便辭遼東之使 罷所嚴騎 (『三國志』 26 魏書 26 滿田牽郭傳 牽
招)[1230]

낙랑 요동

涼茂字伯方 山陽昌邑人也 少好學 論議常據經典 以處是非 太祖辟爲司空掾 擧高第
補侍御史 時泰山多盜賊 以茂爲泰山太守 旬月之間 襁負而至者千餘家[1231] 轉爲樂浪
太守 公孫度在遼東 擅留茂 不遣之官 然茂終不爲屈 度謂茂及諸將曰 聞曹公遠征 鄴
無守備 今吾欲以步卒三萬 騎萬匹 直指鄴 誰能禦之 諸將皆曰 然[1232] 又顧謂茂曰
於君意何如 茂答曰 比者海內大亂 社稷將傾 將軍擁十萬之衆 安坐而觀成敗 夫爲人
臣者 固若是邪 曹公憂國家之危敗 愍百姓之苦毒 率義兵爲天下誅殘賊 功高而德廣
可謂無二矣 以海內初定 民始安集 故未責將軍之罪耳 而將軍乃欲稱兵西向 則存亡之
效 不崇朝而決 將軍其勉之 諸將聞茂言 皆震動 良久 度曰 涼君言是也 (『三國志』
11 魏書 11 袁張涼國田王邴管傳 涼茂)[1233]

1221) 章 甲十一行本于下是也二字 乙十一行本同 (校註)
1222) 濊 音穢 貊 莫百翻 (胡三省 註)
1223) 孔安國尙書註曰 允 信也 (胡三省 註)
1224) 嚚 魚巾翻 左傳曰 不道忠信之言爲嚚 (胡三省 註)
1225) 背 蒲妹翻 (胡三省 註)
1226) 威福 帝王之神器 (胡三省 註)
1227) 大人 謂曹公 易 以豉翻 (胡三省 註)
1228) 怖 普布翻 (胡三省 註)
1229) 敕 戒也 爲 于僞翻 (胡三省 註)
1230) 이 기사에는 연대가 표기되지 않았으나,『資治通鑑』 64 漢紀 56 孝獻皇帝에 의거하여 建安 9년(204)
    12월로 편년하고 배치하였다.
1231) 博物記曰 襁 織縷爲之 廣八寸 長尺二 以約小兒於背上 負之而行
1232) 臣松之案 此傳云 公孫度聞曹公遠征 鄴無守備 則太祖定鄴後也 案度傳 度以建安九年卒 太祖亦以此年定
    鄴 自後遠征 唯有北征柳城耳 征柳城之年 度已不復在矣
1233) 이 기사에 대해 배송지(裴松之)는 착오가 있다고 보았다. 즉 공손도의 몰년과 조조의 업성 공략이 모두
    건안 9년(204)이고 공손도가 업성을 공격하려 한 이유는 조조가 원정을 떠나 업성의 방비가 갖추어지지
    않았기 때문이라고 하였는데, 조조가 업성을 차지한 후 원정을 떠난 것은 柳城 정벌이 유일한 데(207) 이
    때 공손도는 이미 죽은 뒤이기 때문이라는 것이다. 이 기사의 배경은 양무의 낙랑태수 부임과 공손도의
    억류가 핵심이므로 공손도의 몰년인 204년에 배치하였다.

205(乙酉/신라 나해이사금 10/고구려 산상왕 9/백제 초고왕 40/後漢 建安 10/倭 神功 5)

신라	春二月 拜眞忠爲一伐湌 以桑國政 (『三國史記』2 新羅本紀 2)
신라	春二月 新羅以眞忠爲一伐湌 使桑國政 (『三國史節要』3)

신라　春三月癸卯朔己酉　新羅王遣汙禮斯伐毛麻利叱智富羅母智等朝貢　仍有返先質微叱許智伐旱之情　是以　誂許智伐旱而給之曰　使者汙禮斯伐毛麻利叱智等告臣曰　我王以坐臣久不還而悉沒妻子爲孥　冀蹔還本土　知虛實而請焉　皇太后則聽之　因以副葛城襲津彦而遣之　共到對馬宿于鉏海水門　時新羅使者毛麻利叱智等　竊分船及水手　載微叱旱岐令逃於新羅　乃造蒭靈置微叱許智之床　詳爲病者　告襲津彦曰　微叱△智忽病之將死　襲津彦使人令看病者　旣知欺而捉新羅使者三人　納檻中以火焚而殺　乃詣新羅　次于蹈鞴津　拔草羅城還之　是時　俘人等　今桑原佐糜高宮忍海凡四邑漢人等之始祖也 (『日本書紀』9 神功紀)1234)

신라	秋七月 霜雹殺穀 (『三國史記』2 新羅本紀 2)
신라	秋七月 新羅霜雹殺穀 (『三國史節要』3)

신라	(秋七月) 太白犯月 (『三國史記』2 新羅本紀 2)
백제	秋七月 太白犯月 (『三國史記』23 百濟本紀 1)
신라 백제	(秋七月) 新羅百濟太白犯月 (『三國史節要』3)

신라	八月 狐鳴金城及始祖廟庭 (『三國史記』2 新羅本紀 2)
신라	八月 新羅狐鳴金城及始祖廟庭 (『三國史節要』3)

206(丙戌/신라 나해이사금 11/고구려 산상왕 10/백제 초고왕 41/後漢 建安 11/倭 神功 6)

207(丁亥/신라 나해이사금 12/고구려 산상왕 11/백제 초고왕 42/後漢 建安 12/倭 神功 7)

신라	春正月 拜王子利音[或云奈音]爲伊伐湌 兼知內外兵馬事 (『三國史記』2 新羅本紀 2)
신라	春正月 新羅以王子利音爲伊伐湌 兼知內外兵馬事 (『三國史節要』3)

208(戊子/신라 나해이사금 13/고구려 산상왕 12/백제 초고왕 43/後漢 建安 13/倭 神功 8)

신라	春二月 西巡郡邑 浹旬而返 (『三國史記』2 新羅本紀 2)
신라	春二月 新羅王西巡郡邑 浹旬而還 (『三國史節要』3)

신라	夏四月 倭人犯境 遣伊伐湌利音 將兵拒之 (『三國史記』2 新羅本紀 2)

1234) 『三國史記』3 新羅本紀 3 訥祇麻立干 2년 가을, 『三國史記』45, 列傳 5 朴堤上, 『三國遺事』1 紀異 1 奈勿王 金堤上 등에도 유사한 기사가 있으나, 『三國史記』는 訥祇麻立干 2년(418), 『三國遺事』는 訥祇王 10년(426)으로 편년되어 다른 기사로 파악할 여지도 많다. 이 기사에 보이는 박제상과 미사흔은 각각 '毛麻利叱智', '微叱許智伐旱'으로 표기되어 있으며 그 내용이 박제상의 미사흔 구출 사건임이 명백하다. 박제상의 미사흔 구출은 『三國史記』 新羅本紀에 의하면 눌지마립간 2년(418)의 일로 기록되어 있으며 따라서 이 기사는 이 사료의 『日本書紀』상의 편년인 神功紀 5년(205)과는 맞지 않는다. 여기서는 『三國史記』 등 한국 측 사료를 기준으로 한 실제 연대에서 이 기사의 전문(全文)을 배치한다.

신라	夏四月 倭人侵新羅 遣伊伐湌利音 將兵拒之 (『三國史節要』3)

백제	秋 蝗 旱 穀不順成 盜賊多起 王撫安之 (『三國史記』23 百濟本紀 1)
백제	百濟蝗 旱 穀不登 盜賊多起 王撫安之 (『三國史節要』3)[1235]

고구려	冬十月 高勾麗郊豕逸 掌者追之 至酒桶村 躑躅不能獲 有一女 年二十許 美而艶 笑 而前執之 然後追者得之 王聞而異之 微行夜至女家 召其女 欲御之 女告曰 王命不敢 避 幸而有子 願不見遺 王諾之 乃還 (『三國史節要』3)[1236]

고구려	冬十一月 郊豕逸 掌者追之 至酒桶村 躑躅不能捉 有一女子 年二十許 色美而艶 笑 而前執之 然後追者得之 王聞而異之 欲見其女 微行夜至女家 使侍人說之 其家知王 來 不敢拒 王入室召其女 欲御之 女告曰 大王之命不敢避 若幸而有子 願不見遺 王 諾之 至丙夜 王起 還宮 (『三國史記』16 高句麗本紀 4)[1237]

209(己丑/신라 나해이사금 14/고구려 산상왕 13/백제 초고왕 44/後漢 建安 14/倭 神功 9)

고구려	春三月 王后知王幸酒桶村女 妬之 陰遣兵士殺之 其女聞知 衣男服逃走 追及欲害之 其女問曰 爾等今來殺我 王命乎 王后命乎 今妾腹有子 實王之遺體也 殺妾身可也 亦 殺王子乎 兵士不敢害 來以女所言告之 王后怒 必欲殺之而未果 王聞之 乃復幸女家 問曰 汝今有娠 是誰之子 對曰 妾平生不與兄弟同席 況敢近異姓男子乎 今在腹之子 實大王之遺體也 王慰籍[1238]贈與甚厚 乃還告王后 竟不敢害 (『三國史記』16 高句麗 本紀 4)
고구려	春三月 高勾麗王后于氏 知王幸酒桶村女 妬之 陰遣兵士殺之 女聞之 男服而逃 兵士 追及欲害之 女問曰 爾來殺我 王命乎 今妾有娠 殺妾可也 殺王子可乎 兵士不敢害 后聞之愈怒 必欲殺之 王乃復幸女家 問曰 聞汝有娠 是誰之子 對曰 妾平生不與兄弟 同席 況敢近異姓男子乎 今在腹之子 實大王之遺體也 王喜 贈與甚厚 后竟不害 (『三 國史節要』3)

신라 포상팔국 가야	
	秋七月 浦上八國 謀侵加羅 加羅王子來請救 王命大[1239]子于老 與伊伐湌利音 將六 部兵 往救之 擊殺八國將軍 奪所虜六千人 還之 (『三國史記』2 新羅本紀 2)[1240]

신라 포상팔국 가야	
	秋七月 浦上八國 謀侵加羅 加羅王子請救於新羅 王命太子于老 與伊伐湌利音 將六 部兵 往救之 擊殺八國將軍 奪所虜六千人 還之 是役也 勿稽子有大功 以見忌於利音 故不記其功 或謂曰 子之功 莫大而不見錄 怨乎 曰 何怨之有 或曰 盍聞之於王 曰 矜功求名 志士所不爲也 但當勵志 以待後時而已 勿稽子 家世平微 爲人倜儻 有壯志 (『三國史節要』3)

신라 팔포상국 가야	
	勿稽子 奈解尼師今時人也 家世平微 爲人倜儻 少有壯志 時 八浦上國同謀伐阿羅國

1235) 『三國史節要』에는 夏四月과 冬十月 사이에 월 표시 없이 기록되어 있다. 『三國史記』에 따라 秋로 편
년하였다.
1236) 『三國史記』에는 동일기사가 11월로 되어 있다.
1237) 『三國史節要』에는 동일기사가 10월로 되어 있다.
1238) 저본에는 '籍'으로 되어 있으나, 내용상 '藉'로 수정해야 한다.
1239) 저본에는 '大'로 되어 있으나, 鑄字本·『三國史節要』에 의거하여 '太'로 수정해야 한다.
1240) 『三國遺事』5 避隱 8 勿稽子에는 동일기사가 奈解王 17년(212)으로 되어 있다.

阿羅使來請救 尼師今使王孫捺音 率近郡及六部軍往救 遂敗八國兵 是役也 勿稽子有
大功 以見憎於王孫 故不記其功 或謂勿稽子曰 子之功 莫大而不見錄 怨乎 曰 何怨
之有 或曰 盍聞之於王 勿稽子曰 矜功求名 志士所不爲也 但當勵志 以待後時而已
(『三國史記』48 列傳 8 勿稽子)[1241]

고구려	秋九月 酒桶女生男 王喜曰 此天賚予嗣胤也 始自郊豕之事 得以幸其母 乃名其子曰 郊彘 立其母爲小后 初 小后母孕未産 巫卜之曰 必生王后 母喜 及生 名曰后女 (『三國史記』16 高句麗本紀 4)
고구려	九月 高勾麗酒桶女生男 王喜曰 此天賚予嗣胤也 始因郊豕而得 名之曰郊彘 立其女 爲小后 初 小后之母方娠 卜之 巫曰 必生王后 及生 名曰后女 (『三國史節要』3)
고구려	伊夷模無子 淫灌奴部 生子名位宮 (『三國志』30 魏書 30 烏丸鮮卑東夷傳 高句 麗)[1242]
고구려	冬十月 王移都於九[1243]都 (『三國史記』16 高句麗本紀 4)
고구려	冬十月 高勾麗王移都丸都 (『三國史節要』3)
백제	冬十月 大風拔木 (『三國史記』23 百濟本紀 1)
백제	(冬十月) 百濟大風拔木 (『三國史節要』3)

210(庚寅/신라 나해이사금 15/고구려 산상왕 14/백제 초고왕 45/後漢 建安 15/倭 神功 10)

백제	春二月 築赤峴沙道二城 移東部民戶 (『三國史記』23 百濟本紀 1)
백제	春二月 百濟築赤峴沙道二城 移東部民戶 (『三國史節要』3)
신라	春夏 旱 發使錄郡邑獄囚 除二死餘悉原之 (『三國史記』2 新羅本紀 2)
신라	春夏 新羅旱 發使錄郡邑囚 除二罪外悉原之 (『三國史節要』3)
백제 말갈	冬十月 靺鞨來攻沙道城 不克 焚燒城門而遁 (『三國史記』23 百濟本紀 1)
백제 말갈	冬十月 靺鞨攻百濟沙道城 不克 焚城門而遁 (『三國史節要』3)

211(辛卯/신라 나해이사금 16/고구려 산상왕 15/백제 초고왕 46/後漢 建安 16/倭 神功 11)

신라	春正月 拜萱堅爲伊湌 允宗爲一吉湌 (『三國史記』2 新羅本紀 2)
신라	春正月 新羅以萱堅爲伊湌 允宗爲一吉湌 (『三國史節要』3)
백제	秋八月 國南蝗害穀 民饑 (『三國史記』23 百濟本紀 1)
백제	秋八月 百濟國南蝗害穀 民饑 (『三國史節要』3)
백제	冬十一月 無冰 (『三國史記』23 百濟本紀 1)
백제	冬十一月 百濟無氷 (『三國史節要』3)

1241) 이 기사에는 연대가 표기되지 않았으나, 『三國史記』2 新羅本紀 2, 『三國史節要』3에 의거하여 나해
　　 니사금 14년(209) 7월에 편년하고 배치하였다.
1242) 이 기사에는 연대가 표기되지 않았으나, 『三國史記』16 高句麗本紀 4, 『三國史節要』3에 의거하여 산
　　 상왕 13년(209) 9월에 편년하고 배치하였다.
1243) 저본에는 '九'로 되어 있으나, 鑄字本·『三國史節要』에 의거하여 '丸'으로 수정해야 한다.

212(壬辰/신라 나해이사금 17/고구려 산상왕 16/백제 초고왕 47/後漢 建安 17/倭 神功 12)

신라 가야　　　春三月 加耶送王子爲質 (『三國史記』 2 新羅本紀 2)

신라 가야　　　春三月 加耶王送子爲質于新羅 (『三國史節要』 3)

신라　　　　　夏五月 大雨 漂毁民屋 (『三國史記』 2 新羅本紀 2)

신라　　　　　夏五月 新羅大雨 漂毁民屋 (『三國史節要』 3)

백제　　　　　夏六月庚寅晦(29) 目[1244]有食之 (『三國史記』 23 百濟本紀 1)

백제　　　　　夏六月庚寅晦(29) 百濟日有食之 (『三國史節要』 3)

신라 보라 고자 사물

第十奈解王卽位十七年壬辰　保羅國古自國[今固城]史勿國[今泗州]等八國　幷力來侵
边[1245]境　王命大[1246]子捺音　将軍一伐等　率兵拒之　八國皆降　時勿稽子軍功第一　然
爲大[1247]子所嫌　不賞其功　或謂勿稽曰　此戰之功　唯子而已　而賞不及子　大[1248]子之
嫌　君其怨乎　稽曰　國君在上　何怨人臣　或曰　然則奏聞于王　幸矣　稽曰　代功爭命　揚
己掩人　志士之所不爲也　勵之待時而已 (『三國遺事』 5 避隱 8 勿稽子)[1249]

신라 골포 칠포 고사포

後三年　骨浦柒浦古史浦三國人　來攻竭火城　王率兵出救　大敗三國之師　勿稽子斬獲數
十餘級　及其論功　又無所得　乃語其婦曰　嘗聞爲臣之道　見危則致命　臨難則志[1250]身
前日浦上竭火之役　可謂危且難矣　而不能以致命忘身聞於人　将何面目以出市朝乎　遂
被髮携琴　入師彘山　不反 (『三國史記』 48 列傳 8 勿稽子)[1251]

신라 골포 칠포 고포

骨浦柒浦古浦三國　攻新羅竭火城　王率兵救之　大破三國之師　勿稽子斬獲數十餘級　及
其論功　又不見錄　乃語婦曰　嘗聞爲臣之道　見危則致命　臨難則忘身　忠也　前日浦上竭
火之役　可謂危且難矣　而不能以致命忘身聞於人　不忠也　旣以不忠而仕君　累及於先人
可謂孝乎　旣失忠孝　將何面目以出市朝乎　遂被髮携琴　入師彘山　不返 (『三國史節要』
3)

213(癸巳/신라 나해이사금 18/고구려 산상왕 17/백제 초고왕 48/後漢 建安 18/倭 神功 13)

고구려　　　　春正月 立郊彘爲王大[1252]子 (『三國史記』 16 高句麗本紀 4)[1253]

고구려　　　　春正月 高勾麗王 立子郊彘爲太子 後改名憂位居 (『三國史節要』 3)

1244) 저본에는 '目'으로 되어 있으나, 鑄字本·『三國史節要』에 의거하여 '日'로 수정해야 한다.
1245) 저본에는 '边'로 되어 있으나, 내용상 '边'으로 수정해야 한다.
1246) 저본에는 '大'로 되어 있으나, 내용상 '太'로 수정해야 한다.
1247) 저본에는 '大'로 되어 있으나, 내용상 '太'로 수정해야 한다.
1248) 저본에는 '大'로 되어 있으나, 내용상 '太'로 수정해야 한다.
1249) 『三國史記』 2 新羅本紀 2, 『三國史節要』에는 나해이사금 14년(209) 7월로 되어 있다.
1250) 저본에는 '志'로 되어 있으나, 鑄字本·『三國史節要』에 의거하여 '忘'으로 수정해야 한다.
1251) 『三國遺事』 5 避隱 8 勿稽子에는 나해왕 20년(215)으로 되어 있다.
1252) 저본에는 '大'로 되어 있으나, 鑄字本·『三國史節要』에 의거하여 '太'로 수정해야 한다.
1253) 『三國史記』 17 高句麗本紀 5 東川王 卽位前紀(227)에도 동일기사가 나온다.

백제	秋七月 西部人苗會獲白鹿獻之 王以爲瑞 賜穀一百石 (『三國史記』 23 百濟本紀 1)
백제	秋七月 百濟西部人苟會 獲白鹿獻之 王以爲瑞 賜穀百石 (『三國史節要』 3)

214(甲午/신라 나해이사금 19/고구려 산상왕 18/백제 초고왕 49, 구수왕 1/後漢 建安 19/倭 神功 14)

신라	春三月 大風折木 (『三國史記』 2 新羅本紀 2)
신라	春三月 新羅大風折木 (『三國史節要』 3)
신라 백제	秋七月 百濟來攻國西腰車城 殺城主薛夫 王命伊伐湌利音 率精兵六千伐百濟 破沙峴城 (『三國史記』 2 新羅本紀 2)[1254]
백제 말갈	秋九月 命北部眞果領兵一千 襲取靺鞨石門城 (『三國史記』 23 百濟本紀 1)
백제 말갈	秋九月 百濟王命北部眞果領兵一千 襲取靺鞨石門城 (『三國史節要』 3)
백제 말갈	冬十月 靺鞨以勁騎來侵 至于述川 (『三國史記』 23 百濟本紀 1)
백제 말갈	冬十月 靺鞨以勁騎侵百濟 至于述川 (『三國史節要』 3)
백제	(冬十月) 王薨 (『三國史記』 23 百濟本紀 1)
백제	(冬十月) 百濟王肖古薨 (『三國史節要』 3)
백제	仇首王[或云貴須] 肖古王之長子 身長七尺 威儀秀異 肖古在位四十九年薨 卽位 (『三國史記』 24 百濟本紀 2)[1255]
백제	元子仇首立 身長七尺 儀威秀異 (『三國史節要』 3)
신라	冬十二月 雷 (『三國史記』 2 新羅本紀 2)
신라	十二月 新羅雷 (『三國史節要』 3)

215(乙未/신라 나해이사금 20/고구려 산상왕 19/백제 구수왕 2/後漢 建安 20/倭 神功 15)

신라 골포	(二)十年乙未[1256] 骨浦國[今合浦也]等三國王 各率兵來攻竭火[疑屈弗也 今蔚州] 王親率禦之 三國皆敗 稽所獲數十級 而人不言稽之功 稽謂其妻曰 吾聞仕君之道 見危致命 臨難忘身 仗於節義 不顧死生之謂忠也 夫保羅[疑發羅 今羅州]竭火之役 誠是國之難君之危 而吾未曾有忘身致命之勇 此乃不忠甚也 旣以不忠而仕君 累及於先人 可謂孝乎 旣失忠孝 何顔復遊朝市之中乎 乃被髮荷琴 入師彘山[未詳] 悲竹樹之性病 寄託作歌 擬溪澗之咽響 扣琴制曲 隱居不復現世 (『三國遺事』 5 避隱 8 勿稽子)[1257]

216(丙申/신라 나해이사금 21/고구려 산상왕 20/백제 구수왕 3/後漢 建安 21/倭 神功 16)

백제 말갈	秋八月 靺鞨來圍赤峴城 城主固拒 賊退歸 王帥勁騎八百追之 戰沙道城下破之 殺獲甚衆 (『三國史記』 24 百濟本紀 2)
백제 말갈	秋八月 靺鞨圍百濟赤峴城 城主固拒 賊退 王帥勁騎八百追之 戰沙道城下破之 殺獲

1254) 『三國史記』 23 百濟本紀 1, 『三國史節要』 3에는 초고왕 39년(204) 7월로 되어 있다.
1255) 『三國遺事』 1 王曆 1에는 "第六仇首王[一作貴須 △△△之子 甲午立 理二十一年]"이라고 되어 있다.
1256) 원문에는 "十年乙未"라고 되어 있으나, 연대와 간지가 맞지 않는 데다가 앞에는 "十七年壬辰"의 기록이 있어 "二十年乙未"의 오류라고 생각된다.
1257) 『三國史記』 48 列傳 8 勿稽子, 『三國史節要』 3에는 나해니사금 17년(212)으로 되어 있다.

甚衆 (『三國史節要』3)

217(丁酉/신라 나해이사금 22/고구려 산상왕 21/백제 구수왕 4/後漢 建安 22/倭 神功 17)

| 백제 | 春二月 設二柵於沙道城側 東西相去十里 分赤峴城卒戍之 (『三國史記』24 百濟本紀 2) |
| 백제 | 春二月 百濟設二柵於沙道城側 東西相距十里 分赤峴城卒戍之 (『三國史節要』3) |

| 고구려 | 秋八月 漢平州人夏瑤 以百姓一千餘家來投 王納之 安置柵城 (『三國史記』16 高句麗本紀 4) |
| 고구려 | 秋八月 漢平州人夏瑤 以一千餘家投高勾麗 王納之 置柵城 (『三國史節要』3) |

| 고구려 | 冬十月 雷 地震 星孛[1258]于東北 (『三國史記』16 高句麗本紀 4) |
| 고구려 | 冬十月 高勾麗雷 地震 有星孛于東北 (『三國史節要』3) |

218(戊戌/신라 나해이사금 23/고구려 산상왕 22/백제 구수왕 5/後漢 建安 23/倭 神功 18)

| 신라 | 秋七月 武庫兵物自出 (『三國史記』2 新羅本紀 2) |
| 신라 | 秋七月 新羅武庫兵自動 (『三國史節要』3) |

신라 백제	(秋七月) 百濟人來國[1259]獐山城 王親率兵 出擊走之 (『三國史記』2 新羅本紀 2)
백제 신라	(秋七月) 百濟遣兵圍新羅獐山城 王親率兵出擊之 百濟軍敗績 (『三國史節要』3)
백제 신라	王遣兵圍新羅獐山城 羅王親帥兵擊之 我軍敗績 (『三國史記』24 百濟本紀 2)[1260]

219(己亥/신라 나해이사금 24/고구려 산상왕 23/백제 구수왕 6/後漢 建安 24/倭 神功 19)

| 고구려 | 春二月壬子晦 日有食之 (『三國史記』16 高句麗本紀 4) |
| 고구려 | 春二月壬子晦 高勾麗日有食之 (『三國史節要』3) |

| 대방 한 예 | 建安中 公孫康分屯有縣以南荒地爲帶方郡 遣公孫模張敞等收集遺民 興兵伐韓濊 舊民稍出 是後倭韓遂屬帶方 (『三國志』30 魏書 30 烏丸鮮卑東夷傳 韓)[1261] |
| 대방 한 | 倭人在帶方東南大海之中 依山島爲國邑 舊百餘國 漢時有朝見者 今使譯所通三十國 從郡至倭 循海岸水行 歷韓國 乍南乍東 到其北岸狗邪韓國 七千餘里 始度一海 千餘里至對馬國 其大官曰卑狗 副曰卑奴母離 所居絶島 方可四百餘里 土地山險 多深林 道路如禽鹿徑 有千餘戶 無良田 食海物自活 乘船南北市糴 又南渡一海千餘里 名曰 瀚海 至一大國 官亦曰卑狗 副曰卑奴母離 方可三百里 多竹木叢林 有三千許家 差有 田地 耕田猶不足食 亦南北市糴 又渡一海千餘里至末盧國 有四千餘戶 濱山海居 草 木茂盛 行不見前人 好捕魚鰒 水無深淺 皆沈没取之 東南陸行五百里 到伊都國 官曰 |

1258) 저본에는 '孼'으로 되어 있으나, 鑄字本·『三國史節要』에 의거하여 '孛'로 수정해야 한다.
1259) 저본에는 '國'으로 되어 있으나, 鑄字本·『三國史節要』에 의거하여 '圍'로 수정해야 한다.
1260) 이 기사에는 월이 표기되지 않았으나, 『三國史記』2 新羅本紀 2에 의거하여 나해니사금 23년(218) 7 월에 편년하고 배치하였다.
1261) 『三國志』8 魏書 8 二公孫陶四張傳 公孫康에 "度死 子康嗣位 以永寧鄉侯封弟恭 是歲建安九年也"라고 되어 있어 公孫康이 帶方郡을 설치할 수 있는 시기는 建安 9년(204)~24년(219)으로 좁혀진다. 따라서 이 기사는 204~219년의 일로 기간편년하고 219년 기사 뒤에 배치하였다.

신라 백제	秋七月 新羅遣伊伐飡連珍 與百濟戰烽山下 破之 殺獲千餘級 (『三國史節要』3)

신라	八月 築烽山城 (『三國史記』2 新羅本紀 2)
신라	八月 新羅築烽山城 (『三國史節要』3)

백제	冬十月 大[1264]白晝見 (『三國史記』24 百濟本紀 2)
백제	冬十月 百濟太白晝見 (『三國史節要』3)

고구려	王孫然弗生 (『三國史記』16 高句麗本紀 4)
고구려	高勾麗王孫然弗生 (『三國史節要』3)

225(乙巳/신라 나해이사금 30/고구려 산상왕 29/백제 구수왕 12/曹魏 黃初 6/倭 神功 25)

226(丙午/신라 나해이사금 31/고구려 산상왕 30/백제 구수왕 13/曹魏 黃初 7/倭 神功 26)

신라	春 不雨 至秋七月 乃雨 民飢 發倉廩賑給 (『三國史記』2 新羅本紀 2)
신라	春 新羅不雨 至秋七月 乃雨 民飢 發倉賑之 (『三國史節要』3)

신라	冬十月 錄內外獄囚 原輕罪 (『三國史記』2 新羅本紀 2)
신라	冬十月 新羅錄內外囚 原輕罪 (『三國史節要』3)

227(丁未/신라 나해이사금 32/고구려 산상왕 31, 동천왕 1/백제 구수왕 14/曹魏 太和 1/倭 神功 27)

신라	春二月 巡狩西南郡邑 (『三國史記』2 新羅本紀 2)
신라	春二月 新羅王巡西南郡邑 (『三國史節要』3)

신라	三月 還 拜波珍飡康萱爲伊飡 (『三國史記』2 新羅本紀 2)
신라	三月 還 以波珍飡康萱爲伊飡 (『三國史節要』3)

백제	春三月 雨雹 (『三國史記』24 百濟本紀 2)
백제	(三月) 百濟雨雹 (『三國史節要』3)

백제	夏四月 大旱 王祈東明廟 乃雨 (『三國史記』24 百濟本紀 2)
백제	夏四月 百濟大旱 王祈東明廟 乃雨 (『三國史節要』3)

고구려	夏五月 王薨 葬於山上陵 號爲山上王 (『三國史記』16 高句麗本紀 4)
고구려	五月 高勾麗王延憂薨 葬山上陵 因以爲號 (『三國史節要』3)
고구려	東川王[或云東襄] 諱憂位居 少名郊彘 山上王之子 母酒桶村人 入爲山上小后 史失其族姓 前王十七年 立爲太子 至是嗣位 王性寬仁 王后欲試王心 候王出遊 使人截王路馬鬣 王還曰 馬無鬣可憐 又令侍者進食時 陽覆羹於王衣 亦不怒 (『三國史記』17 高句麗本紀 5)
고구려	太子憂位居立 性寬仁 王后欲試王心 候王出遊 使人截王路馬鬣 王還曰 馬無鬣可憐

	又令侍者進食 陽覆羹於王衣 王亦不怒 (『三國史節要』 3)
구려(고구려)	伊夷模死 立以爲王 今句麗王宮是也 其曾祖名宮 生能開目視 其國人惡之 及長大 果凶虐 數寇鈔 國見殘破 今王生墮地 亦能開目視人 句麗呼相似爲位 似其祖 故名之爲位宮 位宮有力勇 便鞍馬 善獵射 (『三國志』 30 魏書 30 烏丸鮮卑東夷傳 高句麗)1265)
고구려	宮曾孫位宮亦生而視 人以其似曾祖宮 故名爲位宮 高句麗呼相似爲位 位宮亦有勇力 便弓馬 (『魏書』 100 列傳 88 高句麗)1266)
고구려	伊夷摸死 子位宮立 位宮有勇力 便鞍馬 善射獵 (『梁書』 54 列傳 48 東夷傳 高句麗)1267)
고구려	伊夷模死 子位宮立 以曾祖名宮 生能開目視 及長大 果殃虐 今王生亦能視 句麗呼相似爲位 似其祖 故名之爲位宮 宮有勇力 便鞍馬 (『通典』 186 邊防 2 東夷 下 高句麗)

228(戊申/신라 나해이사금 33/고구려 동천왕 2/백제 구수왕 15/曹魏 太和 2/倭 神功 28)

고구려	春二月 王如卒本 祀始祖廟 大赦 (『三國史記』 17 高句麗本紀 5)
고구려	古記云 (…) 如卒本祀始祖廟 (…) 東川王二年春二月 (…) 並如上行 (『三國史記』 32 雜志 1 祭祀)
고구려	春二月 高勾麗王如卒本 祀始祖廟 大赦 (『三國史節要』 3)
고구려	三月 封于氏爲王太后 (『三國史記』 17 高句麗本紀 5)
고구려	三月 高勾麗王封于氏爲王太后 (『三國史節要』 3)

229(己酉/신라 나해이사금 34/고구려 동천왕 3/백제 구수왕 16/曹魏 太和 3/倭 神功 29)

신라	夏四月 蛇鳴南庫三日 (『三國史記』 2 新羅本紀 2)
신라	夏四月 新羅蛇鳴南庫三日 (『三國史節要』 3)
신라	秋九月 地震 (『三國史記』 2 新羅本紀 2)
신라	秋九月 新羅地震 (『三國史節要』 3)
신라	冬十月 大雪 深五尺 (『三國史記』 2 新羅本紀 2)
신라	冬十月 新羅大雪 深五尺 (『三國史節要』 3)
백제	冬十月 王田於寒泉 (『三國史記』 24 百濟本紀 2)
백제	(冬十月) 百濟王田於寒泉 (『三國史節要』 3)
백제	十一月 大疫 (『三國史記』 24 百濟本紀 2)
백제	十一月 百濟大疫 (『三國史節要』 3)

1265) 이 기사는 연대가 표기되지 않았지만, 『三國史記』 16 高句麗本紀 4, 『三國史節要』 3에 의거하여 동천왕 원년(227) 5월에 편년하고 배치하였다.
1266) 이 기사는 연대가 표기되지 않았지만, 『三國史記』 16 高句麗本紀 4, 『三國史節要』 3에 의거하여 동천왕 원년(227) 5월에 편년하고 배치하였다.
1267) 이 기사는 연대가 표기되지 않았지만, 『三國史記』 16 高句麗本紀 4, 『三國史節要』 3에 의거하여 동천왕 원년(227) 5월에 편년하고 배치하였다.

| 백제 말갈 | (十一月) 靺鞨入牛谷界 奪掠人物 王遣精兵三百拒之 賊伏兵夾擊 我軍大敗 (『三國史記』 24 百濟本紀 2) |
| 백제 말갈 | (十一月) 靺鞨入百濟牛谷界 奪掠人物 王遣精兵三百拒之 靺鞨伏兵夾擊 大敗之 (『三國史節要』 3) |

230(庚戌/신라 나해이사금 35, 조분이사금 1/고구려 동천왕 4/백제 구수왕 17/曹魏 太和 4/倭 神功 30)

신라	思內[一作詩惱]樂 奈解王時作也 (『三國史記』 32 雜志 1 樂)1268)
신라	春三月 王薨 (『三國史記』 2 新羅本紀 2)
신라	春三月 新羅王奈解薨 (『三國史節要』 3)
신라	助賁尼師今立[一云諧貴] 姓昔氏 伐休尼師今之孫也 父骨正[一作忽爭]葛文王 母金氏 玉帽夫人 仇道葛文王之女 妃阿爾兮夫人 奈解王之女也 前王將死遺言 以壻助賁繼位 王身長 美儀宋1269) 臨事明斷 國人畏敬之 (『三國史記』 2 新羅本紀 2)1270)
신라	王將薨 遺命以其壻助賁爲嗣 助賁 伐休王太子骨正之子 身長大 美儀表 臨事明斷 國人畏之 (『三國史節要』 3)
신라	(夏) 拜連忠爲伊飡 委軍國事 (『三國史記』 2 新羅本紀 2)1271)
신라	(夏) 新羅以連忠爲伊飡 委軍國事 (『三國史節要』 3)1272)
신라	秋七月 謁始祖廟 (『三國史記』 2 新羅本紀 2)
신라	秋七月 新羅王謁始祖廟 (『三國史節要』 3)
고구려	秋七月 國相高優婁卒 以于台明臨於漱爲國相 (『三國史記』 17 高句麗本紀 5)
고구려	(秋七月) 高勾麗國相高優婁卒 以于台明臨於漱爲國相 (『三國史節要』 3)

231(辛亥/신라 조분이사금 2/고구려 동천왕 5/백제 구수왕 18/曹魏 太和 5/倭 神功 31)

백제	夏四月 雨雹 大如栗 鳥雀中者死 (『三國史記』 24, 百濟本紀 2)
백제	夏四月 百濟雨雹 大如栗 鳥雀中者死 (『三國史節要』 3)
신라 감문국	秋七月 以伊飡于老爲大將軍 討破甘文國 以其地爲郡 (『三國史記』 2 新羅本紀 2)
신라 감문국	昔于老 奈解尼師今之子[或云角干水老之子也] 助賁王二年七月 以伊飡爲大將軍 出討甘文國破之 以其地爲郡縣 (『三國史記』 45 列傳 5 昔于老)
신라 감문국	秋七月 新羅以伊飡昔于老爲大將軍 討破甘文國 以其地爲郡 于老 奈解王之子也 (『三國史節要』 3)

232(壬子/신라 조분이사금 3/고구려 동천왕 6/백제 구수왕 19/曹魏 太和 6/倭 神功 32)

| 신라 | 夏四月 倭人猝至圍金城 王親出戰 賊潰走 遣輕騎追擊之 殺獲一千餘級 (『三國史記 |

1268) 이 기사는 나해왕 시기로만 되어 있어서, 마지막 35년에 배치하였다.
1269) 저본에는 '宋'로 되어 있으나, 鑄字本에 의거하여 '采'로 수정해야 한다.
1270) 『三國遺事』 1 王曆 1에는 "第十一助賁尼叱今[伐休長子骨正子]"이라고 되어 있다.
1271) 이 기사는 월이 표기되지 않았으나 春三月 즉위조 뒤에 秋七月 기사 앞에 배치되어 있어 夏로 기간편년하였다.
1272) 이 기사는 월이 표기되지 않았으나 春三月 즉위조 뒤에 秋七月 기사 앞에 배치되어 있어 夏로 기간편년하였다.

신라　　　　夏四月 倭兵圍新羅金城 王親出戰 賊潰走 遣輕騎追擊之 殺獲千餘級 (『三國史節要』 3)

고구려　　　　旦·彊別數日, 得達句驪(王宮), 因宣詔於句驪土宮及其主簿, 詔言有賜爲遼東所攻奪. 宮等大喜, 卽受詔, 命使人隨旦還迎羣·德. 其年, 宮遣皁衣二十五人送旦還, 奉表稱臣, 貢貂皮千枚, 鶡雞皮十具. 旦等見權, 悲喜不能自勝. 權義之, 皆拜校尉

233(癸丑/신라 조분이사금 4/고구려 동천왕 7/백제 구수왕 20/曹魏 靑龍 1/倭 神功 33)

신라　　　　夏四月 大風飛屋瓦 (『三國史記』2 新羅本紀 2)
신라　　　　夏四月 新羅大風飛屋瓦 (『三國史節要』3)

신라　　　　五月 倭兵寇東邊 (『三國史記』2 新羅本紀 2)
신라　　　　五月 倭寇新羅東邊 (『三國史節要』3)

신라　　　　秋七月 伊飱干[1273]老與倭人 戰沙道 乘風縱火焚舟 賊赴水死盡 (『三國史記』2 新羅本紀 2)
신라　　　　(助賁王)四年七月 倭人來侵 于老逆戰於沙道 乘風縱水[1274] 焚賊戰艦 賊溺死且盡 (『三國史記』45 列傳 5 昔于老)
신라　　　　秋七月 新羅伊飱于老與倭兵 戰于沙道 乘風縱火 焚戰艦 賊赴水死盡 (『三國史節要』3)

요동 현도 구려(고구려)
　　　　(冬十二月) 初 張彌許晏等至襄平[1275] 公孫淵欲圖之 乃先分散其吏兵 中使秦旦張羣杜德黃强等及吏兵六十人置玄菟[1276] 玄菟在遼東北二百里[1277] 太守王贊 領戶二百旦等皆舍於民家 仰其飮食[1278] 積四十許日 旦與羣等議曰 吾人遠辱國命 自棄於此 與死無異 今觀此郡 形勢甚弱 若一旦同心 焚燒城郭 殺其長吏 爲國報恥[1279] 然後伏死 足以無恨 孰與偸生苟活 長爲囚虜乎 羣等然之 於是 陰相結約 當用八月十九日夜發 其日中時 爲郡中張松所告 贊便會士衆 閉城門 旦德强皆踰城得走 時羣病疽瘡著髀[1280] 不及輩旅 德常扶接與俱 崎嶇山谷[1281] 行六七百里 創益困 不復能前[1282] 臥草中 相守悲泣 羣曰 吾不幸創甚 死亡無日 卿諸人宜速進道 冀有所達 空相守俱死於窮谷之中 何益也 德曰 萬里流離 死生共之 不忍相委[1283] 於是 推旦强使前[1284] 德獨留守羣 採菜果食之[1285] 旦强別數日 得達句麗 因宣吳主詔於句麗王位宮及其主

1273) 저본에는 ‘干’으로 되어 있으나, 『三國史記』45 列傳 5 昔于老와 鑄字本·『三國史節要』에 의거하여 ‘于’로 수정해야 한다.
1274) 저본에는 ‘水’로 되어 있으나, 『三國史記』2 新羅本紀 2와 鑄字本·『三國史節要』에 의거하여 ‘火’로 수정해야 한다.
1275) 襄平縣 遼東郡治所 淵所都也 (胡三省 註)
1276) 中使 中節人使也 使 疏吏翻 陳壽曰 漢武帝開玄菟郡 治沃沮城 後爲夷貊所侵 徙郡句驪西北 菟 同都翻 (胡三省 註)
1277) 此非玄菟郡舊治也 (胡三省 註)
1278) 仰 牛向翻 (胡三省 註)
1279) 長 知兩翻 爲 于僞翻 (胡三省 註)
1280) 疽 千余翻 著 直略翻 髀 與膝同 (胡三省 註)
1281) 崎 丘宜翻 嶇 音區 (胡三省 註)
1282) 創 初良翻 下同 (胡三省 註)
1283) 委 棄也 (胡三省 註)
1284) 推 吐雷翻 (胡三省 註)

簿[1286] 給言有賜 爲遼東所劫奪[1287] 位宮等大喜 卽受詔 命使人隨旦還迎羣[1288] 遣皁衣二十五人 送旦等還吳 奉表稱臣 貢貂皮千枚 鶡雞皮十具[1289] 旦等見吳主 悲喜不能自勝[1290] 吳主壯之 皆拜校尉 (『資治通鑑』72 魏紀 4 烈祖明皇帝)

고구려 旦·疆別數日 得達句驪(王宮) 因宣詔於句驪王宮及其主簿 詔言有賜爲遼東所攻奪 宮等大喜 卽受詔 命使人隨旦還迎羣·德 其年 宮遣皀衣二十五人送旦等還 奉表稱臣 貢貂皮千枚 鶡雞皮十具 旦等見權 悲喜不能自勝 權義之 皆拜校尉 (『三國志』47 吳書 2 吳主傳 裴松之注 인용 吳書)

요동 낙랑 十二月 公孫淵斬送孫權所遣使張彌許晏首 以淵爲大司馬樂浪公[1291] (『三國志』3 魏書 3 明帝紀)

요동 낙랑 淵亦恐權遠不可恃 且貪貨物 誘致其使 悉斬送彌晏等首[1292] 明帝於是拜淵大司馬 封樂浪公 持節領郡如故[1293] 使者至 淵設甲兵爲軍陳 出見使者 又數對國中賓客出惡

1285) 食 讀曰飤 (胡三省 註)

1286) 高句麗國 在遼東之東千里 位宮 漢高句麗王宮之曾孫也 宮生而開目能視 及長 勇壯 數犯漢邊 位宮生墮地 亦能開目視人 句麗呼相似爲位 以似其祖 故名曰位宮 句麗有相加對盧沛者古鄒大加主簿優台使者帛衣先人 帛衣 三國志作皁衣 句 音如字 又音駒 驪 力知翻 (胡三省 註)

1287) 給 徒亥翻 (胡三省 註)

1288) 章 甲十六行本羣下有德字 乙十一行本同 (校註)

1289) 郭璞註山海經曰 鶡雞似雉而大 青色 有毛角 鬬敵死乃止 鶡 何葛翻 (胡三省 註)

1290) 勝 音升 (胡三省 註)

1291) 世語曰 幷州刺史畢軌送漢故度遼將軍范明友鮮卑奴 年三百五十歲 言語飮食如常人 奴云 霍顯 光後小妻 明友妻 光前妻女 博物志曰 時京邑有一人 失其姓名 食啖兼十許人 遂肥不能動 其父曾作遠方長吏 官徙送彼縣 令故義傳供食之 一二年中 一鄕中輒爲之儉 傅子曰 時太原發冢破棺 棺中有一生婦人 將出與語 生人也 送之京師 問其本事 不知也 視其冢上樹木可三十歲 不知此婦人三十歲常生於地中邪 將一朝欻生 偶與發冢者會也

1292) 魏略載淵表曰 臣前遣校尉宿舒郎中令孫綜 甘言厚禮 以誘吳賊 幸賴天道福助大魏 使此賊虜暗然迷惑 違戾羣下 不從衆諫 承信臣言 遠遣船使 多將士卒 來致封拜 臣之所執 得如本志 雖憂罪釁 私懷幸甚 賊衆本號萬人 舒綜伺察 可七八千人 到沓津 僞使者張彌許晏與中郎將萬泰校尉裴潛將吏兵四百餘人 齎文書命服什物下到臣郡 泰潛別齎致遺貨物 欲因市馬 軍將賀達虞咨領餘衆在船所 臣本欲須涼節乃取彌等 而彌等人兵衆多 見臣不便承受吳命 意有猜疑 懼其先作 變態妄生 卽進兵圍取 斬彌晏泰潛等首級 其吏從兵衆 皆士伍小人 給使東西 不得自由 面縛乞降 不忍誅殺 輒聽納受 徙充邊城 別遣將韓起等率將三軍 馳行至沓 使領長史柳遠設賓主禮誘請達咨 三軍潛伏以待其下 又驅羣馬貨物 欲與交市 達咨懷疑不下 使諸市買者五六百人下 欲交市 起等金鼓始震 鋒矢亂發 斬首三百餘級 被創赴水沒溺者可二百餘人 其散走山谷 來歸降及藏竄飢餓死者 不在數中 得銀印銅印兵器資貨 不可勝數 謹遣西曹掾公孫珩奉送賊權所假臣節印綬符策九錫什物 及彌等僞節印綬首級 又曰 宿舒孫綜前到吳 賊權問臣家內小大 舒綜對臣有三息 脩別屬亡弟 權敢姦巧 便擅拜命 謹封送印綬符策 臣雖無昔人洗耳之風 慚爲賊權汙損所加 既行天誅 猶有餘忿 又曰 臣父康 昔殺權使 結爲讎隙 今乃譎欺 遣使誘致 令權傾心 虛國竭祿 遠命上卿 寵授極位 震動南土 備盡禮數 又權待舒綜 契闊委曲 君臣上下畢歡竭情 而令四使見殺 梟示萬里 士衆流離 屠戮津渚 慚恥遠布 痛辱彌天 權之怨疾 將刻肌骨 若天衰其業 使至喪隕 權將內傷憤激而死 若期運未訖 將播毒螫 必恐長虵來爲寇害 徐州諸屯及城陽諸郡 與相接近 如有船衆後年向海門 得其消息 乞速告臣 使得備豫 又曰 臣門戶受恩 實深實重 自臣承攝卽事以來 連被榮寵 殊特無量 分當隕越 竭力致死 而臣狂愚 意計迷闇 不卽禽賊 以至見疑 前章表所陳情趣事勢 實但欲罷弊此賊 使困自絕 誠不敢背累世之恩 附僭盜之虜也 而後愛憎之人 緣事加誣 僞生節目 卒令明聽疑於市虎 移恩改愛 興動威怒 幾至沈沒 長爲負忝 幸賴慈恩 猶垂三宥 使得補過 解除愆責 如天威遠加 不見假借 早當麋碎 辱先廢祀 何緣自明 建此微功 臣既喜於事捷 得自申展 悲於疇昔 至此變故 餘怖踊躍 未敢便寧 唯陛下既崇春日生全之仁 除忿塞隙 抑弭纖介 推今亮往 察臣本心 長令抱戴 銜分三泉 又曰 臣被服光榮 恩情未報 而以罪釁自招譴怒 分當卽戮 爲衆社戒 所以越典詭常 僞通於吳 誠自念窮迫 報效未立 而爲天威督罰所加 長恐奄忽不得自洗 故敢自闕替廢於一年 遣使誘吳 知其必來 權之求郡 積有年歲 初無倡答一言之應 今權得使 來必不疑 至此一舉 果如所規 上卿大衆 翕赫豐盛 財貨賂遺 傾國極位 到見禽取 流離死亡 千有餘人 滅絕不反 此誠暴猾賊之鋒 摧矜夸之巧 昭示天下 破損其業 足以慚之矣 臣之慺慺念效於國 雖有非常之過 亦有非常之功 願陛下原其踰闕之愆 采其毫毛之善 使得國恩 保全終始矣

1293) 魏名臣奏載中領軍夏侯獻表曰 公孫淵昔年敢違王命 廢絕計貢者 實挾兩端 既恃阻險 又怙孫權 故敢跋扈恣睢海外 宿舒親見賊權軍衆府庫 知其弱少不足憑恃 是以決計斬賊之使 又高句麗濊貊與淵爲仇 並爲寇鈔 今外失吳援 內有胡寇 心知國家能從陸道 勢不得不懷惶懼之心 因斯之時 宜遣使示以禍福 奉車都尉鞠弘 武皇帝時始奉使命 開通道路 文皇帝卽位 欲通使命 遣弘將妻子還歸鄕里 賜其車牛 絹百匹 弘以受恩 歸死國朝無有還意 乞留妻子 身奉使命 公孫康遂稱臣妾 以弘奉使稱意 賜爵關內侯 弘性果烈 乃心於國 夙夜拳拳 念自竭效 冠族子孫 少好學問 博通書記 多所關涉 口論速捷 辯而不俗 附依典誥 若出胸臆 加仕本郡 常在人右

言1294) (『三國志』 8 魏書 8 二公孫陶四張傳 公孫淵)1295)

234(甲寅/신라 조분이사금 5/고구려 동천왕 8/백제 구수왕 21, 고이왕 1/曹魏 靑龍 2/倭 神功 34)

고구려	(1월~8월) 魏遣使和親 (『三國史記』 17 高句麗本紀 5)1296)
고구려	(1월~8월) 魏遣使高勾麗和親 (『三國史節要』 3)1297)

고구려　　秋九月 大1298)后于氏薨 大1299)后臨終遺言曰 妾失行 將何面日1300)見國壤於地下 若
　　　　　羣臣不忍擠於溝壑 則請葬我於山上王陵之側 遂葬之如其言 巫者曰 國壤降於予曰 昨
　　　　　見于氏歸于川上 不勝憤恚 遂與之戰 退而思之 顔厚不忍見國人 爾告於朝 遮我以物
　　　　　是用植松七重於陵前 (『三國史記』 17 高句麗本紀 5)

고구려　　秋九月 高勾麗太后于氏薨 太后臨終言曰 妾失節 將何面目見國壤於地下 若群臣不忍
　　　　　棄諸溝壑 則請葬我於山上王陵側 遂葬之如其言 (『三國史節要』 3)

백제　　　王薨 (『三國史記』 24 百濟本紀 2)

백제　　　百濟王仇首薨 (『三國史節要』 3)

백제　　　古尒王 蓋婁王之第二子也 仇首王在位二十一年薨 長子沙伴嗣位 而幼少不能爲政 肖
　　　　　古王母弟古尒卽位 (『三國史記』 24 百濟本紀 2)1301)

백제　　　元子沙伴嗣 幼不慧 國人以肖古王母弟古尒爲賢 立之 (『三國史節要』 3)

백제　　　又沙沸王[一作沙伊王] 仇首崩 嗣位 而幼少不能政 卽癈而立古爾王 (『三國遺事』 2
　　　　　紀異 2 南扶餘 前百濟 北扶餘)1302)

고구려　　聞一年 遣使者謝宏·中書陳恂拜宮爲單于 加賜衣物珍寶 恂等到安平口 先遣校尉陳奉
　　　　　前見宮 而宮受魏幽州刺史諷旨 令以吳使自效 奉聞之 倒還 宮遣主簿笮咨·帶固等出安
　　　　　平 與宏相見 宏卽縛得三十餘人質之 宮於是謝罪 上馬數百匹 宏乃遣咨·固奉詔書賜物
　　　　　與宮 是時宏船小 載馬八十匹而還 (『三國志』 47 吳書 2 吳主傳 裴松之注 인용 吳
　　　　　書)

235(乙卯/신라 조분이사금 6/고구려 동천왕 9/백제 고이왕 2/曹魏 靑龍 3/倭 神功 35)

신라　　　春正月 東巡撫恤 (『三國史記』 2 新羅本紀 2)

彼方士人素所敬服 若當遣使 以爲可使弘行 弘乃自舊土 習其國俗 爲說利害 辯足以動其意 明足以見其事 才
足以行之 辭足以見信 若其計從 雖酈生之降齊王 陸賈之說尉佗 亦無以遠過也 欲進遠路 不宜釋駟驥 將已篤
疾 不宜廢扁鵲 願察愚言也

1294) 吳書曰 魏遣使者傅容聶夔拜淵爲樂浪公 淵計吏從洛陽還 語淵曰 使者左駿伯 使皆擇勇力者 非凡人也 淵
　　由是疑怖 容夔至 住學館中 淵先以步騎圍之 乃入受拜 容夔大怖 由是還洛言狀

1295) 이 기사는 연대가 표기되지 않았으나, 『三國志』 3 魏書 3 明帝紀에 의거하여 靑龍 원년(233) 12월에
　　편년하고 배치하였다.

1296) 이 기사는 월이 표기되지 않았으나, 연도의 맨앞이자 秋九月 기사의 앞에 배치되어 있어 春正月~秋八
　　月로 기간편년하고 8월에 배치하였다.

1297) 이 기사는 월이 표기되지 않았으나, 연도의 맨앞이자 秋九月 기사의 앞에 배치되어 있어 春正月~秋八
　　月로 기간편년하고 8월에 배치하였다.

1298) 저본에는 '大'로 되어 있으나, 鑄字本·『三國史節要』에 의거하여 '太'로 수정해야 한다.

1299) 저본에는 '大'로 되어 있으나, 鑄字本·『三國史節要』에 의거하여 '太'로 수정해야 한다.

1300) 저본에는 '日'로 되어 있으나, 鑄字本·『三國史節要』에 의거하여 '目'으로 수정해야 한다.

1301) 『三國遺事』 1 王曆 1에는 "第七沙伴王[一作沙夷△ 仇首之子 立卽廢]", "第八古尒王[肖故之母弟 甲寅
　　立 理五十二年]"이라고 되어 있다. 『三國遺事』 2 紀異 2 南扶餘 前百濟 北扶餘의 '或云'에는 樂初 2년
　　己未(239)로 기록되어 있다.

1302) 이 기사는 연도가 표기되지 않았으나, 『三國史記』 24 百濟本紀 2, 『三國史節要』 3에 의거하여 靑龍 2
　　년(234)에 편년하고 배치하였다.

신라　　　　　　春正月 新羅王東巡 撫恤人民 (『三國史節要』3)

236(丙辰/신라 조분이사금 7/고구려 동천왕 10/백제 고이왕 3/曹魏 靑龍 4/倭 神功 36)

신라 골벌국　　春二月 骨伐國王阿音夫 率衆來降 賜第宅田莊安之 以其地爲郡 (『三國史記』2 新羅
　　　　　　　本紀 2)

신라 골벌국　　春二月 骨伐國主阿音夫 率衆降于新羅 王賜田宅 以其地爲郡 (『三國史節要』3)

신라 골화소국

　　　　　　　臨川縣 助貴[1303]王時 伐淂[1304]骨大[1305]小國 置縣 (『三國史記』34 雜志 3 地理 1
　　　　　　　良州)[1306]

고구려　　　　　春二月 吳王孫權 遣使者胡衛通和 王留其使 (『三國史記』17 高句麗本紀 5)

고구려　　　　　(春二月) 吳王孫權 遣胡衛通和于高勾麗 王留其使 斬之 傳首於魏 (『三國史節要』
　　　　　　　3)[1307]

고구려　　　　　至秋七月 斬之 傳首於魏 (『三國史記』17 高句麗本紀 5)

고구려　　　　　秋七月 高句驪王宮斬送孫權使胡衛等首 詣幽州 (『三國志』3 魏書 3 明帝紀)

백제　　　　　　冬十月 王獵西海大嶋 手射四十鹿 (『三國史記』24 百濟本紀 2)

백제　　　　　　冬十月 百濟王獵西海大嶋 手射鹿四十 權近曰 蒐狩之禮 所以爲民除害也 然其好生
　　　　　　　愛物之心 亦所不忍 故制爲禮制 使不敢過焉 易曰 王用三驅 失前禽 禮曰 天子不合
　　　　　　　圍 諸侯不掩群 大夫不麛卵 士不覆巢 盖不欲幷包而多取也 以御則逐禽左者 盖不欲
　　　　　　　詭而多獲也 以射則天子殺下大綏 諸侯殺下小綏 亦不欲久畋而多殺也 故成湯祝網 開
　　　　　　　其三面 其仁至矣 濟王以國君之尊 曠廢庶政 越風濤之險 觸嶮嵦之危 多殺不忌 誇示
　　　　　　　射御之能 侈然自肆而不知其爲非也 其仁心亡矣 吁人不可無仁心也 大夫士亦不敢多
　　　　　　　取 況人君乎 傳曰 馳騁田獵 令人心發狂 可不戒哉 (『三國史節要』3)

237(丁巳/신라 조분이사금 8/고구려 동천왕 11/백제 고이왕 4/曹魏 景初 1/倭 神功 37)

고구려 요동　　(秋七月丁卯)初 權遣使浮海與高句驪通 欲襲遼東 遣幽州刺史毌丘儉率諸軍及鮮卑烏
　　　　　　　丸屯遼東南界 璽書徵公孫淵 淵發兵反 儉進軍討之 會連雨十日 遼水大漲 詔儉引軍
　　　　　　　還 右北平烏丸單于寇婁敦遼西烏丸都督王護留等居遼東 率部衆隨儉內附 (『三國志』
　　　　　　　3 魏書 3 明帝紀)

요동　　　　　　景初元年 乃遣幽州刺史毌丘儉等齎璽書徵淵 淵遂發兵 逆於遼隧 與儉等戰 儉等不利
　　　　　　　而還 (『三國志』8 魏書 8 二公孫陶四張傳 公孫淵)[1308]

요동　　　　　　率幽州諸軍至襄平 屯遼隧 右北平烏丸單于寇婁敦遼西烏丸都督率衆王護留等 昔隨袁
　　　　　　　尚奔遼東者 率衆五千餘人降 寇婁敦遣弟阿羅槃等詣闕朝貢 封其渠率二十餘人爲侯王
　　　　　　　賜輿馬繒綵各有差 公孫淵逆與儉戰 不利 引還 (『三國志』28 魏書 28 王毌丘諸葛鄧
　　　　　　　鍾傳 毌丘儉)[1309]

1303) 저본에는 '貴'로 되어 있으나, 『高麗史』·『東國輿地勝覽』에 의거하여 '責'으로 수정해야 한다.
1304) 저본에는 '淂'으로 되어 있으나, 鑄字本에 의거하여 '得'으로 수정해야 한다.
1305) 저본에는 '大'로 되어 있으나, 『高麗史』·『東國輿地勝覽』에 의거하여 '火'로 수정해야 한다.
1306) 이 기사는 연대가 표기되지 않았으나, 『三國史記』2 新羅本紀 2, 『三國史節要』3에 의거하여 조분이
　　　사금 7년(236) 2월에 편년하고 배치하였다.
1307) '斬之 傳首於魏'는 『三國史記』·『三國志』에는 7월로 되어 있다.
1308) 이 기사는 월일이 표기되지 않았으나, 『三國志』3 魏書 3 明帝紀에 의거하여 7월 2일에 편년하고 배
　　　치하였다.
1309) 이 기사는 연대가 표기되지 않았으나, 『三國志』3 魏書 3 明帝紀에 의거하여 景初 원년(237) 7월 2일

요동	(秋七月辛卯) 淵自儉還 遂自立爲燕王 置百官 稱紹漢元年 (『三國志』 3 魏書 3 明帝紀)
요동	(景初元年) 淵遂自立爲燕王 置百官有司 遣使者持節 假鮮卑單于璽 封拜邊民 誘呼鮮卑 侵擾北方[1310] (『三國志』 8 魏書 8 二公孫陶四張傳 公孫淵)[1311]

신라	秋八月 蝗害穀 (『三國史記』 2 新羅本紀 2)
신라	秋八月 新羅蝗害穀 (『三國史節要』 3)

고구려	遣使如魏 賀改年號 是景初元年也 (『三國史記』 17 高句麗本紀 5)
고구려	高勾麗遣使如魏 賀改元 (『三國史節要』 3)

238(戊午/신라 조분이사금 9/고구려 동천왕 12/백제 고이왕 5/曹魏 景初 2/倭 神功 38)

백제	春正月 祭天地 用鼓吹 (『三國史記』 24 百濟本紀 2)
백제	古記云 (…) 設壇祠天地 (…) 古尒王五年春正月 (…) 並如上行 (『三國史記』 32 雜志

에 편년하고 배치하였다.

1310) 魏書曰 淵知此變非獨出儉 遂爲備 遣使謝吳 自稱燕王 求爲與國 然猶令官屬上書自直于魏曰 大司馬長史臣郭昕叅軍臣柳浦等七百八十九人言 奉被今年七月己卯詔書 伏讀懇切 精魄散越 不知身命所當投措 昕等伏自惟省 螻蟻小醜 器非時用 遭値千載 被受公孫淵祖考以來光明之德 惠澤沾渥 滋潤榮華 無寸尺之功 有負乘之累 遂蒙褒獎 登名天府 並以駑蹇附龍託驥 紆青拖紫 飛騰雲梯 感恩惟報 死不擇世 臣等聞明君在上 聽政采言 人臣在下 得無隱情 是以因緣訴讓 冒犯怨冤 郡在藩表 密邇不羈 平昔三州 轉輸費調 以供賞賜 歲用累億 虛耗中國 然猶跋扈 虔劉邊陲 烽火相望 羽檄相逮 城門晝閉 路無行人 州郡兵戈 奔散覆沒 淵祖父度初來臨郡 承受荒殘 開日月之光 建神武之略 聚烏合之民 掃地爲業 威震燿于殊俗 德澤被于羣生 遼土之不壞 實度是賴 孔子曰 微管仲 吾其被髮左袵 向不遭度 則郡早爲丘墟 而民係於虜廷矣 遺風餘愛 永存不朽 度旣薨殂 吏民感慕 欣戴子康 尊而奉之 康踐統洪緒 克壯徽猷 文昭武烈 邁德種仁 乃心京輦 翼翼虔恭 佐國平亂 效績紛紜 功隆事大 勳藏王府 度康當値武皇帝休明之會 合策名之計 夾輔漢室 降身委質 卑己事魏 匪處小厭大 畏而相厝焉 乃慕託高風 懷仰盛懿 武皇帝亦虛心接納 待以不次 功無巨細 每不見忘 又命之曰 海北土地 割以付君 世世子孫 實得有之 皇天后土 實聞德音 臣庶小大 豫在下風 奉以周旋 不敢失墜 淵生有蘭石之姿 少含愷悌之訓 允文允武 忠惠且直 生民欽仰 莫弗懷愛 淵纂戎祖考 君臨萬民 爲國以禮 淑化流行 獨見先覩 羅結遐方 勤王之義 險險如夷 世載忠亮 不隕厥名 孫權慕義 不遠萬里 連年遣使 欲自結援 雖見絶殺 不念舊怨 纖纖往來 求成恩好 淵執節彌固 不爲利迴 守志匪石 確乎彌堅 猶懼丹心未見保明 乃卑辭厚幣 誘致權使 梟首獻馘 以示無二 吳雖在遠 水道通利 擧帆便至 無所隔限 淵不顧敵讎之深 念存人臣之節 絶彊吳之歡 昭事魏之心 靈祇明鑒 晉人咸聞 陛下嘉美洪烈 懿茲武功 誕錫休命 寵亞齊魯 下及陪臣 普受介福 誠以天覆之恩 當卒終始 得竭股肱 永保祿位 不虞一旦 橫被殘酷 惟育養之厚 念積累之效 悲思不逞 痛切見棄 擧國號咷 拊膺泣血 夫三軍所伐 蠻夷戎狄 驕逸不虔 於是致武 不聞義國反受誅討 蓋聖王之制 五服之域 有不供職 則脩文德 而又不至 然後征伐 淵小心翼翼 恪恭于位 勤事奉上 可謂勉矣 盡忠竭節 還被患禍 小弁之作 離騷之興 皆由此也 就或佞邪 盜言孔甘 猶當淸覽 憎而知善 讒巧似直 惑亂聖聽 尙望文告 使知所由 若信有罪 當垂三宥 若不改竄 計功減降 當在八議 而潛軍內襲 大兵奄至 舞戈馬驅 衝擊遼土 犬馬惡死 況於人類 吏民昧死 挫辱王師 淵雖冤枉 方臨危殆 猶恃聖恩 悵然重奔 冀必蒙臣矯制 妄肆威虐 乃謂臣等曰 漢安帝建光元年 遼東屬國都尉龐奮 受三月乙未詔書 曰收幽州刺史馮煥玄菟太守姚光 推案無乙未詔書 遣侍御史幽州收考姦臣矯制者 今刺史或儻謬承矯制平 臣等議 以爲刺史興兵 搖動天下 殆非矯制 必是詔命 淵乃俛仰歎息 自傷無罪 深惟土地所以養人 竊慕古公杖策之岐 乃欲投冠釋紱 逝歸林麓 臣等維持 誓之以死 屯守府門 不聽所執 而七營虎士 五部蠻夷 各懷素飽 不謀同心 奮臂大呼 排門遁出 近郊農民 釋其耦鋤 伐薪制梃 改案爲櫓 奔馳赴難 軍旅結成 雖蹈湯火 死不顧生 淵雖見孤棄 怨而不怒 比遣敕軍 勿得干犯 及手書告語 懇惻至誠 而吏士凶悍 不可解散 期於畢命 投死無悔 淵懼吏士不從敎令 乃躬馳騖 自往化解 僅乃止之 一飯之惠 匹夫所死 況淵累葉信結百姓 恩著民心 自先帝初興 爰暨陛下 榮淵累葉 豐功懿德 策名褒揚 辯著廟廊 勝衣擧履 誦詠明文 以爲口實 埋而掘之 古人所恥 小白重耳 衰世諸侯 猶慕著信 以隆霸業 詩美文王作孚萬邦 論語稱仲尼去食存信 信之爲德 固亦大矣 今吳蜀共帝 鼎足而居 天下搖蕩 無所統一 臣等每爲陛下懼此危心 淵據金城之固 仗和睦之民 國殷兵彊 可以橫行 策名委質 守死善道 忠至義盡 爲九州表 方今二敵闚(門+兪) 未知孰定 是之不戒 而淵是害 茹柔吐剛 非王者之道也 臣等雖鄙 誠竊恥之 若無天乎 臣一郡吉凶 尙未可知 若云有天 亦何懼焉 臣等聞仕於家者 二世則主之 三世則君之 臣等生於荒裔之士 出於圭竇之中 無大援於魏 世隸於公孫氏 報生與賜 在於死力 昔蒯通直言 漢祖赦其誅 鄭詹辭順 晉文原其死 臣等頑愚 不達大節 苟執一介 披露肝膽 言逆龍鱗 罪當萬死 惟陛下恢崇撫育 亮其控告 使疏遠之臣 永有保持 (裴松之 註)

1311) 이 기사는 월일이 표기되지 않았으나, 『三國志』 3 魏書 3 明帝紀에 의거하여 7월 26일에 편년하고 배치하였다.

	1 祭祀)
백제	春正月 百濟王祭天地 用鼓吹 (『三國史節要』3)
요동	春正月 詔太尉司馬宣王帥衆討遼東[1312] (『三國志』3 魏書 3 明帝紀)
요동	(景初)二年春 遣太尉司馬宣王征淵 (『三國志』8 魏書 8 二公孫陶四張傳 公孫淵)[1313]
요동	明年 帝遣太尉司馬宣王統中軍及儉等數萬討淵 定遼東 (『三國志』28 魏書 28 王毌 丘諸葛鄧鍾傳 毌丘儉)[1314]
백제	二月 田於釜山 五旬乃返 (『三國史記』24 百濟本紀 2 古爾王)
백제	二月 百濟王田於釜山 五旬乃返 (『三國史節要』3)
백제	夏四月 震王宮門柱 黃龍自其門飛出 (『三國史記』24 百濟本紀 2)
백제	夏四月 震百濟王宮門柱 黃龍自其門飛出 (『三國史節要』3)
요동	(景初二年)六月 軍至遼東[1315] 淵遣將軍卑衍楊祚等步騎數萬 屯遼隧圍塹二十餘里 宣 王軍至 令衍逆戰 宣王遣將軍胡遵等擊破之 宣王令軍穿圍 引兵東南向 而急東北 卽 趨襄平 衍等恐襄平無守 夜走 諸軍進至首山 淵復遣衍等迎軍殊死戰 復擊 大破之 遂 進軍造城下 爲圍塹 (『三國志』8 魏書 8 二公孫陶四張傳 公孫淵)
요동	六月 司馬懿軍至遼東 公孫淵使大將軍卑衍楊祚[1316] 將步騎數萬屯遼隧 圍塹二十餘 里[1317] 諸將欲擊之 懿曰 賊所以堅壁 欲老吾兵也 今攻之 正墮其計 且賊大衆在此 其巢窟空虛 直指襄平 破之必矣 乃多張旗幟 欲出其南[1318] 衍等盡銳趣之 懿潛濟水 出其北 直趣襄平[1319] 衍等恐 引兵夜走 諸軍進至首山[1320] 淵復使衍等逆戰[1321] 懿 擊 大破之 遂進圍襄平 (『資治通鑑』74 魏紀 6 烈祖明皇帝)
대방	景初二年六月 倭女王遣大夫難升米等詣郡 求詣天子朝獻 太守劉夏遣吏將送詣京都 (『三國志』30 魏書 30 烏丸鮮卑東夷傳 倭人)[1322]

1312) 干寶晉紀曰 帝問宣王 度公孫淵將何計以待君 宣王對曰 淵棄城預走 上計也 據遼水拒大軍 其次也 坐守 襄平 此爲成禽耳 帝曰 然則三者何出 對曰 唯明智審量彼我 乃預有所割棄 此旣非淵所及 又謂 今往縣遠 不 能持久 必先拒遼水 後守也 帝曰 往還幾日 對曰 往百日 攻百日 還百日 以六十日爲休息 如此 一年足矣 魏 名臣奏載散騎常侍何曾表曰 (…) 毌丘儉志記云 時以儉爲宣王副也 (裴松之 註)

1313) 이 기사는 "春"으로 표기되어 있으나, 『三國志』3 魏書 3 明帝紀에 의거하여 景初 2년(238) 정월에 편년하고 배치하였다.

1314) 이 기사는 연대가 표기되지 않았으나, 『三國志』3 魏書 3 明帝紀에 의거하여 景初 2년(238) 정월에 편년하고 배치하였다. 또 '明年'은 毌丘儉의 요동 정벌 다음 해를 가리키는데, 景初 원년(237)의 다음 해 이므로 합치된다.

1315) 漢晉春秋曰 公孫淵自立 稱紹漢元年 聞魏人將討 復稱臣於吳 乞兵北伐以自救 吳人欲戮其使 羊衜曰 不 可 是肆匹夫之怒而損霸王之計也 不如因而厚之 遣奇兵潛往以要其成 若魏伐淵不克 而我軍遠赴 是恩結遐夷 義蓋萬里 若兵連不解 首尾離隔 則我虜其傍郡 驅略而歸 亦足以致天之罰 報雪曩事矣 權曰 善 乃勒兵大出 謂淵使曰 請俟後問 當從簡書 必與弟同休戚 共存亡 雖隕于中原 吾所甘心也 又曰 司馬懿所向無前 深爲弟 憂也 (裴松之 註)

1316) 姓譜 卑 卑耳國之後 或云鮮卑之後 蔡邕胡太傅碑有太傅掾鴈門卑登 (胡三省 註)

1317) 考異曰 晉宣紀云南北六七十里 今從淵傳 (胡三省 註)

1318) 幟 昌志翻 (胡三省 註)

1319) 趣 七喻翻 (胡三省 註)

1320) 首山在襄平西南 (胡三省 註)

1321) 復 扶又翻 下同 (胡三省 註)

1322) '景初二年(238)'은 '景初三年'(239)의 誤記로 보는 것이 타당하다. 왜냐하면 『日本書紀』神功紀 39년에 "卅九年是年也 大歲己未 [魏志云 明帝景初三年六月 倭女王遣大夫難斗米等 詣郡求詣天子朝獻 太守鄧夏遣 使將送詣京都也]"이라고 나오며 『梁書』諸夷傳 倭條에도 "至魏景初三年 公孫淵誅後 卑彌呼始遣使朝貢 魏以爲親魏王 假金印紫綬"이라고 기재되어 있기 때문이다.

요동	秋七月 大霖雨 遼水暴漲 運船自遼口徑至城下[1323] 雨月餘不止 平地水數尺 三軍恐 欲移營 懿令軍中 敢有言徙者斬 都督令史張靜犯令 斬之[1324] 軍中乃定 賊恃水 樵牧 自若 諸將欲取之 懿皆不聽 司馬陳珪曰 昔攻上庸 八部俱進 晝夜不息 故能一旬之半 拔堅城 斬孟達[1325] 今者遠來而更安緩 愚竊惑焉 懿曰 孟達衆少而食支一年 將士四 倍於達而糧不淹月[1326] 以一月圖一年 安可不速 以四擊一 正令失半而克 猶當爲之 是以 不計死傷 與糧競也[1327] 今賊衆我寡 賊飢我飽 水雨乃爾[1328] 功力不設 雖當促 之 亦何所爲 自發京師 不憂賊攻 但恐賊走 今賊糧垂盡而圍落未合 掠其牛馬 抄其樵 采[1329] 此故驅之走也 夫兵者詭道 善因事變[1330] 賊憑衆恃雨 故雖飢困 未肯束手 當 示無能以安之 取小利以驚之 非計也[1331] 朝廷聞師遇雨 咸欲罷兵 帝曰 司馬懿臨危 制變 禽淵可計日待也 雨霽 懿乃合圍 作土山地道 楯櫓鉤衝[1332] 晝夜攻之 矢石如雨 淵窘急[1333] 糧盡 人相食 死者甚多 其將楊祚等降 (『資治通鑑』74 魏紀 6 烈祖明皇 帝)
요동	會霖雨三十餘日 遼水暴長 運船自遼口徑至城下 雨霽 起土山脩櫓 爲發石連弩射城中 淵窘急 糧盡 人相食 死者甚多 將軍楊祚等降 (『三國志』8 魏書 8 二公孫陶四張傳 公孫淵)
요동	(秋八月)丙寅 司馬宣王圍公孫淵於襄平 大破之 傳淵首于京都 海東諸郡平 (『三國志』 3 魏書 3 明帝紀)
요동	(景初二年)八月丙寅夜 大流星長數十丈 從首山東北墜襄平城東南 (『三國志』8 魏書 8 二公孫陶四張傳 公孫淵)
요동	八月 淵使相國王建御史大夫柳甫請解圍卻兵 當君臣面縛 懿命斬之 檄告淵曰 楚鄭列 國 而鄭伯猶肉袒牽羊迎之[1334] 孤天子上公[1335] 而建等欲孤解圍退舍 豈得禮邪 二人 老耄 傳言失指 已相爲斬之[1336] 若意有未已 可更遣年少有明決者來[1337] 淵復遣侍中 衛演乞克日送任[1338] 懿謂演曰 軍事大要有五 能戰當戰 不能戰當守 不能守當走 餘 二事 但有降與死耳[1339] 汝不肯面縛 此爲決就死也 不須送任 (『資治通鑑』74 魏紀 6 烈祖明皇帝)[1340]

요동 대방 낙랑 현도

1323) 遼口 遼水津渡之口也 (胡三省 註)
1324) 晉職官志 魏制 諸公加兵者置都督令史一人 (胡三省 註)
1325) 事見七十一卷太和二年 (胡三省 註)
1326) 淹 留也 言所留之糧不支一月也 (胡三省 註)
1327) 競 爭也 懿之語珪 猶有廋辭 蓋其急攻孟達 豈特與糧競哉 懼吳蜀救兵至耳 (胡三省 註)
1328) 爾 如此也 (胡三省 註)
1329) 抄 楚交翻 (胡三省 註)
1330) 言善兵者 能因事而變化也 (胡三省 註)
1331) 懿知淵可禽 欲以全取之 (胡三省 註)
1332) 楯 干也 攻城之士 以扞蔽其身 櫓 樓車 登之以望城中 鉤 鉤梯也 所以鉤引上城者 衝 衝車也 以衝城 (胡 三省 註)
1333) 窘 巨隕翻 (胡三省 註)
1334) 左傳 楚莊王圍鄭 克之 入自皇門 至于逵路 鄭伯肉袒牽羊以逆 (胡三省 註)
1335) 漢太傅 位上公 懿時爲太尉而自謂上公 以太尉於三公爲上也 (胡三省 註)
1336) 爲 于僞翻 (胡三省 註)
1337) 少 詩照翻 (胡三省 註)
1338) 送任 謂送質子也 復 扶又翻 (胡三省 註)
1339) 降 戶江翻 (胡三省 註)
1340) 이 기사는 일자가 표기되지 않았으나, 『三國志』 3 魏書 3 明帝紀, 『三國志』8 魏書 8 二公孫陶四張傳 公孫淵에 의거하여 丙寅(7일)에 편년하고 배치하였다.

(秋八月)壬午(23) 淵衆潰 與其子脩將數百騎 突圍東南走 大兵急擊之 當流星所墜處
斬淵父子 城破 斬相國以下首級以千數 傳淵首洛陽 遼東帶方樂浪玄菟悉平 (『三國志』
8 魏書 8 二公孫陶四張傳 公孫淵)

요동 대방 낙랑 현도
(八月)壬午(23) 襄平潰 淵與子脩將數百騎 突圍東南走 大兵急擊之 斬淵父子於梁水
之上[1341] 懿旣入城 誅其公卿以下及兵民七千餘人 築爲京觀[1342] 遼東帶方樂浪玄菟
四郡皆平[1343] (『資治通鑑』 74 魏紀 6 烈祖明皇帝)

대방
(景初二年)其年十二月 詔書報倭女王曰 制詔親魏倭王卑彌呼 帶方太守劉夏[1344]遣使
送汝大夫難升米次使都市牛利 奉汝所獻男生口四人女生口六人班布二匹二丈 以到 汝
所在踰遠 乃遣使貢獻 是汝之忠孝 我甚哀汝 今以汝爲親魏倭王 假金印紫綬 裝封付
帶方太守假授汝 其綏撫種人 勉爲孝順 汝來使難升米牛利涉遠 道路勤勞 今以難升米
爲率善中郎將 牛利爲率善校尉 假銀印靑綬 引見勞賜遣還 今以絳地交龍錦五匹[1345]
絳地縐粟罽十張蒨絳五十匹紺靑五十匹 答汝所獻貢直 又特賜汝紺地句文錦三匹細班
華罽五張白絹五十匹金八兩五尺刀二口銅鏡百枚眞珠鉛丹各五十斤 皆裝封付難升米牛
利還 到錄受 悉可以示汝國中人 使知國家哀汝 故鄭重賜汝好物也 (『三國志』 30 魏
書 30 烏丸鮮卑東夷傳 倭人)[1346]

고구려 요동 魏大[1347]傅司馬宣王 率衆討公孫淵 王遣主簿大加 將兵千人助之 (『三國史記』 17 高
句麗本紀 5)
고구려 요동 高勾麗王遣主簿大加將兵千人 助魏太傅司馬懿討公孫淵 (『三國史節要』 3)
고구려 요동 景初二年 太尉司馬宣王率衆討公孫淵 宮遣主簿大加將數千人助軍 (『三國志』 30 魏
書 30 烏丸鮮卑東夷傳 高句麗)
고구려 요동 魏景初二年 遣太傅司馬宣王率衆討公孫淵 位宮遣主簿大加將兵千人助軍 (『梁書』 54
列傳 48 東夷傳 高句麗)
고구려 요동 魏景初二年 遣太傅 司馬宣王率衆討公孫文懿 位宮遣主簿 大加將數千人助軍 (『北史』
94 列傳 82 四夷 上 高句麗)

대방 낙랑 한국
是年 遣帶方太守劉昕·樂浪太守鮮于嗣 越海定二郡諸韓國臣智 加賜邑君印綬 其次與
邑長 (『冊府元龜』 963 外臣部 8 封冊 1)
요동 낙랑 대방 동이(삼한)
景初中 大興師旅 誅淵 又潛軍浮海 收樂浪帶方之郡 而後海表謐然 東夷屈服 (『三國
志』 30 魏書 30 烏丸鮮卑東夷傳)[1348]

1341) 班志 遼東郡遼陽縣 註云 大梁水西南至遼陽 入遼水 水經註 小遼水出玄菟高句麗縣遼山 西南流逕襄平縣
　　入大梁水 水出北塞外 西南流而入于遼水 (胡三省 註)
1342) 杜預曰 積尸封土於其上 謂之京觀 觀 古玩翻 (胡三省 註)
1343) 漢帶方縣 屬樂浪郡 公孫氏分立郡 陳壽曰 建安中 公孫康分屯有以南荒地爲帶方郡 倭韓諸國羈屬焉 樂浪
　　音洛琅 菟 同都翻 (胡三省 註)
1344) 『日本書紀』 神功紀 39년(239)에는 '鄭夏'로 표기되어 있다.
1345) 臣松之以爲地應爲絳 漢文帝着皂衣謂之弋綈是也 此字不體 非魏朝之失 則傳寫者誤也 (裴松之 註)
1346) '景初二年(238)'은 '景初三年'(239)의 誤記로 보는 것이 타당하다. 왜냐하면 『日本書紀』 神功紀 39년조
　　에 "卅九年是年也 大歲己未 [魏志云 明帝景初三年六月 倭女王遣大夫難斗米等 詣郡求詣天子朝獻 太守鄧
　　夏遣使將送詣京都也]"이라고 나오며 『梁書』 諸夷傳 倭條에도 "至魏景初三年 公孫淵誅後 卑彌呼始遣使朝
　　貢 魏以爲親魏王 假金印紫綬"이라고 기재되어 있기 때문이다.
1347) 저본에는 '大'로 되어 있으나. 鑄字本·『三國史節要』에 의거하여 '太'로 수정해야 한다.
1348) 해당 기사에 정확한 일자가 없으나 앞의 『冊府元龜』 기사에 의거하여 배치하였다.

대방 낙랑 한
景初中 明帝密遣帶方太守劉昕樂浪太守鮮于嗣越海定二郡 諸韓國臣智加賜邑君印綬
其次與邑長 其俗好衣幘 下戶詣郡朝謁 皆假衣幘 自服印綬衣幘千有餘人 (『三國志』
30 魏書 30 烏丸鮮卑東夷傳 韓)[1349]

239(己未/신라 조분이사금 10/고구려 동천왕 13/백제 고이왕 6/曹魏 景初 3/倭 神功 39)

백제	春正月 不雨 至夏五月 乃雨 (『三國史記』 24 百濟本紀 2)
백제	春正月 百濟不雨 至夏五月 乃雨 (『三國史節要』 3)

대방	是年也[1350] 大歲己未[魏志云 明帝景初三年六月 倭女王遣大夫難斗米等 詣郡求詣天子朝獻 太守鄧夏遣使將送詣京都也] (『日本書紀』 9 神功紀)

백제	或云 至樂初二年己未 乃崩 古爾方立 (『三國遺事』 2 紀異 2 南扶餘 前百濟 北扶餘)[1351]

240(庚申/신라 조분이사금 11/고구려 동천왕 14/백제 고이왕 7/魏 正始 1/倭 神功 40)

백제 신라	(1~3월) 遣兵侵新羅 (『三國史記』 24 百濟本紀 2)[1352]
신라 백제	(1~3월) 百濟侵西邊 (『三國史記』 2 新羅本紀 2)[1353]
백제 신라	百濟遣兵侵新羅西鄙 (『三國史節要』 3)

백제	夏四月 拜眞忠爲左將 委以內外兵馬事 (『三國史記』 24 百濟本紀 2)
백제	夏四月 百濟以拜眞忠爲左將 委以內外兵馬事 (『三國史節要』 3)

백제	秋七月 大閱於石川 雙鴈起於川上 王射之皆中 (『三國史記』 24 百濟本紀 2)
백제	秋七月 百濟王大閱於石川 (『三國史節要』 3)

신라 백제	百濟侵西邊 (『三國史記』 2 新羅本紀 2)
백제 신라	百濟遣兵侵新羅西鄙 (『三國史節要』 3)

241(辛酉/신라 조분이사금 12/고구려 동천왕 15/백제 고이왕 8/魏 正始 2/倭 神功 41)

고구려	魏齊王正始二年 位宮寇西安平[1354] (『太平寰宇記』 173 四夷 2 東夷 2 高句麗國)

242(壬戌/신라 조분이사금 13/고구려 동천왕 16/백제 고이왕 9/魏 正始 3/倭 神功 42)

백제	春二月 命國人開稻田於南澤 (『三國史記』 24 百濟本紀 2)
백제	春二月 百濟王 命國人 始開稻田於南澤 (『三國史節要』 3)

백제	夏四月 以叔父質爲右輔 質性忠毅 謀事無失 (『三國史記』 24 百濟本紀 2)

1349) 이 기사는 景初 원년(237)~景初 3년(239)으로 기간편년하고, 景初 3년(239)에 배치하였다.
1350) 神功紀 49년조는 『日本書紀』의 기년으로는 249년이지만, 그 분주에 인용한 "明帝景初三年六月"의 기사에 의거하여 여기에 배치한다. 己未 또한 239년에 해당하고, 249년은 己巳이다.
1351) 『三國史記』 24 百濟本紀 2, 『三國史節要』 3에는 靑龍 2년 甲寅(234)으로 기록되어 있다. 참고로 이해는 景初 3년(239)이고, 樂初라는 연호는 현재까지 알려지지 않았다.
1352) 이 기사 다음에 4월 기사가 배치되어 있어 1~3월으로 기간편년하였다.
1353) 해당 연도에 이 기사가 기록되어 있으나, 백제본기에 의거 1~3월으로 기간편년하였다.
1354) 遼東屬邑

백제		夏四月 百濟王 以叔父質爲右輔 質性忠毅 謀事無失 (『三國史節要』3)

백제		秋七月 出西門 觀射 (『三國史記』24 百濟本紀 2)
백제		秋七月 百濟王出西門 觀射 (『三國史節要』3)

신라		秋 大有年 古陀郡進嘉禾 (『三國史記』2 新羅本紀 2)
신라		新羅大有年 古陀郡進嘉禾 (『三國史節要』3)

고구려 요동		王遣將 襲破遼東西安平 (『三國史記』17 高句麗本紀 5)
고구려 요동		高勾麗王遣將 襲破遼東西安平 (『三國史節要』3)

고구려		正始三年高句驪反 督七牙門討句驪 (「魏毌丘儉紀功碑」)[1355]
고구려		正始三年 位宮寇西安平 (『三國志』30 魏書 30 烏丸鮮卑東夷傳 30 高句麗)
고구려		正始三年 位宮寇西安平 (『梁書』54 列傳 48 諸夷 東夷 高句驪)
고구려		正始三年 位宮寇遼西安平 (『北史』94 列傳 82 四夷 上 高句麗)
고구려		魏齊王正始三年 位宮寇西安平[1356] (『通典』186 邊防 2 東夷 下 高句麗)

243(癸亥/신라 조분이사금 14/고구려 동천왕 17/백제 고이왕 10/魏 正始 4/倭 神功 43)

고구려		春正月 立王子然弗爲王太子 赦國囚 (『三國史記』17 高句麗本紀 5)
고구려		春正月 高句麗立王子然弗爲王太子 赦國內 (『三國史節要』3)

백제		春正月 設大壇 祀天地山川 (『三國史記』24 百濟本紀 2)
백제		古記云 (중략) 設壇祠天地(중략) 古尒王(중략) 十年 春正月(중략) 並如上行 (『三國史記』32 雜志 1 祭祀)
백제		春正月 百濟 設大壇 祀天地山川 (『三國史節要』3)

244(甲子/신라 조분이사금 15/고구려 동천왕 18/백제 고이왕 11/魏 正始 5/倭 神功 44)

신라		春正月 拜伊湌于老爲舒弗邯 兼知兵馬事 (『三國史記』2 新羅本紀 2)
신라		(助賁王)十五年 正月 進爲舒弗耶 兼知兵馬事 (『三國史記』45 列傳 5 石于老)
신라		春正月 新羅 以伊湌于老爲舒弗邯 兼知兵馬事 (『三國史節要』3)

고구려		五<年> 復遺寇 (「魏毌丘儉紀功碑」)
고구려		正始中 儉以高句驪數侵叛 督諸軍步騎萬人出玄菟 諸道討之 句驪王宮將步騎二萬人 進軍沸流水上 大戰梁口[1357]宮連破走 儉逐束馬縣車 以登丸都 屠句驪所都 斬獲首虜 以千數 句驪沛者名得來 數諫宮[1358]宮不從其言 得來歎曰 立見此地將生蓬蒿 逐不食 而死 舉國賢之 儉令諸軍不壞其墓 不伐其樹 得其妻子 皆放遣之 宮單將妻子逃竄 儉 引軍還 (『三國志』28 魏書 28 王毌丘諸葛鄧鍾傳)
고구려 현도		其五年 爲幽州刺史毌丘儉所破 語在儉傳 (『三國志』30 魏書 30 烏丸鮮卑東夷傳 30 高句麗)

1355) 관구검의 고구려침공 시기에 대해서는 『三國志』4 魏書 4 三少帝紀 齊王 芳에서는 246년 2월로, 『三國志』28 魏書 28 王毌丘諸葛鄧鍾傳에서는 '정시연간(240~249)'과 6년으로, 『三國史記』17 高句麗本紀 5에서는 東川王 20년(246) 8월의 일로 기록하고 있다.
1356) 在遼東
1357) 梁音渴
1358) 臣松之按東夷傳 沛者 句驪國之官名

고구려 현도	五年 幽州刺史毋丘儉將萬人出玄菟 討位宮 位宮將步騎二萬人逆軍 大戰於沸流 位宮敗走 儉軍追至峴 懸車束馬 登丸都山 屠其所都 斬首虜萬餘級 位宮單將妻息遠竄 (『梁書』54 列傳 48 諸夷 東夷 高句麗)	
고구려 현도	(正始)五年 幽州刺史毋丘儉將萬人出玄菟討之 戰於沸流 位宮敗走 儉追至頹峴 懸車束馬 登丸都山 屠其所都 斬首虜萬餘級 (『通典』186 邊防 2 東夷 下 高句麗)	
고구려 옥저	魏齊王正始五年 幽州刺史毋丘儉討句麗 句麗王宮奔沃沮 遂進師擊沃沮邑落 皆破之 宮又奔北沃沮 北沃沮一名置溝婁 去南沃沮八百餘里 其俗南北皆同 與挹婁接 挹婁喜乘船寇抄 北沃沮畏之 夏月常在山巖深穴中爲守備 冬月冰凍 船道不通 乃下居村落 毋丘儉遣玄菟太守王頎追討宮 盡其東界 耆老言 國人嘗乘船捕魚 遭風吹 數十日東到一島 上有人 言語不相曉 其俗嘗以七月取童女沈海 又言有一國亦在海中 純女無男人 或傳其國有神井 闚之輒生子 又說 得一布衣 從海中浮出 其身如中人衣 其兩袖長三丈 又得一破船 隨波出在海岸邊 有一人項中復有面 生得之 與語不相通 不食而死 其城皆在沃沮東大海中 (『通典』186 邊防 2 東夷 下 東沃沮)	
고구려 현도	(正始)五年 幽州刺史毋丘儉 將萬人出玄菟討之 戰於沸流 位宮敗走 儉追至頹峴 懸車束馬 登丸都山 屠其所都 斬首萬餘級 (『太平寰宇記』173 四夷 2 東夷 2 高勾麗國)	
옥저	劉敬叔異苑曰 毋丘儉征濊沮 使王頎窮其東界 父老云 曾有破舡從漢海流 得布衫身如中國人 但兩袖俱長三丈 (『太平御覽』693 服章部 10 衫)	
고구려 옥저	正始中 儉以高句驪數侵叛 督諸軍事步騎萬人 出玄菟從諸道 討之 句驪王宮將步騎二萬人 進軍沸流水上 大戰●(渦/水)口1359) 宮連破走 儉遂束馬懸車 以登先1360)都 屠句驪所都 斬獲首虜以千數 宮將妻子逃竄奔沃沮(『册府元龜』349 將帥部 10 立功 2 毋丘儉)	
고구려	高驪王 名宮 將叛於魏 其臣句驪沛者 名得來數諫宮 宮不從其言 得來歎曰 立見此地將生蓬蒿 遂不食而死 舉國賢之 (『册府元龜』962 外臣部 7 賢行)	
고구려	後漢 句驪王宮 勇壯數犯邊境 (『册府元龜』997 外臣部 42 勇鷙)	

245(乙丑/신라 조분이사금 16/고구려 동천왕 19/백제 고이왕 12/魏 正始 6/倭 神功 45)

고구려	春三月 東海人獻美女 王納之後宮 (『三國史記』17 高句麗本紀 5)	
고구려	春三月 高勾麗東海人獻美女 王納之 (『三國史節要』3)	
고구려	(正始)六年五月 旌<師> 討寇將軍巍烏丸單于△ 威寇將軍都亭侯△ 行裨將軍領△△△裨將軍△△△△△△ (「魏毋丘儉紀功碑」)	
고구려 옥저	(正始)六年 復征之 宮遂奔買溝 儉遣玄菟太守王頎追之1361) 過沃沮千有餘里 至肅愼氏南界 刻石紀功 刊丸都之山 銘不耐之城 諸所誅納八千餘口 論功受賞 侯者百餘人1362) (『三國志』28 魏書 28 王毋丘諸葛鄧鍾傳)	
고구려	六年 儉復討之 位宮輕將諸加奔沃沮 儉使將軍王頎追之 絶沃沮千餘里 到肅愼南界 刻石紀功 又到丸都山 銘不耐城而還 其後 復通中夏 (『梁書』54 列傳 48 諸夷 東夷 高句驪)	

1359) (渦/水)音過
1360) '先'은 '丸'의 오자이다.
1361) 世語曰 頎字孔碩 東萊人 晉永嘉中大賊王彌 頎之孫
1362) 이 기사 바로 앞에 "正始中 儉以高句驪數侵叛 督諸軍事步騎萬人出玄菟 從諸道討之 句驪王宮將步騎二萬人 進軍沸流水上 大戰梁口[梁音渴]宮連破走 儉遂束馬縣車 以登丸都 屠句驪所都 斬獲首虜以千數 句驪沛者名得來 數諫宮[臣松之按東夷傳 沛者 句驪國之官名] 宮不從其言 得來歎曰 立見此地將生蓬蒿 遂不食而死 舉國賢之 儉令諸軍不壞其墓 不伐其樹 得其妻子 皆放遣之 宮單將妻子逃竄 儉引軍還"라는 기사가 있다. 이 기사는 내용상 246년에 해당하는 『三國史記』高句麗本紀 및 『三國志』魏書 三少帝紀 齊王 芳에서 기록한 관구검의 대 고구려전의 내용과 동일한 것으로 판단된다.

고구려 옥저	(正始)六年 毌丘儉復討之 位宮輕將諸加奔沃沮 儉使王頎追之 絶沃沮千餘里 到肅愼南界 刻石紀功 又刊丸都山 銘不耐城而還 (『通典』186 邊防 2 東夷 下 高句麗)
고구려 옥저	(正始)六年 儉復討之 位宮輕將諸加奔沃沮 儉使王頎追之 絶沃沮千餘里 刻石紀功 又刊丸都山 銘不耐城而還 (『太平寰宇記』173 四夷 2 東夷 2 高勾麗國)
고구려	魏志曰 毌丘儉字仲恭 有幹策 爲幽州刺史渡遼將軍 儉以高句驪數叛 帥軍出玄菟討之 句驪王宮將步騎三万 上大戰 宮連敗走 逐束馬懸車 登丸都山 斬獲首虜以千數 玄菟太守王頎 過沃沮千餘里 至肅愼界 刻石記功 刊丸都之山 (『太平御覽』278 兵部 9 邊將)
고구려 현도 옥저	
	魏志曰 毌丘儉字仲恭 有幹策 爲幽州刺史度遼將軍 儉以高句驪數侵叛 督將軍出玄菟 從道滑討之 句驪王宮將步騎逆軍 沸水上大戰 宮連破走 逐束馬懸車 登丸都山 屠高麗 所斬獲首虜以千數 使玄菟太守王頎 追過沃沮千餘里 至肅愼界 刻石紀功 刊丸都之山 銘不耐之城 (『太平御覽』312 兵部 43 決戰 中)
신라 고구려	冬十月 高句麗侵北邊 于老將兵出擊之 不克 退保馬頭柵 其夜苦寒 于老勞士卒 躬燒柴煖之 羣心感激 (『三國史記』2 新羅本紀 2)
고구려 신라	冬十月 出師侵新羅北邊 (『三國史記』17 高句麗本紀 5)
고구려 신라	冬十月 高勾麗侵新羅北邊 新羅于老將兵出擊之 不克 退保馬頭柵 時天寒 于老躬行勞問 手燒薪暖之 士卒如挾纊 (『三國史節要』3)
신라 고구려	高句麗侵北邉 出擊之不克 退保馬頭柵 至夜士卒寒苦 于老躬行勞問手燒薪蘸暖熱之 羣心感喜如夾纊 (『三國史記』45 列傳 5 昔于老)
예 낙랑 대방 고구려	
	正始六年 樂浪太守劉茂 帶方太守弓遵 以領東 濊屬句麗 興師伐之 不耐侯等擧邑降 (『三國志』30 魏書 30 烏丸鮮卑東夷傳 濊)
예 낙랑 대방	
	魏齊王正始六年 不耐濊侯等擧邑降 四時詣樂浪帶方二郡朝謁[1363] 有軍征賦調 如中華人焉 (『通典』185 邊防 1 東夷 上 濊)
낙랑 동예 고구려	
	正始六年 樂浪太守鄧茂帶方太守弓遵 以嶺東獩屬句麗 興師伐之 不耐侯等擧邑降 (『太平御覽』780 四夷部 東夷 獩貊)
고구려 옥저	(正始)六年 復進師擊之 沃沮邑落皆破之 斬獲首虜以千餘級 宮奔北沃沮 (『册府元龜』349 將帥部 10 立功 2 毌丘儉)

246(丙寅/고구려 동천왕 20/백제 고이왕 13/신라 조분이사금 17/魏 正始 7/倭 神功 46)

고구려	春二月 幽州刺史毌丘儉討高句驪 (『三國志』4 魏書 4 三少帝紀 齊王 芳)
고구려	春二月 幽州刺史毌丘儉以高句驪王位宮數爲侵叛[1364] 督諸軍討之 位宮敗走 儉遂屠丸都[1365] 斬獲首虜以千數 句驪之臣得來數諫位宮 位宮不從 得來歎曰 立見此地將生蓬蒿 遂不食而死 儉令諸軍不壞其墓[1366] 不伐其樹 得其妻子皆放遣之 位宮單將妻子逃竄 儉引軍還 未幾 複擊之[1367] 位宮遂奔買溝[1368] 儉遣玄菟太守王頎追之 過沃沮

1363) 並今東夷之地

1364) 句 如字 又音駒 驪 力知翻 數 所角翻 下同

1365) 高句驪都於丸都之下 多大山深谷 毌丘儉傳謂懸車束馬以上丸都 可知矣 唐志 自鴨淥江口舟行百餘里 乃小舫泝流東北行 凡五百三十里而至丸都城

1366) 壞 音怪

千有餘里[1369] 至肅慎氏南界[1370] 刻石紀功而還 所誅 納八千餘口[1371] 論功受賞 侯者百餘人 (『資治通鑑』75 魏紀 7 邵陵厲公中)

고구려　(魏)齊王正始七年二月 幽州刺史毋丘儉討高句麗 (『册府元龜』983 外臣部 28 征討 2)

백제　春三月乙亥朔 遣斯摩宿禰于卓淳國[斯麻宿禰者 不知何姓人也] 於是 卓淳王末錦旱岐告斯摩宿禰曰 甲子年七月中 百濟人久氐 彌州流 莫古 三人到於我土曰 百濟王聞東方有日本貴國 而遣臣等令朝其貴國 故求道路以至于斯土 若能敎臣等令通道路 則我王必深德君王 時謂久氐等曰 本聞東有貴國 然未曾有通 不知其道 唯海遠浪嶮 則乘大船僅可得通若雖有路津 何以得達耶 於是久氐等曰 然卽當今不得通也 不若更還之 備船舶而後通矣 仍曰 若有貴國使人來 必應告吾國 如此乃還 爰斯摩宿禰卽以傔人爾波移與卓淳人過古二人 遣于百濟國慰勞其王 時百濟肖古王 深之歡喜而厚遇焉 仍以五色綵絹各一疋 及角弓箭 幷鐵鋌冊枚 幣爾波移 便復開寶藏 以示諸珍異曰 吾國多有是珍寶 欲貢貴國不知道路 有志無從 然猶今付使者 尋貢獻耳 於是爾波移奉事而還 告志摩宿禰 便自卓淳還之也 (『日本書紀』9)[1372]

예맥　夏五月 討滅貊 皆破之 韓那奚等數十國 各率種落降 (『三國志』4 魏書 4 三少帝紀 齊王芳)

백제　夏 大旱無麥 (『三國史記』24 百濟本紀 2)
백제　夏 百濟大旱無麥 (『三國史節要』3)

고구려 현도　秋八月 魏遣幽州刺史毋丘儉 將萬人 出玄菟來侵 王將步騎二萬人 逆戰於沸流水上敗之 斬首三千餘級 又引兵 再戰於梁貊之谷 又敗之 斬獲三千餘人 王謂諸將曰 魏之大兵 反不如我之小兵 毋丘儉者 魏之名將 今日命在我掌握之中乎 乃領鐵騎五千進 而擊之 儉爲方陣 決死而戰 我軍大潰 死者一萬八千餘人 王以一千餘騎 奔鴨淥原 (『三國史記』17 高句麗本紀 5)

백제 낙랑 고구려
　　秋八月 魏幽州刺史毋丘儉與樂浪太守劉茂朔方太守王遵伐高句麗　王乘虛遣左將眞忠

1367) 幾 居豈翻 復 扶又翻
1368) 後漢書東夷傳 買溝婁 北沃沮之地 去南沃沮八百餘里 句驪名城爲溝婁 杜佑曰 北沃沮一名買溝婁 又曰 高句麗居紇升骨城 漢爲縣 屬玄菟郡 賜以衣幘朝服鼓吹 常從郡受之 後稍驕恣 不復詣郡 但於東界築小城以受之 遂名此城爲幘溝漊 溝漊者 高麗名城也 建安中 其王伊夷模更作新國都於丸都山下 在沸流水西 魏正始中 毋丘儉屠丸都 銘不耐城而還 又曰 東沃沮在蓋馬大山之東 北沃沮一名買溝漊 去南沃沮八百餘里 與挹婁接
1369) 沃沮之地 在蓋馬大山之東 漢武帝滅朝鮮 開置玄菟郡 治沃沮城 後玄菟內徙 沃沮更屬樂浪 光武廢省 就以其渠帥爲縣侯 其國小 迫於句驪 遂臣屬焉 菟 同都翻 順 渠希翻 沮 千余翻
1370) 魏東夷挹婁之國 卽古肅慎氏也
1371) 言誅殺者及納降者 總八千餘口 還 從宣翻 又如字
1372) 『일본서기』의 신공황후, 응신천황기의 한반도 관계 기사는 그 연대가 『삼국사기』 등 한국 측 사료와 내용을 비교해 보았을 때 120년 즉 이주갑인상(二周甲引上)되어 있다는 것이 일반의 인식이다. 예를 들어 『일본서기』는 근초고왕(近肖古王)의 사망을 신공황후 섭정 55년(225), 근구수왕(近仇首王)의 즉위를 동 56년(226), 근구수왕의 사망을 동 64년(264)의 일로 각각 기록하고 있는데 이것은 『삼국사기』의 기술과 비교하여 정확하게 120년 차이가 난다. 따라서 『일본서기』의 신공황후, 응신천황기의 한반도 관계 기사의 경우는 그 실제 연대가 『일본서기』의 기년보다 120년을 더한 연대가 타당하다고 할 수 있다. 이러한 양상은 주로 『백제기』와 같은 백제계 사료를 인용한 결과로 생각된다. 그러나 모든 기록이 이주갑인상된 것이라고는 단정할 수 없으며 수정 연대의 적용에도 여러 견해 차이가 있기 때문에 사료 비판의 차원에서 『일본서기』 외의 기록과 면밀히 비교 검토할 필요가 있다. 상기 『일본서기』 신공황후 섭정 46년조의 경우는 백제 (근)초고왕의 왕명이 보이기 때문에 120년 인상한 근초고왕 시대의 연대로 수정하는 것이 타당할 것이다.

襲取樂浪邊民 茂聞之怒 王恐見侵討 還其民口 (『三國史記』24 百濟本紀 2)

고구려 백제 秋八月 魏遣幽州刺史毋丘儉 將萬人 與樂浪太守劉茂朔方太守王遵 出玄菟侵高勾麗 高勾麗王將步騎二萬人 逆戰於沸流水上敗之 斬首三千餘級 又引兵再戰於梁貊之谷 又敗之 斬獲三千餘級 王謂諸將曰 魏之大兵 反不如我之小兵 毋丘儉者 魏之名將 今日命在我掌握 乃領鐵騎五千進擊之 儉爲方陣死戰 麗軍大潰 死者萬八千餘人 王以一千餘騎 奔鴨淥原 時百濟王乘樂浪虛遣左將眞忠 襲取邊民 太守劉茂聞之怒 百濟王恐見侵討 還其民口 (『三國史節要』3)

신라 冬十月 東南有白氣如匹練 (『三國史記』2 新羅本紀 2)

신라 冬十月 新羅東南有白氣如匹練 (『三國史節要』3)

고구려 옥저 冬十月 儉攻陷丸都城屠之 乃遣將軍王頎追王 王奔南沃沮 至于竹嶺 軍士分散殆盡 唯東部密友獨在側 謂王曰 今追兵甚迫 勢不可脫 臣請決死而禦之 王可遯矣 遂募死士 與之赴敵力戰 王間行脫而去 依山谷聚散卒 自衛謂曰 若有能取密友者 厚賞之 下部劉屋句 前對曰 臣試往焉 遂於戰地 見密友伏至 乃負而至 王枕之以股 久而乃蘇 王間行轉輾 至南沃沮 魏軍追不止 王計窮勢屈 不知所爲 東部人紐由進曰 勢甚危迫 不可徒死 臣有愚計 請以飮食往犒魏軍 因伺隙 刺殺彼將 若臣計得成則王可奮擊決勝矣 王曰諾 紐由入魏軍詐降曰 寡君獲罪於大國 逃至海濱 措躬無地 將以請降於陣前 歸死司寇 先遣小臣 致不腆之物 爲從者羞 魏將聞之 將受基降 紐由隱刀食器 進前拔刀 刺魏將胸 與之俱死 魏軍遂亂 王分軍爲三道 急擊之 魏軍擾亂 不能陳 遂自樂浪而退 王復國論功 以密友_紐由爲第一 賜密友巨谷_靑木谷 賜屋句鴨淥-杜訥河原以爲食邑 追贈紐由爲九使者 又以其子多優爲大使者 是役也 魏將到肅愼南界 刻石紀功 又到丸都山 銘不耐城而歸 初其臣得來 見王侵叛中國 數諫王不從 得來嘆曰 立見此地將生蓬蒿 遂不食而死 毋丘儉令諸軍不壞其墓 不伐其樹 得其妻子 皆放遣之[括地志云 不耐城卽國內城也 城累石爲之 此卽丸都山與國內城相接 梁書 以司馬懿討公孫淵 王遣將襲西安平 毋丘儉來侵 通鑑 以得來諫王 爲王位宮時事 誤也] (『三國史記』17 高句麗本紀 5)

고구려 옥저 冬十月 毋丘儉攻陷丸都城屠之 高勾麗王出奔 遣將軍王頎追之 王欲奔南沃沮 至于竹嶺 軍士散盡 唯東部密友獨在側 謂王曰 今追兵甚迫 勢不可脫 臣請決死禦之 王可遯矣 遂募死士 與之赴敵力戰 王間行脫而去 依山谷聚散卒 自衛謂曰 若有能取密友者 厚賞之 下部劉屋句 請往遂於戰地 見密友仆至 乃負而至 王枕之以股 久而乃蘇 王間行轉輾 至南沃沮 魏軍追不止 王計窮勢屈 不知所爲 東部人紐由進曰 勢甚危迫 不可徒死 臣有愚計 請往犒魏軍 因伺隙 刺殺彼將 若愚計得成則王可奮擊決勝矣 王曰諾 紐由入魏軍詐降曰 寡君獲罪大國 逃至海濱 措躬無地 將以請降於陣前 歸死司寇 先遣小臣 致不腆之物 爲從者羞 魏將聞之 將受其降 紐由藏刀食器 刺魏將胸 與之俱死 魏軍遂亂 王分軍爲三道 急擊之 魏軍不能陳 從樂浪而退 王復國論功 以密友紐由爲第一 賜密友巨谷靑木谷 賜屋句鴨淥杜訥河原以爲食邑 追贈紐由爲九使者 又以其子多優爲大使者 是役也 魏將到肅愼南界 刻石紀功 又到丸都山 銘不耐城而歸 初麗人得來 見王侵叛中國 數諫 王不從 嘆曰 立見此地將生蓬蒿 遂不食而死 毋丘儉令諸軍不壞其墓 不伐其樹 得其妻子 皆放遣之 (『三國史節要』3)

고구려 魏 正始中 入寇遼西安平 爲幽州刺史毋丘儉所破 (『魏書』100 列傳 88 高句麗)

고구려 부여 正始中 幽州刺史毋丘儉將兵討句麗 遣玄菟太守王頎[1373]詣夫餘 位居遣大加郊迎 供

1373) 音其

	軍糧 自後漢時 夫餘王葬 用玉匣 常先以付玄菟郡 王死則迎取以葬 及公孫淵伏誅 玄菟庫 猶得玉匣一具 晉時 夫餘庫有玉璧珪瓚 數代之物 傳以爲寶 耆老言 先代之所賜也 其印文言 濊王之印 國有故城 名濊城 蓋本濊貊之地 (『通典』 185 邊方 1 東夷上 夫餘國)
고구려 부여	魏正始中 毌邱儉討高麗 因遣玄菟太守王頎詣夫餘 位居遣使郊迎 供軍糧 自後漢時 夫餘王葬 用玉匣 常先付玉匣 王死卽迎取以葬 及平公孫淵 玄菟庫 猶存得玉匣一其 晉時 夫餘庫有玉璧珪瓚 數代之物 傳以爲寶 耆老言先代之所賜也 其印文稱濊王之印 國中有故城 名濊城 蓋本濊貊之地 (『太平寰宇記』 174 四夷 3 東夷 3 夫餘國)[1374]
고구려 남옥저 낙랑	
	密友紐由者 並高句麗人也 東川王二十年 魏幽州刺史毌丘儉 將兵來侵陷丸都城 王出奔將軍王頎追之 王欲奔南沃沮 至于竹嶺 軍士奔散 殆盡 唯東部密友 獨在側謂王曰 今追兵甚迫 勢不可脫 臣請決死而禦之 王可遁矣 遂募死士與之赴敵 力戰 王僅得脫而去 依山谷 聚散卒自衛 謂曰 若有能取密友者 厚賞之 下部劉屋句 前對曰 臣試往焉 遂於戰地 見密友伏地 乃負而至 王枕之以股 久而乃蘇 王間行轉輾 至南沃沮 魏軍追不止 王計窮勢屈 不知所爲 東部人紐由進曰 勢甚危迫 不可徒死 臣有愚計 請以飮食往犒魏軍 因伺隙刺殺彼將 若臣計得成 則王可奮擊決勝 王曰諾 紐由入魏軍 詐降曰 寡君獲罪於大國 逃至海濱 措躬無地矣 將以請降於陣前 歸死司寇 先遣小臣 致不腆之物 爲從者羞 魏將聞之 將受其降 紐由隱刀食器 進前拔刀 刺魏將胷 與之俱死 魏軍遂亂 王分軍爲三道 急擊之 魏軍擾亂 不能陳 遂自樂浪而退 王復國論功 以密友紐由爲第一 賜密友巨谷靑木谷 賜屋句鴨綠豆訥河原 以爲食邑 追贈紐由爲九使者 又以其子多優爲大使者 (『三國史記』 45 列傳 5 密友紐由)
고구려	祖木延 從毌丘儉征高麗有功 加號左賢王 (『魏書』 95 列傳 83 徒何慕容廆)
고구려	祖木延 從毌丘儉征高麗有功 始號左賢王 (『北史』 93 列傳 81 僭僞附庸 燕 慕容氏)
고구려	崔鴻十六國春秋前燕錄曰 慕容廆(…) 祖木延 從毌丘儉征高麗有功 加號大都督 (『太平御覽』 121 偏覇部 5 前燕 慕容廆)
신라	十一月 京都地震 (『三國史記』 2 新羅本紀 2)
신라	十一月 新羅京都地震 (『三國史節要』 3)
고구려	(魏齊王正始)七年 韓那奚等數十國 各率種落降 (『册府元龜』 977 外臣部 22 降附)

247(丁卯/신라 조분이사금 18, 첨해이사금 1/고구려 동천왕 21/백제 고이왕 14/魏 正始 8/倭 神功 47)

백제	春正月 祭天地於南壇 (『三國史記』 24 百濟本紀 2)
백제	古記云 溫祚王 二十年 春二月 設壇祠天地(중략) 古尒王(중략) 十四年 春正月(중략) 並如上行 (『三國史記』 32 雜志 1 祭祀)
백제	春正月 百濟王祭天地於南壇 (『三國史節要』 3)
고구려	春二月 王以丸都城經亂 不可復都 築平壤城 移民及廟社 平壤者本仙人王儉之宅也 或云 王之都王險 (『三國史記』 17 高句麗本紀 5)
고구려	春二月 高勾麗王以丸都城經亂 不可復都 築平壤城 移都 平壤本仙人王儉之宅也 (『三國史節要』 3)

1374) 정시연간의 마지막 해는 248년이나 관구검의 고구려 침공은 늦어도 247년에 종료되므로 여기에 배치하였다.

백제	二月 拜眞忠爲右輔 眞勿爲左將 委以兵馬事 (『三國史記』 24 百濟本紀 2)
백제	二月 百濟以眞忠爲右輔 眞勿爲左將 委以兵馬事 (『三國史節要』 3)

백제 신라　夏四月 百濟王使久氏 彌州流 莫古 令朝貢 時新羅國調使與久氏共詣 於是皇太后 太
子譽田別尊 大歡喜之曰 先王所望國人今來朝之 痛哉不逮于天皇矣群臣皆莫不流涕
仍檢校二國之貢物 於是新羅貢物者珍異甚多 百濟貢物者少賤不良 便問久氏等曰 百
濟貢物不及新羅 奈之何 對曰 臣等失道至沙比新羅 則新羅人捕臣等禁囹圄 經三月而
欲殺 時久氏等向天而咒詛之 新羅人怖其呪詛而不殺 則奪我貢物 因以爲己國之貢物
以新羅賤物 相易爲臣國之貢物 謂臣等曰 若誤此辭者 及于還日當殺汝等 故久氏等恐
怖從耳 是以僅得達于天朝 時皇太后 譽田別尊 責新羅使者 因以祈天神曰 當遣誰人
於百濟 將檢事之虛實 當遣誰人於新羅 將推問其罪 便天神誨之曰 令武內宿禰行議
因以千熊長彦爲使者 當如所願[千熊長彦者 分明不知其姓人 一云 武藏國人 今是額田
部槻本首等之始祖也 百濟記云 職麻那那加比跪者 蓋是歟也] 於是 遣千熊長彦于新羅
責以濫百濟之獻物 (『日本書紀』 9)[1375]

신라	夏五月 王薨 (『三國史記』 2 新羅本紀 2)
신라	夏五月 新羅王 助賁薨 王母弟沾解立 (『三國史節要』 3)
신라	沾解尼師今立 助賁王之同母弟也 (『三國史記』 2 新羅本紀 2)[1376]

신라　元年 秋七月 謁始祖廟 封父骨正爲世神葛文王 論曰 漢宣帝卽位 有司奏 爲人後者
爲之子也 故降其父母 不得祭 尊祖之義也 是以 帝所生父稱親 諡曰悼 母曰悼后 比
諸侯王 此合經義 爲萬世法 故後漢光武帝 宋英宗法而行之 新羅自王親 入繼大統之
君 無不封崇其父稱王 非特如此而已 封其外舅者亦有之 此非禮 固不可以爲法也 (『三
國史記』 2 新羅本紀 2)

신라　秋七月 新羅王 謁始祖廟 封父骨正爲世神葛文王 金富軾曰 漢宣帝卽位 有司奏 爲人
後者 爲之子也 故降其父母 不得祭 尊祖之義也 是以 帝所生父稱親 諡曰悼 母曰悼
后 比諸侯王 此合經義 爲萬世法 故後漢光武帝 宋英宗法而行之 新羅自王親 入繼大
統之君 無不追王其父 非特如此而已 封其外舅者亦有之 此非禮 固不可以爲法也 (『三
國史節要』 3)

신라　沾解王在位 沙梁伐國舊屬我 忽背而歸百濟 于老將兵 往討滅之 (『三國史記』 45 列
傳 5 昔于老)

예 낙랑 대방

　其(정시)八年 詣闕朝貢 詔更拜不耐濊王 居處雜在民間 四時詣郡朝謁 二郡有軍征賦
調 供給役使 遇之如民 (『三國志』 30 魏書 30 烏丸鮮卑東夷傳 濊)

예　八年 詣闕朝貢 詔更拜不耐獩王 居處雜在人間 四時詣郡朝謁 二郡有軍征賦調 供給
役使 遇之如民 (『太平御覽』 780 四夷部 東夷 獩貊)

1375) 『일본서기』의 신공황후, 응신천황기의 한반도 관계 기사는 그 연대가 『삼국사기』 등 한국 측 사료와
　　내용을 비교해 보았을 때 120년 즉 이주갑인상(二周甲引上)되어 있다는 것이 일반의 인식이다. 상기 『일
　　본서기』 신공황후 섭정 47년조는 백제 사신의 이름에 구저(久氏) 등이 등장하는 것으로 보아 동 46년조와
　　일련의 기사로 보이며 따라서 동 46년조의 경우와 마찬가지로 120년 인상한 근초고왕 시대의 연대로 수
　　정하는 것이 타당할 것이다.
1376) 『三國遺事』 1 王曆 第十二 理解尼叱今에 "一作詁解王 昔氏 助賁王之同母弟也 丁卯立理十五年 始與高
　　麗通聘"이라 하였다.

대방	其八年 太守王頎到官 倭女王卑彌呼 與狗奴國男王卑彌弓呼 素不和 遣倭載斯·烏越等 詣郡說相攻擊狀 遣塞曹掾史張政等 因齎詔書·黃幢 拜假難升米 爲檄告喩之 (『三國志』 30 魏書 30 烏丸鮮卑東夷傳 倭)
대방	(正始) 八年 太守王頎到官 倭女王卑彌呼 與狗奴國男王卑彌弓呼 素不和 遣倭載斯烏越等 詣郡說相攻擊狀 遣塞曹掾史張政等 因齎詔書黃幢 拜假難升米 爲檄告喩之 (『玉海』 187 兵捷 檄書 上 魏帶方太守告喩倭王檄)

248(戊辰/신라 첨해이사금 3/고구려 동천왕 22, 중천왕 1/백제 고이왕 15/魏 正始 9/倭 神功 48)

신라	春正月 以伊湌長萱爲舒弗邯 以叅國政 (『三國史記』 2 新羅本紀 2)
신라	春二月 新羅以伊湌長萱爲舒弗邯 俾叅國政 (『三國史節要』 3)
신라	二月 遣使高句麗結和 (『三國史記』 2 新羅本紀 2)
신라 고구려	二月 新羅遣使高勾麗結和 (『三國史節要』 3)
고구려 신라	春二月 新羅遣使結和 (『三國史記』 17 高句麗本紀 5)
낙랑	① 守長岑長王君諱卿〔側銘〕
	② 年七十三字德彦東萊黃人也〔側銘〕
	③ 正始九年三月卄日壁師王<德>造〔側銘〕(「正始 9年銘塼」)
백제	春夏 旱 (『三國史記』 24 百濟本紀 2)
백제	春夏 百濟旱 (『三國史節要) 3』
고구려	秋九月 王薨 葬於柴原 號曰東川王 國人懷其恩德 莫不哀傷 近臣欲自殺以殉者衆 嗣王以爲非禮禁之 至葬日 至墓自死者甚多 國人伐柴以覆其屍 遂名其地曰柴原 (『三國史記』 17 高句麗本紀 5)
고구려	中川王[或云中壤] 諱然弗 東川王之子 儀表俊爽 有智略 東川十七年立爲王太子 二十二年 秋九月 王薨 太子卽位 (『三國史記』 17 高句麗本紀 5)[1377]
고구려	秋九月 高勾麗王憂位居薨 太子然弗立 儀表俊爽 有智略 初王薨 國人懷德 莫不哀傷 及葬王於東川 近臣欲自殺以殉者衆 嗣王以爲非禮禁之 及葬 至墓自死者甚多 國人伐柴以覆其屍 遂名其地曰柴原 號東川王 (『三國史節要』 3)
고구려	冬十月 立椽氏爲王后 (『三國史記』 17 高句麗本紀 2)
고구려	冬十月 高勾麗立椽氏爲王后 (『三國史節要』 3)
고구려	十一月 王弟預物奢句等謀叛伏誅 (『三國史記』 17 高句麗本紀 2)
고구려	十一月 高勾麗王弟預物奢句等謀叛伏誅 (『三國史節要』 3)
백제	冬 民饑 發倉賑恤 又復一年租調 (『三國史記』 24 百濟本紀 2)
백제	(11~12월) 百濟民饑 發倉賑恤 又復一年租調 (『三國史節要』 3)

249(己巳/신라 첨해이사금 3년/ 고구려 중천왕 2/백제 고이왕 16년/魏 正始 10, 嘉平

1377) 『三國遺事』 1 王曆 第十二中川王에는 세부 설명이 없다.

1/倭 神功 49)

백제	春正月甲午(6) 太白襲月 (『三國史記』24 百濟本紀 2)
백제	春正月甲午(6) 百濟太白犯月 (『三國史節要』3)

신라	(1~3월) 新羅遣于老將兵討沙梁伐國[一云沙伐]滅之 沙梁伐舊屬新羅 今貳於百濟也 (『三國史節要』3)

백제 신라 가라

春三月 以荒田別鹿我別爲將軍 則與久氏等共勒兵而度之 至卓淳國 將襲新羅 時或曰 兵衆少之 不可破新羅 更復奉上沙白盖盧 請增軍士 卽命木羅斤資沙沙奴跪[是二人不知其姓人也 但木羅斤資者 百濟將也] 領精兵與沙白 盖盧共遣之 俱集于卓淳 擊新羅而破之 因以平定比自㶱南加羅喙國安羅多羅卓淳加羅七國 仍移兵西廻至古爰津 屠南蠻忱彌多禮 以賜百濟 於是 其王肖古 及王子貴須 亦領軍來會 時比利辟中布彌支半古四邑自然降服 是以百濟王父子及荒田別木羅斤資等 共會意流村[今云州流須祇] 相見欣感 厚禮送遣之 唯千熊長彦與百濟王 至于百濟國登辟支山盟之 復登古沙山 共居磐石上 時百濟王盟之曰 若敷草爲坐 恐見火燒 且取木爲坐 恐爲水流故居磐石而盟者 示長遠之不朽者也 是以自今以後 千秋萬歲 無絶無窮 常稱西蕃 春秋朝貢 則將千熊長彦 至都下厚加禮遇 亦副久氏等而送之 (『日本書紀』9)[1378]

신라	夏四月 倭人殺舒弗邯于老 (『三國史記』2 新羅本紀 2)
신라	夏四月 倭國使葛耶古聘新羅 王使于老主之 于老戲言 早晚以汝王爲鹽奴 王妃爲爨婢 倭王聞之怒 遣將軍于道朱君 伐新羅 王出居于柚村 于老曰今日之寇 由臣 請當之遂抵倭軍曰 前日之言 戲之耳 豈意興師至此耶 倭人執之 積薪燒殺之乃去 于老子幼 不能步人 抱騎以歸 後倭使來聘 于老之妻 請於王 私餐之 及其醉 使人執而焚之 以報復焉 倭人忿來攻金城 不克引去 權近曰 金富軾以謂于老爲時大臣 掌軍國事 戰之必克 不克亦不至敗 則其謀策必有過人者矣 然以一言之悖 致兩國交兵 以取身死 樞機之 不可不愼 如此 其妻能不忘讐 必欲報之 有足嘉矣然 後欲報其私怨敢殺來使 又致兩國之交兵 當時君臣不能禁於未然 亦不得辭其責矣 (『三國史節要』3)

신라	秋七月 作南堂於宮南[南堂或云都堂] 以良夫爲伊湌 (『三國史記』2 新羅本紀 2)
신라	秋七月 新羅作南堂於宮南 以良夫爲伊湌 (『三國史節要』3)

신라 사량벌국

沽解王在位 沙梁伐國舊屬我 忽背而歸百濟 于老將兵 徃討滅之 (『三國史記』45 列傳 5 昔于老)

신라	(十二月戊戌朔辛亥) [一云 (…) 是夜 天皇忽病發以崩之 然後 皇后隨神敎而祭 則皇后爲男束裝 征新羅 時神導之 由是 隨船浪之 遠及于新羅國中 於是 新羅王宇流助富利智干[1379] 叅迎跪之 取王船卽叩頭曰 臣自今以後 於日本國所居神御子 爲內官家

1378) 『일본서기』의 신공황후. 응신천황기의 한반도 관계 기사는 그 연대가 『삼국사기』 등 한국 측 사료와 내용을 비교해 보았을 때 120년 즉 이주갑인상(二周甲引上)되어 있다는 것이 일반의 인식이다. 상기 『일본서기』 신공황후 섭정 49년조 기사 역시 마찬가지로 120년 인상한 근초고왕 시대의 연대로 수정하는 것이 타당할 것이다.

1379) '신라의 왕 우류조부리지간(宇流助富利智干)'은 일반적으로 『삼국사기』 신라본기의 제10대 왕인 나해이사금(재위 196년-230년)의 아들 舒弗邯于老와 동일인물로 인정받고 있다. 우로의 죽음은 『삼국사기』 신라본기 첨해이사금 3년(249) 4월조에 "夏四月 倭人殺舒弗邯于老"라고 나오는 등 한국측 사료에는 3세기 중

無絶朝貢 一云 禽獲新羅王 詣于海邊 拔王臏筋 令匍匐石上 俄而斬之 埋沙中 則留
一人 爲新羅宰而還之 然後 新羅王妻 不知埋夫屍之地 獨有誘宰之情 乃誂宰曰 汝當
令識埋王屍之處必敎報之 且吾爲汝妻 於是 宰信誘言 密告埋屍之處 則王妻與國人
共議之殺宰 更出王屍葬於他處 乃時取宰屍 埋于王墓土底 以擧王櫬 空其上曰 尊卑
次第 固當如此 於是 天皇聞之 重發震忿 大起軍衆 欲頓滅新羅 是以 軍船滿海而詣
之 是時 新羅國人悉懼 不知所如 則相集共議之 殺王妻以謝罪] (…) (『日本書紀』 9
神功皇后 攝政前紀)[1380]

250(庚午/신라 첨해이사금 4/고구려 중천왕 3/백제 고이왕 17/魏 嘉平 2/倭 神功 50)

고구려	春二月 王命相明臨於漱 兼知內外兵馬事 (『三國史記』 17 高句麗本紀 5)
고구려	春二月 高勾麗王命國相明臨於漱 兼知內外兵馬事 (『三國史節要』 3)

| 백제 | 春二月 荒田別等還之 (『日本書紀 9) |

| 낙랑 | 嘉平二年二月五日起造 〔側銘〕 戶上 〔小口銘〕 (「嘉平 2年銘塼」) |

| 백제 | 夏五月 千熊長彦 久氐等至自百濟 於是皇太后歡之問久曰 海西諸韓旣賜汝國 今何事
以頻復來也 久氐等奏曰 天朝鴻澤遠及弊邑 吾王歡喜踊躍不任于心 故因還使 以致至
誠 雖逮萬世 何年非朝 皇太后勅云 善哉汝言 是朕懷也 增賜多沙城 爲往還路驛 (『日
本書紀』 9) |

| 낙랑 | 嘉平二年[王氏塼] 〔側銘〕 (「嘉平二年銘塼」) |

251(辛未/신라 첨해이사금 5/ 고구려 중천왕 4/백제 고이왕 18/魏 嘉平 3/倭 神功 51)

신라	春正月 始聽政於南堂 漢祇部人夫道者 家貧無諂 工書算著名 於時 王徵之爲阿湌 委 以物藏庫事務(『三國史記』 2 新羅本紀 2)
신라	春正月 新羅王 始聽政於南堂 漢祇部人夫道者 家貧無諂 工書算著名 於時 王徵之爲 阿湌 委以物藏庫事務 (『三國史節要』 3)

| 백제 | 春三月 百濟王亦遣久氐朝貢 於是皇太后語太子及武內宿禰曰 朕所交親百濟國者 是
天所致 非由人故 玩好珍物 先所未有 不闕歲時 常來貢獻 朕省此款 每用喜焉 如朕
存時 敎加恩惠 卽年以千熊長彦 副久氐等遣百濟國 因以垂大恩曰 朕從神所驗 始開
道路 平定海西 以賜百濟 今復厚結好 永寵賞之 是時百濟王父子 竝顙致地 啓曰 貴
國鴻恩重於天地 何日何時敢有忘哉 聖王在上 明如日月 今臣在下 固如山岳 永爲西
蕃 終無貳心 (『日本書紀』 9) |

| 고구려 | 夏四月 王以貫那夫人 置革囊投之西海 貫那夫人 顏色佳麗 髮長九尺 王愛之 將立以
爲小后 王后椽氏恐其專寵 乃言於王曰 妾聞西魏求長髮 購以千金 昔我先生 不致禮
於中國 被兵出奔 殆喪社稷 今王順其所欲 遣一介行李 以進長髮美人 則彼必欣納 無 |

엽의 사건으로 기록되어 있다. 여기서는 사건의 실재 연대와 사료의 편년 연대가 일치하는 것은 아니지만
일단 여기서 『일본서기』의 사료를 소개하고 249년조 사료에서 다시 『일본서기』의 이 부분의 사료를 발췌
하여 배치해 놓는다.

1380) 이 기사는 『일본서기』 중애천황 9년(A.D.200)조에 보이는 소위 신공황후의 삼한정벌 전승의 일부인데,
여기에 보이는 '신라의 왕 우류조부리지간(宇流助富利智干)'이 舒弗邯于老 관련 내용이므로 관련 기사만
발췌하여 『삼국사기』의 기년에 맞추어 여기에 배치해놓는다. 참고로 『삼국사기』 신라본기 첨해니사금(沾解
尼師今) 3년(249년)조에 왜인(倭人)이 서불감(舒弗邯) 우로를 죽였다는 기사가 나온다.

復侵伐之事 王知其意黙不答 夫人聞之 恐其加害 反讒后於王曰 王后常罵妾曰 田舍
之女 安得在此 若不自歸 必有後悔 意者后欲伺大王之出 以害於妾如之何 後王獵于
箕丘而還 夫人將革囊 迎哭曰 后欲以妾盛此 投諸海 幸大王賜妾微命 以返於家 何敢
更望侍左右乎 王問知其詐 怒謂夫人曰 汝要入海乎 使人投之 (『三國史記』 17 高句
麗本紀 5)

고구려　　夏四月 高勾麗王以貫那夫人 置革囊投之西海 貫那顏色佳麗 髮長九尺 王愛之 將立
以爲小后 王后椽氏恐其專寵 言於王曰 妾聞西魏求長髮 購以千金 昔我先生 不致禮
於中國 被兵出奔 殆喪宗社 今王遣一介行李 以進長髮美人 則彼必欣納 無復侵伐 王
黙然 貫那懼 反讒后於王曰 后常罵妾曰 田舍女 安得至此 若不自歸 必有後悔 意者
后欲伺大王之出 加害於妾如之何 後王獵于箕丘而還 貫那將革囊 迎哭曰 后欲以此
盛妾投諸海 願大王賜妾微命 得返於家 王知知其詐 怒謂貫那曰 汝要入海乎 使人投
之 (『三國史節要』 3)

252(壬申/신라 첨해이사금 6/고구려 중천왕 5/백제 고이왕 19/魏 嘉平 4/倭 神功 52)

백제　　　秋九月丁卯朔丙子 久氐等從千熊長彦詣之 則獻七枝刀一口 七子鏡一面 及種種重寶
仍啓曰 臣國以西有水 源出自谷那鐵山 其邈七日行之不及 當飲是水 便取是山鐵 以
永奉聖朝 乃謂孫枕流王曰 今我所通海東貴國 是天所啓 是以垂天恩 割海西而賜我
由是國基永固 汝當善脩和好 聚斂土物 奉貢不絶 雖死何恨 自是後 每年相續朝貢焉
(『日本書紀』 9)

고구려　　江表傳曰 高句驪王遣使貢孫權角弓 (『太平御覽』 347 兵部 78 弓)[1381]

253(癸酉/신라 첨해이사금 7/고구려 중천왕 6/백제 고이왕 20/魏 嘉平 5/倭 神功 53)

신라　　　夏四月 龍見宮東池 金城南臥柳自起 (『三國史記』 2 新羅本紀 2)
신라　　　夏四月 新羅龍見宮東池 新羅金城南僵柳自起 (『三國史節要』 3)

신라　　　自五月至七月 不雨 禱祀祖廟及名山 乃雨 年饑 多盜賊 (『三國史記』 2 新羅本紀 2)
신라　　　新羅自五月至秋七月 不雨 禱祀祖廟及名山 乃雨 年饑 多盜賊 (『三國史節要』 3)

가야　　　九月駕洛國王居登薨 王子麻品立 (『三國史節要』 3)
가야　　　麻品王 一云馬品 金氏 嘉平五年癸酉即位 治三十九年 永平元年辛亥一月二十九日崩
王妃宗正監趙匡孫女好仇 生太子居叱弥 (『三國遺事』 2 紀異 2 駕洛國記)[1382]

신라　　　癸酉 倭國使臣葛那古 在館 于老主之與客 戱言 早晩以汝王爲鹽奴 王妃爲爨婦 倭王
聞之 怒遣將軍于道朱君討我 大王出居于柚村 于老曰 今玆之患 由吾言之不愼 我其
當之遂抵倭軍 謂曰 前日之言戱之耳 豈意興師至於此耶 倭人不答 執之積柴 置其上
燒殺之 乃去 于老子幼弱不能步 人抱以騎而歸 後爲訖解尼師今 未鄒王時 倭國大臣
來聘 于老妻請於國王私饗 倭使臣及其泥醉 使壯士曳下庭焚之 以報前怨 倭人忿來
攻金城 不克引歸 論曰 于老爲當時大臣 掌軍國事 戰必克 雖不克亦不敗 則其謀策必

1381) 고구려가 손권에게 각궁을 보낸 정확한 시기는 알 수 없다. 따라서 손권이 사망한 252년에 배치하였
다.
1382) 『三國遺事』 1 王曆 1에서는 "第三麻品王 父居登王 母泉府卿申輔之女 言今貞夫人 己卯立 理三十二年"
라 하여 기묘년 즉 위(魏) 감로(甘露) 4년인 259년에 왕위에 올랐다고 하였고, 치세 기간은 32년이라고 하
였다. 그런데 같은 왕력편에서 거등왕(居登王)이 기묘년에 왕위에 올라 치세가 55년이라 하였으므로 마품
왕이 기묘년에 왕위에 올랐다는 기록은 착오로 보인다.

有過人者 然以一言之悖 以自取死 又令兩國交兵 其妻能報怨亦變 而非正也 若不爾者 其功業亦可錄也 (『三國史記』45 列傳 5 昔于老)

254(甲戌/신라 첨해이사금 8/고구려 중천왕 7/백제 고이왕 21/魏 嘉平 6, 正元 1/倭 神功 54)

고구려	夏四月 國相明臨於漱卒 以沸流沛者陰友爲國相 (『三國史記』17 高句麗本紀 5)
고구려	夏四月 高勾麗國相明臨於漱卒 以沸流沛者陰友爲國相 (『三國史節要』3)

고구려	秋七月 地震 (『三國史記』17 高句麗本紀 5)
고구려	秋七月 高勾麗地震 (『三國史節要』3)

255(乙亥/신라 첨해이사금 9/고구려 중천왕 8/백제 고이왕 22/魏 正元 2/倭 神功 55)

신라 백제	秋九月 百濟來侵 一伐湌翊宗逆戰於槐谷西 爲賊所殺 (『三國史記』2 新羅本紀 2)
백제 신라	秋九月 出師侵新羅 與羅兵戰於槐谷西敗之 殺其將翊宗 (『三國史記』24 百濟本紀 2)
백제 신라	秋九月 百濟侵新羅 新羅遣一伐湌翊宗 逆戰於槐谷西 翊宗兵敗死之 (『三國史節要』3)

신라 백제	冬十月 百濟攻烽山城 不下 (『三國史記』2 新羅本紀 2)
백제 신라	冬十月 遣兵攻新羅烽山城 不克 (『三國史記』24 百濟本紀 2)
백제 신라	冬十月 百濟遣兵攻新羅烽山城 不克 (『三國史節要』3)

고구려	立王子藥盧爲王太子 赦國內 (『三國史記』17 高句麗本紀 5)
고구려	高勾麗王 立王子藥盧爲王太子 赦國內 (『三國史節要』3)

백제	百濟肖古王薨 (『日本書紀 9)[1383]

256(丙子/신라 첨해이사금 10/고구려 중천왕 9/백제 고이왕 23/魏 正元 3, 甘露 1/倭 神功 56)

신라	春三月 國東海出大漁三 長三丈 高丈有二尺 (『三國史記』2 新羅本紀 2)
신라	春三月 新羅國東海出大漁三 長三丈 高丈有二尺 (『三國史節要』3)

신라	冬十月晦 日有食之 (『三國史記』2 新羅本紀 2)
신라	冬十月晦 新羅日有食之 (『三國史節要』3)

고구려	冬十一月 以椽那明臨笏覩 尙公主 爲駙馬都尉 (『三國史記』17 高句麗本紀 5)
고구려	冬十一月 高勾麗以椽那明臨笏覩 尙公主 爲駙馬都尉 (『三國史節要』3)

고구려	十二月 無雪 大疫 (『三國史記』17 高句麗本紀 5)
고구려	十二月 高勾麗 無雪 大疫 (『三國史節要』3)

백제	百濟王子貴須立爲王 (『日本書紀』9)[1384]

[1383] 『일본서기』의 신공황후, 응신천황기의 한반도 관계 기사는 그 연대가 『삼국사기』 등 한국 측 사료와 내용을 비교해 보았을 때 120년 즉 이주갑인상(二周甲引上)되어 있다는 것이 일반의 인식이다. 여기서의 초고왕은 근초고왕이므로 375년에 배치되어야 한다. 다만, 본 서의 편집기준에 맞춰 『일본서기』의 기년에 따라 여기에 배치한다.

257(丁丑/신라 첨해이사금 11/고구려 중천왕 10/백제 고이왕 24/魏 甘露 2/倭 神功 57)

백제	春正月 大旱 樹木皆枯 (『三國史記』 24 百濟本紀 2)
백제	春正月 百濟 大旱 樹木皆枯 (『三國史節要』 3)

258(戊寅/신라 첨해이사금 12/고구려 중천왕 11/백제 고이왕 25/魏 甘露 3/倭 神功 58)

백제 말갈	春 靺鞨長羅渴獻良馬十匹 王優勞使者以還之 (『三國史記』 24 百濟本紀 2)
백제 말갈	春 靺鞨長羅渴獻良馬十匹 百濟王優勞使者以還之 (『三國史節要』 3)

259(己卯/신라 첨해이사금 13/고구려 중천왕 12/백제 고이왕 26/魏 甘露 4/倭 神功 59)

신라	秋七月 旱蝗 年荒 多盜 (『三國史記』 2 新羅本紀 2)
신라	七月 新羅 旱蝗 年荒 多盜 (『三國史節要』 3)

백제	秋九月 靑紫雲起宮東 如樓閣 (『三國史記』 24 百濟本紀 2)
백제	九月 百濟 紫雲起宮東 如樓閣 (『三國史節要』 3)

고구려	冬十二月 王畋于杜訥之谷 魏將尉遲[名犯長陵諱]將兵來伐 王簡精騎五千 戰於梁貊之谷 敗之 斬首八千餘級 (『三國史記』 17 高句麗本紀 5)
고구려	冬十二月 高勾麗王 畋于杜訥之谷 魏將尉遲楷將兵來伐 王簡精騎五千 戰於梁貊之谷 敗之 斬首八千餘級 (『三國史節要』 3)

260(庚辰/ 신라 첨해이사금 14/고구려 중천왕 13/백제 고이왕 27/晉 景元 1/倭 神功 60)

백제	春正月 置內臣佐平掌宣納事 內頭佐平掌庫藏事 內法佐平掌禮儀事 衛士佐平掌宿衛兵事 朝廷佐平掌刑獄事 兵官佐平掌外兵馬事 又置達率恩率扞率奈率及將德施德固德季德對德文督武督佐軍振武克虞 六佐平並一品 達率二品 恩率三品 德率四品 扞率五品 奈率六品 將德七品 施德八品 固德九品 季德十品 對德十一品 文督十二品 武督十三品 佐軍十四品 振武十五品 克虞十六品 (『三國史記』 24 百濟本紀 2)[1385]

1384) 여기서의 귀수왕은 근구수왕이므로 『삼국사기』 기년에 맞춰 375년에 배치되어야 한다. 다만, 본 서의 편집기준에 따라 여기에 배치한다.

1385) 6좌평을 두고 16관등을 두었다는 기록은 『周書』 등 중국 역사책에도 보인다. 이를 제시하면 다음과 같다. "官有十六品 左平五人 一品 達率三十人 二品恩率 三品德率 四品扞率 五品奈率 六品已上冠飾銀華 將德七品 紫帶 施德八品 皁帶 固德九品 赤帶 季德十品 靑帶 對德十一品 文督十二品 皆黃帶 武督十三品 佐軍十四品 振武十五品 剋虞十六品 皆白帶 自恩率以下 官無常員"(『周書』 49 列傳 41 異域 上 百濟) "官有十六品 長曰左平 次大率 次恩率 德率 次杆率 次奈率 次將德 服紫 次施德 皁帶 次固德 赤帶 次李德 靑帶 次對德以下 皆黃帶 次文督 次武督 次佐軍 次振武 次剋虞 皆用白帶 其冠制並同 唯奈率以上 飾以銀花"(『隋書』 81 列傳 46 東夷 百濟) "所置內官曰 內臣佐平 掌宣納事 內頭佐平 掌庫藏事 內法佐平 掌禮儀事 衛士佐平 掌宿衛兵事 朝廷佐平 掌刑獄事 兵官佐平 掌在外兵馬事"(『舊唐書』 199上 列傳 149上 東夷 百濟) "官有內臣佐平者宣納號令 內頭佐平主府聚 內法佐平主禮 衛士佐平典衛兵 朝廷佐平主獄 兵官佐平掌外兵"(『新唐書』 220 東夷列傳 145 百濟) "官有十六品 左平一品 達率二品 恩率三品 德率四品 扞率五品 奈率六品 以上冠飾銀華 將德七品 紫帶 施德八品 皁帶 固德九品 赤帶 季德十品 靑帶 對德十一品 文督十二品 皆黃帶 武督十三品 佐軍十四品 振武十五品 克虞十六品 皆白帶"(『通典』 185 邊防 1 東夷 上 百濟) "其王妻號於陸 夏言妃也 官有十六品 長曰左平 五人 一品 次大率 三十人 二品 一作達率 次恩率 三品 次德率 四品 次杆率 五品 次奈率 六品以上 次將德 七品 服紫帶 次施德 八品 皁帶 次固德 九品 赤帶 次季德 十品 靑帶 次對德 十一品 文督 十二品 皆黃帶 次武督 十三品 次佐軍 十四品 次振武 十五品 次克虞 十六品 一作喪虞 皆白帶 其冠制並同 准奈率已上 餙以銀花 自恩率以下官 無嘗[常]員 各有部 刀部功德部藥部木部法部後宮部 外有司軍司徒部司空部外舍綢部日官部 長吏三年一交代 畿內有五部 部有五巷 人居焉 部統兵五百人 五方各有領一人 以達率爲之 方佐二之 方有十郡 有將三人 以德率爲之 統兵一千二百人以下 七百人以上 又內官曰內臣佐平 掌宣納事 內頭佐平 掌庫藏事 內法佐平 掌禮儀事 衛士佐平 掌宿衛兵事 朝廷佐平 掌刑獄事 兵官佐平 掌在外兵馬事"(『册府元龜』 962 外臣部 7 官號 百濟國) 삼국사기 40

백제	春正月 百濟置內臣佐平掌宣納事 內頭佐平掌庫藏事 內法佐平掌禮儀事 衛士佐平掌宿衛兵事 朝廷佐平掌刑獄事 兵官佐平掌外兵馬事 又置達率恩率德率扞率奈率及將德施德固德季德對德文督武督佐軍振武克虞 六佐平並一品 達率二品 恩率三品 德率四品 扞率五品 奈率六品 將德七品 施德八品 固德九品 季德十品 對德十一品 文督十二品 武督十三品 佐軍十四品 振武十五品 克虞十六品 (『三國史節要』3)
백제	二月 下令六品已上服紫 以銀花餙冠 十一品已上服緋 十六品已上服靑 (『三國史記』24 百濟本紀 2)[1386]
백제	二月 百濟下令六品以上服紫 以銀花飾冠 十一品已上服緋 十六品以上服靑 (『三國史節要』3)
백제	三月 以王弟優壽爲內臣佐平 (『三國史記』24 百濟本紀 2)
백제	三月 百濟王以王弟優壽爲內臣佐平 (『三國史節要』3)
신라	夏 大雨 山崩四十餘所 (『三國史記』2 新羅本紀 2)
신라	夏 新羅大雨 山崩四十餘所 (『三國史節要』3)
낙랑	景元元年 七月卄三日 (「景元 元年銘塼」側銘)[1387]
신라	秋七月 星孛于東方 二十五日而滅 (『三國史記』2 新羅本紀 2)
신라	秋七月 新羅有星孛于東方 二十五日而滅 (『三國史節要』3)
고구려	秋九月 王如卒本 祀始祖廟 (『三國史記』17 高句麗本紀 5)
고구려	古記云 (…) 新大王四[1388]年秋九月 如卒本 祀始祖廟 (…) 中川王十三年 秋九月 (…) 並如上行 (『三國史記』32 雜志 1 祭祀)
고구려	九月 高勾麗王如卒本 祀始祖廟 (『三國史節要』3)

261(辛巳/신라 첨해이사금 15/고구려 중천왕 14/백제 고이왕 28/晉 景元 2/倭 神功 61)

백제	春正月 初吉 王服紫大袖袍靑錦袴金花餙烏羅冠素皮帶烏韋履 坐南堂聽事 (『三國史記』24 百濟本紀 2)[1389]
백제	春正月 百濟王始服 紫大袖袍 靑錦袴 金花飾烏羅冠 素皮帶烏革履 坐南堂聽事 (『三國史節要』3)[1390]

잡지 9 직관 하 백제직관도 참고

1386) 紫·緋·靑色의 관복을 입었다는 기사와 관련해서 『三國史記』와 중국 사서에도 보인다. "高句麗百濟衣服之制 不可得而考 今但記見於中國歷代史書者 (…) 北史云 百濟衣服與高麗略同 若朝拜祭祀 其冠兩廂加翅 戎事則不 奈率已下 冠餙銀花 將德紫帶 施德皂帶 固德赤帶 季德靑帶 對德文督皆黃帶 自武督至剋虞皆白帶 隋書云 百濟自佐平至將德 服紫帶 施德皂帶 固德赤帶 季德靑帶 對德以下皆黃帶 自文督至剋虞皆白帶 冠制並同 唯奈率以上 餙以銀花 唐書云 百濟其王服大袖紫袍靑錦袴烏羅冠 金花爲餙 素皮帶 烏革履 官人盡緋爲衣 銀花餙冠 庶人不得衣緋紫 通典云 百濟其衣服 男子略同於高麗 婦人衣似袍而袖微大"(『三國史記』33 雜志 2 色服)"官人盡緋爲衣 銀花飾冠 庶人不得衣緋紫"(『舊唐書』199 上 列傳 149 上 東夷 百濟)"群臣絳衣 飾冠以銀鐺 禁民衣絳紫"(『新唐書』220 東夷列傳 145 百濟)"
1387) 황해도 신천군에서 출토하였다.
1388) '四'는 '三'이 맞다.
1389) 백제 왕의 正裝한 모습과 관련해서 다음 기록도 참고된다. "其王服大袖紫布 靑錦袴 烏羅冠 金花爲飾 素皮帶 烏韋履 (『舊唐書』199上 列傳 149上 東夷 百濟)""王服大袅紫袍 靑錦袴 素皮帶 烏革履 烏羅冠 飾以金鐺 (『新唐書』220 東夷列傳 145 百濟)"
1390) 『三國史記』24 百濟本紀에는 '春正月 初吉"로 나온다. 따라서 1월 1일에 편제하였다.

| 신라 | 春二月 築達伐城 以奈麻克宗爲城主 (『三國史記』2 新羅本紀 2) |
| 신라 | 二月 新羅築達伐城 以奈麻克宗爲城主 (『三國史節要』3) |

| 백제 | 二月 拜眞可爲內頭佐平 優豆爲內法佐平 高壽爲衛士佐平 昆奴爲朝廷佐平 惟巳[1391] 爲兵官佐平 (『三國史記』24 百濟本紀 2) |
| 백제 | (二月) 百濟以眞可爲內頭佐平 優豆爲內法佐平 高壽爲衛士佐平 昆奴爲朝廷佐平 惟已爲兵官佐平 (『三國史節要』3) |

신라 백제	三月 百濟遣使請和 不許 (『三國史記』2 新羅本紀 2)
백제 신라	三月 遣使新羅請和 不從 (『三國史記』24 百濟本紀 2)
백제 신라	三月 百濟遣使新羅請和 不從 (『三國史節要』3)

| 낙랑 한 예맥 | |
| | 秋七月 樂浪外夷韓濊貊 各率其屬來朝貢 (『三國志』4 魏書 4 三少帝紀 4) |

| 신라 | 尙州 沾解王時 取沙伐國爲州 (『三國史記』34 雜志 3 地理 1)[1392] |

신라	冬十二月二十八日 王暴疾薨 (『三國史記』2 新羅本紀 2)
신라	冬十二月 新羅王沾解薨 (『三國史節要』3)
신라	助賁王之壻 金味鄒立 初昔脫解得金閼智於雞林 養於宮中 後拜爲大輔 閼智生勢漢 勢漢生阿道 阿道生首留 首留生郁甫 郁甫生仇道 仇道生味鄒 助賁王以其女妻之 至 是薨無子 國人立以爲王 (『三國史節要』3)[1393]

262(壬午/신라 미추이사금 1/고구려 중천왕 15/백제 고이왕 29/晉 景元 3/倭 神功 62)

신라	味鄒尼師今立[一云味照] 姓金 母朴氏 葛文王伊柒之女 妃昔氏光明夫人 助賁王之女 其先閼智 出於雞林 脫解王得之 養於宮中 後拜爲大輔[1394] 閼智生勢漢 勢漢生阿道 阿道生首留 首留生郁甫 郁甫生仇道 仇道則味鄒之考也 沾解無子 国人立味鄒 此金 氏有国之始也 (『三國史記』2 新羅本紀 2)[1395]
신라	閼智生熱漢 漢生阿都 都生首留 留生郁部 部生俱道[一作仇刀] 道生未鄒 鄒即王位 新羅金氏自閼智始 (『三國遺事』1 紀異 2 金閼智脫解王代)
신라	第十三未鄒尼叱今[一作未[1396]祖 又末[1397]古] 金閼智七世孫 赫世紫纓 仍有聖德 受 禪于理解 始登王位[今俗称王之陵爲始祖堂 蓋以金始[1398]始登王位故 後代金氏諸王

1391) 원문에는 '巳'로 나오나, '己'가 옳다.
1392) 첨해이사금대의 사실이지만, 그 해를 알 수 없다. 따라서 첨해이사금 재위 말년에 배치하였다.
1393) 『三國史記』新羅本紀에는 전왕인 첨해이사금이 261년 12월 28일 죽었고, 『三國史記』29 年表 上에 미추이사금 원년은 262년으로 나온다. 따라서 미추이사금은 첨해이사금이 죽은 해에 즉위하지 않았음을 알 수 있다. 하지만 『三國史節要』에는 조분이사금이 훙한 기사와 미추이사금이 즉위한 기사를 함께 싣고 있다.
1394) 본문의 "其先閼智 出於雞林 脫解王得之 養於宮中 後拜爲大輔"와 관련하여 『三國史記』11 新羅本紀 1 탈해이사금 9년 3월조가 참고된다.
1395) 『三國遺事』1 王曆 1에는 "第十三未鄒尼叱今[一作味炤 又未祖 又未召 姓金氏 始立 父仇道葛文王 母 生平 一作述礼夫人 伊非葛文王之女 朴氏 妃諸賁王之女光明娘 壬午立 理二十二年]"으로 나온다. 그리고 『三國史記』29 年表 上에 미추이사금 원년은 262년으로 나온다. 이로 볼 때 미추이사금은 전왕인 첨해이 사금이 261년 12월 28일 죽었지만, 그 해에 즉위하지 않았음을 알 수 있다. 한편 『三國史節要』에는 조분 이사금이 훙한 기사와 미추이사금이 즉위한 기사를 함께 싣고 있다.
1396) 원문에는 '末'로 되어 있으나, '未'로 보는 것이 옳다.
1397) 원문에는 '末'로 되어 있으나, '未'로 보는 것이 옳다.
1398) 원문에는 '始'로 되어 있으나, '氏'로 보는 것이 옳다.

皆以未[1399])鄒爲始祖冝矣] (『三國遺事』 1 紀異 2 味鄒王 竹葉軍)

백제	春正月 下令 凡官人受財及盜者 三倍徵贓 禁錮終身 (『三國史記』24 百濟本紀 2)
백제	春正月 百濟立犯贓之禁 凡官人受財及盜者 三倍徵贓 禁錮終身 (『三國史節要』3)

낙랑　　　　景元三年 三月八日韓氏造 (「景元 3年銘塼」 側銘)[1400]

신라　　　　春三月 龍見宮東池 (『三國史記』 2 新羅本紀 2)
신라　　　　三月 新羅龍見宮東池 (『三國史節要』 3)

요동　　　　(陳留王景元三年)夏四月 遼東郡言肅愼國遣使重譯入貢 獻其國弓三十張 長三尺五寸
　　　　　　楛矢長一尺八寸 石砮三百枚 皮骨鐵雜鎧二十領 貂皮四百枚 (『三國志』 4 三少帝紀
　　　　　　4 魏書 4 齊王紀)

신라　　　　秋七月 金城西門災 延燒人家三百餘區 (『三國史記』 2 新羅本紀 2)
신라　　　　秋七月 新羅金城西門災 延燒人家三百餘區 (『三國史節要』 3)

고구려　　　秋七月 王獵箕丘 獲白獐 (『三國史記』 17 高句麗本紀 5)
고구려　　　(秋七月) 高勾麗王獵箕丘 獲白獐 (『三國史節要』 3)

고구려　　　冬十一月 雷 地震 (『三國史記』 17 高句麗本紀 5)
고구려　　　冬十一月 高勾麗雷 地震 (『三國史節要』 3)

신라 가야　　新羅不朝 卽年遣襲津彦擊新羅[百濟記云 壬午年 新羅不奉貴國 貴國遣沙至比跪令討
　　　　　　之 新羅人莊飾美女二人 迎誘於津 沙至比跪 受其美女 反伐加羅國 加羅國王己本旱
　　　　　　岐 及兒百久至 阿首至 國沙利 伊羅麻酒 爾汶至等 將其人民 來奔百濟 百濟厚遇之
　　　　　　加羅國王妹旣殿至 向大倭啓云 天皇遣沙至比跪 以討新羅 而納新羅美女 捨而不討
　　　　　　反滅我國 兄弟人民 皆爲流沈 不任憂思 故以來啓 天皇大怒 旣遣木羅斤資 領兵衆來
　　　　　　集加羅 復其社稷 一云 沙至比跪 知天皇怒 不敢公還 乃自竄伏 其妹有幸於皇宮者
　　　　　　比跪密遣使人 間天皇怒解不 妹乃託夢言 今夜夢見沙至比跪 天皇大怒云 比跪何敢來
　　　　　　妹以皇言報 比跪知不免 入石穴而死也] (『日本書紀』 9 神功紀)[1401]

263(癸未/신라 미추이사금 2/고구려 중천왕 16/백제 고이왕 30/晉 景元 4/倭 神功 63)

신라　　　　春正月 拜伊飡良夫爲舒弗邯 兼知內外兵馬事 (『三國史記』2 新羅本紀 2)
신라　　　　春正月 新羅以伊飡良夫爲舒弗邯 兼知內外兵馬事 (『三國史節要』3)

신라　　　　二月 親祀國祖廟 大赦 封考仇道爲葛文王 (『三國史記』2 新羅本紀 2)
신라　　　　二月 新羅王親祀國祖廟 大赦 追封父仇道爲葛文王 (『三國史節要』3)

동이　　　　冬十月 天子以諸侯獻捷交至 乃申前命曰 (…) 是以東夷西戎 南蠻北狄 狂狡貪悍 世
　　　　　　爲寇讐者 皆感義懷惠 款塞內附 或委命納貢 或求置官司 (…) 司空鄭沖率羣官勸進曰

1399) 원문에는 '末'로 되어 있으나, '未'로 보는 것이 옳다.
1400) 황해도 봉산군 문정면 토성리 토성지에서 출토하였다.
1401) 원문에 인용된 『백제기』에 '임오년(382)'이 나온다. 따라서 沙至比跪의 가라 공격 및 백제 木羅斤資의
　　　구원 기사는 382년에도 배치하였다.

(…) 是以時俗畏懷 東夷獻舞 故聖上覽乃昔以來禮典舊章 開國光宅 顯兹太原 (…)
(『晉書』2 帝紀 2 太祖文帝)

신라	按我道本碑云 我道高麗人也 母高道寧 正始間 曹魏人我[姓我也]崛摩奉使句麗 私之 而還 因而有娠 師生五歲 其母令出家 年十六歸魏 省覲崛摩 投玄彰和尙 講下就業 年十九 又歸寧於母 母謂曰 此國于今不知佛法 爾後三千餘月 雞林有聖王出 大興佛 敎 其京都內有七處伽藍之墟 一曰 金橋東天鏡林[今興輪寺 金橋謂西川之橋 俗訛呼云 松橋也 寺自我道始基而中廢 至法興王丁未草創 乙卯大開 眞興王畢成] 二曰 三川歧 [今永興寺 與興輪開同代] 三曰 龍宮南[今皇龍寺 眞興王癸酉始開] 四曰 龍宮北 [今 芬皇寺 善德甲午始開] 五曰 沙川尾[今靈妙寺 善德王乙未始開] 六曰 神遊林[今天王 寺 文武王己卯開] 七曰 婿請田[今曇嚴寺] 皆前佛時伽藍之墟 法水長流之地 爾歸彼 而播揚大敎 當東嚮於釋祀矣 道稟敎至雞林 寓止王城西里 今嚴莊寺 于時未雛王卽位 二年癸未也 詣闕請行敎法 世以前所未見爲嫌 至有將殺之者 乃逃隱于續林[今一善縣] 毛祿家[祿與禮形近之訛 古記云 法師初來毛祿家 時天地震驚 時人不知僧名而云阿頭 彡麼 彡麼者乃鄉言之稱僧也 猶言沙彌也] (…) 據此 本記與本碑二說相戾不同如此 嘗試論之 梁唐二僧傳及三國本史皆載 麗濟二國佛敎之始在晋末太元之間 則二道法師 以小獸林甲戌到高麗 明矣 此傳不誤 若以毗處王時方始到羅 則是阿道留高麗百餘歲 乃來也 雖大聖行止 出沒不常 未必皆爾 抑亦新羅奉佛 非晚甚如此 又若在未雛之世 則卻超先於到麗甲戌百餘年矣 于時雞林未有文物禮敎 國號猶未定 何暇阿道來請奉佛 之事 又不合高麗未到而越至于羅也 設使暫興還廢 何其間寂廖無聞而尙不識香名哉 一何大後 一何大先 揆夫東漸之勢 必始于麗濟而終乎羅 則訥祗旣與獸林世相接也 阿 道之辭麗抵羅 宜在訥祗之世 又王女救病 皆傳爲阿道之事 則所謂墨胡者非眞名也 乃 指目之辭 如梁人指達摩爲碧眼胡 晋調釋道安爲柒道人類也 乃阿道危行避諱 而不言 名姓故也 蓋國人隨其所聞 以墨胡阿道二名分作二人爲傳爾 況云阿道儀表似墨胡 則 以此可驗其一人也 道寧之序七處 直以創開先後預言之 而傳失之 故今以沙川尾躋於 五次 三千餘月 未必盡信 書自訥祗之世 抵乎丁未 无慮一百餘年 若曰一千餘月 則殆 幾矣 姓我單名 疑贗難詳 (『三國遺事』3 興法 3 阿道基羅)

264(甲申/신라 미추이사금 3/고구려 중천왕 17/백제 고이왕 31/晉 咸熙 1/倭 神功 64)

신라	春二月 東巡幸望海 (『三國史記』2 新羅本紀 2)
신라	春二月 新羅王東巡望海 (『三國史節要』3)
신라	三月 幸黃山 問高年及貧不能自存者 賑恤之 (『三國史記』2 新羅本紀 2)
신라	三月 新羅王幸黃山 問高年及貧不能自存者 賑恤之 (『三國史節要』3)
백제	百濟國貴須王薨 王子枕流王立爲王 (『日本書紀』9 神功紀)[1402]

265(乙酉/신라 미추이사금 4/고구려 중천왕 18/백제 고이왕 32/晉 咸熙 2, 泰始 1/倭 神功 65)

백제	百濟枕流王薨 王子阿花年少 叔父辰斯奪立爲王 (『日本書紀』9 神功紀)[1403]

[1402] 『삼국사기』에는 백제 貴須王 사망 및 枕流王 즉위는 384년으로 나온다. 따라서 384년에도 재배치하였다.
[1403] 『삼국사기』에는 枕流王 사망 및 辰斯의 왕위 찬탈이 385년으로 나온다. 따라서 385년에도 재배치하였다.

남대방	曹魏時始置南帶方郡[今南原府] 故云 帶方之南海水千里 曰瀚海[後漢建安中 以馬韓南荒地爲帶方郡 倭韓遂屬 是也) (『三國遺事』 1 紀異 2 南帶方)[1404]

266(丙戌/신라 미추이사금 5/고구려 중천왕 19/백제 고이왕 33[1405]/晉 泰始 2/倭 神功 66)

요동 낙랑	泰始二年正月己亥 白虎見遼東樂浪 (『宋書』 28 志 18 符瑞 中)
신라 백제	秋八月 百濟來攻烽山城 城主直宣 率壯士二百人 出擊之 賊敗走 王聞之 拜直宣爲一吉湌 厚賞士卒 (『三國史記』 2 新羅本紀 2)
백제 신라	秋八月 遣兵攻新羅烽山城 城主直宣率壯士二百人 出擊敗之 (『三國史記』 24 百濟本紀 2)
백제 신라	秋八月 百濟攻新羅烽山城 城主直宣率壯士二百人 擊走之 王以直宣爲一吉湌 厚賞士卒 (『三國史節要』 3)
신라	按我道本碑云 (…) 未雛王卽位二年癸未也 (…) 三年 時成國公主疾 巫醫不効 勅使四方求醫 師率然赴闕 其疾遂理 王大悅 問其所須 對曰 貧道百無所求 但願創佛寺於天境林 大興佛教 奉福邦家爾 王許之 命興工 俗方質儉 編茅葺屋 住而講演 時或天花落地 號興輪寺 毛祿之妹名史氏 投師爲尼 亦於三川歧創寺而居 名永興寺 (…) (『三國遺事』 3 興法 3 阿道基羅)

267(丁亥/신라 미추이사금 6/고구려 중천왕 20/백제 고이왕 34/晉 泰始 3/倭 神功 67)

268(戊子/신라 미추이사금 7/고구려 중천왕 21/백제 고이왕 35/晉 泰始 4/倭 神功 68)

낙랑	泰始四年三月日 △△造 (「泰始 4年銘塼」 側銘)[1406]
신라	春夏 不雨 會羣臣於南堂 親問政刑得失 又遣使五人 巡問百姓苦患 (『三國史記』 2 新羅本紀 2)
신라	春夏 新羅不雨 王會群臣於南堂 親問政刑得失 又遣使五人 巡問百姓疾苦 (『三國史節要』 3)

269(己丑/신라 미추이사금 8/고구려 중천왕 22/백제 고이왕 36/晉 泰始 5/倭 神功 69, 應神 즉위년)

백제	秋九月 星孛于紫宮 (『三國史記』 24 百濟本紀 2)
백제	秋九月 百濟有星孛于紫宮 (『三國史節要』 3)

270(庚寅/신라 미추이사금 9/고구려 중천왕 23, 서천왕 1/백제 고이왕 37/晉 泰始 6/倭 應神 1)

고구려	冬十月 王薨 葬於中川之原 號曰中川王 (『三國史記』 17 高句麗本紀 5)
고구려	冬十月 高勾麗王然弗薨 葬於中川原 因以爲號 (『三國史節要』 3)
고구려	西川王[或云西壤] 諱藥盧[一云 若友] 中川王第二子 性聰悟而仁 國人愛敬之 中川王

1404) 曹魏는 중국 삼국시대의 魏를 말한다. 魏는 216년~265년까지 존속하였다. 따라서 본 기사를 265년에 편제하였다.

1405) 원문에는 '二'로 나오지만, '三'이 옳다.

1406) 황해도 신천군 가산면 간성리에서 출토하였다.

	八年 立爲太 子 二十三年 冬十月 王薨 太子卽位 (『三國史記』 17 高句麗本紀 5)[1407)
고구려	(冬十月) 太子藥盧立 性聰悟而仁 國人愛之 (『三國史節要』 3)
삼한	(卽位前紀) 譽田天皇 足仲彦天皇第四子也 母曰氣長足姬尊 天皇以皇后討新羅之年 歲次庚辰冬十二月 生於筑紫之蚊田 幼而聰達 玄鑑深遠 動容進止 聖表有異焉 皇太后攝政之三年 立爲皇太子[時年三] 初天皇在孕而 天神地祇授三韓 旣産之完生腕上 其形如鞆 是肖皇太后爲雄裝之負鞆[肖 此云阿叡] 故稱其名謂譽田天皇[上古時俗 號鞆謂褒武多焉 一云 初天皇爲太子 行于越國 拜祭角鹿笥飯大神 時大神與太子名相易 故號大神曰去來紗別神 太子名譽田別尊 然則可謂大神本名譽田別神 太子元名去來紗別尊 然無所見也 未詳] (『日本書紀』 10 應神紀)[1408)

271(辛卯/신라 미추이사금 10/고구려 서천왕 2/백제 고이왕 38/晉 泰始 7/倭 應神 2)

고구려	春正月 立西部大使者于漱之女爲王后 (『三國史記』 17 高句麗本紀 5)
고구려	春正月 高勾麗以西部大使者于漱之女爲王后 (『三國史節要』 3)
낙랑	泰始七年四月 (「泰始 7年銘塼」 小口銘)[1409)
고구려	秋七月 國相陰友卒 (『三國史記』 17 高句麗本紀 5)
고구려	秋七月 高勾麗國相陰友卒 以其子尚婁代之 (『三國史節要』 3)[1410)
고구려	九月 以尚婁爲國相 尚婁陰友子也 (『三國史記』 17 高句麗本紀 5)[1411)
고구려	冬十二月 地震 (『三國史記』 17 高句麗本紀 5)
고구려	冬十二月 高勾麗地震 (『三國史節要』 3)
낙랑	泰始七[1412)年八 (…) (「泰始 7年銘塼」 側銘)[1413)

272(壬辰/신라 미추이사금 11/고구려 서천왕 3/백제 고이왕 39/晉 泰始 8/倭 應神 3)

신라	春二月 下令 凡有害農事者 一切除之 (『三國史記』 2 新羅本紀 2)
신라	春二月 新羅下令 凡有害農事者 一切除之 (『三國史節要』 3)
고구려	夏四月 隕霜害麥 (『三國史記』 17 高句麗本紀 5)
고구려	夏四月 高勾麗隕霜害麥 (『三國史節要』 3)
고구려	六月 大旱 (『三國史記』 17 高句麗本紀 5)
고구려	六月 高勾麗大旱 (『三國史節要』 3)

1407) 『三國遺事』 1 王曆 1에 "第十三西川王[名藥盧 又若友 庚寅立 理二十年]"로 나온다.
1408) 이 사료는 應神이 즉위하기 전의 기록으로 편성된 것이지만, 『일본서기』 기년에 따라 응신 원년에 배치하였다.
1409) 황해도 봉산군 문정면 토성리 토성지에서 출토하였다.
1410) 『三國史記』 고구려본기에는 음우의 아들 상루가 국상이 된 것은 9월이라고 나온다.
1411) 『三國史節要』에는 상루가 국상이 되었다는 기사가 추7월조에 보인다.
1412) 七을 十으로 판독할 수도 있다. 漢代에는 흔히 七을 十으로 새겼다.
1413) 황해도 봉산군 문정면 토성리 토성지에서 출토하였다.

신라	秋七月 霜雹害穀 (『三國史記』 2 新羅本紀 2)
신라	秋七月 新羅霜雹害穀 (『三國史節要』 3)

신라 백제	冬十一月 百濟侵邊 (『三國史記』 2 新羅本紀 2)
백제 신라	冬十一月 遣兵侵新羅 (『三國史記』 24 百濟本紀 2)
백제 신라	冬十一月 百濟侵新羅 (『三國史節要』 3)

백제	是歲 百濟辰斯王立之失禮於貴國天皇 故遣紀角宿禰羽田矢代宿禰石川宿禰木菟宿禰 嘖讓其無禮狀 由是 百濟國殺辰斯王以謝之 紀角宿禰等 便立阿花爲王而歸 (『日本書紀』 10 應神紀)[1414]

273(癸巳/신라 미추이사금 12/고구려 서천왕 4/백제 고이왕 40/晉 泰始 9/倭 應神 4)

고구려	秋七月丁酉朔 日有食之 (『三國史記』 17 高句麗本紀 5)
고구려	秋七月丁酉朔 高勾麗日有食之 (『三國史節要』 3)

고구려	(秋七月丁酉朔) 民饑 發倉賑之 (『三國史記』 17 高句麗本紀 5)
고구려	(秋七月丁酉朔) 高勾麗民饑 發倉賑之 (『三國史節要』 3)

274(甲午/신라 미추이사금 13/고구려 서천왕 5/백제 고이왕 41/晉 泰始 10/倭 應神 5)

낙랑	泰始十年七月廿二日 造 (「泰始 10年銘塼」 側銘)[1415]

낙랑	泰始十年杜奴村 (「泰始 10年銘塼」 側銘)[1416]
낙랑	晉故 (「泰始 10年銘塼」 小口銘)[1417]

275(乙未/신라 미추이사금 14/고구려 서천왕 6/백제 고이왕 42/晉 泰始 11, 咸寧 1/倭 應神 6)

낙랑	咸寧元年三月十四日起造 (「咸寧 元年銘塼」 側銘)[1418]

낙랑	咸寧元年三月造 (「咸寧 元年銘塼」 側銘)[1419]
낙랑	五官象作 (「咸寧 元年銘塼」 小口銘)[1420]

낙랑	泰始十一年八月 (…) (「泰始 11年銘塼」 側銘)[1421]

276(丙申/신라 미추이사금 15/고구려 서천왕 7/백제 고이왕 43/晉 咸寧 2/倭 應神 7)

동이	(二月)甲午 東夷八國 歸化 (『晉書』 3 帝紀 3 世祖武帝)
동이	晉武帝咸寧二年二月 東夷八國歸化 (『册府元龜』 977 外臣部 22 降附)[1422]

1414) 『삼국사기』에 백제 辰斯王의 사망 및 아화왕의 즉위는 392년으로 나온다. 따라서 392년에도 배치하였다.
1415) 황해도 봉산군 문정면 토성리 토성지에서 출토하였다.
1416) 황해도 봉산군 문정면 토성리 토성지에서 출토하였다.
1417) 황해도 봉산군 문정면 토성리 토성지에서 출토하였다.
1418) 황해도 신천군에서 출토되었다.
1419) 황해도 신천군에서 출토되었다.
1420) 황해도 신천군에서 출토되었다.
1421) 황해도 봉산군 문정면 토성리 토성지에서 출토하였다.
1422) 원문에는 日이 나오지 않으나, 『晉書』 3 帝紀 3 世祖武帝에 二月 甲午(13)로 나온다. 따라서 2월 13일

동이	(武紀) 咸寧二年二月 東夷八國歸化 (『玉海』 152 朝貢 外夷來朝 晉東夷八國歸化十七國來附)[1423]

신라	春二月 臣寮請改作宮室 上重勞人 不從 (『三國史記』 2 新羅本紀 2)
신라	春二月 新羅臣寮請改作宮室 王重勞人 不從 (『三國史節要』 3)

고구려	夏四月 王如新城[或云 新城 國之東北大鎭也] 獵獲白鹿 (『三國史記』 17 高句麗本紀 5)
고구려	夏四月 高勾麗王獵于新城 獲白鹿 (『三國史節要』 3)

동이	(秋七月癸丑) 東夷十七國內附 (『晉書』 3 帝紀 3 世祖武帝)
동이	(晉武帝咸寧二年)七月 東夷十七國內附 (『册府元龜』 977 外臣部 22 降附)[1424]
동이	(武紀咸寧二年)七月 東夷十七國內附 (『玉海』 152 朝貢 外夷來朝 晉東夷八國歸化十七國來附)

고구려	秋八月 王至自新城 (『三國史記』 17 高句麗本紀 5)
고구려	秋八月 王至自新城 (『三國史節要』 3)

고구려	九月 神雀集宮庭 (『三國史記』 17 高句麗本紀 5)
고구려	九月 高勾麗神雀集宮庭 (『三國史節要』 3)

고구려 백제 가야 신라

秋九月 高麗人百濟人任那人新羅人 竝來朝 時命武內宿禰 領諸韓人等作池 因以名池 號韓人池 (『日本書紀』 10 應神紀)[1425]

신라 한 백제

亦新羅人叅渡來 是以建內宿禰命引率 爲役之堤池 作百濟池 (『古事記』 中)[1426]

277(丁酉/신라 미추이사금 16/고구려 서천왕 8/백제 고이왕 44/晉 咸寧 3/倭 應神 8)

백제	春三月 百濟人來朝[百濟記云 阿花王立無禮於貴國 故奪我枕彌多禮 及峴南支侵谷那東韓之地 是以遣王子直支于天朝 以脩先王之好也] (『日本書紀』 10 應神紀)[1427]

동이	是歲(함녕 3) 西北雜虜及鮮卑匈奴五溪蠻夷東夷三國前後十餘輩 各帥種人部落內附 (『晉書』 3 帝紀 3 世祖武帝)
마한	咸寧三年 復來 (『晉書』 97 列傳 67 四夷 東夷 馬韓)
동이	(晉武帝咸寧)三年 西北雜虜及鮮卑匈奴五溪蠻夷東夷三國前後十餘輩 各率種人部落內附 (『册府元龜』 977 外臣部 22 降附)

에 편제하였다.

1423) 원문에는 日이 나오지 않으나, 『晉書』 3 帝紀 3 世祖武帝에 二月 甲午(13)로 나온다. 따라서 2월 13일에 편제하였다.

1424) 본문에는 日이 나와지 않지만, 『晉書』 3 帝紀 3 世祖武帝 3에 秋七月 癸丑(5)으로 나온다. 따라서 7월 5일에 편제하였다.

1425) 여러 韓人들의 왜국 이주는 특정 연대를 단정할 수 없다. 다만 『일본서기』 신공섭정기와 응신기의 기년을 120년 더해야 하는 경우가 많다. 따라서 이 기사를 396년조에도 배치하였다.

1426) 본문에는 그 月이 보이지 않는다. 『일본서기』에 따라 9월에 편제하였다. 하지만 韓人들의 왜국 이주는 특정 연대를 단정할 수 없다. 그리고 『일본서기』 신공섭정기와 응신기의 기년을 120년 더해야 하는 경우가 많다. 따라서 이 기사를 396년조에도 배치하였다.

1427) 『삼국사기』에는 백제 왕자 직지(전지)의 왜국 파견이 397년으로 나온다. 따라서 397년에도 배치하였다.

278(戊戌/신라 미추이사금 17/고구려 서천왕 9/백제 고이왕 45/晉 咸寧 4/倭 應神 9)

동이　　　(三月辛酉) 東夷六國 來獻 (『晉書』 3 帝紀 3 世祖武帝)

동이　　　(武紀 咸寧)四年三月 東夷六國來獻 (『玉海』 152 朝貢 外夷來朝 晉東夷八國歸化十七國來附)

신라　　　夏四月 暴風拔木 (『三國史記』 2 新羅本紀 2)

신라　　　夏四月 新羅暴風拔木 (『三國史節要』 3)

삼한(백제)　夏四月 遣武內宿禰於筑紫 以監察百姓 時武內宿禰弟甘美內宿禰 欲廢兄 即讒言于天皇 武內宿禰常有望天下之情 今聞 在筑紫而密謀之曰 獨裂筑紫 招三韓令朝於己 遂將有天下 於是 天皇則遣使 以令殺武內宿禰 時武內宿禰歎之曰 吾元無貳心 以忠事君 今何禍矣 無罪而死耶 於是 有壹伎直祖眞根子者 其爲人能似武內宿禰之形 獨惜武內宿禰無罪而空死 便語武內宿禰曰 今大臣以忠事君 旣無黑心 天下共知 願密避之 叄赴于朝 親辨無罪 而後死不晩也 且時人每云 僕形似大臣 故今我代大臣而死之 以明大臣之丹心 則伏劒自死焉 時武內宿禰 獨大悲之 竊避筑紫 浮海以從南海廻之 泊於紀水門 僅得逮朝 乃辨無罪 天皇則推問武內宿禰與甘美內宿禰 於是 二人各堅執而爭之 是非難決 天皇勅之 令請神祇探湯 是以 武內宿禰與甘美內宿禰 共出于磯城川湄 爲探湯 武內宿禰勝之 便執橫刀 以毆仆甘美內宿禰 遂欲殺矣 天皇勅之令釋 仍賜紀直等之祖也 (『日本書紀』 10 應神紀)[1428]

신라 백제　冬十月 百濟兵來圍槐谷城 命彼[1429]珍湌正源 領兵拒之 (『三國史記』 2 新羅本紀 2)

백제 신라　冬十月 出兵攻新羅 圍槐谷城 (『三國史記』 24 百濟本紀 2)

백제 신라　冬十月 百濟攻新羅圍槐谷城 新羅王命波珍湌正源 領兵拒之 (『三國史節要』 3)

동이　　　是歲 東夷九國 內附 (『晉書』 3 帝紀 3 世祖武帝)

마한　　　明年(함녕 4년) 又請內附 (『晉書』 97 列傳 67 四夷 東夷 馬韓)

동이　　　(晉武帝 咸寧) 四年 東夷九國內附 (『册府元龜』 977 外臣部 22 降附)

동이　　　(武紀) 是歲) 東夷九國內附 (『玉海』 152 朝貢 外夷來朝 晉東夷八國歸化十七國內附)

279(己亥/신라 미추이사금 18/고구려 서천왕 10/백제 고이왕 46/晉 咸寧 5/倭 應神 10)

낙랑　　　咸寧五年 三月六日己丑造 (「咸寧 5年銘塼」 側銘)[1430]

마한 백제 신라

　　　　　晉武帝咸寧中 馬韓王來朝 自是無聞 三韓蓋爲百濟新羅所吞幷 (『通典』 185 邊防 1 東夷 上 弁辰)[1431]

마한 백제 신라

　　　　　晉武帝咸寧中 馬韓王來朝 自後無聞 按三韓 尋爲百濟新羅所倂 (『太平寰宇記』 172 四夷1 東夷1 三韓國)[1432]

1428) 이 기사는 특정 연대를 단정할 수 없다. 하지만 『일본서기』 신공섭정기와 응신기의 기년을 120년 더해야 하는 경우가 많다. 따라서 이 기사를 396년조에도 배치하였다.
1429) 원문에는 ‘彼’로 나오지만, ‘波’의 잘못이다.
1430) 황해도 신천군에서 출토하였다.
1431) 晉 武帝 咸寧연간은 275~279년이다. 따라서 본문의 내용은 이 기간으로 기간 편년하였고, 279년에 배치하였다.
1432) 晉 武帝 咸寧연간은 275~279년이다. 따라서 본문의 내용은 이 기간으로 기간 편년하였고, 279년에 배치하였다.

280(庚子/신라 미추이사금 19/고구려 서천왕 11/백제 고이왕 47/晉 太康 1/倭 應神 11)

낙랑	太康元年三月六日 (「太康 元年銘塼」 側銘)1433)
낙랑	太康元年三月八日王氏造 (「太康 元年銘塼」 側銘)1434)
신라	夏四月 旱錄囚 (『三國史記』 2 新羅本紀 2)
신라	夏四月 新羅旱 錄囚 (『三國史節要』 3)
동이	(六月)甲申 東夷十國 歸化 (『晉書』 3 帝紀 3 世祖武帝)
동이	(武紀) 太康元年六月甲申 東夷十國 歸化 (『玉海』 152 朝貢 外夷來朝 晉東夷八國歸化十七國內附)
동이	(晉武帝)太康元年六月 東夷十國 歸化 (『册府元龜』 977 外臣部 22 降附)1435)
동이	秋七月 東夷二十國 朝獻 (『晉書』 3 帝紀 3 世祖武帝)
동이	(武紀 太康元年)七月 東夷二十國 朝獻 (『玉海』 152 朝貢 外夷來朝 晉東夷八國歸化十七國內附)

고구려	冬十月 肅愼來侵 屠害邊民 王謂羣臣曰 寡人以眇末1436)之軀1437) 謬襲邦基 德不能綏 威不能震 致此鄰敵猾我疆域 思得謀臣猛將 以折遐衝 咨爾群公 各擧奇謀異略才堪將帥者 群臣皆曰 王弟達賈 勇而有智略 堪爲大將 王於是 遣達賈往伐之 達賈出奇掩擊 拔檀盧城 殺酋長 遷六百餘家於扶餘南烏川 降部落六七所 以爲附庸 王大悅 拜達賈爲安國君 知內外兵馬事 兼統梁貊肅愼諸部落 (『三國史記』 17 高句麗本紀 5)
고구려	冬十月 肅愼來侵高勾麗 屠害邊氓 高勾麗王謂群臣曰 寡人以眇末之軀 謬襲邦基 德不能綏 威不能震 致此隣敵猾我疆域 思得謀臣猛將 以折其衝爾 群臣各擧有奇謀異略才堪將帥者 群臣皆曰 王弟達賈勇而有智略 堪爲大將 王於是 遣達賈往伐之 達賈出奇掩擊 拔檀盧城 殺酋長 遷六百餘家於扶餘南烏川 降部落六七所 以爲附庸 王大悅 封達賈爲安國君 知內外兵馬事 兼統梁貊肅愼諸部落 (『三國史節要』 3)
마한	武帝太康元年二年 其主頻遣使入貢方物 (『晉書』 97 列傳 67 四夷 東夷 馬韓)
진한	武帝太康元年 其王遣使獻方物 (『晉書』 97 列傳 67 四夷 東夷 辰韓)

281(辛丑/신라 미추이사금 20/고구려 서천왕 12/백제 고이왕 48/晉 太康 2/倭 應神 12)

신라	春正月 拜弘權爲伊湌 良質爲一吉湌 光謙爲沙湌 (『三國史記』 2 新羅本紀 2)
신라	春正月 新羅以弘權爲伊湌 良質爲一吉湌 光謙爲沙湌 (『三國史節要』 3)
신라	二月 謁廟 (『三國史記』 2 新羅本紀 2)
신라	二月 新羅王謁祖廟 (『三國史節要』 3)

1433) 황해도 신천군에서 출토하였다.
1434) 황해도 신천군에서 출토하였다.
1435) 본문에는 日이 나오지 않지만, 『晉書』 3 帝紀 3 世祖武帝에 六月 甲申(29)으로 나온다. 따라서 6월 29일에 편제하였다.
1436) 원문에는 '未'로 나오지만, '末'이 옳다.
1437) 원문에는 誤刻이나, '軀'가 옳다.

동이	(三月丙申) 東夷五國 朝獻 (『晉書』3 帝紀 3 世祖武帝)
동이	(武紀 太康)二年三月 東夷五國 朝獻 (『玉海』152 朝貢 外夷來朝 晉東夷八國歸化十七國內附)[1438]

동이	夏六月 東夷五國內附 (『晉書』3 帝紀 3 世祖武帝)
동이	(晉武帝太康)二年六月 東夷五國內附 (『册府元龜』977 外臣部 22 降附)
동이	(武紀 太康二年)六月 東夷五國內附 (『玉海』152 朝貢 外夷來朝 晉東夷八國歸化十七國內附)

신라	秋九月 大閱楊山西 (『三國史記』2 新羅本紀 2)
신라	秋九月 新羅大閱楊山西 (『三國史節要』3)

마한	武帝太康元年二年 其主頻遣使入貢方物 (『晉書』97 列傳 67 四夷 東夷 馬韓)
진한	(太康)二年 復來朝貢 (『晉書』97 列傳 67 四夷 東夷 辰韓)

282(壬寅/신라 미추이사금 21/고구려 서천왕 13/백제 고이왕 49/晉 太康 3/倭 應神 13)

낙랑	七月 吳氏 (「太康 3年銘塼」小口銘)[1439]

동이	九月 東夷二十九國 歸化 獻其方物 (『晉書』3 帝紀 3 世祖武帝)
동이 마한 신미제국	(…) 乃出華爲持節都督幽州諸軍事領護烏桓校尉安北將軍 撫納新舊 戎夏懷之 東夷馬韓新彌諸國依山帶海 去州四千餘里 歷世未附者二十餘國 並遣使朝獻 於是遠夷賓服 四境無虞 頻歲豐稔 士馬強盛 (…) (『晉書』36 列傳 6 張華)[1440]
동이	(武紀 太康)三年九月 東夷二十九國歸化 獻其方物 (『玉海』152 朝貢 外夷來朝 晉東夷八國歸化十七國內附)

낙랑	太康三年 吳氏造 (「太康 3年銘塼」側銘)[1441]

283(癸卯/신라 미추이사금 22/고구려 서천왕 14/백제 고이왕 50/晉 太康 4/倭 應神 14)

백제	春二月 百濟王貢縫衣工女 曰眞毛津 是今來目衣縫之始祖也 (『日本書紀』10 應神紀)[1442]

낙랑	太康四年三月廿七日 造 (「太康 4年銘塼」側銘)[1443]
낙랑	太康四年三月 昭明王長造 (「太康 4年銘塼」側銘)[1444]

신라 백제	秋九月 百濟侵邊 (『三國史記』2 新羅本紀 2)

1438) 본문에는 일이 나오지 않지만, 『晉書』3 帝紀 3 世祖武帝에 三月 丙申(15)으로 나온다. 따라서 3월 15일에 편제하였다.
1439) 황해도 봉산군 문정면 송산리에서 출토하였다.
1440) 張華는 西晉 武帝 太康 3年(282) 春 正月 甲午日에 都督幽州諸軍事가 되었다. 그리고 그 해 9월에 東夷 29國이 귀화하고 방물을 바쳤다는 기사를 통해 본문의 내용을 9월에 편제하였다.
1441) 황해도 봉산군 문정면 송산리에서 출토하였다.
1442) 여러 韓人들의 왜국 이주는 특정 연대를 단정할 수 없다. 다만 『일본서기』신공섭정기와 응신기의 기년을 120년 더해야 하는 경우가 많다. 따라서 이 기사를 403년에도 배치하였다.
1443) 황해도 신천군 북부면 서호리에서 출토하였다.
1444) 황해도 신천군 북부면 서호리에서 출토하였다.

백제 신라	秋九月 遣兵侵新羅邊境 (『三國史記』24 百濟本紀 2)
백제 신라	秋九月 百濟侵新羅 (『三國史節要』3)

신라 백제	冬十月 圍槐谷城 命一吉湌良質 領兵禦之 (『三國史記』2 新羅本紀 2)
백제 신라	冬十月 至槐國[1445]城圍之 新羅王命一吉湌良質 領兵禦之 (『三國史節要』3)

백제 신라 가야

是歲 弓月君自百濟來歸 因以奏之曰 臣領己國之人夫百廿縣而歸化 然因新羅人之拒
皆留加羅國爰遣葛城襲津彦 而召弓月之人夫於加羅 然經三年 而襲津彦不來焉 (『日本
書紀』10 應神紀)[1446]

낙랑	太康四年 昭明王氏造 (「太康 4年銘塼」側銘)[1447]
낙랑	太康四年 △△張氏造 (「太康 4年銘塼」側銘)[1448]
낙랑	△△△四日 (「太康 4年銘塼」小口銘)[1449]
낙랑	太康四歲 (「太康 4年銘塼」)[1450]

284(甲辰/신라 미추이사금 23, 유례이사금 1/고구려 서천왕 15/백제 고이왕 51/晉 太康 5/倭 應神 15/甲辰)

신라	春二月 巡撫國西諸城 (『三國史記』2 新羅本紀 2)
신라	春二月 新羅王巡撫國西諸城 (『三國史節要』3)

백제	秋八月壬戌朔丁卯 百濟王遣阿直岐 貢良馬二匹 即養於輕坂上廏 因以以阿直岐令掌 飼 故號其養馬之處 曰廏坂也 阿直岐亦能讀經典 即太子菟道稚郎子師焉 於是天皇問 阿直岐曰 如勝汝博士亦有耶 對曰 有王仁者 是秀也 時遣上毛野君祖 荒田別巫別於 百濟 仍徵王仁也 其阿直岐者 阿直岐史之始祖也 (『日本書紀』10 應神紀)[1451]
백제	亦百済国主昭古王 以牡馬一疋 牝馬一匹 付阿知吉師以貢上[此阿知吉師者 阿直氏等 之祖] (『古事記』中)[1452]

신라	(…) 未[味]鄒王時 倭國大臣來聘 于老妻請於國王 私饗倭使臣 及其泥醉 使壯士曳下 庭焚之 以報前怨 倭人忿 來攻金城 不克引歸 論曰 于老爲當時大臣 掌軍國事 戰必克 雖不克 亦不敗 則其謀策必有過人者 然以一 言之悖 以自取死 又令兩國交兵 其妻能報怨 亦變而非正也 若不爾者 其功業 亦可錄 也 (『三國史記』45 列傳5 昔于老)

1445) 원문에는 國으로 되어 있으나, 谷으로 보는 것이 옳다.
1446) 韓人들의 왜국 이주는 특정 연대를 단정할 수 없다. 하지만『일본서기』신공섭정기와 응신기의 기년을
120년 더해야 하는 경우가 많은 점과 갈성습진언의 수정 연대를 적용하면 주로 4세기대에 나오는 인물로
고려된다. 따라서 이 기사를 403년에도 배치하였다.
1447) 황해도에서 출토하였다.
1448) 출토지를 알 수 없다.
1449) 출토지를 알 수 없다.
1450) 황해도 봉산군 지탑리에서 출토하였다.
1451)『고사기』에는 "百済国主昭古王", 즉 (근)초고왕이 보내주었다고 되어 있으므로 이 사료에 의거하여 연
대를 조정하면 4세기 근초고왕대의 어느 해로 해야 할 것이다. 하지만『일본서기』신공섭정기와 응신기의
기년을 120년 더해야 하는 점을 고려하면 근초고왕이 보냈다고 하는 기술과는 배치된다. 따라서 본 기사
는 120년 인상 기준에 의거하여 404년에도 배치하였다.
1452) 본문의 내용에 年月을 알 수 없으나,『日本書紀』應神 15년의 내용이다.『일본서기』신공섭정기와 응
신천황기의 기년을 120년 더해야 하는 점을 고려하여 404년에도 배치하였다.

신라	按我道本碑云 (…) 未幾 未雛王卽世 國人將害之 師還毛祿家 自作塚 閉戶自絶 遂不 復現 因此大敎亦廢 (…) (『三國遺事』 3 興法 3 阿道基羅)
신라	冬十月 王薨 葬大陵[一云什[1453]長陵] (『三國史記』 2 新羅本紀 2)[1454]
신라	冬十月 新羅王味鄒薨 昔儒禮立 儒禮助賁王長子也 母朴氏 葛文王奈音之女 嘗夜行 有星光入口 因有娠 載誕之夕 異香滿室 葬王于大陵 (『三國史節要』 3)
신라	儒禮尼師今立[古記第三第十四 二王同諱儒理 或云儒禮 未知孰是] 助賁王長子 母 村[1455]氏 葛文王奈音之女 嘗夜行 星光入口 因有娠 載誕之夕 異香滿室 (『三國史記』 2 新羅本紀 2)[1456]

285(乙巳/신라 유례이사금 2/고구려 서천왕 16/백제 고이왕 52/晉 太康 6/倭 應神 16)

신라	春正月 謁始祖廟 (『三國史記』 2 新羅本紀 2)
신라	春正月 新羅王謁始祖廟 (『三國史節要』 3)
신라	二月 拜伊湌弘權爲舒弗邯 委以機務 (『三國史記』 2 新羅本紀 2)
신라	二月 新羅以伊湌弘權爲舒弗邯 委以機務 (『三國史節要』 3)
백제	春二月 王仁來之 則太子菟道稚郎子師之 習諸典籍於王仁 莫不通達 故所謂王仁者 是書首等之始祖也 (『日本書紀』 10 應神紀)[1457]
백제	亦貢上橫刀及大鏡 又科賜百濟國 若有賢人者 貢上 故受命以貢上人 名和邇吉師 卽 論語十卷 千字文一卷 幷十一卷 付是人卽貢進[此和邇吉師者 文首等祖] (『古事記』 中)[1458]
신라 가야	八月 遣平群木菟宿禰 的戶田宿禰於加羅 仍授精兵詔之曰 襲津彥久之不還 必由新羅 人拒而滯之 汝等急往之擊新羅 披其道路 於是木菟宿禰等進精兵 莅于新羅之境 新羅 王愕之服其罪 乃率弓月之人夫 與襲津彥共來焉 (『日本書紀』 10 應神紀)[1459]
부여	至太康六年 爲慕容廆所襲破 其王依慮自殺 子弟走保沃沮 帝爲下詔曰 夫餘王世守忠 孝 爲惡虜所滅 甚愍念之 若其遺類足以復國者 當爲之方計 使得存立 有司奏護東夷 校尉鮮于嬰不救夫餘 失於機略 詔免嬰 以何龕代之 (『晉書』 97 列傳 67 四夷 東夷 夫餘)
부여	慕容廆 (…) 又率衆東伐扶餘 扶餘王依慮自殺 廆夷其國城 驅萬餘人而歸 (『晉書』 108 載記 8 慕容廆)[1460]
부여 옥저	至太康六年 爲慕容廆所襲破[廆 呼罪反] 其王依慮自殺 子弟走保沃沮 武帝以何龕爲

1453) 원문의 '什'은 '竹'으로 보는 것이 옳다.
1454) 『三國遺事』 1 紀異 2 味鄒王 竹葉軍에 미추왕의 능과 관련해서 "[今俗称王之陵爲始祖堂 蓋以金始始
　　 登王位故 後代金氏諸王 皆以未鄒爲始祖宜矣] 在位二十三年而崩 陵在興輪寺東"이라는 기록이 보인다.
1455) 원문에는 '村'으로 나오지만, '朴'의 잘못이다.
1456) 『三國遺事』 1 王曆 1에는 "第十四儒禮尼叱今[一作世理智王 昔氏 父諸賁王 母△召夫人 朴氏 甲辰立
　　 治十五年 補築月城]"로 나온다.
1457) 『일본서기』 신공섭정기와 응신기의 기년을 120년 더해야 하는 점을 고려하여 405년에도 배치하였다.
1458) 본문에는 그 年月을 알 수 없지만, 『日本書紀』의 내용을 볼 때 應神 16년이다. 하지만 『일본서기』 신
　　 공섭정기와 응신기의 기년을 120년 더해야 하는 점을 고려하여 405년에도 배치하였다.
1459) 『일본서기』 신공섭정기와 응신기의 기년을 120년 더해야 하는 점을 고려하여 405년에도 배치하였다.
1460) 본문에는 그 해가 나오지 않으나, 『晉書』 97 列傳 67 四夷 東夷 夫餘를 통해 태강 6년임을 알 수 있
　　 다.

	護東夷校尉 (『通典』 185 邊防 1 東夷 上 夫餘)
부여 옥저	(是歲) 又東擊扶餘 扶餘王依慮自殺[1461] 子弟走保沃沮[1462] 虜夷其國城 驅萬餘人而歸 (『資治通鑑』 81 晉紀 3 世祖武皇帝)
부여 옥저	太康六年 爲慕容廆所襲破 其王依慮自殺 子弟走保沃沮 武帝以△龕爲護東夷校尉 (『太平寰宇記』 174 四夷 3 東夷 3 夫餘國)
부여 옥저	晉書曰 夫餘國 至太康六年 爲慕容廆所襲破 其依慮自殺 子弟走保沃沮 武帝以何龕爲護東夷校尉 (『太平御覽』 781 四夷部 2 東夷 2 夫餘)
백제	是歲 百濟阿花王薨 天皇召直支王謂之曰 汝返於國以嗣位 仍且賜東韓之地而遣之[東韓者 甘羅城高難城爾林城 是也] (『日本書紀』 10 應神紀)

286(丙午/신라 유례이사금 3/고구려 서천왕 17/백제 고이왕 53, 책계왕 1/晉 太康 7/倭 應神 17)

신라 백제	春正月 百濟遣使 請和 (『三國史記』 2 新羅本紀 2)
백제 신라	春正月 遣使新羅請和 (『三國史記』 24 百濟本紀 2)
백제 신라	春正月 百濟遣使 新羅請和 (『三國史節要』 3)
고구려	春二月 王弟逸友素勃等二人 謀叛 詐稱病徃溫湯 與黨類戱樂無節 出言悖逆 王召之 僞許拜相 及其至 令力士執而誅之 (『三國史記』 17 高句麗本紀 5)
고구려	二月 高勾麗王弟逸友素勃等二人 詐稱病往溫湯 與黨類戱樂無節 出言悖逆 王僞拜相 召之 令力士執而誅之
	權近曰 兄弟之親 異體同氣 雖有小忿不廢懿親者也 象日欲殺舜 舜爲天子封之 有痺以富貴之 故仁人之於兄弟也 不藏怒焉 不宿怨焉 親愛之而已矣 此天理人情之至也 高勾麗王弟逸友素勃 詐稱疾往溫湯 是王懷疑忌之心而薄友愛之恩可知矣 故內不自安 而詐稱疾 雖其戱樂無節 出言悖逆 不可謂無罪 然以介弟之親 不得見容 恐其剪除 無所聊賴 出怨言耳 非有反亂僭逆不臣之狀也 麗王乃僞拜相誘而殺之 其不仁甚矣 且以骨肉至親 尙見紿殺後 雖以好爵縻之人 孰不疑之哉 吁王道以仁親爲本 以信義爲重 麗王於此 一擧而盡廢之 雖欲爲善治 豈可得哉 (『三國史節要』 3)
낙랑	太康七年三月癸丑 作 (「太康 7年銘塼」 側銘)[1463]
낙랑	太康七年三月二十八日 王作 (「太康 7年銘塼」 側銘)[1464]
신라	三月 旱 (『三國史記』 2 新羅本紀 2)
신라	三月 新羅旱 (『三國史節要』 3)
부여	(夏五月) 鮮卑 慕容廆寇遼東 (『晉書』 3 帝紀 3 世祖武帝)
부여	(太康七年)夏 慕容廆寇遼東 故扶餘王依慮子依羅求帥見人還復舊國 請援於東夷校尉何龕[1465] 龕遣督護賈沈將兵送之[1466] 廆遣其將孫丁帥騎邀之於路[1467] 沈力戰 斬丁

1461) 慮 音閭
1462) 沮 千余翻
1463) 황해도 신천군에서 출토하였다.
1464) 황해도 신천군에서 출토하였다.
1465) 帥 讀曰率 下同 見 賢遍翻 見人 謂見存之人也 龕 口含翻 晉志曰 武帝置南蠻校尉於襄陽 西戎校尉於長安 南夷校尉於寧州 東夷校尉 蓋亦帝所置 治遼東
1466) 魏晉之間 方鎭各置督護 領兵之官也 沈 持林翻
1467) 騎 奇寄翻

逐復扶餘 (『資治通鑑』 81 晉紀 3 世祖武皇帝)

동이	八月 東夷十一國內附 (『晉書』 3 帝紀 3 世祖武帝)
동이	(晉武帝太康)七年八月 東夷十一國內附 (『册府元龜』 977 外臣部 22 降附)
동이	(武紀 太康)七年八月 東夷十一國內附 (『玉海』 152 朝貢 外夷來朝 晉東夷八國歸化 十七國)

백제	冬十一月 王薨 (『三國史記』 24 百濟本紀 2)
백제	冬十一月 百濟王古尔薨 (『三國史節要』 3)
백제	(冬十一月)責稽王[或云青稽] 古尔王子 身長大 志氣雄傑 古尔薨 即位 (『三國史記』 24 百濟本紀 2)1468)
백제	(冬十一月) 子責稽立 身長大 志氣雄傑 (『三國史節要』 3)

백제	(冬十一月) 王徵發丁夫 葺慰禮城 (『三國史記』 24 百濟本紀 2)
백제	(冬十一月) 百濟徵發丁夫葺慰禮城 (『三國史節要』 3)
백제 고구려	(冬十一月) 高句麗伐帶方 帶方請救於我 先是 王娶帶方王女寶菓爲夫人 故曰 帶方我 舅甥之國 不可不副其請 遂出師救之 高句麗怨 王慮其侵寇 修阿旦城蚘城備之 (『三國 史記』 24 百濟本紀 2)
백제 고구려	(冬十一月) 高勾麗伐帶方 帶方求救於百濟 王曰 帶方我舅甥之國 不可不副其請 出師 以救 高勾麗怨之 百濟修阿旦城蛇城以備之 王之夫人即帶方王之女 (『三國史節要』 3)

부여	明年(태강 7년) 夫餘後王依羅遣詣龕 求率見人還復舊國 仍請援 龕上列 遣督郵賈沈 以兵送之 廆又要之於路 沉與戰 大敗之 廆衆退 羅得復國 爾後每爲廆掠其種人 賣於 中國 帝愍之 又發詔以官物贖還 下司冀二州 禁市夫餘之口 (『晉書』 97 列傳 67 四 夷 東夷 夫餘)
부여	東夷校尉何龕遣督護賈沈將迎立依慮之子爲王 廆遣其將孫丁率騎邀之 沈力戰斬丁 遂 復扶餘之國 (『晉書』 108 載記 8 慕容廆)1469)
부여	明年(태강 7년) 夫餘後王依羅遣使詣龕 求率見人還復舊國 龕遣督郵賈沈以兵送之 爾 後每爲廆掠其種人 賣於中國 帝又以官物贖還 禁市夫餘之口 自後無聞 (『通典』 185 邊防 1 東夷 上 夫餘)
부여	明年(태강 7년) 夫餘後王依羅 遣使詣龕 求率見人還復舊國 遣督郵賈沈以送之 介後 每爲廆掠其種人 賣於中國 帝又以官物贖還 禁市夫餘之口 自後無聞 (『太平御覽』 781 四夷部 2 東夷 2 夫餘)
부여	明年(태강 7년) 夫餘後王依邏遣使詣龕求還舊國 龕遣督郵賈沈以兵送之 爾後每爲廆 掠 種人賣於中國 帝又以官物贖還 禁市夫餘之口 自後無聞 (『太平寰宇記』 174 四夷 3 東夷 3 夫餘國)

마한	是歲(태강 7년) 扶南等二十一國馬韓等十一國遣使來獻 (『晉書』 3 帝紀 3 世祖武帝)
마한	(武帝 太康)七年八年十年 又頻至 (『晉書』 97 列傳 67 四夷 東夷 馬韓)
마한	(武紀) 是歲(태강 7년) 馬韓十一國遣使來獻 (『玉海』 152 朝貢 外夷來朝 晉東夷八國

1468) 『三國遺事』 1 王曆 1에 "第九責稽[古尔子 一作青替誤 丙午立 治十二年"기록이 보인다. 여기에서 책 계왕은 청계라고도 하였다. 그리고 『三國遺事』 王曆에는 책계왕의 재위 기간은 12년으로 나오지만, 『三國 史記』 백제본기에는 13년으로 나온다. 이것은 『三國遺事』 가 踰年稱元法을 사용했기 때문이다.

1469) 본문에는 그 해가 나오지 않으나, 『晉書』 97 列傳 67 四夷 東夷 夫餘를 통해 태강 7년임을 알 수 있 다.

	歸化十七國)
진한	(太康)七年 又來 (『晉書』 97 列傳 67 四夷 東夷 辰韓)

287(丁未/신라 유례이사금 4/고구려 서천왕 18/백제 책계왕 2/晉 太康 8/倭 應神 18)

백제	春正月 謁東明廟 (『三國史記』 24 百濟本紀 2)
백제	古記云 (…) 多婁王二年春正月 謁始祖東明廟 責稽王二年春正月 (…) 並如上行 (『三國史記』 32 雜志 1 祭祀)
백제	春正月 百濟王謁東明廟 (『三國史節要』 3)
동이	太康八年閏三月 嘉禾生東夷校尉園 (『宋書』 29 志 19 符瑞 下)
동이	太康八年閏三月 (嘉禾)生東夷校尉國 (『玉海』 197 祥瑞 植物 晉嘉禾嘉麥宋嘉禾)
신라	夏四月 倭人襲一禮部 縱火燒之 虜人一千而去 (『三國史記』 2 新羅本紀 2)1470)
신라	夏四月 倭人襲新羅一禮部火之 虜千人而去 (『三國史節要』 3)1471)
동이	八月 東夷二國內附 (『晉書』 3 帝紀 3 世祖武帝)
동이	(晉武帝太康)八年八月 東夷二國內附 (『册府元龜』 977 外臣部 22 降附)
동이	(武紀 太康)八年八月 東夷二國內附 (『玉海』 152 朝貢 外夷來朝 晉東夷八國歸化十七國)
마한	(武帝太康)七年八年十年 又頻至 (『晉書』 97 列傳 67 四夷 東夷 馬韓)

288(戊申/신라 유례이사금 5/고구려 서천왕 19/백제 책계왕 3/晉 太康 9/倭 應神 19)

낙랑	君以太康九年二月卒 故記之 (「太康 9年銘塼」 側銘)1472)
고구려	夏四月 王幸新城 海谷大1473)守獻鯨魚目 夜有光 (『三國史記』 17 高句麗本紀 5)
고구려	夏四月 高句麗王幸新城 海谷太守獻鯨魚目 夜有光 (『三國史節要』 3)
고구려	秋八月 王東狩 獲白鹿 (『三國史記』 17 高句麗本紀 5)
고구려	秋八月 高句麗王東狩 獲白鹿 (『三國史節要』 3)
고구려	九月 地震 (『三國史記』 17 高句麗本紀 5)
고구려	九月 高句麗地震 (『三國史節要』 3)
동이	九月 東夷七國詣校尉內附 (『晉書』 3 帝紀 3 世祖武帝)
동이	(晉武帝太康)九年九月 東夷七國詣校尉 內附 (『册府元龜』 977 外臣部 22 降附)
동이	(武紀 太康)九年九月 東夷七國詣校尉內附 (『玉海』 152 朝貢 外夷來朝 晉東夷八國歸化十七國)
고구려	冬十一月 王至自新城 (『三國史記』 17 高句麗本紀 5)
고구려	冬十一月 王至自新城 (『三國史節要』 3)

1470) 一禮部의 '部'는 '郡'의 誤記로 보인다.
1471) 一禮部의 '部'는 '郡'의 誤記로 보인다.
1472) 황해도 안악군 용순면 유설리 북동에서 출토하였다.
1473) 원문에는 '大'로 나오나, '太'가 옳다.

289(己酉/신라 유례이사금 6/고구려 서천왕 20/백제 책계왕 4/晉 太康 10/倭 應神 20)

신라	夏五月 聞倭兵至 理舟楫 繕甲兵 (『三國史記』 2 新羅本紀 2)
신라	夏五月 新羅聞倭兵至 理舟楫 繕甲兵 (『三國史節要』 3)
동이	五月 鮮卑慕容廆來降 東夷十一國內附 (『晉書』 3 帝紀 3 世祖武帝)
동이	(晉武帝太康)十年五月 鮮卑慕容廆來降 東夷十一國內附 (『册府元龜』 977 外臣部 22 降附)
동이	(武紀 太康)十年五月 東夷十一國內附 (『玉海』 152 朝貢 外夷來朝 晉東夷八國歸化十七國)
한	秋九月 倭漢直祖阿知使主[1474] 其子都加使主 並率己之黨類十七縣 而來歸焉 (『日本書紀』 10 應神紀)[1475]
동이	是歲 東夷絶遠三十餘國西南夷二十餘國來獻 (『晉書』 3 帝紀 3 世祖武帝)
동이	(武紀) 是歲(태강 10년) 東夷絶遠三十餘國來獻 (『玉海』 152 朝貢 外夷來朝 晉東夷八國歸化十七國)
마한	(武帝 太康)七年八年十年 又頻至 (『晉書』 97 列傳 67 四夷 東夷 馬韓)

290(庚戌/신라 유례이사금 7/고구려 서천왕 21/백제 책계왕 5/晉 太熙 1/倭 應神 21)

동이	二月辛丑 東夷七國朝貢 (『晉書』 3 帝紀 3 世祖武帝)
동이	(武紀) 太熙元年二月辛丑 東夷七國朝貢 (『玉海』 152 朝貢 外夷來朝 晉東夷八國歸化十七國)
신라	夏五月 大水 月城頹毀 (『三國史記』 2 新羅本紀 2)
신라	夏五月 新羅大水 月城毀 (『三國史節要』 3)[1476]
마한	太熙元年 詣東夷校尉何龕上獻 (『晉書』 97 列傳 67 四夷 東夷 馬韓)
부여	武帝時 頻來朝貢 (『晉書』 97 列傳 67 四夷 東夷 夫餘)[1477]

291(辛亥/신라 유례이사금 8/고구려 서천왕 22/백제 책계왕 6/晉 永平 1, 元康 1/倭 應神 22)

가야	麻品王 永平元年辛亥一月二十九日崩 (『三國遺事』 2 紀異 2 駕洛國記)[1478]
가야	二月 駕洛國王麻品薨 (『三國史節要』 3)[1479]
가야	居叱彌王 一云今勿 金氏 永平元年卽位 治五十六年 永和二年丙午七月八日崩 王妃 阿躬阿干孫女阿志 生王子伊品 (『三國遺事』 2 紀異 2 駕洛國記)[1480]

1474) 使主는 韓國에서 온 경칭의 일종이다. 나중에 姓이 되었다.
1475) 『일본서기』 신공섭정기와 응신기의 기년을 120년 더해야 하는 점을 고려하여 阿知使主, 都加使主 부자의 왜국 이주 기사는 409년에도 배치하였다.
1476) 『三國遺事』 1 王曆 1에 第十四儒禮尼叱今에 "補築月城"이 나온다.
1477) 晉 武帝의 재위 기간은 256~290년이다. 따라서 본 기사는 256~290년으로 기간 편년하였고, 290년에 배치하였다.
1478) 『三國遺事』 1 王曆 1에는 "第三麻品王[父居登王 母泉府卿申輔之女言今貞夫人 己卯立 理三十二年]"이라 하여 259년에 즉위한 것으로 나온다.
1479) 『三國遺事』 2 紀異 2 駕洛國記에 마품왕은 1월 29일에 죽었다고 나온다. 따라서 1월 29일에 편제하였다.

가야	(二月) 太子居叱彌立 (『三國史節要』 3)[1481]

신라	春正月 拜末仇爲伊伐湌 末仇忠貞 有智略 王常訪問政要 (『三國史記』 2 新羅本紀 2)
신라	春正月 新羅以末仇爲伊伐湌 末仇忠貞有智略 (『三國史節要』 3)

대방	(永平元年三月)庚戌 免東安王繇及東平王楙 繇徙帶方 (『晉書』 4 帝紀 4 孝惠帝)
대방	(元康元年三月)庚戌 詔免繇官 又坐有悖言 廢徙帶方[1482] (『資治通鑑』 82 晉紀 4 孝惠皇帝)

동이	是歲[1483] 東夷十七國南夷二十四部竝詣校尉內附 (『晉書』 4 帝紀 4 孝惠帝)
동이	(晉)惠帝元康元年 東夷十九國南夷二十四部 並詣校尉 內附 (『册府元龜』 977 外臣部 22 降附)

낙랑	元康元年 (…) (「元康元年銘塼」 側銘)[1484]

292(壬子/신라 유례이사금 9/고구려 서천왕 23, 봉상왕 1/백제 책계왕 7/晉 元康 2/倭 應神 23)

고구려	王薨 葬於西川之原 號曰西川王 (『三國史記』 17 高句麗本紀 5)[1485]
고구려	春 高勾麗王藥慮薨 葬西川 因以爲號 (『三國史節要』 3)[1486]
고구려	烽上王[一云雉葛] 諱相夫[或云歃矢婁] 西川王之太子也 幼驕逸多疑忌 西川王二十三年薨 太子即位 (『三國史記』 17 高句麗本紀 5)[1487]
고구려	(春) 太子相夫立 幼驕多猜忌 其叔父安國君達賈 在諸父之行 有大功業 國人所倚望 相夫惡而殺之 國人曰 梁貊肅愼之難 微安國君 吾能免乎哉 無不涕泣相弔 權近曰 積善積惡殃慶 各以類至子孫之受 其報者莫不由祖父而馴致之也 高勾麗王藥盧 嘗以疑忌殺其二弟不善之積甚矣 故其薨也 體未及寒其子相夫 方在衰絰而殺 其叔父甫及期年 又殺其弟是眞所謂 其父攘雞而其子刼人於市者也 相夫暴戾不足責矣 史稱藥盧聰悟而仁國人愛之 是不可謂無仁心也 然外示小惠以悅於人 內懷殘忍以戕同氣 其志慘於鎮鋸矣 故其餘殃延及後世 寵弟愛子死於相夫 而相夫又死於倉助利得免於身 盖亦幸矣 (『三國史節要』 3)[1488]

1480) 『三國遺事』 1 王曆 1에는 "第四居叱於王[一作今勿 父麻品 母好仇 辛亥立 治五十五年]"으로 나온다. 『三國史節要』에는 2월로 나오지만, 『三國遺事』 2 紀異 2 駕洛國記에 마품왕은 1월 29일에 죽었다고 나온다. 따라서 居叱彌王의 즉위를 1월 29일에 편제하였다.

1481) 『三國遺事』 2 紀異 2 駕洛國記에 마품왕은 1월 29일에 죽었다고 나온다. 따라서 居叱彌王의 즉위를 1월 29일에 편제하였다.

1482) 帶方縣 漢屬樂浪郡 公孫度置帶方郡 杜佑曰 建安中 公孫康分屯有有鹽縣以南荒地 置帶方郡

1483) 是歲는 元康 원년이다.

1484) 황해도에서 출토하였다.

1485) 원문에는 그 달이 보이지 않지만, 『三國史節要』에는 春(1~3)으로 나온다. 하지만 『三國史記』에 따르면 봉상왕이 즉위한 후 봄 3월에 "안국군 달가를 죽였다"고 한 데서, 서천왕이 죽고 봉상왕이 죽은 것은 3월보다 앞서 있었던 일이다. 따라서 1~2월에 기간 편년하였다.

1486) 원문에는 그 달이 보이지 않지만, 『三國史節要』에는 春(1~3)으로 나온다. 하지만 『三國史記』에 따르면 봉상왕이 즉위한 후 봄 3월에 "안국군 달가를 죽였다"고 한 데서, 서천왕이 죽고 봉상왕이 죽은 것은 3월보다 앞서 있었던 일이다. 따라서 1~2월에 기간 편년하였다.

1487) 『三國遺事』 1 王曆 1에는 "第十四烽上王[一云雉葛王 名相夫 壬子立 治八年]"으로 나온다. 원문에는 그 달이 보이지 않지만, 『三國史節要』에는 春(1~3)으로 나온다. 하지만 『三國史記』에 따르면 봉상왕이 즉위한 후 봄 3월에 "안국군 달가를 죽였다"고 한 데서, 서천왕이 죽고 봉상왕이 죽은 것은 3월보다 앞서 있었던 일이므로, 1~2월에 기간 편년하였다.

1488) 원문에는 그 달이 보이지 않지만, 『三國史節要』에는 春(1~3)으로 나온다. 하지만 『三國史記』에 따르면 봉상왕이 즉위한 후 봄 3월에 "안국군 달가를 죽였다"고 한 데서, 서천왕이 죽고 봉상왕이 죽은 것은 3월

고구려	春三月 殺安國君達賈 王以賈在諸父之行 有大功業 爲百姓所瞻望 故疑之謀殺 國人曰 微安國君 民不能免梁貊肅愼之難 今其死矣 其將焉託 無不揮涕相弔 (『三國史記』 17 高句麗本紀 5)
신라	夏六月 倭兵攻陷沙道城 命一吉湌大谷 領兵救完之 (『三國史記』 2 新羅本紀 2)
신라	夏六月 倭人攻陷新羅沙道城 新羅命一吉湌大谷 領兵救之 (『三國史節要』 3)
신라	秋七月 旱蝗 (『三國史記』 2 新羅本紀 2)
신라	秋七月 新羅旱蝗 (『三國史節要』 3)
고구려	秋九月 地震 (『三國史記』 17 高句麗本紀 5)
고구려	九月 高勾麗地震 (『三國史節要』 3)

293(癸丑/신라 유례이사금 10/고구려 봉상왕 2/백제 책계왕 8/晉 元康 3/倭 應神 24)

신라	春二月 改築沙道城 移沙伐州豪民八十餘家 (『三國史記』 2 新羅本紀 2)
신라	春二月 新羅改築沙道城 移沙伐州豪民八十餘家 實之 (『三國史節要』 4)
낙랑	元康三年三月十六日 韓氏 (「元康 3年銘塼」 側銘) 1489)
고구려	秋八月 慕容廆來侵 王欲往新城避賊 行至鵠林 慕容廆知王出 引兵追之 將及 王懼時 新城宰北部小兄高奴子 領五百騎迎王 逢賊奮擊之 廆軍敗退 王喜 加高奴子爵爲大兄 兼賜鵠林爲食邑 (『三國史記』 17 高句麗本紀 5)
고구려	秋八月 慕容廆侵高勾麗 王欲往新城避之 行至鵠林 慕容廆引兵追之 將及 新城宰北部小兄高奴子 以五百騎迎王 遇廆軍奮擊敗之 王喜 加高奴子爵爲大兄 兼賜鵠林爲食邑 (『三國史節要』 4)
고구려	九月 王謂其弟咄固有異心 賜死 國人以咄固無罪哀慟之 咄固子乙弗 出避於野 (『三國史記』 17 高句麗本紀 5)1490)
고구려	九月 高勾麗王以其弟咄固有異心 賜死 國人以咄固無罪 哀慟之 咄固子乙弗 出避於野 (『三國史節要』 4)

294(甲寅/신라 유례이사금 11/고구려 봉상왕 3/백제 책계왕 9/晉 元康 4/倭 應神 25)

요동	元康四年二月 蜀郡山崩殺人 上谷上庸遼東地震 (『宋書』 34 志 24 五行 5)
낙랑	元康四年三月廿日 造 (「元康 4年銘塼」 側銘)1491)
신라	夏 倭兵來攻長峯城 不克 (『三國史記』 2 新羅本紀)
신라	夏 倭人攻新羅長峯城 不克 (『三國史節要』 4)
신라	秋七月 多沙郡進嘉禾 (『三國史記』 2 新羅本紀)

보다 앞서 있었던 일이다. 따라서 1~2월에 기간 편년하였다.
1489) 황해도에서 출토하였다.
1490) 이 기사와 관련해서 『삼국사기』 17 고구려본기 5 미천왕 즉위년조도 참고된다.
1491) 출토지는 알 수 없다.

신라	秋七月 新羅多沙郡進嘉禾 (『三國史節要』4)

고구려	秋九月 國相尙婁卒 以南部大使者倉助利爲國相 進爵爲大主簿 (『三國史記』17 高句麗本紀 5)[1492]
고구려	九月 高勾麗國相尙婁卒 以南部大使者倉助利爲國相 進爵爲大主簿 (『三國史節要』4)
고구려	倉助利 高句麗人也 烽上王時 爲國相 (『三國史記』49 列傳 9 倉助利)

백제 신라 가야	
	百濟直支王薨 即子久爾辛立爲王 王年幼 木滿致執國政 與王母相婬 多行無禮 天皇聞而召之[百濟記云 木滿致者 是木羅斤資 討新羅時 娶其國婦 而所生也 以其父功 專於任那 來入我國 往還貴國 承制天朝 執我國政 權重當世 然天皇聞其暴召之] (『日本書紀』10 應神紀)[1493]

295(乙卯/신라 유례이사금 12/고구려 봉상왕 4/백제 책계왕 10/晉 元康 5/倭 應神 26)

신라 백제	春 王謂臣下曰 倭人屢犯我城邑 百姓不得安居 吾欲與百濟謀 一時浮海 入擊其國 如何 舒弗邯弘權 對曰 吾人不習水戰 冒險遠征 恐有不測之危 況百濟多詐 常有呑噬我國之心 亦恐難與同謀 王曰 善 (『三國史記』2 新羅本紀 2)
신라 백제	春 新羅王謂群臣曰 倭人屢犯我城邑 百姓不得安居 吾欲與百濟同擧 浮海擊之如何 舒弗邯弘權 對曰 我軍不習水戰 冒險遠征 恐有不測之危 況百濟多詐 常有呑噬之心 恐難與同事 王曰 善 (『三國史節要』4)

낙랑	元康五年八月十八日乙酉 造 (「元康 5年銘塼」 側銘)[1494]

296(丙辰/신라 유례이사금 13/고구려 봉상왕 5/백제 책계왕 11/晉 元康 6/倭 應神 27)

고구려	秋八月 慕容廆來侵 至故國原 見西川王墓 使人發之 役者有暴死者 亦聞壙內有樂聲 恐有神乃引退 王謂羣臣曰 慕容氏 兵馬精强 屢犯我疆場 爲之奈何 相國[1495]倉助利 對曰 北部大兄高奴子 賢且勇 大王若欲禦寇安民 非高奴子 無可用者 王以高奴子爲新城大[1496]守 善政有威聲 慕容廆不復來寇 (『三國史記』17 高句麗本紀 5)
고구려	秋八月 慕容廆侵高勾麗 至故國原 見西川王塚 使人發之 役者有暴死者 亦聞壙內有樂聲 恐有神乃引退 高勾麗王謂群臣曰 慕容氏兵馬精强 屢犯我疆場 爲之奈何 國相倉助利對曰 北部大兄高奴子賢且勇 大王若欲禦寇安民 非奴子無可用者 王以高奴子爲新城太守 奴子善政有威聲 慕容廆不復來寇 (『三國史節要』4)
고구려	時 慕容廆爲邊患 王謂羣臣曰 慕容氏兵强 屢犯我疆場 爲之奈何 倉助利對曰 北部大兄高奴子賢且勇 大王若欲禦寇安民 非高奴子無可用者 王以爲新城太守 慕容廆不復來 (『三國史記』49 列傳 9 倉租利)[1497]

297(丁巳/신라 유례이사금 14/고구려 봉상왕 6/백제 책계왕 12/晉 元康 7/倭 應神 28)

신라	春正月 以智良爲伊湌 長昕爲一吉湌 順宣爲沙湌 (『三國史記』2 新羅本紀 2)
신라	春正月 新羅以智良爲伊湌 長昕爲一吉湌 順宣爲沙湌 (『三國史節要』4)

1492) 『三國史記』49 列傳 9 倉助利에는 "倉助利 高句麗人也 烽上王時 爲國相"이라고 나온다.
1493) 『삼국사기』에는 백제 直支王 사망 및 久爾辛王의 즉위가 414년으로 나온다. 따라서 414년에도 배치하였다.
1494) 황해도 안악군 용순면 하운동에서 출토하였다.
1495) 본문에는 '相國'으로 나오나, '國相'이 옳다.
1496) 원문에는 '大'로 나오나, '太'가 옳다.
1497) 본문의 '時'는 봉상왕 5년 추8월이다. 따라서 추8월에 배치하였다.

신라	(春正月) 伊西古國 來攻金城 我大擧兵防禦 不能攘 忽有異兵來 其數不可勝紀 人皆 珥竹葉 與我軍同擊賊 破之 後不知其所歸 人或見竹葉數萬積於竹長陵 由是 國人謂 先王以陰兵助戰也 (『三國史記』 2 新羅本紀 2)
신라	第十四儒理王代 伊西國人來攻金城 我大擧防禦 久不能抗 忽有異兵來助 皆珥竹葉與 我軍幷力擊賊破之 軍退後不知所歸 但見竹葉積於末[1498]鄒陵前 乃知先王陰隲有功 因呼竹現陵 (『三國遺事』 1 紀異 2 味鄒王 竹葉軍)[1499]
신라	(春正月) 伊西古國攻新羅金城 甚急新羅擧兵禦之 不能克 忽有異兵大至 人皆珥竹葉 助羅軍擊賊 破之 竟不知其所歸 人或見竹葉數萬積於味鄒王陵 前國人謂 先王以異兵 陰助克捷 因號陵曰竹長 (『三國史節要』 4)
고구려	秋九月 高麗王遣使朝貢 因以上表 其表曰 高麗王敎日本國也 時太子菟道稚郎子讀其 表 怒之責高麗之使 以表狀無禮 則破其表 (『日本書紀』 10 應神紀)[1500]

298(戊午/신라 유례이사금 15, 기림이사금 1/고구려 봉상왕 7/백제 책계왕 13, 분서왕 1/晉 元康 8/倭 應神 29)

신라	春二月 京都大霧 不辨人 五月[1501]而霽 (『三國史記』 2 新羅本紀 2)
신라	春二月 新羅京都大霧 不辨人五日 (『三國史節要』 4)
고구려	秋九月 霜雹殺穀 民饑 (『三國史記』 17 高句麗本紀 5)
고구려	秋九月 高勾麗霜雹殺穀 民飢 (『三國史節要』 4)
백제 맥	秋九月 漢與貊人來侵 王出禦爲敵兵所害 薨 (『三國史記』 24 百濟本紀 2)
백제 맥	(秋九月) 貊人侵百濟 百濟王責稽出禦爲敵所殺 (『三國史節要』 4)
백제	汾西王 責稽王長子 幼而聰惠 儀表英挺 王愛之不離左右 及王薨 繼而即位 (『三國史記』 24 百濟本紀 2)[1502]
백제	(秋九月) 長子汾西 幼而聰慧 儀表英挺 王愛之 至是立 (『三國史節要』 4)
백제	冬十月 大赦 (『三國史記』 24 百濟本紀 2)
백제	冬十月 百濟大赦 (『三國史節要』 4)
고구려	冬十月 王增營宮室 頗極侈麗 民饑且困 羣臣驟諫 不從 (『三國史記』 17 高句麗本紀 5)
고구려	(冬十月) 高勾麗王增營宮室 頗極侈麗 民飢且困 群臣驟諫 不從 (『三國史節要』 4)
고구려	十月 高勾麗王欲殺咄固之子乙弗索之 不得 (『三國史節要』 4)[1503]
신라	(十月) 新羅有印觀署調二人 印觀賣緜於市 署調以穀買之而還 忽有鳶攬緜墮印觀家

1498) 원문에는 '末'로 되어 있으나, '末'로 보는 것이 옳다.
1499) 원문에는 월이 보이지 않으나, 『三國史記』에는 춘정월로 배치되어 있다. 따라서 본 기사 역시 춘정월 에 배치하였다.
1500) 『일본서기』신공섭정기와 응신기의 기년을 120년 더해야 하는 점을 고려하여 417년에도 배치하였다.
1501) 원문에는 '月'로 되어 있으나, '日'의 잘못이다.
1502) 『三國遺事』 1 王曆 1에는 "第十汾西王[責稽子 戊午立 治六年]"으로 기록되어 있다.
1503) 『三國史記』에는 11월로 나온다. 『三國史節要』에는 10월 기사를 전후하여 동10월과 동12월 기사가 나 온다. 때문에 본 기사는 11월에 해당하는 것으로 보이지만, 사료 배치의 원칙에 따라 10월에 그대로 두었 다.

	印觀取歸市 謂署調曰 鳶墮汝縣於吾家 今還汝縣 署調曰 鳶攬縣與汝天也 吾何受爲 印觀曰 然則還汝穀 署調曰 吾與汝市已 二日穀已屬汝固辭不受 二人相讓并棄於市而 歸 掌市官以聞王並賜爵 (『三國史節要』4)[1504]

고구려	十一月 王使人索乙弗殺之 不得 (『三國史記』17 高句麗本紀 5)[1505]

신라	冬十二月 王薨 (『三國史記』2 新羅本紀 2)
신라	冬十二月 新羅王儒禮薨 (『三國史節要』4)
신라	基臨[一云基丘[1506]]尼師今立(12월) 助賁尼師今之孫也 父乞淑用[1507]飡[一云 乞淑助 賁之孫也] 性寬厚 人皆稱之 (『三國史記』2 新羅本紀 2)[1508]
신라	(冬十二月) 基臨立 基臨助賁王子乞馭之子也 (『三國史節要』4)

조선(낙랑)	劉曜字永明 元海之族子也 少孤 見養於元海 (…) 弱冠游于洛陽 坐事當誅 亡匿朝鮮 遇赦而歸 自以形質異衆 恐不容于世 隱迹管涔山 (…) 初 曜之亡 與曹恂奔於劉綏 綏 匿之於書匱 載送於忠 忠送之朝鮮 歲餘 飢窘 變姓名 客爲縣卒 岳爲朝鮮令 見而異 之 推問所由 曜叩頭自首 流涕求哀 (『晉書』103 載記 3 劉曜)[1509]
조선(낙랑)	曜 字永明 少孤 見養於淵 頗知書計 志性不恒 拳勇有膂力 鐵厚一寸 射而洞之 坐事 當誅 亡匿朝鮮 客爲縣卒 會赦得還 (『魏書』95 列傳 83 匈奴劉聰)

299(己未/신라 기림이사금 2/고구려 봉상왕 8/백제 분서왕 2/晉 元康 9/倭 應神 30)

신라	春正月 拜長昕爲伊飡 兼知內外兵馬事 (『三國史記』2 新羅本紀 2)
신라	春正月 新羅以長昕爲伊飡 兼知內外兵馬事 (『三國史節要』4)

백제	春正月 謁東明廟 (『三國史記』24 百濟本紀 2)
백제	古記云 (…) 多婁王二年 春正月 謁始祖東明廟 (…) 汾西王二年 春正月 (…) 並如上 行 (『三國史記』32 雜志 1 祭祀)
백제	(春正月) 百濟王謁東明廟 (『三國史節要』4)

신라	二月 祀始祖廟 (『三國史記』2 新羅本紀 2)
신라	二月 新羅王祀始祖廟 (『三國史節要』4)

고구려	秋九月 鬼哭于烽[1510]山 (『三國史記』17 高句麗本紀 5)
고구려	秋九月 高勾麗鬼哭于烽山 (『三國史節要』4)

1504) 『三國史記』에는 그 내용이 보이지 않는다. 이 기사 역시 『三國史節要』의 사료 배치로 볼 때 11월에 해당하지만, 사료 배치의 원칙에 따라 10월에 그대로 두었다.

1505) 『三國史節要』에는 10월로 기록되어 있다. 하지만 『三國史節要』의 사료 배치를 볼 때 『三國史記』의 11 월로 보는 것이 타당하다.

1506) 원본에는 '丘'로 되어 있으나, '立'으로 보는 것이 옳다.

1507) 원문의 '用'은 '伊'의 잘못이다.

1508) 『三國遺事』1 王曆 1에 "第十五基臨尼叱今 一作基立王 昔氏 諸賁王之第二子也 母阿尒△夫人 戊午立 治十二年"으로 나온다.

1509) 이 기사의 배경이 되는 유원해(유연)가 관직을 박탈당하고 유요(劉曜)가 연좌된 사건의 시기는 『晉書』 101 載記 1에 따르면 유연에게 책봉호를 내린 혜제(재위 290~306)가 즉위한 290년 4월 이후, 성도왕(成 都王) 사마영(司馬穎)이 업성(鄴城)을 진수한 299년 1월 이전이므로 291~298년으로 기간편년할 수 있다. 이에 298년 마지막에 이 기사를 배치했다.

1510) 원문에는 誤刻이나, '烽'이 옳다.

고구려	(秋九月) 客星犯月 (『三國史記』 17 高句麗本紀 5)
고구려	(秋九月) 高勾麗客星犯月 (『三國史節要』 4)
고구려	冬十二月 雷 地震 (『三國史記』 17 高句麗本紀 5)
고구려	冬十二月 高勾麗雷 地震 (『三國史節要』 4)
낙랑	大晉元康 (「大晉元康銘」 瓦當)[1511]

300(庚申/신라 기림이사금 3/고구려 봉상왕 9, 미천왕 1/백제 분서왕 3/西晉 永康 1/倭 應神 31)

신라	春正月 與倭國交聘 (『三國史記』 2 新羅本紀 2)
신라	春正月 新羅與倭國交聘 (『三國史節要』 4)
고구려	春正月 地震 (『三國史記』 17 高句麗本紀 5)
고구려	高勾麗地震 (『三國史節要』 4)
신라	二月 巡幸比列忽 親問高年及貧窮者 賜穀有差 (『三國史記』 2 新羅本紀 2)
신라	二月 新羅王巡北[1512]列忽 親問高年及貧窮者 賜穀有差 (『三國史節要』 4)
고구려	自二月至秋七月 不雨 年饑民相食 (『三國史記』 17 高句麗本紀 5)
고구려	高勾麗自二月至秋七月不雨 年饑民相食 (『三國史節要』 4)
신라	三月 至牛頭州 望祭太白山 (『三國史記』 2 新羅本紀 2)
신라	三月 至牛頭州 望祭太白山 (『三國史節要』 4)

신라 낙랑 대방
　　　(三月) 樂浪帶方兩國歸服 (『三國史記』 2 新羅本紀 2)
신라 낙랑 대방
　　　(三月) 樂浪帶方兩國歸服 (『三國史節要』 4)

고구려	八月 王發國內男女年十五已上 修理宮室 民乏於食 困於役 困之以流亡 倉助利諫曰 天災荐至 年穀不登 黎民失所 壯者流離四方 老幼轉乎溝壑 此誠畏天憂民 恐懼修省 之時也 大王曾是不思 驅饑餓之人 困木石之役 甚乖爲民父母之意 而況比鄰有强梗之 敵 若乘吾弊以來 其如社稷生民何 願大王熟計之 王慍曰 君者 百姓之所瞻望也 宮室 不壯麗 無以示威重 今國相蓋欲謗寡人 以干百姓之譽也 助利曰 君不恤民非仁也 臣 不諫君非忠也 臣旣承乏國相 不敢不言 豈敢干譽乎 王笑曰 國相欲爲百姓死耶 冀無 後言 助利知王之不悛 且畏及害 退與羣臣同謀廢之 迎乙弗爲王 王知不免 自經 二子 亦從而死 葬於烽山之原 號曰烽上王 (『三國史記』 17 高句麗本紀 5)
고구려	(烽上王)九年秋八月 王發國內丁男年十五已上 修理宮室 民乏於食 困於役 因之以流 亡 倉助利諫曰 天災荐至 年穀不登 黎民失所 壯者流離四方 老幼轉乎溝壑 此誠畏天

1511) 평양 낙랑토성지에서 출토하였다. 晉 惠帝 元康 연간은 291~299년이다. 따라서 본 내용을 291~299년
　　에 기간 편년하고 299년에 편제하였다.
1512) '北'은 '比'의 오기이다.

憂民 恐懼修省之時也 大王曾是不思 驅飢餓之人 困木石之役 甚乖爲民父母之意 而
況比隣有强梗之敵 若乘吾弊以來 其如社稷生民何 願大王熟計之 王慍曰 君者百姓之
所瞻望也 宮室不壯麗 無以示威重 今相國蓋欲謗寡人 以干百姓之譽也 助利曰 君不
恤民 非仁也 臣不諫君 非忠也 臣旣承乏國相 不敢不言 豈敢干譽乎 王笑曰 國相欲
爲百姓死耶 冀無後言 助利知王之不悛 退與羣臣謀廢之 王知不免 自縊 (『三國史記』
49 列傳 9 倉助利)

고구려　　　　八月 高勾麗王發國內男女年十五已上 修宮室 民乏於食 困於役 流亡 倉助利諫曰 天
　　　　　　　災荐至 年穀不登 黎民失所 壯者流離四方 老羸轉于溝壑 此誠畏天憂民 恐懼修省之
　　　　　　　時也 大王曾是不思 驅飢餓之人 困土木之役 甚乖爲民父母之意 而況鄰有强敵 若乘
　　　　　　　弊而來 其如社稷生民何 願大王熟計之 王慍曰 君者百姓之所瞻望也 宮室不壯麗 無
　　　　　　　以示威重 今國相欲謗寡人 以干百姓之譽也 助利曰 君不恤民 非仁也 臣不諫君 非忠
　　　　　　　也 臣旣承乏國相 不敢不言 豈敢干譽乎 王笑曰 國相欲爲百姓死耶 助利知王不悛 且
　　　　　　　畏及害 退與群臣同謀 廢之 遣北部祖弗東部蕭友等 訪乙弗 乙弗初出遁 就水室村人
　　　　　　　陰牟家傭作 陰牟役之苦 晝則督令樵採 夜則投瓦石禁草澤蛙聲 乙弗不堪苦 乃去 與
　　　　　　　東村人再牟販塩 乘舟下鴨綠江 羈寓江東村家 主嫗請塩 乙弗與之斗 再請不與 嫗恚
　　　　　　　潛置屨於塩中 乙弗旣行 嫗追之 以庾屨 誣鴨淥宰 宰取塩償屨 直遂笞之 乙弗形容枯
　　　　　　　槁 衣裳籃[1513]縷 人不知其爲王孫也 至是 祖弗蕭友等 至沸流何[1514]邊物 一男子在
　　　　　　　船上 雖形貌憔悴 而動止非常 蕭友等就而拜之曰 今國王無道 國相與群臣議廢之 以
　　　　　　　王孫操行儉約 仁慈愛人 可以嗣大業 故遣臣等奉迎耳 乙弗疑之 乃曰 予野人非王孫
　　　　　　　也 諸君更審之 蕭友等曰 群臣之望王孫甚勤 請王孫無疑 乙弗許之 遂奉迎以歸 助利
　　　　　　　喜 使匿於烏陌南家 (『三國史節要』4)

신라　　　　　秋八月 詔群卿曰 官船名枯野者 伊豆國所貢之船也 是朽之不堪用 然久爲官用 功不
　　　　　　　可忘 何其船名勿絶 而得傳後葉焉 群卿便被詔 以令有司 取其船材 爲薪而燒塩 於是
　　　　　　　得五百籠塩 則施之周賜諸國 因令造船 是以 諸國一時貢上五百船 悉集於武庫水門
　　　　　　　當是時 新羅調使 共宿武庫 爰於新羅停忽失火 卽引之及于聚船 而多船見焚 由是 責
　　　　　　　新羅人 新羅王聞之 然大驚 乃貢能匠者 是猪名部等之始祖也 (『日本書紀』10 應神
　　　　　　　紀)

고구려　　　　秋九月 王獵於侯山之陰 國相助利從之 謂衆人曰 與我同心者效我 乃以蘆葉揷冠 衆
　　　　　　　人皆揷之 助利知衆心皆同 遂共廢王 幽之別室 以兵周衛 遂迎王孫 上璽綬 卽王位
　　　　　　　(『三國史記』17 高句麗本紀 5)

고구려　　　　秋九月 王獵於侯山之陰 助利從之 謂衆人曰 與我同心者効我 乃以蘆葉揷冠 衆人皆
　　　　　　　揷之 助利知衆心皆同 遂廢王 幽之別室 以兵周衛 王知不免 自經 二子亦從而死 助
　　　　　　　利遂立乙弗爲王 葬於烽山之原 號曰烽上王 (『三國史節要』4)

고구려　　　　美川王[一云好壤王] 諱乙弗[或云憂弗] 西川王之子古鄒加咄固之子 初烽上王疑弗[1515]
　　　　　　　咄固有異心 殺之 子乙弗畏害出遁 始就水室村人陰牟家傭作 陰牟不知其何許人 使之
　　　　　　　甚苦 其家側草澤蛙鳴 使乙弗 夜投瓦石禁其聲 晝日督之樵採 不許暫息 不勝艱苦 周
　　　　　　　年乃去 與東村人再牟販鹽 乘舟抵鴨淥 將鹽下寄江東思收村人家 其家老嫗請鹽 許之
　　　　　　　斗許 再請不與 其嫗恨恚 潛以屨置之鹽中 乙弗不知 負而上道 嫗追索之 誣以庾屨
　　　　　　　告鴨淥宰 宰以屨直 取鹽與嫗 決笞放之 於是 形容枯槁 衣裳藍縷 人見之不知其爲王
　　　　　　　孫也 是時 國相倉助利將廢王 先遣北部祖弗_東部蕭友等 物色訪乙弗於山野 至沸流

1513) 고구려본기에서는 '藍'으로 하였다.
1514) '何'는 '河'의 오기이다.
1515) '弗'은 '弟'의 오기로 보인다.

	河邊 見一丈夫在船上 雖形貌憔悴 而動止非常 蕭友等疑是乙弗 就而拜之曰 今國王 無道 國相與羣臣 陰謀廢之 以王孫操行儉約 仁慈愛人 可以嗣祖業 故遣臣等奉迎 乙 弗疑曰 予野人非王孫也 請更審之 蕭友等曰 今上失人心久英[1516] 固不足爲國主 故 羣臣望王孫甚勤 請無疑 遂奉引以歸 助利喜 致於鳥陌南家 不令人知 (『三國史記』 17 高句麗本紀 5)
고구려	第十五 美川王[一云 好攘 名乙弗 又憂弗 庚申立 理三十一年] (『三國遺事』 1 王曆)
고구려	冬十月 黃霧四塞 (『三國史記』 17 高句麗本紀 5)
고구려	冬十月 高勾麗黃霧四塞 (『三國史節要』 4)
고구려	十一月 風從西北來 飛沙走石六日 (『三國史記』 17 高句麗本紀 5)
고구려	十一月 高勾麗風從西北來 飛沙走石六日 (『三國史節要』 4)
고구려	十二月 星孛于東方 (『三國史記』 17 高句麗本紀 5)
고구려	十二月 高勾麗有星孛于東方 (『三國史節要』 4)

301(辛酉/신라 기림이사금 4/고구려 미천왕 2/백제 분서왕 4/西晉 永康 2, 永寧 1/倭 應神 32)

302(壬戌/신라 기림이사금 5/고구려 미천왕 3/백제 분서왕 5/西晉 永寧 2, 太安 1/倭 應神 33)

신라	春夏 旱 (『三國史記』 2 新羅本紀 2)
신라	新羅春夏旱 (『三國史節要』 4)
백제	夏四月 彗星晝見 (『三國史記』 24 百濟本紀 2)
백제	夏四月 百濟彗星晝見 (『三國史節要』 4)
고구려 현도	秋九月 王率兵三萬侵玄菟郡 虜獲八千人 移之平壤 (『三國史記』 17 高句麗本紀 5)
고구려 현도	秋九月 百濟[1517]王率兵三萬 侵玄菟郡 虜獲八千人 移之平壤 (『三國史節要』 4)

303(癸亥/신라 기림이사금 6/고구려 미천왕 4/백제 분서왕 6/西晉 太安 2/倭 應神 34)

304(甲子/신라 기림이사금 7/고구려 미천왕 5/백제 분서왕 7, 비류왕 1/西晉 永安 1, 建武 1, 永興 1/倭 應神 35)

백제 낙랑	春二月 潛師襲取樂浪西縣 (『三國史記』 24 百濟本紀 2)
백제 낙랑	春二月 百濟潛師襲取樂浪西縣 (『三國史節要』 4)
신라	秋八月 地震 泉湧 (『三國史記』 2 新羅本紀 2)
신라	秋八月 新羅地震泉湧 (『三國史節要』 4)
신라	九月 京都地震 壞民屋有死者 (『三國史記』 2 新羅本紀 2)
신라	九月 新羅京都地震 壞民屋 有死者 (『三國史節要』 4)

1516) '英'은 '矣'의 오기이다.
1517) '百濟'는 '高句麗'의 잘못이다.

백제 낙랑	冬十月 王爲樂浪太守所遣刺客賊害薨 (『三國史記』24 百濟本紀 2)
백제 낙랑	冬十月 樂浪太守遣刺客 刺百濟王汾西殺之 王旣薨 諸子皆幼 國人以仇首王子比流 寬慈愛人 强力善射 久在民間 頗有令譽 共推立之 (『三國史節要』4)
백제	比流王 仇首王第二子 性寬慈愛人 又强力善射 久在民間 令譽流聞 及汾西之終 雖有 子皆幼不得立 是以 爲臣民推戴 卽位 (『三國史記』24 百濟本紀 2)
백제	第十一比流王[仇首弟二子 沙泮之弟也 甲子立 治四十年] (『三國遺事』1 王曆)

305(乙丑/신라 기림이사금 8/고구려 미천왕 6/백제 비류왕 2/西晉 永興 2/倭 應神 36)

306(丙寅/신라 기림이사금 9/고구려 미천왕 7/백제 비류왕 3/西晉 永興 3, 光熙 1/倭 應神 37)

고구려	春二月戊午朔 遣阿知使主都加使主於吳 令求縫工女 爰阿知使主等 渡高麗國 欲達于 吳 則至高麗 更不知道路 乞知道者於高麗 高麗王乃副久禮波久禮志二人 爲導者 由 是 得通吳 吳王 於是 與工女兄媛弟媛 吳織 穴織 四婦女 (『日本書紀』10 應神紀)

307(丁卯/신라 기림이사금 10/고구려 미천왕 8/백제 비류왕 4/西晉 永嘉 1/倭 應神 38)

신라	復國號新羅 (『三國史記』2 新羅本紀 2)
신라	基臨王十年 復號新羅 (『三國史記』34 雜志 3 地理 1)

308(戊辰/신라 기림이사금 11/고구려 미천왕 9/백제 비류왕 5/西晉 永嘉 2/倭 應神 39)

백제	春正月丙子朔 日有食之 (『三國史記』24 百濟本紀 2)
백제	春正月丙子朔 百濟日有食之 (『三國史節要』4)
백제	春二月 百濟直支王 遣其妹新齊都媛以令仕 爰新齊都媛 率七婦女 而來歸焉 (『日本書 紀』10 應神紀)[1518]

309(己巳/신라 기림이사금 12/고구려 미천왕 10/백제 비류왕 6/西晉 永嘉 3/倭 應神 40)

310(庚午/신라 기림이사금 13, 흘해이사금 1/고구려 미천왕 11/백제 비류왕 7/西晉 永嘉 4/倭 應神 41)

한국(삼한)	春二月 譽田天皇崩 時太子菟道稚郎子 讓位于大鷦鷯尊 未卽帝位 (…) 大鷦鷯尊 問 倭直祖麻呂曰 倭屯田者 元謂山守地 是如何 對言 臣之不知 唯臣弟吾子籠知也 適是 時 吾子籠遣於韓國而未還 爰大鷦鷯尊 謂淤宇曰 爾躬往於韓國 以喚吾子籠 其兼日 夜而急往 乃差淡路之海人八十爲水手 爰淤宇往于韓國 卽率吾子籠而來之 (『日本書 紀』11 仁德紀)
신라	夏五月 王寢疾彌留 赦內外獄因 (『三國史記』2 新羅本紀 2)
신라	夏五月 新羅王基臨疾彌留 赦內外獄囚 及薨無嗣 群臣以角干于老之子訖解 幼有老成

1518) 이 기사는 본래 『日本書紀』의 연대에 따르면 308년 2월에 해당되지만, 神功紀·應神紀의 백제관련기사
를 2주갑 인하하는 학계의 통설에 따라서 120년 후인 428년 2월에도 배치하였다.

	之德 共推立之 于老嘗曰 訖解狀貌俊異 處事明敏 異於常流 興吾家者 必此兒也 (『三國史節要』 4)
신라	六月 王薨 訖解尼師今立 奈解王孫也 父于老角干 母命元夫人 助賁王女也 于老事君 有功 累爲舒弗邯 見訖解狀貌俊異 心膽明敏 爲事異於常流 乃謂諸候曰 興吾家者 必此兒也 至是 基臨薨 無子 羣臣議曰 訖解幼有老成之德 乃奉立之 (『三國史記』 2 新羅本紀 2)
신라	第十六訖解尼叱今 [昔氏 父于老音角干 即奈解王 第二子也 庚午△立治 十六年 是王代 百済兵始來侵] (『三國遺事』 1 王曆)
백제 신라	此之御世 定賜海部山部山守部伊勢部也 亦作釖池 亦新羅人等参渡来 是以 建内宿祢命引率 為渡之堤池而 作百済池 亦百済国主昭古王 以牡馬一疋牝馬一匹 付阿知吉師以貢上 [此阿知吉師者 阿直氏等之祖] 亦貢上横刀及大鏡 又科賜百済国 若有賢人者貢上 故 受命以貢上人 名和迩吉師 即論語十巻千字文一巻 并十一巻 付是人即貢進 [此和迩吉師者 文首等祖] 又 貢上手人韓鍛 名卓素 亦呉服西素二人也 又 秦造之祖漢直之祖 及知醸人 名仁番 亦名須＞許理等参渡来也 故 是須＞許理 醸御神酒以献 於是 天皇宇羅宜是所献之大御酒而 [宇羅宜三字以音] 御歌曰 須＞許理賀 迦美斯美 岐迩 和礼恵比迩祁理 許登那具志 恵具志爾 和礼恵比迩祁理 如此之歌幸行時 以御杖打大坂道中之大石者 其石走避 故 諺曰 堅石避酔人也 (『古事記』 中 應神天皇)1519)

311(辛未/신라 흘해이사금 2/고구려 미천왕 12/백제 비류왕 8/西晉 永嘉 5/倭 없음)

신라	春正月 以急利爲阿湌委以政要 兼知內外兵馬事 (『三國史記』 2 新羅本紀 2)
신라	春正月 新羅以急利爲阿湌 委以政要 兼知內外兵馬事 (『三國史節要』 4)
신라	二月 親祀始祖廟 (『三國史記』 2 新羅本紀 2)
신라	二月 新羅王親祀始祖廟 (『三國史節要』 4)
고구려 요동	秋八月 遣將襲取遼東西安平 (『三國史記』 17 高句麗本紀 5)
고구려 요동	秋八月 高勾麗遣將襲取遼東西安平 (『三國史節要』 4)

312(壬申/신라 흘해이사금 3/고구려 미천왕 13/백제 비류왕 9/西晉 永嘉 6/倭 없음)

백제	春二月 發使巡問百姓疾苦 其鰥寡孤獨不能自存者 賜穀人三石 (『三國史記』 24 百濟本紀 2)
백제	春二月 百濟發使巡問百姓疾苦 其鰥寡孤獨不能自存者 賜穀人三石 (『三國史節要』 4)
신라	春三月 倭國王遣使 爲子求婚 以阿湌急利女送之 (『三國史記』 2 新羅本紀 2)
신라	春三月 倭國王遣使新羅 爲子求婚 以阿湌急利女送之 (『三國史節要』 4)
백제	夏四月 謁東明廟 (『三國史記』 24 百濟本紀 2)
백제	夏四月 百濟王謁東明廟 (『三國史節要』 4)

1519) 『古事記』의 기년으로는 應神天皇 시대의 내용으로 편성되어 있으나 문중의 백제 초고왕(근초고왕)이 등장하므로 백제왕의 기년에 맞추어 근초고왕의 사망년도인 375년에도 사료를 밝혀두었다.

백제   (夏四月) 拜解仇爲兵官佐平 (『三國史記』 24 百濟本紀 2)

백제   (夏四月) 百濟以拜仇爲兵官佐平 (『三國史節要』 4)

313(癸酉/신라 흘해이사금 4/고구려 미천왕 14/백제 비류왕 10/西晉 永嘉 7, 建興 1/倭 仁德 1)

백제   春正月 祀天地於南郊 王親割牲 (『三國史記』 24 百濟本紀 2)

백제   春正月 百濟王 祀天地於南郊 王親割牲 (『三國史節要』 4)

현도 요동 낙랑 대방 고구려

          (夏四月) 裴嶷淸方有幹略 爲昌黎太守 兄武爲玄菟太守 武卒 嶷與武子開以其喪歸 過廆[1520] 廆敬禮之 及去 厚加資送 (…) 遼東張統據樂浪帶方二郡 與高句麗王乙弗利相攻 連年不解 樂浪王遵說統帥其民千餘家歸廆 廆爲之置樂浪郡[1521] 以統爲太守 遵叅軍事 (『資治通鑑』 88 晉紀 10 孝愍皇帝)

신라   秋七月 旱蝗 民飢 發使救恤之 (『三國史記』 2 新羅本紀 2)

신라   秋七月 新羅旱蝗 民飢 發使救恤之 (『三國史節要』 4)

낙랑   練三匹 故吏朝鮮丞田肱謹遣吏再拜奉祭 (「南井里百十六號墳出土木札」)[1522]

고구려 낙랑   冬十月 侵樂浪郡 虜獲男女二千餘口 (『三國史記』 17 高句麗本紀 5)

고구려 낙랑   冬十月 高勾麗侵樂浪郡 虜獲男女二千餘口 (『三國史節要』 4)

고구려   高崇 字積善 勃海蓨人 四世祖撫 晉永嘉中 與兄顧避難 奔於高麗 (『魏書』 77 列傳 65 高崇)[1523]

314(甲戌/신라 흘해이사금 5/고구려 미천왕 15/백제 비류왕 11/西晉 建興 2/倭 仁德 2)

신라   春正月 拜阿湌急利爲伊湌 (『三國史記』 2 新羅本紀 2)

신라   春正月 新羅以阿湌急利爲伊湌 (『三國史節要』 4)

고구려   春正月 立王子斯由爲太子 (『三國史記』 17 高句麗本紀 5)

고구려   (春正月) 高勾麗立王子斯由爲太子 (『三國史節要』 4)

신라   二月 重修宮闕 不雨乃止 (『三國史記』 2 新羅本紀 2)

신라   二月 新羅脩宮闕 因旱乃止 (『三國史節要』 4)

고구려 대방   秋九月 南侵帶方郡 (『三國史記』 17 高句麗本紀 5)

고구려 대방   秋九月 高勾麗南侵帶方 (『三國史節要』 4)

1520) 自玄菟西歸 道過棘城 菟 同都翻

1521) 爲 于僞翻 樂浪 音洛琅 句 如字 又音駒 麗 力知翻

1522) 이 목찰은 1931년 평안남도 대동군 남천면 남정리 이른바 남정리 116호분에서 출토되었다. 이 고분은 후한 중기를 전후로 한 시기에 축조된 것으로 여겨지나 편의상 낙랑군이 고구려에 점령된 313년 10월 앞에 배치하였다.

1523) 永嘉는 307~313년에 사용된 연호이므로, 해당 기간으로 기간편년하고 마지막해인 313년에 배치하였다.

315(乙亥/신라 흘해이사금 6/고구려 미천왕 16/백제 비류왕 12/西晉 建興 3/倭 仁德 3)

| 고구려 현도 | 春二月 攻破玄菟城 殺獲甚衆 (『三國史記』17 高句麗本紀 5) |
| 고구려 현도 | 春二月 高勾麗攻破玄菟城 殺獲甚衆 (『三國史節要』4) |

| 고구려 | 秋八月 星孛于東北 (『三國史記』17 高句麗本紀 5) |
| 고구려 | 秋八月 高勾麗有星孛于東北 (『三國史節要』4) |

316(丙子/신라 흘해이사금 7/고구려 미천왕 17/백제 비류왕 13/西晉 建興 4/倭 仁德 4)

| 백제 | 春 旱 大星西流 (『三國史記』24 百濟本紀 2) |
| 백제 | 春 百濟旱 大星西流 (『三國史節要』4) |

| 백제 | 夏四月 王都井水溢 黑龍見其中 (『三國史記』24 百濟本紀 2) |
| 백제 | 夏四月 百濟王都井水溢 黑龍見 (『三國史節要』4) |

317(丁丑/신라 흘해이사금 8/고구려 미천왕 18/백제 비류왕 14/東晉 建武 1/倭 仁德 5)

| 신라 | 春夏 旱 王親錄囚 多原之 (『三國史記』2 新羅本紀 2) |
| 신라 | 春夏 新羅旱 王親錄囚 (『三國史節要』4) |

| 고구려 | 自<有>五馬浮江 雙鵝出地 府君先代 避難遼陽 因爲遼陽世族 (「高德 墓誌銘」:『全唐文新編』997)[1524] |
| 고구려 | 昔當晉末 鵝出于地 公之遠祖 避難海東 (「王景曜 墓誌銘」:『全唐文新編』997)[1525] |

318(戊寅/신라 흘해이사금 9/고구려 미천왕 19/백제 비류왕 15/東晉 建武 2, 大興 1/倭 仁德 6)

| 신라 | 春二月 下令 向以旱災 年不順成 今則土膏脈起 農事方始 凡所勞民之事 皆停之 (『三國史記』2 新羅本紀 2) |
| 신라 | 春二月 新羅王下令曰 向因旱災 年不順成 今則土脉膏起 農事方始 凡勞民之事 一皆停之 (『三國史節要』4) |

319(己卯/신라 흘해이사금 10/고구려 미천왕 20/백제 비류왕 16/東晉 大興 2/倭 仁德 7)

| 고구려 요동 | (十二月乙亥) 鮮卑慕容廆襲遼東 東夷校尉平州刺史崔毖奔高句驪 (『晉書』6 帝紀 6 元帝) |
| 고구려 요동 | 冬十二月 晉平州刺史崔毖來奔 初崔毖陰說我及段氏宇文氏 使共攻慕容廆 三國進攻棘城 廆閉門自守 獨以牛酒 犒宇文氏 與[1526]國疑宇文氏與廆有謀 各引兵歸 宇文大人悉獨官曰 二國雖歸 吾當獨取之 廆使其子皝與長史裴嶷 將精銳爲前鋒 自將大兵繼之 悉獨官大敗 僅以身免 崔毖聞之 使其兄子燾 詣棘城僞賀 廆臨之以兵 燾懼首服 廆乃遣燾歸 謂毖曰 降者上策 走者下策也 引兵隨之 毖與數十騎 棄家來奔 其衆悉降於廆 廆以其子仁鎭遼東 官府市里 案堵如故 我將如孥據于河城 廆遣將軍張統 掩擊 |

1524) "五馬浮江", "雙鵝出地"는 317년 東晉의 건국을 의미한다.
1525) "鵝出于地"가 317년 東晉의 건국을 의미하므로 "晉末"은 西晉 말기를 의미한다. 그에 따라 317년으로 편년하였다.
1526) '二'의 잘못이다.

擒之　俘其衆千餘家　歸于棘城　王數遣兵寇遼東　慕容廆遣慕容翰慕容仁伐之　王求盟　翰仁乃還 (『三國史記』17 高句麗本紀 5)

고구려　요동　冬十二月　晉平州刺使[1527]崔毖來奔高勾麗　初崔毖陰說高勾麗及段氏宇文氏　使共攻慕容廆　三國進攻棘城　廆閉門自守　獨以牛酒犒宇文氏　二國疑宇文氏與廆有謀　各引兵歸　宇文大人悉獨官曰　二國雖歸　吾當獨取之　廆使其子皝與長史裴嶷　將精銳爲前鋒　自將大兵繼之　悉獨官大敗　僅以身免　崔毖聞之　使其兄子燾　詣棘城僞賀　廆臨之以兵　燾懼　首服　廆乃遣燾歸　謂毖曰　降者上策　走者下策也　引兵隨之　毖與數十騎棄家　奔高勾麗　其衆悉降於廆　廆以其子仁鎮遼東官府　市里案堵如故　高勾麗將如孥據于河城　廆遣將軍張統掩擊擒之　俘其衆千餘家歸于棘城　高勾麗王數遣兵寇遼東　慕容廆遣慕容翰慕容仁伐之　高勾麗王求盟　翰仁乃還 (『三國史節要』4)

고구려　요동　十二月　平州刺史崔毖　自以中州人望　鎮遼東[1528]　而士民多歸慕容廆[1529]　心不平　數遣使招之　皆不至[1530]　意廆拘留之　乃陰說高句麗段氏宇文氏　使共攻之[1531]　約滅廆分其地　毖所親勃海高瞻力諫　毖不從

三國合兵伐廆　諸將請擊之　廆曰　彼爲崔毖所誘　欲邀一切之利　軍勢初合　其鋒甚銳　不可與戰　當固守以挫之　彼烏合而來[1532]　既無統壹　莫相歸服　久必攜貳　一則疑吾與毖詐而覆之　二則三國自相猜忌　待其人情離貳　然後擊之　破之必矣

三國進攻棘城　廆閉門自守　遣使獨以牛酒犒宇文氏[1533]　二國疑宇文氏與廆有謀　各引兵歸[1534]　宇文大人悉獨官曰　二國雖歸　吾當獨取之　宇文氏士卒數十萬　連營四十里

廆使召其子翰於徒河[1535]　翰遣使白廆曰　悉獨官擧國爲寇　彼衆我寡　易以計破　難以力勝　今城中之衆　足以禦寇　翰請爲奇兵於外　伺其間而擊之[1536]　內外俱奮　使彼震駭不知所備　破之必矣　今幷兵爲一　彼得專意攻城　無復他虞[1537]　非策之得者也　且示衆以怯　恐士氣不戰先沮矣[1538]

廆猶疑之　遼東韓壽言於廆曰　悉獨官有憑陵之志　將驕卒惰　軍不堅密　若奇兵卒起[1539]　掎其無備　必破之策也[1540]

廆乃聽翰留徒河　悉獨官聞之曰　翰素名驍果[1541]　今不入城　或能爲患　當先取之　城不足憂

乃分遣數千騎襲翰　翰知之　詐爲段氏使者　逆於道曰　慕容翰久爲吾患　聞當擊之　吾已嚴兵相待　宜速進也　使者既去　翰卽出城　設伏以待之　宇文氏之騎見使者　大喜馳行　不復設備　進入伏中　翰奮擊　盡獲之　乘勝徑進　遣間使語廆出兵大戰[1542]　廆使其子皝與長史裴嶷將精銳爲前鋒[1543]　自將大兵繼之　悉獨官初不設備　聞廆至　驚　悉衆出戰　前鋒始交　翰將千騎從旁直入其營　縱火焚之[1544]　衆皆惶擾　不知所爲　遂大敗　悉獨官僅

1527) ‘使’는 ‘史’의 잘못이다.
1528) 毖 崔琰之曾孫 琰在魏時 爲冀州人士之首 子孫遂爲冀州冠族 毖 音祕
1529) 廆 戶罪翻
1530) 數 所角翻
1531) 說 輸芮翻 句 音如字 又音駒 麗 力知翻
1532) 飛鳥見食 羣集而聚啄之 人或驚之 則四散飛去 故兵以利合無所統一者 謂之烏合
1533) 使 疏吏翻 犒 苦告翻
1534) 兵法所謂合則能離之 慕容廆有焉
1535) 翰自愍帝建興元年鎮徒河
1536) 間 古莧翻 下同
1537) 虞 防也 備也 復 扶又翻 下同
1538) 沮 在莒翻
1539) 卒 讀曰猝
1540) 掎 擧綺翻 偏引曰掎 又從後牽曰掎
1541) 驍 堅堯翻
1542) 投間隙而行 故謂之間使 間 古莧翻
1543) 皝 呼廣翻
1544) 將 卽亮翻

以身免 廆盡俘其衆 獲皇帝玉璽三紐[1545]

崔毖聞之 懼 使其兄子燾詣棘城僞賀 會三國使者亦至 請和曰 非我本意 崔平州教我耳 廆以示燾 臨之以兵 燾懼 首服[1546] 廆乃遣燾歸謂毖曰 降者上策 走者下策也 引兵隨之 毖與數十騎棄家奔高句麗 其衆悉降於廆[1547] 廆以其子仁爲征虜將軍 鎭遼東[1548] 官府市里 按堵如故

高句麗將如奴子據于河城 廆遣將軍張統掩擊 擒之 俘其衆千餘家 以崔燾高瞻韓恆石琮歸于棘城 待以客禮 (…) 高句麗數寇遼東[1549] 廆遣慕容翰慕容仁伐之[1550] 逆來求盟 翰仁乃還[1551] (『資治通鑑』91 晉紀 13 中宗元皇帝)

고구려 時平州刺史東夷校尉崔毖自以爲南州士望 意存懷集 而流亡者莫有赴之 毖意廆拘留 乃陰結高句麗及宇文段國等 謀滅廆以分其地 太興初 三國伐廆 廆曰 彼信崔毖虛說 邀一時之利 烏合而來耳 旣無統一 莫相歸伏 吾今破之必矣 然彼軍初合 其鋒甚銳 幸我速戰 若逆擊之 落其計矣 靖以待之 必懷疑貳 迭相猜防 一則疑吾與毖譎而覆之 二則自疑三國之中與吾有韓魏之謀者 待其人情沮惑 然後取之必矣 於是三國攻棘城 廆閉門不戰 遣使送牛酒以犒宇文 大言於衆曰 崔毖昨有使至 於是二國果疑宇文同於廆也 引兵而歸 宇文悉獨官曰 二國雖歸 吾當獨兼其國 何用人爲 盡衆逼城 連營三十里 廆簡銳士配銑 推鋒於前 翰領精騎爲奇兵 從旁出 直衝其營 廆方陣而進 悉獨官自恃其衆 不設備 見廆軍之至 方率兵距之 前鋒始交 翰已入其營 縱火焚之 其衆皆震擾 不知所爲 遂大敗 悉獨官僅以身免 盡俘其衆 於其營候獲皇帝玉璽三紐 遣長史裴嶷送于建鄴 崔毖懼廆之仇己也 使兄子燾僞賀廆 會三國使亦至請和曰 非我本意也 崔平州教我耳 廆將燾示以攻圍之處 臨之以兵曰 汝叔父教三國滅我 何以詐來賀我乎 燾懼首服 廆乃遣燾歸說毖曰 降者上策 走者下策也 以兵隨之 毖與數十騎棄家室奔于高句麗 廆悉降其衆 徙燾及高瞻等于棘城 待以賓禮 (『晉書』108 載記 8 慕容廆)[1552]

고구려 (晉書) 又載記曰 高句麗及宇文政國等 謀滅廆以分其野 太興初 三國伐廆 廆曰 彼軍初其鋒甚銳 若逆擊之 落其計矣 (『太平御覽』302 兵部 33 先鋒)[1553]

고구려 (晉書) 又載記曰 前燕慕容廆封略漸廣[1554] 據棘城 晉平州刺史東夷校尉崔毖 陰結高句麗[1555] 及宇文段回等 謀滅廆以分其地 遂同伐廆 廆曰 彼信崔毖虛說 邀一時之利 烏合而來耳 旣無統一 莫相歸伏 吾今破之必矣 然彼軍初合 其鋒甚銳 幸我速戰 若逆擊之 落其計矣 靖以待之 必懷疑貳 迭相猜防 一則疑吾與毖譎而覆之 二則自疑三國之中與吾有韓魏之謀者 待其人情沮惑 然後取之矣 於是 三國攻棘城 廆閉門不戰 遣使送牛酒以犒宇文 大言於衆曰 崔毖昨有使至 於是二國果疑宇文同於廆也 引兵而歸 宇文悉獨官曰 二國雖歸 吾當獨兼其國 盡衆逼城 連營三十里 廆簡銳士 配子銑 推鋒於前[1556] 子翰領精騎爲奇兵 從傍出 直衝其營 廆方陣而進 悉獨官自恃其衆 不設備 見廆軍之至 方率兵拒之 前鋒始交 翰已入其營 縱火焚之 衆遂大敗 (『太平御覽』286 兵部 17 機略 5)[1557]

1545) 皇帝璽 卽宇文大人普回出獵所得者 璽 斯氏翻
1546) 首 式救翻
1547) 降 戶江翻
1548) 爲仁以遼東與銑爭國張本
1549) 句 如字 又音駒 麗 力知翻 數 所角翻
1550) 高句麗王乙弗利
1551) 還 從宜翻 又如字
1552) 이 기사에는 太興 연간(318~321)이라고만 되어 있으나, 『晉』帝紀에 의거하여 太興 2년(319) 12월 9일(乙亥)로 편년하였다.
1553) 이 기사에는 太興 연간(318~321)이라고만 되어 있으나, 『晉』帝紀에 의거하여 太興 2년(319) 12월 9일(乙亥)로 편년하였다.
1554) 廆 胡罪切
1555) 毖 音秘
1556) 銑音晃

고구려		東晉初 前燕慕容廆[1558] 封略漸廣 據棘城 晉平州刺史東夷校尉崔毖陰結高句麗及宇文段國等 謀滅廆以分其地 (『通典』 161 兵 14 多方誤之)[1559]
고구려		高琳 字季珉 其先高句麗人也 六世祖欽 爲質於慕容廆 遂仕於燕 五世祖宗 率衆歸魏 拜第一領民酋長 賜姓羽眞氏 (『周書』 29 列傳 21 高琳)[1560]

320(庚辰/신라 흘해이사금 11/고구려 미천왕 21/백제 비류왕 17/東晉 大興 3/倭 仁德 8)

백제		秋八月 築射臺於宮西 每以朔望習射 (『三國史記』 24 百濟本紀 2)
백제		秋八月 百濟王築射臺於宮西 每朔望習射 (『三國史節要』 4)

고구려	요동	冬十二月 遣兵寇遼東 慕容仁拒戰 破之 (『三國史記』 17 高句麗本紀 5)
고구려	요동	冬十二月 高勾麗寇遼東 慕容仁拒戰 破之 (『三國史節要』 4)
고구려	요동	(十二月) 高句麗寇遼東[1561] 慕容仁與戰 大破之 自是不敢犯仁境 (『資治通鑑』 91 晉紀 中宗元皇帝)
고구려	요동	明年 高句麗寇遼東 廆遣衆擊敗之 (『晉書』 108 載記 8 慕容廆)[1562]
고구려	요동	晉永嘉亂 鮮卑慕容廆據昌黎大棘城 元帝授平州刺史 句驪王乙弗利頻寇遼東 廆不能制 (『梁書』 54 列傳 48 諸夷 東夷 高句驪)[1563]

321(辛巳/신라 흘해이사금 12/고구려 미천왕 22/백제 비류왕 18/東晉 大興 4/倭 仁德 9)

백제		春正月 以王庶弟優福爲內臣佐平 (『三國史記』 24 百濟本紀 2)
백제		春正月 百濟以王庶弟優福爲內臣佐平 (『三國史節要』 4)

백제		秋七月 太白晝見 (『三國史記』 17 高句麗本紀 5)
백제		秋七月 百濟太白晝見 (『三國史節要』 4)

백제		(秋七月) 國南蝗害穀 (『三國史記』 17 高句麗本紀 5)
백제		(秋七月) 百濟國南蝗害穀 (『三國史節要』 4)

322(壬午/신라 흘해이사금 13/고구려 미천왕 23/백제 비류왕 19/東晉 永昌 1/倭 仁德 10)

323(癸未/신라 흘해이사금 14/고구려 미천왕 24/백제 비류왕 20/東晉 永昌 2, 太寧 1/

1557) 이 기사에는 연대 표기가 없으나, 『晉書』 帝紀에 의거하여 太興 2년(319) 12월 9일(乙亥)로 편년하였다.

1558) 胡罪切

1559) 이 기사에는 연대 표기가 없으나, 『晉書』 帝紀에 의거하여 太興 2년(319) 12월 9일(乙亥)로 편년하였다.

1560) 慕容廆가 고구려를 침공한 것은 293년, 296년, 319년이다. 특히 319년에는 河城에서 1천 여 家를 포로로 잡았다고 한다. 이 기록에 의거하여 319년에 배치하였다.

1561) 句 如字 又音駒 麗 力知翻

1562) 이 앞의 기사에 연대가 명시되지 않았으나, 『晉書』 帝紀에 따라 太興 2년(319) 12월 9일로 편년하였다. 따라서 '明年'도 본래 어느 시기인지 알 수 없으나, 그 다음 해인 太興 3년(320)에 해당된다. 구체적으로는 『三國史記』 高句麗本紀 등에 의거하여 太興 3년(320) 12월로 편년하였다.

1563) 永嘉는 307~313년에 사용된 연호이지만, 元帝가 慕容廆에게 平州刺史를 제수한 것은 『晉書』 帝紀, 載記 등을 참고하면 太興 3년(320)의 일로 파악된다. 그 시기의 "句驪王乙弗利頻寇遼東"와 가장 유사한 기사에 맞추어 『三國史記』 高句麗本紀 등에 의거하여 12월로 편년하였다.

倭 仁德 11)

| 신라 | 是歲 新羅人朝貢 則勞於是役 (『日本書紀』11 仁德紀) |

324(甲申/신라 흘해이사금 15/고구려 미천왕 25/백제 비류왕 21/東晉 太寧 2/倭 仁德 12)

| 고구려 | 秋七月辛未朔癸酉 高麗國貢鐵盾鐵的 (『日本書紀』11 仁德紀) |
| 고구려 | 八月庚子朔己酉 饗高麗客於朝 是日 集群臣及百寮 令射高麗所獻之鐵盾的 諸人不得射通的 唯的臣祖盾人宿禰 射鐵的而通焉 時高麗客等見之 畏其射之勝工 共起以拜朝 明日 美盾人宿禰 而賜名曰的戶田宿禰 同日 小泊瀨造祖宿禰臣 賜名曰賢遺臣[賢遺此云左阿能莒里] (『日本書紀』11 仁德紀) |

325(乙酉/신라 흘해이사금 16/고구려 미천왕 26/백제 비류왕 22/東晉 太寧 3/倭 仁德 13)

백제	冬十月 天有聲 如風浪相激 (『三國史記』24 百濟本紀 2)
백제	冬十月 百濟天有聲如風浪相激 (『三國史節要』4)
백제	十一月 王獵於狗原北 手射鹿 (『三國史記』24 百濟本紀 2)
백제	十一月 百濟王獵於狗原北 (『三國史節要』4)

326(丙戌/신라 흘해이사금 17/고구려 미천왕 27/백제 비류왕 23/東晉 太寧 4, 咸和 1/倭 仁德 14)

| 고구려 | 太寧四年太歲△△閏月六日己巳 造吉保子宜孫 (「太寧四年銘 瓦當」) |

327(丁亥/신라 흘해이사금 18/고구려 미천왕 28/백제 비류왕 24/東晉 咸和 2/倭 仁德 15)

백제	秋七月 有雲如赤烏夾日 (『三國史記』24 百濟本紀 2)
백제	秋七月 百濟有雲如赤烏夾日 (『三國史節要』4)
백제	九月 內臣佐平優福 據北漢城叛 王發兵討之 (『三國史記』24 百濟本紀 2)
백제	九月 百濟內臣佐平優福 據北漢城叛 王發兵討之 (『三國史節要』4)

328(戊子/신라 흘해이사금 19/고구려 미천왕 29/백제 비류왕 25/東晉 咸和 3/倭 仁德 16)

329(己丑/신라 흘해이사금 20/고구려 미천왕 30/백제 비류왕 26/東晉 咸和 4/倭 仁德 17)

| 신라 | 新羅不朝貢 (『日本書紀』11 仁德紀)[1564] |
| 신라 | 秋九月 遣的臣祖砥田宿禰小泊瀨造祖賢遺臣 而問闕貢之事 於是 新羅人懼之乃貢獻 調絹一千四百六十匹 及種種雜物 幷八十艘 (『日本書紀』11 仁德紀) |

1564) 이 기사는 월일 표기가 없으나, 9월 앞에 배치되어 있어, 1~8월로 기간편년하고 마지막달인 8월에 배치하였다.

신라	新羅第十六 乞解尼叱今[己丑 始築碧骨堤 周△万七千二十六步 △△百六十六步 水田1565)一万四千七十△] (『三國遺事』 1 王曆)1566)

330(庚寅/신라 흘해이사금 21/고구려 미천왕 31/백제 비류왕 27/東晉 咸和 5/倭 仁德 18)

백제	春夏 大旱 草木枯 江水竭 至秋七月乃雨 年饑 人相食 (『三國史記』 24 百濟本紀 2)

신라	始開碧骨池 岸長一千八百步 (『三國史記』 2 新羅本紀 2)
신라	新羅始開碧骨池 岸長一千八百步 (『三國史節要』 4)

고구려	遣使後趙石勒 致其楛矢 (『三國史記』 17 高句麗本紀 5)
고구려	高勾麗遣使後趙 致楛矢 (『三國史節要』 4)
고구려	秦州休屠王羌叛于勒 刺史臨深遣司馬管光帥州軍討之 爲羌所敗 隴右大擾 氐羌悉叛 勒遣石生進據隴城 (…) 時高句麗肅愼致其楛矢 宇文屋孤並獻名馬于勒 (…) 勒以日蝕 避正殿三日 (…) 勒因饗高句麗宇文屋孤使 (『晉書』 105 載紀 5 石勒 下)1567)

331(辛卯/신라 흘해이사금 22/고구려 미천왕 32, 고국원왕 1/백제 비류왕 28/東晉 咸和 6/倭 仁德 19)

고구려	春二月 王薨 葬於美川之原 號曰美川王 (『三國史記』 17 高句麗本紀 5)
고구려	春二月 高勾麗王乙弗薨 太子斯由立 改名釗 葬王于美川原 因以爲號 (『三國史節要』 4)
고구려	故國原王[一云国岡上王] 諱斯由[或云劉1568)] 羙1569)川王十五年立爲太子 三十二年春 王薨 卽位 (『三國史記』 18 高句麗本紀 6)1570)
고구려	第十六國原王[名釗 又斯由 或云 岡上△ 辛夘立 理四十年 △△ 增築平壤城 壬寅 八月 移都安市城 即△都△ (『三國遺事』 1 王曆)
고구려	弗利死 子釗代立 (『梁書』 54 列傳 48 諸夷 東夷 高句驪)

백제	春夏 百濟大旱 草木枯 江水竭 至秋七月 乃雨 年飢 人相食 (『三國史節要』 4)

332(壬辰/신라 흘해이사금 23/고구려 고국원왕 2/백제 비류왕 29/東晉 咸和 7/倭 仁德 20)

고구려	春二月 王如卒本 祀始祖廟 巡問百姓老病賑給 (『三國史記』 18 高句麗本紀 6)
고구려	春二月 高勾麗王如卒本 祀始祖廟 巡問百姓老病賑給 (『三國史節要』 4)
고구려	古記云 (…) 新大王四年秋九月 如卒本祀始祖廟 (…) 故國原王二年春二月 (…) 並如

1565) '田'의 오기로 보인다.
1566) 벽골제 축조 시기는 『三國史記』에서는 訖解尼師今 21(330)의 일로 기록하고 있다.
1567) 휴도왕이 석륵에게 반란을 일으킨 것은 330년이고 일식이 있었던 것은 331년 3월(『자치통감』 94 晉紀 16 成帝 함화 6년)이다. 따라서 고구려가 331년 3월 이전에 後趙에 사신을 파견한 것으로 보인다. 그런데 고구려 등의 사신에게 잔치를 베풀면서 석륵이 신하 서광에게 말하는 것은 『자치통감』(권 95 진기 17)에 서는 성제 함화 7년(332)에 기재되어 있다.
1568) '劉'는 '釗'의 오기이다.
1569) '羙'는 '美'의 오기이다.
1570) 『三國遺事』 1 王曆. "第十六國原王[名釗 又斯由 或云 岡上△ 辛夘立 理四十年 △△ 增築平壤城 壬寅 八月 移都安市城 即△都△]이라 하였다.

上行 (『三國史記』32 雜志 1 祭祀)

고구려	三月 至自卒本 (『三國史記』18 高句麗本紀 6)
고구려	三月 至自卒本 (『三國史節要』4)

333(癸巳/신라 흘해이사금 24/고구려 고국원왕 3/백제 비류왕 30/東晉 咸和 8/倭 仁德 21)

백제	夏五月 星隕 (『三國史記』24 百濟本紀 2)
백제	夏五月 百濟星隕 (『三國史節要』4)
백제	(夏五月) 王宮火 連燒民戶 (『三國史記』24 百濟本紀 2)
백제	(夏五月) 百濟王宮火 連燒民戶 (『三國史節要』4)
요동	晉成帝咸和八年五月己巳 麒麟見遼東 (『宋書』28 志 18 符瑞 中)
백제	秋十月 修宮室 拜眞義爲內臣佐平 (『三國史記』24 百濟本紀 2)
백제	秋七月 百濟修宮室 以眞義爲內臣佐平 (『三國史節要』4)
백제	冬十二月 雷 (『三國史記』24 百濟本紀 2)
백제	冬十二月 百濟雷 (『三國史節要』4)

334(甲午/신라 흘해이사금 25/고구려 고국원왕 4/백제 비류왕 31/東晉 咸和 9/倭 仁德 22)

고구려	秋八月 增築平壤城 (『三國史記』18 高句麗本紀 6)
고구려	秋八月 高句麗增築平壤城 (『三國史節要』4)
고구려	第十六國原王[甲午 增築平壤城] (『三國遺事』1 王曆)[1571]
요동	(十一月) 慕容皝討遼東 甲申 至襄平 遼東人王岌密信請降 師進 入城 翟楷龐鑒單騎 走 居就新昌等縣皆降[1572] 皝欲悉阬遼東民 高詡諫曰 遼東之叛 實非本圖 直畏仁凶 威 不得不從 今元惡猶存[1573] 始克此城 遽加夷滅 則未下之城 無歸善之路矣 皝乃止 分徙遼東大姓於棘城 以杜羣爲遼東相 安輯遺民 (『資治通鑑』95 晉紀 17 顯宗成皇 帝 中之上)
요동	(咸和九年) 皝自征遼東 克襄平 仁所署居就令劉程以城降 新昌人張衡執縣宰以降 於 是斬仁所置守宰 分徙遼東大姓於棘城 置和陽武次西樂三縣而歸 (『晉書』109 載記 9 慕容皝)[1574]
고구려	冬十二月 無雪 (『三國史記』18 高句麗本紀 6)
고구려	冬十二月 高句麗無雪 (『三國史節要』4)

335(乙未/신라 흘해이사금 26/고구려 고국원왕 5/백제 비류왕 32/東晉 咸康 1/倭 仁德 23)

1571) 이 기사에는 월 표기가 없으나, 『三國史記』高句麗本紀 등에 의거하여 8월로 편년하였다.
1572) 居就新昌 皆屬遼東郡 降 戶江翻 下同
1573) 元惡 謂仁也
1574) 이 기사에는 월일 표기가 없으나, 『資治通鑑』에 의거하여 11월15일(甲申)로 편년하였다.

고구려	春正月 築國北新城 (『三國史記』 18 高句麗本紀 6)
고구려	春正月 高句麗築國北新城 (『三國史節要』 4)

고구려	秋七月 隕霜殺穀 (『三國史記』 18 高句麗本紀 6)
고구려	秋七月 高句麗隕霜殺穀 (『三國史節要』 4)

백제	冬十月乙未朔 日有食之 (『三國史記』 24 百濟本紀 2)
백제	冬十月乙未朔 百濟日有食之 (『三國史節要』 4)

336(丙申/신라 흘해이사금 27/고구려 고국원왕 6/백제 비류왕 33/東晉 咸康 2/倭 仁德 24)

백제	春正月辛巳 彗星見于奎 (『三國史記』 24 百濟本紀 2)
백제	春正月辛巳 百濟彗星見于奎 (『三國史節要』 4)

고구려	(正月)乙未[1575] 仁悉衆陳於城之西北 慕容軍帥所部降於覤[1576] 仁衆沮動[1577] 覤從而縱擊 大破之 仁走 其帳下皆叛 遂擒之 覤先爲斬其帳下之叛者[1578] 然後賜仁死 丁衡 游毅孫機等 皆仁所信用也 覤執而斬之 王冰自殺 慕容幼慕容稚佟壽郭充翟楷龐鑒 皆東走 幼中道而還 覤兵追及楷鑒 斬之 壽充奔高麗[1579] 自餘吏民爲仁所註誤者[1580] 覤皆赦之 封高詡爲汝陽侯 (『資治通鑑』 95 晉紀 17 顯宗成皇帝 中之上)

고구려	(二月)庚申 高句驪遣使貢方物 (『晉書』 7 帝紀 7 成帝)[1581]
고구려	[紀] 成帝咸康二年二月庚申 高句驪遣使貢方物 (『玉海』 154 朝貢 獻方物)

고구려	春三月 大星流西北 (『三國史記』 18 高句麗本紀 6)
고구려	春三月 高句麗大星流西北 (『三國史節要』 4)

고구려	(春三月) 遣使如晉貢方物 (『三國史記』 18 高句麗本紀 6)[1582]
고구려	(春三月) 高句麗遣使如晉貢方物 (『三國史節要』 4)

337(丁酉/신라 흘해이사금 28/고구려 고국원왕 7/백제 비류왕 34/東晉 咸康 3/倭 仁德 25)

신라 백제	春二月 遣使聘百濟 (『三國史記』 2 新羅本紀 2)
백제 신라	春二月 新羅遣使來聘 (『三國史記』 24 百濟本紀 2)
신라 백제	春二月 新羅遣使聘百濟 (『三國史節要』 4)

신라	三月 雨雹 (『三國史記』 2 新羅本紀 2)
신라	三月 新羅雨雹 (『三國史節要』 4)

1575) 정월에는 '乙未'가 없다. 2월 3일이 '乙未'이므로 그에 맞추어 편년하였다.
1576) 咸和八年 軍爲仁所執 陳 讀曰陣 降 戶江翻
1577) 沮 在呂翻
1578) 爲 于僞翻
1579) 麗 力知翻
1580) 註 古賣翻
1581) 『三國史記』 高句麗本紀 등에는 3월로 되어 있다.
1582) 『晉書』 帝紀 등에는 2월28일(庚申)로 되어 있다.

신라　　　　　夏四月 隕霜 (『三國史記』 2 新羅本紀 2)
신라　　　　　夏四月 新羅隕霜 (『三國史節要』 4)

338(戊戌/신라 흘해이사금 29/고구려 고국원왕 8/백제 비류왕 35/東晉 咸康 4/倭 仁德 26)

고구려　　　　(五月) 趙王虎遣渡遼將軍曹伏將靑州之衆戍海島[1583] 運穀三百萬斛以給之 又以船三百艘運穀三十萬斛詣高句麗[1584] 使典農中郞將王典帥衆萬餘屯田海濱 又令靑州造船千艘 以謀擊燕[1585] (『資治通鑑』 96 晉紀 18 顯宗成皇帝 中之下)

339(己亥/신라 흘해이사금 30/고구려 고국원왕 9/백제 비류왕 36/東晉 咸康 5/倭 仁德 27)

예맥　　　　　(建國)二年春 始置百官 分掌衆職 東自濊貊 西及破洛那 莫不款附 (『魏書』 1 序紀 1 昭成皇帝)

예맥　　　　　(建國)二年春 始置百官 分掌衆職 東自濊貊 西及破落那 莫不款附 (『北史』 1 魏本紀 1 昭成皇帝)

고구려　　　　(冬) 皝擊高句麗 兵及新城[1586] 高句麗王釗乞盟 乃還 (『資治通鑑』 96 晉紀 18 顯宗成皇帝 中之下)
고구려　　　　燕王皝來侵 兵及新城 王乞盟 乃還 (『三國史記』 18 高句麗本紀 6)[1587]
고구려　　　　燕王皝侵高句麗 至新城 高句麗王乞盟 乃還 (『三國史節要』 4)[1588]
고구려　　　　其年 皝伐高句麗 王釗乞盟而還 (『晉書』 109 載記 9 慕容皝)[1589]
고구려　　　　利子釗 烈帝時與慕容氏相攻擊 (『魏書』 100 列傳 88 高句麗)[1590]

340(庚子/신라 흘해이사금 31/고구려 고국원왕 10/백제 비류왕 37/東晉 咸康 6/倭 仁德 28)

고구려　　　　王遣世子 朝於燕王皝 (『三國史記』 18 高句麗本紀 6)
고구려　　　　高句麗遣世子如燕 (『三國史節要』 4)
고구려　　　　明年 釗遣其世子朝於皝 (『晉書』 109 載記 9 慕容皝)[1591]

341(辛丑/신라 흘해이사금 32/고구려 고국원왕 11/백제 비류왕 38/東晉 咸康 7/倭 仁德 29)

고구려 요동　　(冬十月) 燕王皝以慕容恪爲渡遼將軍 鎭平郭 自慕容翰慕容仁之後 諸將無能繼者 及恪至平郭 撫舊懷新 屢破高句麗兵 高句麗畏之 不敢入境 (『資治通鑑』 96 晉紀 18 顯宗成皇帝 中之下)

1583) 據載記 虎遣伏渡海戍蹋頓城 無水而還 因戍于海島
1584) 句 如字 又音駒 麗 力知翻
1585) 石虎忿棘城之敗 再謀擊燕而卒不能也 艘 蘇遭翻
1586) 新城 高句麗之西鄙 西南傍山 東北接南蘇木底等城 句 如字 又音駒 麗 力知翻
1587) 이 기사에는 월 표기가 없으나,『資治通鑑』에 의거하여 '冬'으로 기간편년하고 마지막달인 12월에 배치하였다.
1588) 이 기사에는 월 표기가 없으나,『資治通鑑』에 의거하여 '冬'으로 기간편년하고 마지막달인 12월에 배치하였다.
1589) 이 기사에는 월 표기가 없으나,『資治通鑑』에 의거하여 '冬'으로 기간편년하고 마지막달인 12월에 배치하였다.
1590) 이 기사에는 월 표기가 없으나,『資治通鑑』에 의거하여 '冬'으로 기간편년하고 마지막달인 12월에 배치하였다.
1591) 이 기사는 339년 고구려와의 전쟁기사의 이듬해(明年)이므로 340년으로 편년하였다.

고구려 요동　　　使鎭遼東　甚有威惠　高句麗憚之　不敢爲寇 (『晉書』111 載記 11 慕容恪)[1592]

고구려　　　　　咸康七年　皝遷都龍城　率勁卒四萬　入自南陝　以伐宇文高句麗　又使翰及子垂爲前鋒
　　　　　　　　遣長史王寓等勒衆萬五千　從北置而進　高句麗王釗謂皝軍之從北路也　乃遣其弟武統精
　　　　　　　　銳五萬距北置　躬率弱卒以防南陝　翰與釗戰于木底　大敗之　乘勝遂入丸都　釗單馬而遁
　　　　　　　　皝掘釗父利墓　載其尸幷其母妻珍寶　掠男女五萬餘口　焚其宮室　毁丸都而歸 (『晉書』
　　　　　　　　109 載記 9 慕容皝)[1593]

고구려　　　　　建國四年　慕容元眞率衆伐之　入自南陝　戰於木底　大破釗軍　乘勝長驅　遂入丸都　釗單
　　　　　　　　馬奔竄　元眞掘釗父墓　載其屍　幷掠其母妻珍寶男女五萬餘口　焚其宮室　毁丸都城而還
　　　　　　　　(『魏書』100 列傳 88 高句麗)[1594]

고구려　　　　　(建國)四年　晃城和龍而都焉　征高麗大破之　遂入丸都　掘高麗王釗父利墓　載其屍　焚其
　　　　　　　　宮室　毁丸都而歸 (『北史』93 列傳 81 僭僞附庸 燕慕容氏 慕容晃)

고구려　　　　　魏建國四年　慕容廆子晃伐之　入自南陝　戰於木底　大破釗軍　追至丸都　釗單馬奔竄　晃
　　　　　　　　掘釗父墓　掠其母妻珍寶男女五萬餘口　焚其室　毁丸都城而還 (『北史』94 列傳 82 高
　　　　　　　　麗)

342(壬寅/신라 흘해이사금 33/고구려 고국원왕 12/백제 비류왕 39/東晉 咸康 8/倭 仁德 30)

고구려　　　　　春二月　修葺瓦[1595]都城　又築國內城 (『三國史記』18 高句麗本紀 6)
고구려　　　　　春二月　高句麗修葺丸都城　又築國內城 (『三國史節要』4)

고구려　　　　　秋八月　移居丸都城 (『三國史記』18 高句麗本紀 6)
고구려　　　　　第十六國原王[壬寅八月　移都安市城　卽丸都城] (『三國遺事』1 王曆)
고구려　　　　　秋八月　移居丸都城 (『三國史節要』4)

고구려　　　　　冬十月　燕王皝遷都龍城　立[1596]威將軍翰　請先取高句麗　後滅宇文然後　中原可圖　高
　　　　　　　　句麗有二道　其北道平闊　南道險狹　衆慾從北道　翰曰　虜以常情料之　必謂大軍從北道
　　　　　　　　當重北而輕南　王宜帥銳兵　從南道擊之　出其不意　北都不足取也　別遣偏師　出北道　縱
　　　　　　　　有蹉跌　其腹心已潰　四支無能爲也　皝從之 (『三國史記』18 高句麗本紀 6)[1597]

고구려　　　　　冬十月　燕王皝遷都龍城　建威將軍慕容翰請　先取高句麗後滅宇文　然後中原可圖　高句
　　　　　　　　麗有二道　其北道平潤　南道險狹　衆欲從北道　翰曰　虜以常情料之　必謂大軍從北道　當
　　　　　　　　重北而輕南　王宜帥銳兵　從南道擊之　出其不意　丸都不足取也　別遣偏師　出北道　縱有
　　　　　　　　蹉跌　其腹心已潰　四支無能爲也　皝從之 (『三國史節要』4)

고구려　　　　　冬十月　燕王皝遷都龍城[1598]　赦其境內　建威將軍翰言於皝　宇文强盛日久　屢爲國患
　　　　　　　　今逸豆歸篡竊得國[1599]　羣情不附　加之性識庸闇　將帥非才[1600]　國無防衛　軍無部伍

1592) 이 기사에는 연대 표기가 없으나, 『資治通鑑』에 의거하여 咸康 7(341) 10월로 편년하였다.
1593) 『三國史記』 高句麗本紀 등에는 咸康 8(342) 10~11월로, 『梁書』 高句麗傳 등에는 建元元年(343)으로,
　　　『翰苑』에는 慕容皝 9(345)으로 되어 있다.
1594) '建國'은 北魏의 전신인 代國의 연호로 建國元年이 338년이므로, 建國4년은 341년에 해당된다.
1595) 저본에는 '瓦'로 되어 있으나, 鑄字本·『三國史節要』에 근거하여 '丸'으로 수정해야 한다.
1596) 저본에는 '立'으로 되어 있으나, 고려 太祖 王建의 避諱이므로 '建'으로 수정해야 한다.
1597) 『晉書』 載記 등에는 咸康 7(341)으로 되어 있다.
1598) 慕容廆先居徒河之靑山　後徙棘城　今自棘城徙都龍城　杜佑曰　營州柳城郡　古孤竹國也　春秋爲山戎肥子二
　　　國地　漢徒河之靑山　在郡城東百九十里　棘城　卽顓頊之虛　在郡城東南百七十里　慕容皝以柳城之北　龍山之南
　　　福德之地　遂遷都龍城　號新宮爲和龍宮　柳城縣有白狼山白狼水　又有漢扶犁縣故城在東南　其龍山　卽慕容皝祭
　　　龍所也　有饒樂水　漢徒河縣城
1599) 逸豆歸逐乙得歸　見九十五卷咸和八年

臣久在其國 悉其地形 雖遠附强羯[1601] 聲勢不接 無益救援 今若擊之 百舉百克 然高句麗去國密邇 常有闚覦之志[1602] 彼知宇文既亡 禍將及己 必乘虛深入 掩吾不備 若少留兵則不足以守 多留兵則不足以行 此心腹之患也 宜先除之 觀其勢力 一擧可克 宇文自守之虜 必不能遠來爭利 既取高句麗 還取宇文 如返手耳[1603] 二國既平 利盡東海 國富兵强 無返顧之憂 然後中原可圖也 皝曰 善 將擊高句麗 高句麗有二道 其北道平闊 南道險狹[1604] 衆欲從北道 翰曰 虜以常情料之 必謂大軍從北道 當重北而輕南 王宜帥銳兵從南道擊之 出其不意 丸都不足取也[1605] 別遣偏師從北道 縱有蹉跌[1606] 其腹心已潰 四支無能爲也 皝從之 (『資治通鑑』97 晉紀 19 顯宗成皇帝 下)

고구려　十一月 皝自將勁兵四萬 出南道 以慕容翰 慕容霸爲前鋒 別遣長史王寓等 將兵萬五千 出北道以來侵 王遣弟武 帥精兵五萬 拒北道 自帥羸兵以備南道 慕容翰等先至戰 皝以大衆繼之 我兵大敗 左長史韓壽 斬我將阿佛和度加 諸軍乘勝 遂入丸都 王單騎走入斷熊谷 將軍慕輿埿 追獲王母周氏及王妃而歸 會王寓[1607]等戰於北道 皆敗沒 由是 皝不復窮追 遣使招王 王不出 皝將還 韓壽曰 高句麗之地不可戌守 今其主亡民散 潛伏山谷 大軍既去 必復鳩聚 收其餘燼 猶足爲患 請載其父尸 囚其生母而歸 俟其束身自歸 然後返之 撫以恩信 策之上也 皝從之 發美川王墓[1608] 載其尸 收其府庫累世之寶 虜男女五萬餘口 燒其宮室 毁丸都城而還 (『三國史記』18 高句麗本紀 6)[1609]

고구려　十一月 皝自將勁兵四萬出南道 以慕容翰慕容霸爲前鋒 別遣長史王寓等將兵萬五千出北道 王遣弟武帥精兵五萬拒北道 自帥羸兵以備南道 慕容翰等先至戰 皝以大衆繼之 高句麗兵大敗 左長史韓壽斬高句麗將阿佛和度加 諸軍乘勝 遂入丸都 王單騎走入斷熊谷 將軍慕容輿埿追獲王母周氏及王妃而歸 會王寓等戰於北道 皆敗沒 由是 皝不復窮追 遣使招王 王不出 皝將還 韓壽曰 高句麗之地 不可戌守 今其主亡民散 潛伏山谷 大軍既去 必復鳩聚 收其餘燼 猶足爲患 請載其父尸 囚其生母而歸 竢其束身自歸 然後返之 撫以恩信 策之上也 皝從之 發美川王墓 載其尸 收其府庫累世之寶 虜男女五萬餘口 燒其宮室 毁丸都城而還 (『三國史節要』4)

고구려　十一月 皝自將勁兵四萬出南道[1610] 以慕容翰慕容霸爲前鋒 別遣長史王寓等將兵萬五千出北道以伐高句麗 高句麗王釗遣弟武帥精兵五萬拒北道 自帥羸兵以備南道[1611] 慕容翰等先至 與釗合戰 皝以大衆繼之 左常侍鮮于亮曰 臣以俘虜蒙王國士之恩[1612] 不可以不報 今日 臣死日也 獨與數騎先犯高句麗陳 所嚮摧陷 高句麗陳動[1613] 大衆因而乘之 高句麗兵大敗 左長史韓壽斬高句麗將阿佛和度加[1614] 諸軍乘勝追之 遂入丸都 釗單騎走 輕車將軍慕輿埿追獲其母周氏及妻而還 會王寓等戰於北道 皆敗沒 由是皝不復窮追[1615] 遣使招釗 釗不出 皝將還 韓壽曰 高句麗之地 不可戌守 今其主亡

1600) 將 即亮翻 帥 所類翻
1601) 强羯 謂趙也 羯 居謁翻
1602) 句 如字 又音駒 麗 力知翻 闚 缺規翻 門中視也 覦 從門旁竇中視也 音兪 韻釋 闚覦 私視也
1603) 返 當作反 下同
1604) 北道從北置而進 南道從南陜入木底城
1605) 高句麗王居丸都 帥 讀曰率 下同
1606) 蹉 倉何翻 跌 徒結翻 蹉跌 失足而踣也
1607) 저본에는 '宷'로 되어 있으나, 鑄字本·『三國史節要』·『資治通鑑』에 의거하여 '寓'로 수정해야 한다.
1608) 저본에는 '廟'로 되어 있으나, 내용상 '墓'로 수정해야 한다.
1609) 『晉書』載記 등에는 咸康 7(341)으로, 『梁書』高句麗傳 등에는 建元元年(343)으로, 『翰苑』에는 慕容皝 9(345)으로 되어 있다.
1610) 將 即亮翻 下同
1611) 羸 倫爲翻
1612) 事見上卷咸康四年
1613) 騎 奇寄翻 下同 陳 讀曰陣
1614) 高句麗置官 有相加大加小加

民散 潛伏山谷 大軍旣去 必復鳩聚[1616] 收其餘燼[1617] 猶足爲患 請載其父尸囚其生
母而歸 俟其束身自歸 然後返之 撫以恩信 策之上也 皝從之 發釗父乙弗利墓 載其尸
收其府庫累世之寶 虜男女五萬餘口 燒其宮室 毀丸都城而還[1618] (『資治通鑑』 97 晉
紀 19 顯宗成皇帝 下)

고구려　　　　元眞征高麗 大破之 遂入丸都 掘高麗王釗父利墓 載其屍 幷其母妻珍寶 掠男女五萬
　　　　　　　餘口 焚其宮室 毀丸都而歸 釗單馬遁走 (『魏書』 95 列傳 83 徒何 慕容元眞)[1619]

고구려　　　　(咸康七年)明年 釗遣使稱臣於皝 貢其方物 乃歸其父尸 (『晉書』 109 載記 9 慕容
　　　　　　　皝)[1620]

343(癸卯/신라 흘해이사금 34/고구려 고국원왕 13/백제 비류왕 40/東晉 建元 1/倭 仁德 31)

고구려　　　　春二月 王遣其弟 稱臣入朝於燕 貢珍異以千數 燕王皝乃還其父尸 猶留其母爲質 (『三
　　　　　　　國史記』 18 高句麗本紀 6)[1621]

고구려　　　　春二月 高句麗王遣其弟 朝燕稱臣 貢珍異以千數 燕王皝乃還其父尸 猶留其母爲質
　　　　　　　(『三國史節要』 4)

고구려　　　　春二月 高句麗王釗遣其弟 稱臣入朝於燕[1622] 貢珍異以千數 燕王皝乃還其父尸 猶留
　　　　　　　其母爲質[1623] (『資治通鑑』 97 晉紀 19 康皇帝)

고구려　　　　後稱臣於元眞 乃歸其父屍 (『魏書』 95 列傳 83 徒何 慕容元眞)[1624]

고구려　　　　自後釗遣使來朝 阻隔寇讎 不能自達 (『魏書』 100 列傳 88 高句麗)[1625]

고구려　　　　釗後稱臣 乃歸其父屍 (『北史』 93 列傳 81 僭僞附庸 燕慕容氏 慕容晃)[1626]

고구려　　　　秋七月 移居平壤東黃城 城在今西京東木覓山中 (『三國史記』 18 高句麗本紀 6)

고구려　　　　秋七月 高句麗移居平壤東黃城 城在西京東木覓山中 (『三國史節要』 4)

고구려　　　　又總章二年 英國公李勣奉勅 以高句麗諸城置都督府及州縣 目錄云 (…) 長壽王十五
　　　　　　　年 移都平壤 歷一百五十六年 平原王二十八年 移都長安城 歷八十三年 寶臧王二十
　　　　　　　七年而滅[古人記錄 (…) 而或云 故國原王十三年 移居平壤東黃城 城在今西京東木覓
　　　　　　　山中 不可知然否] (『三國史記』 37 雜志 6 地理 4)[1627]

고구려　　　　(秋七月) 遣使如晉朝貢 (『三國史記』 18 高句麗本紀 6)[1628]

1615) 復 扶又翻 下同
1616) 鳩 亦聚也
1617) 火餘曰燼 猶能復然
1618) 還 從宣翻 又如字
1619) 이 기사에는 연대 표기가 없으나, 『三國史記』 高句麗本紀 등에 의거하여 咸康 8(342) 11월로 편년하
　　　 였다.
1620) 『三國史記』 高句麗本紀 등에는 建元元年(343) 2월로 되어 있다.
1621) 『晉書』 載記에는 咸康 8(342)으로 되어 있다.
1622) 朝 直遙翻
1623) 質 音致
1624) 이 기사에는 연대 표기가 없으나, 『三國史記』 高句麗本紀 등에 의거하여 建元元年(343) 2월로 편년하
　　　 였다.
1625) 이 기사에는 연대 표기가 없으나, 『三國史記』 高句麗本紀 등에 의거하여 建元元年(343) 2월로 편년하
　　　 였다.
1626) 이 기사에는 연대 표기가 없으나, 『三國史記』 高句麗本紀 등에 의거하여 建元元年(343) 2월로 편년하
　　　 였다.
1627) 이 기사에는 월 표기가 없으나, 『三國史記』 高句麗本紀 등에 의거하여 7월로 편년하였다.
1628) 『晉書』 帝紀에는 12월로 되어 있다.

고구려	(秋七月) 高句麗遣使如晉朝貢 (『三國史節要』 4)
고구려	冬十一月 雪五尺 (『三國史記』 18 高句麗本紀 6)
고구려	冬十一月 高句麗雪深五尺 (『三國史節要』 4)
고구려	十二月 高句驪遣使朝獻 (『晉書』 7 帝紀 7 康帝)[1629]
고구려	[紀] (…) 康帝建元元年十二月 高句驪遣使朝獻 (『玉海』 154 朝貢 獻方物)
고구려	(晉)康帝建元元年 慕容廆子晃率兵伐之[1630] 釗與戰 大敗 單馬奔走 晃乘勝追至丸都 焚其宮室 掠男子五萬餘口以歸 (『梁書』 54 列傳 48 高句驪)[1631]
고구려	至位宮五葉孫釗 晉康帝建元初 慕容皝[1632]率兵伐之 大敗 單馬奔走 皝乘勝追至丸都 焚其宮室 掠男女五萬餘口以歸 (『通典』 186 邊防 2 東夷 下 高句麗)[1633]
고구려	晉康帝建元初 慕容皝 率兵討之 大敗 單馬奔走 皝乘勝 追至丸都 焚其宮室 掠男女五萬餘口以歸 (『太平寰宇記』 173 四夷 2 東夷 2 高勾驪國)[1634]

344(甲辰/신라 흘해이사금 35/고구려 고국원왕 14/백제 비류왕 41, 계왕 1/東晉 建元 2/倭 仁德 32)

신라	春二月 倭國遣使請婚 辭以女旣出嫁 (『三國史記』 2 新羅本紀 2)
신라	春二月 倭遣使新羅請婚 不報 (『三國史節要』 4)
신라	夏四月 暴風拔宮南大樹 (『三國史記』 2 新羅本紀 2)
신라	夏四月 新羅暴風拔宮南大樹 (『三國史節要』 4)
백제	冬十月 王薨 (『三國史記』 24 百濟本紀 2)
백제	契王 汾西王之長子也 天資剛勇 善騎射 初汾西之薨也 契王幼不得立 比流王在位四十一年薨 卽位 (『三國史記』 24 百濟本紀 2)
백제	冬十月 百濟王比流薨 汾西王長子契王立 天資剛勇 善騎射 (『三國史節要』 4)
백제	第十二契王[汾西元子 甲辰立 理二年] (『三國遺事』 1 王曆)[1635]

345(乙巳/신라 흘해이사금 36/고구려 고국원왕 15/백제 계왕 2/東晉 永和 1/倭 仁德 33)

신라	春正月 拜康世爲伊伐湌 (『三國史記』 2 新羅本紀 2)
신라	春正月 新羅以康世爲伊伐湌 (『三國史節要』 4)
고구려	(春正月) 燕王皝以牛假貧民 使佃苑中[1636] 稅其什之八 自有牛者稅其七 記室叄軍封裕上書諫 以爲 古者什一而稅 天下之中正也 降及魏晉 仁政衰薄 假官田官牛者不過

1629) 『三國史記』 高句麗本紀 등에는 7월로 되어 있다.
1630) 康帝建元元年慕容廆子晃率兵伐之 晃當卽是皝 音近而譌 慕容皝出兵事 晉書慕容皝載記云在咸康七年 通鑑繫於咸康八年
1631) 『晉書』 載記 등에는 咸康 7(341)으로, 『三國史記』 高句麗本紀 등에는 咸康 8(342) 11월로, 『翰苑』에는 慕容皝 9(345)으로 되어 있다.
1632) 音晃
1633) 이 기사에는 연대 표기가 없으나, 『梁書』 列傳에 의거해 建元元年(343)으로 편년하였다.
1634) 이 기사에는 연대 표기가 없으나, 『梁書』 列傳에 의거해 建元元年(343)으로 편년하였다.
1635) 이 기사에는 월 표기가 없으나, 『三國史記』 百濟本紀 등에 의거해 10월로 편년하였다.
1636) 佃 亭年翻

稅其什六　自有牛者中分之　猶不取其七八也　自永嘉以來　海內蕩析　武宣王綏之以
德[1637]　華夷之民　萬里輻湊　襁負而歸之者　若赤子之歸父母　是以戶口十倍於舊　無田
者什有三四　及殿下繼統　南摧強趙　東兼高句麗　北取宇文[1638]　拓地三千里　增民十萬
戶　是宜悉罷苑囿以賦新民　無牛者官賜之牛　不當更收重稅也　且以殿下之民用殿下之
牛　牛非殿下之有　將何在哉　如此　則戎旗南指之日　民誰不簞食壺漿以迎王師[1639]　石
虎誰與處矣[1640]　川瀆溝渠有廢塞者[1641]　皆應通利　旱則灌漑　潦則疏泄　一夫不耕　或
受之飢　況游食數萬　何以得家給人足乎　今官司猥多　虛費廩祿　苟才不周用　皆宜澄
汰[1642]　工商末利　宜立常員　學生三年無成　徒塞英儁之路　皆當歸之於農[1643]　殿下聖
德寬明　博察芻蕘[1644]　叄軍王憲大夫劉明並以言事忤旨　主者處以大辟[1645]　殿下雖恕
其死　猶免官禁錮　夫求諫諍而罪直言　是猶適越而北行　必不獲其所志矣　右長史宋該等
阿媚苟容　輕劾諫士[1646]　己無骨鯁[1647]　嫉人有之　掩蔽耳目　不忠之甚者也

皝乃下令　稱　覽封記室之諫　孤實懼焉　國以民為本　民以穀為命　可悉罷苑囿以給民之
無田者　實貧者　官與之牛　力有餘願得官牛者　並依魏晉舊法　溝瀆各[1648]有益者　令以
時修治[1649]　今戎事方興　勳伐旣多[1650]　官未可減　俟中原平壹　徐更議之　工商學生皆
當裁擇　夫人臣關言於人主　至難也[1651]　雖有狂妄　當擇其善者而從之　王憲劉明　雖罪
應廢黜　亦由孤之無大量也　可悉復本官　仍居諫司　封生蹇蹇　深得王臣之體[1652]　其賜
錢五萬　宣示內外　有欲陳孤過者　不拘貴賤　勿有所諱　皝雅好文學[1653]　常親臨庠序講
授　考校學徒至千餘人　頗有妄濫者　故封裕及之（『資治通鑑』97 晉紀 19 孝宗穆皇帝
上之上）

고구려 백제　皝記室叄軍封裕諫曰　臣聞聖王之宰國也　薄賦而藏於百姓　分之以三等之田　十一而稅
之　寒者衣之　飢者食之　使家給人足　雖水旱而不為災者　何也　高選農官　務盡勸課　人
治周田百畮　亦不假牛力　力田者受旌顯之賞　惰農者有不齒之罰　又量事置官　量官置人
使官必稱須　人不虛位　度歲入多少　裁而祿之　供百僚之外　藏之太倉　三年之耕　餘一年
之粟　以斯而積　公用於何不足　水旱其如百姓何　雖務農之令屢發　二千石令長莫有志勤
在公　銳盡地利者　故漢祖知其如此　以墾田不實　徵殺二千石以十數　是以明章之際　號
次升平　自永嘉喪亂　百姓流亡　中原蕭條　千里無煙　飢寒流隕　相繼溝壑　先王以神武聖
略　保全一方　威以殄姦　德以懷遠　故九州之人　塞表殊類　襁負萬里　若赤子之歸慈父
流人之多舊土十倍有餘　人殷地狹　故無田者十有四焉　殿下以英聖之資　克廣先業　南摧
強趙　東滅句麗　開境三千　戶增十萬　繼武闡廣之功　有高西伯　宜省罷諸苑　以業流人
人至而無資産者　賜之以牧牛　人旣殿下之人　牛豈失乎　善藏者藏於百姓　若斯而已矣
邇者深副樂土之望　中國之人皆將壺餐奉迎　石季龍誰與居乎　且魏晉雖道消之世　猶削

1637) 慕容廆諡武宣王
1638) 民歸慕容廆事見八十八卷愍帝建興元年　皝破趙事見上卷成帝咸康四年　破高麗見上卷咸康八年　取宇文見上
　　卷康帝建元二年
1639) 用孟子語　食　祥吏翻
1640) 處　昌呂翻　下同
1641) 塞　悉則翻　下同
1642) 以用水爲諭　澄之使淸而汰去其沙泥也
1643) 塞　悉則翻
1644) 文王詢于芻蕘　刈草曰芻　采薪曰蕘　蕘　如招翻
1645) 主者　謂其時主斷憲明之獄者　忤　五故翻　處　昌呂翻　辟　毗亦翻
1646) 劾　戶槪翻　又戶得翻
1647) 骨鯁　以喩剛强正直者　毛晃曰　鯁　魚骨　又骨不下咽爲鯁　以其聱謣難受　如魚骨之㗇咽也
1648) 章　十二行本各作果　乙十一行本同　孔本同
1649) 治　直之翻
1650) 王功曰勳　積功曰伐
1651) 關　白也　王褒聖主得賢臣頌曰　進退得關其忠
1652) 易曰　王臣蹇蹇　匪躬之故
1653) 好　呼到翻

百姓不至於七八　持官牛田者官得六分　百姓得四分　私牛而官田者與官中分　百姓安之
人皆悅樂　臣猶曰非明王之道　而況增乎　且水旱之厄　堯湯所不免　王者宜濬治溝澮　循
鄭白西門史起漑灌之法　旱則決溝爲雨　水則入於溝瀆　上無雲漢之憂　下無昏墊之患　句
麗百濟及宇文段部之人　皆兵勢所徙　非如中國慕義而至　咸有思歸之心　今戶垂十萬　狹
湊都城　恐方將爲國家深害　宜分其兄弟宗屬　徙于西境諸城　撫之以恩　檢之以法　使不
得散在居人　知國之虛實　今中原未平　資畜宜廣　官司猥多　游食不少　一夫不耕　歲受其
飢　必取於耕者而食之　一人食一人之力　游食數萬　損亦如之　安可以家給人足　治致升
平　殿下降覽古今之事多矣　政之巨患莫甚於斯　其有經略出世　才稱時求者　自可隨須置
之列位　非此已往　其耕而食　蠶而衣　亦天之道也　殿下聖性寬明　思言若渴　故人盡芻蕘
有犯無隱　前者叅軍王憲大夫劉明並竭忠獻款　以貢至言　雖頗有逆鱗　意在無責　主者奏
以妖言犯上　致之於法　殿下慈弘苟納　恕其大辟　猶削黜禁錮　不齒於朝　其言是也　殿下
固宜納之　如其非也　宜亮其狂狷　罪諫臣而求直言　亦猶北行詣越　豈有得邪　右長史宋
該等阿媚苟容　輕劾諫士　己無骨鯁　嫉人有之　掩蔽耳目　不忠之甚　四業者國之所資　敎
學者有國盛事　習戰務農　尤其本也　百工商賈　猶其末耳　宜量軍國所須　置其員數　已外
歸之於農　敎之戰法　學者三年無成　亦宜還之於農　不可徒充大員　以塞聰儁之路　臣之
所言當也　願時速施行　非也　登加罪戮　使天下知朝廷從善如流　罰惡不淹　王憲劉明　忠
臣也　願宥忤鱗之愆　收其藥石之效 (『晉書』109 載記 9 慕容皝)[1654]

신라　　　二月 倭王移書絶交 (『三國史記』2 新羅本紀 2)

신라　　　二月 倭移書新羅 絶交 (『三國史節要』4)

백제　　　古記云 (…) 多婁王二年春正月 謁始祖東明廟 (…) 契王二年夏四月 (…) 並如上行
　　　　　 (『三國史記』32 雜志 1 祭祀)

백제　　　夏四月 百濟王謁始祖東明廟 (『三國史節要』4)

고구려　　冬十月　燕王皝使慕客[1655]恪來攻　拔南蘇　置戍而還 (『三國史記』 18　高句麗本紀
　　　　　6)[1656]

고구려　　冬十月 燕王皝使慕容恪攻高句麗 拔南蘇 置戍而還 (『三國史節要』4)

고구려　　冬十月　燕王皝使慕容恪攻高句麗　拔南蘇[1657]　置戍而還[1658] (『資治通鑑』97 晉紀
　　　　　19 孝宗穆皇帝 上之上)

고구려　　慕容恪攻高句麗南蘇　克之　置戍而還 (『晉書』109 載記 9 慕容皝)[1659]

고구려　　建國八年　晃伐逸豆歸　逸豆歸拒之　爲晃所敗　殺其驍將涉亦干　逸豆歸遠遁漠北　遂奔
　　　　　高麗　晃徙其部衆五千餘落於昌黎　自此散滅矣 (『魏書』 103 列傳 91 匈奴 宇文莫
　　　　　槐)[1660]

고구려　　建國八年　晃伐逸豆歸　逸豆歸拒之　爲晃所敗　殺其驍將涉亦干　逸豆歸遠遁漠北　遂奔
　　　　　高麗　晃徙其部衆五千餘落於昌黎　自是散滅矣 (『北史』98 列傳 86 匈奴宇文莫槐)

고구려　　燕晃長驅　表績丸都之嶠[十六國春秋曰 前燕錄曰 燕主慕容晃九年 晃代[1661]句驪 乘勝

1654) 이 기사에는 월 표기가 없으나, 『資治通鑑』에 의거하여 1월로 편년하였다.
1655) 저본에는 ‘客’으로 되어 있으나, 鑄字本·『三國史節要』에 의거하여 ‘容’으로 수정해야 한다.
1656) 『翰苑』에는 慕容皝12(348)으로 되어 있다.
1657) 南蘇城在南陝之東 唐平高麗 置南蘇州
1658) 還 從宜翻 又如字
1659) 이 기사에는 월 표기가 없으나, 『三國史記』高句麗本紀 등에 의거하여 10월로 편년하였다.
1660) ‘建國’은 北魏의 전신인 代國의 연호로 建國元年이 338년이므로, 建國8년은 345년에 해당된다.

長驅 遂入九¹⁶⁶²⁾都 句驪王劉¹⁶⁶³⁾ 單馬奔竄 竄¹⁶⁶⁴⁾乃掘其父墓 載其尸 幷世¹⁶⁶⁵⁾妻珍
寶 掠男女五萬餘口 禁¹⁶⁶⁶⁾其宮室 毀九¹⁶⁶⁷⁾都而歸 乃不耐城也]（『翰苑』 30 蕃夷部
高麗)¹⁶⁶⁸⁾

346(丙午/신라 흘해이사금 37/고구려 고국원왕 16/백제 계왕 3, 근초고왕 1/東晉 永和 2/倭 仁德 34)

가야	居叱彌王 一云今勿 金氏 永平元年卽位 治五十六年 永和二年丙午七月八日 崩 王妃 阿躬阿干孫女阿志 生王子伊品 伊尸品王 金氏 永和二年卽位（『三國遺事』 2 紀異 2 駕洛國記)
가야	秋七月 駕洛國王居叱彌薨 子伊尸品立（『三國史節要』 4)¹⁶⁶⁹⁾
백제	秋九月 王薨（『三國史記』 24 百濟本紀 2)
백제	近肖古王 比流王第二子也 體貌奇偉 有遠識 契王薨 繼位（『三國史記』 24 百濟本紀 2)
백제	秋九月 百濟王契王薨 比流王第二子近肖古立 體貌奇偉 有遠識（『三國史節要』 4)
백제	第十三近肖古王[沸流第二子 丙午立 理二十九年]（『三國遺事』 1 王曆)¹⁶⁷⁰⁾
신라	倭兵猝至風島 抄掠邊戶 又進圍金城 急攻 王欲出兵相戰 伊伐湌康世曰 賊遠至 其鋒 不可當 不若緩之待其師老 王然之 閉門不出 賊食盡 將退 命康世 率勁騎 追擊走之（『三國史記』 2 新羅本紀 2)
신라	新羅有倭兵猝至風島抄掠 又進圍金城急 王欲出兵擊戰 伊伐湌康世曰 賊遠至 其鋒不可當 不若緩之 待其師老 王然之 閉門不出 賊食盡將退 命康世率勁騎追擊走之（『三國史節要』 4)
부여	<十>¹⁶⁷¹⁾三年 遣其世子儁與恪率騎萬七千東襲夫餘 克之 虜其王及部衆五萬餘口以還（『晉書』 109 載記 9 慕容皝)
부여 백제	初 夫餘居于鹿山¹⁶⁷²⁾ 爲百濟所侵¹⁶⁷³⁾ 部落衰散 西徙近燕 而不設備¹⁶⁷⁴⁾ 燕王皝遣世子儁帥慕容軍慕容恪慕輿根三將軍萬七千騎襲夫餘¹⁶⁷⁵⁾ 儁居中指授 軍事皆以任恪

1661) 저본에는 ‘代’로 되어 있으나, 내용상 ‘伐’로 수정해야 한다.
1662) 저본에는 ‘九’로 되어 있으나, 내용상 ‘丸’으로 수정해야 한다.
1663) 저본에는 ‘劉’로 되어 있으나, 내용상 ‘釗’로 수정해야 한다.
1664) 저본에는 ‘竄’으로 되어 있으나, 내용상 ‘晃’으로 수정해야 한다.
1665) 저본에는 ‘世’로 되어 있으나, 내용상 ‘母’로 수정해야 한다.
1666) 저본에는 ‘禁’으로 되어 있으나, 내용상 ‘焚’으로 수정해야 한다.
1667) 저본에는 ‘九’로 되어 있으나, 내용상 ‘丸’으로 수정해야 한다.
1668) 『晉書』 載記 등에는 咸康 7(341)으로, 『三國史記』 高句麗本紀 등에는 咸康 8(342) 11월로, 『梁書』 高句麗傳 등에는 建元元年(343)으로 되어 있다.
1669) 이 기사에는 일자 표기가 없으나, 『三國遺事』에 의거하여 7월 8일로 편년하였다.
1670) 이 기사에는 월 표기가 없으나, 『三國史記』 百濟本紀 등에 의거하여 9월로 편년하였다.
1671) 三年 周校 三年上脫年號 按之當爲永和也 今按 永和元年十二月皝始不用晉年號 自稱十二年(見通鑑九七) 御覽一二一引前燕錄自咸和九年後卽用皝之紀年 晉封皝爲燕王及遷都龍城在八年(晉咸康七年) 龍見立寺在十二年(晉永和元年) 皝於東序考試學生在十四年(永和三年) 則此三年當是十三年 脫十字 通鑑九七在永和二年可證
1672) 夫餘在玄菟北千餘里 鹿山蓋直其地 杜佑曰 夫餘國有印 文曰 濊王之印 國有故城 名濊城 蓋本濊貊之地 其國在長城之北 去玄菟千里 南與高麗 東與挹婁 西與鮮卑接
1673) 東夷有三韓國 一曰馬韓 二曰辰韓 三曰弁韓 馬韓有五十四國 百濟其一也 後漸强大 兼諸小國 其國本與句麗俱在遼東之東千餘里 隋書曰 百濟出自東明 其後有仇台者 始立其國 漸以强盛 初以百家濟海 因號百濟 杜佑曰 百濟南接新羅 北拒高麗千餘里 西限大海 處小海之南
1674) 近 其斬翻
1675) 帥 讀曰率

遂拔夫餘 虜其王玄及部落五萬餘口而還 皝以玄爲鎭軍將軍 妻以女[1676] (『資治通鑑』
97 晉紀 19 孝宗穆皇帝 上之上)

부여　　　　皝使恪與儁俱伐夫餘 儁居中指授而已 恪身當矢石 推鋒而進 所嚮輒潰 (『晉書』 111
　　　　　　載記 11 慕容恪)[1677]

347(丁未/신라 흘해이사금 38/고구려 고국원왕 17/백제 근초고왕 2/東晉 永和 3/倭 仁德 35)

백제　　　　春正月 祭天地神祇 (『三國史記』 24 百濟本紀 2)

백제　　　　古記云 溫祚王二十年春二月 設壇祠天地 (…) 近肖古王二年春正月 (…) 並如上行
　　　　　　(『三國史記』 32 雜志 1 祭祀)

백제　　　　春正月 百濟祭天地 (『三國史節要』 4)

백제　　　　(春正月) 拜眞淨爲朝廷佐平 淨王后親戚 性狠戾不仁 臨事苛細 恃勢自用 國人疾之
　　　　　　(『三國史記』 24 百濟本紀 2)

백제　　　　(春正月) 百濟以眞淨爲朝廷佐平 正[1678]王后親戚 狠戾苛細 恃勢自用 國人疾之 (『三
　　　　　　國史節要』 4)

348(戊申/신라 흘해이사금 39/고구려 고국원왕 18/백제 근초고왕 3/東晉 永和 4/倭 仁德 36)

낙랑　　　　①大歲在戊漁陽張撫夷塼」〔側銘〕
　　　　　　②大歲戊在漁陽張撫夷塼」〔側銘〕
　　　　　　③大歲[申]漁陽張撫夷塼」〔側銘〕
　　　　　　①八月八日造塼日八十石[酒]」〔側銘〕 張使君塼」〔小口銘〕
　　　　　　②趙主簿令塼懃意不[臥]」〔側銘〕 張使君塼」〔小口銘〕
　　　　　　③哀哉夫人奄背百姓子民憂感」 夙夜不寧永側玄宮痛割人情」〔側銘〕 張使君」〔小口
　　　　　　銘〕
　　　　　　④天生小人供養君子千人造塼以」 父母既好且堅典[齎]記之」〔側銘〕
　　　　　　使君帶方太守」 張撫夷塼」〔小口銘〕 (「張撫夷塼」)[1679]

신라　　　　宮井水暴溢 (『三國史記』 2 新羅本紀 2)

신라　　　　新羅宮井水暴溢 (『三國史節要』 4)

고구려　　　南蘇表成 驗容恪之先鳴 [南蘇城在國西北 十六國春秋前燕錄曰 慕容晃十二年 遣度遼
　　　　　　將運[1680]慕容恪 攻高驪南蘇剋之 置戌而還 即此城也 高麗記云 城在雜[1681]城北七十
　　　　　　里山上也] (『翰苑』 30 蕃夷部 高麗)[1682]

349(己酉/신라 흘해이사금 40/고구려 고국원왕 19/백제 근초고왕 4/東晉 永和 5/倭 仁德 37)

1676) 妻 千細翻
1677) 이 기사에는 연도 표기기 없으나, 『晉書』 載記 등에 의거하여 永和 2(346)으로 편년하였다.
1678) 저본에는 '正'으로 되어 있으나, 『三國史記』에 의거해 '淨'으로 수정해야 한다.
1679) 앞의 세 명전을 합하면 무신년인데, 대체로 太歲紀年法의 용례에 주목하여 東晉 永和 4년으로 비정하
　　고 있어 여기에 배치하였다.
1680) 저본에는 '運'으로 되어 있으나, 내용상 '軍'으로 수정해야 한다.
1681) 저본에는 '雜'으로 되어 있으나, 내용상 '新'으로 수정해야 한다.
1682) 『三國史記』 高句麗本紀 등에는 故國原王15(345) 10월로 되어 있다.

고구려	(十二月) 高句麗王釗送前東夷護軍宋晃于燕 燕王儁赦之 更名曰活1683) 拜爲中尉1684) (『資治通鑑』 98 晉紀 20 孝宗穆皇帝 上之下)
고구려	王送前東夷護軍宋晃于燕 燕王儁赦之 更名曰活 拜爲中尉 (『三國史記』 18 高句麗本紀 6)1685)
고구려	高句麗王送前東夷護軍宋晃于燕 燕王儁赦之 更名曰活 拜爲中尉 (『三國史節要』 4)1686)

350(庚戌/신라 흘해이사금 41/고구려 고국원왕 20/백제 근초고왕 5/東晉 永和 6/倭 仁德 38)

신라	春三月 鸛巢月城隅 (『三國史記』 2 新羅本紀 2)
신라	夏四月 大雨浹旬 平地水三四尺 漂沒官私屋舍 山崩十三所1687) (『三國史記』 2 新羅本紀 2)
신라	夏四月 新羅大雨浹旬 平地水深三四尺 漂沒屋舍 山崩十三所 (『三國史節要』 4)

351(辛亥/신라 흘해이사금 42/고구려 고국원왕 21/백제 근초고왕 6/東晉 永和 7/倭 仁德 39)

352(壬子/신라 흘해이사금 43/고구려 고국원왕 22/백제 근초고왕 7/東晉 永和 8/倭 仁德 40)

353(癸丑/신라 흘해이사금 44/고구려 고국원왕 23/백제 근초고왕 8/東晉 永和 9/倭 仁德 41)

낙랑	永和九年三月十日遼東韓玄菟太守領佟利造」〔側銘〕(「永和九年銘塼」)
백제	春三月 遣紀角宿禰於百濟 始分國郡壃場 具錄鄕土所出 是時 百濟王之族酒君無禮 由是 紀角宿禰訶責百濟王 時百濟王悚之 以鐵鎖縛酒君 附襲津彦而進上 爰酒君來之 則逃匿于石川錦織首許呂斯之家 則欺之曰 天皇旣赦臣罪 故寄汝而活焉 久之天皇遂赦其罪 (『日本書紀』 11 仁德紀)

354(甲寅/신라 흘해이사금 45/고구려 고국원왕 24/백제 근초고왕 9/東晉 永和 10/倭 仁德 42)

355(乙卯/신라 흘해이사금 46/고구려 고국원왕 25/백제 근초고왕 10/東晉 永和 11/倭 仁德 43)

고구려	春正月 立王子丘夫爲王太子 (『三國史記』 18 高句麗本紀 6)
고구려	春正月 高句麗立王子丘夫爲太子 (『三國史節要』 4)
백제	秋九月庚子朔 依網屯倉阿弭古 捕異鳥 獻於天皇曰 臣每張網捕鳥 未曾得是鳥之類 故奇而獻之 天皇召酒君示鳥曰 是何鳥矣 酒君對曰 此鳥之類 多在百濟 得馴而能從

1683) 更 工衡翻 下同
1684) 晃奔高麗 見九十六卷成帝咸康四年
1685) 이 기사에는 월 표기가 없으나, 『資治通鑑』에 의거하여 12월로 편년하였다.
1686) 이 기사에는 월 표기가 없으나, 『資治通鑑』에 의거하여 12월로 편년하였다.
1687) 鑄字本에는 '三十所'라고 되어 있다.

人 亦捷飛之掠諸鳥 百濟俗號此鳥曰俱知[是今時鷹也] 乃授酒君令養馴 未幾時而得馴 酒君則以韋緡著其足 以小鈴著其尾 居腕上 獻于天皇 是日 幸百舌鳥野而遊獵 時雌 雉多起 乃放鷹令捕 忽獲數十雉 (『日本書紀』11 仁德紀)

고구려	冬十二月 王遣使詣燕 納質修貢 以請其母 燕王儁許之 遣殿中將軍刀[1688]龕 送王母 周氏歸國 以王爲征東大將軍營州刺史 封樂浪公 王如故 (『三國史記』18 高句麗本紀 6)
고구려	冬十二月 高句麗王遣使于燕 納質修貢 請其母 燕王儁許之 遣殿中將軍刀龕送周氏 以王爲征東大將軍營州刺史 封樂浪公 王如故 (『三國史節要』4)
고구려	十二月 高句麗王釗遣使詣燕 納質修貢 以請其母[1689] 燕主儁許之 遣殿中將軍刁龕送 釗母周氏歸其國 以釗爲征東大將軍營州刺史 封樂浪公[1690] 王如故[1691] (『資治通鑑』 100 晉紀 22 孝宗穆皇帝 中之下)
고구려	高句麗王釗遣使謝恩 貢其方物 儁以釗爲營州諸軍事征東大將軍營州刺史 封樂浪公 王如故 (『晉書』110 載記 10 慕容儁)[1692]

356(丙辰/신라 흘해이사금 47, 나물이사금 1/고구려 고국원왕 26/백제 근초고왕 11/東晉 永和 12/倭 仁德 44)

신라	夏四月 王薨 (『三國史記』2 新羅本紀 2)
신라	奈勿[一云那密]尼師今立 姓金 仇道葛文王之孫也 父末仇角于[1693] 母金氏 休禮夫人 妃金氏 味鄒王女 訖解薨 無子 奈勿繼之[末仇未[1694]鄒尼師今[1695]兄弟也] 論曰 取妻不取同姓 以厚別也 是故 魯公之取於吳 晉候之有四姬 陳司敗鄭子産 深譏 之 若新羅 則不止取同姓而已 兄弟子姑姨從姉妹[1696] 皆聘爲妻 雖外國各異俗 責之 以中國之禮 則大悖矣 若匈奴之烝母報子 則又甚於此矣 (『三國史記』3 新羅本紀 3)
신라	夏四月 新羅王訖解薨 無子 味鄒王弟末仇之子金奈勿立 母曰休禮夫人金氏 妃金氏亦 味鄒王女也 權近曰 金富軾謂 取妻不取同姓 以厚別也 故魯公之取吳 晉候之四姬 君子譏之 若新 羅則不止取同姓 亦及於期功之親 人道大悖矣 但以不學 不自知其爲非 惜哉 (『三國史 節要』4)
신라	第十七奈勿麻立干[一作△△王 金氏 父仇道葛文王 一作未召王之弟△△角干 母△△ △△ 金氏 丙辰立 理四十六年 陵在占星臺西南] (『三國遺事』1 王曆)[1697]

357(丁巳/신라 나물이사금 2/고구려 고국원왕 27/백제 근초고왕 12/東晉 升平 1/倭 仁德 45)

신라	春 發使 撫問鰥寡孤獨 各賜穀三斛 孝悌有異行者 賜職一級 (『三國史記』3 新羅本紀 3)
신라	春 新羅發使 撫問鰥寡孤獨 賜穀人三斛 孝悌有異行者 賜爵一級 (『三國史節要』4)

1688) 저본에는 '刀'로 되어 있으나, 『資治通鑑』에 의거하여 '刁'로 수정해야 한다.
1689) 句 如字 又音駒 麗 力知翻 燕囚釗母 見九十七卷成帝咸康八年 質 音致
1690) 樂浪 音洛琅
1691) 使爲高句麗王如故
1692) 이 기사에는 월 표기가 없으나, 『三國史記』高句麗本紀 등에 의거하여 12월로 편년하였다.
1693) 저본에는 '于'로 되어 있으나, 鑄字本에 의거하여 '干'으로 수정해야 한다.
1694) 저본에는 '末'로 되어 있으나, 즉위년조에 의거하여 '味'로 수정해야 한다.
1695) 저본에는 오각되어 있으나, 즉위년조에 의거하여 '今'으로 수정해야 한다.
1696) 저본에는 '妹'로 되어 있으나, 내용상 '妹'로 수정해야 한다.
1697) 이 기사에는 월 표기가 없으나, 『三國史記』新羅本紀 등에 의거하여 4월로 편년하였다.

| 고구려 | 太歲在丁巳五月廿日爲中郞及夫人造盖墓瓦　又作民四千餟盍禾又[1698]用盈時興詣得享萬世(「禹山下 3319號墳 瓦當」) |

고구려　　　永和十三年十月戊子朔廿六日癸丑　使持節都督諸軍事平東將軍護撫夷校尉樂浪相昌黎
　　　　　　玄菟帶方太守都鄕侯 幽州遼東平郭都鄕敬上里 冬壽字△安 年六十九薨官 (「安岳 3호
　　　　　　분 墨書銘」)
　　　　서측실　　서벽 : 記室 小史 省事 門下拜
　　　　　전실　　서벽 : 帳下督 帳下督
　　　　　　　　　남벽 : 戰史[1699]
　　　　　　　　　서쪽 : 笛史[1700]
　　　동측실　　서벽 : 碓
　　　　　　　　　북벽 : 井　阿光
　　　　　　　　　동벽 : 阿婢 京屋 犢車
　　　　회랑　　행렬 : 聖[1701]上幡

358(戊午/신라 나물이사금 3/고구려 고국원왕 28/백제 근초고왕 13/東晉 升平 2/倭 仁德 46)

신라　　　　春二月 親祀始祖廟 紫雲盤旋廟上 神雀集於廟庭 (『三國史記』 3 新羅本紀 3)
신라　　　　春二月 新羅王親祀始祖廟 紫雲盤旋廟上 神雀集於廟庭 (『三國史節要』 4)

359(己未/신라 나물이사금 4/고구려 고국원왕 29/백제 근초고왕 14/東晉 升平 3/倭 仁德 47)

360(庚申/신라 나물이사금 5/고구려 고국원왕 30/백제 근초고왕 15/東晉 升平 4/倭 仁德 48)

361(辛酉/신라 나물이사금 6/고구려 고국원왕 31/백제 근초고왕 16/東晉 升平 5/倭 仁德 49)

고구려　　　竺潛深 字法深 姓王 瑯瑘人 晉丞相武昌郡公敦之弟也 年十八出家 事中州劉元眞爲
　　　　　　師 (…) 後與高麗道人書云 上座竺法深 中州劉公之弟子 體德貞峙道俗綸綜 往在京邑
　　　　　　維持法網 內外具瞻弘道之匠也 頃以道業靖濟不耐塵俗 考室山澤修德就閑 今在剡縣
　　　　　　之仰山 率合同遊論道說義 高栖皓然遐邇有詠 以晉寧康二年卒於山館 春秋八十有九
　　　　　　(『高僧傳』 4 義解 1 竺潛深 7)[1702]
고구려　　　與高句驪國道人書[支道林] (『出三藏記集』 12)[1703]

362(壬戌/신라 나물이사금 7/고구려 고국원왕 32/백제 근초고왕 17/東晉 隆和 1/倭 仁

1698) 收로 판독하기도 한다.
1699) '吏' 혹은 '史'로 보이는데, 대부분이 '吏'로 판독하고 있다.
1700) 이 부분을 '□吏' 판독하고 있는데, 현재 남아있는 자획으로 보아 '笛史'로 판독할 수 있다.
1701) 　자는 '耳口' 부분을 '口耳'로 썼다.
1702) 竺潛深(286~374)은 東晉 元帝·明帝 및 王導(276~339)·庚亮(289~340)이 죽고, 何充(292~346)의 法
　　　事에 참여하다가 剡州 仰山에 은거하였다고 하였다고 한다. 또한 支遁은 앞서 王羲之(303~361)가 永和
　　　11年(355) 병을 핑계로 會稽로 낙향하였을 때 잠시 어울리다 剡縣 沃州로 왔다고 하였다. 이 때 支遁(314
　　　~366)이 剡縣에 이르러 竺潛深에게 沃州의 산에 머물러도 되는지 서신을 보낸 것으로 보인다. 따라서 지
　　　둔이 고구려의 도인에게 편지를 보낸 시기는 왕희지가 회계로 낙향하여 머물다가 剡縣 沃州로 되돌아 간
　　　이후가 된다. 355~361년으로 기간편년하고 마지막해인 361년에 배치하였다.
1703) 이 기사에는 연대 표기가 없으나, 『高僧傳』에 의거하여 355~361년으로 기간편년하고 마지막해인 361
　　　년에 배치하였다.

德 50)

| 신라 | 夏四月 始祖廟庭樹連理 (『三國史記』 3 新羅本紀 3) |
| 신라 | 夏四月 新羅始祖廟庭樹連理 (『三國史節要』 4) |

363(癸亥/신라 나물이사금 8/고구려 고국원왕 33/백제 근초고왕 18/東晉 隆和 2, 興寧 1/倭 仁德 51)

364(甲子/신라 나물이사금 9/고구려 고국원왕 34/백제 근초고왕 19/東晉 興寧 2/倭 仁德 52)

신라　　　　夏四月 倭兵大至 王聞之 恐不可敵 造草偶人數千 衣衣持兵 列立吐含山下 伏勇士一千於斧峴東原 倭人恃衆直進 伏發擊其不意 倭人大敗走 追擊殺之幾盡 (『三國史記』 3 新羅本紀 3)

신라　　　　夏四月 倭兵大至新羅 王聞之懼 造草偶人數千 持兵列立吐含山下 伏勇士一千於斧峴東原 倭人恃衆直進 伏發擊其不意 倭人大敗走 追擊殺之幾盡 (『三國史節要』 4)

365(乙丑/신라 나물이사금 10/고구려 고국원왕 35/백제 근초고왕 20/東晉 興寧 3/倭 仁德 53)

신라　　　　新羅不朝貢 (『日本書紀』 11 仁德紀)[1704]

신라　　　　夏五月 遣上毛野君祖竹葉瀨 令問其闕貢 是道路之間獲白鹿 乃還之獻于天皇 更改日而行 俄且重遣竹葉瀨之弟田道 則詔之曰 若新羅距者 舉兵擊之 仍授精兵 新羅起兵而距之 爰新羅人 日日挑戰 田道固塞而不出 時新羅軍卒一人 有放于營外 則掠俘之 因問消息 對曰 有強力者 曰百衝 輕捷猛幹 每爲軍右前鋒 故伺之擊左則敗也 時新羅空左備右 於是 田道連精騎擊其左 新羅軍潰之 因縱兵乘之 殺數百人 卽虜四邑之人民以歸焉 (『日本書紀』 11 仁德紀)

366(丙寅/신라 나물이사금 11/고구려 고국원왕 36/백제 근초고왕 21/東晉 太和 1/倭 仁德 54)

백제　　　　卌六年春三月乙亥朔 遣斯摩宿禰于卓淳國[斯麻宿禰者 不知何姓人也] 於是 卓淳王末錦旱岐告斯摩宿禰曰 甲子年七月中 百濟人久氐彌州流莫古三人 到於我土曰 百濟王聞東方有日本貴國 而遣臣等令朝其貴國 故求道路以至于斯土 若能教臣等令通道路 則我王必深德君王 時謂久氐等曰 本聞東有貴國 然未曾有通 不知其道 唯海遠浪嶮 則乘大船僅可得通 若雖有路津 何以得達耶 於是 久氐等曰 然卽當今不得通也 不若更還 備船舶而後通矣 仍曰 若有貴國使人來 必應告吾國 如此乃還 爰斯摩宿禰 卽以傔人爾波移與卓淳人過古二人 遣于百濟國慰勞其王 時百濟肖古王 深之歡喜而厚遇焉 仍以五色綵絹各一疋 及角弓箭 幷鐵鋌卌枚 幣爾波移 便復開寶藏 以示諸珍異曰 吾國多有是珍寶 欲貢貴國不知道路 有志無從 然猶今付使者 尋貢獻耳 於是 爾波移奉事而還 告志摩宿禰 便自卓淳還之也 (『日本書紀』 9 神功紀)[1705]

1704) 이 기사는 월일 표기가 없으나, 5월 앞에 배치되어 있어, 1~4월로 기간편년하고 마지막달인 4월에 배치하였다.

1705) 『日本書紀』의 神功紀와 應神紀의 한반도 관계 기사는 그 연대가 『三國史記』 등 한국 측 사료와 내용을 비교해 보았을 때 120년 즉 이주갑(二周甲) 인상되어 있다는 것이 일반적인 인식이다. 예를 들어 『日本書紀』는 근초고왕(近肖古王)의 사망을 신공황후 섭정 55년(255), 근구수왕(近仇首王)의 즉위를 동 56년(256), 근구수왕의 사망을 동 64(264)의 일로 각각 기록하고 있는데 이것은 『三國史記』의 기술과 비교하여 정확하게 120년 차이가 난다. 따라서 『日本書紀』의 神功紀와 應神紀의 한반도 관계 기사의 경우는 그 실제 연대가 『日本書紀』의 기년보다 120년을 더한 연대가 타당하다고 할 수 있다. 이러한 양상은 주로

신라 백제　　春三月 百濟人來聘 (『三國史記』3 新羅本紀 3)
백제 신라　　春三月 遣使聘新羅 (『三國史記』24 百濟本紀 2)
백제 신라　　春三月 百濟遣使 聘新羅 (『三國史節要』4)

신라　　　　夏四月 大水 山崩十三所 (『三國史記』3 新羅本紀 3)
신라　　　　夏四月 新羅大水 山崩十三所 (『三國史節要』4)

367(丁卯/신라 나물이사금 12/고구려 고국원왕 37/백제 근초고왕 22/東晉 太和 2/倭 仁德 55)

백제 신라　　夏四月 百濟王使久氏彌州流莫古 令朝貢 時新羅國調使與久氏共詣 於是皇太后 太子 譽田別尊 大歡喜之曰 先王所望國人今來朝之 痛哉不逮于天皇矣群臣皆莫不流涕 仍檢校二國之貢物 於是 新羅貢物者珍異甚多 百濟貢物者少賤不良 便問久氏等曰 百濟貢物不及新羅 奈之何 對曰 臣等失道至沙比新羅 則新羅人捕臣等禁囹圄 經三月而欲殺 時久氏等向天而咒詛之 新羅人怖其呪詛而不殺 則奪我貢物 因以爲己國之貢物 以新羅賤物 相易爲臣國之貢物 謂臣等曰 若誤此辭者 及于還日當殺汝等 故久氏等恐怖從耳 是以僅得達于天朝 時皇太后 譽田別尊 責新羅使者 因以祈天神曰 當遣誰人於百濟 將檢事之虛實 當遣誰人於新羅 將推問其罪 便天神誨之曰 令武內宿禰行議 因以千熊長彥爲使者 當如所願[千熊長彥者 分明不知其姓人 一云 武藏國人 今是額田部 槻本首等之始祖也 百濟記云 職麻那那加比跪者 蓋是歟也] 於是 遣千熊長彥于新羅 責以濫百濟之獻物 (『日本書紀』9 神功紀)[1706]

368(戊辰/신라 나물이사금 13/고구려 고국원왕 38/백제 근초고왕 23/東晉 太和 3/倭 仁德 56)

백제　　　　春三月丁巳朔 日有食之 (『三國史記』24 百濟本紀 2)
백제　　　　春三月丁巳朔 百濟日有食之 (『三國史節要』4)

백제 신라　　(春三月) 遣使新羅 送良馬二匹 (『三國史記』24 百濟本紀 2)
백제 신라　　(春三月) 百濟遣使新羅 送良馬二匹 (『三國史節要』4)
신라 백제　　春 百濟遣使 進良馬二匹 (『三國史記』3 新羅本紀 3)

369(己巳/신라 나물이사금 14/고구려 고국원왕 39/백제 근초고왕 24/東晉 太和 4/倭 仁德 57)

백제 신라 가야
　　　　　　春三月 以荒田別鹿我別爲將軍 則與久氏等共勒兵而度之 至卓淳國 將襲新羅 時或曰 兵衆少之 不可破新羅 更復奉上沙白盖盧 請增軍士 卽命木羅斤資沙沙奴跪[是二人不知其姓人也 但木羅斤資者 百濟將也] 領精兵與沙白 盖盧共遣之 俱集于卓淳 擊新羅而破之 因以平定比自㶱南加羅喙國安羅多羅卓淳加羅七國 仍移兵西廻至古爰津 屠南蠻忱彌多禮 以賜百濟 於是 其王肖古 及王子貴須 亦領軍來會 時比利辟中布彌支半

『百濟記』와 같은 백제계 사료를 인용한 결과로 생각된다. 그러나 모든 기록이 이주갑 인상된 것이라고는 단정할 수 없으며 수정 연대의 적용에도 여러 견해 차이가 있기 때문에 사료 비판의 차원에서 『日本書紀』 외의 기록과 면밀히 비교 검토할 필요가 있다. 상기 『日本書紀』 神功紀 46년조의 경우는 백제 (근)초고왕의 왕명이 보이기 때문에 120년 인상한 근초고왕 시대의 연대로 수정하는 것이 타당할 것이다.
1706) 神功 47년(247) 기사이다. 『日本書紀』의 神功紀, 應神紀의 한반도 관계 기사는 120년이 引上되어 있다는 것이 일반적인 인식이다. 따라서 본 기사를 120년 인상하여 367년에도 배치하였다.

	古四邑自然降服 是以百濟王父子及荒田別木羅斤資等 共會意流村[今云州流須祇] 相見欣感 厚禮送遣之 唯千熊長彦與百濟王 至于百濟國登辟支山盟之 復登古沙山 共居磐石上 時百濟王盟之日 若敷草爲坐 恐見火燒 且取木爲坐 恐爲水流故居磐石而盟者 示長遠之不朽者也 是以自今以後 千秋萬歳 無絶無窮 常稱西蕃 春秋朝貢 則將千熊長彦 至都下厚加禮遇 亦副久氏等而送之 (『日本書紀』9 神功紀)[1707]
백제	泰和[1708]四年五[1709]月十六[1710]日丙午正陽 造百練[1711]鐵[1712]七支刀 生[1713]辟百兵 宜供[1714](供侯[1715])王 △△△△作 (「七支刀銘」앞면)[1716]
백제	先世以來 未有此刀[1717] 百濟[1718]王[1719]世[1720]子[1721]奇[1722]生聖音[1723] 故爲倭[1724] 王旨[1725]造 傳示[1726]後[1727]世[1728] (「七支刀銘」뒷면)[1729]
고구려 백제	秋九月 王以兵二萬 南伐百濟 戰於雉壤 敗績[1730] (『三國史記』18 高句麗本紀 6)
백제 고구려	秋九月 高勾麗王斯由帥步騎二萬 來屯雉壤 分兵侵奪民戶 王遣太子以兵徑至雉壤 急擊破之 獲五千餘級 其虜獲分賜將士 (『三國史記』24 百濟本紀 2)
고구려 백제	秋九月 高勾麗王帥步騎二萬伐百濟 屯于雉壤 分兵侵奪民戶 百濟王遣太子 以兵徑至雉壤 急擊破之 獲五千餘級 分賜將士 (『三國史節要』4)
백제	冬十一月 大閱於漢水南 旗幟皆用黃 (『三國史記』24 百濟本紀 2)
백제	冬十一月 百濟大閱於漢水南 旗幟皆用黃 (『三國史節要』4)

370(庚午/신라 나물이사금 15/고구려 고국원왕 40/백제 근초고왕 25/東晉 太和 5/倭 仁德 58)

백제	春二月 荒田別等還之 (『日本書紀 9 神功紀』)[1731]

1707) 神功 49년(249) 기사이다. 『日本書紀』의 神功紀, 應神紀의 한반도 관계 기사는 120년이 引上되어 있다는 것이 일반적인 인식이다. 따라서 본 기사를 120년 인상하여 369년에도 배치하였다

1708) 初로 판독하기도 한다.

1709) 六, 四, 正, 九로 판독하기도 한다.

1710) 一, 三으로 판독하기도 한다.

1711) 鍊으로 판독하기도 한다.

1712) 夷, 鋼으로 판독하기도 한다.

1713) 世, 以, 出, 可로 판독하기도 한다.

1714) 復, 亻兵으로 판독하기도 한다.

1715) 侯, 危로 판독하기도 한다.

1716) 제작시기를 408년으로 보기도 한다.

1717) 刃으로 판독하기도 한다.

1718) 濨, 㵾, 滋으로 판독하기도 한다.

1719) 王으로 판독하기도 한다.

1720) 也, 由로 판독하기도 한다.

1721) 子, 世, 益으로 판독하기도 한다.

1722) 身, 壽로 판독하기도 한다.

1723) 晉, 意, 德, 旨로 판독하기도 한다.

1724) 危로 판독하기도 한다.

1725) 替, 敬, 各(備의 약자)으로 판독하기도 한다.

1726) 不로 판독하기도 한다.

1727) 倭(後)로 판독하기도 한다.

1728) 也로 판독하기도 한다.

1729) 제작시기를 408년으로 보기도 한다.

1730) 저본의 續은 績이 맞다.

1731) 神功 50년(250) 기사이다. 『日本書紀』의 神功紀, 應神紀의 한반도 관계 기사는 120년이 引上되어 있다는 것이 일반적인 인식이다. 따라서 본 기사를 120년 인상하여 370년에도 배치하였다

백제 삼한	夏五月 千熊長彦久氏等至自百濟 於是皇太后歡之問久曰 海西諸韓旣賜汝國 今何事以頻復來也 久氏等奏曰 天朝鴻澤遠及弊邑 吾王歡喜踊躍不任于心 故因還使 以致至誠 雖逮萬世 何年非朝 皇太后勅云 善哉汝言 是朕懷也 增賜多沙城 爲往還路驛 (『日本書紀』9 神功紀)[1732]
고구려	冬十月 吳國高麗國 竝朝貢 (『日本書紀』11 仁德紀)
부여 고구려	(十一月)戊寅 燕散騎侍郎餘蔚帥扶餘高句麗及上黨質子五百餘人[1733]夜 開鄴北門納 秦兵 燕主暐與上庸王評樂安王臧定襄王淵左衛將軍孟高殿中將軍艾朗等奔龍城[1734] (『資治通鑑』102 晉紀 24 海西公 下)
고구려	散騎侍郎徐蔚等率扶餘·高句麗及上黨質子五百餘人 夜開城門以納堅 (『晉書』111 載記 11 慕容暐)
고구려 요동	(十一月)辛巳 秦王堅入鄴宮 (…) 郭慶進至龍城 太傅評奔高句麗 高句麗執評 送於秦 宜都王桓殺鎭東將軍勃海王亮 幷其衆 奔遼東 遼東太守韓稠 先已降秦 桓至 不得入 攻之 不克 郭慶遣將軍朱嶷擊之 桓棄衆單走 嶷獲而殺之[1735] (『資治通鑑』102 晉紀 24 海西公 下)
고구려	秦王猛 伐燕破之 燕大[1736]傅慕容評來奔 王執送於秦 (『三國史記』18 高句麗本紀 6)[1737]
고구려	秦王猛 伐燕破之 太傅慕容評奔高勾麗 王執送於秦 (『三國史節要』4)[1738]
고구려	堅遂攻鄴 陷之 慕容暐出奔高陽 堅將郭慶執而送之 堅入鄴宮 閱其名籍 凡郡百五十七 縣一千五百七十九 戶二百四十五萬八千九百六十九 口九百九十八萬七千九百三十五 諸州郡牧守及六夷渠帥盡降於堅 郭慶窮追餘燼 慕容評奔於高句麗 慶追至遼海 句麗縛評送之 (『晉書』113 載記 13 符堅 上)

371(辛未/신라 나물이사금 16/고구려 고국원왕 41, 소수림왕 1/백제 근초고왕 26/東晉 咸安 1/倭 仁德 59)

백제	春三月 百濟王亦遣久氏朝貢 於是皇太后語太子及武內宿禰曰 朕所交親百濟國者 是天所致 非由人故 玩好珍物 先所未有 不闕歲時 常來貢獻 朕省此款 每用喜焉 如朕存時 敦加恩惠 卽年以千熊長彦 副久氏等遣百濟國 因以垂大恩曰 朕從神所驗 始開道路 平定海西 以賜百濟 今復厚結好 永寵賞之 是時百濟王父子 竝顙致地 啓曰 貴國鴻恩重於天地 何日何時敢有忘哉 聖王在上 明如日月 今臣在下 固如山岳 永爲西蕃 終無貳心 (『日本書紀』9 神功紀)[1739]

1732) 神功 50년(250) 기사이다. 『日本書紀』의 神功紀, 應神紀의 한반도 관계 기사는 120년이 引上되어 있다는 것이 일반적인 인식이다. 따라서 본 기사를 120년 인상하여 370년에도 배치하였다

1733) 蔚 於勿翻 燕蓋遣兵戍上黨 取其子弟留於鄴以爲質 餘蔚 扶餘王子 故陰率諸質子開門以納秦兵 質 音致 句 如字 又音駒 麗 力知翻

1734) 姓譜艾姓 晏子春秋齊有大夫艾孔 風俗通有寵僖母艾氏

1735) 嶷 魚力翻

1736) 저본의 大는 太가 맞다.

1737) 본 기사에는 月·日이 보이지 않지만, 『資治通鑑』에 十一月 辛巳로 나온다. 따라서 十一月 辛巳(10)로 편년하고, 편제하였다.

1738) 본 기사에는 月·日이 보이지 않지만, 『資治通鑑』에 十一月 辛巳로 나온다. 따라서 十一月 辛巳(10)로 편년하고, 편제하였다.

1739) 神功 51년(251) 기사이다. 『日本書紀』의 神功紀, 應神紀의 한반도 관계 기사는 120년이 引上되어 있다는 것이 일반적인 인식이다. 따라서 본 기사를 120년 인상하여 371년에도 배치하였다

백제 고구려 高句麗擧兵來 王聞之 伏兵於浿河上 俟其至急擊之 高句麗兵敗北 (『三國史記』 24 百濟本紀 2)[1740]

고구려 백제 高勾麗擧兵侵百濟 王聞之 伏兵於浿河上 俟其至急擊之 高勾麗兵敗北 (『三國史節要』 4)[1741]

고구려 백제 冬十月 百濟王率[1742]兵三萬 來攻平壤城 王出師拒之 爲流矢所中 (『三國史記』 18 高句麗本紀 6)[1743]

백제 고구려 冬十月 百濟王與太子帥精兵三萬 侵高勾麗 攻平壤城 高勾麗王釗力戰拒之 中流矢薨 百濟王引軍退 (『三國史節要』 4)[1744]

백제 고구려 冬 王與太子帥精兵三萬 侵高句麗 攻平壤城 麗王斯由力戰拒之 中流矢死 王引軍退 (『三國史記』 24 百濟本紀 2)[1745]

백제 고구려 延興二年 其王餘慶始遣使上表曰 (…) 又云 臣與高句麗源出夫餘 先世之時 篤崇舊款 其祖釗輕廢隣好 親率士衆 陵踐臣境 臣祖須整旅電邁 應機馳擊 矢石暫交 梟斬釗首 自爾已來 莫敢南顧 (『魏書』 100 列傳 88 百濟)

고구려 백제 (冬十月)是月二十三日 薨 葬于故國之原[百濟蓋鹵王表魏曰 梟斬釗首 過辭也] (『三國史記』 18 高句麗本紀 6)

고구려 (冬十月) 高勾麗太子丘夫立 身長有雄略 葬王于故國之原 因以爲號 (『三國史節要』 4)[1746]

고구려 백제 釗後爲百濟所殺 (『魏書』 100 列傳 88 高句麗)

고구려 백제 釗後爲百濟所殺 (『北史』 94 列傳 82 高句麗)

고구려 백제 昭列帝後爲百濟所殺 (『隋書』 81 列傳 46 東夷 高麗)

고구려 小獸林王[一云 小解朱留王] 諱丘夫 故國原王之子也 身長大 有雄略 故國原王二十五年 立爲太子 四十一年 王薨 太子即位 (『三國史記』 18 高句麗本紀 6)[1747]

백제 (冬十月) 百濟移都漢山 (『三國史節要』 4)[1748]

백제 (冬) 移都漢山 (『三國史記』 24 百濟本紀 2)[1749]

백제 고구려 按古典記 (…) 至十三世近肖古王 取高句麗南平壤 都漢城 歷一百五年 (…) (『三國史記』 37 雜志 6 地理 4 百濟)[1750]

백제 고구려 至十三世近肖古王 咸安元年 取高句麗南平壤 移都北漢城[今楊州] 歷一百五年 (『三國遺事』 2 紀異 2 南扶餘 前百濟 北扶餘)[1751]

1740) 본 기사는 冬10월 기사 앞에 나온다. 따라서 1~9월로 기간 편년하였고, 9월에 편제하였다.
1741) 본 기사는 10월보다 앞선 기사이다. 따라서 1~9월로 기간 편년하였고, 9월에 편제하였다.
1742) 저본은 판독불능이나, 率이 맞다.
1743) 본 기사는 고국원왕이 죽은 10월 23일 보다 앞서의 사실이다. 따라서 10월 1~22일로 기간 편년하고, 10월 22일에 편제하였다.
1744) 본 기사는 고국원왕이 죽은 10월 23일 보다 앞서의 사실이다. 따라서 10월 1~22일로 기간 편년하고, 10월 22일에 편제하였다.
1745) 본 기사에는 冬으로 나오지만, 고국원왕이 죽은 10월 23일 보다 앞서의 사실이며 『三國史記』 高句麗本紀에는 10월로 나온다. 따라서 10월 1~22일로 기간 편년하고, 10월 22일에 편제하였다.
1746) 본 기사에는 日이 보이지 않지만, 『三國史記』 高句麗本紀에 10월 23일로 나온다. 따라서 10워 23일로 편년하고, 편제하였다.
1747) 『三國遺事』 1 王曆 1에 "第十七 小獸林王[名丘夫 辛未立 理十三年]"이라고 나온다.
1748) 『三國史記』에는 冬으로 나온다.
1749) 『三國史節要』에는 冬十月로 나온다.
1750) 『三國史記』에는 冬으로, 『三國史節要』에는 冬十月로 나온다.
1751) 『三國史記』에는 冬으로, 『三國史節要』에는 冬十月로 나온다.

372(壬申/신라 나물이사금 17/고구려 소수림왕 2/백제 근초고왕 27/東晉 咸安 2/倭 仁德 60)

백제	春正月 辛丑 百濟林邑王 各遣使貢方物 (『晉書』 9 帝紀 9 簡文帝)
백제	春正月 遣使入晉朝貢 (『三國史記』 24 百濟本紀 2)[1752]
백제	春正月 百濟遣使如晉朝貢 (『三國史節要』 4)[1753]
백제	(晋)簡文帝咸安二年正月 百濟王遣使貢方物 (『册府元龜』 963 外臣部 8 封册 1)[1754]
요동	二月 苻堅伐慕容桓於遼東 滅之 (『晉書』 9 帝紀 9 簡文帝)
고구려	夏六月 秦王符[1755]堅遣使及浮屠順道 送佛像經文 王遣使廻謝 以貢方物 立大[1756]學 教育子弟 (『三國史記』 18 高句麗本紀 6)
고구려	六月 秦王符堅遣使送浮屠順道 及佛像佛經于高勾麗 王遣使回謝 貢方物 以其書敎子弟 高勾麗佛法始此 (『三國史節要』 4)
고구려	句高麗第十七解味留王[或云小獸林王] 二年壬申 夏六月 秦符堅發使及浮屠順道 送佛像經文 於是君臣以會遇之禮 奉迎于省門 投誠敬信 感慶流行 尋遣使廻謝 以貢方物 或說 順道從東晉來 始傳佛法則秦晉莫辨 何是何非 師旣來異國 傳西域之慈燈 懸東暾之慧日 示以因果 誘以禍福 蘭薰霧潤 漸漬成習 然世質民淳 不知所以裁之 師雖蘊深解廣 未多宣暢 自摩騰入後漢 至此二百餘年 後四年 神僧阿道至自魏[存古文] 始創省門寺 以置順道 記云以省門爲寺 今興國寺是也 後訛寫爲省門 又刱伊弗蘭寺 以置阿道 古記云興福寺是也 此海東佛敎之始 惜乎 之人也 之德也 宜書竹帛以宣懿績 其文辭不少槪見 何哉 然世之使於西方 不辱君命 必侍賢者而能之 則特至他邦肇行未曾有之大事 非其有大智慧 大謀猷 得不思議通力 其何以行之哉 以此知其爲異人 斯亦法蘭 僧會之流乎 (『海東高僧傳』 1 流通 一之一 順道)
고구려	順道肇麗[道公之次 亦有法深義淵曇嚴之流 相繼而興敎 然古傳無文 今亦不敢編次 詳見僧傳] 高麗本記云 小獸林王卽位二年壬申 乃東晉咸安二年 孝武帝卽位之年也 前秦符堅 遣使及僧順道 送佛像經文[時堅都關中卽長安] 又四年甲戌 阿道來自晉 明年乙亥二月 創省門寺 以置順道 又創伊弗蘭寺 以置阿道 此高麗佛法之始 僧傳作二道來自魏云者 誤矣 實自前秦而來 又云省門寺今興國伊弗蘭寺今興福者 亦誤 按麗時都安市城一名安丁忽 在遼水之北 遼水一名鴨淥 今云安民江 豈有松京之興國寺名 讚曰 鴨淥春深渚草鮮 白沙鷗鷺等閑眠 忽驚柔櫓一聲遠 何處漁舟客到烟 (『三國遺事』 3 興法 3 順道肇麗)[1757]
백제 낙랑	六月 遣使拜百濟王餘句爲鎭東將軍 領樂浪太守 (『晉書』 9 帝紀 9 簡文帝)
백제 낙랑	(晋簡文帝咸安二年)六月 遣使拜百濟王餘句爲鎭東將軍領樂浪太守 (『册府元龜』 963 外臣部 8 封册 1)
백제	晉代授蕃爵 自置百濟郡 (『太平寰宇記』 172 四夷1 東夷1 百濟國)

1752) 본 기사에는 日이 보이지 않지만, 『晉書』 簡文帝紀에 春正月 辛丑(7)로 나온다. 따라서 본 기사를 春正月 辛丑(7)으로 편년하고 편제하였다.
1753) 본 기사에는 日이 보이지 않지만, 『晉書』 簡文帝紀에 春正月 辛丑(7)로 나온다. 따라서 본 기사를 春正月 辛丑(7)으로 편년하고 편제하였다.
1754) 본 기사에는 日이 보이지 않지만, 『晉書』 簡文帝紀에 春正月 辛丑(7)로 나온다. 따라서 본 기사를 春正月 辛丑(7)으로 편년하고 편제하였다.
1755) 저본의 符는 苻가 맞다.
1756) 저본의 大는 太가 맞다.
1757) 본 기사에는 月이 보이지 않지만, 『三國史記』 고구려본기 등에 6월로 나온다. 따라서 6월로 편년하고 편제하였다.

신라	春夏 大旱 年荒民飢 多流亡 發使開倉廩賑之 (『三國史記』3 新羅本紀 3)
신라	春夏 新羅大旱 年荒民飢 多流亡 發使開倉賑之 (『三國史節要』4)
백제	秋七月 地震 (『三國史記』24 百濟本紀 2)
백제	秋七月 百濟地震 (『三國史節要』4)
백제	秋九月丁卯朔丙子 久氏等從千熊長彦詣之 則獻七枝刀一口 七子鏡一面 及種種重寶 仍啓曰 臣國以西有水 源出自谷那鐵山 其邈七日行之不及 當飮是水 便取是山鐵 以 永奉聖朝 乃謂孫枕流王曰 今我所通海東貴國 是天所啓 是以垂天恩 割海西而賜我 由是國基永固 汝當善脩和好 聚斂土物 奉貢不絶 雖死何恨 自是後 每年相續朝貢焉 (『日本書紀』9 神功紀)[1758]

373(癸酉/신라 나물이사금 18/고구려 소수림왕 3/백제 근초고왕 28/東晉 寧康 1/倭 仁德 61)

백제	春二月 遣使入晉朝貢 (『三國史記』24 百濟本紀 2)
백제	春二月 百濟遣使如晉朝貢 (『三國史節要』4)
신라 백제	百濟禿山城主 率人三百來投 王納之 分居六部 百濟王移書曰 兩國和好 約爲兄弟 今 大王納我逃民 甚乖和親之意 非所望於大王也 請還之 答曰 民者無常心 故思則來 斁 則去 固其所也 大王不患民之不安 而責寡人 何其甚乎 百濟聞之 不復言 (『三國史記』 3 新羅本紀 3)[1759]
신라	夏五月 京都雨魚 (『三國史記』3 新羅本紀 3)
신라	夏五月 新羅京都雨魚 (『三國史節要』4)
백제	秋七月 築城於靑木嶺 (『三國史記』24 百濟本紀 2)
백제	秋七月 百濟築城於靑木嶺 (『三國史節要』4)
백제 신라	(秋七月) 禿山城主率三百人奔新羅 (『三國史記』24 百濟本紀 2)[1760]
백제 신라	(秋七月) 百濟禿山城主率三百人奔新羅 新羅王納之 分居六部 百濟王移書曰 兩國和 好 約爲兄弟 今王納我叛民 甚乖和親之意 非所望於王也 請還之 答曰 民無常心 懷 則來斁則去 固其所也 王不患民之不懷而責寡人 何其甚乎 百濟不復言 (『三國史節要』 4)
고구려	始頒律令 (『三國史記』18 高句麗本紀 6)
고구려	高句麗始頒律令 (『三國史節要』4)

374(甲戌/신라 나물이사금 19/고구려 소수림왕 4/백제 근초고왕 29/東晉 寧康 2/倭 仁

1758) 神功 52년(252) 기사이다. 『日本書紀』의 神功紀, 應神紀의 한반도 관계 기사는 120년이 引上되어 있 다는 것이 일반적인 인식이다. 따라서 본 기사를 120년 이상하여 372년에도 배치하였다

1759) 본 기사의 내용은 하5월 보다 앞서 편제되어 있다. 따라서 1~4월로 기간 편년하고 4월에 배치하였다. 그런데 『三國史記』 백제본기에는 7월로 나온다.

1760) 『三國史記』 신라본기에는 본 기사의 내용이 하5월 보다 앞서 편제되어 있다. 따라서 1~4월로 기간 편 년하고 4월에 배치하였다.

德 62)

고구려	僧阿道来 (『三國史記』18 高句麗本紀 6)
고구려	秦僧阿道 來高勾麗 (『三國史節要』4)
고구려	(高麗本記云 小獸林王即位) 又四年甲戌 阿道來自晉 (『三國遺事』3 興法 3 順道肇麗)
고구려	(句高麗第十七解味留王[或云小獸林王]) 後四年 神僧阿道至自魏[存古文] (…) (『海東高僧傳』1 流通 一之一 順道)
신라 고구려 백제	(…) 據此 本記與本碑二說相戾不同如此 嘗試論之 梁唐二僧傳及三國本史皆載 麗濟二國佛教之始在晉末太元之間 則二道法師以小獸林甲戌到高麗 明矣 此傳不誤 (…) (『三國遺事』3 興法 3 阿道基羅)
백제	百濟以高興爲博士 百濟自開國未有文字 至是始有書記 (『三國史節要』4)1761)

375(乙亥/신라 나물이사금 20/고구려 소수림왕 5/백제 근초고왕 30, 근구수왕 1/東晉 寧康 3/倭 仁德 63)

고구려	春二月 始創肖門寺 以置順道 (『三國史記』18 高句麗本紀 6)
고구려	春二月 高勾麗始創肖門寺 以置順道 (『三國史節要』4)
고구려	(句高麗第十七解味留王[或云小獸林王]) (…) 始創省門寺 以置順道 記云以省門爲寺 今興國寺是也 後訛寫爲肖門 (…) (『海東高僧傳』1 流通 一之一 順道)
고구려	(春二月) 又創伊弗蘭寺 以置阿道 (『三國史記』18 高句麗本紀 6)
고구려	(春二月) 又創伊弗蘭寺 以置阿道 (『三國史節要』4)
고구려	(高麗本記云 小獸林王即位 又四年甲戌)明年乙亥二月 創肖門寺 以置順道 又創伊弗蘭寺 以置阿道 此高麗佛法之始 讚曰 鴨淥春深渚草鮮 白沙鷗鷺等閑眠 忽驚柔櫓一聲遠 何處漁舟客到烟 (『三國遺事』3 興法 3 順道肇麗)
고구려	(句高麗第十七解味留王[或云小獸林王]) (…) 又刱伊弗蘭寺 以置阿道 古記云興福寺是也 此海東 佛教之始 (『海東高僧傳』1 流通 一之一 順道)
고구려 백제	秋七月 攻百濟水谷城 (『三國史記』18 高句麗本紀 6)
백제 고구려	秋七月 高句麗來攻北鄙水谷城陷之 王遣將拒之 不克 王又將大擧兵報之 以年荒不果 (『三國史記』24 百濟本紀 2)
고구려 백제	秋七月 高勾麗攻百濟北鄙水谷城陷之 王遣將拒之 不克 王又將大擧兵報之 以年荒不果 權近曰 父母之讎 不共戴天 苟不復讎 寢苦枕戈 無時而已焉者也 百濟近肖古王 攻殺高勾麗王釗 其子丘夫繼位四五年閒 惟以頒律令 創佛寺爲事 未嘗奮發起兵 以復君父之讎 及是年秋 攻陷水谷 盖庶幾於復讎矣 惜不能必復 而遽已也 丘夫與一時臣子 皆可謂無志者矣 前史乃稱丘夫有雄略 何哉 (『三國史節要』4)
백제	冬十一月 王薨 古記云 百濟開國已來 未有以文字記事 至是得博士高興 始有書記 然高興未嘗顯於他書 不知其何許人也 (『三國史記』24 百濟本紀 2)1762)
백제 고구려	近仇首王[一云諱須] 近肖古王之子 先是 高句麗國岡王斯由 親來侵 近肖古王遣太者

1761) 『三國史記』에는 근초고왕 30년 동 11월 王薨 기사 뒤에 古記를 인용하여 수록되어 있다.
1762) 『三國史節要』에는 博士 高興의 書記에 대한 내용이 근초고왕 29년에 수록되어 있다.

		拒之 至半乞壤將戰 高句麗人斯紀 本百濟人 誤傷國馬蹄 懼罪奔於彼 至是環來 告太子曰 彼師雖多 皆備數疑兵而已 其驍勇唯赤旗 若先破之 其餘不攻自潰 太子從之 進擊大敗之 追奔逐北 至於水谷城之西北 將軍莫古解諫曰 嘗聞道家之言 知足不辱 知止不殆 今所得多矣 何必求多 太子善之止焉 乃積石爲表 登其上 顧左右曰 今日之後 疇克再至於此手[1763] 其地有巖石壘若馬蹄者 他人至今 呼爲太子馬迹 近肖古在位三十年薨 即位 (『三國史記』24 百濟本紀 2)[1764]
백제	고구려	冬十一月 百濟王近肖古薨 太子近仇首立 先是 高勾麗侵 百濟王遣太子近仇首拒之 至半乞壤 將戰 有斯紀者本百濟人 誤傷國馬蹄 懼罪奔高勾麗 至是來告太子曰 彼雖多 其驍勇唯赤旗 若先破之 其餘不攻自潰 太子從之 進擊 大敗之 追奔至水谷城西北 將軍莫古解諫曰 知足不辱 知止不殆 今所得多矣 何必求多 太子善之 積石爲識 謂左右曰 今日之後 疇克再至於此乎 其地有巖石壘若馬蹄者 人至今稱爲太子馬迹 (『三國史節要』4)
백제		百濟肖古王薨 (『日本書紀 9 神功紀)[1765]
백제	신라	此之御世 定賜海部山部山守部伊勢部也 亦作釼池 亦新羅人等参渡来 是以 建内宿祢 命引率 為渡之堤池而 作百済池 亦百済国主昭古王 以牡馬一疋牝馬一匹 付阿知吉師 以貢上 [此阿知吉師者 阿直氏等之祖] 亦貢上横刀及大鏡 又科賜百済国 若有賢人者 貢上 故 受命以貢上人 名和迩吉師 即論語十巻千字文一巻 并十一巻 付是人即貢進 [此和迩吉師者 文首等祖] 又 貢上手人韓鍛 名卓素 亦呉服西素二人也 又 秦造之祖 漢直之祖 及知醸人 名仁番 亦名須＞許理等参渡来也 故 是須＞許理 醸御神酒以献 於是 天皇宇羅宜是所献之大御酒而 [宇羅宜三字以音] 御歌曰 須＞許理賀 迦美斯美 岐迩 和礼恵比迩祁理 許登那具志 恵具志爾 和礼恵比迩祁理 如此之歌幸行時 以御杖打大坂道中之大石者 其石走避 故 諺曰 堅石避酔人也 (『古事記』中 應神天皇)[1766]

376(丙子/신라 나물이사금 21/고구려 소수림왕 6/백제 근구수왕 2/東晉 太元 1/倭 仁德 64)

신라	秋七月 夫沙郡進一角鹿 大有年 (『三國史記』3 新羅本紀 3)
신라	秋七月 新羅夫沙郡 進一角鹿 (『三國史節要』4)
신라	(秋七月) 大有年 (『三國史記』3 新羅本紀 3)
신라	(秋七月) 新羅大有年 (『三國史節要』4)[1767]
백제	以王舅眞高道爲內臣佐平 委以政事 (『三國史記』24 百濟本紀 2)[1768]
백제	百濟以王舅眞高道爲內臣佐平 委以政事 (『三國史節要』4)[1769]

1763) 저본의 手는 平가 맞다.
1764) 『三國遺事』1 王曆 1에 "第十四 近仇首王[近肖古之子也 乙亥立 理九年]"이라고 나온다.
1765) 神功 55년(255) 기사이다. 『日本書紀』의 神功紀. 應神紀의 한반도 관계 기사는 그 연대가 『三國史記』 등 한국 측 사료와 내용을 비교해 보았을 때 120년 즉 이주갑(二周甲) 인상되어 있다는 것이 일반적인 인식이다. 여기서의 초고왕은 근초고왕이므로 375년에 배치되어야 한다. 다만, 본서의 편집기준에 맞춰 『日本書紀』의 기년에 따라 255년에도 배치하였다.
1766) 『古事記』의 기년으로는 應神天皇 시대의 내용으로 편성되어 있으나 문중의 백제 초고왕(근초고왕)이 등장하므로 백제왕의 기년에 맞추어 여기에도 사료를 밝혀둔다.
1767) 동 11월보다 앞선 기사이고 추7월 뒤에 나온다. 『三國史記』에 따라 추7월로 편년하고 7월에 편제하였다.
1768) 동 11월보다 앞선 기사이다.
1769) 동 11월보다 앞선 기사이다.

고구려 백제	冬十一月 侵百濟北鄙 (『三國史記』 18 高句麗本紀 6)	
백제 고구려	冬十一月 高句麗來侵北鄙 (『三國史記』 24 百濟本紀 2)	
고구려 백제	冬十一月 高勾麗侵百濟北鄙 (『三國史節要』 4)	

백제   百濟王子貴須立爲王 (『日本書紀』 9 神功紀)[1770]

377(丁丑/신라 나물이사금 22/고구려 소수림왕 7/백제 근구수왕 3/東晉 太元 2/倭 仁德 65)

고구려 신라	春 高句麗新羅西南夷 皆遣使入貢于秦[1771] (『資治通鑑』 104 晉紀 26 烈宗孝武皇帝 上之中)	

고구려	冬十月 無雪雷 民疫 (『三國史記』 18 高句麗本紀 6)	
고구려	冬十月 高勾麗雷無雪 大疫 (『三國史節要』 4)	

고구려 백제	(冬十月) 百濟將兵三萬 来侵平壤城 (『三國史記』 18 高句麗本紀 6)	
백제 고구려	冬十月 王將兵三萬 侵高句麗平壤城 (『三國史記』 24 百濟本紀 2)	
백제 고구려	(冬十月) 百濟王將兵三萬 侵高勾麗平壤城 (『三國史節要』 4)	

고구려 백제	十一月 南伐百濟 (『三國史記』 18 高句麗本紀 6)	
백제 고구려	十一月 高句麗來侵 (『三國史記』 24 百濟本紀 2)	
고구려 백제	十一月 高勾麗伐百濟 (『三國史節要』 4)	

고구려	(十一月) 遣使入符[1772]秦朝貢 (『三國史記』 18 高句麗本紀 6)	
고구려	(十一月) 高勾麗遣使如秦朝貢 (『三國史節要』 4)	

378(戊寅/신라 나물이사금 23/고구려 소수림왕 8/백제 근구수왕 4/東晉 太元 3/倭 仁德 66)

고구려	旱 民饑相食 (『三國史記』 18 高句麗本紀 6)[1773]	
고구려	高勾麗旱 民飢相食 (『三國史節要』 4)[1774]	

고구려	秋九月 契丹犯北邊 陷八部落 (『三國史記』 18 高句麗本紀 6)	
고구려	秋九月 契丹犯高勾麗北邊 陷八部落 (『三國史節要』 4)	

379(己卯/신라 나물이사금 24/고구려 소수림왕 9/백제 근구수왕 5/東晉 太元 4/倭 仁德 67)

백제	春三月 遣使朝晉 其使海上遇惡風 不達而還 (『三國史記』 24 百濟本紀 2)	
백제	春三月 百濟遣使如晉 海上阻風而還 (『三國史節要』 4)	

1770) 神功 56년(256) 기사이다. 여기서의 귀수왕은 근구수왕이다. 『三國史記』에는 근구수왕이 375년에 즉위 하였다고 나온다. 다만 『日本書紀』의 神功紀, 應神紀의 한반도 관계 기사는 120년 즉 이주갑(二周甲) 인 상되어 있다는 것이 일반적인 인식이다. 따라서 376년에도 배치하였다.

1771) 新羅 弁韓苗裔也 居漢 樂浪地 杜佑曰 新羅本辰韓種 魏時爲斬〔新〕盧國 晉宋曰新羅 其國在百濟東南五 百餘里 兼有 沃沮不耐韓濊地 句 如字 又音駒 麗 力知翻 使 疏史翻

1772) 저본의 符는 苻가 맞다.

1773) 추 9월보다 앞선 기사이다. 따라서 1~8월에 기간 편년하고 8월에 편제하였다.

1774) 추 9월보다 앞선 기사이다. 따라서 1~8월에 기간 편년하고 8월에 편제하였다.

신라　　　　　夏四月 楊山有小雀 生大鳥 (『三國史記』 3 新羅本紀 3)
신라　　　　　(夏四△) 新羅楊山有小雀生大△ (『三國史節要』 4)

백제　　　　　夏四月 雨土竟日 (『三國史記』 24 百濟本紀 2)
백제　　　　　夏四△ 百濟雨土竟日 (『三國史節要』 4)[1775]

고구려 백제 신라

　　　　　(太元四年) 其治中平顔安陳祥瑞 勸洛擧兵 洛因攘袂大言曰 孤計決矣 沮謀者斬 於是
　　　　　自稱大將軍大都督秦王 署置官司 以平顔爲輔國將軍幽州刺史 爲其謀主 分遣使者徵
　　　　　兵於鮮卑烏丸高句麗百濟及薛羅休忍等諸國 並不從 (『晉書』 113 載記 13 苻堅
　　　　　上)[1776]

380(신라 나물이사금 25/고구려 소수림왕 10/백제 근구수왕 6/東晉 太元 5/倭 仁德 68)
고구려 백제 현도 요동 신라

　　　　　三月 秦王堅以洛爲使持節都督益寧西南夷諸軍事征南大將軍益州牧[1777] 使自伊闕趨
　　　　　襄陽 泝漢而上[1778] 洛謂官屬曰 孤 帝室至親[1779] 不得入爲將相 而常擯棄邊鄙 今又
　　　　　投之西裔 復不聽過京師[1780] 此必有陰計 欲使梁成沈孤於漢水耳[1781] 幽州治中平規
　　　　　曰 逆取順守 湯武是也[1782] 因禍爲福 桓文是也[1783] 主上雖不爲昏暴 然窮兵黷武 民
　　　　　思有所息肩者 十室而九 若明公神旗一建 必率土雲從 今跨據全燕 地盡東海 北總烏
　　　　　桓鮮卑 東引句麗百濟[1784] 控弦之士不減五十餘萬 柰何束手就徵 蹈不測之禍乎 洛攘
　　　　　袂大言曰 孤計決矣 沮謀者斬[1785] 於是自稱大將軍大都督秦王 以平規爲幽州刺史 玄
　　　　　菟太守吉貞爲左長史[1786] 遼東太守趙讚爲左司馬 昌黎太守王縕爲右司馬 遼西太守王
　　　　　琳北平太守皇甫傑牧官都尉魏敷等爲從事中郎[1787] 分遣使者徵兵於鮮卑烏桓高句麗百
　　　　　濟新羅休忍諸國 遣兵三萬助北海公重戍薊 諸國皆曰 吾爲天子守藩[1788] 不能從行唐
　　　　　公爲逆 洛懼 欲止 猶豫未決 王縕王琳皇甫傑魏敷知其無成 欲告之 洛皆殺之 吉貞趙
　　　　　讚曰 今諸國不從 事乖本圖 明公若憚益州之行者 當遣使奉表乞留[1789] 主上亦不慮不
　　　　　從 平規曰 今事形已露 何可中止 宜聲言受詔 盡幽州之兵 南出常山 陽平公必郊迎
　　　　　因而執之 進據冀州[1790] 總關東之衆以圖西土 天下可指麾而定也 洛從之 (『資治通鑑』
　　　　　104 晉紀 26 烈宗孝武皇帝 上之中)[1791]

1775) 『三國史節要』에는 新羅楊山 有小雀生大△보다 앞서 기록되어 있다.
1776) 『資治通鑑』 晉紀에는 太元 5년(380) 3월로 되어 있다.
1777) 使 疏吏翻
1778) 趨 七喩翻 上 時掌翻
1779) 洛 苻健兄子也
1780) 復 扶又翻 過 古禾翻
1781) 章 十二行本耳有於諸君意何如六字 乙十一行本同 孔本同 退齋校同 梁成時鎭襄陽 沈 持林翻
1782) 漢陸賈曰 湯武逆取而順守之
1783) 齊桓晉文 皆因兄弟爭國 得國而霸
1784) 燕 於賢翻 句 音駒 麗 力知翻
1785) 沮 在呂翻
1786) 菟 同都翻
1787) 漢邊郡有牧官 秦置牧官都尉
1788) 爲 于僞翻
1789) 使 疏吏翻 下同
1790) 陽平公融以冀州牧鎭鄴 平規使洛出中山以臨鄴
1791) 『晉書』 載記에는 太元 4년(379)으로 되어 있다.

| 백제 | 大疫 (『三國史記』 24 百濟本紀 2)[1792] |
| 백제 | 百濟大疫 (『三國史節要』 4)[1793] |

| 백제 | 夏五月 地裂 深五丈 橫廣三丈 三日乃合 (『三國史記』 24 百濟本紀 2) |
| 백제 | 夏五月 百濟地裂 深五丈 橫廣三丈 三日乃合 (『三國史節要』 4) |

381(辛巳/신라 나물이사금 26/고구려 소수림왕 11/백제 근구수왕 7/東晉 太元 6/倭 仁德 69)

| 동이 | 二月 東夷西域六十二國 入貢于秦 (『資治通鑑』 104 晉紀 26 烈宗孝武皇帝 上之中) |

| 신라 | 春夏 旱 年荒民飢 (『三國史記』 3 新羅本紀 3) |
| 신라 | 春夏 新羅旱 年荒民飢 (『三國史節要』 4) |

신라	(春夏) 遣衛頭入符[1794]秦貢方物 符[1795]堅問衛頭曰 卿言海東之事 與古不同 何耶 答曰 亦猶中國 時代變革名號改易 今焉得同 (『三國史記』 3 新羅本紀 3)
신라	(春夏) 新羅遣衛頭如秦貢方物 符堅問衛頭曰 卿言海東之事 與古不同 何耶 對曰 時代變革 名號改易 中國亦然 今焉得同 (『三國史節要』 4)
신라	(秦書) 又曰 符堅時 新羅國王樓寒 遣使衛頭朝貢 堅曰 卿言 海東之事 與古不同 何也 荅曰 亦猶中國時代變革 名號改易 (『太平御覽』 781 四夷部 2 東夷 2 新羅)[1796]

382(壬午/신라 나물이사금 27/고구려 소수림왕 12/백제 근구수왕 8/東晉 太元 7/倭 仁德 70)

| 백제 | 春 不雨至六月 民饑 至有鬻子者 王出官穀贖之 (『三國史記』 24 百濟本紀 2) |
| 백제 | 百濟自春不雨至六月 民飢 至有鬻子者 王出穀贖之 (『三國史節要』 4) |

| 백제 | 九月 東夷五國 遣使來貢方物 (『晉書』 9 帝紀 9 孝武帝) |
| 동이 | (紀 武帝太元七年)九月 東夷五國 遣使來貢方物 (『玉海』 154 朝貢 獻方物 晉林邑獻象) |

신라 백제	車頻秦書曰 符堅建元十八年 新羅國獻美女 國在百濟國東 其人多美髮 髮長丈餘 (『太平御覽』 373 人事部 14 髮)
신라 백제	秦書曰 符堅建元十八年 新羅國王樓寒 遣使衛頭 獻美女 國在百濟東 其人多美髮 髮長丈餘 (『太平御覽』 781 四夷部 2 東夷 2 新羅)
신라 백제	車頻秦書曰 符堅時 新羅獻美女 國在百濟東 (『太平御覽』 380 人事部 21 美女)

| 해동 | (太元七年)是年 益州西南夷 海東諸國 皆遣使貢其方物 (『晉書』 114 載記 12 苻堅下) |

| 신라 가야 | 新羅不朝 卽年遣襲津彦擊新羅[百濟記云 壬午年 新羅不奉貴國 貴國遣沙至比跪令討 |

1792) 본 기사는 하5월 앞에 편제되어 있다. 따라서 1~4월로 기간 편년하였고, 4월에 배치하였다.
1793) 본 기사는 하5월 앞에 편제되어 있다. 따라서 1~4월로 기간 편년하였고, 4월에 배치하였다.
1794) 저본의 符는 苻가 맞다.
1795) 저본의 符는 苻가 맞다.
1796) 본 기사는 月이 보이지 않지만, 『三國史記』 등에 春夏로 나온다. 따라서 1~6월로 기간 편년하고 6월 로 편제하였다.

之 新羅人莊飾美女二人 迎誘於津 沙至比跪 受其美女 反伐加羅國 加羅國王己本旱
岐 及兒百久至 阿首至 國沙利 伊羅麻酒 爾汶至等 將其人民 來奔百濟 百濟厚遇之
加羅國王妹旣殿至 向大倭啓云 天皇遣沙至比跪 以討新羅 而納新羅美女 捨而不討
反滅我國 兄弟人民 皆爲流沈 不任憂思 故以來啓 天皇大怒 旣遣木羅斤資 領兵衆來
集加羅 復其社稷 一云 沙至比跪 知天皇怒 不敢公還 乃自竄伏 其妹有幸於皇宮者
比跪密遣使人 間天皇怒解不 妹乃託夢言 今夜夢見沙至比跪 天皇大怒云 比跪何敢來
妹以皇言報 比跪知不免 入石穴而死也] (『日本書紀』 9 神功紀)[1797]

383(癸未/신라 나물이사금 28/고구려 소수림왕 13/백제 근구수왕 9/東晉 太元 8/倭 仁德 71)

| 고구려 | 秋九月 星孛于西北 (『三國史記』 18 高句麗本紀 6) |
| 고구려 | 秋九月 高勾麗有星孛于西北 (『三國史節要』 4) |

고구려 요동 현도

(太元八年) 高句驪寇遼東 垂平北慕容佐遣司馬郝景率衆救之 爲高句驪所敗 遼東玄菟
遂沒 (…) 慕容農攻克令支 斬徐巖兄弟 進伐高句驪 復遼東玄菟二郡 還屯龍城 (『晉書』 123 載記 23 慕容垂)

384(甲申/신라 나물이사금 29/고구려 소수림왕 14, 고국양왕 1/백제 근구수왕 10, 침류왕 1/東晉 太元 9/倭 仁德 72)

부여

(正月丙戌) 垂以洛陽四面受敵 欲取鄴而據之 乃引兵而東 故扶餘王餘蔚爲滎陽太守[1798] 及昌黎鮮卑衛駒各帥其衆降[1799] 垂至滎陽 羣下固請上尊號 垂乃依晉中宗故事[1800] 稱大將軍大都督 燕王 承制行事[1801] 謂之統府 羣下稱臣 文表奏疏 封拜官爵 皆如王者 以弟德爲車騎大將軍 封范陽王[1802] 兄子楷爲征西大將軍 封太原王[1803] 翟斌爲建義大將軍 封河南王 餘蔚爲征東將軍 統府左司馬 封扶餘王 衛駒爲鷹揚將軍 慕容鳳爲建策將軍[1804] 帥衆二十餘萬[1805] 自石門濟河 長驅向鄴 (『資治通鑑』 105 晉紀 27 烈宗孝武皇帝 上之下)

| 백제 | 春二月 日有暈三重 (『三國史記』 24 百濟本紀 2) |
| 백제 | 春二月 百濟日有暈三重 (『三國史節要』 4) |

| 백제 | (春二月) 宮中大樹自拔 (『三國史記』 24 百濟本紀 2) |
| 백제 | (春二月) 百濟宮中大樹自拔 (『三國史節要』 4) |

백제

晉太元中 王須 義熙中 王餘映 宋元嘉中 王餘毗 並遣獻生口 (『梁書』 54 列傳 48 百濟)[1806]

1797) 神功 62년(262) 기사이다. 원문에 인용된 『백제기』에 '임오년(382)'이 나온다. 따라서 沙至比跪의 가라 공격 및 백제 木羅斤資의 구원 기사는 382년에도 배치하였다.
1798) 餘蔚 卽太和五年開鄴北門納秦兵者 蔚 音紆勿翻
1799) 垂 降 戶江翻
1800) 晉元帝廟號中宗 上 時掌翻.
1801) 晉元帝稱王承制 見九十卷建武 元年
1802) 騎 奇寄翻
1803) 燕本封德爲范陽王 今復其故 楷 恪子也 恪封太原王 今令楷襲父爵
1804) 建策將軍 亦慕容垂一時所署置也
1805) 帥 讀曰率
1806) 근구수왕대의 연대미상 기사이므로 근구수왕 말년에 기간편년하였다. 단 근구수왕 10년 4월에 왕이 죽

백제	夏四月 王薨 (『三國史記』 24 百濟本紀 2)
백제	枕流王 近仇首王之元子 母曰阿尔夫人 繼父即位 (『三國史記』 24 百濟本紀 2)[1807]
백제	夏四月 百濟王近仇首薨 元子枕流立 (『三國史節要』 4)
백제	百濟國貴須王薨 王子枕流王立爲王 (『日本書紀』 9 神功紀)[1808]

백제	(秋七月己酉) 百濟遣使來貢方物 (『晉書』 9 帝紀 9 孝武帝)
백제	(紀 武帝太元九年)七月己酉 百濟遣使來貢方物 (『玉海』 154 朝貢 獻方物 晉林邑獻象)
백제	秋七月 遣使入晉朝貢 (『三國史記』 24 百濟本紀 2)[1809]
백제	秋七月 百濟遣使如晉朝貢 (『三國史節要』 4)[1810]

백제	九月 胡僧摩羅難陁自晉至 王迎[1811]之致宮內 禮敬焉 佛法始於此 (『三國史記』 24 百濟本紀 2)
백제	九月 胡僧摩羅難陁自晉至百濟 王迎致宮內 禮敬焉 百濟佛法始此 (『三國史節要』 4)
백제	百濟第十四枕流王即位九[1812]年九月 從晉乃來 王出郊迎之 邀宮中敬奉供養 稟受其說 上好下化 大弘佛事 共贊奉行 如置郵而傳命 (『海東高僧傳』 1 流通 一之一 釋摩羅難陀)
백제	百濟本記云 第十五[僧傳云十四誤]枕流王 即位甲申[東晉孝武帝大[1813]元九年] 胡僧摩羅難陁至自晉 迎置宮中禮敬 (『三國遺事』 3 興法 3 難陁闢濟)[1814]

고구려	冬十一月 王薨 葬於小獸林 號爲小獸林王 (『三國史記』 18 高句麗本紀 6)
고구려	故國壤王 諱伊連[或云於只支] 小獸林王之弟也 小獸林王在位十四年薨 無嗣 弟伊連即位 (『三國史記』 18 高句麗本紀 6)[1815]
고구려	冬十一月 高勾麗王丘夫薨 王無嗣 母弟伊連立 葬王于小獸林 因以爲號 (『三國史節要』 4)

385(乙酉/신라 나물이사금 30/고구려 고국양왕 2/백제 침류왕 2, 진사왕 1/東晉 太元 10/倭 仁德 73)

백제	春二月 創佛寺於漢山 度僧十人 (『三國史記』 24 百濟本紀 2)
백제	春二月 百濟創佛寺於漢山 度僧十人 (『三國史節要』 4)
백제 고구려	(百濟第十四枕流王即位九[1816]年)二年春 剙寺於漢山 度僧十人 尊法師故也 由是百濟次高麗而興佛敎焉 逆數至摩騰入後漢二百八十有年矣 (『海東高僧傳』 1 流通 一之一

고 같은 해인 침류왕 원년 7월에 진에 조공했던 사실이 『삼국사기』에서 확인된ㄷ.

1807) 『三國遺事』 1 王曆 1에 "第十五 枕流王[近仇首子 甲申立 理二年]"이라고 나온다.

1808) 神功 64년(264) 기사이다. 『삼국사기』에는 백제 貴須王 사망 및 枕流王 즉위는 384년으로 나온다. 따라서 384년에도 재배치하였다.

1809) 본 기사에는 日이 보이지 않지만, 『晉書』 孝武帝紀에 七月 己酉(28)로 나온다. 따라서 七月 己酉(28)로 편년하고 편제하였다.

1810) 본 기사에는 日이 보이지 않지만, 『晉書』 孝武帝紀에 七月 己酉(28)로 나온다. 따라서 七月 己酉(28)로 편년하고 편제하였다.

1811) 저본은 판독불능이나, 迎이 맞다.

1812) 저본에는 九로 되어 있으나, 元이 맞다.

1813) 저본의 大는 太가 옳다.

1814) 본 기사에는 月이 보이지 않지만, 『삼국사기』 백제본기 등에 따라 9월로 편년하고 편제하였다.

1815) 『三國遺事』 1 王曆 1에 "第十八 國壤王[名伊速 又於只支 甲申立 治八年]"이라고 나온다.

1816) 저본에는 九로 되어 있으나, 元이 맞다.

釋摩羅難陀)[1817]

백제 (百濟夲記云 第十五枕流王即位)明年乙酉 創佛寺於新都漢山州 度僧十人 此百濟佛法
之始 (『三國遺事』 3 興法 3 難陁闢濟)[1818]

고구려 요동 현도
夏六月 王出兵四萬 襲遼東 先是 燕王垂命帶方王佐 鎭龍城 佐聞我軍襲遼東 遣司馬
郝景 將兵救之 我軍擊敗之 遂陷遼東玄菟 虜男女一萬口而還 (『三國史記』 18 高句
麗本紀 6)

고구려 요동 현도
夏六月 高勾麗王出兵四萬 襲遼東 先是 燕王垂命帶方王佐 鎭龍城 佐聞高勾麗襲遼
東 遣司馬郝景將兵救 高勾麗軍擊敗之 遂陷遼東玄菟 虜男女一萬口而還 (『三國史節
要』 4)

고구려 요동 현도
(閏月)六月 高句麗寇遼東[1819] 佐遣司馬郝景將兵救之 爲高句麗所敗[1820] 高句麗遂陷
遼東玄菟[1821] (『資治通鑑』 106 晉紀 28 烈宗孝武皇帝 中之上)

고구려 요동 현도
孝武太元十年 句驪攻遼東玄菟郡 (『梁書』 54 列傳 48 東夷 高句驪)[1822]

고구려 요동 현도
及晉孝武太元十年 句麗攻遼東玄菟郡 (『北史』 94 列傳 82 高麗)[1823]

고구려 요동 현도
冬十月 燕慕容農將兵侵高勾麗 復遼東玄菟二郡 初 幽冀流民多投高勾麗 農以范陽龐
淵爲遼東太守 招撫之 (『三國史節要』 4)[1824]

고구려 요동 현도
冬十一月 燕慕容農將兵來侵 復遼東玄菟二郡 初幽冀流民多来投 農以范陽龐淵爲遼
東太守 招撫之 (『三國史記』 18 高句麗本紀 6)[1825]

고구려 요동 현도
(十一月) 慕容農至龍城[1826] 休士馬十餘日 諸將皆曰 殿下之來 取道甚速 今至此久留
不進 何也 龍城農曰 吾來速者 恐餘巖過山鈔盜 侵擾良民耳[1827] 巖才不踰人 誑誘飢
兒[1828] 鳥集爲羣 非有網紀 吾已扼其喉 久將離散 無能爲也 今此田善熟 未取而行
徒自耗損 當俟收畢 往則梟之[1829] 亦不出旬日耳 頃之 農將步騎三萬至令支 巖衆震

1817) 본 기사는 春으로 나오지만, 『三國史記』 등에는 春二月에 편제되어 있다. 따라서 2월로 편년하고 배치
하였다.
1818) 본 기사는 月이 보이지 않지만, 『三國史記』 등에 春二月로 나온다. 따라서 2월로 편년하고 편제하였
다.
1819) 句 如字 又音駒 麗 力知翻
1820) 敗 補邁翻
1821) 自此燕不能勝高句麗 菟 同都翻
1822) 본 기사에는 月이 보이지 않지만, 『三國史記』와 『資治通鑑』에는 6월로 나온다. 따라서 6월로 편년하
고 편제하였다.
1823) 본 기사에는 月이 보이지 않지만, 『三國史記』와 『資治通鑑』에는 6월로 나온다. 따라서 6월로 편년하
고 편제하였다.
1824) 『三國史記』 고구려본기와 『資治通鑑』 등에는 11월로 나온다.
1825) 『三國史節要』에는 10월로 나온다.
1826) 自蠮螉塞歷凡城 至龍城
1827) 此山謂白狼山 鈔 楚交翻
1828) 誑 居況翻 誘 音酉

駁　稍稍踰城歸農　巖計窮出降　農斬之　進擊高句麗　復遼東玄菟二郡[1830)　還至龍城　上疏請繕脩陵廟[1831)　燕王垂以農爲使持節都督幽平二州北狄諸軍事幽州牧　鎭龍城[1832)　徙平州刺史帶方王佐鎭平郭　農於是創立法制　事從寬簡　淸刑獄　省賦役　勸課農桑　居民富贍　四方流民前後至者數萬口　先是幽　冀流民多入高句麗[1833)　農以驃騎司馬范陽龐淵爲遼東太守　招撫之 (『資治通鑑』 106 晉紀 28 烈宗孝武皇帝 中之上)[1834)

고구려 요동 현도
　　　　　(孝武太元十年)　後燕慕容垂遣弟農伐句驪　復二郡 (『梁書』 54 列傳 48 東夷 高句驪)[1835)

고구려 요동 현도
　　　　　(及晉孝武太元十年)　後燕慕容垂遣其弟農伐句麗[1836)　復二郡 (『北史』 94 列傳 82 高麗)[1837)

백제　　　冬十一月 王薨 (『三國史記』 24 百濟本紀 2)
백제　　　辰斯王　近仇首王之仲子　枕流之弟　爲人強勇聰惠　多智略　枕流之薨也　太子少　故叔父辰斯即位 (『三國史記』 25 百濟本紀 3)[1838)
백제　　　百濟王枕流薨　太子阿莘幼　王弟辰斯立　爲人強勇　聰惠多智略
　　　　　權近曰　枕流初政　迎入胡僧宮中禮敬　且創佛寺以度僧　是欲徼福享年也　曾不踰年而遂死　佛果足信乎 (『三國史節要』 4)
백제　　　百濟枕流王薨　王子阿花年少　叔父辰斯奪立爲王 (『日本書紀』 9 神功紀)[1839)

고구려　　十二月 地震 (『三國史記』 18 高句麗本紀 6)
고구려　　十二月 高勾麗地震 (『三國史節要』 4)

동이　　　車頻秦書曰　符堅時　四夷賓服　湊集關中　四方種人　皆奇貌異色　晉人爲之題目　謂胡人爲側鼻　東夷爲廣面闊頞　北狄爲匡脚面　南蠻爲腫蹄　方方以類名也 (『太平御覽』 363 人事部 4 形體)[1840)

386(丙戌/신라 나물이사금 31/고구려 고국양왕 3/백제 진사왕 2/東晉 太元 11/倭 仁德 74)

고구려　　春正月 立王子談德爲太子 (『三國史記』 18 高句麗本紀 6)
고구려　　春正月 高勾麗王立子談德爲太子 (『三國史節要』 4)

1829) 梟 堅堯翻
1830) 郝景之敗 高句麗陷遼東玄菟 菟 同都翻
1831) 燕自慕容皝以前皆葬遼西 故陵廟在焉
1832) 使 疏吏翻
1833) 先 悉薦翻
1834) 『三國史節要』에는 10월로 나온다.
1835) 본 기사에는 月이 보이지 않지만, 『三國史記』 고구려본기와 『資治通鑑』에는 11월로 나온다. 따라서 11월로 편년하고 편제하였다.
1836) 後燕慕容垂遣其弟農伐句麗按晉書卷一二三慕容垂載記 農是垂之中子 此作弟 是承梁書之誤
1837) 본 기사에는 月이 보이지 않지만, 『三國史記』 고구려본기와 『資治通鑑』에는 11월로 나온다. 따라서 11월로 편년하고 편제하였다.
1838) 『三國遺事』 1 王曆 1에 "第十六 辰斯王[枕流王弟 乙酉立 治七年]"이라고 나온다.
1839) 神功 65년(265) 기사이다. 『삼국사기』에는 枕流王 사망 및 辰斯의 왕위 찬탈이 385년으로 나온다. 따라서 385년에도 재배치하였다.
1840) 본 기사의 '符堅時'는 357～385년이다. 따라서 본 기사는 357～385년으로 기간 편년하고 385년에 편제하였다.

백제	春 發國內人年十五歲已上 設關防 自靑木嶺 北距八坤城 西至於海 (『三國史記』 25 百濟本紀 3)
백제	百濟發國內人年十五已上 設關防 自靑木嶺 北距八坤城 西至於海 (『三國史節要』 4)[1841]
백제	夏四月 以百濟王世子餘暉爲使持節都督鎭東將軍百濟王 (『晉書』 9 帝紀 9 孝武帝)
백제	(晋)孝武帝太元十一年 以百濟王世子餘暉爲使持節都督鎭平將軍百濟王 (『册府元龜』 963 外臣部 8 封册 1)[1842]
백제	秋七月 隕霜害穀 (『三國史記』 25 百濟本紀 3)
백제	秋七月 百濟隕霜 殺穀 (『三國史節要』 4)
고구려 백제	秋八月 王發兵 南伐百濟 (『三國史記』 18 高句麗本紀 6)
백제 고구려	八月 高句麗來侵 (『三國史記』 25 百濟本紀 3)
고구려 백제	八月 高勾麗王發兵伐百濟 (『三國史節要』 4)
고구려	冬十月 桃李華 牛生馬 八足二尾 (『三國史記』 18 高句麗本紀 6)
고구려	冬十月 高勾麗桃李華 (『三國史節要』 4)
고구려	(冬十月) 牛生馬 八足二尾 (『三國史記』 18 高句麗本紀 6)
고구려	(冬十月) 高勾麗牛生馬 八足二尾 (『三國史節要』 4)

387(丁亥/신라 나물이사금 32/고구려 고국양왕 4/백제 진사왕 3/東晉 太元 12/倭 仁德 75)

백제	春正月 拜眞嘉謨爲達率 豆知爲恩率 (『三國史記』 25 百濟本紀 3)
백제	春正月 百濟以眞嘉謨爲達率 豆知爲恩率 (『三國史節要』 4)
백제 말갈	秋九月 與靺鞨戰關彌嶺 不捷 (『三國史記』 25 百濟本紀 3)
백제 말갈	秋九月 百濟與靺鞨 戰關彌嶺 不克 (『三國史節要』 4)

388(戊子/신라 나물이사금 33/고구려 고국양왕 5/백제 진사왕 4/東晉 太元 13/倭 仁德 76)

신라	夏四月 京都地震 (『三國史記』 3 新羅本紀 3)
신라	夏四月 新羅京都地震 (『三國史節要』 4)
고구려	夏四月 大旱 (『三國史記』 18 高句麗本紀 6)
고구려	(夏四月) 高勾麗大旱 (『三國史節要』 4)
신라	六月 又震 (『三國史記』 3 新羅本紀 3)
신라	六月 新羅京都地震 (『三國史節要』 4)
고구려	秋八月 蝗 (『三國史記』 18 高句麗本紀 6)

1841) 춘정월 이후 추7월 사이에 본 기사가 있으나, 『三國史記』에는 春으로 나온다. 따라서 1~3월로 기간 편년하고 3월에 편제하였다.
1842) 본 기사에는 月이 보이지 않지만, 『晉書』 孝武帝紀에 夏四月로 나온다. 따라서 4월로 편년하고 편제하였다.

고구려	秋八月 高勾麗蝗 (『三國史節要』 4)

신라	冬 無氷 (『三國史記』 3 新羅本紀 3)
신라	冬 新羅無氷 (『三國史節要』 4)

389(己丑/신라 나물이사금 34/고구려 고국양왕 6/백제 진사왕 5/東晉 太元 14/倭 仁德 77)

신라	春正月 京都大疫 (『三國史記』 3 新羅本紀 3)
신라	春正月 新羅京都大疫 (『三國史節要』 4)

신라	二月 雨土 (『三國史記』 3 新羅本紀 3)
신라	二月 新羅雨土 (『三國史節要』 4)

고구려	春 饑 人相食 王發倉賑給 (『三國史記』 18 高句麗本紀 6)
고구려	高勾麗飢 人相食 王發倉賑之 (『三國史節要』 4)[1843]

신라	秋七月 蝗 穀不登 (『三國史記』 3 新羅本紀 3)
신라	秋七月 新羅蝗 穀不登 (『三國史節要』 4)

고구려 백제	秋九月 百濟來侵 掠南鄙部落而歸 (『三國史記』 18 高句麗本紀 6)
백제 고구려	秋九月 王遣兵侵掠高句麗南鄙 (『三國史記』 25 百濟本紀 3)
고구려 백제	九月 百濟遣兵侵高勾麗南鄙 (『三國史節要』 4)

390(丙寅/신라 나물이사금 35/고구려 고국양왕 7/백제 진사왕 6/東晉 太元 15/倭 仁德 78)

백제	秋七月 星孛于北河 (『三國史記』 25 百濟本紀 3)
백제	秋七月 百濟有星孛于北河 (『三國史節要』 4)

고구려 백제	秋九月 百濟遣達率眞嘉謨 攻破都押城 虜二百人以歸 (『三國史記』 18 高句麗本紀 6)
백제 고구려	九月 王命達率眞嘉謨伐高句麗 拔都坤城 虜得二百人 王拜嘉謨爲兵官佐平 (『三國史記』 25 百濟本紀 3)
고구려 백제	九月 百濟王命達率眞嘉謨伐高勾麗 拔都坤[1844]城 虜二百人 王以嘉謨爲兵官佐平 (『三國史節要』 4)

백제	冬十月 獵於狗原 七日乃返 (『三國史記』 25 百濟本紀 3)
백제	冬十月 百濟王獵於狗原 七日乃返 (『三國史節要』 4)

신라	第十七那密王 即位三十六年庚寅 倭王遣使來朝曰 寡君聞大王之神聖 使臣等以告百濟之罪於大王也 願大王遣一王子 表誠心於寡君也 於是 王使第三子美海[一作 未吐喜] 以聘於倭 美海年十歲 言辭動止猶未備具 故以內臣朴娑覽 爲副使而遣之 倭王留而不送三十年 (『三國遺事』 1 紀異 1 奈勿王[一作 那密王] 金堤上)

1843) 본 기사에는 月이 보이지 않으나, 『三國史記』에는 春으로 나온다. 따라서 1~3월로 기간편년하고 3월에 편제하였다.
1844) 원문의 坤은 押이 맞다.

신라 삼한	譽田天皇 足仲彦天皇第四子也 母曰氣長足姬尊 天皇以皇后討新羅之年 歲次庚辰冬 十二月 生於筑紫之蚊田 幼而聰達 玄監深遠 動容進止 聖表有異焉 皇太后攝政之三 年 立爲皇太子[時年三] 初天皇在孕而 天神地祇授三韓 旣産之完生腕上 其形如鞆 是 肖皇太后爲雄裝之負鞆[肖 此云阿羲] 故稱其名謂譽田天皇[上古時俗 號鞆謂褒武多焉 一云 初天皇爲太子 行于越國 拜祭角鹿笥飯大神 時大神與太子名相易 故號大神曰去 來紗別神 太子名譽田別尊 然則可謂大神本名譽田別神 太子元名去來紗別尊 然無所 見也 未詳] (『日本書紀』10 應神紀)[1845]

391(辛卯/신라 나물이사금 36/고구려 고국양왕 8[1846]) 永樂 1 /백제 진사왕 7/東晉 太元 16/倭 仁德 79)

백제	春正月 重修宮室 穿池造山 以養奇禽異卉 (『三國史記』25 百濟本紀 3)
백제	春正月 百濟修宮室 穿池造山 植異卉養奇禽 (『三國史節要』4)

백제 말갈	夏四月 靺鞨攻陷北鄙赤峴城 (『三國史記』25 百濟本紀 3)
백제 말갈	夏四月 靺鞨攻陷百濟北鄙赤縣城 (『三國史節要』4)

백제	秋七月 獵國西大島 王親射鹿 (『三國史記』25 百濟本紀 3)
백제	秋七月 百濟王獵國西大島 (『三國史節要』4)

백제	八月 又獵橫岳之西 (『三國史記』25 百濟本紀 3)
백제	八月 又獵橫岳西 (『三國史節要』4)

고구려	遝[1847]至十七世孫國罡上廣開土境平安好太王二九登祚 號爲永樂大王 恩澤洽[1848]于 皇天 武威振[1849]被四海 掃除△[1850]△ 庶寧其業 國富民殷 五穀豊熟 昊天不弔 卅有 九 晏[1851]駕棄國 以甲寅年九月卄九日乙酉遷就山陵 於是立碑 銘記勳績 以示後世焉 (「廣開土王碑」)[1852]

고구려 백제 신라	百殘新羅 舊是屬民由來[1853]朝貢 而倭[1854]以辛卯年 來[1855]渡[1856]△[1857]破[1858]百殘 △△[1859]新[1860]羅以爲臣民 (「廣開土王碑」)

1845) 이 사료는 應神이 즉위하기 전의 기록으로 편성된 것이지만, 『일본서기』 기년에 따라 응신 원년(270) 에 배치하였다. 『일본서기』 신공섭정기와 응신기의 기년을 120년 더해야 하는 점을 고려하여 390년에도 배치하였다.
1846) 광개토왕비에 따르면 광개토왕 원년이지만, 저본에 따라 고국양왕 8년을 그대로 두었다.
1847) 還으로 읽기도 하며 판독하지 않기도 한다.
1848) 판독하지 않기도한다.
1849) ??로 판독하기도 한다.
1850) 不로 판독하기도 한다.
1851) 晏 또는 宴으로 판독하기도 한다.
1852) 『삼국사기』에는 광개토왕이 즉위한 시점을 392년으로 보고 있지만, 「廣開土王碑」에 따르면 391년으로 나온다. 따라서 「廣開土王碑」에 따라 비문의 즉위기사는 391년에 배치하였다.
1853) 未로 판독하기도 한다.
1854) 後로 판독하기도 한다.
1855) 不로 판독하기도 한다.
1856) 侵, 貢으로 판독하기도 하며 판독하지 않기도 한다.
1857) 海, 盪, 因, 洱로 판독하기도 하며 판독하지 않기도 한다.
1858) 故로 판독하기도 한다.
1859) 東△로 판독하기도 한다.
1860) 판독하지 않기도 한다.

| 고구려 | 延壽元年太歲在卯 三月中 太王敎造合杅用三斤六兩 (「瑞鳳塚 出土 銀合杅 銘文」蓋內)1861) |

| 고구려 | 延壽元年太歲在辛 三月△ 太王敎1862)造合杅三斤 (「瑞鳳塚 出土 銀合杅 銘文」外底)1863) |

392(壬辰/신라 나물이사금 37/고국양왕 9, 광개토왕 11864) 永樂 2 /백제 진사왕 8, 아신왕 1/東晉 太元 17/倭 仁德 80)

| 신라 고구려 | 春正月 高句麗遣使 王以高句麗強盛 送伊飡大西知子實聖爲質 (『三國史記』 3 新羅本紀 3)1865) |

| 고구려 신라 | 春正月 高勾麗遣使新羅 王畏高勾麗強 送伊飡大西知子實聖爲質 (『三國史節要』 4)1866) |

| 고구려 신라 | 春 遣使新羅修好 新羅王遣姪實聖爲質 (『三國史記』 18 高句麗本紀 6)1867) |

| 백제 | (百濟李記云) 又阿莘王卽位大1868)元十七年二月 下敎 崇信佛法求福 摩羅難陁 譯云童學[其異迹詳見 僧傳] 讚曰 天造從來草昧間 大都爲伎也應難 翁翁自解呈歌舞 引得傍人借眼看 (『三國遺事』 3 興法 3 難陁闢濟)1869) |

| 고구려 | 三月 下敎 崇信佛法求福 命有司 立國社 修宗廟 (『三國史記』 18 高句麗本紀 6) |

| 고구려 | 古記云 (…) 故國壤王九年 春三月 立國社 / 又云 高句麗常以三月三日 會獵樂浪之丘 獲猪鹿 祭天及山川 (『三國史記』 32 雜志 1 祭祀) |

| 고구려 | 三月 高勾麗王下敎 崇佛求福 又命有司 立國社 修宗廟 (『三國史節要』 4) |

| 백제 | 夏五月 丁卯朔 日有食之 (『三國史記』 25 百濟本紀 3) |

| 백제 | 夏五月 丁卯朔 百濟日有食之 (『三國史節要』 4) |

| 고구려 | 夏五月 王薨 葬於故國壤 號爲故國壤王 (『三國史記』 18 高句麗本紀 6) |

| 고구려 | 廣開土王 諱談德 故國壤王之子 生而雄偉1870) 有倜儻之志 故國壤王三年 立爲太子 九1871)年 王薨 太子卽位 (『三國史記』 18 高句麗本紀 6)1872) |

| 고구려 | (夏五月) 高勾麗王伊連薨 太子談德立 生而雄偉倜儻 葬王于故國壤 因以爲號 (『三國史節要』 4) |

| 고구려 | 遝1873)至十七世孫國罡上廣開土境平安好太王二九登祚 號爲永樂大王 恩澤洽1874)于 |

1861) 제작시기를 451년으로 보기도 한다.
1862) 敬으로 판독하기도 한다.
1863) 제작시기를 451년으로 보기도 한다.
1864) 광개토대왕릉비에 따르면 고국양왕 九年은 광개토왕 2년에 해당하지만, 저본에 따라 고국양왕 9년, 광개토왕 1년을 그대로 따랐다.
1865) 『三國史記』 高句麗本紀에는 春으로 나온다.
1866) 『三國史記』 高句麗本紀에는 春으로 나온다.
1867) 본 기사는 春으로 나오지만, 『三國史記』 新羅本紀와 『三國史節要』에는 춘정월로 나온다. 따라서 춘정월로 편년하고 편제하였다.
1868) 저본의 大는 太가 옳다.
1869) 백제 진사왕은 11월에 죽는다. 따라서 아신왕은 11월 이후에 즉위하였다. 본문에서 아신왕의 즉위 2월은 어떤 착오가 아닐까 한다.
1870) 저본에는 誤刻되어 있다.
1871) 저본의 九는 八이 맞다.
1872) 『三國遺事』 1 王曆 1에 "第十九 廣開王[名談德 壬辰立 治二十一年]"이라고 나온다.
1873) 還으로 읽기도 하며 판독하지 않기도 한다.

皇天 武威振¹⁸⁷⁵⁾被四海 掃除△¹⁸⁷⁶⁾△ 庶寧其業 國富民殷 五穀豊熟 昊天不弔 卅有
九 寔¹⁸⁷⁷⁾駕棄國 以甲寅年九月卅九日乙酉遷就山陵 於是立碑 銘記勳績 以示後世焉
(「廣開土王碑」)¹⁸⁷⁸⁾

고구려 백제	秋七月 南伐百濟 拔十城 (『三國史記』 18 高句麗本紀 6)	
백제 고구려	秋七月 高句麗王談德 帥兵四萬 來攻北鄙 陷石峴等十餘城 王聞談德能用兵 不得出 拒 漢水北諸部落多沒焉 (『三國史記』 25 百濟本紀 3)	
고구려 백제	秋七月 高勾麗王帥兵四萬 攻百濟北鄙 陷石峴等十餘城 王聞高勾麗王能用兵 不敢出 拒 漢水北諸部落多沒焉 (『三國史節要』 4)	

고구려	九月 北伐契丹 虜男女五百口 又招諭本國陷沒民口一萬而歸 (『三國史記』 18 高句麗 本紀 6)
고구려	九月 高勾麗北伐契丹 虜男女五百口 又招諭本國陷沒民口一萬而歸 (『三國史節要』 4)

고구려 백제	冬十月 攻陷百濟關彌¹⁸⁷⁹⁾城 其城四面峭絶 海水環繞 王分軍七道 攻擊二十日乃拔 (『三國史記』 18 高句麗本紀 6)	
백제 고구려	冬十月 高勾麗攻拔關彌城 (『三國史記』 25 百濟本紀 3)	
고구려 백제	冬十月 高勾麗攻陷百濟關彌城 其城四面峭絶 海水環繞 王分軍七道攻之 二十日乃拔 權近曰 昔晉襄公墨衰 即戎以敗秦師 春秋譏之 高勾麗王伊連薨 未踰三月 其子談德 親率兵 伐百濟敗之 其忘哀而不忌也甚矣 夫有門庭之寇 而宗廟社稷之存亡繫焉 不得 已而從金革之事可也 今百濟之兵 未有加於麗境 談德方在衰絰之中 乃敢舍己之喪 遽 然興師 以伐人國 是有人子哀痛之心者哉 或曰 麗與百濟世讎也 辰斯於伊連三十 三¹⁸⁸⁰⁾年 來侵南鄙 明年又伐取都坤¹⁸⁸¹⁾城 伊連不能報三年而薨 談德嗣立不數月閒 能用兵致伐 以雪其恥 是爲顯親 非不忌也 曰 敵惠敵怨 不在後嗣 丘夫不復於近肖古 固可罪也 談德與辰斯已在再世之後 豈加復報之乎 初枕流薨 辰斯初立 伊連不恤遽伐 其喪 惡矣 辰斯隱忍不即報 必待三年喪畢 然後來伐南鄙 是直在濟 而曲在麗 故辰斯 再勝 而伊連不得報 是亦服罪焉耳 談德於此 懲忿窒欲釋怨修好 以彰先君悔過 息爭 之美 則其爲顯親 益以大矣 不顧義理是非 唯以報復爲事 亂何由息哉 (『三國史節要』 4)	

백제	(冬十月) 王田於狗原 經旬不返 (『三國史記』 25 百濟本紀 3)
백제	(冬十月) 百濟王田於狗原 經旬不返 (『三國史節要』 4)

백제	十一月 薨於狗原行宮 (『三國史記』 25 百濟本紀 3)
백제	[或云阿芳] 枕流王之元子 初生於漢城別宮 神光炤夜 及壯志氣豪邁 好鷹馬 王薨時 年少 故叔父辰斯繼位 八年薨 即位(『三國史記』 25 百濟本紀 3)¹⁸⁸²⁾

1874) 판독하지 않기도한다.
1875) ??로 판독하기도 한다.
1876) 不로 판독하기도 한다.
1877) 晏 또는 宴으로 판독하기도 한다.
1878) 「廣開土王碑」에는 391년에 즉위하였다고 되어 있다. 따라서 391년에도 배치하고 392년에도 배치하였
  다.
1879) 저본에는 오각되어 있으나, 彌가 맞다.
1880) 저본의 三은 六이 맞다.
1881) 저본의 坤은 押이 맞다.
1882) 『三國遺事』 1 王曆 1에 "第十七 阿莘王[一作河芳 辰斯子 壬辰立 治十三年]"이라고 나온다.

백제	十一月 百濟王辰斯薨於狗原行宮 枕流王之子阿莘立 阿莘初生於漢城別宮 神光炤夜 及壯志氣豪邁 好鷹馬 (『三國史節要』4)
백제	(三年)是歲 百濟辰斯王立之 失禮於貴國天皇 故遣紀角宿禰羽田矢代宿禰石川宿禰木 菟宿禰 嘖讓其無禮狀 由是 百濟國殺辰斯王以謝之 紀角宿禰等 便立阿花爲王而歸 (『日本書紀』10 應神紀)[1883]

393(癸巳/신라 나물이사금 38/고구려 광개토왕 2, 永樂 3/백제 아신왕 2/東晉 太元 18/倭 仁德 81)

백제	春正月 謁東明廟 又祭天地於南壇 (『三國史記』25 百濟本紀 3)
백제	古記云 (…) 多婁王二年春正月 謁始祖東明廟 (…) 阿莘王二年春正月 (…) 並如上行 (『三國史記』32 雜志 1 祭祀)
백제	古記云 溫祚王二十年春二月 設壇祠天地 (…) 阿莘王二年春正月 (…) 並如上行 (『三國史記』32 雜志 1 祭祀)
백제	春正月 百濟王謁東明廟 祭天地於南壇 (『三國史節要』4)
백제	(春正月) 拜真武爲左將 委以兵馬事 武王之親舅 沉毅有大略 時人服之 (『三國史記』25 百濟本紀 3)
백제	(春正月) 百濟以眞武爲左將 委以兵馬事 武王之親舅 沉毅有大略 時人服之 (『三國史節要』4)
신라	夏五月 倭人來圍金城 五日不解 將士皆請出戰 王曰 今賊弃舟深入 在於死地 鋒不可當 乃閉城門 賊無功而退 王先遣勇騎二百 遮其歸路 又遣步卒一千 追於獨山 夾擊大敗之 殺獲甚衆 (『三國史記』3 新羅本紀 3)
신라	夏五月 倭人來圍新羅金城 五日不解 將士皆請出戰 王曰 今賊棄舟深入 在於死地 鋒不可當 閉門固守 賊乃退 王先遣勇騎二百 要其歸路 又遣步卒一千 追於獨山 夾擊大敗之 殺獲甚衆 (『三國史節要』4)
고구려 백제	秋八月 百濟侵南邊 命將拒之 (『三國史記』18 高句麗本紀 6)
백제 고구려	秋八月 王謂武曰 關彌城者我北鄙之襟[1884]要也 今爲高句麗所有 此寡人之所痛惜 而卿之所宜用心而雪恥也 遂謀將兵一萬 伐高句麗南鄙 武身先士卒 以冒矢石 意復石峴等五城 先圍關彌城 麗人嬰城固守 武以糧道不繼 引而歸 (『三國史記』25 百濟本紀 3)
백제 고구려	秋八月 百濟王謂眞武曰 關彌城北鄙之要地 今爲高勾麗所有 予甚痛憤 卿其爲我一雪 遂命武將兵一萬 伐高勾麗 圍關彌城 麗人嬰城固守 武親冒矢石 身先士卒 城垂拔 以粮道不繼 引還 (『三國史節要』4)
고구려	(秋八月) 創九寺於平壤 (『三國史記』18 高句麗本紀 6)
고구려	(秋八月) 高勾麗創九寺於平壤城 (『三國史節要』4)

394(甲午/신라 나물이사금 39/고구려 광개토왕 3, 永樂 4/백제 아신왕 3/東晉 太元 19/倭 仁德 82)

백제	春二月 立元子腆支爲太子 大赦 拜庶弟洪爲內臣佐平 (『三國史記』25 百濟本紀 3)

1883) 『日本書紀』응신천황 3년(272년)조의 기사이지만 내용상 120년을 인상한 392년조의 기사군에 재배치해 둔다.
1884) 저본의 襟은 襟가 맞다.

백제	春二月 百濟立元子腆支[一名暎]爲太子 大赦 以庶弟洪爲內臣佐平 (『三國史節要』4)

고구려 백제	秋七月 百濟来侵 王率精騎五千 逆擊敗之 餘寇夜走 (『三國史記』18 高句麗本紀 6)
백제 고구려	秋七月 與高句麗戰於水谷城下 敗績 (『三國史記』25 百濟本紀 3)
백제 고구려	秋七月 百濟侵高勾麗 王率精騎五千逆擊於水谷城下 百濟敗績 夜遁 (『三國史節要』4)

백제	(秋七月) 大[1885]白晝見 (『三國史記』25 百濟本紀 3)
백제	(秋七月) 百濟太白晝見 (『三國史節要』4)

고구려 백제	八月 築國南七城 以備百濟之寇 (『三國史記』18 高句麗本紀 6)
고구려 백제	八月 高勾麗築國南七城 以備百濟 (『三國史節要』4)

395(乙未/신라 나물이사금 40/고구려 광개토왕 4, 永樂 5/백제 아신왕 4/東晉 太元 20/倭 仁德 83)

백제	春二月 星孛于西北 二十日而滅 (『三國史記』25 百濟本紀 3)
백제	春二月 百濟有星孛于西北 二十日而滅 (『三國史節要』4)

신라 말갈	秋八月 靺鞨侵北邊 出師 大敗之於悉直之原 (『三國史記』3 新羅本紀 3)
신라 말갈	秋八月 靺鞨侵新羅北邊 新羅出師拒戰 大破之於悉直原 (『三國史節要』4)

고구려 백제	秋八月 王與百濟戰於浿水之上 大敗之 虜獲八千餘級 (『三國史記』18 高句麗本紀 6)
백제 고구려	秋八月 王命左將真武等伐高句麗 麗王談德親帥兵七千 陣於浿水之上拒戰 我軍大敗 死者八千人 (『三國史記』25 百濟本紀 3)
백제 고구려	(秋八月) 百濟遣左將眞武等伐高勾麗 王親率兵七千 陣於浿水 拒戰 百濟軍大敗 死者八千人 (『三國史節要』4)

백제	冬十一月 王欲報浿水之役 親帥兵七千人 過漢水 次於靑木嶺下 會大雪 士卒多凍死 廻軍至漢山城 勞軍士 (『三國史記』25 百濟本紀 3)
백제	冬十一月 百濟王欲雪浿水之恥 親率兵七千人 過漢水 次於靑木嶺下 會大雪 士卒多凍死 回軍至漢山城 勞軍士 (『三國史節要』4)

고구려	永樂五年歲在乙未 王以稗[1886]麗不△[1887]△人[1888] 躬率往[1889]討 過[1890]富山負[1891]山 至鹽水上 破其三[1892]部洛六七百營[1893] 牛馬群羊 不可稱數 於是旋駕 因過[1894]襄平道 東來△城 力城 北豊 五[1895]備△[1896] 遊觀土境 田獵而還 (「廣開土王碑」)

1885) 저본의 大는 太가 맞다.
1886) 碑로 판독하기도 한다.
1887) 息, 歸, 貢으로 판독하기도 하며 판독하지 않기도 한다.
1888) 又, 人로으로 판독하기도 하며 판독하지 않기도 한다.
1889) 住로 판독하기도 한다.
1890) 叵로 판독하기도 한다.
1891) 負, ?로 판독하기도 하며 판독하지 않기도 한다.
1892) 丘 또는 ?로 판독하기도 하며 판독하지 않기도 한다.
1893) 當, 族으로 판독하기도 한다.
1894) 襄 또는 ?로 판독하기도 하며 판독하지 않기도 한다.
1895) 王으로 판독하기도 한다.
1896) 猶, 海, ???로 판독하기도 한다.

396(丙申/신라 나물이사금 41/고구려 광개토왕 5, 永樂 6/백제 아신왕 5/東晉 太元 21/倭 仁德 84)

부여	五月辛亥 以范陽王德爲都督冀兗靑徐荊豫六州諸軍事車騎大將軍冀州牧 鎭鄴 遼西王農爲都督幷雍益梁秦凉六州諸軍事幷州牧　　鎭晉陽[1897]　　又以安定王庫傉官偉爲太師[1898] 夫餘王蔚爲太傅[1899] (『資治通鑑』 108 晉紀 30 烈宗孝武皇帝 下)

고구려 백제 가야 신라 삼한	(七年)秋九月 高麗人百濟人任那人新羅人　竝來朝 時命武內宿禰 領諸韓人等作池 因以名池號韓人池 (『日本書紀』 10 應神紀)[1900]
신라 백제	亦新羅人參渡來　是以建內宿禰命引率　爲役之堤池 作百濟池 (『古事記』 中 應神天皇)[1901]

고구려 요동	垂死 子寶立[1902] 以句驪王安爲平州牧 封遼東帶方二國王 安始置長史司馬參軍官 後略有遼東郡 (『梁書』 54 列傳 48 東夷 高句驪)
고구려 요동	垂子寶以句麗王安爲平州牧　封遼東帶方二國王　始置長史司馬參軍官　後略有遼東郡 (『北史』 94 列傳 82 高麗)

고구려 백제	以六年丙申 王躬率△[1903]軍 討伐[1904]殘國 軍△[1905]△[1906]首[1907]攻取寧八城 臼模盧城 各[1908]模盧城 幹氐[1909]利城[1910] △△城 閣[1911]彌城 牟盧城 彌沙城 △[1912]舍蔦城 阿旦[1913]城 古利城 △利城 雜珍[1914]城 奧利城 勾牟城 古模[1915]耶羅城 頁[1916]△△[1917]△△城[1918] △而耶羅城[1919] 瑑[1920]城 於利城[1921] △△城[1922] 豆[1923]奴城 沸△

1897) 雍 於用翻

1898) 傉 奴沃翻

1899) 餘蔚 夫餘王子也 燕王跳破夫餘得之 燕亡 入秦 秦亂 復歸燕 燕主垂封爲扶餘王

1900) 應神 7년(276)기사이다. 여러 韓人들의 왜국 이주는 특정 연대를 단정할 수 없다. 다만 『일본서기』 신공섭정기와 응신기의 기년을 120년 더해야 하는 경우가 많다. 따라서 이 기사를 396년조에도 배치하였다.

1901) 應神 7년(276)기사이다. 본문에는 그 月이 보이지 않는다. 『일본서기』에 따라 9월에 편제하였다. 하지만 韓人들의 왜국 이주는 특정 연대를 단정할 수 없다. 그리고 『일본서기』 신공섭정기와 응신기의 기년을 120년 더해야 하는 경우가 많다. 따라서 이 기사를 396년조에도 배치하였다.

1902) 이 연대는 慕容寶의 즉위년으로 추정하였는데, 모용보는 396년에 즉위하였다.

1903) 水로 판독하기도 하며 판독하지 않기도 한다.

1904) 利, 滅로 판독하기도 한다.

1905) 至로 판독하기도 한다.

1906) 窠로 판독하기도 한다.

1907) 南으로 판독하기도 한다.

1908) ?, ?로 판독하기도 한다.

1909) 弓으로 판독하기도 한다.

1910) 판독하지 않기도 한다.

1911) 關으로 판독하기도 한다.

1912) 古로 판독하기도 한다.

1913) 且로 판독하기도 한다.

1914) 彌, 珎으로 판독하기도 한다.

1915) 須로 판독하기도 한다.

1916) 莫, 須로 판독하기도 한다.

1917) 鄒城, △城으로 판독하기도 한다.

1918) 판독하지 않기도 한다.

1919) 판독하지 않기도 한다.

1920) 판독하지 않기도 한다.

1921) △△△, △△城으로 판독하기도 한다.

1922) △△△, 農賣城으로 판독하기도 한다.

△[1924])利城 彌鄒城 也利城 太[1925]山韓城 掃加城 敦拔城 △△△城 婁賣城 散那[1926]城 那旦[1927]城 細城 牟婁城 于[1928]婁城 蘇灰[1929]城 燕婁城 析支利城 巖門△[1930]城 林[1931]城 △△△△△△△利[1932]城 就鄒城 △拔城 古牟婁城 閏奴城 貫奴城 彡穰城 曾△城[1933] △△盧[1934]城 仇天城 △△△△[1935] △[1936]其國城 殘[1937]不服義[1938] 敢出百[1939]戰 王威赫怒 渡阿利水 遣刺迫城 △△歸穴[1940]△[1941]便圍[1942]城 而殘主[1943]困逼 獻出男女生口一千人 細布千匹 跪[1944]王自誓 從今以後 永爲奴客 太王恩赦△[1945]迷之愆[1946] 錄其後順之誠 於是得[1947]五十八城村七百 將殘主[1948]弟幷大臣十人 旋師還都 (「廣開土王碑」)

고구려 　　　又按元魏釋曇始[一云惠始]傳云 始關中人 自出家已後 多有異迹 晋孝武大元九年末 齎經律數十部 往遼東宣化 現授三乘 立以歸戒 蓋高麗聞道之始也 (『三國遺事』3 興法 3 阿道基羅)

고구려 신라 백제

　　　釋曇始 關中人也 自出家多有異跡 足白於面 雖涉泥水未嘗沾濕 天下咸稱白足和尙 以晋大元末年 齎持經律數十部 往化遼東 乘機宣化 顯授三乘 立以歸戒 梁僧傳 以此爲高句麗開法之始 時當開土王五年 新羅奈勿王四十一年 百濟阿莘王五年 而秦符堅送經像後二十五年也 (『海東高僧傳』1 流通 一之一 釋曇始)

고구려 　　　釋曇始 關中人 自出家以後 多有異迹 晋孝武太元之末 齎經律數十部 往遼東宣化 顯授三乘 立以歸戒 蓋高句麗聞道之始也 (『梁高僧傳』10 曇始)

고구려 　　　(高僧傳) 又曰 釋曇始 關中人 晋孝武 太元末 齎經律數十部 往遼東宣化顯授三乘 高句驪聞道之始也 (『太平御覽』655 釋部 3 異僧 上)

고구려 　　　釋曇始 關中人 自出家以後多有異跡 晋孝武 大元之末 齎經律數十部 往遼東宣化 顯授三乘立以歸戒 蓋高句驪聞道之始也 (『高僧傳』10 神異 下 釋曇始 9)

요동 　　　魏氏春秋 晉陽秋[晉孫盛傳] (…) 太元中 孝武博求異聞 始得別本於遼東 考校多不同

1923) 판독하지 않기도 한다.
1924) 城比로 판독하기도 한다.
1925) 大로 판독하기도 한다.
1926) 판독하지 않기도 한다.
1927) △婁로 판독하기도 한다.
1928) 판독하지 않기도 한다.
1929) ?로 판독하기도 한다.
1930) ?, 旨로 판독하기도 한다.
1931) 味로 판독하기도 한다.
1932) 판독하지 않기도 한다.
1933) △△△, △△[城], 曾拔城으로 판독하기도 한다.
1934) △△羅, 宗古盧, 儒△盧로 판독하기도 한다.
1935) 城으로 판독하기도 한다.
1936) 逼으로 판독하기도 한다.
1937) 賊으로 판독하기도 한다.
1938) 氣로 판독하기도 한다.
1939) 迎으로 판독하기도 하며 판독하지 않기도 한다.
1940) 橫△△△, 殘兵歸穴, 殘△△△, △△侵穴로 판독하기도 한다.
1941) 就로 판독하기도 한다.
1942) 國으로 판독하기도 하며 판독하지 않기도 한다.
1943) 百殘王 또는 而殘王으로 판독하기도 한다.
1944) 歸로 판독하기도 하며 판독하지 않기도 한다.
1945) 先, 始로 판독하기도 한다.
1946) 衍으로 판독하기도 한다.
1947) 取로 판독하기도 하며 판독하지 않기도 한다.
1948) 王으로 판독하기도 한다.

書遂兩存 (『玉海』41 藝文 續春秋)

고구려　　晉孝武太元二十一年 垂死 (…) 乃與太祖書曰 (…) 彼往日北通芮芮 西結赫連蒙遜吐
　　　　　谷渾 東連馮弘高麗 凡此數國 我皆滅之 以此而觀 彼豈能獨立 (『宋書』95 列傳 55
　　　　　索虜[索頭虜姓託跋氏 其先漢將李陵後也])

신라 고구려 백제
　　　　　(…) 據此 本記與本碑二說相戾不同如此 嘗試論之 梁唐二僧傳及三國本史皆載 麗濟
　　　　　二國佛教之始在晉末太元之間 則二道法師以小獸林甲戌到高麗 明矣 此傳不誤 (『三國
　　　　　遺事』3 興法 3 阿道基羅)

397(丁酉/신라 나물이사금 42/고구려 광개토왕 6, 永樂 7/백제 아신왕 6/東晉 隆安 1/倭 仁德 85)

백제　　　(八年)春三月 百濟人來朝[百濟記云 阿花王立無禮於貴國 故奪我枕彌多禮及峴南支侵
　　　　　谷那東韓之地 是以遣王子直支于天朝 以脩先王之好也] (『日本書紀』10 應神紀)[1949]

고구려　　先是 鮮卑慕容寶 治中山 爲索虜所破 東走黃龍 (『宋書』97 列傳 57 夷蠻 高句驪
　　　　　國)[1950]

고구려　　(四月丁丑) 寶以高雲爲建威將軍 封夕陽公 養以爲子 雲 高句麗之支屬也[1951] 燕王跳
　　　　　破高句麗 徙於靑山[1952] 由是世爲燕臣 雲沈厚寡言[1953] 時人莫知 惟中衛將軍長樂馮
　　　　　跋[1954] 奇其志度 與之爲友[1955] 跋父和 事西燕主永爲將軍 永敗 徙和龍 (『資治通鑑』
　　　　　109 晉紀 31 安皇帝 甲)

백제　　　夏五月 王與倭國結好 以太子腆支爲質 (『三國史記』25 百濟本紀 3)
백제　　　夏五月 百濟王與倭國結好 以太子腆支爲質
　　　　　權近曰 世子君之儲副 其重係乎宗社 不可以輕出者也 古者 諸侯朝於天子 有時而不
　　　　　可後 故老病者 使世子攝己事以行 急述職也 諸侯相朝 本無時 未有使世子攝行之禮
　　　　　故曹伯使世子射姑 來朝於魯 君子譏之 以爲取危亂之本也 朝且不可 況出質乎 漢唐
　　　　　以降外夷君長 或遣世子入侍 是以小事大 以夷慕華 禮亦然矣 若百濟王以世子映 出
　　　　　質于倭 則是輕其國本 而棄之非類之地也 苟能修德行政 强於自治 輯和其民人 愼固
　　　　　其封守 遣使修聘 以通隣好 倭人雖暴何畏焉 乃不能 然以千里 畏人汲汲焉 欲結其好
　　　　　出質世嫡 虔若小夷之事中國 而不知恥焉 衰微甚矣 何以爲國乎 及其薨也 二弟相戕
　　　　　國遂危亂微 解忠獻謀 國人殺碟禮 則映之復國 必不可得矣 此可以爲永世之戒矣 (『三
　　　　　國史節要』4)

1949) 應神 8년(297) 기사이다. 『日本書紀』의 神功紀. 應神紀의 한반도 관계 기사는 120년이 引上되어 있다
　　　는 것이 일반적인 인식이다. 그리고 『삼국사기』에는 백제 왕자 직지(전지)의 왜국 파견이 397년으로 나온
　　　다. 따라서 397년에도 배치하였다.
1950) 중산전투 시기를 근거로 397년에 편년하였다.
1951) 高句麗自云高陽氏之後裔 故以高爲氏 句 如字 又音駒 麗 力知翻
1952) 破高句麗見九十七卷成帝咸康八年 靑山 遼西徒河縣之靑山也
1953) 沈 持林翻
1954) 魏收曰 漢高帝置信都郡 景帝二年 爲廣川國 明帝更名樂成國 安帝改爲安平國 晉改爲長樂郡 考之晉志
　　　有安平而無 長樂 不知何時更名也 樂 音洛
1955) 高雲馮跋事始見於此 爲後得燕張本

신라	秋七月 北邊何瑟羅 旱蝗 年荒民飢 曲赦囚徒 復一年租調 (『三國史記』 3 新羅本紀 3)
신라	秋七月 新羅北邊何瑟羅 旱蝗 民飢 王赦囚徒 復租調一年 (『三國史節要』 4)
백제	秋七月 大閱於漢水之南 (『三國史記』 25 百濟本紀 3)
백제	(秋七月) 百濟大閱漢水南 (『三國史節要』 4)

398(戊戌/신라 나물이사금 43/고구려 광개토왕 7, 永樂 8/백제 아신왕 7/東晉 隆安 2/倭 仁德 86)

고구려	(天興元年春正月辛酉) 車駕發自中山 至于望都堯山 徙山東六州民吏及徒何高麗雜夷 三十六萬 百工伎巧十萬餘口 以充京師 (『魏書』 2 帝紀 2 太祖)
고구려	(天興元年春正月)辛酉 車駕發中山 至于望都堯山 徙山東六州人吏及徒何高麗雜夷三 十六署 百工伎巧十餘萬口以充京師 (『北史』 1 魏本紀 1)
고구려	後魏道武天興元年正月 車駕發自中山 至于望都堯山 徙山東六州民吏及徒何高麗雜夷 三十六署 百工伎巧十萬口 以充京師 (『册府元龜』 486 邦計部 4 遷徙) [1956]
백제	春二月 以眞武爲兵官佐平 沙豆爲左將 (『三國史記』 25 百濟本紀 3)
백제	春二月 百濟以眞武爲兵官佐平 沙豆爲左將 (『三國史節要』 4)
백제	三月 築雙峴城 (『三國史記』 25 百濟本紀 3)
백제	三月 百濟築雙峴城 (『三國史節要』 4)
삼한(백제)	(九年)夏四月 遣武內宿禰於筑紫 以監察百姓 時武內宿禰弟甘美內宿禰 欲廢兄 即讒 言于天皇 武內宿禰常有望天下之情 今聞 在筑紫而密謀之曰 獨裂筑紫 招三韓令朝於 己 遂將有天下 於是 天皇則遣使 以令殺武內宿禰 時武內宿禰歎之曰 吾元無貳心 以 忠事君 今何禍矣 無罪而死耶 於是 有壹伎直祖眞根子者 其爲人能似武內宿禰之形 獨惜武內宿禰無罪而空死 便語武內宿禰曰 今大臣以忠事君 既無黑心 天下共知 願密 避之 叄赴于朝 親辨無罪 而後死不晩也 且時人每云 僕形似大臣 故今我代大臣而死 之 以明大臣之丹心 則伏劒自死焉 時武內宿禰 獨大悲之 竊避筑紫 浮海以從南海廻 之 泊於紀水門 僅得逮朝 乃辨無罪 天皇則推問武內宿禰與甘美內宿禰 於是 二人各 堅執而爭之 是非難決 天皇勅之 令請神祇探湯 是以 武內宿禰與甘美內宿禰 共出于 磯城川湄 爲探湯 武內宿禰勝之 便執橫刀 以毆仆甘美內宿禰 遂欲殺矣 天皇勅之令 釋 仍賜紀直等之祖也 (『日本書紀』 10 應神紀)[1957]
백제 고구려	秋八月 王將伐高句麗 出帥[1958]至漢山北柵 其夜 大星落營中有聲 王深惡之 乃止 (『三國史記』 25 百濟本紀 3)
백제	秋八月 百濟王伐高勾麗 出師至漢山北柵 夜有大星落營中 王深惡之 乃還師 (『三國史節要』 4)
백제	九月 集都人習射於西臺 (『三國史記』 25 百濟本紀 3)

1956) 본문에는 日이 보이지 않지만, 『魏書』 太祖紀와 『北史』 魏本紀에 辛酉(27일)로 나온다. 따라서 27일로 편년하고 편제하였다.

1957) 應神 9년(278) 기사이다. 『日本書紀』의 神功紀, 應神紀의 한반도 관계 기사는 120년이 引上되어 있다 는 것이 일반적인 인식이다. 따라서 이 기사를 398년조에도 배치하였다.

1958) 저본의 帥는 師가 맞다.

백제	九月 百濟聚都人 習射於西臺 (『三國史節要』 4)
고구려	(永樂)八年戊戌 敎遣偏師 觀帛[1959]愼土谷 因便抄得莫△[1960]羅城加太羅谷 男女三百餘人 自此以來 朝貢論事 (「廣開土王碑」)
동이	太祖初興 置皇始之舞 復有吳夷東夷西戎之舞 樂府之內 有此七舞 (『魏書』 109 志 14 樂 5)[1961]

399(己亥/신라 나물이사금 44/고구려 광개토왕 8, 永樂 9/백제 아신왕 8/東晉 隆安 3/倭 仁德 87)

신라	秋七月 飛蝗蔽野 (『三國史記』 3 新羅本紀 3)
신라	秋七月 新羅飛蝗蔽野 (『三國史節要』 4)
백제 고구려 신라	秋八月 王欲侵高句麗 大徵兵馬 民苦於役 多奔新羅 戶口衰[1962]減[1963] (『三國史記』 25 百濟本紀 3)
백제 고구려 신라	八月 百濟王欲侵高勾麗 大徵兵馬 民甚苦之 多奔新羅 (『三國史節要』 4)
고구려 백제 신라	(永樂)九年己亥 百殘違誓與倭和通 王巡下平穰 而新羅遣使白王云 倭[1964]人滿其國境 潰破城池 以奴客爲民 歸王請命 太王恩慈 矜[1965]其忠誠 △遣使還告以△計 (「廣開土王碑」)

400(庚子/신라 나물이사금 45/고구려 광개토왕 9 永樂 10/백제 아신왕 9/東晉 隆安 4/倭 履中 1)

고구려	春正月 正遣使入燕朝貢 (『三國史記』 18 高句麗本紀 6)
고구려	春正月 高句麗遣使如燕朝貢 (『三國史節要』 4)
고구려	正月 高句麗王安事燕禮慢[1966] (『資治通鑑』 111 晉紀 33 安皇帝 丙)
고구려	高句驪王安遣使貢方物 (『晉書』 124 載記 24 慕容盛)[1967]
고구려	二月丙申 燕王盛自將兵三萬襲之[1968] 以驃騎大將軍熙爲前鋒 拔新城南蘇二城 開境七百餘里 徙五千餘戶而還[1969] (『資治通鑑』 111 晉紀 33 安皇帝 丙)
고구려	二月 燕王盛以我王禮慢 自將兵三萬襲之 以驃騎大將軍慕容熙爲前鋒 拔新城-南蘇二

1959) 肅으로도 판독한다.
1960) 斯 또는 新으로도 판독한다.
1961) 太祖는 道武帝, 皇始는 396~398년에 사용된 그의 연호를 가리킨다. 따라서 396~398년으로 기간편년하고 마지막해인 398년에 배치하였다.
1962) 저본에는 오각되어 있으나, 衰가 맞다.
1963) 저본의 減은 滅이 맞다.
1964) 住 또는 往으로도 판독한다.
1965) 兵 또는 軍군으로도 판독한다.
1966) 句 如字 又音駒 麗 力知翻
1967) 이 기사에는 연대 표기가 없으나, 『三國史記』高句麗本紀 등에 의거하여 隆安 4년(400) 정월로 편년하였다. 이 기사 바로 앞에 慕容豪 등의 반란(398), 長樂으로 연호 개정(399) 등이 순서대로 기록되어 있다.
1968) 將 卽亮翻
1969) 還 從宣翻 又如字

	城 拓地七百餘里 徙五千餘戶而還 (『三國史記』18 高句麗本紀 6)[1970]
고구려	二月 燕王盛以高句麗王禮慢 自將兵三萬襲之 以驃騎大將軍慕容熙爲前鋒 拔新城南 蘇二城 拓地七百餘里 徙五千餘戶而還 (『三國史節要』4)[1971]
고구려	盛率衆三萬伐高句驪 襲其新城南蘇 皆克之 散其積聚 徙其五千餘戶于遼西 (『晉書』 124 載記 24 慕容盛)[1972]
고구려	熙字道文 垂之少子也 初封河間王 (…) 盛初卽位 降爵爲公 拜都督中外諸軍事驃騎大 將軍尙書左僕射 領中領軍 從征高句驪契丹 皆勇冠諸將 (『晉書』124 載記 24 慕容 熙)[1973]
고구려	慕容盛載記曰 尙書左僕射領中軍熙從征句驪契丹 皆勇冠諸將 (『太平御覽』275 兵部 6 良將 上)[1974]
백제	春二月 星孛于奎婁 (『三國史記』25 百濟本紀 3)
백제	春二月 百濟有星孛于奎婁 (『三國史節要』4)
백제	夏六月庚辰朔 日有食之 (『三國史記』25 百濟本紀 3)
백제	夏六月庚辰朔 百濟日有食之 (『三國史節要』4)
신라	秋八月 星孛于東方 (『三國史記』3 新羅本紀 3)
신라	秋八月 新羅有星孛于東方 (『三國史節要』4)
신라	冬十月 王所嘗御內廐馬 跪膝流淚哀鳴 (『三國史記』3 新羅本紀 3)
신라	冬十月 新羅王所御內廐馬 跪膝流淚哀鳴 (『三國史節要』4)
고구려 신라	(永樂)十年庚子 敎遣步騎五萬 往救新羅 從男居城 至新羅城 倭滿其中 官軍方至 倭 賊退△△△△△△△[1975]△△背急追 至任那加羅從拔城 城卽歸服 安羅人戍兵△新 羅城△城 倭寇大潰 城△△△△△△△△△△△△△△△△[1976] △△盡△△△△安羅人 戍兵 新△△△△其△△△△△△言 △△△△△△△△△△△△△△△△△△ △△△△△辭△△△△△△△△△△潰△△△△安羅人戍兵 昔新羅寐錦 未有身 來 論事△國罡上廣開土境好太王△△△△寐錦△△僕勾△△△△△朝貢 (「廣開土王碑 」 제2면 8행~제3면 3행)

401(辛丑/신라 나물이사금 46/고구려 광개토왕 10 永樂 11/백제 아신왕 10/東晉 隆安 5/倭 履中 2)

신라	春夏 旱 (『三國史記』3 新羅本紀 3)
신라	春夏 新羅旱 (『三國史節要』4)

1970) 이 기사에는 일자 표기가 없으나, 『資治通鑑』晉紀에 의거하여 2월15일(丙申)로 편년하였다.
1971) 이 기사에는 일자 표기가 없으나, 『資治通鑑』晉紀에 의거하여 2월15일(丙申)로 편년하였다.
1972) 이 기사에는 연대 표기가 없으나, 『資治通鑑』晉紀에 의거하여 隆安 4년(400) 2월15일(丙申)로 편년하 였다.
1973) 이 기사에는 연대 표기가 없으나, 『資治通鑑』晉紀에 의거하여 隆安 4년(400) 2월15일(丙申)로 편년하 였다.
1974) 이 기사에는 연대 표기가 없으나, 『資治通鑑』晉紀에 의거하여 隆安 4년(400) 2월15일(丙申)로 편년하 였다.
1975) 이 부분은 비의 2면 9행 상단 1~7자에 해당되는데, 각자(刻字)가 결락된 것으로 보기도 하지만 원석 상태에서 원래 각자하지 않았다고 보는 견해도 있다.
1976) '城' 아래의 두 번째 '△'부터의 여기까지는 비의 2면 10행의 상단 제1~16자에 해당하는데, 각자(刻 字)가 결락된 것으로 보기도 하지만 원석상태에서 원래 각자하지 않았다고 보는 견해도 있다.

신라 고구려　　秋七月 高句麗質子實聖還 (『三國史記』3 新羅本紀 3)
신라 고구려　　秋七月 新羅質子實聖還自高勾麗 (『三國史節要』4)

402(壬寅/신라 나물이사금 47, 실성이사금 1/고구려 광개토왕 11 永樂 12/백제 아신왕 11/東晉 元興 1/倭 履中 3)

조선(고구려)　(春正月) 柔然 (…) 其地西至焉者 東接朝鮮[1977] 南臨大漠 旁側小國皆羈屬焉 自號豆代可汗[1978] (『資治通鑑』112 晉紀 34 安皇帝 丁)

신라　　　　　箜舞 奈密王時作也 (『三國史記』32 雜志 1 樂)

신라　　　　　春二月 王薨 (『三國史記』3 新羅本紀 3)
신라　　　　　春二月 新羅王奈勿薨 嗣子幼弱 國人奉實聖而立之 實聖金閼智裔孫 伊飡大西知之子 身長七尺五寸 明達有遠識 (『三國史節要』4)
신라　　　　　實聖尼師今立 閼智裔孫 大西知伊飡之子 母伊利夫人[伊一作企] 昔登保阿干之女 妃味鄒王女也 實聖身長七尺五寸 明達有遠識 奈勿薨 其子幼少 國人立實聖 繼位 (『三國史記』3 新羅本紀 3)
신라　　　　　第十八實聖麻立干[作實主王 又宝金 又文[1979] 末[1980]鄒王弟大西知角干 △礼生夫人 昔氏 登也阿干也 妃阿留夫人 壬寅立 治十五 王即鵄述之父] (『三國遺事』1 王曆)

신라　　　　　三月 與倭國通好 以奈勿王子未斯欣爲質 (『三國史記』3 新羅本紀 3)
신라 고구려　　朴堤上[或云毛末] 始祖赫居世之後 婆娑尼師今五世孫 祖阿道葛文王 父勿品波珍飡 堤上仕爲歃良州干 先是 實聖王元年壬寅 與倭國講和 倭王請以奈勿王之子未斯欣爲質 王嘗恨奈勿王使己質於高句麗 思有以釋憾於其子 故不拒而遣之 (『三國史記』45 列傳 5 朴堤上)
신라 고구려　　三月 新羅王與倭國通好 以奈勿王子未斯欣爲質 王常恨奈勿王使己質於高勾麗 思欲釋憾於其子 而遣之 (『三國史節要』4)

백제　　　　　夏 大旱 禾苗焦枯 王親祭橫岳 乃雨 (『三國史記』25 百濟本紀 3)
백제　　　　　夏 百濟大旱 禾苗焦枯 王親祭橫岳 乃雨 (『三國史節要』4)

백제　　　　　五月 遣使倭國求大珠 (『三國史記』25 百濟本紀 3)
백제　　　　　五月 百濟遣使倭國 求大珠 (『三國史節要』4)

고구려　　　　(五月) 高句麗攻宿軍[1981] 燕平州刺史慕容歸棄城走[1982] (『資治通鑑』112 晉紀 34 安皇帝 丁)
고구려　　　　(五月) 高勾麗王遣兵攻宿軍 燕平州刺史慕容歸 棄城走 (『三國史節要』4)
고구려　　　　王遣兵攻宿軍 燕平州刺史慕容歸 棄城走 (『三國史記』18 高句麗本紀 6)[1983]

1977) 朝 音潮 鮮 音仙
1978) 魏收書作 丘豆代 魏言駕馭開張也 汗 音寒 杜佑曰 可汗之號 起於柔然社崙 猶言皇帝也 而拓跋氏之先 通鑑皆書可汗 又在社崙之前
1979) ‘父’의 오자이다.
1980) ‘米’의 오자로 보인다.
1981) 宿軍城在龍城東北 句 如字 又音駒 麗 力知翻
1982) 北燕平州刺史治宿軍
1983) 이 기사에는 월 표기가 없으나, 『資治通鑑』晉紀 등에 의거하여 5월로 편년하였다.

403(癸卯/신라 실성이사금 2/고구려 광개토왕 12 永樂 13/백제 아신왕 12/東晉 元興 2/倭 履中 4)

신라	春正月 以未斯品爲舒弗邯 倭以軍國之事 (『三國史記』 3 新羅本紀 3)
신라	春正月 新羅以未斯品爲舒弗邯 委以軍國之事 (『三國史節要』 4)

백제	春二月 倭國使者至 王迎勞之特厚 (『三國史記』 25 百濟本紀 3)
백제	春二月 倭遣使于百濟 迎勞特厚 (『三國史節要』 4)

백제　　　　　(十四年)春二月 百濟王貢縫衣工女曰眞毛津 是今來目衣縫之始祖也 (『日本書紀』 10 應神紀)[1984]

신라 백제	秋七月 百濟侵邊 (『三國史記』 3 新羅本紀 3)
백제 신라	秋七月 遣兵侵新羅邊境 (『三國史記』 25 百濟本紀 3)
백제 신라	秋七月 百濟遣兵 侵新羅邊境 (『三國史節要』 4)

백세 신라 가야

　　　　　(十四年)是歲 弓月君自百濟來歸 因以奏之曰 臣領己國之人夫百廿縣而歸化 然因新羅人之拒 皆留加羅國 爰遣葛城襲津彦 而召弓月之人夫於加羅 然經三年 而襲津彦不來焉 (『日本書紀』 10 應神紀)[1985]

404(甲辰/신라 실성이사금 3/고구려 광개토왕 13 永樂 14/백제 아신왕 13/東晉 元興 3/倭 履中 5)

신라	春二月 親謁始祖廟 (『三國史記』 3 新羅本紀 3)
신라	春二月 新羅王親謁始祖廟 (『三國史節要』 4)

백제　　　　　(十五年)秋八月壬戌朔丁卯 百濟王遣阿直伎 貢良馬二匹 卽養於輕坂上廐 因以阿直岐令掌飼 故號其養馬之處 曰廐坂也 阿直岐亦能讀經典 卽太子菟道稚郎子師焉 於是天皇問阿直岐曰 如勝汝博士亦有耶 對曰 有王仁者 是秀也 時遣上毛野君祖 荒田別 巫別於百濟 仍徵王仁也 其阿直岐者 阿直岐史之始祖也 (『日本書紀』 10 應神紀)[1986]

고구려	十二月 出師侵燕 (『三國史記』 18 高句麗本紀 6)
고구려	冬十一月 高勾麗侵燕 (『三國史節要』 4)
고구려	(十二月) 高句麗侵燕[1987] (『資治通鑑』 112 晉紀 34 安皇帝 丁)
고구려	會高句驪寇燕郡 殺略百餘人 (『晉書』 124 載記 24 慕容熙)

고구려 대방　　(永樂)十四年甲辰 而倭不軌侵入帶方界△△△△△石城△連船△△△王躬率△△從平穰△△△鋒相遇 王幢要截盪刺 倭寇潰敗 斬煞無數 (「廣開土王碑」 제3면 3행~4행)

1984) 『日本書紀』 응신천황 14년(283)조의 기사이지만 내용상 120년을 인상한 403년조의 기사군에 재배치해 둔다.
1985) 『日本書紀』 응신천황 14년(283)조의 기사이지만 내용상 120뇬을 인상한 403년조의 기사군에 재배치해 둔다.
1986) 『日本書紀』 응신천황 15년(284)조의 기사이지만 내용상 120년을 인상한 404년조의 기사군에 재배치해 둔다.
1987) 句 如字 又音駒 麗 力知翻

405(乙巳/신라 실성이사금 4/고구려 광개토왕 14 永樂 15/백제 아신왕 14, 전지왕 1/東晉 義熙 1/倭 履中 6)

고구려	(正月) 燕王熙伐高句麗[1988] 戊申 攻遼東 城且陷 熙命將士 毋得先登 俟剗平其城 朕與皇后乘輦而入[1989] 由是 城中得嚴備 不克而還[1990] (『資治通鑑』 114 晉紀 36 安皇帝 己)
고구려	春正月 燕王熙來攻遼東 城且陷 熙命將士 毋得先登 俟剗平其城 朕與皇后乘輦而入 由是 城中得嚴備 卒不克而還 (『三國史記』 18 高句麗本紀 6)[1991]
고구려	春正月 燕王熙來攻高勾麗 遼東城且陷 命將士毋得先登 俟剗平其城 朕與皇后乘輦而入 由是 城中得嚴備 卒不克而還 (『三國史節要』 4)[1992]
고구려	高閭燕志曰 光始五年春 慕容熙與符后征高麗 至遼東 爲衝車 馳道以攻之 (『太平御覽』 336 兵部 67 攻具 上)[1993]
고구려	熙伐高句驪 以苻氏從 爲衝車地道以攻遼東 熙曰 待剗平寇城 朕當與后乘輦而入 不聽將士先登 於是城內嚴備 攻之不能下 會大雨雪 士卒多死 乃引歸 (『晉書』 124 載記 24 慕容熙)[1994]

백제	(十六年)春二月 王仁來之 則太子菟道稚郎子師之 習諸典籍於王仁 莫不通達 所謂王仁者 是書首等之始祖也 (『日本書紀』 10 應神紀)[1995]

백제	春三月 白氣自王宮西起 如匹練 (『三國史記』 25 百濟本紀 3)
백제	三月 百濟白氣自王宮西起 如匹練 (『三國史節要』 4)

신라	夏四月 倭兵來攻明活城 不克而歸 王率騎兵 要之獨山之南 再戰破之 殺獲三百餘級 (『三國史記』 3 新羅本紀 3)
신라	夏四月 倭兵攻新羅明活城 不克而歸 王率騎兵 要之獨山南 破之 殺獲三百餘級 (『三國史節要』 4)

가야 신라	(十六年)八月 遣平群木菟宿祢 的戶田宿祢於加羅 仍授精兵詔之曰 襲津彦久之不還 必由新羅之拒而滯之 汝等急往之擊新羅 披其道路 於是 木菟宿祢等進精兵 莅于新羅之境 新羅王愕之服其罪 乃率弓月之人夫 與襲津彦共來焉 (『日本書紀』 10 應神紀)[1996]

백제	秋九月 薨 (『三國史記』 25 百濟本紀 3)
백제	腆支王(或云直支) 梁書 名映 阿莘之元子 阿莘在位第三年立爲太子 六年出質於倭國 十四年王薨 王仲弟訓解攝政 以待太子還國 季弟碟禮殺訓解 自立爲王 腆支在倭聞訃

1988) 句 如字 又音駒 麗 力知翻
1989) 剗 楚限翻
1990) 後齊高緯之攻晉州 亦若是矣 還 從宣翻 又如字
1991) 이 기사에는 일자 표기가 없으나, 『資治通鑑』 晉紀에 의거하여 정월26일(戊申)로 편년하였다.
1992) 이 기사에는 일자 표기가 없으나, 『資治通鑑』 晉紀에 의거하여 정월26일(戊申)로 편년하였다.
1993) 이 기사에는 월일 표기가 없으나, 『資治通鑑』 晉紀에 의거하여 정월26일(戊申)로 편년하였다.
1994) 이 기사에는 연대 표기가 없으나, 『資治通鑑』 晉紀에 의거하여 義熙元年(405) 정월26일(戊申)로 편년하였다.
1995) 『日本書紀』 응신천황 16년(285)조의 기사이지만 내용상 120년을 인상한 405년조의 기사군에 재배치해 둔다.
1996) 『日本書紀』 응신천황 16년(285)조의 기사이지만 내용상 120년을 인상한 405년조의 기사군에 재배치해 둔다.

	哭泣請歸 倭王以兵士百人衛送 旣至國界 漢城人解忠來告曰 大王棄世 王弟碟禮殺兄 自立 願太子無輕入 腆支留倭人自衛 依海島以待之 國人殺碟禮 迎腆支卽位 妃八須夫人 生子久尔辛 (『三國史記』25 百濟本紀 3)
백제	秋九月 百濟王阿莘薨 初太子腆支出質倭國 不還者十四年 及王薨 仲弟訓解攝國政 以待太子之還 季弟碟禮殺訓解 自立爲王 腆支聞王訃 痛哭請歸 倭王以兵百人衛送 腆支旣至國界 漢城人解忠迎謂曰 大王棄世 碟禮殺兄自立 願太子早爲之計 腆支以倭兵自衛 依海島備之 國人殺碟禮 迎立爲王 (『三國史節要』4)
백제	第十八腆支王[一作眞支王 名腆 阿莘子 乙巳立 治十五年] (『三國遺事』1 王曆)[1997]
백제	(十六年)是歲 百濟阿花王薨 天皇召直支王謂之曰 汝返於國以嗣位 仍且賜東韓之地而遣之[東韓者 甘羅城高難城爾林城是也] (『日本書紀』10 應神紀)[1998]

406(丙午/신라 실성이사금 5/고구려 광개토왕 15 永樂 16/백제 전지왕 2/東晉 義熙 2/倭 反正 1)

고구려	(正月) 燕王熙至陘北[1999] 畏契丹之衆 欲還 苻后不聽 戊申 遂棄輜重[2000] 輕兵襲高句麗 (『資治通鑑』114 晉紀 36 安皇帝 己)[2001]
고구려	熙與苻氏襲契丹 憚其衆盛 將還 苻氏弗聽 遂棄輜重 輕襲高句驪 周行三千餘里 士馬疲凍 死者屬路 攻木底城 不克而還 (『晉書』124 載記 24 慕容熙)[2002]
백제	春正月 王謁東明廟 祭天地於南壇 大赦 (『三國史記』25 百濟本紀 3)
백제	古記云 (…) 多婁王二年春正月 謁始祖東明廟 (…) 腆支王二年春正月 並如上行 (『三國史記』32 雜志 1 祭祀)
백제	春正月 百濟王謁東明廟 祭天地於南壇 大赦 (『三國史節要』4)
백제	二月 遣使入晉朝貢 (『三國史記』25 百濟本紀 3)
백제	百濟遣使如晉朝貢 (『三國史節要』4)
백제	義熙中 王餘映 宋元嘉中 王餘毗 並遣獻生口 (『梁書』54 列傳 48 諸夷 百濟)[2003]
고구려	(二月) 燕軍行三千餘里 士馬疲凍 死者屬路[2004] 攻高句麗木底城 不克而還[2005] 夕陽公雲傷於矢 且畏燕王熙之虐 遂以疾去官[2006] (『資治通鑑』114 晉紀 36 安皇帝 己)[2007]
고구려	周行三千餘里 士馬疲凍 死者屬路 攻木底城 不克而還 (『晉書』124 載記 24 慕容熙)[2008]
신라	秋七月 國西蝗害穀 (『三國史記』3 新羅本紀 3)

1997) 이 기사에는 월 표기가 없으나, 『三國史記』百濟本紀 등에 의거하여 9월로 편년하였다.
1998) 『日本書紀』응신천황 16년(285)조의 기사이지만 내용상 120년을 인상한 405년조의 기사군에 재배치해 둔다.
1999) 陘北 冷陘山之北也 陘 音刑
2000) 重 直用翻
2001) 『삼국사기』와 『삼국사절요』에서는 이해 겨울 12월에 연나라 고구려를 공격한 것으로 기록하였다.
2002) 이 기사에는 연대 표기가 없으나, 『資治通鑑』晉紀에 의거하여 義熙 2년(406) 정월로 편년하였다.
2003) 의희 연간에 백제에서 동진에 사신을 파견한 때는 이 때가 유일하므로 여기에 배치하였다.
2004) 屬 之欲翻
2005) 木底城在南蘇之東 唐置木底州 句 如字 又音駒 麗 力知翻
2006) 爲後燕人弑熙立雲張本
2007) 『三國史記』와 『三國史節要』에서는 이해 겨울 12월에 연나라 고구려를 공격한 것으로 기록하였다.
2008) 이 기사에는 연대 표기가 없으나, 『資治通鑑』晉紀에 의거하여 義熙 2년(406) 2월로 편년하였다.

신라	秋七月 新羅國西蝗害穀 (『三國史節要』4)
고구려	秋七月 蝗旱 (『三國史記』18 高句麗本紀 6)
고구려	(秋七月) 高句麗蝗旱 (『三國史節要』4)
백제	秋九月 以解忠爲達率 賜漢城租一千石 (『三國史記』25 百濟本紀 3)
백제	九月 百濟以解忠爲達率 賜漢城租一千石 (『三國史節要』4)
신라	冬十月 京都地震 (『三國史記』3 新羅本紀 3)
신라	冬十月 新羅京都地震 (『三國史節要』4)
신라	十一月 無氷 (『三國史記』3 新羅本紀 3)
신라	十一月 新羅無冰 (『三國史節要』4)
고구려	冬十二月 燕王熙襲契丹 至陘北 畏契丹之衆欲還 遂棄輜重 輕兵襲我 燕軍行三千餘里 士馬疲凍 死者屬路 攻我木底城 不克而還 (『三國史記』18 高句麗本紀 6)2009)
고구려	十二月 燕王熙襲契丹至陘北 畏契丹之衆 欲還 遂棄輜重 輕兵襲高句麗 燕軍行三千餘里 士馬疲凍 死者属路 攻木底城 不克而還 (『三國史節要』4)

407(丁未/신라 실성이사금 6/고구려 광개토왕 16 永樂 17/백제 전지왕 3/東晉 義熙 3/倭 反正 2)

고구려	春二月 增修宮闕 (『三國史記』18 高句麗本紀 6)
고구려	春二月 高句麗增修宮闕 (『三國史節要』5)
백제	春二月 拜庶第餘信爲內臣佐平 解須爲內法佐平 解丘爲兵官佐平 皆王戚也 (『三國史記』25 百濟本紀 3)
백제	(春二月) 百濟以餘信爲內臣佐平 解須爲內法佐平 解丘爲兵官佐平 皆王戚也 (『三國史節要』5)
신라	春三月 倭人侵東邊 (『三國史記』3 新羅本紀 3)
신라	三月 倭侵新羅東邊 (『三國史節要』5)
가야	駕洛國 第六坐知王[一云 金吐王 父伊品 母貞信 丁未立 治十四年] (『三國遺事』1 王曆)
가야	伊尸品王 金氏 永和二年即位 治六十二年 義熙三年 丁未 四月十日崩 王妃司農卿克忠女 貞信生王子坐知 (『三國遺事』2 紀異 2 駕洛國記)
가야 신라	坐知王 一云金叱 義熙三年即位 娶傭女 以女黨爲官 國內擾乱 雞林國以謀欲伐 有一臣名朴元道諫曰 遺草閱閱 亦含羽 況乃人乎 天亡地陷 人保何基 又卜士筮得解卦 其辭曰 解而悔 朋至斯孚 君鑒易卦乎 王謝曰 可擯傭女 貶於荷山島 改2010)行其政 長御安民也 治十五年 永初二年辛酉五月十二日崩 王妃道寧大阿干女福壽 生子吹希 (『三國遺事』2 紀異 2 駕洛國記)
가야 신라	夏四月 駕洛國王伊尸品薨 子坐知立 坐知得傭女 而嬖之又寵 任女黨 國大亂 新羅謀

2009) 『資治通鑑』晉紀에는 2월로 되어 있다.
2010) '攺'는 '改'의 오자로 보인다.

	伐之 其臣朴元道 諫曰 遺草閱閱亦含羽 況乃人乎 天亡地陷 人保何基 又卜士爲坐知 筮之 得解卦 其辭曰 解而悔 朋至斯孚 坐知謝之 擯女于荷山島 (『三國史節要』5)
신라	夏六月 又侵南邊 奪掠一百人 (『三國史記』3 新羅本紀 3)
신라	夏六月 倭侵新羅南邊 虜百口而去 (『三國史節要』5)
고구려	(義熙 3년 7월) 丙寅 熙微服匿於林中 爲人所執 送於雲 雲數而殺之[2011] 並其諸子 雲複姓高氏 (『資治通鑑』114 晉紀 36 安皇帝己)
고구려	(天賜四年 秋七月)慕容寶養子高雲殺慕容熙而自立 僭號天王 (『北史』1 魏本紀 1 太祖道武皇帝)
고구려	是歲 高雲馮跋殺慕容熙 雲僭即帝位 (『晉書』10 紀 10 安帝 司馬德宗)
고구려	義熙初 寶弟熙爲其下馮跋所殺 跋自立爲主 自號燕王 以其治黃龍城 故謂之黃龍國 (『宋書』97 列傳 57 東夷 高句驪)
고구려	崔鴻十六國春秋後燕錄曰 慕容雲字子雨 寶之養子 祖父和 高句麗之支庶 自云高陽氏 之苗裔 故以高爲氏 寶之爲太子 雲以武藝給侍東宮 永康初 拜侍御郎 以疾去官 及熙 葬后 馮跋詣之 告以大謀 雲懼 跋等強之 四月 即天王位 復姓高氏 大赦 改建始元年 爲正始元年 國仍號大燕 (『太平御覽』125 偏覇部 9 後燕 慕容雲)
고구려	慕容雲字子雨 寶之養子也 祖父和 高句驪之支庶 自云高陽氏之苗裔 故以高爲氏焉 雲沈深有局量 厚重希言 時人咸以爲愚 唯馮跋奇其志度而友之 寶之爲太子 雲以武藝 給事侍東宮 拜侍御郎 襲敗慕容會軍 寶子之 賜姓慕容氏 封夕陽公 熙之葬苻氏也 馮 跋詣雲 告之以謀 雲懼曰 吾嬰疾歷年 卿等所知 願更圖之 跋逼曰 慕容氏世衰 河間 虐暴 惑妖淫之女而逆亂天常 百姓不堪其害 思亂者十室九焉 此天亡之時也 公自高氏 名家 何能爲他養子 機運難邀 千歲一時 公焉得辭也 扶之而出 雲曰 吾疾苦日久 廢 絕世務 卿今興建大事 謬見推逼 所以徘徊 非爲身也 實惟否德不足 以濟元元故耳 跋 等強之 雲遂即天王位 復姓高氏 大赦境內殊死以下 改元曰正始 國號大燕 (『晉書』 124 載記 24 慕容雲)
고구려	文通 跋之少弟也 本名犯顯祖廟諱 高雲僭號 以爲征東大將軍 領中領軍 封汲郡公 (『魏書』97 列傳 85 海夷 馮文通)
고구려	(永樂)十七年丁未 敎遣步騎五萬△△△△△△△△△ 師△△合戰斬殺蕩盡 所穫鎧鉀一 萬餘領 軍資器械不可稱數 還破沙溝城婁城△住城△△△△△△那△城 (「廣開土王碑」 제3면 4행~6행)

408(戊申/신라 실성이사금 7/고구려 광개토왕 17 永樂 18/백제 전지왕 4/東晉 義熙 4/ 倭 反正 3)

백제	春正月 拜餘信爲上佐平 委以軍國政事 上佐平之職始於此 若今之冢宰 (『三國史記』 25 百濟本紀 3)
백제	春正月 百濟以餘信爲上佐平 委以軍國政事 上佐平之職始於此 (『三國史節要』5)
신라	春二月 王聞倭人於對馬島置營 貯以兵革資粮 以謀襲我 我欲先其未發 揀精兵 擊破 兵儲 舒弗邯未斯品曰 臣聞兵凶器 戰危事 況涉巨浸 以伐人 萬一失利 則悔不可追 不若依嶮設關 來則禦之 使不得侵猾 便則出而禽之 此所謂致人而不致於人 策之上也 王從之 (『三國史記』3 新羅本紀 3)

2011) 年二十三 史言慕容熙淫虐 天奪其魄 身死國滅 載記曰 自垂至熙四世 凡二十四年而滅 數 所具翻

신라	二月 新羅王聞倭人置營於對馬島 貯以兵革資粮 謀將襲之 欲先其未發擊破之 舒弗邯 末[2012]斯品曰 臣聞 兵凶器 戰危事 況涉巨浸 以伐人 萬一失利 則悔不可追 不若依 險設關 來則禦之 使不得侵掠 伺其便出擊之 此所謂致人而不致於人 策之上也 王從 之 (『三國史節要』5)
고구려	春三月 遣使北燕 且敍宗族 北燕王雲 遣侍御史李拔 報之 雲祖父高和 句麗之支 自 云 高陽氏之苗裔 故以高爲氏焉 慕容寶之爲太子 雲以武藝侍東宮 寶子之 賜姓慕容 氏 (『三國史記』18 高句麗本紀 6)
고구려	三月 高勾麗遣使北燕 且叙宗族 北燕王雲遣侍御史李拔報之 雲祖父高和 本高句麗之 支庶也 仕燕 自謂高陽氏之苗裔 以高爲氏焉 雲深沉有局量 厚重希言 時人咸以爲愚 唯馮跋奇而友之 慕容寶之爲太子也 雲以武藝給事東宮 拜侍御郎 襲敗慕容會軍 寶子 之 賜姓慕容氏 封夕陽公 熙之葬苻氏也 馮跋詣雲 謀立之 雲懼曰 吾嬰疾歷年 卿等 所知 更圖之 跋逼曰 慕容世衰 河閒暴虐 逆亂天常 百姓思亂 此天亡之時也 公本高 氏名家 何能爲他養子 機運難揺 千歲一時 公焉得辭 扶之而出 雲曰 卿今興建大事 累見推逼 所以徘徊 非爲身也 實惟不德不足 以濟黎元耳 跋等強之 雲即天王位 復姓 高氏 改元正始 立妻李氏爲天王后 子彭爲太子 (『三國史節要』5)
고구려	(三月) 高句麗遣使聘北燕 且敍宗族[2013] 北燕王雲遣侍御史李拔報之 (『資治通鑑』 114 晉紀 36 安皇帝 己)
고구려	(崔鴻十六國春秋) 又曰 太上四年 高麗使至 獻美女十人千里馬一疋 (『太平御覽』895 獸部 7 馬 3)

409(己酉/신라 실성이사금 8/고구려 광개토왕 18 永樂 19/백제 전지왕 5/東晉 義熙 5/倭 反正 4)

고구려	△△郡信都縣都鄕中甘里 釋加文佛弟子 △△氏鎭 仕位 建威將軍國小大兄左將軍龍 驤將軍遼東太守使持節東夷校尉幽州刺史 鎭年七十七薨焉 永樂十八年太歲在戊申十 二月辛酉朔廿五日乙酉 成遷移玉柩 周公相地 孔子擇日 武王選時 歲使一良 葬送之 後 富及七世 子孫番昌 仕宦日遷位至侯王 造藏萬功 日煞牛羊 酒宍米粲不可盡掃 且 食鹽政食一椋 記之後世 寓寄無疆

<table>
<tr><td>전실 西壁 上端</td><td>此十三郡屬幽州部縣七十五</td></tr>
<tr><td></td><td>州治廣薊今治燕國去洛陽二千三百</td></tr>
<tr><td></td><td>里都尉一 部幷十三郡</td></tr>
<tr><td></td><td>六郡太守來朝時通事吏</td></tr>
<tr><td></td><td>奮威將軍燕郡太守來朝時</td></tr>
<tr><td></td><td>范陽內史來朝論州時</td></tr>
<tr><td></td><td>魚陽太守來論州時</td></tr>
<tr><td></td><td>上谷太守來朝賀時</td></tr>
<tr><td></td><td>廣寧太守來朝賀時</td></tr>
<tr><td></td><td>代郡內史來朝△△△</td></tr>
<tr><td>전실 西壁 下端</td><td>諸郡太守通使吏</td></tr>
<tr><td></td><td>[北平]太守來朝賀時</td></tr>
<tr><td></td><td>遼西太△△△朝賀時</td></tr>
<tr><td></td><td>昌黎太守來論州時</td></tr>
</table>

2012) '末'은 '未'의 오기로 보인다.
2013) 雲本高句麗支屬 詳見一百九卷隆安元年 使 疏吏翻

遼東太守來朝賀時
玄兎太守來朝△△
濼浪太守來△△△
△△△△△△△△2014)

전실 南壁 西側　　　鎭△[府長]史[司]馬
叄軍典軍錄事△
曹僉史諸曹職[吏]
故銘記之
전실 南壁 東側　　　薊縣令捉軒弩
전실 東壁　　　　　鎭△[刺]史司馬
御使導從時
治中別駕
使君出遊時
전실 天井 北側　　　地軸一身兩頭
天馬之象
天雀之象
辟毒之象
博位之猗頭生四
耳△有[得]自明在於右
賀鳥之象學道
不成背負藥△
零陽之象學道
不成頭生七△
喙遠之象
전실 天井 西側　　　千秋之象
萬歲之象
玉女之幡
玉女之槃
仙人持幢
전실 天井 南側　　　仙人持蓮
吉利之象
牽牛之象
△△之象
富貴之象
猩猩之象
전실 天井 東側　　　飛魚△象
靑陽之鳥一
身兩頭
陽光之鳥
履火而行
현실 東壁　　　　　此人爲中裏都督典知
七寶自然音樂自然
飮食有△之旛△△△△

2014) 열거한 군명으로 보아 帶方太守로 시작하는 부분으로 추정된다.

此人與七寶

俱生是故

儉喫知之

此二人大廟作食人也

此二人持刀侍[衛]

七寶△時

此二人持菓△食時

현실 西壁 　　　　此爲西薗中馬射戲人

　　　　　　　射戲注記人

현실 南壁 　　　　此是△前廐養馬子

연도 西壁 　　　　太歲在己酉二月二日辛酉成關此塹戶大吉吏

연도 東壁 　　　　童△△端亓△道者△△△笑 (「德興里古墳墓誌銘」)[2015]

고구려 　　　夏四月 立王子巨連爲太子 (『三國史記』18 高句麗本紀 6)

고구려 　　　夏四月 高句麗王立王子巨連爲太子 (『三國史節要』5)

고구려 　　　秋七月 築國東禿山等六城 移平壤民戶 (『三國史記』18 高句麗本紀 6)

고구려 　　　秋七月 高勾麗築國東禿山等六城 移平壤民戶 (『三國史節要』5)

고구려 　　　八月 王南巡 (『三國史記』18 高句麗本紀 6)

고구려 　　　八月 高勾麗王南巡 (『三國史節要』5)

가야 　　　(二十年)秋九月 倭漢直祖阿知使主　其子都加使主　並率己之黨類十七縣　而來歸焉 (『日本書紀』10 應神紀)[2016]

백제 　　　倭國遣使送夜明珠 王優禮待之 (『三國史記』25 百濟本紀 3)

백제 　　　倭國遣使百濟 送夜明珠 王優禮待之 (『三國史節要』5)

410(庚戌/신라 실성이사금 9/고구려 광개토왕 19 永樂 20/백제 전지왕 6/東晉 義熙 6/倭 反正 5)

고구려 부여 　　(永樂)卄年庚戌 東夫餘舊是鄒牟王屬民 中叛不貢 王躬率往討 軍到餘城 而餘城國駭
　　　　　　△△△△△△△△△△王恩普覆 於是旋還 又其慕化隨官來者 味仇婁鴨盧卑斯麻鴨盧椯
　　　　　　社婁鴨盧肅斯舍鴨盧△△△鴨盧　凡所攻破城六十四　村一千四百[2017] (「廣開土王碑」
　　　　　　제3면 6행~8행)

411(辛亥/신라 실성이사금 10/고구려 광개토왕 20 永樂 21/백제 전지왕 7/東晉 義熙 7/倭 없음)

412(壬子/신라 실성이사금 11/고구려 광개토왕 21 永樂 22/백제 전지왕 8/東晉 義熙 8/倭 允恭 1)

2015) 408년에 고분이 축조되고 409년 2월에 고분을 막았다고 기록하고 있기 때문에 409년으로 편년하였다.
2016) 『日本書紀』 응신천황 20년(289)조의 기사이지만 내용상 120년을 인상한 409년조의 기사군에 재배치해둔다.
2017) 여기의 64성 1,400촌은 광개토왕 일대에 공파한 성촌의 합계로 보는 것이 일반적이나, 이를 대동부여 전쟁의 전과로 보는 견해도 있다.

신라 고구려	以奈勿王子卜好 質於高句麗 (『三國史記』 3 新羅本紀 3)
신라 고구려	又(實聖王)十一年 壬子 高句麗亦欲得未斯欣之兄卜好爲質 大王又遣之 (『三國史記』 45 列傳 5 朴堤上)
신라 고구려	至訥祇王即位三年己未 句麗長壽王 遣使來朝云 寡君聞 大王之弟寶海 秀智才藝 願與相親 特遣小臣懇請 王聞之幸甚 因此和通 命其弟寶海 道於句麗 以內臣金武謁為輔 而送之 長壽王又留而不送 (『三國遺事』 1 紀異 1 奈勿王[一作那密王] 金堤上)[2018]
고구려 신라	高勾麗請質于新羅 王以卜好爲質而遣之 卜好未斯欣之兄也 王怨奈勿王 旣質未斯欣 於倭國 以憾猶未怠[2019] 復以卜好爲質於高勾麗 (『三國史節要』 5)

고구려	△△△△世 必授天道 自承元王 始祖鄒牟王之創基也 △△△子河伯之孫 神靈祐護蔽陰 開國辟土 継胤相承 △△△△各墓烟戶 以△河流 四時祭祀 然而世悠長 烟△守△△ 烟戶△△△△ 當買△轉賣數 △守墓者以銘△△ △△△△△國罡上太王 △平△△ 王神亡 △興東西△△△△世室 追述先聖功勳 弥高杰烈 繼古人之慷慨 丁△△好太△ 王曰 自戊子定律 敎內發令 更修復 各於△△△△立碑 銘其烟戶頭廿人名 以示後世 自今以後 守墓之民 不得擅買更相轉賣 雖富足之者 亦不得其買賣 因若違令者 後世継嗣△△ 看其碑文 与其罪過 (「集安高句麗碑[2020])」

고구려	昊天不弔 卅有九 寔駕棄國 (「廣開土王碑」 1면 6~7행)

413(癸丑/신라 실성이사금 12/고구려 광개토왕 22 永樂 23, 장수왕 1/백제 전지왕 9/東晉 義熙 9/倭 允恭 2)

신라	秋八月 雲起狼山 望之如樓閣 香氣郁然 久而不歇 王謂是必仙靈降遊 應是福地 從此後 禁人斬伐樹木 (『三國史記』 3 新羅本紀 3)
신라	秋八月 新羅有彩雲起狼山 如樓閣 香氣郁然 久而不歇 王謂是仙靈降遊之地 禁人伐樹木 (『三國史節要』 5)

신라	(秋八月) 新成平壤州大橋 (『三國史記』 3 新羅本紀 3)
신라	(秋八月) 新羅新成平壤州大橋 (『三國史節要』 5)
신라	義熙九年癸丑 平壤州大橋成[恐南平壤也今楊州] (『三國遺事』 1 紀異 1 實聖王)[2021]
고구려	冬十月 王薨 號爲廣開土王 (『三國史記』 18 高句麗本紀 6)
고구려	冬十月 高勾麗王談德薨 號曰廣開土王 太子巨連立 開土王之元子也 體貌魁傑 志氣豪邁 (『三國史節要』 5)
고구려	長壽王 諱巨連[一作璉] 開土王之元子也 體貌魁傑 志氣豪邁 開土王十八年立爲太子 二十二年王薨 卽位 (『三國史記』 18 高句麗本紀 6)
고구려	第二十長壽王[名臣[2022]△ 癸丒立 治七十九年] (『三國遺事』 1 王曆)

고구려	願太王陵 安如山 固如岳 (「太王陵塼銘文」)[2023]

2018) 눌지왕의 아우 복호가 고구려에 질자로 간 사실은 『삼국사기』 신라본기와 박제상 열전에서는 실성이사금 11(412)의 일로 기록하고 있다.

2019) '怠'는 '息'의 오기이다.

2020) 집안고구려비는 광개토왕대에 건립된 것으로 이해되는 바, 이에 광개토왕 죽음 이전으로 편년하여 배치하였다.

2021) 이 기사에는 월 표기가 없으나, 『三國史記』 新羅本紀 등에 의거하여 8월로 편년하였다.

2022) '巨'의 오자로 보인다.

2023) 이 명문에는 연대 표기가 없으나, 광개토왕릉으로 추정되는 태왕릉에서 발견되었다. 그에 따라 광개토

고구려	元年 遣長史高翼入晉奉表 獻赭白馬 安帝封王高句麗王樂安郡公 (『三國史記』 18 高句麗本紀 6)
고구려	高勾麗遣長史高翼如晉奉表 獻赭白馬 帝封王爲高勾麗王樂安郡公 (『三國史節要』 5)
고구려	高句驪王高璉 晉安帝義熙九年 遣長史高翼奉表獻赭白馬 以璉爲使持節都督營州諸軍事征東將軍高句驪王樂浪公 (『宋書』 97 列傳 57 夷蠻 東夷 高句驪國)
고구려	至孫高璉 晉安帝義熙中 始奉表通貢職 歷宋齊並授爵位 年百餘歲死 (『梁書』 54 列傳 48 諸夷 高句驪)
고구려	晉安帝義熙九年 高麗王高璉遣長史高翼奉表 獻赭白馬 晉以璉爲使持節都督營州諸軍事征東將軍高麗王樂浪公 (『南史』 79 列傳 69 夷貊 下 東夷 高句麗)
고구려	東晉 安帝義熙中 遣長史高翼獻赭白馬 以璉爲營州諸軍事·高麗王·樂浪郡公 (『通典』 186 邊防 2 東夷 下 高句麗)
고구려	(晉安帝)義熙九年 高麗國王高璉[2024] 遣長史高翼 奉表獻赭白馬 以璉爲高麗王樂浪郡公 (『冊府元龜』 963 外臣部 8 冊封 1)
고구려	晉安帝義熙中 遣長司高翼 獻赭白馬 以璉爲都督營州諸軍事高麗王樂浪郡公 (『太平寰宇記』 173 四夷 2 東夷 2 高勾驪國)
고구려	晉安帝義熙九年 高翼奉表 獻赭白馬 (『太平御覽』 783 四夷部 4 東夷 4 高句驪)

414(甲寅/신라 실성이사금 13/고구려 장수왕 2/백제 전지왕 10/東晉 義熙 10/倭 允恭 3)

신라	春正月辛酉朔 遣使求良醫於新羅 (『日本書紀』 13 允恭紀)
고구려	(五月) 河間人 褚匡言於燕王跋曰 陛下龍飛遼碣 舊邦族黨 傾首朝陽[2025] 以日爲歲 請往迎之 跋曰 道路數千里 復隔異國 如何可致[2026] 匡曰 章武臨海[2027] 舟楫可通 出於遼西臨渝 不爲難也[2028] 跋許之 以匡爲游擊將軍中書侍郎 厚資遣之 匡與跋從兄買從弟睹[2029] 自長樂帥五千餘戶歸于和龍[2030] 契丹庫莫奚皆降於燕[2031] 跋署其大人爲歸善王 跋弟丕避亂在高句麗[2032] 跋召之 以爲左僕射 封常山公 (『資治通鑑』 116 晉紀 38 安皇帝 辛)
고구려	先是 河間人褚匡言於跋曰 陛下至德應期 龍飛東夏 舊邦宗族 傾首朝陽 以日爲歲 若聽臣往迎 致之不遠 跋曰 隔絶殊域 阻迴數千 將何可致也 匡曰 章武郡臨海 船路甚通 出於遼西臨渝 不爲難也 跋許之 署匡游擊將軍中書侍郎 厚加資遣 匡尋與跋從兄買從弟睹自長樂率五千餘戶來奔 署買爲衛尉 封城陽伯 睹爲太常高城伯 契丹庫莫奚降 署其大人爲歸善王 (…) 跋弟丕 先是 因亂投於高句麗 跋迎致之 至龍城 以爲左僕射常山公 (『晉書』 125 載記 25 馮跋)[2033]

왕의 사망시점인 413년 10월 이후로 편년하고 배치하였다.

2024) 一作高連
2025) 言日生於東 猶馮跋興於遼碣也 其族黨在長樂者 傾首而東望之 碣 其謁翻
2026) 復 扶又翻
2027) 跋之先 長樂信都人 而章武郡則晉分漢勃海郡所置也 自信都至章武 可以浮海至遼西
2028) 臨渝縣 漢屬遼西郡 師古曰 渝 音喩 水經曰 碣石在縣南
2029) 從 才用翻
2030) 漢高帝置信都郡 景帝二年爲廣川國 明帝更名樂成 安帝改曰安平 晉改曰長樂 樂 音洛 帥 讀曰率
2031) 契 欺訖翻 音喫 降 戶江翻
2032) 句 如字 又音駒 麗 力知翻
2033) 이 기사에는 연대 표기가 없으나, 『資治通鑑』 晉紀에 의거하여 義熙10년(414) 5월로 편년하였다.

백제 신라 가야

(二十五年) 百濟直支王薨 卽子久爾辛立爲王 王年幼 大倭木滿致執國政 與王母相婬 多行無禮 天皇聞而召之[百濟記云 木滿致者是木羅斤資討新羅時 娶其國婦而所生也 以其父功專於任那 來入我國往還貴國 承制天朝執我國政 權重當世 然天皇聞其暴召 之] (『日本書紀』 10 應神紀)[2034]

고구려 秋八月 異鳥集王宮 (『三國史記』 18 高句麗本紀 6)

고구려 秋八月 高勾麗異鳥集王宮 (『三國史節要』 5)

신라 秋八月 醫至自新羅 則令治天皇病 未經幾時 病已差也 天皇歡之 厚賞醫以歸于國 (『日本書紀』 13 允恭紀)

신라 天皇初爲将所知天津日継之時 天皇辞而詔之 我者有一長病 不得所知日継 然大后始 而 諸卿等 因堅奏而 乃治天下 此時新良國主 貢進御調八十一艘 爾御調之大使 名云 金波鎮漢紀武 此人深知藥方 故治帝皇之御病 (『古事記』 下 允恭天皇)[2035]

신라 新良△國鎭明(缺)方 允恭天皇御后衣通郎女乃牟止加世病治之藥也 大和國高市加多神 社所傳也 頭風咽腫痛不飲食 大熱無汗惡寒[惱者(乃)藥] 久壽加豆良 袁美奈加豆良 阿 保加通良 支波知寸乃美 万豆保度 也左奈支 比以良支 波自加民 [八味乎] [以下欠] (『大同類聚方』 17 乃無度加世也民 之良支藥)[2036]

고구려 以甲寅年九月廿九日乙酉 遷就山陵 (「廣開土王碑」 1면 6~7행)

고구려 (甲寅年九月廿九日乙酉) 於是 立碑銘記勳績 以示後世 其詞 (…) 守墓人烟戶 賣勾余 民 國烟二 看烟三 東海賈 國烟三 看烟五 敦城民 四家盡爲看烟 与城一家爲看烟 碑 利城二家爲國烟 平穰城民國烟一 看烟十 訾連二家爲看烟 俳婁人國烟一 看烟卅三 梁谷二家爲看烟 梁城二家爲看烟 安夫連廿二家爲看烟 改谷三家爲看烟 新城三家爲 看烟 男蘇城一家爲國烟 新來韓濊 沙水城 國烟一 看烟一 牟婁城二家爲看烟 豆比鴨 岑韓五家爲看烟 勾牟客頭二家爲看烟 求底韓一家爲看烟 舍蔦城韓濊國烟三 看烟廿 一 古模耶羅城一家爲看烟 炅古城國烟一 看烟三 客賢韓一家爲看烟 阿旦城雜珍城合 十家爲看烟 巴奴城韓九家爲看烟 臼模盧城四家爲看烟 各模盧城二家爲看烟 牟水城 三家爲看烟 幹氐利城國烟一 看烟三 彌鄒城國烟一 看烟七 也利城三家爲看烟 豆奴 城國烟一 看烟二 奧利城國烟二 看烟八 須鄒城國烟二 看烟五 百殘南居韓國烟一 看 烟五 太山韓城六家爲看烟 農賣城國烟一 看烟七 閏奴城國烟二 看烟廿二 古牟婁城 國烟二 看烟八 瑑城國烟一 看烟八 味城六家爲看烟 就咨城五家爲看烟 彡穰城廿四 家爲看烟 散那城一家爲國烟 那旦城一家爲看烟 勾牟城一家爲看烟 於利城八家爲看 烟 比利城三家爲看烟 細城三家爲看烟 國罡上廣開土境好太王存時 教言 祖王先王但 教 取遠近舊民 守墓洒掃 吾慮舊民轉當贏劣 若吾萬年之後 安守墓者 但取吾躬巡所 略來韓濊 令備洒掃 言教如此 是以 如敎令 取韓濊二百卅家 慮其不知法 則復取舊民 一百十家 合新舊守墓戶 國烟卅 看烟三百 都合三百卅家 自上祖先王以來 墓上不安 石碑 致使守墓人烟戶差錯 唯國罡上廣開土境好太王 盡爲祖先王墓上立碑 銘其烟戶 不令差錯 又制 守墓人自令以後 不得更相轉賣 雖有富足之者 亦不得擅買 其有違令 賣者刑之 買人制令守墓之 (「廣開土王碑」[2037] 3면 제8행~4면 제9행)

2034) 『日本書紀』 응신천황 25년(294)조의 기사이지만 내용상 120년을 인상한 414년조의 기사군에 재배치해 둔다.

2035) 『일본서기』에는 允恭天皇(재위 412-453) 3년(414)으로 되어 있어 이를 따라 여기에 배치했다.

2036) 『일본서기』에는 允恭天皇(재위 412-453) 3년(414)으로 되어 있어 이를 따라 여기에 배치했다.

2037) 광개토왕비의 명문은 해당 연도에 맞도록 편년하여 매뉴얼과는 달리 전체 명문 가운데 해당연도에 편 년된 부분은 생략한다.

| 고구려 | 冬十月 王畋于蛇川之原 獲白獐 (『三國史記』 18 高句麗本紀 6) |
| 고구려 | 冬十月 高勾麗王畋于蛇川 獲白獐 (『三國史節要』 5) |

| 고구려 | 十二月 王都雪 五尺 (『三國史記』 18 高句麗本紀 6) |
| 고구려 | 十二月 高勾麗王都雪 深五尺 (『三國史節要』 5) |

415(乙卯/신라 실성이사금 14/고구려 장수왕 3/백제 전지왕 11/東晉 義熙 11/倭 允恭 4)

| 백제 | 夏五月甲申 彗星見 (『三國史記』 25 百濟本紀 3) |
| 백제 | 夏五月甲申 百濟彗星見 (『三國史節要』 5) |

| 신라 | 秋七月 大閱於穴城原 又御金城南門觀射 (『三國史記』 3 新羅本紀 3) |
| 신라 | 秋七月 新羅王大閱於穴城原 又觀射於金城南門 (『三國史節要』 5) |

| 신라 | 八月 與倭人戰於風島 克之 (『三國史記』 3 新羅本紀 3) |
| 신라 | 八月 新羅與倭人戰於風島 克之 (『三國史節要』 5) |

| 고구려 | 乙卯年 國罡上廣開土地好太王壺杅十 (「廣開土王壺杅銘文」) |

416(丙辰/신라 실성이사금 15/고구려 장수왕 4/백제 전지왕 12/東晉 義熙 12/倭 允恭 5)

| 신라 | 春三月 東海邊獲大魚 有角 其大盈車 (『三國史記』 3 新羅本紀 3) |
| 신라 | 春三月 新羅東海邊獲大魚 有角 其大盈車 (『三國史節要』 5) |

| 신라 | 夏五月 吐含山崩 泉水湧 高三丈 (『三國史記』 3 新羅本紀 3) |
| 신라 | 夏五月 新羅吐含山崩 泉水湧 高三丈 (『三國史節要』 5) |

백제	東晉安帝遣使 冊命 王爲使持節都督百濟諸軍事鎭東將軍百濟王 (『三國史記』 25 百濟本紀 3)
백제	晉遣使百濟 冊命 王爲使持節都督百濟諸軍事鎭東將軍百濟王 (『三國史節要』 5)
백제	義熙十二年 以百濟王餘映爲使持節都督百濟諸軍事鎭東將軍百濟王 (『宋書』 97 列傳 57 夷蠻 東夷 百濟國)
백제	晉義熙十二年 以百濟王餘映爲使持節都督百濟諸軍事鎭東將軍百濟王 (『南史』 79 列傳 69 夷貊 下 東夷 百濟)
백제	(晋安帝義熙)十二年 以百濟王映爲使持節都督百濟諸軍事鎭東將軍百濟王 (『冊府元龜』 963 外臣部 8 冊封 1)
백제	南史曰 晉義熙十二年 以百濟王餘映爲使持節都督百濟諸軍事鎭東將軍百濟王 (『太平御覽』 781 四夷部 2 東夷 2 百濟)
백제 고구려	義熙中 其王餘腆 宋元嘉中 其王餘毗 齊永明中 其王餘太 皆受中國官爵 梁初以太爲征東將軍 尋爲高句驪所破 (『梁職貢圖』 百濟國使)[2038]
백제	義熙中 以百濟王夫餘腆[2039]爲使持節都督百濟諸軍事 宋齊並遣使朝貢 授官封 (『通

2038) 이 기사에는 연대 표기가 없으나, 『三國史記』 百濟本紀 등에 의거하여 義熙12년(416)으로 편년하였다.
2039) 佗典反

| 백제 | 義熙中 以百濟王夫餘腆爲使持節都督百濟諸軍事 宋齊梁 並遣使朝貢 授官封 (『太平
寰宇記』172 四夷 1 東夷 1 百濟國)[2041] |

417(丁巳/신라 실성이사금 16, 눌지마립간 1/고구려 장수왕 5/백제 전지왕 13/東晉 義熙 13/倭 允恭 6)

| 백제 | 春正月甲戌朔 日有食之 (『三國史記』25 百濟本紀 3) |
| 백제 | 春正月甲戌朔 百濟日有食之 (『三國史節要』5) |

| 백제 | 夏四月 旱 民饑 (『三國史記』25 百濟本紀 3) |
| 백제 | 夏四月 百濟旱 民饑 (『三國史節要』5) |

신라	夏五月 王薨 (『三國史記』3 新羅本紀 3)
신라 고구려	五月 新羅奈勿王子訥祗 弑其君實聖自立 號麻立干 麻立者 方言謂橛也 橛謂標准位 而置 則王橛爲主 臣橛列於下 因以名之 初奈勿王以實聖質於高勾麗 實聖怨之 及爲王 欲害其子以報之 密遣人招麗人之素相善者 殺訥祗 令訥祗往 逆麗人見訥祗而奇之 遂告曰 爾國王使我害君 今見君其忍害諸 乃歸 於是訥祗怨王 弑之 (『三國史節要』5)
신라 고구려	訥祗麻立干立[金大問云 麻立者 方言謂橛也 橛謂諴操 准位而置 則王橛爲主 臣橛列於下 因以名之] 奈勿王子也 母保反夫人[一云 內禮吉怖] 味鄒王女也 妃實聖王之女 奈勿王三十七年 以實聖質於高句麗 及實聖還爲王 怨奈勿質己於外國 欲害其子以報怨 遣人 招在高句麗時相知人 因密告 見訥祗則殺之 遂令訥祗往 逆於中路 麗人見訥祗形神爽雅 有君子之風 遂告曰 爾國王使我害君 今見君 不忍賊害 乃歸 訥祗怨之 反弑王 自立 (『三國史記』3 新羅本紀 3)
신라	第十九 訥祗麻立干[一作內只王 金氏 父奈勿王 母內礼希夫人 金氏 末鄒王女 丁巳立 治四十一年] (『三國遺事』1 王曆)[2042]
신라 고구려	王忌憚前王太子訥祗 有德望 將害之 請高麗兵 而詐迎訥祗 高麗人見訥祗 有賢行 乃倒戈而殺王 乃立訥祗爲王而去 (『三國遺事』1 紀異 1 第十八代實聖王)[2043]

| 백제 | 秋七月 徵東北二部人年十五已上 築沙口城 使兵官佐平解丘監役 (『三國史記』25 百濟本紀 3) |
| 백제 | 秋七月 百濟徵東北二部人年十五已上 築沙口城 使兵官佐平解丘監其役 (『三國史節要』5) |

| 고구려 | (二十八年)秋九月 高麗王遣使朝貢 因以上表 其表曰 高麗王敎日本國也 時太子菟道稚郞子讀其表 怒之責高麗之使 以表狀無禮 則破其表 (『日本書紀』10 應神紀)[2044] |

418(戊午/신라 눌지마립간 2/고구려 장수왕 6/백제 전지왕 14/東晉 義熙 14/倭 允恭 7)

| 신라 | 春正月 親謁始祖廟 (『三國史記』3 新羅本紀 3) |
| 신라 | 春正月 新羅王謁始祖廟 (『三國史節要』5) |

2040) 이 기사에는 연대 표기가 없으나, 『三國史記』百濟本紀 등에 의거하여 義熙12년(416)으로 편년하였다.
2041) 이 기사에는 연대 표기가 없으나, 『三國史記』百濟本紀 등에 의거하여 義熙12년(416)으로 편년하였다.
2042) 이 기사에는 월 표기가 없으나, 『三國史記』新羅本紀 등에 의거하여 5월로 편년하였다.
2043) 이 기사에는 연대 표기가 없으나, 『三國史記』新羅本紀 등에 의거하여 訥祗王元年(417) 5월로 편년하였다.
2044) 『日本書紀』응신천황 28년(297)조의 기사이지만 내용상 120년을 인상한 417년조에 배치하였다..

신라 고구려 王弟卜好自高句麗 與堤上奈麻還來 (『三國史記』3 新羅本紀 3)

신라 고구려 新羅王弟卜好與朴堤上自高勾麗來歸

王初卽位 思復未斯欣卜好 求得辯士 往說之 聞水酒村干伐寶靺 一利村干仇里 酒利
伊村干波老 三人俱有才智 召問曰 吾二弟質於倭麗 曠世不還 顧何術以生還 三人曰
臣等聞 歃良州干朴堤上勇而謀 可以濟事

王徵堤上告其謀 堤上曰 臣聞 主憂臣辱主辱臣死 論難易而後行 謂之不忠 圖死生而
後動 謂之無勇 臣旣聞命 敢辭 遂聘高勾麗 語王曰 臣聞交隣之道 誠信而已 若交質
子 則不及五霸 誠末世之事也 今寡君之愛弟卜好在此 殆將十年 寡君以鶺鴒在原之意
永懷不已 若大王惠然歸之 則若九牛落一毛 無所損也 而寡君之德大王 可量也哉 高
勾麗王然之 許與提上同歸 提上 婆娑王五世孫也 (『三國史節要』5)

신라 고구려 及訥祇王卽位 思得辯士往迎之 聞水酒村干伐寶靺一利村干仇里酒利伊村干波老三人
有賢智 召問曰 吾弟二人 質於倭麗二國 多年不還 兄弟之故 思念不能自止 願使生還
若之何而可 三人同對曰 臣等聞歃良州干堤上 剛勇而有謀 可得以解殿下之憂

於是 徵堤上使前 告三臣之言而請行 堤上對曰 臣雖愚不肖 敢不唯命祇承 遂以聘禮
入高句麗 語王曰 臣聞交鄰國之道 誠信而已 若交質子 則不及五霸 誠末世之事也 今
寡君之愛弟在此 殆將十年 寡君以鶺鴒在原之意 永懷不已 若大王惠然歸之 則若九牛
之落一毛 無所損也 而寡君之德大王也 不可量也 王其念之 王曰 諾 許與同歸 及歸
國 (『三國史記』45 列傳 5 朴堤上)2045)

신라 (五年)春三月癸卯朔己酉 新羅王遣汗禮斯伐毛麻利叱智富羅母智等朝貢 仍有返先質微
叱許智伐旱之情 是以 誂許智伐旱 而給之曰 使者汗禮斯伐毛麻利叱智等 告臣曰 我
王以坐臣久不還 而悉沒妻子爲孥 冀蹔還本土 知虛實而請焉 皇太后則聽之 因以 副
葛城襲津彦而遣之 共到對馬 宿于鉏海水門 時新羅使者毛麻利叱智等 竊分船及水手
載微叱旱岐 令逃於新羅 乃造蒭靈 置微叱許智之床 詳爲病者 告襲津彦曰 微叱許智
忽病之將死 襲津彦使人令看病者 卽知欺 而捉新羅使者三人 納檻中 以火焚而殺 乃
詣新羅 次于蹹鞴津 拔草羅城還之 是時俘人等 今桑原 佐糜 高宮 忍海 凡四邑漢人
等之始祖也 (『日本書紀』9 神功紀)2046)

백제 夏 遣使倭國 送白綿十匹 (『三國史記』25 百濟本紀 3)
백제 夏 百濟遣使倭國 送白綿十匹 (『三國史節要』5)

신라 秋 王弟未斯欣自倭國逃還 (『三國史記』3 新羅本紀 3)
신라 고구려 백제

秋 新羅王弟未斯欣自倭國逃還

初卜好旣還 王語提上曰 我念二弟 如左右臂 今只得一臂 乃何 堤上曰 臣雖駑才 旣
以身許國 有何敢辭 然高勾麗大國 王亦賢 臣得以一言悟之 若於倭 當以謀絀 不可以
口舌諭 臣若執罪而逃者 及臣旣行 請囚臣家属 提上以死自誓 不見妻子 抵栗浦 已解
纜矣 其妻追至大哭 堤上曰 我已將命 自分必死 爾莫作再見計

遂徑入倭國 若叛者 倭主初疑之 先是 百濟人入倭國 給言新羅與高勾麗將來伐 倭遂
遣兵 邏戍新羅之境 會高勾麗侵 新羅幷其邏卒殺之 倭主以百濟人言爲實 及聞羅王囚
未斯欣堤上家属 謂堤上實叛者

於是出師將襲新羅 仍以堤上未斯欣爲郷道 行至海島 諸將密議 滅新羅 執堤上未斯欣

2045) 『삼국사기』 눌지마립간 2년조에 근거하여 418년으로 편년하였다.
2046) 『日本書紀』 신공황후 섭정 5년(205)조의 기사이지만 내용상 205년의 사실이라고는 보기 어려우며 박제
상 전승의 한국측 사료의 기년에 따라 여기에 재배치해 둔다.

妻孥以還 堤上知之 與未斯欣日乘舟 若遊玩 然倭人置而不疑 堤上勸未斯欣潛還 未
斯欣曰 豈可捨君而獨行 堤上曰 吾與子俱去 則事恐不諧 未斯欣泣辭遁還

堤上獨寢舟中晏起 以竢未斯欣遠行 倭人調知未斯欣之亡 縛堤上追之 會烟霧晦冥 不
及 倭主怒 流提上木島 未幾以火燒爛支體 然後斬之 王聞之哀慟 贈提上大阿湌 厚賜
其家 使未斯欣 娶其第二女 初未斯欣之來也 王命六部迎之 及見握手相泣 置酒極娛
王自作憂息曲慰之

[遺事 那密王三十六年庚寅 倭使聘新羅 寡君聞大王神聖 使臣等告百濟之罪 且願大王
遣一愛子 致慇懃焉 新羅王遣第三子美海聘於倭 以內臣朴婆覽副之 時美海年十歲 倭
留不遣者三十 訥祇王三年己未 高勾麗使聘新羅 寡君聞大王之弟寶海有智藝 願
一相見 新羅王遣寶海 以內臣金武謁副之 高勾麗王又留而不遣 九年乙丑 王宴羣臣
愀然垂涕曰 昔我聖考 爲民生使愛子質於倭 竟不得見 及予嗣位 親弟又爲高勾麗所拘
雖處富貴 而未嘗一日而忘 若得一[2047)弟 謝於先王之廟者 當厚報之 羣臣對曰 事
有至難 必得智勇者斯可矣 歃羅郡太守堤上其人乎 王召堤上問之 對曰 臣雖不肖 聞
命敢辭 王甚嘉悅遣之 堤上變服入高勾麗 見寶海謀還 約於五月十五日行 堤上先往高
城水口待之 至期 寶海果逃來 高勾麗王知之 遣人追及高城 寶海嘗在高勾麗 好施於
人 故追者抽矢 去鏃而射之 遂免 寶海乃至 王益思美海 垂涕曰 譬如一身 有一臂一
面有一眼 雖得一而亡一 不亦痛乎 堤上聞命 不入其家 直至栗浦 妻追至栗浦口 堤上
已在船 妻呼之懇 則堤上但揮手而已 至倭國 紿以國王枉殺我父兄 故敢逃來爾 倭主
乃信 賜第留之 堤上日與美海遊海濱釣弋 常以所獲獻於倭主 主喜益不疑 一日曉霧昏
翳 堤上謂美海曰 子可行矣 美海曰 盍與偕行 堤上曰 若然 恐倭人覺而追之 臣且留
而止其追 美海曰 我與若如兄弟 何忍獨行 堤上曰 若能救公之命 而慰大王之情則足
矣 顧安敢愛生 仍飲酒相別 時雞林人康仇麗在倭國 堤上俾與之從行 自入美海寢室
日宴不起 左右欲見美海 堤上紿以疾 日且吳 左右恠而訊之 美海行已遠矣 左右奔告
倭主 使騎逐之 不及 於是囚堤上鞠之曰 汝何竊遣汝國王子耶 堤上曰 臣是雞林之臣
欲成吾君之志耳 倭主怒曰 今汝已爲我臣 而稱雞林之臣 則必具五刑 若稱倭國之臣者
必賞以重祿 堤上曰 寧爲雞林之犬狄 不爲倭國之臣子 寧受雞林之箠楚 不受倭國之爵
祿 王怒 剝堤上脚皮 刈蒹葭使趨其上 更問曰 汝何國臣乎 曰雞林之臣也 又使立於熱
鉄上 問何國之臣乎 曰雞林之臣也 倭主知其不可屈 燒殺於木島中 美海既渡海 使康
仇麗先報 王驚喜 命百官迎於屈歇驛 王與寶海迎於南郊 大赦國內 冊堤上妻爲國大夫
人 以其女妻美海 後堤上妻率三娘子 上鵄述嶺 望倭國痛哭而死 仍爲鵄述神母 今有
祠] (『三國史節要』5)

신라 고구려 백제

大王喜慰曰 我念二弟 如左右臂 今只得一臂奈何 堤上報曰 臣雖奴才 既以身許國 終
不辱命 然高句麗大國 王亦賢君 是故臣得以一言悟之 若倭人 不可以口舌諭 當以詐
謀 可使王子歸來 臣適彼 則請以背國論 使彼聞之 乃以死自誓 不見妻子 抵栗浦 汎
舟向倭 其妻聞之 奔至浦口 望舟大哭曰 好歸來 堤上回顧曰 我將命入敵國 爾莫作再
見期

遂徑入倭國 若叛來者 倭王疑之 百濟人前入倭 讒言新羅與高句麗謀侵王國 倭遂遣兵
邏戍新羅境外 會 高句麗來侵 幷擒殺倭邏人 倭王乃以百濟人言爲實 又聞羅王囚未斯
欣堤上之家人 謂堤上實叛者

於是 出師將襲新羅 兼差堤上與未斯欣爲將 兼使之鄉導 行至海中山島 倭諸將密議
滅新羅後 執堤上未斯欣妻孥以還 堤上知之 與未斯欣乘舟遊 若捉魚鴨者 倭人見之
以謂無心喜焉 於是 堤上勸未斯欣潛歸本國 未斯欣曰 僕奉將軍如父 豈可獨歸 堤上

2047) ‘一’은 ‘二’의 오자로 보인다.

日 若二人俱發 則恐謀不成 未斯欣抱堤上項 泣辭而歸
堤上獨眠室內晏起 欲使未斯欣遠行 諸人問 將軍何起之晩 答曰 前日行舟勞困 不得
夙興 及出 知未斯欣之逃 遂縛堤上 行舡追之 適煙霧晦冥 望不及焉 歸堤上於王所
則流於木島 未幾 使人以薪火燒爛支體 然後斬之 大王聞之哀慟 追贈大阿湌 厚賜其
家 使未斯欣娶其堤上之第二女爲妻 以報之 初 未斯欣之來也 命六部遠迎之 及見 握
手相泣 會兄弟置酒極娛 王自作歌舞 以宣其意 今鄕樂憂息曲 是也 (『三國史記』 45
列傳 5 朴堤上)2048)

419(己未/신라 눌지마립간 3/고구려 장수왕 7/백제 전지왕 15/東晉 元熙 1/倭 允恭 8)

| 백제 | 春正月戊戌 星孛于大微 (『三國史記』 25 百濟本紀 3) |
| 백제 | 春正月戊戌 百濟星孛于大微 (『三國史節要』 5) |

| 신라 | 夏四月 牛谷水湧 (『三國史記』 3 新羅本紀 3) |
| 신라 | 夏四月 新羅牛谷水湧 (『三國史節要』 5) |

| 고구려 | 夏五月 國東大水 王遣使存問 (『三國史記』 18 高句麗本紀 6) |
| 고구려 | 夏五月 高勾麗國東大水 王遣使存問 (『三國史節要』 5) |

| 백제 | 冬十一月 丁亥朔 日有食之 (『三國史記』 25 百濟本紀 3) |
| 백제 | 冬十2049)月 丁亥朔 百濟日有食之 (『三國史節要』 5) |

신라 고구려　　至訥祇王即位三年己未 句麗長壽王 遣使來朝云 寡君聞 大王之弟寶海 秀智才藝 願
與相親 特遣小臣懇請 王聞之幸甚 因此和通 命其弟寶海 道於句麗 以內臣金武謁爲
輔 而送之 長壽王又留而不送 (『三國遺事』 1 紀異 1 奈勿王[一作那密王] 金堤
上)2050)

420(庚申/신라 눌지마립간 4/고구려 장수왕 8/백제 전지왕 16, 구이신왕 1/東晉 元熙 2, 劉宋 永初 1/倭 允恭 9)

백제	春三月 王薨 (『三國史記』 25 百濟本紀 3)
백제	春三月 百濟王腆支薨 長子久尒辛立 (『三國史節要』 5)
백제	久尒辛王 腆支王長子 腆支王薨 卽位 (『三國史記』 25 百濟本紀 3)
백제	第十九久尒辛王[腆文2051)子 庚申立 治七年] (『三國遺事』 1 王曆)2052)

| 신라 | 春夏 大旱 (『三國史記』 3 新羅本紀 3) |
| 신라 | 春夏 新羅大旱 (『三國史節要』 5) |

고구려 백제　(七月甲辰) 征東將軍高句驪王高璉 進號征東大將軍 鎭東將軍百濟王扶餘映 進號鎭東
大將軍 (『宋書』 3 本紀 3 武帝 下)
고구려 백제　(秋七月甲辰) 征東將軍高句麗王高璉 進號征東大將軍 鎭東將軍百濟王扶餘映 進號鎭

2048) 『삼국사기』 눌지마립간 2년조에 근거하여 418년으로 편년하였다.
2049) 11월의 오기이다.
2050) 눌지왕의 아우 복호가 고구려에 질자로 간 사실은 『삼국사기』 신라본기와 박제상 열전에서는 실성이사
　　금 11(412)의 일로 기록하고 있다.
2051) '支'의 오기로 보인다.
2052) 이 기사에는 월 표기가 없으나, 『三國史記』 百濟本紀 등에 의거하여 3월로 편년하였다.

고구려 백제	東大將軍 (『南史』 1 宋本紀 上 1 武帝)
	高祖踐阼 詔曰 使持節都督營州諸軍事征東將軍高句驪王樂浪公璉 使持節督百濟諸軍
	事鎭東將軍百濟王映 並執義海外 遠修貢職 惟新告始 宜荷國休 璉可征東大將軍 映
	可鎭東大將軍 持節都督王公如故 (『宋書』 97 列傳 57 夷蠻 東夷 高句驪國)[2053]
고구려	宋武帝踐阼 加璉鎭[2054]東大將軍 餘官並如故 (『南史』 79 列傳 69 夷貊 下 東夷 高
	句麗)[2055]
백제	高祖踐阼 進號鎭東大將軍 (『宋書』 97 列傳 57 夷蠻 東夷 百濟國)[2056]
백제	宋武帝踐阼 進號鎭東大將軍 (『南史』 79 列傳 69 夷貊 下 東夷 百濟)[2057]
백제	宋高祖永初元年 百濟王餘映進號鎭東大將軍 (『冊府元龜』 963 外臣部 8 冊封 1)[2058]
신라	秋七月 隕霜殺穀 民飢 有賣子孫者 慮囚原罪 (『三國史記』 3 新羅本紀 3)
신라	秋七月 新羅隕霜殺穀 民飢 有賣子者 慮囚原罪 (『三國史節要』 5)

421(辛酉/신라 눌지마립간 5/고구려 장수왕 9/백제 구이신왕 2/劉宋 永初 2/倭 允恭 10)

가야	坐知王 (…) 永初二年辛酉五月十二日崩 王妃道寧大阿干女福壽 生子吹希 (『三國遺 事』 2 紀異 2 駕洛國記)
가야	吹希王一云叱嘉 金氏 永初二年即位 治三十一年 元嘉二十八年辛卯二月三日 崩 王 妃進思角干女仁德 生王子銍知 (『三國遺事』 2 紀異 2 駕洛國記)
가야	夏五月 駕洛國王坐知薨 子吹希立 (『三國史節要』 5)[2059]
가야	第七吹希王[一云金喜父坐知王母福辛酉立治三十年] (『三國遺事』 1 王曆)[2060]

422(壬戌/신라 눌지마립간 6/고구려 장수왕 10/백제 구이신왕 3/劉宋 永初 3/倭 允恭 11)

고구려	(永初)三年 加璉散騎常侍 增督平州諸軍事 (『宋書』 97 列傳 57 夷蠻 東夷 高句驪 國)
고구려	(宋武帝)三年 加璉散騎常侍 增督平州諸軍事 (『南史』 79 列傳 69 夷貊 東夷 高句 麗)

423(癸亥/신라 눌지마립간 7/고구려 장수왕 11/백제 구이신왕 4/劉宋 景平 1/倭 允恭 12)

고구려	(三月)是月 高麗國遣使朝貢 (『宋書』 4 本紀 4 少帝)
고구려	(三月)是月 高麗國遣使朝貢 (『南史』 1 宋本紀 上 1 少帝)
신라	夏四月 養老於南堂 王親執食 賜穀帛有差 (『三國史記』 3 新羅本紀 3)
신라	夏四月 新羅王養老於南堂 親執食 賜穀帛有差 (『三國史節要』 5)

2053) 이 기사에는 월일 표기가 없으나, 『宋書』 本紀 등에 의거하여 7월22일(甲辰)로 편년하였다.
2054) 『宋書』에서는 ‘征’이라고 하였다.
2055) 이 기사에는 월일 표기가 없으나, 『宋書』 本紀 등에 의거하여 7월22일(甲辰)로 편년하였다.
2056) 이 기사에는 월일 표기가 없으나, 『宋書』 本紀 등에 의거하여 7월22일(甲辰)로 편년하였다.
2057) 이 기사에는 월일 표기가 없으나, 『宋書』 本紀 등에 의거하여 7월22일(甲辰)로 편년하였다.
2058) 이 기사에는 월일 표기가 없으나, 『宋書』 本紀 등에 의거하여 7월22일(甲辰)로 편년하였다.
2059) 이 기사에는 일자 표기가 없으나, 『三國遺事』 駕洛國記에 의거하여 5월12일로 편년하였다.
2060) 이 기사에는 월일 표기가 없으나, 『三國遺事』 駕洛國記에 의거하여 5월12일로 편년하였다.

424(甲子/신라 눌지마립간 8/고구려 장수왕 12/백제 구이신왕 5/劉宋 景平 2, 元嘉 1/倭 允恭 13)

고구려	(春二月乙巳) 高麗國遣使貢獻 (『宋書』4 本紀 4 少帝)
고구려	(春二月乙巳) 高麗國遣使朝貢 (『南史』1 宋本紀 上 1 少帝)
고구려	少帝景平二年 璉遣長史馬婁等詣闕獻方物 遣使慰勞之曰 皇帝問使持節散騎常侍都督營平二州諸軍事征東大將軍高句驪王樂浪公 纂戎東服 庸績繼軌 厥惠旣彰 款誠亦著 踰遼越海 納貢本朝 朕以不德 忝承鴻緒 永懷先蹤 思覃遺澤 今遣謁者朱邵伯副謁者王邵子等 宣旨慰勞 其茂康惠政 永隆厥功 式昭往命 稱朕意焉 (『宋書』97 列傳 57 夷蠻 東夷 高句驪國)
고구려	少帝景平二年 璉遣長史馬婁等來獻方物 遣謁者朱邵伯王邵子等慰勞之 (『南史』79 列傳 69 夷貊 下 東夷 高句麗)
신라 고구려	春二月 遣使高句麗修聘 (『三國史記』3 新羅本紀 3)
고구려 신라	春二月 新羅遣使修聘 王勞慰之特厚 (『三國史記』18 高句麗本紀 6)
신라 고구려	春二月 新羅遣使高勾麗修聘 王勞慰特厚 (『三國史節要』5)
고구려	秋九月 大有年 王宴羣臣於宮 (『三國史記』18 高句麗本紀 6)
고구려	秋九月 高勾麗大有年 王宴群臣於宮中 (『三國史節要』5)
백제	少帝景平二年 映遣長史張威詣闕貢獻 (『宋書』97 列傳 57 夷蠻 東夷 百濟國)
백제	少帝景平二年 映遣長史張威詣闕貢獻 (『南史』79 列傳69 夷貊 下 東夷 百濟)

425(乙丑/신라 눌지마립간 9/고구려 장수왕 13/백제 구이신왕 6/劉宋 元嘉 2/倭 允恭 14)

신라 고구려	至十年乙丑[2061] 王召集群臣及國中豪俠 親賜御宴進酒三行 衆樂初作 王垂涕而謂群臣曰 昔我聖考 誠心民事 故使愛子東聘於倭 不見而崩 又朕卽位已來 隣兵甚熾戰爭不息 句麗獨有結親之言 朕信其言 以其親弟聘於句麗 句麗亦留而不送 朕雖處富貴而未嘗一日暫志而不哭 若得見二弟 共謝於先主之廟 則能報恩於國人 誰能成其謀策 時百官咸奏曰 此事固非易也 必有智勇方可 臣等以爲歃羅郡太守堤上可也 於是 王召問焉 堤上再拜對曰 臣聞主憂臣辱 主辱臣死 若論難易而後行 謂之不忠 圖死生而後動 謂之無勇 臣雖不肖 願受命行矣 王甚嘉之 分觴而飮 握手而別 堤上簾前受命 径趨北海之路 變服入句麗 進於寶海所 共謀逸期 先以五月十五日 歸泊於高城水口而待 期日將至 寶海稱病 數日不朝 乃夜中逃出行 到高城海濱 王知之使數十人追之 至高城而及之 然寶海在句麗 常施恩於左右 故其軍士憫傷之 皆拔箭鏃而射之 遂免而歸 王旣見寶海益思美海 一欣一悲 垂淚而謂左右曰 如一身有一臂 一面一眼 雖得一而亡一 何敢不痛乎 時堤上聞此言 再拜辭朝而騎馬 不入家而行 直至於栗浦之濱 其妻聞之 走馬追至栗浦 見其夫已在舡上矣 妻呼之切懇 堤上但搖手而不駐 行至倭國 詐言曰 雞林王以不罪殺我父兄 故逃來至此矣 倭王信之 賜室家而安之 時堤上常陪美海 遊海濱逐捕魚鳥 以其所獲每獻於倭王 王甚喜之而無疑焉 適曉霧濛晦 堤上曰 可行矣 美侮[2062]曰然則偕行 堤上曰 臣若行 恐倭人覺而追之 願臣留而止其追也 美海曰 今我與汝如父兄焉 何得弃汝而獨歸 堤上曰 臣能救公之命 而慰大王之情則之矣 何願生乎 取酒獻美海 時雞林人康仇麗在倭國 以其人從而送之 堤上入美海房 至於明旦 左

2061) 눌지왕 10년은 丙寅年이다. 간지년을 기준으로 여기에 배치하였다.
2062) '侮'는 '海'의 오자이다.

右欲入見之 堤上出止之曰 昨日馳走於捕獵 病甚未起 及乎日昊 左右恠之 而更問焉
對曰羙海行已久矣 左右奔告於王 王使騎兵逐之不及 於是 囚堤上問曰 汝何竊遣汝國
王子耶 對曰 臣是雞林之臣 非倭國之臣 今欲成吾君之志耳 何敢言於君乎 倭王怒曰
今汝已爲我臣 而言雞林之臣 則必具五刑 若言倭國之臣者 必賞重禄 對曰寧爲雞林之
犬[2063] 不爲倭國之臣子 寧受雞林之箠楚 不受倭國之爵禄 王怒命屠剥堤上脚下之
皮 刈蒹葭 使趨其上[今蒹葭上有血痛 俗云堤上之血] 更問曰 汝何國臣乎 曰雞林之臣
也 又使立於熱鐵上 問何國之臣乎 曰雞林之臣也 倭王知不可屈 燒殺於木島中 羙海
渡海而來使康仇麗先告於國中 王驚喜 命百官迎於屈歇驛 王與親弟寶海迎於南郊 入
闕設宴 大赦國内 冊其妻爲國大夫人 以其女子爲羙海公夫人 議者曰 昔漢臣周苛在
滎[2064]陽 爲楚兵所虜 項羽謂周苛曰 汝爲我臣封爲万禄俟 周苛罵而不屈 爲楚王所殺
堤上之忠烈無恠於周苛矣 初堤上之發去也 夫人聞之 追不及 及至望德寺門南沙上 放
卧長號 因名其沙曰長沙 親戚二人 扶腋將還 夫人舒脚坐不起 名其地曰 伐知旨 久後
夫人不勝其慕 率三娘子 上鵄述嶺 望倭國 痛哭而終 仍爲鵄述神母 今祠堂存焉 (『三
國遺事』1 紀異 1 奈勿王 金堤上)

고구려　　遣使如魏貢 (『三國史記』18 高句麗本紀 6)
고구려　　高勾麗遣使如魏 貢方物 (『三國史節要』5)

백제　　元嘉二年 太祖詔之曰 皇帝問使持節都督百濟諸軍事鎮東大將軍百濟王 累葉忠順 越
　　　　海效誠 遠王纂戎 聿修先業 慕義既彰 厥懷赤款 浮桴驪水 獻琛執贄 故嗣位方任 以
　　　　藩東服 勉勗所莅 無墜前蹤 今遣兼謁者閭丘恩子兼副謁者丁敬子等宣旨慰勞稱朕意
　　　　其後每歲遣使奉表 獻方物 (『宋書』97 列傳 57 夷蠻 東夷 百濟國)
백제　　元嘉二年 文帝詔兼謁者閭丘恩子兼副謁者丁敬子等往宣旨慰勞 其後每歲遣使奉獻方
　　　　物 (『南史』79 列傳 69 夷貊 下 東夷 百濟)
백제　　宋元嘉二年 詔兼謁者閭丘恩子兼副謁者丁敬子 往宣旨慰勞 其後每歲 遣使奉表獻方
　　　　物 (『太平御覽』781 四夷部 2 東夷 2 百濟)

백제 신라 가야 진한 마한
　　　　太祖元嘉二年 讚又遣司馬曹達奉表獻方物 讚死 弟珍立 遣使貢獻 自稱使持節都督倭
　　　　百濟新羅任那秦韓慕韓六國諸軍事安東大將軍倭國王 表求除正 詔除安東將軍倭國王
　　　　珍又求除正倭隋等十三人平西征虜冠軍輔國將軍號 詔並聽 (『宋書』97 列傳 57 夷蠻
　　　　東夷 倭國)
백제 신라 가야 진한 마한
　　　　文帝元嘉二年 讚又遣司馬曹達奉表獻方物 讚死 弟珍立 遣使貢獻 自稱使持節都督倭
　　　　百濟新羅任那秦韓慕韓六國諸軍事安東大將軍倭國王 表求除正 詔除安東將軍倭國王
　　　　珍又求除正倭洧[2065]等十三人 平西征虜冠軍輔國將軍等號詔並聽之 (『南史』79 列傳
　　　　69 夷貊 東夷 倭國)
백제 신라 가야 진한
　　　　文帝元嘉二年 讚又遣使奉表獻方物 讚死 弟珎立 遣使貢獻 自稱使持節都督倭百濟新
　　　　羅任郍秦韓六國[2066]諸軍事安東大將軍倭國王 詔除安東將軍倭國王 珍又求除正倭洧

2063) ‘大’는 ‘犬’의 오자이다.
2064) 滎의 오기로 보인다.
2065) 珍又求除正倭洧等十三人平西征虜冠軍輔國將軍等號 「倭洧」宋書作「倭隋」
2066) 6국이라고 하였으나 앞에는 5국만 제시되어 있다. 『宋書』·『南史』에 보이는 慕韓이 누락된 것으로 보인
다.

等十三人平西征虜冠軍号　詔並聽之　自此朝貢不絶 (『太平御覽』782　四夷部　3　東夷 3　倭)

426(丙寅/신라 눌지마립간 10/고구려 장수왕 14/백제 구이신왕 7/劉宋 元嘉 3/倭 允恭 15)

427(丁卯/신라 눌지마립간 11/고구려 장수왕 15/백제 구이신왕 8, 비유왕 1/劉宋 元嘉 4/倭 允恭 16)

백제	冬十二月　王薨 (『三國史記』25　百濟本紀 3)
백제	冬十二月　百濟王久尒辛薨　長子毗有立[或云　腆支王庶子] (『三國史節要』5)
백제	毗有王　久尒辛王之長子(或云　腆支王庶子　未知孰是)　美姿貌　有口辯　人所推重　久尒 辛王薨　卽位 (『三國史記』25　百濟本紀 3)
백제	第二十毗有王[久尒辛子　丁卯立　治二十八年] (『三國遺事』1　王曆)2067)
고구려	移都平壤 (『三國史記』18　高句麗本紀 6)
고구려	是年　高勾麗移都平壤 (『三國史節要』5)
고구려	都國內　歷四百二十五年　長壽王十五年　移都平壤 (『三國史記』37　雜志 6　地理 4)

428(戊辰/신라 눌지마립간 12/고구려 장수왕 16/백제 비유왕 2/劉宋 元嘉 5/倭 允恭 17)

백제	春二月　王巡撫四部　賜貧乏穀有差 (『三國史記』25　百濟本紀 3)
백제	春二月　百濟王巡撫四部　賜貧乏穀有差 (『三國史節要』5)
백제	(春二月)　倭國使至　從者五十人 (『三國史記』25　百濟本紀 3)
백제	(春二月)　倭遣使于百濟 (『三國史節要』5)
백제	春二月　百濟直支王　遣其妹新齊都媛以令仕　爰新齊都媛　率七婦女　而來歸焉 (『日本書 紀』10　應神紀)2068)

429(己巳/신라 눌지마립간 13/고구려 장수왕 17/백제 비유왕 3/劉宋 元嘉 6/倭 允恭 18)

백제	(七月)是月　百濟王遣使獻方物 (『宋書』5　本紀 5　文帝)
백제	秋七月　百濟國遣使朝貢 (『南史』2　宋本紀 中 2)
백제	宋元嘉六年七月　百濟朝貢 (『玉海』153　朝貢　外夷來朝　內附)
백제	秋　遣使入宋朝貢 (『三國史記』25　百濟本紀 3)2069)
백제	秋　百濟遣使如宋朝貢 (『三國史節要』5)2070)
백제	義熙中　王餘映　宋元嘉中　王餘毗　並遣獻生口 (『梁書』54　列傳 48　諸夷　百濟)2071)

2067) 이 기사에는 월 표기가 없으나, 『三國史記』百濟本紀 등에 의거하여 12월로 편년하였다.
2068) 이 기사는 본래 『日本書紀』의 연대에 따르면 308년 2월에 해당되지만, 神功紀·應神紀의 백제관련기사 를 2주갑 인하하는 학계의 통설에 따라서 120년 후인 428년 2월에도 배치하였다.
2069) 이 기사에는 월 표기가 없으나, 『宋書』本紀 등에 의거하여 7월로 편년하였다.
2070) 이 기사에는 월 표기가 없으나, 『宋書』本紀 등에 의거하여 7월로 편년하였다.
2071) 원가 연간에 백제에서 유송에 사신을 파견한 때는 이 때가 유일하므로 여기에 배치하였다.

백제	冬十月 上佐平餘信卒 以解須爲上佐平 (『三國史記』 25 百濟本紀 3)
백제	冬十月 百濟上佐平餘信卒 以解須代之 (『三國史節要』 5)

백제	十一月 地震 大風飛瓦 (『三國史記』 25 百濟本紀 3)
백제	十一月 百濟地震 大風飛瓦 (『三國史節要』 5)

백제	十二月 無氷 (『三國史記』 25 百濟本紀 3)
백제	十二月 百濟無氷 (『三國史節要』 5)

신라	新築矢堤 岸長二千一百七十步 (『三國史記』 3 新羅本紀 3)
신라	新羅新築矢堤 長二千一百七十步 (『三國史節要』 5)

430(庚午/신라 눌지마립간 14/고구려 장수왕 18/백제 비유왕 4/劉宋 元嘉 7/倭 允恭 19)

백제	夏四月 宋文皇帝以王復修職貢 降使冊授先王暎爵號[腆支王十二年 東晉冊命爲使持節 都督百濟諸軍事鎭東將軍百濟王] (『三國史記』 25 百濟本紀 3)
백제	夏四月 宋以百濟王復修職貢 遣使冊授前王腆支爵號 (『三國史節要』 5)
백제	(元嘉)七年 百濟王餘毗復修貢職 以映爵號授之 (『宋書』 97 列傳 57 夷蠻 東夷 百濟國)[2072]
고구려	至元嘉七年死 弟弘殺跋子翼自立 後爲魏所伐 東奔高句麗 居二年 高句麗殺之 『晉書』 125 載記 25 馮跋)
고구려	跋死 子弘立 屢爲索虜所攻 不能下 太祖世 每歲遣使獻方物 (『宋書』 97 列傳 57 夷蠻 東夷 高句驪國)

백제	是歲 馮跋死 倭百濟呵羅單林邑呵羅他師子等國 並遣使朝貢 (『南史』 2 宋本紀 中 2)[2073]
백제	(元嘉)七年 百濟王餘毗復修貢職 以映爵號授之 (『南史』 79 列傳 69 夷貊 下 東夷 百濟)[2074]
백제	(宋文帝元嘉七年)是年 百濟王餘毗復修職貢 以餘映爵號授之 (『冊府元龜』 963 外臣部 8 冊封 1)[2075]

431(辛未/신라 눌지마립간 15/고구려 장수왕 19/백제 비유왕 5/劉宋 元嘉 8/倭 允恭 20)

신라	夏四月 倭兵來侵東邊 圍明活城 無功而退 (『三國史記』 3 新羅本紀 3)
신라	夏四月 倭侵新羅東邊 圍明活城 不克 (『三國史節要』 5)

신라	秋七月 霜雹殺穀 (『三國史記』 3 新羅本紀 3)
신라	秋七月 新羅霜雹殺穀 (『三國史節要』 5)

432(壬申/신라 눌지마립간 16/고구려 장수왕 20/백제 비유왕 6/劉宋 元嘉 9/倭 允恭

2072) 이 기사에는 월 표기가 없으나, 『三國史記』 百濟本紀 등에 의거하여 4월로 편년하였다.
2073) 이 기사에는 월 표기가 없으나, 『三國史記』 百濟本紀 등에 의거하여 4월로 편년하였다.
2074) 이 기사에는 월 표기가 없으나, 『三國史記』 百濟本紀 등에 의거하여 4월로 편년하였다.
2075) 이 기사에는 월 표기가 없으나, 『三國史記』 百濟本紀 등에 의거하여 4월로 편년하였다.

21)
신라   春 穀貴 人食松樹皮 (『三國史記』3 新羅本紀 3)
신라   春 新羅穀貴 人食松皮 (『三國史節要』5)

요동 낙랑 대방 현도
          (延和元年)九月乙卯 車駕西還 徙營丘成周遼東樂浪帶方玄菟六郡民三萬家于幽州 開
          倉以賑之 (『魏書』4 上 帝紀 4 世祖 上)
요동 낙랑 대방 현도
          (延和元年)九月乙卯 車駕西還 徙營丘成周遼東樂浪帶方玄菟六郡人三萬家于幽州 開
          倉以振之 (『北史』2 魏本紀 2 世祖太武皇帝)
요동 낙랑 대방 현도
          九月乙卯 魏主引兵西還 徙營丘成周遼東樂浪帶方玄菟六郡民三萬家於幽州 (『資治通
          鑑 122 宋紀 4 太祖文皇帝 上之下)
요동 낙랑 대방 현도
          延和元年 世祖親討之 文通嬰城固守 文通營丘遼東成周樂浪帶方玄菟六郡 皆降民 世
          祖徙其三萬餘戶于幽州 (『魏書』97 列傳 85 海夷 馮跋)[2076]
요동 낙랑 대방 현도
          (北魏太武帝)延和元年 車駕征馮文通 徙營丘成周遼東樂浪帶方玄菟六郡民三萬家於幽
          州 開倉以賑之 (『册府元龜』486 邦計部 4 遷徙)[2077]

조선 요동   平州 (…) 北平郡[秦置] 領縣二 戶四百三十 口一千八百三十六 朝鮮[二漢晉屬樂浪
          後罷 延和元年 徙朝鮮民於肥如 復置 屬焉] 昌新[前漢屬涿 後漢晉屬遼東 後屬 有盧
          龍山] (『魏書』106上 志 5 地形 2上)

433(癸酉/신라 눌지마립간 17/고구려 장수왕 21/백제 비유왕 7/劉宋 元嘉 10/倭 允恭 22)

백제   春夏 不雨 (『三國史記』25 百濟本紀 3)
백제   春夏 百濟不雨 (『三國史節要』5)

신라   夏五月 未斯欣卒 贈舒弗邯 (『三國史記』3 新羅本紀 3)
신라   夏五月 新羅王弟未斯欣卒 舒舒弗邯 (『三國史節要』5)

신라 백제   秋七月 百濟遣使請和 從之 (『三國史記』3 新羅本紀 3)
백제 신라   秋七月 遣使入新羅請和 (『三國史記』25 百濟本紀 3)
백제 신라   秋七月 百濟遣使新羅請和 從之(『三國史節要』5)

434(甲戌/신라 눌지마립간 18/고구려 장수왕 22/백제 비유왕 8/劉宋 元嘉 11/倭 允恭 23)

신라 백제   春二月 百濟王送良馬二匹 (『三國史記』3 新羅本紀 3)
백제 신라   春二月 遣使新羅 送良馬二匹 (『三國史記』25 百濟本紀 3)
백제 신라   春二月 百濟遣使送良馬二匹于新羅 (『三國史節要』5)

2076) 이 기사에는 연대 표기가 없으나, 『魏書』帝紀 등에 의거하여 9월14일(乙卯)로 편년하였다.
2077) 이 기사에는 연대 표기가 없으나, 『魏書』帝紀 등에 의거하여 9월14일(乙卯)로 편년하였다.

신라 백제	秋九月 又送白鷹 (『三國史記』 3 新羅本紀 3)	
백제 신라	秋九月 又送白鷹 (『三國史記』 25 百濟本紀 3)	
백제 신라	秋九月 百濟送白鷹于新羅 (『三國史節要』 5)	

신라 백제	冬十月 王以黃金明珠 報聘百濟 (『三國史記』 3 新羅本紀 3)	
백제 신라	冬十月 新羅報聘以良金明珠 (『三國史記』 25 百濟本紀 3)	
신라 백제	冬十月 新羅王以黃金明珠 報聘百濟 (『三國史節要』 5)	

435(乙亥/신라 눌지마립간 19/고구려 장수왕 23/백제 비유왕 9/劉宋 元嘉 12/倭 允恭 24)

고구려	元嘉十二年 春正月 癸酉 封黃龍國主馮弘爲燕王 (『宋書』 5 文帝紀 5)

신라	春正月 大風拔木 (『三國史記』 3 新羅本紀 3)
신라	春正月 新羅大風拔木 (『三國史節要』 5)

신라	二月 修葺歷代園陵 (『三國史記』 3 新羅本紀 3)
신라	二月 新羅修葺歷代園陵 (『三國史節要』 5)

신라	夏四月 祀始祖廟 (『三國史記』 3 新羅本紀 3)
신라	夏四月 新羅王祀始祖廟 (『三國史節要』 5)

고구려	(太延元年六月)丙午 高麗鄯善國 並遣使朝獻 (『魏書』 4 上 世祖紀 4 上)
고구려	(太延元年六月)丙午 高麗鄯善國 並遣使朝貢 (『北史』 2 魏本紀 2 世祖太武皇帝)
고구려	(六月)丙午 高句麗王璉遣使入貢于魏[2078] 且請國諱 魏主使錄帝系及諱以與之 拜璉都督遼海諸軍事征東將軍遼東郡公高句麗王 璉 釗之曾孫也[2079] (『資治通鑑』 122 宋紀 4 太祖文皇帝 上之下)
고구려	夏六月 王遣使入魏朝貢 且請國諱 世祖嘉其誠款 使錄帝系及諱以與之 遣員外散騎侍郎李敖 拜王爲都督遼海諸軍事征東將軍領護東夷中郎將遼東郡開國公高句麗王 (『三國史記』 18 高句麗本紀 6)[2080]
고구려	六月 高句麗王遣使如魏朝貢 且請國諱 世祖嘉其誠欵 使錄帝糸及諱與之 遣員外散騎侍郎李敖 拜王爲都督遼海諸軍事征東將軍領護東夷中郎將遼東郡開國公高句麗王 王遣使如魏謝恩 (『三國史節要』 5)[2081]
고구려	(後魏太武太延元年)六月 高麗鄯善國 並遣使朝貢 (『册府元龜』 969 外臣部 朝貢 2)[2082]
고구려	世祖時 釗曾孫璉始遣使者安東奉表貢方物 幷請國諱 世祖嘉其誠款 詔下帝系名諱於其國 遣員外散騎侍郎李敖 拜璉爲都督遼海諸軍事征東將軍領護東夷中郎將遼東郡開國公高句麗王 敖至其所居平壤城 訪其方事云 遼東南一千餘里 東至柵城 南至小海 北至舊夫餘 民戶參倍於前 魏時 其地東西二千里 南北一千餘里 民皆土著 隨山谷而居 衣布帛及皮 土田薄塉 蠶農不足以自供 故其人節飲食 其俗淫 好歌舞 夜則男女羣

2078) 句 如字 又音駒 麗 力知翻 璉 力展翻
2079) 高句麗王釗爲燕所破 見八十七卷晉成帝咸康八年
2080) 이 기사에는 일자 표기가 없으나, 『魏書』 本紀 등에 의거하여 6월20일(丙午)로 편년하였다.
2081) 이 기사에는 일자 표기가 없으나, 『魏書』 本紀 등에 의거하여 6월20일(丙午)로 편년하였다. 뒷부분의 "王遣使如魏謝恩"은 『三國史記』 高句麗本紀에 秋로 되어 있다.
2082) 이 기사에는 일자 표기가 없으나, 『魏書』 本紀 등에 의거하여 6월20일(丙午)로 편년하였다.

聚而戲 無貴賤之節 然潔淨自喜 其王好治宮室 其官名有謁奢 太奢 大兄 小兄之號 頭著折風 其形如弁 旁插鳥羽 貴賤有差 立則反拱 跪拜曳一脚 行步如走 常以十月祭 天 國中大會 其公會 衣服皆錦繡 金銀以爲飾 好蹲踞 食用俎几 出三尺馬 云本朱蒙 所乘 馬種卽果下也 後貢使相尋 歲致黃金二百斤 白銀四百斤 (『魏書』 100 列傳 88 高句麗)2083)

고구려	莫來裔孫璉 始通使於後魏 (『周書』 49 列傳 41 高麗)2084)
고구려	太武時 釗曾孫璉始遣使者詣安東奉表貢方物 幷請國諱 太武嘉其誠欵 詔下帝系名諱 於其國 使員外散騎侍郎李敖 拜璉爲都督遼海諸軍事征東將軍領東夷中郎將遼東郡公 高句麗王 (『北史』 94 列傳 82 高句麗)2085)
고구려	秋 王遣使入魏謝恩 (『三國史記』 18 高句麗本紀 6)
고구려	(秋) 魏人數伐燕 燕日危蹙 燕王馮弘曰 若事急 且東依高句麗 以國2086)後擧 密遣尙 書陽伊 請迎於我 (『三國史記』 18 高句麗本紀 6)2087)
고구려	燕王馮弘遣使乞投于高句麗 初魏人數伐燕 燕日危蹙 弘曰 若事急 且東依高句麗 以 圖後擧 至是 密遣尙書陽伊 請迎 (『三國史節要』 5)2088)
고구려	後爲魏所伐 東奔高句麗 居二年 高句麗殺之 (『晉書』 125 載記 25 馮跋)
고구려	(十一月) 魏人數伐燕2089) 燕日危蹙 上下憂懼 太常楊崏復勸燕王速遣太子入侍2090) 燕王曰 吾未忍爲此 若事急 且東依高麗以圖後擧 崏曰 魏擧天下以擊一隅 理無不克 高麗無信 始雖相親 終恐爲變 燕王不聽 密遣尙書陽伊 請迎於高麗2091) (『資治通鑑』 122 宋紀 4 太祖文皇帝 上之下)2092)
고구려	文通太常陽崏復勸文通請罪乞降 速令王仁入侍 文通曰 吾未忍爲此 若事不幸 且欲東 次高麗 以圖後擧 崏曰 魏以天下之衆擊一隅之地 以臣愚見 勢必土崩 且高麗夷狄 難 以信期 始雖相親 終恐爲變 若不早裁 悔無及也 文通不聽 乃密求迎於高麗 (『魏書』 97 列傳 85 海夷 馮文通)2093)
고구려	弘太常陽崏復勸弘請罪乞降 令王仁入侍 弘不聽 乃密求迎於高麗 (『北史』 93 列傳 81 僭僞附庸 北燕馮氏 馮弘)2094)
고구려	(崔鴻十六國春秋北燕錄曰) (太興五年)十二月 又遣尙書陽伊 請迎于勾麗 (『太平御覽』 127 偏覇部 11 北燕馮文通)2095)

2083) 이 기사에는 연대 표기가 없으나, 『魏書』 本紀 등에 의거하여 元嘉12년(435) 6월20일(丙午)로 편년하 였다.
2084) 이 기사에는 연대 표기가 없으나, 『魏書』 本紀 등에 의거하여 元嘉12년(435) 6월20일(丙午)로 편년하 였다.
2085) 이 기사에는 연대 표기가 없으나, 『魏書』 本紀 등에 의거하여 元嘉12년(435) 6월20일(丙午)로 편년하 였다.
2086) 저본에는 '國'으로 되어 있으나, 『三國史節要』에 의거하여 '圖'로 수정해야 한다.
2087) 맨 앞의 "王遣使入魏謝恩"은 『三國史節要』에 6월로 되어 있다. 그 뒷부분은 『資治通鑑』에는 11월로, 『太平御覽』에는 12월로 되어 있다.
2088) 이 기사에는 월 표기가 없으나, 『三國史記』 高句麗本紀에 의거하여 秋로 기간편년하고 마지막달인 9월 에 배치하였다.
2089) 數 所角翻
2090) 崏 音岷 復 扶又翻
2091) 爲燕王爲高麗所殺張本 麗 力知翻
2092) 『三國史記』 高句麗本紀에는 秋로, 『太平御覽』에는 12월로 되어 있다.
2093) 이 기사에는 월 표기가 없으나, 『資治通鑑』에 의거하여 11월로 편년하였다.
2094) 이 기사에는 월 표기가 없으나, 『資治通鑑』에 의거하여 11월로 편년하였다.
2095) 『三國史記』 高句麗本紀에는 秋로, 『資治通鑑』에는 11월로 되어 있다.

고구려 　　　　　元嘉十二年 賜加除授 (『宋書』 97 列傳 57 夷蠻 東夷 高句驪國)

436(丙子/신라 눌지마립간 20/고구려 장수왕 24/백제 비유왕 10/劉宋 元嘉 13/倭 允恭 25)

고구려 　　　　　(太延二年)二月戊子 馮文通遣使朝貢 求送侍子 帝不許 (『魏書』 4上 世祖紀 4上)
고구려 　　　　　(太延二年)二月戊子 馮弘遣使朝貢 求送侍子 帝不許 (『北史』 2 魏本紀 2 世祖太武 皇帝)
고구려 　　　　　二月戊子 燕王遣使入貢于魏2096) 請送侍子 魏主不許2097) 將舉兵討之 (『資治通鑑』 123 宋紀 5 太祖文皇帝 中之上)

고구려 　　　　　(太延二年二月)壬辰 遣使者十餘輩詣高麗東夷諸國 詔諭之 (『魏書』 4上 世祖紀 4上)
고구려 　　　　　(太延二年二月)壬辰 遣使者十餘輩詣高麗東夷諸國 詔喩之 (『北史』 2 魏本紀 2 世祖 太武皇帝)
고구려 　　　　　(二月)壬辰 遣使者十餘輩詣東方高麗等諸國 告諭之2098) (『資治通鑑』 123 宋紀 5 太 祖文皇帝 中之上)
고구려 　　　　　燕王遣使入貢于魏 請送侍子 魏主不許 將舉兵討之2099) 遣使來告諭 (『三國史記』 18 高句麗本紀 6)2100)
고구려 　　　　　燕王遣使入貢于魏 請送侍子 魏主不許 將舉兵討之2101) 遣使高句麗告諭 (『三國史節 要』 5)2102)

고구려 　　　　　(太延二年三月)辛未 平東將軍娥淸安西將軍古弼 率精騎一萬討馮文通 平州刺史元嬰 又率遼西將軍會之2103) 文通迫急 求救於高麗 高麗使其大將葛蔓盧以步騎二萬人迎文 通 (『魏書』 4上 世祖紀 4上)2104)
고구려 　　　　　(太延二年三月)辛未 遣平東將軍娥淸安西將軍古弼 討馮弘 弘求救於高麗 高麗遣其大 將葛蔓盧迎之 (『北史』 2 魏本紀 2 世祖太武皇帝)
고구려 　　　　　至太延二年三月 燕後主馮文通去國奔高麗2105) (『魏書』 105之3 天象志 3)2106)
고구려 　　　　　太延二年 高麗遣將葛盧等率衆迎之 入和龍城 脫其弊褐 取文通精仗以賦其衆 文通乃 擁其城內士女入于高麗 (『魏書』 97 列傳 85 海夷 馮文通)2107)
고구려 　　　　　太延二年 高麗遣將葛居盧等率衆迎之 弘乃擁其城內士女入于高麗 (『北史』 93 列傳 81 僭僞附庸 北燕馮氏 馮弘)2108)
고구려 　　　　　後又征文通 文通求救於高麗 高麗救至 (『魏書』 28 列傳 16 古弼)2109)

2096) 使 疏史翻 下同
2097) 燕王屢請送侍子而不至 魏主知其詐 故不許
2098) 諭以燕王之罪 使不得與通 或有奔逸 使不得容受之也
2099) 『魏書』 本紀 등에는 이 앞부분이 2월 6일(戊子)로 되어 있다.
2100) 이 기사에는 월일 표기가 없으나, 『魏書』 本紀 등에 의거하여 2월10일(壬辰)로 편년하였다.
2101) 『魏書』 本紀 등에는 이 앞부분이 2월 6일(戊子)로 되어 있다.
2102) 이 기사에는 월일 표기가 없으나, 『魏書』 本紀 등에 의거하여 2월10일(壬辰)로 편년하였다.
2103) 平州刺史元嬰又率遼西將軍會之 張森楷云 又當作文 神元子孫傳卷一四有建德公嬰文以護東夷校尉鎭遼西 者 當卽其人 張說有據 但通鑑卷一二三(三八六一頁) 元嬰作拓跋嬰 由於這時未改漢姓 所以通鑑改元爲拓跋 却仍單稱嬰 則司馬光所見魏書與傳本同 今不改 又通鑑將軍諸軍 按文義作諸軍是
2104) 『三國史記』 高句麗本紀 등에는 4월로 되어 있다.
2105) 元年四月 月犯左角 五月 月掩斗 七月 月食左角 皆占曰 兵大起 其後征西將軍金崖安定鎭將延普涇州刺 史狄子玉爭權 崖及子玉舉兵攻普不克 據胡空谷反 平西將軍陸俟討獲之
2106) 이 기사에는 일자 표기가 없으나, 『魏書』 本紀 등에 의거하여 3월20일(辛未)로 편년하였다.
2107) 이 기사에는 월일 표기가 없으나, 『魏書』 本紀 등에 의거하여 3월20일(辛未)로 편년하였다.
2108) 이 기사에는 월일 표기가 없으나, 『魏書』 本紀 등에 의거하여 3월20일(辛未)로 편년하였다.
2109) 이 기사에는 연대 표기가 없으나, 『魏書』 本紀 등에 의거하여 元嘉13년(436) 3월20일(辛未)로 편년하

신라   夏四月 雨雹 慮囚 (『三國史記』 3 新羅本紀 3)
신라   夏四月 新羅雨雹 慮囚 (『三國史節要』5)

고구려   夏四月 魏攻燕白狼城 克之 王遣將葛盧孟光 將衆數萬 隨陽伊至和龍 迎燕王 葛盧孟
             光入城 命軍脫弊褐 取燕武庫精仗以給之 大掠城中 (『三國史記』 18 高句麗本紀
             6)[2110)

고구려   (夏四月) 魏攻燕白狼城 克之 高句麗王遣將葛盧孟光 將兵數萬 隨陽伊至和龍 迎燕王
             弘 葛盧孟光入城 命軍脫弊褐 取燕武庫精仗以給之 大掠城中 (『三國史節要』5)

고구려   夏四月 魏娥淸古弼攻燕白狼城 克之[2111) 高麗遣其將葛盧孟光 將衆數萬 隨陽伊至和
             龍 迎燕王[2112) 高麗屯于臨川[2113) 燕尙書令郭生因民之憚遷 開城門納魏兵[2114) 魏人
             疑之 不入 生遂勒兵攻燕王 王引高麗兵入自東門 與生戰于闕下 生中流矢死[2115) 葛
             盧孟光入城 命軍士脫弊褐 取燕武庫精仗以給之 大掠城中 (『資治通鑑』 123 宋紀 5
             太祖文皇帝 中之上)

고구려   (崔鴻十六國春秋北燕錄曰) (太興六年)四月 魏又遣侍中建興公虞弼東平公鵝靑 伐攻剋
             白狼 句麗將葛居孟光率衆數萬 隨陽伊來迎 屯于臨川 尙書令郭生因民之憚遷 開門而
             引魏軍 魏軍疑而不赴 生遂勒衆攻弘 弘引句麗兵入自東門 與生戰于闕下 生中流矢卒
             句麗軍旣入城 取武庫甲 以給其衆 城內美女 皆句麗軍人所掠 (『太平御覽』 127 偏覇
             部 11 北燕馮文通)

고구려   (太延二年)五月乙卯 馮文通奔高麗 (『魏書』 4上 世祖紀 4上)
고구려   (太延二年)五月乙卯 馮弘奔高麗 (『北史』 2 魏本紀 2 世祖太武皇帝)
고구려   五月乙卯 燕王帥龍城見戶東徙[2116) 焚宮殿 火一旬不滅 令婦人被甲居中 陽伊等勒精
             兵居外 葛盧孟光帥騎殿後[2117) 方軌而進 前後八十餘里 古弼部將高苟子帥騎欲追
             之[2118) 弼醉 拔刀止之 故燕王得逃去 魏主聞之 怒 檻車徵弼及娥淸至平城 皆黜爲門
             卒 (『資治通鑑』 123 宋紀 5 太祖文皇帝 中之上)

고구려   (崔鴻十六國春秋北燕錄曰) (太興六年)五月乙卯 弘率龍城見戶東徒 焚燒宮殿 火一旬
             不絶 令婦人被甲居中 陽伊等勤精兵於外 葛居孟光率騎後殿 方軌而進 前後八十餘里
             魏軍追至遼水 不擊而還[2119) 遣使徵弘于句麗 (『太平御覽』 127 偏覇部 11 北燕馮文
             通)

고구려   是歲 馮弘奔高麗 (『南史』 2 宋本紀 中)[2120)

고구려   文通將東奔 民多難之 其大臣古埿 因民心之不欲 遂率衆攻文通 開城門以引官軍 弼
             疑古埿謠詐 不入城 高麗軍至 文通乃隨之 文通之奔也 令婦人被甲居中 其精卒及高
             麗陳兵於外 弼部將高苟子率騎衝擊賊軍 弼酒醉 拔刀止之 故文通得東奔 將士皆怨弼
             不擊 世祖大怒 徵還 黜爲廣夏門卒 (『魏書』28 列傳 16 古弼)[2121)

         였다.
2110) 『魏書』 本紀 등에는 3월20일(辛未), 5월 5일(乙卯)로 나뉘어 있다.
2111) 白狼縣 漢屬右北平郡 燕以白狼城爲重鎭 置幷州 魏後入幷建德郡廣都縣 有白狼山 白狼水
2112) 去年 燕遣陽伊請迎於高麗
2113) 臨川 在和龍城東
2114) 考異曰 後魏古弼傳作大臣古泥 今從十六國春秋鈔
2115) 中 竹仲翻
2116) 帥 讀曰率 見 賢遍翻 馮氏歷二主二十八年而滅
2117) 被 皮義翻 殿 丁甸翻
2118) 將 卽亮翻 帥 讀曰率 騎 奇寄翻
2119) 이 뒷부분은 『魏書』 本紀 등에 5월 8일(戊午)로 되어 있다.
2120) 이 기사에는 월일 표기가 없으나, 『魏書』 本紀 등에 의거하여 5월 5일(乙卯)로 편년하였다.

고구려	遷平東將軍 與古弼等東討馮文通 以不急戰 文通奔高麗 檻車徵 黜爲門卒 遂卒於家 (『魏書』30 列傳 18 娥清)[2122]
고구려	後征馮弘 弘將奔高麗 高麗救軍至 弘乃隨之 令婦人被甲居中 其精卒及高麗陳兵於外 弼部將高苟子擊賊軍 弼酒醉 拔刀止之 故弘得東奔 太武大怒 黜爲廣夏門卒 (『北史』 25 列傳 13 古弼)[2123]
고구려	後與古弼等東討馮弘 以不急戰 弘奔高麗 檻車徵 黜爲門卒而卒於家 (『北史』25 列傳 13 娥清)[2124]
고구려	先是 其國有狼夜繞城群嘷 如是終歲 又有鼠集於城西 闐滿數里 西行 至水則在前者 銜馬矢 迭相齧尾而度 宿軍地燃 一旬而滅 觸地生蛆 月餘乃止 和龍城生白毛 一尺二 寸 (『北史』93 列傳 81 僭僞附庸 北燕馮氏 馮弘)[2125]
고구려	後八代祖軒 仕馮燕爲博士郎中 卒 子孫從燕遷于遼 (「劉元貞 墓誌銘」:『全唐文補遺』 千唐誌齋新藏專輯)
고구려	(太延二年五月)戊午 詔散騎常侍封撥使高麗 徵送文通 (『魏書』4上 世祖紀 4上)
고구려	(太延二年五月)戊午 詔散騎常侍封撥使高麗 徵送馮弘 (『北史』2 魏本紀 2 世祖太武 皇帝)
고구려	(五月)戊午 魏主遣散騎常侍封撥使高麗[2126] 令送燕王 (『資治通鑑』123 宋紀 5 太祖 文皇帝 中之上)
고구려	五月 燕王率龍城見戶東徙 焚宮殿 火一旬不滅 令婦人被甲居中 陽伊等勒精兵居外 葛盧孟光帥騎殿後 方軌而進 前後八十餘里[2127] 魏主聞之 遣散騎常侍封撥來令送燕 王 (『三國史記』18 高句麗本紀 6)[2128]
고구려	五月 燕王率龍城見戶東徙 焚宮殿 火一旬不滅 令婦人被甲居中 陽伊等勒精兵居外 葛盧孟光帥騎殿後 方軌而進 前後八十餘里[2129] 魏主聞之 遣散騎常侍封撥來 令送燕 王 (『三國史節要』5)[2130]
고구려	平郭開廛[2131] 紀馮弘之失策[(…) 十六國春秋曰 北燕馮弘 大與[2132]六年 爲魏所破 遂奔句驪 處弘于平郭 卽此城之也] (『翰苑』30 蕃夷部 高麗)
고구려	初 馮弘之奔高麗[2133] 世祖詔遣送之 (『魏書』17 列傳 5 明元六王 樂平王丕)[2134]
고구려	時馮文通率衆奔之[2135] 世祖遣散騎常侍封撥詔璉 令送文通 (『魏書』100 列傳 88 高

2121) 이 기사에는 연대 표기가 없으나, 『魏書』本紀 등에 의거하여 元嘉13년(436) 5월 5일(乙卯)로 편년하였다.

2122) 이 기사에는 연대 표기가 없으나, 『魏書』本紀 등에 의거하여 元嘉13년(436) 5월 5일(乙卯)로 편년하였다.

2123) 이 기사에는 연대 표기가 없으나, 『魏書』本紀 등에 의거하여 元嘉13년(436) 5월 5일(乙卯)로 편년하였다.

2124) 이 기사에는 연대 표기가 없으나, 『魏書』本紀 등에 의거하여 元嘉13년(436) 5월 5일(乙卯)로 편년하였다.

2125) 이 기사에는 연대 표기가 없으나, 『魏書』本紀 등에 의거하여 元嘉13년(436) 5월 5일(乙卯)로 편년하였다.

2126) 散 悉亶翻 騎 奇寄翻 使 疏吏翻

2127) 『魏書』本紀 등에는 이 앞부분이 5월 5일(乙卯)로 되어 있다.

2128) 이 기사에는 일자 표기가 없으나, 『魏書』本紀 등에 의거하여 5월 8일(戊午)로 편년하였다.

2129) 『魏書』本紀 등에는 이 앞부분이 5월 5일(乙卯)로 되어 있다.

2130) 이 기사에는 일자 표기가 없으나, 『魏書』本紀 등에 의거하여 5월 8일(戊午)로 편년하였다.

2131) 저본에는 '士+厘(=廛)'로 되어 있으나, 내용상 '疆'으로 수정해야 한다.

2132) 저본에는 '大與'로 되어 있으나, 내용상 '太興'으로 수정해야 한다.

2133) 『魏書』本紀 등에는 이 앞부분이 5월 5일(乙卯)로 되어 있다.

2134) 이 기사에는 연대 표기가 없으나, 『魏書』本紀 등에 의거하여 元嘉13년(436) 5월 8일(戊午)로 편년하였다.

2135) 『魏書』本紀 등에는 이 앞부분이 5월 5일(乙卯)로 되어 있다.

고구려　　　　句麗)2136)

고구려　　　　初　馮弘之奔高麗2137)　太武詔遣送之 (『北史』 16 列傳 4 樂平王丕)2138)

고구려　　　　時馮弘率衆奔之2139)　太武遣散騎常侍封撥詔璉　令送弘 (『北史』 94 列傳 82 高麗)2140)

고구려　　　　[劉眈太樂令壁記] (…) 宋世得高麗百伎 魏平馮跋亦得之 而未具 (『玉海』 105 音樂樂 3 唐九部樂十部樂十四國樂二部樂)2141)

고구려　　　　六月 高麗國武都王 遣使獻方物 (『宋書』 5 本紀 5 文帝)

고구려　　　　夏六月 高麗武都等國 並遣使朝貢 (『南史』 2 宋本紀 中)

고구려　　　　(太延二年)九月庚戌　驃騎大將軍樂平王丕等至略陽　難當奉詔攝上邽守 高麗不送文通 遣使奉表 稱當與文通俱奉王化 帝以高麗違詔 議將擊之 納樂平王丕計而止 (『魏書』 4 上 世祖紀 4上)

고구려　　　　(太延二年九月庚戌) 高麗不送馮弘 帝將伐之 納樂平王丕計而止 (『北史』 2 魏本紀 2 世祖太武皇帝)

고구려　　　　(九月庚戌) 高麗不送燕王於魏 遣使奉表稱 當與馮弘 俱奉王化 魏主以高麗違詔 議擊之 將發隴右騎卒2142)　劉絜曰 秦隴新民 且當優復2143)　俟其饒實 然後用之 樂平王丕曰 和龍新定 宜廣俏農桑以豊軍實 然後進取 則高麗一擧可滅也 魏主乃止 (『資治通鑑』 123 宋紀 5 太祖文皇帝 中之上)

고구려　　　　王遣使入魏奉表稱　當興2144)馮弘 俱奉王化 魏主以王違詔 議擊之 將發隴右騎卒 劉契樂平王丕等諫之 乃止 (『三國史記』 18 高句麗本紀 6)2145)

고구려　　　　高句麗王遣使入魏奉表稱　當與馮弘 俱奉王化 魏主以王違詔 議擊之 將發隴右騎卒 劉絜樂平王丕等諫 乃止 (『三國史節要』 5)2146)

고구려　　　　高麗不遣 世祖怒 將討之 丕上疏 以爲和龍新定 宜優復之 使廣修農殖 以饒軍實 然後進圖 可一擧而滅 帝納之 乃止 (『魏書』 17 列傳 5 明元六王 樂平王丕)2147)

고구려　　　　世祖將發隴右騎卒 東伐高麗 絜進曰 隴土新民 始染大化 宜賜優復以饒實之 兵馬足食 然後可用 世祖深納之 (『魏書』 28 列傳 16 劉絜)2148)

고구려　　　　璉上書稱 當與文通 俱奉王化 竟不送 世祖怒 欲往討之 樂平王丕等議待後擧 世祖乃止 (『魏書』 100 列傳 88 高句麗)2149)

2136) 이 기사에는 연대 표기가 없으나, 『魏書』 本紀 등에 의거하여 元嘉13년(436) 5월 8일(戊午)로 편년하였다.
2137) 『魏書』 本紀 등에는 이 앞부분이 5월 5일(乙卯)로 되어 있다.
2138) 이 기사에는 연대 표기가 없으나, 『魏書』 本紀 등에 의거하여 元嘉13년(436) 5월 8일(戊午)로 편년하였다.
2139) 『魏書』 本紀 등에는 이 앞부분이 5월 5일(乙卯)로 되어 있다.
2140) 이 기사에는 연대 표기가 없으나, 『魏書』 本紀 등에 의거하여 元嘉13년(436) 5월 8일(戊午)로 편년하였다.
2141) 이 기사에는 연대 표기가 없으나, 『魏書』 本紀 등에 의거하여 元嘉13년(436) 5월 8일(戊午)로 편년하였다.
2142) 麗 力知翻 使 疏吏翻 騎 奇寄翻
2143) 新民 新附之民也 復 方目翻
2144) 저본에는 ‘興’으로 되어 있으나, 鑄字本·『三國史節要』에 의거하여 ‘與’로 수정해야 한다.
2145) 이 기사에는 월일 표기가 없으나, 『魏書』 本紀 등에 의거하여 9월 2일(庚戌)로 편년하였다.
2146) 이 기사에는 월일 표기가 없으나, 『魏書』 本紀 등에 의거하여 9월 2일(庚戌)로 편년하였다.
2147) 이 기사에는 연대 표기가 없으나, 『魏書』 本紀 등에 의거하여 元嘉13년(436) 9월 2일(庚戌)로 편년하였다.
2148) 이 기사에는 연대 표기가 없으나, 『魏書』 本紀 등에 의거하여 元嘉13년(436) 9월 2일(庚戌)로 편년하였다.
2149) 이 기사에는 연대 표기가 없으나, 『魏書』 本紀 등에 의거하여 元嘉13년(436) 9월 2일(庚戌)로 편년하

고구려	高麗不遣 太武怒 將討之 丕上疏以爲和龍新定 宜復之 使廣脩農殖 以饒軍實 然後進 圖 可一擧而滅 帝納之 乃止 (『北史』 16 列傳 4 樂平王丕)[2150]
고구려	璉上書稱當與弘俱奉王化 竟不遣 太武怒 將往討之 樂平王丕等議待後擧 太武乃止 (『北史』 94 列傳 82 高麗)[2151]

437(丁丑/신라 눌지마립간 21/고구려 장수왕 25/백제 비유왕 11/劉宋 元嘉 14/倭 允恭 26)

고구려	(太延三年二月乙卯) 高麗契丹國 並遣使朝獻 (『魏書』 4上 世祖紀 4上)
고구려	春二月 遣使入魏朝貢 (『三國史記』 18 高句麗本紀 6)[2152]
고구려	春二月 高句麗遣使如魏朝貢 (『三國史節要』 5)[2153]
고구려	(太延三年)是歲 河西王沮渠牧犍世子封壇來朝 高麗契丹龜玆悅般焉耆車師粟特疏勒烏 孫渴盤陁鄯善破洛那[2154]者舌等國 各遣使朝貢 (『北史』 2 魏本紀 2 世祖太武皇 帝)[2155]

438(戊寅/신라 눌지마립간 22/고구려 장수왕 26/백제 비유왕 12/劉宋 元嘉 15/倭 允恭 27)

고구려	春三月 初 燕王弘至遼東 王遣使勞之曰 龍城王馮君 爰適野次 士馬勞乎 弘慙怒 稱 制讓之 王處之平郭 尋徙北豊 弘素侮我 政刑賞罰 猶如其國 王乃奪其侍人 取其太子 王仁爲質 弘怨之 遣使如宋 上表求迎 宋太祖遣使者王白駒等迎之 幷令我資送 王不 欲使弘南來 遣將孫漱高仇等 殺弘于北豊 幷其子孫十餘人 白駒等 帥所領七千餘人 掩討漱仇 殺仇 生擒漱 王以白駒等專殺 遣使執送之 大[2156]祖以遠國 不欲違其意 下 白駒等獄 巳[2157]而原之 (『三國史記』 18 高句麗本紀 6)
고구려	春三月 高句麗殺燕王弘 初弘至遼東 高句麗王遣使勞之曰 龍城王馮君 爰適野次 士 馬勞乎 弘慙怒 稱制讓之 王處之平郭 尋徙北豊 弘素侮高句麗 政刑賞罰如在其國 王 乃奪其侍人 取其太子王仁爲質 弘怨之 遣使如宋 上表求迎 宋太祖遣王白駒等迎之 幷令高句麗資送 王不欲弘南往 遣將孫漱高仇等 殺弘于北豊 幷其子孫十餘人 白駒以 所領七千餘兵 掩殺仇擒漱焉 高句麗王以白駒等專殺 遣使執送之 大[2158]祖不欲違其 意 下白駒等獄 已而原之 (『三國史節要』 5)
고구려	(太延四年春三月)是月 高麗殺馮文通 (『魏書』 4上 世祖紀 4上)
고구려	(太延四年春三月)是月 高麗殺馮弘 (『北史』 2 魏本紀 2 世祖太武皇帝)
고구려	(三月) 初 燕王弘至遼東 高麗王璉遣使勞之曰[2159] 龍城王馮君 爰適野次 士馬勞乎 弘慙怒 稱制讓之 高麗處之平郭[2160] 尋徙北豊 弘素侮高麗 政刑賞罰 猶如其國 高麗 乃奪其侍人 取其太子王仁爲質[2161] 弘怨高麗 遣使上表求迎 上遣使者王白駒等迎之

였다.

2150) 이 기사에는 연대 표기가 없으나, 『魏書』 本紀 등에 의거하여 元嘉13년(436) 9월 2일(庚戌)로 편년하 였다.

2151) 이 기사에는 연대 표기가 없으나, 『魏書』 本紀 등에 의거하여 元嘉13년(436) 9월 2일(庚戌)로 편년하 였다.

2152) 이 기사에는 일자 표기가 없으나, 『魏書』 本紀 등에 의거하여 2월 9일(乙卯)로 편년하였다.

2153) 이 기사에는 일자 표기가 없으나, 『魏書』 本紀 등에 의거하여 2월 9일(乙卯)로 편년하였다.

2154) 破洛那 諸本脫那字 據魏書世祖紀及本書卷九七西域傳序補

2155) 이 기사에는 월일 표기가 없으나, 『魏書』 本紀 등에 의거하여 2월 9일(乙卯)로 편년하였다.

2156) 저본에는 '大'로 되어 있으나, 鑄字本에 의거하여 '太'로 수정해야 한다.

2157) 저본에는 '巳'로 되어 있으나, 내용상 '己'로 수정해야 한다.

2158) 저본에는 '大'로 되어 있으나, 『三國史記』 鑄字本에 의거하여 '太'로 수정해야 한다.

2159) 麗 力知翻 璉 力展翻 使 疏吏翻 勞 力到翻

2160) 處 昌呂翻

2161) 質 音致

幷令高麗資遣　高麗王不欲使弘南來　遣將孫漱高仇等殺弘于北豐　幷其子孫十餘人[2162]　諡弘曰昭成皇帝　白駒等帥所領七千餘人掩討漱仇　殺仇　生擒漱　高麗王以白駒等專殺　遣使執送之　上以遠國　不欲違其意　下白駒等獄[2163]　已而原之 (『資治通鑑』 123 宋紀 5 太祖文皇帝 中之上)

고구려	(元嘉)十五年　復爲索虜所攻　弘敗走　奔高驪北豐城　表求迎接　太祖遣使王白駒趙次興迎之　幷令高驪料理資遣　璉不欲使弘南　乃遣將孫漱高仇等襲殺之　白駒等率所領七千餘人掩討漱等　生禽漱　殺高仇等二人　璉以白駒等專殺　遣使執送之　上以遠國　不欲違其意　白駒等下獄　見原 (『宋書』 97 列傳 57 高句驪國)[2164]
고구려	元嘉十五年　馮弘爲魏所攻　敗奔高麗北豐城　表求迎接　文帝遣使王白駒趙次興迎之　幷令高麗資遣　璉不欲弘南　乃遣將孫漱高仇等襲殺之　白駒等率所領七千餘人生禽漱　殺仇等二人　璉以白駒等專殺　遣使執送之　上以遠國不欲違其意　白駒等下獄見原 (『南史』 79 列傳 69 高句麗)[2165]
고구려	(崔鴻十六國春秋　北燕錄曰) (太興六年)後二年　爲句麗所殺　僞諡昭成皇帝 (『太平御覽』 127 偏覇部 11 北燕馮文通)[2166]
고구려	宋元嘉十五年　馮弘爲魏所攻　敗奔高麗北豐城　表求迎接　文帝遣使王白駒趙次興迎之　幷令高麗資遣　璉不欲弘南　乃遣將孫漱高仇等襲殺之　白駒等率所領七千餘人生禽漱　殺仇等二人 (『太平御覽』 783 四夷部 4 東夷 4 高句驪)[2167]
고구려	居二年 高句麗殺之 (『晉書』 125 載記 25 馮跋)
고구려	文通至遼東　高麗遣使勞之曰　龍城王馮君　爰適野次　士馬勞乎　文通慚怒　稱制答讓之　高麗乃處之於平郭　尋徙北豐　文通素侮高麗　政刑賞罰　猶如其國　高麗乃奪其侍人　質任王仁　文通忿怨之　謀將南奔　世祖又徵文通於高麗　高麗乃殺之於北豐　子孫同時死者十餘人 (『魏書』 97 列傳 85 海夷 馮文通)[2168]
고구려	而文通亦尋爲璉所殺 (『魏書』 100 列傳 88 高句麗)[2169]
고구려	梁大同初　羅州刺史馮融聞夫人有志行　爲其子高涼太守寶聘以爲妻　融本北燕苗裔也　初　馮弘之南投高麗也[2170]　遣融大父業以三百人浮海歸宋　因留于新會 (『北史』 91 列傳 79 列女 譙國夫人洗氏)[2171]
고구려	弘至遼東　高麗遣使勞之曰　龍城王馮君　爰適野次　士馬勞乎　弘慚怒　稱制答讓之　高麗乃處之於平郭　尋徙北豐　弘素侮高麗　政刑賞罰　猶如其國　高麗乃奪其侍人　質任王仁　弘忿怨之　謀將南奔　太武又徵弘於高麗　乃殺之於北豐　子孫同時死者十餘人 (『北史』 93 列傳 81 僭僞附庸 北燕馮氏 馮弘)[2172]
고구려	而弘亦尋爲璉所殺 (『北史』 94 列傳 82 高麗)[2173]

2162) 果如楊崏之言　將　即亮翻　下同

2163) 下　遐稼翻

2164) 이 기사에는 월 표기가 없으나, 『三國史記』 高句麗本紀 등에 의거하여 3월로 편년하였다.

2165) 이 기사에는 월 표기가 없으나, 『三國史記』 高句麗本紀 등에 의거하여 3월로 편년하였다.

2166) 이 기사에는 월 표기가 없으나, 『三國史記』 高句麗本紀 등에 의거하여 3월로 편년하였다.

2167) 이 기사에는 월 표기가 없으나, 『三國史記』 高句麗本紀 등에 의거하여 3월로 편년하였다.

2168) 이 기사에는 연대 표기가 없으나, 『三國史記』 高句麗本紀 등에 의거하여 元嘉15년(438) 3월로 편년하였다.

2169) 이 기사에는 연대 표기가 없으나, 『三國史記』 高句麗本紀 등에 의거하여 元嘉15년(438) 3월로 편년하였다.

2170) 初馮弘之南投高麗也　諸本脫高麗也三字　據隋書卷八〇通志卷一八五譙國夫人傳補　馮弘投高麗　見本書卷九三北燕傳

2171) 이 기사에는 연대 표기가 없으나, 『三國史記』 高句麗本紀 등에 의거하여 元嘉15년(438) 3월로 편년하였다.

2172) 이 기사에는 연대 표기가 없으나, 『三國史記』 高句麗本紀 등에 의거하여 元嘉15년(438) 3월로 편년하였다.

2173) 이 기사에는 연대 표기가 없으나, 『三國史記』 高句麗本紀 등에 의거하여 元嘉15년(438) 3월로 편년하였다.

고구려	元嘉十五年 夏四月 甲辰 燕王弘遣使獻方物 (『宋書』5 文帝紀 5)
고구려	(大寶元年六月庚子) 初 燕昭成帝奔高麗[2174] 使其族人馮業以三百人浮海奔宋 因留新會[2175] 自業至孫融 世爲羅州刺史[2176] 融子寶爲高涼太守[2177] 高涼洗氏[2178] 世爲蠻酋[2179] 部落十餘萬家 有女 多籌略 善用兵 諸洞皆服其信義 融聘以爲寶婦 (『資治通鑑』163 梁紀 19 太宗簡文帝 上)[2180]
신라	夏四月 牛頭郡山水暴至 漂流五十餘家 京都大風雨雹 (『三國史記』3 新羅本紀 3)
신라	夏四月 新羅牛頭郡山水暴至 漂流五十餘家 京都大風雨雹 (『三國史節要』5)
신라	(夏四月) 教民牛車之法 (『三國史記』3 新羅本紀 3)
신라	(夏四月) 新羅教民牛車之法 (『三國史節要』5)
고구려	是歲 武都王河南國高麗國倭國扶南國林邑國 並遣使獻方物 (『宋書』5 本紀 5 文帝)
고구려	是歲 武都河南高麗倭扶南林邑等國 並遣使朝貢 (『南史』2 宋本紀 中)
신라	開源祐[2181]構 肇基金水之年[括地志云 案宋書 元嘉中 倭王彌[2182] 自稱使持節 都督倭百濟新羅任那秦[2183]慕韓六國諸軍事 此則新羅有國在晉宋之間 且晉宋齊梁普[2184] 普[2185]並無正傳 故其有國所由 靡得詳也 金水 晉宋之[2186]也] (『翰苑』30 蕃夷部 新羅)
고구려	(後魏書曰) (太延)三年 高麗契丹國龜玆悅服焉者車師栗特疏勒烏孫渴槃陁鄯善諸國 各遣使朝獻 奉汗血馬 (『太平御覽』102 皇王部 27 後魏世祖太武皇帝)

439(己卯/신라 눌지마립간 23/고구려 장수왕 27/백제 비유왕 13/劉宋 元嘉 16/倭 允恭 28)

고구려	冬十一月 遣使入魏朝貢 (『三國史記』18 高句麗本紀 6)
고구려	冬十一月 高句麗遣使如魏朝貢 (『三國史節要』5)
고구려	(太延五年十有一月)是月 高麗及粟特渴盤陁破洛那悉居半諸國 各遣使朝獻 (『魏書』4上 世祖紀 4上)
고구려	(後魏太武太延五年)十一月 高麗及粟特渴盤陁破那悉半居國 各遣使朝貢 (『册府元龜』969 外臣部 朝貢 2)
고구려	(太延五年)是歲 鄯善龜玆疏勒焉者高麗粟特渴盤陁破洛那悉居半等國 並遣使朝貢[2187]

2174) 見一百二十三卷宋文帝元嘉十三年 麗 力知翻
2175) 晉恭帝元熙二年 分南海郡立新會郡 隋唐爲新會縣 屬廣州 九域志 新會縣在廣州之西南三百三十里
2176) 五代志 高涼郡石龍縣舊置羅州 我朝爲化州治所
2177) 高涼縣 漢屬合浦郡 獻帝建安二十二年 吳分立高涼郡 梁置高州
2178) 洗 音銑 丁度集韻 姓 國名 或作邦 姓氏韻纂又音綿 考異曰 典略作沈氏 今從隋書
2179) 酋 慈秋翻
2180) 이 기사에는 연대 표기가 없으나, 『三國史記』 高句麗本紀 등에 의거하여 元嘉15년(438) 3월로 편년하였다.
2181) 저본에는 '祐'로 되어 있으나, 내용상 '拓'으로 수정해야 한다.
2182) 저본에는 '彌'로 되어 있으나, 『宋書』 倭國傳에 의거하여 '珍'으로 수정해야 한다.
2183) 저본에는 글자가 누락되어 있으나, 『宋書』 倭國傳에 의거하여 이 다음에 '韓'이 들어가야 한다.
2184) 저본에는 '普'라고 되어 있으나, 내용상 '陳'으로 수정해야 할 것으로 보인다.
2185) 저본에는 '普'라고 되어 있으나, 내용상 삭제되어야 한다.
2186) 저본에는 글자가 누락되어 있으나, 『宋書』 倭國傳에 의거하여 이 다음에 '間'이 들어가야 한다.
2187) 是歲鄯善龜玆至悉居半等國並遣使朝貢 按凡稱是歲云云 都是分月記載所未及 這裏所記鄯善等國 事皆見上四月及十一月 何須又於歲末記載 疑是後人據北史卷二妄增

	(『魏書』 4上 世祖紀 4上)[2188]
고구려	(太延五年)是歲 鄯善龜玆疏勒焉耆高麗粟特渴盤陁破洛那悉居半等國 並遣使朝貢[2189]
	(『北史』 2 魏本紀 2 世祖太武皇帝)[2190]
고구려	十二月 遣使△[2191]魏朝貢 (『三國史記』 18 高句麗本紀 6)
고구려	十二月 又遣使朝貢 (『三國史節要』 5)
고구려	是歲 武都王河南王林邑國高麗國 並遣使獻方物 (『宋書』 5 本紀 5 文帝)
고구려	璉每歲遣使 (元嘉)十六年 太祖欲北討 詔璉送馬 璉獻馬八百匹 (『宋書』 97 列傳 57
	夷蠻 東夷 高句驪國)
고구려	是歲 武都河南林邑高麗等國 並遣使朝貢 (『南史』 2 宋本紀 中)
고구려	璉每歲遣使 (元嘉)十六年 文帝欲侵魏 詔璉送馬 獻八百匹 (『南史』 79 列傳 69 高句
	麗)
고구려	(元嘉)十六年 文帝欲侵魏 詔璉獻馬八百疋 (『太平御覽』 783 四夷部 4 東夷 4 高句
	驪)
고구려	宋元嘉中 又獻馬八百匹 (『通典』 186 邊防 2 東夷 下 高句麗)[2192]

440(庚辰/신라 눌지마립간 24/고구려 장수왕 28/백제 비유왕 14/劉宋 元嘉 17/倭 允恭 29)

백제	夏四月戊午朔 日有食之 (『三國史記』 25 百濟本紀 3)
백제	夏四月戊午朔 百濟日有食之 (『三國史節要』 5)
신라	倭人侵南邊 掠取生口而去 (『三國史記』 3 新羅本紀 3)[2193]
신라	倭寇新羅南邊 (『三國史節要』 5)[2194]
신라	夏六月 又侵東邊 (『三國史記』 3 新羅本紀 3)
신라	六月 倭寇新羅東邊 (『三國史節要』 5)
백제	冬十月 遣使入宋朝貢 (『三國史記』 25 百濟本紀 3)[2195]
백제	冬十月 百濟遣使如宋朝貢 (『三國史節要』 5)
백제	(十二月)戊辰 武都河南百濟等國 並遣使朝貢[2196] (『南史』 2 宋本紀 中)[2197]
백제	是歲 武都王河南王百濟國 遣使獻方物 (『宋書』 5 本紀 5 文帝)[2198]

2188) 이 기사에는 월 표기가 없으나, 『三國史記』 高句麗本紀 등에 의거하여 11월로 편년하였다.

2189) 破洛那悉居半等國 並遣使朝貢 諸本脫洛字 居半誤倒 據魏書世祖紀及本書卷九七西域傳補乙

2190) 이 기사에는 월 표기가 없으나, 『三國史記』 高句麗本紀 등에 의거하여 11월로 편년하였다.

2191) 저본에는 글자를 판독할 수 없으나, 鑄字本에 의거하여 '入'으로 수정해야 한다.

2192) 이 기사에는 연대 표기가 없으나, 『宋書』 本紀 등에 의거하여 元嘉16년(439)으로 편년하였다.

2193) 이 기사는 월 표기가 없으나, 6월 기사 앞에 있으므로 1~5월로 기간편년하고 마지막달인 5월에 배치하였다.

2194) 이 기사에는 월 표기가 없으나, 『三國史記』 新羅本紀에 의거하여 1~5월로 기간편년하고 마지막달인 5월에 배치하였다.

2195) 『南史』 本紀에는 12월14일(戊辰)로 되어 있다.

2196) 戊辰武都河南百濟等國並遣使朝貢 宋書戊辰下有以南豫州刺史始興王濬爲揚州刺史等三十八字 武都上有是歲二字 此於戊辰下刪去三十八字 而入之以武都諸國並遣使朝貢 致諸國使來同在戊辰一日之內 非是 當據宋書以正

2197) 『三國史記』 百濟本紀 등에는 10월로 되어 있다.

2198) 이 기사에는 월일 표기가 없으나, 『南史』 本紀에 의거하여 12월14일(戊辰)로 편년하였다.

백제　　　　　(元嘉)十七年　武都王河南王百濟國　遣使獻方物 (『冊府元龜』 968 外臣部 朝貢 1)[2199]

고구려 신라　　新羅人襲殺邊將 王怒將擧兵討之 羅王遣使謝罪 乃止 (『三國史記』 18 高句麗本紀 6)
고구려 신라　　新羅襲殺高句麗邊將 王怒將擧兵討之 新羅王遣使謝罪 乃止 (『三國史節要』 5)

441(辛巳/신라 눌지마립간 25/고구려 장수왕 29/백제 비유왕 15/劉宋 元嘉 18/倭 允恭 30)

신라　　　　　春二月 史勿縣進長尾白稚 王嘉之 賜縣吏穀 (『三國史記』 3 新羅本紀 3)
신라　　　　　春二月 新羅史勿縣進長尾白雉 王賜縣史[2200]穀 (『三國史節要』 5)

고구려　　　　是歲 肅特國高麗國蘇靡黎國林邑國 並遣使獻方物 (『宋書』 5 本紀 5 文帝)
고구려　　　　是歲 河南肅特高麗蘇摩黎林邑等國 並遣使來朝貢 (『南史』 2 宋本紀 中)

신라　　　　　亲巳△△中 折盧△ 喙部習智阿干支 沙喙斯德智阿干支 敎沙喙尒抽智奈麻 喙部牟智奈麻 本牟子 喙沙利 夷斯利白 爭人喙評公斯弥 沙喙夷須 牟旦伐 喙斯利壹伐 皮末智 本波喙 柴干支 弗乃壹伐 金評沙干支 祭智壹伐 使人奈蘇毒只 道使喙念牟智 沙喙鄒須智 世令于居伐壹斯利 蘇豆古利村仇鄒列支干支 沸竹休壹金知 那音支村卜岳干支 走斤壹金知 珎伐壹 昔云 豆智沙干支宮 日夫智宮 奪尒 今更還牟旦伐 喙作民沙干支 使人果西牟利白口 若後世 更噵人者 与重罪 典書与牟豆故記 沙喙心刀里△ (「浦項中城里新羅碑」)[2201]

442(壬午/신라 눌지마립간 26/고구려 장수왕 30/백제 비유왕 16/劉宋 元嘉 19/倭 允恭 31)

443(癸未/신라 눌지마립간 27/고구려 장수왕 31/백제 비유왕 17/劉宋 元嘉 20/倭 允恭 32)

고구려 백제　　是歲 河西國高麗國百濟國倭國 並遣使獻方物 (『宋書』 5 本紀 5 文帝)
고구려 백제　　是歲 河西高麗百濟倭國 並遣使朝貢 (『南史』 2 宋本紀 中)
고구려 백제　　(元嘉)二十年 河西國高麗國百濟國倭國 並遣使獻方物 (『冊府元龜』 968 外臣部 朝貢 1)

444(甲申/신라 눌지마립간 28/고구려 장수왕 32/백제 비유왕 18/劉宋 元嘉 21/倭 允恭 33)

신라　　　　　夏四月 倭兵圍金城十日 糧盡乃歸 王欲出兵追之 左右曰 兵家之說曰 窮寇勿追 王其舍之 不聽 率數千餘騎 追反[2202]於獨山之東 合戰爲賊所敗 將士死者過半 王蒼黃弃馬上山 賊圍之數重 忽昏霧 不辨咫尺 賊謂有陰助 收兵退歸 (『三國史記』 3 新羅本紀 3)
신라　　　　　夏四月 倭寇新羅 圍金城十日 糧盡乃歸 王欲出兵追之 左右曰 兵法窮寇勿追 王其舍之 不聽 率數千騎 追至獨山東 合戰爲賊所敗 將士死者過半 王蒼黃棄馬登山 賊圍王

2199) 이 기사에는 월일 표기가 없으나, 『南史』 本紀에 의거하여 12월14일(戊辰)로 편년하였다.
2200) 저본에는 '史'로 되어 있으나, 『三國史記』 本紀에 의거해 '吏'로 수정해야 한다.
2201) 이 비의 건립연대에 대해서는 441년설과 501년설이 대립 중이다. 그에 따라 두 연대에 모두 배치하였다.
2202) 저본에는 '反'으로 되어 있으나, 鑄字本에 의거하여 '及'으로 수정해야 한다.

數重 忽昏霧 不辨咫尺 賊謂有陰助 收兵 (『三國史節要』5)

445(乙酉/신라 눌지마립간 29/고구려 장수왕 33/백제 비유왕 19/劉宋 元嘉 22/倭 允恭 34)

446(丙戌/신라 눌지마립간 30/고구려 장수왕 34/백제 비유왕 20/劉宋 元嘉 23/倭 允恭 35)

447(丁亥/신라 눌지마립간 31/고구려 장수왕 35/백제 비유왕 21/劉宋 元嘉 24/倭 允恭 36)

백제	夏五月 宮南池中有火 焰如車輪 終夜而滅 (『三國史記』25 百濟本紀 3)
백제	夏五月 百濟王宮南池夜有火 焰如車輪 至曉乃滅 (『三國史節要』5)
백제 신라	秋七月 旱 穀不熟 民饑 流入新羅者多 (『三國史記』25 百濟本紀 3)
백제 신라	秋七月 百濟旱 穀不熟 民饑 流入新羅者多 (『三國史節要』5)

448(戊子/신라 눌지마립간 32/고구려 장수왕 36/백제 비유왕 22/劉宋 元嘉 25/倭 允恭 37)

449(己丑/신라 눌지마립간 33/고구려 장수왕 37/백제 비유왕 23/劉宋 元嘉 26/倭 允恭 38)

고구려	五月中 高麗大2203)王相2204)王公2205)△2206)新羅寐2207)錦世世爲願如兄如弟　上下相和2208)守天東來2209)之寐2210)錦忌太子共前部大2211)使者多亏桓　　奴主簿道德2212)△2213)△2214)△2215)安2216)△2217)△2218)去2219)△△到至跪營2220)△2221)太子共△2222)尙2223)△2224)上共看節賜太30)2225)翟2226)鄒△2227)食△2228)△2229)賜2230)寐2231)錦之

2203) 太라고 읽는다.
2204) 祖라고도 읽는다.
2205) 令이라고도 읽는다.
2206) 還이라고도 읽는다.
2207) ‘窪’라고도 읽는다.
2208) ‘知’라고도 읽는다.
2209) ‘夷’라고도 읽는다.
2210) ‘窪’라고도 읽는다.
2211) 太라고 읽는다.
2212) ‘使’라고도 읽는다.
2213) ‘鄕’이라고도 읽는다.
2214) ‘類’라고도 읽는다.
2215) ‘王’이라고도 읽는다.
2216) ‘牛’라고도 읽는다.
2217) ‘貽’라고도 읽는다.
2218) ‘之’라고도 읽는다.
2219) ‘法’, ‘古’라고도 읽는다.
2220) ‘官’, ‘官’ ‘管’이라고도 읽는다..
2221) ‘大’라도고 읽는다.
2222) ‘節’, ‘訶’, ‘諸’라고도 읽는다.
2223) ‘向’이라고도 읽는다.
2224) ‘敎’, ‘墅’이라고도 읽는다..
2225) ‘大’라고도 읽는다.
2226) ‘霍’, ‘藿’이라고도 읽는다.
2227) ‘敎’라고도 읽는다.

衣服建立處2232) 　　　用2233)者賜之隨者節2234)△2235)△2236)奴客2237)人△2238)教2239)
諸2240)位賜上2241)下2242)衣服教東夷寐2243)錦逕2244)還來節教賜寐2245)錦土內諸衆人
△2246)△2247)△2248)△2249)王2250)國土　大位諸位上下衣服兼2251)受教跪營2252)之十二
月廿三日甲寅東夷寐2253)錦上2254)下至于伐城教來2255)前部大2256)使者多亏2257)桓奴主
簿△2258)　　　△2259)△△境△募人三百新羅土內幢主下部拔位使者補2260)奴
△△奴△2261)△2262)△2263)△2264)盖盧共2265)△2266)募人新羅土內衆人拜2267)動△2268)
△ (「中原高句麗碑」前面)2269)

△△△中△△△△2270)城不△2271)△2272)村舍△△△△2273)△△2274)△沙△　△△△△△
△△2275)班功2276)△△△△△△△節人△△△　　△△△△2277)△△辛酉年△△△十△

2228) '丐'이라고도 읽는다.
2229) '朿', '東'이라고도 읽는다.
2230) '夷'라고도 읽는다.
2231) '窪'라고도 읽는다.
2232) '樓'라고도 읽는다.
2233) '伊'라고도 읽는다.
2234) '諸'라고도 읽는다.
2235) '敎'라고도 읽는다.
2236) '使', '賜'라고도 읽는다.
2237) '衆'이라고도 읽는다.
2238) '者', '革'이라고도 읽는다..
2239) '鞋', '勲'이라고도 읽는다.
2240) '亢'이라고도 읽는다.
2241) '土'라고도 읽는다.
2242) '內'라고도 읽는다.
2243) '窪'라고도 읽는다.
2244) '逮'라고도 읽는다.
2245) '窪' '　'이라고도 읽는다.
2246) '衣'라고도 읽는다.
2247) '服'이라고도 읽는다.
2248) '共'이라고도 읽는다.
2249) '大'라고도 읽는다.
2250) '去', '土'라고도 읽는다.
2251) '來', '束'이라고도 읽는다.
2252) '官'이라고도 읽는다.
2253) '窪'라고도 읽는다.
2254) '去'라고도 읽는단.
2255) '勑'이라고도 읽는다.
2256) '太'라고도 읽는다.
2257) '兮'라고도 읽는다.
2258) '首', '者', '看', '道'라도고 읽는다.
2259) '使'라고도 읽는다.
2260) '錦', '端'이라고도 읽는다.
2261) '故', '趣', '探'라고도 읽는다.
2262) '狛', '獵'라고도 읽는다.
2263) '凶', '殘', '郊'라고도 읽는다.
2264) '鬼', '王', '兎', '部'이라고도 읽는다.
2265) '供'이라고도 읽는다.
2266) '謀', '鍱'이라고도 읽는다.
2267) '供'이라고도 읽는다.
2268) '爵'이라고도 읽는다.
2269) 중원고구려비 여러 설..따라서 장수왕 말년에 편제하였다.
2270) '伐', '滅'이라고도 읽는다.
2271) '得', '淂'이라고도 읽는다.
2272) '發'이라고도 읽는다.
2273) '眣'이라고도 읽는다.
2274) '眛'이라고도 읽는다.

△2278)△2279)△△太2280)王國土△　△△△△△△△△△△2281)△△△△△△△△
△2282)△　△△△△△△△△上有△2283)△2284)酉2285)△△△△東夷寐2286)錦土　△△
△△△△方2287)△2288)桓△2289)沙△斯色2290)△2291)△古鄒加共軍至于伐城△2292)
△2293)△2294)古牟婁城守2295)事下部大兄耶2296)△2297) (「中原高句麗碑」左側面)
△公△△△△衆殘△△△△△△不△△使△△△壬子△△伐△△△△△△△△△△
△△△△△△△△ (「中原高句麗碑」右側面)2298)

450(庚寅/신라 눌지마립간 34/고구려 장수왕 38/백제 비유왕 24/劉宋 元嘉 27/倭 允恭 39)

백제	(春正月)辛卯 百濟國遣使獻方物 (『宋書』5 本紀 5 文帝)
백제	春正月辛卯 百濟國遣使朝貢 (『南史』2 宋本紀 中)
백제	(元嘉)二十七年 毗上書獻方物 私假臺使馮野夫西河太守 表求易林式占腰弩 太祖並與之 (『宋書』97 列傳 57 百濟國)2299)
백제	(元嘉)二十七年 毗上書獻方物 私假臺使馮野夫西河太守 表求易林式占腰弩 文帝並與之 (『南史』79 列傳 69 百濟)2300)
백제	(元嘉)二十七年 百濟國遣使獻方物 (『冊府元龜』968 外臣部 朝貢 1)2301)
백제	(元嘉)二十七年 上表求易林雜占腰弩 文帝並與之 (『太平御覽』781 四夷部 2 東夷 2 百濟)2302)
백제	用宋元嘉曆 以建寅月爲歲首 (『通典』185 邊防 1 東夷 上 百濟)2303)
백제	[隋律曆志] 宋氏元嘉 何承天造曆 迄于齊末 相仍用之 (…) 百濟行宋元嘉曆 以建寅月

2275) '從'이라고도 읽는다.
2276) '恩', '日'이라고도 읽는다.
2277) '贒'이라고도 읽는다.
2278) '十'이라고도 읽는다.
2279) '四'라고도 읽는다.
2280) '大'라고도 읽는다.
2281) '軍', '寅'이라고도 읽는다.
2282) '隱'이라고도 읽는다.
2283) '之'라고도 읽는다.
2284) '辛'이라고도 읽는다.
2285) '國'이라고도 읽는다.
2286) '窪'이라고도 읽는다.
2287) '多', '右'라고도 읽는다.
2288) '得', '今', '祖', '淂', '德'이라고도 읽는다.
2289) '奴'라고도 읽는다.
2290) '絶'이라고도 읽는다.
2291) '智'라고도 읽는다.
2292) '丙'이라고도 읽는다.
2293) '于', '子'라고도 읽는다.
2294) '授'이라고도 읽는다.
2295) '主', '軍'이라고도 읽는다.
2296) '躬'이라고도 읽는다.
2297) '乎'라고도 읽는다.
2298) 중원고구려비의 건립 연대에 대해서는 여러 견해가 있으나 그 중에서도 장수왕대인 449년 혹은 481년 설이 유력한데, 그 가운데에서도 449년을 따라 편년하였다.
2299) 이 기사에는 월일 표기가 없으나, 『宋書』本紀에 의거하여 1월30일(辛卯)로 편년하였다.
2300) 이 기사에는 월일 표기가 없으나, 『宋書』本紀에 의거하여 1월30일(辛卯)로 편년하였다.
2301) 이 기사에는 월일 표기가 없으나, 『宋書』本紀에 의거하여 1월30일(辛卯)로 편년하였다.
2302) 이 기사에는 월일 표기가 없으나, 『宋書』本紀에 의거하여 1월30일(辛卯)로 편년하였다.
2303) 이 기사에는 연대 표기가 없으나, 『宋書』本紀에 의거하여 元嘉27년(450) 1월30일(辛卯)로 편년하였다.

爲歲首 (『玉海』 9 律曆曆法 上 南北曆)[2304]

고구려　　(夏四月壬子) 魏主遺帝書曰 (…) 彼若欲存劉氏血食者 當割江以北輸之 攝守南渡[2305]
　　　　　當[2306]釋江南使彼居之 不然 可善敕方鎭刺史守宰嚴供帳之具[2307] 來秋當往取揚州
　　　　　大勢已至 終不相縱 彼往日北通蠕蠕 西結赫連沮渠吐谷渾 東連馮弘高麗[2308] 凡此數
　　　　　國 我皆滅之 以此而觀 彼豈能獨立 (…) (『資治通鑑』 125 宋紀 7 太祖文皇帝 中之
　　　　　下)

신라 고구려　秋七月 高句麗邊將獵於悉直之原 何瑟羅城主三直出兵 掩殺之 麗王聞之怒 使來告曰
　　　　　孤與大王修好至歡也 今出兵殺我邊將 是何義耶 乃興師侵我西邊 王卑辭謝之 乃歸
　　　　　(『三國史記』 3 新羅本紀 3)
신라 고구려　秋七月 高句麗邊將獵於悉置[2309]原 新羅何瑟羅城主三直出兵掩殺之 高句麗王聞之怒
　　　　　使告曰 孤與大王 修好至歡也 今殺我邊將 是何義耶 乃興師侵新羅西邊 王卑辭謝之
　　　　　乃歸 (『三國史節要』 5)

백제　　　自鯨魚隕彗 龍馬浮江 拓拔以勁騎南侵 宋公以强兵北討 乾坤 贙 君子滅跡於屯蒙 海
　　　　　內崩離 賢達違邦而遠逝 七代祖嵩 自淮泗浮於遼陽 遂為熊川人也 (「禰素士 墓誌銘」:
　　　　　2012 『唐史論叢』 14)[2310]

451(辛卯/신라 눌지마립간 35/고구려 장수왕 39/백제 비유왕 25/劉宋 元嘉 28/倭 允恭 40)

가야　　　吹希王 一云叱嘉 金氏 永初二年卽位 治三十一年 元喜二十八年辛卯二月三日 崩 王
　　　　　妃進思角干女仁德 生王子銍知 銍知王 一云金銍王 元嘉二十八年 卽位 (『三國遺事』
　　　　　2 紀異 2 駕洛國記)
가야　　　春二月 駕洛國王吹希薨 子銍知立 (『三國史節要』 5)[2311]
가야　　　第八銍知王[一云金銍 △△希 母仁德 辛卯立 治三十六年] (『三國遺事』 1 王曆)[2312]

고구려　　冬十月癸亥 高麗國遣使獻方物 (『宋書』 5 本紀 5 文帝)
고구려　　冬十月癸亥 高麗國遣使朝貢 (『南史』 2 宋本紀 中)

신라 가야　(元嘉)二十八年 加使持節都督倭新羅任那加羅秦韓慕韓六國諸軍事 安東將軍如故 幷
　　　　　除所上二十三人軍郡 (『宋書』 97 列傳 57 倭國)
신라 가야　(元嘉)二十八年 加使持節都督倭新羅任那加羅秦韓慕韓六國諸軍事 安東將軍如故 幷
　　　　　除所上二十三人職 (『南史』 79 列傳 69 倭國)

452(壬辰/신라 눌지마립간 36/고구려 장수왕 40/백제 비유왕 26/劉宋 元嘉 29/倭 允恭

2304) 이 기사에는 연대 표기가 없으나, 『宋書』 本紀에 의거하여 元嘉27년(450) 1월30일(辛卯)로 편년하였다.
2305) 攝 收也 言收江北守兵南渡江也
2306) 章 十二行本當上有如此二字 乙十一行本同 孔本同 張校同
2307) 守 式又翻 帳 當作張 音竹亮翻
2308) 事並見前 蠕 人兗翻 沮 子余翻 吐 從暾入聲 谷 音浴 麗 力知翻
2309) 저본에는 ‘置’로 되어 있으나, 『三國史記』 本紀에 의거해 ‘直’으로 수정해야 한다.
2310) “龍馬浮江”은 317년 東晉의 건국을 의미하고, “宋公以强兵北討”는 450년 宋 文帝의 북벌을 의미한다.
　　 그에 따라 317~450년으로 기간편년하고 마지막해인 450년에 배치하였다.
2311) 이 기사에는 일자 표기가 없으나, 『三國遺事』에 의거하여 2월 3일로 편년하였다.
2312) 이 기사에는 월일 표기가 없으나, 『三國遺事』 紀異 등에 의거하여 2월 3일로 편년하였다.

41)

신라 　　　　秋七月 大山郡進嘉禾 (『三國史記』3 新羅本紀 3)

신라 　　　　秋七月 新羅大山郡進嘉禾 (『三國史節要』5)

가야 　　　　以元嘉二十九年壬辰 於元君與皇后合婚之地創寺 額曰王后寺 遣使審量近側平田十結
　　　　　　以爲供億三寶之費 自有是寺五百後 置長遊寺 所納田柴幷三百結 於是右寺三剛 以王
　　　　　　后寺在寺柴地東南標內 罷寺爲莊 作秋收冬藏之場 秣馬養牛之廐 (…) 銍知王 一云金
　　　　　　銍王 元嘉二十八年 卽位 明年 爲世祖許黃玉[2313]后 奉資冥福於初與世祖合御之地
　　　　　　創寺曰王后寺 納田十結充之 (『三國遺事』2 紀異 2 駕洛國記)

가야 　　　　逮第八代銍知王二年壬辰 置寺於其地 又創王后寺[在阿道訥祇王之世 法興王之前]
　　　　　　(『三國遺事』3 塔像 4 金官城婆娑石塔)

453(癸巳/신라 눌지마립간 37/고구려 장수왕 41/백제 비유왕 27/劉宋 元嘉 30/倭 允恭 42)

신라 　　　　春正月乙亥朔戊子 天皇崩 時年若干 於是 新羅王聞天皇旣崩 而驚愁之 貢上調船八
　　　　　　十 及種種樂人八十 是泊對馬而大哭 到筑紫亦大哭 泊于難波津 則皆素服之 悉捧御
　　　　　　調 且張種種樂器 自難波至于京 或哭泣 或儛歌 遂叅會於殯宮也 (『日本書紀』13 允
　　　　　　恭紀)

신라 　　　　春夏 旱 (『三國史記』3 新羅本紀 3)

신라 　　　　春夏 新羅旱 (『三國史節要』5)

신라 　　　　秋七月 羣狼入始林 (『三國史記』3 新羅本紀 3)

신라 　　　　秋七月 群狼入新羅始林 (『三國史節要』5)

고구려 　　　(十一月)丙寅 高麗國遣使獻方物 (『宋書』6 本紀 6 孝武帝)

고구려 　　　(十一月)丙寅 高麗國遣使朝貢 (『南史』2 宋本紀 中)

신라 　　　　冬十一月 新羅弔使等 喪禮旣闋而還之 爰新羅人 恒愛京城傍耳成山畝傍山 則到琴引
　　　　　　坂 顧之曰 宇泥咩巴椰 彌彌巴椰 是未習風俗之言語 故訛畝傍山 謂宇泥咩 訛耳成山
　　　　　　謂彌彌耳 時倭飼部 從新羅人 聞是辭而 疑之以爲 新羅人通采女耳 乃返之啓于大泊
　　　　　　瀬皇子 皇子則悉禁固新羅使者 而推問 時新羅使者啓之曰 無犯采女 唯愛京傍之兩山
　　　　　　而言耳 則知虛言 皆原之 於是 新羅人大恨 更減貢上之物色及船數 (『日本書紀』13
　　　　　　允恭紀)

454(甲午/신라 눌지마립간 38/고구려 장수왕 42/백제 비유왕 28/劉宋 孝建 1/倭 安康 1)

신라 　　　　秋七月 霜雹害穀 (『三國史記』3 新羅本紀 3)

신라 　　　　秋七月 新羅霜雹害穀 (『三國史節要』5)

고구려 신라 　秋七月 遣兵侵新羅北邊 (『三國史記』18 高句麗本紀 6)[2314]

고구려 신라 　(秋七月) 高句麗遣兵侵新羅北邊 (『三國史節要』5)

2313) 저본에는 '玉'으로 되어 있으나, 내용상 '王'으로 수정해야 한다.

2314) 『三國史記』新羅本紀에는 8월로 되어 있다.

백제	星隕如雨 星孛于西北 長二丈許 (『三國史記』 25 百濟本紀 3)[2315]
백제	百濟星隕如雨 星孛于西北 長二丈 (『三國史節要』 5)[2316]

신라 고구려	八月 高句麗侵北邊 (『三國史記』 3 新羅本紀 3)[2317]

백제	秋八月 蝗害穀 年饑 (『三國史記』 25 百濟本紀 3)
백제	八月 百濟蝗害穀 年饑 (『三國史節要』 5)

455(乙未/신라 눌지마립간 39/고구려 장수왕 43/백제 비유왕 29, 개로왕 1/劉宋 孝建 2/倭 安康 2)

백제	春三月 王獵於漢山 (『三國史記』 25 百濟本紀 3)
백제	春三月 百濟王獵於漢山 (『三國史節要』 5)

백제	秋九月 黑龍△[2318]漢江 須曳[2319] 雲霧晦冥飛去 王薨 (『三國史記』 25 百濟本紀 3)
백제	蓋鹵王[或云近蓋婁] 諱慶司 毗有王之長子 毗有在位二十九年薨 嗣 (『三國史記』 25 百濟本紀 3)
백제	初 毗有王薨 蓋鹵嗣位 文周輔之 位至上佐平 (『三國史記』 26 百濟本紀 4)
백제	秋九月 百濟黑龍見漢江 百濟王毗有薨 長子慶司立 後改餘慶 是謂蓋鹵王 (『三國史節要』 5)
백제	第二十一蓋鹵王[一云近蓋鹵王 名慶司 乙未立 治二十年] (『三國遺事』 1 王曆)[2320]
백제	毗死 子慶代立 (『宋書』 97 列傳 57 百濟國)[2321]
백제	餘毗死 立子慶 (『梁書』 54 列傳 48 百濟)[2322]
백제	毗死 子慶代立 (『南史』 79 列傳 69 百濟)[2323]
백제	奉仇台之祠 纂[2324]夫餘之曹[2325][(…) 毗死子慶代立] (『翰苑』 30 蕃夷部 百濟)[2326]

신라 고구려 백제	
	冬十月 高句麗侵百濟 王遣兵救之 (『三國史記』 3 新羅本紀 3)
고구려 백제 신라	
	冬十月 高句麗侵百濟 新羅王遣兵救之 (『三國史節要』 5)

고구려	(十一月)辛亥 高麗國遣使獻方物 (『宋書』 6 本紀 6 孝武帝)
고구려	十一月辛亥 高麗國遣使朝貢 (『南史』 2 宋本紀 中)

2315) 이 기사는 월 표기가 없으나, 8월 기사 앞에 있으므로 1~7월로 기간편년하고 마지막달인 7월에 배치
하였다.
2316) 이 기사에는 월 표기가 없으나, 『三國史記』 百濟本紀에 의거하여 1~7월로 기간편년하고 마지막달인
7월에 배치하였다.
2317) 『三國史記』 高句麗本紀 등에는 7월로 되어 있다.
2318) 저본에는 오각되어 있으나, 鑄字本에 의거하여 '見'으로 수정해야 한다.
2319) 저본에는 '曳'로 되어 있으나, 내용상 '臾'로 수정해야 한다.
2320) 이 기사에는 월일 표기가 없으나, 『三國史記』 百濟本紀에 의거하여 9월로 편년하였다.
2321) 이 기사에는 연대 표기가 없으나, 『三國史記』 百濟本紀에 의거하여 孝建 2년(455) 9월로 편년하였다.
2322) 이 기사에는 연대 표기가 없으나, 『三國史記』 百濟本紀에 의거하여 孝建 2년(455) 9월로 편년하였다.
2323) 이 기사에는 연대 표기가 없으나, 『三國史記』 百濟本紀에 의거하여 孝建 2년(455) 9월로 편년하였다.
2324) 저본에는 '纂'으로 되어 있으나, 내용상 '慕'로 수정해야 한다.
2325) 저본에는 '曹'로 되어 있으나, 내용상 '冒'로 수정해야 한다.
2326) 이 기사에는 연대 표기가 없으나, 『三國史記』 百濟本紀에 의거하여 孝建 2년(455) 9월로 편년하였다.

고구려	遣使入宋朝貢 (『三國史記』18 高句麗本紀 6)[2327]
고구려	高句麗遣使如宋朝貢 (『三國史節要』5)[2328]
고구려	世祖孝建二年 璉遣長史董騰奉表慰國哀再周 幷獻方物 (『宋書』97 列傳 57 夷蠻 東夷 高句驪國)[2329]
고구려	孝武孝建二年 璉遣長史董騰奉表慰國哀再周 並獻方物 (『南史』79 列傳 69 高句麗)[2330]

456(丙申/신라 눌지마립간 40/고구려 장수왕 44/백제 개로왕 2/劉宋 孝建 3/倭 安康 3)

457(丁酉/신라 눌지마립간 41/고구려 장수왕 45/백제 개로왕 3/劉宋 大明 1/倭 雄略 1)

신라	春二月 大風拔木 (『三國史記』3 新羅本紀 3)
신라	春二月 新羅大風拔木 (『三國史節要』5)

신라	夏四月 隕霜傷麥 (『三國史記』3 新羅本紀 3)
신라	夏四月 新羅隕霜傷麥 (『三國史節要』5)

백제	(冬十月)甲辰 以百濟王餘慶爲鎭東大將軍 (『宋書』6 本紀 6 孝武帝)
백제	冬十月甲辰 以百濟王餘慶爲鎭東大將軍 (『南史』2 宋本紀 中)
백제	大明元年十月 以百濟王餘慶爲鎭東大將軍 (『冊府元龜』963 外臣部 封冊 1)[2331]
백제	世祖大明元年 遣使求除授 詔許 (『宋書』97 列傳 57 百濟國)[2332]
백제	孝武大明元年 遣使求除授 詔許之 (『南史』79 列傳 69 百濟)[2333]

부여	(太安三年十有二月)是月 于闐扶餘等五十餘國 各遣使朝獻 (『魏書』5 帝紀 5 高宗)

458(戊戌/신라 눌지마립간 42, 자비마립간 1/고구려 장수왕 46/백제 개로왕 4/劉宋 大明 2/倭 雄略 2)

신라	春二月 地震 金城南門自毀 (『三國史記』3 新羅本紀 3)
신라	春二月 新羅地震 金城南門毀 (『三國史節要』5)

백제	秋七月 百濟池津媛 違天皇將幸 婬於石河楯[舊本云 石河股合首祖楯] 天皇大怒 詔大伴室屋大連 使來目部張夫婦四支於木 置假庪上 以火燒死[百濟新撰云 己巳年 蓋鹵王立 天皇遣阿禮奴跪 來索女郞 百濟莊飾慕尼夫人女 曰適稽女郞 貢進於天皇] (『日本書紀』14 雄略紀)

신라	憂息樂 訥祇王時作也 (『三國史記』32 雜志 1 樂)[2334]

신라	秋八月 王薨 (『三國史記』3 新羅本紀 3)

2327) 이 기사에는 월일 표기가 없으나, 『宋書』本紀 등에 의거하여 11월24일(辛亥)로 편년하였다.
2328) 이 기사에는 월일 표기가 없으나, 『宋書』本紀 등에 의거하여 11월24일(辛亥)로 편년하였다.
2329) 이 기사에는 월일 표기가 없으나, 『宋書』本紀 등에 의거하여 11월24일(辛亥)로 편년하였다.
2330) 이 기사에는 월일 표기가 없으나, 『宋書』本紀 등에 의거하여 11월24일(辛亥)로 편년하였다.
2331) 이 기사에는 일자 표기가 없으나, 『宋書』本紀 등에 의거하여 10월28일(甲辰)로 편년하였다.
2332) 이 기사에는 월일 표기가 없으나, 『宋書』本紀 등에 의거하여 10월28일(甲辰)로 편년하였다.
2333) 이 기사에는 월일 표기가 없으나, 『宋書』本紀 등에 의거하여 10월28일(甲辰)로 편년하였다.
2334) 이 기사에는 연대 표기가 없으나, 訥祇王의 재위기간(417~458)으로 기간편년하고 그 마지막인 訥祇麻立干 42년(458) 8월 앞에 배치하였다.

신라	慈悲麻立干立 訥祇王長子 母金氏 實聖之女也 (『三國史記』 3 新羅本紀 3)
신라	秋八月 新羅王訥祇薨 長子慈悲立 (『三國史節要』 5)
신라	第二十慈悲麻立干[金氏 父訥祇 母阿老夫人 一作次老夫人 實聖王之女 戊戌立 治二十一年 妃巴胡葛文王女 一作△叱希角干 一作△△角干女] (『三國遺事』 1 王曆)[2335]
고구려	(冬十月)乙未 高麗國遣使獻方物 (『宋書』 6 本紀 6 孝武帝)
고구려	是歲 河南高麗林邑等國 並遣使朝貢 (『南史』 2 宋本紀 中)[2336]
백제	(世祖大明)二年 慶遣使上表曰 臣國累葉 偏受殊恩 文武良輔 世蒙朝爵 行冠軍將軍右賢王餘紀等十一人 忠勤宜在顯進 伏願垂愍 並聽賜除 仍以行冠軍將軍右賢王餘紀爲冠軍將軍 以行征虜將軍左賢王餘昆行征虜將軍餘暈並爲征虜將軍 以行輔國將軍餘都餘乂並爲輔國將軍 以行龍驤將軍沐衿餘爵並爲龍驤將軍 以行寧朔將軍餘流麋貴並爲寧朔將軍 以行建武將軍于西餘婁並爲建武將軍 (『宋書』 97 列傳 57 百濟國)
백제	(孝武大明)二年 慶遣上表言 行冠軍將軍右賢王餘紀十一人忠勤 並求顯進 於是詔並加優進 (『南史』 79 列傳 69 百濟)
고구려	大明二年 又獻肅愼氏楛矢石砮 (『南史』 79 列傳 69 高句麗)[2337]
고구려	大明二年 又獻肅愼矢及楛矢石砮 (『太平御覽』 783 四夷部 4 東夷 4 高句驪)

459(己亥/신라 자비마립간 2/고구려 장수왕 47/백제 개로왕 5/劉宋 大明 3/倭 雄略 3)

신라	春二月 謁始祖廟 (『三國史記』 3 新羅本紀 3)
신라	春二月 新羅王謁始祖廟 (『三國史節要』 5)
신라	夏四月 倭人以兵船百餘艘 襲東邊 進圍月城 四面矢石如雨 王城守 賊將退 出兵擊敗之 追北至海口 賊溺死者過半 (『三國史記』 3 新羅本紀 3)[2338]
신라	夏五月 倭人以兵船百餘艘 襲新羅東邊 進圍月城 四面矢石如雨 王固守 賊將退 出兵擊敗之 追至海口 賊溺死者過半 (『三國史節要』 5)[2339]
고구려	十一月己巳 高麗國遣使獻方物 肅愼國重譯獻楛矢石砮 西域獻舞馬 (『宋書』 6 本紀 6 孝武帝)[2340]
고구려	孝武帝大明三年十一月己巳 肅愼氏獻楛矢石砮 高麗國譯而至 (『宋書』 29 志 19 符瑞 下)
고구려	大明三年 又獻肅愼氏楛矢石砮 (『宋書』 97 列傳 57 夷蠻 東夷 高句驪國)[2341]
고구려	是歲 婆皇河西高麗肅愼等國 各遣使朝貢 西域獻儛馬 (『南史』 2 宋本紀 中)[2342]

460(庚子/신라 자비마립간 3/고구려 장수왕 48/백제 개로왕 6/劉宋 大明 4/倭 雄略 4)

2335) 이 기사에는 월일 표기가 없으나, 『三國史記』 新羅本紀 등에 의거하여 8월로 편년하였다.
2336) 이 기사에는 월일 표기가 없으나, 『宋書』 本紀에 의거하여 10월25일(乙未)로 편년하였다.
2337) 『宋書』 本紀 등에는 大明 3년(459) 11월 5일(己巳)로 되어 있다.
2338) 『三國史節要』에는 5월로 되어 있다.
2339) 『三國史記』 新羅本紀에는 4월로 되어 있다.
2340) 『南史』 高句麗傳 등에는 大明 2년(458)으로 되어 있다.
2341) 이 기사에는 월일 표기가 없으나, 『宋書』 本紀 등에 의거하여 11월 5일(己巳)로 편년하였다.
2342) 이 기사에는 월일 표기가 없으나, 『宋書』 本紀 등에 의거하여 11월 5일(己巳)로 편년하였다.

461(辛丑/신라 자비마립간 4/고구려 장수왕 49/백제 개로왕 7/劉宋 大明 5/倭 雄略 5)

신라	春二月 王納舒弗邯未斯欣女爲妃 (『三國史記』3 新羅本紀 3)
신라	春二月 新羅王納舒弗邯未斯欣女爲妃
	權近曰 按大婚重禮也 合二姓之好 爲宗廟社稷主 是不可以不謹也 故禮不娶同姓 雖 至百世 婚姻不通 所以附遠厚別 以謹男女之際也 慈悲王納其季父未斯欣之女爲妃 其 無人道甚矣 夫王與妃同其祖矣 以奉宗廟之祀神 其享之乎神不享 則祚必不長矣 傳曰 男女同姓 其生不繁 慈悲生智炤[炤智] 智炤[炤智]遂絶嗣 可不戒哉 (『三國史節要』5)

신라	夏四月 龍見金城井中 (『三國史記』3 新羅本紀 3)
신라	夏四月 新羅龍見金城井中 (『三國史節要』5)

백제	夏四月 百濟加須利君[蓋鹵王也] 飛聞池津媛之所燔殺[適稽女郎也] 而籌議曰 昔貢女 人爲采女 而旣無禮 失我國名 自今以後 不合貢女 乃告其弟軍君[昆支也]曰 汝宜往日 本以事天皇 軍君對曰 上君之命不可奉違 願賜君婦 而後奉遣 加須利君則以孕婦 嫁 與軍君曰 我之孕婦 旣當産月 若於路産 冀載一船 隨至何處 速令送國 遂與辭訣 奉 遣於朝 (『日本書紀』14 雄略紀)

백제	六月丙戌朔 孕婦果如加須利君言 於筑紫各羅嶋産兒 仍名此兒曰嶋君 於是 軍君卽以 一船 送嶋君於國 是爲武寧王 百濟人呼此嶋曰主嶋也 (『日本書紀』14 雄略紀)

고구려	(秋七月)丁卯 高麗國遣使獻方物 (『宋書』6 本紀 6 孝武帝)
고구려	秋七月丁卯 高麗國遣使朝貢 (『南史』2 宋本紀 中)

백제	秋七月 軍君入京 旣而有五子[百濟新撰云 辛丑年 蓋鹵王遣弟昆支君 向大倭 侍天王 以脩兄王之好也] (『日本書紀』14 雄略紀)

462(壬寅/신라 자비마립간 5/고구려 장수왕 50/백제 개로왕 8/劉宋 大明 6/倭 雄略 6)

고구려	(和平三年三月甲申) 高麗莅王契齒思厭於師疏勒石那悉居半渴槃陀諸國 各遣使朝獻 (『魏書』5 帝紀 5 高宗)
고구려	(和平三年三月甲申) 高麗莅王契齒思厭於師疏勒石那悉居半渴盤陁等國 並遣使朝貢 (『北史』2 魏本紀 2 高宗文成皇帝)
고구려	春三月 遣使入魏朝貢 (『三國史記』18 高句麗本紀 6)[2343]
고구려	春三月 高句麗遣使如魏朝貢 (『三國史節要』5)[2344]
고구려	(後魏文成和平)三年三月 高麗薩王契齒思厭於疏勒石那悉居半渴盤陁諸國 各遣使朝獻 (『册府元龜』969 外臣部 朝貢 2)[2345]

신라	夏五月 倭人襲破活開城 虜人一千而去 (『三國史記』3 新羅本紀 3)
신라	夏五月 倭人襲破新羅活開城 虜千餘人而去 (『三國史節要』5)

고구려	[二十五] 是歲吳郡朱靈期者 自高麗還 舶爲風携至一洲 洲有山 因意登之十餘里 聞午 梵 知有寺 (『佛祖歷代通載』8 宋武帝 朱靈期遇聖僧)[2346]

2343) 이 기사에는 일자 표기가 없으나, 『魏書』 本紀 등에 의거하여 3월 4일(甲申)로 편년하였다.
2344) 이 기사에는 일자 표기가 없으나, 『魏書』 本紀 등에 의거하여 3월 4일(甲申)로 편년하였다.
2345) 이 기사에는 일자 표기가 없으나, 『魏書』 本紀 등에 의거하여 3월 4일(甲申)로 편년하였다.
2346) 이 기사의 앞부분은 劉宋 孝武帝 大明 6년(462) 9월의 기사가 실려 있고, 그 앞에는 北魏 文成帝가

고구려	杯度者 不知姓名 常乘木杯度水 因而爲目 (…) 時吳郡民朱靈期 使高驪 還値風 舶飄 經九日 至一洲邊 洲上有山 山甚高大 入山採薪 見有人路 靈期乃將數人 隨路告乞 行十餘里 聞磬聲香烟 於是共稱佛禮拜 須臾見一寺 甚光麗多是七寶莊嚴 見有十餘僧 皆是石人 不動不搖 乃共禮拜還反 行步少許 聞唱導聲 還往更看 猶是石人 靈期等相 謂 此是聖僧 吾等罪人 不能得見 因共竭誠懺悔 更往乃見 眞人爲期等設食 食味是菜 而香美不同世 食竟 共叩頭禮拜 乞速還至鄕 (『高僧傳』 10 神異 下 杯度 8)[2347]
고구려	杯渡者 不知姓名 常乘木杯渡水 人因目之 (…) 時吳部民朱靈期 使高麗 還値風 舶飄 經九日 至一洲邊 洲上有山 山甚高大 入山採薪 見有人路 靈期乃將數人 隨路告乞 行十餘里 聞磬聲香煙 於是共稱佛禮拜 須臾見一寺 甚光麗多是七寶莊嚴 又見十餘石 人 乃共禮拜還反 行少許 聞唱導聲 還住更看 猶是石人 靈期等相謂 此是聖僧 吾等 罪人 不能得見 因共竭誠懺悔 更往乃見 眞人爲靈期等設食 食味是菜而香美不同世 食竟 共叩頭禮拜 乞速還至鄕 (『神僧傳』 3 杯渡)[2348]

463(癸卯/신라 자비마립간 6/고구려 장수왕 51/백제 개로왕 9/劉宋 大明 7/倭 雄略 7)

신라	春二月 倭人侵欲[2349]良城 不克而去 王命伐智德智 領兵伏候於路 要擊大敗之 王以 倭人屢侵疆場 綠邊築二城 (『三國史記』 3 新羅本紀 3)
신라	春二月 倭侵新羅歃良城 不克而去 王命伐知德智 伏兵於歸路 要擊大敗之 王以倭屢 侵疆傷[2350] 築沿邊二城 (『三國史節要』 5)

고구려	(六月)戊申 芮芮國高麗國 遣使獻方物 (『宋書』 6 本紀 6 孝武帝)
고구려	六月戊申 蠕蠕高麗等國 並遣使朝貢 (『南史』 2 宋本紀 中)

고구려	(宋孝武大明)七年六月 高麗王高璉 進號車騎大將軍開府儀同三司 (『册府元龜』 963 外臣部 封册 1)[2351]

고구려	七月乙亥 征東大將軍高麗王高璉進號車騎大將軍開府儀同三司 (『宋書』 6 本紀 6 孝 武帝)[2352]
고구려	秋七月乙亥 進高麗王高璉位車騎大將軍開府儀同三司 (『南史』 2 宋本紀 中)
고구려	宋世祖孝武皇帝 策王爲車騎大將軍開府儀同三司 (『三國史記』 18 高句麗本紀 6)[2353]
고구려	宋策高句麗王爲車騎大將軍開府儀同三司 (『三國史節要』 5)[2354]
고구려	(大明)七年 詔曰 使持節散騎常侍督平營二州諸軍事征東大將軍高句驪王樂浪公璉 世 事忠義 作藩海外 誠係本朝 志剪殘險 通譯沙表 克宣王猷 宜加褒進 以旌純節 可車 騎大將軍開府儀同三司 持節常侍都督王公如故 (『宋書』 97 列傳 57 夷蠻 東夷 高句 驪國)[2355]

和平으로 改元한 기사도 나와 있기 때문에. 朱靈期와 杯渡가 만난 일은 孝武帝 大明6년의 일로 생각된다.

2347) 이 기사에는 연대 표기가 없으나. 『佛祖歷代通載』에 의거하여 大明 6년(462)으로 편년하였다. 다만 이 기사 뒷부분에 나오는 孔寧子가 黃門侍郎이 된 해는 劉宋 文帝 元嘉元年(424)으로 杯渡의 행적에 대한 서술에서 시간상 모순이 보이지만, 朱靈期와 杯渡가 만난 일과 관계를 가진 기사가 아니므로 朱靈期가 고구려에서 돌아온 해는 大明6년으로 보는 것이 타당한 듯하다.

2348) 이 기사에는 연대 표기가 없으나, 『佛祖歷代通載』에 의거하여 大明 6년(462)으로 편년하였다.

2349) 저본에는 '欲'으로 되어 있으나, 『三國史節要』에 의거하여 '歃'으로 수정해야 한다.

2350) 저본에는 '傷'으로 되어 있으나, 『三國史記』 新羅本紀에 의거해 '場'으로 수정해야 한다.

2351) 『宋書』 本紀 등에는 7월 2일(乙亥)로 되어 있다.

2352) 『册府元龜』에는 6월로 되어 있다.

2353) 이 기사에는 월일 표기가 없으나, 『宋書』 本紀 등에 의거하여 7월 2일(乙亥)로 편년하였다.

2354) 이 기사에는 월일 표기가 없으나, 『宋書』 本紀 등에 의거하여 7월 2일(乙亥)로 편년하였다.

2355) 이 기사에는 월일 표기가 없으나, 『宋書』 本紀 등에 의거하여 7월 2일(乙亥)로 편년하였다.

고구려	(大明)七年 詔進璉爲車騎大將軍開府儀同三司 餘官並如故 (『南史』79 列傳 69 高句麗)2356)

신라	秋七月 大閱 (『三國史記』3 新羅本紀 3)
신라	秋七月 新羅大閱 (『三國史節要』5)

백제	(大明)七年 芮芮國百濟國 並遣使獻方物 (『冊府元龜』968 外臣部 朝貢 1)

백제 신라　是歲 吉備上道臣田狹 侍於殿側 盛稱稚媛於朋友曰 天下麗人 莫若吾婦 茂矣綽矣 諸好備矣 曄矣溫矣 種相足矣 鉛花弗御 蘭澤無加 曠世罕儔 當時獨秀者也 天皇 傾耳遙聽 而心悅焉 便欲自求稚媛爲女御 拜田狹爲任那國司 俄而天皇幸稚媛 田狹臣娶稚媛 而生兄君弟君[別本云 田狹臣婦名毛媛者 葛城襲津彥子 玉田宿禰之女也 天皇聞體貌閑麗 殺夫自幸焉] 田狹旣之任所 聞天皇之幸其婦 思欲求援而入新羅 于時 新羅不事中國 天皇詔田狹臣子弟君與吉備海部直赤尾曰 汝宜往罰新羅 於是 西漢才伎歡因知利在側 乃進而奏曰 巧於奴者 多在韓國 可召而使 天皇詔群臣曰 然則宜以歡因知利 副弟君等 取道於百濟 幷下勅書 令獻巧者 於是 弟君銜命 率衆 行到百濟 而入其國 國神化爲老女 忽然逢路 弟君就訪國之遠近 老女報言 復行一日 而後可到 弟君自思路遠 不伐而還 集聚百濟所貢今來才伎於大嶋中 託稱候風 淹留數月 任那國司田狹臣 乃喜弟君不伐而還 密使人於百濟 戒弟君曰 汝之領項 有何牢錮而伐人乎 傳聞 天皇幸吾婦 遂有兒息[兒息已見上文] 今恐 禍及於身 可蹻足待 吾兒汝者 跨據百濟 勿使通於日本 吾者據有任那 亦勿通於日本 弟君之婦樟媛 國家情深 君臣義切 忠踰白日 節冠青松 惡斯謀叛 盜殺其夫 隱埋室內 乃與海部直赤尾將百濟所獻手末才伎 在於大嶋 天皇聞弟君不在 遣日鷹吉士堅磐固安錢[堅磐 此云柯陀之波] 使共復命 遂卽安置於倭國吾礪廣津[廣津 此云比盧岐頭]邑 而病死者衆 由是 天皇詔大伴大連室屋 命東漢直掬 以新漢陶部高貴鞍部堅貴畫部因斯羅我錦部定安那錦譯語卯安那等 遷居于上桃原下桃原眞神原三所[或本云 吉備臣弟君 還自百濟 獻漢手人部衣縫部宍人部] (『日本書紀』14 雄略紀)

464(甲辰/신라 자비마립간 7/고구려 장수왕 52/백제 개로왕 10/劉宋 大明 8/倭 雄略 8)

신라 고구려　春二月 遣身狹村主靑檜隈民使博德使於吳國 自天皇卽位 至于是歲 新羅國背誕 苞苴不入 於今八年 而大懼中國之心 脩好於高麗 由是 高麗王遣精兵一百人守新羅 有頃 高麗軍士一人 取假歸國 時以新羅人爲典馬[典馬 此云于麻柯比] 而顧謂之曰 汝國爲吾國所破非久矣[一本云 汝國果成吾土非久矣] 其典馬聞之 陽患其腹 退而在後 遂逃入國 說其所語 於是 新羅王乃知高麗僞守 遣使馳告國人曰 人殺家內所養雞之雄者 國人知意 盡殺國內所有高麗人 惟有遺高麗一人 乘間得脫 逃入其國 皆具爲說之 高麗王卽發軍兵 屯聚筑足流城[或本云 都久斯岐城] 遂歌儛興樂 於是 新羅王 夜聞 高麗軍四面歌儛 知賊盡入新羅地 乃使人於任那王曰 高麗王征伐我國 當此之時 若綴旒然 國之危殆 過於累卵 命之脩短 太所不計 伏請救於日本府行軍元帥等 由是 任那王 勸膳臣斑鳩[班鳩 此云伊柯屢俄]吉備臣小梨難波吉士赤目子 往救新羅 膳臣等 未至營止 高麗諸將 未興膳臣等相戰皆怖 膳臣等乃自力勞軍 令軍中 促爲攻具 急進攻之 與高麗相守十餘日 乃夜鑿險 爲地道 悉過輜重 設奇兵 會明 高麗謂膳臣等爲遁也 悉軍來追 乃縱奇兵 步騎夾攻 大破之 二國之怨 自此而生[言二國者 高麗新羅也] 膳臣等謂新羅曰 汝以至弱 當至强 官軍不救 必爲所乘 將成人地 殆於此役 自今以後 豈背

天朝也 (『日本書紀』14 雄略紀)

고구려	使於高麗 與其國女子私通 因不肯還 被收錄然後反 善拍張 補刀戟左右 宋前廢帝使 敬則跳刀 高出白虎幢五六尺 接無不中 (『南史』45 列傳 35 王敬則)[2357]

465(乙巳/신라 자비마립간 8/고구려 장수왕 53/백제 개로왕 11/劉宋 永和 1, 景和 1, 泰始 1/倭 雄略 9)

고구려	(和平六年二月丁丑) 高麗莅王對曼諸國 各遣使朝獻 (『魏書』5 帝紀 5 高宗)
고구려	(和平六年二月丁丑) 高麗莅王對曼等國 各遣使朝貢 (『北史』2 魏本紀 2 高宗文成皇帝)
고구려	春二月 遣使入魏朝貢 (『三國史記』18 高句麗本紀 6)[2358]
고구려	春二月 高句麗遣使如魏朝貢 (『三國史節要』5)[2359]
고구려	(後魏文成和平)六年二月 高麗莅王對曼諸國 各遣使朝獻 (『册府元龜』969 外臣部 朝貢 2)[2360]
신라 백제	(春)三月 天皇欲親伐新羅 神戒天皇曰 無往也 天皇由是 不果行 乃勅紀小弓宿禰蘇我韓子宿禰大伴談連[談 此云箇陀利]小鹿火宿禰等曰 新羅自居西土 累葉稱臣 朝聘無違 貢職允濟 逮乎朕之王天下 投身對馬之外 竄跡匝羅之表 阻高麗之貢 吞百濟之城 況復朝聘既缺 貢職莫脩 狼子野心 飽飛飢附 以汝四卿 拜爲大將 宜以王師薄伐 天罰龔行 於是 紀小弓宿禰 使大伴室屋大連 憂陳於天皇曰 臣雖拙弱 敬奉勅矣 但今 臣婦命過之際 莫能視養臣者 公冀將此事具陳天皇 於是 大伴室屋大連 具爲陳之 天皇聞悲頹歎 以吉備上道采女大海 賜於紀小弓宿禰 爲隨身視養 遂推轂以遣焉 紀小弓宿禰等 卽入新羅 行屠傍郡[行屠 並行並擊] 新羅王 夜聞官軍四面鼓聲 知盡得喙地 與數百騎亂走 是以 大敗 小弓宿禰 追斬敵將陣中 喙地悉定 遺衆不下 紀小弓宿禰亦收兵 與大伴談連等會 兵復大振 與遺衆戰 是夕 大伴談連及紀岡前來目連 皆力鬪而死 談連從人同姓津麻呂 後入軍中 尋覓其主 從軍不見出問曰 吾主大伴公 何處在也 人告之曰 汝主等果爲敵手所殺 指示屍處 津麻呂聞之 踏叱曰 主既已陷 何用獨全 因復赴敵 同時殞命 有頃 遺衆自退 官軍亦隨而却 大將軍紀小弓宿禰 值病而薨 (『日本書紀』14 雄略紀)
신라	夏四月 大水 山崩一十七所 (『三國史記』3 新羅本紀 3)
신라	夏四月 新羅大水 山崩十七所 (『三國史節要』5)
신라	五月 沙伐郡蝗 (『三國史記』3 新羅本紀 3)
신라	五月 新羅沙伐郡蝗 (『三國史節要』5)
신라 백제	夏五月 紀大磐宿禰 聞父既薨 乃向新羅 執小鹿火宿禰所掌兵馬船官及諸小官 專用威命 於是 小鹿火宿禰 深怨乎大磐宿禰 乃詐告於韓子宿禰曰 大磐宿禰謂僕曰 我當復執韓子宿禰所掌之官不久也 願固守之 由是 韓子宿禰與大磐宿禰有隙 於是 百濟王

2357) 劉宋 前廢帝는 大明 8년(464)에 즉위하였고 『南齊書』26 列傳 7 王敬則에 土敬則(435~498)이 20여 세를 전후하여 "善拍張 補刀戟左右"하였다고 하므로, 455~464년으로 기간편년하고 마지막해인 464년에 배치하였다. 해당기간 중 장수왕이 책봉된 463년 7월 2일의 사신단에 王敬則이 포함되었을 가능성이 있으나, 확실하지 않다.
2358) 이 기사에는 일자 표기가 없으나, 『魏書』本紀 등에 의거하여 2월14일(丁丑)로 편년하였다.
2359) 이 기사에는 일자 표기가 없으나, 『魏書』本紀 등에 의거하여 2월14일(丁丑)로 편년하였다.
2360) 이 기사에는 일자 표기가 없으나, 『魏書』本紀 등에 의거하여 2월14일(丁丑)로 편년하였다.

聞日本諸將　緣小事有隙　乃使人於韓子宿禰等曰　欲觀國堺　請垂降臨　是以　韓子宿禰
等　並轡而往　及至於河　大磐宿禰　飮馬於河　是時　韓子宿禰　從後而射大磐宿禰鞍几後
橋　大磐宿禰愕然反視　射墮韓子宿禰　於中流而死　是三臣由前相競　行亂於道　不及百
濟王宮而却還矣　於是　采女大海　從小弓宿禰喪　到來日本　逯憂諮於大伴室屋大連曰
妾不知葬所　願占良地　大連卽爲奏之　天皇勅大連曰　大將軍紀小弓宿禰　龍驤虎視　旁
眺八維　掩討逆節　折衝四海　然則身勞萬里　命墜三韓　宜致哀矜　充視葬者　又汝大伴卿
與紀卿等　同國近隣之人　由來尙矣　於是　大連奉勅　使土師連小鳥　作冢墓於田身輪邑
而葬之也　由是　大海欣悅　不能自默　以韓奴室兄麻呂弟麻呂御倉小倉針六口送大連　吉
備上道蚊嶋田邑家人部　是也 (『日本書紀』14 雄略紀)

466(丙午/신라 자비마립간 9/고구려 장수왕 54/백제 개로왕 12/劉宋 泰始 2/倭 雄略 10)

고구려	(天安元年)三月辛亥　高麗波斯于闐阿襲諸國　遣使朝獻 (『魏書』5 帝紀 5 高宗)

고구려　　　　春三月　遣使入魏朝貢　魏文明太后　以顯祖六宮未備　敎王令薦其女　王奉表云　女已出
嫁　求以弟女應之　許焉　乃遣安樂王眞尙書李敷等　至境送幣　或勸王曰　魏昔與燕婚姻
旣而伐之　由行人具知　其夷險故也　殷鑑不遠　宜以方便辭之　王逯上書稱女死　魏疑其
矯詐　又遣假散騎常侍程駿　切責之　若女審死者　聽更選宗淑　王云　若天子恕其前愆　謹
當奉詔　會顯祖崩　乃止 (『三國史記』18 高句麗本紀 6)[2361]

고구려　　　　春三月　高句麗遣使如魏朝貢　魏文明大[2362]后　以帝六宮未備　敎王令薦其女　王奉表云
女巳[2363]出嫁　請以弟女應之　許焉　乃遣安樂王眞尙書李敷等　至境送幣　或有說王者曰
魏昔與燕婚姻　旣而伐之　由行人具知　夷險故也　殷鑑不遠　宜以計辭之　王逯上書稱女
死　魏疑其矯詐　又遣假散騎常侍程駿　切責之　若審死者　聽更選宗淑　王云　若天子恕其
前愆　謹當奉詔　會帝崩　乃止 (『三國史節要』5)[2364]

고구려	(後魏)獻文天安元年三月　高麗波斯于闐阿襲諸國 (…) 各遣使朝貢 (『册府元龜』969 外臣部 朝貢 2)[2365]

고구려　　　　後文明太后以顯祖六宮未備　敕璉令薦其女　璉奉表　云女已出嫁　求以弟女應旨　朝廷許
焉　乃遣安樂王眞尙書李敷等　至境送幣　璉惑其左右之說　云朝廷昔與馮氏婚姻　未幾而
滅其國　殷鑒不遠　宜以方便辭之　璉逯上書妄稱女死　朝廷疑其矯詐　又遣假散騎常侍程
駿　切責之　若女審死者　聽更選宗淑　璉云　若天子恕其前愆　謹當奉詔　會顯祖崩　乃止
(『魏書』100 列傳 88 高句麗)[2366]

고구려　　　　後文明太后以獻文六宮未備　敕璉令薦其女　璉奉表云　女已出　求以弟女應旨　朝廷許焉
乃遣安樂王眞尙書李敷等　至境送幣　璉惑其左右之說　云朝廷昔與馮氏婚姻　未幾而滅
其國　殷鑒不遠　宜以方便辭之　璉逯上書　妄稱女死　朝廷疑其矯拒　又遣假散騎常侍程
駿　切責之　若女審死　聽更選宗淑　璉云　若天子恕其前愆　謹當奉詔　會獻文崩　乃止
(『北史』94 列傳 82 高麗)[2367]

고구려　　　　(北史)又曰　後魏文明太后　以獻文六宮未備　敕璉令薦其女　璉奉表云　女已以出　求以弟
女應旨　朝廷許焉　會獻文崩　乃止 (『太平御覽』783 四夷部 4 東夷 4 高句驪)[2368]

2361) 이 기사에는 일자 표기가 없으나, 『魏書』本紀 등에 의거하여 3월24일(辛亥)로 편년하였다.
2362) 저본에는 '大'로 되어 있으나, 『三國史記』高句麗本紀에 의거하여 '太'로 수정해야 한다.
2363) 저본에는 '巳'로 되어 있으나, 『三國史記』高句麗本紀에 의거하여 '已'로 수정해야 한다.
2364) 이 기사에는 일자 표기가 없으나, 『魏書』本紀 등에 의거하여 3월24일(辛亥)로 편년하였다.
2365) 이 기사에는 일자 표기가 없으나, 『魏書』本紀 등에 의거하여 3월24일(辛亥)로 편년하였다.
2366) 이 기사에는 연대 표기가 없으나, 『魏書』本紀 등에 의거하여 泰始 2년(466) 3월24일(辛亥)로 편년하
　　　 였다.
2367) 이 기사에는 연대 표기가 없으나, 『魏書』本紀 등에 의거하여 泰始 2년(466) 3월24일(辛亥)로 편년하
　　　 였다.

고구려 　　　　父潛 顯祖初歸國 賜爵開陽男 居遼東 詔以沮渠牧犍女賜潛爲妻 封武威公主 拜駙馬
　　　　　　　　都尉 加寧遠將軍 卒 (『魏書』 77 列傳 65 高崇)[2369]

467(丁未/신라 자비마립간 10/고구려 장수왕 55/백제 개로왕 13/劉宋 泰始 3/倭 雄略 11)

고구려 　　　　春二月 遣使入魏朝貢 (『三國史記』 18 高句麗本紀 6)
고구려 　　　　春二月 高勾麗遣使如魏朝貢 (『三國史節要』 5)
고구려 　　　　(皇興元年)二月 高麗庫莫奚具伏弗郁羽陵日連匹黎尒于闐諸國 各遣使朝貢 (『魏書』 6
　　　　　　　　帝紀 6 顯祖)
고구려 　　　　(後魏獻文)皇興元年二月 高麗于闐庫莫奚具伏弗郁羽陵日連匹黎于闐諸國 (…) 各遣使
　　　　　　　　朝獻 (『册府元龜』 969 外臣部 14 朝貢 2)

신라 　　　　　春 命有司 修理戰艦 (『三國史記』 3 新羅本紀 3)
신라 　　　　　新羅王命有司 修戰艦 (『三國史節要』 5)[2370]

고구려 　　　　(泰始三年春) 僞東萊太守鞠延僧數百人據城 劫留高麗獻使 懷珍又遣寧朔將軍明慶符
　　　　　　　　與廣之擊降延僧 遣高麗使詣京師 文秀聞諸城皆敗 乃遣使張靈碩請降 懷珍乃還 (『南
　　　　　　　　齊書』 27 列傳 8 劉懷珍)

백제 　　　　　秋七月 有從百濟國逃化來者 自稱名曰貴信 又稱貴信吳國人也 磐余吳琴彈壇手屋形
　　　　　　　　麻呂等 是其後也 (『日本書紀』 14 雄略紀)

고구려 　　　　(皇興元年)九月壬子 高麗于闐普嵐粟特國 各遣使朝獻 (『魏書』 6 帝紀 6 顯祖)
고구려 　　　　(後魏獻文皇興元年)九月 高麗于闐普嵐粟特國 各遣使朝獻 (『册府元龜』 969 外臣部
　　　　　　　　14 朝貢 2)[2371]

신라 　　　　　秋九月 天赤 大星自北流東南 (『三國史記』 3 新羅本紀3)
신라 　　　　　秋九月 新羅天赤 大星自北流東南 (『三國史節要』 5)

고구려 백제 　十一月乙卯 高麗國百濟國遣使獻方物 (『宋書』 8 本紀 8 明帝)[2372]

468(戊申/신라 자비마립간 11/고구려 장수왕 56/백제 개로왕 14/劉宋 泰始 4/倭 雄略 12)

고구려 말갈 신라
　　　　　　　　春二月 王以靺鞨兵一萬 攻取新羅悉直州城 (『三國史記』 18 高句麗本紀 6)[2373]

2368) 이 기사에는 연대 표기가 없으나, 『魏書』 本紀 등에 의거하여 泰始 2년(466) 3월24일(辛亥)로 편년하
　　　였다.
2369) 北魏의 顯祖 獻文帝는 和平 6년(465)부터 皇興 5년(471)까지 재위하였으므로, 그 초반인 465~466년
　　　으로 기간편년하고 마지막해인 466년에 배치하였다.
2370) 본 기사는 月이 보이지 않으나, 『三國史記』 新羅本紀에는 春으로 되어 있다. 따라서 1~3월로 기간편
　　　년하고 3월에 편제하였다.
2371) 본 기사는 日이 보이지 않으나, 『魏書』 6 帝紀 6 顯祖에 壬子(4)로 나온다. 따라서 壬子(4)로 편년하고
　　　편제하였다.
2372) 백제가 송에 사신을 보낸 사실은 『南齊書』 東南夷列傳 百濟조의 내용 중 牟大(동성왕)의 표문에 "泰始
　　　中(465~471) 比使宋朝"가 보인다.
2373) 『三國史記』 新羅本紀에는 春으로 나온다.

고구려 말갈 신라

　　　　　春二月 高勾麗王以靺鞨兵一萬 攻取新羅北邊悉直州城 (『三國史節要』5)[2374]

신라 고구려 말갈

　　　　　春 高句麗與靺鞨襲北邊悉直城 (『三國史記』3 新羅本紀 3)[2375]

고구려　　　(皇興二年)夏四月辛丑　高麗庫莫奚契丹具伏弗郁羽陵日連匹黎尒叱六手悉萬丹阿大何
　　　　　羽眞侯于闐波斯國 各遣使朝獻 (『魏書』6 帝紀 6 顯祖)

고구려　　　夏四月 遣使入魏朝貢 (『三國史記』18 高句麗本紀 6)[2376]

고구려　　　夏四月 高勾麗遣使如魏朝貢 (『三國史節要』5)[2377]

고구려　　　(後魏獻文皇興)二年四月　高麗庫莫奚契丹具伏弗郁羽陵日連延尒黎叱六手悉萬丹阿大
　　　　　阿羽 眞侯于闐波斯等國 (…) 各遣使朝貢 (『冊府元龜』969 外臣部 14 朝貢 2)[2378]

고구려　　　(後魏書曰) (皇興)二年夏四月 高麗庫莫奚契丹于闐波斯諸國 各遣使朝獻 (『太平御覽』
　　　　　103 皇王部 28 後魏 顯宗獻文皇帝)[2379]

신라　　　　秋九月 徵何瑟羅人年十五巳上 築城於泥河[泥河一名泥川] (『三國史記』3 新羅本紀
　　　　　3)

신라　　　　秋九月 新羅徵何瑟羅人年十五以上 築城於泥河 (『三國史節要』5)

백제　　　　冬十月癸酉朔 日有食之 (『三國史記』25 百濟本紀 3)

백제　　　　冬十月癸酉朔 百濟日有食之 (『三國史節要』5)

469(己酉/신라 자비마립간 12/고구려 장수왕 57/백제 개로왕 15/劉宋 泰始 5/倭 雄略 13)

신라　　　　春正月 定京都坊里名 (『三國史記』3 新羅本紀 3)

신라　　　　春正月 新羅定京都坊名 (『三國史節要』5)

고구려　　　春二月 遣使入魏朝貢 (『三國史記』18 高句麗本紀 6)

고구려　　　二月 高勾麗遣使如魏朝貢 (『三國史節要』5)

고구려　　　(皇興三年)二月 蠕蠕高麗庫莫奚契丹國 各遣使朝獻 (『魏書』6 帝紀 6 顯祖)

고구려　　　(後魏獻文皇興)三年二月 蠕蠕高麗庫莫奚契丹國 (…) 並遣使朝貢 (『冊府元龜』969
　　　　　外臣部 14 朝貢 2)

신라　　　　夏四月 國西大水 漂毁民戶 (『三國史記』3 新羅本紀 3)

신라　　　　夏四月 新羅國西大水 漂毁民戶 (『三國史節要』5)

신라　　　　秋七月 王巡撫經水州郡 (『三國史記』3 新羅本紀 3)

2374) 『三國史記』新羅本紀에는 春으로 나온다.

2375) 『三國史記』高句麗本紀와 『三國史節要』에는 춘2월로 나온다. 따라서 춘2월로 편년하고 편제하였다.

2376) 본 기사는 日이 보이지 않으나, 『魏書』顯祖紀에 四月 辛丑(26)으로 나온다. 따라서 4월 辛丑(26)으로 편년하고, 편제하였다.

2377) 본 기사는 日이 보이지 않으나, 『魏書』顯祖紀에 四月 辛丑(26)으로 나온다. 따라서 4월 辛丑(26)으로 편년하고, 편제하였다.

2378) 본 기사는 日이 보이지 않으나, 『魏書』顯祖紀에 四月 辛丑(26)으로 나온다. 따라서 4월 辛丑(26)으로 편년하고, 편제하였다.

2379) 본 기사는 日이 보이지 않으나, 『魏書』顯祖紀에 四月 辛丑(26)으로 나온다. 따라서 4월 辛丑(26)으로 편년하고, 편제하였다.

신라   秋七月 王巡撫水災州郡 (『三國史節要』5)

고구려 백제   秋八月 百濟兵侵入南鄙 (『三國史記』18 高句麗本紀 6)
백제 고구려   秋八月 遺將侵高句麗南鄙 (『三國史記』25 百濟本紀 3)
백제 고구려   八月 百濟遺將侵高勾麗南鄙(『三國史節要』5)

백제   冬十月 葺雙峴城 設大柵於靑木嶺 分北漢山城士卒戍之 (『三國史記』25 百濟本紀 3)
백제   冬十月 百濟葺雙峴城 設大柵於靑木嶺 分北漢山城士卒戍之 (『三國史節要』5)

470(庚戌/신라 자비마립간 13/고구려 장수왕 58/백제 개로왕 16/劉宋 泰始 6/倭 雄略 14)

고구려   春二月 遺使入魏朝貢 (『三國史記』18 高句麗本紀 6)
고구려   春二月 高勾麗遺使如魏朝貢 (『三國史節要』5)
고구려   (皇興四年)二月 高麗庫莫奚契丹 各遺使朝獻 (『魏書』6 帝紀 6 顯祖)
고구려   (後魏獻文皇興)四年二月 高麗庫莫奚契丹 各遺使朝貢 (『册府元龜』969 外臣部 14 朝貢 2)

고구려   十一月己巳 高麗國遺使獻方物 (『宋書』8 本紀 8 明帝)

신라   築三年山城[三年者 自興役 始終三年訖功 故名之] (『三國史記』25 百濟本紀 3)
신라   新羅築三年山城 以三年訖功 故名之 (『三國史節要』5)

471(辛亥/신라 자비마립간 14/고구려 장수왕 59/백제 개로왕 17/劉宋 泰始 7/倭 雄略 15)

신라   春二月 築芼老城 (『三國史記』3 新羅本紀 3)
신라   春二月 新羅築芼老城 (『三國史節要』5)

신라   三月 京都地裂 廣袤二[2380)丈 濁水湧 (『三國史記』3 新羅本紀 3)
신라   三月 新羅京都地裂 廣袤二丈 水湧 (『三國史節要』5)

고구려   程駿 字驎駒 本廣平 曲安人也 (…) 延[2381)興末 高麗王璉求納女於掖庭 顯祖許之 假駿散騎常侍 賜爵安豐男 加伏波將軍 持節如高麗迎女 賜布帛百匹 駿至平壤城 或勸璉曰 魏昔與燕婚 旣而伐之 由行人具其夷險故也 今若送女 恐不異於馮氏 璉遂謬言女喪 駿與璉往復經年 責璉以義方 璉不勝其忿 遂斷駿從者酒食 璉欲逼辱之 憚而不敢害 會顯祖崩 乃還 拜祕書令 (『魏書』66 列傳 48 程駿)[2382)
고구려   程駿 字驎駒 本廣平 曲安人也 (…) 延[2383)興末 高麗王璉求納女於掖庭 假駿散騎常侍 賜爵安豐男 持節如高麗迎女 駿至平壤城 或勸璉曰 魏昔與燕婚 旣而伐之 由行人

2380) 저본의 二는 二十이 옳다.
2381) 본문의 연흥(延興) 연간은 471년부터 476년까지이다. 그러나 이 때의 황제는 본문의 顯祖(獻文帝)가 아니라 그 아들인 孝文帝이다. 따라서 延興은 獻文帝 재위 말년의 연호인 '皇興'(467~471)의 오류라고 생각된다.
2382) 『魏書』本紀에는 天安元年(466) 3월24일(辛亥). 『三國史記』高句麗本紀 등에는 같은 해 3월로 되어 있다.
2383) 본문의 연흥(延興) 연간은 471년부터 476년까지이다. 그러나 이 때의 황제는 『魏書』程駿傳 본문의 顯祖(獻文帝)가 아니라 그 아들인 孝文帝이다. 따라서 延興은 獻文帝 재위 말년의 연호인 '皇興'(467~471)의 오류라고 생각된다.

具其夷嶮故也 今若送女 恐不異於馮氏 璉遂謬言女喪 駿與璉往復經年 責璉以義方 璉不勝其忿 遂斷駿從者酒食 欲逼辱之 憚而不敢害 (『北史』 40 列傳 28 程駿)[2384]

고구려	(延興元年九月)壬午 高麗民奴久等 相率來降 各賜田宅 (『魏書』 7上 帝紀 7上 高祖)
고구려	秋九月 民奴各[2385]等 奔降於魏 各賜田宅 是魏高祖延興元年也 (『三國史記』 18 高句麗本紀 6)[2386]
고구려	秋九月 高勾麗民 奴各等奔降於魏 各賜田宅 (『三國史節要』 5)[2387]
고구려	(後魏)孝文延興元年九月 高麗民奴久等相率來降 各賜田宅 (『册府元龜』 977 外臣部 22 降附)[2388]

| 신라 | 冬十月 大疫 (『三國史記』 3 新羅本紀 3) |
| 신라 | 冬十月 新羅大疫 (『三國史節要』 5) |

백제	冬十一月戊午 百濟國遣使獻方物[2389] (『宋書』 8 本紀 8 明帝)
백제	太宗泰始七年 又遣使貢獻 (『宋書』 97 列傳 57 夷蠻 百濟國)[2390]
백제	明帝泰始七年 又遣使貢獻 (『南史』 79 列傳 69 夷貊 下 東夷 百濟)[2391]

| 신라 | 秦民分散臣連等 各隨欲驅使 勿委秦造 由是 秦造酒甚以爲憂 而仕於天皇 天皇愛寵之 詔聚秦民 賜於秦酒公 公仍領率百八十種勝 奉獻庸調絹縑 充積朝庭 因賜姓曰禹豆麻佐[一云 禹豆母利麻佐 皆盈積之貌也] (『日本書紀』 14 雄略紀) |

472(壬子/신라 자비마립간 15/고구려 장수왕 60/백제 개로왕 18/劉宋 泰豫 1/倭 雄略 16)

고구려	(延興二年)二月壬子 高麗國遣使朝貢 (『魏書』 7上 帝紀 7上 高祖)
고구려	春二月 遣使入魏朝貢 (『三國史記』 18 高句麗本紀 6)[2392]
고구려	春二月 高勾麗遣使如魏朝貢 (『三國史節要』 5)[2393]

| 고구려 | (延興二年)秋七月辛丑 高麗國 遣使朝貢 (『魏書』 7上 帝紀 7上 高祖) |
| 고구려 | 秋七月 遣使入魏朝貢 自此已後 貢獻倍前 其報賜 亦稍加焉 (『三國史記』 18 高句麗本紀 6)[2394] |

2384) 본문의 연흥(延興) 연간은 471년부터 476년까지이다. 따라서 471~476년까지 기간 편년하고 476년에 편제하였다.
2385) 저본의 各은 久로 보는 것이 맞다.
2386) 본 기사는 日이 보이지 않지만, 『魏書』 高祖紀에 壬午(27)로 나온다. 따라서 壬午(27)로 편년하고 편제하였다.
2387) 본 기사는 日이 보이지 않지만, 『魏書』 高祖紀에 壬午(27)로 나온다. 따라서 壬午(27)로 편년하고 편제하였다.
2388) 본 기사는 日이 보이지 않지만, 『魏書』 高祖紀에 壬午(27)로 나온다. 따라서 壬午(27)로 편년하고 편제하였다.
2389) 백제가 송에 사신을 보낸 사실은 『南齊書』 東南夷列傳 百濟조의 내용 중 牟大(동성왕)의 표문에 "泰始中(465~471) 比使宋朝"가 보인다.
2390) 본 기사에는 日이 보이지 않지만, 『宋書』 本紀에는 戊午(4)로 되어 있다. 따라서 戊午(4)로 편년하고 편제하였다.
2391) 본 기사에는 日이 보이지 않지만, 『宋書』 本紀에는 戊午(4)로 되어 있다. 따라서 戊午(4)로 편년하고 편제하였다.
2392) 본 기사는 日이 보이지 않지만, 『魏書』 高祖紀에 壬子(29)로 나온다. 따라서 壬子(29)로 편년하고 편제하였다.
2393) 본 기사는 日이 보이지 않지만, 『魏書』 高祖紀에 壬子(29)로 나온다. 따라서 壬子(29)로 편년하고 편제하였다.

고구려	秋七月 又遣使朝貢 自此貢獻倍前 其報賜亦加焉 (『三國史節要』5)[2395]
고구려	(後魏)孝文延興二年七月 高麗國 (…) 並遣使朝貢 (『册府元龜』969 外臣部 14 朝貢 2)[2396]

신라	秋七月 詔宜桑國縣殖桑 又散遷秦民 使獻庸調 (『日本書紀』14 雄略紀)

백제 고구려	(延興二年)八月丙辰 百濟國遣使 奉表請師伐高麗 (『魏書』7上 帝紀 7上 高祖)
백제 고구려	(後魏)孝文延興二年八月丙辰 百濟國遣使奉表 請師伐高麗 (『册府元龜』999 外臣部 44 請求)
백제 고구려	(延興二年)八月 百濟遣使請兵伐高麗 (『北史』3 魏本紀 3 高祖孝文皇帝)[2397]
백제 고구려 부여	

遣使朝魏 上表曰 臣立國東極 犲狼隔路 雖世承靈化 莫由奉藩 瞻望雲闕 馳情罔極 凉風微應 伏惟皇帝陛下 協和天休 不勝係仰之情 謹遣私署冠軍將軍駙馬都尉弗斯侯 長史餘禮 龍驤將軍帶方太守司馬張茂等 投舫波阻 搜徑玄津 託命自然之運[2398] 遣進 萬一之誠 冀[2399]神祇[2400]垂感 皇靈洪覆 克達天庭 宣暢臣志 雖旦聞夕沒 永無餘恨

又云 臣與高句麗 源出扶餘 先世之時 篤崇舊款 其祖釗輕發鄰好 親率士衆 凌踐臣境 臣祖須 整旅電邁 應機馳擊 矢石暫交 梟斬釗首 自爾已來 莫敢南顧 自馮氏數終 餘 燼奔竄 醜類漸盛 遂見凌逼 構怨連禍 三十餘載 財殫力竭 轉自孱跛 若天慈曲矜[2401] 遠及無外 速遣一將 來救臣國 當奉送△[2402]女 執△[2403]後宮 幷遣子弟 牧圉外廐 尺 壤匹夫 不敢自有

又云 今璉有罪 國自魚肉 大臣彊族 戮殺無已 罪盈惡積 民庶崩離 是滅△[2404]之期 假手之秋也 且馮[2405]族士馬 有鳥畜之戀 樂浪諸郡 懷首丘之心 天威一擧 有征無戰 臣雖不敏 志效畢力 當率所統 承風響應 且高勾麗不義 逆詐非一 外慕隗囂藩卑之辭 內懷凶禍豕突之行 或南通劉氏 或北約蠕蠕 共相脣齒[2406] 謀凌王略 昔唐堯至聖 致 罰丹水 孟嘗稱仁 不捨塗詈 涓流之水 宜早壅塞 今若不取 將貽後悔 去庚辰年後 臣 西界小石山北國海中 見屍十餘 幷得衣器鞍勒 視之非高勾麗之物 後聞乃是王人來降 臣國 長蛇隔路 以沉于海 雖未委當 深懷憤恚 昔宋戮申舟 楚莊徒跣 鷂撮放鳩 信陵 不食 克敵立名 美[2407]隆無已 夫以區區偏鄙 猶慕萬代之信 況陛下合氣天地 勢傾山 海 豈令小竪 跨塞天達[2408] 今上所得鞍 一以實驗

顯祖以其僻遠冒險朝獻 禮遇尤厚 遣使者邵安 與其使俱還 詔曰 得表聞之 無恙

2394) 본 기사는 日이 보이지 않지만, 『魏書』高祖紀에 辛丑(27)으로 나온다. 따라서 辛丑(27)으로 편년하고 편제하였다.
2395) 본 기사는 日이 보이지 않지만, 『魏書』高祖紀에 辛丑(27)으로 나온다. 따라서 辛丑(27)으로 편년하고 편제하였다.
2396) 본 기사는 日이 보이지 않지만, 『魏書』高祖紀에 辛丑(27)으로 나온다. 따라서 辛丑(27)으로 편년하고 편제하였다.
2397) 본 기사에는 日이 보이지 않지만, 『魏書』高祖紀에 丙辰(6)으로 나온다. 따라서 丙辰(6)으로 편년하고 편제하였다.
2398) 원무에는 偅으로 되어 있으나, 運이 옳다.
2399) 원문의 臭는 冀의 약자이다.
2400) 원문의 祇는 祇가 옳다.
2401) 원문에는 誤刻되어 있으나, 矜이 옳다.
2402) 원문에는 판독불가이니, 鄙가 옳다.
2403) 원문에는 결각되어 있으나, 箒가 옳다.
2404) 원문에는 결각되어 있으나, 亡이 옳다.j
2405) 원문의 馬는 馮이 옳다.
2406) 원문의 鹵는 齒가 옳다.
2407) 원문에는 誤刻되어 있다.
2408) 원문의 達은 達이 옳다.

其[2409]善 卿在東隅 處五服之外 不遠山海 歸誠魏闕 欣嘉至意 用戢于懷 朕承萬世之
業 君臨四海 統御群生 今宇內淸一 八表歸義 禔負而至者 不可稱數 風俗之和 士馬
之盛 皆餘禮等親所聞見 卿與高句麗不穆 屢致凌犯 苟能順義 守之以仁 亦何憂於寇
讎也 前所遣使 浮海以撫荒外之國 從來積年 往而不返 存亡達否 未能審悉 卿所送鞍
比校舊乘 非中國之物 不可以疑似之事 以生必然之過 經略權要 以具別旨

又詔曰 知高句麗阻彊 侵軼卿土[2410] 修先君之舊怨 棄息民之大德 兵交累載 難結荒
邊 使兼申胥之誠 國有楚越之急 乃應展義扶微 乘機電擧 但以高句麗稱藩先朝 供職
日久 於彼雖有自昔之釁 於國未有犯令之愆 卿使命始通 便求致伐 尋討事會 理亦未
周 故往年遣禮等至平壤 欲驗其由狀 然高句麗奏請頻煩 辭理俱詣 行人不能抑其請
司法無以成其責 故聽其所啓 詔禮等還 若今復違旨 則過咎[2411]益露 後雖自陳 無所
逃罪 然後興師討之 於義爲得 九夷之國 世居海外 道暢則奉藩 惠戢則保境 故羈縻著
於前典 梯貢曠於歲時 卿備陳彊弱之形 具列往代之迹 俗殊事異 擬況乖衷 洪規大略
其致猶在 今中夏平一 宇內無虞 每欲陵威東極 懸旌域表 拯荒黎於偏方 舒皇風於遠
服 良由高句麗卽敍 未及卜征 今若不從詔旨 則卿之來謀 載恊朕意 元戎啓行 將不云
遠 便可豫率同興 具以待事 時遣報使 速究彼情 師擧之日 卿爲鄕導之首 大捷之後
又受元功之賞 不亦善乎 所獻錦布海物 雖不悉達 明卿至心 今賜雜物如別

又詔璉護送安等 安等至高句麗 璉稱昔與餘慶有讎 不令東過 安等於是皆還 乃下詔切
責之 後使安等 從東萊浮海 賜餘慶璽書 褒其誠節 安等至海濱 遇風飄蕩 竟不達而還
王以麗人屢犯邊鄙 上表乞師於魏 不從 王怨之 遂絶朝貢 (『三國史記』 25 百濟本紀
3)[2412]

백제 고구려 부여

百濟王遣使朝魏 上表曰 臣立國東極 犲狼隔路 雖世承靈化 莫由奉藩 瞻望雲闕 馳情
罔極 謹遣私署冠軍將軍駙馬都尉弗斯侯長史餘禮 龍驤將軍帶方太守司馬張茂等 克達
天庭 宣暢臣志

又云 臣與高勾麗源出扶餘 先世之時 篤崇舊款 其祖釗 輕廢鄰好 親率士衆 凌踐臣境
臣祖須 整旅電邁 應機馳擊 矢石暫交 梟斬釗首 自爾已來 莫敢南顧 自馮氏數終 餘
燼奔竄 醜類漸盛 遂見凌逼 構怨連禍 三十餘載 財殫力竭 轉自孱踧 若天慈曲矜 遠
及無外 速遣一將 來救臣國 當奉送鄙女 執箒後宮 并遣子弟 牧圉外廐 尺壤匹夫 不
敢自有

又云 今璉有罪 國自魚肉 大臣彊族 戮殺無已 罪盈惡積 民庶崩離 是滅亡之期 假手
之秋也 且馮族士馬 有鳥畜之戀 樂浪諸郡 懷首丘之心 天威一擧 有征無戰 臣雖不敏
志效畢力 當率所統 承風響應 且高勾麗不義 逆詐非一 外慕隗囂藩卑之辭 內懷凶禍
豕突之行 南通劉氏 北約蠕蠕 共相脣齒 謀凌王略 昔唐堯至聖 致罰丹水 孟嘗稱仁
不捨塗詈 涓流之水 宜早壅塞 今若不取 將貽後悔 去庚辰年後 臣西界小石山北國海
中 見屍十餘 幷得衣器鞍勒 視之 非高勾麗之物 後聞乃是王人來降臣國 長蛇隔路 以
沉于海 雖未委當 深懷憤恚 昔宋戮申舟 楚莊徒跣 鷂撮放鳩 信陵不食 克敵立名 美
隆無已 夫以區區偏鄙 猶慕萬代之信 況陛下合氣天地 勢傾山海 豈令小豎 跨塞天達
今上所得鞍 一以實驗

帝以其僻遠冒險朝獻 禮遇尤厚 遣使者邵安 與其使俱還 詔曰 得表聞之 無恙甚善 卿
在東隅 處五服之外 不遠山海 歸誠魏國 欣嘉至意 用戢于懷 朕承萬世之業 君臨四海

2409) 원문의 其는 甚이 옳다.
2410) 원문의 上은 土가 옳다.
2411) 원문은 오각되어 있다.
2412) 본 기사에는 月日이 보이지 않지만, 『魏書』 高祖紀에 8월 丙辰(6)으로 나온다. 따라서 8월 丙辰(6)으로
편년하고 편제하였다.

統御群生 今宇內清一 八表歸義 襁負而至者 不可稱數 風俗之和 士馬之盛 皆餘禮等
親所聞見 卿與高勾麗不穆 屢致凌犯 苟能順義 守之以仁 亦何憂於寇讎也 前所遣使
浮海以撫荒外之國 從來積年 往而不返 存亡達否 未能審悉 卿所送鞍 比較舊乘 非中
國之物 不可以疑似之事 以生必然之過 經略權要 以具別旨
　又詔曰 知高勾麗阻彊侵軼 卿上[2413]修先君之舊怨 棄息民之大德 兵交累載 難結荒邊
使兼申胥之誠 國有楚越之急 乃應展義扶微 乘機電擧 但以高勾麗稱藩先祖 供職日久
於彼雖有自昔之釁 於國未有犯令之愆 卿使命始通 便求致伐 尋討事會 理亦未周 故
往年遣禮等至平壤 欲驗其由狀 然高勾麗奏請頻頻 辭理俱詣 行人不能抑其請 司法無
以成其責 故聽其所啓 詔禮等還 若今復違旨 則過咎益露 後雖自陳 無所逃罪 然後興
師討罪 於義爲得 九夷之國 世居海外 道暢則奉藩 惠戢則保境 故羈縻著於前典 楛貢
曠於歲時 卿備陳强弱之形 具列往代之迹 俗殊事異 擬況乖衷 洪規大略 其致猶在 今
中夏平一 宇內無虞 每欲陵威東極 懸旌域表 拯荒黎於偏方 舒皇風於遠服 良由高勾
麗即叙 未及卜征 今若不從詔旨 則卿之來謀 載恊朕意 元戎啓行 將不云遠 便可豫率
同興 具以待事 時遣報使 速究彼情 師擧之日 卿爲鄕導之首 大捷之後 又受元功之賞
不亦善乎 所獻錦布海物 雖不悉達 明卿至心 今賜雜物如別幅
　又詔 璉護送安等 至高勾麗 璉稱昔與餘慶有讎 不令東過 安等於是皆還 乃下詔切責
之 後使安等從東萊浮海 賜餘慶璽書 褒其誠節 安等至海濱 遇風飄蕩 竟不達而還 百
濟王以上表乞師於魏 不從怨之 遂絶朝貢 (『三國史節要』5)[2414]

백제 고구려 부여

　延興二年 其王餘慶始遣使上表曰 臣建國東極 豺狼隔路 雖世承靈化 莫由奉藩 瞻望
雲闕 馳情罔極 涼風微應 伏惟皇帝陛下協和天休 不勝係仰之情 謹遣私署冠軍將軍駙
馬都尉弗斯侯長史 餘禮 龍驤將軍帶方太守司馬張茂等 投舫波阻 搜徑玄津 託命自然
之運 遣進萬一之誠 冀神祇垂感 皇靈洪覆 克達天庭 宣暢臣志 雖旦聞夕沒 永無餘恨
　又云 臣與高句麗源出夫餘先世之時 篤崇舊款 其祖釗輕廢隣好 親率士衆 陵踐臣境
臣祖須整旅電邁 應機馳擊 矢石暫交 梟斬釗首 自爾已來 莫敢南顧 自馮氏數終 餘燼
奔竄 醜類漸盛 遂見陵逼 構怨連禍 三十餘載 財殫力竭 轉自孱踧 若天慈曲矜 遠及
無外 速遣一將 來救臣國 當奉送鄙女 執掃後宮 幷遣子弟 牧圉外廐 尺壤匹夫不敢自
有
　又云 今璉有罪 大臣强族 戮殺無已 罪盈惡積 民庶崩離 是滅亡之期 假手之秋也 且
馮族士馬 有鳥畜之戀 樂浪諸郡懷首丘之心 天威一擧 有征無戰 臣雖不敏 志效畢力
當率所統 承風響應 且高麗不義 逆詐非一 外慕隗囂藩卑之辭 內懷兇禍豕突之行 或
南通劉氏 或北約蠕蠕 共相脣齒 謀陵王略 昔唐堯至聖 致罰丹水孟嘗稱仁 不捨塗詈
涓流之水 宜早壅塞 今若不取 將貽後悔 去庚辰年後 臣西界小石山北國海中見屍十餘
幷得衣器鞍勒 視之非高麗之物 後聞乃是王人來降臣國 長蛇隔路 以沉于海 雖未委當
深懷憤恚 昔宋戮申舟 楚莊徒跣 鷂撮放鳩 信陵不食 克敵建名 美隆無已 夫以區區偏
鄙 猶慕萬代之信 況陛下合氣天地 勢傾山海 豈令小豎 跨塞天逵 今上所得鞍一 以爲
實驗
　顯祖以其僻遠 冒險朝獻 禮遇優厚 遣使者邵安與其使俱還 詔曰 得表聞之 無恙甚善
卿在東隅 處五服之外 不遠山海 歸誠魏闕 欣嘉至意 用戢于懷 朕承萬世之業 君臨四
海 統御羣生 今宇內淸一 八表歸義 襁負而至者不可稱數 風俗之和 士馬之盛 皆餘禮
等親所聞見 卿與高麗不穆 屢致陵犯 苟能順義 守之以仁 亦何憂於寇讎也 前所遣使
浮海以撫荒外之國 從來積年 往而不返 存亡達否 未能審悉 卿所送鞍 比校舊乘 非中

2413) 원문의 上은 土가 옳다.
2414) 본 기사에는 月日이 보이지 않지만,『魏書』高祖紀에 8월 丙辰(6)으로 나온다. 따라서 8월 丙辰(6)으로
　　편년하고 편제하였다.

356　한국고대사 관련 동아시아 사료의 연대기적 집성 - 원문 (상)

國之物 不可以疑似之事 以生必然之過 經略權要 已具別旨

又詔曰 知高麗阻强 侵軼卿土 修先君之舊怨 棄息民之大德 兵交累載 難結荒邊 使兼申胥之誠 國有楚越之急 乃應展義扶微 乘機電擧 但以高麗稱藩先朝 供職日久 於彼雖有自昔之釁 於國未有犯令之愆 卿使命始通 便求致伐 尋討事會 理亦未周 故往年遣禮等至平壤 欲驗其由狀 然高麗奏請頻煩 辭理俱詣 行人不能抑其請 司法無以成其責 故聽其所啓 詔禮等還 若今復違旨 則過咎益露 後雖自陳 無所逃罪 然後興師討之 於義爲得 九夷之國 世居海外 道暢則奉藩 惠戢則保境 故羈縻著於前典 梯貢曠於歲時 卿備陳强弱之形 具列往代之迹 俗殊事異 擬覎乖衷 洪規大略 其致猶在 今中夏平一 宇內無虞 每欲陵威東極 懸旌域表 拯荒黎於偏方 舒皇風於遠服 良由高麗卽敍 未及卜征 今若不從詔旨 則卿之來謀 載協朕意 元戎啓行 將不云遠 便可豫率同興 具以待事 時遣報使 速究彼情 師擧之日 卿爲鄕導之首 大捷之後 又受元功之賞 不亦善乎 所獻錦布海物雖不悉達 明卿至心 今賜雜物如別

又詔璉護送安等 安等至高句麗 璉稱昔與餘慶有讎 不令東過 安等於是皆還 乃下詔切責之 (『魏書』100 列傳 88 百濟)[2415]

백제 고구려 부여

魏延興二年 其王餘慶始遣其冠軍將軍駙馬都尉弗斯侯長史餘禮龍驤將軍帶方太守司馬張茂等 上表自通云 臣與高麗 源出夫餘 先世之時 篤崇舊款 其祖釗 輕廢隣好 陵踐臣境 臣祖須 整旅電邁 梟斬釗首 自爾以來 莫敢南顧 自馮氏數終 餘燼奔竄 醜類漸盛 遂見陵逼 構怨連禍 三十餘載 若天慈曲矜 遠及無外 速遣一將 來救臣國 當奉送鄙女 執掃後宮 幷遣子弟 牧圉外廐 尺壤匹夫 不敢自有 去庚辰年後 臣西界海中 見尸十餘 幷得衣器鞍勒 看之 非高麗之物 後聞乃是王人來降臣國 長蛇隔路 以阻于海[2416]

獻文以其僻遠 冒險入獻 禮遇優厚 遣使者邵安與其使俱還 詔曰 得表聞之無恙 卿與高麗不睦 致被陵犯 苟能順義 守之以仁 亦何憂於寇讎也 前所遣使 浮海以撫荒外之國 從來積年 往而不反 存亡達否 未能審悉 卿所送鞍 比校舊乘 非中國之物 不可以疑似之事 以生必然之過 經略權要 已具別旨

又詔曰 高麗稱藩先朝 供職日久 於彼雖有自昔之釁 於國未有犯令之愆 卿使命始通 便求致伐 尋討事會 理亦未周 所獻錦布海物 雖不悉達 明卿至心 今賜雜物如別

又詔璉護送安等 至高麗 璉稱昔與餘慶有讎 不令東過 安等於是皆還 乃下詔切責之 (『北史』94 列傳 82 百濟)[2417]

고구려 (十一月辛丑) 芮芮國高麗國 遣使獻方物 (『宋書』9 本紀 9 後廢帝)

고구려 (延興二年)是歲 高麗地豆于庫莫奚高昌等國 並遣使朝貢 (『北史』3 魏本紀 3 高祖孝文皇帝)

473(癸丑/신라 자비마립간 16/고구려 장수왕 61/백제 개로왕 19/劉宋 元徽 1/倭 雄略 17)

신라 春正月 以阿湌伐智級湌德智爲左右將軍 (『三國史記』3 新羅本紀 3)

2415) 본 기사에는 月日이 보이지 않지만,『魏書』高祖紀에 8월 丙辰(6)으로 나온다. 따라서 8월 丙辰(6)으로 편년하고 편제하였다.
2416) 以阻于海魏書卷一○○百濟傳阻作沈 按阻疑是岨之訛 今上所得鞍一 以爲實矯以爲實矯魏書矯作驗 通志作據按矯字無義 疑誤
2417) 본 기사에는 月日이 보이지 않지만,『魏書』高祖紀에 8월 丙辰(6)으로 나온다. 따라서 8월 丙辰(6)으로 편년하고 편제하였다.

신라	春正月 新羅以阿湌伐智級湌德智爲左右將軍 (『三國史節要』 5)

고구려	(延興三年)二月戊申 高麗契丹國 並遣使朝貢 (『魏書』 7上 帝紀 7上 高祖)
고구려	春二月 遣使入魏朝貢 (『三國史記』 18 高句麗本紀 6)[2418]
고구려	二月 高勾麗遣使如魏朝貢 (『三國史節要』 5)[2419]
고구려	(後魏孝文延興)三年二月 高麗契丹國 (…) 並遣使朝獻 (『册府元龜』 969 外臣部 14 朝貢 2)[2420]

신라	秋七月 葺明活城 (『三國史記』 3 新羅本紀 3)
신라	秋七月 新羅葺明活城 (『三國史節要』 5)

고구려	(延興三年)八月己酉 高麗庫莫奚國 並遣使朝獻 (『魏書』 7上 高祖紀 7上)
고구려	秋八月 遣使入魏朝貢 (『三國史記』 18 高句麗本紀 6)[2421]
고구려	八月 高勾麗遣使如魏朝貢 (『三國史節要』 5)[2422]
고구려	(後魏孝文延興三年)八月 高麗庫莫奚國 (…) 並遣使朝獻 (『册府元龜』 969 外臣部 14 朝貢 2)[2423]

고구려	(延興三年)是歲 高麗契丹庫莫奚悉萬斤等國 並遣使朝貢 (『北史』 3 魏本紀 3 高祖孝文皇帝)

474(甲寅/신라 자비마립간 17/고구려 장수왕 62/백제 개로왕 20/劉宋 元徽 2/倭 雄略 18)

고구려	(延興四年)三月丁亥 高麗吐谷渾曹利諸國 各遣使朝貢 (『魏書』 7上 高祖紀 7上)
고구려	春三月 遣使入魏朝貢 (『三國史記』 18 高句麗本紀 6)[2424]
고구려	春三月 高勾麗遣使如魏朝貢 (『三國史節要』 5)[2425]
고구려	(後魏孝文延興四年)三月 高麗吐谷渾曹利國 (…) 並遣使朝獻 (『册府元龜』 969 外臣部 14 朝貢 2)[2426]

신라	築一牟沙尸廣石沓達仇禮坐羅等城 (『三國史記』 3 新羅本紀 3)[2427]

2418) 본 기사에는 日이 보이지 않지만, 『魏書』 7上 帝紀 7上 高祖에는 戊申(1)으로 나온다. 따라서 戊申(1)으로 편년하고 편제하였다.
2419) 본 기사에는 日이 보이지 않지만, 『魏書』 7上 帝紀 7上 高祖에는 戊申(1)으로 나온다. 따라서 戊申(1)으로 편년하고 편제하였다.
2420) 본 기사에는 日이 보이지 않지만, 『魏書』 7上 帝紀 7上 高祖에는 戊申(1)으로 나온다. 따라서 戊申(1)으로 편년하고 편제하였다.
2421) 본 기사에는 日이 보이지 않지만, 『魏書』 7上 帝紀 7上 高祖에는 己酉(5)로 나온다. 따라서 己酉(5)로 편년하고 편제하였다.
2422) 본 기사에는 日이 보이지 않지만, 『魏書』 7上 帝紀 7上 高祖에는 己酉(5)로 나온다. 따라서 己酉(5)로 편년하고 편제하였다.
2423) 본 기사에는 日이 보이지 않지만, 『魏書』 7上 帝紀 7上 高祖에는 己酉(5)로 나온다. 따라서 己酉(5)로 편년하고 편제하였다.
2424) 본 기사에는 日이 보이지 않지만, 『魏書』 7上 帝紀 7上 高祖에는 丁亥(16)로 나온다. 따라서 丁亥(16)로 편년하고 편제하였다.
2425) 본 기사에는 日이 보이지 않지만, 『魏書』 7上 帝紀 7上 高祖에는 丁亥(16)로 나온다. 따라서 丁亥(16)로 편년하고 편제하였다.
2426) 본 기사에는 日이 보이지 않지만, 『魏書』 7上 帝紀 7上 高祖에는 丁亥(16)로 나온다. 따라서 丁亥(16)로 편년하고 편제하였다.
2427) 본 기사는 추7월 앞에 편제되어 있으며 『三國史節要』에는 3월 뒤 7월 앞에 편제되어 있다. 따라서 3~6월로 기간편년하고 6월에 편제하였다.

신라　　　　　新羅築一牟沙尸廣石沓達仇禮坐羅等城 (『三國史節要』5)[2428]

고구려　　　　(延興四年)秋七月庚午 高麗國遣使朝獻 (『魏書』7上 帝紀 7上 高祖)
고구려　　　　秋七月 遣使入魏朝貢 (『三國史記』18 高句麗本紀 6)[2429]
고구려　　　　(秋七月) 高勾麗遣使如魏朝貢 (『三國史節要』5)[2430]
고구려　　　　(後魏孝文延興四年)七月 高麗國 (…) 並遣使朝獻 (『册府元龜』969 外臣部 14 朝貢 2)[2431]
고구려　　　　(延興四年)是歲　　粟特敕勒吐谷渾高麗曹利闌悉契丹庫莫奚地豆干等國　　並遣使朝貢 (『北史』3 魏本紀 3 高祖孝文皇帝)[2432]

신라 고구려 백제
　　　　　　　秋七月 高句麗王巨連 親率兵攻百濟 百濟王慶 遣子文周求援 王出兵救之 未至百濟 巳陷 慶亦被害 (『三國史記』3 新羅本紀 3)[2433]
고구려 백제 신라
　　　　　　　秋七月 高勾麗將攻百濟 百濟王遣子文周求援於新羅 先是 高勾麗王陰求 可以聞百濟者 浮屠道琳應募曰 僧雖無能 思有以報國 願大王指使之 期不辱命 王悅密遣之 道琳僞得罪 亡入百濟 時百濟王好博奕 道琳詣王門告曰 臣少而學碁 頗入妙 王召與碁 果國手也 遂尊之爲上客 甚親昵之 恨相見之晩 道琳一日侍坐 從容言 臣異國人也 上不我踈外 恩私甚渥 未嘗有分毫之益 今願獻一言 王曰 第言之 若有利於國 此所望於師也 道琳曰 大王之國四方皆山丘河海 是天設之險 四鄰莫敢覬覦 奉事之不暇 王當以崇高之勢 富有之業 竦人之視聽 而城郭不葺 宮室不修 先王之骸骨 權攢於露地 百姓之屋廬 屢毀於河流 臣竊爲大王不取也 王曰 諾 盡發國人 烝土築城 又起宮室樓閣臺榭 無不壯麗 取大石於郁里河 作槨以葬父骨 緣河樹堰 自蛇城之東 至崇山之北 由是倉庾虛竭 人民窮困 國勢甚危 道琳逃還以告高勾麗王 王喜將伐之 百濟王聞之 謂子文周曰 予愚而不明 信用姦人之言 以至於此 民殘而兵弱 誰肯爲我力戰 吾當死於社稷 汝在此俱死 無益也 盍避難以存宗祀 文周乃與木刕滿致祖彌桀[木刕祖彌皆複姓]南行焉 (『三國史節要』5)

고구려　　　　(秋七月) 遣使入宋朝貢 (『三國史記』18 高句麗本紀 6)
고구려　　　　(秋七月) 又遣使如宋朝貢 (『三國史節要』5)

475(乙卯/신라 자비마립간 18/고구려 장수왕 63/백제 개로왕 21, 문주왕 1/劉宋 元徽 3/倭 雄略 19)

신라　　　　　春正月 王移居明活城 (『三國史記』3 新羅本紀 3)
신라　　　　　春正月 新羅王移居明活城 (『三國史節要』5)

2428) 본 기사는 3월 뒤 7월 앞에 편제되어 있다. 따라서 3~6월로 기간편년하고 6월에 편제하였다. 『三國史記』에는 추7월 앞에 편제되어 있다.
2429) 본 기사에는 日이 보이지 않지만, 『魏書』7上 帝紀 7上 高祖에는 庚午(1)로 나온다. 따라서 庚午(1)로 편년하고 편제하였다.
2430) 본 기사에는 日이 보이지 않지만, 『魏書』7上 帝紀 7上 高祖에는 庚午(1)로 나온다. 따라서 庚午(1)로 편년하고 편제하였다.
2431) 본 기사에는 日이 보이지 않지만, 『魏書』7上 帝紀 7上 高祖에는 庚午(1)로 나온다. 따라서 庚午(1)로 편년하고 편제하였다.
2432) 본 기사에는 月日이 보이지 않지만, 『魏書』7上 帝紀 7上 高祖에는 7월 庚午(1)로 나온다. 따라서 7월 庚午(1)로 편년하고 편제하였다.
2433) 『三國史記』高句麗本紀·百濟本紀에는 1년 뒤인 長壽王 63년·蓋鹵王 21년(이상 475) 9월에 기록되어 있다.

고구려	(延興)五年春二月庚子 高麗國遣使朝獻 (『魏書』7上 帝紀 7上 高祖)
고구려	春二月 遣使入魏朝貢 (『三國史記』18 高句麗本紀 6)[2434]
고구려	二月 高勾麗遣使如魏朝貢 (『三國史節要』5)[2435]
고구려	(後魏孝文延興)五年二月 高麗國 遣使朝獻 (『册府元龜』969 外臣部 14 朝貢 2)[2436]

고구려	(延興五年)秋八月丁卯 高麗吐谷渾地豆于諸國 遣使朝獻 (『魏書』7上 高祖紀 7上)
고구려	秋八月 遣使入魏朝貢 (『三國史記』18 高句麗本紀 6)[2437]
고구려	秋八月 又遣使朝貢 (『三國史節要』5)[2438]
고구려	(後魏孝文延興五年)八月 高麗吐谷渾地豆于諸國 (…) 並遣使朝獻 (『册府元龜』969 外臣部 14 朝貢 2)[2439]

백제 고구려	都彌 百濟人也 雖編戶小民 而頗知義理 其妻美麗 亦有節行 爲時人所稱 蓋妻王聞之 召都彌與語曰 凡婦人之德 雖以貞潔爲先 若在幽昏無人之處 誘之以巧言 則能不動心者 鮮矣乎 對曰 人之情 不可測也 而若臣之妻者 雖死無貳者也 王欲試之 留都彌以事 使一近臣 假王衣服馬從 夜抵其家 使人先報王來 謂其婦曰 我久聞爾好 與都彌博得之 來日入爾爲宮人 自此後 爾身吾所有也 遂將亂之 婦曰 國王無妄語 吾敢不順 請大王先人[2440]室 吾更衣乃進 退而雜餙一婢子薦之 王後知見欺 大怒 誣都彌以罪 矐其兩眸子 使人牽出之 置小船泛之河上 遂引其婦 强欲淫之 婦曰 今良人已失 單獨一身 不能自持 況爲王御 豈敢相違 今以月經 渾身汚穢 請俟他日 薰浴而後來 王信而許之 婦便逃至江口 不能渡 呼天慟哭 忽見孤舟 隨波而至 乘至泉城島 遇其夫未死 掘草根以喫 遂與同舟 至高句麗蒜山之下 麗人哀之 丐以衣食 遂苟活 終於羈旅 (『三國史記』48 列傳 8 都彌)

고구려 백제	九月 王帥兵三萬 侵百濟 陷王所都漢城 殺其王扶餘慶 虜男女八千而歸 (『三國史記』18 高句麗本紀 6)[2441]
백제 고구려	秋九月 麗王巨璉 帥兵三萬 來圍王都漢城 王閉城門 不能出戰 麗人分兵爲四道夾攻 又乘風縱火 焚燒城門 人心危懼 或有欲出降者 王窘不知所圖 領數十騎 出門西走 麗人追而害之 先是 高句麗長壽王 陰謀百濟 求可以間諜於彼者 時浮屠道琳應募曰 愚僧既不能知道 思有以報國恩 願大王不以臣不肖 指使之 期不辱命 王悅 密使諜百濟 於是道琳佯逃罪 奔入百濟 時百濟王近蓋婁好博奕 道琳詣王門 告曰 臣少而學碁 頗入妙 願有聞於左右 王召入對碁 果國手也 遂尊之爲上客 甚親昵之 恨相見之晩 道琳一日侍坐 從容曰 臣異國人也 上不我疏外 恩私甚渥 而惟一技是效 未嘗有分毫之益 今願獻一言 不知上意如何耳 王曰 第言之 若有利於國 此所望於師也 道琳曰 大王之

2434) 본 기사에는 日이 보이지 않지만, 『魏書』7上 帝紀 7上 高祖에는 庚子(5)로 나온다. 따라서 庚子(5)로 편년하고 편제하였다.
2435) 본 기사에는 日이 보이지 않지만, 『魏書』7上 帝紀 7上 高祖에는 庚子(5)로 나온다. 따라서 庚子(5)로 편년하고 편제하였다.
2436) 본 기사에는 日이 보이지 않지만, 『魏書』7上 帝紀 7上 高祖에는 庚子(5)로 나온다. 따라서 庚子(5)로 편년하고 편제하였다.
2437) 본 기사에는 日이 보이지 않지만, 『魏書』7上 帝紀 7上 高祖에는 丁卯(5)로 나온다. 따라서 丁卯(5)로 편년하고 편제하였다.
2438) 본 기사에는 日이 보이지 않지만, 『魏書』7上 帝紀 7上 高祖에는 丁卯(5)로 나온다. 따라서 丁卯(5)로 편년하고 편제하였다.
2439) 본 기사에는 日이 보이지 않지만, 『魏書』7上 帝紀 7上 高祖에는 丁卯(5)로 나온다. 따라서 丁卯(5)로 편년하고 편제하였다.
2440) 원문의 人은 入이 옳다.
2441) 『三國史記』新羅本紀·『三國史節要』에는 1년 전인 慈悲麻立干 17년(474) 7월로 기록되어 있다.

國 四方皆山丘河海 是天設之險 非人爲之形也 是以四鄰之國 莫敢有覦心 但願奉事
之不暇 則王當以崇高之勢 富有之業 竦人之視聽 而城郭不葺 宮室不修 先王之骸骨
權攢於露地 百姓之屋廬 屢壞於河流 臣竊爲大王不取也 王曰諾 吾將爲之 於是 盡發
國人 烝土築城 即於其內作宮樓閣臺樹 無不壯麗 又取大石於郁里河 作槨以葬父骨
緣河樹堰 自蛇城之東 至崇山之北 是以倉廥虛竭 人民窮困 邦之阽杌 甚於累卵 於是
道琳逃還以告之 長壽王喜 將伐之 乃授兵於帥臣 近蓋婁聞之 謂子文周曰 予愚而不
明 信用姦人之言 以至於此 民殘而兵弱 雖有危事 誰肯爲我力戰 吾當死於社稷 汝在
此俱死 無益也 盍避難以續國系焉 文周乃與木劦滿致祖彌桀取[木劦祖彌皆複姓 隋書
以木劦爲二姓 未知孰是] 南行焉 至是高句麗對盧齊于再曾桀婁古尒萬年[再曾古尒皆
複姓]等帥兵 來攻北城 七日而拔之 移攻南城 城中危恐 王出逃 麗將桀婁等見王 下馬
拜已 向王面三唾之 乃數其罪 縛送於阿且城下戕之 桀婁萬年本國人也 獲罪逃竄高句
麗

論曰 楚明[2442]王之亡也 郹公辛之弟懷 將弑王曰 平王殺吾父 我殺其子 不亦可乎 辛
曰 君討臣 誰敢讎之 君命天也 若死天命 將誰讎 桀婁等自以罪不見容於國 而導敵兵
縛前君而害之 其不義也甚矣 曰 然則伍子胥之入郢鞭尸何也 曰楊子法言評此 以爲不
由德 所謂德者 仁與義而已 則子胥之狠 不如郹公之仁 以此論之 桀婁等之爲不義也
明矣 (『三國史記』 25 百濟本紀 3)

고구려 백제 九月 高勾麗王率兵三萬 圍百濟漢城 王閉城門 不出戰 高勾麗分兵四道夾攻 對盧齊
于再曾桀婁古尒萬年等[再曾古尒皆複姓]攻北城 七日拔之 移攻南城 乘風縱火 焚燒城
門 城中危急 或有欲出降者 王窘不知所圖 以數十騎出城西走 桀婁等追之 王下馬 拜
桀婁向王面三唾之 乃數其罪 縛送於阿且城下 戕其王餘慶 虜男女八千而歸 桀婁萬年
本百濟人 獲罪逃入高勾麗 至是爲鄉導 文周至新羅 得兵一萬 比還 城破王死 遂即位
性柔不斷 而亦愛民

金富軾曰 楚明王之亡也 郹公辛之弟懷將弑楚明王曰 平王殺吾父 我殺其子 不亦可乎
辛曰 君討臣 誰敢讎之 君命天也 若死天命 將誰讎 桀婁等自以罪不見容於國 而導敵
兵 縛前君而害之 其不義也甚矣 曰 然則伍子胥之入郢鞭尸何也 曰 揚子法言評此 以
爲不由德 所謂德者 仁與義而已矣 則子胥之狠 不如郹公之仁 以此論之 桀婁等之爲
不義也 明矣 (『三國史節要』 5)

백제 고구려 신라

文周王[或作汶洲] 蓋鹵王之子也 初毗有王薨 蓋鹵嗣位 文周輔之 位至上佐平 蓋鹵在
位二十一年 高句麗來侵圍漢城 蓋鹵嬰城自固 使文周求救於新羅 得兵一萬廻 麗兵雖
退 城破王死 遂即位 性柔不斷 而亦愛民 百姓愛之[2443] (『三國史記』 26 百濟本紀 4)

백제 慶死 子牟都立 (『梁書』 54 列傳 48 諸夷 東夷 百濟)[2444]

백제 慶死 立子牟都 (『南史』 97 列傳 69 夷貊 下 東夷 百濟)[2445]

백제 (延興)五年 使安等從東萊浮海 賜餘慶璽書 褒其誠節 安等至海濱 遇風飄蕩 竟不達而
還 (『魏書』 100 列傳 88 百濟)

백제 (延興)五年 使安等從東萊浮海 賜餘慶璽書 褒其誠節 安等至海濱 遇風飄蕩 竟不達而

2442) 원문의 明은 고려 광종의 이름인 昭를 避諱한 것이다.
2443) 『三國遺事』 1 王曆 1에 "第二十二 文周王[一作文明 蓋鹵子 乙卯立 移都熊川 理二年]"이라고 나온다.
2444) 『三國史記』의 순서에 따르면 蓋鹵王 다음은 제22대 文周王(或作汶洲)이 된다. 여기서 말하는 慶이 죽
고 그 아들 牟都가 王이 되었다면 그것은 文周王을 가리키는 것이다. 文周王의 在位期間은 475년에서부
터 477년까지이다.
2445) 『三國史記』의 순서에 따르면 蓋鹵王 다음은 제22대 文周王(或作汶洲)이 된다. 여기서 말하는 慶이 죽
고 그 아들 牟都가 王이 되었다면 그것은 文周王을 가리키는 것이다. 文周王의 在位期間은 475년에서부
터 477년까지이다.

	還 (『北史』94 列傳 82 百濟)
고구려	冬十月丙戌 高麗國遣使獻方物 (『宋書』9 本紀 9 後廢帝)
백제	冬十月 移2446)都於熊津 (『三國史記』26 百濟本紀 4)
백제	冬十月 百濟移都熊津 (『三國史節要』5)
백제	至二十二世文周王卽位元徽2447)三年乙卯 移都熊川[今公州] 歷六十三年 (『三國遺事』2 紀異 2 南扶餘 前百濟 北扶餘)2448)
백제	按古典記 (…) 至二十二世文周王移都熊川 歷六十三年 (…) (『三國史記』37 雜志 6 地理 4)2449)
고구려	(延興五年)是歲 高麗吐谷渾龜玆契丹庫莫奚地豆干蠕蠕等國 並遣使朝貢 (『北史』3 魏本紀 3 高祖孝文皇帝)

476(丙辰/신라 자비마립간 19/고구려 장수왕 64/백제 문주왕 2/劉宋 元徽 4/倭 雄略 20)

고구려	春二月 遣使入魏朝貢 (『三國史記』18 高句麗本紀 6)
고구려	春二月 高勾麗遣使如魏朝貢 (『三國史節要』5)
고구려	(承明元年)春二月 蠕蠕高麗庫莫奚波斯諸國 並遣使朝貢 (『魏書』7上 帝紀 7上 高祖)
고구려	(後魏孝文)承明元年春二月 蠕蠕高麗庫莫奚波斯諸國 (…) 並遣使朝獻 (『册府元龜』969 外臣部 14 朝貢 2)
백제	春二月 修葺大豆山城 移漢北民戶 (『三國史記』26 百濟本紀 4)
백제	(春二月) 百濟修大豆山城 移漢北民戶 (『三國史節要』5)
백제	三月 遣使朝宋 高句麗塞路 不達而還 (『三國史記』26 百濟本紀 4)
백제	三月 百濟遣使朝宋爲高勾麗所阻 不達而還 (『三國史節要』5)
백제 탐라	夏四月 躭羅國獻方物 王喜 拜使者爲恩率 (『三國史記』26 百濟本紀 4)
백제 탐라	夏四月 躭羅國獻方物于百濟 王喜 拜使者爲恩率 (『三國史節要』5)
신라	夏六月 倭人侵東邊 王命將軍德智擊敗之 殺虜二百餘人 (『三國史記』3 新羅本紀 3)
신라	六月 倭侵新羅東邊 王命將軍德智擊敗之 殺2450)虜二百餘人 (『三國史節要』5)
고구려	(承明元年)秋七月甲辰 高麗庫莫奚國 並遣使朝貢 (『魏書』7上 帝紀 7上 高祖)
고구려	秋七月 遣使入魏朝貢 (『三國史記』18 高句麗本紀 6)2451)
고구려	秋七月 高勾麗遣使如魏朝貢 (『三國史節要』5)2452)

2446) 저본은 판독불능이나. 移가 맞다.
2447) 徽의 誤
2448) 이 기사에는 월 표기가 없으나, 『三國史記』百濟本紀 등에 의기하여 10일로 편년하였다.
2449) 이 기사에는 연대 표기가 없으나, 『三國史記』百濟本紀 등에 의거하여 文周王元年(475) 10월로 편년하였다.
2450) 저본은 판독불능이나. 殺이 맞다.
2451) 본 기사에는 日이 보이지 않지만, 『魏書』7上 帝紀 7上 高祖에는 甲辰(17)으로 나온다. 따라서 甲辰(17)으로 편년하고 편제하였다.
2452) 본 기사에는 日이 보이지 않지만, 『魏書』7上 帝紀 7上 高祖에는 甲辰(17)으로 나온다. 따라서 甲辰

고구려	(後魏孝文承明元年)七月 高麗庫奚 (…) 並遣使朝獻 (『册府元龜』 969 外臣部 14 朝貢 2)[2453]

백제	秋八月 拜解仇爲兵官佐平 (『三國史記』 26 百濟本紀 4)
백제	八月 百濟拜解仇爲兵官佐平 (『三國史節要』 5)

고구려	(承明元年)九月丁亥 高麗庫莫奚契丹諸國 並遣使朝獻 (『魏書』 7上 帝紀 7上 高祖)
고구려	九月 遣使入魏朝貢 (『三國史記』 18 高句麗本紀 6)[2454]
고구려	九月 高勾麗遣使如魏朝貢 (『三國史節要』 5)[2455]
고구려	(後魏孝文承明元年)九月 高麗庫莫奚契丹宕昌悉萬斤 (…) 並遣使朝獻 (『册府元龜』 969 外臣部 14 朝貢 2)[2456]

고구려	백제	冬 高麗王大發軍兵 伐盡百濟 爰有小許遺衆 聚居倉下 兵糧旣盡 憂泣玆深 於是 高麗諸將 言於王曰 百濟心許非常 臣每見之 不覺自失 恐更蔓生 請逐除之 王曰 不可矣 寡人聞 百濟國者爲日本國之官家 所由來遠久矣 又其王入仕天皇 四隣之所共識也 遂止之[百濟記云 蓋鹵王乙卯年冬 狛大軍來 攻大城七日七夜 王城降陷 遂失尉禮 國王及大后 王子等 皆沒敵手] (『日本書紀』 14 雄略紀)

고구려	(承明元年)是歲 蠕蠕高麗庫莫奚波斯契丹宕昌悉萬斤等國 並遣使朝貢 (『北史』 3 魏本紀 3 高祖孝文皇帝)

고구려	太宗泰始 後廢帝元徽中 貢獻不絶 (『宋書』 97 列傳 57 夷蠻 東夷 高句驪國)[2457]
고구려	明帝泰始 後廢帝元徽中 貢獻不絶 (『南史』 79 列傳 夷貊 下 東夷 高句麗)[2458]

고구려	(杜洪太) 銓族子洪太 字道廓 延興中爲中書博士 後使高麗 除安遠將軍下邳太守 轉梁郡太守 (『魏書』 45 列傳 33 杜洪太)[2459]

고구려	輔弟佐 字季翼 有文武才幹 高祖初 兼散騎常侍 銜命使高麗 (『魏書』 39 列傳 27 李佐)

477(丁巳/신라 자비마립간 20/고구려 장수왕 65/백제 문주왕 3, 삼근왕 1/劉宋 元徽 5, 昇明 1/倭 雄略 21)

고구려	(太和元年)二月癸未 高麗契丹庫莫奚國 各遣使朝獻 (『魏書』 7上 帝紀 7上 高祖)

---

(17)으로 편년하고 편제하였다.
2453) 본 기사에는 日이 보이지 않지만, 『魏書』 7上 帝紀 7上 高祖에는 甲辰(17)으로 나온다. 따라서 甲辰(17)으로 편년하고 편제하였다.
2454) 본 기사에는 日이 보이지 않지만, 『魏書』 7上 帝紀 7上 高祖에는 丁亥(1)로 나온다. 따라서 丁亥(1)로 편년하고 편제하였다.
2455) 본 기사에는 日이 보이지 않지만, 『魏書』 7上 帝紀 7上 高祖에는 丁亥(1)로 나온다. 따라서 丁亥(1)로 편년하고 편제하였다.
2456) 본 기사에는 日이 보이지 않지만, 『魏書』 7上 帝紀 7上 高祖에는 丁亥(1)로 나온다. 따라서 丁亥(1)로 편년하고 편제하였다.
2457) 太宗 泰始는 465부터 471까지이며 元徽 中. 연휘 연간은 473년부터 476년까지이다. 따라서 465~476년까지 기간 편년하고 476년에 편제하였다.
2458) 太宗 泰始는 465부터 471까지이며 元徽 中. 연휘 연간은 473년부터 476년까지이다. 따라서 465~476년까지 기간 편년하고 476년에 편제하였다.
2459) 본문의 연흥(延興) 연간은 471년부터 476년까지이다. 따라서 471~476년까지 기간 편년하고 476년에 편제하였다.

고구려 　　　　春二月 遣使入魏朝貢 (『三國史記』 18 高句麗本紀 6)[2460]
고구려 　　　　春二月 高勾麗遣使如魏朝貢 (『三國史節要』 5)[2461]
고구려 　　　　(後魏孝文)太和元年二月 高麗契丹庫莫奚國 (…) 並遣使朝獻 (『册府元龜』 969 外臣
　　　　　　　部 14 朝貢 2)[2462]

백제 　　　　春二月 重修宮室 (『三國史記』 26 百濟本紀 4)
백제 　　　　(春二月) 百濟重修宮室 (『三國史節要』 5)

백제 고구려 　春三月 天皇聞百濟爲高麗所破 以久麻那利賜汶洲王 救興其國 時人皆云 百濟國 雖
　　　　　　　屬旣亡 聚憂 倉下 實賴於天皇 更造其國 [汶洲王蓋鹵王母弟也 日本舊記云 以久麻那
　　　　　　　利 賜末多王 蓋是誤也 久麻那利者 任那國下哆呼唎縣之別邑也] (『日本書紀』 14 雄
　　　　　　　略紀)

백제 　　　　夏四月 拜王弟昆支爲內臣佐平 封長子三斤爲太子[2463] (『三國史記』 26 百濟本紀 4)
백제 　　　　夏四月 百濟王以其弟昆支爲內臣佐平 立長子三斤爲太子 (『三國史節要』 5)

신라 　　　　夏五月 倭人擧兵 五道來侵 竟無功而還 (『三國史記』 3 新羅本紀 3)
신라 　　　　五月 倭分兵五道侵新羅 不克而還 (『三國史節要』 5)

백제 　　　　五月 黑龍見熊津 (『三國史記』 26 百濟本紀 4)
백제 　　　　(五月) 百濟黑龍見熊津 (『三國史節要』 5)

백제 　　　　秋七月 內臣佐平昆支卒 (『三國史記』 26 百濟本紀 4)
백제 　　　　秋七月 百濟內臣佐平昆支卒 (『三國史節要』 5)

백제 　　　　秋八月 兵官佐平解仇 擅權亂法 有無君之心 王不能制 (『三國史記』 26 百濟本紀
　　　　　　　4)[2464]

고구려 　　　　(太和元年)九月辛卯 高麗國遣使朝貢 (『魏書』 7上 帝紀 7上 高祖)
고구려 　　　　秋九月 遣使入魏朝貢 (『三國史記』 18 高句麗本紀 6)[2465]
고구려 　　　　九月 高勾麗遣使如魏朝貢 (『三國史節要』 5)[2466]

백제 　　　　九月 王出獵 宿於外 解仇使盜害之 遂薨 (『三國史記』 26 百濟本紀 4)[2467]

2460) 본 기사에는 日이 보이지 않지만, 『魏書』 7上 帝紀 7上 高祖에는 癸未(29)로 나온다. 따라서 癸未(29)
　　　로 편년하고 편제하였다.
2461) 본 기사에는 日이 보이지 않지만, 『魏書』 7上 帝紀 7上 高祖에는 癸未(29)로 나온다. 따라서 癸未(29)
　　　로 편년하고 편제하였다.
2462) 본 기사에는 日이 보이지 않지만, 『魏書』 7上 帝紀 7上 高祖에는 癸未(29)로 나온다. 따라서 癸未(29)
　　　로 편년하고 편제하였다.
2463) 『三國遺事』 1 王曆 1에 "第二十三 三斤王[一作 三乞王 文周子 丁巳立 理二年]"이라고 나온다.
2464) 저본에는 문주왕 4년에 기재되어 있으나, 문주왕은 3년까지 재위하였다. 百濟 文周王 四年[四年 恐是
　　　衍文 據年表在位不過三年] 秋八月 兵官佐平解仇 擅權亂法 有無君之心 王不能制 九月 王出獵宿於外 海仇
　　　使盜害之 逐薨
2465) 본 기사에는 日이 보이지 않지만, 『魏書』 7上 帝紀 7上 高祖에는 辛卯(11)로 나온다. 따라서 辛卯(11)
　　　로 편년하고 편제하였다.
2466) 본 기사에는 日이 보이지 않지만, 『魏書』 7上 帝紀 7上 高祖에는 辛卯(11)로 나온다. 따라서 辛卯(11)
　　　로 편년하고 편제하였다.
2467) 저본에는 문주왕 4년에 기재되어 있으나, 문주왕은 3년까지 재위하였다. 百濟 文周王 四年[四年 恐是

백제	三斤王[或云壬乞] 文周王之長子 王薨 繼位 年十三歲 軍國政事一切委於佐平解仇 (『三國史記』 26 百濟本紀 4)
백제	(九月) 百濟兵官佐平解仇 弑其君文周 立太子三斤 年十三 軍國政事一切委於解仇 初 解仇擅權亂法 蓄無君之心 王不能制 至是 王出獵 宿於外 解仇使盜弑之 (『三國史節要』 5)
백제	(牟)都死 立子牟太 (『梁書』 54 列傳 48 諸夷 東夷 百濟)[2468]
백제	都死 立子牟大 (『南史』 79 列傳 68 東夷 百濟)[2469]

고구려	(太和元年)是歲 高麗契丹庫莫奚蠕蠕車多羅西天竺舍衛疊伏羅栗楊婆員闊等國 並遣使朝貢 (『北史』 3 魏本紀 3 高祖孝文皇帝)

478(戊午/신라 자비마립간 21/고구려 장수왕 66/백제 삼근왕 2/劉宋 昇明 2/倭 雄略 22)

신라	春二月 夜赤光如匹練 自地至天 (『三國史記』 3 新羅本紀 3)
신라	春二月 新羅夜有赤光如匹練 自地至天 (『三國史節要』 5)

백제 고구려	(春二月) 百濟解仇與恩率燕信聚衆 據大豆城叛 王命佐平眞男以兵二千討之 不克 更命德率眞老 帥精兵五百討 殺解仇 燕信奔高勾麗 收其妻子 斬於熊津市 金富軾曰 春秋之法 君弑而賊不討 則深責之 以爲無臣子也 解仇賊弑其君 其子三斤繼立 非徒不能誅之 又委之以國政 至於據一城以叛 然後再興大兵以克之 所謂履霜不戒 馴致堅冰 熒熒不滅 至于炎炎 其所由來漸矣 權近曰 春秋之法 君弑而賊不討 則深責之 以爲無臣子也 解仇賊弑其君 專擅國政 以至據城以叛 其子三斤以童稚之年 乃能再命良將 聲罪致討 以復君父之讎 有足多者矣 (『三國史節要』 5)[2470]
백제 고구려	春 佐平解仇與恩率燕信聚衆 據大豆城叛 王命佐平真男 以兵二千討之 不克 更命德率真老 帥精兵五百 擊殺解仇 燕信奔高勾麗 收其妻子 斬於熊建[2471]市 論曰 春秋之法 君弑而賊不討 則深責之 以爲無臣子也 解仇賊害文周 其子三斤繼立 非徒不能誅之 又委之以國政 至於據一城以叛 然後再興大兵以克之 所謂履霜不戒 馴致堅氷 熒熒不滅 至于炎炎 其所由來漸矣 唐憲宗之弑 三世而後僅能殺其賊 況海隅之荒僻 三斤之童蒙 又烏足道哉 (『三國史記』 26 百濟本紀 4)[2472]
고구려 백제	百濟燕信來投 (『三國史記』 18 高句麗本紀 6)[2473]

고구려	(春二月) 高勾麗遣使如宋朝貢 (『三國史節要』 5)
고구려	遣使入宋朝貢 (『三國史記』 18 高句麗本紀 6)[2474]

衍文 據年表在位不過三年] 秋八月 兵官佐平解仇 擅權亂法 有無君之心 王不能制 九月 王出獵宿於外 海仇使盜害之 遂薨
2468) 『三國史記』에는 문주왕이 죽고 삼근왕이, 삼근왕이 죽고 동성왕이 즉위하였다고 나온다.
2469) 『三國史記』에는 문주왕이 죽고 삼근왕이, 삼근왕이 죽고 동성왕이 즉위하였다고 나온다.
2470) 『三國史記』 百濟本紀에는 春으로 나온다.
2471) 저본의 建은 津이 맞다.
2472) 본 기사에는 春으로 나오지만, 『三國史節要』에 춘2월로 나온다. 따라서 춘2월로 편년하고 편제하였다.
2473) 본 기사에는 月이 보이지 않지만, 『三國史節要』에 춘2월로 나온다. 따라서 춘2월로 편년하고 편제하였다.
2474) 본 기사에는 月이 보이지 않지만, 『三國史節要』에 춘2월로 나온다. 따라서 춘2월로 편년하고 편제하였다.

백제	三月己酉朔 日有食之 (『三國史記』26 百濟本紀 4)
백제	三月己酉朔 百濟日有食之 (『三國史節要』5)
신라	冬十月 京都地震 (『三國史記』3 新羅本紀 3)
신라	冬十月 新羅京都地震 (『三國史節要』5)
고구려	(十二月)戊子 高麗國遣使獻方物 (『宋書』10 本紀 10 順帝)
신라	新羅有百結先生者 家極貧 衣百結若懸鶉 時人因號之 先生慕榮啓期之爲人 常以琴自隨 凡喜怒悲歡不平之事 必於琴宣之 歲將暮 鄰里舂粟 其妻聞杵聲曰 人皆有粟可舂 我獨無 何以卒歲 先生仰天嘆曰 夫死生有命 富貴在天 其來也不可拒 其往也不可追 汝何傷乎 乃鼓琴作杵聲以慰之 世傳爲碓樂 (『三國史節要』5)신라 碓樂 慈悲王時人百結先生作也 (『三國史記』32 雜志 1 樂)2475)
신라	百結先生 不知何許人 居狼山下 家極貧 衣百結若懸鶉 時人號爲東里百結先生 嘗慕榮啓期之爲人 以琴自隨 凡喜怒悲歡不平之事 皆以琴宣之 歲將暮 鄰里舂粟 其妻聞杵聲曰 人皆有粟舂之 我獨無焉 何以卒歲 先生仰天嘆曰 夫死生有命 富貴在天 其來也不可拒 其往也不可追 汝何償乎 吾爲汝 作杵聲以慰之 乃鼓琴作杵聲 世傳之 名爲碓樂 (『三國史記』48 列傳 8 百結先生)2476)

고구려 신라 가야 진한 마한

順帝昇明二年 遣使上表 言自昔祖禰 躬擐甲冑 跋涉山川 不遑寧處 東征毛人五十五國 西服衆夷六十六國 陵平海北九十五國 王道融泰 廓土遐畿 累葉朝宗 不愆于歲 道遙百濟 裝飾船舫 而句麗無道 圖欲見吞 臣亡考濟方欲大擧 奄喪父兄 使垂成之功 不獲一簣 今欲練兵申父兄之志 竊自假開府儀同三司 其餘咸各假授 以勸忠節 詔除武使持節都督倭 新羅任那加羅秦韓慕韓六國諸軍事 詔除武使持節都督倭 新羅任那加羅秦韓慕韓六國諸軍事安東大將軍倭王 齊建元中 除武持節都督倭 新羅任那加羅秦韓慕韓六國諸軍事鎭東大將軍 梁武帝卽位 進武號征東大將軍 (『南史』79 列傳 69 夷貊 下 倭國)

백제 고구려 신라

昇明二年 遣使上表曰 封國偏遠 作藩於外 自昔祖彌 躬擐甲冑 跋涉山川 不遑寧處 東征毛人 五十五國 西服衆夷 六十六國 渡平海北 九十五國 臣雖下愚 忝守先緒 驅率所統歸 崇天極 道遙百濟 裝理船舫 而高麗無道 圖欲見吞 虔劉不已 每致稽滯 臣欲練理兵甲 摧此强敵 剋靖方難 無替前功 竊自假開府儀同三司 其餘咸各假授 因詔除武使持節安東大將軍倭王 按其王理邪爲台國2477) 惟去遼東萬二千里 在百濟新羅東南 其國界東西五月行 南北三月行 四境各至於海 大較在會稽閩川之東 亦與珠崖儋耳相近 (『太平寰宇記』174 四夷 3 東夷 3 倭國)

479(己未/신라 자비마립간 22, 소지마립간 1/고구려 장수왕 67/백제 삼근왕 3, 동성왕 1/劉宋 昇明 3, 南齊 建元 1/倭 雄略 23)

신라	春二月三日 王薨 (『三國史記』3 新羅本紀 3)

2475) 본문에서 백결선생은 자비왕대 사람이라고 한다. 따라서 자비왕 21년의 마지막에 편제하였다.
2476) 『三國史記』 열전에는 백결선생이 어느 때 사람인지는 알 수 없다고 하였으나, 『三國史節要』에 자비마립간 21년에 편제하였다. 이것은 『三國史記』 32 雜志 1 樂의 "碓樂 慈悲王時人百結先生作也"에 의거한 것으로 생각된다.
2477) 或名邪摩

신라	炤知[一云毗處]麻立干立 慈悲王長子 母金氏 舒弗邯未斯欣之女 妃善兮夫人 乃宿伊伐飡女也 炤知幼有孝行 謙恭自守 人咸服之[2478] (『三國史記』3 新羅本紀 3)
신라	春二月 新羅王慈悲薨 長子炤知立 幼有孝行 (『三國史節要』5)

신라	(春二月) 新羅大赦 賜百官爵一級 (『三國史節要』5)
신라	大赦 賜百官爵一級 (『三國史記』3 新羅本紀 3)[2479]

고구려	(太和三年)三月戊午 吐谷渾高麗國 各遣使朝獻 (『魏書』7上 帝紀 7上 高祖)
고구려	春三月 遣使入魏朝貢 (『三國史記』18 高句麗本紀 6)[2480]
고구려	三月 高勾麗遣使如魏朝貢 (『三國史節要』5)[2481]
고구려	(後魏孝文太和)三年三月 吐谷渾高麗國 (…) 並遣使朝獻 (『册府元龜』969 外臣部 14 朝貢 2)[2482]

신라	宋時曰新羅 或曰斯羅 其國小 不能自通使聘 (『梁書』54 列傳 48 新羅)
신라	宋時曰新羅 或曰斯羅 其國小 不能自通使聘 (『南史』79 列傳 69 新羅)

고구려	(…) 然彼宋人朱靈期[或作虛] 使自高麗還 失濟於洲上 得杯渡之鉢 (…) (『海東高僧傳』1 流通一之 釋亡名)

동이	而宋齊間常通職貢 (『南史』79 列傳 69 夷貊 下 東夷 序)

백제	自晉宋齊梁據江左 亦遣使稱藩 兼受拜封 亦與魏不絶 (『北史』94 列傳 82 百濟)

백제	夏四月 百濟文斤王薨 天王以昆支王五子中 第二末多王 幼年聰明 勅喚內裏 親撫頭面 誡勅慇懃 使王其國 仍賜兵器 幷遣筑紫國軍士五百人 衛送於國 是爲東城王 (『日本書紀』14 雄略紀)[2483]

신라 가야 진한

(南齊太祖建元元年五月) 又詔新除使持節都督倭新羅任那加羅秦韓六國諸軍事安東大將軍倭王武 進號爲鎭東大將軍 (『册府元龜』963 外臣部 8 封冊 1)

대방 신라 가야 마한

倭國 在帶方東南大海島中 漢末以來 立女王 土俗已見前史 建元元年 進新除使持節都督倭新羅任那加羅慕韓六國諸軍事安東大將軍倭王武號爲鎭東大將軍 (『南齊書』58 列傳 39 東南夷 東夷 倭國)[2484]

신라 가야 진한 마한

2478) 『三國遺事』1 王曆 1에 "第二十一毗處麻立干[△作△知王 金氏 慈悲王 第三子母 未欣 角干之女己未立理二十一年妃 期宝葛文王之女]"라고 나온다.
2479) 본 기사에는 月이 보이지 않지만, 『三國史節要』에는 2월로 나온다. 따라서 2월로 편년하고 편제하였다.
2480) 본 기사에는 日이 보이지 않지만, 『魏書』7上 帝紀 7上 高祖에는 戊午(16)로 나온다. 따라서 戊午(16)로 편년하고 편제하였다.
2481) 본 기사에는 日이 보이지 않지만, 『魏書』7上 帝紀 7上 高祖에는 戊午(16)로 나온다. 따라서 戊午(16)로 편년하고 편제하였다.
2482) 본 기사에는 日이 보이지 않지만, 『魏書』7上 帝紀 7上 高祖에는 戊午(16)로 나온다. 따라서 戊午(16)로 편년하고 편제하였다.
2483) 『三國史記』에는 冬 11월로 나온다.
2484) 이 기사에는 월 표기가 없으나, 『册府元龜』外臣部에 의거하여 5월로 편년하였다.

齊建元中　除武持節督督倭新羅任那伽羅秦韓慕韓六國諸軍事鎭東大将軍 (『梁書』 54 列傳 48 諸夷 東夷 倭)2485)

신라 가야 진한 마한

齊建元中　除武持節都督倭新羅任那加羅秦韓慕韓六國諸軍事鎭東大将軍　梁武帝卽位進武號征東大将軍 (『南史』 79 列傳 69 夷貊 下 倭國)2486)

가야　(南齊太祖建元元年五月)是時　加羅國王荷知　使來獻　詔曰　量廣始登　遠夷洽化　加羅王荷知　款關海外　奉贄東遐　可授輔國將軍本國王 (『册府元龜』 963 外臣部 8 封册 1)

가야　建元元年　國王荷知使來獻　詔曰　量廣始登　遠夷洽化　加羅王荷知款關海外　奉贄東遐　可授輔國將軍本國王 (『南齊書』 58 列傳 39 東南夷 加羅)2487)

백제　春夏　大旱 (『三國史記』 26 百濟本紀 4)
백제　春夏　百濟大旱 (『三國史節要』 5)

신라　八月庚午朔丙子　天皇疾彌甚　與百寮辭訣　竝握手歔欷　崩于大殿 (…) 是時　征新羅將軍吉備臣　尾代　行至吉備國過家　後所率五百蝦夷等　聞天皇崩　乃相謂之曰　領制吾國天皇既崩　時不可失也　乃相聚結　侵寇傍郡　於是　尾代從家來　會蝦夷於娑婆水門　合戰而射　蝦夷等　或踊或伏　能避脱箭　終不可射 (『日本書紀』 14 雄略紀)

고구려　(太和三年)九月　庚申　高麗吐谷渾地豆于契丹庫莫奚龜玆諸國　各遣使朝獻 (『魏書』 7上 帝紀 7上 高祖)
고구려　秋九月　遣使入魏朝貢 (『三國史記』 18 高句麗本紀 6)2488)
고구려　秋九月　高勾麗遣使如魏朝貢 (『三國史節要』 5)2489)
고구려　(後魏孝文)太和三年九月　遣使者拜　西秦王幕瓚弟慕利延　爲鎭西大將軍儀同三司改封西平王[是時使貟外散騎侍郎李敎拜高麗王高連爲都督遼海諸軍事征東將軍領東人中郡將遼束碑公　高句麗正史闕年月] (『册府元龜』 963 外臣部 8 封册 1)2490)
고구려　(後魏孝文太和三年)九月　高麗吐谷渾地豆于契丹庫莫奚龜玆諸國　各遣使朝獻 (『册府元龜』 969 外臣部 14 朝貢 2)2491)

백제　秋九月　移大且2492)城於斗谷 (『三國史記』 26 百濟本紀 4)
백제　(秋九月) 百濟移大豆城於斗谷 (『三國史節要』 5)

백제　冬十一月　王薨 (『三國史記』 26 百濟本紀 4)2493)

2485) 이 기사에는 연대 표기가 없으나, 『册府元龜』 外臣部에 의거하여 建元元年(479) 5월로 편년하였다.
2486) 이 기사에는 연대 표기가 없으나, 『册府元龜』 外臣部에 의거하여 建元元年(479) 5월로 편년하였다.
2487) 본 기사에는 그 月이 보이지 않지만, 『册府元龜』 963 外臣部 8 封册1에 5월로 나온다. 따라서 5월로 편년하고 편제하였다. 『三國史記』 32 雜志 1 樂에 "羅古記云　加耶國嘉實王見唐之樂器而造之 (…)"도 참고된다.
2488) 본 기사에는 日이 보이지 않지만, 『魏書』 7上 帝紀 7上 高祖에는 庚申(21)으로 나온다. 따라서 庚申(21)으로 편년하고 편제하였다.
2489) 본 기사에는 日이 보이지 않지만, 『魏書』 7上 帝紀 7上 高祖에는 庚申(21)으로 나온다. 따라서 庚申(21)으로 편년하고 편제하였다.
2490) 본 기사에는 日이 보이지 않지만, 『魏書』 7上 帝紀 7上 高祖에는 庚申(21)으로 나온다. 따라서 庚申(21)으로 편년하고 편제하였다.
2491) 본 기사에는 日이 보이지 않지만, 『魏書』 7上 帝紀 7上 高祖에는 庚申(21)으로 나온다. 따라서 庚申(21)으로 편년하고 편제하였다.
2492) 저본의 且는 豆가 맞다.
2493) 『日本書紀』에는 夏4月로 나온다.

백제	東城王 諱牟大[或作摩牟] 文周王弟昆支之子 膽力過人 善射百發百中 三斤王薨 即位[2494] (『三國史記』 26 百濟本紀 4)
백제	冬十一月 百濟王三斤薨 文周王弟昆支之子牟大立 膽力過人 善射百發百中 (『三國史節要』 5)
백제	(牟)都死 立子牟太 (『梁書』 54 列傳 48 諸夷 東夷 百濟)[2495]
백제	都死 立子牟大 (『南史』 79 列傳 69 夷貊 下 東夷 百濟)[2496]

백제 고구려	是歲 百濟調賦 益於常例 筑紫安致臣 馬飼臣等 率船師以擊高麗 (『日本書紀』 14 雄略紀)

고구려	太祖建元元年 進號驃騎大將軍 (『南齊書』 58 列傳 39 東南夷 東夷 高句麗)[2497]

고구려	太和三年 高句麗竊與蠕蠕謀 欲取地豆于以分之 契丹懼其侵軼 其莫弗賀勿于率其部落車三千乘衆萬餘口 驅徙雜畜 求入內附 止於白狼水東 自此歲常朝貢 (『魏書』 100 列傳 88 契丹國)
고구려	太和三年 高句麗竊與蠕蠕謀 欲取地豆干以分之 契丹舊怨其侵軼 其莫賀弗勿干率其部落 車三千乘衆萬餘口 驅徙雜畜求內附 止於白狼水東 自此歲常朝貢 (『北史』 94 列傳 82 契丹)

고구려	(太和三年)是歲 吐谷渾高麗蠕蠕地豆干契丹庫莫奚龜玆粟特州逸河龔疊伏羅員闊悉萬斤等國 各遣使朝貢 (『北史』 3 魏本紀 3 高祖孝文皇帝)

고구려	太和初 假給事中高麗副使 尋假散騎常侍高麗使 後出爲章武太守 加寧遠將軍 (『魏書』 84 列傳 72 儒林 張仲瑀))

480(庚申/신라 소지마립간 2/고구려 장수왕 68/백제 동성왕 2/南齊 建元 2/倭 淸寧 1)

신라	春二月 祀始祖廟 (『三國史記』 3 新羅本紀 3)
신라	春二月 新羅王祀始祖廟 (『三國史節要』 5)

백제	三月 百濟國遣使朝貢 以其王牟都爲鎭東大將軍 (『南史』 4 齊本紀 上 4)
백제	(南齊太祖建元)二年三月 百濟王牟都 遣使貢獻 詔曰 寶命惟新 澤波絶域 牟都世藩東表 守職遐外 可卽授使持節都督百濟諸軍事鎭東大將軍 (『册府元龜』 963 外臣部 8 封册 1)

고구려	夏四月丙寅 進高麗王樂浪公高璉號驃騎大將軍 (『南齊書』 2 本紀 2 高帝 下)[2498]
고구려	夏四月丙寅 進高麗王樂浪公高璉號驃騎大將軍 (『南史』 4 齊本紀 上 4)
고구려	夏四月 南齊太祖蕭道成策王爲驃騎大將軍 王遣使餘奴等 朝聘南齊 魏光州人 於海中得餘奴等 送闕 魏高祖 詔責王曰 道成親弑其君 竊位[2499]江左 朕方欲興滅國於舊邦

2494) 『三國遺事』 1 王曆 1에 "第二十四 東城王[名年大 一云麻帝 又餘太 三斤王之堂第 己未立 理二十六年" 이라고 나온다.
2495) 『三國史記』에는 문주왕이 죽고 삼근왕이, 삼근왕이 죽고 동성왕이 즉위하였다고 나온다.
2496) 『三國史記』에는 문주왕이 죽고 삼근왕이, 삼근왕이 죽고 동성왕이 즉위하였다고 나온다.
2497) 『三國史記』에는 480년 하4월로 나온다. 이 내용은 『삼국사기』 및 『남제서』 제기 등에 따르면 건원 2년의 사건에 대응되므로, 본 열전의 건원 원년은 오류이다. 하지만 여기서는 본 열전의 기록 그대로를 존중하여 건원 원년인 479년으로 편년하였다.
2498) 『南齊書』 58 列傳 39 東南夷 東夷 高句麗조에는 479년으로 나온다.

	繼絶世於劉氏 而卿越境外交 遠通簒賊 豈是藩臣守節之義 今不以一過掩卿舊款 即送還藩 其感恕思愆 祇承明憲 輯寧所部 勤2500)靜以聞 (『三國史記』18 高句麗本紀 6)2501)
고구려	夏四月 南齊策高勾麗王爲驃騎大將軍 王遣使餘奴等報謝 魏光州人於海中得餘奴等以獻 魏高祖詔責王曰 道成親弑其君 竊位江左 朕方欲興滅國於舊邦 繼絶世於劉氏 而卿越境外交 遠通簒賊 豈是藩臣守節之義 今不以一過 掩卿舊款 即送還藩 其感恕思愆 祇承明憲 輯寧所部 動靜以聞 (『三國史節要』5)2502)
고구려	(南齊太祖建元二年)四月 使持節散騎嘗[常]侍都督營平二州諸軍事車騎大將軍開府儀同三司樂浪公高麗王高璉 進號驃騎大將軍 (『册府元龜』963 外臣部 8 封冊 1)2503)
고구려	時光州於海中得璉所遣詣蕭道成使餘奴等送闕 高祖詔責璉曰 道成親殺其君 竊號江左 朕方欲興滅國於舊邦 繼絶世於劉氏而卿越境外交 遠通簒賊 豈是藩臣守節之義 今不以一過掩卿舊款 即送還藩 其感恕思愆 祇承明憲 輯寧所部 動靜以聞 (『魏書』100 列傳 88 高句麗)2504)
고구려	時光州於海中得璉遣詣齊使餘奴等送闕 孝文詔責曰 道成親殺其君 竊號江左 朕方欲興滅國於舊邦 繼絶世於劉氏 而卿越境外鄉 交通簒賊 豈是藩臣守節之義 今不以一過掩舊欵 即送還藩 其感恕思愆 祇承明憲 輯寧所部 動靜以聞 (『北史』94 列傳 82 高麗)2505)
신라	夏五月 京都旱 (『三國史記』3 新羅本紀 3)
신라	五月 新羅京都旱 (『三國史節要』5)
신라	冬十月 民飢 出倉穀賑給之 (『三國史記』3 新羅本紀 3)
신라	冬十月 新羅民飢 出穀賑之 (『三國史節要』5)
신라 말갈	十一月 靺鞨侵北邊 (『三國史記』3 新羅本紀 3)
신라 말갈	十一月 靺鞨侵新羅北邊 (『三國史節要』5)

481(辛酉/신라 소지마립간 3/고구려 장수왕 69/백제 동성왕 3/南齊 建元 3/倭 淸寧 2)

신라	春二月 幸比列城 存撫軍士 賜征枹2506) (『三國史記』3 新羅本紀 3)
신라	春二月 新羅王幸比列城 存撫軍士 賜征袍 (『三國史節要』5)
신라 고구려 말갈 백제 가야	
	三月 高句麗與靺鞨入北邊 取狐鳴等七城 又進軍於彌秩夫 我軍與百濟加耶援兵 分道禦之 賊敗退 追擊破之泥河西 斬首千餘級 (『三國史記』3 新羅本紀 3)

2499) 저본에는 位로 되어 있으나, 號가 맞다.
2500) 저본에는 勤으로 되어 있으나, 動이 맞다.
2501) 본 기사에는 日이 보이지 않으나, 『南齊書』本紀와 『南史』齊本紀에 丙寅(1)으로 나온다. 따라서 丙寅(1)으로 편년하고 편제하였다.
2502) 본 기사에는 日이 보이지 않으나, 『南齊書』本紀와 『南史』齊本紀에 丙寅(1)으로 나온다. 따라서 丙寅(1)으로 편년하고 편제하였다.
2503) 본 기사에는 日이 보이지 않으나, 『南齊書』本紀와 『南史』齊本紀에 丙寅(1)으로 나온다. 따라서 丙寅(1)으로 편년하고 편제하였다.
2504) 이 기사에는 연대 표기가 없으나, 『南齊書』本紀 등에 의거하여 太和 4년(480) 4월 1일(丙寅)로 편년하였다.
2505) 이 기사에는 연대 표기가 없으나, 『南齊書』本紀 등에 의거하여 太和 4년(480) 4월 1일(丙寅)로 편년하였다.
2506) 저본의 枹는 袍가 맞다.

三月 高勾麗與靺鞨入新羅北邊 取狐鳴等七城 又進軍於彌秩夫 新羅軍與百濟加耶援
兵 分道擊之 高勾麗靺鞨兵退 追擊破之 破於泥河西 斬首千餘級 (『三國史節要』5)

고구려	十二月丁亥 高麗國遣使朝貢 (『南史』4 齊本紀 上 4)
고구려	遣使南齊朝貢 (『三國史記』18 高句麗本紀 6)2507)
고구려	高勾麗遣使如南齊朝貢 (『三國史節要』5)2508)
고구려	(太祖建元)三年 遣使貢獻 乘舶汎海 使驛常通 亦使魏虜 亦使魏虜 然彊盛不受制 (『南齊書』58 列傳 39 東南夷 東夷 高句麗)2509)
고구려	南齊 東夷高麗王樂浪公高璉 高祖建元三年 遣使貢獻 乘舶泛海 嘗亦通使于魏 然彊盛不受制 (『冊府元龜』1000 外臣部 45 彊盛)2510)

482(壬戌/신라 소지마립간 4/고구려 장수왕 70/백제 동성왕 4/南齊 建元 4/淸寧 3)

백제	春正月 拜眞老爲兵官佐平 兼知內外兵馬事 (『三國史記』26 百濟本紀 4)
백제	春正月 百濟以眞老爲兵官佐平 兼知內外兵馬事 (『三國史節要』5)
신라	春二月 大風拔木 金城南門火 (『三國史記』3 新羅本紀 3)
신라	二月 新羅大風拔木 金城南門火 (『三國史節要』5)
신라	夏四月 久雨 命內外有司慮囚 (『三國史記』3 新羅本紀 3)
신라	夏四月 新羅久雨 命內外有司慮囚 (『三國史節要』5)
신라	五月 倭人侵邊 (『三國史記』3 新羅本紀 3)
신라	五月 倭人侵新羅 (『三國史節要』5)
백제 말갈	秋九月 靺鞨襲破漢山城 虜三百餘戶以歸 (『三國史記』26 百濟本紀 4)
백제 말갈	秋九月 靺鞨襲破百濟漢山城 虜三百餘戶以歸 (『三國史節要』5)
백제	冬十月 大雪丈餘 (『三國史記』26 百濟本紀 4)
백제	冬十月 百濟大雪 深丈餘 (『三國史節要』5)
요동	釋曇超 姓張 淸河人 形長八尺 容止可觀 蔬食布衣 一中而已 初止上都 龍華寺 元嘉末 南遊始興 遍觀山水 獨宿樹下 虎兕不傷 大明中還都 至齊太祖卽位 被勅往遼東弘讚禪道 停彼二年大行法化 建元末還京 (『高僧傳』11 習禪 釋曇超 20)2511)
요동	釋曇超 姓張氏 淸河人 (…) 至齊太祖卽位 被勅往遼東 弘贊禪道 停彼二年 大行法化 建元末還京 (『神僧傳』3 釋曇超)2512)

2507) 본 기사에는 日이 보이지 않으나, 『南史』齊本紀에 丁亥(1)로 나온다. 따라서 丁亥(1)로 편년하고 편제
 하였다.
2508) 본 기사에는 日이 보이지 않으나, 『南史』齊本紀에 丁亥(1)로 나온다. 따라서 丁亥(1)로 편년하고 편제
 하였다.
2509) 본 기사에는 日이 보이지 않으나, 『南史』齊本紀에 丁亥(1)로 나온다. 따라서 丁亥(1)로 편년하고 편제
 하였다.
2510) 본 기사에는 日이 보이지 않으나, 『南史』齊本紀에 丁亥(1)로 나온다. 따라서 丁亥(1)로 편년하고 편제
 하였다.
2511) 아 기사에는 建元 연간(479~482)으로 되어 있으므로, 그에 따라 기간편년하고 마지막해인 482년에 배
 치하였다.
2512) 아 기사에는 建元 연간(479~482)으로 되어 있으므로, 그에 따라 기간편년하고 마지막해인 482년에 배

483(癸亥/신라 소지마립간 5/고구려 장수왕 71/백제 동성왕 5/南齊 永明 1/倭 淸寧 4)

백제	春 王以獵出 至漢山城 撫問軍民 浹旬乃還 『三國史記』26 百濟本紀 4)
백제	春 百濟王出獵 至漢山城 巡撫軍民 浹旬乃還 (『三國史節要』5)

신라	夏四月 大水 (『三國史記』3 新羅本紀 3)
신라	夏四月 新羅大水 (『三國史節要』5)
백제	夏四月 獵於熊津北 獲神鹿 (『三國史記』26 百濟本紀 4)
백제	(夏四月) 百濟王獵於熊津北 獲神鹿 (『三國史節要』5)

신라	秋七月 大水 (『三國史記』3 新羅本紀 3)
신라	秋七月 新羅大水 (『三國史節要』5)

신라	冬十月 幸一善界 存問遘災百姓 賜穀有差 (『三國史記』3 新羅本紀 3)
신라	冬十月 王幸一善界 存問遘災百姓 賜穀有差 (『三國史節要』5)

신라	十一月 雷 京都大疫 (『三國史記』3 新羅本紀 3)
신라	十一月 新羅雷 京都大疫 (『三國史節要』5)

484(甲子/신라 소지마립간 6/고구려 장수왕 72/백제 동성왕 6/南齊 永明 2/倭 淸寧 5)

신라	春正月 以烏含爲伊伐湌 (『三國史記』3 新羅本紀 3)
신라	春正月 新羅以烏含爲伊伐湌 (『三國史節要』5)

백제 고구려	春二月 王聞南齊祖道成 冊高勾麗巨璉爲驃騎大將軍 遣使上表請內屬 許之 (『三國史記』26 百濟本紀 4)
백제 고구려	二月 百[2513]濟王聞齊策高勾麗王爲驃騎大將軍 遣使上表請內屬 許之 (『三國史節要』5)

신라	三月 土星犯月 (『三國史記』3 新羅本紀 3)
신라	三月 新羅土星犯月 (『三國史節要』5)

신라	(三月) 雨雹 (『三國史記』3 新羅本紀 3)
신라	(三月) 新羅雨雹 (『三國史節要』5)

신라 고구려 백제
　　　　秋七月 高句麗侵北邊 我軍與百濟 合擊於母山城下 大破之 (『三國史記』3 新羅本紀 3)

고구려 신라 백제
　　　　秋七月 高勾麗侵新羅北邊 新羅軍與百濟合擊於母山城下 大破之 (『三國史節要』5)

백제 고구려　秋七月 遣內法佐平沙若思 如南齊朝貢 若思至西海中 遇高句麗兵 不進 (『三國史記』26 百濟本紀 4)

치하였다.
2513) 저본은 판독불능이나, 百이 맞다.

백제 고구려	(秋七月) 百濟遣內法佐平沙若思如齊朝貢 若思至西海中 遇高勾麗兵 不達而還 (『三國史節要』5)
고구려	冬十月 遣使入魏朝貢 時魏人謂我方强 置諸國使邸 齊使第一 我使者次之 (『三國史記』18 高句麗本紀 6)
고구려	冬十月 高勾麗遣使如魏朝貢 時魏人謂高勾麗方强 置諸國使邸 齊使第一 高勾麗使者次之 (『三國史節要』5)
고구려	(太和八年)冬十月 高麗國遣使朝貢 (『魏書』7上 帝紀 7上 高祖)
고구려	(冬十月) 高麗王璉 遣使入貢於魏 亦入貢於齊 時高麗方强 魏置諸國使邸 齊使第一 高麗次之2514) (『資治通鑑』136 齊紀 2 世祖武皇帝上之下)
고구려	自東晉·宋至於齊·梁·後魏·後周 其主皆受南北兩朝封爵 分遣貢使 初後魏時 置諸國使邸 齊使第一 高麗次之 (『通典』186 邊防 2 東夷 下 高句麗)
고구려	(後魏孝文太和)八年十月 高麗國遣使朝貢 (『册府元龜』969 外臣部 14 朝貢 2)
고구려	(太和八年)是歲 蠕蠕高麗等國 各遣使朝貢 (『北史』3 魏本紀 3 高祖孝文皇帝)2515)
고구려	虜置諸國使邸 齊使第一 高麗次之 (『南齊書』58 列傳 39 東南夷 東夷 高句麗)2516)
고구려	魏置諸國使邸 齊使第一 高麗次之 (『册府元龜』1000 外臣部 45 疆盛)2517)

485(乙丑/신라 소지마립간 7/고구려 장수왕 73/백제 동성왕 7/南齊 永明 3/倭 顯宗 1)

신라	春二月 築仇伐城 (『三國史記』3 新羅本紀 3)
신라	春二月 新羅築仇伐城 (『三國史節要』5)
신라	夏四月 親祀始祖廟 增置守廟二十家 (『三國史記』3 新羅本紀 3)
신라	夏四月 新羅王親祀始祖廟 增置守廟二十家 (『三國史節要』5)
신라 백제	五月 百濟來聘 (『三國史記』3 新羅本紀 3)
백제 신라	夏五月 遣使聘新羅 (『三國史記』26 百濟本紀 4)
백제 신라	五月 百濟遣使聘新羅 (『三國史節要』5)
고구려	夏五月 遣使入魏朝貢 (『三國史記』18 高句麗本紀 6)
고구려	(五月) 高勾麗遣使如魏朝貢 (『三國史節要』5)
고구려	(太和九年)五月 高麗國及蕭磧 並遣使朝貢 (『魏書』7上 帝紀 7上 高祖)
고구려	(後魏孝文太和)九年五月 高麗國 (…) 並遣使朝貢 (『册府元龜』969 外臣部 14 朝貢 2)
고구려	(太和九年)冬十月戊申 高麗吐谷渾國 並遣使朝貢 (『魏書』7上 帝紀 7上 高祖)
고구려	冬十月 遣使入魏朝貢 (『三國史記』18 高句麗本紀 6)2518)
고구려	冬十月 又遣使如魏朝貢 (『三國史節要』5)2519)

2514) 麗 力知翻 使 疏吏翻 下同
2515) 본 기사에는 月이 보이지 않지만, 『魏書』高祖紀에 十月로 나온다. 따라서 10월로 편년하고 편제하였다.
2516) 본 기사에는 年·月이 보이지 않지만, 『魏書』高祖紀에 太和八(484)冬十月로 나온다. 따라서 10월로 편년하고 편제하였다.
2517) 본 기사에는 年·月이 보이지 않지만, 『魏書』高祖紀에 太和八(484)冬十月로 나온다. 따라서 10월로 편년하고 편제하였다.
2518) 본 기사에는 日이 보이지 않지만, 『魏書』高祖紀에는 戊申(14)으로 나온다. 따라서 戊申(14)으로 편년하고 편제하였다.

| 고구려 | (後魏孝文太和)九年十月 高麗吐谷渾國 (⋯) 並遣使朝貢 (『册府元龜』 969 外臣部 14 朝貢 2)[2520] |

고구려	(後魏孝文太和)九年十二月 宕昌國 高麗吐谷渾國等 並遣使朝貢 (『册府元龜』 969 外臣部 14 朝貢 2)
고구려	(太和九年) 是年 宕昌高麗吐谷渾等國 並遣使朝貢 (『魏書』 7上 帝紀 7上 高祖)[2521]
고구려	(太和九年) 是歲 宕昌高麗吐谷渾等國 並遣使朝貢 (『北史』 3 魏本紀 3 高祖孝文皇帝)[2522]

486(丙寅/신라 소지마립간 8/고구려 장수왕 74/백제 동성왕 8/南齊 永明 4/倭 顯宗 2)

| 신라 | 春正月 拜伊湌實竹爲將軍 (『三國史記』 3 新羅本紀 3) |
| 신라 | 春正月 新羅以伊湌實竹爲將軍 (『三國史節要』 5) |

| 신라 | (春正月) 徵一善界丁夫三千 改築三年屈山二城 (『三國史記』 3 新羅本紀 3) |
| 신라 | (春正月) 新羅徵一善界丁夫三千 修三年屈山二城 (『三國史節要』 5) |

| 신라 | 二月 以乃宿爲伊伐湌 以叅國政 (『三國史記』 3 新羅本紀 3) |
| 신라 | 二月 新羅以乃宿爲伊伐湌 叅國政 (『三國史節要』 5) |

| 백제 | 春二月 拜苩加爲衛士佐平 (『三國史記』 26 百濟本紀 4) |
| 백제 | (二月) 百濟以苟[2523]加爲衛士佐平 (『三國史節要』 5) |

| 백제 | 三月 遣使南齊朝貢 (『三國史記』 26 百濟本紀 4) |
| 백제 | 三月 百濟遣使如齊朝貢 (『三國史節要』 5) |

| 신라 | 夏四月 倭人犯邊 (『三國史記』 3 新羅本紀 3) |
| 신라 | 夏四月 倭寇新羅 (『三國史節要』 5) |

고구려	夏四月 遣使入魏朝貢 (『三國史記』 18 高句麗本紀 6)
고구려	(夏四月) 高勾麗遣使如魏朝貢 (『三國史節要』 5)
고구려	(太和十年夏四月)是月 高麗吐谷渾國 並遣使朝貢 (『魏書』 7下 帝紀 7下 高祖)
고구려	(後魏孝文太和)十年四月 高麗吐谷渾國 (⋯) 並遣使朝貢 (『册府元龜』 969 外臣部 14 朝貢 2)

| 백제 | 秋七月 重修宮室 築牛頭城 (『三國史記』 26 百濟本紀 4) |
| 백제 | 秋七月 百濟修宮室 築牛頭城 (『三國史節要』 5) |

2519) 본 기사에는 日이 보이지 않지만, 『魏書』 高祖紀에는 戊申(14)으로 나온다. 따라서 戊申(14)으로 편년하고 편제하였다.

2520) 본 기사에는 日이 보이지 않지만, 『魏書』 高祖紀에는 戊申(14)으로 나온다. 따라서 戊申(14)으로 편년하고 편제하였다.

2521) 본 기사에는 月이 보이지 않지만, 『册府元龜』 外臣部 朝貢에 12월로 나온다. 따라서 12월로 편년하고 편제하였다.

2522) 본 기사에는 月이 보이지 않지만, 『册府元龜』 外臣部 朝貢에 12월로 나온다. 따라서 12월로 편년하고 편제하였다.

2523) 저본의 苟는 苩이 맞다.

신라	秋八月 大閱於狼山之南 (『三國史記』 3 新羅本紀 3)
신라	八月 新羅大閱於狼山南 (『三國史節要』 5)

백제	冬十月 大閱於宮南 (『三國史記』 26 百濟本紀 4)
백제	冬十月 百濟大閱於宮南 (『三國史節要』 5)

고구려	(太和十年)是歲 蠕蠕高麗吐谷渾勿吉等國 並遣使朝貢 (『北史』 3 魏本紀 3 高祖孝文皇帝)

487(丁卯/신라 소지마립간 9/고구려 장수왕 75/백제 동성왕 9/南齊 永明 5/倭 顯宗 3)

가야	春二月丁巳朔 阿閇臣事代銜命 出使于任那 於是 月神著人謂之曰 我祖高皇産靈 有預鎔造天地之功 宜以民地 奉我月神 若依請獻我 當福慶 事代由是 還京具奏 奉以歌荒樔田 [歌荒樔田者 在山背國葛野郡也] 壹伎縣主先祖押見宿禰侍祠 (『日本書紀』 15 顯宗紀)

신라	春二月 置神宮於奈乙 奈乙始祖初生之處也 (『三國史記』 3 新羅本紀 3)
신라	春二月 新羅置新2524)宮於柰乙 柰乙始祖初生之地 (『三國史節要』 5)

신라	三月 始置四方郵驛 命所司修里官道 (『三國史記』 3 新羅本紀 3)
신라	三月 新羅始置四方郵驛 命所司修官道 (『三國史節要』 5)

고구려	(太和十有一年)五月甲午 山闕高麗吐谷渾國 遣使朝貢 (『魏書』 7下 帝紀 7下 高祖)
고구려	夏五月 遣使入魏朝貢 (『三國史記』 18 高句麗本紀 6)2525)
고구려	夏五月 高勾麗遣使如魏朝貢 (『三國史節要』 5)2526)
고구려	(後魏孝文太和)十一年五月 高麗吐谷渾國 (…) 並遣使朝獻 (『册府元龜』 969 外臣部 14 朝貢 2)2527)

신라	秋七月 葺月城 (『三國史記』 3 新羅本紀 3)
신라	秋七月 新羅葺月城 (『三國史節要』 5)

신라	冬十月 雷 (『三國史記』 3 新羅本紀 3)
신라	冬十月 新羅雷 (『三國史節要』 5)

가야 고구려 삼한 백제

是歲 紀生磐宿禰 跨據任那 交通高麗 將西王三韓 整脩官府 自稱神聖 用任那左魯那奇他甲背等計 殺百濟適莫爾解於爾林[爾林 高麗地也] 築帶山城 距守東道 斷運糧津 令軍飢因 百濟王大怒 遣領軍古爾解內頭莫古解等 率衆趣于帶山攻 於是 生磐宿禰 進軍逆擊 膽氣益壯 所向皆破 以一當百 俄而兵盡力竭 知事不濟 自任那歸 由是 百濟國殺佐魯那奇他甲背等三百餘人 (『日本書紀』 15 顯宗紀)

2524) 저본의 新은 神이 맞다.
2525) 본 기사에는 日이 보이지 않지만, 『魏書』 高祖紀에는 甲午(10)로 나온다. 따라서 甲午(10)로 편년하고 편제하였다.
2526) 본 기사에는 日이 보이지 않지만, 『魏書』 高祖紀에는 甲午(10)로 나온다. 따라서 甲午(10)로 편년하고 편제하였다.
2527) 본 기사에는 日이 보이지 않지만, 『魏書』 高祖紀에는 甲午(10)로 나온다. 따라서 甲午(10)로 편년하고 편제하였다.

고구려   (太和十一年)是歲 吐谷渾高麗悉萬斤等國 並遣使朝貢 (『北史』 3 魏本紀 3 高祖孝文皇帝)

488(戊辰/신라 소지마립간 10/고구려 장수왕 76/백제 동성왕 10/南齊 永明 6/倭 仁賢 1)

신라   春正月十五日 新羅王幸天泉亭 有烏與鼠來鳴 鼠作人語云 尋烏所去 王命騎士追之 至避村 見兩猪相鬪 忽失烏所去 有一老以書授騎士 題其面曰 開見二人死 不開一人死 騎士獻之 王曰 與其二人死 孰若一人 日官秦云 一人者王也 王然而開視之 書曰 射琴匣 王入宮射琴匣 果有人焉 乃內殿焚修僧與王妃潛通者也 妃與僧皆伏誅

       自是 國俗每歲是日 以糯飯祭烏 又以龍能興雨 馬能服勞 有功於人 猪鼠耗穀 有害於人 每於歲首 辰午亥子日 設祭以祈以禳 因禁百事與游樂 謂之愼日 俚言怛忉 言悲愁禁忌百事也 (『三國史節要』 5)

신라   第二十一毗處王[一作炤智王]卽位十年戊辰 幸於天泉亭 時有烏與鼠來鳴 鼠作人語云 此烏去處尋之[或云 神德王欲行香興輪寺 路見衆鼠含尾 怪之而還占之 明日先鳴鳥尋之云云 此說非也] 王命騎士追之 南至避村[今壤避寺村在南山東麓] 兩猪相鬪 留連見之 忽失烏所在 徘徊路旁[2528] 時有老翁自池中出奉書 外面題云 開見二人死 不開一人死 使來獻之 王曰 與其二人死 莫若不開 但一人死耳 日官秦云 二人者庶民也 一人者王也 王然之開見 書中云射琴匣 王入宮見琴匣射之 乃內殿焚修僧與宮主潛通而所奸[2529]奸也 二人伏誅

       自爾國俗 每正月上亥上子上午等日 忌愼百事 不敢動作 以十六[2530]日爲烏忌之日 以糯飯祭之 至今行之 俚言怛忉 言悲愁而禁忌百事也 命其池曰書出池 (『三國遺事』 1 紀異 2 射琴匣)[2531]

신라   春正月 王移居月城 (『三國史記』 3 新羅本紀 3)
신라   (春正月) 新羅王移居月城 (『三國史節要』 5)

고구려   (太和十有二年)二月壬戌 高麗國遣使朝貢 (『魏書』 7下 帝紀 7下 高祖)
고구려   春二月 遣使入魏朝貢 (『三國史記』 18 高句麗本紀 6)[2532]
고구려   (二月) 高勾麗遣使如魏朝貢 (『三國史節要』 5)[2533]
고구려   (後魏孝文太和)十二年二月 高麗國 (…) 並遣使朝貢 (『册府元龜』 969 外臣部 14 朝貢 2)[2534]

신라   二月 幸一善郡 存問鰥寡孤獨 賜穀有差 (『三國史記』 3 新羅本紀 3)
신라   二月 新羅王幸一善郡 存問鰥寡孤獨 賜穀有差 (『三國史節要』 5)

2528) 저본의 旁은 傍이 옳다.
2529) 저본의 奸은 奸이다.
2530) 저본에는 六으로 되어 있으나, 五가 옳다.
2531) 본 기사에는 月·日이 보이지 않지만, 『三國史節要』에 春正月 十五日로 나온다. 따라서 춘정월 15일로 편년하고 편제하였다.
2532) 본 기사에는 日이 보이지 않지만, 『魏書』 高祖紀에는 壬戌(12)로 나온다. 따라서 壬戌(12)로 편년하고 편제하였다.
2533) 본 기사에는 日이 보이지 않지만, 『魏書』 高祖紀에는 壬戌(12)로 나온다. 따라서 壬戌(12)로 편년하고 편제하였다.
2534) 본 기사에는 日이 보이지 않지만, 『魏書』 高祖紀에는 壬戌(12)로 나온다. 따라서 壬戌(12)로 편년하고 편제하였다.

신라	三月 至自一善 所歷州郡獄囚 除二死 悉原之 (『三國史記』 3 新羅本紀 3)
신라	三月 新羅王至自一善郡 所歷州郡獄囚 除死罪外 悉原之 (『三國史節要』 5)
고구려	夏四月 遣使入魏朝貢 (『三國史記』 18 高句麗本紀 6)
고구려	夏四月 高勾麗遣使如魏朝貢 (『三國史節要』 5)
고구려	(太和十有二年)夏四月 高麗吐谷渾國 並遣使朝貢 (『魏書』 7下 帝紀 7下 高祖)
고구려	(後魏孝文太和十二年)四月 高麗吐谷渾國 (…) 並遣使朝貢 (『册府元龜』 969 外臣部 14 朝貢 2)
신라	夏六月 東陽獻六眼龜 腹下有文字 (『三國史記』 3 新羅本紀 3)
신라	六月 新羅東陽獻六眼龜 腹下有文 (『三國史節要』 5)
신라	秋七月 築刀那城 (『三國史記』 3 新羅本紀 3)
신라	秋七月 新羅築刀那城 (『三國史節要』 5)
고구려	秋閏八月 遣使入魏朝貢 (『三國史記』 18 高句麗本紀 6)[2535]
고구려	閏八月 高勾麗遣使如魏朝貢 (『三國史節要』 5)
고구려	(太和十有二年)閏九月乙丑 高麗國遣使朝貢 (『魏書』 7下 帝紀 7下 高祖)[2536]
고구려	(後魏孝文太和十二年)閏九月 高麗國 遣使朝貢 (『册府元龜』 969 外臣部 14 朝貢 2)[2537]
백제	(十二月) 魏遣兵擊百濟 爲百濟所敗[2538] (『資治通鑑』 136 齊紀 2 世祖武皇帝 上之下)[2539]
백제	魏遣兵來伐 爲我所敗 (『三國史記』 26 百濟本紀 4)
백제	魏遣兵伐百濟 爲百濟所敗 (『三國史節要』 5)
고구려	(太和十二年)是歲 高麗宕昌吐谷渾勿吉武興等國 並遣使朝貢 (『北史』 3 魏本紀 3 高祖孝文皇帝)

489(己巳/신라 소지마립간 11/고구려 장수왕 77/백제 동성왕 11/南齊 永明 7/倭 仁賢 2)

신라	春正月 驅遊食百姓歸農 (『三國史記』 3 新羅本紀 3)
신라	春正月 新羅驅游食之人 歸農 (『三國史節要』 5)
고구려	(太和十有三年)二月壬午 高麗國遣使朝獻 (『魏書』 7下 帝紀 7下 高祖)
고구려	春二月 遣使入魏朝貢 (『三國史記』 18 高句麗本紀 6)[2540]

2535) 『魏書』 本紀에는 閏9월19일(乙丑), 『册府元龜』 外臣部에는 閏9월로 되어 있다.
2536) 『三國史記』 高句麗本紀, 『三國史節要』에는 閏8월로 되어 있다.
2537) 본 기사에는 日이 보이지 않지만, 『魏書』 高祖紀에는 乙丑(19)으로 나온다. 따라서 乙丑(19)으로 편년하고 편제하였다.
2538) 陳壽曰 三韓凡七十八國 百濟其一也 據李延壽史 其先以百家濟海 後浸强盛以立國 故曰百濟 晉世句麗略有遼東 百濟亦據有遼西晉平二郡地
2539) 『南齊書』 58 列傳 39 東南夷 東夷 百濟조에는 490년으로 나온다.
2540) 본 기사에는 日이 보이지 않지만, 『魏書』 高祖紀에는 壬午(8)로 나온다. 따라서 壬午(8)로 편년하고 편제하였다.

고구려	二月 高勾麗遣使如魏朝貢 (『三國史節要』5)[2541]
고구려	(後魏孝文太和)十三年二月 高麗國 (…) 並遣使朝貢 (『册府元龜』969 外臣部 14 朝貢 2)[2542]
고구려	夏六月 遣使入魏朝貢 (『三國史記』18 高句麗本紀 6)
고구려	六月 又遣使如魏朝貢 (『三國史節要』5)
고구려	(太和十有三年)六月 高麗國遣使朝貢 (『魏書』7下 帝紀 7下 高祖)
고구려	(後魏孝文太和十三年)六月 高麗國 (…) 並遣使朝貢 (『册府元龜』969 外臣部 14 朝貢 2)
고구려	△△大和十三年歲在己巳九月<壬寅>朔十九日庚申　△△△△△△△△△功德三寶△△△除成凡己△△成行御古△心△忍北不△△△△△△　功德逮及七世父母　△△△△△衆生咸同△△△△壽昔惡途△△之願△△結地△△感慕△因緣少佛△△△△△△△文△佛像一△△△△△△△三寶出入△ (「大和十三年銘 石佛像」)
신라 고구려	秋九月 高句麗襲北邊 至戈峴 (『三國史記』3 新羅本紀 3)
고구려 신라	秋九月 遣兵侵新羅北邊 陷狐山城 (『三國史記』18 高句麗本紀 6)[2543]
고구려 신라	九月 高勾麗襲新羅北邊 至戈峴 (『三國史節要』5)
백제	秋 大有年 國南海村人 獻合穎禾 (『三國史記』26 百濟本紀 4)
백제	秋 百濟大有年 國南海村人 獻合穎禾 (『三國史節要』5)[2544]
신라 고구려	冬十月 陷狐山城 (『三國史記』3 新羅本紀 3)[2545]
고구려 신라	冬十月 陷狐山城 (『三國史節要』5)
고구려	(太和十有三年)冬十月甲申 高麗國遣使朝貢 (『魏書』7下 帝紀 7下 高祖)
고구려	冬十月 遣使入魏朝貢 (『三國史記』18 高句麗本紀 6)[2546]
고구려	(冬十月) 高勾麗遣使如魏朝貢 (『三國史節要』5)[2547]
고구려	(後魏孝文太和十三年)十月 高麗國 並遣使朝貢 (『册府元龜』969 外臣部 14 朝貢 2)[2548]
백제	冬十月 王設壇祭天地 (『三國史記』26 百濟本紀 4)
백제	古記云 溫祚王二十年春二月 設壇祠天地 (…) 牟大王十一年冬十月 並如上行 (『三國史記』32 雜志 1 祭祀)

2541) 본 기사에는 日이 보이지 않지만, 『魏書』高祖紀에는 壬午(8)로 나온다. 따라서 壬午(8)로 편년하고 편제하였다.
2542) 본 기사에는 日이 보이지 않지만, 『魏書』高祖紀에는 壬午(8)로 나온다. 따라서 壬午(8)로 편년하고 편제하였다.
2543) 陷狐山城은 『삼국사기』신라본기에는 10월로 기술되어 있다.
2544) 추9월보다 앞에 서술되어있다.
2545) 陷狐山城은 『삼국사기』고구려본기에는 9월로 기술되어 있다.
2546) 본 기사에는 日이 보이지 않지만, 『魏書』高祖紀에는 甲申(14)으로 나온다. 따라서 甲申(14)으로 편년하고 편제하였다.
2547) 본 기사에는 日이 보이지 않지만, 『魏書』高祖紀에는 甲申(14)으로 나온다. 따라서 甲申(14)으로 편년하고 편제하였다.
2548) 본 기사에는 日이 보이지 않지만, 『魏書』高祖紀에는 甲申(14)으로 나온다. 따라서 甲申(14)으로 편년하고 편제하였다.

백제	(冬十月) 百濟王設壇 祭天地 (『三國史節要』5)

백제	十一月 宴羣臣於南堂 (『三國史記』26 百濟本紀 4)
백제	十一月 百濟王宴群臣於南堂 (『三國史節要』5)

고구려	(太和十三年)是歲 高麗吐谷渾陰平中赤武興宕昌等國 各遣使朝貢 (『北史』3 魏本紀 3 高祖孝文皇帝)

고구려	永明七年 平南叅軍顏幼明冗從僕射劉思斅使虜 虜元會 與高麗使相次 幼明謂僞主客郎裴叔令曰 我等銜命上華 來造卿國 所爲抗敵 在乎一魏 自餘外夷 理不得望我鑣塵 況東夷小貊 臣屬朝廷 今日乃敢與我躡踵 思斅謂僞南部尙書李思沖曰 我聖朝處魏使 未嘗與小國列 卿亦應知 思沖曰 實如此 但主副不得升殿耳 此閒坐起甚高 足以相報 思斅曰 李道固昔使 正以衣冠致隔耳 魏國必纓冕而至 豈容見黜 幼明又謂虜主曰 二國相亞 唯齊與魏 邊境小狄 敢躡臣蹤
	高麗俗服窮袴 冠折風一梁 謂之幘 知讀五經 使人在京師 中書郎王融戱之曰 服之不衷 身之災也 頭上定是何物 答曰 此卽古弁之遺像也 (『南齊書』58 列傳 39 東南夷 東夷 高句麗)
고구려	南齊武帝 永明中 高麗使至 服窮袴冠折風 中書郎王融戱之曰 服之不衷 身之災也 頭上定是何物 答曰 此卽古弁之遺像也 (『通典』186 邊防 2 東夷 下 高句麗)[2549]
고구려 낙랑	南齊武帝永明中 高麗使至 服窮袴冠析風 中書王融戱之曰 服之不衷 身之災也 頭上定是何物 答曰 此則古弁之遺象也
	自東晉已後 其王所居平壤城 卽漢樂浪郡 王儉自慕容慕來伐後 徙國內城 移都此城 亦曰長安城 其城隨山屈曲 南臨浿水 在遼東南東千餘里 城內惟積倉儲器械 寇至方入 固守 王別爲宅於其側 其外有國內城及漢城 亦別都也 後有遼東玄菟等數十城 皆置官司 以相統攝焉 (『太平寰宇記』173 四夷2 東夷 2 高勾驪國)[2550]

고구려	△△大和十三年歲在己巳九月壬寅朔十九日庚申　△△△△△△　△△功德三寶△△△ 除成凡己△△成行御　古△心△忍北不△△　△△△△功德逮及七世父母△△△△△ 衆生咸同△△△△壽　昔惡途△△之願△△　結地△△感慕△因緣少佛△△△△△　△ 文△佛像一△△△　△△△△三寶出入△ (「大和十三年銘 石佛像」)

490(庚午/신라 소지마립간 12/고구려 장수왕 78/백제 동성왕 12/南齊 永明 8/倭 仁賢 3)

백제	(正月)丁巳 以行百濟王牟大爲鎭東大將軍百濟王 (『南史』4 齊本紀 上)
백제	(南齊武帝永明)八年正月 百濟王牟大遣使上表 遣謁者僕射孫副 策命太龍亡祖父牟都 爲 百濟王曰 於戲 惟爾世襲忠勤 誠著遐表 海路肅澄 要貢無替 式循彜典 用纂顯命 往欽哉 其敬膺休業 可不愼歟 詔行都督百濟諸軍事鎭東大將軍百濟王 令以世襲祖父 牟都 爲百濟王卽位 章綬等玉 銅虎竹符曰 其拜受 不亦休乎 (『册府元龜』963 外臣 部 8 封册 1)[2551]
백제	百濟王遣使上表於齊 齊遣謁者僕射孫副 冊命曰 惟爾世襲忠勤誠著 遐表海路 △淸職

2549) 본 기사의 永明 연간은 483~493년이지만, 『南齊書』 高句麗조에 영명 7년으로 나온다. 따라서 489년 으로 편년하였다.
2550) 본 기사의 永明 연간은 483~493년이지만, 『南齊書』 高句麗조에 영명 7년으로 나온다. 따라서 489년 으로 편년하였다.
2551) 이 기사에는 일자 표기가 없으나, 『南史』 本紀에 의거하여 정월 17일(丁巳)로 편년하였다.

貢 無替式循 彝典用纂 顯命往敬哉 仍授行都督百濟諸軍事鎭東大將軍百濟王 (『三國史節要』 5)[2552]

백제　(是歲) 以百濟王牟大爲鎭東大將軍百濟王 (『資治通鑑』 137 齊紀 3 世祖武皇帝中)[2553]

백제　齊永明中 除大都督百濟諸軍事鎭東大將軍百濟王 (『南史』 97 列傳 69 夷貊 下 東夷百濟)[2554]

백제　齊永明中 除太都督百濟諸軍事鎭東大將軍百濟王 (『梁書』 54 列傳 48 諸夷 東夷 百濟)[2555]

백제　齊永明中 其王餘太 皆受中國官爵 (『梁職貢圖』 百濟國使)[2556]

백제　(…) 報功勞勤 實存名烈 假行寧朔將軍臣姐瑾等四人 振竭忠効 攘除國難 志勇果毅 等威名將 可謂扞城 固蕃社稷 論功料勤 宜在甄顯 今依例輒假行職 伏願恩愍 聽除所假 寧朔將軍面中王姐瑾 歷贊時務 武功竝列 今假行冠軍將軍都將軍都漢王 建威將軍 八中侯餘古 弱冠輔佐 忠効夙著 今假行寧朔將軍阿錯王 建威將軍餘歷 忠款有素 文武列顯 今假行龍驤將軍邁盧王 廣武將軍餘固 忠効時務 光宣國政 今假行建威將軍弗斯侯

牟大又表曰 臣所遣行建威將軍廣陽太守兼長史臣高達 行建威將軍朝鮮太守兼司馬臣楊茂 行宣威將軍兼叅軍臣會邁等三人 志行淸亮 忠款夙著 往泰始中 比使宋朝 今任臣使 冒涉波險 尋其至効 宜在進爵 謹依先例 各假行職 且玄澤靈休 萬里所企 況親趾天庭 乃不蒙賴 伏願天監特愍除正 達邊効夙著 勤勞公務 今假行龍驤將軍帶方太守茂志行淸壹 公務不廢 今假行建威將軍廣陵太守 邁執志周密 屢致勤効 今假行廣武將軍淸河太守 詔可 竝賜軍號 除太守 爲使持節都督百濟諸軍事鎭東大將軍 使兼謁者僕射孫副策命大襲亡祖父牟都爲百濟王曰 於戲 惟爾世襲忠懃 誠著遐表 滄路肅澄 要貢無替 式循彝典 用纂顯命 往欽哉 其敬膺休業 可不愼歟 制詔行都督百濟諸軍事鎭東大將軍百濟王牟大 今以大襲祖父牟都爲百濟王 卽位章綬等玉銅虎竹符四 王其拜受 不亦休乎 (『南齊書』 58 列傳 39 東南夷 東夷 百濟)[2557]

신라　春二月 重築[2558]鄙羅城 (『三國史記』 3 新羅本紀 3)

신라　春二月 新羅修鄙羅城 (『三國史節要』 5)

신라　三月 龍見鄒羅井 (『三國史記』 3 新羅本紀 3)

신라　三月 龍見新羅鄒羅井中 (『三國史節要』 5)

신라　(三月) 初開京師市肆[2559] 以通四方之貨 (『三國史記』 3 新羅本紀 3)

2552) 이 기사에는 월일 표기가 없으나, 『南史』 本紀에 의거하여 정월 17일(丁巳)로 편년하였다.
2553) 이 기사에는 월일 표기가 없으나, 『南史』 本紀에 의거하여 정월 17일(丁巳)로 편년하였다.
2554) 이 기사에는 연대 표기가 없으나, 『南史』 本紀에 의거하여 永明 8년(490) 정월 17일(丁巳)로 편년하였다.
2555) 이 기사에는 연대 표기가 없으나, 『南史』 本紀에 의거하여 永明 8년(490) 정월 17일(丁巳)로 편년하였다.
2556) 이 기사에는 연대 표기가 없으나, 『南史』 本紀에 의거하여 永明 8년(490) 정월 17일(丁巳)로 편년하였다.
2557) 牟大의 表文이다. 원문 앞 부분이 없어 해당 년도는 알 수 없으나, 建武二年(495) 보다 앞서의 기록이고 『南齊書』 東南夷列傳 百濟條의 모대의 표문 중 "是歲 魏虜又發騎數十萬攻百濟入其界 牟大遣將沙法名·贊首流·解禮昆·木干那率衆襲擊虜軍 大破之"가 490년이다. 여기에 490년에 편년하고 배치하였다. 삼국사기에는 488년으로 나온다. 원문 앞 부분이 없으나 『책부원구』 外臣部에 그 일문이 보이며 永明 8년 기사로 확인되고 있으므로, 이 기사 전체를 490년으로 편년하였다. 한편 본조와 달리 『자치통감』, 『삼국사기』 백제본기 등에서는 북위와 백제의 전투 시기를 영명 6년(488)이라 하였다.
2558) 저본은 오각되어 있으나, 築이 맞다.

신라	(三月) 新羅初開京師市肆 以通四方之貨 (『三國史節要』5)

고구려	(後魏孝文太和)十四年五月 高麗國 (…) 並遣使朝貢 (『冊府元龜』969 外臣部 14 朝貢 2)

고구려	(太和十有四年)秋七月丙辰 高麗國遣使朝貢 (『魏書』7下 帝紀 7下 高祖)
고구려	秋七月 遣使入魏朝貢 (『三國史記』18 高句麗本紀 6)[2560]
고구려	秋七月 高勾麗遣使如魏朝貢 (『三國史節要』5)[2561]

백제	秋七月 徵比[2562]部人年十五歲已上 築沙峴耳山二城 (『三國史記』26 百濟本紀 4)
백제	(秋七月) 百濟徵比[2563]部人年十五已上 築沙峴耳山二城 (『三國史節要』5)

고구려	(太和十有四年九月)壬戌 高麗國遣使朝貢 (『魏書』7下 帝紀 7下 高祖)
고구려	九月 遣使入魏朝貢 (『三國史記』18 高句麗本紀 6)[2564]
고구려	九月 高勾麗遣使如魏朝貢 (『三國史節要』5)[2565]
고구려	(後魏孝文太和十四年)九月 高麗國 並遣使朝貢 (『冊府元龜』969 外臣部 14 朝貢 2)[2566]

백제	九月 王田於國西泗沘[2567]原 拜燕突爲達率 (『三國史記』26 百濟本紀 4)
백제	(九月) 百濟王田於國西泗沘[2568]原 以燕突爲達率 (『三國史節要』5)

백제	冬十一月 無氷 (『三國史記』26 百濟本紀 4)
백제	冬十一月 百濟無氷 (『三國史節要』5)

백제	是歲 魏虜又發騎數十萬攻百濟入其界 牟大遣將沙法名贊首流解禮昆木干那率衆襲擊虜軍 大破之 (『南齊書』58 列傳 39 東南夷 東夷 百濟)[2569]

고구려	(太和十四年)是歲 吐谷渾宕昌武興陰平高麗等國 並遣使朝貢 (『北史』3 魏本紀 3 高祖孝文皇帝)

491(辛未/신라 소지마립간 13/고구려 장수왕 79/백제 동성왕 13/南齊 永明 9/倭 仁賢 4)

2559) 저본은 결각되어 있으나, 肆가 맞다.
2560) 본 기사에는 日이 보이지 않지만, 『魏書』高祖紀에는 丙辰(2)으로 나온다. 따라서 丙辰(20)으로 편년하고 편제하였다.
2561) 본 기사에는 日이 보이지 않지만, 『魏書』高祖紀에는 丙辰(2)으로 나온다. 따라서 丙辰(20)으로 편년하고 편제하였다.
2562) 저본의 比는 北이 맞다.
2563) 저본의 比는 北이 맞다.
2564) 본 기사에는 日이 보이지 않지만, 『魏書』高祖紀에는 壬戌(27)으로 나온다. 따라서 壬戌(27)로 편년하고 편제하였다.
2565) 본 기사에는 日이 보이지 않지만, 『魏書』高祖紀에는 壬戌(27)으로 나온다. 따라서 壬戌(27)로 편년하고 편제하였다.
2566) 본 기사에는 日이 보이지 않지만, 『魏書』高祖紀에는 壬戌(27)으로 나온다. 따라서 壬戌(27)로 편년하고 편제하였다.
2567) 저본의 沘는 沘가 맞다.
2568) 저본의 沘는 沘가 맞다.
2569) 『삼국사기』에는 488년으로 나온다.

고구려	(太和十有五年五月乙卯) 高麗國遣使朝獻 (『魏書』7下 帝紀 7下 高祖)	
고구려	夏五月 遣使入魏朝貢 (『三國史記』18 高句麗本紀 6)[2570]	
고구려	夏五月 高勾麗遣使如魏朝貢 (『三國史節要』5)[2571]	
고구려	(後魏孝文太和)十五年五月 高麗國 (…) 並遣使朝獻 (『册府元龜』969 外臣部 14 朝貢 2)[2572]	

백제	夏六月 熊川水漲 漂沒王都二百餘家 (『三國史記』26 百濟本紀 4)
백제	六月 百濟熊川水漲 漂沒王都二百餘家 (『三國史節要』5)

백제 신라	秋七月 民饑 亡入新羅者 六百餘家 (『三國史記』26 百濟本紀 4)
백제 신라	秋七月 百濟民飢 亡入新羅者六百餘家 (『三國史節要』5)

고구려	(太和十有五年)九月壬午 吐谷渾高麗宕昌鄧至諸國 並遣使朝獻 (『魏書』7下 帝紀 7下 高祖)
고구려	秋九月 遣使入魏朝貢 (『三國史記』18 高句麗本紀 6)[2573]
고구려	九月 高勾麗遣使如魏朝貢 (『三國史節要』5)[2574]
고구려	(後魏孝文太和十五年)九月 吐谷渾高麗宕昌鄧至諸國 並遣使朝獻 (『册府元龜』969 外臣部 14 朝貢 2)[2575]
고구려	至高祖時 璉貢獻倍前 其報賜亦稍加焉 (『魏書』100 列傳 88 高句麗)[2576]
고구려	至孝文時 璉貢獻倍前 其報賜亦稍加焉 (『北史』94 列傳 82 高麗)[2577]
고구려	其曾孫璉 遣使後魏 (『隋書』81 列傳 46 東夷 高麗)[2578]
고구려 부여	大使者牟頭婁 (…) △ (…) 河泊之孫日月之子鄒牟聖王 元出北夫餘 天下四方知此 國郡最聖 個△△治 此郡之嗣 治△△ △聖王奴客 祖先△△△北夫餘 隨聖王來 奴客△ △△之故△△△△△△△ 世遭官恩 △△ △△罡上聖太王之世 △△△△△祀仉△△ △△△△△△非宀枝△△△△△△△叛逆 紗之△△△△△ 冉牟△△△△△△△△遣 招△△△△△△拘雞△△△△△△△△△暨農△△△△△△△△忙△ △恩個△△△△△△△△官客之△△△△△△ 冉牟令彡靈 △△△△△△ 慕容鮮卑△汨 使人△知河泊之孫日月之子所生之地來△ 北夫餘大兄冉牟抇△ 公△彡△△△△△△

2570) 본 기사에는 日이 보이지 않지만, 『魏書』 高祖紀에는 乙卯(24)로 나온다. 따라서 乙卯(24)로 편년하고 편제하였다.
2571) 본 기사에는 日이 보이지 않지만, 『魏書』 高祖紀에는 乙卯(24)로 나온다. 따라서 乙卯(24)로 편년하고 편제하였다.
2572) 본 기사에는 日이 보이지 않지만, 『魏書』 高祖紀에는 乙卯(24)로 나온다. 따라서 乙卯(24)로 편년하고 편제하였다.
2573) 본 기사에는 日이 보이지 않지만, 『魏書』 高祖紀에는 壬午(23)로 나온다. 따라서 壬午(23)로 편년하고 편제하였다.
2574) 본 기사에는 日이 보이지 않지만, 『魏書』 高祖紀에는 壬午(23)로 나온다. 따라서 壬午(23)로 편년하고 편제하였다.
2575) 본 기사에는 日이 보이지 않지만, 『魏書』 高祖紀에는 壬午(23)로 나온다. 따라서 壬午(23)로 편년하고 편제하였다.
2576) 北魏 高祖 孝文帝는 471년부터 499년까지 재위하였다. 따라서 본 기사는 471~499년으로 기간편년하고 499년에 배치하였다.
2577) 北魏 高祖 孝文帝는 471년부터 499년까지 재위하였다. 따라서 본 기사는 471~499년으로 기간편년하고 499년에 배치하였다.
2578) 『魏書』高句麗傳 世祖時 …… 高句麗王 이 기사에 대응하는 기사는 『魏書』 帝紀와 『北史』 高句麗傳 및 『三國史記』 高句麗本紀에서 찾아볼 수 있다. 至高祖時 …… 其報賜亦稍加焉 이 기사에 대응되는 기사는 『三國史記』「高句麗本紀」長壽王條에 보인다. 『魏書』「帝紀」에 의하면 璉 즉, 長壽王이 薨去할 때까지가 32회로 되어 있으나, 『三國史記』「高句麗本紀」長壽王條에는 30회로 나타나고 있다.

△△△△△△牟婁△△弛△△△△命遣△△△△△△△△△△△△△守△△

△△△△△△△△△△△造世△△△△△苑罡△△△△△△△△△△△△

△△△△△△△△△△△△河△△△△△△△夫△△△△△△河泊日月之△△

△△△△△祖大兄冉牟　壽盡△△於彼　喪亡紗由　祖父△△大兄　慈△大兄△△△　世遭

官恩　恩販祖之△道　城民谷民幷領　前王△育如此　遝至國罡上大開土地好太聖王　緣祖

父個尒恩敎　奴客牟頭婁△△△牟　　敎遣令北夫餘守事　河泊之孫日月之子聖王△△△　昊

天不弔　奄便△△△　奴客在遠　哀切如若　日不△△　月不△明　△△△△△△△△△

△△△△△△國△△△△知△△△在遠之△△△遝△△敎之△△△△△潤　　太隊踊躍

△△△△△　令敎老奴客　△△△△官恩　緣△△道　使△西△△△△△△寃極言

敎△心△△△△△△△△述△△△△△△△不△△△△△

△△△△△△△△△△一△△△△△△△依如若△△△△△知△△△△

△可△△△如△△△△△△△朔月△△△△△△△△△△△△△△　（「牟頭婁　墓誌

銘」）2579)

고구려	(太和十有五年)十有二月癸巳　帝爲高麗王璉擧哀於城東行宮 (『魏書』7下 帝紀 7下 高祖)
고구려	(太和十五年十二月癸巳) 帝爲高麗王璉 擧哀於城東行宮 (『北史』3 魏本紀 3 高祖孝 文皇帝)
고구려	冬十二月 王薨 年九十八歲 號長壽王 魏孝文聞之 制素委貌布深衣 擧哀於東郊 遣謁 者僕射李安上 策贈車騎大將軍大2580)傅遼東郡開國公高勾麗王 諡曰康 (『三國史記』 18 高句麗本紀 6)2581)
고구려	冬十二月 高勾麗王巨璉薨 年九十八 號長壽王 大孫羅雲立 王子助多早死 王養羅雲 於宮中 以爲大孫 魏帝聞王訃 制素委貌布深衣 擧哀於東効2582) 遣謁者僕射李安上 策贈車騎大將軍大傅遼東郡開國公高勾麗王 諡曰康 (『三國史節要』5)2583)
고구려	(太和十五年)是年 高麗王死 十二月 詔曰 高麗王璉守蕃東隅 累朝貢職 年踰期頤 勤 德彌著 今旣不幸 其赴使垂至 將爲之擧哀 而古者同姓哭廟 異姓隨其方 皆有服制 今 旣久廢 不可卒爲之衰 且欲素委貌 白布深衣 於城東爲盡一哀 以見其使也 朕雖不嘗 識此人 甚悼惜之 有司可申敕備辦 事如別儀 (『魏書』108之3 志 13 禮志 3)2584)
고구려	(十二月) 高麗王璉卒 壽百餘歲2585) 魏主爲之制素委貌 布深衣2586) 擧哀於東郊 遣謁 者僕射李安上策贈太傅 諡曰康 孫雲嗣立 (『資治通鑑』137 齊紀 3 世祖武皇帝 中)2587)

2579) 이 묘지명에는 연대 표기가 없으나, 광개토왕대의 사실이 일부 서술되어 있고, 묘지명 자체는 광개토왕
　　 사후인 장수왕대의 어느 시점에 제작된 것으로 보이기 때문에 편년 매뉴얼에 따라 장수왕 말년으로 편년
　　 하였다.

2580) 저본의 大는 太가 맞다.

2581) 본 기사에는 그 日을 알 수 없으나, 『魏書』高祖紀와 『北史』魏本紀에 황제가 장수왕을 擧哀한 날이
　　 癸巳로 나온다. 따라서 장수왕이 죽은 날은 癸巳 이전으로 볼 수 있지만, 12월 1일부터 癸巳까지 기간 편
　　 년하고 癸巳일에 편제하였다.

2582) 저본의 効는 郊가 맞다.

2583) 본 기사에는 그 日을 알 수 없으나, 『魏書』高祖紀와 『北史』魏本紀에 황제가 장수왕을 擧哀한 날이
　　 癸巳로 나온다. 따라서 장수왕이 죽은 날은 癸巳 이전으로 볼 수 있지만, 12월 1일부터 癸巳까지 기간 편
　　 년하고 癸巳일에 편제하였다.

2584) 본 기사에는 그 日을 알 수 없으나, 『魏書』高祖紀와 『北史』魏本紀에 황제가 장수왕을 擧哀한 날이
　　 12월 癸巳로 나온다. 따라서 장수왕이 죽은 날은 12월 癸巳 이전으로 볼 수 있지만, 12월 1일부터 癸巳
　　 까지 기간 편년하고 12월 癸巳일에 편제하였다.

2585) 麗 力知翻

2586) 爲 于僞翻 委貌冠 長七寸 高四寸 制如覆盃 前高廣 後卑銳 所謂夏之毋追殷之章甫者也 本以皁絹爲之
　　 今制素者以擧哀

2587) 본 기사에는 그 日을 알 수 없으나, 『魏書』高祖紀와 『北史』魏本紀에 황제가 장수왕을 擧哀한 날이

고구려	(後魏書曰) 太和十五年十有二月 帝爲高麗王璉 擧哀於城東行宮 (『太平御覽』 103 皇王部 28 後魏 高祖孝文皇帝)[2588]
고구려	太和十五年 璉死 年百餘歲 高祖擧哀於東郊 遣謁者僕射李安上策贈車騎大將軍太傅遼東郡開國公高句麗王 諡曰康 / 又遣大鴻臚拜璉孫雲使持節都督遼海諸軍事征東將軍領護東夷中郎將遼東郡開國公高句麗王 賜衣冠服物車旗之飾 / 又詔雲遣世子入朝 令及郊丘之禮 雲上書辭疾 惟遣其從叔升于隨使詣闕 嚴責之 自此歲常貢獻 (『魏書』 100 列傳 88 高句麗)[2589]
고구려	太和十五年 璉死 年百餘歲 孝文擧哀於東郊 遣謁者僕射李安上策贈車騎大將軍太傅遼東郡公高句麗王 諡曰康 又遣大鴻臚拜璉孫雲使持節都督遼海諸軍事征東將軍領護東夷中郎將遼東郡公高句麗王 賜衣冠服物車旗之飾 又詔雲遣世子入朝 令及郊丘之禮 雲上書辭疾 遣其從叔升于隨使詣闕 嚴責之 自此 歲常貢獻 (『北史』 94 列傳 82 高麗)[2590]
고구려	(北史) 又曰 後魏太和十五年 璉死 其孫雲立 復賜以衣冠服物車旗之飾 自此歲 常貢獻 (『太平御覽』 783 四夷部 4 東夷 4 高句驪)
고구려	(後魏孝文太和)十五年 高麗王璉卒 帝爲璉擧哀於城東行宮 (『册府元龜』 974 外臣部 19 褒異 1)
고구려	(後魏)孝文太和十五年 詔立高句麗王雲 又詔雲遣世子入朝 雲上書辭疾 遣其從叔子隨使詣闕 (『册府元龜』 996 外臣部 41 納質)
고구려	高璉年百餘歲卒 (『南齊書』 58 列傳 39 東南夷 東夷 高句麗)[2591]
고구려	歷宋齊並授爵位 年百餘歲死 (『梁書』 54 列傳 48 諸夷 東夷 高句驪)[2592]
고구려	歷齊並授爵位 百餘歲死 (『南史』 79 列傳 69 夷貊 下 東夷 高句麗)[2593]
고구려	(太和十五年)是歲 吐谷渾悉萬斤高麗鄧至宕昌等國 並遣使朝貢 (『北史』 3 魏本紀 3 高祖孝文皇帝)

492(壬申/신라 소지마립간 14/고구려 문자명왕 1/백제 동성왕 14/南齊 永明 10/倭 仁賢 5)

고구려	文咨明王[一云明治好王] 諱羅雲 長壽王之孫 父王子古鄒大加助多 助多早死 長壽王養於宮中 以爲大孫 長壽在位七十九年薨 繼立[2594] (『三國史記』 19 高句麗本紀

癸巳로 나온다. 따라서 장수왕이 죽은 날은 癸巳 이전으로 볼 수 있지만, 12월 1일부터 癸巳까지 기간 편년하고 癸巳일에 편제하였다.

2588) 본 기사에는 그 日을 알 수 없으나, 『魏書』 高祖紀와 『北史』 魏本紀에 황제가 장수왕을 擧哀한 날이 癸巳(6)로 나온다. 따라서 癸巳(6)로 편년하고 편제하였다.

2589) 본 기사에는 그 月·日을 알 수 없으나, 『魏書』 高祖紀와 『北史』 魏本紀에 황제가 장수왕을 擧哀한 날이 12월 癸巳로 나온다. 따라서 장수왕이 죽은 날은 12월 癸巳 이전으로 볼 수 있지만, 12월 1일부터 癸巳까지 기간 편년하고 12월 癸巳일에 편제하였다.

2590) 본 기사에는 그 月·日을 알 수 없으나, 『魏書』 高祖紀와 『北史』 魏本紀에 황제가 장수왕을 擧哀한 날이 12월 癸巳로 나온다. 따라서 장수왕이 죽은 날은 12월 癸巳 이전으로 볼 수 있지만, 12월 1일부터 癸巳까지 기간 편년하고 12월 癸巳일에 편제하였다.

2591) 『삼국사기』 장수왕 79년조에 근거하여 491년으로 편년하였다. 『삼국사기』에서는 장수왕의 사망나이를 98세라고 했다.

2592) 본 기사에는 그 月·日을 알 수 없으나, 『魏書』 高祖紀와 『北史』 魏本紀에 황제가 장수왕을 擧哀한 날이 12월 癸巳로 나온다. 따라서 장수왕이 죽은 날은 12월 癸巳 이진으로 볼 수 있지만, 12월 1일부터 癸巳까지 기간 편년하고 12월 癸巳일에 편제하였다.

2593) 본 기사에는 그 月·日을 알 수 없으나, 『魏書』 高祖紀와 『北史』 魏本紀에 황제가 장수왕을 擧哀한 날이 12월 癸巳로 나온다. 따라서 장수왕이 죽은 날은 12월 癸巳 이전으로 볼 수 있지만, 12월 1일부터 癸巳까지 기간 편년하고 12월 癸巳일에 편제하였다.

2594) 『三國遺事』 1 王曆 1에 "第二十一文咨明王[名明理好 又人雲 又高雲 壬申立 理二十七年]"이라고 나온다.

	7)2595)
고구려	子雲立 (『南史』 79 列傳 69 夷貊 下 東夷 高句麗)2596)

고구려	(太和十有六年)三月辛巳 以高麗王璉孫雲爲其國王 (『魏書』 7下 帝紀 7下 高祖)
고구려	(太和十六年三月)辛巳 以高麗王璉孫雲爲其國王 (『北史』 3 魏本紀 3 高祖孝文皇帝)
고구려	(三月)辛巳 魏以高麗王雲爲督遼海諸軍事遼東公高句麗王 詔雲遣其世子入朝2597) 雲辭以疾 遣其從叔升干隨使者詣平城2598) (『資治通鑑』 137 齊紀 3 世祖武皇帝 中)
고구려	春三月 魏遣使拜高勾麗王爲使持節都督遼海諸軍事征東將軍領護東夷中郞將遼東郡開國公高勾麗國王 賜衣冠服物車旗之飾 又詔王遣世子入朝 王辭以疾 遣從叔升千 隨使者入朝 (『三國史節要』 6)2599)
고구려	(太和十有六年三月)是月 高麗鄧至國 並遣使朝貢 (『魏書』 7下 帝紀 7下 高祖)2600)
고구려	(後魏孝文太和)十六年三月 以高麗王高璉孫雲 爲其國王 賜衣冠服物車旗之餘 (『册府元龜』 963 外臣部 8 封冊 1)2601)
고구려	(後魏孝文太和)十六年三月 高麗鄧至國 (…) 並遣使朝獻 (『册府元龜』 969 外臣部 14 朝貢 2)2602)
고구려	魏孝文帝遣使 拜王爲使持節都督遼海諸軍事征東將軍領護東夷中郞將遼東郡開國公高句麗王 賜衣冠服物車旗之飾 又詔王遣世子入朝 王辭以疾 遣從叔升千 隨使者詣闕 (『三國史記』 19 高句麗本紀 7)2603)
고구려	房亮 字景高 淸河人也 (…) 太和中 擧秀才 爲奉朝請 拜祕書郞 (…) 兼員外常侍 使高麗 高麗王託疾不拜 以亮辱命 坐白衣守郞中 (『魏書』 72 列傳 60 房亮)2604)
고구려	房亮 字景高 淸河人也 (…) 太和中 擧秀才 爲奉朝請 後兼員外常侍 使高麗 高麗王託疾不拜 以亮辱命 坐白衣守郞中 (『北史』 45 列傳 33 房亮)2605)
고구려	門下得黃龍表 知卿愆悖朝旨 遣從叔隨使 夫儀乾統運 必以德信爲先 準列作藩 亦資敬順爲本 若君信一虧 何以臨御萬國 臣敬暫替 豈能奉職宸居 故霆震作威 以明天罰 五刑垂憲 以肅不恭 斯乃人神之常道 幽顯之通規 往以明堂肇制 皇化維新 勅諸藩侯 修展時見 至於言獎群方 勸說荒服 每以句麗虔誠 唯厲要戎 今西南諸國 莫不祗奉大命 星馳象魏 或名王入謁 或藩貳恭覲 觀光駿奔 欣仰朝祀 皇皇之美 於斯爲盛 而卿獨乖宿款 用威嚴勅 前辭身痾 後託子幼 妄遣枝親 仍留同氣 此而可忍 孰不可恕也 若卿父子 審如所許者 應遣親弟 以赴虔貢 如弟復沈瘵 應以卿祖析體代行 過事二三 竝違朝命 將何以固 昔房風晩至 大禹所以垂威 東國關敬 周公所以親駕 斯豈急急於兩夫 遄遄於兵甲者哉 但以縱之則萬國同奢 戮之則九宅齊肅故也 從叔之朝 乃西蕃常

2595) 3월 이전으로 생각된다.
2596) 문자명왕은 장수왕의 손자이다.
2597) 句 如字 又音駒 麗 力知翻
2598) 從 才用翻
2599) 본 기사에는 그 日을 알 수 없으나, 『資治通鑑』 齊紀에는 辛巳로 나온다. 따라서 辛巳(25)로 편년하고 편제하였다.
2600) 본 기사에는 그 日을 알 수 없으나, 『資治通鑑』 齊紀에는 辛巳로 나온다. 따라서 辛巳(25)로 편년하고 편제하였다.
2601) 본 기사에는 그 日을 알 수 없으나, 『魏書』 高祖紀와 『北史』 魏本紀에 辛巳(25)로 나온다. 따라서 辛巳(25)로 편년하고 편제하였다.
2602) 본 기사에는 그 日을 알 수 없으나, 『資治通鑑』 齊紀에는 辛巳로 나온다. 따라서 辛巳(25)로 편년하고 편제하였다.
2603) 본 기사에는 그 月日을 알 수 없으나, 『資治通鑑』 齊紀에는 3월 辛巳로 나온다. 따라서 3월 辛巳(25)로 편년하고 편제하였다.
2604) 본 기사에는 그 연대를 알 수 없으나, 『資治通鑑』 齊紀에는 太和16년(492) 3월 辛巳로 나온다. 따라서 太和16년(492) 3월 辛巳(25)로 편년하고 편제하였다.
2605) 본 기사에는 그 연대를 알 수 없으나, 『資治通鑑』 齊紀에는 太和16년(492) 3월 辛巳로 나온다. 따라서 太和16년(492) 3월 辛巳(25)로 편년하고 편제하였다.

事 今於旅見之辰而同之 歲時之使 於卿之懷 寧可安乎 卿之親弟及卽鄹二人 隨卿所
遣 必令及元正到闕 若言老病者 聽以四牝飛馳 車輿涉路 須待卿親至此 然後歸反 群
后重爽今召 令朕失信藩辟者 尋當振旅東隅 曜戎下土 收海金賚華夏 擁狢隷而給中國
廣疆幾於滄濱 豊僮使於甸服 抑亦何傷乎 其善思良圖 勿胎後悔 如能恭命電赴 旣往
之稽 一無所責 恩渥之隆 方在未已矣 不有君子 奚能爲國 其與萌秀宗賢 善叅厥衷
稱朕意焉 (『文館詞林』 664 後魏孝文帝與高句麗王雲詔一首)[2606]

백제	春三月 雪 (『三國史記』 26 百濟本紀 4)
백제	(春三月) 百濟雪 (『三國史節要』 6)

백제	夏四月 大風拔木 (『三國史記』 26 百濟本紀 4)
백제	夏四月 百濟大風拔木 (『三國史節要』 6)

고구려	(太和十有六年)六月己丑 高麗國遣使朝貢 (『魏書』 7下 帝紀 7下 高祖)
고구려	夏六月 遣使入魏朝貢 (『三國史記』 19 高句麗本紀 7)[2607]
고구려	六月 高勾麗遣使如魏朝貢 (『三國史節要』 6)[2608]
고구려	(後魏孝文太和十六年)六月 高麗國 並遣使朝獻 (『册府元龜』 969 外臣部 14 朝貢 2)[2609]

신라	春夏 旱 王責己 減常膳 (『三國史記』 3 新羅本紀 3)
신라	新羅春夏旱 王責己減膳 (『三國史節要』 6)

고구려	(太和十有六年)八月辛卯 高麗國 遣使朝貢 (『魏書』 7下 帝紀 7下 高祖)
고구려	秋八月 遣使入魏朝貢 (『三國史記』 19 高句麗本紀 7)[2610]
고구려	秋八月 又遣使朝貢 (『三國史節要』 6)[2611]
고구려	(後魏孝文太和十六年)八月 高麗 (…) 並遣使朝獻 (『册府元龜』 969 外臣部 14 朝貢 2)[2612]

고구려	(太和十有六年)冬十月丙午 高麗國遣使朝獻 (『魏書』 7下 帝紀 7下 高祖)
고구려	冬十月 遣使入魏朝貢 (『三國史記』 19 高句麗本紀 7)[2613]
고구려	冬十月 又遣使朝貢 (『三國史節要』 6)[2614]

2606) 본 기사에는 그 연대를 알 수 없으나, 『資治通鑑』 齊紀에는 太和16년(492) 3월 辛巳로 나온다. 따라서 太和16년(492) 3월 辛巳(25)로 편년하고 편제하였다.
2607) 본 기사에는 日이 보이지 않지만, 『魏書』 高祖紀에는 己丑(4)으로 나온다. 따라서 己丑(4)으로 편년하고 편제하였다.
2608) 본 기사에는 日이 보이지 않지만, 『魏書』 高祖紀에는 己丑(4)으로 나온다. 따라서 己丑(4)으로 편년하고 편제하였다.
2609) 본 기사에는 日이 보이지 않지만, 『魏書』 高祖紀에는 己丑(4)으로 나온다. 따라서 己丑(4)으로 편년하고 편제하였다.
2610) 본 기사에는 日이 보이지 않지만, 『魏書』 高祖紀에는 辛卯(7)로 나온다. 따라서 辛卯(7)로 편년하고 편제하였다.
2611) 본 기사에는 日이 보이지 않지만, 『魏書』 高祖紀에는 辛卯(7)로 나온다. 따라서 辛卯(7)로 편년하고 편제하였다.
2612) 본 기사에는 日이 보이지 않지만, 『魏書』 高祖紀에는 辛卯(7)로 나온다. 따라서 辛卯(7)로 편년하고 편제하였다.
2613) 본 기사에는 日이 보이지 않지만, 『魏書』 高祖紀에는 丙午(23)로 나온다. 따라서 丙午(23)로 편년하고 편제하였다.
2614) 본 기사에는 日이 보이지 않지만, 『魏書』 高祖紀에는 丙午(23)로 나온다. 따라서 丙午(23)로 편년하고 편제하였다.

백제	冬十月 王獵牛鳴谷 親射鹿 (『三國史記』26 百濟本紀 4)
백제	(冬十月) 百濟王獵牛鳴谷 (『三國史節要』6)

가야	鉗知王[一云金鉗王] 永明十年卽位 (…) 王妃出忠角干女淑 生王子仇衡 (『三國遺事』 2 紀異 2 駕洛國記)
가야	第九 鉗知王[父銍知王 母邦媛 壬申立 理二十九年] (『三國遺事』1 王曆 1)
가야	銍知王 (…) 治四十二年 永明十年壬申十月四日崩 (『三國遺事』2 紀異 2 駕洛國記)
가야	駕洛國王銍知薨 子鉗知立 (『三國史節要』6)

고구려	(太和十六年)是歲 高麗鄧至契翹吐谷渾等國 並遣使朝貢(『北史』3 魏本紀 3 高祖孝文皇帝)

493(癸酉/신라 소지마립간 15/고구려 문자명왕 2/백제 동성왕 15/南齊 永明 11/倭 仁賢 6)

신라 백제	春三月 百濟王牟大 遣使請婚 王以伊伐飡比智女送之 (『三國史記』3 新羅本紀 3)
백제 신라	春三月 王遣使新羅請婚 羅王以伊飡比智女 歸之 (『三國史記』26 百濟本紀 4)
백제 신라	春三月 百濟王遣使新羅請婚 新羅王以伊飡比智女 歸之 (『三國史節要』6)

고구려	(太和十有七年)六月戊申 高麗國遣使朝獻 (『魏書』7下 帝紀 7下 高祖)
고구려	(後魏孝文太和)十七年六月 高麗國 並遣使朝貢 (『册府元龜』969 外臣部 14 朝貢 2)[2615]

신라	秋七月 置臨海長領二鎭 以備倭賊 (『三國史記』3 新羅本紀 3)
신라	秋七月 新羅置臨海長領二鎭 以備倭賊 (『三國史節要』6)

고구려	秋九月己酉朔壬子 遣日鷹吉士 使高麗 召巧手者 (『日本書紀』15 仁賢紀)

고구려	是秋 日鷹吉士 被遣使後 有女人 居于難波御津 哭之曰 於母亦兄 於吾亦兄 弱草吾夫△(忄+可) 怜矣[言於母亦兄 於吾亦兄 此云於慕尼慕是 阿例尼慕是 言吾夫△怜矣 此云阿我圖摩播耶 言弱草 謂古者以弱草喩夫婦 故以弱草爲夫] 哭聲甚哀 令人斷腸 菱城邑人鹿父[鹿父 人名也 俗呼父爲柯曾] 聞而向前曰 何哭之哀 甚若此乎 女人答曰 秋蔥之轉雙[雙 重也] 納 可思惟矣 鹿父曰 諾 卽知所言矣 有同伴者 不悟其意 問曰 何以知乎 答曰 難波玉作部鯽魚女[言鯽魚女 此云浮儺謎] 嫁於韓白水郎暵[言韓白水郎暵 此云柯羅摩能波陀該 暵耕麥田之也] 生哭女 哭女[言哭女 此云儺倶謎] 嫁於住道人山杵 生飽田女 韓白水郎暵與其女哭女 曾旣俱死 住道人山杵 上奸玉作部鯽魚女 生麁寸 麁寸娶飽田女 於是 麁寸從日鷹吉士 發向高麗 由是 其妻飽田女 徘徊顧戀 失緒傷心 哭聲尤切 令人腸斷[玉作部鯽魚女與韓白水郎暵 爲夫婦生哭女 住道人山杵 娶哭女 生飽田女 山杵妻父韓白水郎暵與其妻哭女 曾旣俱死 住道人山杵 上奸妻母玉作部鯽魚女 生麁寸 麁寸娶飽田女 或本云 玉作部鯽魚女 共前夫韓白水郎暵 生哭女 更共後夫住道人山杵 生麁寸 則哭女與麁寸 異父兄弟之故 哭女之女飽田女 呼麁寸曰於母亦兄也 哭女嫁於山杵 生飽田女 山杵又淫鯽魚女 生麁寸 則飽田女與麁寸 異

———————————

2615) 본 기사에는 日이 보이지 않지만, 『魏書』高祖紀에는 戊申(29)으로 나온다. 따라서 戊申(29)으로 편년하고 편제하였다.

母兄弟之故 飽田女呼夫儴寸 曰於吾亦兄也 古者不言兄弟長幼 女以男稱兄 男以女稱
妹 故云於母亦兄 於吾亦兄耳] (『日本書紀』 15 仁賢紀)

고구려　　　　冬十月 地震 (『三國史記』 19 高句麗本紀 7)
고구려　　　　冬十月 高勾麗地震 (『三國史節要』 6)

고구려　　　　是歲 日鷹吉士 還自高麗 獻工匠須流枳奴流枳等 今大倭國山邊郡額田邑熟皮高麗 是
　　　　　　　其後也 (『日本書紀』 15 仁賢紀)

고구려　　　　(太和十七年)是歲 勿吉吐谷渾宕昌陰平契丹庫莫奚高麗鄧至等國 並遣使朝貢 (『北史』
　　　　　　　3 魏本紀 3 高祖孝文皇帝)

고구려　　　　(武衛將軍謂 子提 弟丕) (…) 及高祖欲遷都 臨太極殿 引見留守之官大議 乃詔丕等
　　　　　　　如有所懷 各陳其志 燕州刺史穆羆進曰 移都事大 如臣愚見 謂爲未可 高祖曰 卿便言
　　　　　　　不可之理 羆曰 北有獫狁之寇 南有荊揚未賓 西有吐谷渾之阻 東有高句麗之難 四方
　　　　　　　未平 九區未定 以此推之 謂爲不可 (『魏書』 14 列傳 2 神元平文諸帝子孫)[2616]

494(甲戌/신라 소지마립간 16/고구려 문자명왕 3/백제 동성왕 16/南齊 建武 1/倭 仁賢 7)

고구려　　　　(太和十有八年)春正月丁巳 高麗國遣使朝獻 (『魏書』 7下 帝紀 7下 高祖)
고구려　　　　春正月 遣使入魏朝貢 (『三國史記』 19 高句麗本紀 7)[2617]
고구려　　　　春正月 高勾麗遣使如魏朝貢 (『三國史節要』 6)[2618]
고구려　　　　(後魏孝文太和)十八年正月 高麗國 遣使朝貢 (『册府元龜』 969 外臣部 14 朝貢
　　　　　　　2)[2619]

고구려 부여　　二月 扶餘王及妻孥 以國來降 (『三國史記』 19 高句麗本紀 7)
고구려 부여　　二月 扶餘王以國降高勾麗 (『三國史節要』 6)

신라　　　　　夏四月 大水 (『三國史記』 3 新羅本紀 3)
신라　　　　　夏四月 新羅大水 (『三國史節要』 6)

고구려　　　　(太和十有八年)秋七月辛卯 高麗國遣使朝貢 (『魏書』 7下 帝紀 7下 高祖)
고구려　　　　(後魏孝文太和十八年)七月 又遣使朝貢 (『册府元龜』 969 外臣部 14 朝貢 2)[2620]

신라 고구려 백제

　　　　　　　秋七月 將軍實竹等 與高句麗 戰薩水之原 不克 退保犬牙城 高句麗兵圍之 百濟王牟

2616) 효문제는 수도를 낙양에서 평성으로 493년에 천도하였다. 본 내용은 천도 이전의 사실로, 구체적인 연
　　　월일은 알 수 없다. 따라서 천도한 493년에 편년하고 편제하였다.
2617) 본 기사에는 日이 보이지 않지만, 『魏書』 高祖紀에는 丁巳(11)로 나온다. 따라서 丁巳(11)로 편년하고
　　　편제하였다.
2618) 본 기사에는 日이 보이지 않지만, 『魏書』 高祖紀에는 丁巳(11)로 나온다. 따라서 丁巳(11)로 편년하고
　　　편제하였다.
2619) 본 기사에는 日이 보이지 않지만, 『魏書』 高祖紀에는 丁巳(11)로 나온다. 따라서 丁巳(11)로 편년하고
　　　편제하였다.
2620) 본 기사에는 日이 보이지 않지만, 『魏書』 高祖紀에는 辛卯(19)로 나온다. 따라서 辛卯(19)로 편년하고
　　　편제하였다.

大　遣兵三千　救解圍 (『三國史記』3 新羅本紀 3)

고구려 신라 백제

　　　　秋七月　我軍與新羅人　戰於薩[2621]水之原　羅人敗　保犬牙城　我兵圍之　百濟遣兵三千　援[2622]新羅　我兵引退 (『三國史記』19 高句麗本紀 7)

백제 고구려 신라

　　　　秋七月　高勾麗與新羅戰薩水之原　新羅不克　退保犬牙城　高句麗圍之　王遣兵三千救解圍 (『三國史記』26 百濟本紀 4)

신라 고구려 백제

　　　　秋七月　新羅將軍實竹等與高勾麗戰薩水原　不克　退保犬牙城　高勾麗兵圍之　百濟王遣兵三千　來救鮮圍 (『三國史節要』6)

고구려　　　　(秋七月)齊帝策王爲使持節散騎常侍都督營平二州征東大將軍樂浪公 (『三國史記』19 高句麗本紀 7)

고구려　　　　齊策高勾麗王爲使持節散騎常侍都督營平二州征東大將軍樂浪公　　　　(『三國史節要』6)[2623)

고구려　　　　隆昌元年　以高麗王樂浪公高雲爲使持節散騎常侍都督營平二州諸軍事征東大將軍高麗王樂浪公 (『南齊書』58 列傳 39 東南夷 東夷 高句麗)

고구려　　　　鬱林王隆昌元年　以高麗王樂浪公高雲爲使持節散騎常侍都督營平二州諸軍事征東大將軍 (『册府元龜』963 外臣部 8 封冊 1)

고구려　　　　子雲　齊隆昌中　以爲使持節散騎常侍都督營平二州征東大將軍樂浪公 (『梁書』54 列傳 48 諸夷 東夷 高句驪)[2624)

고구려　　　　齊隆昌中　以爲使持節散騎常侍都督營平二州征東大將軍高麗王樂浪公 (『南史』97 列傳 69 夷貊 下 東夷 高句麗)[2625)

고구려　　　　(秋七月)遣使入魏朝貢 (『三國史記』19 高句麗本紀 7)

고구려　　　　高勾麗遣使如魏朝貢 (『三國史節要』6)[2626)

고구려　　　　冬十月 桃李華 (『三國史記』19 高句麗本紀 7)

고구려　　　　冬十月 高勾麗桃李華 (『三國史節要』6)

고구려　　　　(太和十八年)是歲 高麗國遣使朝貢 (『北史』3 魏本紀 3 高祖孝文皇帝)

495(乙亥/신라 소지마립간 17/고구려 문자명왕 4/백제 동성왕 17/南齊 建武 2/倭 仁賢 8)

신라　　　　春正月 王親祀神宮 (『三國史記』3 新羅本紀 3)

신라　　　　春正月 新羅王親祀神宮 (『三國史節要』6)

2621) 저본에는 오각되어 있으나, 薩이 맞다.

2622) 저본에는 오각되어 있으나, 援이 맞다.

2623)『삼국사절요』에 이것이 추7월과 동10월 사이에 편제되어 있다『삼국사기』에 따라 추7월에 편년하고 편제하였다.

2624) 본 기사에는 齊 隆昌中으로 나오지만,『南齊書』東夷列傳에는 隆昌 元年, 494년으로 나온다. 따라서 494년으로 편년하고 편제하였다.

2625) 본 기사에는 齊 隆昌中으로 나오지만,『南齊書』東夷列傳에는 隆昌 元年, 493년으로 나온다. 따라서 494년으로 편년하고 편제하였다.

2626)『삼국사절요』에 이것이 추7월과 동10월 사이에 편제되어 있다『삼국사기』에 따라 추7월에 편년하고 편제하였다.

고구려	(太和十有九年)二月壬子 高麗國遣使朝獻 (『魏書』7下 帝紀 7下 高祖)
고구려	春二月 遣使入魏朝貢 (『三國史記』19 高句麗本紀 7)2627)
고구려	二月 高勾麗遣使如魏朝貢 (『三國史節要』6)2628)

고구려	(春二月) 大旱 (『三國史記』19 高句麗本紀 7)
고구려	(春二月) 高勾麗大旱 (『三國史節要』6)

백제	夏五月甲戌朔 日有食之 (『三國史記』26 百濟本紀 4)
백제	夏五月甲戌朔 百濟日有食之 (『三國史節要』6)

고구려	(太和十有九年)五月庚辰 高麗吐谷渾國 並遣使朝貢 (『魏書』7下 帝紀 7下 高祖)
고구려	夏五月 遣使入魏朝貢 (『三國史記』19 高句麗本紀 7)2629)
고구려	(夏五月) 高勾麗遣使如魏朝貢 (『三國史節要』6)2630)
고구려	(後魏孝文太和)十九年五月 高麗吐谷渾國 並遣使朝貢 (『册府元龜』969 外臣部 14 朝貢 2)2631)

고구려	秋七月 南巡狩 望海而還 (『三國史記』19 高句麗本紀 7)
고구려	秋七月 高勾麗王南巡 望海而還 (『三國史節要』6)

신라 고구려 백제
　　　　　秋八月 高句麗圍百濟稚壤城 百濟請救 王命將軍德智 率兵以救之 高句麗衆潰 百濟
　　　　　王遣使來謝 (『三國史記』3 新羅本紀 3)

고구려 백제 신라
　　　　　八月 遣兵圍百濟雉壤城 百濟請救於新羅 羅王命將軍德智 率兵來援 我軍退還 (『三國
　　　　　史記』19 高句麗本紀 7)

백제 고구려 신라
　　　　　秋八月 高句麗來圍雉壤城 王遣使新羅請救 羅王命將軍德智 帥兵救之 麗兵退歸 (『三
　　　　　國史記』26 百濟本紀 4)

고구려 백제 신라
　　　　　八月 高勾麗遣兵圍百濟雉壤城 百濟請救於新羅 王命將軍德智 率兵救之 高勾麗衆潰
　　　　　百濟王遣使謝之 (『三國史節要』6)

백제	建武二年 牟大遣使上表曰 臣自昔受封 世被朝榮 忝荷節鉞 剋攘列辟 往姐瑾等並蒙 光除 臣庶咸泰 去庚午年 獫狁弗悛 擧兵深逼 臣遣沙法名等領軍逆討 宵襲霆擊 匈梨 張惶 崩若海蕩 乘奔追斬 僵尸丹野 由是摧其銳氣 鯨暴韜凶 今邦宇謐靜 實名等之略 尋其功勳 宜在褒顯 今假沙法名行征虜將軍邁羅王 賛首流爲行安國將軍辟中王 解禮

2627) 본 기사에는 日이 보이지 않지만, 『魏書』 高祖紀에는 壬子(13)로 나온다. 따라서 壬子(13)로 편년하고
　　　편제하였다.
2628) 본 기사에는 日이 보이지 않지만, 『魏書』 高祖紀에는 壬子(13)로 나온다. 따라서 壬子(13)로 편년하고
　　　편제하였다.
2629) 본 기사에는 日이 보이지 않지만, 『魏書』 高祖紀에는 庚申(12)으로 나온다. 따라서 庚申(12)으로 편년
　　　하고 편제하였다.
2630) 본 기사에는 日이 보이지 않지만, 『魏書』 高祖紀에는 庚申(12)으로 나온다. 따라서 庚申(12)으로 편년
　　　하고 편제하였다.
2631) 본 기사에는 日이 보이지 않지만, 『魏書』 高祖紀에는 庚申(12)으로 나온다. 따라서 庚申(12)으로 편년
　　　하고 편제하였다.

昆爲行武威將軍弗中侯 木干那前有軍功 又拔臺舫 爲行廣威將軍面中侯 伏願天恩特憨聽除 (『南齊書』58 列傳 39 東南夷 東夷 百濟)

백제   (建武二年) 又表曰 臣所遣行龍驤將軍樂浪太守兼長史臣慕遺 行建武將軍城陽太守兼司馬臣王茂 兼叅軍行振武將軍朝鮮太守臣張塞 行揚武將軍陳明 在官忘私 唯公是務 見危授命 蹈難弗顧 今任臣使 冒涉波險 盡其至誠 實宜進爵 各假行署 伏願聖朝特賜除正 詔可 竝賜軍號 (『南齊書』58 列傳 39 東南夷 東夷 百濟)

고구려   (太和十九年)是歲 高麗鄧至吐谷渾等國 各遣使朝貢 (『北史』3 魏本紀 3 高祖孝文皇帝)

496(丙子/신라 소지마립간 18/고구려 문자명왕 5/백제 동성왕 18/南齊 建武 3/倭 仁賢 9)

신라 가야   春二月 加耶國送百雉 尾長五尺 (『三國史記』3 新羅本紀 3)
가야 신라   春二月 加耶國送白雉于新羅 尾長五尺 (『三國史節要』6)

신라   三月 重修宮室 (『三國史記』3 新羅本紀 3)
신라   三月 新羅修宮室 (『三國史節要』6)

신라   夏五月 大雨 關川水漲 漂沒二百餘家 (『三國史記』3 新羅本紀 3)
신라   夏五月 新羅大雨 關川漲 漂沒二百餘家 (『三國史節要』6)

고구려   齊帝進王爲車騎將軍 遣使入齊朝貢 (『三國史記』19 高句麗本紀 7)
고구려   齊進高勾麗王爲車騎將軍 王遣使如齊朝貢 (『三國史節要』6)[2632]

신라 고구려   秋七月 高句麗來攻牛山城 將軍實竹出擊 泥河上破之 (『三國史記』3 新羅本紀 3)
고구려 신라   秋七月 遣兵攻新羅牛山城 新羅兵出擊泥河上 我軍敗北 (『三國史記』19 高句麗本紀 7)
고구려 신라   秋七月 高勾麗遣兵攻新羅牛山城 新羅將軍實竹出擊泥河上 敗之 (『三國史節要』6)

신라   八月 幸南郊觀稼 (『三國史記』3 新羅本紀 3)
신라   八月 新羅王幸南郊觀稼 (『三國史節要』6)

고구려   建武三年 (原闕) (『南齊書』58 列傳 39 東南夷 東夷 高句麗)

497(丁丑/신라 소지마립간 19/고구려 문자명왕 6/백제 동성왕 19/南齊 建武 4/倭 仁賢 10)

신라   夏四月 倭人犯邊 (『三國史記』3 新羅本紀 3)
신라   夏四月 倭寇新羅邊境 (『三國史節要』6)

백제   夏五月 兵官佐平眞老卒 拜達率燕突爲兵官佐平 (『三國史記』26 百濟本紀 4)
백제   五月 百濟兵官佐平眞老卒 以達率燕突代之 (『三國史節要』6)

2632) 5월과 7월 사이에 있다. 따라서 5~6월로 기간편년하고 6월에 편제하였다.

백제	夏六月 大雨 漂毀民屋 (『三國史記』 26 百濟本紀 4)	
백제	六月 百濟大雨 漂毀民家 (『三國史節要』 6)	

신라	秋七月 旱蝗 命羣官 擧才堪牧民者各一人 (『三國史記』 3 新羅本紀 3)	
신라	秋七月 新羅旱蝗 命群臣擧才堪牧民者各一人 (『三國史節要』 6)	

신라 고구려	八月 高句麗攻陷牛山城 (『三國史記』 3 新羅本紀 3)	
고구려 신라	秋八月 遣兵攻新羅牛山城 取之 (『三國史記』 19 高句麗本紀 7)	
고구려 신라	八月 高勾麗遣兵攻新羅牛山城 取之 (『三國史節要』 6)	

498(丙寅/신라 소지마립간 20/고구려 문자명왕 7/백제 동성왕 20/南齊 建武 5/倭 仁賢 11)

고구려	春正月 立王子興安爲太子 (『三國史記』 19 高句麗本紀 7)	
고구려	春正月 高勾麗王立子興安爲太子 (『三國史節要』 6)	

백제	設熊津橋 (『三國史記』 26 百濟本紀 4)[2633]	
백제	百濟置熊津橋 (『三國史節要』 6)[2634]	

고구려	秋七月 創金剛寺 (『三國史記』 19 高句麗本紀 7)	
백제	秋七月 築沙井城 以扞率毗陁鎭之 (『三國史記』 26 百濟本紀 4)	
백제	百濟築沙井城 以扞率毗陁鎭之 (『三國史節要』 6)[2635]	

고구려	(太和二十有二年)八月壬午 高麗國 遣使朝獻 (『魏書』 7下 帝紀 7下 高祖)[2636]	
고구려	(太和二十二年八月)壬戌 高麗國 遣使朝貢 (『北史』 3 魏本紀 3 高祖孝文皇帝)[2637]	
고구려	八月 遣使入魏朝貢 (『三國史記』 19 高句麗本紀 7)[2638]	
고구려	八月 高勾麗遣使如魏朝貢 (『三國史節要』 6)[2639]	
고구려	(後魏孝文太和)二十二年八月 高麗國 遣使朝貢 (『册府元龜』 969 外臣部 14 朝貢 2)[2640]	

백제 탐라	八月 王以耽羅不修貢賦 親征至武珍州 耽羅聞之 遣使乞罪 乃止[耽羅即耽牟羅] (『三國史記』 26 百濟本紀 4)	
백제 탐라	(八月) 百濟王以耽羅不脩貢賦 親征至武珍州 耽羅聞之 遣使乞罪 乃止 耽羅即耽牟羅 (『三國史節要』 6)	

2633) 본 기사 기사는 추7월 이전에 편제되어 있다. 따라서 1~6월로 기간 편년하였고 6월에 편제하였다.

2634) 본 기사 기사는 추7월 이전에 편제되어 있다. 따라서 1~6월로 기간 편년하였고 6월에 편제하였다.

2635) 본 기사는 月을 알 수 없으나,『三國史記』에는 추7월에 편제하였다. 따라서 7월로 편년하고 편제하였다.

2636) 『北史』魏本紀에는 日이 壬午로 되어 있으나. 8월의 첫날은 庚戌로 壬午라는 간지는 없다. 따라서 『北史』魏本紀에 따라 壬戌(13)로 편년하고 편제하였다.

2637) 『魏書』高祖紀에는 壬午로 나오지만, 8월의 첫날은 庚戌로 壬午라는 간지는 없다.

2638) 본 기사에는 그 日이 보이지 않지만,『北史』魏本紀에 따라 壬戌(13)로 나온다. 따라서 壬戌(13)로 편년하고 편제하였다.『魏書』高祖紀에는 壬午로 나오지만, 8월의 첫날은 庚戌로 壬午라는 간지는 없다.

2639) 본 기사에는 그 日이 보이지 않지만,『北史』魏本紀에 따라 壬戌(13)로 나온다. 따라서 壬戌(13)로 편년하고 편제하였다.『魏書』高祖紀에는 壬午로 나오지만, 8월의 첫날은 庚戌로 壬午라는 간지는 없다.

2640) 본 기사에는 그 日이 보이지 않지만,『北史』魏本紀에 따라 壬戌(13)로 나온다. 따라서 壬戌(13)로 편년하고 편제하였다.『魏書』高祖紀에는 壬午로 나오지만, 8월의 첫날은 庚戌로 壬午라는 간지는 없다.

499(乙卯/신라 소지마립간 21/고구려 문자명왕 8/백제 동성왕 21/南齊 永元 1/倭 武烈 1)

고구려	(太和二十三年)五月丙子朔 高麗國遣使朝貢 (『魏書』 8 帝紀 8 世宗)
고구려	(太和二十三年)五月 高麗國遣使朝貢 (『北史』 4 魏本紀 4 世宗宣武皇帝)[2641]
고구려	(後魏孝文太和)二十三年五月 高麗國 再遣使朝貢 (『册府元龜』 969 外臣部 14 朝貢 2)[2642]

백제	夏 大旱 民饑相食 盜賊多起 臣寮請發倉賑救 王不廳 漢山人亡人高句麗者二千 (『三國史記』 26 百濟本紀 4)
백제 고구려	夏 百濟大旱 民飢相食 盜賊多起 群臣請發倉賑救 王不聽 漢山人亡人高勾麗者二千 (『三國史節要』 6)
고구려 백제	百濟民饑 二千人來投 (『三國史記』 19 高句麗本紀 7)[2643]

백제	冬十月 大疫 (『三國史記』 26 百濟本紀 4)
백제	冬十月 百濟大疫 (『三國史節要』 6)

고구려	(後魏孝文太和)二十三年十一月 高麗國 再遣使朝貢 (『册府元龜』 969 外臣部 14 朝貢 2)
고구려	(太和二十三年)是歲 高麗國遣使朝獻 (『魏書』 8 帝紀 8 世宗)[2644]

고구려 백제	去延興中 遣使乙力支朝獻. 太和初 又貢馬五百匹 乙力支稱 初發其國 乘船泝難河西上 至太沵河 沉船於水 南出陸行 渡洛孤水 從契丹西界達和龍 自云其國先破高句麗十落 密共百濟謀從水道幷力取高句麗 遣乙力支奉使大國 請其可否 詔敕三國同是藩附 宜共和順 勿相侵擾 乙力支乃還 從其來道 取得本船 汎達其國 (『魏書』 100 列傳 88 勿吉國)
고구려 백제	延興中 遣乙力支朝獻 太和初 又貢馬五百匹 乙力支稱 初發其國 乘船溯難河西上 至太沵河 沉船於水 南出陸行 度洛孤水 從契丹西界達和龍 自云其國先破高句麗十落 密共百濟謀 從水道幷力取高麗 遣乙力支奉使大國 謀其可否 詔敕 三國同是藩附 宜共和順 勿相侵擾 乙力支乃還 (『北史』 94 列傳 82 勿吉)
고구려 백제	(北史) 又曰 延興中 勿吉國遣乙力支朝獻 太和初 又貢馬五百疋 乙力支稱 初發其國 乘舡溯難可西上 至太沵河 沉船於水 南出陸行 度洛孤水 從契丹西界達和龍 自云其國先破高句麗十落 密共百濟謀 從水道幷力取高麗 遣乙力支奉使大國 謀其可否 詔敕 三國同是藩附 宜共和順 勿相侵擾 乙力支乃還 從其來道 取得本舡 汎達其國 (『太平御覽』 784 四夷部 5 東夷 5 勿吉)

고구려	太和中 拜著作佐郎 稍遷尙書儀曹郎中 兼員外散騎常侍 銜命高麗 高麗王雲恃其偏遠 稱疾不親受詔 軌正色詰之 喩以大義 雲乃北面受詔 (『魏書 32 列傳 20 封懿 附回族叔軌)[2645]

2641) 본 기사에는 그 日이 보이지 않지만, 『魏書』高祖紀에는 丙子朔, 1일로 나온다. 따라서 1일로 편년하고 편제하였다

2642) 본 기사에는 그 日이 보이지 않지만, 『魏書』高祖紀에는 丙子朔, 1일로 나온다. 따라서 1일로 편년하고 편제하였다

2643) 이 기사에는 월 표기가 없으나, 『三國史記』百濟本紀 등에 의거하여 4~6월로 기간편년하고 마지막달인 6월에 배치하였다.

2644) 본 기사에는 그 月이 보이지 않는데, 『册府元龜』 969 外臣部 14 朝貢 2에는 11월로 나온다. 따라서 11월로 편년하고 편제하였다.

500(庚辰/신라 소지마립간 22, 지증마립간 1/고구려 문자명왕 9/백제 동성왕 22/南齊 永元 2/倭 武烈 2)

| 신라 | 春三月 倭人攻陷長峯鎭 (『三國史記』 3 新羅本紀 3) |
| 신라 | 春三月 倭攻陷新羅長峯鎭 (『三國史節要』 6) |

| 백제 | 春 起臨流閣於宮東 高五丈 又穿池養奇禽 諫臣抗疏 不報 恐有復諫者 閉宮門 論曰 良藥苦口利於病 忠言逆耳利於行 是以古之明君 虛己問政 和顏受諫 猶恐人之 不言 懸敢諫之鼓 立誹謗之木而不已 今牟大王諫書上而不省 復閉門以拒之 莊子曰 見過不更 聞諫愈甚 謂之狼 其矣大王之謂乎 (『三國史記』 26 百濟本紀 4) |
| 백제 | 百濟起臨流閣於宮東 高五丈 又穿池養奇禽 諫臣抗疏 不報 恐有復諫者 閉宮門 金富軾曰 良藥苦口利於病 忠言逆耳利於行 是以古之明君 虛己問政 和顏受諫 猶恐 人之不言 懸敢諫之鼓 立誹謗之木而不已 今牟大王諫書上而不省 復閉門以拒之 莊子 曰 見過不更 聞諫愈甚 謂之狼 其矣大王之謂乎 (『三國史節要』 6) |

| 신라 | 夏四月 暴風拔木 龍見金城井 京都 黃霧四塞 (『三國史記』 3 新羅本紀 3) |
| 신라 | 夏四月 新羅暴風拔木 龍見金城井 京都黃霧四塞 (『三國史節要』 6) |

| 백제 | 夏四月 田於牛頭城 遇雨雹乃止 (『三國史記』 26 百濟本紀 4) |
| 백제 | (夏四月) 百濟王田於牛頭城 雨雹乃止 (『三國史節要』 6) |

| 백제 | 五月 旱 王與左石宴臨流閣 終夜極歡 (『三國史記』 26 百濟本紀 4) |
| 백제 | 五月 百濟旱 王與左右宴臨流閣 終夜極歡 (『三國史節要』 6) |

고구려	(景明元年)八月乙未 高麗國遣使朝貢 (『魏書』 8 帝紀 8 世宗)
고구려	秋八月 遣使入魏朝貢 (『三國史記』 19 高句麗本紀 7)[2646]
고구려	秋八月 高勾麗遣使如魏朝貢 (『三國史節要』 6)[2647]
고구려	(後魏)宣武景明元年八月 高麗國 並遣使朝貢 (『冊府元龜』 969 外臣部 14 朝貢 2)[2648]
고구려	(景明元年) 高麗吐谷渾等國並遣使朝貢 (『北史』 4 魏本紀 4 世宗宣武皇帝)[2649]

| 신라 | 秋九月 王幸捺巳郡 郡人波路有女子 名曰碧花年十六歲 眞國色也 其父衣之以錦繡置 轝 冪以色絹獻王 王以爲饋食開見之 歟然幼女 怪而不納 及還宮 思念不已 再三微行 往其家幸之 路經古陁郡 宿於老嫗之家 因問曰 今之人以國王 爲何如主乎 嫗對曰 衆 以爲聖人 妾獨疑之 何者 竊聞王幸捺巳之女 屢微服而來 夫龍爲魚服 爲漁者所制 今 王以萬乘之位 不自愼重 此而爲聖 孰非聖乎 王聞之大慙 則潛逆其女 置於別室 至生 一子 (『三國史記』 3 新羅本紀 3) |
| 신라 | 秋九月 新羅王納捺巳郡女于宮中 初 王如捺巳郡 郡人波路有女子碧花 年二八 美而 艶 其父盛飾之 置轝中冪以色絹 獻王 王以爲饋物 開視之即美女也 怪而不納 及還宮 思念不已 屢微行至其第 幸之 路經古陁郡 宿於一老嫗家 問曰 國人以王爲何如主 嫗 |

2645) 태화 연간(471~499)에 기간편년하고 마지막 해에 배치하였다.
2646) 이 기사에는 일자 표기가 없으나, 『魏書』 帝紀에 의거하여 8월28일(乙未)로 편년하였다.
2647) 이 기사에는 일자 표기가 없으나, 『魏書』 帝紀에 의거하여 8월28일(乙未)로 편년하였다.
2648) 이 기사에는 일자 표기가 없으나, 『魏書』 帝紀에 의거하여 8월28일(乙未)로 편년하였다.
2649) 이 기사에는 월일 표기가 없으나, 『魏書』 帝紀에 의거하여 8월28일(乙未)로 편년하였다.

日 衆以爲聖人 妾獨疑之 竊聞王幸捺己女 屢微服而來 夫龍爲魚服 爲漁者所制 今王以萬乘之尊 不自愼重 此而爲聖 孰非聖乎 王聞之大慙 逆其女置於宮中 生一子 (『三國史節要』6)

신라	冬十一月 王薨 (『三國史記』3 新羅本紀 3)
신라	智證麻立干立 姓金氏 諱智大路[或云智度路 又云智哲老] 奈勿王之曾孫 習寶葛文王之子 照知王之再從弟也 母金氏 鳥生夫人 訥祇王之女 妃朴氏 延帝夫人 登欣 伊湌女 王體鴻大 膽力過人 前王薨 無子 故繼位 時年六十四歲
	論曰 新羅王稱居西干者一 次次雄者一 尼師今者十六 麻立干者四 羅末名儒崔致遠作帝王年代曆 皆稱某王 不言居西干等 豈以其言鄙野不足稱也 曰左漢中國史書也 猶存楚語穀於菟 匈奴語撑犁孤塗等 今記新羅事 其存方言 亦宜矣 (『三國史記』4 新羅本紀 4)
신라	冬十一月 新羅王照<炤>智薨 無子 王再從弟智大路立 年六十四 奈勿王之曾孫也 王體肥大 膽力過人
	金富軾曰 新羅王稱居西干者一 次次雄者一 尼師今者十六 麻立干者四 羅末名儒崔致遠作帝王年代曆 皆稱某王 不言居西干等 豈以其言鄙野不足稱也 曰左漢中國史書也 猶存楚語穀於菟 匈奴語撑犁孤塗等 今記新羅事 其存方言 亦宜矣 (『三國史節要』6)
신라	第二十二智訂麻立干[一作智哲名 又智度路王 金氏 父訥祇王弟期宝葛文王 母鳥生夫人 訥祇王之女 妃迎帝夫人△ 攬代 漢只 登許 一作 △△角干之女 庚辰立 理十四年] (『三國遺事』1 王曆)2650)
신라	第二十二智哲老王 姓金氏 名智大路 又智度路 諡曰智證 諡號始于此 又鄕稱王爲麻立干者 自此王始 以永元二年 庚辰卽位[或云辛巳則三年也] 王陰長一尺五寸 難於嘉耦 發使三道求之 使至牟梁部冬老樹下 見二狗 嚙一屎塊如皷大 爭嚙其兩端 訪於里人 有一小女告云 此部相公之女子 洗澣于此 隱林而所遺也 尋其家檢之 身長七尺五寸 具事奏聞 王遣車邀入宮中 封爲皇后 群臣皆賀 (『三國遺事』1 紀異 1 智哲老王)2651)

501(辛巳/신라 지증마립간 2/고구려 문자명왕 10/백제 동성왕 23, 무령왕 1/南齊 永元 3, 中興 1/倭 武烈 3)

고구려	(景明二年)春正月辛酉 高麗國遣使朝獻 (『魏書』8 帝紀 8 世宗)
고구려	春正月 遣使入魏朝貢 (『三國史記』19 高句麗本紀 7)
고구려	春正月 高勾麗遣使如魏朝貢 (『三國史節要』6)
고구려	(後魏宣武景明)二年正月 高麗國 (…) 並遣使朝貢 (『册府元龜』969 外臣部 14 朝貢 2)
백제	春正月 王都老嫗化狐而去 二虎鬪於南山 捕之不得 (『三國史記』26 百濟本紀 4)
백제	(春正月) 百濟王都老嫗化狐而去 (『三國史節要』6)
백제	三月 降霜害麥 (『三國史記』26 百濟本紀 4)
백제	三月 百濟降霜害麥 (『三國史節要』6)
백제	夏五月 不雨至秋 (『三國史記』26 百濟本紀 4)

2650) 이 기사에는 월 표기가 없으나, 『三國史記』新羅本紀 등에 의거하여 11월로 편년하였다.
2651) 이 기사에는 월 표기가 없으나, 『三國史記』新羅本紀 등에 의거하여 11월로 편년하였다.

백제		夏五月 百濟不雨 至秋七月 (『三國史節要』6)

백제 신라		(夏五月) 百濟設柵於炭峴以備新羅 (『三國史節要』6)[2652]

백제 신라		七月 設柵於炭峴以備新羅 (『三國史記』26 百濟本紀 4)[2653]

백제　　　　八月 築加林城 以衛士佐平苩加鎭之 (『三國史記』26 百濟本紀 4)
백제　　　　八月 百濟築加林城 以衛士佐平芍[2654]加鎭之 (『三國史節要』6)

백제　　　　冬十月 王獵於泗沘東原 (『三國史記』26 百濟本紀 4)
백제　　　　冬十月 百濟王獵於於泗沘東原 (『三國史節要』6)

백제　　　　十一月 獵於熊川北原 又田於泗沘西原 阻大雪 宿於馬浦村 初 王以苩加鎭加林城 加不欲往 辭以疾 王不許 是以怨王 至是 使人刺王 (『三國史記』26 百濟本紀 4)

백제　　　　十一月 獵於熊川北原 又田於泗沘西原 阻大雪 宿於馬浦村 初 百濟王以芍[2655]加鎭加林城 加不欲往 辭以疾 王不許 是以怨王 至是 使人刺其王牟大 (『三國史節要』6)

백제　　　　至十二月乃薨 諡曰東城王[冊府元龜云 南齊建元二年 百濟王牟都遣使貢獻 詔曰 寶命惟新 澤被絶域 牟都世蕃東表 守職遐外 可卽授使持節都督百濟諸軍事鎭東大將軍 又永明八年 百濟王牟大遣使上表 遣謁者僕射孫副 策命大襲亡祖父牟都爲百濟王 曰 於戱 惟爾世襲忠勤 誠著遐表 海路肅澄 要貢無替 式循彝典 用纂顯命 往敬哉 其敬膺休業 可不愼歟 行都督百濟諸將軍鎭東大將軍百濟王 而三韓古記無牟都爲王之事 又按牟大盖鹵王之孫 盖鹵第二子昆支之子 不言其祖牟都 則齊書所載不可不疑] (『三國史記』26 百濟本紀 4)

백제　　　　至十二月乃薨 諡曰東城王 第二子餘隆立 仁慈寬厚 民心悅之 (『三國史節要』6)

백제　　　　武寧王 諱斯摩[或云隆] 牟大王之第三子也 身長八尺 眉目如畵 仁慈寬厚 民心歸附 牟大在位二十三年薨 卽位 (『三國史記』26 百濟本紀 4)

백제　　　　第二十五虎寧王[名斯摩 卽東城第二子 辛巳立 理二十二年 南史云 名扶餘隆 誤矣 隆乃宝藏王[2656]之大子 詳見唐史] (『三國遺事』1 王曆)[2657]

백제　　　　春正月 佐平苩加據加林城叛 王帥兵馬至牛頭城 命扞率解明討之 苩加出降 王斬之 投於白江
論曰 春秋曰 人臣無將 將而必誅 若苩加之元惡大憝 則天地所不容 不卽罪之 至是自知難免謀叛 而後誅之 晩也 (『三國史記』26 百濟本紀 4)[2658]

백제 고구려　冬十一月 遣達率優永 帥兵五千 襲高句麗水谷城 (『三國史記』26 百濟本紀 4)[2659]

2652) 『三國史記』百濟本紀에는 7월로 되어 있다.
2653) 『三國史節要』에는 5월로 되어 있다.
2654) '芍'는 '苩'의 오기이다.
2655) '芍'는 '苩'의 오기이다.
2656) '寶藏王'은 '義子王'의 오기로 보인다.
2657) 이 기사에는 월 표기가 없으나, 『三國史記』百濟本紀에 의거하여 12월로 편년하였다.
2658) 『三國史節要』에는 武寧王 2년(502) 정월로 되어 있다.
2659) 『三國史節要』에는 武寧王 2년(502) 11월로, 『三國史記』高句麗本紀에는 文咨明王 12년(503) 11월로 되어 있다.

백제	十一月 是月 百濟意多郞卒 葬於高田丘上 (『日本書紀』16 武烈紀)

고구려	冬十二月 遣使入魏朝貢 (『三國史記』19 高句麗本紀 7)
고구려	(冬十二月) 高句麗遣使如魏朝貢 (『三國史節要』6)
고구려	(景明二年)十二月 高麗國遣使朝貢 (『魏書』8 帝紀 8 世宗)
고구려	(後魏宣武景明二年)十月 吐谷渾國 十二月 高麗國 並遣使朝貢 (『冊府元龜』969 外臣部 14 朝貢 2)
고구려	(景明二年)是歲 高麗吐谷渾等國並遣使朝貢 (『北史』4 魏本紀 世宗宣武皇帝)2660)

신라	辛巳△△中 折盧△ 喙部習智阿干支 沙喙斯德智阿干支 教沙喙尒抽智奈麻 喙部牟智奈麻 本牟子 喙沙利 夷斯利白 爭人喙評公斯弥 沙喙夷須 牟旦伐 喙斯利壹伐 皮末智 本波喙 柴干支 弗乃壹伐 金評沙干支 祭智壹伐 使人奈蘇毒只 道使念牟智 沙喙鄒須智 世令干居伐壹斯利 蘇豆古利村仇鄒列支干支 沸竹休壹金知 那音支村卜岳干支 走斤壹金知 珎伐壹 昔云 豆智沙干支宮 日夫智宮 奪尒 今更還牟旦伐 喙作民沙干支 使人果西牟利白口 若後世 更噵人者 与重罪 典書与牟豆故記 沙喙心刀里△ (「포항중성리신라비」)2661)

502(壬午/신라 지증마립간 3/고구려 문자명왕 11/백제 무령왕 2/南齊 中興 2, 梁 天監 1/倭 武烈 4)

백제	春正月 苩2662)加據加林城以叛 王帥兵至牛頭城 命扞率解明討之 苩加出降 王斬之 投於白江 金富軾曰 春秋曰 人臣無將 將而必誅 若苩加之元惡大憝 則天地所不容 不卽罪之 至是自知難免謀叛 而後誅之 晩也 (『三國史節要』6)2663)

신라	春二月 下令 禁殉葬 前王薨則殉以男女各五人 至是禁焉 (『三國史記』4 新羅本紀 4)
신라	春二月 新羅王下令 禁殉葬 前此王薨殉以男女各五人 至是禁焉 (『三國史節要』6)

신라	(春二月) 親祀神宮 (『三國史記』4 新羅本紀 4)
신라	(春二月) 新羅王親祀神宮 (『三國史節要』6)
신라	第二十二代智證王 於始祖誕降之地奈乙 創立神宮以享之 (『三國史記』32 雜志 1 祭祀)2664)

신라	三月 分命州郡主勸農 始用牛耕 (『三國史記』4 新羅本紀 4)
신라	三月 新羅分命州郡主勸農 始用牛耕 (『三國史節要』6)

백제	春 民饑且疫 (『三國史記』26 百濟本紀 4)
백제	(春) 百濟民饑疫 (『三國史節要』6)

고구려 백제	(夏四月)戊辰 車騎將軍高句驪王高雲 進號車騎大將軍 鎭東大將軍百濟王餘大 進號征

2660) 이 기사에는 월 표기가 없으나, 『三國史記』高句麗本紀 등에 의거하여 12월로 편년하였다.
2661) 이 비의 건립연대에 대해서는 441년설과 501년설이 대립 중이다. 그에 따라 두 연대에 모두 배치하였다.
2662) '苩'는 '苩'의 오기이다.
2663) 『三國史記』에서는 이 기사를 무령왕 원년, 즉 501년 정월에 기재하였다.
2664) 이 기사에는 연대 표기가 없으나, 『三國史記』新羅本紀 등에 의거하여 智證麻立干 3년(502) 2월로 편년하였다.

東大將軍 安西將軍宕昌王梁彌頏 進號鎭西將軍 鎭東大將軍倭王武 進號征東大將軍 鎭西將軍河南王吐谷渾休留代 進號征西將軍 (『梁書』2 本紀 2 武帝 中)2665)

고구려 백제 (夏四月戊辰) 車騎將軍高麗王高雲 進號車騎大將軍 鎭東大將軍百濟王餘太 進號征東大將軍 鎭東大將軍倭王武 進號征東大將軍 (『南史』6 梁本紀 上 6 武帝 上)

고구려 梁高祖卽位 夏四月 進王爲車騎大將軍 (『三國史記』19 高句麗本紀 7)2666)

백제 고구려 天監元年 進太號征東將軍 尋爲高句驪所破 衰弱者累年 遷居南韓地 (『梁書』54 列傳 48 諸夷 東夷 百濟)2667)

백제 고구려 梁天監元年 進(牟)大號征東將軍 尋爲高句麗所破 衰弱累年 遷居南韓地 (『南史』79 列傳 69 夷貊 下 東夷 百濟)2668)

고구려 高祖即位 進雲車騎大將軍 (『梁書』54 列傳 48 諸夷 東夷 高句麗)

고구려 梁武帝卽位 進雲車騎大將軍 (『南史』79 列傳 69 夷貊 下 東夷 高句麗)2669)

백제 고구려 梁天監中 進號征東大將軍 尋爲高麗所破 衰弱累年 遷居南韓地 (『太平御覽』781 四夷部 2 東夷 2 百濟)2670)

고구려 秋八月 蝗 (『三國史記』19 高句麗本紀 7)

고구려 秋八月 高句麗蝗 (『三國史節要』6)

고구려 冬十月 地震 民屋倒墮 有死者 (『三國史記』19 高句麗本紀 7)

고구려 冬十月 高勾麗地震 民屋倒墮 有死者 (『三國史節要』6)

고구려 (冬十月) 梁進高句麗王爲車騎大將軍 (『三國史節要』6)2671)

백제 고구려 冬十一月 遣兵侵高句麗邊境 (『三國史記』26 百濟本紀 4)

고구려 백제 冬十一月 百濟犯境 (『三國史記』19 高句麗本紀 7)

백제 고구려 冬十一月 百濟遣兵達率優永帥兵 襲高勾麗水谷城 (『三國史節要』6)2672)

고구려 十二月 遣使入魏朝貢 (『三國史記』19 高句麗本紀 7)

고구려 十二月 高句麗遣使如魏朝貢 (『三國史節要』6)

신라 (景明三年)是歲 疏勒罽賓婆羅捺烏萇阿喩陁羅婆不崙陁拔羅弗波女提斯羅噠舍伏者奚那太羅槃烏稽悉萬斤朱居槃訶盤陁撥斤厭味朱沴洛南天竺持沙那斯頭諸國 並遣使朝貢 (『魏書』8 帝紀 8 世宗)

백제 是歲 百濟末多王無道 暴虐百姓 國人遂除 而立嶋王 是爲武寧王[百濟新撰云 末多王無道 暴虐百姓 國人共除 武寧王立 諱斯麻王 是琨支王子之子 則末多王異母兄也 琨

2665) 『三國史節要』에는 10월로 되어 있다.
2666) 이 기사에는 일자 표기가 없으나, 『梁書』 本紀 등에 의거하여 4월10일(戊辰)로 편년하였다.
2667) 이 기사에는 월일 표기가 없으나, 『梁書』 本紀 등에 의거하여 4월10일(戊辰)로 편년하였다.
2668) 이 기사에는 월일 표기가 없으나, 『梁書』 本紀 등에 의거하여 4월10일(戊辰)로 편년하였다.
2669) 이 기사에는 연대 표기가 없으나, 『梁書』 本紀 등에 의거하여 天監元年(502) 4월10일(戊辰)로 편년하였다.
2670) 이 기사에는 연대 표기가 없으나, 『梁書』 本紀 등에 의거하여 天監元年(502) 4월10일(戊辰)로 편년하였다.
2671) 『梁書』 本紀 등에는 4월10일(戊辰), 『三國史記』 高句麗本紀에는 4월로 되어 있다.
2672) 『三國史記』 百濟本紀에는 武寧王元年(501) 11월로, 高句麗本紀에는 文咨明王 12년(503) 11월로 되어 있다.

支向倭 時至筑紫嶋 生斯麻王 自嶋還送 不至於京 産於嶋 故因名焉 今各羅海中有主
嶋 王所産嶋 故百濟人號爲主嶋 今案 嶋王是蓋鹵王之子也 末多王 是琨支王之子也
此曰異母兄 未詳也] (『日本書紀』16 武烈紀)

503(癸未/신라 지증마립간 4/고구려 문자명왕 12/백제 무령왕 3/梁 天監 2/倭 武烈 5)

백제 　　　癸未年八月日十大王年 男弟王在意柴沙加宮時 斯麻念長壽 遣開中費直穢人今州利二
　　　　　人等 取白上同二百旱 作此竟 (「隅田八幡畫像鏡」)

신라 　　　斯羅喙珎夫智王 乃智王 此二王教 用珍而麻村節居利爲證尒 令其得 財教耳 癸未年
　　　　　九月廿五日 沙喙至都盧葛文王 珎德智阿干支 子宿智居伐干支 喙尒夫智壹干支
　　　　　只心智居伐干支 本彼頭腹智干支 斯彼暮珎智干支 此七王等 共論教用前世二王教 爲證尒
　　　　　取財物 盡令節居利得之 教耳別教節居利若先死後 令其弟兒斯奴得此財 教耳別教末
　　　　　鄒珎申支此二人後莫更導此財 (「迎日冷水里新羅碑」前面)
　　　　　若更導者 教其重罪耳 典事人沙喙壹夫智奈麻 到盧弗 須仇休 喙耽須道使心訾公 喙
　　　　　沙夫 那珎利 沙喙△那支此七人△ 踪所白了 事煞牛拔 詰故記 (「迎日冷水里新羅碑」
　　　　　後面)
　　　　　村主臾支干支 須支壹今智 此二人 世中了事 故記 (「迎日冷水里新羅碑」上面)

백제 말갈　　秋九月 靺鞨燒馬首柵 進攻高木城 王遣兵五千 撃退之 (『三國史記』26 百濟本紀 4)
말갈 백제　　秋九月 靺鞨燒百濟馬首柵 進攻高木城 王遣兵五千 撃退之 (『三國史節要』6)

신라 　　　冬十月 群臣上言 始祖創業已來 國名未定 或稱斯羅 或稱斯盧 或言新羅 臣等以爲
　　　　　新者德業日新 羅者網羅四方之義 則其爲國號宜矣 又觀自古有國家者 皆稱帝稱王 自
　　　　　我始祖立國 至今二十二世 但稱方言 未正尊號 今群臣一意 謹上號新羅國王 王從之
　　　　　(『三國史記』4 新羅本紀 4)

신라 　　　冬十月 新羅群臣上言 始祖創業已來 國名未定 或稱斯羅 或稱斯盧 或稱新羅 臣等以
　　　　　爲 新者德業日新 羅者綱羅四方之義 則其爲國號宜矣 又觀自古有國家者 皆稱帝稱王
　　　　　自我始祖立國 至今二十二世 但稱方言 未正尊號 今群臣定議 謹上號新羅國王 王從
　　　　　之 (『三國史節要』6)

고구려 　　冬十一月 百濟遣達率優永 率兵五千來侵水谷城 (『三國史記』19 高句麗本紀 7)[2673]

백제 　　　冬 無氷 (『三國史記』26 百濟本紀 4)
백제 　　　(冬) 百濟無氷 (『三國史節要』6)

504(甲申/신라 지증마립간 5/고구려 문자명왕 13/백제 무령왕 4/梁 天監 3/倭 武烈 6)

고구려 　　(三月) 高肇本出高麗 時望輕之[2674] 帝旣黜六輔[2675] 誅咸陽王禧[2676] 專委事於肇 肇
　　　　　以在朝親族至少[2677] 乃邀結朋援 附之者旬月超擢 不附者陷以大罪 尤忌諸王 以詳位
　　　　　居其上 欲去之 獨執朝政[2678] 乃讚之於帝云 詳與皓胄季賢掃靜謀爲逆亂 (『資治通鑑』

2673) 『三國史記』百濟本紀에는 武寧王元年(501) 11월로, 『三國史節要』에는 武寧王 2년(502) 11월로 되어
　　　있다.
2674) 麗 力知翻
2675) 魏高祖殂 使六人受遺輔幼主 事見一百四十二卷 齊東昏侯 永元元年
2676) 事見上卷 齊和帝中興元年
2677) 少 詩沼翻

145 梁紀 1 高祖武皇帝)

고구려　　　(正始元年)夏四月辛卯 高麗國遣使朝獻 (『魏書』8 帝紀 8 世宗)

고구려 부여 백제

夏四月 遣使入魏朝貢 世宗引見其使芮悉弗於東堂 悉弗進曰 小國係誠天極 累葉純誠
地産土毛 無愆王貢 但黃金出自扶餘 珂則涉羅所産 扶餘爲勿吉所逐 涉羅爲百濟所幷
二品所以不登王府 實兩賊是爲 世宗曰 高句麗世荷上獎 專制海外 九夷黠虜悉得征之
瓶罄罍恥 誰之咎也 昔方貢之愆 責在連率 卿宜宣朕志於卿主 務盡威懷之略 揃披害
羣 輯寧東裔 使二邑還復舊墟 土毛無失常貢也 (『三國史記』19 高句麗本紀 7)[2679]

고구려　　　(後魏宣武)正始元年四月 高麗國 遣使朝獻 (『冊府元龜』969 外臣部 14 朝貢 2)[2680]

고구려 부여 백제

高句麗遣芮悉弗如魏朝貢 魏主引見於東堂悉拂進曰 小國係誠天極 累葉純勤 地産土
毛 無愆王貢 但黃金出自扶餘 珂則涉羅所産 扶餘爲勿吉所逐 涉羅爲百濟所幷 二品
所以不登王府 實由兩賊 魏主曰 高句麗世荷上獎 專制海外 九夷黠虜悉得征之 瓶罄
罍恥 誰之咎也 昔方貢之愆 責在連帥 卿宜宣朕志於卿主 務盡威懷 輯寧東裔 使二邑
還復舊墟 土毛無失常貢也 (『三國史節要』6)[2681]

고구려　　　(正始元年) 是歲 高麗遣使來朝貢 (『北史』4 魏本紀 4 世宗宣武皇帝)[2682]

고구려 부여 백제

正始中 世祖[2683]於東堂引見其使芮悉弗 悉弗進曰 高麗係誠天極 累葉純誠 地産土毛
無愆王貢 但黃金出自夫餘 珂則涉羅所産 今夫餘爲勿吉所逐 涉羅爲百濟所幷 國王臣
雲惟繼絶之義 悉遷于境內 二品所以不登王府 實兩賊是爲 世宗曰 高麗世荷上將 專
制海外 九夷黠虜 實得征之 瓶罄罍恥 誰之咎也 昔方貢之愆 責在連率 卿宜宣朕旨於
卿主 務盡威懷之略 揃披害群 輯寧東裔 使二邑還復舊墟 土毛無失常貢也 (『魏書』
100 列傳 88 高句麗)[2684]

신라　　　夏四月 制喪服法頒行 (『三國史記』4 新羅本紀 4)
신라　　　夏四月 新羅新頒喪制 (『三國史節要』6)

고구려　　　五月丁未朔 下詔宥詳死免爲庶人 (…) 初 詳娶宋王劉昶女 待之疏薄[2685] 詳既被禁
高太妃乃知安定高妃事 大怒曰 汝妻妾盛多如此 安用彼高麗婢 陷罪至此[2686] 杖之百
餘 被創膿潰 旬餘乃能立[2687] 又杖劉妃數十 曰 婦人皆妬 何獨不妬 劉妃笑而受罰
卒無所言[2688] (『資治通鑑』145 梁紀 1 高祖武皇帝)

신라　　　秋九月 徵役夫 築波里彌實珍德骨火等十二城 (『三國史記』4 新羅本紀 4)
신라　　　秋九月 新羅築波里彌實珍德骨火等十二城 (『三國史節要』6)

2678) 去 羌呂翻
2679) 이 기사에는 일자 표기가 없으나, 『魏書』帝紀에 의거하여 4월15일(辛卯)로 편년하였다.
2680) 이 기사에는 일자 표기가 없으나, 『魏書』帝紀에 의거하여 4월15일(辛卯)로 편년하였다.
2681) 이 기사에는 월일 표기가 없으나, 『魏書』帝紀에 의거하여 4월15일(辛卯)로 편년하였다.
2682) 이 기사에는 일일 표기가 없으나, 『魏書』帝紀에 의거하여 4월15일(辛卯)로 편년하였다.
2683) 정시 연간에 즉위했던 북위 황제는 世宗 宣武帝이다
2684) 이 기사에는 연대 표기가 없으나, 『魏書』帝紀에 의거하여 正始元年(504) 4월15일(辛卯)로 편년하였다.
2685) 昶 丑兩翻
2686) 麗 力知翻
2687) 被 皮義翻 創 初良翻
2688) 卒 子恤翻 下同

백제	冬十月 百濟國遣麻那君進調 天皇以爲百濟歷年不脩貢職 留而不放 (『日本書紀』 16 武烈紀)

505(乙酉/신라 지증마립간 6/고구려 문자명왕 14/백제 무령왕 5/梁 天監 4/倭 武烈 7)

신라	春二月 王親定國內州郡縣 置悉直州 以異斯夫爲軍主 軍主之名始於此 (『三國史記』 4 新羅本紀 4)
신라 가야	春二月 新羅王親定國內州郡縣 置悉直州 以金異斯夫爲軍主 異斯夫嘗爲邊官 用居道 術以馬戲 取加耶國 軍主之名始於此 (『三國史節要』 6)
신라 실직	三陟郡 本悉直國 婆娑王世 來降 智證王六年梁天監四年 爲州 以異斯夫爲軍主 (『三國史記』 35 雜志 4 地理 2)2689)
신라	外官 都督九人 智證王六年 以異斯夫爲悉直州軍主 (『三國史記』 40 雜志 9 職官 下)2690)
백제	夏四月 百濟王遣斯我君進調 別表曰 前進調使麻那者 非百濟國主之骨族也 故謹遣斯 我 奉事於朝 遂有子 曰法師君 是倭君之先也 (『日本書紀』 16 武烈紀)
신라	冬十一月 始命所司藏氷 又制舟楫之利 (『三國史記』 4 新羅本紀 4)
신라	冬十一月 新羅始命有司藏氷 (『三國史節要』 6)

506(丙戌/신라 지증마립간 7/고구려 문자명왕 15/백제 무령왕 6/梁 天監 5/倭 武烈 8)

백제	春 大疫 三月至五月 不雨 川澤竭 民饑 發倉賑救 (『三國史記』 26 百濟本紀 4)
백제	春 百濟大疫 自三月不雨 至五月川澤竭 民饑 發倉賑之 (『三國史節要』 6)
신라	春夏 旱 民饑 發倉賑救 (『三國史記』 4 新羅本紀 4)
신라	(春夏) 新羅旱 民饑 發倉賑之 (『三國史節要』 6)
백제 말갈	秋七月 靺鞨來侵 破高木城 殺虜六百餘人 (『三國史記』 26 百濟本紀 4)
말갈 백제	秋七月 靺鞨侵破百濟高木城 殺虜六百餘人 (『三國史節要』 6)
고구려	秋八月 王獵於龍山之陽 五日而還 (『三國史記』 19 高句麗本紀 7)
고구려	八月 高勾麗王獵於龍山陽 五日而返 (『三國史節要』 6)
고구려	(正始三年)九月己丑 高麗國遣使朝貢 (『魏書』 8 帝紀 8 世宗)
고구려	九月 遣使入魏朝貢 (『三國史記』 19 高句麗本紀 7)2691)
고구려	九月 高勾麗遣使如魏朝貢 (『三國史節要』 6)2692)
고구려	(後魏宣武正始)三年九月 高麗蠕蠕國 並遣使朝貢 (『冊府元龜』 969 外臣部 14 朝貢 2)2693)
고구려	(正始三年)是歲 高麗蠕蠕國並遣使朝貢 (『北史』 4 魏本紀 4 世宗宣武皇帝)2694)

2689) 이 기사에는 월 표기가 없으나, 『三國史記』 新羅本紀 등에 의거하여 2월로 편년하였다.
2690) 이 기사에는 월 표기가 없으나, 『三國史記』 新羅本紀 등에 의거하여 2월로 편년하였다.
2691) 이 기사에는 일자 표기가 없으나, 『魏書』 帝紀에 의거하여 9월27일(己丑)로 편년하였다.
2692) 이 기사에는 일자 표기가 없으나, 『魏書』 帝紀에 의거하여 9월27일(己丑)로 편년하였다.
2693) 이 기사에는 일자 표기가 없으나, 『魏書』 帝紀에 의거하여 9월27일(己丑)로 편년하였다.
2694) 이 기사에는 월일 표기가 없으나, 『魏書』 帝紀에 의거하여 9월27일(己丑)로 편년하였다.

고구려 백제　　冬十一月 遣將伐百濟 大雪 士卒凍皸而還 (『三國史記』19 高句麗本紀 7)

고구려 백제　　十一月 高勾麗遣將伐百濟 値大雪 士卒凍皸乃還 (『三國史節要』6)

507(丁亥/신라 지증마립간 8/고구려 문자명왕 16/백제 무령왕 7/梁 天監 6/倭 繼體 1)

동이　　　　　　(正始四年)春 公孫崇復表言 (…) 太祖初興 置皇始之舞 復有吳夷東夷西戎之舞 樂府
　　　　　　　　之內 有此七舞 (『魏書』109 志 14 樂 5)

백제 말갈　　　夏五月 立二柵於高木城南 又築長嶺城 以備靺鞨 (『三國史記』26 百濟本紀 4)

백제 말갈　　　夏五月 百濟立二柵於高木城南 又築長嶺城 以備靺鞨 (『三國史節要』6)

고구려　　　　　(正始四年)冬十月丁巳[2695] 高麗半社悉萬斤可流伽比沙疏勒于闐等諸國　並遣使朝獻
　　　　　　　　(『魏書』8 帝紀 8 世宗)

고구려　　　　　冬十月 遣使入魏朝貢 (『三國史記』19 高句麗本紀 7)[2696]

고구려　　　　　冬十月 高勾麗遣使如魏朝貢 (『三國史節要』6)[2697]

고구려　　　　　(後魏宣武正始四年)十月 高麗半社悉萬斤可流伽比沙疏勒于闐等諸國 又疏勒嚫噠波斯
　　　　　　　　渴槃陁渴文提不那伏柤杖提等諸國　並三遣使朝獻 (『冊府元龜』969 外臣部 14 朝貢
　　　　　　　　2)[2698]

고구려　　　　　(正始四年) 是歲　西域東夷四十餘國並遣使朝貢 (『北史』4 魏本紀 4 世宗宣武皇
　　　　　　　　帝)[2699]

고구려 백제　　(冬十月) 王遣將高老與靺鞨謀 欲攻百濟漢城 進屯於橫岳下 百濟出師逆戰 乃退 (『三
　　　　　　　　國史記』19 高句麗本紀 7)

백제 고구려　　冬十月 高句麗將高老與靺鞨謀 欲攻漢城 進屯於橫岳下 王出師戰退之 (『三國史記』
　　　　　　　　26 百濟本紀 4)

고구려 백제　　(冬十月) 高勾麗遣將高老與靺鞨謀 攻百濟漢城 進屯於橫岳下　百濟出師逆戰乃退
　　　　　　　　(『三國史節要』6)

508(戊子/신라 지증마립간 9/고구려 문자명왕 17/백제 무령왕 8/梁 天監 7/倭 繼體 2)

고구려　　　　　(二月)乙亥 以車騎大將軍高麗王高雲爲撫軍[2700]大將軍開府儀同三司 (『梁書』2 本紀
　　　　　　　　2 武帝 中)

고구려　　　　　(二月)乙亥 以車騎大將軍高麗王高雲爲撫東大將軍開府儀同三司 (『南史』6 梁本紀
　　　　　　　　上 6 武帝 上)

고구려　　　　　(梁高祖天監)七年二月 詔曰 高麗樂浪郡公高雲 乃誠款著 貢驛相尋 宜隆秩命 式弘朝
　　　　　　　　典 可撫東大將軍開府儀同三司 持節嘗[2701]侍都督王 並如故 (『冊府元龜』963 外臣
　　　　　　　　部 8 冊封 1)[2702]

고구려　　　　　梁高祖下詔曰 高句麗王樂浪郡公某 乃誠款著 貢驛相尋 宜豐秩命 式弘朝典 可撫軍
　　　　　　　　[一作東]大將軍開府儀同三司 (『三國史記』19 高句麗本紀 7)[2703]

2695) 이해 10월 정사일은 없고 윤 10월에 정사가 있다.
2696) 이 기사에는 일자 표기가 없으나, 『魏書』帝紀에 의거하여 10월 2일(丁巳)로 편년하였다.
2697) 이 기사에는 일자 표기가 없으나, 『魏書』帝紀에 의거하여 10월 2일(丁巳)로 편년하였다.
2698) 이 기사에는 일자 표기가 없으나, 『魏書』帝紀에 의거하여 10월 2일(丁巳)로 편년하였다.
2699) 이 기사에는 월일 표기가 없으나, 『魏書』帝紀에 의거하여 10월 2일(丁巳)로 편년하였다.
2700) 『梁書』의 각종 판본에서는 '爲撫軍大將軍'이라고 하였으나, 같은 책 고구려전과 『南史』, 『冊府元龜』에
　　　서는 '爲撫東大將軍'이라 하였다.
2701) 저본에는 '嘗'으로 되어 있으나, '常'의 避諱이다.
2702) 이 기사에는 일자 표기가 없으나, 『梁書』本紀 등에 의거하여 2월21일(乙亥)로 편년하였다.

고구려	梁詔加高句麗王爵 詔曰 乃誠款著 貢驛相尋 宜豊秩命 式弘朝典 可撫軍大將軍開府儀同三司 (『三國史節要』 6)[2704]
고구려	天監七年 詔曰 高驪王樂浪郡公雲 乃誠款著 貢驛相尋 宜隆秩命 式弘朝典 可撫東大將軍開府儀同三司 持節常侍都督王 並如故 (『梁書』 54 列傳 48 諸夷 東夷 高句驪)[2705]
고구려	天監七年 詔爲撫東大將軍開府儀同三司 持節常侍都督王 並如故 (『南史』 79 列傳 69 夷貊 下 東夷 高句麗)[2706]
신라	(永平元年)三月己亥 斯羅阤比羅阿夷乂多婆那伽伽師達于闐諸國 並遣使朝獻 (『魏書』 8 帝紀 8 世宗)
신라	(後魏宣武)永平元年三月 斯羅陁阿比羅阿夷 又多婆那伽伽師達于闐諸國 (…) 並遣使朝獻 (『冊府元龜』 969 外臣部 14 朝貢 2)[2707]
고구려	(永平元年)五月癸未 高麗國遣使朝獻 (『魏書』 8 帝紀 8 世宗)
고구려	夏五月 遣使入魏朝貢 (『三國史記』 19 高句麗本紀 7)[2708]
고구려	夏五月 高勾麗遣使如魏朝貢 (『三國史節要』 6)[2709]
고구려	(永平元年)五月 高麗國 六月 高車國 七月 高車契丹汗畔闞賓諸國 八月 吐谷渾 庫莫奚國 九月 蠕蠕國 十二月 高麗國 並遣使朝獻 (『冊府元龜』 969 外臣部 14 朝貢 2)[2710]
고구려	(永平元年)十有二月丙子 高麗國遣使朝獻 (『魏書』 8 帝紀 8 世宗)
고구려	冬十二月 遣使入魏朝貢 (『三國史記』 19 高句麗本紀 7)[2711]
고구려	冬十二月 高勾麗遣使如魏朝貢 (『三國史節要』 6)[2712]
고구려	(永平元年)十二月 高麗國 並遣使朝獻 (『冊府元龜』 969 外臣部 14 朝貢 2)[2713]
고구려	(永平元年)是歲 北狄東夷西域十八國 並遣使朝貢 (『北史』 4 魏本紀 4 世宗宣武皇帝)[2714]
탐라 백제	十二月 南海中耽羅人 初通百濟國 (『日本書紀』 17 繼體紀)
신라	東市典 智證王九年 置 (『三國史記』 38 雜志 7 職官 上)[2715]
동이(고구려)	(正始四年)是歲 高肇鳩后及皇子 明年又譖殺諸王 天下冤之 肇故東夷之俘 而驟更先帝之法 累構不測之禍 干明孰甚焉 魏氏之悖亂自此始也 (『魏書』 105-4 志 4 天象 1-4)

2703) 이 기사에는 월일 표기가 없으나, 『梁書』 本紀 등에 의거하여 2월21일(乙亥)로 편년하였다.
2704) 이 기사에는 월일 표기가 없으나, 『梁書』 本紀 등에 의거하여 2월21일(乙亥)로 편년하였다.
2705) 이 기사에는 월일 표기가 없으나, 『梁書』 本紀 등에 의거하여 2월21일(乙亥)로 편년하였다.
2706) 이 기사에는 월일 표기가 없으나, 『梁書』 本紀 등에 의거하여 2월21일(乙亥)로 편년하였다.
2707) 이 기사에는 일자 표기가 없으나, 『魏書』 帝紀에 의거하여 3월16일(己亥)로 편년하였다.
2708) 이 기사에는 일자 표기가 없으나, 『魏書』 帝紀에 의거하여 5월 1일(癸未)로 편년하였다.
2709) 이 기사에는 일자 표기가 없으나, 『魏書』 帝紀에 의거하여 5월 1일(癸未)로 편년하였다.
2710) 이 기사에는 일자 표기가 없으나, 『魏書』 帝紀에 의거하여 5월 1일(癸未)로 편년하였다.
2711) 이 기사에는 일자 표기가 없으나, 『魏書』 帝紀에 의거하여 12월27일(丙子)로 편년하였다.
2712) 이 기사에는 일자 표기가 없으나, 『魏書』 帝紀에 의거하여 12월27일(丙子)로 편년하였다.
2713) 이 기사에는 일자 표기가 없으나, 『魏書』 帝紀에 의거하여 12월27일(丙子)로 편년하였다.
2714) 이 기사에는 월일 표기가 없으나, 『魏書』 帝紀에 의거하여 12월27일(丙子)로 편년하였다.
2715) 『三國史記』 新羅本紀 등에는 智證王10년(509) 정월로 되어 있다.

509(己丑/신라 지증마립간 10/고구려 문자명왕 18/백제 무령왕 9/梁 天監 8/倭 繼體 3)

신라	春正月 置京都東市 (『三國史記』 4 新羅本紀 4)2716)
신라	春正月 新羅置京都東市 置典監二人 自奈麻至大奈麻爲之 (『三國史節要』 6)

백제 가야	春二月 遣使于百濟[百濟本記云 久羅麻致支彌 從日本來 未詳也] 括出在任那日本縣邑 百濟百姓 浮逃絶貫 三四世者 並遷百濟附貫也 (『日本書紀』 17 繼體紀)

신라	三月 設檻穽 以除猛獸之害 (『三國史記』 4 新羅本紀 4)

고구려	夏五月 遣使入魏朝貢 (『三國史記』 19 高句麗本紀 7)
고구려	夏五月 高勾麗遣使如魏朝貢 (『三國史節要』 6)
고구려	(永平二年)五月 高麗國遣使朝獻 (『魏書』 8 帝紀 8 世宗)
고구려	(後魏宣武永平二年)五月 高麗國 六月 高昌國 七月 契丹國 八月 鄧至國高昌勿吉庫莫奚諸國 十二月 疊伏羅弗菩提朝陁咜波羅諸國 並遣使朝獻 (『冊府元龜』 969 外臣部 14 朝貢 2)
고구려	(永平二年)是歲 西域東夷二十四國並遣使朝貢 (『北史』 4 魏本紀 4 世宗宣武皇帝)

신라	秋七月 隕霜殺菽 (『三國史記』 4 新羅本紀 4)
신라	秋七月 新羅隕霜殺菽 (『三國史節要』 6)

510(庚寅/신라 지증마립간 11/고구려 문자명왕 19/백제 무령왕 10/梁 天監 9/倭 繼體 4)

백제	春正月 下令完固隄防 驅內外游食者 歸農 (『三國史記』 26 百濟本紀 4)
백제	春正月 百濟下令 修堤堰 驅內外游食者 歸農 (『三國史節要』 6)

고구려	(永平三年)三月丙戌 皇子生 大赦天下 高麗吐谷渾宕昌諸國 並遣使朝獻 (『魏書』 8 帝紀 8 世宗)
고구려	(後魏宣武永平)三年三月 高麗吐谷渾宕昌諸國 閏六月 吐谷渾高麗契丹諸國 (…) 十二月 高麗比沙杖國 並遣使朝獻 (『冊府元龜』 969 外臣部 14 朝貢 2)2717)

신라	夏五月 地震 壞人屋 有死者 (『三國史記』 4 新羅本紀 4)
신라	夏五月 新羅地震 壞人屋 有死者 (『三國史節要』 6)

고구려	(永平三年)六月閏月己亥 吐谷渾高麗契丹諸國各遣使朝貢 (『魏書』 8 帝紀 8 世宗)
고구려	夏閏六月 遣使入魏朝貢 (『三國史記』 19 高句麗本紀 7)2718)
고구려	夏閏六月 高勾麗遣使如魏朝貢 (『三國史節要』 6)2719)

신라	冬十月 雷 (『三國史記』 4 新羅本紀 4)
신라	冬十月 新羅雷 (『三國史節要』 6)

2716) 『三國史記』 職官志에는 智證王 9년(508)으로 되어 있다.
2717) 이 기사에는 일자 표기가 없으나, 『魏書』 帝紀에 의거하여 3월14일(丙戌)로 편년하였다.
2718) 이 기사에는 일자 표기가 없으나, 『魏書』 帝紀에 의거하여 윤6월29일(己亥)로 편년하였다.
2719) 이 기사에는 일자 표기가 없으나, 『魏書』 帝紀에 의거하여 윤6월29일(己亥)로 편년하였다.

고구려	(永平三年)十有二月己卯 高麗比沙杖國遣使朝獻 (『魏書』8 帝紀 8 世宗)
고구려	冬十二月 遣使入魏朝貢 (『三國史記』19 高句麗本紀 7)[2720]
고구려	冬十二月 高勾麗 遣使入魏朝貢 (『三國史節要』6)[2721]
고구려	(後魏宣武永平三年)十二月 高麗比沙杖國 並遣使朝獻 (『冊府元龜』969 外臣部 14 朝貢 2)[2722]

고구려	(後魏)宣武永平三年十二月 詔於靑州立高麗廟 (『冊府元龜』974 外臣部 19 褒異 1)

동이(고구려)	(永平三年)是歲 西域東夷北狄十六國 並遣使朝貢 (『北史』4 魏本紀 4 世宗宣武皇帝)

511(辛卯/신라 지증마립간 12/고구려 문자명왕 20/백제 무령왕 11/梁 天監 10/倭 繼體 5)

동이(고구려)	(永平四年)是歲 西域東夷北狄二十九國並遣使朝貢 (『北史』4 魏本紀 4 世宗宣武皇帝)

고구려	先有名德僧朗法師者 去鄕遼水 問道京華 淸規挺出 碩學精詣 早成波若之性 夙植尸羅之本 闡方等之指歸 弘中道之宗致 北山之北 南山之南 不遊皇都 將涉三紀 梁武皇帝能行四等善 悟三空 以法師累降徵書 礭乎不拔 (「金陵 棲霞寺碑文」: 『金石萃編』132)[2723]

512(壬辰/신라 지증마립간 13/고구려 문자명왕 21/백제 무령왕 12/梁 天監 11/倭 繼體 6)

고구려	(三月)庚申 高麗國遣使獻方物 (『梁書』2 本紀 2 武帝 中)
고구려	(三月)庚申 高麗國遣使朝貢 (『南史』6 梁本紀 上 6 武帝 上)
고구려	春三月 遣使入梁朝貢 (『三國史記』19 高句麗本紀 7)[2724]
고구려	春三月 高勾麗遣使如梁朝貢 (『三國史節要』6)[2725]
고구려	(天監)十一年 十五年 累遣使貢獻 (『梁書』54 列傳 48 諸夷 高句驪)[2726]
고구려	(天監)十一年 十五年 累遣使貢獻 (『南史』79 列傳 69 夷貊 下 東夷 高句麗)[2727]

백제	夏四月辛酉朔丙寅 遣穗積臣押山 使於百濟 仍賜筑紫國馬卌匹 (『日本書紀』17 繼體紀)

백제	(四月戊子) 百濟扶南林邑國 並遣使獻方物 (『梁書』2 本紀 2 武帝 中)
백제	夏四月 遣使入梁朝貢 (『三國史記』26 百濟本紀 4)[2728]
백제	夏四月 百濟遣使如梁朝貢 (『三國史節要』6)[2729]

2720) 이 기사에는 일자 표기가 없으나, 『魏書』 帝紀에 의거하여 12월12일(己卯)로 편년하였다.
2721) 이 기사에는 일자 표기가 없으나, 『魏書』 帝紀에 의거하여 12월12일(己卯)로 편년하였다.
2722) 이 기사에는 일자 표기가 없으나, 『魏書』 帝紀에 의거하여 12월12일(己卯)로 편년하였다.
2723) 이 기사에는 연대 표기가 없으나, 梁 武帝代(502~549)의 일이고 이 다음에 512년의 행적이 나온다.
　　　 그에 따라 502~511년으로 편년하고 마지막해인 511년에 배치하였다.
2724) 이 기사에는 일자 표기가 없으나, 『梁書』 本紀 등에 의거하여 3월30일(庚申)로 편년하였다.
2725) 이 기사에는 일자 표기가 없으나, 『梁書』 本紀 등에 의거하여 3월30일(庚申)로 편년하였다.
2726) 이 기사에는 월일 표기가 없으나, 『梁書』 本紀 등에 의거하여 3월30일(庚申)로 편년하였다.
2727) 이 기사에는 월일 표기가 없으나, 『梁書』 本紀 등에 의거하여 3월30일(庚申)로 편년하였다.
2728) 이 기사에는 일자 표기가 없으나, 『梁書』 本紀에 의거하여 4월28일(戊子)로 편년하였다.
2729) 이 기사에는 일자 표기가 없으나, 『梁書』 本紀에 의거하여 4월28일(戊子)로 편년하였다.

백제	夏四月 百濟扶南林邑等國 各遣使朝貢 (『南史』 6 梁本紀 上 6 武帝 上)[2730]

고구려	(延昌元年)五月辛卯 疏勒及高麗國並遣使朝獻 (『魏書』 8 帝紀 8 世宗)
고구려	夏五月 遣使入魏朝貢 (『三國史記』 19 高句麗本紀 7)[2731]
고구려	五月 高勾麗遣使如魏朝貢 (『三國史節要』 6)[2732]
고구려	(後魏宣武)延昌元年五月 疏勒及高麗國 (…) 並遣使朝獻 (『冊府元龜』 969 外臣部 14 朝貢 2)[2733]
동이(고구려)	(延昌元年)是歲 西域東夷十國 並遣使朝貢 (『北史』 4 魏本紀 4 世宗宣武皇帝)[2734]

신라 우산	夏六月 于山國歸服 歲以土宜爲貢 于山國在溟州正東海島 或名鬱陵島 地方一百里 恃嶮不服 伊湌異斯夫爲何瑟羅州軍主 謂于山人愚悍 難以威來 可以計服 乃多造木偶師子 分載戰船 抵其國海岸 誑告曰 汝若不服 則放此猛獸踏殺之 國人恐懼 則降 (『三國史記』 4 新羅本紀 4)
우산 신라	六月 于山國降新羅 納土貢 國在溟州正東海島 名鬱陵 地方一百里 恃險不服 伊湌異斯夫爲何瑟羅州軍主 謂于山人愚悍 難以威來 可以計服 乃以木造師子形 分載戰船 抵其島 誑之曰 汝若不服 則放此獸踏殺之 國人懼乃降 (『三國史節要』 6)
신라 우산	至十三年壬辰 爲阿瑟羅州軍主 謀幷于山國 謂其國人愚悍 難以威降 可以計服 乃多造木偶師子 分載戰舡 抵其國海岸 詐告曰 汝若不服 則放此猛獸踏殺之 其人恐懼則降 (『三國史記』 44 列傳 4 異斯夫)[2735]
신라 우산	又阿瑟羅州[今溟州]東海中 便風二日程有亏陵島[今作羽陵] 周迴二万六千七百三十步 島夷恃其水深 憍慠不臣 王命伊喰朴伊宗 将兵討之 宗作木偶師子 載於大艦之上 威之云 不降則放此獸 島夷畏而降 賞伊宗爲州伯 (『三國遺事』 1 紀異 1 智哲老王)[2736]

고구려 백제	秋九月 侵百濟陷加弗圓山二城 虜獲男女一千餘口 (『三國史記』 19 高句麗本紀 7)
백제 고구려	秋九月 高句麗襲取加弗城 移兵破圓山城 殺掠甚衆 王帥勇騎三千 戰於葦川之北 麗人見王軍少 易之 不設陣 王出奇急擊 大破之 (『三國史記』 26 百濟本紀 4)
고구려 백제	秋九月 高勾麗襲取百濟加弗城 移兵破圓山城 虜男女一千餘口 百濟王帥勇騎三千 戰於葦川北 高句麗人見百濟王軍少 易之 不設陣 百濟王出奇急擊 大破之 (『三國史節要』 6)

백제 가야 고구려 신라

冬十二月 百濟遣使貢調 別表請任那國上哆唎下哆唎娑陀牟婁四縣 哆唎國守穗積臣押山奏曰 此四縣 近連百濟 遠隔日本 旦暮易通 鷄犬難別 今賜百濟 合爲同國 固存之策 無以過此 然縱賜合國 後世猶危 況爲異場 幾年能守 大伴大連金村 具得是言 同謨而奏 迺以物部大連麁鹿火 宛宣勅使 物部大連 方欲發向難波館 宣勅於百濟客 其妻固要曰 夫住吉大神 初以海表金銀之國 高麗百濟新羅任那等 授記胎中譽田天皇 故大后息長足姬尊 與大臣武內宿禰 每國初置官家 爲海表之蕃屛 其來尙矣 抑有由焉 縱削賜他 違本區域 綿世之刺 詎離於口 大連報曰 教示合理 恐背天勅 其妻切諫云

2730) 이 기사에는 일자 표기가 없으나, 『梁書』 本紀에 의거하여 4월28일(戊子)로 편년하였다.
2731) 이 기사에는 일자 표기가 없으나, 『魏書』 帝紀에 의거하여 5월 2일(辛卯)로 편년하였다.
2732) 이 기사에는 일자 표기가 없으나, 『魏書』 帝紀에 의거하여 5월 2일(辛卯)로 편년하였다.
2733) 이 기사에는 일자 표기가 없으나, 『魏書』 帝紀에 의거하여 5월 2일(辛卯)로 편년하였다.
2734) 이 기사에는 월일 표기가 없으나, 『魏書』 帝紀에 의거하여 5월 2일(辛卯)로 편년하였다.
2735) 이 기사에는 월 표기가 없으나, 『三國史記』 新羅本紀 등에 의거하여 6월로 편년하였다.
2736) 이 기사에는 연대 표기가 없으나, 『三國史記』 新羅本紀 등에 의거하여 智證王13년(512) 6월로 편년하였다.

406 한국고대사 관련 동아시아 사료의 연대기적 집성 - 원문 (상)

稱疾莫宣 大連依諫 由是 改使而宣勅 付賜物幷制旨 依表賜任那四縣 大兄皇子 前有
緣事 不關賜國 晚知宣勅 驚悔欲改 令曰 自胎中之帝 置官家之國 輕隨蕃乞 輒爾賜
乎 乃遣日鷹吉士 改宣百濟客 使者答啓 父天皇 圖計便宜 勅賜既畢 子皇子 豈違帝
勅 妄改而令 必是虛也 縱是實者 持杖大頭打 孰與持杖小頭打痛乎 遂罷 於是 或有
流言曰 大伴大連 與哆唎國守穗積臣押山 受百濟之賂矣 (『日本書紀』 17 繼體紀)

| 고구려 | 天監十一年 帝乃遣中寺釋僧懷靈根寺釋慧令等十僧詣山 諮受三論大義 (「金陵 棲霞寺 碑文」:『金石萃編』 132) |

| 백제 | 士 壬辰年作 (「武寧王陵出土壬辰年作銘塼」) |
| 백제 | 使大 (「武寧王陵出土使大銘塼」)2737) |

513(癸巳/신라 지증마립간 14/고구려 문자명왕 22/백제 무령왕 13/梁 天監 12/倭 繼體 7)

고구려	(延昌二年)春正月戊戌 高麗國遣使朝獻 (『魏書』 8 帝紀 8 世宗)
고구려	春正月 遣使入魏朝貢 (『三國史記』 19 高句麗本紀 7)2738)
고구려	春正月 高勾麗遣使如魏朝貢 (『三國史節要』 6)2739)
고구려	(後魏宣武延昌)二年正月 高麗國 (…) 五月 高麗嘿噠于闐槃陁及契丹庫莫奚諸國 (…) 十二月 高麗國 並遣使朝貢 (『冊府元龜』 969 外臣部 14 朝貢 2)2740)

고구려	(延昌二年)五月 高麗國遣使朝獻 (『魏書』 8 帝紀 8 世宗)
고구려	夏五月 遣使入魏朝貢 (『三國史記』 19 高句麗本紀 7)
고구려	夏五月 又遣使朝貢 (『三國史節要』 6)
고구려	(後魏宣武延昌二年)五月 高麗嘿噠于闐槃陁及契丹庫莫奚諸國 (…) 十二月 高麗國 並遣使朝貢 (『冊府元龜』 969 外臣部 14 朝貢 2)

| 백제 가야 | 夏六月 百濟遣姐彌文貴將軍州利卽爾將軍 副穗積臣押山[百濟本記云 委意斯移麻岐彌] 貢五經博士段楊爾 別奏云 伴跛國略奪臣國己汶之地 伏願 天恩判還本屬 (『日本書紀』 17 繼體紀) |

| 백제 | 秋八月癸未朔戊申 百濟太子淳陀薨 (『日本書紀』 17 繼體紀) |

| 고구려 | 冬十月 又遣使朝貢 (『三國史節要』 6)2741) |

| 백제 신라 가야 | |
| 冬十一月辛亥朔乙卯 於朝庭 引列百濟姐彌文貴將軍 斯羅汶得至 安羅辛已奚及賁巴委佐 伴跛既殿奚及竹汶至等 奉宣恩勅 以己汶滯沙 賜百濟國 (『日本書紀』 17 繼體紀) |

| 백제 가야 | (十一月) 是月 伴跛國 遣戢支獻珍寶 乞己汶之地 而終不賜 (『日本書紀』 17 繼體紀) |

2737) 武寧王陵出土壬辰年作銘塼과 같은 해에 만들 것으로 추정하여 여기에 배치하였다.
2738) 이 기사에는 일자 표기가 없으나,『魏書』帝紀에 의거하여 정월13일(戊戌)로 편년하였다.
2739) 이 기사에는 일자 표기가 없으나,『魏書』帝紀에 의거하여 정월13일(戊戌)로 편년하였다.
2740) 이 기사에는 일자 표기가 없으나,『魏書』帝紀에 의거하여 정월13일(戊戌)로 편년하였다.
2741)『魏書』帝紀에는 12월25일(乙巳),『三國史記』高句麗本紀 등에는 12월로 되어 있다.

고구려   (延昌二年)十有二月乙巳 高麗國遣使朝獻 (『魏書』 8 帝紀 8 世宗)2742)

고구려   冬十二月 遣使入魏朝貢 (『三國史記』 19 高句麗本紀 7)2743)

고구려   (後魏宣武延昌)二年五月 高麗嚈噠于闐槃陁及契丹庫莫奚諸國 (…) 十二月 高麗國 並
遣使朝貢 (『冊府元龜』 969 外臣部 14 朝貢 2)2744)

동이(고구려) (延昌二年)是歲 東夷西域十餘國並遣使朝貢 (『北史』 4 魏本紀 4 世宗宣武皇帝)

신라   竿引 智大路王時人川上郁皆子作也 (『三國史記』 32 雜志 1 樂)

514(甲午/신라 지증마립간 15, 법흥왕 1/고구려 문자명왕 23/백제 무령왕 14/梁 天監 13/倭 繼體 8)

신라   春正月 置小京於阿尸村 (『三國史記』 4 新羅本紀 4)

신라   春正月 新羅置小京於阿尸村 (『三國史節要』 6)

백제 가야 신라

           三月 伴跛築城於子呑帶沙 而連滿奚 置烽候邸閣 以備日本 復築城於爾列比麻須比
而絙麻且奚推封 聚士卒兵器 以逼新羅 驅略子女 剝掠村邑 凶勢所加 罕有遺類 夫暴
虐奢侈 惱害侵凌 誅殺尤多 不可詳載 (『日本書紀』 17 繼體紀)

신라   秋九月 徙六部及南地人戶 充實之 (『三國史記』 4 新羅本紀 4)

신라   秋九月 徙六部及南地人戶充之 (『三國史節要』 6)

신라 가야   異斯夫 (…) 智度路王時 爲沿邊官 襲居道權謀 以馬戲誤加耶[或云加羅]國取之 (『三
國史記』 44 列傳 4 異斯夫)

신라   (秋九月) 王薨 諡曰智證 新羅諡法始於此 (『三國史記』 4 新羅本紀 4)

신라   (秋九月) 新羅王智大路薨 諡曰智證 新羅諡法始於此 元子原宗立 寬厚愛人 (『三國史
節要』 6)

신라   法興王立 諱原宗[冊府元龜姓募名泰] 智證王元子 母延帝夫人 妃朴氏保刀夫人 王身
長七尺 寬厚愛人 (『三國史記』 4 新羅本紀 4)

신라   [已上爲上古 已下爲中古] 第二十三法興王[名原宗 金氏 冊府元龜云 姓募名秦 父智
訂 母迎帝夫人 法興諡 諡始乎此 甲午立 理二十六年 陵在哀公寺北 妃巳丑夫人 出
家名法流 住永興寺 始行律令 始行十行日禁殺度人爲僧尼] (『三國遺事』 1 王曆)2745)

신라 고구려 백제

           至二十三法興大王 以蕭梁天監十三年甲午登位 乃興釋氏 距末2746)雛王癸未之歲 二
百五十二年 道寧所言三千餘月驗矣 據此 牟記與牟碑二說 相戾不同如此 嘗試論之
梁唐二僧傳及三國牟史皆載 麗濟二國佛教之始 在晉末大2747)元之間(376~396) 則二

2742) 『三國史節要』에는 10월로 되어 있다.
2743) 이 기사에는 일자 표기가 없으나, 『魏書』 帝紀에 의거하여 12월25일(乙巳)로 편년하였다.
2744) 이 기사에는 일자 표기가 없으나, 『魏書』 帝紀에 의거하여 12월25일(乙巳)로 편년하였다.
2745) 이 기사에는 월 표기가 없으나, 『三國史記』 新羅本紀 등에 의거하여 9월로 편년하였다.
2746) '末'은 '未'의 오자이다.
2747) '太'의 오자이다.

道法師 以小獸林甲戌(374) 到高麗明矣 此傳不誤 若以毗處王時方始到羅 則是阿道留
高麗百餘歲乃來也 雖大聖行止出没不常 未必皆爾 抑亦新羅奉佛 非晚甚如此 又若在
末雛之世 則却超先於到麗甲戌百餘年矣 于時 雞林未有文物禮敎 國号猶未定 何暇阿
道來請奉佛之事 又不合高麗未到 而越至于羅也 設使暫興還廢 何其間寂寥無聞 而尚
不識香名哉 一何大後 一何大先 揆夫東漸之勢 必始于麗濟而終乎羅 則訥祇旣與獸林
世相接也 阿道之辭 麗抵羅 冝在訥祇之世 又王女救病 皆傳爲阿道之事 則所謂墨胡
者 非眞名也 乃指目之辭 如梁人指達摩爲碧眼胡 晉調釋道安爲柒道人類也 乃阿道危
行避諱 而不言名姓故也 蓋國人隨其所聞 以墨胡阿道二名 分作二人爲傳爾 況云阿道
儀表似墨胡 則以此可驗其一人也 道寧之序七處 直以創開先後預言之 兩傳失之故 今
以沙川尾 躋於五次 三千餘月 未必盡信 書自訥祇之世 抵乎丁未旡[2748]慮 一百餘年
若曰一千餘月 則殆幾矣 姓我單名 疑贗難詳 又按元魏釋曇始[一云惠始] 傳云 始關
十[2749]人 自出家已後 多有異迹 晉孝武大元九年(384)末 賷經律數十部 徃遼東宣化
現授三乘 立以歸戒 蓋高麗聞道之始也 義熙(405~418)初 復還開[2750]中 開導三輔
始足白於面 雖涉泥水 未甞沾濕 天下咸稱白足和尚云 晉末 朔方凶奴赫連勃勃 破獲
關中 斬戮無數 時始亦遇害 刀不能傷 勃勃嗟嘆之 普赦沙門 悉皆不殺 始於是潛遁山
澤 修頭陁行 拓拔燾復尅長安 擅威關洛 時有博陵崔皓 小習左道 猜嫉釋敎 旣位居僞
輔 爲燾所信 乃與天師冠謙之 說燾 佛敎無益 有傷民利 勸令廢之云云 大平之末 始
方知燾將化時至 乃以元會之日 忽杖錫到宮門 燾聞令斬之 屢不傷 燾自斬之 亦無傷
飼北園所養虎 亦不敢近 燾大生慙懼 遂感癘疾 崔冠二人 相次發惡病 燾以過由於彼
於是 誅滅二家門族 宜下國中 大弘佛法 始後不知所終 議曰 曇始以大元末到海東 義
熙初還關中 則留此十餘年 何東史無文 始旣恢詭不測之人 而與阿道墨胡難陁 年事相
同 三人中 疑一必其變諱也 讚曰 雪擁金橋凍不開 雞林春色未全迴 可怜靑帝多才思
先著毛郎宅裏梅 (『三國遺事』3 興法 3 阿道基羅)

고구려	(延昌三年)十有一月甲戌 高麗國遣使朝獻 (『魏書』8 帝紀 8 世宗)
고구려	冬十一月 遣使入魏朝貢 (『三國史記』19 高句麗本紀 7)[2751]
고구려	冬十一月 高句麗遣使如魏朝貢 (『三國史節要』6)[2752]
고구려	(後魏宣武延昌)三年十一月 高麗國南天竺佐越費實諸國 並遣使朝獻 (『冊府元龜』969 外臣部 14 朝貢 2)[2753]
동이(고구려)	(延昌三年)是歲 東夷西域八國並遣使朝貢 (『北史』4 魏本紀 4 世宗宣武皇帝)[2754]

고구려	先是 契丹虜掠邊民六十餘口 又爲高麗擁掠東歸 軌具聞其狀 移書徵之 雲悉資給遣還 有司奏軌遠使絶域 不辱朝命 權宜曉慰 邊民來蘇 宜加爵賞 世宗詔曰 權宜徵口 使人 常體 但光揚有稱 宜賞一階 轉考功郎中 除本郡中正 (『魏書』32 列傳 20 封懿 附回 族叔軌)[2755]

고구려	時有沙門釋寶誌者 不知何許人 有於宋泰始中見之 出入鍾山 往來都邑 年已五六十矣

2748) ‘旡’의 오자이다.
2749) ‘中’의 오자로 보인다.
2750) ‘關’의 오기로 보인다.
2751) 이 기사에는 일자 표기가 없으나, 『魏書』帝紀에 의거하여 11월29일(甲戌)로 편년하였다.
2752) 이 기사에는 일자 표기가 없으나, 『魏書』帝紀에 의거하여 11월29일(甲戌)로 편년하였다.
2753) 이 기사에는 일자 표기가 없으나, 『魏書』帝紀에 의거하여 11월29일(甲戌)로 편년하였다.
2754) 이 기사에는 월일 표기가 없으나, 『魏書』帝紀에 의거하여 11월29일(甲戌)로 편년하였다.
2755) ‘先是’ 앞의 기사는 태화 연간으로 여기의 세종 선무제 때(499~515)로 기사보다 시기가 앞선 내용이다. 내용의 선후가 바뀌었으나, 선무제 때로 기간 편년하여 배치하였다.

(…) 梁武帝尤深敬事　嘗問年祚遠近　答曰　元嘉元嘉　帝欣然　以爲享祚倍宋文之年　雖剃鬢髮而常冠　下裙帽[2756]納袍　故俗呼爲誌公　好爲讖記　所謂誌公符是也　高麗聞之遣使齎縣帽供養　天監十三年卒 (『南史』 76 列傳 66 隱逸 下 陶弘景)

515(乙未/신라 법흥왕 2/고구려 문자명왕 24/백제 무령왕 15/梁 天監 14/倭 繼體 9)

백제　　　　　春二月甲戌朔丁丑　百濟使者文貴將軍等請罷　仍勅　副物部連[闕名]　遣罷歸之[百濟本記云　物部至至連] (『日本書紀』 17 繼體紀)

가야 백제 신라

　　　　　(二月)是月　到于沙都嶋　傳聞伴跛人　懷恨銜毒　恃強縱虐　故物部連　率舟師五百　直詣帶沙江　文貴將軍　自新羅去 (『日本書紀』 17 繼體紀)

백제 가야　　夏四月　物部連於帶沙江停住六日　伴跛興師往伐　逼脱衣裳　劫掠所賷　盡燒帷幕　物部連等　怖畏逃遁　僅存身命　泊汶慕羅[汶慕羅　嶋名也] (『日本書紀』 17 繼體紀)

고구려　　　(延昌四年冬十月)壬午　高麗吐谷渾國並遣使朝獻 (『魏書』 9 帝紀 9 肅宗)
고구려　　　冬十月　遣使入魏朝貢 (『三國史記』 19 高句麗本紀 7)[2757]
고구려　　　冬十月　高句麗遣使如魏朝貢 (『三國史節要』 6)[2758]
고구려　　　(後魏宣武延昌)四年十月　高麗吐谷渾國 (…) 並遣使朝貢 (『冊府元龜』 969 外臣部 14 朝貢 2)[2759]
동이(고구려)　(延昌四年)是歲　東夷西域北狄十八國　並遣使朝貢 (『北史』 4 魏本紀 4 肅宗孝明皇帝)

516(丙申/신라 법흥왕 3 建元 1/고구려 문자명왕 25/백제 무령왕 16/梁 天監 15/倭 繼體 10)

신라　　　　春正月　親祀神宮 (『三國史記』 4 新羅本紀 4)
신라　　　　春正月　新羅王親祀神宮 (『三國史節要』 6)

신라　　　　(春正月) 龍見楊山井中 (『三國史記』 4 新羅本紀 4)
신라　　　　(春正月) 新羅龍見楊山井中 (『三國史節要』 6)

백제　　　　春三月戊辰朔　日有食之 (『三國史記』 26 百濟本紀 4)
백제　　　　三月戊辰朔　百濟日有食之 (『三國史節要』 6)

고구려　　　(夏四月丁未) 高麗國遣使獻方物 (『梁書』 2 本紀 2 武帝 中)
고구려　　　夏四月　遣使入梁朝貢 (『三國史記』 19 高句麗本紀 7)[2760]
고구려　　　夏四月　遣使如梁朝貢 (『三國史節要』 6)[2761]
고구려　　　夏四月　高麗國遣使朝貢 (『南史』 6 梁本紀 上 6 武帝 上)[2762]
고구려　　　(天監)十一年　十五年　累遣使貢獻 (『梁書』 54 列傳 48 諸夷 高句驪)[2763]

2756) 『通志』에는 앞의 '冠' 뒤에 있다.
2757) 이 기사에는 일자 표기가 없으나, 『魏書』 帝紀에 의거하여 10월13일(壬午)로 편년하였다.
2758) 이 기사에는 일자 표기가 없으나, 『魏書』 帝紀에 의거하여 10월13일(壬午)로 편년하였다.
2759) 이 기사에는 일자 표기가 없으나, 『魏書』 帝紀에 의거하여 10월13일(壬午)로 편년하였다.
2760) 이 기사에는 일자 표기가 없으나, 『梁書』 本紀에 의거하여 4월11일(丁未)로 편년하였다.
2761) 이 기사에는 일자 표기가 없으나, 『梁書』 本紀에 의거하여 4월11일(丁未)로 편년하였다.
2762) 이 기사에는 일자 표기가 없으나, 『梁書』 本紀에 의거하여 4월11일(丁未)로 편년하였다.
2763) 이 기사에는 월일 표기가 없으나, 『梁書』 本紀에 의거하여 4월11일(丁未)로 편년하였다.

고구려	(天監)十一年 十五年 累遣使貢獻 (『南史』79 列傳 69 夷貊 下 東夷 高句麗)[2764]
백제	夏五月 百濟遣前部木刕不麻甲背 迎勞物部連等於己汶 而引導入國 群臣各出衣裳斧 鐵帛布 助加國物 積置朝庭 慰問慇懃 賞祿優節 (『日本書紀』17 繼體紀)
백제	秋九月 百濟遣州利卽次將軍 副物部連來 謝賜己汶之地 別貢五經博士漢高安茂 請代 博士段楊爾 依請代之 (『日本書紀』17 繼體紀)[2765]
백제 고구려	(秋九月)戊寅 百濟遣灼莫古將軍日本斯那奴阿比多 副高麗使安定等 來朝結好 (『日本 書紀』17 繼體紀)
신라	兵部 令一人 法興王三年 始置 (『三國史記』38 雜志 7 職官 上)

517(丁酉/신라 법흥왕 4 建元 2/고구려 문자명왕 26/백제 무령왕 17/梁 天監 16/倭 繼體 11)

고구려	(熙平二年)夏四月甲午 高麗波斯疏勒嚈噠諸國 並遣使朝獻 (『魏書』9 帝紀 9 肅宗)
고구려	夏四月 遣使入魏朝貢 (『三國史記』19 高句麗本紀 7)[2766]
고구려	(夏四月) 高勾麗遣使如魏朝貢 (『三國史節要』6)[2767]
고구려	(後魏孝明熙平二年)四月 高麗波斯疏勒嚈噠諸國 (…) 並遣使朝獻 (『冊府元龜』969 外臣部 14 朝貢 2)[2768]
동이(고구려)	(熙平二年)是歲 東夷西域氐羌等十一國 並遣使朝貢 (『北史』4 魏本紀 4 肅宗孝明皇 帝)[2769]
신라	夏四月 始置兵部 (『三國史記』4 新羅本紀 4)
신라	夏四月 新羅始置兵部令一人 (『三國史節要』6)

518(戊戌/신라 법흥왕 5 建元 3/고구려 문자명왕 27/백제 무령왕 18/梁 天監 17/倭 繼體 12)

신라	春二月 築株山城 (『三國史記』4 新羅本紀 4)
신라	春二月 新羅築株山城 (『三國史節要』6)
고구려	(神龜元年)二月戊申 嚈噠高麗勿吉吐谷渾宕昌疏勒久未陁末久半諸國 並遣使朝獻 (『魏書』9 帝紀 9 肅宗)
고구려	春二月 遣使入魏朝貢 (『三國史記』19 高句麗本紀 7)[2770]
고구려	(春二月) 高勾麗遣使入魏朝貢 (『三國史節要』6)[2771]
고구려	(後魏孝明)神龜元年二月 東益夷州氐及蠕蠕嚈噠高麗勿吉吐谷渾宕昌疏勒久未陁未久 半諸國 (…) 並遣使朝貢 (『冊府元龜』969 外臣部 14 朝貢 2)[2772]

2764) 이 기사에는 월일 표기가 없으나, 『梁書』 本紀에 의거하여 4월11일(丁未)로 편년하였다.
2765) 이 기사에는 일자 표기가 없으나, 9월14일(戊寅)보다 앞에 배치되어 있어서, 9월 1~13일로 기간편년
　　하고 마지막날인 9월13일에 배치하였다.
2766) 이 기사에는 일자 표기가 없으나, 『魏書』 帝紀에 의거하여 4월 4일(甲午)로 편년하였다.
2767) 이 기사에는 일자 표기가 없으나, 『魏書』 帝紀에 의거하여 4월 4일(甲午)로 편년하였다.
2768) 이 기사에는 일자 표기가 없으나, 『魏書』 帝紀에 의거하여 4월 4일(甲午)로 편년하였다.
2769) 이 기사에는 월일 표기가 없으나, 『魏書』 帝紀에 의거하여 4월 4일(甲午)로 편년하였다.
2770) 이 기사에는 일자 표기가 없으나, 『魏書』 帝紀에 의거하여 2월22일(戊申)로 편년하였다.
2771) 이 기사에는 일자 표기가 없으나, 『魏書』 帝紀에 의거하여 2월22일(戊申)로 편년하였다.

고구려	三月 暴風扷木 王宮南門自毁 (『三國史記』 19 高句麗本紀 7)
고구려	三月 高勾麗暴風扷木 王宮南門壞 (『三國史節要』 6)
고구려	夏四月 遣使入魏朝貢 (『三國史記』 19 高句麗本紀 7)
고구려	夏四月 高句麗遣使如魏朝貢 (『三國史節要』 6)
고구려	(後魏孝明神龜元年)四月 舍摩國高麗高車高昌諸國 (…) 並遣使朝貢 (『冊府元龜』 969 外臣部 14 朝貢 2)
고구려	(神龜元年)五月 高麗高車高昌諸國 並遣使朝貢 (『魏書』 9 帝紀 9 肅宗)
고구려	五月 遣使入魏朝貢 (『三國史記』 19 高句麗本紀 7)
고구려	五月 又遣使朝貢 (『三國史節要』 6)
고구려	(天監)十七年 雲死 子安立 (『梁書』 54 列傳 48 諸夷 東夷 高句驪)[2773]
고구려	(天監)十七年 雲死 子安立 (『南史』 79 列傳 69 夷貊 下 東夷 高句麗)
동이	(神龜元年)是歲 東夷西域北狄十一國 並遣使朝貢 (『北史』 4 魏本紀 4 肅宗孝明皇帝)
고구려	朱元旭 字君昇 本樂陵人也 (…) 元旭頗涉子史 開解几案 起家淸河王國常侍 太學博士員外散騎侍郎 頻使高麗 除尙書度支郎中 神龜末 以郎選不精 大加沙汰 (『魏書』 72 列傳 60 朱元旭)[2774]

519(己亥/신라 법흥왕 6 建元 4/고구려 문자명왕 28, 안장왕 1/백제 무령왕 19/梁 天監 18/倭 繼體 13)

고구려	王薨 號爲文咨明王 魏靈太后擧哀於東堂 遣使策贈車騎大將軍 時 魏肅宗年十歲 太后臨朝稱制 (『三國史記』 19 高句麗本紀 7)
고구려	高勾麗王羅雲薨 號文咨明王 太子興安立 魏靈太后擧哀於東堂 遣使策贈車騎大將軍 (『三國史節要』 6)
고구려	安藏王 諱興安 文咨明王之長子 文咨在位七年 立爲太子 二十八年 王薨 太子卽位 (『三國史記』 19 高句麗本紀 7)
고구려	第二十二安藏王[名興安 己亥立 理十二年] (『三國遺事』 1 王曆)
고구려	(神龜二年)是歲 高麗王雲死 以世子安爲其國王 (『魏書』 9 帝紀 9 肅宗)
고구려	是歲 高勾麗王雲卒 世子安立[2775] (『資治通鑑』 149 梁紀 5 高祖武皇帝 5)
고구려	(後魏孝明神龜)二年 高麗王高雲死 以世子安 爲其國王 拜鎭東將軍領護東夷較尉遼東郡公 (『冊府元龜』 963 外臣部 8 冊封 1)
고구려	神龜中 兼大鴻臚卿 持策拜高麗王安 還 除范陽太守 (『魏書』 55 列傳 43 劉芳)[2776]
고구려	神龜中 雲死 靈太后爲擧哀於東堂 遣使策贈車騎大將軍領護東夷校尉遼東郡開國公高句麗王 又拜其世子安爲安東將軍領護東夷校尉遼東郡開國公高句麗王 (『魏書』 100 列傳 88 高句麗)[2777]

2772) 이 기사에는 일자 표기가 없으나, 『魏書』 帝紀에 의거하여 2월22일(戊申)로 편년하였다.
2773) 『삼국사기』에서는 문자명왕이 519년에 죽었다고 하였다.
2774) 『資治通鑑』 149 梁紀 5 天監18년(519) 12월조에 낭직의 선발이 제대로 이루어지지 않아 주원욱 등 몇몇을 제외하고 모두 파직시켰다고 한다. 이 기사에 따라 518년에 배치하였다.
2775) 句 如字 又音駒 麗 力知翻
2776) 이 기사에는 연대 표기가 없으나, 『三國史記』 高句麗本紀 등에 의거하여 神龜 2년(519)으로 편년하였다.

신라	新羅古傳云 中華天子有寵姬 美艶無雙 謂古今圖畫 尠有如此者 乃命善畫者寫眞[畫工傳失其名 或云 張僧繇 則是吳人也 梁天監中 爲武陵王国侍郎直秘閣知畫事 歷右將軍吳臾太守 則乃中国梁陳間之天子也 而傳云唐帝者 海東人凡諸中国為唐爾 其實未詳何代帝王 兩存之] 其人奉勅圖成 誤落筆污赤毀於臍下 欲改之而不能 心疑赤誌必自天生 功畢献之 帝目之曰 形則逼眞矣 其臍下之誌 乃所内秘 何得知之幷寫 帝乃震怒 下圓扉 將加刑 承相奏云 所謂伊人其心且直 願赦宥之 帝曰 彼旣賢直 朕昨夢之像 畫進不差則宥之 其人乃畫十一面觀音像呈之 恊[2778])於所夢 帝於是意觧赦之 其人旣免 乃與博士芬節約曰 吾聞新羅國敬信佛法 與子乗桴于海 適彼同修佛事 廣益仁邦 不亦益乎 遂相與到新羅國 因成此寺大悲像 國人瞻仰 禳禱獲福 不可勝記 (『三國遺事』3 塔像 4 三所觀音 衆生寺)[2779])

520(庚子/신라 법흥왕 7 建元 5/고구려 안장왕 2/백제 무령왕 20/梁 普通 1/倭 繼體 14)

고구려	(春正月)庚子 扶南高麗國 遣使獻方物 (『梁書』3 本紀 3 武帝 下)
고구려	(春正月)庚子 扶南高麗等國 並遣使朝貢 (『南史』7 梁本紀 中 7 武帝 下)
고구려	春正月 遣使入梁朝貢 (『三國史記』19 高句麗本紀 7)[2780]
고구려	(春正月) 高句麗遣使如梁朝貢 (『三國史節要』6)[2781]
고구려	(正月) 高句麗世子安遣使入貢 (『資治通鑑』149 梁紀 5 高祖武皇帝 5)[2782]
신라	春正月 頒示律令 始制百官公服朱紫之秩 (『三國史記』4 新羅本紀 4)
신라	春正月 新羅頒示律令 始制百官公服 用朱紫之秩 自太大角干至大阿湌紫衣 阿湌至級湌緋衣 竝牙笏 大奈麻奈麻靑衣 大舍至先沮知黃衣 伊湌匝湌錦冠 波珍湌大阿湌衿荷緋冠 上堂大奈麻赤位大舍組纓 (『三國史節要』6)
신라	至第二十三葉法興王 始定六部人服色尊卑之制 猶是夷俗 (『三國史記』33 雜志 2 色服)[2783]
신라	法興王制 自太大角干至大阿湌 紫衣 阿湌至級湌 緋衣並牙笏 大奈麻奈麻 靑衣 大舍至先沮知 黃衣 伊湌迊湌 錦冠 波珍湌大阿湌衿荷 緋冠 上堂大奈麻赤位大舍 組纓 (『三國史記』33 雜志 2 色服)[2784]
고구려	(二月)癸丑 以高麗王世子安爲寧東將軍高麗王 (『梁書』3 本紀 3 武帝 下)
고구려	二月癸丑 以高麗王嗣子安爲寧東將軍高麗王 (『南史』7 梁本紀 中 7 武帝 下)
고구려	二月癸丑 以安爲寧東將軍高句麗王[2785] 遣使者江法盛 授安衣冠劍佩 魏光州兵就海

2777) 이 기사에는 연대 표기가 없으나, 『三國史記』高句麗本紀 등에 의거하여 神龜 2년(519)으로 편년하였다.

2778) 恊의 오기로 보인다

2779) 이 기사의 정확한 연대는 확인하기 어렵다. 협주의 양 천감 연간이라는 연대에 따라 기간편년하여 여기에 배치하였다.

2780) 이 기사에는 일자 표기가 없으나, 『梁書』本紀에 의거하여 정월26일(庚子)로 편년하였다.

2781) 이 기사에는 일자 표기가 없으나, 『梁書』本紀에 의거하여 정월26일(庚子)로 편년하였다.

2782) 이 기사에는 일자 표기가 없으나, 『梁書』本紀에 의거하여 정월26일(庚子)로 편년하였다.

2783) 이 기사에는 연대 표기가 없으나, 『三國史記』新羅本紀 등에 의거하여 法興王 7년(520) 정월로 편년하였다.

2784) 이 기사에는 연대 표기가 없으나, 『三國史記』新羅本紀 등에 의거하여 法興王 7년(520) 정월로 편년하였다.

2785) 句 音駒 麗 力知翻 使 疏史翻

	中執之 送洛陽2786) (『資治通鑑』149 梁紀 5 高祖武皇帝 5)
고구려	二月 梁高祖封王爲寧東將軍都督營平二州諸軍事高句麗王 遣使者江注盛 賜王衣冠劍佩 魏兵就海中執之 送洛陽 魏封王爲安東將軍領護東夷校尉遼東郡開國公高句麗王 (『三國史記』19 高句麗本紀 7)2787)
고구려	二月 封高勾麗王爲寧東將軍都督營平二州諸軍事高句麗王 遣江法盛 賜王衣冠劍佩 魏兵就海中執之 送洛陽 魏封王爲安東將軍領護東夷校尉遼東郡開國公高勾麗王 (『三國史節要』6)2788)
고구려	(梁高祖)普通元年二月 以高麗王世子安爲寧東將軍都督營平二州諸軍事 襲爵高麗王 (『冊府元龜』963 外臣部 8 冊封 1)2789)
고구려	普通元年 詔安纂襲封爵 持節督營平二州諸軍事寧東將軍 (『梁書』54 列傳 48 諸夷 東夷 高句驪)2790)
고구려	普通元年 詔安纂襲封爵 持節督營平二州諸軍事寧東將軍 (『南史』79 列傳 69 夷貊 下 東夷 高句麗)2791)
고구려	孫紹 字世慶 昌黎人 世仕慕容氏 (…) 紹少好學 通涉經史 頗有文才 陰陽術數 多所 貫涉 (…) 正光初 兼中書侍郎 使高麗 還 爲鎭遠將軍右軍將軍 (『魏書』78 列傳 66 孫紹)2792)
고구려	正光初 光州又於海中執得蕭衍所授安寧東將軍衣冠劍佩及使人江法盛等 送於京師 (『魏書』100 列傳 88 高句麗)2793)
백제	庚子年二月 多利作 大夫人分 二百卅主耳 (「武寧王陵 출토 은제팔찌」)
고구려	秋九月 入梁朝貢 (『三國史記』19 高句麗本紀 7)
고구려	秋九月 高勾麗遣使如梁朝貢 (『三國史節要』6)

521(辛丑/신라 법흥왕 8 建元 6/고구려 안장왕 3/백제 무령왕 21/梁 普通 2/倭 繼體 15)

가야	鉗知王 一云金鉗王 永明十年即位 治三十年 正光二年辛丑 四月七日崩 王妃出忠角 干女淑 生王子仇衡 (『三國遺事』2 紀異 2 駕洛國記)
가야	仇衡王 金氏 正光二年即位 治四十二年 (『三國遺事』2 紀異 2 駕洛國記)
가야	駕洛國王鉗知薨 子仇衡立 (『三國史節要』6)
고구려	夏四月 王幸卒本 祀始祖廟 (『三國史記』19 高句麗本紀 7)
고구려	夏四月 高勾麗王幸卒本 祀始祖廟 (『三國史節要』6)
고구려	古記云 (…) 新大王四年秋九月 如卒本祀始祖廟 (…) 安臧王三年夏四月 (…) 並如上 行 (『三國史記』32 雜志 1 祭祀)

2786) 魏皇興四年 分靑州置光州 領東萊長廣東牟郡 治掖
2787) 이 기사에는 일자 표기가 없으나, 『梁書』 本紀 등에 의거하여 2월 9일(癸丑)로 편년하였다.
2788) 이 기사에는 일자 표기가 없으나, 『梁書』 本紀 등에 의거하여 2월 9일(癸丑)로 편년하였다.
2789) 이 기사에는 일자 표기가 없으나, 『梁書』 本紀 등에 의거하여 2월 9일(癸丑)로 편년하였다.
2790) 이 기사에는 월일 표기가 없으나, 『梁書』 本紀 등에 의거하여 2월 9일(癸丑)로 편년하였다.
2791) 이 기사에는 월일 표기가 없으나, 『梁書』 本紀 등에 의거하여 2월 9일(癸丑)로 편년하였다.
2792) 이 기사에는 월일 표기가 없으나, 『梁書』 本紀 및 『三國史記』 高句麗本紀 등에 의거하여 正光元年 (520) 2월 9일(癸丑)로 편년하였다.
2793) 이 기사에는 월일 표기가 없으나, 『梁書』 本紀 등에 의거하여 正光元年(520) 2월 9일(癸丑)로 편년하였다.

고구려	五月 王至自卒本 所經州邑貧乏者 賜穀人一斛 (『三國史記』 19 高句麗本紀 7)	
고구려	五月 至自卒本 所經州邑貧乏者 賜穀人三斛 (『三國史節要』 6)	

백제　　　　夏五月 大水 (『三國史記』 26 百濟本紀 4)

백제　　　　(夏五月) 百濟大水 (『三國史節要』 6)

백제　　　　秋八月 蝗害穀 民饑 亡人新羅者九百戸 (『三國史記』 26 百濟本紀 4)

백제　　　　八月 百濟蝗害穀 民饑 亡入新羅者九百戸 (『三國史節要』 6)

백제 고구려　冬十一月 遣使入梁朝貢 先是 爲高句麗所破 衰弱累年 至是 上表稱 累破高句麗 始
　　　　　　與通好 而更爲强國 (『三國史記』 26 百濟本紀 4)

백제 고구려　冬十一月 百濟遣使如梁朝貢 先是 爲高句麗所破 微弱不振 至是 上表於梁言 其累破
　　　　　　高句麗 始得通好 得保疆場 (『三國史節要』 6)

백제 신라　　冬十一月 百濟新羅國 各遣使獻方物 (『梁書』 3 本紀 3 武帝 下)2794)

백제 신라　　冬十一月 百濟新羅國 各遣使朝貢 (『南史』 7 梁本紀 中 7 武帝 下)

신라　　　　遣使於梁 貢方物 (『三國史記』 4 新羅本紀 4)2795)

신라　　　　新羅遣使如梁朝貢 (『三國史節要』 6)2796)

백제 고구려　普通二年 王餘隆始復遣使奉表稱 累破句驪 今始與通好 而百濟更爲强國 (『梁書』 54
　　　　　　列傳 48 諸夷 百濟)2797)

신라 백제　　普通二年 王姓募名秦2798) 始使使隨百濟奉獻方物 (『梁書』 54 列傳 48 諸夷 新
　　　　　　羅)2799)

백제 고구려　普通二年 王餘隆始復遣使奉表 稱累破高麗 今始與通好 百濟更爲强國 (『南史』 79
　　　　　　列傳 69 夷貊 下 東夷 百濟)2800)

신라 백제　　梁普通二年 王姓募名泰2801) 始使使隨百濟奉獻方物 (『南史』 79 列傳 69 夷貊 下
　　　　　　東夷 新羅)2802)

백제 고구려　普通二年 其王餘隆遣使奉表云 累破高麗 (『梁職貢圖』 百濟國使)2803)

신라 백제　　梁武帝普通二年 王姓慕名秦 始使人隨百濟獻方物 (『通典』 185 邊防 1 東夷 上 新
　　　　　　羅國)2804)

신라 백제　　梁高祖普通二年 新羅王慕秦始遣使 隨百濟奉獻 (『冊府元龜』 996 外臣部 41 鞮
　　　　　　譯)2805)

백제 고구려　普通二年 王餘隆上表陳 累破高麗 今始與百濟通好 更爲强國 (『太平御覽』 781 四夷
　　　　　　部 2 東夷 2 百濟)2806)

신라 백제　　(南史曰) 普通二年 王姓募名秦 始使使隨百濟 奉獻方物 (『太平御覽』 781 四夷部 2
　　　　　　東夷 2 新羅)2807)

2794) 『太平寰宇記』에는 普通 3년(522)으로 되어 있다.
2795) 이 기사에는 월 표기가 없으나, 『三國史記』 百濟本紀 등에 의거하여 11월로 편년하였다.
2796) 이 기사에는 월 표기가 없으나, 『三國史記』 百濟本紀 등에 의거하여 11월로 편년하였다.
2797) 이 기사에는 월 표기가 없으나, 『三國史記』 百濟本紀 등에 의거하여 11월로 편년하였다.
2798) 王姓募名秦 '姓'各本皆脫 據南史補
2799) 이 기사에는 월 표기가 없으나, 『三國史記』 百濟本紀 등에 의거하여 11월로 편년하였다.
2800) 이 기사에는 월 표기가 없으나, 『三國史記』 百濟本紀 등에 의거하여 11월로 편년하였다.
2801) '泰'는 汲古閣本·金陵書局本과 『梁書』에서 '秦'이라고 하였다. '使'下從梁書疊一'使'字
2802) 이 기사에는 월 표기가 없으나, 『三國史記』 百濟本紀 등에 의거하여 11월로 편년하였다.
2803) 이 기사에는 월 표기가 없으나, 『三國史記』 百濟本紀 등에 의거하여 11월로 편년하였다.
2804) 이 기사에는 월 표기가 없으나, 『三國史記』 百濟本紀 등에 의거하여 11월로 편년하였다.
2805) 이 기사에는 월 표기가 없으나, 『三國史記』 百濟本紀 등에 의거하여 11월로 편년하였다.
2806) 이 기사에는 월 표기가 없으나, 『三國史記』 百濟本紀 등에 의거하여 11월로 편년하였다.

백제	十二月戊辰 以鎭東大將軍百濟王餘隆爲寧東大將軍 (『梁書』3 本紀 3 武帝 下)
백제	十二月戊辰 以鎭東大將軍百濟王餘隆爲寧東大將軍 (『南史』7 梁本紀 中 7 武帝 下)
백제	十二月 高祖詔冊王曰 行都督百濟諸軍事鎭東大將軍百濟王餘隆 守藩海外 遠修貢職 迺誠款到 朕有嘉焉 宜率舊章 授兹榮命 可使特節都督百濟諸軍事寧東大將軍 (『三國史記』26 百濟本紀 4)[2808]
백제	十二月 高祖詔冊王曰 行都督百濟諸軍事鎭東大將軍百濟王餘隆 守藩海外 遠修貢職 迺誠款到 朕有嘉焉 宜率舊章 授兹榮命 可授使特節都督百濟諸軍事寧東大將軍 (『三國史節要』6)[2809]
백제	(梁高祖普通)二年十二月 詔曰 行都督百濟諸軍事鎭東大將軍百濟王餘隆 守藩海外 遠修貢職 迺誠款到 朕有嘉焉 宜率舊章 服兹榮命 可持節都督百濟諸軍事寧東大將軍百濟王 (『冊府元龜』963 外臣部 8 冊封 1)[2810]
백제	(普通二年)其年 高祖詔曰 行都督百濟諸軍事鎭東大將軍百濟王餘隆 守藩海外 遠脩貢職 迺誠款到 朕有嘉焉 宜率舊章 授兹榮命 可使持節都督百濟諸軍事寧東大將軍百濟王 (『梁書』54 列傳 48 諸夷 百濟)[2811]
백제	(普通二年)其年 梁武帝詔隆爲使持節都督百濟諸軍事寧東大將軍百濟王 (『南史』79 列傳 69 夷貊 下 東夷 百濟)[2812]

522(壬寅/신라 법흥왕 9 建元 7/고구려 안장왕 4/백제 무령왕 22/梁 普通 3/倭 繼體 16)

신라	春三月 加耶國王遣使請婚 王以伊湌比助夫之妹送之 (『三國史記』4 新羅本紀 4)
신라	春三月 加耶國王遣使新羅請婚 王以伊湌此[2813]助夫妹歸之 (『三國史節要』6)

백제	秋九月 王獵于狐山之原 (『三國史記』26 百濟本紀 4)
백제	秋九月 百濟王獵于狐山原 (『三國史節要』6)

백제	冬十月 地震 (『三國史記』26 百濟本紀 4)
백제	冬十月 百濟地震 (『三國史節要』6)

신라 백제	梁武帝普通三年 王姓慕名秦 始遣人 隨百濟獻方物 (『太平寰宇記』174 四夷 3 東夷 3 新羅國)[2814]

523(癸卯/신라 법흥왕 10 建元 8/고구려 안장왕 5/백제 무령왕 23, 성왕 1/梁 普通 4/倭 繼體 17)

백제	春二月 王幸漢城 命佐平因友達率沙烏等 徵漢北州郡民年十五歲已上 築雙峴城 (『三國史記』26 百濟本紀 4)
백제	春二月 百濟王幸漢城 命佐平因支[2815]達率沙烏[2816]等 徵漢北州郡民 年十五已上 築

2807) 이 기사에는 월 표기가 없으나, 『三國史記』百濟本紀 등에 의거하여 11월로 편년하였다.
2808) 이 기사에는 일자 표기가 없으나, 『梁書』本紀 등에 의거하여 12월 5일(戊辰)로 편년하였다.
2809) 이 기사에는 일자 표기가 없으나, 『梁書』本紀 등에 의거하여 12월 5일(戊辰)로 편년하였다.
2810) 이 기사에는 일자 표기가 없으나, 『梁書』本紀 등에 의거하여 12월 5일(戊辰)로 편년하였다.
2811) 이 기사에는 월일 표기가 없으나, 『梁書』本紀 등에 의거하여 12월 5일(戊辰)로 편년하였다.
2812) 이 기사에는 월일 표기가 없으나, 『梁書』本紀 등에 의거하여 12월 5일(戊辰)로 편년하였다.
2813) '此'는 '比'의 오기이다.
2814) 『梁書』本紀 등에는 普通 2년(521) 11월, 『三國史記』新羅本紀 등에는 普通 2년(521)으로 되어 dTek.
2815) '支'는 '友'의 오기이다.

	雙峴城 (『三國史節要』6)

백제	三月 至自漢城 (『三國史記』26 百濟本紀 4)
백제	三月 王至自漢城 (『三國史節要』6)

고구려	春 旱 (『三國史記』19 高句麗本紀 7)
고구려	(三月) 高勾麗旱 (『三國史節要』6)

백제	尙方作竟眞大好 上有仙人不知老 渴飲玉泉飢食棗 壽如金石兮 (「武寧王陵 出土 靑銅神獸鏡」)

백제	寧東大將軍百濟斯麻王 年六十二歲 癸卯年五月丙戌朔七日壬辰 崩 到乙巳年八月癸酉朔十二日甲申 安厝登冠大墓 立志如左 (「武寧王陵誌石」表面)
백제	夏五月 王薨 諡曰武寧 (『三國史記』26 百濟本紀 4)2817)
백제	夏五月 百濟王 餘隆薨 諡曰武寧 子明禭2818)立 智識英邁 能斷庶事 國人稱爲聖王 (『三國史節要』6)2819)
백제	夏五月 百濟王武寧薨 (『日本書紀』17 繼體紀)2820)
백제	聖王 諱明穠 武寧王之子也 智識英邁 能斷事 武寧薨 繼位 國人稱爲聖王 (『三國史記』26 百濟本紀 4)2821)
백제	第二十六聖王[名明穠 虎寧子 癸巳立 理三十一年] (『三國遺事』1 王曆)2822)

백제 고구려	秋八月 高句麗兵至浿水 王命左將志忠 帥步騎一萬 出戰退之 (『三國史記』26 百濟本紀 4)
고구려 백제	秋八月 遣兵侵百濟 (『三國史記』19 高句麗本紀 7)
고구려 백제	秋八月 高句麗遣兵侵百濟至浿水 百濟王命左將志忠 帥步騎一萬 擊走之 (『三國史節要』6)

고구려	冬十月 饑 發倉賑救 (『三國史記』19 高句麗本紀 7)
고구려	冬十月 高句麗饑 發倉賑之 (『三國史節要』6)

고구려	十一月 遣使朝魏 進良馬十匹 (『三國史記』19 高句麗本紀 7)
고구려	十一月 高句麗遣使如魏 獻馬十匹 (『三國史節要』6)

신라	監舍知 共十九人 法興王十年置 (『三國史記』40 雜志 9 職官 下 武官)
신라	新羅 更定官制服色 監舍知十九人 大幢一人 上州停一人 漢山停一人 牛首停一人 河西停一人 完山停一人 碧衿幢一人 綠衿幢一人 白衿幢一人 緋衿幢一人 黃衿幢一人 黑衿幢一人 紫衿幢一人 赤衿幢一人 靑衿幢一人 闈衿幢一人 白衿武幢一人 赤衿武幢一人 黃衿武幢一人 無衿 位自舍知至大舍爲之 (『三國史節要』6)

2816) '鳥'는 '烏'의 오기로 보인다.
2817) 이 기사에는 일자 표기가 없으나, 「武寧王陵誌石」에 의거하여 5월 7일(壬辰)로 편년하였다.
2818) 『삼국사기』에서는 '穠'이라고 하였다.
2819) 이 기사에는 일자 표기가 없으나, 「武寧王陵誌石」에 의거하여 5월 7일(壬辰)로 편년하였다.
2820) 이 기사에는 일자 표기가 없으나, 「武寧王陵誌石」에 의거하여 5월 7일(壬辰)로 편년하였다.
2821) 이 기사에는 일자 표기가 없으나, 「武寧王陵誌石」에 의거하여 5월 7일(壬辰)로 편년하였다. 『日本書紀』에는 繼體18년(524) 정월, 『梁書』 百濟傳 등에는 普通 5년(524)으로 되어 있다.
2822) 이 기사에는 월일 표기가 없으나, 「武寧王陵誌石」에 의거하여 5월 7일(壬辰)로 편년하였다.

524(甲辰/신라 법흥왕 11 建元 9/고구려 안장왕 6/백제 성왕 2/梁 普通 5/倭 繼體 18)

신라 　　甲辰年正月十五日 喙部牟即智寐錦王 沙喙部徙夫智葛文王 本波部△夫智干支 岑喙部嶲昕智干支 沙喙部而㩲智太阿干支 吉先智阿干支 一毒夫智一吉干支 喙勿力智一吉干支 愼宍智居伐干支 一夫智太奈麻 一小智太奈麻 牟心智奈麻 沙喙部十斯智奈麻 悉尒智奈麻等所敎事 別敎令 居伐牟羅男弥只 本是奴人 雖是奴人 前時王大敎法 道俠咋隘 尒所界城失火遶城村大軍起 若有者一行爲之芝名七嶜王 太奴村貪共値△其餘事 種種奴人法 新羅六部 煞斑牛 誧沐麥事大人喙部內沙智奈麻 沙喙部一登智奈麻 男次邪足智 喙部比須婁邪足智 居伐牟羅道使卒洗小舍帝智 悉支道使烏婁次小舍帝智 居伐牟羅尼牟利一伐 你宜智波旦 緥只斯利一△智阿 大兮村使人奈尒利 杖六十 葛尸条村使人奈尒利居△尺 男彌只村使人異△ 杖百 於卽斤利 杖百 悉支軍主喙部尒夫智奈麻節 書人牟珍斯利公吉之智 沙喙部若文吉之智 新人喙部述刀小烏帝智 沙喙部牟利智小烏帝智 立石碑人 喙部博士 于時 敎之 若此者獲罪於天 居伐牟羅異知巴下干支 辛日智一尺 世中子三百九十八 (「울진봉평리신라비」)

백제 　　春正月 百濟太子明卽位 (『日本書紀』17 繼體紀)[2823]

신라 가야 　秋九月 王出巡南境拓地 加耶國王來會 (『三國史記』4 新羅本紀 4)
신라 가야 　秋九月 新羅王巡南境 加耶國王來會 (『三國史節要』6)

신라 　　新羅又定官制 軍師幢主王都一人 無衿 大幢一人 上州停一人 漢山停一人 牛首停一人 河西停一人 完山停一人 碧衿幢一人 綠衿幢一人 緋衿幢一人 白衿幢一人 黃衿幢一人 黑衿幢一人 紫衿幢一人 赤衿幢一人 靑衿幢一人 白衿武幢一人 赤衿武幢一人 黃衿武幢一人 共十九人 著衿 位自奈麻至一吉湌爲之 大大匠尺幢主 大幢一人 上州停一人 漢山停一人 牛首停一人 河西停一人 完山停一人 碧衿幢一人 綠衿幢一人 緋衿幢一人 白衿幢一人 黃衿幢一人 黑衿幢一人 紫衿幢一人 赤衿幢一人 靑衿幢一人 共十五人 無衿 位與軍師幢主同 步騎幢主 王都一人 無衿 大幢六人 漢山六人 貴幢四人 牛首州四人 完山州四人 碧衿幢四人 綠衿幢四人 白衿幢四人 黃衿幢四人 黑衿幢四人 紫衿幢四人 赤衿幢四人 靑衿幢四人 白衿武幢二人 赤衿武幢二人 黃衿武幢二人 共六十三人 位自奈麻至沙湌爲之 三千幢主 音里火停六人 古良夫里停六人 居斯勿停六人 叄良火停六人 召叄停六人 未多夫里停六人 南川停六人 骨乃斤停六人 伐力川停六人 伊伐支停六人 共六十人 著衿 位自舍知至沙湌爲之 著衿騎幢主 碧衿幢十八人 綠衿幢十八人 白衿幢十八人 黃衿幢十八人 黑衿幢十八人 紫衿幢十八人 赤衿幢十八人 靑衿幢十八人 闕衿六人 菁州六人 完山州六人 漢山州六人 河西州四人 牛首幢二人 四千幢三人 共一白七十八人 位與三千幢主同 緋衿幢主 沙伐州三人 歃良州三人 菁州三人 漢山州二人 牛首州六人 河西州六人 熊川州五人 完山州四人 武珍州八人 共四十人 著衿 位自舍知至沙湌爲之 師子衿幢主 王都三人 沙伐州三人 歃良州三人 菁州三人 漢山州三人 牛首州三人 河西州三人 熊川州三人 完山州三人 武珍州三人 共三十人 著衿 位自舍知至一吉湌爲之 法幢主 百官幢主三十人 京餘甲幢主十五人 小京餘甲幢主十六人 外餘甲幢主五十二人 弩幢主十五人 雲梯幢主六人 衝幢主十二人 石投幢主十二人 共一百五十八人 無衿 黑衣長槍末步幢主 大幢三十人 貴幢二十二人 漢山州二十八人 牛首주二十人 完山州二十人 紫衿二十人 黃衿二十人

2823) 『三國史記』百濟本紀 등에는 武寧王23년(523) 5월, 『梁書』百濟傳 등에는 普通 5년(524)으로 되어 있다.

黑衿二十人 碧衿二十人 赤衿二十人 靑衿二十人 綠衿二十四人 共二百六十四人 位
自舍知至級飡爲之 三武幢主 白衿武幢十六人 赤衿武幢主十六人 黃衿武幢主十六人
共四十八人 位與末步幢主同 萬步幢主 京五種幢主十五人 節末幢主四人 九州萬步幢
主十八人 共三十七人 無衿 位自舍知至大奈麻爲之 軍師監 王都二人 無衿大幢二人
上州停二人 漢山停二人 牛首停二人 河西停二人 完山停二人 碧衿幢二人 綠衿幢二
人 緋衿幢二人 白衿幢二人 黃衿幢二人 黑衿幢二人 紫衿幢二人 赤衿幢二人 靑衿幢
二人 共三十二人 著衿 位自舍知至奈麻爲之 大匠尺監 大幢一人 上州停一人 漢山停
一人 牛首停一人 河西停一人 完山停一人 碧衿幢一人 綠衿幢一人 緋衿幢一人 白衿
幢一人 黃衿幢一人 黑衿幢一人 紫衿幢一人 赤衿幢一人 靑衿幢一人 共十五人 無衿
位自舍知至大奈麻爲之 步騎監 王都一人 大幢六人 漢山六人 貴幢四人 牛首四人 完
山四人 碧衿幢四人 綠衿幢四人 白衿幢四人 黃衿幢四人 黑衿幢四人 紫衿幢四人 赤
衿幢四人 靑衿幢四人 白衿武幢二人 赤衿武幢二人 黃衿武幢二人 著衿 共六十三人
位與軍師監同 三千監 音里火停六人 古良夫里停六人 居斯勿停六人 叄良火停六人
召叄停六人 未多夫里停六人 南川停六人 骨乃斤停六人 伐力川停六人 伊火兮停六人
共六十人 著衿 位自舍知至大奈麻爲之 師子衿幢監 三十人 位自幢至奈麻爲之 法幢
監 百官幢 三十人 京餘甲幢 十五人 外餘甲幢六十八人 石投幢十二人 衝幢十二人
弩幢四十五人 雲梯幢十二人 共一百九十四人 無衿 位自舍知至奈麻爲之 緋衿監 領
幢四十人 領馬兵八人 著衿 監 碧衿幢 十八人 綠衿幢十八人 白衿幢十八人 黃衿幢
十八人 黑衿幢十八人 紫衿幢十八人 赤衿幢十八人 靑衿幢十八人 閾衿六人 菁州六
人 漢山六人 完山六人 河西三人 牛首幢三人 四千幢三人 共一百七十五人 位自幢至
奈麻爲之 皆知戟幢監四人 竝王都 位自舍知至奈麻爲之 法幢頭上 百九十二人 餘甲
幢四十五人 外法幢百二十 弩幢四十五人 法幢火尺 軍師幢三十人 師子衿幢二十人
京餘甲幢十五人 外餘甲幢百二人 弩幢四十五人 雲梯幢十一人 衝幢十八人 石投幢十
八人 共二百五十九人 法幢辟主 餘甲幢四十五人 外法幢三百六人 弩幢百三十五人
共四百八十六人 三千卒百五十人 位自大奈麻已下爲之 (『三國史節要』6)

신라	軍師幢主 法興王十一年置 (『三國史記』40 雜志 9 職官 下 武官)
백제	梁高祖詔 冊王爲持節都督百濟諸軍事綏東將軍百濟王 (『三國史記』26 百濟本紀 4)
백제	梁冊百濟王爲持節都督百濟諸軍事綏東將軍百濟王 (『三國史節要』6)
백제	(普通)五年 隆死 詔復以其子明 爲持節督百濟諸軍事綏東將軍百濟王 (『梁書』54 列傳 48 諸夷 百濟)[2824]
백제	(普通)五年 隆死 詔復以其子明 爲持節督百濟諸軍事綏東將軍百濟王 (『南史』79 列傳 69 夷貊 下 東夷 百濟)
백제	(梁高祖普通)五年 詔以百濟王餘隆子明 爲持節百濟諸軍事綏東將軍百濟王 (『冊府元龜』963 外臣部 8 冊封 1)
백제	(普通)五年 隆死 詔以其子明爲百濟王 (『太平御覽』781 四夷部 2 東夷 2 百濟)

요동 낙랑 대방

營州[治和龍城 太延二年 爲鎭 眞君五年 改置 永安末 陷 天平初 復] (…) 遼東郡[秦
置 後罷 正光中 復 治固都城] 領縣二 戶一百三十一 口八百五十五 襄平[二漢晉屬
後罷 正光中 復 有靑山] 新昌[二漢晉屬 後罷 正光中 復] 樂良郡[前漢武帝置 二漢晉
曰 樂浪 後改 罷 正光末復 治連城] 領縣二 戶二百一十九 口一千八 永洛[正光末置

2824)「武寧王陵誌石」에는 武寧王23(523) 5월 7일, 『三國史記』 百濟本紀 등에는 武寧王23년 5월, 『日本書
紀』에는 繼體18년(524) 정월로 되어 있다.

有鳥山] 帶方[二漢屬 晉屬帶方 後罷 正光末復屬] (『魏書』106 上 志 5 地形 2 上)

525(乙巳/신라 법흥왕 12 建元 10/고구려 안장왕 7/백제 성왕 3/梁 普通 6/倭 繼體 19)

신라	春二月 以大阿湌伊登爲沙伐州軍主 (『三國史記』 4 新羅本紀 4)
신라	春二月 新羅以大阿湌伊澄爲沙伐州軍主 (『三國史節要』6)
신라	尙州 (…) 法興王十一²⁸²⁵)年梁普通六年 初置軍主 爲上州 (『三國史記』 34 雜志 3 地理 1)²⁸²⁶)

백제 신라	春二月 與新羅交聘 (『三國史記』26 百濟本紀 4)
백제 신라	(春二月) 百濟與新羅交聘 (『三國史節要』6)

백제	錢一万文 右一件 乙巳年八月十二日 寧東大將軍百濟斯麻王 以前件錢 詢土王土伯土 父母上下衆官二千石 買申地爲墓 故立券爲明 不從律令 (「武寧王陵誌石(왕비)」 裏面 買地券)

526(丙午/신라 법흥왕 13 建元 11/고구려 안장왕 8/백제 성왕 4/梁 普通 7/倭 繼體 20)

고구려	三月乙卯 高麗國遣使獻方物 (『梁書』 3 本紀 3 武帝 下)
고구려	春三月 遣使入梁朝貢 (『三國史記』 19 高句麗本紀 7)²⁸²⁷)
고구려	春三月 高勾麗遣使如梁朝貢 (『三國史節要』6)²⁸²⁸)
고구려	(梁高祖普通)七年三月 高麗王安庶子延立 使遣貢獻 詔以延襲爵 (『冊府元龜』 963 外臣部 8 冊封 1)²⁸²⁹)
고구려	(普通)七年 安卒 子延立 遣使貢獻 詔以延襲爵 (『梁書』 54 列傳 48 諸夷 東夷 高句驪)²⁸³⁰)
고구려	是歲 河南高麗林邑滑國 並遣使朝貢 (『南史』 7 梁本紀 中 7 武帝 下)²⁸³¹)
고구려	(普通)七年 安卒 子延立 遣使貢獻 詔以延襲爵 (『南史』 79 列傳 69 夷貊 下 東夷 高句麗)²⁸³²)

백제	冬十月 修葺熊津城 立沙井柵 (『三國史記』26 百濟本紀 4)
백제	冬十月 百濟修熊津城 立沙井柵 (『三國史節要』6)

백제	丙午年十二月 百濟國王大妃壽終 居喪在酉地 己酉年二月癸未朔十二日甲午改葬還大 墓立志如左 (「武寧王陵誌石」(왕비) 前面)

527(丁未/신라 법흥왕 14 建元 12/고구려 안장왕 9/백제 성왕 5/梁 普通 8, 大通 1/倭 繼體 21)

2825) 저본에는 '十一'로 되어 있으나, 普通 6년은 法興王12년이므로 '十二'로 수정해야 한다.
2826) 이 기사에는 월 표기가 없으나, 『三國史記』 新羅本紀 등에 의거하여 2월로 편년하였다.
2827) 이 기사에는 일자 표기가 없으나, 『梁書』 本紀에 의거하여 3월16일(乙卯)로 편년하였다.
2828) 이 기사에는 일자 표기가 없으나, 『梁書』 本紀에 의거하여 3월16일(乙卯)로 편년하였다.
2829) 이 기사에는 일자 표기가 없으나, 『梁書』 本紀에 의거하여 3월16일(乙卯)로 편년하였다.
2830) 이 기사에는 월일 표기가 없으나, 『梁書』 本紀에 의거하여 3월16일(乙卯)로 편년하였다.
2831) 이 기사에는 월일 표기가 없으나, 『梁書』 本紀에 의거하여 3월16일(乙卯)로 편년하였다.
2832) 이 기사에는 월일 표기가 없으나, 『梁書』 本紀에 의거하여 3월16일(乙卯)로 편년하였다.

신라 가야 고구려 백제

　　　　廿一年夏六月壬辰朔甲午　近江毛野臣　率衆六萬　欲住任那　爲復興建新羅所破南加羅
　　　　喙己呑　而合任那　於是　筑紫國造磐井　陰謨叛逆　猶預經年　恐事難成　恒伺間隙　新羅
　　　　知是　密行貨賂于磐井所　而勸防遏毛野臣軍　於是　磐井掩據火豐二國　勿使修職　外邀
　　　　海路　誘致高麗百濟新羅任那等國年貢職船　內遮遣任那毛野臣軍　亂語揚言曰　今爲使
　　　　者　昔爲吾伴　摩肩觸肘　共器同食　安得率爾爲使　俾余自伏儞前　遂戰而不受　驕而自矜
　　　　是以　毛野臣　乃見防遏　中途淹滯　天皇詔大伴大連金村物部大連麤鹿火許勢大臣男人
　　　　等曰　筑紫磐井反掩　有西戎之地　今誰可將者　大伴大連等僉曰　正直仁勇通於兵事　今
　　　　無出於麤鹿火右　天皇曰　可 (『日本書紀』17 繼體紀)

고구려　　(十一月戊辰) 高麗國遣使獻方物 (『梁書』3 本紀 3 武帝 下)
고구려　　冬十一月　遣使入梁朝貢 (『三國史記』19 高句麗本紀 7)[2833]
고구려　　冬十一月　高勾麗遣使如梁朝貢 (『三國史節要』6)[2834]
고구려　　是歲　林邑師子高麗等國　各遣使朝貢 (『南史』7 梁本紀 中 7 武帝 下)[2835]

신라　　　按我道本碑云 (…)　其京都内有七處伽藍之墟　一曰金橋東天鏡林[今興輪寺　金橋謂西
　　　　川之橋　俗訛呼云松橋也　寺自我道始基而中癈　至法興王丁未草創　乙卯大開　真興王畢
　　　　成]　二曰三川歧[今永興寺　与興輪開同代]　三曰龍宮南[今皇龍寺　真興王癸酉始開　四曰
　　　　龍宮北[今芬皇寺　善德甲午始開]　五曰沙川尾[今靈妙寺　善德王乙未始開]　六曰神遊林
　　　　[今天王寺　文武王己卯開]　七曰婿請田[今曇嚴寺]　皆前佛時伽藍之墟　法水長流之地
　　　　(『三國遺事』3 興法 3 阿道基羅)

신라　　　原宗興法[距訥祇世一百餘年]　猒髑滅身　新羅本記法興大王即位十四年　小臣異次頓爲
　　　　法滅身　即蕭梁普通八年丁未　西竺達摩來金陵之歲也　是年　朗智法師亦始住靈鷲山開
　　　　法　則大敎興衰　必遠近相感一時　於此可信　元和中　南澗寺沙門一念　撰髑香墳禮佛結
　　　　社文　載此事甚詳　其略曰　昔在法興大王垂拱紫極之殿　俯察扶桑之域　以謂昔漢明感夢
　　　　佛法東流　寡人自登位　願爲蒼生　欲造修福滅罪之處　於是　朝臣[鄕傳云　工目謁恭等]
　　　　未測深意　唯遵理國之大義　不從建寺之神略　大王嘆曰　於戲　寡人以不德　丕承大業　上
　　　　虧陰陽之造化　下無黎庶之歡　萬機之暇　留心釋風　誰與爲伴　粵有内養者　姓朴字猒髑
　　　　[或作　異次　或云　伊處　方音之別也　譯云猒也　髑頓道覩獨等　皆隨書者之便　乃助辭也
　　　　今譯上不譯下　故云　猒髑　又猒覩等也]　其父未詳　祖阿珍宗　即習寶葛文王之子也[新羅
　　　　官爵　凡十七級　其第四曰　波珍喰　亦云　阿珍喰也　宗其名也　習寶亦名也　羅人　凡追封
　　　　王者皆稱葛文王　其實史臣亦云　未詳　又按金用行撰阿道碑　舍人時年二十六　父吉升祖
　　　　功漢　曾祖乞解大王]　挺竹栢而爲質　抱水鏡而爲志　積善曾孫　望宮内之爪牙　聖朝忠臣
　　　　企河清之登侍　時年二十二　當充舍人[羅爵有　大舍小舍等　盖下士之秩]　瞻仰龍顔　知情
　　　　擊目　奏云　臣聞古人　問策蒭蕘　願以危罪啓諮王曰　非爾所爲　舍人曰　爲國亡身　臣之
　　　　大節　爲君盡命　民之直義　以謬傳辭　刑臣斬首　則萬民咸伏　不敢違敎　王曰　解肉枰軀
　　　　將贖一鳥　洒血摧命　自怜七獸　朕意利人　何殺無罪　汝雖作功德　不如避罪　舍人曰　一
　　　　切難捨　不過身命　然小臣夕死　大敎朝行　佛日再中　聖主長安　王曰　鸞鳳之子　幼有凌
　　　　霄之心　鴻鵠之児　生懷截波之勢　爾得如是　可謂大士之行乎　於焉大王權整威儀　風刁
　　　　東西　霜仗南北　以召群臣　乃問　卿等　於我欲造精舍　故作留難[鄕傳云　髑爲以王命　傳
　　　　下興工創寺之意　羣臣來諫　王乃責怒於髑　刑以僞傳王命]　於是　羣臣戰戰兢懼　偬侗作
　　　　誓　指手東西　王喚舍人而詰之　舍人失色　無辭以對　大王忿怒　勅令斬之　有司縛到衙下

2833) 이 기사에는 일자 표기가 없으나, 『梁書』 本紀에 의거하여 11월 9일(戊辰)로 편년하였다.
2834) 이 기사에는 일자 표기가 없으나, 『梁書』 本紀에 의거하여 11월 9일(戊辰)로 편년하였다.
2835) 이 기사에는 월일 표기가 없으나, 『梁書』 本紀에 의거하여 11월 9일(戊辰)로 편년하였다.

舍人作誓 獄吏斬之 白乳湧出一丈[鄕傳云 舍人誓曰 大聖法王 欲興佛教 不顧身命 多
却結緣 天垂瑞祥 遍示人庶 於是 其頭飛出 落於金剛山頂云云] 天四黯黲 斜景爲之晦
明 地六震動 雨花爲之飄落 聖人哀戚 沾悲淚於龍衣 冢宰憂傷 流輕汗於蟬冕 甘泉忽
渴 魚鼈爭躍 直木先折 猿猱群鳴 春宮連鑣之侶 泣血相顧 月庭交袖之朋 斷腸惜別
望柩聞聲 如喪考妣 咸謂 子推割股 未足比其苦節 弘演剖腹 詎能方其壯烈 此乃扶丹
墀之信力 咸阿道之本心 聖者也 遂乃葬北山之西嶺[即金剛山也 傳云 頭飛落處 因葬
其地 今不言何也] 內人哀之 卜勝地造蘭若 名曰刺楸寺 於是 家家作禮 必獲世榮 人
人行道 當曉法利 (『三國遺事』 3 興法 3 原宗興法 厭髑滅身)

신라	又於大通元年丁未 爲梁帝創寺於熊川州 名大通寺[熊川即公州也 時屬新羅故也 然恐 非丁未也 乃中大通元年己酉歲 所創也 始創興輪之丁未 未暇及於他郡立寺也] 讚曰 聖智從來萬世謀 區區興議謾秋毫 法輪解逐金輪轉 舜日方將佛日高 右原宗 徇義輕生 已足驚 天花白乳更多情 俄然一釰身亡後 院院鍾聲動帝京 右猒髑 (『三國遺事』 3 興 法 3 原宗興法 厭髑滅身)

신라	通曰 法師住此其已久如 曰法興王丁未之歲 始寓足焉 不知今幾 通到山之時 乃文武 王即位元年辛酉歲也 計已一百三十五年矣 (『三國遺事』 5 避隱 8 朗智乘雲 普賢樹)

528(戊申/신라 법흥왕 15 建元 13/고구려 안장왕 10/백제 성왕 6/梁 大通 2/倭 繼體 22)

고구려	長史許思祖等以(江)文遙遺愛在民 復推其子果行州事 既攝州任 乃遣使奉表 莊帝嘉之 除果通直散騎侍郎假節龍驤將軍行安州事當州都督 既而賊勢轉盛 臺援不接 果以阻隔 强寇 內徙無由 乃攜諸弟幷率城民 東奔高麗 (『魏書』 71 列傳 59 江悅之)[2836]
고구려	長史許思祖等以文遙有遺愛 復推其子果行州事 既攝州事 乃遣使奉表 莊帝嘉之 除果 通直散騎侍郎 行安州事 既而賊勢轉盛 救援不接 果乃攜諸弟幷率城人 東奔高麗 (『北 史』 45 列傳 33 江悅之)

신라 고구려	肇行佛法 初 訥祇王時 沙門墨胡子自高句麗至一善郡 郡人毛禮 於家中作窟室安置 於時 梁遣使賜衣着香物 君臣不知其香名與其所用 遣人賚香徧問 墨胡子見之 稱其名 目曰 此焚之則香氣芬馥 所以達誠於神聖 所謂神聖未有過於三寶 一曰佛陁 二曰達摩 三曰僧伽 苦燒此發願 則必有靈應 時 王女病革 王使胡子焚香表誓 王女之病尋愈 王 甚喜 餽贈尤厚 胡子出見毛禮 以所得物贈之 因語曰 吾今有所歸 請辭 俄而不知所歸 至毗處王時 有阿道[一作我道]和尚 與侍者三人 亦來毛禮家 儀表似墨胡子 住數年 無 病而死 其侍者三人留住 講讀經律 往往有信奉者 至是 王亦欲興佛教 群臣不信 喋喋 騰口舌 王難之 近臣異次頓(或云處道)奏曰 請斬小臣以定衆議 王曰 本欲興道而殺不 辜 非也 答曰 若道之得行 臣雖死無憾 王於是 召群臣問之 僉曰 今見僧徒 童頭異服 議論奇詭而非常道 今若縱之 恐有後悔 臣等雖即重罪 不敢奉詔 異次頓獨曰 今群臣 之言非也 夫有非常之人 然後有非常之事 今聞佛教淵奧 恐不可不信 王曰 衆人之信 牢不可破 汝獨異言 不能兩從 遂下吏將誅 異次頓臨死曰 我爲法就刑 佛若有神 吾 死必有異事 及斬之 血從斷處湧 色白如乳 衆怪之 不復非毀佛事[此據金大問鷄林雜傳 所記書之 與韓奈麻金用行所撰我道和尙碑所錄 殊異] (『三國史記』 4 新羅本紀 4)
신라 고구려	新羅始行佛法 初訥祇王時 沙門墨胡子自高句麗至一善郡 郡人毛禮 作窟室居之 梁遣 使賜王香 君臣不知其名與其所用 遣人賚香徧問國中 墨胡子曰 焚此則香氣芬馥 可以 致誠於神聖 所謂神聖未有過於三寶 一曰佛陁 二曰達摩 三曰僧伽 若燒此發願 則必

2836) 이 기사는 강문요(江文遙)가 사망한 528년 7월 직후의 일이므로 여기에 배치하였다.

	有靈應 時王女病革 王使胡子焚香祈禱 病尋愈 王喜之 施報甚厚 胡子出見毛禮 以所得物與之 因語曰 今有所歸 請辭 俄而不知所之 至炤知王時 有阿道者與其徒三人 亦來毛禮家 居數年 無病而死 其三人者留 讀經律 往往有信奉者 至是 王亦欲興佛敎 群臣皆以爲不可 王難之 近臣異次頓曰 請斬小臣 以定衆議 王曰 本欲興佛道而殺不辜 可乎 對曰 若道之得行 臣雖死無憾 王於是 召群臣議之 僉曰 今見僧徒 童頭異服 議論奇詭 固非常道 若從之 恐有後悔 臣等雖卽重罪 不敢奉旨 異次頓獨曰 今群臣之言 非也 夫有非常之人 然後有非常之事 今聞佛敎淵奧 不可不信 王曰 衆人之信 牢不可破 而汝獨異言 遂下吏將誅之 異次頓臨死曰 我爲法就刑 佛若有神 吾死必有異 及斬血從斷處湧 色白如乳 衆怪之 不復毁佛 (『三國史節要』 6)
신라 고구려	阿道基羅[一作 我道 又阿頭] 新羅本記 第四云 第十九訥祇王時 沙門墨胡子 自高麗至一善郡 郡人毛禮[或作毛祿] 於家中作堀室安置 時梁遣使賜衣著香物[高得相詠史詩云 梁遣使僧曰元表 宣送溟檀及經像] 君臣不知其香名與其所用 遣人齎香 遍問國中 墨胡子見之曰 此之謂香也 焚之則香氣芬馥 所以達誠於神聖 神聖未有過於三寶 若燒此發願 則必有靈應[訥祇在晋宋之世而云梁遣使 恐誤] 時王女病革 使召墨胡子 焚香表誓 王女之病尋愈 王喜厚加賚貺 俄而不知所歸 (『三國遺事』 3 興法 3 阿道基羅)
고구려	君諱暨 字承伯 昌黎龍城人也 (…) 屬群飛海水 天下亂離 戎狄窺疆 孝昌失馭 高麗爲寇 被擁遼東 雖卉服爲夷 大相引接 欽名仰德 禮異恒品 未履平壤之郊 遞拜太奢之職 非其好也 出自本心 辭之以疾 竟無屈矣 執節無變 斯之謂乎 華夏人安 宗祧更立 率領同類五百餘戶歸朝奉國 誠節可嘉 爵以酬功授龍城縣令 (「大都督韓府君之墓誌」 『全隋文補遺』 284~285; 『隋唐五代墓誌滙編』 北京卷3-158; 『新出魏晋南北朝墓誌疏証』 601~603)[2837]

529(己酉/신라 법흥왕 16 建元 14/고구려 안장왕 11/백제 성왕 7/梁 大通 3, 中大通 1/倭 繼體 23)

고구려	春三月 王畋於黃城之東 (『三國史記』 19 高句麗本紀 7)
고구려	春三月 高勾麗王畋於黃城之東 (『三國史節要』 6)

백제 가야	春三月 百濟王謂下哆唎國守穗積押山臣曰 夫朝貢使者 恒避嶋曲[謂海中嶋曲崎岸也 俗云美佐祁] 每苦風波 因玆 濕所齎 全壞無色 請以加羅多沙津爲臣朝貢津路 是以 押山臣爲請聞奏 (『日本書紀』 17 繼體紀)

백제 가야 신라

	(三月) 是月 遣物部伊勢連父根吉士老等 以津賜百濟王 於是 加羅王謂勅使云 此津從置官家以來 爲臣朝貢津涉 安得輒改賜隣國 違元所封限地 勅使父根等 因斯 難以面賜 劫還大嶋 別遣錄史 果賜扶餘 由是 加羅結儻新羅 生怨日本 加羅王娶新羅王女 遂有兒息 新羅初送女時 幷遣百人 爲女從 受而散置諸縣 令着新羅衣冠 阿利斯等 嗔其變服 遣使徵還 新羅大羞 飜欲還女曰 前承汝聘 吾便許婚 今旣若斯 請還王女 加羅己富利知伽[未詳] 報云 配合夫婦 安得更離 亦有息兒 棄之何往 遂於所經 拔刀伽古跛布那牟羅 三城 亦拔北境五城 (『日本書紀』 17 繼體紀)

가야 신라 백제

2837) 한상의 무리들이 고구려로 이주하고 다시 중국으로 귀환한 정확한 시기는 알 수 없어 효창 연간이라는 시기에 맞춰 그 말년인 528년에 배치하였다.

	(三月) 是月 遣近江毛野臣 使于安羅 勅勸新羅 更建南加羅喙己呑 百濟遣將軍君尹貴 麻那甲背麻鹵等 往赴安羅 式聽詔勅 新羅 恐破蕃國官家 不遣大人 而遣夫智奈麻禮 奚奈麻禮等 往赴安羅 式聽詔勅 於是 安羅新起高堂 引昇勅使 國主隨後昇階 國內大人 預昇堂者一二 百濟使將軍君等 在於堂下 凡數月再三 謨謀乎堂上 將軍君等 恨在庭焉 (『日本書紀』17 繼體紀)

| 가야 신라 | 夏四月壬午朔戊子 任那王己能末多干岐來朝[言己能末多者 蓋阿利斯等也] 啓大伴大連金村曰 夫海表諸蕃 自胎中天皇 置內官家 不棄本土 因封其地 良有以也 今新羅違元所賜封限 數越境以來侵 請 秦天皇 救助臣國 大伴大連 依乞秦聞 (『日本書紀』17 繼體紀) |

| 가야 신라 | (四月)是月 遣使送己能末多干岐 幷詔在任那近江毛野臣 推問所奏 和解相疑 於是 毛野臣次于熊川[一本云 次于任那久斯牟羅] 召集新羅百濟二國之王 新羅王佐利遲遣久遲布禮[一本云 久禮爾師知于奈師磨里] 百濟遣恩率彌騰利 赴集毛野臣所 而二王不自來參 毛野臣大怒 責問二國使云 以小事大 天之道也[一本云 大木端者以大木續之 小木端者以小木續之] 何故二國之王 不躬來集受天皇勅 輕遣使乎 今縱汝王 自來聞勅 吾不肯勅 必追逐退 久遲布禮恩率彌滕利 心懷怖畏 各歸召王 由是 新羅改遣其上臣伊叱夫禮智干岐 [新羅 以大臣爲上臣 一本云 伊叱夫禮智知奈末] 率衆三千 來請聽勅 毛野臣 遙見兵仗圍繞 衆數千人 自熊川 入任那己叱己利城伊叱夫禮智干岐 次于多多羅原 不敬歸待三月 頻請聞勅 終不肯宣 伊叱夫禮智所將士卒等 於聚落乞食 相過毛野臣傔人河內馬飼首御狩 御狩入隱他門 待乞者過 捲手遙擊 乞者見云 謹待三月 佇聞勅旨 尚不肯宣 惱聽勅使 乃知欺誑 誅戮上臣矣 乃以所見 具述上臣 上臣抄掠四村 [金官背伐安多委陀 是爲四村 一本云 多多羅須那羅和多費智爲四村也] 盡將人物 入其本國 或曰 多多羅等四村之所掠者 毛野臣之過也 (『日本書紀』17 繼體紀) |

고구려 백제	冬十月 王與百濟戰於五谷 克之 殺獲二千餘級 (『三國史記』19 高句麗本紀 7)
백제 고구려	冬十月 高句麗王興安躬帥兵馬來侵 拔北鄙穴城 命佐平燕謨 領步騎三萬 拒戰於五谷之原 不克 死者二千餘人 (『三國史記』26 百濟本紀 4)
고구려 백제	冬十月 高勾麗王帥兵侵百濟北鄙 取穴城 百濟王命佐平燕謨 領步騎三萬 戰於五谷原 不克 死者二千餘人 (『三國史節要』6)

| 신라 | 下令禁殺生 (『三國史記』4 新羅本紀 4) |
| 신라 | 新羅下令禁屠殺 (『三國史節要』6) |

530(庚戌/신라 법흥왕 17 建元 15/고구려 안장왕 12/백제 성왕 8/梁 中大通 2/倭 繼體 24)

가야 신라 백제

| | 秋九月 任那使奏云 毛野臣 遂於久斯牟羅 起造舍宅 淹留二歲[一本云三歲者 連去來歲數也] 懶聽政焉 爰以日本人與任那人 頻以兒息 諍訟難決 元無能判 毛野臣樂置誓湯曰 實者不爛 虛者必爛 是以 投湯爛死者衆 又殺吉備韓子那多利斯布利[大日本人娶蕃女所生 爲韓子也] 恒惱人民 終無和解 於是 天皇聞其行狀 遣人徵入 而不肯來顧以河內母樹馬飼首御狩 奉詣於京而奏曰 臣未成勅旨 還入京鄕 勞往虛歸 慙恧安措 伏願 陛下 待成國命 入朝謝罪 奉使之後 更自謨曰 其調吉士 亦是皇華之使 若先吾取歸 依實奏聞 吾之罪過 必應重矣 乃遣調吉士 率衆守伊斯枳牟羅城 於是 阿利斯等 |

知其細碎爲事 不務所期 頻勸歸朝 尙不聽還 由是 悉知行迹 心生飜背 乃遣久禮斯己
母 使于新羅請兵 奴須久利 使于百濟請兵 毛野臣聞百濟兵來 迎討背評[背評地名 亦
名能備己富里也] 傷死者半 百濟 則捉奴須久利 杻械枷鏁 而共新羅圍城 責罵阿利斯
等曰 可出毛野臣 毛野臣 嬰城自固 勢不可擒 於是 二國圖度便地 淹留弦晦 築城而
還 號曰久禮牟羅城 還時觸路 拔騰利枳牟羅布那牟羅牟雌枳牟羅阿夫羅久知波多枳五
城 (『日本書紀』17 繼體紀)

가야　　　冬十月 調吉士至自任那 奏言 毛野臣爲人傲很 不閑治體 竟無和解 擾亂加羅 偶儻任
意 而思不防患 故遣目頰子 徵召[目頰子未詳也] (『日本書紀』17 繼體紀)

가야 한국(삼한)
是歲 毛野臣 被召到于對馬 逢疾而死 送葬尋河 而入近江 其妻歌曰 比攞哿駄喩 輔
曳輔枳能朋樓 阿符美能野 愷那能倭俱吾伊 輔曳符枳能朋樓 目頰子 初到任那時 在
彼鄕家等 贈歌曰 柯羅屢儞鳴 以柯儞輔居等所 梅豆羅古枳駄樓 武哿左屢樓 以祇能
和駄唎鳴 梅豆羅古枳駄樓 (『日本書紀』17 繼體紀)

고구려　　六世祖步蕃 西魏將 鎭河曲 爲北齊神武所破 逐出奔遼海 後裔因家焉 爲豆氏 (「豆善
富 墓誌銘」:『唐代墓誌滙篇』)[2838]

531(辛亥/신라 법흥왕 18 建元 16/고구려 안장왕 13, 안원왕 1/백제 성왕 9/梁 中大通 3/倭 繼體 25)

신라　　　春三月 命有司修理堤防 (『三國史記』4 新羅本紀 4)
신라　　　春三月 新羅命有司修提堰 (『三國史節要』6)

신라　　　夏四月 拜伊湌哲夫爲上大等 摠知國事 上大等官始於此 如今之宰相 (『三國史記』4
新羅本紀 4)
신라　　　夏四月 新羅以伊湌哲夫爲上大等 摠知國事 上大等始於此 (『三國史節要』6)
신라　　　上大等[或云上臣] 法興王十八年 始置 (『三國史記』38 雜志 7 職官 上)[2839]

고구려　　夏五月 王薨 號爲安臧王(是梁中大通三年 魏普泰元年也 梁書云 安臧王在位第八年
普通七年卒 誤也) (『三國史記』19 高句麗本紀 7)
고구려　　夏五月 高勾麗王 興安薨 號爲安臧王 無嗣 弟寶延立 有大量 安臧愛之 及卽位 梁下
詔襲爵 (『三國史節要』6)
고구려　　安原王 諱寶延 安臧王之弟也 身長七尺五寸 有大量 安臧愛友之 安臧在位十三年薨
無嗣子 故卽位 梁高祖下詔襲爵 (『三國史記』19 高句麗本紀 7)
고구려　　第二十三安原王[名宝迎 癸[2840]亥立 理十四年] (『三國遺事』1 王曆)[2841]

가야 고구려　冬十二月丙申朔庚子 葬于藍野陵 [或本云 天皇 廿八年歲次甲寅崩 而此云 廿五年歲
次辛亥崩者 取百濟本記爲文 其文云 太歲辛亥三月 軍進至于安羅 營乞毛城 是月 高
麗弑其王安 又聞 日本天皇及太子皇子 俱崩薨 由此而言 辛亥之歲 當廿五年矣 後勘
校者 知之也] (『日本書紀』17 繼體紀)

2838) 6대조 步蕃이 전사한 것은 530년의 일이다.
2839) 이 기사에는 월 표기가 없으나, 『三國史記』新羅本紀 등에 의거하여 4월로 편년하였다.
2840) ‘申’의 오기로 보인다.
2841) 이 기사에는 월 표기가 없으나, 『三國史記』高句麗本紀 등에 의거하여 5월로 편년하였다.

532(壬子/신라 법흥왕 19 建元 17/고구려 안원왕 2/백제 성왕 10/梁 中大通 4/倭 安閑 1)

고구려	春三月 魏帝詔策使持節散騎常侍領護東夷校尉遼東郡開國公高句麗王 賜衣冠車旗之 餰 (『三國史記』 19 高句麗本紀 7)
고구려	春三月 魏策高勾麗王使持節散騎常侍領護東夷校尉遼東郡開國公高句麗王 賜冠服車 旗 (『三國史節要』 6)
고구려	西魏孝武永熙元年 高句麗王延爲使持節散騎嘗[2842]侍車騎將軍領護東夷較尉遼東郡公 高句麗王 (『冊府元龜』 963 外臣部 8 冊封 1)[2843]
고구려	安死 子延立 出帝初 詔加延使持節散騎常侍車騎大將軍領護東夷校尉遼東郡開國公高 句麗王 賜衣冠服物車旗之餰 (『魏書』 100 列傳 88 高句麗)[2844]

고구려	夏四月 遣使入梁朝貢 (『三國史記』 19 高句麗本紀 7)
고구려	夏四月 高勾麗遣使如梁朝貢 (『三國史節要』 6)

백제	五月 百濟遣下部脩德嫡德孫上部都德己州己婁等 來貢常調 別上表 (『日本書紀』 18 安閑紀)

고구려	(太昌元年)六月丙寅 蠕蠕嚈噠高麗契丹庫莫奚國 並遣使朝貢 (…) 乙酉 高麗契丹庫莫 奚國 遣使朝貢 (『魏書』 11 帝紀 11 出帝平陽王)
고구려	六月 遣使入魏朝貢 (『三國史記』 19 高句麗本紀 7)[2845]
고구려	六月 又遣使如魏朝貢 (『三國史節要』 6)[2846]
고구려	(後魏)出帝太昌元年六月 高麗契丹庫莫奚蠕蠕嚈噠高昌等國 (…) 並遣使朝貢 (『冊府 元龜』 969 外臣部 14 朝貢 2)[2847]

백제	秋七月甲辰 星隕如雨 (『三國史記』 26 百濟本紀 4)
백제	秋七月甲辰 百濟星隕如雨 (『三國史節要』 6)

고구려	十一月己酉 高麗國遣使獻方物 (『梁書』 3 本紀 3 武帝 下)
고구려	冬十一月 遣使入梁朝貢 (『三國史記』 19 高句麗本紀 7)[2848]
고구려	冬十一月 高句麗遣使如梁朝貢 (『三國史節要』 6)[2849]
고구려	冬十一月 高麗國遣使朝貢 (『南史』 7 梁本紀 中 7 武帝 下) [2850]
고구려	中大通四年 六年 大同元年 七年 累奉表獻方物 (『梁書』 54 列傳 48 諸夷 高句 驪)[2851]

2842) '常'의 피휘이다.
2843) 이 기사에는 월 표기가 없으나, 『三國史記』 高句麗本紀 등에 의거하여 3월로 편년하였다.
2844) 이 기사에는 연대 표기가 없으나, 『三國史記』 高句麗本紀 등에 의거하여 太昌元年(532) 3월로 편년하 였다.
2845) 이 기사에는 일자 표기가 없으나, 『魏書』 帝紀에 의거하여 6월 4일(丙寅)~23일(乙酉)로 기간편년하고 마지막날인 23일(乙酉)에 배치하였다.
2846) 이 기사에는 일자 표기가 없으나, 『魏書』 帝紀에 의거하여 6월 4일(丙寅)~23일(乙酉)로 기간편년하고 마지막날인 23일(乙酉)에 배치하였다.
2847) 이 기사에는 일자 표기가 없으나, 『魏書』 帝紀에 의거하여 6월 4일(丙寅)~23일(乙酉)로 기간편년하고 마지막날인 23일(乙酉)에 배치하였다.
2848) 이 기사에는 일자 표기가 없으나, 『梁書』 本紀에 의거하여 11월19일(己酉)로 편년하였다.
2849) 이 기사에는 일자 표기가 없으나, 『梁書』 本紀에 의거하여 11월19일(己酉)로 편년하였다.
2850) 이 기사에는 일자 표기가 없으나, 『梁書』 本紀에 의거하여 11월19일(己酉)로 편년하였다.

고구려	中大通四年 六年 大同元年 七年 累奉表獻方物 (『南史』 79 列傳 69 夷貊 下 東夷 高句麗)2852)

가야 신라	金官國主金仇亥 與妃及三子 長曰奴宗 仲曰武德 季曰武力 以國帑寶物來降 王禮待 之 授位上等 以本國爲食邑 子武力仕至角干 (『三國史記』 4 新羅本紀 4)
가야 신라	駕洛國王金仇亥與其妃及子武力等 降于新羅 王授位上等 以其國爲食邑 號金官郡 武 力仕至角干 (『三國史節要』 6)
가야 신라	金海小京 古金官國[一云伽落國 一云伽耶] 自始祖首露王至十世仇亥王 以梁中大通四 年 新羅法興王十九年 率百姓來降 以其地爲金官郡 (『三國史記』 34 雜志 3 地理 1)
가야 신라	保定二年壬午九月 新羅第二十四君 真興王興兵薄伐王使親軍卒 彼衆我寡 不堪對戰 也 仍遣同氣脫知尒叱今 留在於國 王子上孫卒支公等 降入新羅 王妃分叱水尒叱女桂 花 生三子 一世宗角干 二茂刀角干 三茂得角干 開皇錄云 梁中大通四年壬子 降于新 羅 議曰 案三國史 仇衡以梁中大通四年壬子 納土投羅 則計自首露初即位東漢建武十八 年壬寅 至仇衡末壬子得四百九十年矣 若以此記考之 納土在元魏2853)保定二年壬午則 更三十年 揔五百二十年矣 今兩存之 (『三國遺事』 2 紀異 2 駕洛國記)2854)

고구려	(永熙元年)是歲 蠕蠕嚈噠高麗契丹庫莫奚高昌等國 並遣使朝貢 (『北史』 5 魏本紀 5 孝武皇帝)

고구려	馮元興 字子盛 東魏郡肥鄉人也 (…) 頗有文才 年二十三 還鄉教授 常數百人 領僚孝 廉 對策高第 又擧秀才 時御史中尉王顯有權寵 元興奏記於顯 召爲檢校御史 尋轉殿 中 除奉朝請 三使高麗 (『魏書』 79 列傳 67 馮元興)2855)

533(癸丑/신라 법흥왕 20 建元 18/고구려 안원왕 3/백제 성왕 11/梁 中大通 5/倭 安閑 2)

고구려	春正月 立王子平成爲太子 (『三國史記』 19 高句麗本紀 7)
고구려	春正月 高勾麗王立王子平成爲太子 (『三國史節要』 6)

고구려	二月 遣使入魏朝貢 (『三國史記』 19 高句麗本紀 7)
고구려	二月 高勾麗遣使如魏朝貢 (『三國史節要』 6)

고구려	長文從弟庠 字文序 有幹用 初除侍御史員外散騎侍郎給事中 頻使高麗 轉步兵校尉 又轉司空掾 領左右直長 出除相州長史 還 拜河陰洛陽令 以强直稱 遷東郡太守 元顥 寇逼郡界 庠拒不從命 棄郡走還鄉里 孝莊還宮 賜爵平原伯 拜潁川太守 二年五月 爲 城民王早蘭寶等所害 (『魏書』 67 列傳 55 崔光)

요동	南營州[孝昌中 營州陷 永熙二年 置 寄治英雄城] (…) 遼東郡[永熙中 置] 領縣二 戶

2851) 이 기사에는 월일 표기가 없으나, 『梁書』 本紀에 의거하여 11월19일(己酉)로 편년하였다.
2852) 이 기사에는 월일 표기가 없으나, 『梁書』 本紀에 의거하여 11월19일(己酉)로 편년하였다.
2853) 保定은 北周 武帝의 연호이므로, 北魏를 가리키는 '元魏'는 '北周'·'後周'·'宇文周' 등으로 수정해야 한 다.
2854) 『삼국유사』 왕력편에는 구형왕은 12년간 재위했다고 한다. 또한 『삼국사기』 진흥왕 23(562)조에는 이 해 9월 '가야'가 반란을 일으켜 異斯夫와 斯多含 등으로 하여금 토벌하게 하였다고 한다. 이는 대가야의 멸망을 의미한다. 따라서 구형왕이 신라에 항복한 연대를 532년으로 하여 여기에 배치하였다.
2855) 馮元興은 532년에 사망하였다 하므로 여기에 배치하였다.

五百六十五 口二千六百三十四 (『魏書』 106 志 5 地形 2 上)

534(甲寅/신라 법흥왕 21/고구려 안원왕 4/백제 성왕 12/梁 中大通 6/倭 安閑 3)

백제　　　　(春三月)甲辰 百濟國遣使獻方物 (『梁書』 3 本紀 3 武帝 下)

백제　　　　(春三月)甲辰 百濟國遣使朝貢 (『南史』 7 梁本紀 中)

백제　　　　春三月 遣使入梁朝貢 (『三國史記』 26 百濟本紀 4)[2856]

백제　　　　春三月 百濟遣使如梁朝貢 (『三國史節要』 6)[2857]

백제　　　　(中大通)六年三月 百濟國 七月 林邑國 並遣使獻方物 (『冊府元龜』 968 外臣部 朝貢 1)[2858]

백제　　　　中大通六年大同七年 累遣使獻方物 (『梁書』 54 列傳 48 百濟)[2859]

백제　　　　中大通六年大同七年 累遣使獻方物 (『南史』 79 列傳 69 百濟)[2860]

백제　　　　夏四月丁卯 熒惑犯南斗 (『三國史記』 26 百濟本紀 4)

백제　　　　夏四月丁卯 百濟熒惑犯南斗 (『三國史節要』 6)

고구려　　　(永熙三年夏四月)丙子 高麗國遣使朝貢 (『魏書』 11 帝紀 11 出帝平陽王)

고구려　　　(永熙三年)是夏 契丹高麗吐谷渾 並遣使朝貢 (『北史』 5 魏本紀 5 孝武皇帝)[2861]

고구려　　　遣使入魏朝貢 (『三國史記』 19 高句麗本紀 7)[2862]

고구려　　　高句麗遣使如魏朝貢 (『三國史節要』 6)[2863]

고구려　　　東魏詔加王驃騎大將軍 餘悉如故 (『三國史記』 19 高句麗本紀 7)

고구려　　　東魏詔加高句麗王驃騎大將軍 餘如故 (『三國史節要』 6)

고구려　　　天平中 詔加延侍中驃騎大將軍 餘悉如故 (『魏書』 100 列傳 88 高句麗)[2864]

고구려　　　天平中 詔加延侍中驃騎大將軍[2865] 餘悉如故 (『北史』 94 列傳 82 高麗)[2866]

고구려　　　東魏孝靜天平中 加高句麗王高延侍中車騎大將軍 (『册府元龜』 963 外臣部 封冊 1)[2867]

고구려　　　中大通四年六年 大同元年 七年 累奉表獻方物 (『梁書』 54 列傳 48 高句驪)

고구려　　　中大通四年六年 大同元年 七年 累奉表獻方物 (『南史』 79 列傳 69 高句麗)

535(乙卯/신라 법흥왕 22/고구려 안원왕 5/백제 성왕 13/梁 大同 1/倭 安閑 4)

고구려　　　(二月)辛丑 高麗國丹丹國 各遣使獻方物 (『梁書』 3 本紀 3 武帝 下)

고구려　　　(二月)辛丑 高麗丹丹國 並遣使朝貢 (『南史』 7 梁本紀 中)

2856) 이 기사에는 일자 표기가 없으나, 『梁書』 本紀 등에 의거하여 3월22일(甲辰)로 편년하였다.

2857) 이 기사에는 일자 표기가 없으나, 『梁書』 本紀 등에 의거하여 3월22일(甲辰)로 편년하였다.

2858) 이 기사에는 일자 표기가 없으나, 『梁書』 本紀 등에 의거하여 3월22일(甲辰)로 편년하였다.

2859) 이 기사에는 월일 표기가 없으나, 『梁書』 本紀 등에 의거하여 3월22일(甲辰)로 편년하였다.

2860) 이 기사에는 월일 표기가 없으나, 『梁書』 本紀 등에 의거하여 3월22일(甲辰)로 편년하였다.

2861) 이 기사에는 월일 표기가 없으나, 『魏書』 本紀 등에 의거하여 4월24일(丙子)로 편년하였다.

2862) 이 기사에는 월일 표기가 없으나, 『魏書』 本紀 등에 의거하여 4월24일(丙子)로 편년하였다.

2863) 이 기사에는 월일 표기가 없으나, 『魏書』 本紀 등에 의거하여 4월24일(丙子)로 편년하였다.

2864) 이 기사에는 연대 표기가 없으나, 『三國史記』 高句麗本紀 등에 의거하여 中大通6년(534)으로 편년하였다.

2865) 詔加延侍中驃騎大將軍 諸本驃作車 魏書作驃 按上文言其已爲車騎大將軍 則加官當爲驃騎 今據改

2866) 이 기사에는 연대 표기가 없으나, 『三國史記』 高句麗本紀 등에 의거하여 中大通6년(534)으로 편년하였다.

2867) 이 기사에는 연대 표기가 없으나, 『三國史記』 高句麗本紀 등에 의거하여 中大通6년(534)으로 편년하였다.

고구려	春二月 遣使入梁朝貢 (『三國史記』 19 高句麗本紀 7)[2868]
고구려	春二月 高句麗遣使如梁朝貢 (『三國史節要』 6)[2869]
고구려	中大通四年六年 大同元年七年 累奉表獻方物 (『梁書』 54 列傳 48 高句驪)[2870]
고구려	中大通四年六年 大同元年七年 累奉表獻方物 (『南史』 79 列傳 69 高句麗)[2871]

고구려	(天平二年)是春 高麗契丹 並遣使朝貢 (『魏書』 12 帝紀 12 孝靜帝)
고구려	(天平二年)是春 高麗契丹 並遣使朝貢 (『北史』 5 魏本紀 5 東魏孝靜皇帝)

고구려	夏五月 國南大水 漂沒民屋 死者二百餘人 (『三國史記』 19 高句麗本紀 7)
고구려	夏五月 高句麗大水 漂沒民屋 死者二百餘人 (『三國史節要』 6)

고구려	冬十月 地震 (『三國史記』 19 高句麗本紀 7)
고구려	冬十月 高句麗地震 (『三國史節要』 6)

고구려	十二月 雷 (『三國史記』 19 高句麗本紀 7)
고구려	十二月 雷 (『三國史節要』 6)

고구려	(十二月) 大疫 (『三國史記』 19 高句麗本紀 7)
고구려	(十二月) 高句麗大疫 (『三國史節要』 6)

신라	上大等哲夫卒 (『三國史記』 4 新羅本紀 4)

백제	中大通七年 累遣使獻方物 並諸渥槃等經義 毛詩博士幷工匠畫師等 並給之 (『太平御覽』 781 四夷部 2 東夷 2 百濟)[2872]

536(丙辰/신라 법흥왕 23 建元 1/고구려 안원왕 6/백제 성왕 14/梁 大同 2/倭 宣化 1)

고구려	春夏 大旱 發使撫恤饑民 (『三國史記』 19 高句麗本紀 7)
고구려	春夏 高句麗大旱 發使撫恤饑民 (『三國史節要』 6)

고구려	秋八月 蝗 (『三國史記』 19 高句麗本紀 7)
고구려	秋八月 高句麗蝗 (『三國史節要』 6)

고구려	(秋八月) 遣使入東魏朝貢 (『三國史記』 19 高句麗本紀 7)
고구려	(秋八月) 高句麗遣使如東魏朝貢 (『三國史節要』 6)
고구려	(天平三年)是歲 高麗國遣使朝貢 (『魏書』 12 帝紀 12 孝靜帝)[2873]
고구려	(天平三年)是歲 高麗勿吉 並遣使朝貢 (『北史』 5 魏本紀 5 東魏孝靜皇帝)[2874]
고구려	(東魏孝靜帝天平)三年 高麗勿吉 並遣使朝貢 (『册府元龜』 969 外臣部 朝貢 2)[2875]

2868) 이 기사에는 일자 표기가 없으나, 『梁書』 本紀 등에 의거하여 2월24일(辛丑)로 편년하였다.
2869) 이 기사에는 일자 표기가 없으나, 『梁書』 本紀 등에 의거하여 2월24일(辛丑)로 편년하였다.
2870) 이 기사에는 월일 표기가 없으나, 『梁書』 本紀 등에 의거하여 2월24일(辛丑)로 편년하였다.
2871) 이 기사에는 월일 표기가 없으나, 『梁書』 本紀 등에 의거하여 2월24일(辛丑)로 편년하였다.
2872) 『梁書』 本紀 등에는 中大通 6년(534) 3월22일(甲辰)로, 『三國史記』 百濟本紀 등에는 大同 7년(541)으로 되어 있다.
2873) 이 기사에는 월 표기가 없으나, 『三國史記』 高句麗本紀 등에 의거하여 8월로 편년하였다.
2874) 이 기사에는 월 표기가 없으나, 『三國史記』 高句麗本紀 등에 의거하여 8월로 편년하였다.
2875) 이 기사에는 월 표기가 없으나, 『三國史記』 高句麗本紀 등에 의거하여 8월로 편년하였다.

신라	始稱年號 云建元元年 (『三國史記』4 新羅本紀 4)
신라	第二十三法興王 建元[丙辰 是年 始置年號 始此] (『三國遺事』1 王曆)
신라	新羅始建元 新羅自國初 行中國年號 至時因中國分裂 自號建元元年 (『三國史節要』6)

537(丁巳/신라 법흥왕 24 建元 2/고구려 안원왕 7/백제 성왕 15/梁 大同 3/倭 宣化 2)

고구려	春三月 民饑 王巡撫賑救 (『三國史記』19 高句麗本紀 7)
고구려	春三月 高句麗饑 王巡撫賑之 (『三國史節要』6)

신라 가야 백제

冬十月壬辰朔 天皇 以新羅寇於任那 詔大伴金村大連 遣其子磐與狹手彦 以助任那 是時 磐留筑紫 執其國政 以備三韓 狹手彦往鎭任那 加救百濟 (『日本書紀』18 宣化紀)

고구려	冬十二月 遣使入東魏朝貢 (『三國史記』19 高句麗本紀 7)
고구려	冬十二月 高句麗遣使如東魏朝貢 (『三國史節要』6)
고구려	(天平四年)是歲 高麗蠕蠕國 並遣使朝貢 (『魏書』12 帝紀 12 孝靜帝)[2876]
고구려	(天平四年)是歲 高麗蠕蠕 並遣使朝貢 (『北史』5 魏本紀 5 東魏孝靜皇帝)[2877]
고구려	(東魏孝靜帝天平)四年 高麗蠕蠕 並遣使朝貢 (『册府元龜』969 外臣部 朝貢 2)[2878]

고구려	天平中[2879] 詔高麗送果等 (『魏書』71 列傳 59 江果)[2880]
고구려	天平中 詔高麗送果等 (『北史』45 列傳 33 江果)

538(戊午/신라 법흥왕 25 建元 3/고구려 안원왕 8/백제 성왕 16/梁 大同 4/倭 宣化 3)

신라	春正月 教許外官携家之任 (『三國史記』4 新羅本紀 4)
신라	春正月 新羅許外官挈家之任 (『三國史節要』6)

백제	春 移都於泗沘[一名所夫里] 國號南扶餘 (『三國史記』26 百濟本紀 4)
백제	百濟聖王二十六年[2881]戊午春 移都於泗沘 國號南扶餘[注曰 其地名所夫里 泗沘 今之古省津也 所夫里者 扶餘之別號也 已上注] (…) 至二十六世聖王 移都所夫里 國號南扶餘 (『三國遺事』2 紀異 2 南扶餘前百濟北扶餘)
백제	第二十六聖王 戊午[移都泗沘 稱南扶餘] (『三國遺事』1 王曆)[2882]
백제	百濟移都於泗沘[一名所夫里 或曰古省津] 國號南扶餘 (『三國史節要』6)[2883]
백제	按古典記 (…) 至二十六世聖王移都所夫里 國號南扶餘 (『三國史記』37 雜志 6 地理 4)[2884]

2876) 이 기사에는 월 표기가 없으나, 『三國史記』高句麗本紀 등에 의거하여 12월로 편년하였다.
2877) 이 기사에는 월 표기가 없으나, 『三國史記』高句麗本紀 등에 의거하여 12월로 편년하였다.
2878) 이 기사에는 월 표기가 없으나, 『三國史記』高句麗本紀 등에 의거하여 12월로 편년하였다.
2879) 天平中 諸本天作太 北史卷四五江悅之傳作天 按魏無太平年號 下稱元象中 顯爲天平之訛 今據改
2880) 이 기사에는 연대 표기가 없으나, 天平 연간(534~537)이므로 해당연도로 기간편년하고 마지막해인 537년에 배치하였다.
2881) 聖王26년(548)은 戊辰年이고, 戊午年은 聖王16년(538)이다. 聖王16년(538)으로 수정편년하였다.
2882) 이 기사에는 월 표기가 없으나, 『三國史記』百濟本紀 등에 의거하여 春으로 편년하였다.
2883) 이 기사에는 월 표기가 없으나, 『三國史記』百濟本紀 등에 의거하여 春으로 편년하였다.
2884) 이 기사에는 연대 표기가 없으나, 『三國史記』百濟本紀 등에 의거하여 聖王16년(538) 春으로 편년하였다.

고구려	(元象元年)秋七月乙亥[2885) 高麗國遣使朝貢 (『魏書』 12 帝紀 12 孝靜帝)
고구려	(元象元年)秋七月乙亥 高麗遣使朝貢 (『北史』 5 魏本紀 5 東魏孝靜皇帝)
고구려	(東魏孝靜帝)元象元年七月 高麗遣使朝貢 (『册府元龜』 969 外臣部 朝貢 2)[2886)
신라	新羅滅阿尸良國 以其地爲郡 (『三國史節要』 6)[2887)
신라	新羅作美知樂 (『三國史節要』 6)[2888)

539(己未/신라 법흥왕 26 建元 4/고구려 안원왕 9/백제 성왕 17/梁 大同 5/倭 宣化 4)

고구려	元象中 乃得還朝 (『魏書』 71 列傳 59 江果)[2889)
고구려	元象中 乃得還朝 (『北史』 45 列傳 33 江果)
고구려	夏五月 遣使入東魏朝貢 (『三國史記』 19 高句麗本紀 7)
고구려	夏五月 高句麗遣使如東魏朝貢 (『三國史節要』 6)
고구려	(興和元年夏五月)是月 高麗國遣使朝貢 (『魏書』 12 帝紀 12 孝靜帝)
고구려	(興和元年五月)是月 高麗遣使朝貢 (『北史』 5 魏本紀 5 東魏孝靜皇帝)
고구려	(東魏孝靜帝)興和元年五月 高麗遣使朝貢 (『册府元龜』 969 外臣部 朝貢 2)
현도	[裴子野傳] (…) 梁元帝職貢圖序曰 甘泉寫閼氏之形 後宮玩單于之圖贊曰 北通元[2890) 菟 南漸朱鳶 詳見內附類 後漢東夷傳文選注 引外國圖 水經注亦引之[又見通典] (『玉海』 16 地理異域圖書 梁方國使圖 職貢圖)[2891)

백제 고구려 신라

[唐地理志] 梁元帝一卷 崇文目同書目云其自序云乃纂百國一卷 今存二十有七 李公麟有帖云 梁元帝鎭荊州 作職貢圖 首虜而終蠻 凡三十餘國 今纔二十有二 其一曰魯國 南史及通典太平御覽 皆無魯國與丙丙國 其下二十國則有之 河南中天竺師子北天竺渴盤陀武興蕃滑波斯百濟龜玆倭因古柯呵跋檀胡密丹白題末林邑婆利宕昌很牙脩 皆朝貢於梁者 武帝紀中 又有扶南鄧至于闐蠕蠕高麗于陁利新羅盤盤丹丹九國豈圖之所遺邪 亦不見所謂蠻者 疑丙丙與芮芮相類 卽蠕蠕也 通志云 二十八國 崇文目 又有職貢圖三卷 (『玉海』 56 藝文圖 梁職貢圖 見朝貢)[2892)

540(庚申/신라 법흥왕 27, 진흥왕 1 建元 5/고구려 안원왕 10/백제 성왕 18/梁 大同 6/倭 欽明 1)

백제	(春)二月 百濟人己知部投化 置倭國添上郡山村 今山村己知部之先也 (『日本書紀』 19 欽明紀)

2885) 秋七月乙亥 諸本乙亥作己亥 按是年七月戊午朔 無己亥 北史卷五作乙亥 是十八日 今據改
2886) 이 기사에는 일자 표기가 없으나, 『魏書』帝紀 등에 의거하여 7월18일(乙亥)로 편년하였다.
2887) 『三國史記』志에는 法興王代(514~540)로 되어 있다.
2888) 『三國史記』志에는 法興王代(514~540)로 되어 있다.
2889) 이 기사에는 연대 표기가 없으나, 元象 연간(538~539)이므로 해당연도로 편년하였다.
2890) 저본에는 '元'으로 되어 있으나, '玄'의 피휘이므로 수정해야 한다.
2891) 이 기사에는 연대 표기가 없으나, 『梁職貢圖』의 제작 추정연대인 526~539으로 기간편년하고 마지막해인 539년에 배치하였다.
2892) 이 기사에는 연대 표기가 없으나, 『梁職貢圖』의 제작 추정연대인 526~539으로 기간편년하고 마지막해인 539년에 배치하였다.

신라	咸安郡 法興王以大兵滅阿尸良國[一云阿那加耶] 以其地爲郡 (『三國史記』 34 雜志 3 地理 1)[2893]
신라	美知樂 法興王時作也 (『三國史記』 32 雜志 1 樂)[2894]
신라	秋七月 王薨 諡曰法興 葬於哀公寺北峯 (『三國史記』 4 新羅本紀 4)
신라	眞興王立 諱彡麥宗[或作深麥夫] 時年七歲 法興王弟葛文王立宗之子也 母夫人金氏 法興王之女 妃朴氏思道夫人 王幼少 王太后攝政 (『三國史記』 4 新羅本紀 4)
신라	秋七月 新羅王原宗薨 諡曰法興 葬於哀公寺北峯 弟葛文王立宗之子也 彡麥宗立 年七歲 母法興王之女 王幼太后攝政 (『三國史節要』 6)
신라	第二十四眞興王[名彡麥宗 一作深△△ 金氏 父卽法興之弟立宗葛文王 母只召夫人 一作息道夫人 朴氏 △△△△史△△△△ 亦剃髮△△ △△立 理三十六年] (『三國遺事』 1 王曆)[2895]
신라	第二十四眞興王 卽位時年十五歲 太后攝政 太后乃法興王之女子 立宗葛文王之妃 終時削髮被法衣而逝 (『三國遺事』 1 紀異 1 眞興王)[2896]
신라	八月 大赦 賜文武官爵一級 (『三國史記』 4 新羅本紀 4)
신라	八月 新羅大赦 賜文武爵一級 (『三國史節要』 6)

고구려 백제 신라 가야	(秋)八月 高麗百濟新羅任那 並遣使獻 並脩貢職 召集秦人漢人等諸蕃投化者 安置國郡 編貫戶籍 秦人戶數 總七千五十三戶 以大藏掾 爲秦伴造 (『日本書紀』 19 欽明紀)
고구려 백제	秋九月 百濟圍牛山城 王遣精騎五千 擊走之 (『三國史記』 19 高句麗本紀 7)
백제 고구려	秋九月 王命將軍燕會 攻高句麗牛山城 不克 (『三國史記』 26 百濟本紀 4)
백제 고구려	秋九月 百濟王命將軍燕會 攻高句麗牛山城 高句麗王遣精騎五千 擊走之 (『三國史節要』 6)
신라 가야	九月乙亥朔己卯 幸難波祝津宮 大伴大連金村許勢臣稻持物部大連尾輿等從焉 天皇問諸臣曰 幾許軍卒 伐得新羅 物部大連尾輿等奏曰 少許軍卒 不可易征 曩者 男大迹天皇六年 百濟遣使 表請任那上哆唎下哆唎娑陀牟婁四縣 大伴大連金村 輒依表請 許賜所求 由是 新羅怨曠積年 不可輕爾而伐 於是 大伴大連金村 居住吉宅 稱疾不朝 天皇遣靑海夫人勾子 慰問慇懃 大連怖謝曰 臣所疾者 非餘事也 今諸臣等謂臣滅任那 故恐怖不朝耳 乃以鞍馬贈使 厚相資敬 靑海夫人 依實顯奏 詔曰 久竭忠誠 莫恤衆口 遂不爲罪 優寵彌深 (『日本書紀』 19 欽明紀)
신라	冬十月 地震 (『三國史記』 4 新羅本紀 4)
신라	冬十月 新羅地震 (『三國史節要』 6)

2893) 이 기사는 法興王代(514~540)로 되어 있으므로, 해당 연대로 기간편년하고 마지막해인 540년에 배치하였다. 『三國史節要』에는 法興王25년(538)으로 되어 있다.
2894) 이 기사는 法興王代(514~540)로 되어 있으므로, 해당 연대로 기간편년하고 마지막해인 540년에 배치하였다. 『三國史節要』에는 法興王25년(538)으로 되어 있다.
2895) 이 기사에는 월 표기가 없으나, 『三國史記』 新羅本紀 등에 의거하여 7월로 편년하였다.
2896) 이 기사에는 월 표기가 없으나, 『三國史記』 新羅本紀 등에 의거하여 7월로 편년하였다.

신라	(冬十月) 桃李華 (『三國史記』 4 新羅本紀 4)
고구려	冬十月 桃李華 (『三國史記』 19 高句麗本紀 7)
신라	(冬十月) 新羅高句麗桃李華 (『三國史節要』 6)

고구려	十二月 遣使入東魏朝貢 (『三國史記』 19 高句麗本紀 7)
고구려	十二月 高句麗遣使如東魏朝貢 (『三國史節要』 6)
고구려	(興和二年)是歲 蠕蠕高麗勿吉國 並遣使朝貢 (『魏書』 12 帝紀 12 孝靜帝)[2897]
고구려	(興和二年)是歲 高麗蠕蠕勿吉 並遣使朝貢 (『北史』 5 魏本紀 5 東魏孝靜皇帝)[2898]
고구려	(東魏孝靜帝興和)二年 蠕蠕國高麗勿吉 並遣使朝貢 (『册府元龜』 969 外臣部 朝貢 2)[2899]

신라	新羅王選容儀端正童男 號風月主 求善士爲徒衆 以礪孝悌忠信 (『三國史節要』 6)

541(辛酉/신라 진흥왕 2 建元 6/고구려 안원왕 11/백제 성왕 19/梁 大同 7/倭 欽明 2)

고구려 백제	(春)三月乙亥 宕昌王遣使獻馬及方物 高麗百濟滑國 各遣使獻方物 (『梁書』 3 本紀 3 武帝 下)
고구려	春三月 遣使入梁朝貢 (『三國史記』 19 高句麗本紀 7)[2900]
고구려	(春三月) 高句麗遣使如梁朝貢 (『三國史節要』 6)[2901]
고구려 백제	(大同)七年三月 高麗國百濟滑國 九月 芮芮國 遣使獻方物 (『册府元龜』 968 外臣部 朝貢 1)[2902]
백제	王遣使入梁朝貢 兼表請毛詩博士涅槃等經義幷工匠畫師等 從之 (『三國史記』 26 百濟本紀 4)[2903]
백제	百濟遣使如梁朝貢 表請毛詩博士涅槃等經義 幷工匠畫師等 從之 (『三國史節要』 6)[2904]
고구려 백제	是歲 宕昌蠕蠕高麗百濟滑國 各遣使朝貢 百濟求涅槃等經疏及醫工畫師毛詩博士 並許之 (『南史』 7 梁本紀 中)[2905]
백제	梁武帝大同七年 百濟王遣使請涅槃等經義毛詩博士幷工匠畫師等 勅垃給之 (『册府元龜』 999 外臣部 請求)[2906]
백제	(大同)七年 百濟國遣使朝貢請經論 勅賜涅槃疏 (『佛祖統紀』 37 法運通塞志 17之4 梁武帝大同7年)[2907]
고구려	中大通四年六年 大同元年七年 累奉表獻方物 (『梁書』 54 列傳 48 高句驪)[2908]
백제	中大通六年大同七年 累遣使獻方物 幷請涅盤等經義毛詩博士 幷工匠畫師等 敕並給之 (『梁書』 54 列傳 48 百濟)[2909]

2897) 이 기사에는 월 표기가 없으나, 『三國史記』 高句麗本紀 등에 의거하여 12월로 편년하였다.
2898) 이 기사에는 월 표기가 없으나, 『三國史記』 高句麗本紀 등에 의거하여 12월로 편년하였다.
2899) 이 기사에는 월 표기가 없으나, 『三國史記』 高句麗本紀 등에 의거하여 12월로 편년하였다.
2900) 이 기사에는 일자 표기가 없으나, 『梁書』 本紀에 의거하여 3월 3일(乙亥)로 편년하였다.
2901) 이 기사에는 일자 표기가 없으나, 『梁書』 本紀에 의거하여 3월 3일(乙亥)로 편년하였다.
2902) 이 기사에는 일자 표기가 없으나, 『梁書』 本紀에 의거하여 3월 3일(乙亥)로 편년하였다.
2903) 이 기사에는 월일 표기가 없으나, 『梁書』 本紀에 의거하여 3월 3일(乙亥)로 편년하였다. 『太平御覽』에는 中大通 7년(535)으로 되어 있다.
2904) 이 기사에는 월일 표기가 없으나, 『梁書』 本紀에 의거하여 3월 3일(乙亥)로 편년하였다.
2905) 이 기사에는 월일 표기가 없으나, 『梁書』 本紀에 의거하여 3월 3일(乙亥)로 편년하였다.
2906) 이 기사에는 월일 표기가 없으나, 『梁書』 本紀에 의거하여 3월 3일(乙亥)로 편년하였다.
2907) 이 기사에는 월일 표기가 없으나, 『梁書』 本紀에 의거하여 3월 3일(乙亥)로 편년하였다.
2908) 이 기사에는 월일 표기가 없으나, 『梁書』 本紀에 의거하여 3월 3일(乙亥)로 편년하였다.
2909) 이 기사에는 월일 표기가 없으나, 『梁書』 本紀에 의거하여 3월 3일(乙亥)로 편년하였다.

고구려	中大通四年六年 大同元年七年 累奉表獻方物 (『南史』 79 列傳 69 高句麗)[2910]
백제	中大通六年大同七年 累遣使獻方物 並請涅槃等經義毛詩博士 幷工匠畫師等 並給之 (『南史』 79 列傳 69 百濟)[2911]

신라	春三月 雪一尺 (『三國史記』 4 新羅本紀 4)
신라	春三月 新羅雪 深一尺 (『三國史節要』 6)

신라	(春三月) 拜異斯夫爲兵部令 掌內外兵馬事 (『三國史記』 4 新羅本紀 4)
신라	(春三月) 新羅拜異斯夫爲兵部令 掌內外兵馬事 (『三國史節要』 6)

신라 백제	(春三月) 百濟遣使請和 許之 (『三國史記』 4 新羅本紀 4)
신라 백제	(春三月) 百濟遣使新羅請和 許之 (『三國史節要』 6)

가야 백제 신라

夏四月 安羅次旱岐夷呑奚大不孫久取柔利 加羅上首位古殿奚 卒麻旱岐 散半奚旱岐
兒 多羅下旱岐夷他 斯二岐旱岐兒 子他旱岐等 與任那日本府吉備臣[闕名字] 往赴百
濟 俱聽詔書 百濟聖明王謂任那旱岐等言 日本天皇所詔者 全以復建任那 今用何策
起建任那 盍各盡忠 奉展聖懷 任那旱岐等對曰 前再三廻 與新羅議 而無答報 所圖之
旨 更告新羅 尙無所報 今宜俱遣使 往奏天皇 夫建任那者 爰在大王之意 祇承敎旨
誰敢間言 然任那境接新羅 恐致卓淳等禍[等謂喙己呑加羅 言卓淳等國 有敗亡之禍]
聖明王曰 昔我先祖速古王貴首王之世 安羅加羅卓淳旱岐等 初遣使相通 厚結親好 以
爲子弟 冀可恒隆 而今被誑新羅 使天皇忿怒 而任那憤恨 寡人之過也 我深懲悔 而遣
下部中佐平麻鹵城方甲背昧奴等 赴加羅 會于任那日本府相盟 以後 繫念相續 圖建任
那 旦夕無忘 今天皇詔稱 速建任那 由是 欲共爾曹謀計 樹立任那等國 宜善圖之 又
於任那境 徵召新羅 問聽與不 乃俱遣使 奏聞天皇 恭承示敎 儻如使人未還之際 新羅
候隙 侵逼任那 我當往救 不足爲憂 然善守備 謹警無忘 別汝所導 恐致卓淳等禍 非
新羅自强故 所能爲也 其喙己呑 居加羅與新羅境際 而被連年攻敗 任那無能救援 由
是見亡 其南加羅 蕞爾狹小 不能卒備 不知所託 由是見亡 其卓淳 上下携貳 主欲自
附 內應新羅 由是見亡 因斯而觀 三國之敗 良有以也 昔新羅請援於高麗 而攻擊任那
與百濟 尙不剋之 新羅安獨滅任那乎 今寡人 與汝戮力幷心 翳賴天皇 任那必起 因贈
物各有差 忻忻而還 (『日本書紀』 19 欽明紀)

백제 가야 신라

秋七月 百濟聞安羅日本府與新羅通計 遣前部奈率鼻利莫古奈率宣文中部奈率木刕眯
淳紀臣奈率彌麻沙等[紀臣奈率者 蓋是紀臣娶韓婦所生 因留百濟 爲奈率者也 未詳其
父 他皆效此也] 使于安羅 召到新羅任那執事 謨建任那 別以安羅日本府河內直 通計
新羅 深責罵之[百濟本記云 加不至費直阿賢移那斯佐魯麻都等 未詳也] 乃謂任那曰
昔我先祖速古王貴首王 與故旱岐等 始行和親 式爲兄弟 於是 我以汝爲子弟 汝以我
爲父兄 共事天皇 俱距强敵 安國全家 至于今日 言念先祖 與舊旱岐 和親之詞 有如
皎日 自茲以降 勤修隣好 遂敦與國 恩踰骨肉 善始有終 寡人之所恒願 未審 何緣輕
用浮辭 數歲之間 慨然失志 古人云 追悔無及 此之謂也 上達雲際 下及泉中 誓神乎
今 改咎乎昔 一無隱匿 發露所爲 精誠通靈 深自克責 亦所宜取 蓋聞 爲人後者 貴能

2910) 이 기사에는 월일 표기가 없으나, 『梁書』 本紀에 의거하여 3월 3일(乙亥)로 편년하였다.
2911) 이 기사에는 월일 표기가 없으나, 『梁書』 本紀에 의거하여 3월 3일(乙亥)로 편년하였다.

負荷先軌 克昌堂構 以成勳業也 故今追崇先世和親之好 敬順天皇詔勅之詞 拔取新羅
所折之國南加羅喙己呑等 還屬本貫 遷實任那 永作父兄 恒朝日本 此寡人之所食不甘
味 寢不安席 悔往戒今之 所勞想也 夫新羅甘言希誑 天下之所知也 汝等妄信 旣墮人
權 方今任那境接新羅 宜常設備 豈能弛柝 爰恐 陷罹誣欺網罟 喪國亡家 爲人繫虜
寡人念玆 勞想而不能自安矣 竊聞 任那與新羅運策席際 現蜂蛇怪 亦衆所知 且夫妖
祥所以戒行 災異所以悟人 當是 明天告戒 先靈之徵表者也 禍至追悔 滅後思興 孰云
及矣 今汝遵余 聽天皇勅 可立任那 何患不成 若欲長存本土 永御舊民 其謨在玆 可
不愼也 聖明王更謂任那日本府曰 天皇詔稱 任那若滅 汝則無資 任那若興 汝則有援
今宜興建任那 使如舊日 以爲汝助 撫養黎民 謹承詔勅 悚懼塡胸 誓效丹誠 冀隆任那
永事天皇 猶如往日 先慮未然 然後康樂 今日本府 復能依詔 救助任那 是爲天皇所必
褒讚 汝身所當賞祿 又日本卿等 久住任那之國 近接新羅之境 新羅情狀 亦是所知 毒
害任那 謨防日本 其來尙矣 匪唯今年 而不敢動者 近羞百濟 遠恐天皇 誘事朝廷 僞
和任那 如斯感激任那日本府者 以未禽任那之間 僞示伏從之狀 願今候其間隙 佔其不
備 一擧兵而取之 天皇 以詔勅 勸立南加羅喙己呑 非但數十年 而新羅一不聽命 亦卿
所知 且夫信敬天皇 爲立任那 豈若是乎 恐卿等輒信甘言 輕被謾語 滅任那國 奉辱天
皇 卿其戒之 勿爲他欺 (『日本書紀』19 欽明紀)

고구려	(興和三年)是歲 蠕蠕高麗勿吉國 並遣使朝貢 (『魏書』12 帝紀 12 孝靜帝)
고구려	(興和三年)是歲 蠕蠕高麗勿吉國 並遣使朝貢 (『北史』5 魏本紀 5 東魏孝靜皇帝)
고구려	(東魏孝靜帝興和)三年 蠕蠕高麗勿吉 並遣使朝貢 (『册府元龜』969 外臣部 朝貢 2)

542(壬戌/신라 진흥왕 3 建元 7/고구려 안원왕 12/백제 성왕 20/梁 大同 8/倭 欽明 3)

| 고구려 | 春三月 大風拔木飛瓦 (『三國史記』19 高句麗本紀 7) |
| 고구려 | 春三月 高句麗大風 拔木飛瓦 (『三國史節要』6) |

| 고구려 | 夏四月 雹 (『三國史記』19 高句麗本紀 7) |
| 고구려 | 夏四月 高句麗雹 (『三國史節要』6) |

| 백제 가야 | 秋七月 百濟遣紀臣奈率彌麻沙中部奈率己連 來奏下韓任那之政 幷上表之 (『日本書紀』19 欽明紀) |

고구려	冬十二月 遣使入東魏朝貢 (『三國史記』19 高句麗本紀 7)
고구려	冬十二月 高句麗遣使如東魏朝貢 (『三國史節要』6)
고구려	(興和四年)是歲 蠕蠕高麗吐谷渾國 並遣使朝貢 (『魏書』12 帝紀 12 孝靜帝)[2912]
고구려	(興和四年)是歲 蠕蠕高麗吐谷渾 並遣使朝貢 (『北史』5 魏本紀 5 東魏孝靜皇帝)[2913]
고구려	(東魏孝靜帝興和)四年 蠕蠕高麗吐谷渾 並遣使朝貢 (『册府元龜』969 外臣部 朝貢 2)[2914]

543(癸亥/신라 진흥왕 4 建元 8/고구려 안원왕 13/백제 성왕 21/梁 大同 9/倭 欽明 4)

| 백제 | 夏四月 百濟紀臣奈率彌麻沙等罷之 (『日本書紀』19 欽明紀) |

| 백제 | 秋九月 百濟聖明王遣前部奈率眞牟貴文護德己州己婁與物部施德麻奇牟等 來獻扶南 |

2912) 이 기사에는 월 표기가 없으나, 『三國史記』高句麗本紀 등에 의거하여 12월로 편년하였다.
2913) 이 기사에는 월 표기가 없으나, 『三國史記』高句麗本紀 등에 의거하여 12월로 편년하였다.
2914) 이 기사에는 월 표기가 없으나, 『三國史記』高句麗本紀 등에 의거하여 12월로 편년하였다.

財物與奴二口 (『日本書紀』19 欽明紀)

| 백제 가야 | 冬十一月丁亥朔甲午 遣津守連 詔百濟曰 在任那之下韓 百濟郡令城主 宜附日本府 幷持詔書 宣曰 爾屢抗表 稱當建任那 十餘年矣 表奏如此 尚未成之 且夫任那者 爲 爾國之棟梁 如折棟梁 詎成屋宇 朕念在玆 爾須早建 汝若早建任那 河內直等[河內直 已見上文] 自當止退 豈足云乎 是日 聖明王 聞宣勅已 歷問三佐平內頭及諸臣曰 詔勅 如是 當復何如 三佐平等答曰 在下韓之我郡令城主 不可出之 建國之事 宜早聽聖勅 (『日本書紀』19 欽明紀) |

고구려	冬十一月 遣使入東魏朝貢 (『三國史記』19 高句麗本紀 7)
고구려	冬十一月 高句麗遣使如東魏朝貢 (『三國史節要』6)
고구려	(武定元年)是歲 吐谷渾高麗蠕蠕國 並遣使朝貢 (『魏書』12 帝紀 12 孝靜帝)[2915]
고구려	(武定元年)是歲 吐谷渾高麗蠕蠕 並遣使朝貢 (『北史』5 魏本紀 5 東魏孝靜皇帝)[2916]
고구려	(東魏孝靜帝)武定元年 吐谷渾高麗蠕蠕 並遣使朝貢 (『册府元龜』969 外臣部 朝貢 2)[2917]

| 백제 가야 | (冬)十二月 百濟聖明王 復以前詔 普示群臣曰 天皇詔勅如是 當復何如 上佐平沙宅己 婁中佐平木刕麻那下佐平木尹貴德率鼻利莫古德率東城道天德率木刕眯淳德率國雖多 奈率燕比善那等 同議曰 臣等稟性愚闇 都無智略 詔建任那 早須奉勅 今宜召任那執 事國國旱岐等 俱謀同計 抗表述志 又河內直移那斯麻都等 猶住安羅 任那恐難建之 故亦幷表乞移本處也 聖明王曰 群臣所議 甚稱寡人之心 是月 乃遣施德高分 召任那 執事與日本府執事 俱答言 過正旦而往聽焉 (『日本書紀』19 欽明紀) |

544(甲子/신라 진흥왕 5 建元 9/고구려 안원왕 14/백제 성왕 22/梁 大同 10/倭 欽明 5)

| 백제 가야 | 春正月 百濟國遣使 召任那執事與日本府執事 俱答言 祭神時到 祭了而往 是月 百濟 復遣使 召任那執事與日本府執事 日本府任那 俱不遣執事 而遣微者 由是 百濟不得 俱謀建任那國 (『日本書紀』19 欽明紀) |

신라	春二月 興輪寺成 (『三國史記』4 新羅本紀 4)
신라	春二月 新羅興輪寺成 (『三國史節要』6)
신라	眞興大王卽位五年甲子 造大興輪寺[按國史與鄉傳 實法興王十四年丁未 始開 二十一 年乙卯 大伐天鏡林 始興工 梁棟之材 皆於其林中取足 而階礎石龕皆有之 至眞興王 五年甲子 寺成 故云甲子 僧傳云七年 誤] (『三國遺事』3 興法 3 原宗興法猒髑滅 身)[2918]
신라	其京都內有七處伽藍之墟 一曰金橋東天鏡林[今興輪寺 金橋謂西川之橋 俗訛呼云松橋 也 寺自我道始基 而中廢 至法興王丁未草創 乙卯大開 眞興王畢成] (『三國遺事』3 興法 3 阿道基羅)[2919]

2915) 이 기사에는 월 표기가 없으나, 『三國史記』高句麗本紀 등에 의거하여 11월로 편년하였다.
2916) 이 기사에는 월 표기가 없으나, 『三國史記』高句麗本紀 등에 의거하여 11월로 편년하였다.
2917) 이 기사에는 월 표기가 없으나, 『三國史記』高句麗本紀 등에 의거하여 11월로 편년하였다.
2918) 이 기사에는 월 표기가 없으나, 『三國史記』新羅本紀 등에 의거하여 2월로 편년하였다.
2919) 이 기사에는 연대 표기가 없으나, 『三國史記』新羅本紀 등에 의거하여 眞興王 5년(544) 2월로 편년하였다.

백제 가야 신라

二月 百濟遣施德馬武施德高分屋施德斯那奴次酒等 使于任那 詔日本府與任那旱岐等
曰 我遣紀臣奈率彌麻沙奈率己連物部連奈率用奇多 朝謁天皇 彌麻沙等 還自日本 以
詔書宣曰 汝等 宜共在彼日本府 早建良圖 副朕所望 爾其戒之 勿被他誑[百濟本記云
津守連己麻奴跪 而語訛不正 未詳] 宣勅而問任那之政 故將欲共日本府任那執事 議定
任那之政 奉奏天皇 遺召三廻尚不來到 由是 不得共論圖計任那之政 奉奏天皇矣 今
欲請留津守連 別以疾使 具申情狀遣奏天皇 當以三月十日發遣使於日本 此使便到 天
皇必須問汝 汝日本府卿任那旱岐等 各宜發使共我使人 往聽天皇所宣之詔 別謂河內
直[百濟本記云 河內直移那斯麻都 而語訛未詳其正也] 自昔迄今 唯聞汝惡 汝先祖等
[百濟本記云 汝先那干陀甲背加臘直岐甲背 亦云 那哥陀甲背鷹哥岐彌 語訛未詳] 俱
懷奸僞 誘說 爲哥可君[百濟本記云 爲哥岐彌 名有非岐] 專信其言 不憂國難 乖背吾
心 縱肆暴虐 由是見逐 職汝之由 汝等來住任那 恒行不善 任那日損 職汝之由 汝是
雖微 譬猶小火燒焚山野 連延村邑 由汝行惡 當敗任那 遂使海西諸國官家 不得長奉
天皇之闕 今遣奏天皇 乞移汝等 還其本處 汝亦往聞 又謂日本府卿任那旱岐等曰 夫
建任那之國 不假天皇之威 誰能建也 故我思欲就天皇 請將士 而助任那之國 將士之
粮 我當須運 將士之數 未限若干 運粮之處 亦難自決 願居一處 俱論可不 擇從其善
將奏天皇 故頻遣召 汝猶不來 不得議也」 日本府答曰:『任那執事 不赴召者 是由吾不
遣 不得往之 吾遣奏天皇 還使宣曰 朕當以印奇臣[語訛未詳] 遣於新羅 以津守連 遣
於百濟 汝 待聞勅際 莫自勞往新羅百濟也 宣勅如是 會聞印奇臣使於新羅 乃追遣問
天皇所宣 詔曰 日本臣與任那執事 應就新羅 聽天皇勅 而不宣就百濟聽命也 後津守
連 逐來過此 謂之曰 今餘被遣於百濟者 將出在下韓之百濟郡令城主 唯聞此說 不聞
任那與日本府 會於百濟 聽天皇勅 故不往焉 非任那意 於是 任那旱岐等曰 由使來召
便欲往叄 日本府卿 不肯發遣 故不往焉 大王 爲建任那 觸情曉示 覩茲忻喜 難可具
申 (『日本書紀』19 欽明紀)

신라　　　三月 許人出家爲僧尼奉佛 (『三國史記』4 新羅本紀 4)
신라　　　三月 許度人爲僧尼 勤於奉佛 廣興佛利 (『三國史節要』6)

백제 가야 신라

)三月 百濟遣奈率阿乇得文許勢奈率奇麻物部奈率奇非等 上表曰 奈率彌麻沙奈率己連
等 至臣蕃 奉詔書曰 爾等宜共在彼日本府 同謀善計 早建任那 爾其戒之 勿被他誑
又津守連等至臣蕃 奉勅書 問建任那 恭承來勅 不敢停時 爲欲共謀 乃遣使召日本府
[百濟本記云 遣召烏胡跛臣 蓋是的臣也]與任那 俱對言 新年旣至 願過而往 久而不就
復遣使召 俱對言 祭時旣至 願過而往 久而不就 復遣使召 而由遣微者 不得同計 夫
任那之不赴召者 非其意焉 是阿賢移那斯佐魯麻都[二人名也 已見上文] 奸佞之所作也
夫任那者 以安羅爲兄 唯從其意 安羅人者 以日本府爲天 唯從其意[百濟本記云 以安
羅爲父 以日本府爲本也] 今的臣吉備臣河內直等 咸從移那斯麻都指撝而已 移那斯麻
都 雖是小家微者 專擅日本府之政 又制任那 障而勿遣 由是 不得同計 奏答天皇 故
留己麻奴跪[蓋是津守連也] 別遣疾使迅如飛鳥 奉奏天皇 假使二人[二人者 移那斯與
麻都也]在於安羅 多行奸佞 任那難建 海西諸國 必不獲事 伏請移此二人 還其本處 勅
嘩日本府與任那 而圖建任那 故臣遣奈率彌麻沙奈率己連等 副己麻奴跪 上表以聞 於
是 詔曰 的臣等[等者 謂吉備弟君臣河內直等也] 往來新羅非朕心也 曩者 印支彌與阿
鹵旱岐在時 爲新羅所逼 而不得耕種 百濟路迥 不能救急 由的臣等往來新羅 方得耕
種 朕所曾聞 若已建任那 移那斯麻都 自然却退 豈足云乎 伏承此詔 喜懼兼懷 而新
羅誑朝 知匪天勅 新羅春取喙淳 仍擯出我久禮山戌 而遂有之 近安羅處 安羅耕種 近

久禮山處 新羅耕種 各自耕之 不相侵奪 而移那斯麻都 過耕他界 六月逃去 於印支彌
後來許勢臣時[百濟本記云 我留印支彌之後 至旣酒臣時 皆未詳] 新羅無復侵逼他境
安羅不言爲新羅逼不得耕種 臣嘗聞 新羅每春秋 多聚兵甲 欲襲安羅與荷山 或聞 當
襲加羅 頃得書信 便遣將士 擁守任那 無懈怠也 頻發銳兵 應時往救 是以 任那隨序
耕種 新羅不敢侵逼 而奏百濟路迥 不能救急 由臣等往來新羅 方得耕種 是上欺天
朝 轉成奸佞也 曉然若是 尙欺天朝 自餘虛妄 必多有之 的臣等猶住安羅 任那之國恐
難建立 宜早退却 臣深懼之 佐魯麻都雖是韓腹 位居大連 廊日本執事之間 入榮班貴
盛之例 而今反著新羅奈麻禮冠 卽身心歸附 於他易照 熟觀所作 都無怖畏 故前奏
惡行 具錄聞訖 今猶著他服 日赴新羅域 公私往還 都無所憚 夫喙國之滅 匪由他也
喙國之函跛旱岐 貳心加羅國 而內應新羅 加羅自外合戰 由是滅焉 若使函跛旱岐不爲
內應 喙國雖小 未必亡也 至於卓淳 亦復然之 假使卓淳國主不爲內應新羅招寇 豈至
滅乎 歷觀諸國敗亡之禍 皆由內應貳心人者 今麻都等 腹心新羅 遂着其服 往還旦夕
陰搆奸心 乃恐任那由玆永滅 任那若滅 臣國孤危 思欲朝之 豈復得耶 伏願天皇玄鑒
遠察 速移本處 以安任那 (『日本書紀』19 欽明紀)

백제　　　冬十月 百濟使人奈率得文奈率奇麻等罷歸[百濟本記云 冬十月 奈率得文奈率奇麻等
　　　　　還自日本曰 所奏河內直移那斯麻都等事 無報勅也] (『日本書紀』19 欽明紀)

고구려　　冬十一月 遣使入東魏朝貢 (『三國史記』19 高句麗本紀 7)
고구려　　冬十一月 高句麗遣使如東魏朝貢 (『三國史節要』6)
고구려　　(武定二年)是歲 吐谷渾高麗蠕蠕勿吉國 並遣使朝貢 (『魏書』 12 帝紀 12 孝靜
　　　　　帝)[2920]
고구려　　(武定二年)是歲 吐谷渾地豆干室韋高麗蠕蠕勿吉等 並遣使朝貢 (『北史』 5 魏本紀 5
　　　　　東魏孝靜皇帝)[2921]
고구려　　(東魏孝靜帝武定)二年 吐谷渾地豆干室韋高麗蠕蠕勿吉 並遣使朝貢 (『冊府元龜』969
　　　　　外臣部 朝貢 2)[2922]

백제 가야 신라
　　　　　十一月 百濟遣使 召日本府臣任那執事曰 遣朝天皇 奈率得文許勢奈率奇麻物部奈率
　　　　　奇非等 還自日本 今日本府臣及任那國執事 宜來聽勅 同議任那 日本吉備臣 安羅下
　　　　　旱岐大不孫久取柔利 加羅上首位古殿奚卒麻君斯二岐君散半奚君兒 多羅二首位訖乾
　　　　　智 子他旱岐 久嗟旱岐 仍赴百濟 於是 百濟王聖明 略以詔書示曰 吾遣奈率彌麻佐奈
　　　　　率己連奈率用奇多等 朝於日本 詔曰 早建任那 又津守連奉勅 問成任那 故遣召之 當
　　　　　復何如 能建任那 請各陳謀 吉備臣任那旱岐等曰 夫建任那國 唯在大王 欲冀遵王 俱
　　　　　奏聽勅 聖明王謂之曰 任那之國 與吾百濟 自古以來 約爲子弟 今日本府印岐彌[謂在
　　　　　任那日本臣名也] 旣討新羅 更將伐我 又樂聽新羅虛誕謾語也 夫遣印支彌於任那者 本
　　　　　非侵害其國 往古來今 新羅無導 食言違信 而滅卓淳股肱之國 欲快返悔 故遣召到 俱
　　　　　承恩詔 欲冀興繼任那之國 猶如舊日 永爲兄弟 竊聞 新羅安羅兩國之境 有大江水 要
　　　　　害之地也 吾欲據此 脩繕六城 謹請天皇三千兵士 每城充以五百 幷我兵士勿使作田
　　　　　而逼惱者 久禮山之五城 庶自投兵降首 卓淳之國 亦復當興 所請兵士 吾給衣粮 欲奏
　　　　　天皇 其策一也 猶於南韓 置郡令城主者 豈欲違背大皇 遮斷貢調之路 唯庶 剋濟多難
　　　　　殲撲强敵 凡厥凶党 誰不謀附 北敵强大 我國微弱 若不置南韓 郡領城主 脩理防護

2920) 이 기사에는 월 표기가 없으나, 『三國史記』高句麗本紀 등에 의거하여 11월로 편년하였다.
2921) 이 기사에는 월 표기가 없으나, 『三國史記』高句麗本紀 등에 의거하여 11월로 편년하였다.
2922) 이 기사에는 월 표기가 없으나, 『三國史記』高句麗本紀 등에 의거하여 11월로 편년하였다.

不可以禦此强敵 亦不可以制新羅 故猶置之 攻逼新羅 撫存任那 若不爾者 恐見滅亡
不得朝聘 欲奏天皇 其策二也 又吉備臣河內直移那斯麻都 猶在那國者 天皇雖詔建成
任那 不可得也 請移此四人 各遣還其本邑 奏於天皇 其策三也 宜與日本臣任那旱岐
等 俱奉遣使 同奏天皇 乞聽恩詔 於是 吉備臣旱岐等曰 大王所述三策 亦協愚情而已
今願歸以敬諮日本大臣[謂在任那日本府之大臣也]安羅王加羅王 俱遣使同奏天皇 此誠
千載一會之期 可不深思而熟計歟 (『日本書紀』19 欽明紀)

신라	兵部 令一人 法興王三年始置 眞興王五年 加一人 (『三國史記』38 雜志 7 職官 上)
신라	司正府 (…) 卿二人 眞興王五年置 (『三國史記』38 雜志 7 職官 上)
신라	六停 一曰大幢 眞興王五年始置 衿色紫白 (『三國史記』40 雜志 9 職官 下)
신라	十停[或云三千幢] 一曰音里火停 二曰古良夫里停 三曰居斯勿停 衿色靑 四曰叄良火 停 五曰召叄停 六曰未多夫里停 衿色黑 七曰南川停 八曰骨乃斤停 衿色黃 九曰伐力 川停 十曰伊火兮停 衿色綠 並眞興王五年置 (『三國史記』40 雜志 9 職官 下)
신라	新羅加置兵部令一人 司正府卿二人 凡軍二十三 一曰六停 二曰九誓幢 三曰十幢 四 曰五州誓 五曰三武幢 六曰罽衿幢 七曰急幢 八曰四千幢 九曰京五種幢 十曰二節末 幢 十一曰萬步幢 十二曰大匠尺幢 十三曰軍師幢 十四曰仲幢 十五曰百官幢 十六曰 四設幢 十七曰皆知戟幢 十八曰三十九餘甲幢 十九曰仇七幢 二十曰二罽 二十一曰二 弓 二十二曰三邊守 二十三曰新三千幢 六停 一曰大幢 又置衿色紫白 又置十停 一曰 音里火停 二曰古良夫里停 三曰居斯勿停 衿色靑 四曰叄良火停 五曰召叄停 六曰未 多夫里停 衿色黑 七曰南川停 八曰骨乃斤停 衿色黃 九曰伐力川停 十曰伊火兮停 衿 色綠 (『三國史節要』6)

고구려	至大統十年 其王成遣使 至西魏朝貢 (『太平御覽』783 四夷部 4 東夷 4 高句驪)[2923]

545(乙丑/신라 진흥왕 6 建元 10/고구려 안원왕 15, 양원왕 1/백제 성왕 23/梁 大同 11/倭 欽明 6)

고구려	春三月 王薨 號爲安原王[是梁大同十一年 東魏武定三年也 梁書云 安原以大淸二年卒 以其子爲寧東將軍高句麗王樂浪公 誤也] (『三國史記』19 高句麗本紀 7)[2924]
고구려	陽原王[或云陽崗上好王] 諱平成 安原王長子 生而聰慧 及壯 雄豪過人 以安原在位三 年 立爲太子 至十五年 王薨 太子卽位 (『三國史記』19 高句麗本紀 7)
고구려	春三月 高句麗王寶延薨 號爲安原王 太子平成立 生而聰慧 雄豪過人 (『三國史節要』 6)
고구려	第二十四陽原王[一云陽崗王 名平成 乙丑立 理十四年] (『三國遺事』1 王曆)[2925]
고구려	延死 子成立 (『魏書』100 列傳 88 高句麗)[2926]
고구려	延死 子成立 (『北史』94 列傳 82 高麗)[2927]

백제	春三月 遣膳臣巴提便使于百濟 (『日本書紀』19 欽明紀)

백제	夏五月 百濟遣奈率其悜奈率用奇多施德次酒等上表 (『日本書紀』19 欽明紀)

2923) 『周書』列傳 등에는 大統12년(546)으로 되어 있다.
2924) 『梁書』本紀 등에는 太淸 2년(548) 3월13일(甲辰)로 되어 있다.
2925) 이 기사에는 월 표기가 없으나, 『三國史記』高句麗本紀 등에 의거하여 3월로 편년하였다.
2926) 이 기사에는 연대 표기가 없으나, 『三國史記』高句麗本紀 등에 의거하여 大同11년(545) 3월로 편년하였다.
2927) 이 기사에는 연대 표기가 없으나, 『三國史記』高句麗本紀 등에 의거하여 大同11년(545) 3월로 편년하였다.

신라	秋七月 伊飡異斯夫奏曰 國史者 記君臣之善惡 示褒貶於萬代 不有修撰 後代何觀 王深然之 命大阿飡居柒夫等 廣集文士 俾之修撰 (『三國史記』 4 新羅本紀 4)
신라	秋七月 新羅伊飡異斯夫請曰 國史記君臣之善惡 示褒貶於後代 苟不修撰 後代何觀 王深然之 命大阿飡金居柒夫等 集文士撰之 (『三國史節要』 6)
신라	居柒夫 (…) 眞興大王六年乙丑 承朝旨集諸文士 修撰國史 加官波珍飡 (『三國史記』 44 列傳 4 居柒夫)2928)
백제 가야	秋九月 百濟遣中部護德菩提等 使于任那 贈吳財於日本府臣及諸旱岐 各有差 (『日本書紀』 19 欽明紀)
백제	是月 百濟造丈六佛像 製願文曰 蓋聞 造丈六佛 功德甚大 今敬造 以此功德 願天皇 獲勝善之德 天皇所用彌移居國 俱蒙福祐 又願普天之下一切衆生 皆蒙解脫 故造之矣 (『日本書紀』 19 欽明紀)
백제	冬十一月 膳臣巴提便還自百濟言 臣被遣使 妻子相逐去 行至百濟濱[濱 海濱也] 日晩 停宿 小兒忽亡 不知所之 其夜大雪 天曉始求有虎連跡 臣乃帶刀擐甲 尋至巖岫 拔刀 曰 敬受絲綸勠勞陸海櫛風沐雨藉草班荊者 爲愛其子 令紹父業也 惟汝威神 愛子一也 今夜兒亡 追蹤覓至 不畏亡命 欲報故來 旣而其虎進前 開口欲噬 巴提便忽申左手 執 其虎舌 右手刺殺 剝取皮還 (『日本書紀』 19 欽明紀)
고구려	冬十二月 遣使入東魏朝貢 (『三國史記』 19 高句麗本紀 7)
고구려	冬十二月 高句麗遣使如東魏朝貢 (『三國史節要』 6)
고구려	(武定三年)是歲 高麗吐谷渾蠕蠕國 並遣使朝貢 (『魏書』 12 帝紀 12 孝靜帝)2929)
고구려	(武定三年)是歲 高麗吐谷渾蠕蠕 並遣使朝貢 (『北史』 5 魏本紀 5 東魏孝靜皇帝)2930)
고구려	(東魏孝靜帝武定)三年 高麗吐谷渾蠕蠕 並遣使朝貢 (『册府元龜』 969 外臣部 朝貢 2)2931)

546(丙寅/신라 진흥왕 7 建元 11/고구려 양원왕 2/백제 성왕 24/梁 大同 12, 中大同 1/倭 欽明 7)

백제	春正月甲辰朔丙午 百濟使人中部奈率己連等罷歸 仍賜以良馬七十匹船一十隻 (『日本書紀』 19 欽明紀)
고구려	春二月 王都梨樹連理 (『三國史記』 19 高句麗本紀 7)
고구려	春二月 高句麗王都梨樹 連理 (『三國史節要』 6)
고구려	夏四月 雹 (『三國史記』 19 高句麗本紀 7)
고구려	夏四月 高句麗雹 (『三國史節要』 6)
백제	夏六月壬申朔癸未 百濟遣中部奈率掠葉禮等獻調 (『日本書紀』 19 欽明紀)

2928) 이 기사에는 월 표기가 없으나, 『三國史記』 新羅本紀 등에 의거하여 7월로 편년하였다.
2929) 이 기사에는 월 표기가 없으나, 『三國史記』 高句麗本紀 등에 의거하여 12월로 편년하였다.
2930) 이 기사에는 월 표기가 없으나, 『三國史記』 高句麗本紀 등에 의거하여 12월로 편년하였다.
2931) 이 기사에는 월 표기가 없으나, 『三國史記』 高句麗本紀 등에 의거하여 12월로 편년하였다.

고구려	冬十一月 遣使入東魏朝貢 (『三國史記』 19 高句麗本紀 7)
고구려	冬十一月 高句麗遣使如東魏朝貢 (『三國史節要』 6)
고구려	(武定四年)是歲 室韋勿吉地豆于高麗蠕蠕國 並遣使朝貢 (『魏書』 12 帝紀 12 孝靜帝)[2932]
고구려	(武定四年)是歲 室韋勿吉地豆干高麗蠕蠕 並遣使朝貢 (『北史』 5 魏本紀 5 東魏孝靜皇帝)[2933]
고구려	(東魏孝靜帝武定)四年 室韋地豆于勿吉高麗蠕蠕 並遣使朝貢 (『册府元龜』 969 外臣部 朝貢 2)[2934]
고구려	璉五世孫成 大統十二年 遣使獻其方物 (『周書』 49 列傳 41 高麗)[2935]
고구려	大統十二年 遣使至西魏朝貢 (『北史』 94 列傳 82 高麗)
고구려	是歲 高麗大亂 凡鬪死者二千餘[百濟本記云 高麗以正月丙午 立中夫人子爲王 年八歲 狛王有三夫人 正夫人無子 中夫人生世子 其舅氏麤群也 小夫人生子 其舅氏細群也 及狛王疾篤 細群 麤群 各欲立其夫人之子 故細群死者 二千餘人也] (『日本書紀』 19 欽明紀)

547(丁卯/신라 진흥왕 8 建元 12/고구려 양원왕 3/백제 성왕 25/梁 中大同 2, 太淸 1/倭 欽明 8)

백제	春正月己亥朔 日有食之 (『三國史記』 26 百濟本紀 4)
백제	春正月己亥朔 百濟日有食之 (『三國史節要』 6)
백제	夏四月 百濟遣前部德率眞慕宣文奈率奇麻等 乞救軍 仍貢下部東城子言 代德率汶休麻那 (『日本書紀』 19 欽明紀)
고구려	秋七月 改築白巖成 葺新城 (『三國史記』 19 高句麗本紀 7)
고구려	秋七月 高句麗脩白巖成及新城 (『三國史節要』 6)
고구려	(秋七月) 遣使入東魏朝貢 (『三國史記』 19 高句麗本紀 7)
고구려	(秋七月) 高句麗遣使如東魏朝貢 (『三國史節要』 6)
고구려	(武定五年)是歲 高麗勿吉國 並遣使朝貢 (『魏書』 12 帝紀 12 孝靜帝)[2936]
고구려	(武定五年)是歲 高麗勿吉 並遣使朝貢 (『北史』 5 魏本紀 5 東魏孝靜皇帝)[2937]
고구려	(東魏孝靜帝武定)五年 高麗勿吉 並遣使朝貢 (『册府元龜』 969 外臣部 朝貢 2)[2938]

548(戊辰/신라 진흥왕 9 建元 13/고구려 양원왕 4/백제 성왕 26/梁 太淸 2/倭 欽明 9)

백제	春正月癸巳朔乙未 百濟使人前部德率眞慕宣文等請罷 因詔曰 所乞救軍 必當遣救 宜速報王 (『日本書紀』 19 欽明紀)

고구려 예 백제 신라

2932) 이 기사에는 월 표기가 없으나, 『三國史記』 高句麗本紀 등에 의거하여 11월로 편년하였다.
2933) 이 기사에는 월 표기가 없으나, 『三國史記』 高句麗本紀 등에 의거하여 11월로 편년하였다.
2934) 이 기사에는 월 표기가 없으나, 『三國史記』 高句麗本紀 등에 의거하여 11월로 편년하였다.
2935) 『太平御覽』에는 大統10년(544)으로 되어 있다.
2936) 이 기사에는 월 표기가 없으나, 『三國史記』 高句麗本紀 등에 의거하여 7월로 편년하였다.
2937) 이 기사에는 월 표기가 없으나, 『三國史記』 高句麗本紀 등에 의거하여 7월로 편년하였다.
2938) 이 기사에는 월 표기가 없으나, 『三國史記』 高句麗本紀 등에 의거하여 7월로 편년하였다.

春正月 以濊兵六千攻百濟獨山城 新羅將軍朱珍來援 故不克而退 (『三國史記』19 高句麗本紀 7)[2939]

백제 고구려 예 신라

春正月 高句麗王平成與濊謀 攻漢北獨山城 王遣使請救於新羅 羅王命將軍朱珍 領甲卒三千發之 朱珍日夜兼程至獨山城下 與麗兵一戰 大破之 (『三國史記』26 百濟本紀 4)

고구려 예 백제 신라

春正月 高句麗王以濊兵六千 攻百濟漢北獨山城 百濟王遣使請救於新羅 王命將軍朱珍 領甲兵三千救之 朱珍日夜兼行至獨山城下 與高句麗兵戰 大破之 殺獲甚衆 (『三國史節要』6)

신라 고구려 예 백제

春二月 高句麗與穢人攻百濟獨山城 百濟請救 王遣將軍朱玲領勁卒三千擊之 殺獲甚衆 (『三國史記』4 新羅本紀 4)[2940]

고구려   三月甲辰 撫東將軍高麗王高延卒 以其息爲寧東將軍高麗王樂浪公 (『梁書』3 本紀 3 武帝 下)[2941]

고구려   三月甲辰 撫東將軍高麗王高延卒[2942] 以其子成爲寧東將軍高麗王樂浪公 (『南史』7 梁本紀 中)

고구려   (梁高祖)太清二年三月 高麗王延卒 詔以其子爲寧東將軍 襲延爵位 (『冊府元龜』963 外臣部 封冊 1)[2943]

고구려   太清二年 延卒 詔以其子襲延爵位 (『梁書』54 列傳 48 高句驪)[2944]

고구려   太清二年 延卒 詔其子成襲延爵位 (『南史』79 列傳 69 高句麗)[2945]

백제 고구려 가야

夏四月壬戌朔甲子 百濟遣中部杆率掠葉禮等奏曰 德率宣文等 奉勅至臣蕃曰 所乞救兵 應時遣送 祇承恩詔 嘉慶無限 然馬津城之役[正月辛丑 高麗率衆 圍馬津城] 虜謂之曰 由安羅國與日本府 招來勸罰 以事准況 寔當相似 然三廻欲審其言 遣召而並不來 故深勞念 伏願 可畏天皇[西蕃皆稱日本天皇 爲可畏天皇] 先爲勘當 暫停所乞救兵 待臣遣報 詔曰 式聞呈奏 爰覩所憂 日本府與安羅 不救隣難 亦朕所疾也 又復密使于高麗者 不可信也 朕命卽自遣之 不命何容可得 願王開襟緩帶 恬然自安 勿深疑懼 宜共任那依前勅 戮力俱防北敵 各守所封 朕當遣送若干人 充實安羅逃亡空地 (『日本書紀』19 欽明紀)

백제 고구려   가야

六月辛酉朔壬戌 遣使詔于百濟曰 德率宣文 取歸以後 當復何如 消息何如 朕聞 汝國爲狛賊所害 宜共任那 策勵同謀 如前防距 (『日本書紀』19 欽明紀)

백제   閏七月庚申朔辛未 百濟使人掠葉禮等罷歸 (『日本書紀』19 欽明紀)

2939) 『三國史記』新羅本紀에는 2월로 되어 있다.
2940) 『三國史記』高句麗本紀 등에는 1월로 되어 있다.
2941) 『三國史記』高句麗本紀 등에는 大同11년(545) 3월로 되어 있다.
2942) 撫東將軍高麗王高延卒 撫東各本作撫軍 據梁書改
2943) 이 기사에는 일자 표기가 없으나, 『梁書』本紀 등에 의거하여 3월13일(甲辰)로 편년하였다.
2944) 이 기사에는 월일 표기가 없으나, 『梁書』本紀 등에 의거하여 3월13일(甲辰)로 편년하였다.
2945) 이 기사에는 월일 표기가 없으나, 『梁書』本紀 등에 의거하여 3월13일(甲辰)로 편년하였다.

고구려	秋九月 丸都進嘉禾 (『三國史記』 19 高句麗本紀 7)
고구려	秋九月 高句麗丸都進嘉禾 (『三國史節要』 6)

고구려	(秋九月) 遣使入東魏朝貢 (『三國史記』 19 高句麗本紀 7)
고구려	(秋九月) 高句麗遣使如東魏朝貢 (『三國史節要』 6)
고구려	(武定六年)是歲 高麗室韋蠕蠕吐谷渾國 並遣使朝貢 (『魏書』 12 帝紀 12 孝靜帝)2946)
고구려	(武定六年)是歲 高麗室韋蠕蠕吐谷渾 並遣使朝貢 (『北史』 5 魏本紀 5 東魏孝靜皇帝)2947)
고구려	(東魏孝靜帝武定)六年 高麗室韋蠕蠕吐谷渾 並遣使朝貢 (『册府元龜』 969 外臣部 朝貢 2)2948)

백제	冬十月 遣三百七十人於百濟 助築城於得爾辛 (『日本書紀』 19 欽明紀)

549(己巳/신라 진흥왕 10 建元 14/고구려 양원왕 5/백제 성왕 27/梁 太淸 3/倭 欽明 10)

백제	春正月庚申 白虹貫日 (『三國史記』 26 百濟本紀 4)
백제	春正月庚申 百濟白虹貫日 (『三國史節要』 6)

신라	春 梁遣使與入學僧覺德 送佛舍利 王使百官奉迎興輪寺前路 (『三國史記』 4 新羅本紀 4)
신라	梁遣使送佛舍利於新羅 王使百官奉迎於興輪寺前路 初新羅僧覺德入梁求法 至是與梁使俱來 (『三國史節要』 6)2949)
신라	國史云 眞興王大淸三年己巳 梁使沈湖送舍利若干粒 (『三國遺事』 3 塔像 4 前後所將舍利)2950)
신라	太淸之初 梁使沈湖將舍利 (『三國遺事』 3 興法 3 原宗興法猒髑滅身)2951)

백제 고구려	夏六月乙酉朔辛卯 將德久貴固德馬次文等請罷歸 因詔曰 延那斯麻都 陰私遣使高麗者 朕當遣問虛實 所乞軍者 依願停之 (『日本書紀』 19 欽明紀)

백제	冬十月 王不知梁京師有寇賊 遣使朝貢 使人旣至 見城闕荒毀 並號泣於端門外 行路見者莫不灑淚 侯景聞之 大怒 執囚之 及景平 方得還國 (『三國史記』 26 百濟本紀 4)2952)
백제	冬十月 百濟遣使如梁 初百濟王不知 梁有侯京之難 遣使朝貢 使者至梁 見城闕殘毀 號泣於端門外 行路見者 莫不灑淚 景聞之大怒 執囚之 及景平得還 (『三國史節要』 6)

2946) 이 기사에는 월 표기가 없으나, 『三國史記』 高句麗本紀 등에 의거하여 9월로 편년하였다.
2947) 이 기사에는 월 표기가 없으나, 『三國史記』 高句麗本紀 등에 의거하여 9월로 편년하였다.
2948) 이 기사에는 월 표기가 없으나, 『三國史記』 高句麗本紀 등에 의거하여 9월로 편년하였다.
2949) 이 기사에는 월 표기가 없으나, 『三國史記』 新羅本紀에 의거하여 春으로 기간편년하고 마지막달인 3월에 배치하였다.
2950) 이 기사에는 월 표기가 없으나, 『三國史記』 新羅本紀에 의거하여 春으로 기간편년하고 마지막달인 3월에 배치하였다.
2951) 이 기사에는 연대 표기가 없으나, 『三國史記』 新羅本紀에 의거하여 眞興王 10년(549) 春으로 기간편년하고 마지막달인 3월에 배치하였다.
2952) 『資治通鑑』에는 11월 4일(乙卯), 『梁書』 本紀에는 12월로 되어 있다.

백제	(冬十月)是月 百濟國遣使朝貢 見城寺荒蕪 哭于闕下 (『南史』8 梁本紀 下)
백제	簡文大淸三年十月 百濟國遣使朝貢 (『冊府元龜』968 外臣部 朝貢 1)
백제	太淸三年 遣使貢獻 及至 見城闕荒毀 並號慟涕泣 侯景怒 囚執之 景平乃得還國 (『南史』79 列傳 69 百濟)2953)
백제	太淸三年 遣使貢獻 及至 見城闕荒毀 並號慟涕泣 侯景怒 囚執之 景平乃得還國 (『太平御覽』781 四夷部 2 東夷 2 百濟)2954)
백제	(十一月乙卯) 百濟遣使入貢2955) 見城闕荒圮2956) 異於曩來2957) 哭於端門2958) 侯景怒 錄送莊嚴寺2959) 不聽出 (『資治通鑑』162 梁紀 18 高祖武皇帝)2960)
백제	(大淸三年冬)十一月 百濟使至 見城邑丘墟 於端門外號泣 行路見者莫不灑泣 景聞大怒 收小莊嚴寺 禁不聽出入 (『南史』80 列傳 70 賊臣 侯景)2961)
백제	(冬)十二月 百濟國遣使獻方物 (『梁書』4 本紀 4 簡文帝)2962)
백제	(大淸三年冬十二月)是月 百濟使至 見城邑丘墟 於端門外號泣 行路見者莫不灑淚 景聞之大怒 送小莊嚴寺禁止 不聽出入 (『梁書』56 列傳 50 侯景)
백제	太淸三年 不知京師寇賊 猶遣使貢獻 旣至 見城闕荒毀 並號慟涕泣 侯景怒 囚執之 及景平 方得還國 (『梁書』54 列傳 48 百濟)2963)
신라	大官大監 眞興王十年置 (『三國史記』40 雜志 9 職官 下)
신라	新羅加置武官 大官大監 掌大幢五人 貴幢五人 漢山停四人 牛首停四人 河西停四人 完山停四人 無衿 綠衿幢四人 紫衿幢四人 白衿幢四人 緋衿幢四人 黃衿幢四人 黑衿幢四人 碧衿幢四人 赤衿幢四人 靑衿幢四人 共六十二人 著衿 眞骨 位自舍知至阿湌 爲之 次品 自奈麻至四重阿湌爲之 隊大監 領馬兵 闕衿一人 音里火停一人 古良夫里停一人 居斯勿停一人 叄良火停一人 召叄停一人 未多夫里停一人 南川停一人 骨乃斤停一人 伐力川停一人 伊火兮停一人 綠衿幢三人 紫衿幢三人 白衿幢三人 黃衿幢三人 黑衿幢三人 碧衿幢三人 赤衿幢三人 靑衿幢三人 菁州誓一人 漢山州誓一人 完山州誓一人 領步兵 大幢三人 漢山停三人 貴幢二人 牛首停二人 完山停二人 碧衿幢二人 黑衿幢二人 紫衿幢二人 赤衿幢二人 靑衿幢二人 緋衿幢四人 共七十人 垃著衿 位自奈麻至阿湌爲之 (『三國史節要』6)
고구려	遣使入東魏朝貢 (『三國史記』19 高句麗本紀 7)
고구려	高句麗遣使如東魏朝貢 (『三國史節要』6)
고구려	(武定七年)是歲 蠕蠕地豆于室韋高麗吐谷渾國 並遣使朝貢 (『魏書』12 帝紀 12 孝靜帝)
고구려	(武定七年)是歲 蠕蠕地豆干室韋高麗吐谷渾 並遣使朝貢 (『北史』5 魏本紀 5 東魏孝靜皇帝)

2953) 이 기사에는 월 표기가 없으나, 『三國史記』百濟本紀 등에 의거하여 10월로 편년하였다.
2954) 이 기사에는 월 표기가 없으나, 『三國史記』百濟本紀 등에 의거하여 10월로 편년하였다.
2955) 使 疏吏翻
2956) 圮 部鄙翻 毀也
2957) 毛晃曰 昔來謂之曩來
2958) 端門 臺城正南門之中門
2959) 錄 拘也 收也 莊嚴寺 近建康南郊壇
2960) 『三國史記』百濟本紀에는 10월, 『梁書』本紀에는 12월로 되어 있다.
2961) 이 기사에는 일자 표기가 없으나, 『資治通鑑』에 의거하여 11월 4일(乙卯)로 편년하였다.
2962) 『三國史記』百濟本紀에는 10월, 『資治通鑑』에는 11월 4일(乙卯)로 되어 있다.
2963) 이 기사에는 월 표기가 없으나, 『梁書』本紀 등에 의거하여 12월로 편년하였다.

고구려	(東魏孝靜帝武定)七年 蠕蠕地豆于室韋高麗吐谷渾 並遣使朝貢 (『册府元龜』 969 外臣部 朝貢 2)

백제

百濟沙門釋發正 梁天監中 負笈西渡 尋師學道 頗解義趣 亦修精進 在梁三十餘年 不能頓忘桑梓 歸本土 發正自道聞他說越州界山有道場 稱曰觀音 有觀音堵室 故往視之 欀橡爛盡 而堵牆獨存之

尙有二道人 相要契入山 一人欲誦華嚴經 一人欲誦法華經 各據一谷 策作堵室 其誦華嚴者 期月可畢 心疑其伴 得幾就往候之 曾無一卷 其人語曰 期已將盡 糧食欲絶 宜及至期竟之 若不能念誦一部 正可誦觀世音經也 便還其室 於是此人 心自悲痛 宿因鈍根 乃至心讀誦 晝夜匪懈 諳得略半 後數日 其人復來者爲此人以實告之 其人語曰 我已誦華嚴矣 奈何如此觀世音之初 況逕兩三日而不諳乎 我若捨汝而去 則負所要 若待汝 竟精食欲盡 旣於三日不竟 理不得相待耳 將以明復來者矣 子其免云 此人至到悲痛倍前 至心誦念 纔得竟畢 明旦其人復來者語曰 如此觀世音之初 尙不能誦 無可奈何 我時捨汝而去也 此人跪曰 昨暮纔得竟耳 於是其人大喜 欲以相試 乃坐床誦之 三十卷經 一無遺落 次復此人上床誦之 始得發聲 卽於空中 雨種種華香 華溢堵室 香聞遍谷 氣氳滿天 不可勝計 於是誦華嚴者 卽下地叩頭 頭面流血 懺悔謝過 事畢欲別去 此人止曰 常有一老翁饋我食 子可少待與 久久不來 相到與者 此人欲汲水 如向老翁擔食參休於草下 此人怪而問曰 我伴適來 望得共食 有何事竄伏不饋 翁答 彼人者 輕我若此 豈忍見乎 於是始知是觀世音菩薩 卽五體投地 禮拜甚至 須臾仰視 便失所在 此人所縣堵牆 至今猶存哉 發正親所見焉 (『法華傳記』 6 諷誦勝利 8之4 越州觀音道場道人 1)[2964]

백제

有沙門發正者 百濟人也 梁天監中 負笈西渡 尋師學道 頗解義趣 亦明精進 在梁三十餘年 不能頓忘桑梓 還歸本土 發正自道 聞他說越州界山有觀世音堵室 故往觀之 欀橡爛盡 而堵牆獨存云

尙有二道人 相要入山 一人欲誦花嚴經 一人誦法花經 各據一谷 築作堵室 其誦花嚴者 期內可畢 心疑其伴得幾 就往候之 曾無一卷 其人其語曰 期已將盡 糧食歉絶 置及期至竟之 若不能令誦一部 正可誦觀世音經也 便還其室 於是 此人心自悲痛 宿因鈍根 乃至心誦讀 晝夜匪懈 諳得略半 後數日 其人復來省焉 此人以實告之 其人語曰 我已誦華嚴矣 奈何如此觀世音之物 況逕兩三日而不諳乎 我若捨汝而去 則負所要 若待汝 竟粮食欲盡 旣於三日不竟 理不得相待耳 將以明復來省矣 其勉之 此人至到悲痛倍前 至心誦念 纔得竟畢 明旦 其人復來省 語曰 如此觀世音之初 省不能誦 無可奈何 我將捨汝而去也 此人跪曰 昨暮纔得竟了 於是其人大喜 欲以相試 乃坐床誦之 四十卷經 一無遺落 次復 此人上床誦之 始得發聲 卽於空中 雨種種花香 花溢堵室 香聞遍谷 氣氳滿天 不可勝計 於是 誦花嚴者 卽下地叩頭 頭面流血 懺悔謝過 事畢欲別去 此人止曰 常有一老翁 餉我食 子可少待 而久久不來 於別而去 此人欲汲水如井向 老翁擔食 番伏於草下 此人怪而問曰 我伴適來 望得共食 有何事異 竄伏不餉 翁答 彼人者輕我若此 豈忍見乎 於是始知 是觀世音菩薩 卽四[2965]體投地 禮拜甚至 須臾仰視 便失所在 此人所睹堵牆 至今猶存 沙門發正親所見焉

右一條 普門品云 六十二億恒河菩薩名字 乃至一時禮拜觀世音正等無異 卽是隔海之事 加後聞見淺薄如斯 感應實非窺見所迷 但杲云 後葉好事之人 廢或繼之 自不是力 謹著篇二條 續之篇末 (『觀世音應驗記』 百濟沙門發正)[2966]

2964) 發正은 天監 연간(502~519)에 건너가 梁에 30년 간 체류하였으므로 532~549년까지 체류한 것이 된다. 따라서 502~549년으로 기간편년하고 마지막해인 549년에 배치하였다.
2965) 저본에는 '四'로 되어 있으나, 『法華傳記』에 의거하여 '五'로 수정해야 한다.
2966) 이 기사에는 연대 표기가 없으나, 『法華傳記』에 의거하여 502~549년으로 기간편년하고 마지막해인

550(庚午/신라 진흥왕 11 建元 15/고구려 양원왕 6/백제 성왕 28/梁 大寶 1/倭 欽明 11)

신라 백제 고구려
　　　　　　春正月 百濟拔高句麗道薩城 (『三國史記』 4 新羅本紀 4)

고구려 백제　　春正月 百濟來侵 陷道薩城 (『三國史記』 19 高句麗本紀 7)

백제 고구려　　春正月 王遣將軍達己 領兵一萬 攻取高句麗道薩城 (『三國史記』 26 百濟本紀 4)

백제 고구려 신라
　　　　　　春正月 百濟王遣將軍達己　領兵一萬　攻取高句麗道薩城[2967] 高句麗攻陷百濟金峴城
　　　　　　新羅王乘兩國兵疲　命伊飡異斯夫出兵擊之　取二城增築　留甲士一千戍之 (『三國史節
　　　　　　要』 6)

신라 백제 고구려
　　　　　　眞興王在位十一年太寶元年　百濟拔高句麗道薩城[2968]　高句麗陷百濟金峴城　主[2969]乘
　　　　　　兩國兵疲　命異斯夫出兵擊之　取二城增築　留甲士戍之　時　高句麗遣兵來攻金峴城　不
　　　　　　克而還　異斯夫追擊之大勝 (『三國史記』 44 列傳 4 異斯夫)[2970]

백제　　　　春二月辛巳朔庚寅 遣使詔于百濟[百濟本記云 三月十二日辛酉 日本使人阿比多 率三
　　　　　　舟 來至都下]曰 朕依施德久貴固德馬進文等所上表意 一一敎示 如視掌中 思欲具情
　　　　　　冀將盡抱 大市頭歸後 如常無異 今但欲審報辭 故遣使之 又復朕聞 奈率馬武 是王之
　　　　　　股肱臣也 納上傳下 甚協王心 而爲王佐 若欲國家無事 長作官家 永奉天皇 宜以馬武
　　　　　　爲大使 遣朝而已 重詔曰 朕聞 北敵强暴 故賜矢卅具 庶防一處 (『日本書紀』 19 欽
　　　　　　明紀)

신라 고구려 백제
　　　　　　(春)三月 高句麗陷百濟金峴城　王乘兩國兵疲　命伊飡異斯夫出兵擊之　取二城增築　留
　　　　　　甲士一千戍之 (『三國史記』 4 新羅本紀 4)

고구려 백제 신라
　　　　　　(春)三月 攻百濟金峴城 新羅人乘間取二城 (『三國史記』 19 高句麗本紀 7)

백제 고구려　　三月 高句麗兵圍金峴城 (『三國史記』 26 百濟本紀 4)

백제 가야 고구려
　　　　　　夏四月庚辰朔 在百濟日本王人方欲還之[百濟本記云 四月一日庚辰　日本阿比多還也]
　　　　　　百濟王聖明謂王人曰 任那之事 奉勅堅守 延那斯麻都之事 問與不問 唯從勅之 因獻
　　　　　　高麗奴六口 別贈王人奴一口[皆攻爾林所禽奴也] (『日本書紀』 19 欽明紀)

백제　　　　(夏四月)乙未　百濟遣中部奈率皮久斤下部施德灼干那等　獻狛虜十口 (『日本書紀』 19
　　　　　　欽明紀)

고구려　　　(天保元年)六月己卯 高麗遣使朝貢 (『北齊書』 4 帝紀 4 文宣帝)

고구려　　　夏六月 遣使入北齊朝貢 (『三國史記』 19 高句麗本紀 7)[2971]

────────────────
　　549년에 배치하였다.
2967) 『三國史記』 新羅本紀 등에는 이 뒷부분이 3월로 되어 있다.
2968) 『三國史記』 新羅本紀 등에는 이 뒷부분이 3월로 되어 있다.
2969) 저본에는 '主'로 되어 있으나, 내용상 '王'으로 수정해야 한다.
2970) 이 기사에는 월 표기가 없으나, 『三國史記』 新羅本紀 등에 의거하여 1월로 편년하였다.

고구려 　　　夏六月 高句麗遣使如北齊朝貢 (『三國史節要』 6)[2972]

고구려 　　　(北齊文宣帝天保)元年六月　高麗　(…)　並遣使朝貢　(『册府元龜』 969　外臣部　朝貢 2)[2973]

고구려 　　　(天保元年)是歲　高麗蠕蠕吐谷渾庫莫奚　並遣使朝貢 (『北史』 7　齊本紀　中　顯祖文宣 皇帝)[2974]

고구려 　　　及齊受東魏禪之歲　遣使朝貢于齊 (『北史』 94　列傳 82　高麗)[2975]

고구려 　　　(六月庚子)　初　燕昭成帝奔高麗[2976]　使其族人馮業以三百人浮海奔宋　因留新會[2977] 自業至孫融　世爲羅州刺史[2978]　融子寶爲高涼太守[2979]　高涼洗氏[2980]　世爲蠻酋[2981] 部落十餘萬家　有女　多籌略　善用兵　諸洞皆服其信義　融聘以爲寶婦 (『資治通鑑』 163 梁紀 19　太宗簡文帝 上)[2982]

고구려 　　　(天保元年)九月癸丑　　以散騎常侍車騎將軍領東夷校尉遼東郡開國公高麗王成爲使持節 侍中驃騎大將軍領護東夷校尉　王公如故 (『北齊書』 4　帝紀 4　文宣帝)

고구려 　　　(天保元年)九月癸丑　以領東夷校尉遼東郡開國公高麗王成爲使持節侍中驃騎大將軍領 護東夷校尉　王公如故 (『北史』 7　齊本紀　中　顯祖文宣皇帝)

고구려 　　　秋九月　北齊封王爲使持節侍中驃騎大將軍領護東夷校尉遼東郡開國公高句麗王 (『三國 史記』 19　高句麗本紀 7)[2983]

고구려 　　　秋九月　北齊冊高句麗王爲使持節侍中驃騎大將軍領護東夷校尉遼東郡開國公高句麗王 (『三國史節要』 6)[2984]

고구려 　　　(北齊)文宣天保元年九月　以散騎嘗[2985]侍車騎將軍領東夷較尉遼東郡開國公高麗王威 爲使持節侍中驃騎大將軍領護東夷較尉　王公如故　(『册府元龜』 963　外臣部　封冊 1)[2986]

고구려 　　　(及齊受東魏禪之歲)　齊文宣加成使持節侍中驃騎大將軍　領東夷校尉遼東郡公高麗王如 故 (『北史』 94　列傳 82　高麗)[2987]

고구려 　　　及齊受東魏之禪　又朝于齊　文宣加成使持節侍中驃騎大將軍　高麗王如故 (『太平御覽』 783　四夷部 4　東夷 4　高句驪)[2988]

신라 　　　新羅眞興王十一年庚午　以安藏法師爲大書省　一人　又有小書省二人 (『三國遺事』 4 義解 5　慈藏定律)

신라 　　　大書省一人　眞興王以安藏法師爲之 (『三國史記』 40　雜志 9　職官 下)[2989]

2971) 이 기사에는 일자 표기가 없으나, 『北齊書』 帝紀에 의거하여 6월 1일(己卯)로 편년하였다.
2972) 이 기사에는 일자 표기가 없으나, 『北齊書』 帝紀에 의거하여 6월 1일(己卯)로 편년하였다.
2973) 이 기사에는 일자 표기가 없으나, 『北齊書』 帝紀에 의거하여 6월 1일(己卯)로 편년하였다.
2974) 이 기사에는 월일 표기가 없으나, 『北齊書』 帝紀에 의거하여 6월 1일(己卯)로 편년하였다.
2975) 이 기사에는 월일 표기가 없으나, 『北齊書』 帝紀에 의거하여 6월 1일(己卯)로 편년하였다.
2976) 見一百二十三卷宋文帝元嘉十三年　麗　力知翻
2977) 晉恭帝元熙二年　分南海郡立新會郡　隋唐爲新會縣　屬廣州　九域志　新會縣在廣州之西南三百三十里
2978) 五代志　高涼郡石龍縣舊置羅州　我朝爲化州治所
2979) 高涼縣　漢屬合浦郡　獻帝建安二十二年　吳分立高涼郡　梁置高州
2980) 洗　音銑　丁度集韻　姺　國名　或作邿　姓氏韻纂又音綿　考異曰　典略作沈氏　今從隋書
2981) 酋　慈秋翻
2982) 이 기사의 내용은 본래 元嘉15년(438)에 해당하므로, 해당연도에도 배치하였다.
2983) 이 기사에는 일자 표기가 없으나, 『北齊書』 帝紀에 의거하여 9월 6일(癸丑)로 편년하였다.
2984) 이 기사에는 일자 표기가 없으나, 『北齊書』 帝紀에 의거하여 9월 6일(癸丑)로 편년하였다.
2985) 저본에는 ‘嘗’으로 되어 있으나, 『北齊書』 帝紀에 의거하여 ‘常’으로 수정해야 한다.
2986) 이 기사에는 일자 표기가 없으나, 『北齊書』 帝紀에 의거하여 9월 6일(癸丑)로 편년하였다.
2987) 이 기사에는 월일 표기가 없으나, 『北齊書』 帝紀에 의거하여 9월 6일(癸丑)로 편년하였다.
2988) 이 기사에는 월일 표기가 없으나, 『北齊書』 帝紀에 의거하여 9월 6일(癸丑)로 편년하였다.

고구려	訖於武定末 其貢使無歲不至 (『魏書』100 列傳 88 高句麗)[2990]
고구려	訖於武定已來[2991] 其貢使無歲不至 (『北史』94 列傳 82 高麗)

551(辛未/신라 진흥왕 12 開國 1/고구려 양원왕 7/백제 성왕 29/梁 大寶 2/倭 欽明 12)

신라	春正月 改元開國 (『三國史記』4 新羅本紀 4)
신라	春正月 新羅改元開國 (『三國史節要』6)
신라	第二十四眞興王 開國[辛未] 十七 (『三國遺事』1 王曆)[2992]

신라	가야	三月 王巡守次娘城 聞于勒及其弟子尼文知音樂 特喚之 王駐河臨宮 令奏其樂 二人各製新歌奏之 先是 加耶國嘉悉王製十二弦琴 以象十二月之律 乃命于勒製其曲 及其國亂 操樂器投我 其樂名加耶琴 (『三國史記』4 新羅本紀 4)
신라	가야	三月 新羅王如娘城 召見于勒及其弟子尼文于河臨宮 令奏其樂 一[2993]人各製河臨嫩竹二調奏之 調共一百八十五曲 先是伽耶國王嘉悉 法唐樂部爭而製十二弦琴 以象十二 乃以諸國方言各異 聲音難一 命樂師于勒造十二曲 曰下加都 曰上加羅都 曰寶伎 曰達已 曰思勿 曰勿慧 曰下奇物 曰師子伎 曰居烈 曰沙八兮 曰爾赦 曰上奇物 尼文所製亦有三曲 曰烏 曰鼠 曰鶉 後于勒知其國將亂 携樂器投新羅 王置之國原 (『三國史節要』6)

신라	고구려	(三月) 王命居柒夫等侵高句麗 乘勝取十郡 (『三國史記』4 新羅本紀 4)
고구려	신라	新羅來攻 取十城 (『三國史記』19 高句麗本紀 7)[2994]
신라	고구려	國統一人[一云寺主] 眞興王十二年 以高句麗惠亮法師爲寺主 都唯那一人 阿尼大都唯那一人 眞興王始以寶良法師爲之 (『三國史記』40 雜志 9 職官 下)[2995]
신라	백제 고구려	
		(眞興大王)十二年辛未 王命居柒夫及仇珍大角湌比台角湌耽知迊湌非西迊湌奴夫波珍湌西力夫波珍湌比次夫大阿湌未珍夫阿湌等八將軍 與百濟侵高句麗 百濟人先攻破平壤 居柒夫等乘勝取竹嶺以外高峴以內十郡 至是 惠亮法師領其徒出路上 居柒夫下馬 以軍禮揖拜 進曰 昔遊學之日 蒙法師之恩 得保性命 今邂逅相遇 不知何以爲報 對曰 今我國政亂 滅亡無日 願致之貴域 於是 居柒夫同載以歸 見之於王 王以爲僧統 始置百座講會及八關之法 (『三國史記』44 列傳 4 居柒夫)[2996]
신라	고구려	(眞興王十一年庚午)明年辛未 以高麗惠亮法師爲國統 亦云寺主 寶良法師爲大都唯那一人 及州統九人 郡統十八人等 (『三國遺事』4 義解 5 慈藏定律)[2997]
신라	백제 고구려	
		新羅王命居柒夫及大角湌仇珍 角湌比台 迊湌耽知 迊湌非西 波珍湌奴夫 波珍湌西力夫 大阿湌比次夫 阿湌未珍夫等八將軍 與百濟兵侵高句麗 百濟先攻平壤破之 居柒夫等 乘勝取竹嶺以外高峴以內十郡 居柒夫 奈勿王五世孫 少有遠志 初爲僧 欲覘高句

2989) 이 기사에는 연대 표기가 없으나, 『三國遺事』에 의거하여 眞興王11년(550)으로 편년하였다.
2990) 이 기사에는 연대 표기가 없으나, 武定 연간(543~550)의 말년인 550년으로 편년하였다.
2991) 訖於武定已來 魏書已來作未一字 是
2992) 이 기사에는 월 표기가 없으나, 『三國史記』新羅本紀에 의거하여 1월로 편년하였다.
2993) 저본에는 '一'로 되어 있으나, 『三國史記』本紀에 의거하여 '二'로 수정해야 한다.
2994) 이 기사에는 월 표기가 없으나, 『三國史記』新羅本紀에 의거하여 3월로 편년하였다.
2995) 이 기사에는 월 표기가 없으나, 『三國史記』新羅本紀에 의거하여 3월로 편년하였다.
2996) 이 기사에는 월 표기가 없으나, 『三國史記』新羅本紀에 의거하여 3월로 편년하였다.
2997) 이 기사에는 월 표기가 없으나, 『三國史記』新羅本紀에 의거하여 3월로 편년하였다.

麗强弱 入其境 聞法師惠亮開堂說經 遂詣聽講 一日亮問曰 汝從何來 柒夫曰 新羅人
也 亮握手密言曰 吾閱人多矣 見汝容貌 定非常流 其殆有心乎 柒夫曰 我生於偏方
未聞道理 聞師德譽 來趨下風 願師不拒 亮曰 老僧不敏 亦能識子 此國雖小 不可謂
無人 恐子見執 宜速反 柒夫將還 亮又謂之曰 汝鵁²⁹⁹⁸⁾鷹視 必爲將帥 他日無貽我
害 柒夫曰 果如所言 所不與師相好者 有如皦日 遂還仕至波珍湌 至是亮領其徒出見
路左 柒夫進曰 夙蒙師恩 得保性命 今日邂逅 何以爲報 亮曰 我國政亂 滅亡無日 與
之歸見於王 王以亮爲僧統 始置百座講會及八關之法 (『三國史節要』6)²⁹⁹⁹⁾

백제 신라 가야 고구려

是歲 百濟聖明王親率衆及二國兵[二國 謂新羅任那也] 往伐高麗 獲漠城之地 又進軍
討平壤 凡六郡之地 遂復故地 (『日本書紀』19 欽明紀)³⁰⁰⁰⁾

백제   春三月 以麥種一千斛賜百濟王 (『日本書紀』19 欽明紀)

고구려   (天保二年五月)丁亥 高麗國遣使朝貢 (『北齊書』4 帝紀 4 文宣帝)

고구려   夏五月 遣使入北齊朝貢 (『三國史記』19 高句麗本紀 7)³⁰⁰¹⁾

고구려   夏五月 高句麗遣使如北齊朝貢 (『三國史節要』6)³⁰⁰²⁾

고구려   (北齊文宣帝天保)二年二月 茹茹國 四月 室韋國 五月 高麗 (…) 並遣使朝貢 (『册府
元龜』969 外臣部 朝貢 2)³⁰⁰³⁾

고구려   (天保二年)是歲 蠕蠕室韋高麗 並遣使朝貢 (『北史』7 齊本紀 中 顯祖文宣皇帝)³⁰⁰⁴⁾

고구려   秋九月 突厥來圍新城 不克 移攻白巖城 王遣將軍高紇領兵一萬 拒克之 殺獲一千餘
級 (『三國史記』19 高句麗本紀 7)

고구려   秋九月 突厥圍高句麗新城 不克 移攻白巖城 王遣將軍高紇領兵一萬擊之 殺獲千餘級
(『三國史節要』6)

552(壬申/신라 진흥왕 13 開國 2/고구려 양원왕 8/백제 성왕 30/梁 承聖 1/倭 欽明 13)

백제 가야 고구려 신라

(夏)五月戊辰朔乙亥 百濟加羅安羅 遣中部德率木刕今敦河內部阿斯比多等奏曰 高麗
與新羅 通和幷勢 謀滅臣國與任那 故謹求請救兵 先攻不意 軍之多少 隨天皇勅 詔曰
今百濟王安羅王加羅王 與日本府臣等 俱遣使奏狀聞訖 亦宜共任那 幷心一力 猶尚若
玆 必蒙上天擁護之福 亦賴可畏天皇之靈也 (『日本書紀』19 欽明紀)

백제   冬十月 百濟聖明王[更名聖王] 遣西部姬氏達率怒唎斯致契等 獻釋迦佛金銅像一軀幡
蓋若干經論若干卷 別表 讚流通禮拜功德云 是法於諸法中 最爲殊勝 難解難入 周公
孔子 尚不能知 此法能生無量無边福德果報 乃至成辯無上菩提 譬如人懷隨意寶 逐所
須用 盡依情 此妙法寶亦復然 祈願依情 無所乏 且夫遠自天竺 爰洎三韓 依敎奉持
無不尊敬 由是 百濟王臣明 謹遣陪臣怒唎斯致契 奉傳帝國 流通畿內 果佛所記我法
東流

2998) 저본에는 '鵁'으로 되어 있으나, 『三國史記』 列傳에 의거해 '頷'으로 수정해야 한다.
2999) 이 기사에는 월 표기가 없으나, 『三國史記』 新羅本紀에 의거하여 3월로 편년하였다.
3000) 이 기사에는 월 표기가 없으나, 『三國史記』 新羅本紀에 의거하여 3월로 편년하였다.
3001) 이 기사에는 일자 표기가 없으나, 『北齊書』 帝紀에 의거하여 5월15일(丁亥)로 편년하였다.
3002) 이 기사에는 일자 표기가 없으나, 『北齊書』 帝紀에 의거하여 5월15일(丁亥)로 편년하였다.
3003) 이 기사에는 일자 표기가 없으나, 『北齊書』 帝紀에 의거하여 5월15일(丁亥)로 편년하였다.
3004) 이 기사에는 월일 표기가 없으나, 『北齊書』 帝紀에 의거하여 5월15일(丁亥)로 편년하였다.

是日　天皇聞已歡喜踊躍　詔使者云　朕從昔來　未曾得聞如是微妙之法　然朕不自決　乃
歷問群臣曰　西蕃獻佛　相貌端嚴　全未曾看　可禮以不　蘇我大臣稻目宿禰奏曰　西蕃諸
國　一皆禮之　豊秋日本　豈獨背也　物部大連尾興中臣連鎌子同奏曰　我國家之王天下者
恒以天地社稷百八十神　春夏秋冬祭拜爲事　方今改拜蕃神　恐致國神之怒　天皇曰　宜付
情願人稻目宿禰　試令禮拜　大臣跪受而忻悅安置小墾田家　懃脩出世業爲因　淨捨向原
家爲寺　於後　國行疫氣　民致夭殘　久而愈多　不能治療　物部大連尾興中臣連鎌子同奏
曰　昔日　不須臣計　致斯病死　今不遠而復　必當有慶　宜早投弃　懃求後福　天皇曰　依奏
有司　乃以佛像流弃難波堀江　復縱火於伽藍　燒燼更無餘　於是　天無風雲　忽炎大殿
(『日本書紀』19　欽明紀)

신라　　　王命階古法知萬德三人　學樂於于勒　于勒量其人之所能　敎階古以琴　敎法知以歌　敎萬
德以舞　業成　王命奏之　曰　與前娘城之音無異　厚賞焉 (『三國史記』4　新羅本紀 4)

신라　　　新羅王命法知階古萬德三人　學樂於于勒　于勒因其材　敎階古以琴　法知以歌　萬德以舞
業成奏之　王曰　與前娘城之音無異　乃厚賞焉　三人旣傳十二曲　相謂曰　此樂繁淫不雅
遂約五曲　于勒始聞而怒　及聽終歎曰　樂而不流　哀而不悲　可爲正也　已遂奏之　王大悅
諫者曰　加耶亡國之音　不足取也　王曰　加耶王　淫亂自滅　樂何有　蓋聖人制樂　緣人情
以爲節　國之理亂　不由音調　遂用之　名其琴曰伽耶
又有玄琴　初晉人以七絃琴　送高句麗　麗人不知鼓之之法　國相王山岳　仍本樣　頗改其
制　兼製百餘曲以奏　玄鶴來舞　遂名玄鶴琴　後稱玄琴
又玉寶高者　入地理山雲上院　學琴五十年　自製新調　上院曲一　中院曲一　下院曲一　南
海曲二　倚嵒曲一　老人曲七　竹庵曲二　玄合曲一　春朝曲一　秋夕曲一　吾沙息曲一　鴛
鴦曲一　遠岾曲六　比目曲一　入實相曲一　幽谷淸聲曲一　降天聲曲一　凡三十曲　傳之續
命得　續命得傳之貴金　貴金亦入地理山不出　王恐琴道不傳　以伊飡允興爲南原守　俾傳
其業　允興遣安長淸長二人　詣山中學之　貴金秘不盡傳　允興親往致禮　然後傳其所秘飄
風等三曲　安長傳其子克宗　克宗制七曲　克宗之後　業琴者亦多　所製音曲有二調　一平
調　二羽調　共一百八十七曲　其餘聲遺曲　流傳可記者無幾
鄕琵琶　又與唐制　大同少異　其音有三調　一宮調　二七賢調　三鳳凰調　共二百一十二曲
(『三國史節要』6)

신라　　　六停 (…) 二曰上州停　眞興王十三年置 (『三國史記』40　雜志 9　職官 下)
신라　　　新羅置上州停 (『三國史節要』6)

고구려　　築長安城 (『三國史記』19　高句麗本紀 7)
고구려　　高句麗築長安城 (『三國史節要』6)

고구려　　天保三年　文宣至營州　使博陵崔柳使于高麗　求魏末流人　敕柳曰　若不從者　以便宜從
事　及至　不見許　柳張目叱之　拳擊成墜於牀下　成左右雀息不敢動　乃謝服　柳以五千戶
反命 (『北史』94　列傳 82　高麗)
고구려　　(北史)又曰　北齊天保三年　文宣至營州　使博陵崔柳使于高麗　求魏末流人　敕柳曰　若不
從者　以便宜從事　及至　不見許　柳張目叱之　拳擊成墜於牀下　成左右雀息不敢動　乃謝
服　柳以五千戶反命 (『太平御覽』783　四夷部 4　東夷 4　高句驪)

백제 신라　　是歲　百濟棄漢城與平壤　新羅因此　入居漢城　今新羅之牛頭方尼彌方也[地名未詳]
(『日本書紀』19　欽明紀)3005)

553(癸酉/신라 진흥왕 14 開國 3/고구려 양원왕 9/백제 성왕 31/梁 承聖 2/倭 欽明 14)

백제   春正月甲子朔乙亥　百濟遣上部德率科野次酒杅率禮塞敦等　乞軍兵（『日本書紀』 19 欽明紀）

백제   (春正月)戊寅　百濟使人中部杅率木劦今敦河內部阿斯比多等罷歸（『日本書紀』 19 欽明紀）

신라   春二月　王命所司築新宮於月城東　黃龍見其地　王疑之　改爲佛寺　賜號曰皇龍（『三國史記』 4 新羅本紀 4）

신라   按國史　眞興王卽位十四開國三年癸酉二月　築新宮於月城東　有黃龍現其地　王疑之　改爲皇龍寺　宴坐石在佛殿後面　甞一謁焉（『三國遺事』 3 塔像 4 迦葉佛宴坐石）

신라   新羅第二十四眞興王卽位十四年癸酉二月　將築紫宮於龍宮南　有黃龍現其地　乃改置爲佛寺　號黃龍寺（『三國遺事』 3 塔像 4 皇龍寺丈六）

신라   春二月　新羅王舍新宮爲皇龍寺　王命所司築宮於月城東　黃龍見其地　王疑之　舍爲佛寺焉（『三國史節要』 6）

신라   又按國史及寺中古記　眞興王癸酉創寺後　善德王代貞觀十九年乙巳　塔初成（『三國遺事』 3 塔像 4 皇龍寺九層塔）[3006]

백제   (夏)六月　遣內臣[闕名] 使於百濟　仍賜良馬二匹同船二隻弓五十張箭五十具　勅云　所請軍者　隨王所須　別勅　醫博士易博士曆博士等　宜依番上下　今上件色人　正當相代年月　宜付還使相代　又卜書曆本種種藥物　可付送（『日本書紀』 19 欽明紀）

백제   秋七月辛酉朔甲子　幸樟勾宮　蘇我大臣稻目宿禰　奉勅遣王辰爾　數錄船賦　卽以王辰爾爲船長　因賜姓爲船史　今船連之先也（『日本書紀』 19 欽明紀）

신라 백제   秋七月　取百濟東北鄙　置新州　以阿湌武力爲軍主（『三國史記』 4 新羅本紀 4）[3007]
백제 신라   秋七月　新羅取東北鄙　置新州（『三國史記』 26 百濟本紀 4）
신라 백제   秋七月　新羅取百濟東北鄙　置新州　以阿湌武力爲軍主（『三國史節要』 6）

백제 신라 고구려 가야
            (秋)八月辛卯朔丁酉　百濟遣上部奈率科野新羅下部固德汶休帶山等　上表曰　去年臣等同議　遣內臣德率次酒任那大夫等　奏海表諸彌移居之事　伏待恩詔　如春草之仰甘雨也　今年忽聞　新羅與狛國通謀云　百濟與任那　頻詣日本　意謂是乞軍兵伐我國歟　事若實者　國之敗亡可企踵而待　庶先日本兵未發之間　伐取安羅　絶日本路　其謀若是　臣等聞茲深懷危　卽遣疾使輕舟　馳表以聞　伏願　天慈速遣前軍後軍　相續來救　逮于秋節　以固海表彌移居也　若遲晚者　噬臍無及矣　所遣軍衆　來到臣國　衣糧之費　臣當充給　來到任那　亦復如是　若不堪給　臣必助充　令無乏少　別臣敬受天勅　來撫臣蕃　夙夜乾乾　勤修庶務　由是　海表諸蕃　皆稱其善　謂當萬歲肅淸海表　不幸云亡　深用追痛　今任那之事　誰可修治　伏願天慈速遣其代　以鎭任那　又復海表諸國甚乏弓馬　自古迄今　受之天皇　以禦强敵　伏願天慈多賜弓馬（『日本書紀』 19 欽明紀）

3005) 『三國史記』 新羅本紀 등에는 眞興王14년(553) 7월로 되어 있다.
3006) 이 기사에는 월 표기가 없으나, 『三國史記』 新羅本紀 등에 의거하여 2월로 편년하였다.
3007) 『日本書紀』에는 欽明 13년(552)으로 되어 있다.

신라 백제	冬十月 娶百濟王女爲小妃 (『三國史記』 4 新羅本紀 4)	
백제 신라	冬十月 王女歸于新羅 (『三國史記』 26 百濟本紀 4)	
신라 백제	冬十月 新羅王娶百濟王女爲小妃 (『三國史節要』 6)	

백제 고구려　冬十月庚寅朔己酉 百濟王子餘昌[明王子 威德王也] 悉發國中兵 向高麗國 築百合野
　　　　　　塞 眠食軍士 是夕觀覽 鉅野墳腴 平原瀾迤 人跡罕見 犬聲薆聞 俄而倏忽之際 聞鼓
　　　　　　吹之聲 餘昌乃大驚 打鼓相應 通夜固守 凌晨起見 曠野之中 覆如靑山 旌旗充滿 會
　　　　　　明有着頸鎧者一騎 揷鐃者[鐃字未詳]二騎 珥豹尾者二騎 幷五騎 連轡到來問曰 少兒
　　　　　　等言 於吾野中 客人有在 何得不迎禮也 今欲 早知與吾可以禮問答者 姓名年位 餘昌
　　　　　　對曰 姓是同姓 位是杆率 年卄九矣 百濟反問 亦如前法 而對答焉 遂乃立標而合戰
　　　　　　於是 百濟以鉾 刺墮高麗勇士於馬斬首 仍刺擧頭於鉾末 還入示衆 高麗軍將 憤怒益
　　　　　　甚 是時 百濟歡叫之聲 可裂天地 復其偏將 打鼓疾鬪 追却高麗王於東聖山之上 (『日
　　　　　　本書紀』 19 欽明紀)

554(甲戌/신라 진흥왕 15 開國 4/고구려 양원왕 10/백제 성왕 32, 위덕왕 1/梁 承聖 3/倭 欽明 15)

백제　　　　(春正月)丙申 百濟遣中部木刕施德文次前部施德曰佐分屋等於筑紫 諮內臣佐伯連等曰
　　　　　　德率次酒杆率塞敦等 以去年閏月四日到來云 臣等[臣等者 謂內臣也] 以來年正月到
　　　　　　如此導而未審 來不也 又軍數幾何 願聞若干 預治營壁 別諮 方奉聞可畏天皇之詔 來
　　　　　　詣筑紫 看送賜軍 聞之歡喜 無能比者 此年之役 甚危於前 願遣賜軍 使逮正月 於是
　　　　　　內臣奉勅而答報曰 卽令遣助軍數一千馬一百疋船四十隻 (『日本書紀』 19 欽明紀)

백제　　　　二月 百濟遣下部杆率將軍三貴上部奈率物部烏等 乞救兵 仍貢德率東城子莫古 代前
　　　　　　番奈率東城子言 五經博士王柳貴 代固德馬丁安 僧曇慧等九人 代僧道深等七人 別奉
　　　　　　勅 貢易博士施德王道良曆博士固德王保孫醫博士奈率王有悵陀採藥師施德潘量豊固德
　　　　　　丁有陀樂人施德三斤季德己麻次季德進奴對德進陀 皆依請代之 (『日本書紀』 19 欽明
　　　　　　紀)

백제　　　　三月丁亥朔 百濟使人中部木刕施德文次等罷歸 (『日本書紀』 19 欽明紀)

백제　　　　夏五月丙戌朔戊子 內臣率舟師 詣于百濟 (『日本書紀』 19 欽明紀)

신라	秋七月 修築明活城 (『三國史記』 4 新羅本紀 4)	
신라	秋七月 新羅修明活城 (『三國史節要』 6)	

백제　　　　陸詡 少習崔靈恩三禮義宗 梁世百濟國表求講禮博士 詔令詡行 (『陳書』 33 列傳 27
　　　　　　儒林 陸詡)3008)

백제　　　　陸詡 少習崔靈恩三禮義宗3009) 梁時百濟國表求講禮博士 詔令詡行 (『南史』 71 列傳
　　　　　　61 儒林 陸詡)3010)

3008) 陸詡의 백제 파견시기는 聖王代(523~554)로 보는 데에 이견이 없다. 그에 따라 해당연대로 기간편년
　　하고 마지막해인 554년에 배치하였다.
3009) 陸詡少習崔靈恩三禮義宗 宗字各本並脫 據陳書補 按崔靈恩傳有三禮義宗
3010) 陸詡의 백제 파견시기는 聖王代(523~554)로 보는 데에 이견이 없다. 그에 따라 해당연대로 기간편년
　　하고 마지막해인 554년에 배치하였다.

백제	中大通三年 爲臨川內史 (…) 百濟國使人至建鄴求書 逢子雲爲郡 維舟將發 使人於渚 次候之 望船三十許步 行拜行前 子雲遣問之 答曰 侍中尺牘之美 遠流海外 今日所求 唯在名迹 子雲乃爲停船三日 書三十紙與之 獲金貨數百萬 (『南史』 42 列傳 32 王子雲)3011)

신라 백제 가야	
	(秋七月) 百濟王明禭與加良來攻管山城 軍主角干于德伊湌耽知等逆戰失利 新州軍主 金武力以州兵赴之 及交戰 裨將三年山郡高于都刀急擊殺百濟王 於是 諸軍乘勝大克 之 斬佐平四人 士卒二萬九千六百人 匹馬無反者 (『三國史記』 4 新羅本紀 4)3012)
백제 신라	秋七月 王欲襲新羅 親帥步騎五十 夜至狗川 新羅伏兵發與戰 爲亂兵所害 薨 諡曰聖 (『三國史記』 26 百濟本紀 4)
백제 신라 고구려	
	(秋七月) 百濟王親率步騎五千攻新羅管山城 軍主角干于德伊湌耽知等逆戰失利 新州 軍主金武力以州兵赴之 及戰 裨將高干都刀擊殺百濟王明禭 於是 諸軍乘勝大克之 斬 佐平四人 士卒二萬九千六百人 匹馬無反者 先是 百濟欲與新羅合兵謀伐高句麗 新羅 王曰 國之興亡在天 若天未厭高句麗 則我何敢望 乃通高句麗 高句麗感其言 與新羅 通好 故百濟怨之來伐 (『三國史節要』 6)
백제	威德王 諱昌 聖王之元子也 聖王在位三十二年薨 繼位 (『三國史記』 27 百濟本紀 5)3013)
백제	(秋七月) 百濟諡王曰聖 子昌立 (『三國史節要』 6)
백제	第二十七威德王[名昌 又明 甲戌立 理四十四年] (『三國遺事』 1 王曆)3014)
백제	隆死 子昌立 (『周書』 49 列傳 41 百濟)3015)
백제	及齊受東魏禪 其王隆亦通使焉 淹死 子餘昌亦通使命於齊3016) (『北史』 94 列傳 82 高麗)3017)
신라 백제	祖武力爲新州道行軍摠管 嘗領兵獲百濟王及其將四人 斬首一萬餘級 (『三國史記』 41 列傳 1 金庾信 上)3018)

신라 백제 고구려	
	承聖三年九月 百濟兵來侵於珍城 掠取人男女三萬九千 馬八千匹而去 先是 百濟欲與 新羅合兵 謀伐高麗 眞興曰 國之興亡在天 若天未厭高麗 則我何敢望焉 乃以此言通 高麗 高麗感其言 與羅通好 而百濟怨之 故來爾 (『三國遺事』 1 紀異 1 眞興王)

백제 고구려	冬十月 高句麗大擧兵來攻熊川城 敗衄而歸 (『三國史記』 27 百濟本紀 5)
고구려 백제	冬十月 高句麗大擧兵攻百濟熊川城 敗衄而歸 (『三國史節要』 6)
고구려 백제	冬 攻百濟熊川城 不克 (『三國史記』 19 高句麗本紀 7)3019)

3011) 이 기사에는 연대 표기가 없으나, 내용상 中大通 3년(531) 이후의 聖王代(523~554)로 파악할 수 있다. 그에 따라 해당연대로 기간편년하고 마지막해인 554년에 배치하였다.

3012) 『日本書紀』에는 12월로 되어 있다.

3013) 『日本書紀』에는 威德王 4년(557) 3월 1일(庚子)로 되어 있다.

3014) 이 기사에는 월 표기가 없으나, 『三國史記』 百濟本紀 등에 의거하여 7월로 편년하였다.

3015) 이 기사에는 연대 표기가 없으나, 『三國史記』 百濟本紀 등에 의거하여 承聖 3년(554) 7월로 편년하였다.

3016) 淹死子餘昌亦通使命於齊 周書淹作隆 此作淹疑誤 又梁書言隆死以其子餘明爲百濟王 與此作餘昌不同

3017) 이 기사에는 연대 표기가 없으나, 『三國史記』 百濟本紀 등에 의거하여 承聖 3년(554) 7월로 편년하였다.

3018) 이 기사에는 연대 표기가 없으나, 『三國史記』 百濟本紀 등에 의거하여 承聖 3년(554) 7월로 편년하였다.

고구려	十二月晦 日有食之 (『三國史記』19 高句麗本紀 7)
고구려	十二月晦 高句麗日有食之 (『三國史節要』6)
고구려	(十二月) 無氷 (『三國史記』19 高句麗本紀 7)
고구려	(十二月) 高句麗無氷 (『三國史節要』6)

백제 가야 신라 고구려

冬十二月 百濟遣下部杆率汶斯干奴 上表曰 百濟王臣明 及在安羅諸倭臣等 任那諸國
旱岐等奏 以斯羅無道 不畏天皇 與狛同心 欲殘滅海北彌移居 臣等共議 遣有至臣等
仰乞軍士 征伐斯羅」 而天皇遣有至臣 帥軍以六月至來 臣等深用歡喜 以十二月九日
遣攻斯羅 臣先遣東方領物部莫奇武連 領其方軍士 攻函山城 有至臣所將來民竹斯物
部莫奇委沙奇 能射火箭 蒙天皇威靈 以月九日酉時 焚城拔之 故遣單使馳船奏聞 別
奏 若但斯羅者 有至臣所將軍士亦可足矣 今狛與斯羅 同心戮力 難可成功 伏願速遣
竹斯嶋上諸軍士 來助臣國 又助任那 則事可成 又奏 臣別遣軍士萬人助任那 并以奏
聞 今事方急 單船遣奏 但奉好錦二疋毾㲪一領斧三百口及所獲城民男二女五 輕薄追
用悚懼 餘昌謀伐新羅 耆老諫曰 天未與 懼禍及 餘昌曰 老矣 何怯也 我事大國 有何
懼也」 遂入新羅國 築久陀牟羅塞 其父明王憂慮 餘昌長苦行陣 久廢眠食 父慈多闕
子孝希成 乃自往迎慰勞 新羅聞明王親來 悉發國中兵 斷道擊破 是時 新羅謂佐知村
飼馬奴苦都[更名谷智]曰 苦都 賤奴也 明王 名主也 今使賤奴殺名主 冀傳後世莫忘於
口 已而苦都乃獲明王 再拜曰 請斬王首 明王對曰 王頭不合受奴手 苦都曰 我國法違
背所盟 雖曰國王 當受奴手[一本云 明王乘踞胡床 解授佩刀於谷知 令斬] 明王仰天
大憩涕泣 許諾曰 寡人每念 常痛入骨髓 願計不可苟活 乃延首受斬 苦都斬首而殺 堀
坎而埋[一本云 新羅留理明王頭骨 而以禮送餘骨於百濟 今新羅王埋明王骨於北廳階下
名此廳曰都堂] 餘昌遂見圍繞 欲出不得 士卒遑駭 不知所圖 有能射人筑紫國造 進而
彎弓占擬 射落新羅騎卒最勇壯者 發箭之利 通所乘鞍前後橋及其被甲領 會也 復續發
箭如雨 彌屬不懈 射却圍軍 由是 餘昌及諸將等 得從間道逃歸 餘昌讚國造射却圍軍
尊而名曰鞍橋君[鞍橋 此云矩羅膩] 於是 新羅將等 具知百濟疲盡 遂欲謀滅無餘 有一
將云 不可 日本天皇以任那事 屢責吾國 況復謀滅百濟官家 必招後患 故止之 (『日本
書紀』19 欽明紀)[3020]

요동	燕趙佳人本自多 遼東少婦學春歌 黃龍戍北花如錦 玄菟城中月似娥 如何此時別夫婿
	金羈翠眊往交河 還聞入漢去燕營 怨妾心中[一作愁心]百恨生 漫漫悠悠天未曉 遥遥夜
	夜聽嚴[一作寒]更 自從異縣心同別 偏恨同時成異節 橫波滿臉萬行啼 翠眉漸[一作暫]
	斂千重結 並海連天合不開 那宜[一作堪]春日上春臺 唯見遠舟如落葉 復看遥舸似行盃
	沙汀夜鶴嘯鵾雌 妾心無怨生別離 翻嗟漢使音塵斷 空傷賤妾燕南垂 (『文苑英華』196
	詩 46 樂府 5 梁元帝 燕歌行)[3021]
요동	紫盖學仙成 能令吳市傾 逐舞随踈節 聞琴應別聲 集田遥赴影 隔霧近相鳴 時從洛浦
	渡 飛向遼東城 (『文苑英華』206 詩 56 樂府 15 梁孝元帝 飛來雙白鶴[一作鵠 莊子
	鵠鶴通用])[3022]

3019) 이 기사에는 월 표기가 없으나, 『三國史記』百濟本紀 등에 의거하여 10월로 편년하였다.
3020) 『三國史記』新羅本紀 등에는 7월로 되어 있다.
3021) 梁 元帝의 재위기간은 552~554년이므로, 그에 따라 기간편년하고 마지막해인 554년에 배치하였다.
3022) 梁 元帝의 재위기간은 552~554년이므로, 그에 따라 기간편년하고 마지막해인 554년에 배치하였다.

백제 삼한	永嘉末 避亂適東 因遂家焉 若夫巍巍鯨山 跨靑丘以東峙 淼淼熊水 臨丹渚以南流 浸煙雲以摛英 降之於蕩沃 照日月而摭悲 秀之於蔽虧 靈文逸文 高前芳於七子 汗馬雄武 擅後異於三韓 華構增輝 英材継響 綿圖不絶 弈代有聲 (「禰軍 墓誌銘」:『社會科學戰線』 2011-7)[3023]	

555(乙亥/신라 진흥왕 16 開國 5/고구려 양원왕 11/백제 위덕왕 2/梁 承聖 4, 紹泰 1/倭 欽明 16)

신라	春正月 置完山州於比斯伐 (『三國史記』 4 新羅本紀 4)
신라	春正月 新羅置完山州於比斯伐 (『三國史節要』 6)
신라	火王郡 本比自火郡[一云比斯伐] 眞興王十六年置州 名下州 (『三國史記』 34 雜志 3 地理 1)[3024]
신라	全州 本百濟完山 眞興王十六年爲州 (『三國史記』 36 雜志 5 地理 3)[3025]
신라	新羅陞火王郡爲下州 (『三國史節要』 6)[3026]

백제 신라 고구려

春二月 百濟王子餘昌遣王子惠[王子惠者 威德王之弟也]奏曰 聖明王爲賊見殺[十五年 爲新羅所殺 故今奏之] 天皇聞而傷恨 迺遣使者迎津慰問 於是 許勢臣問王子惠曰 爲當欲留此間 爲當欲向本鄕 惠答曰 依憑天皇之德 冀報考王之讎 若垂哀憐 多賜兵革 雪垢復讎 臣之願也 臣之去留 敢不唯命是從 俄而蘇我臣問訊曰 聖王妙達天道地理 名流四表八方 意謂永保安寧 統領海西蕃國 千年萬歲 奉事天皇 豈圖一旦眇然昇遐 與水無歸卽安玄室 何痛之酷 何悲之哀 凡在含情 誰不傷悼 當復何咎致茲禍也 今復 何術用鎭國家 惠報答之曰 臣禀性愚蒙 不知大計 何況禍福所倚國家存亡者乎 蘇我卿曰 昔在天皇大泊瀬之世 汝國爲高麗所逼 危甚累卵 於是 天皇命神祇伯 敬受策於神 祇 祝者迺託神語報曰 屈請建邦之神 往救將亡之主 必當國家謐靖 人物乂安 由是 請 神往救 所以社稷安寧 原夫建邦神者 天地株判之代 草木言語之時 自天降來造立國家 之神也 頃聞 汝國輟而不祀 方今悛悔前過 脩理神宮 奉祭神靈 國可昌盛 汝當莫忘 (『日本書紀』 19 欽明紀)

백제 고구려 신라

(秋)八月 百濟餘昌謂諸臣等曰 少子今願奉爲考王出家脩道 諸臣百姓報言 今君王欲得 出家修道者 且奉教也 嗟夫前慮不定 後有大患 誰之過歟 夫百濟國者 高麗新羅之所 爭欲滅 自始開國迄于是歲 今此國宗將授何國 要須道理 分明應敎 縱使能用耆老之言 豈至於此 請悛前過 無勞出俗 如欲果願 須度國民 餘昌對曰 諾 卽就圖於臣下 臣下 逐用相議 爲度百人 多造幡蓋 種種攻德云云 (『日本書紀』 19 欽明紀)

고구려	乙亥年八月 前部 小大使者於九婁 治城六百八十四間 (「籠吾里山城 磨崖石刻」)
신라	冬十月 王巡幸北漢山 拓定封疆 (『三國史記』 4 新羅本紀 4)

3023) 永嘉 말년은 313년이고, 낙랑군이 축출되면서 대규모 인구이동이 발생하였다. 이후 禰軍의 증조부터 부친까지의 행적에 대한 기술이 나오는데, 증조가 좌평에 취임한 것은 위덕왕대(554~598) 이후로 판단된 다. 그에 따라 313~554년으로 기간편년하고, 마지막해인 554년에 배치하였다.
3024) 이 기사에는 월 표기가 없으나,『三國史記』新羅本紀 등에 의거하여 1월로 편년하였다.
3025) 이 기사에는 월 표기가 없으나,『三國史記』新羅本紀 등에 의거하여 1월로 편년하였다.
3026) 이 기사에는 월 표기가 없으나,『三國史記』新羅本紀 등에 의거하여 1월로 편년하였다.

신라	(冬十月) 新羅王如北漢山 拓定封疆 (『三國史節要』 6)
고구려	冬十月 虎入王都 擒之 (『三國史記』 19 高句麗本紀 7)
고구려	冬十月 高句麗虎入王都 (『三國史節要』 6)
고구려	(天保六年)十一月丙戌 高麗遣使朝貢 (『北齊書』 4 帝紀 4 文宣帝)
고구려	(十一月) 遣使入北齊朝貢 (『三國史記』 19 高句麗本紀 7)3027)
고구려	(十一月) 高句麗遣使如北齊朝貢 (『三國史節要』 6)3028)
고구려	(北齊文宣帝天保)六年四月 突厥 五月 茹茹 十一月 高麗 十二月 庫莫奚 遣使朝貢 (『册府元龜』 969 外臣部 朝貢 2)
고구려	(天保六年)是歲 高麗庫莫奚 並遣使朝貢 (『北史』 7 齊本紀 中 顯祖文宣皇帝)3029)
신라	十一月 至自北漢山 敎所經州郡 復一年租調 曲赦 除二罪皆原之 (『三國史記』 4 新羅本紀 4)
신라	十一月 至自北漢山 復所經州郡一年租調 赦二罪以下 (『三國史節要』 6)
고구려	十一月 太白晝見 (『三國史記』 19 高句麗本紀 7)
고구려	(十一月) 高句麗太白晝見 (『三國史節要』 6)

556(丙子/신라 진흥왕 17 開國 6/고구려 양원왕 12/백제 위덕왕 3/梁 紹泰 2, 太平 1/倭 欽明 17)

백제	春正月 百濟王子惠請罷 仍賜兵仗 良馬甚多 亦頻賞祿 衆所欽歎 於是 遣阿倍臣佐伯連播磨直 率筑紫國舟師 衛送達國 別遣筑紫火君[百濟本記云 筑紫君兒 火中君弟] 率勇士一千 衛送彌弖[彌弖 津名] 因令守津路要害之地焉 (『日本書紀』 19 欽明紀)
신라	秋七月 置比列忽州 以沙湌成宗爲軍主 (『三國史記』 4 新羅本紀 4)
신라	秋七月 新羅置比列忽州 以沙湌成宗爲軍主 (『三國史節要』 6)
신라	朔庭郡 本高句麗比列忽郡 眞興王十七年 梁太平元年 爲比列州置軍主 (『三國史記』 35 雜志 4 地理 2)3030)
백제 고구려	冬十月 遣蘇我大臣稻目宿禰等於倭國高市郡 置韓人大身狹屯倉[言韓人者百濟也] 高麗人小身狹屯倉 紀國置海部屯倉[一本云 以處處韓人 爲大身狹屯倉田部 高麗人爲小身狹屯倉田部 是卽以韓人高麗人爲田部 故因爲屯倉之號也] (『日本書紀』 19 欽明紀)
신라	釋圓光 俗姓朴 本住三韓 卞韓馬韓辰韓 光卽辰韓新羅人也 家世海東 祖習綿遠 而神器恢廓 愛染篇章 挍獵玄儒 討讎子史 文華騰鬙於韓服 博贍猶愧於中原 遂割略親朋 發憤溟渤 年二十五 乘舶造于金陵 有陳之世號稱文國 故得諮考先疑詢猷了義 初聽莊嚴旻公弟子講 素霑世典謂理窮神 及聞釋宗反同腐芥 虛尋名敎 實懼生涯 乃上啓陳主 請歸道法 有敕許焉 旣爰初落采 卽稟具戒 遊歷講肆具盡嘉謀 領牒微言 不謝光景 故得成實涅槃 蘊括心府 三藏數論 偏所披尋 末又投吳之虎丘山 念定相沿 無忘覺觀 息心之衆 雲結林泉 並以綜涉四含

3027) 이 기사에는 일자 표기가 없으나, 『北齊書』 帝紀에 의거하여 11월 9일(丙戌)로 편년하였다.
3028) 이 기사에는 일자 표기가 없으나, 『北齊書』 帝紀에 의거하여 11월 9일(丙戌)로 편년하였다.
3029) 이 기사에는 월일 표기가 없으나, 『北齊書』 帝紀에 의거하여 11월 9일(丙戌)로 편년하였다.
3030) 이 기사에는 월 표기가 없으나, 『三國史記』 新羅本紀 등에 의거하여 7월로 편년하였다.

功流八定 明善易擬 筒直難虧 深副夙心 遂有終焉之慮 於卽頓絶人事 盤遊聖蹤 攝想
靑霄 緬謝終古 時有信士 宅居山下 請光出講 固辭不許 苦事邀延 遂從其志 創通成
論 末講般若 皆思解俊徹 嘉問飛移 兼糅以絢采 織綜詞義 聽者欣欣 會其心府 從此
因循舊章 開化成任 每法輪一動 輒傾注江湖 雖是異域通傳 而沐道頓除嫌郤 故名望
橫流 播于嶺表 披榛負橐而至者 相接如鱗

會隋后御宇 威加南國 曆窮其數 軍入楊都 遂被亂兵 將加刑戮 有大主將望 見寺塔火
燒 走赴救之了無火狀 但見光在塔前 被縛將殺 旣怪其異 卽解而放之 斯臨危達 感如
此也 (『續高僧傳』13 義解 9 唐新羅國皇隆寺 釋圓光[圓安] 5)[3031]

신라　　　唐圓光 俗姓朴氏 辰韓新羅人 家世業儒 年二十五 杭溟渤北造金陵 以究其學 有陳之
世 號稱文章極盛 故得時從縉紳先生之流 考正經史

會莊嚴旻公弟子講 一聽染神 回視孔教若粃糠 然乃奏乞入道 詔許之 落髮稟具之後
遊歷橫肆 硏成實涅槃惟謹 晩脩定業於吳之虎丘山 禪侶雲臻 遂有終焉之志 或居山下
請一出弘演 辭不可勉 爲開導四衆 愜心自爾 名譽益振 海隅領表 負橐相逐

隋氏奄有天下 兵入揚都 光被虜 將加刑戮 主將遙見火及塔寺 就視之 則光縛置塔下
初無火也 異而釋其縛 (『新修科分六學僧傳』23 精進學 義解科 唐圓光)[3032]

신라　　　釋圓光 姓朴 本住三韓 秦韓辰韓馬韓 光卽辰韓新羅人也 家世海東 而神器恢廓 校獵
玄儒 討讐子史 年二十五 乘舶造于金陵

及聞釋宗 乃上啓陳主 請歸道法 有勅許焉 旣爰落鬂 卽稟具戒 遊歷講肆 得成實涅槃
蘊括心府 三藏數論 偏所披尋 末又投吳之虎丘山 息心之衆 雲結林泉 並綜涉四含 功
流八定 深副夙心 遂有終焉之慮 於卽頓絶人事 槃遊聖蹤 時有信士 宅居山下 請光出
講 創通成論 未講般若 皆思解俊徹 聽者欣欣 會其心府 名望橫流 播于嶺表 披榛負
橐而至者 相接如鱗

會隋后御宸 威加南國 遂被亂兵 將加刑戮 有大主將 望見寺塔火燒 走赴救 之了無火
狀 佪[3033]見光在塔前 被縛將殺 旣怪其異 卽解而放之 (『高僧摘要』3 圓光)[3034]

557(丁丑/신라 진흥왕 18 開國 7/고구려 양원왕 13/백제 위덕왕 4/梁 太平 2, 陳 永定 1/倭 欽明 18)

백제　　　春三月庚子朔 百濟王子餘昌嗣立 是爲威德王 (『日本書紀』19 欽明紀)[3035]

고구려　　夏四月 立王子陽成爲太子 遂宴羣臣於內殿 (『三國史記』19 高句麗本紀 7)
고구려　　夏四月 高句麗王立子陽成爲太子 遂宴群臣於內殿 (『三國史節要』6)

고구려　　冬十月 丸都城干朱理叛 伏誅 (『三國史記』19 高句麗本紀 7)
고구려　　冬十月 高句麗丸都城干朱理叛 伏誅 (『三國史節要』6)

신라　　　以國原爲小京 (『三國史記』4 新羅本紀 4)
신라　　　新羅以國原爲小京 (『三國史節要』6)
신라　　　中原京 本高句麗國原城 新羅平之 眞興王置小京 (『三國史記』35 雜志 4 地理
2)[3036]

3031) 『續高僧傳』에서는 圓光이 貞觀 4년(630)에 99세로 사망했다고 하므로, 그것을 기준으로 25세인 시기
　　는 556년에 해당한다.
3032) 이 기사에는 연대 표기가 없으나, 『續高僧傳』에 의거하여 556년으로 편년하였다.
3033) 저본에는 '佪'로 되어 있으나, 『續高僧傳』에 의거하여 '但'으로 수정해야 한다.
3034) 이 기사에는 연대 표기가 없으나, 『續高僧傳』에 의거하여 556년으로 편년하였다.
3035) 『三國史記』 百濟本紀 등에는 聖王32년(554) 7월로 되어 있다.
3036) 이 기사에는 연대 표기가 없으나, 『三國史記』 新羅本紀 등에 의거하여 眞興王18년(557)으로 편년하였

신라	廢沙伐州 (『三國史記』 4 新羅本紀 4)
신라	尙州 (…) 眞興王十八年 州廢 (『三國史記』 34 雜志 3 地理 1)
신라	新羅廢沙伐州爲上洛郡 (『三國史節要』 6)

신라	置甘文州 以沙湌起宗爲軍主 (『三國史記』 4 新羅本紀 4)
신라	開寧郡 古甘文小國也 眞興王十八年 梁[3037]永定元年 置軍主 爲靑州 (『三國史記』 34 雜志 3 地理 1)
신라	新羅置甘文州 以沙湌起宗爲軍主 (『三國史節要』 6)

신라	廢新州 置北漢山州 (『三國史記』 4 新羅本紀 4)
신라	廢新州爲北漢山州 置軍主 (『三國史節要』 6)
신라	漢陽郡 本高句麗北漢山郡[一云平壤] 眞興王爲州 置軍主 (『三國史記』 35 雜志 4 地理 2)[3038]

고구려	歷齊梁並授爵位 遣使奉表 獻方物 不絶 (『太平御覽』 783 四夷部 4 東夷 4 高句驪)[3039]

백제	宋齊梁 並遣使朝貢 授官封其人 (『太平寰宇記』 172 四夷 1 東夷 1 百濟國)[3040]

558(戊寅/신라 진흥왕 19 開國 8/고구려 양원왕 14/백제 위덕왕 5/陳 永定 2/倭 欽明 19)

신라	春二月 徙貴戚子弟及六部豪民 以實國原 奈麻身得作砲弩上之 置之城上 (『三國史記』 4 新羅本紀 4)
신라	春二月 新羅徙貴戚子弟 及六部豪民 以實國原 奈麻身得作砲弩上之 置于城上 (『三國史節要』 6)

559(己卯/신라 진흥왕 20 開國 9/고구려 양원왕 15, 평원왕 1/백제 위덕왕 6/陳 永定 3/倭 欽明 20)

고구려	春三月 王薨 號爲陽原王 (『三國史記』 19 高句麗本紀 7)
고구려	平原王[或云平崗上好王] 諱陽成[隋唐書作湯] 陽原王長子 有膽力善騎射 陽原王在位十三年 立爲太子 十五年 王薨 太子卽位 (『三國史記』 19 高句麗本紀 7)
고구려	春三月 高句麗王平成薨 號陽原王 太子陽成立 有膽力善騎射 (『三國史節要』 6)
고구려	第二十五平原王[一作平國 名陽城 動之云高△ 己卯立 理三十一年] (『三國遺事』 1 王曆)[3041]
고구려	成死 子湯立 (『周書』 49 列傳 41 高麗)[3042]

다.
3037) 저본에는 '梁'으로 되어 있으나, '永定'은 陳의 연호이므로 '陳'으로 수정해야 한다.
3038) 이 기사에는 연대 표기가 없으나, 『三國史記』 新羅本紀 등에 의거하여 眞興王18년(557)으로 편년하였다.
3039) 이 기사에는 연대 표기가 없으나, 齊~梁의 존속연대인 479~557년으로 기간편년하고 마지막해인 557년에 배치하였다.
3040) 이 기사에는 연대 표기가 없으나, 宋~梁의 존속연대인 420~557년으로 기간편년하고 마지막해인 557년에 배치하였다.
3041) 이 기사에는 월 표기가 없으나, 『三國史記』 高句麗本紀 등에 의거하여 3월로 편년하였다.
3042) 이 기사에는 연대 표기가 없으나, 『三國史記』 高句麗本紀 등에 의거하여 永定 3년(559) 3월로 편년하였다.

고구려	成死 子湯立 (『北史』 94 列傳 82 高麗)3043)

백제	夏五月丙辰朔 日有食之 (『三國史記』 27 百濟本紀 5)
백제	夏五月丙辰朔 百濟日有食之 (『三國史節要』 6)

560(庚辰/신라 진흥왕 21 開國 10/고구려 평원왕 2/백제 위덕왕 7/陳 天嘉 1/倭 欽明 21)

고구려	(乾明元年二月乙巳) 又以高麗王世子湯爲使持節領東夷校尉遼東郡公高麗王 (『北史』 7 齊本紀 中 廢帝)3044)
고구려	乾明元年 齊廢帝以湯爲使持節領東夷校尉遼東郡公高麗王 (『北史』 94 列傳 82 高麗)3045)
고구려	(乾明元年二月戊申) 又以高麗王世子湯爲使持節領東夷校尉遼東郡公高麗王 (『北齊書』 5 帝紀 5 廢帝)3046)
고구려	春二月 北齊廢帝封王爲使持節領東夷校尉遼東郡公高句麗王 (『三國史記』 19 高句麗本紀 7)3047)
고구려	春二月 北齊冊高句麗王爲使持節領東夷校尉遼東郡公高句麗王 (『三國史節要』 6)3048)
고구려	(北齊)廢帝乾明元年二月 以高麗王世子高湯 爲使持節領東夷較3049)尉遼東郡公高麗王 (『册府元龜』 963 外臣部 封冊 1)3050)

고구려	(春二月) 王幸卒本 祀始祖廟 (『三國史記』 19 高句麗本紀 7)
고구려	古記云 (…) 新大王四年秋九月 如卒本祀始祖廟 (…) 平原王二年春二月 (…) 並如上行 (『三國史記』 32 雜志 1 祭祀)
고구려	(春二月) 高句麗王幸卒本 祀始祖廟 (『三國史節要』 6)

고구려	三月 王至自卒本 所經州郡獄囚除二死皆原之 (『三國史記』 19 高句麗本紀 7)
고구려	三月 至自卒本 所經州郡二罪以下皆原之 (『三國史節要』 6)

신라	秋九月 新羅遣彌至己知奈末獻調賦 饗賜邁常 奈末喜歡而罷曰 調賦使者 國家之所貴重 而私議之所輕賤 行李者百姓之所懸命 而選用之所卑下 王政之弊 未必不由此也 請差良家子爲使者 不可以卑賤爲使 (『日本書紀』 19 欽明紀)

561(辛巳/신라 진흥왕 22 開國 11/고구려 평원왕 3/백제 위덕왕 8/陳 天嘉 2/倭 欽明 22)

신라	辛巳年二月一日立 寡人幼年承基政委輔弼智行悉事末△△立△赦△△△△△四方△改囚△後地土△陜也古△△△不△△△△△△△人普△山△心△除林△△△△△△△△△△△△△△△此△卅△△而已土地彊時山林△△△△△△△△也

3043) 이 기사에는 연대 표기가 없으나, 『三國史記』 高句麗本紀 등에 의거하여 永定 3년(559) 3월로 편년하였다.
3044) 『北齊書』 帝紀에는 2월26일(戊申)로 되어 있다.
3045) 이 기사에는 월일 표기가 없으나, 『北史』 本紀에 의거하여 2월23일(乙巳)로 편년하였다.
3046) 『北史』 本紀에는 2월23일(乙巳)로 되어 있다.
3047) 이 기사에는 일자 표기가 없으나, 『北齊書』 帝紀에 의거하여 2월26일(戊申)로 편년하였다.
3048) 이 기사에는 일자 표기가 없으나, 『北齊書』 帝紀에 의거하여 2월26일(戊申)로 편년하였다.
3049) 저본에는 '較'로 되어 있으나, 『北齊書』 帝紀에 의거하여 '校'로 수정해야 한다.
3050) 이 기사에는 일자 표기가 없으나, 『北齊書』 帝紀에 의거하여 2월26일(戊申)로 편년하였다.

大等与軍主幢主道使与外村主審△故△△△△△△△△△海州白田畓△△与山△河川△
敎以△△△△△△△△△△△△△△人 △之雖不△△△△△△△△心△△
河△△△△于之其餘少小事知古△△△△△△△者△△以上大等与古奈末典法△人与上
△△△△△△△△△△此以△△看其身受△ 于時△△大△△△△△△智葛文王△△
△△者漢只△△屈珎智大一伐干△喙△△智一伐干△△折夫智一尺干△△△△智一尺干
喙△△夫智迊干沙喙另力智迊干喙小里夫智△△干沙喙都設智沙尺干沙喙伐夫智一吉
干沙喙忽智一△△△珎△次公沙尺干喙尒亡智沙尺喙述智沙尺干喙△△△△沙尺干喙比
叶△△智沙尺本末△智及尺干喙△△智△△△沙喙刀下智及尺干沙喙△△智及尺干喙鳳
安智△△△△△等喙居七夫智一尺干△一夫智一尺干沙喙甘力智△△干△大等喙末淂智
△尺干沙喙七聡智及尺干四方軍主比子伐軍主沙喙登△△智沙尺干漢城軍主喙竹夫智
沙尺干碑利城軍主喙福登智沙尺干甘文軍主沙喙心夫智及尺干上州行使大等沙喙宿欣
智及尺干喙次叱智奈末下州行使大等沙喙春夫智大奈末喙就舜智大舍于抽悉△△西阿
郡使大等喙北尸智大奈末沙喙湏仃夫智奈△ 爲人喙德文奈末比子伐停助人喙貢薩智大
奈末書人沙喙導智大舍村主奀聡智述干麻叱智述干 (「昌寧 新羅眞興王拓境碑」)

고구려   夏四月 異鳥集宮庭 (『三國史記』 19 高句麗本紀 7)
고구려   夏四月 高句麗異鳥集宮庭 (『三國史節要』 6)

고구려   六月 大水 (『三國史記』 19 高句麗本紀 7)
고구려   六月 高句麗大水 (『三國史節要』 6)

백제 신라   秋七月 遣兵侵掠新羅邊境 羅兵出擊敗之 死者一千餘人 (『三國史記』 27 百濟本紀
            5)[3051]
백제 신라   秋七月 百濟遣兵侵掠新羅邊境 新羅擊破之 死者千餘人 (『三國史節要』 6)

고구려   十一月乙卯 高驪國遣使獻方物 (『陳書』 3 本紀 3 世祖)
고구려   (冬十月)乙卯[3052] 高麗國遣使朝貢 (『南史』 9 陳本紀 上)
고구려   冬十一月 遣使入陳朝貢 (『三國史記』 19 高句麗本紀 7)[3053]
고구려   冬十一月 高句麗遣使如陳朝貢 (『三國史節要』 6)[3054]
고구려   (陳)文帝天嘉二年十一月 高麗國遣使獻方物 (『册府元龜』 969 外臣部 朝貢 2)[3055]

신라   新羅遣久禮叱及伐干 貢調賦 司賓饗遇禮數減常 及伐干忿恨而罷 (『日本書紀』 19 欽
            明紀)

신라 백제 가야
            是歲 復遣奴氐大舍 獻前調賦 於難波大郡序諸蕃 掌客額田部連葛城直等 使列于百濟
            之下而引導 大舍怒還 不入館舍 乘船歸至穴門 於是 脩治穴門館 大舍問曰 爲誰客造
            工匠河內馬飼首押勝欺紿曰 遣問西方無禮使者之所 停宿處也 大舍還國告其所言 故
            新羅築城於阿羅波斯山 以備日本 (『日本書紀』 19 欽明紀)

3051) 『三國史記』 新羅本紀 등에는 眞興王23년(562) 7월로 되어 있다.
3052) 10월에는 '乙卯'가 없다. 『陳書』 本紀에 의거하여 11월13일에 해당한다.
3053) 이 기사에는 일자 표기가 없으나, 『陳書』 本紀 등에 의거하여 11월13일(乙卯)로 편년하였다.
3054) 이 기사에는 일자 표기가 없으나, 『陳書』 本紀 등에 의거하여 11월13일(乙卯)로 편년하였다.
3055) 이 기사에는 일자 표기가 없으나, 『陳書』 本紀 등에 의거하여 11월13일(乙卯)로 편년하였다.

562(壬午/신라 진흥왕 23 開國 12/고구려 평원왕 4/백제 위덕왕 9/陳 天嘉 3/倭 欽明 23)

신라 가야	春正月 新羅打滅任那官家[一本云 二十一年 任那滅焉 總言任那 別言加羅國安羅國斯 二岐國多羅國卒麻國古嵯國子他國散半下國乞湌國稔禮國 合十國] (『日本書紀』19 欽 明紀)

백제 고구려	閏二月己酉 以百濟王餘明爲撫東大將軍 高句驪王高湯爲寧東將軍 (『陳書』3 本紀 3 世祖)
백제 고구려	(二月)閏月己酉 以百濟王餘明爲撫東大將軍 高麗王高湯爲寧東將軍 (『南史』9 陳本 紀 上)
고구려	春二月 陳文帝詔授王寧東將軍 (『三國史記』19 高句麗本紀 7)[3056]
고구려	春二月 陳詔授高句麗王寧東將軍 (『三國史節要』6)[3057]
백제 고구려	陳文帝天嘉三年閏二月 百濟王餘明爲撫東大將軍 高句麗王高湯爲寧東將軍 (『冊府元 龜』963 外臣部 封冊 1)[3058]

신라 가야	夏六月 詔曰 新羅西羌小醜 逆天無狀 違我恩義 破我官家 毒害我黎民 誅殘我郡縣 我氣長足姬尊 靈聖聰明 周行天下 劬勞群庶 饗育萬民 哀新羅所窮見歸 全新羅王將 戮之首 授新羅要害之地 崇新羅非次之榮 我氣長足姬尊 於新羅何薄 我百姓 於新羅 何怨 而新羅 長戟強弩 凌蹙任那 鉅牙鉤爪 殘虐含靈 刳肝斮趾 不厭其快 曝骨焚屍 不謂其酷 任那族姓 百姓以還 窮刀極俎 旣屠且膾 豈有率土之賓 謂爲王臣 乍食人之 禾 飮人之水 孰忍聞此 而不悼心 況乎太子大臣 處跌萼之親 泣血銜怨之寄 當蕃屛之 任 摩頂至踵之恩 世受前朝之德 身當後代之位 而不能瀝膽抽腸 共誅姦逆 雪天地之 痛酷 報君父之仇讎 則死有恨臣子之道不成 (『日本書紀』19 欽明紀)

신라 가야	秋七月己巳朔 新羅遣使獻調賦 其使人知新羅滅任那 恥背國恩 不敢請罷 遂留不歸本 土 例同國家百姓 今河內國更荒郡鸕鷀野邑新羅人之先也 (『日本書紀』19 欽明紀)

신라 백제	秋七月 百濟侵掠邊戶 王出師拒之 殺獲一千餘人 (『三國史記』4 新羅本紀 4)[3059]
신라 백제	秋七月 百濟侵掠新羅邊民 王出師拒之 殺獲千餘人 (『三國史節要』6)

신라 가야 백제

(秋七月)是月 遣大將軍紀男麻呂宿禰 將兵出哆唎 副將河邊臣瓊罐 出居曾山 而欲問 新羅攻任那之狀 遂到任那 以薦集部首登弭 遣於百濟 約束軍計 登弭仍宿妻家 落印 書弓箭於路 新羅具知軍計 卒起大兵 尋屬敗亡 乞降歸附 紀男麻呂宿禰取勝旋師 入 百濟營 令軍中曰 夫勝不忘敗 安必慮危 古之善敎也 今處疆畔 犲狼交接 而可輕忽不 思變難哉 況復平安之世 刀劒不離於身 蓋君子之武備不可以已 宜深警戒 務崇斯令 士卒皆委心而服事焉 河邊臣瓊罐獨進轉鬪 所向皆拔 新羅更擧白旗 投兵降首 河邊臣 瓊罐元不曉兵 對擧白旗 空爾獨進 新羅鬪將曰 將軍河邊臣 今欲降矣 乃進軍逆戰 盡 銳遄攻破之 前鋒所傷甚衆 倭國造手彦自知難救 棄軍遁逃 新羅鬪將手持鉤戟 追至城 洫 運戟擊之 手彦因騎駿馬 超渡城洫 僅以身免 鬪將臨城洫而歎曰 久須尼自利[此新 羅語 未詳也] 於是 河邊臣遂引兵退急營於野 於是 士卒盡相欺蔑 莫有遵承 鬪將自就

3056) 이 기사에는 일자 표기가 없으나, 『陳書』本紀에 의거하여 閏2월 9일(己酉)로 편년하였다.
3057) 이 기사에는 일자 표기가 없으나, 『陳書』本紀에 의거하여 閏2월 9일(己酉)로 편년하였다.
3058) 이 기사에는 일자 표기가 없으나, 『陳書』本紀에 의거하여 閏2월 9일(己酉)로 편년하였다.
3059) 『三國史記』百濟本紀 등에는 威德王 8년(561) 7월로 되어 있다.

營中 悉生虜河邊臣瓊罐等及其隨婦 于時 父子夫婦不能相恤 鬪將問河邊臣曰 汝命與婦 孰與尤愛 答曰 何愛一女以取禍乎 如何不過命也 遂許爲妾 鬪將遂於露地奸其婦女 婦女後還 河邊臣欲就談之 婦人甚以慚恨而不隨曰 昔君輕賣妾身 今何面目以相遇遂不肯言 是婦人者 坂本臣女 曰甘美媛 同時所虜調吉士伊企儺 爲人勇烈 終不降服 新羅鬪將拔刀欲斬 逼而脫褌 追令以尻臀向日本大號叫[叫 咷也]曰 日本將齧我臗脽 卽號叫曰 新羅王啗我臗脽 雖被苦逼 尙如前叫 由是 見殺 其子舅子 亦抱其父而死 伊企儺辭旨難奪 皆如此 由此 特爲諸將帥所痛惜 昔妻大葉子 亦並見禽 愴然而歌曰 柯羅俱爾能 基能陪爾陀致底 於譜磨故幡 比例甫囉須母 耶魔等陛武岐底 或有和曰 柯羅俱爾能 基能陪爾陀陀志 於譜磨故幡 比禮甫羅須彌喩 那爾婆陛武岐底 (『日本書紀』 19 欽明紀)

고구려 백제 (秋)八月 天皇遣大將軍大伴連狹手彦 領兵數萬伐于高麗 狹手彦乃用百濟計 打破高麗 其王踰墻而逃 狹手彦遂乘勝以入宮 盡得珍寶貨賂七織帳鐵屋還來[舊本云 鐵屋 在高麗西高樓上 織帳 張於高麗王內寢] 以七織帳奉獻於天皇 以甲二領金飾刀二口 銅鏤鍾三口五色幡二竿美女媛[媛 名也] 幷其從女吾田子 送於蘇我稻目宿禰大臣 於是 大臣遂納二女以爲妻 居輕曲殿[鐵屋 在長安寺 是寺 不知在何國 一本云 十一年 大伴狹手彦連 共百濟國 駈却高麗王陽香於比津留都] (『日本書紀』 19 欽明紀)

신라 가야 九月 加耶叛 王命異斯夫討之 斯多含副之 斯多含領五千騎先馳入栴檀門立白旗 城中恐懼 不知所爲 異斯夫引兵臨之 一時盡降 論功 斯多含爲最 王賞以良田及所虜二百口 斯多含三讓 王强之 乃受其生口 放爲良人 田分與戰士 國人美之 (『三國史記』 4 新羅本紀 4)

가야 신라 仇衡王 金氏 正光二年卽位 治四十二年 保定二年壬午九月 新羅第二十四君眞興王興兵薄伐 王使親軍卒 彼衆我寡 不堪對戰也 仍遣同氣脫知爾叱今留在於國 王子上孫卒支公等 降入新羅 王妃分叱水爾叱女桂花 生三子 一世宗角干 二茂刀角干 三茂得角干 開皇錄云 梁中大通四年壬子 降于新羅[議曰 案三國史 仇衡以梁中大涌四年壬子納土投羅 則計自首露初卽位東漢建武十八年壬寅 至仇衡末壬子 得四百九十年矣 若以此記考之 納土在元魏保定二年3060)壬午 則更三十年 總五百二十年矣 今兩存之] (『三國遺事』 2 紀異 2 駕洛國記)

가야 신라 九月 加耶叛 新羅王命伊湌異斯夫討之 以斯多含爲副 斯多含者 奈密王七世孫也 年十六爲國仙 其徒千餘人 至是請從軍 王以年幼不許 固請許之 至伽耶 含領麾下五千騎 先入栴檀門立百3061)旗 城中驚懼 於是異斯夫引兵臨之 遂滅其國 以其地爲大伽耶郡 伽耶傳世十六 凡五百二十年 師還策功 含爲最 王賞以良田及所虜三百口 含固辭 王强之乃受 以其田分與戰士 只受閼川不毛之地 生口放爲良人 無一留者 國人美之 含始與武官郞 約爲死友 及武官死 哭之慟甚 七日亦卒 年十七 (『三國史節要』 6)

가야 신라 高靈郡 本大加耶國 自始祖伊珍阿豉王[一云內珍朱智]至道設智王 凡十六世五百二十年 眞興大王侵滅之 以其地爲大加耶郡 (『三國史記』 34 雜志 3 地理 1)3062)

신라 가야 斯多含 系出眞骨 奈密王七世孫也 父仇梨知級湌 本高門華冑 風標淸秀 志氣方正 時人請奉爲花郞 不得已爲之 其徒無慮一千人 盡得其歡心 眞興王命伊湌異斯夫襲加羅[一作加耶]國 時斯多含年十五六 請從軍 王以幼少不許 其請勤而志確 遂命爲貴幢裨將 其徒從之者亦衆 及抵其國界 請於元帥 領麾下兵 先入旃檀梁[旃檀梁 城門名 加羅

3060) 保定은 元魏 즉 北魏의 연호가 아니라 西魏의 후신인 北周 武帝의 연호이다.
3061) 저본에는 '百'으로 되어 있으나, 『三國史記』 本紀에 의거해 '白'으로 수정해야 한다.
3062) 이 기사에는 연대 표기가 없으나, 『三國史記』 新羅本紀 등에 의거하여 眞興王23년(562) 9월로 편년하였다.

語謂門爲梁云] 其國人不意兵猝至 驚動不能禦 大兵乘之 遂滅其國 泊師還 王策功賜 加羅人口三百 受已皆放 無一留者 又賜田 固辭 王强之 請賜闕川不毛之地而已 (『三國史記』44 列傳 4 斯多含)[3063]

신라 가야　冬十一月 新羅遣使獻 幷貢調賦 使人悉知國家愼新羅滅任那 不敢請罷 恐致刑戮 不歸本土 例同百姓 今攝津國三島郡埴廬新羅人之先祖也 (『日本書紀』19 欽明紀)

신라　弟監 眞興王二十三年置 (『三國史記』40 雜志 9 職官 下)
신라　少監 眞興王二十三年置 (『三國史記』40 雜志 9 職官 下)
신라　新羅置弟監 領大幢五人 貴幢五人 漢山停四人 牛首停四人 河西停四人 完山停四人 無衿 碧衿幢四人 綠衿幢四人 白衿幢四人 緋衿幢四人 黃衿幢四人 黑衿幢四人 紫衿幢四人 赤衿幢四人 靑衿幢四人 闕衿幢一人 共六十三人 位自舍知至大奈麻爲之
少監 大幢十五人 貴幢十五人 漢山停十五人 河西停十二人 牛首停十三人 完山停十三人 碧衿幢十三人 綠衿幢十三人 白衿幢十三人 緋衿幢十三人 黃衿幢十三人 黑衿幢十三人 紫衿幢十三人 赤衿幢十三人 靑衿幢十三人 領騎兵 音里火停二人 古良夫里停二人 居斯勿停二人 叄良火停二人 召叄停二人 未多夫里停二人 南川停二人 骨乃斤停二人 伐力川停二人 伊火兮停二人 緋衿幢三人 碧衿幢六人 綠衿幢六人 白衿幢六人 黃衿幢六人 黑衿幢六人 紫衿幢六人 赤衿幢六人 靑衿幢六人 闕衿六人 菁州誓三人 漢山州誓三人 完山州誓三人 領步兵 大幢六人 漢山停六人 貴幢四人 牛首停四人 完山停四人 碧衿幢四人 綠衿幢四人 白衿幢四人 黃衿幢四人 黑衿幢四人 紫衿幢四人 赤衿幢四人 靑衿幢四人 緋衿幢八人 菁州誓九人 漢山州誓九人 完山州誓九人 共三百七十二人 六停無衿 此外皆著衿 位自大舍已下爲之
火尺 大幢十五人 貴幢十人 漢山停十人 牛首停十人 河西停十人 完山停十人 綠衿幢十人 緋衿幢十人 紫衿幢十人 白衿幢十三人 黃衿幢十三人 黑衿幢十三人 碧衿幢十三人 赤衿幢十三人 靑衿幢十三人 屬大官 闕衿七人 音里火停二人 古良夫里停二人 居斯勿停二人 叄良火停二人 召叄停二人 未多夫里停二人 南川停二人 骨乃斤停二人 伐力川停二人 伊火兮停二人 碧衿幢六人 綠衿幢六人 白衿幢六人 黃衿幢六人 黑衿幢六人 紫衿幢六人 赤衿幢六人 靑衿幢六人 菁州誓二人 漢山州誓二人 完山州誓二人 領騎兵 大幢六人 漢山停六人 貴幢四人 牛首停四人 完山停四人 碧衿幢四人 綠衿幢四人 白衿幢四人 黃衿幢四人 黑衿幢四人 紫衿幢四人 赤衿幢四人 靑衿幢四人 緋衿幢八人 白衿武幢八人 赤衿武幢八人 黃衿武幢八人 領步兵 共三百四十二人 位與少監同 (『三國史節要』6)

563(癸未/신라 진흥왕 24 開國 13/고구려 평원왕 5/백제 위덕왕 10/陳 天嘉 4/倭 欽明 24)

고구려　夏 大旱 王減常膳 祈禱山川 (『三國史記』19 高句麗本紀 7)
고구려　夏 高句麗大旱 王減膳 禱山川 (『三國史節要』6)

백제　癸未年十一月一日 寶華爲亡父趙△人造 (「癸未銘 金銅三尊佛立像」)

564(甲申/신라 진흥왕 25 開國 14/고구려 평원왕 6/백제 위덕왕 11/陳 天嘉 5/倭 欽明 25)

3063) 이 기사에는 연대 표기가 없으나, 『三國史記』新羅本紀 등에 의거하여 眞興王23년(562) 9월로 편년하였다.

신라	遣使北齊朝貢 (『三國史記』 4 新羅本紀 4)
고구려	遣使入北齊朝貢 (『三國史記』 19 高句麗本紀 7)
신라	新羅遣使北齊朝貢 (『三國史節要』 6)
고구려	高句麗遣使如北齊朝貢 (『三國史節要』 6)
고구려 신라	(河淸三年)是歲 高麗靺羯新羅 並遣使朝貢 (『北齊書』 7 帝紀 7 武成帝)
고구려 신라	(河淸三年)是歲 高麗靺鞨新羅 並遣使朝貢 (『北史』 8 齊本紀 8 世祖武成皇帝)
고구려 신라	(北齊武成帝河淸)三年 高麗靺鞨新羅 並遣使朝貢 (『册府元龜』 969 外臣部 朝貢 2)

신라	仕臣[或云仕大等]五人 眞興王二十五年始置 位自級湌至波珍湌爲之 (『三國史記』 40 雜志 9 職官 下)
신라	新羅置使臣五人 位自級湌至波珍湌爲之 州助九人 位自奈麻至重阿湌爲之 郡太守百十五人 位自舍知至重阿湌爲之 長史[或云司馬]九人 位自舍知至大奈麻爲之 仕大舍[或云少尹]五人 位自舍知至大奈麻爲之 (『三國史節要』 6)

신라	含始與武官郎約爲死友 武官病卒 哭之慟甚 七日亦卒 時年十七歲 (『三國史記』 44 列傳 4 斯多含)[3064]

565(乙酉/신라 진흥왕 26 開國 15/고구려 평원왕 7/백제 위덕왕 12/陳 天嘉 6/倭 欽明 26)

고구려	春正月 立王子元爲太子 (『三國史記』 19 高句麗本紀 7)
고구려	春正月 高句麗王 立子元爲太子 (『三國史節要』 6)

고구려	(春正月) 遣使入北齊朝貢 (『三國史記』 19 高句麗本紀 7)
고구려	(春正月) 高句麗遣使如北濟[3065]朝貢 (『三國史節要』 6)
고구려	(天統元年)是歲 高麗契丹靺鞨 並遣使朝貢 (『北齊書』 8 帝紀 8 後主)[3066]
고구려	(天統元年)是歲 高麗契丹靺鞨 並遣使朝貢 (『北史』 8 齊本紀 8 後主)[3067]
고구려	(北齊)後主天統元年 高麗契丹靺鞨 並遣使朝貢 (『册府元龜』 969 外臣部 朝貢 2)[3068]

신라	(河淸四年)二月甲寅 詔以新羅國王金眞興爲使持節東夷校尉樂浪郡公新羅王 (『北齊書』 7 帝紀 7 武成帝)
신라	(河淸四年)二月甲寅 詔以新羅國王金眞興爲使持節東夷校尉樂浪郡公新羅王 (『北史』 8 齊本紀 8 世祖武成皇帝)
신라	春二月 北齊武成皇帝詔 以王爲使持節東夷校尉樂浪郡公新羅王 (『三國史記』 4 新羅本紀 4)[3069]
신라	春二月 北齊冊新羅王爲使持節東夷校慰[3070]樂浪郡公新羅王 (『三國史節要』 6)[3071]
신라	(北齊)武成河淸四年二月 詔以新羅國王金眞興 爲使持節領東夷較[3072]尉樂浪郡公新羅

[3064] 562년 가야 정벌 당시 사다함의 나이(15~16세)로 볼 때, 사다함의 사망 시점(17세)은 563년 혹은 564년이므로, 563~564년으로 기간편년하고 마지막해인 564년에 배치하였다.

[3065] 저본에는 '濟'로 되어 있으나, 『三國史記』 本紀에 의거해 '齊'로 수정해야 한다.

[3066] 이 기사에는 월 표기가 없으나, 『三國史記』 高句麗本紀 등에 의거하여 1월로 편년하였다.

[3067] 이 기사에는 월 표기가 없으나, 『三國史記』 高句麗本紀 등에 의거하여 1월로 편년하였다.

[3068] 이 기사에는 월 표기가 없으나, 『三國史記』 高句麗本紀 등에 의거하여 1월로 편년하였다.

[3069] 이 기사에는 일자 표기가 없으나, 『北齊書』 帝紀에 의거하여 2월 1일(甲寅)로 편년하였다.

[3070] 저본에는 '慰'로 되어 있으나, 『三國史記』 本紀에 의거해 '尉'로 수정해야 한다.

[3071] 이 기사에는 일자 표기가 없으나, 『北齊書』 帝紀에 의거하여 2월 1일(甲寅)로 편년하였다.

王 (『册府元龜』 963 外臣部 封册 1)3073)

고구려　　　　夏五月 高麗人頭霧唎耶陛等 投化於筑紫 置山背國 今畝原奈羅山村高麗人之先祖也
　　　　　　　(『日本書紀』 19 欽明紀)

신라　　　　　秋八月 命阿湌春賦出守國原 (『三國史記』 4 新羅本紀 4)
신라　　　　　秋八月 新羅命阿湌春賦出守國原 (『三國史節要』 6)

신라　　　　　九月 廢完山州 置大耶州 (『三國史記』 4 新羅本紀 4)
신라　　　　　九月 新羅廢完山州 置大耶州 又廢下州 (『三國史節要』 6)
신라　　　　　火王郡 本比自火郡[一云比斯伐] 眞興王十六年置州 名下州 二十六年 州廢 (『三國史
　　　　　　　記』 34 雜志 3 地理 1)3074)
신라　　　　　全州 本百濟完山 眞興王十六年爲州 二十六年州廢 (『三國史記』 36 雜志 5 地理
　　　　　　　3)3075)

신라　　　　　(九月) 陳遣使劉思與僧明觀來聘 送釋氏經論千七百餘卷 (『三國史記』 4 新羅本紀 4)
신라　　　　　(九月) 陳遣使劉思與僧明觀來新羅 送釋氏經論千七百餘卷 (『三國史節要』 6)
신라　　　　　天嘉六年 陳使劉思幷僧明觀 奉內經幷次 (『三國遺事』 3 興法 3 原宗興法猒髑滅
　　　　　　　身)3076)
신라　　　　　眞興王代 天嘉六年乙酉 陳使劉思與釋明觀 載送佛經論千七百餘卷 (『三國遺事』 3
　　　　　　　塔像 4 前後所將舍利)3077)

신라　　　　　執事省 (…) 典大等二人 眞興王二十六年置 (『三國史記』 38 雜志 7 職官 上)
신라　　　　　新羅置典大等二人 (『三國史節要』 6)

566(丙戌/신라 진흥왕 27 開國 16/고구려 평원왕 8/백제 위덕왕 13/陳 天嘉 7, 天康 1/倭 欽明 27)

신라　　　　　春二月 祇園實際二寺成 (『三國史記』 4 新羅本紀 4)

신라　　　　　(春二月) 立王子銅輪爲王太子 (『三國史記』 4 新羅本紀 4)
신라　　　　　春二月 新羅王 立王子銅輪爲王太子 (『三國史節要』 6)

신라　　　　　(春二月) 遣使於陳貢方物 (『三國史記』 4 新羅本紀 4)
신라　　　　　(春二月) 新羅遣使如陳朝貢 (『三國史節要』 6)

신라　　　　　(春二月) 皇龍寺畢功 (『三國史記』 4 新羅本紀 4)
신라　　　　　(春二月) 新羅創皇龍寺 時有率去者 善畵 至是寺成 畵老松於壁 體幹鱗皴 枝葉盤屈
　　　　　　　鳥雀往往望之飛入 及到蹭蹬而落 畵久色漫 寺僧以丹靑補之 鳥雀不復到 又芬皇寺觀
　　　　　　　音菩薩 斷俗寺維摩像 皆率去手蹟 世稱神畵 (『三國史節要』 6)

3072) 저본에는 '較'로 되어 있으나, 『北齊書』 帝紀에 의거하여 '校'로 수정해야 한다.
3073) 이 기사에는 일자 표기가 없으나, 『北齊書』 帝紀에 의거하여 2월 1일(甲寅)로 편년하였다.
3074) 이 기사에는 월 표기가 없으나, 『三國史記』 新羅本紀 등에 의거하여 9월로 편년하였다.
3075) 이 기사에는 월 표기가 없으나, 『三國史記』 新羅本紀 등에 의거하여 9월로 편년하였다.
3076) 이 기사에는 월 표기가 없으나, 『三國史記』 新羅本紀 등에 의거하여 9월로 편년하였다.
3077) 이 기사에는 월 표기가 없으나, 『三國史記』 新羅本紀 등에 의거하여 9월로 편년하였다.

신라	率居 新羅人 所出微 故不記其族系 生而善畫 嘗於皇龍寺壁畫老松 體幹鱗皴 枝葉盤

率居 新羅人 所出微 故不記其族系 生而善畫 嘗於皇龍寺壁畫老松 體幹鱗皴 枝葉盤
屈 鳥鳶燕雀 往往望之飛入 及到蹭蹬而落 歲久色暗 寺僧以丹靑補之 鳥雀不復至 又
慶州芬皇寺觀音菩薩 晉州斷俗寺維摩像 皆率去筆蹟 世傳爲神畫 (『三國史記』 48 列
傳 8 率居)3078)

고구려　冬十月 高句麗遣使如陳朝貢 (『三國史節要』 6)3079)

고구려　十二月甲子 高麗國遣使獻方物 (『陳書』 4 本紀 4 廢帝)3080)
고구려　十二月甲子 高麗國遣使朝貢 (『南史』 9 陳本紀 上)
고구려　冬十二月 遣使入陳朝貢 (『三國史記』 19 高句麗本紀 7)3081)
고구려　(陳)廢帝天康元年十二月 高麗國獻方物 (『册府元龜』 969 外臣部 朝貢 2)3082)

고구려　丙戌十二月中 漢城下後卩小兄文達 節自此西北行涉之 (「平壤城石刻」 제4석)

신라　新羅王賜白雲際厚金闡等三人爵三級 初有二達官家同里閈 一時生男女 男曰白雲女曰
際厚 二家約爲婚媾 白雲年十四爲國仙 十五而盲 際厚父母欲改 聘于茂榛太守李佼平
際厚將之茂榛 密語白雲曰 妾與子同一辰 約爲夫婦久矣 今父母改舊 而新是圖 若
違命則爲不孝 歸茂榛則死生豈不在我乎 子有信義 幸尋我於茂榛 信誓而別 際厚旣歸
謂佼平曰 婚姻人道之始 不可不涓吉爲禮 佼平從其言 白雲尋至茂榛 際厚出從之 遂
與俱潛行山谷 忽遇俠客 劫白雲竊際厚而走 白雲之徒金闡勇力過人 善騎射 追俠客殺
之 奪際厚而還 事聞王 曰三人信義可尙 有是命 (『三國史節要』 6)

해동　[四] 法師寶瓊3083) 陳宣帝命爲僧統 綏禦有法四衆安之 屢入重雲殿講道 帝尊之爲師
初梁魏間僧統盛飾杖直僭擬官府 至瓊奏罷之 每出從數頭陀杖笠而已 于時海東有十二
國 聞瓊道德不可見 遣使奉金帛求瓊畫像 其爲天下敬慕如此 (『佛祖歷代通載』 10 陳
高祖 寶瓊法師)3084)

567(丁亥/신라 진흥왕 28 開國 17/고구려 평원왕 9/백제 위덕왕 14/陳 光大 1/倭 欽明 28)

신라　春三月 遣使於陳貢方物 (『三國史記』 4 新羅本紀 4)
신라　春三月 新羅遣使如陳朝貢 (『三國史節要』 6)

백제　(九月)庚辰3085) 百濟國遣使獻方物 (『陳書』 4 本紀 4 廢帝)3086)
백제　九月丙辰 百濟國遣使朝貢 (『南史』 9 陳本紀 上 9)3087)

3078) 이 기사에는 연대 표기가 없으나, 『三國史記』 新羅本紀 등에 의거하여 眞興王27년(566) 2월로 편년하
였다.
3079) 『陳書』 本紀 등에는 12월22일(甲子)로 되어 있다.
3080) 『三國史節要』에는 10월로 되어 있다.
3081) 이 기사에는 일자 표기가 없으나, 『陳書』 本紀 등에 의거하여 12월22일(甲子)로 편년하였다.
3082) 이 기사에는 일자 표기가 없으나, 『陳書』 本紀 등에 의거하여 12월22일(甲子)로 편년하였다.
3083) 陳 武帝와 文帝 때 大僧正(정확히는 文帝 天嘉 년간)에 취임하여 당시의 적폐를 일소하여 명성이 널리
알려졌다고 함.
3084) 陳 文帝의 天嘉 년간은 560~566년이므로, 그에 따라 기간편년하고 마지막해인 566년에 배치하였다.
3085) 본 기사에서日이 庚辰으로 나오지만, 9월의 첫날은 己亥로 경진이라는 간지가 없다. 따라서 『南史』 陳
本紀의 丙辰(18)으로 편년하고 편제하였다. .
3086) 『册府元龜』 外臣部 朝貢에는 10월로 되어 있다.
3087) 『陳書』 本紀에는 日이 庚辰으로 나오지만, 9월의 첫날은 己亥로 경진이라는 간지가 없다.

백제	秋九月 遣使入陳朝貢 (『三國史記』27 百濟本紀 5)[3088]
백제	秋九月 百濟遣使如陳朝貢 (『三國史節要』6)[3089]
백제	(天統三年)冬十月 突厥大莫婁室韋百濟靺鞨等國 各遣使朝貢 (『北齊書』8 帝紀 8 後主)[3090]
백제	(天統三年)冬十月 突厥大莫婁宰韋百濟靺鞨等國 各遣使朝貢 (『北史』8 齊本紀 下 8 後主)
백제	(北齊後主天統)三年十月 突厥大莫婁室韋百濟靺鞨等國 各遣使朝貢 (『冊府元龜』969 外臣部 14 朝貢 2)
백제	(陳廢帝)光大元年十月 百濟國 遣使獻方物 (『冊府元龜』969 外臣部 14 朝貢 2)[3091]
신라	唐續高僧傳第十三卷載 新羅皇隆寺 釋圓光 (…) 年二十五 乘舶造于金陵 有陳之世号稱文國 故得諮考先疑 詢猷了義 初聽莊嚴旻公弟子講 素霑世典 謂理窮神 及聞釋宗反同腐芥 虛尋名教 實懼生涯 乃上啓陳主 請歸道法 有勅許焉 既爰初落采 即稟具戒 遊歷講肆 具盡嘉謀 領牒徵言 不謝光景 故得成實涅槃 蘊括心府 三藏釋論 徧所披尋 末又投吳之虎山 念定相沿 無忘覺觀 息心之衆 雲結林泉 並以綜涉四含 功流八定 明善易擬 筒直難虧 深副夙心 遂有終焉之慮 於即頓絕人事 盤遊聖迹 攝想青霄 緬謝終古 時有信士 宅居山下 請光出講 固辭不許 苦事邀延 遂從其志 創通成論 末講般若 皆思解佼[3092]徹 嘉問飛移 兼綵以絢采 織綜詞義 聽者欣欣 會其心府 從此因循舊章 開化成任 每法輪一動 輒傾注江湖 雖是異域通傳 而沐道頓除嫌郄 故名望橫流 播于嶺表 披榛負囊而至者 相接如鱗 (…) (『三國遺事』4 義解 5 圓光西學)
신라	釋圓光 (…) 年二十五 乘舶造于金陵 有陳之世號稱文國 故得諮考先疑 詢猷了義 初聽莊嚴旻公弟子講 素霑世典謂理窮神 及聞釋宗反同腐芥 虛尋名教實懼生涯 乃上啟陳主請歸道法 有敕許焉 既爰初落采即稟具戒 遊歷講肆具盡嘉謀 領牒微言不謝光景 故得成實涅槃蘊括心府 三藏數論偏所披尋 末又投吳之虎丘山 念定相沿無忘覺觀 息心之眾雲結林泉 並以綜涉四含功流八定明善易擬筒直難虧 深副夙心遂有終焉之慮 於即頓絕人事盤遊聖蹤 攝想青霄緬謝終古 時有信士宅居山下 請光出講固辭不許 苦事邀延 遂從其志 創通成論末講般若 皆思解俊徹嘉問飛移 兼綵以絢采織綜詞義 聽者欣欣會其心府 從此因循舊章開化成任 每法輪一動 輒傾注江湖 雖是異域通傳 而沐道頓除嫌郄 故名望橫流播于嶺表 披榛負囊而至者 相接如鱗 (…) (『續高僧傳』13 義解篇 9 唐 新羅國 皇隆寺 釋圓光傳 5(圓安))
신라	唐 圓光 俗姓朴氏 辰韓新羅人 家世業儒 年二十五 杭溟渤北造金陵 以究其學 有陳之世 號稱文章極盛 故得時從縉紳先生之流 考正經史 會莊嚴旻公弟子講 一聽染神 回視孔教若粃糠 然乃奏乞入道詔許之 落髮稟具之後 遊歷橫肆 硏成實涅槃惟謹 晚脩定業於吳之虎丘山 禪侶雲臻 遂有終焉之志 或居山下請一出弘演 辭不可勉 爲開導四衆 惬心自爾 名譽益振海陬領表 負囊相逐 (…) (『新修科分六學僧傳』25 精進學 感

3088) 본 기사에는 그 日을 알 수 없으나, 『南史』陳本紀에 丙辰(18)으로 나온다. 따라서 丙辰(18)으로 편년하고 편제하였다. 『陳書』本紀에는 日이 庚辰으로 나오지만, 9월의 첫날은 己亥로 경진이라는 간지가 없다.

3089) 본 기사에는 그 日을 알 수 없으나, 『南史』陳本紀에 丙辰(18)으로 나온다. 따라서 丙辰(18)으로 편년하고 편제하였다. 『陳書』本紀에는 日이 庚辰으로 나오지만, 9월의 첫날은 己亥로 경진이라는 간지가 없다.

3090) 이와 관련해서 『北史』94 列傳 82 百濟의 "淹死 子餘昌亦通使命於齊"도 참고된다.

3091) 『陳書』本紀 등에는 9월18일(丙辰), 『三國史記』百濟本紀 등에는 9월로 되어 있다.

3092) 저본의 佼는 俊이 옳다.

	通科 唐 圓光)
신라	釋圓光 (…) 年二十五 乘舶造于金陵 及聞釋宗 乃上啓陳主 請歸道法 有勅許焉 旣爰 落鬏 卽稟具戒 遊歷講肆 得成實涅槃 蘊括心府 三藏數[攝]論 徧所披尋 末又投吳之 虎丘山 息心之衆 雲結林泉 並綜涉四含 功流八定 深副夙心 遂有終焉之慮 於卽頓絶 人事 槃遊聖蹤 時有信士 宅居山下 請光出講 創通成論 未講般若 皆思解俊徹 聽者 欣欣會其心府 名望橫流 播于嶺表 披榛負橐而至者 相接如鱗 (…) (『高僧摘要』3 圓 光)

백제	△城下部對德疎加鹵 (「297호 목간」: 2001 『東垣學術論文集』 4; 2004 『한국의 고대 목간』)3093)
백제	奈率加姐白加之 △△淨 (전면) 急朋△△左 (후면) (「298호 목간」: 2001 『東垣學術論文集』 4; 2004 『한국의 고대목 간』)
백제	書亦從此法爲之 凡六卩五方 (전면) 又行色也 凡作形形中了其 (후면) (「301호 목간」: 2001 『東垣學術論文集』 4; 2004 『한국의 고대목간』)
백제	月卄六日 上來辛 竹山六 眼△四 (「303호 목간」: 2001 『東垣學術論文集』 4; 2004 『한국의 고대목간』)
백제	四月七日 寶憙寺 智寊 乘 (전면) △送塩二石 (후면) (「304호 목간」: 2001 『東垣學術論文集』 4; 2004 『한국의 고대목 간』)
백제	宿世結業 同生一處 是非相問 上拜白來 (전면) 慧△△藏 (후면) (「305호 목간」: 2001 『東垣學術論文集』 4; 2004 『한국의 고대목 간』)
백제	△德干尓 (전면) △爲資丁 △△△△ (후면) (「307호 목간」: 2001 『東垣學術論文集』 4; 2004 『한국의 고대목간』)
백제	△立卄方斑綿衣△ (전면) 己 (후면) (「310호 목간」: 2001 『東垣學術論文集』 4; 2004 『한국의 고대목간』)
백제	子基寺 (「313호 목간」: 2001 『東垣學術論文集』 4; 2004 『한국의 고대목간』)

백제	支藥兒食米記 初日 食四斗 二日 食米四斗小升一 三日 食米四斗 (…) (1면) 五日 食米三斗大升一 六日 食米三斗大二 七日 食三斗大升二 八日 食米四斗△ (2 면) 食 道使△△次如逢小吏猪耳 其身者如黑也 道使後後彌耶方 牟氏 牟祋祋耶 (3면) 又十二石 (…) (4면: 習書) (「支藥兒食米記 목간」: 2007 『한국고대사연구』 48; 2015 『한국고대문자자료연구』)3094)

568(戊子/신라 진흥왕 29 大昌 1/고구려 평원왕 10/백제 위덕왕 15/陳 光大 2/倭 欽明 29)

3093) 이하의 목간들은 2001년에 부여 능산리의 陵寺 유적에서 출토되어, 聖王 사망(554) 이후 陵寺 창건(567) 전에 제작된 것으로 판단된다. 그에 따라 554~567년으로 기간편년하고, 마지막해인 567년에 배치하였다.
3094) 이 목간은 2002년에 부여 능산리의 陵寺 유적에서 출토되어, 聖王 사망(554) 이후 陵寺 창건(567) 전에 제작된 것으로 판단된다. 그에 따라 554~567년으로 기간편년하고, 마지막해인 567년에 배치하였다.

신라	改元大昌 (『三國史記』4 新羅本紀 4)[3095]
신라	新羅改元大昌 (『三國史節要』6)

신라	夏六月 遣使於陳貢方物 (『三國史記』4 新羅本紀 4)
신라	夏六月 新羅遣使如陳朝貢 (『三國史節要』6)
신라	(陳廢帝光大)二年六月 新羅國 (…) 並遣使獻方物 (『册府元龜』969 外臣部 14 朝貢 2)

신라	(秋七月)戊申 新羅國遣使獻方物 (『陳書』4 本紀 4 廢帝)
신라	秋七月戊申 新羅國遣使朝貢 (『南史』9 陳本紀 上 9)

신라　　八月廿一日癸未 眞興太王△[3096]△[3097]管境刊石銘記也 世道乖眞 化不敷則 耶[3098]爲
交競△[3099] △帝王建号 莫不脩己以安百姓 然朕紹太祖之基 纂承王位 兢身自愼 恐
△[3100]△[3101]△[3102] △[3103]蒙天恩 開示運記 冥感神祇應 四方託境 廣獲民土 隣國誓
信 和使交通府 △[3104]△[3105]△[3106]△[3107]育新古黎庶 猶謂道化未有 於是歲次戊子秋
八月 巡狩管境訪採民心 欲勞△[3108] △[3109]△[3110]忠信精誠 才[3111]△[3112]△[3113]國
盡節有功之徒 可加賞爵物章勳効 廻駕顧[3114]行△△△[3115]十[3116]四△[3117]△△[3118]者
矣 于時隨駕 沙門道人法藏慧忍 大荅喙△[3119]△[3120]△[3121]夫 △[3122]知 迊干 喙部服
冬知 大阿干 比知夫知 及干 未知△[3123]奈末 △[3124]大舍 沙喙部 另知 大舍[3125] 內
從人 喙部?[3126]△次 △[3127]喙部 与難 大舍 藥師 沙喙部 篤兄 小△[3128]奈夫 △[3129]

3095) 본 기사의 기사는 6월 이전에 나온다. 따라서 1~5월로 기간편년하고 5월에 편제하였다.
3096) ? 또는 巡으로 판독하기도 한다.
3097) 狩로 판독하기도 한다.
3098) ?로 판독하기도 한다.
3099) 以로 판독하기도 한다.
3100) 違로 판독하기도 한다.
3101) 乾으로 판독하기도 한다.
3102) 道로 판독하기도 한다.
3103) 人, 又, 伏으로 판독하기도 한다.
3104) 自로 판독하기도 한다.
3105) 惟로 판독하기도 하며 판독하지 않기도 한다.
3106) 寸 또는 忖으로 판독하기도 한다.
3107) ? 또는 撫로 판독하기도 하며 판독하지 않기도 한다.
3108) 賚로 판독하기도 하며 판독하지 않기도 한다.
3109) 如로 판독하기도 한다.
3110) 有로 판독하기도 한다.
3111) 판독하지 않기도 한다.
3112) 超로 판독하기도 한다.
3113) 爲로 판독하기도 한다.
3114) 顧로 판독하기도 한다.
3115) 月로 추독하기도 한다.
3116) 판독하지 않기도 한다.
3117) 日로 추독하기도 한다.
3118) ?로 판독하기도 한다.
3119) 鄒로 판독하기도 하며 추독하기도 한다.
3120) 居로 판독하기도하며 추독하기도 한다.
3121) 柒 또는 枇로 추독하기도 하며 枇로 판독하기도 한다.
3122) 力 또는 ノ로 판독하기도 한다.
3123) 大로 추독하기도 하며 판독하기도 한다.
3124) 丁 또는 与, 萬으로 판독하기도 하며 萬으로 추독하기도 한다.
3125) ? 또는 ?, 衆, 裏로 판독하기도 한다.
3126) 巾으로 판독하기도 하며 沒로 추독하기도 한다.

典 喙部 分知吉之?3130)公欣平3131) 小舍 △末買 喙部 非知 沙干 助3132)人 沙喙部
尹知 奈末 (「黃草嶺 眞興王巡狩碑」)

신라　　　　太昌元年歲次戊子△3133)△3134)十一日△3135)△3136)　△3137)興太王巡狩△△刊石銘記

也 夫純風不扇 則世道乖 眞化不敷則耶爲交競 是以帝王建号 莫不修己 以安百姓 然

朕歷數當躬 仰紹太祖之基 纂承王位 兢身自愼 恐違乾道 又蒙天恩開示運記 冥感神

祇 應符合筭 因斯四方託境 廣獲民土 隣國誓信 和使交通 府自惟忖 撫育新古黎庶

猶謂道化不周 恩施未有 於是歲次戊子 秋八月 巡狩管境 訪採民心 以欲勞賚如有忠

信精誠 才超察厲 勇敵强戰爲國盡節有功之徒 可加賞爵△3138)以章勳勞3139) 引駕日

行至十月二日癸亥 向涉是達非里△廣△ 因諭邊堺矣 (「磨雲嶺 眞興王巡狩碑」陽面)

신라　　　　于是隨駕沙門道人 法藏慧忍 太莘 喙部 居枇夫智 伊干 內夫智 伊干 沙喙部 另力智

迊干 喙部 服冬知 大阿干 比知夫知 及干 未知 大奈末 及夫知 奈末 執駕人 喙部

万 大舍 沙喙部 另知 大舍 裏內從人 喙部 沒次 大舍 沙喙部 非尸知 大舍 馬

弱3140)人 沙喙部 爲忠知 大舍人 喙部 与難 大舍 藥師 篤3141)支次 小舍 奈夫通典

本部 加良知 小舍△△本部 莫沙知 吉之 及伐斬典 喙部 夫法知 吉之 裏內△3142)

△3143)△3144)△3145)△△△名 吉之 堂來客裏來客五十外 客△3146)△3147)△△△△△

△3148)△3149)△3150)△3151)△3152)智沙干助人沙喙部舜知奈末 (「磨雲嶺 眞興王巡狩

碑」陰面)

신라　　　　冬十月 廢北漢山州 置南川州 又廢比列忽州 置達忽州 (『三國史記』4 新羅本紀 4)

신라　　　　冬十月 新羅廢北漢山州 置南川州 又廢比列忽州 置達忽州 (『三國史節要』6)

신라　　　　黃武縣 本高句麗南川縣 新羅幷之 眞興王爲州 置軍主 (『三國史記』35 雜志 4 地理

2)

신라　　　　高城郡 本高句麗達忽 眞興王二十九年爲州 置軍主 景德王改名 今因之 領縣二 豢猳

3127) 丶 또는 人으로 판독하기도 한다.
3128) 舍로 추독하기도 한다.
3129) 斬으로 추독하기도 한다.
3130) ? 哀, 衆, 裏로 판독하기도 한다.
3131) ? 또는 本으로 판독하기도 한다.
3132) 판독하지 않기도 하며 另으로 판독하기도 한다.
3133) 八로 판독하기도 한다.
3134) 月로 판독하기도 한다.
3135) 癸로 판독하기도 한다.
3136) 未로 판독하기도 한다.
3137) 眞으로 판독하기도 한다.
3138) 物로 판독하기도 한다.
3139) 効로 판독하기도 한다.
3140) 喙로 판독하기도 한다.
3141) 薦으로 판독하기도 한다.
3142) 欣으로 추독하기도 한다.
3143) 平으로 추독하기도 한다.
3144) 小로 추독하기도 한다.
3145) 舍로 추독하기도 한다.
3146) 五로 판독하기도 한다.
3147) 十으로 판독하기도 한다.
3148) 軍으로 추독하기도 한다.
3149) 主로 추독하기도 한다.
3150) 喙로 판독하기도 하며 喙로 추독하기도 한다.
3151) 部로 판독하기도 하며 部로 추독하기도 한다.
3152) 悲로 판독하기도 하며 悲로 추독하기도 한다.

縣 本高句麗猪迂穴縣 景德王改名 今因之 偏嶮縣 本高句麗平珍峴縣 景德王改名 今雲巖縣 (『三國史記』 35 雜志 2 地理 2 溟州)

신라　　六停 (…) 三曰漢山停 本新州停 眞興王二十九年罷新州停 置南川停 眞平王二十六年罷南川停 置漢山停 衿色黃靑 (…) (『三國史記』 40 雜志 9 職官 下)

신라　　眞興太王及衆臣等巡狩△3153)△3154)之時記　△言3155)△3156)令甲兵之仿3157)△△3158)△3159)△△△3160)覇主設3161)△3162)賞3163)△3164)△　之3165)所用高祀3166)西3167)△3168)△△△△相3169)戰3170)之時　新3171)羅3172)△3173)王△　△3174)德不△3175)兵故3176)△△△△△△3177)建3178)文大淂人民△△△　△是巡狩△3179)△3180)△3181)△3182)民3183)心3184)　△3185)欲3186)勞3187)賚3188)如有忠信精誠△　△3189)可加△3190)△3191)△3192)以3193)△△△3194)△3195)△△?3196)路過漢3197)城陟△3198)　?3199)見3200)道人△居石窟

3153) 管으로 판독하기도 한다.
3154) 境으로 판독하기도 한다.
3155) 판독하지 않기도 한다.
3156) 乃로 판독하기도 한다.
3157) 德으로 판독하기도 한다.
3158) 元으로 판독하기도 한다.
3159) 元, 年으로 판독하기도 한다.
3160) 無로 판독하기도 한다.
3161) 效로 판독하기도 한다.
3162) 修, 方, 木으로 판독하기도 한다.
3163) 판독하지도 않기도 한다.
3164) 方으로 판독하기도 한다.
3165) 판독하지 않기도 한다.
3166) 八로 판독하기도 하며 판독하지 않기도 한다.
3167) 百으로 판독하기도 하며 판독하지 않기도 한다.
3168) 尺, 嶽으로 판독하기도 하며 판독하지 않기도 한다.
3169) 祀로 판독하기도 하며 판독하지 않기도 한다.
3170) 嶽으로 판독하기도 하며 판독하지 않기도 한다.
3171) 판독하지 않기도 한다.
3172) 판독하지 않기도 한다.
3173) 大 또는 太로 판독하기도 한다.
3174) 耀로 판독하기도 하며 판독하지 않기도 한다.
3175) ? 또는 用, 廢로 판독하기도 하며 판독하지 않기도 한다.
3176) 欲으로 판독하기도 하며 판독하지 않기도 한다.
3177) 强으로 판독하기도 하며 판독하지 않기도 한다.
3178) 판독하지 않기도 한다.
3179) 管으로 판독하기도 한다.
3180) 境으로 판독하기도 한다.
3181) 訪으로 판독하기도 한다.
3182) 採로 판독하기도 한다.
3183) 판독하지 않기도 한다.
3184) 판독하지 않기도 한다.
3185) 以로 판독하기도 한다.
3186) 판독하지 않기도 한다.
3187) 판독하지 않기도 한다.
3188) 판독하지 않기도 한다.
3189) 復 또는 徒로 판독하기도 한다.
3190) 償으로 판독하기도 한다.
3191) 爵으로 판독하기도 한다.
3192) 物 또는 功으로 판독하기도한다.
3193) 판독하지 않기도 한다.
3194) 心으로 판독하기도 한다.
3195) 引으로 판독하기도 한다.

△△△△刻3201)石3202)誌3203)辭 ?3204)?3205)尺干 內夫智 一尺干 沙3206)喙 另3207)

力3208)智 迊干 南川軍主 沙3209)夫智 及干 未 大奈?3210)△△?3211)沙喙 屈丁次 奈

?3212)△3213)指3214)△空幽則水△△△劫3215)初3216)立造非△3217) ?3218)狩3219)見△△

△△3220)△3221)△△△歲3222)記井3223)△△△ (「北漢山 眞興王巡狩碑」)

569(己丑/신라 진흥왕 30 大昌 2/고구려 평원왕 11/백제 위덕왕 16/陳 大建 1/倭 欽明 30)

고구려　　　己丑年三月卄一日 自此下向△ △3224)二里 內△3225) 百頭上位使尒丈作節矣 (「平壤城石刻」제3석)

고구려　　　己丑年五月卄八日 始役 西向十一里 小兄 相夫若牟利造作 (「平壤城石刻」제1석)

신라　　　新羅第二十四眞興王卽位十四年癸酉二月 將築紫宮於龍宮南 有黃龍現其地 乃改置爲佛寺 号黃龍寺 至己丑年 周圍墻宇 至十七年方畢 (…) (『三國遺事』3 塔像 4 皇龍寺丈六)

신라　　　仇利伐 上彡者村 (전면)
　　　　　　乞利 (후면) (「1호 목간」: 1998 『함안성산산성』; 2004 『한국의 고대목간』)3226)
신라　　　甘文城下 幾 甘文 夲波 王稗 (전면)
　　　　　　△村 利兮△ (후면) (「2호 목간」: 1998 『함안성산산성』; 2004 『한국의 고대목간』)

3196) 衆으로 판독하기도 하며 판독하지 않기도 한다.
3197) 판독하지 않기도 한다.
3198) 賞 또는 谷으로 판독하기도 한다.
3199) 沙로 판독하기도 한다.
3200) 是 또는 門으로 판독하기도 한다.
3201) 판독하지 않기도 한다.
3202) 乃 또는 而로도 판독하기도 하며 판독하지 않기도 한다.
3203) 詠으로 판독하기도 하며 판독하지 않기도 한다.
3204) 판독하지 않기도 하며 智로 판독하기도 한다.
3205) 판독하지 않기도 하며 一로 판독하기도 한다.
3206) 智로 판독하기도 하며 판독하지 않기도 한다.
3207) 多로 판독하기도 하며 판독하지 않기도 한다.
3208) 刻으로 판독하기도 하며 판독하지 않기도 한다.
3209) 판독하지 않기도 한다.
3210) 末로 판독하기도 하며 판독하지 않기도 한다.
3211) 奈로 판독하기도 하며 판독하지 않기도 한다.
3212) 夫, 光, 天으로 판독하기도 한다.
3213) ? 또는 則으로 판독하기도 한다.
3214) 海로 판독하기도 하며 판독하지 않기도 한다.
3215) 판독하지 않기도 한다.
3216) 판독하지 않기도 한다.
3217) ? 또는 世, 里로 판독하기도 한다.
3218) 巡으로 판독하기도 하며 판독하지 않기도 한다.
3219) 守로 판독하기도 하며 판독하지 않기도 한다.
3220) 刊으로 판독하기도 한다.
3221) 石으로 판독하기도 한다.
3222) 판독하지 않기도 한다.
3223) 我 또는 幷으로 판독하기도 한다.
3224) 下 또는 十으로 판독하기도 한다.
3225) 中 또는 冂로도 판독하기도 한다.
3226) 이하의 목간들은 1992·1994년에 함안의 성산산성 유적에서 출토되어, 561~569년에 제작된 것으로 판단된다. 그에 따라 561~569년으로 기간편년하고, 마지막해인 569년에 배치하였다.

신라	仇利伐 上彡者村 波婁 (「3호 목간」: 1998 『함안성산산성』; 2004 『한국의 고대목간』)
신라	仇利伐 仇失了一伐 尒利△△△ (「4호 목간」: 1998 『함안성산산성』; 2004 『한국의 고대목간』)
신라	仇利伐 △德知一伐 奴人△ (「5호 목간」: 1998 『함안성산산성』; 2004 『한국의 고대목간』)
신라	仇伐 干好△村 卑卩 稗石 (「7호 목간」: 1998 『함안성산산성』; 2004 『한국의 고대목간』)
신라	及伐城 秀乃巴 稗 (「8호 목간」: 1998 『함안성산산성』; 2004 『한국의 고대목간』)
신라	竹尸△ 乎于支 稗一 (「9호 목간」: 1998 『함안성산산성』; 2004 『한국의 고대목간』)
신라	甘文 本波 △村 旦利村 伊竹伊 (「10호 목간」: 1998 『함안성산산성』; 2004 『한국의 고대목간』)
신라	鳥欣彌村 人兮 稗石 (「11호 목간」: 1998 『함안성산산성』; 2004 『한국의 고대목간』)
신라	上吟乃村 居利支 稗 (「12호 목간」: 1998 『함안성산산성』; 2004 『한국의 고대목간』)
신라	陳城 巴兮支 稗 (「13호 목간」: 1998 『함안성산산성』; 2004 『한국의 고대목간』)
신라	大村 伊息知一伐 (「14호 목간」: 1998 『함안성산산성』; 2004 『한국의 고대목간』)
신라	前谷村 阿足只△ (「17호 목간」: 1998 『함안성산산성』; 2004 『한국의 고대목간』)
신라	仇仍支稗△ (전면) △△△△△利△ (후면) (「20호 목간」: 1998 『함안성산산성』; 2004 『한국의 고대목간』)
신라	屈仇△村 完△ (전면) 稗石 (후면) (「21호 목간」: 1998 『함안성산산성』; 2004 『한국의 고대목간』)
신라	知上干支 (「23호 목간」: 1998 『함안성산산성』; 2004 『한국의 고대목간』)
신라	古阤 伊骨利村 阿那衆智 卜利古支 (전면) 稗發 (후면) (「28호 목간」: 2004 『함안성산산성2』; 2004 『한국의 고대목간』)[3227]
신라	古阤 新村 智利知一尺 △村 (전면) 豆兮利智 稗石 (후면) (「29호 목간」: 2004 『함안성산산성2』; 2004 『한국의 고대목간』)
신라	古阤 一古利村 末彡 (전면) 毛 眉次尸智 稗石 (후면) (「31호 목간」: 2004 『함안성산산성2』; 2004 『한국의 고대목간』)
신라	仇利伐 琴谷村 仇騎支 負 (「33호 목간」: 2004 『함안성산산성2』; 2004 『한국의 고대목간』)
신라	仇利伐 上彡者村 波婁 (「34호 목간」: 2004 『함안성산산성2』; 2004 『한국의 고대목간』)
신라	內恩知奴人 居助奴人 負 (「35호 목간」: 2004 『함안성산산성2』; 2004 『한국의 고대목간』)
신라	鄒文 比尸河村 了利牟利 (「39호 목간」: 2004 『함안성산산성2』; 2004 『한국의 고대목간』)
신라	阿卜智村 了騎及一 (「40호 목간」: 2004 『함안성산산성2』; 2004 『한국의 고대목간』)
신라	陳城 巴兮支 稗 (「41호 목간」: 2004 『함안성산산성2』; 2004 『한국의 고대목간』)

3227) 이하의 목간들은 2002년에 함안의 성산산성 유적에서 출토되어, 561~569년에 제작된 것으로 판단된다. 그에 따라 561~569년으로 기간편년하고, 마지막해인 569년에 배치하였다.

신라	及伐城 △△ 稗石 (「42호 목간」: 2004 『함안성산산성2』; 2004 『한국의 고대목간』)
신라	陽村 文尸只 (「43호 목간」: 2004 『함안성산산성2』; 2004 『한국의 고대목간』)
신라	上莫村 居利支 稗一 (「44호 목간」: 2004 『함안성산산성2』; 2004 『한국의 고대목간』)
신라	△阿那 休智 稗 (「45호 목간」: 2004 『함안성산산성2』; 2004 『한국의 고대목간』)
신라	可初智 △須麥石 (「47호 목간」: 2004 『함안성산산성2』; 2004 『한국의 고대목간』)
신라	仇伐 阿那 舌只 稗石 (「52호 목간」: 2004 『함안성산산성2』; 2004 『한국의 고대목간』)
신라	大村主 舡主人 (「53호 목간」: 2004 『함안성산산성2』; 2004 『한국의 고대목간』)
신라	鄒文 △△村 △本△ (「54호 목간」: 2004 『함안성산산성2』; 2004 『한국의 고대목간』)
신라	△蜜繭智 私 (전면) △利乃 文芭支 稗 (후면) (「59호 목간」: 2004 『함안성산산성2』; 2004 『한국의 고대목간』)
신라	巴珎兮城下 (전면) 巴珎兮村 (후면) (「60호 목간」: 2004 『함안성산산성2』; 2004 『한국의 고대목간』)
신라	乃節它△ (전면) △稗石 (후면) (「61호 목간」: 2004 『함안성산산성2』; 2004 『한국의 고대목간』)
신라	支村 (전면) △△ 稗石 (후면) (「62호 목간」: 2004 『함안성산산성2』; 2004 『한국의 고대목간』)
신라	△伊伐支△△ (전면) △△△稗石 (후면) (「64호 목간」: 2004 『함안성산산성2』; 2004 『한국의 고대목간』)
신라	千竹利 (「69호 목간」: 2004 『함안성산산성2』; 2004 『한국의 고대목간』)
신라	千竹利 (「70호 목간」: 2004 『함안성산산성2』; 2004 『한국의 고대목간』)
신라	利次 稗石 (「71호 목간」: 2004 『함안성산산성2』; 2004 『한국의 고대목간』)
신라	△一伐 稗 (「72호 목간」: 2004 『함안성산산성2』; 2004 『한국의 고대목간』)
신라	伐稗石 (「73호 목간」: 2004 『함안성산산성2』; 2004 『한국의 고대목간』)
신라	及伐城 只智 稗石 (「74호 목간」: 2004 『함안성산산성2』; 2004 『한국의 고대목간』)
신라	須伐 本波 居△知 (「77호 목간」: 2004 『함안성산산성2』; 2004 『한국의 고대목간』)
신라	△村 △△了支 (「78호 목간」: 2004 『함안성산산성2』; 2004 『한국의 고대목간』)
신라	伊伐支△利△稗一 (「79호 목간」: 2004 『함안성산산성2』; 2004 『한국의 고대목간』)
신라	及伐城 △△ 稗石 (「80호 목간」: 2004 『함안성산산성2』; 2004 『한국의 고대목간』)
신라	伊失兮村 (「85호 목간」: 2004 『함안성산산성2』; 2004 『한국의 고대목간』)
신라	甘文城下麦本波大村毛利只 (전면) 一石 (후면) (「성산산성 2006-1호 목간」: 2011 『함안성산산성4』)[3228]
신라	阿利只村△[那]△△ (전면) 古十△△刀△△[門] (후면) (「성산산성 2006-3호 목간」: 2011 『함안성산산성4』)
신라	夷津 本波 只那公末別 稗 (「성산산성 2006-4호 목간」: 2011 『함안성산산성4』)
신라	陽村 文尸只 稗 (「성산산성 2006-6호 목간」: 2011 『함안성산산성4』)
신라	買谷村 古光斯珎于 (전면) 稗石 (후면) (「성산산성 2006-7호 목간」: 2011 『함안성산산성4』)

3228) 이하의 목간들은 2006년에 함안의 성산산성 유적에서 출토되어, 561~569년에 제작된 것으로 판단된다. 그에 따라 561~569년으로 기간편년하고, 마지막해인 569년에 배치하였다.

신라	勿利村 倦益尒利 (전면)
	稗石 (후면) (「성산산성 2006-8호 목간」: 2011 『함안성산산성4』)
신라	次々支村 知珎留 (전면)
	稗石 (후면) (「성산산성 2006-9호 목간」: 2011 『함안성산산성4』)
신라	△△奴 △△支負 [仇][利][伐] (「성산산성 2006-10호 목간」: 2011 『함안성산산성4』)
신라	好[思][城]六入 (「성산산성 2006-12호 목간」: 2011 『함안성산산성4』)
신라	鄒文村內旦利[魚] (「성산산성 2006-17호 목간」: 2011 『함안성산산성4』)
신라	比夕須奴 先能支負 仇利伐 (「성산산성 2006-24호 목간」: 2011 『함안성산산성4』)
신라	王松鳥多伊伐支卜然 (「성산산성 2006-25호 목간」: 2011 『함안성산산성4』)
신라	末甘村 借刀利支負 (「성산산성 2006-27호 목간」: 2011 『함안성산산성4』)
신라	古阤 伊骨村 阿那 (전면)
	仇利[伐]支 稗 (후면) (「성산산성 2006-30호 목간」: 2011 『함안성산산성4』)
신라	[仇][利][伐] (…) 兮 (전면)
	吉西支 負 (후면) (「성산산성 2006-31호 목간」: 2011 『함안성산산성4』)
신라	[千]卄二 益丁四 村 (…) (1면)
	△二 △丁十二 村 (…) (2면) (「성산산성 2006-40호 목간」: 2011 『함안성산산성4』)
신라	(…) 竹烋弥支 稗石 (「성산산성 2007-1호 목간」: 2011 『함안성산산성4』)[3229]
신라	[阿]盖次尒利[村] △△ 稗 (「성산산성 2007-4호 목간」: 2011 『함안성산산성4』)
신라	仇伐 末那△小奴 (전면)
	你△△ 稗石 (후면) (「성산산성 2007-6호 목간」: 2011 『함안성산산성4』)
신라	丘伐稗 (「성산산성 2007-7호 목간」: 2011 『함안성산산성4』)
신라	仇[阤]△一伐 奴人 毛利支負 (「성산산성 2007-8호 목간」: 2011 『함안성산산성4』)
신라	夲[破] 破者智伊古舌 (전면)
	文[武] 稗石 (후면) (「성산산성 2007-9호 목간」: 2011 『함안성산산성4』)
신라	古阤 新村 [阿]鄒[那]利 (전면)
	沙△ (후면) (「성산산성 2007-10호 목간」: 2011 『함안성산산성4』)
신라	古阤 一古利村 末那 (전면)
	[弥]利夫 稗[石] (후면) (「성산산성 2007-11호 목간」: 2011 『함안성산산성4』)
신라	仇伐 支鳥村 礼 稗石 (「성산산성 2007-12호 목간」: 2011 『함안성산산성4』)
신라	眞尒△奴 [鄒]智 石 (「성산산성 2007-13호 목간」: 2011 『함안성산산성4』)
신라	古阤 一古利村 末那仇△△ (전면)
	稗石 (후면) (「성산산성 2007-14호 목간」: 2011 『함안성산산성4』)
신라	勿思伐 豆只 稗一石 (「성산산성 2007-15호 목간」: 2011 『함안성산산성4』)
신라	[阿]盖尒[欣][彌][支]△ (「성산산성 2007-16호 목간」: 2011 『함안성산산성4』)
신라	古阤 一古利村 末那 (전면)
	乃兮支 稗石 (후면) (「성산산성 2007-17호 목간」: 2011 『함안성산산성4』)
신라	[衫][伐]只[村] 仇利伐 同伐支[負] (「성산산성 2007-18호 목간」: 2011 『함안성산산성4』)
신라	赤伐支村 次[稗]支 (「성산산성 2007-19호 목간」: 2011 『함안성산산성4』)
신라	仇[利][伐] (「성산산성 2007-20호 목간」: 2011 『함안성산산성4』)
신라	(…) △豆留只[一][伐] (「성산산성 2007-21호 목간」: 2011 『함안성산산성4』)

3229) 이하의 목간들은 2007년에 함안의 성산산성 유적에서 출토되어, 561~569년에 제작된 것으로 판단된다. 그에 따라 561~569년으로 기간편년하고, 마지막해인 569년에 배치하였다.

신라	[阿]盖癸支[利]稗 (「성산산성 2007-22호 목간」: 2011 『함안성산산성4』)
신라	及伐城 文尸伊 稗石 (「성산산성 2007-23호 목간」: 2011 『함안성산산성4』)
신라	及伐城 文尸伊鳥伐只 稗石 (「성산산성 2007-24호 목간」: 2011 『함안성산산성4』)
신라	古陁 一古利村 阿那弥伊△△ (전면) 稗石 (후면) (「성산산성 2007-14호 목간」: 2011 『함안성산산성4』)
신라	郝豆智奴人 仇利伐 △支負 (「성산산성 2007-27호 목간」: 2011 『함안성산산성4』)
신라	力夫支城 夫酒只 (전면) 稗一石 (후면) (「성산산성 2007-28호 목간」: 2011 『함안성산산성4』)
신라	古陁 密村 沙毛 (전면) 稗石 (후면) (「성산산성 2007-29호 목간」: 2011 『함안성산산성4』)
신라	夷[財]支 [末][那]石村 末支[下][仇] (전면) 麦 (후면) (「성산산성 2007-30호 목간」: 2011 『함안성산산성4』)
신라	仇利伐 仇陁知一伐 奴人 毛利支負 (「성산산성 2007-31호 목간」: 2011 『함안성산산성4』)
신라	古陁 一古利村 末那沙見 (전면) 日糸利 稗石 (후면) (「성산산성 2007-33호 목간」: 2011 『함안성산산성4』)
신라	伊夫兮村 稗石 (「성산산성 2007-34호 목간」: 2011 『함안성산산성4』)
신라	[礼]彡利村 (전면) 一[合]只 稗石 (후면) (「성산산성 2007-35호 목간」: 2011 『함안성산산성4』)
신라	栗村 稗石 (「성산산성 2007-36호 목간」: 2011 『함안성산산성4』)
신라	仇伐 阿那 內欣買子 (전면) 一万買 稗石 (후면) (「성산산성 2007-37호 목간」: 2011 『함안성산산성4』)
신라	眞村 稗石 (「성산산성 2007-39호 목간」: 2011 『함안성산산성4』)
신라	力夫支城 △△支 稗一 (「성산산성 2007-40호 목간」: 2011 『함안성산산성4』)
신라	及伐城 登奴 稗石 (「성산산성 2007-42호 목간」: 2011 『함안성산산성4』)
신라	夷津支城 下麦 王智巴 珎兮村 (전면) 珎次 二石 (후면) (「성산산성 2007-44호 목간」: 2011 『함안성산산성4』)
신라	甘文城 下△米十一[斗]石 [喙]大村 卜只次[待] (「성산산성 2007-45호 목간」: 2011 『함안성산산성4』)
신라	小伊伐支村 能毛礼 (전면) 稗石 (후면) (「성산산성 2007-46호 목간」: 2011 『함안성산산성4』)
신라	丘伐 稗石 (「성산산성 2007-48호 목간」: 2011 『함안성산산성4』)
신라	鄒文 [前]那牟只村 (전면) 伊[利][眉] (후면) (「성산산성 2007-52호 목간」: 2011 『함안성산산성4』)
신라	習肹村 仇利伐 牟利之負 (「성산산성 2007-53호 목간」: 2011 『함안성산산성4』)
신라	赤伐 支谷村 男尺支 稗 (「성산산성 2007-54호 목간」: 2011 『함안성산산성4』)
신라	仇利伐 今你次 負 (「성산산성 2007-55호 목간」: 2011 『함안성산산성4』)
신라	[屈][斯]旦村 今[部]牟者只 [稗] (「성산산성 2007-56호 목간」: 2011 『함안성산산성4』)
신라	古陁 李破 豆△村 △△△ (전면) 勿大兮 (후면) (「성산산성 2007-57호 목간」: 2011 『함안성산산성4』)
신라	買谷村 物礼利 (전면) 斯珎于 稗石 (후면) (「성산산성 2007-61호 목간」: 2011 『함안성산산성4』)
신라	上弗刀你村 (전면) [敬][新]古 稗石 (후면) (「성산산성 2007-64호 목간」: 2011 『함안성산산성4』)

신라	夷津支城 鳥村 一智巴 (전면)
	△△ (후면) (「성산산성 2007-304호 목간」: 2011 『함안성산산성4』)

570(庚寅/신라 진흥왕 31 大昌 3/고구려 평원왕 12/백제 위덕왕 17/陳 大建 2/倭 欽明 31)

백제	(武平元年)二月癸亥 以百濟王餘昌爲使持節侍中驃騎大將軍帶方郡公 王如故 (『北齊書』8 帝紀 8 後主)
백제	(武平元年)二月癸亥 以百濟王餘昌爲使持節侍中驃騎大將軍帶方郡公 王如故 (『北史』8 齊本紀 下 8 後主)
백제	(北齊)後主武平元年二月 以百濟王餘昌爲使持節侍中驃騎大將軍帶方郡公 王如故 (『册府元龜』963 外臣部 8 封册 1)3230)
백제	高齊後主 拜王爲使持節侍中車騎大將軍帶方郡公百濟王 (『三國史記』27 百濟本紀 5)3231)
백제	北齊 冊百濟王爲使持節侍中車騎大將軍帶方郡公百濟王 (『三國史節要』6)3232)
백제	武平元年 齊後主以餘昌爲使持節侍中車騎大將軍帶方郡公百濟 王如故 (『北史』94 列傳 82 百濟)3233)
고구려	夏四月甲申朔乙酉 幸泊瀨柴籬宮 越人江渟臣裙代 詣京奏曰 高麗使人 辛苦風浪 迷失浦津 任水漂流 忽到着岸 郡司隱匿 故臣顯奏 詔曰 朕承帝業 若干年 高麗迷路 始到越岸 雖苦漂溺 尙全性命 豈非徽猷廣被 至德巍巍 仁化傍通 洪恩蕩蕩者哉 有司宜於山城國相樂郡 起館淨治 厚相資養 (『日本書紀』19 欽明紀)
고구려	(夏四月)是月 乘輿至自泊瀨柴籬宮 遣東漢氏直糠兒葛城直難波 迎召高麗使人 (『日本書紀』19 欽明紀)
고구려	五月 遣膳臣傾子於越 饗高麗使[傾子 此云阿拖部古] 大使審知膳臣是皇華使 乃謂道君曰 汝非天皇 果如我疑 汝旣伏拜膳臣 倍復足知百姓 而前詐余 取調入己 宜速還之 莫煩飾語 膳臣聞之 使人探索其調 具爲與之 還京復命 (『日本書紀』19 欽明紀)
신라	六月戊子 新羅國遣使獻方物 (『陳書』5 本紀 5 宣帝)
신라	六月戊子 新羅國遣使朝貢 (『南史』10 陳本紀 下 10)
신라	夏六月 遣使於陳獻方物 (『三國史記』4 新羅本紀 4)3234)
신라	夏六月 新羅遣使如陳朝貢 (『三國史節要』6)3235)
신라	(太建二年)六月 新羅國 (…) 並遣使獻方物 (『册府元龜』969 外臣部 14 朝貢 2)3236)

3230) 본 기사에는 日이 보이지 않지만, 『北齊書』8 帝紀와 『北史』齊本紀에 癸亥(9)로 나온다. 따라서 癸亥(9)로 편년하고 편제하였다.
3231) 본 기사에는 月·日이 보이지 않지만, 『北齊書』8 帝紀와 『北史』齊本紀에 二月 癸亥(9)로 나온다. 따라서 2월 癸亥(9)로 편년하고 편제하였다.
3232) 본 기사에는 月·日이 보이지 않지만, 『北齊書』8 帝紀와 『北史』齊本紀에 二月 癸亥(9)로 나온다. 따라서 2월 癸亥(9)로 편년하고 편제하였다.
3233) 본 기사에는 月·日이 보이지 않지만, 『北齊書』8 帝紀와 『北史』齊本紀에 二月 癸亥(9)로 나온다. 따라서 2월 癸亥(9)로 편년하고 편제하였다.
3234) 본 기사에는 日이 보이지 않지만, 『陳書』本紀와 『南史』陳本紀에 戊子(6)로 나온다. 따라서 戊子(6)로 편년하고 편제하였다.
3235) 본 기사에는 日이 보이지 않지만, 『陳書』本紀와 『南史』陳本紀에 戊子(6)로 나온다. 따라서 戊子(6)로 편년하고 편제하였다.
3236) 본 기사에는 日이 보이지 않지만, 『陳書』本紀와 『南史』陳本紀에 戊子(6)로 나온다. 따라서 戊子(6)로 편년하고 편제하였다.

고구려　　　　　秋七月壬子朔 高麗使到于近江 (『日本書紀』19 欽明紀)

고구려　　　　　(秋七月)是月 遣許勢臣猿與吉士赤鳩 發自難波津 控引船於狹狹波山 而裝飾船 乃往
　　　　　　　　迎於近江北山 遂引入山背高樻館 則遣東漢坂上直子麻呂錦部首大石 以爲守護 更饗
　　　　　　　　高麗使者於相樂館 (『日本書紀』19 欽明紀)

고구려　　　　　十一月辛酉 高麗國遣使獻方物 (『陳書』5 本紀 5 宣帝)
고구려　　　　　冬十一月辛酉 高麗國遣使朝貢 (『南史』10 陳本紀 下 10)
고구려　　　　　冬十一月 遣使入陳朝貢 (『三國史記』19 高句麗本紀 7)[3237]
고구려　　　　　冬十一月 高勾麗遣使如陳朝貢 (『三國史節要』6)[3238]
고구려　　　　　(太建二年)十一月 高麗國 並遣使獻方物 (『册府元龜』969 外臣部 14 朝貢 2)[3239]

고구려　　　　　君諱遺業 字遺業 河東聞喜人也 (…) 武平元年 兼員外散騎常侍 聘高麗使主 昔南越
　　　　　　　　喩旨 遂受金裝 西域鑿空 上傳邛杖 豈如申威萬里 剋服九夷 旣有玄菟之功 不賣盧龍
　　　　　　　　之賞 (「裴遺業 墓誌銘」: 『北方文物』 2012-2)[3240]

571(辛卯/신라 진흥왕 32 大昌 4/고구려 평원왕 13/백제 위덕왕 18/陳 大建 3/倭 欽明 32)

백제　　　　　　(武平二年春正月)戊寅 以百濟王餘昌爲使持節都督東靑州刺史 (『北齊書』8 帝紀 8
　　　　　　　　後主)
백제　　　　　　(武平二年春正月)戊寅 以百濟王餘昌爲使持節都督東靑州刺史 (『北史』8 齊本紀 下
　　　　　　　　8 後主)
백제　　　　　　(北齊後主武平)二年正月 以百濟王餘昌爲使持節都督東靑州刺史 (『册府元龜』963 外
　　　　　　　　臣部 8 封册 1)[3241]
백제　　　　　　高齊後主 又以王爲使持節都督東靑州諸軍事東靑州刺史 (『三國史記』 27 百濟本紀
　　　　　　　　5)[3242]
백제　　　　　　北齊冊百濟王爲使持節都督諸軍事東靑州刺史 (『三國史節要』7)[3243]
백제　　　　　　(武平)二年 又以餘昌爲持節都督東靑州諸軍事東靑州刺史 (『北史』 94 列傳 82 百
　　　　　　　　濟)[3244]

고구려　　　　　春二月 遣使入陳朝貢(『三國史記』19 高句麗本紀 7)

3237) 본 기사에는 日이 보이지 않지만, 『陳書』 本紀와 『南史』 陳本紀에 辛酉(12)로 나온다. 따라서 辛酉(12)
　　　로 편년하고 편제하였다.
3238) 본 기사에는 日이 보이지 않지만, 『陳書』 本紀와 『南史』 陳本紀에 辛酉(12)로 나온다. 따라서 辛酉(12)
　　　로 편년하고 편제하였다.
3239) 본 기사에는 日이 보이지 않지만, 『陳書』 本紀와 『南史』 陳本紀에 辛酉(12)로 나온다. 따라서 辛酉(12)
　　　로 편년하고 편제하였다.
3240) 570년에 고구려에 사신으로 갔던 北齊 배유업의 묘지이다. 山西省 臨汾縣 永固村에서 출토되었고, 「新
　　　出北齊聘高麗使主『裵業墓志』疏証」에 수록되어 있다.
3241) 본 기사에는 日이 보이지 않지만, 『北齊書』 本紀와 『北史』 齊本紀에 戊寅(30)으로 나온다. 따라서 戊
　　　寅(30)으로 편년하고 편제하였다.
3242) 본 기사에는 日이 보이지 않지만, 『北齊書』 本紀와 『北史』 齊本紀에 戊寅(30)으로 나온다. 따라서 戊
　　　寅(30)으로 편년하고 편제하였다.
3243) 본 기사에는 日이 보이지 않지만, 『北齊書』 本紀와 『北史』 齊本紀에 戊寅(30)으로 나온다. 따라서 戊
　　　寅(30)으로 편년하고 편제하였다.
3244) 본 기사에는 日이 보이지 않지만, 『北齊書』 本紀와 『北史』 齊本紀에 戊寅(30)으로 나온다. 따라서 戊
　　　寅(30)으로 편년하고 편제하였다.

고구려	春二月 高勾麗遣使如陳朝貢 (『三國史節要』 7)
신라 가야	三月戊申朔壬子 遣坂田耳子郎君 使於新羅 問任那滅由 (『日本書紀』 19 欽明紀)
고구려	(三月)是月 高麗獻物幷表 未得呈奏 經歷數旬 占待良日 (『日本書紀』 19 欽明紀)
신라 가야	夏四月戊寅朔壬辰 天皇寢疾不豫 皇太子向外不在 驛馬召到 引入臥內 執其手詔曰 朕疾甚 以後事屬汝 汝須打新羅 封建任那 更造夫婦 惟如舊日 死無恨之 (『日本書紀』 19 欽明紀)
요동 신라	(五月)辛亥 遼東新羅丹丹天竺盤盤等國 並遣使獻方物 (『陳書』 5 本紀 5 宣帝)
고구려 신라	五月辛亥 高麗新羅丹丹天竺盤盤等國 並遣使朝貢 (『南史』 10 陳本紀 下 10)
요동 신라	(陳宣帝太建)三年五月 遼東新羅丹丹天竺盤盤等國 (…) 並遣使獻方物 (『册府元龜』 969 外臣部 14 朝貢 2)[3245]
고구려	秋七月 王畋於浿河之原 五旬而返 (『三國史記』 19 高句麗本紀 7)
고구려	秋七月 高勾麗王畋浿河原 五旬而返 (『三國史節要』 7)
신라	秋八月丙子朔 新羅遣弔使未叱子失消等 奉哀於殯 (『日本書紀』 19 欽明紀)
고구려	八月 重修宮室 蝗旱 罷役 (『三國史記』 19 高句麗本紀 7)
고구려	八月 高勾麗脩宮室 以蝗旱罷之 (『三國史節要』 7)
신라	(秋八月)是月 未叱子失消等罷 (『日本書紀』 19 欽明紀)
신라	遣使於陳貢方物 (『三國史記』 4 新羅本紀 4)
신라	新羅遣使如陳朝貢 (『三國史節要』 7)
고구려	景四年在辛卯 比丘道須 共諸善知識 那婁賤奴阿王阿踞五人 共造无量壽像一軀 願亡師父母 生生心中常值諸佛 善知識等值遇彌勒所願 如是願 共生一處 見佛聞法 (「景四年辛卯銘 金銅三尊佛立像」)

572(壬辰/신라 진흥왕 33 鴻濟 1/고구려 평원왕 14/백제 위덕왕 19/陳 大建 4/倭 敏達 1)

신라	春正月 改元鴻濟 (『三國史記』 4 新羅本紀 4)
신라	春正月 新羅改元鴻濟 (『三國史節要』 7)
신라	三月 王太子銅輪卒 (『三國史記』 4 新羅本紀 4)
신라	三月 新羅王太子銅輪卒 (『三國史節要』 7)
신라	(三月) 遣使北齊朝貢 (『三國史記』 4 新羅本紀 4)[3246]
신라	(三月) 新羅遣使如北齊朝貢 (『三國史節要』 7)

3245) 본 기사에는 日이 보이지 않지만, 『陳書』 本紀와 『南史』 陳本紀에 辛亥(5)로 나온다. 따라서 辛亥(5)로 편년하고 편제하였다.
3246) 이와 관련해서 『北史』 94 列傳 82 百濟의 "子餘昌亦通使命於齊"도 참고된다.

백제	(夏四月)是月 宮于百濟大井 以物部弓削守屋大連爲大連如故 以蘇我馬子宿禰爲大臣 (『日本書紀』20 敏達紀)
고구려	五月壬寅朔 天皇問皇子與大臣曰 高麗使人 今何在 大臣奉對曰 在於相樂館 天皇聞之 傷惻極甚 愀然而歎曰 悲哉 此使人等 名既奏聞於先考天皇矣 乃遣群臣相樂館 檢錄所獻調物 令送京師 (『日本書紀』20 敏達紀)
고구려	(五月)丙辰 天皇執高麗表疏 授於大臣 召聚諸史 令讀解之 是時 諸史 於三日內 皆不能讀 爰有船史祖王辰爾 能奉讀釋 由是 天皇與大臣俱爲讚美曰 勤乎辰爾 懿哉辰爾 汝若不愛於學 誰能讀解 宜從今始 近侍殿中 既而 詔東西諸史曰 汝等所習之業 何故不就 汝等雖衆 不及辰爾 又高麗上表疏 書于烏羽 字隨羽黑 既無識者 辰爾乃蒸羽於飯氣 以帛印羽 悉寫其字 朝庭悉異之 (『日本書紀』20 敏達紀)
고구려	六月 高麗大使謂副使等曰 磯城嶋天皇時 汝等違吾所議 被欺於他 妄分國調 輒與微者 豈非汝等過歟 其若我國王聞 必誅汝等 副使等自相謂之曰 若吾等至國時 大使顯奏吾過 是不祥事也 思欲偸殺而斷其口 是夕 謀泄 大使知之 裝束衣帶 獨自潛行 立館中庭 不知所計 時有賊一人 以杖出來 打大使頭而退 次有賊一人 直向大使 打頭與手而退 大使尙嘿然立地 而拭面血 更有賊一人 執刀急來 刺大使腹而退 是時 大使恐伏地拜 後有賊一人 既殺其去 明旦 領客東漢坂上直子麻呂等 推問其由 副使等乃作矯詐曰 天皇賜妻於大使 大使違勅不受 無禮玆甚 是以 臣等爲天皇殺焉 有司以禮收葬 (『日本書紀』20 敏達紀)
고구려	秋七月 高麗使人罷歸 (『日本書紀』20 敏達紀)
백제	遣使入齊朝貢 (『三國史記』27 百濟本紀 5)[3247]
백제	百濟遣使如北齊朝貢 (『三國史節要』7)[3248]
백제	秋九月庚子朔 日有食之 (『三國史記』27 百濟本紀 5)
백제	秋九月庚子朔 百濟日有食之 (『三國史節要』7)
신라	冬十月二十日 爲戰死士卒 設八關筵會於外寺 七日罷 (『三國史記』4 新羅本紀 4)
신라	冬十月 新羅爲戰死士卒 設八關會於佛寺七日 (『三國史節要』7)[3249]
신라	(眞興王)三十三年十月 爲戰死士卒 設八關齋會於外寺 七日乃罷 (『海東高僧傳』1 流通一之一 釋法雲)
신라 백제	(武平三年)是歲 新羅百濟勿吉突厥 竝遣使朝貢 (『北齊書』8 帝紀 8 後主)
신라 백제	(武平三年)是歲 新羅百濟勿吉突厥 並遣使朝貢 (『北史』8 齊本紀 下 8 後主)
신라 백제	(北齊後主武平)三年 新羅百濟勿吉突厥 並遣使朝貢 (『册府元龜』969 外臣部 14 朝貢 2)
신라	東京安逸戶長貞孝家在古本殊異傳 載圓光法師傳曰 法師俗姓薛氏 王京人也 初爲僧

3247) 3월부터 秋九月庚子朔보다 앞선 시기이다.
3248) 3월부터 秋九月庚子朔보다 앞선 시기이다.
3249) 『三國史記』에는 10월 20일로 나온다.

學佛法 年三十歲 思靜居修道 獨居三岐山

後四年有一比丘来 所居不遠 別作蘭若 居二年 爲人強猛 好修呪述

法師夜獨坐誦經 忽有神聲呼其名 善哉善哉 汝之修行 凡修者雖衆 如法者稀有 今見

隣有比丘 径修呪術而無所得 喧聲惱他靜念 住處礙我行路 每有去来 幾發惡心 法師

爲我語告而使移遷 若久住者 恐我忽作罪業 明日法師往而告曰 吾於昨夜有聽神言 比

丘可移別處 不然應有餘殃 比丘對曰 至行者爲魔所眩?法師何憂狐鬼之言乎 其夜神又

來曰 向我告事 比丘有何答乎 法師恐神瞋怒而對曰 終未了說 若強語者 何敢不聽 神

曰 吾已具聞 法師何須補說 但可默然見我所爲 遂辭而去 夜中有聲如雷震 明日視之

山頹填比丘所在蘭若 神亦来曰 師見如何 法師對曰 見甚驚懼 神曰 我歲幾於三千年

神術最壯 此是小事 何足爲驚 但復将来之事 無所不知 天下之事 無所不達 今思法師

唯居此處 雖有自利之行 而無利他之功 現在不揚高名 未来不取勝果 盍採佛法於中國

導群迷於東海 對曰 學道中國 是本所願 海陸迴阻 不能自通而已 神詳誘歸中國所行

之計 法師依其言歸中國 留十一年 博通三藏 兼學儒術 (『三國遺事』 4 義解5 圓光西

學)

신라   三十 歸隱三岐 山影不出洞 有一比丘來止近地作蘭若修道 師夜坐誦念有神呼曰 善哉

凡修行者雖衆無出法師右者 今彼比丘徑修呪術 但惱汝淨念礙我行路而無所得 每當經

歷幾發惡心 請師誘令移去 若不△住從當有患矣 明旦師往告彼僧曰 可移居逃害 不然

將有不利 對曰 至行魔之所妨 何憂妖鬼言乎 是夕其神來訊 彼答 師恐其怒也 謬曰

未委耳 何敢不聽 神曰吾已俱知其情 且可默住而見之 至夜聲動如雷 黎明往視之 有

山頹于蘭若壓焉 神來證曰 吾生幾千年 威變最壯 此何足怪 因諭曰 今師雖有自利 而

關利他 何不入中朝得法波及後徒 師曰學道於中華固所願也 海陸迴阻 不能自達 於是

神祥誘西遊之事 (『海東高僧傳』 2 流通一之二 釋圓光)

573(癸巳/신라 진흥왕 34 鴻濟 2/고구려 평원왕 15/백제 위덕왕 20/陳 大建 5/倭 敏達 2)

고구려   夏五月丙寅朔戊辰 高麗使人 泊于越海之岸 破船溺死者衆 朝庭猜頻迷路 不饗放還

仍勅吉備海部直難波 送高麗史 (『日本書紀』 20 敏達紀)

고구려   秋七月乙丑朔 於越海岸 難波與高麗使等相議 以送使難波船人大嶋首磐日狹丘首間狹

令乘 高麗使船 以高麗二人 令乘送使船 如此互乘 以備奸志 俱時發船 至數里許 送

使難波 乃恐畏波浪 執高麗二人 擲入於海 (『日本書紀』 20 敏達紀)

고구려   八月甲午朔丁未 送使難波 還來復命曰 海裏鯨魚大有 遮囓船與楫櫂 難波等 恐魚吞

船 不得入海 天皇聞之 識其謾語 驅使於官 不放還國 (『日本書紀』 20 敏達紀)

고구려   遣使入北齊朝貢 (『三國史記』 19 高句麗本紀 7)

고구려   高勾麗遣使如北齊朝貢 (『三國史節要』 7)

고구려 말갈   (武平四年)是歲 高麗靺鞨 竝遣使朝貢 (『北齊書』 8 帝紀 8 後主)

고구려 말갈   (武平四年)是歲 高麗靺鞨 並遣使朝貢 (『北史』 8 齊本紀 下 8 後主)

고구려 말갈   (北齊後主武平)四年 高麗靺鞨 並遣使朝貢 (『册府元龜』 969 外臣部 14 朝貢 2)

신라   (大建)五年 海東玄光沙門 受法華安樂行義於南岳禪師 歸國演敎 爲海東諸國傳敎之始

(『佛祖統紀』 37 法運通塞志 17之4 陳宣帝)

신라   釋玄光者 海東熊州人也 少而穎悟 頓厭俗塵 決求名師 專修梵行 迨夫成長 願越滄溟

求中土禪法 於是觀光陳國利往衡山 見思大和尚開物成化 神解相叅 思師察其所由 密
授法華 安樂行門 光利若神錐無堅不犯 新猶劫貝有染皆鮮 稟而奉行 勤而罔忒 俄證
法華三昧 請求印可 思爲證之 汝之所證 眞實不虛 善護念之 令法增長 汝還本土施設
善權 好負螟蛉皆成蜾蠃 光禮而垂泣 自爾返錫江南 屬本國舟艦 附載離岸 時則綵雲
亂目雅樂沸空 絳節霓旌 傳呼而至 空中聲云 天帝召海東玄光禪師 光拱手避讓 唯見
青衣前導 少選入宮城 且非人間官府 羽衛之設也 無非鱗介 叅雜鬼神. 或曰 今日天帝
降龍王宮 請師說親證法門 吾曹水府 蒙師利益 旣登寶殿 次陟高臺 如問而談 略經七
日 然後王躬送別 其船泛洋不進 光復登船 船人謂經半日而已 光歸熊州 翁山 卓錫結
茅 乃成梵刹 同聲相應得法者蟄戶爰開 樂小迴心慕羶者蟬連倏至 其如升堂受莂者一
人 入火光三昧一人 入水光三昧二人 互得其二種法門 從發者彰三昧名耳 其諸門生
譬如衆鳥 附須彌山 皆同一色也 光末之滅 罔知攸往 南嶽祖構影堂 內圖二十八人 光
居一焉 天台國淸寺祖堂亦然 系曰 夫約佛滅後 驗入道之人 以教理行果 四法明之 則
無逃隱矣 去聖彌近者 修行成果位證也 去聖稍遙者 學教易見理親也 其更綿邈者 學
教不精見理非諦 夫一念不生 前後際斷 斯頓心成佛也 理佛具足 行布施行 曾未嘗述
行佛 具體而微 東夏自六祖已來 多談禪理 少談禪行焉 非南能不說行 且令見道如救
頭然 之故南岳 思師切在兼修乘戒俱急 是以學者 驗諸行果 其如入火光三昧者. 處胎
經中 以禪定攝意 入火界三昧 利土洞然 愚夫謂是遭焚 若入水界三昧 愚夫見謂爲水
投物于中 菩薩心如虛空不覺觸嬈者 此非二乘所能究盡也 斯乃急於行果焉 無令口說
而身意不修 何由助道耶 (『宋高僧傳』18 義解6之1 陳 新羅國 玄光)[3250]

신라 　陳玄光 新羅國熊州人 少則精進梵行 逮壯乃涉溟漲 學禪法於中土 見衡山(慧)思大和
尙 證法花三昧 旣蒙記莂 因辭歸闡化鄕里 方附舶捩柂離岸 忽有神人 持絳節自虛空
下 傳呼云 天帝駕幸龍宮 召海東玄光禪師 說親證法門 俄而靑衣導前 鱗介衛後 登殿
陞座 隨問談演七日 而悠覺身在舟中 蓋舟泛漾不進 纔經半日耳 其異類景晷之促如此
久之卓錫其國之翁山 而氣求聲應之士踵至 道陶德冶 得善火光三昧者一人 善水光三
昧者二人 則其餘門生 可例知矣 (『新修科分六學僧傳』3 慧學 傳宗科 陳 玄光)[3251]

신라 　釋玄光者 海東熊州人也 少而穎悟 往衡山見思大和尙 後返錫江南 屬本國舟艦 附載
離岸 時綵雲亂目 雅樂沸空 絳節霓旌 傳呼空中聲云 天帝召海東 玄光禪師 光拱手避
讓 唯見靑衣前導 少選入宮城 且非人間官府 羽衛之設也 無非鱗介 叅雜鬼神 或曰
今日天帝降龍王宮 請師說親證法門 吾曹水府 蒙師利益 旣登寶殿 次陟高臺 如問而
談 略經七日 然後王躬送別 其船泛洋不進 光復登船 船人謂經半日而已 光歸熊州翁
山 卓錫結茅 乃成梵刹 厥後罔知攸往 (『神僧傳』5 玄光)[3252]

신라 　禪師玄光 海東新羅人 遠越滄溟 求法中夏 首造南岳 授法華安樂行門 稟受勤行 俄證
法華三昧 南岳謂之曰 汝還鄕國 當以善權 而行化度 若負螟蛉 以成蜾蠃者也 [詩 螟
蛉有子 蜾蠃負之 敎誨爾子 式穀似之 楊子 螟蛉之子 壹而逢蜾蠃 祝之曰 類我類我
螟蛉桑上靑虫 蜾蠃細腰蜂] 師卽禮辭南岳 返錫江南 値本國海船 逐獲附載 方及大洋
忽覩采雲亂目 雅樂盈空 絳節霓旌 傳呼而至 空中聲云 天帝召海東玄光禪師 師拱手
遜避 卽見靑衣 恭敬前(導) 少選入大宮闕 見羽衛陳列 鱗介繁錯間以鬼神 咸仰敬曰
天帝降我龍宮請法師 說已證法門 吾曹受益不少矣 旣升殿陟高臺 天帝扣問 師爲開
演經七日而畢 帝躬送別 向所乘舟泛泛不進 師復登舟 舟人謂始半日耳 [天親 上生兜
率一遶彌勒座下 報無著已六月矣 此言天境時分常長 今光師龍宮七日說法 回至海船

3250) 玄光이 衡山에 들어가 慧思를 만난 것은 陳 宣帝 太建5年(573)의 일이지만, 백제로 귀국한 해 및 입적
　　　한 해는 未詳이다.
3251) 玄光이 衡山에 들어가 慧思를 만난 것은 陳 宣帝 太建5年(573)의 일이지만, 백제로 귀국한 해 및 입적
　　　한 해는 未詳이다.
3252) 玄光이 衡山에 들어가 慧思를 만난 것은 陳 宣帝 太建5年(573)의 일이지만, 백제로 귀국한 해 및 입적
　　　한 해는 未詳이다.

始半日耳 此蓋龍宮晝夜常短之驗 或欲以比地涌品六十小劫謂如食頃者 據疏記 六十
非虛佛威所加 忘其爲久 則知今龍宮旣非佛國 又非佛加 應以龍宮自謂七日 船人自謂
半日 各執情謂以之爲實 如荊溪謂六十食頃 但是情謂非實短也] 師旣歸國 於熊州翁山
結茅爲居 集衆說法 久之遂成寶坊 受道之衆 咸蒙開悟 升堂受莂者一人 [文句 受記亦
云受莂 受是得義 莂是別了] 入火光三昧者一人 入水光三昧者二人 南岳影堂如圖二十
八人 師居一焉 (『佛祖統紀』9 諸祖旁出世家5之1 南岳旁出世家 新羅玄光禪師)3253)

신라　　新羅玄光禪師 南澗慧旻禪師 升堂受莂一人 火光三昧一人 水光三昧一人 (『佛祖統紀』
　　　　24 佛祖世繫表 10 三祖南岳大禪師 下)3254)

574(甲午/신라 진흥왕 35 鴻濟 3/고구려 평원왕 16/백제 위덕왕 21/陳 大建 6/倭 敏達 3)

고구려　　(春正月甲申) 高麗國遣使獻方物 (『陳書』5 本紀 5 宣帝)
고구려　　(春正月甲申) 高麗國遣使朝貢 (『南史』10 陳本紀 下 10)
고구려　　春正月 遣使入陳朝貢 (『三國史記』19 高句麗本紀 7)3255)
고구려　　春正月 高勾麗遣使如陳朝貢 (『三國史節要』7)3256)
고구려　　(陳宣帝太建)六年正月 高麗國遣使獻方物 (『册府元龜』969 外臣部 14 朝貢 2)3257)

신라　　春三月 鑄成皇龍寺丈六像 銅重三萬五千七十斤 鍍金重一萬一百九十八分 (『三國史記』4 新羅本紀 4)
신라　　三月 新羅鑄皇龍寺丈六像 銅三萬五千七斤 鍍金百二兩 (『三國史節要』7)
신라　　(…) 未幾 海南有一巨舫 來泊於河曲縣之絲浦[今蔚州 谷浦也] 撿看有牒文云 西竺阿
育王 聚黃鐵五萬七千斤 黃金三萬分[別傳云 鐵四十萬七千斤 金一千兩 恐誤 或云三
万七千斤] 將鑄釋迦三尊像 未就載舡泛海而祝曰 願到有緣國土 成丈六尊容 并載
摸3258)樣一佛二菩薩像/ 縣吏具狀上聞 勅使卜其縣之城東爽塏之地 創東竺寺 邀安其
三尊 輸其金鐵於京師 以大建六年甲午三月[寺中記云癸巳十月十七日] 鑄成丈六尊像
一鼓而就 重三萬五千七斤 入黃金一萬 一百九十八分 二菩薩入鐵一萬二千斤 黃金一
萬一百三十六分 安於皇龍寺 明年 像淚流至踵 沃地一尺 大王升遐之兆 或云像成在
真平之世者謬也 / 別本云 阿育王在西竺大香華國 生佛後一百年間 恨不得供養真身
歛化金鐵若干斤 三度鑄成無功 時王之大3259)子獨不預斯事 王使詰之 太3260)子奏云
獨力非功 曾知不就 王然之 乃載舡泛海 南閻浮提十六大國 五百中國 十千小國 八萬
聚落 靡不周旋 皆鑄不成 最後到新羅國 真興王鑄之於文仍林 像成 相好畢備 阿育此
飜無憂 後大德慈藏西學到 五臺山 感文殊現身授訣 仍囑云 汝國皇龍寺 乃釋迦與迦
葉佛講演之地 宴坐石猶在 故天竺無憂王 聚黃鐵若干斤泛海 歷一千三百餘年 然後乃
到而國 成安其寺 蓋威緣使然也[与別記所載符同] 像成後 東竺寺三尊亦移安寺中/ 寺

3253) 玄光이 衡山에 들어가 慧思를 만난 것은 陳 宣帝 太建5年(573)의 일이지만, 백제로 귀국한 해 및 입적한 해는 未詳이다.
3254) 玄光이 衡山에 들어가 慧思를 만난 것은 陳 宣帝 太建5年(573)의 일이지만, 백제로 귀국한 해 및 입적한 해는 未詳이다.
3255) 본 기사에는 日이 보이지 않지만, 『陳書』本紀와 『南史』陳本紀에 甲申(23)으로 나온다. 따라서 甲申(23)으로 편년하고 편제하였다.
3256) 본 기사에는 日이 보이지 않지만, 『陳書』本紀와 『南史』陳本紀에 甲申(23)으로 나온다. 따라서 甲申(23)으로 편년하고 편제하였다.
3257) 본 기사에는 日이 보이지 않지만, 『陳書』本紀와 『南史』陳本紀에 甲申(23)으로 나온다. 따라서 甲申(23)으로 편년하고 편제하였다.
3258) 저본의 摸는 模가 옳다.
3259) 저본의 大는 太가 옳다.
3260) 저본의 大는 太가 옳다.

	記云 真平五年(584)甲辰 金堂造成 善德王代 寺初主真骨歡喜師 第二主慈藏國統 次國統惠訓 次廂律師云 今兵火已來 大像與二菩薩皆融没 而小釋迦猶存焉 (『三國遺事』3 塔像 4 皇龍寺丈六)
신라	(眞興王)三十五年 鑄黃龍寺丈六像 或傳阿育王所泛船 載黃金至絲浦 輸入而鑄焉 語在慈藏傳 (『海東高僧傳』1 流通一之一 釋法雲)
고구려	夏五月庚申朔甲子 高麗使人 泊于越海之岸 (『日本書紀』20 敏達紀)
고구려	秋七月己未朔戊寅 高麗使人 入京奏曰 臣等去年相逐送使 罷歸於國 臣等先至臣蕃 臣蕃卽準使人之禮 禮饗大嶋首磐日等 高麗國王 別以厚禮禮之 旣而 送使之船 至今未到 故更謹遣使人幷磐日等 請問臣使不來之意 天皇聞 卽數難波罪曰 欺誑朝庭 一也 溺殺隣使 二也 以玆大罪 不合放還 以斷其罪 (『日本書紀』20 敏達紀)
백제	(冬十月)戊戌 詔船史王辰爾弟牛 賜姓爲津史 (『日本書紀』20 敏達紀)
신라	十一月 新羅遣使進調 (『日本書紀』20 敏達紀)
고구려	釋曇遷 俗姓王氏 博陵饒陽人 近祖太原歷宦而後居焉 少而俊朗爽異常倫 (…) 時與同侶談唯識義 彼有沙門慧曉智瓚等 並陳朝道軸江表僧望 曉學兼孔釋 妙善定門 瓚禪慧兩深 帝王師表 又有高麗沙門智晃 善薩婆多部 名扇當塗爲法城塹 並一見而結友于 (『續高僧傳』18 習禪3 隋 西京 禪定道場 釋曇遷1)[3261]

575(乙未/신라 진흥왕 36 鴻濟 4/고구려 평원왕 17/백제 위덕왕 22/陳 大建 7/倭 敏達 4)

백제 신라 가야	(二月)乙丑 百濟遣使進調 多益恒歲 天皇 以新羅未建任那 詔皇子與大臣曰 莫懶懈於任那之事 (『日本書紀』20 敏達紀)
신라 가야 백제	夏四月乙酉朔庚寅 遣吉士金子 使於新羅 吉士木蓮子使於任那 吉士譯語彦使於百濟 (『日本書紀』20 敏達紀)
신라	六月 新羅遣使進調 多益常例 幷進多多羅須奈羅和陀發鬼四邑之調 (『日本書紀』20 敏達紀)
신라	春夏 旱 (『三國史記』4 新羅本紀 4)
신라	春夏 新羅旱 (『三國史節要』7)
신라	(春夏) 皇龍寺丈六像出淚至踵 (『三國史記』4 新羅本紀 4)
신라	(春夏) 新羅皇龍寺丈六像 出淚至踵 入土一尺 (『三國史節要』7)
신라	(眞興王)三十六年 丈六出淚至踵 (『海東高僧傳』1 流通一之一 釋法雲)
신라	(大建六年)明年 像淚流至踵 沃地一尺 大王升遐之兆 或云像成在真平之世者謬也 (『三國遺事』3 塔像 4 皇龍寺丈六)

3261) 北周 武帝의 廢佛政策(574~579)으로 담천이 강남으로 내려왔을 때의 일이다.

백제[3262)	釋慧旻 字玄素 河東人 志用方直操行不群 仁愛泛洽稟自天性 道振三吳 名流七澤 情好幽居多處巖壑 九歲出家 勤精潔業誦法華經 期月便度 十五聽法回向寺新羅光法師 成論 率先問對秀逸玄賓 命覆幽宗者宿同悅 年十七赴請還鄉 海鹽之光興寺講法華經 (…) 以貞觀末年八月十一日旦 終於所逼 春秋七十有七 (『續高僧傳』 22 唐 蘇州 通玄寺 釋慧旻)3263)
백제	[二世] 南岳僧照禪師 (…) 新羅玄光禪師 [三世] 南澗慧旻禪師 [此下四人嗣光師] 升堂受荷一人 火光三昧一人 水光三昧一人 衡陽令陳正業 [見善師傳] (『佛祖統紀』 9 諸祖旁出世家5之1 南岳旁出世家 目錄)3264)
백제	新羅光禪師法嗣 [三世] 禪師慧旻 河東人 九歲出家 誦妙經 朞月便過 年十五 請法於光禪師 英偉秀發宿士稱之 (『佛祖統紀』 9 諸祖旁出世家5之1 南岳旁出世家 新羅 玄光禪師法嗣)3265)

576(丙申/신라 진흥왕 37 鴻濟 5, 진지왕 1/고구려 평원왕 18/백제 위덕왕 23/陳 大建 8/倭 敏達 5)

신라	春 始奉源花 初君臣病無以知人 欲使3266)類聚群遊 以觀其行義 然後擧而用之 遂簡美女二人 一曰南毛 一曰俊貞 聚徒三百餘人 二女爭娟相妬 俊貞引南毛於私第 强勸酒至醉 曳而投河水以殺之 俊貞伏誅 徒人失和罷散 其後 更取美貌男子 粧飾之 名花郎以奉之 徒衆雲集 或相磨以道義 或相悅以歌樂 遊娛山水 無遠不至 因此知其人邪正 擇其善者 薦之於朝 故金大問花郎世記曰 賢佐忠臣 從此而秀 良將勇卒 由是而生 崔致遠鸞郎碑序曰 國有玄妙之道 曰風流 設敎之源 備詳仙史 實乃包含三敎 接化羣生 且如入則孝於家 出則忠於國 魯司寇之旨也 處無爲之事 行不言之敎 周柱史之宗也 諸惡莫作 諸善奉行 竺3267)乾大3268)子之化也 唐令狐澄新羅國記曰 擇貴人子弟之美者 傅粉粧飾之 名曰花郎 國人皆尊事之也 (『三國史記』 4 新羅本紀 4)
신라	春 新羅置花郎 初君臣患無以知人 欲使類聚群遊 以觀其行義 然後擧而用之 遂簡美女二人 奉爲源花 一曰南毛 一曰俊貞 聚徒三百餘人 二女爭娟相妬 俊貞置酒私第 强勸南毛酒至醉 投河殺之 其徒得其屍以告 俊貞伏誅 遂廢源花 其後 更取美貌男子 粧飾之 名花郎 徒衆雲集 或相磨以道義 或相悅以歌樂 遊娛山水 無遠不至 因此知人邪正 擇而用之 (『三國史節要』 7)
신라	第二十四真興王 (…) 又天性風味 多尚神仙 擇人家娘子美艷者 捧爲原花 要聚徒選士 敎之以孝悌忠信 亦理國之大要也 乃取南毛娘峧貞娘兩花 聚徒三四百人 峧貞者嫉妬毛娘 多置酒飮毛娘 至醉潛舁去北川中 擧石埋殺之 其徒罔知去處 悲泣而散 有人知其謀者 作歌誘街巷小童唱於街 其徒聞之 尋淂其尸於北川中 乃殺峧貞娘 於是大王下令廢原花 / 累年 王又念欲興邦國 湏先風月道 更下令 選良家男子有德行者 改爲花娘3269) 始奉薛原郎爲國仙 此花郎國仙之始 故竪碑於溟州 自此使人悛惡更善 上敬下順 五常六藝 三師六正 廣行於代[国史 真智王大建八年庚3270)申 始奉花郎恐史傳乃誤] (『三國遺事』 3 塔像 4 弥勒仙花未尸郎真慈師)

3262) 『宋高僧傳』에는 新羅人으로 되어 있지만, 南朝 陳朝 때에 熊州는 百濟의 영역이다.
3263) 573~575년은 慧旻이 玄光에게 배운 기간이다. 따라서 575년에 편제하였다.
3264) 573~575년은 慧旻이 玄光에게 배운 기간이다. 따라서 575년에 편제하였다.
3265) 573~575년은 慧旻이 玄光에게 배운 기간이다. 따라서 575년에 편제하였다.
3266) 저본에는 오각되어 있으나, 使가 맞다.
3267) 저본의 竺은 쁘이다.
3268) 저본의 大는 太가 맞다.
3269) 저본의 娘은 郎이 옳다.
3270) 저본에는 庚으로 되어 있으나, 丙이 맞다.

신라	(眞興王)三十七年 始奉原花爲仙郎初君臣病無以知人欲使類聚群遊以觀其行儀 擧而用 之遂簡美女二人曰南無 曰俊貞聚徒三百餘人二女爭妍 貞引南無强勸酒醉而投河殺之 徒人失和而罷其後選取美貌男子傳粉粧飾之奉爲花郎徒衆雲集或相磨以道義或相悅以 歌樂娛遊山水無遠不至因此知人之邪正擇其善者薦之於朝故金大問 世記云賢佐忠臣從 此而秀良將猛卒由是而 生崔致遠 鸞郎碑序曰國有玄妙之道曰風流實乃包含三敎接化 群生且如入則孝於家出則忠於國魯司寇之旨也 處無爲之事行不言之敎周柱史之宗也 諸 惡莫作衆善奉行竺乾太子之化也又唐 令狐澄 新羅國記云擇貴人子弟之美者傳粉粧飾 而奉之名曰花郎國人皆尊事之此蓋 王化之方便也自原郎至羅末凡二百餘人其中四仙最 賢且如世記中 (『海東高僧傳』 1 流通一之一 釋法雲)
신라	(春) 安弘法師入隋求法 與胡僧毗摩羅等二僧廻 上稜伽勝鬘經及佛舍利 (『三國史記』 4 新羅本紀 4)
신라	(春) 新羅僧安弘 初入隋求其法 至是與毗摩羅等二胡僧廻 上稜伽勝鬘經及佛舍利 (『三國史節要』 7)
신라	羅古記云 加耶國嘉實王見唐之樂器而造之 王以謂諸國方言各異聲音 豈可一哉 乃命 樂師省熱縣人于勒造十二曲 後于勒以其國將亂 携樂器投新羅眞興王 王受之 安置國 原 乃遣大奈麻注知階古大舍萬德傳其業 三人旣傳十一曲 相謂曰 此繁且淫 不可以爲 雅正 遂約爲五曲 于勒始聞焉而怒 及聽其五種之音 流淚歎曰 樂而不流 哀而不悲 可 謂正也 爾其奏之王前 王聞之大悅 諫臣獻議 加耶亡國之音 不足取也 王曰 加耶王淫 亂自滅 樂何罪乎 蓋聖人制樂 緣人情以爲撙節 國之理亂不由音調 遂行之 以爲大樂 (『三國史記』 32 雜志 1 樂)[3271]
신라	徒領歌 眞興王時作也 (『三國史記』 32 雜志 1 樂)[3272]
신라	都唯那娘一人 阿尼大都唯那一人 眞興王始以寶良法師爲之 (『三國史記』 40 雜志 9 職官 下) [3273]
신라	大書省一人 眞興王以安藏法師爲之 (『三國史記』 40 雜志 9 職官 下)[3274]
신라	(…) 眞興乃繼德重聖 承袞職處九五 威率百僚 號令畢備 因賜額大王興輪寺 (…) (『三 國遺事』 3 興法 3 原宗興法 猒髑滅身)
신라	秋八月 王薨 諡曰眞興 葬于哀公寺北峯 王幼年卽位 一心奉佛 至末年祝髮被僧衣 自 號法雲 以終其身 王妃亦効之爲尼 住永興寺 及其薨也 國人以禮葬之 (『三國史記』 4 新羅本紀 4)
신라	眞智王立 諱舍輪[或云金輪] 眞興王次子 母思道夫人 妃知道夫人 大[3275]子早卒 故眞 智立[3276] (『三國史記』 4 新羅本紀 4)

3271) 진흥왕대로 기간편년하고 진흥왕의 薨 앞에 편제하였다.
3272) 진흥왕대로 기간편년하고 진흥왕의 薨 앞에 편제하였다.
3273) 진흥왕대로 기간편년하고 진흥왕의 薨 앞에 편제하였다.
3274) 진흥왕대로 기간편년하고 진흥왕의 薨 앞에 편제하였다. 『삼국유사』 자장정율조에는 진흥왕 11년(550)
　　으로 나온다.
3275) 저본의 大는 太가 맞다.
3276) 『三國遺事』 1 王曆 1에 “第二十五 眞智王[名舍輪 一作金輪 金氏 父眞興 母未氏尼干之女 息△ 一作
　　色刁夫人 朴氏妃 如刁夫人 起烏公之女朴氏△ 立君四年治衰善北”이라고 나온다.

신라	秋八月 新羅王彡麥宗薨 王幼年即位 唯勤奉佛 至末年剃髮披僧衣 自號法雲 王妃亦爲尼 住永興寺 王薨 國人以禮葬于哀公寺北峯 諡曰眞興 王子金輪立 (『三國史節要』7)
신라	王幼年卽祚 一心奉佛 至末年 祝髮爲浮屠被法服 自號法雲 受持禁戒 三業淸淨 遂以終焉 及其薨也 國人以禮葬于哀公寺之北峯 是歲 安含法師至自隋 至安含傳辨之 (『海東高僧傳』1 流通一之一 釋法雲)[3277]
신라	第二十五舍輪王 諡眞智大王 姓金氏 妃起烏公之女 知刀夫人 大[3278]建八年丙申 即位[古本云十一年己亥 誤矣] 御國四年 政亂荒嬌[3279] 國人廢之 (『三國遺事』1 紀異 1 桃花女 鼻荊郎)[3280]
신라	終時削髮 被法衣而逝 (『三國遺事』1 紀異 1 眞興王)[3281]

신라	以伊湌居柒夫爲上大等 委以國事 (『三國史記』4 新羅本紀 4)
신라	眞智王元年丙申 居柒夫爲上大等 以軍國事務自任 至老終於家 享年七十八 (『三國史記』44 列傳 4 居柒夫)
신라	新羅以伊湌金居柒夫爲上大等 委以軍國事 (『三國史節要』7)

577(丁酉/신라 진지왕 2/고구려 평원왕 19/백제 위덕왕 24/陳 大建 9/倭 敏達 6)

백제	丁酉年二月十五日 百濟王昌爲亡王子 立刹 本舍利二枚 葬時神化爲三 (「王興寺址銘舍利盒」)

신라	春二月 王親祀神宮 大赦 (『三國史記』4 新羅本紀 4)
신라	春二月 新羅王親祀神宮 大赦 (『三國史節要』7)

백제 삼한	夏五月癸酉朔正丑 遣別王與小黑吉士 宰於百濟國 [王人奉命 爲使三韓 自稱爲宰 言宰於韓 蓋古之典乎 如今言使也 餘皆倣此 大別王未詳所出也] (『日本書紀』20 敏達紀)

백제	秋七月己卯 百濟國遣使朝貢 (『南史』10 陳本紀 下 10)
백제	(秋七月)己卯 百濟國遣使獻方物 (『陳書』5 本紀 5)
백제	秋七月 遣使入陳朝貢 (『三國史記』27 百濟本紀 5)[3282]
백제	秋七月 百濟遣使如陳朝貢 (『三國史節要』7)[3283]
백제	(陳宣帝太建)九年七月 百濟國遣使獻方物 (『冊府元龜』969 外臣部 14 朝貢 2)[3284]

신라 백제	冬十月 百濟侵西邊州郡 命伊湌世宗出師 擊破之於一善北 斬獲三千七百級 (『三國史記』4 新羅本紀 4)

3277) 이 기사에는 월 표기가 없으나, 『三國史記』新羅本紀 등에 의거하여 8월로 편년하였다.
3278) 저본의 大는 太가 옳다.
3279) 저본의 嬌는 婬이 옳다.
3280) 이 기사에는 월 표기가 없으나, 『三國史記』新羅本紀 등에 의거하여 8월로 편년하였다.
3281) 이 기사에는 연대 표기가 없으나, 『三國史記』新羅本紀 등에 의거하여 眞興王37년(576) 8월로 편년하였다.
3282) 본 기사에는 日이 보이지 않으나, 『南史』陳本紀에 己卯(8)로 나온다. 따라서 己卯(8)로 편년하고 편제하였다.
3283) 본 기사에는 日이 보이지 않으나, 『南史』陳本紀에 己卯(8)로 나온다. 따라서 己卯(8)로 편년하고 편제하였다.
3284) 본 기사에는 日이 보이지 않으나, 『南史』陳本紀에 己卯(8)로 나온다. 따라서 己卯(8)로 편년하고 편제하였다.

백제 신라	冬十月 侵新羅西邊州郡 新羅伊湌世宗 帥兵擊破之 (『三國史記』 27 百濟本紀 5)	
신라 백제	冬十月 百濟侵新羅西鄙 新羅命伊湌世宗擊破於一善北 斬獲三千七百級 (『三國史節要』 7)	

신라	(冬十月) 築內利西城 (『三國史記』 4 新羅本紀 4)	
신라	(冬十月) 築內利西城 (『三國史節要』 7)	

백제	(敏達)六年十月 遣百濟使大別王自百濟歸 百濟王附貢經論及禪師等六人 館難破大別王寺 (『元亨釋書』 20)[3285]	

백제	(建德六年)十一月庚午 百濟遣使獻方物 (『周書』 6 帝紀 6 武帝 下)	
백제	十一月 遣使入宇文周朝貢 (『三國史記』 27 百濟本紀 5)[3286]	
백제	十一月 百濟遣使如後周朝貢 (『三國史節要』 7)[3287]	
백제	(後周武帝建德)六年十一月 百濟 並遣使獻方物 (『册府元龜』 969 外臣部 14 朝貢 2)[3288]	
백제	建德六年 齊滅 昌始遣使獻方物 (『周書』 49 列傳 41 異域 上 百濟)[3289]	
백제	(建德六年)是歲 吐谷渾百濟 並遣使朝貢 (『北史』 10 周本紀 下 高祖武皇帝)[3290]	
백제	周建德六年 齊滅 餘昌始遣使通周 (『北史』 94 列傳 82 百濟)[3291]	

백제	冬十一月庚午朔 百濟國王 付還使大別王等 獻經論若干卷 幷律師禪師比丘尼呪禁師造佛工造寺工 六人 遂安置於難波大別王寺 (『日本書紀』 20 敏達紀)[3292]	
백제	(敏達)六年冬十有一月 百濟國 貢佛經論及禪師律師比丘尼及咒禁師佛工寺匠 (『元亨釋書』 20)[3293]	

고구려	王遣使入周朝貢 周高祖拜王爲開府儀同三司大將軍遼東郡開國公高句麗王 (『三國史記』 19 高句麗本紀 7)	
고구려	高勾麗遣使如後周朝貢 周册王爲開府儀同三司大將軍遼東郡開國公高勾麗王 (『三國史節要』 7)	
고구려	建德六年 湯又遣使來貢 高祖拜湯爲上開府儀同大將軍遼東郡開國公遼東王 (『周書』 49 列傳 41 異域 上 高麗)	
고구려	建德六年 湯遣使至周 武帝以湯爲上開府儀同大將軍遼東郡公遼東王 (『北史』 94 列傳 82 高句麗)	
고구려	(後周)武帝建德六年 高麗王高湯 遣使來貢[一作 高陽] 拜湯爲上開府儀同大將軍遼東郡開國公遼東王 (『册府元龜』 963 外臣部 8 封册 1)	
고구려	璉六世孫湯 在周遣使朝貢 武帝拜湯上開府遼東郡公遼東王 (『隋書』 81 列傳 46 東夷 高麗)[3294]	

3285) 『日本書紀』 敏達紀에는 11월 1일(庚午)로 되어 있다.
3286) 이 기사에는 일자 표기가 없으나, 『周書』 帝紀에 의거하여 11월 1일(庚午)로 편년하였다.
3287) 이 기사에는 일자 표기가 없으나, 『周書』 帝紀에 의거하여 11월 1일(庚午)로 편년하였다.
3288) 이 기사에는 일자 표기가 없으나, 『周書』 帝紀에 의거하여 11월 1일(庚午)로 편년하였다.
3289) 이 기사에는 월일 표기가 없으나, 『周書』 帝紀에 의거하여 11월 1일(庚午)로 편년하였다.
3290) 이 기사에는 월일 표기가 없으나, 『周書』 帝紀에 의거하여 11월 1일(庚午)로 편년하였다.
3291) 이 기사에는 월일 표기가 없으나, 『周書』 帝紀에 의거하여 11월 1일(庚午)로 편년하였다.
3292) 『元亨釋書』에는 일부가 10월로 되어 있다.
3293) 이 기사에는 일자 표기가 없으나, 『日本書紀』 敏達紀에 의거하여 11월 1일(庚午)로 편년하였다.
3294) 이 기사에는 연대 표기가 없으나, 『三國史記』 高句麗本紀 등에 의거하여 建德 6년(577)으로 편년하였다.

578(戊戌/신라 진지왕 3/고구려 평원왕 20/백제 위덕왕 25/陳 大建 10/倭 敏達 7)

신라	秋七月戊戌 新羅國遣使獻方物 (『陳書』 5 本紀 5 宣帝)
신라	秋七月戊戌 新羅國遣使朝貢 (『南史』 10 陳本紀 下 10)
신라	秋七月 遣使於陳以獻方物 與百濟關也山城 (『三國史記』 4 新羅本紀 4)3295)
신라	秋七月 新羅遣使如陳朝貢 (『三國史節要』 7)3296)
신라	(陳宣帝太建)十年七月 新羅國遣使獻方物 (『册府元龜』 969 外臣部 14 朝貢 2)3297)
백제	(宣政元年冬十月)戊子 百濟遣使獻方物 (『周書』 6 帝紀 6 武帝 下)
백제	(宣政元年冬十月)戊子 百濟遣使朝貢 (『北史』 10 周本紀 下 10 宣皇帝)
백제	(後周武帝)宣政元年十月 百濟 並遣使獻方物 (『册府元龜』 969 外臣部 14 朝貢 2)3298)
백제	遣使入宇文周朝貢 (『三國史記』 27 百濟本紀 5)3299)
백제	百濟遣使如後周朝貢 (『三國史節要』 7)3300)
백제	宣政元年 又遣使來獻 (『周書』 49 列傳 41 異域 上 百濟)3301)
백제	宣政元年 又遣使來獻 (『北史』 94 列傳 82 百濟)3302)
백제	(敏達)七年 百濟經論百卷持來 (『聖德太子傳曆』 上)
신라	戊戌年十一月朔十四3303)日　另冬里村　高(?)3304)△塢作記之　此成在△3305)人3306)者
	都唯那 寶藏 阿3307)尺3308)干3309) 都唯那 慧藏 阿尺干3310)　　大3311)工3312)尺3313)
	仇3314)利3315)支3316)村　壹利3317)刀兮3318)　貴3319)干3320)支3321)　△上△壹△利3322)

3295) 본 기사에는 日이 보이지 않지만, 『陳書』 本紀와 『南史』 陳本紀에 戊戌(3)로 나온다. 따라서 戊戌(3)로 편년하고 편제하였다.
3296) 본 기사에는 日이 보이지 않지만, 『陳書』 本紀와 『南史』 陳本紀에 戊戌(3)로 나온다. 따라서 戊戌(3)로 편년하고 편제하였다.
3297) 본 기사에는 日이 보이지 않지만, 『陳書』 本紀와 『南史』 陳本紀에 戊戌(3)로 나온다. 따라서 戊戌(3)로 편년하고 편제하였다.
3298) 본 기사에는 日이 보이지 않지만, 『周書』 本紀와 『北史』 周本紀에 戊子(25)로 나온다. 따라서 戊子(25)로 편년하고 편제하였다.
3299) 본 기사에는 月日이 보이지 않지만, 『周書』 本紀와 『北史』 周本紀에 10월 戊子(25)로 나온다. 따라서 10월 戊子(25)로 편년하고 편제하였다.
3300) 본 기사에는 月日이 보이지 않지만, 『周書』 本紀와 『北史』 周本紀에 10월 戊子(25)로 나온다. 따라서 10월 戊子(25)로 편년하고 편제하였다.
3301) 본 기사에는 月日이 보이지 않지만, 『周書』 本紀와 『北史』 周本紀에 10월 戊子(25)로 나온다. 따라서 10월 戊子(25)로 편년하고 편제하였다.
3302) 본 기사에는 月日이 보이지 않지만, 『周書』 本紀와 『北史』 周本紀에 10월 戊子(25)로 나온다. 따라서 10월 戊子(25)로 편년하고 편제하였다.
3303) ?로 판독하기도 한다.
3304) 高 또는 凵로 판독하기도 한다.
3305) 節로 판독하기도 한다.
3306) 판독하지 않기도 하며 个로 판독하기도 한다.
3307) [阿] 또는 阿로 판독하기도 한다.
3308) [尺]으로 판독하기도 한다.
3309) [干] 또는 [干]?으로 판독하기도 한다.
3310) 판독하지 않기도 한다.
3311) 판독하지 않기도 한다.
3312) 판독하지 않기도 하며 ?로 판독하기도 한다.
3313) 人으로 판독하기도 하며 판독하지 않기도 한다.
3314) 판독하지 않기도 한다.
3315) 판독하지 않기도 한다.
3316) 판독하지 않기도 하며 尺으로 판독하기도 한다.

干3323)　　　道尺 辰△3324)生3325)之△△村3326)　△3327)△3328)夫作村芼3329)令 一伐
奈3330)生3331) 一伐　　居3332)毛3333)村 代丁 一伐　另冬里村 沙木乙 一伐　珎淂所
利村 也淂3334)失利 一伐　塢3335)珎此只村△△3336)△3337)一尺△△一尺　另所△3338)
一伐 伊3339)此3340)木3341)利 一尺　　　　△3342)助只 彼3343)日3344)　此塢大廣廿步
高五步四尺長五3345)十步 此作起數者 三百十二人功夫　如十三日了作事之 文作人 壹
利兮 一尺 (「大邱戊戌銘塢作碑」)

579(己亥/신라 진지왕 4, 진평왕 1/고구려 평원왕 21/백제 위덕왕 26/陳 大建 11/倭 敏達 8)

신라 백제　　春二月 百濟築熊峴城松述城 以梗蒜山城麻知峴城內利西城之路 (『三國史記』 4 新羅本紀 4)

신라 백제　　春二月 百濟築熊峴松述二城 以過新羅蒜山城麻知峴城內利西城之路 (『三國史節要』 7)

신라　　　　(…) 及真智王代 有與3346)輪寺僧真慈[一作 貞慈也] 每就堂主弥勒像前 發原3347)誓言
願我大聖化作花郎 出現於世 我常親近晬容 奉以△周旋 其誠懇至禱之情 日盆3348)弥
篤 一夕夢有僧謂曰 汝徃熊川[今公州] 水源寺 得見弥勒仙花也
慈覺而驚喜 尋其寺 行十日程 一步一禮 及到其寺 門外有一郎 儂纎不爽 盼倩而迎
引入小門 邀致賓軒 慈且升且揖曰 郎君素昧平昔 何見待殷勤如此 郎曰 我亦京師人
也 見師高蹈遠屆 勞來之尓

3317) 판독하지 않기도 하며 尺으로 판독하기도 한다.
3318) 판독하지 않기도 하며 村으로 판독하기도 한다.
3319) 판독하지 않기도 한다.
3320) 판독하지 않기도 한다.
3321) 판독하지 않기도 한다.
3322) 판독하지 않기도 한다.
3323) 兮 또는 前으로 판독하기도 한다.
3324) 主 또는 何로 판독하기도 한다.
3325) 판독하지 않기도 하며 家로 판독하기도 한다.
3326) 柯 또는 林으로 판독하기도 한다.
3327) 一로 판독하기도 한다.
3328) 上 또는 伐로 판독하기도 한다.
3329) 판독하지 않기도 하며 毛로도 판독한다.
3330) ?로 판독하기도 한다.
3331) ?로 판독하기도 한다.
3332) 판독하지 않기도 한다.
3333) 毛 또는 ?로 판독하기도 한다.
3334) 得으로 판독하기도 한다.
3335) 판독하지 않기도 한다.
3336) 述로 판독하기도 한다.
3337) 瓜로 판독하기도 한다.
3338) 丁으로 판독하기도 한다.
3339) 판독하지 않기도 한다.
3340) 叱로 판독하기도 한다.
3341) 尓로 판독하기도 한다.
3342) 伊로 판독하기도 한다.
3343) 판독하지 않기도 한다.
3344) 판독하지 않기도 한다.
3345) 六으로 판독하기도 한다.
3346) 원문의 與는 興이 옳다.
3347) 원문의 原은 願이 옳다.
3348) 원문의 盆은 益이 옳다.

俄而出門 不知所在 慈謂偶爾 不甚異之 俱與寺僧 叙曩昔之夢 興[3349]來之之意 且曰
暫寓下榻 欲待弥勒仙花何如 寺僧欺其情蕩然而見其懃恪 乃曰 此去南隣有千山 自古
賢哲寓止 多有冥感 盍歸彼居 慈從之 至於山下 山靈變老人出迎曰 到此奚爲 荅曰
願見弥勒仙花尒 老人曰 向於水源寺之門外 已見弥勒仙花 更来何求 慈聞即驚汗 驟
還本寺 居月餘 真智王聞之 徵詔問其由曰 郎既自稱京師人 聖不虛言 盍覓城中乎
慈奉宸旨 會徒衆 遍於閭閻間 物色求之 有一小郎子 斷紅齊具 眉彩秀麗 靈妙寺之東
北路傍樹下 婆娑而遊 慈迓之驚曰 此弥勒仙花也 乃就而問曰 郎家何在 願聞芳氏 郎
荅曰 我名未尸 兒孩時爺孃俱没 未知何姓 於是肩輿而入見於王 王敬愛之 奉爲國仙
其和睦之弟 禮義風教 不類於常 風流耀世 幾七年 忽亾所在 慈哀壞[3350]殆甚 然飮沐
慈澤 昵承清化 能自悔改 精修爲道 晚年亦不知所終 說者曰未與弥聲相近 尸與力形
相類 乃託其近似而相謎也 大聖不獨感慈之誠歟 抑有緣于玆土 故比比示現焉
至今國人稱神仙 曰弥勒仙花 凡有媒係於人者 曰未尸 皆慈氏之遺風也 路傍樹至今名
見郎 又俚言似如樹[一作印如樹]
讚曰尋芳一步一瞻風到處栽培一樣功 驀地春歸無覓處 誰知頃刻上林紅 (『三國遺事』
3 塔像 4 弥勒仙花未尸郎真慈師)[3351]

신라 秋七月十七日 王薨 謚曰眞智 葬于永敬寺北 (『三國史記』 4 新羅本紀 4)

신라 眞平王立 諱白淨 眞興王大[3352]子銅輪之子也 母金氏萬呼[一云萬內]夫人 葛文王立宗
之女 妃金氏摩耶夫人 葛文王福勝之女 王生有奇相 身體長大 志識沉毅明達[3353] (『三
國史記』 4 新羅本紀 4)[3354]

신라 秋七月 新羅王金輪薨 葬永敬寺北 謚曰眞智 太子銅輪之子白淨立 生有奇相 身體魁
梧 志識沉毅明達 初即位 有神降於宮庭 曰天賜玉帶 王跪受之 凡郊廟大祀 皆帶之
(『三國史節要』 7)[3355]

신라 第二十五舍輪王 謚真智大王 (…) 御國四年 政亂荒婬[3356]國人廢之
  前此 沙梁部之庶女 姿容艷美 時號桃花娘 王聞而召致宮中 欲幸之 女曰 女之所守
不事二夫 有夫而適他 雖万乗之威 終不奪也 王曰 殺之何 女曰寧斬于市 有願靡他
王戲曰 無夫則可乎 曰可 王放而遣之 是年 王見廢而崩 後二年 其夫亦死 浹旬忽夜
中 王如平昔 來於女房曰 汝昔有諾 今無汝夫可乎 女不輕諾 告於父母 父母曰 君王
之教 何以避之 以其女入於房 留御七日 常有五色雲覆屋 杳[3357]氣滿室 七日後忽然
無蹤 女因而有娠 月滿將産 天地振動 産得一男 名曰鼻荊 (…) (『三國遺事』 1 紀異
1 桃花女 鼻荊郎)[3358]

신라 八月 以伊湌弩里夫爲上大等 封母弟伯飯爲眞正葛文王 國飯爲眞安葛文王 (『三國史
記』 4 新羅本紀 4)

3349) 본 기사의 興은 與가 옳다.
3350) 원문의 壞는 懷가 옳다.
3351) 진지왕대의 사실이다. 따라서 진지왕 말년에 배치하였는데, 진지왕은 7월 17일에 죽는다. 따라서 7월
  16일로 편년하고 편제하였다.
3352) 저본의 大는 太가 맞다.
3353) 『三國遺事』 1 王曆 1에 "第二十六 真平王[名皇地經輪 一云 東語大子 母立宗葛文王之女 万呼 一云万
  寧夫人 名 行義 尼妃 摩耶夫人 金氏名 福肹△ 後妃 僧滿夫人 孫氏 己亥立"이라고 나온다.
3354) 이 기사에는 일자 표기가 없으나, 『三國史記』 新羅本紀에 의거하여 7월17일로 편년하였다. 『三國遺事』
  紀異에는 8월로 되어 있다.
3355) 이 기사에는 일자 표기가 없으나, 『三國史記』 新羅本紀에 의거하여 7월17일로 편년하였다.
3356) 저본의 婬은 婬이 옳다.
3357) 저본의 杳은 香이 옳다.
3358) 진지왕이 폐위되기 전의 사실과 폐위되고 난 이후의 사실이 전해진다. 이 기사에는 월일 표기가 없으
  나, 『三國史記』 新羅本紀에 의거하여 7월17일로 편년하였다.

신라	八月 新羅以伊湌弩里夫爲上大等 贈母弟伯飯爲眞正葛文王 國飯爲眞安葛文王 (『三國史節要』7)

| 신라 | 天賜玉帶[淸泰四年丁酉五月 正承金傅獻鑴金粧玉排方腰帶一條 長十圍 鑴銙六十二日[3359] 是眞平王天賜帶也 太祖受之 藏之內庫] 第二十六白淨王 諡眞平大王 金氏 大建十一年己亥八月卽位 身長十一尺 駕幸內帝釋宮[亦名天柱寺王之所創] 踏石梯二[3360]石並折王謂左右曰 不動此石 以示後來 卽城中五不動石之一也 |

卽位元年 有天使降於殿庭 謂王曰 上皇命我傳賜玉帶 王親奉跪受 然後其使上天 凡郊廟大祀皆服之 後高麗王將謀伐羅 乃曰 新羅有三寶不可犯 何謂也 皇龍寺文[3361]六尊像一 其寺九層塔二 眞平王天賜玉帶三也 乃止其謀 讚曰 雲外天頒玉帶圍 辟雍龍袞雅相宜 吾君自此身彌重 准擬明朝鐵作墀 (『三國遺事』1 紀異 1 天賜玉帶)[3362]

| 백제 | 冬十月 長星竟天 二十日而滅 地震 (『三國史記』27 百濟本紀 5) |
| 백제 | 冬十月 百濟長星竟天 二十日而滅 地震 (『三國史節要』7) |

신라	冬十月 新羅遣枳叱政奈末進調 幷送佛像 (『日本書紀』20 敏達紀)
신라	(敏達八年)冬十月 新羅國使枳叱政 貢釋迦佛像[八年十月 新羅國貢釋迦像 上宮王子曰 此像甚靈 崇之卽銷災受福 蔑之 卽招菑縮壽 帝聞之 敬崇供養 今現在興福寺東金堂] (『元亨釋書』20)
신라	(敏達)八年冬十月 新羅國獻送佛像 太子令皇子奏曰 西國聖人釋迦牟尼佛遺像末世存之 則消禍蒙福 蔑之 則招災縮壽 兒讀佛經 其旨微妙 望也崇貴佛像 如說修行 天皇大悅 安置供養 (『聖德太子傳曆』上)

580(庚子/신라 진평왕 2/고구려 평원왕 22/백제 위덕왕 27/陳 大建 12/倭 敏達 9)

| 신라 | 春二月 親祀神宮 (『三國史記』4 新羅本紀 4) |
| 신라 | 春二月 新羅王親祀神宮 (『三國史節要』7) |

신라	(春二月) 以伊湌后稷爲兵部令 (『三國史記』4 新羅本紀 4)
신라	金后稷 智證王之曾孫 事眞平大王爲伊湌 轉兵部令 大王頗好田獵 后稷諫曰 古之王者 必一日萬機 深思遠慮 在右正士 容受直諫 孶孶矻矻 不敢逸豫 然後德政醇美 國家可保 今殿下 日與狂夫獵士 放鷹犬逐雉兎 奔馳山野 不能自止 老子曰 馳騁田獵 令人心狂書曰 內作色荒 外作禽荒 有一于此 未或不亡 由是觀之 內則蕩心 外則亡國 不可不省也 殿下其念之 王不從 又切諫不見聽 後 后稷疾病將死 謂其三子曰 吾爲人臣 不能匡救君惡 恐大王遊娛不已 以至於亡敗 是吾所憂也 雖死 必思有以悟君 須瘞吾骨於大王遊畋之路側 子等皆從之 他日王出行 半路有遠聲 若曰 莫去 王顧問 聲何從來 從者告云 彼后稷伊湌之墓也 遂陳后稷臨死之言 大王潸然流涕曰 夫子忠諫 死而不忘 其愛我也深矣 若終不改 其何顏於幽明之間耶 遂終身不復獵 (『三國史記』45 列傳 5 金后稷)
신라	(春二月) 新羅以伊湌金后稷爲兵部令 后稷 智證王之曾孫 王頗好田獵 后稷諫曰 古之王者 必一日萬機 深思遠慮 左右正士 容受直諫 孶孶矻矻 不敢逸豫然後 德政醇美 國家可保 今殿下日與狂夫獵士 事鷹犬 逐雉兎 奔馳山野 不能自止 老子曰 馳騁田獵

3359) 曰의 誤
3360) 저본의 二는 三이 옳다.
3361) 원문의 文은 丈이 옳다.
3362) 『三國史記』新羅本紀 등에는 7월로 되어 있다.

令人心狂 書曰 內作色荒 外作禽荒 有一于此 未或不亡 由是觀之 內則蕩心 外則亡
國 不可不省也 殿下其念之 王不從 又切諫 不見聽 后稷疾病將死 謂其三子曰 吾爲
人臣 不能匡救君惡 恐大王遊娛不已 以至於亡 是吾憂也 雖死 思有以悟君 意我死須
瘞我於王遊畋路側 子從之 他日 王出畋 中路有聲 若曰 王毋去者 王顧問之 從者曰
彼后稷墓也 遂陳后稷臨死之言 王潸然流涕曰 夫子生而忠諫 死而不忘 其愛我也深矣
若終不改 何顏見夫子於地下耶 遂終身不復獵

權近曰 史魚尸諫 前史美之 今后稷之死也 遺命葬於遊畋之路 非但使王見之而感悟也
且能托於聲氣若呼而警之也 是其愛君之心 出於至誠 故雖骨化於重泉 而其精神不昧
鬱悒於冥冥之中 及見車騎之出 乃感觸而宣泄之 以有聲也 志士仁人 豈以生死而二
其心乎 或者以此爲怪誕而疑之 夫人之精神與天地陰陽 相爲流通 故古之志士 死且不
散 而能現異 如結草之類 多矣 何獨疑於此哉 (『三國史節要』7)

| 신라 | 夏六月 新羅遣安刀奈末失消奈末進調 不納以還之 (『日本書紀』20 敏達紀) |

| 고구려 | 釋法上 姓劉氏 朝歌人也 (…) 致有高句麗國大丞相王高德 乃深懷正法 崇重大乘 欲
播此釋風被于海曲 然莫測法教始末緣由西徂東壞年世帝代 故具錄事條 遣僧向鄴 啓
所未聞事 敘略云 釋迦文佛入涅槃來 至今幾年 又於天竺 幾年方到漢地 初到何帝 年
號是何 又齊陳佛法 誰先傳告 從爾至今 歷幾年帝 遠請具注 幷問十地 智論等人法所
傳 上答略云 佛以姬周昭王二十四年甲寅歲生 十九出家 三十成道 當穆王二十四年癸
未之歲 穆王聞西方有化人出 便卽西入而竟不還 以此爲驗 四十九年在世 滅度已來至
今齊代武平七年丙申 凡經一千四百六十五年 後漢明帝 永平十年 經法初來 魏晉相傳
至今流布 上廣答緣緖 文極指訂 今略擧梗槩 以示所傳 (『續高僧傳』8 義解4 北齊
大統 合水寺 釋法上6)3363) |

| 요동 | 遼東烽火照甘泉 薊北庭障接燕然 水凍菖蒲未生節 關寒榆莢不成錢 (『文苑英華』199
樂府8 周趙王 從軍行)3364) |

581(辛丑/신라 진평왕 3/고구려 평원왕 23/백제 위덕왕 28/陳 大建 13/倭 敏達 10)

| 신라 | 春正月 始置位和府 如今吏部 (『三國史記』4 新羅本紀 4) |
| 신라 | 春正月 新羅始置位和府 (『三國史節要』7) |
| 신라 | 位和府 眞平王三年 始置 景德王改爲司位府 惠恭王復故 衿荷臣二人 神文王二年 始
置 五年 加一人 哀莊王六年 改爲令 位自伊湌至大角干爲之 上堂二人 神文王置 聖
德王二年 加一人 哀莊王改爲卿 位自級湌至阿湌爲之 大舍二人 景德王改爲主簿 後
復稱大舍 位與調府大舍同 史八人 (『三國史記』38 雜志 7 職官 上)3365) |

| 고구려 | 春二月晦 星隕如雨 (『三國史記』19 高句麗本紀 7) |
| 고구려 | 二月晦 高勾麗星隕如雨 (『三國史節要』7) |

| 고구려 | 秋七月 霜雹殺穀 (『三國史記』19 高句麗本紀 7) |
| 고구려 | 秋七月 高勾麗霜雹殺穀 (『三國史節要』7) |

3363) 고구려의 大丞相 王高德에게 답신한 해는 자세히 알 수 없지만, 法上이 죽은 해는 北周 大象 2년(580)
이다. 그는 551년에 출생하였다.
3364) 北周 趙王 宇文招의 生沒年은 ?~580년이고, 趙王이 된 해는 561년이다. 建德 5년(571)에는 北周 武
帝의 東伐에 步騎 1만을 이끌고 출정하였다. 본 내용은 몰년에 맞춰 편년하고 편제하였다.
3365) 이 기사에는 월 표기가 아녔으나, 『三國史記』 新羅本紀에 의거하여 정월로 편년하였다.

백제	(開皇元年)冬十月乙酉 百濟王扶餘昌遣使來賀 授昌上開府儀同三司帶方郡公 (『隋書』 1 帝紀 1 高祖 上)
백제	(開皇元年)冬十月乙酉 百濟王扶餘昌 遣使來賀 授昌上開府儀同三司帶方郡公 (『北史』 11 隋本紀 上 高祖文皇帝)
백제	(隋高祖開皇元年)十月 百濟王扶餘昌 遣使來賀 授昌上開府儀同三司帶方郡公 (『册府元龜』 963 外臣部 8 封册 1)3366)
백제	王遣使入隋朝貢 隋高祖詔 拜王爲上開府儀同三司帶方郡公 (『三國史記』 27 百濟本紀 5)3367)
백제	百濟遣使如隋朝貢 隋册王爲上開府儀同三司帶方郡公 (『三國史節要』 7)3368)
백제	開皇初 其王餘昌遣使貢方物 拜昌爲上開府帶方郡公百濟王 (『隋書』 81 列傳 46 東夷 百濟)3369)
백제	開皇初 餘昌又遣使貢方物 拜開府帶方郡公百濟王 (『北史』 94 列傳 82 百濟)3370)
백제	隋文開皇初 其王夫餘昌遣使貢方物 拜爲帶方郡公百濟王 (『通典』 185 邊防 1 東夷 上 百濟)3371)
고구려	冬十月 民饑 王巡行撫恤 (『三國史記』 19 高句麗本紀 7)
고구려	冬十月 高勾麗饑 王巡行撫恤 (『三國史節要』 7)
고구려	(開皇元年十二月)壬寅 高麗王高陽遣使朝貢 授陽大將軍遼東郡公 (『隋書』 1 帝紀 1 高祖 上)
고구려	(開皇元年十二月)壬寅 高麗王高陽遣使朝貢 授陽大將軍遼東郡公 (『北史』 11 隋本紀 上 高祖文皇帝)
고구려	十二月 遣使入隋朝貢 高祖授王大將軍遼東郡公 (『三國史記』 19 高句麗本紀 7)3372)
고구려	十二月 高勾麗遣使如隋朝貢 隋册王爲大將軍遼東郡公 (『三國史節要』 7)3373)
고구려	(隋高祖開皇元年)十二月 高麗王高湯 遣使朝貢 授湯大將軍遼東郡公 (『册府元龜』 963 外臣部 8 封册 1)3374)
고구려	高祖受禪 湯復遣使詣闕 進授大將軍 改封高麗王 / 歲遣使朝貢不絶 (『隋書』 81 列傳 46 東夷 高麗)
고구려	隋文帝受禪 湯遣使詣闕 進授大將軍 改封高麗王 自是 歲遣使朝貢不絶 (『北史』 94 列傳 82 高句麗)
신라	釋緣光 新羅人也 其先 三韓之後也 按梁員職圖云 其新羅國 魏曰斯盧 宋曰新羅 本

3366) 본 기사에는 日이 보이지 않지만, 『隋書』 帝紀와 『北史』 隋本紀에 乙酉(18)로 나온다. 따라서 乙酉(18)로 편년하고 편제하였다.

3367) 본 기사에는 日이 보이지 않지만, 『隋書』 帝紀와 『北史』 隋本紀에 乙酉(18)로 나온다. 따라서 乙酉(18)로 편년하고 편제하였다.

3368) 본 기사에는 日이 보이지 않지만, 『隋書』 帝紀와 『北史』 隋本紀에 乙酉(18)로 나온다. 따라서 乙酉(18)로 편년하고 편제하였다.

3369) 開皇 初年은 바로 開皇 元年(581)을 가리킴이니, 隋 文帝 楊堅의 年號이다

3370) 開皇 初年은 바로 開皇 元年(581)을 가리킴이니, 隋 文帝 楊堅의 年號이다

3371) 開皇 初年은 바로 開皇 元年(581)을 가리킴이니, 隋 文帝 楊堅의 年號이다

3372) 본 기사에는 日이 보이지 않지만, 『隋書』 帝紀와 『北史』 隋本紀에 壬寅(27)으로 나온다. 따라서 壬寅(27)으로 편년하고 편제하였다.

3373) 본 기사에는 日이 보이지 않지만, 『隋書』 帝紀와 『北史』 隋本紀에 壬寅(27)으로 나온다. 따라서 壬寅(27)으로 편년하고 편제하였다.

3374) 본 기사에는 日이 보이지 않지만, 『隋書』 帝紀와 『北史』 隋本紀에 壬寅(27)으로 나온다. 따라서 壬寅(27)으로 편년하고 편제하였다.

東夷辰韓之國矣 光世家名族 宿敦淸信 早遇良緣 幻歸緇服 精修念慧 識量過人 經目
必記 遊心必悟 但以生居邊壤 正敎未融 以隋仁壽年間 來至吳 會正達智者 敷弘妙典
先伏膺朝夕 行解雙密 數年之中 欻然大悟 智者卽令就講妙法華經 俊郞之徒 莫不神
伏 後於天台別院 增修妙觀 忽見數人 云天帝請講 光默而許之 於是 奄然氣絕 經于
旬日 顏色如常 還歸本識 旣而器業成就 將歸舊國 與數十人 同乘大船 至海中 船忽
不行 見一人乘馬凌波來 至船首云 海神請師暫到宮中講說 光曰 貧道此身 誓當利物
船及餘伴 未委如何 彼云 人並同行 船亦勿慮 於是 擧衆同下 行數步 但見通衢平直
香花遍道 海神將百侍從 迎入宮中 珠璧焜煌 映奪心目 因爲講法花經一遍 大施珍寶
還送上船 光達至本鄉 每弘茲典 法門大啓 實有功焉 加以自少誦持 日餘一遍 迄於報
盡 此業無虧 年垂八十 終於所住 闍維旣畢 髏舌獨存 一國見聞 咸歎希有 光有妹二
人 早懷淸信 收之供養 數聞體舌自誦法花 妹有不識法花字處 問之皆道 有新羅僧連
義 年方八十 弊衣一食 精苦超倫 與余同止 因說此事 錄之云爾 (『弘贊法華傳』3 講
解 3 唐 新羅國 釋緣光)3375)

신라　釋緣光 是智者門人 誦法華經爲業 感天帝下迎龍宮請講 滅後舌色如紅蓮華而已 (『法
華傳記』3 諷誦勝利8之1 隋 新羅 緣光 1)3376)

고구려　釋慧持 姓周 汝南人也 開皇初年 父任豫章太守 因而生焉 (…) 年登冠具 (…) 乃聽東
安莊法師 又聽高麗實法師三論 鉤探幽極 門學所高 (『續高僧傳』14 義解 10 唐 越
州 弘道寺 釋慧持 13)3377)

고구려　釋靈睿 姓陳 (…) 開皇之始 高麗印公入蜀講三論 又爲印之弟子 常業大乘 (…) (『續
高僧傳』15 義解 11 唐 綿州 隆寂寺 釋靈睿 4)3378)

582(壬寅/신라 진평왕 4/고구려 평원왕 24/백제 위덕왕 29/陳 大建 14/倭 敏達 11)

고구려　春正月 遣使入隋朝貢 (『三國史記』19 高句麗本紀 7)
고구려　春正月 高勾麗遣使如隋朝貢 (『三國史節要』7)

백제　春正月 遣使入隋朝貢 (『三國史記』27 百濟本紀 5)
백제　(春正月) 百濟遣使如隋朝貢 (『三國史節要』7)

고구려 백제　(開皇二年春正月)辛未 高麗百濟 並遣使貢方物 (『隋書』1 帝紀 1 高祖 上)
고구려 백제　(開皇二年)是歲 高麗百濟 竝遣使朝貢 (『北史』11 隋本紀 上 高祖文皇帝)3379)
고구려 백제　(隋高祖開皇)二年 高麗百濟 並遣使獻方物 (『册府元龜』970 外臣部 15 朝貢 3)3380)

3375) 釋 緣光이 隋로 들어간 시간을 文帝 仁壽年間(601~604)이라고 하였지만, 그의 스승이 되었다는 智顗
는 開皇 17年(597)에 입적하였기 때문에 모순이 생긴다. 따라서 釋緣光이 隋에 들어간 해는 智顗가 입적
한 開皇 17年 이전이 될 것이다.
3376) 釋 緣光이 隋로 들어간 시간을 文帝 仁壽年間(601~604)이라고 하였지만, 그의 스승이 되었다는 智顗
는 開皇17年(597)에 입적하였기 때문에 모순이 생긴다. 따라서 釋緣光이 隋에 들어간 해는 智顗가 입적한
開皇17年 이전이 될 것이다.
3377) 隋 文帝 開皇元年(581)에 태어났고, 高句麗의 實法師에게 三論을 배울 때는 20세경이었다. 따라서 대
략 隋 開皇20年(600) 경으로 보아야 할 듯하다.
3378) 印法師를 따라 長安으로 갔다가 大業(605~618) 말에 蜀으로 돌아와 法聚寺에 주석하였다.
3379) 본 기사에는 日이 보이지 않지만, 『隋書』帝紀에 春正月 辛未(27)로 나온다. 따라서 춘정월 辛未(27)로
편년하고 편제하였다.
3380) 본 기사에는 日이 보이지 않지만, 『隋書』帝紀에 辛未(27)로 나온다. 따라서 辛未(27)로 편년하고 편제
하였다.

신라	冬十月 新羅遣安刀奈末失消奈末進調 不納以還之 (『日本書紀』 20 敏達紀)

고구려	(開皇二年)十一月景[3381]午 高麗遣使獻方物 (『隋書』 1 帝紀 1 高祖 上)
고구려	冬十一月 遣使入隋朝貢 (『三國史記』 19 高句麗本紀 7)[3382]
고구려	冬十一月 高勾麗遣使如隋朝貢 (『三國史節要』 7)[3383]
고구려	(隋高祖開皇)二年十一月 高麗 又遣使獻方物 (『册府元龜』 970 外臣部 15 朝貢 3)[3384]

고구려	大建中 南岳思禪師 爲海東玄光法師 說法華安樂行 歸國演敎 爲高麗東國傳敎之始 (『佛祖統紀』 23 歷代傳敎表 9 陳宣帝)[3385]

583(癸卯/신라 진평왕 5/고구려 평원왕 25/백제 위덕왕 30/陳 至德 1/倭 敏達 12)

고구려	(開皇三年春正月)癸亥 高麗遣使來朝 (『隋書』 1 帝紀 1 高祖 上)
고구려	春正月 遣使入隋朝貢 (『三國史記』 19 高句麗本紀 7)[3386]
고구려	(春正月) 高勾麗遣使如隋朝貢 (『三國史節要』 7)[3387]
고구려	(隋高祖開皇)三年正月 高麗 (…) 並貢方物 (『册府元龜』 970 外臣部 15 朝貢 3)[3388]

신라	春正月 始置船府署 大監弟監各一員 (『三國史記』 4 新羅本紀 4)
신라	春正月 新羅始置船府署 大監弟監各一負 (『三國史節要』 7)

고구려	二月 下令減不急之事 發使郡邑勸農桑[3389] (『三國史記』 19 高句麗本紀 7)
고구려	二月 高勾麗王下令 罷不急之務 發使郡邑勸農桑 (『三國史節要』 7)

고구려	(開皇三年夏四月)辛未 高麗遣使來朝 (『隋書』 1 帝紀 1 高祖 上)
고구려	夏四月 遣使入隋朝貢 (『三國史記』 19 高句麗本紀 7)[3390]
고구려	夏四月 高勾麗遣使如隋朝貢 (『三國史節要』 7)[3391]

고구려	(開皇三年五月)甲辰 高麗遣使來朝 (『隋書』 1 帝紀 1 高祖 上)
고구려	(隋高祖開皇)三年五月 高麗靺鞨 並貢方物 (『册府元龜』 970 外臣部 15 朝貢 3)[3392]

3381) 景은 丙을 避諱한 것이다.
3382) 본 기사에는 日이 보이지 않지만,『隋書』帝紀에 丙午(6)로 나온다. 따라서 丙午(6)로 편년하고 편제하였다.
3383) 본 기사에는 日이 보이지 않지만,『隋書』帝紀에 丙午(6)로 나온다. 따라서 丙午(6)로 편년하고 편제하였다.
3384) 본 기사에는 日이 보이지 않지만,『隋書』帝紀에 丙午(6)로 나온다. 따라서 丙午(6)로 편년하고 편제하였다.
3385) 대건(大建) 연간은 569~582년이다. 따라서 569~582년으로 기간편년하고 582년에 편제하였다.
3386) 본 기사에는 日이 보이지 않지만,『隋書』帝紀에 癸亥(24)로 나온다. 따라서 癸亥(24)로 편년하고 편제하였다.
3387) 본 기사에는 日이 보이지 않지만,『隋書』帝紀에 癸亥(24)로 나온다. 따라서 癸亥(24)로 편년하고 편제하였다.
3388) 본 기사에는 日이 보이지 않지만,『隋書』帝紀에 癸亥(24)로 나온다. 따라서 癸亥(24)로 편년하고 편제하였다.
3389) 저본에는 오각되어 있으나, 桑이 맞다.
3390) 본 기사에는 日이 보이지 않지만,『隋書』帝紀에 辛未(4)로 나온다. 따라서 辛未(4)로 편년하고 편제하였다.
3391) 본 기사에는 日이 보이지 않지만,『隋書』帝紀에 辛未(4)로 나온다. 따라서 辛未(4)로 편년하고 편제하였다.
3392) 본 기사에는 日이 보이지 않지만,『隋書』帝紀에 甲辰(7)으로 나온다. 따라서 甲辰(7)으로 편년하고 편

백제 신라 가야

秋七月丁酉朔　詔曰　屬我先考天皇之世　新羅滅內官家之國[天國排開廣庭天皇廿三年
任那爲新羅所滅　故云新羅滅我內官家也]　先考天皇　謨復任那　不果而崩　不成其志　是
以　朕當奉助神謀　復興任那　今在百濟火葦北國造阿利斯登子達率日羅　賢而有勇　故朕
欲與其人相計　乃遣紀國造押勝與吉備海部直羽嶋　喚於百濟 (『日本書紀』20 敏達紀)

백제　(敏達)十二年秋七月　百濟賢者葦北達率日羅　隨我朝召使吉備海部羽嶋來朝　此人勇而
有計　身有光明　如火焰　天皇詔　遣阿倍臣目　物部贄子大連　大伴糟手子連等　問國政於
日羅　太子聞日羅有異相者　奏天皇曰　兒望　隨使臣等　往難波館,視彼爲人　天皇不許　太
子密諮皇子　御微服　從諸童子　入館而見　日羅在床　望四觀者　指太子曰　那童子也　是
神人矣　於時　太子服麁布衣　垢面戴繩　與馬飼兒　連肩而居　日羅遣人指引　太子驚去
日羅遙拜　脫履而走　諸大夫等其之　出門而見　卽知太子　太子隱坐　易衣而出　日羅迎
兩段再拜　大夫亦驚　謝罪再拜　修儀而入　太子辭讓　直入日羅之房　日羅跪地　而合掌白
曰　敬禮救世觀世音　傳燈東方粟散王云云　人不得聞　太子修容　打磬而謝　日羅大放身
光　如火熾　太子眉間放光　如日輝.須臾卽止焉　太子謂日羅曰　子之命盡　可惜被害　聖人
猶亦不免　吾亦如何　淸談終夕　人不得解　明日　太子還宮 (『聖德太子傳曆』上)

백제　冬十月　紀國造押勝等　還自百濟　復命於朝曰　百濟國主　奉惜日羅　不肯聽上 (『日本書
紀』20 敏達紀)

고구려　冬　遣使入隋朝貢 (『三國史記』19 高句麗本紀 7)
고구려　冬　高勾麗遣使如隋朝貢 (『三國史節要』7)

백제　(敏達)十有二年冬　百濟日羅說偈　拜禮聰王子 (『元亨釋書』20)

백제 신라　是歲　復遣吉備海部直羽嶋　召日羅於百濟　羽嶋旣之百濟　欲先私見日羅　獨自向家門底
俄而有家裏來韓婦　用韓語言　以汝之根　入我根內　卽入家去　羽嶋便覺其意　隨後而入
於是　日羅迎來　把手使坐於座　密告之曰　僕竊聞之　百濟國主　奉疑天朝　奉遣臣後　留
而弗還　所以　奉惜不肯奉進　宜宣勅時　現嚴猛色　催急召焉　羽嶋乃依其計　而召日羅
於是　百濟國主　怖畏天朝　不敢違勅　奉遣以日羅　恩率德爾餘怒奇奴知參官柁師德率次
干德水手等　若干人　日羅等行到吉備兒嶋屯倉　朝庭遣大伴糟手子連　而慰勞焉　復遣大
夫等於難波館　使訪日羅　是時　日羅被甲乘馬　到門底下　乃進廳前　進退跪拜　歎恨而曰
於檜隈宮御寓天皇之世　我君大伴金村大連　奉爲國家　使於海表　火葦北國造刑部靫部
阿利斯登之子　臣達率日羅　聞天皇召　恐畏來朝　乃解其甲　奉於天皇　乃營館於阿斗桑
市　使住日羅　供給隨欲　復遣阿倍目臣物部贄子連大伴糟手子連　而問國政於日羅　日羅
對言　天皇所以治天下政　要須護養黎民　何遽興兵　翻將失滅　故今合議者仕奉朝列　臣
連二造[二造者　國造伴造也]　下及百姓　悉皆饒富　令無所乏　如此三年　足食足兵　以悅
使民　不憚水火　同恤國難　然後　多造船舶　每津列置　使觀客人　令生恐懼　爾乃　以能使
使於百濟　召其國王　若不來者　召其太佐平王子等來　卽自然心生欽伏　後應問罪　又奏
言　百濟人謀言　有船三百　欲請筑紫　若其實請　宜陽賜予　然則百濟　欲新造國　必先以
女人小子載船而至　國家　望於此時　壹伎對馬　多置伏兵　候至而殺　莫翻被詐　每於要害
之所　堅築壘塞矣　於是　恩率參官　臨罷國時[舊本　以恩率爲一人　以參官爲一人也]　竊
語德爾等言　計吾過筑紫許　汝等偸殺日羅者　吾具白王　當賜高爵　身及妻子　垂榮於後

제하였다.

德爾余奴 皆聽許焉 叄官等遂發途於血鹿 於是 日羅自桑市村 遷難波館 德爾等晝夜
相計 將欲殺 時日羅身光 有如火焰 由是 德爾等恐而不殺 遂於十二月晦 候失光殺
日羅更蘇生曰 此是我驅使奴等所爲 非新羅也 言畢而死[屬是時 有新羅使 故云爾也]
天皇詔贄子大連糠手子連 令收葬於小郡西畔丘前 以其妻子水手等 居于石川 於是 大
伴糠手子連議曰 聚居一處 恐生其變 乃以妻子 居于石川百濟村 水手等居于石川大伴
村 收縛德爾 置于下百濟河田村 遣數大夫 推問其事 德爾等伏罪言 信 是恩率叄官
教使爲也 僕等爲人之下 不敢違矣 由是 下獄 復命於朝庭 乃遣使於葦北 悉召日羅眷
屬 賜德爾等 任情決罪 是時 葦北君等 受而皆殺 投彌賣嶋[彌賣嶋 蓋姬嶋也] 以日羅
移葬於葦北 於後 海畔者言 恩率之船 被風沒海 叄官之船 漂泊津嶋 乃始得歸 (『日本
書紀』20 敏達紀)

신라　　　(敏達十二年)十二月晦夕 新羅人殺日羅 更蘇生曰 此是我驅使奴等所爲 非新羅也 言
　　　　　畢而死 太子乍聞 語左右曰 日羅聖人也 兒昔在漢 彼爲弟子 常拜日天 故放光明 寃
　　　　　仇不離 斷命而賽 捨生之後 必生上天 者 (『聖德太子傳曆』上)

신라　　　九誓幢 一曰綠衿誓幢 眞平王五年始置 但名誓幢 三十五年改爲綠衿誓幢 衿色綠紫
　　　　　(…) (『三國史記』40 雜志 9 職官 下)

고구려　　(開皇三年)是歲 高麗突厥靺鞨 竝遣使朝貢 (『北史』11 隋本紀 上 高祖文皇帝)

584(甲辰/신라 진평왕 6, 建福 1/고구려 평원왕 26/백제 위덕왕 31/陳 至德 2/倭 敏達 13)

신라 가야　春二月 癸巳朔庚子 遣難波吉士木蓮子 使於新羅 遂之任那 (『日本書紀』20 敏達紀)

신라　　　春二月 改元建福 (『三國史記』4 新羅本紀 4)
신라　　　春二月 新羅改元建福 (『三國史節要』7)

신라　　　三月 置調府令一員 掌貢賦 乘府令一員 掌車乘 (『三國史記』4 新羅本紀 4)
신라　　　三月 新羅置調俯令一員 掌貢賦 乘府令一員 掌車乘 自大阿飡至角干爲之 (『三國史節
　　　　　要』7)
신라　　　調府 眞平王六年 置 景德王改爲大府 惠恭王復故 令二人 眞德王五年 置 位自衿荷
　　　　　至太大角干爲之 (…) (『三國史記』38 雜志 7 職官 上)[3393]
신라　　　乘府 景德王改爲司馭府 惠恭王復故 令二人 眞平王六年 置 位自大阿飡至角干爲之
　　　　　(…) (『三國史記』38 雜志 7 職官 上)[3394]

고구려　　春 遣使入隋朝貢 (『三國史記』19 高句麗本紀 7)
고구려　　(春) 高勾麗遣使如隋朝貢 (『三國史節要』7)

고구려　　(春) 隋主宴使者於大興殿 (『三國史節要』7)[3395]

고구려　　(開皇四年夏四月)丁未 宴突厥高麗吐谷渾使者於大興殿 (『隋書』1 帝紀 1 高祖

3393) 이 기사에는 월 표기가 없으나, 『三國史記』 新羅本紀 등에 의거하여 3월로 편년하였다.
3394) 이 기사에는 월 표기가 없으나, 『三國史記』 新羅本紀 등에 의거하여 3월로 편년하였다.
3395) 본 기사에서는 春에 편제되어 있으나, 『隋書』 帝紀에 四月 丁未(26)로 나온다. 『三國史記』에는 4월로
　　　만 기재되어 있다.

	上)3396)
고구려	(文帝紀) (…) (開皇)四年四月丁未 宴突厥高麗吐谷渾使者於大興殿 (『玉海』173 宮室 城朝 上 獻象 隋大興城 新都)
고구려	夏四月 隋文帝宴我使者於大興殿 (『三國史記』19 高句麗本紀 7)3397)
백제	秋九月 從百濟來鹿深臣[闕名字] 有彌勒石像一軀 佐伯連[闕名字] 有佛像一軀 (『日本書紀』20 敏達紀)
백제	善信尼 司馬達等之女也 敏達十三年十月 從慧便出家 同伴二女共薙髮 一禪藏 梁人 夜善之女 二慧善 錦織壺之女 大臣蘇馬子營精舍 迎三尼供養 (『元亨釋書』18)
백제	是歲 蘇我馬子宿禰 請其佛像二軀 乃遣鞍部村主司馬達等池邊直氷田 使於四方 訪覓 修行者 於是 唯於播磨國 得僧還俗者 名高麗惠便 大臣乃以爲師 令度司馬達等女嶋 曰善信尼[年十一歲] 又度善信尼弟子二人 其一 漢人夜菩之女豐女 名曰禪藏尼 其二 錦織壺之女石女 名曰惠善尼[壺 此云都符] 馬子獨依佛法 崇敬三尼 乃以三尼 付氷田 直與達等 令供衣食 經營佛殿於宅東方 安置彌勒石像 屈請三尼 大會設齋 此時 達等 得佛舍利於齋食上 卽以舍利 獻於馬子宿禰 馬子宿禰 試以舍利 置鐵質中 振鐵鎚打 其質與鎚 悉被摧壞 而舍利不可摧毀 又投舍利於水 舍利隨心所願 浮沈於水 由是 馬 子宿禰池邊氷田司馬達等 深信佛法 修行不懈 馬子宿禰 亦於石川宅 修治佛殿 佛法 之初 自茲而作 (『日本書紀』20 敏達紀)3398)
백제	(十一月)戊寅 百濟國遣使獻方物 (『陳書』6 本紀 6 後主)
백제	冬十一月 遣使入陳朝貢 (『三國史記』27 百濟本紀 5)3399)
백제	冬十一月 百濟遣使如陳朝貢 (『三國史節要』7)3400)
백제	(冬十一月)是月 盤盤百濟國 並遣使朝貢 (『南史』10 陳本紀 下 10)3401)
백제	(陳後主至德)二年十一月 盤盤國百濟國 並遣使獻方物 (『册府元龜』969 外臣部 14 朝貢 2)3402)
신라	寺記云 眞平五年甲辰 金堂造成 (『三國遺事』3 塔像 4 皇龍寺丈六)

585(乙巳/신라 진평왕 7 建福 2/고구려 평원왕 27/백제 위덕왕 32/陳 至德 3/倭 敏達 14)

가야	(三月)丙戌 物部弓削守屋大連 自詣於寺 踞坐胡床 斫倒其塔 縱火燔之 幷燒佛像與佛 殿 旣而取所燒餘佛像 令棄難波堀江 是日 無雲風雨 大連被雨衣 訶責馬子宿禰 與從 行法侶 令生毀辱之心 乃遣佐伯造御室[更名 於閻礙] 喚馬子宿禰所供善信等尼 由是 馬子宿禰 不敢違命 惻愴啼泣 喚出尼等 付於御室 有司便奪尼等三衣 禁錮 楚撻海石

3396) 『三國史節要』에는 春으로 되어 있다.

3397) 본 기사에서는 日을 알 수 없으나, 『隋書』帝紀에 丁未(26)로 나온다. 따라서 丁未(26)로 편년하고 편 제하였다. 『三國史節要』에는 春에 편제되어 있다. .

3398) 이 기사에는 월 표기가 없으나, 『元亨釋書』에 의거하여 10월로 편년하였다.

3399) 본 기사에는 日을 알 수 없으나, 『陳書』本紀에 戊寅(20)으로 나온다. 따라서 戊寅(20)으로 편년하고 편제하였다.

3400) 본 기사에는 日을 알 수 없으나, 『陳書』本紀에 戊寅(20)으로 나온다. 따라서 戊寅(20)으로 편년하고 편제하였다.

3401) 본 기사에는 日을 알 수 없으나, 『陳書』本紀에 戊寅(20)으로 나온다. 따라서 戊寅(20)으로 편년하고 편제하였다.

3402) 본 기사에는 日을 알 수 없으나, 『陳書』本紀에 戊寅(20)으로 나온다. 따라서 戊寅(20)으로 편년하고 편제하였다.

榴市亭 天皇思建任那 差坂田耳子王爲使 屬此之時 天皇與大連 卒患於瘡 故不果遣 詔橘豐日皇子曰 不可違背考天皇勅 可勤修乎任那之政也 又發瘡死者 充盈於國 其患瘡者言 身如被燒被打被摧 啼泣而死 老少竊相語曰 是燒佛像之罪矣 (『日本書紀』20 敏達紀)

신라	春三月 旱 王避正殿減常膳 御南堂親錄囚 (『三國史記』 4 新羅本紀 4)
신라	春三月 新羅旱 王避殿 減膳 御南堂親錄囚 (『三國史節要』7)
신라	秋七月 高僧智明入陳求法 (『三國史記』 4 新羅本紀 4)
신라	師以命世之才 當眞平王之七年秋七月 問津利往入陳求法 雲遊海陸 梗轉西東 苟有道而有名 悉爰諮而爰詣 如木從繩如金成器 飄然一去忽爾十霜 學旣得髓 心切傳燈 (『海東高僧傳』2 流通一之二 釋智明)
고구려	(十二月)癸卯 高麗國遣使獻方物 (『陳書』6 本紀 6 後主)
고구려	十二月癸卯 高麗國遣使朝貢 (『南史』10 陳本紀 下 10)
고구려	冬十二月 遣使入陳朝貢 (『三國史記』19 高句麗本紀 7)[3403]
고구려	冬十二月 高勾麗遣使如陳朝貢 (『三國史節要』7)[3404]
고구려	(陳後主至德)三年 十二月 高麗國 並遣使獻方物 (『册府元龜』969 外臣部 14 朝貢 2)[3405]
신라	內省 景德王十八年 改爲殿中省 後復故 私臣一人 眞平王七年 三宮各置私臣 大宮和文大阿湌 梁宮首肹夫阿湌 沙梁宮弩知伊湌 至四十四年 以一員兼掌三宮 位自衿荷至太大角于 惟其人則授之 亦無年限 景德王又改爲殿中令 後復稱私臣 卿二人 位自奈麻至阿湌爲之 監二人 位自奈麻至沙湌爲之 大舍一人 舍知一人 (『三國史記』38 雜志 7 職官 上)
신라	新羅置三宮私臣 以大阿湌和文爲大宮 阿湌首肹爲梁宮 伊湌弩知爲沙梁宮 (『三國史節要』7)

586(丙午/신라 진평왕 8 建福 3/고구려 평원왕 28/백제 위덕왕 33/陳 至德 4/倭 用明 1)

신라	春正月 置禮部令二員 (『三國史記』 4 新羅本紀 4)
신라	春正月 新羅置禮部令二負 位與兵部令同 (『三國史節要』7)
신라	禮部 令二人 眞平王八年置 位與兵部令同 卿二人 眞德王二年[一云五年]置 文武王十五年加一人 位與調府卿同 大舍二人 眞德王五年置 景德王改爲主簿 後復稱大舍 位與調府大舍同 舍知一人 景德王改爲司禮 後復稱舍知 位與調府舍知同 史八人 眞德王五年加三人 位與調府史同 (『三國史記』38 雜志 7 職官 上)[3406]
신라	夏五月 雷震 星殞如雨 (『三國史記』 4 新羅本紀 4)
신라	夏五月 新羅震雷 星隕如雨 (『三國史節要』7)

3403) 본 기사에는 日이 보이지 않지만, 『陳書』 本紀와 『南史』 陳本紀에 癸卯(21)로 나온다. 따라서 癸卯(21)로 편년하고 편제하였다.
3404) 본 기사에는 日이 보이지 않지만, 『陳書』 本紀와 『南史』 陳本紀에 癸卯(21)로 나온다. 따라서 癸卯(21)로 편년하고 편제하였다.
3405) 본 기사에는 日이 보이지 않지만, 『陳書』 本紀와 『南史』 陳本紀에 癸卯(21)로 나온다. 따라서 癸卯(21)로 편년하고 편제하였다.
3406) 이 기사에는 월 표기가 없지만, 『三國史記』 新羅本紀에 의거하여 정월로 편년하였다.

백제	(秋九月)丁未 百濟國遺使獻方物 (『陳書』 6 本紀 6 後主)
백제	(秋九月)丁未 百濟國遺使朝貢 (『南史』 10 陳本紀 下 10)
백제	(陳後主至德)四年九月 百濟國遺使獻方物 (『册府元龜』 969 外臣部 14 朝貢 2)[3407]
백제	遺使入陳朝貢 (『三國史記』 27 百濟本紀 5)[3408]
백제	百遺濟[3409]使如陳朝貢 (『三國史節要』 7)[3410]

고구려	移都長安城 (『三國史記』 19 高句麗本紀 7)
고구려	高勾麗移都長安城 (『三國史節要』 7)
고구려	(…) 都國內 歷四百二十五年 長壽王十五年 移都平壤 歷一百五十六年 平原王二十八年 移都長安城 歷八十三年 寶臧王二十七年而滅 (…) (『三國史記』 37 雜志 6 地理 4)
고구려	卦婁盖切小兄加群 自此東廻上△里四尺治 (「平壤城石刻」 제5석)[3411]

고구려	(隋高祖開皇六年)是年 契丹別部出伏等 背高麗 率衆內附 納之 安置於渴奚郝頡之北 (『册府元龜』 977 外臣部 22 降附)
고구려	隋開皇四年 率莫賀弗來謁 五年 悉其衆款塞 文帝納之 聽居其故地 責讓之 其國遺使詣闕 頓顙謝罪 其後 契丹別部出伏等背高麗 率衆內附 文帝見來憐之 安置於渴奚那頡之北 (『北史』 94 列傳 82 契丹)[3412]

고구려	隋開皇六年 高昌 獻聖明樂曲 唐平高昌 收其樂 又造讌樂 而去禮畢曲著令十部[龜玆疎勒安國康國高麗西涼高昌讌樂淸樂天竺] (『玉海』 105 音樂·樂3 唐九部樂·十部樂·十四國樂·二部樂)

587(丁未/신라 진평왕 9, 建福 4/고구려 평원왕 29/백제 위덕왕 34/隋 開皇 7/倭 用明 2)

백제	(六月)甲子 善信阿尼等 謂大臣曰 出家之途 以戒爲本 願向百濟 學受戒法 (『日本書紀』 21 崇峻紀)
백제	用明二年 信白馬子曰 出家之人以戒爲地 願赴百濟受戒學 (『元亨釋書』 18)[3413]

백제	(六月)是月 百濟調使來朝 大臣謂使人曰 率此尼等 將渡汝國 令學戒法 了時發遣 使人答曰 臣等歸蕃 先諮國主 而後發遣 亦不遲也 (『日本書紀』 21 崇峻紀)

신라	秋七月 大世仇柒二人適海 大世 奈勿王七世孫 伊湌冬臺之子也 資俊逸 少有方外志 與交遊僧淡水曰 在此新羅山谷之間 以終一生 則何異池魚籠鳥 不知滄海之浩大 山林

3407) 본 기사에는 日이 보이지 않지만,『陳書』 本紀와 『南史』 陳本紀에 丁未(30)로 나온다. 따라서 丁未(30)로 편년하고 편제하였다.

3408) 본 기사에는 月·日이 보이지 않지만,『陳書』 本紀와 『南史』 陳本紀에 九月 丁未(30)로 나온다. 따라서 9월 丁未(30)로 편년하고 편제하였다.

3409) 저본의 '百遺濟'는 '百濟遺'이 맞다.

3410) 본 기사에는 月·日이 보이지 않지만,『陳書』 本紀와 『南史』 陳本紀에 九月 丁未(30)로 나온다. 따라서 9월 丁未(30)로 편년하고 편제하였다.

3411) 이 석각에는 연대 표기가 없으나. 長安城의 축조와 관련되는 것이므로 『三國史記』 高句麗本紀 등에 의거하여 平原王28년(586)으로 편년하였다.

3412) 본문의 '其後'는 편년되어 있지 않지만 『册府元龜』 977 外臣部 22 降附에 開皇六年으로 나온다. 따라서 586년으로 편년하였고 편제하였다.

3413) 이 기사에는 월일 표기가 없으나, 『日本書紀』에 의거하여 6월21일(甲子)로 편년하였다.

之寬閑乎 吾將乘桴泛海 以至吳越 侵尋追師 訪道於名山 若凡骨可換 神仙可學 則飄然乘風於泬寥之表 此天下之奇遊壯觀也 子能從我乎 淡水不肯 大世退而求友 適遇仇柒者 耿介有奇節 遂與之遊南山之寺 忽風雨落葉 泛於庭潦 大世與仇柒言曰 吾有與君西遊之志 今各取一葉爲之舟 以觀其行之先後 俄而大世之葉在前 大世笑曰 吾其行乎 仇柒勃然曰 子[3414]亦南兒也 豈獨不能乎 大世知其可與 密言其志 仇柒曰 此吾願也 遂相與爲友 自南海乘舟而去 後不知其所往 (『三國史記』4 新羅本紀 4)

신라 秋七月 新羅有大世者 奈勿王之後也 少有方外志 與僧淡水言曰 在此山谷間 以終一生 則何異池魚籠鳥 不知滄海之浩大 山林之寬閑乎 吾將航海 以至吳越 尋師訪道 若神仙可學 則飄然乘風於泬寥之表 子能從我乎 淡水不肯 有仇柒者 耿介有志 大世與之 遊南山寺 忽落葉泛庭潦 大世謂仇柒曰 吾欲與君西遊 今各取一葉爲舟 以觀行之先後 俄而大世之葉在前 大世笑曰 吾其行乎 仇柒曰 予亦男兒也 遂相與爲友 自南海乘舟而去 後不知其所往 (『三國史節要』7)

588(戊申/신라 진평왕 10, 建福 5/고구려 평원왕 30/백제 위덕왕 35/隋 開皇 8/倭 崇峻 1)

백제 (崇峻)元年春三月 百濟國使恩率首信 貢佛舍利及沙門慧聰 (『元亨釋書』20)

백제 是歲 百濟國遣使并僧惠總令斤惠寔等 獻佛舍利 百濟國遣恩率首信德率蓋文那率福富味身等 進調并獻佛舍利 僧聆照律師令威惠衆惠宿道嚴令開等 寺工太良未太文賈古子 鑪盤博士將德白昧淳 瓦博士麻奈文奴陽貴文㥄貴文昔麻帝彌 畫工白加 (『日本書紀』21 崇峻紀)[3415]

백제 (崇峻元年)夏四月 求法比丘尼善信赴百濟 (『元亨釋書』20)

백제 (是歲) 蘇我馬子宿禰 請百濟僧等 問受戒之法 以善信尼等付百濟國使恩率首信等 發遣學問 壞飛鳥衣縫造祖樹葉之家 始作法興寺 此地名飛鳥眞神原 亦名飛鳥苫田 (『日本書紀』21 崇峻紀)[3416]

백제 崇峻元年 馬子付信百濟使 求法發遣 (『元亨釋書』18)[3417]

신라 冬十二月 上大等弩里夫卒 以伊湌首乙夫爲上大等(『三國史記』4 新羅本紀 4)

신라 冬十二月 新羅上大等弩里夫卒 以伊湌首乙夫代之 (『三國史節要』7)

589(己酉/신라 진평왕 11 建福 6/고구려 평원왕 31/백제 위덕왕 36/隋 開皇 9/倭 崇峻 2)

고구려 己酉年三月廿一日 自此下 向東十二里 物苟 小兄 俳湏[3418]百頭作節矣 (「平壤城石刻」제2석)

신라 春三月 圓光法師 入陳求法 (『三國史記』4 新羅本紀 4)

신라 乃以眞平王十一年春三月 遂入陳遊歷講 肆領牒微言 傳禀成實涅槃三藏數論 便投吳之虎丘 攝想青霄 因信士請 遂講成實 企仰請益 相接如鱗 (『海東高僧傳』2 流通一之二 釋圓光)

신라 [按圓光以陳末入中國 (…)] (『三國遺事』4 義解 5 寶攘梨木)[3419]

3414) 저본의 子는 予가 맞다.
3415) 이 기사에는 월 표기가 없으나, 『元亨釋書』에 의거하여 3월로 편년하였다.
3416) 이 기사에는 월 표기가 없으나, 『元亨釋書』 20에 의거하여 4월로 편년하였다.
3417) 이 기사에는 월 표기가 없으나, 『元亨釋書』 20에 의거하여 4월로 편년하였다.
3418) 須로도 판독한다.

신라   初師入陳後五年 圓光法師入陳 八年 曇育入隋[3420] 七年 隨入朝使 惠文俱還 師與智明竝以高德 顯名當代 之才之美 固不相上下者也 (『海東高僧傳』 2 流通一之二 釋智明)[3421]

신라   唐 續高僧傳 (…) 會隋后御字[3422] 威加南國 曆窮其數 軍入楊[3423]都 遂被乱兵 将加刑戮 有大将 望見寺塔火燒 走赴救之 了無火狀 但見光在塔前 被縛將殺 既怊其異 即解而放之 斯臨危達感如此也 光學通吳越 便欲觀化周秦 開皇九年 来遊帝宇 値佛法初會 攝論肇興 奉佩文言 振績微緒 又馳慧解 宣譽京皐 勳業既成 道東湏継 本國遠聞 上啓頻請 有勅厚加勞問放歸桑梓 光往還累紀 老幼相欣 新羅王金氏 面申虔敬 仰若聖人 (…) (『三國遺事』 4 義解 5 圓光西學)

신라   會隋后御宇威加南國 曆窮其數軍入楊都 遂被亂兵將加刑戮 有大主將望見寺塔火燒 走赴救之了無火狀 但見光在塔前被縛將殺 既怪其異即解而放之 斯臨危達感如此也 光學通吳越 便欲觀化周秦 開皇九年來遊帝宇 値佛法 奉佩文言振績徽緒 又馳慧解宣譽京皐 勳業既成道東須繼 本國遠聞上啓頻請, 有勅厚加勞問放歸桑梓 光往還累紀老幼相欣 新羅王金氏 面申虔敬仰若聖人 (…) (『續高僧傳』 13 義解篇 9 唐 新羅國 皇隆寺 釋圓光傳 5(圓安)).

신라   會隋兵入楊都 主將望見塔火 將救之 祇見師被縛在塔前 若無告狀異而釋之 開皇間攝論肇興 奉佩文言 宣譽京 皐勳業既精 道東須繼 本朝上啓 有勅放還 (…) (『海東高僧傳』 2 流通一之二 釋圓光)

신라   唐 圓光 俗姓朴氏 辰韓新羅人 (…) 隋氏奄有天下 兵入揚都 光被虜將加刑戮 主將遙見火及塔寺 就視之 則光縛置塔下 初無火也 異而釋其縛 開皇九年 來京師 因學唱攝論 衆盈座席 俄而其國之王金氏頻上表 願於歸本國 詔慰勞遣之 既至老幼 欣快如佛下生 (…) (『新修科分六學僧傳』 25 精進學 感通科 唐 圓光)

신라   釋圓光 (…) 會隋后御宸 威加南國 遂被亂兵 將加刑戮 有大主將 望見寺塔火燒 走赴救之 了無火狀 但見光在塔前 被縛將殺 既怪其異 即解而放之 光學通吳越 便欲觀化周秦 開皇九年 來遊帝宇 値佛法初會 攝論肇興 奉佩大言 振績徽緒 本國遠聞 上啓頻請 有勅厚加勞問 放歸桑梓 光往還累紀 老幼相欣 新羅王金氏 面申虔敬 仰若聖人 (…) (『高僧摘要』 3 圓光)

신라   秋七月 國西大水 漂沒人戶三萬三百六十 死者二百餘人 王發使賑恤之 (『三國史記』 4 新羅本紀 4)

신라   秋七月 新羅國西大水 漂沒人戶三萬三百六十 死者二百餘人 王發使賑恤之 (『三國史節要』 7)

신라   新羅置 大舍二人 弟監二人 (『三國史節要』 7)

신라   執事省 (…) 大舍二人 眞平王十一年 置 景德王十八年 改爲郎中[一云 眞德王五年改] 位自舍知至奈麻爲之 (…) (『三國史記』 38 雜志 7 職官 上)

신라   兵部 (…) 弟監二人 眞平王十一年 置 太宗王五年 改爲大舍 景德王改爲郎中 惠恭王復稱大舍 位自舍知至奈麻爲之 (…) (『三國史記』 38 雜志 7 職官 上)

3419) 아 기사에는 월 표기가 없으나, 『三國史記』 新羅本紀 등에 의거하여 3월로 편년하였다.
3420) 『三國史記』 4 신라본기4 진평왕 18년(596)조에 "春三月 高僧曇育 入隋求法"이라 되어 있으므로 본 기사의 8년은 18년으로 고치는 것이 옳을 것이다(章輝玉, 『海東高僧傳硏究』, 민족사, 1991, 188쪽).
3421) 아 기사에는 월 표기가 없으나, 『三國史記』 新羅本紀 등에 의거하여 3월로 편년하였다.
3422) 저본의 字는 宇가 옳다.
3423) 저본의 楊은 揚이 옳다.

백제 탐라	隋平陳 有一戰舩 漂至躭牟羅國 其舩得還 經于國界 王資送之甚厚 幷遣使奉表 賀平 陳 高祖善之 下詔曰 百濟王旣聞平陳 達[3424]令奉表 往復至難 若逢風浪 便致傷損 百濟王心迹淳至 朕已委知 相去雖遠 事同言面 何必數遣使 來相體悉 自今已後 不須 年別入貢 朕亦不遣使往 王宜知之 (『三國史記』 27 百濟本紀 5)	
백제 탐라	隋旣平陳 戰艦一艘 漂至躭牟羅國 將還道 經百濟 王資送甚厚 仍遣使奉表 賀平陳 隋主善之 下詔曰 百濟王旣聞平陳 遠令奉表 往復至難 若逢風浪 便致傷損 百濟王心 迹淳至 朕已委知 相去雖遠 事同言面 何必數遣使 來相體悉 自今已後 不須年別入貢 朕亦不遣往 王宜知之 (『三國史節要』 7)	
백제 탐라	平陳之歲 有一戰船漂至海東躭牟羅國 其船得還 經于百濟 昌資送之甚厚 幷遣使奉表 賀平陳 高祖善之 下詔曰 百濟王旣聞平陳 遠令奉表 往復至難 若逢風浪 便致傷損 百濟王心迹淳至 朕已悉知 相去雖遠 事同言面 何必數遣使來相體悉 自今以後 不須 年別入貢 朕亦不遣使往 王宜知之 使者舞蹈而去 (『隋書』 81 列傳 46 東夷 百濟)	
백제 탐라	平陳之歲 戰船漂至海東躭牟羅國 其船得還 經于百濟 昌資送之甚厚 幷遣使奉表賀平 陳 文帝善之 下詔曰 彼國懸隔 來往至難 自今以後 不須年別入貢 使者舞蹈而去 (『北 史』 94 列傳 82 百濟)	

고구려 백제 신라

	(開皇九年) 牛弘奏曰 (…) 始開皇初定令 置七部樂 一曰國伎 二曰淸商伎 三曰高麗伎 四曰天竺伎 五曰安國伎 六曰龜茲伎 七曰文康伎 又雜有疎勒扶南康國百濟突厥新羅 倭國等伎 其後牛弘請存鞞鐸巾拂等四舞 (…) (『隋書』 15 志 10 音樂 下)

590(庚戌/신라 진평왕 12 建福 7/고구려 평원왕 32, 영양왕 1/백제 위덕왕 37/隋 開皇 10/倭 崇峻 3)

백제	春三月 學問尼善信等 自百濟還 住櫻井寺 (『日本書紀』 21 崇峻紀)

고구려	(秋七月)辛亥 高麗遼東郡公高陽卒 (『隋書』 2 帝紀 2 高祖 下)[3425]
고구려	(秋七月)辛亥 高麗遼東郡公高陽卒 (『北史』 11 隋本紀 上 高祖文皇帝)[3426]
고구려	(隋高祖開皇)十年七月 高麗遼東郡公高湯卒 拜其子元爲上開府儀同三司 襲爵遼東郡 公 賜衣一襲 元奉表謝恩 幷賀祥瑞 因請封王 高祖優詔 策元爲王 (『册府元龜』 963 外臣部 8 封册 1)[3427]
고구려	王聞陳亡大懼 理兵積穀 爲[3428]拒守之策 隋高祖賜王璽書 責以雖稱藩附 誠節未盡 且曰 彼之一方 雖地狹人少 今若黜王 不可虛置 終須更選官屬 就彼安撫 王若洒心易 行 率由憲章 卽是朕之良臣 何勞別遣才彦 王謂遼水之廣 何如長江 高句麗之人 多少 陳國 朕若不存含育 責王前愆 命一將軍 何待多力 殷勤曉未[3429] 許王自新耳 王得書 惶恐 將奉表陳謝而未果 (『三國史記』 19 高句麗本紀 7)[3430]
고구려	高勾麗王聞陳亡 大懼 治兵積穀爲拒守之計 隋主賜王璽書責曰 朕受天命 愛育率土 委王海隅 宣揚朝化 王每遣使人 歲相朝貢 雖稱藩附 誠節未盡 王之一方 雖地狹人少

3424) 저본의 達은 遠이 맞다.
3425) 『三國史記』에는 冬10월로, 『隋書』 高麗傳 등에는 開皇17년(597)으로 나온다.
3426) 『三國史記』에는 冬10월로, 『隋書』 高麗傳 등에는 開皇17년(597)으로 나온다.
3427) 『三國史記』에는 冬10월로, 『隋書』 高麗傳 등에는 開皇17년(597)으로 나온다.
3428) 저본의 爲는 고려 성종의 이름인 '治'를 避諱한 것이다.
3429) 저본의 未는 示가 맞다.
3430) 겨울 10월보다는 앞선 기사이다.

고구려		今若黜王 不可虛置 終須更選官屬 就彼安撫 王若洒心易行 率由憲章 卽是朕之良臣 何勞別遣才彦 王謂遼水之廣 何如長江 高勾麗之人 多少陳國 朕若不存含育 責王前愆 命一將軍 何待多力 殷勤曉示 許王自新耳 王得書惶恐 將奉表陳謝而未果 (『三國史節要』7)3431)

고구려　　及平陳之後 湯大懼 治兵積穀 爲守拒之策 (『隋書』81 列傳 46 東夷 高麗)

고구려　　及隋平陳後 湯大懼 陳兵積穀 爲守拒之策 (『北史』94 列傳 82 高句麗)

고구려 신라　　溫達 高句麗平岡王時人也 容貌龍鐘可笑 中心則晬3432)然 家甚貧 常乞食以養母 破衫弊履 往來於市井間 時人目之爲愚溫達 平岡王少女兒好啼 王戲曰 汝常啼聒我耳 長必不得爲士大夫妻 當歸之愚溫達 王每言之 及女年二八 欲下嫁於上部高氏 公主對曰 大王常語 汝必爲溫達之婦 今何故改前言乎 匹夫猶不欲食言 況至尊乎 故曰 王者無戲言 今大王之命 謬矣 妾不敢祗承 王怒曰 汝不從我敎 則固不得爲吾女也 安用同居 宜從汝所適矣 於是 公主以寶釧數十枚繫肘後 出宮獨行 路遇一人 問溫達之家 乃行至其家 見盲老母 近前拜 問其子所在 老母對曰 吾子貧且陋 非貴人之所可近 今聞子之臭 芬馥異常 接子之手 柔滑如綿 必天下之貴人也 因誰之佲 以至於此乎 惟我息不忍饑 取楡皮於山林 久而未還 公主出行 至山下 見溫達負楡皮而来 公主與之言懷 溫達悖然曰 此非幼女子所宜行 必非人也 狐鬼也 勿迫我也 遂行不顧 公主獨歸 宿柴門下 明朝更入 與母子備言之 溫達依違未決 其母曰 吾息至陋 不足爲貴人匹 吾家至寠 固不宜貴人居 公主對曰 古人言一斗粟猶可舂 一尺布猶可縫 則苟爲同心 何必富貴然後可共乎 乃賣金釧 買得田宅奴婢牛馬器物 資用完具 初 買馬 公主語溫達曰 愼勿買市人馬 須擇國馬病瘦而見放者 而後換之 溫達如其言 公主養飼甚勤 馬日肥且壯 高句麗常以春三月三日 會獵樂浪之丘 以所獲猪鹿 祭天及山川神 至其日 王出獵 羣臣及五部兵士皆從 於是 溫達以所養之馬隨行 其馳騁常在前 所獲亦多 他無若者 王召来 問姓名 驚且異之 時 後周武帝出師伐遼東 王領軍逆戰於拜山之野 溫達爲先鋒 疾闘斬數十餘級 諸軍乘勝奮擊大克 及論功 無不以溫達爲第一 王嘉歎之曰 是吾女壻也 備禮迎之 賜爵爲大兄 由此 寵榮尤渥 威權日盛 及陽岡王卽位 溫達奏曰 惟新羅割我漢北之地爲郡縣 百姓痛恨 未嘗忘父母之國 願大王不以愚不肖 授之以兵 一往必還吾地 王許焉 臨行誓曰 鷄立峴竹嶺已西 不歸於我則不返也 遂行 與羅軍戰於阿旦城之下 爲流矢所中 路而死 欲葬 柩不肯動 公主來撫棺曰 死生決矣 於乎歸矣 遂擧而窆 大王聞之悲慟 (『三國史記』45 列傳 5 溫達)3433)

고구려 신라　　高勾麗伐新羅 不克 其將溫達死之 初溫達容貌龍鐘 家甚貧 常乞食養母 破衫弊履 往來於市井閒 時人目以愚溫達 平原王有少女好啼 王常戲曰 汝每啼聒我耳 長必不得爲士大夫妻 當歸之愚溫達 女年十六 將嫁上部高氏 女曰 王常語 我必爲溫達之婦 今何故改前言乎 匹夫猶不食言 況至尊乎 今王之命謬矣 妾不敢承 王怒曰 汝不從我敎 則不得爲吾女也 宜從汝所適 於是 以寶釧數十枚繫肘後 出宮獨行 路遇一人 問至溫達家 見其母盲且老 前拜問其子所在 母曰 聞子之臭 芬馥異常 接子之手 柔滑如縣 必貴人也 吾兒貧鄙 非所宜近 吾兒飢甚 取楡皮於山 女行至山下 見溫達負楡皮而來 與之言 溫達勃然曰 此非幼女子所至 狐魅也 勿迫我 遂行不顧 女隨至宿門外 明朝更入 與母子備言之 溫達依違未決 其母曰 吾兒至陋 不足爲貴人匹 吾家至寠 不宜爲貴人居 女曰 苟爲同心 何須富貴 乃賣金釧 買田宅奴婢牛馬器物資用完具 欲買馬 女語溫達曰 愼勿買市人馬 須擇國馬病瘦而棄之者 溫達如其言 女養之甚勤 馬日肥壯 國俗常以三月三日 會獵樂浪之丘 獲禽 祭天及山川神 至其日 王出獵 群臣及五部兵士皆

3431) 겨울 10월보다는 앞선 기사이다.
3432) 저본에는 '晬'로 되어 있으나, 내용상 '睟'로 수정해야 한다.
3433) 온달은 평강왕 때 사람이다. 따라서 열전의 내용을 평강왕, 평원왕 말년에 두었다.

	從 溫達以所養馬隨行 其馳騁常在前 所獲亦多 王召問姓名 驚異之 時後周武帝出師 伐遼東 王領軍逆戰於肄山之野 溫達爲先鋒 斬數十餘級 諸軍乘勝奮擊大捷 及論功 溫達爲第一 王嘉歎之曰 是吾甥也 備禮迎之 賜爵爲大兄 至是太子元嗣位 溫達告曰 新羅割我北漢之地爲郡縣 漢北之民 未嘗忘父母之國 願大王不以愚爲不肖 授之以兵 往必復之 王許之 臨行誓曰 所不以雞立峴竹嶺之西 歸我者 不返也 遂行 與羅軍戰於 阿旦城下 爲流矢所中而死 欲葬 柩不肯動 妻來撫棺曰 死生決矣 於乎 歸矣 遂舉而 窆 王聞之悲慟 (『三國史節要』7)
고구려	冬十月 薨 號曰平原王[是開皇十年 隋書及通鑑書 高祖賜璽書於開皇十七年 誤也] (『三國史記』19 高句麗本紀 7)3434)
고구려	嬰陽王[一云平陽] 諱元[一云大元] 平原王長子也 風神俊爽 以濟世安民自任 平原王在 位七年 立爲太子 三十二年 王薨 太子卽位 隋文帝遣使拜王爲上開府儀同三司 襲爵 遼東郡公 賜衣一襲 (『三國史記』20 高句麗本紀 8)3435)
고구려	冬十月 高勾麗王陽成薨 號平原 太子元立 (『三國史節要』7)
신라 백제	是歲 度尼大伴狹手彦連女善德大伴狛夫人新羅媛善妙百濟媛妙光 又漢人善聰善通妙 德法定照善智聰善智惠善光等 鞍部司馬達等子多須奈 同時出家 名曰德齊法師 (『日本 書紀』21 崇峻紀)
신라	大德慈藏金氏 夲辰韓真骨蘇判[三級爵名]茂林之子 其父歷官清要絶無後胤 乃歸心三 寶 造于千部觀音 希生一息 祝曰 若生男子 捨作法海津梁 母忽夢星墜入懷 因有娠 及誕與釋尊同日 名善宗郎 (『三國遺事』4 義解 5 慈藏定律)3436)
신라	釋慈藏 姓金氏 新羅國人 其先三韓之後也 中古之時 辰韓馬韓卞韓 率其部屬 各有魁 長 案梁貢職圖 其新羅國 魏曰斯盧 宋曰新羅 本東夷辰韓之國矣 藏父名武林 官至蘇 判異[以本王族 比唐一品] 既嚮高位 籌議攸歸 而絶無後嗣 幽憂每積 素仰佛理乃求加 護 廣請大捨祈心佛法 并造千部觀音 希生一息 後若成長 願發道心 度諸生類 冥祥顯 應 夢星墜入懷 因即有娠 以四月八日誕 載良晨 道俗銜慶希有瑞也 (『續高僧傳』24 護法 下 唐新羅國大僧統 釋慈藏 5(圓勝))
신라	唐慈藏 新羅國王諸公子也 金氏 父武林 官爲蘇判異 貴如中朝一品 然素諳佛理 而未 有嗣息 乃造觀音經千部 因致祈禱意 且曰苟有所出 將使續慧命 而度生類 非敢冀以 亢家門顯祖宗也 既而其母夢星入懷 以娠及其娩 適與先佛同月日 識者以爲瑞 (『新修 科分六學僧傳』4 慧學 傳宗科 唐慈藏)
신라	釋慈藏 姓金 新羅國人 其先三韓之後 東方辰韓國也 藏父名武林 官至蘇判異[北[比] 唐一品]享高位 而無後嗣 幽憂每積 素仰佛理 乃求加護 廣請大捨 祈心佛法 并造千部 觀音 希生一息 後若成長 願發道心 度諸生類 冥祥顯應 夢星墜入懷 因即有娠 以四 月八日誕 (『高僧摘要』3 慈藏)

591(辛亥/신라 진평왕 13 建福 8/고구려 영양왕 2/백제 위덕왕 38/隋 開皇 11/倭 崇峻 4)

고구려	(春正月)辛丑 高麗遣使朝貢 (『隋書』2 帝紀 2 高祖 下)
고구려	春正月 遣使入隋 奉表謝恩進奉 因請封王 帝許之 (『三國史記』20 高句麗本紀

3434) 『隋書』帝紀와 『北史』隋本紀에 추7월 辛亥(26)로, 『隋書』高麗傳 등에는 開皇17년(597)으로 나온다.
3435) 『三國遺事』1 王曆 1에 "第二十六 嬰湯王[一云 平湯 名元 一云大元 庚戌立 治三十八年]"이라고 나온 다. 『隋書』帝紀와 『北史』隋本紀에 추7월 辛亥로 나온다.
3436) 자장이 태어난 해가 590년이므로, 해당연도로 편년하였다.

고구려   春正月 隋遣使 冊高勾麗王爲上開府儀同三司 襲爵遼東郡公 賜衣一襲 高勾麗王奉表 謝 因請封王 (『三國史節要』7)3438)

고구려   (隋高祖開皇)十一年正月 高麗 (…) 並遣使貢方物 (『冊府元龜』970 外臣部 15 朝貢 3)3439)

신라   辛亥年二月十六日 南山新城作3440)節 如法以作後三年崩3441)破者 罪敎事爲3442)聞敎 令誓事之 阿良邏頭 沙喙 音3443)乃古 大舍 奴?3444)道使 沙喙 合3445)親 大舍 營3446) 沽3447)道使 沙喙 △3448)△3449)?3450)知 大舍 郡上村主 阿良村 今知 撰干 柴吐 △3451)△知尒3452)利 上干 匠尺 阿良村 末丁3453)次 干 奴?3454)村 次△3455)△ 3456)?3457)干 文尺△3458)文知 阿尺 城使3459)上 阿良 沒奈生 上△3460)△3461)尺 阿?3462)?3463)次 干 文尺 竹生次 一伐 面捉3464)上 珎3465)?3466)△門3467)捉3468)上 知?3469)次3470)?3471)捉3472)上首尒3473)次 小3474)石3475)捉3476) 上辱?3477)次3478)

3437) 본 기사에는 그 日을 알 수 없지만, 『隋書』帝紀에 辛丑(18)으로 나온다. 따라서 辛丑(18)으로 편년하고 편제하였다.

3438) 본 기사에는 그 日을 알 수 없지만, 『隋書』帝紀에 辛丑(18)으로 나온다. 따라서 辛丑(18)으로 편년하고 편제하였다.

3439) 본 기사에는 그 日을 알 수 없지만, 『隋書』帝紀에 辛丑(18)으로 나온다. 따라서 辛丑(18)으로 편년하고 편제하였다.

3440) 任으로 판독하기도 한다.

3441) ?로 판독하기도 한다.

3442) ?로 판독하기도 한다.

3443) 普로 판독하기도 한다.

3444) ? 또는 合으로 판독하기도 한다.

3445) 合 또는 ?로 한독하기도 한다.

3446) 판독하지 않기도 한다.

3447) 氵또는 ?, ?로 판독하기도 한다.

3448) 尺 또는 ?로 판독하기도 한다.

3449) 上으로 판독하기도 한다.

3450) 合, 伋, 亻으로 판독하기도 한다.

3451) 郡으로 판독하기도 한다.

3452) 尔로 판독하기도 한다.

3453) 工 또는 兮로 판독하기도 하며 판독하지 않기도 한다.

3454) 合으로 판독하기도 한다.

3455) 叱로 판독하기도 한다.

3456) 叱로 판독하기도 한다.

3457) 祀 또는 示, 禮, 礼로 판독하기도 한다.

3458) 亻 또는 使로 판독하기도 한다.

3459) 作으로 판독하기도 한다.

3460) 干으로 판독하기도 한다.

3461) 匠 또는 ?로 판독하기도 한다.

3462) 叱 또는 柴, ?로 판독하기도 한다.

3463) 丁 또는 村, 兮로 판독하기도 한다.

3464) 提로 판독하기도 한다.

3465) 珍 또는 ?로 판독하기도 한다.

3466) 巾으로 판독하기도 한다.

3467) 面으로 판독하기도 하며 판독하지 않기도 한다.

3468) 提로 판독하기도 한다.

3469) 祀 또는 示, 禮, 礼로 판독하기도 한다.

3470) 刊 또는 氵로 판독하기도 하며 판독하지 않기도 한다.

3471) 干 또는 面을 판독하기도 하며 판독하지 않기도 한다.

3472) 提로 판독하기도 한다.

3473) 尔로 판독하기도 한다.

3474) 干으로 판독하기도 한다.

3475) 占으로 판독하기도 하며 판독하지 않기도 한다.

△△受十3479)—3480)步3481)三3482)尺3483)八3484)寸3485) (「慶州南山新城碑」第一碑)

신라 阿大兮村 辛?3486)年二月廿六日 南山新城作節如法以3487)△3488) ?3489)三年崩破者 罪敎事爲聞敎令誓事之 阿且兮村道使 沙喙 勿生次 小舍 仇利城3490)道使 沙喙 級知 小舍 ?大支村道使?3491) 喙 所叱孔3492)知?3493) 郡中上3494)人3495) 沙刀城?西利之 貴干 久利城首3496)?3497)利之 撰干 匠尺 沙戶城 可沙里知 上干 文尺 美叱3498)△3499)之 一伐 阿大兮村作上人 所?之 上干?3500) 尺 可尸△3501)之 一伐 文尺 ?3502)毛?3503)之 一尺 面石捉人 仁尒3504)之 一伐 回3505)石捉人 首叱分之 一尺?3506) 石捉人 乙安尒3507)之 彼?3508) 小石捉人 丁3509)利之 彼日3510) 受作七步四尺 (「慶州南山新城碑」第二碑)

신라 辛亥年二月廿六日 南山新城作節如法以作 後三年崩3511)破者 罪敎事爲聞敎令誓事之 喙3512)部主刀3513)里 受作卄一步一寸 部監△3514)△△次3515) 大舍 仇生次 大舍 文尺3516) 仇△△ 小舍 里3517)作上人3518) 只冬 大舍 △文3519)知 小舍 文尺 久匠

3476) 提로 판독하기도 한다.
3477) 广 또는 厂로 판독하기도 한다.
3478) 판독하지 않기도 한다.
3479) 판독하지 않기도 한다.
3480) 판독하지 않기도 한다.
3481) 판독하지 않기도 한다.
3482) 판독하지 않기도 한다.
3483) 판독하지 않기도 한다.
3484) 판독하지 않기도 한다.
3485) 판독하지 않기도 한다.
3486) 亥로 판독하기도 한다.
3487) 以로 판독하기도 한다.
3488) 作으로 판독하기도 한다.
3489) 後로 판독하기도 한다.
3490) 村으로 판독하기도 한다.
3491) 沙로 판독하기도 한다.
3492) 판독하지 않기도 한다.
3493) 판독하지 않기도 한다.
3494) 村으로 판독하기도 하며 판독하지 않기도 한다.
3495) 主로 판독하기도 하며 판독하지 않기도 한다.
3496) 판독하지 않기도 한다.
3497) ?로도 판독하며 판독하지 않기도 한다.
3498) 吹로 판독하기도 한다.
3499) 利로 판독하기도 한다.
3500) 匠으로 판독하기도 한다.
3501) 移 로 판독하기도 한다.
3502) 得 또는 淂으로 판독하기도 한다.
3503) 尒 떠는 疋로 판독하기도 한다.
3504) 尒로 판독하기도 한다.
3505) 面으로 판독하기도 하며 판독하지 않기도 한다.
3506) 판독하지 않기도 한다.
3507) 尒로 판독하기도 한다.
3508) 판독하지 않기도 하며 日로 판독하기도 한다.
3509) 干 또는 兮로 판독하기도 한다.
3510) 판독하지 않기도 한다.
3511) 歲로 판독하기도 한다.
3512) 啄으로 판독하기도 한다.
3513) 力으로 판독하기도 한다.
3514) 等으로 판독하기도 한다.
3515) 판독하지 않기도 한다.
3516) 판독하지 않기도 한다.
3517) 판독하지 않기도 한다.
3518) 판독하지 않기도 한다.

	3520)?3521) 面石捉上人 △3522)△△△△3523)△3524)△3525)△3526) 大鳥△3527) 石捉人 △3528)下次3529) 大3530)鳥 小石捉上3531)人 △3532)△ 小鳥(「慶州南山新城碑」第三碑))
신라	(상결) 節如法以 (하결) (상결) 聞教令誓事 (하결) (상결) 邏頭沙喙弩3533)(하결) (상결) 貝3534)太舍一善支3535) (하결) (상결) 古生村珎 (하결) (상결) 利上干匠尺 (하결) (상결) 古一伐古生城上 (하결) (상결) 只一尺書尺夫3536) (하결) (상결) ?3537) 次3538)?3539)?石捉上人 (하결) (상결) △次小石捉上人 (하결) (「慶州南山新城碑」第四碑)
신라	(상결) 辛亥 (하결) (상결) 崩破者 罪教事爲聞△3540) (하결) (상결) 道使△3541)△3542) 喙部△3543)文△ (하결) (상결) 問3544)村△△3545)上干同3546)△ (하결) (상결) △3547) 城作上人△3548) (하결) (상결) △3549)△3550)一利△ (하결) (상결) 另△ (하결) (「慶州南山新城碑」第五碑)
신라	△尺同△△ 尺豆△ (「慶州南山新城碑」第六碑)
신라	辛亥年二月廿六日南山新城作 節如法以作後三年崩破者罪教 事爲△△△誓事之△△△ △△ △△△△△△舍△△△△△△(「慶州南山新城碑」第七碑)3551)
신라	奈日(慶州南山新城碑」第八碑)3552)
신라	辛亥年二月廿六日南山新城作節如 法以作後三年崩破者罪教事爲聞教 令誓事之及伐

3519) 판독하지 않기도 한다.
3520) 匹로 판독하기도 한다.
3521) 韋 또는 堂으로 판독하기도 한다.
3522) 伽로 판독하기도 한다.
3523) 面으로 판독하기도 한다.
3524) 石으로 판독하기도 한다.
3525) 者로 판독하기도 한다.
3526) 二로 판독하기도 한다.
3527) 面으로 판독하기도 한다.
3528) 俀으로 판독하기도 한다.
3529) 판독하지 않기도 한다.
3530) 판독하지 않기도 한다.
3531) 판독하지 않기도 한다.
3532) 利로 판독하기도 한다.
3533) 奴로 판독하기도 한다.
3534) 판독하지 않기도 한다.
3535) 판독하지 않기도 한다.
3536) 老로 판독하기도 한다.
3537) 玖 또는 珎으로 파악하기도 한다.
3538) 步로 판독하기도 하며 판독하지 않기도 한다.
3539) 四로 판독하기도 한다.
3540) 教로 판독하기도 한다.
3541) 幢으로 판독하기도 한다.
3542) 主로 판독하기도 한다.
3543) 吉로 판독하기도 한다.
3544) 同 또는 向으로 판독하기도 한다.
3545) 知로 판독하기도 한다.
3546) 向으로 판독하기도 한다.
3547) 步로 판독하기도 한다.
3548) 加로 판독하기도 한다.
3549) 文으로 판독하기도 한다.
3550) 尺으로 판독하기도 한다.
3551) 「慶州南山新城碑」第七碑는 종래의 제8비이다. 그 이유는 지금까지 남산신성비로 알려져 왔던 7비가 남산신성비가 아님이 밝혀졌기 때문이다.
3552) 「慶州南山新城碑」第八碑는 종래의 제9비이다. 그 이유는 지금까지 남산신성비로 알려져 왔던 7비가 남산신성비가 아님이 밝혀졌기 때문이다.

郡中伊同城徒受六步　郡上人曳安知撰干生伐城文上干匠　尺同村內丁上干斤谷村另利
支文尺　生伐只次丈城促上人伊同村△尸丁　上干工尺指大么村入夫△文尺伊同
村△次兮阿尺面促伯干支村支刀面　　　　捉同村西西阿尺捉人伊同村△　伯干支村
戊七 (「慶州南山新城碑」第九碑)[3553]

신라　　　春二月 置領客府令二員 (『三國史記』4 新羅本紀 4)[3554]
신라　　　二月 新羅置領客府令二人 (『三國史節要』7)

고구려　　三月 策封爲高句麗王 仍賜車服 (『三國史記』20 高句麗本紀 8)
고구려　　三月 隋策封高勾麗王 仍賜車服 (『三國史節要』7)

고구려　　五月甲子[五月甲子 此月壬午朔 無甲子 日干有誤] 高麗遣使貢方物 (『隋書』2 帝紀
　　　　　2 高祖 下)[3555]
고구려　　夏五月 遣使謝恩 (『三國史記』20 高句麗本紀 8)[3556]
고구려　　夏五月 高勾麗遣使如隋謝恩 (『三國史節要』7)[3557]
고구려　　(隋高祖開皇)十一年五月 高麗 (…) 並遣使貢方物 (『册府元龜』970 外臣部 15 朝貢
　　　　　3)[3558]

신라　　　秋七月 築南山城 周二千八百五十四步 (『三國史記』4 新羅本紀 4)
신라　　　秋七月 新羅築南山城 周二千八百五十四步 (『三國史節要』7)
신라　　　別本云 建福八年辛亥 築南山城 周二千八百五十步 則乃眞德[3559]王代始築 (『三國遺
　　　　　事』2 紀異 2 文虎王法敏)[3560]

가야　　　秋八月 庚戌朔 天皇詔群臣曰 朕思欲建任那 卿等何如 群臣奏言 可建任那官家 皆同
　　　　　陛下所詔 (『日本書紀』21 崇峻紀)

신라 가야　冬十一月己卯朔壬午 差紀男麻呂宿禰巨勢猿臣大伴嚙連葛城烏奈良臣 爲大將軍 率氏
　　　　　氏臣連 爲裨將部隊 領二萬餘軍 出居筑紫 遣吉士金於新羅 遣吉士木蓮子於任那 問
　　　　　任那事 (『日本書紀』21 崇峻紀)

신라　　　四千幢 眞平王十三年置 衿色黃黑 (『三國史記』40 雜志 9 職官 下)
신라　　　新羅置四千幢 衿色黃黑 京五種幢 衿色 一靑綠 二赤紫 三黃白 四白黑 五黑靑 二節
　　　　　末幢 衿色 一綠紫 二紫綠 萬步幢 九州各二 衿色 沙代[3561]州靑黃靑紫 歃良州赤靑
　　　　　赤白 菁州赤黃赤綠 漢山州黃黑黃綠 牛首州黑綠黑白 熊川州黃紫黃靑 河西州靑黑靑

3553)「慶州南山新城碑」第九碑는 발견 당시 10비라고 명명되었으나, 소개될 때는 9비로 부르게 되었다. 그
　　이유는 지금까지 남산신성비로 알려져 왔던 7비가 남산신성비가 아님이 밝혀졌기 때문이다.
3554)『三國史記』職官志에는 領客府令 2인을 眞德王 5년(651)에 설치한 것으로 되어 있다.
3555) 본 기사에는 그 日이 甲子로 나온다. 하지만 이 달은 壬午를 초하루로 하기 때문에 갑자는 없다. 따라
　　서 5월로 편년하고 편제하였다.
3556) 본 기사에는 그 日을 알 수 없지만,『隋書』帝紀에 甲子로 나온다. 하지만 이 달은 壬午를 초하루로
　　하기 때문에 갑자는 없다. 따라서 5월로 편년하고 편제하였다.
3557) 본 기사에는 그 日을 알 수 없지만,『隋書』帝紀에 甲子로 나온다. 하지만 이 달은 壬午를 초하루로
　　하기 때문에 갑자는 없다. 따라서 5월로 편년하고 편제하였다.
3558) 본 기사에는 그 日을 알 수 없지만,『隋書』帝紀에 甲子로 나온다. 하지만 이 달은 壬午를 초하루로
　　하기 때문에 갑자는 없다. 따라서 5월로 편년하고 편제하였다.
3559) 乎의 誤
3560) 이 기사에는 월 표기가 없으나,『三國史記』新羅本紀 등에 의거하여 7월로 편년하였다.
3561) 저본의 代는 伐이 맞다.

赤 武珍州白赤白黃 大匠尺幢 無衿 (『三國史節要』7)

신라   (…) 真平大王聞其殊異 收養宮中 年至十五授差執事 每夜逃去遠遊 王使勇士五十人
守之 每飛過月城 西去荒川岸上[在京城西] 率鬼衆遊 勇士伏林中窺伺 鬼衆聞諸寺曉
鍾各散 郞亦歸矣 軍士以事來奏 王召鼻荊曰 汝領鬼遊 信乎 郞曰然 王曰 然則汝使
鬼衆 成橋於神元寺北渠[一作神衆寺誤一云荒川東深渠] 荊奉勅 使其徒鍊石 成大橋於
一夜 故名鬼橋
王又問 鬼衆之中 有出現人間 輔朝政者乎 曰有吉達者可輔國政 王曰與來 翌日荊與
俱見 賜爵執事 果忠直無雙 時角干林宗無子王勅爲嗣子 林宗命吉達 創樓門於興輪寺
南 每夜去宿其門上 故名吉達門 一日吉達變狐而 遁去 荊使鬼捉而殺之 故其衆聞鼻
荊之名 怖畏而走 時人作詞曰 聖帝魂生子 鼻荊郞室亭 飛馳諸鬼衆 此處莫留停 鄕俗
帖此詞以辟鬼 (『三國遺事』1 紀異 1 桃花女 鼻荊郞)

고구려   (開皇十一年)是歲 高麗靺鞨 竝遣使朝貢 (『北史』11 隋本紀 上 高祖文皇帝)

신라   初師入陳後五年 圓光法師入陳 八年 曇育入隋[3562] 七年 隨入朝使 惠文俱還 師與智
明竝以高德 顯名當代 之才之美 固不相上下者也 (『海東高僧傳』2 流通一之二 釋智
明)

592(壬子/신라 진평왕 14 建福 9/고구려 영양왕 3/백제 위덕왕 39/隋 開皇 12/倭 崇峻 5)

고구려   春正月 遣使入隋朝貢 (『三國史記』20 高句麗本紀 8)
고구려   春正月 高勾麗遣使如隋朝貢 (『三國史節要』7)
고구려   (隋 高祖)開皇十二年春正月 帝在仁壽宮 突厥高麗契丹 並遣使獻方物 (『册府元龜』
970 外臣部 15 朝貢 3)

백제   秋七月壬申晦 日有食之 (『三國史記』27 百濟本紀 5)
백제   秋七月壬申晦 百濟日有食之 (『三國史節要』7)

신라   初師入陳後五年 圓光法師入陳 八年 曇育入隋[3563] 七年 隨入朝使 惠文俱還 師與智
明竝以高德 顯名當代 之才之美 固不相上下者也 (『海東高僧傳』2 流通一之二 釋智
明)

593(癸丑/신라 진평왕 15 建福 10/고구려 영양왕 4/백제 위덕왕 40/隋 開皇 13/倭 推古 1)

백제   元年正月 蘇我大臣馬子宿禰依合戰願 於飛鳥地建法興寺 立刹柱日 嶋大臣幷百餘人
皆着百濟服 觀者悉悅 以佛舍利 籠置刹柱礎中 (『扶桑略記』3 推古天皇段)

고구려   夏四月 庚午朔己卯 立廐戶豐聰耳皇子 爲皇太子 仍錄攝政 以萬機悉委焉 橘豐日天
皇第二子也 母皇后曰穴穗部間人皇女 皇后懷姙開胎之日 巡行禁中 監察諸司 至于馬
官 乃當廐戶 而不勞忽産之 生而能言 有聖智 及壯 一聞十人訴 以勿失能辨 兼知未

3562)『三國史記』4 신라본기4 진평왕 18년(596)조에 "春三月 高僧曇育 入隋求法"이라 되어 있으므로 본 기
사의 8년은 18년으로 고치는 것이 옳을 것이다(章輝玉,『海東高僧傳硏究』, 민족사, 1991, 188쪽).
3563)『三國史記』4 신라본기4 진평왕 18년(596)조에 "春三月 高僧曇育 入隋求法"이라 되어 있으므로 본 기
사의 8년은 18년으로 고치는 것이 옳을 것이다(章輝玉,『海東高僧傳硏究』, 민족사, 1991, 188쪽).

	然 且習內敎於高麗僧慧慈 學外典於 博士覺哿 竝悉達矣 父天皇愛之 令居宮南上殿 故稱其名 謂上宮廐戶豐聰耳太子 (『日本書紀』22 推古紀)
신라	秋七月 改築明活城 周三千步 (『三國史記』4 新羅本紀 4)
신라	秋七月 新羅改築明活城 周三千步 (『三國史節要』7)
신라	(秋七月) 西兄山城 周二千步 (『三國史記』4 新羅本紀 4)
신라	(秋七月) 又築西兄山城 周二千步 (『三國史節要』7)
신라	按唐僧傳云 開皇十三年 廣州有僧行懺法 以皮作帖子二枚 書善惡兩字 令人擲之 得善者吉 又行自撲懺法 以爲滅罪 而男女合匝 妄承密行 靑州接響 同行官司撿察 謂是妖妄 彼云 此搭懺法依占察經 撲懺法依諸經中 五體投地 如大山崩 時以奏聞 乃勅內史侍郞李元撰 就大興寺問諸大德 有大沙門法經彦琮等對曰 占察經見有兩卷 首題菩提登[3564]在外國譯文 似近代所出 亦有寫而傳者 撿勘群錄 並無正名譯人時處 搭懺與衆經復異 不可依行 因勅禁之 今試論之 靑州居士等搭懺等事 如大儒以詩書發塚 可謂畫虎不成 類狗者矣 佛所預防 正爲此爾 若曰 占察經無譯人時處 爲可疑也 是亦擔麻棄金也 何則 詳彼經文 乃悉壇深密 洗滌穢瑕 激昂懶夫者 莫如玆典 故亦名大乘懺 又云 出六根聚中 開元貞元二釋敎錄中 編入正藏 雖外乎性宗 其相敎大乘 殆亦優矣 豈與搭撲二懺 同日而語哉 如舍利佛問經 佛告長者子邠若多羅曰 汝可七日七夜 悔汝先罪 皆使淸淨 多羅奉敎 日夜懇惻 至第五夕 於其室中 雨種種物 若巾若帊若拂箒若刀錐斧等 墮其目前 多羅歡喜 問於佛 佛言 是離塵之相 割拂之物也 據此 則與占察經擲輪得相之事 奚以異哉 乃知表公翹懺得簡 聞法見佛 可謂不誣 況此經若僞妄 則慈氏何以親授表師 又此經如可禁 舍利問經亦可禁乎 琮輩可謂攫金不見人 讀者詳焉 讚曰 現身澆季激慵聾 靈岳仙溪感應通 莫謂翹懃傳搭懺 作橋東海化魚龍 (『三國遺事』4 義解 5 眞表傳簡)

594(甲寅/신라 진평왕 16 建福 11/고구려 영양왕 5/백제 위덕왕 41/隋 開皇 14/倭 推古 2)

백제	甲寅年三月廿六日 弟子王延孫奉爲現在父母 敬造金銅釋迦像一軀 願父母乘此 功德 現身安 穩生生世世 不經三途 遠離八難 速生淨土 見佛聞法 (「甲寅銘 釋迦像 光背」)[3565]
백제	冬十一月癸未 星孛于角亢 (『三國史記』27 百濟本紀 5)
백제	冬十一月癸未 百濟星孛于角亢 (『三國史節要』7)
신라	隋帝詔 拜王爲上開府樂浪郡公新羅王 (『三國史記』4 新羅本紀 4)
신라	隋冊新羅王爲上開府樂浪郡公新羅王 (『三國史節要』7)
신라	傳祚至金眞平 開皇十四年 遣使貢方物 高祖拜眞平爲上開府樂浪郡公新羅王 (『隋書』81 列傳 46 東夷 新羅)
신라	傳世三十 至眞平 以隋開皇十四年 遣使貢方物 文帝拜眞平上開府樂浪郡公新羅王 (『北史』94 列傳 82 新羅)
신라	(隋高祖開皇)十四年 新羅國王眞平 遣使貢方物 拜眞平爲上開府樂浪郡公新羅王 (『冊

3564) 燈의 잘못이다.
3565) 제작시기를 654년으로 보기도 한다.

府元龜』963 外臣部 8 封冊 1)

신라　　　隋高祖開皇十四年 新羅王眞王遣使貢方物 新羅言語名物 有似中國人 名國爲邦 弓爲
　　　　　孤 賊爲寇 行酒爲行觴 相呼皆爲徒 不與馬韓同焉 (『册府元龜』 996 外臣部 41 鞮譯)

신라　　　(北史) 又曰 新羅王眞平 以隋開皇十四年 遣使貢方物 文帝拜眞平上開府樂浪郡公新
　　　　　羅王 (『太平御覽』781 四夷部 2 東夷 2 新羅)

신라　　　(傳) 傳世三十 至眞平 以隋開皇十四年 貢方物 (『玉海』153 朝貢·外夷來朝·內附 唐
　　　　　新羅織錦頌·觀釋奠·賜晉書)

신라　　　其王金眞平 隋文帝時授上開府樂浪郡公新羅王 (『舊唐書』 199上 列傳 149上 東夷
　　　　　新羅)3566)

신라　　　隋書曰 新羅嘗遣使朝貢 李子雄至朝堂與語 因問其冠制所由 其使者曰 皮弁遺象安
　　　　　有大國君子 而不識皮弁也 子雄因曰 中國無禮 求諸四夷 使者曰 自至已來 此言之外
　　　　　未見無禮 憲司以子雄 失詞 奏劾其事 竟坐免 (『太平御覽』686 服章部 3 弁)3567)

595(乙卯/신라 진평왕 17 建福 12/고구려 영양왕 6/백제 위덕왕 42/隋 開皇 15/倭 推古 3)

고구려　　五月戊午朔丁卯 高麗僧慧慈歸化 則皇太子師之 (『日本書紀』22 推古紀)

고구려　　(推古)三年五月 高麗僧慧慈 百濟僧惠聰等來化 此兩僧弘陟內外 尤深釋義 則太子問
　　　　　道 聞一知十 聞十之百 二僧相語曰 是實眞人也 或不思而達出論外 三年業成 (『聖德
　　　　　太子傳曆』 上)3568)

신라　　　初 舒玄路見葛文王立宗之子肅訖宗之女萬明 心悅而目挑之 不待媒妁而合 舒玄爲萬
　　　　　弩郡太守 將與俱行 肅訖宗始知女子與玄野合 疾之囚於別第 使人守之 忽雷震屋門
　　　　　守者驚亂 萬明從竇而出 遂與舒玄赴萬弩郡 舒玄庚辰之夜 夢熒惑鎭二星降於己 萬明
　　　　　亦以辛丑之夜 夢見童子衣金甲乘雲入堂中 尋而有娠 二十月而生庾信 是眞平王建福
　　　　　十二年 隋文帝開皇十五年乙卯也 及欲定名 謂夫人曰 吾以庚辰夜吉夢 得此兒 宜以
　　　　　爲名 然禮不以日月爲名 今庚與庾字相似 辰與信聲相近 況古之賢人有名庾信 盍以命
　　　　　之 遂名庾信焉[萬弩郡今之鎭州 初以庾信胎藏之高山 至今謂之胎靈山] (『三國史記』
　　　　　41 列傳 1 金庾信 上)

신라　　　虎3569)力伊干之子 舒玄角干 金氏之長子曰庾信 弟曰欽純 姊妹3570)曰寶姬 小名阿海
　　　　　妹曰文姬 小名阿之 庾信公以眞平王十七年乙卯生稟精七曜 故背有七3571)星文 又多
　　　　　神異 (『三國遺事』 1 紀異 1 金庾信)

백제　　　是歲 百濟僧慧聰來之 此兩僧 弘演佛教 竝爲三寶之棟梁 (『日本書紀』 22 推古紀)

신라　　　乙卯年於宿知述干 (「於宿知述干墓 墨書銘」)

596(丙辰/신라 진평왕 18 建福 13/고구려 영양왕 7/백제 위덕왕 43/隋 開皇 16/倭 推古 4)

신라　　　春三月 高僧曇育 入隋求法 遣使如隋 貢方物 (『三國史記』4 新羅本紀 4)

3566) 이 기사에는 연대 표기가 없으나, 『三國史記』 新羅本紀 등에 의거하여 開皇14년(594)으로 편년하였다.
3567) 이 기사에는 연대 표기가 없으나, 『三國史記』 新羅本紀 등에 의거하여 開皇14년(594)으로 편년하였다.
3568) 이 기사에는 일자 표기가 없으나, 『日本書紀』에 의거하여 5월10일(丁卯)로 편년하였다.
3569) 고려 2대 임금인 혜종(惠宗)의 이름인 武를 피휘하였다.
3570) 妹자는 衍字로 보인다.
3571) 저본의 土는 七의 誤記이다.

신라		新羅遣使如隋朝貢 (『三國史節要』7)[3572]

신라		冬十月 永興寺火 延燒三百五十家 王親臨救之 (『三國史記』4 新羅本紀 4)
신라		冬十月 新羅永興寺火 延燒三百五十家 王親臨救之 (『三國史節要』7)

고구려　백제　冬十一月 法興寺造竟 則以大臣男善德臣拜寺司 是日慧慈慧聰 二僧 始住於法興寺 (『日本書紀』22 推古紀)

고구려　釋智越 姓鄭氏 南陽人也 (…) 台山又有沙門波若者 俗姓高句麗人也 陳世歸國 在金陵聽講 深解義味 開皇併陳 遊方學業 十六入天台北而智者求授禪法 其人利根上智 即有所證 謂曰 汝於此有緣 宜須閑居靜處成備妙行 今天台山最高峰 名爲華頂 去寺將六七十里 是吾昔頭陀之所 彼山祇是大乘根性 汝可往彼學道進行 必有深益 不須愁慮衣食 其卽遵旨 (『續高僧傳』17 習禪 2 隋 天台山 國淸寺 釋智越 11)

고구려　隋沙門波若 高句麗人也 陳氏有國日 遊學金陵 逮隋而來儀京輦 開皇十六年 入天台(山)依止智者 然而諸根聰利 遽有證入 智者嘗謂之曰 汝於此地有緣 華頂吾昔頭陀所在 自非大乘根器 不可往 汝宜就以成備妙行 凡所須衣食 不足憂慮也 (…) (『新修科分六學僧傳』3 慧學 傳宗科 隋沙門波若)

고구려　禪師般若 高麗人 開皇十六年 來詣佛隴求禪法 未久有所證悟 智者謂之曰 汝於此有緣 須閑居靜處 或辨妙行 華頂峯去此六七里 是吾昔日頭陀之所 住彼進道必有深益 師卽遵奉明誨 宴坐十六年未嘗下山 (『佛祖統紀』9 諸祖旁出世家 第五之一 智者旁出世家 華頂般若禪師)[3573]

고구려　章安灌頂禪師 (…) 華頂 般若禪師 (『佛祖統紀』24 佛祖世繫表 10 四祖天台智者大禪師 下)

고구려　建興五年歲在丙辰 佛弟子淸信女 上部兒奄[3574] 造釋迦文像 願生生世世 値佛聞法 一切衆生 同此願 (「建興五年丙辰銘 金銅光背」)[3575]

597(丁巳/신라 진평왕 19 建福 14/고구려 영양왕 8/백제 위덕왕 44/隋 開皇 17/倭 推古 5)

백제　夏四月丁丑朔 百濟王遣王子阿佐朝貢 (『日本書紀』22 推古紀)

고구려		五月己巳 高麗遣使貢方物 (『隋書』2 帝紀 2 高祖 下)[3576]
고구려		夏五月 遣使入隋朝貢 (『三國史記』20 高句麗本紀 8)[3577]
고구려		夏五月 高勾麗遣使如隋朝貢 (『三國史節要』7)[3578]
고구려		是歲 高麗突厥 竝遣使朝貢 (『北史』11 隋本紀 上 高祖文皇帝)[3579]

3572) 본 기사에서는 月을 알 수 없지만, 『三國史記』에 춘3월로 나온다. 따라서 춘3월로 편년하고 편제하였다.

3573) 智者大師 智顗의 입적은 隋 開皇17년(597)이므로, 智顗가 般若에게 말했던 해는 596년 혹은 597년이 된다.

3574) '△奄', '兜奄'으로 판독하기도 한다.

3575) 제작시기를 536년(안원왕 6)으로 보기도 한다.

3576) 『冊府元龜』外臣部에는 6월로 되어 있다.

3577) 본 기사에서는 日을 알 수 없지만, 『隋書』帝紀에 己巳(23)로 나온다. 따라서 己巳(23)로 편년하고 편제하였다.

3578) 본 기사에서는 日을 알 수 없지만, 『隋書』帝紀에 己巳(23)로 나온다. 따라서 己巳(23)로 편년하고 편제하였다.

3579) 본 기사에서는 月·日을 알 수 없지만, 『隋書』帝紀에 己巳(23)로 나온다. 따라서 己巳(23)로 편년하고

고구려	(隋高祖開皇)十七年六月 高麗 (…) 並遣使貢方物 (『册府元龜』970 外臣部 15 朝貢 3) 3580)

신라	冬十一月癸酉朔甲午 遣吉士磐金於新羅 (『日本書紀』22 推古紀)

신라	三郎寺成 (『三國史記』4 新羅本紀 4)

고구려	李景 字道興 天水休官人也 (…) (開皇)十七年 遼東之役爲馬軍總管 及還 配事漢王 (…)3581) (『隋書』65 列傳 30 李景)
고구려	李景 字道興 天水休官人也 (…) (開皇)十七年 遼東之役爲馬軍總管 及還 配事漢王 (…)3582) (『北史』76 列傳 64 李景)

고구려	(開皇)十七年3583) 上賜湯璽書曰 朕受天命 愛育率土 委王海隅 宣揚朝化 欲使圓首方足各遂其心 王每遣使人 歲常朝貢 雖稱藩附 誠節未盡 王旣人臣 須同朕德 而乃驅逼靺鞨 固禁契丹 諸藩頓顙 爲我臣妾 忿善人之慕義 何毒害之情深乎 太府工人 其數不少 王必須之 自可聞奏 昔年潛行財貨 利動小人 私將弩手逃竄下國 豈非修理兵器 意欲不臧 恐有外聞 故爲盜竊 時命使者 撫慰王藩 本欲問彼人情 敎彼政術 王乃坐之空館 嚴加防守 使其閉目塞耳 永無聞見 有何陰惡 弗欲人知 禁制官司 畏其訪察 又數遣馬騎 殺害邊人 屢騁姦謀 動作邪說 心在不賓 朕於蒼生悉如赤子 賜王土宇 授王官爵 深恩殊澤 彰著遐邇 王專懷不信 恒自猜疑 常遣使人密覘消息 純臣之義豈若是也 蓋當由朕訓導不明 王之愆違 一已寬恕 今日以後 必須改革 守藩臣之節 奉朝正之典 自化爾藩 勿忤他國 則長享富貴 實稱朕心 彼之一方 雖地狹人少 然普天之下 皆爲朕臣 今若黜王 不可虛置 終須更選官屬 就彼安撫 王若洒心易行 率由憲章 卽是朕之良臣 何勞別遣才彦也 昔帝王作法 仁信爲先 有善必賞 有惡必罰 四海之內 具聞朕旨 王若無罪 朕忽加兵 自餘藩國謂朕何也 王必虛心納朕此意 愼勿疑惑 更懷異圖 往者陳叔寶前後誡勅 經歷十年 彼則恃長江之外 聚一隅之衆 惛狂驕傲 不從朕言 故命將出師 除彼凶逆 來往不盈旬月 兵騎不過數千 歷代逋寇 一朝淸蕩 遐邇乂安 人神胥悅 獨王歎恨 獨致悲傷 黜陟幽明 有司是職 罪王不爲陳滅 賞王不爲陳存 樂禍好亂 何爲爾也 王謂遼水之廣何如長江 高麗之人多少陳國 朕若不存含育 責王前愆 命一將軍 何待多力 慇懃曉示 許王自新耳 宜得朕懷 自求多福 湯得書惶恐 將奉表陳謝 會病卒 子元嗣立 高祖使使拜元爲上開府儀同三司 襲爵遼東郡公 賜衣一襲 (『隋書』81 列傳 46 東夷 高麗)3584)
고구려	開皇十七年 上賜璽書 責以每遣使人 歲常朝貢 雖稱藩附 誠節未盡 驅逼靺鞨 禁固契丹 昔年潛行貨利 招動群小 私將弩手 巡竄下國 豈非意欲不臧 故爲竊盜 坐使空館 嚴加防守 又數遣馬騎 殺害邊人 恒自猜疑 密覘消息 慇懃曉示 許其自新 湯得書惶恐 將表陳謝 會病卒 子元嗣 文帝使拜元爲上開府儀同三司 襲爵遼東公 賜服一襲 (『北

편제하였다

3580) 『隋書』帝紀에는 5월23일(己巳), 『三國史記』高句麗本紀 등에는 5월로 되어 있다.
3581) 본문에 보이는 17년의 '遼東之役'은 18년의 잘못이다.
3582) 본문에 보이는 17년의 '遼東之役'은 18년의 잘못이다.
3583) 『二十五史抄』(中)에는 '七十'으로 되어 있다. 『隋書』卷3 「煬帝紀」에 의하면 '七'은 衍字로서 '十年 (590)'의 잘못이다. 이 기년은 10년이어야 한다. 『三國史記』및 『隋書』「高祖紀」에 의하면 平原王은 開皇 10년에 서거한 것으로 전하며, 『三國史記』平原王 32年條의 分註에도 이 기년이 잘못되었음을 지적하고 있다
3584) 『隋書』帝紀 등에는 開皇10년(590) 7월26일(辛亥)로, 『三國史記』高句麗本紀 등에는 開皇10년(590) 10월로 되어 있다.

史』94 列傳 82 高麗)

고구려　高麗王湯聞陳亡 大懼 治兵積穀 爲拒守之策[3585] 是歲 上賜湯璽書 責以雖稱藩附 誠節未盡 且曰 彼之一方 雖地狹人少[3586] 今若黜王 不可虛置 終須更選官屬 就彼安撫 王若洒心易行[3587] 率由憲章 卽是朕之良臣 何勞別遣才彥 王謂遼水之廣 何如長江 高麗之人 多少陳國[3588] 朕若不存含育 責王前愆 命一將軍 何待多力 殷勤曉示 許王自新耳 湯得書 惶恐 將奉表陳謝 會病卒[3589] 子元嗣立 上使使拜元爲上開府儀同三司 襲爵遼東公[3590] 元奉表謝恩 因請封王 上許之[3591] (『資治通鑑』178 隋紀 2 高祖文皇帝)[3592]

고구려　(隋高祖開皇)十七年 賜高麗王湯璽書曰 朕受天命 愛育率土 委王海隅 宣揚朝化 欲使圓首方足 各逐其心 王每遣使人 歲嘗朝貢 雖稱藩附 誠節未盡 王旣人臣 須同朕德 而乃驅逼靺鞨 固禁契丹 諸藩頓顙 爲我臣妾 忿善人之慕義 何毒害之情深乎 大府工人 其數不少 王必須之 自可聞奏 昔年潛行財貨 利動小人 私將弩手 逃竄下國 豈非修理兵器 意欲不藏 恐有外聞 故爲盜竊 時命使者 撫慰王蕃 本欲問彼人情 敎彼政術 王乃坐之空舘 嚴加防守 使其閉目塞耳 永無聞見 有何陰惡 弗欲人知 禁制官司 畏其訪察 又數遣馬騎 殺害邊人 屢騁姦謀 動作邪說 心在不賓 朕於蒼生 悉如赤子 賜王土宇 授王官爵 深恩殊澤 彰著遐邇 王專懷不信 嘗自猜疑 嘗遣使人 密覘消息 純臣之義 豈若是也 蓋當緣朕訓導不明 王之愆違 一已寬恕 今日以後 必須改革 守藩臣之節 奉朝正之典 自化爾蕃 勿忤他國 則長享富貴 實稱朕心 彼之一方 雖地狹人少 然普天之下 皆爲朕臣 今若黜王 不可虛置 終須更選官屬 就彼安否 王若洒心易行 率緣憲章 卽是朕之良臣 何勞別遣才彥也 昔帝王作法 仁信爲先 有善必賞 有惡必罰 四海之內 俱聞朕旨 王若無罪 朕勿加兵 自餘蕃國謂朕何也 王必虛心 納朕此意 愼勿疑惑 更懷異圖 往者陳叔寶代在江陰 殘害人庶 驚動我烽候 抄掠我邊境 朕前後誡勅 經歷十年 彼則恃長江之外 聚一隅之衆 惛狂驕傲 不從朕言 故命將出師 除彼凶逆 往來不盈旬月 兵騎不過數千 歷代逋寇 一朝淸蕩 遐邇久安 人臣胥悅 聞王歎恨 獨致悲傷 黜陟幽明 有司是職 罪王不爲陳滅 賞王不爲陳存 樂禍好亂 何爲爾也 王謂 遼水之廣 何如長江 高麗之人 多少陳國 朕若不存含育 責王前愆 命一將軍 何緣多力 慇懃曉示 許王自新耳 宜體朕懷 自求多福 湯得書惶恐 將奉表陳謝 會病卒 (『册府元龜』996 外臣部 41 責讓)[3593]

598(戊午/신라 진평왕 20 建福 15/고구려 영양왕 9/백제 위덕왕 45, 혜왕 1/隋 開皇 18/倭 推古 6)

고구려 말갈　(二月甲辰) 高麗王元帥靺鞨之衆萬餘寇遼西[3594] 營州總管韋沖擊走之 上聞而大怒 (『資治通鑑』178 隋紀 2 高祖文皇帝)

3585) 麗 力知翻 治 直之翻
3586) 璽 斯氏翻 少 詩沼翻 下同
3587) 洒 讀曰洗 行 下孟翻
3588) 少 詩沼翻
3589) 卒 子恤翻
3590) 使使 疏史翻 下同
3591) 自時隋終以高麗爲意 後遂以佳兵亡國
3592) 『三國史記』및『隋書』高祖紀에 의하면 平原王은 開皇 10년에 서거한 것으로 전하며,『三國史記』平原王 32年條의 分註에도 이 기년이 잘못되었음을 지적하고 있다
3593) 『三國史記』및『隋書』「高祖紀」에 의하면 平原王은 開皇 10년에 서거한 것으로 전하며,『三國史記』平原王 32年條의 分註에도 이 기년이 잘못되었음을 지적하고 있다
3594) 隋書 靺鞨在高麗之北 凡有七種 其一號栗末部 與高麗接 其二曰伯咄部 在栗末之北 其三曰安車骨部 在伯咄東北 其四曰拂湟部 在伯咄東 其五曰號室部 在拂湟東 其六曰黑水部 在安車骨西北 其七曰白山部 在栗末東南 而黑水部 猶爲勁健 卽古之肅愼氏也 遼西郡治柳城 隋置營州總管府 靺 莫撥翻 鞨 戶葛翻

고구려	말갈	王率靺鞨之衆萬餘 侵遼西 營州摠管韋冲擊退之 隋文帝聞而大怒 (『三國史記』 20 高句麗本紀 8)[3595]
고구려	말갈	高勾麗王率靺鞨之衆萬餘 侵遼西 營州摠管韋冲擊走之 隋主聞而大怒 (『三國史節要』 7)[3596]
고구려	말갈	自璉七葉至元 隋文帝時 率靺鞨之衆萬餘騎 寇遼西 (『通典』 186 邊防 2 東夷 下 高句麗)

고구려	河南扶風三[3597]郡 並有馬生角 長數寸 與天保初同占 是時 帝頻歲親征高麗 (『隋書』 23 志 18 五行 馬禍)[3598]

고구려	(二月)乙巳 以漢王諒爲行軍元帥 水陸三十萬伐高麗 (『隋書』 2 帝紀 2 高祖 下)
고구려	(二月)乙巳 以漢王諒爲行軍元帥 水陸三十萬 伐高麗 (『北史』 11 隋本紀 上 高祖文皇帝)
고구려	(二月)乙巳 以漢王諒王世積 並爲行軍元帥 將水陸三十萬伐高麗[3599] 以尙書左僕射高熲爲漢王長史[3600] 周羅睺爲水軍總管 (『資治通鑑』 178 隋紀 2 高祖文皇帝)
고구려	(隋高祖開皇)十八年二月 以漢王諒 爲行軍元帥 率水陸三十萬 伐高句麗 (『册府元龜』 984 外臣部 29 征討 3)[3601]
고구려	命漢王諒王世績[3602]並爲元帥 將水陸三十萬來伐 (『三國史記』 20 高句麗本紀 8)[3603]
고구려	命漢王諒王世績 並爲元帥 將水陸三十萬來伐 (『三國史節要』 7)[3604]
고구려	(開皇十七年)明年 元率靺鞨之衆萬餘騎寇遼西 營州總管韋沖擊走之 高祖聞而大怒 命漢王諒爲元帥 總水陸討之 (『隋書』 81 列傳 46 東夷 高麗)[3605]
고구려	(開皇十七年)明年 率靺鞨萬餘騎寇遼西 營州總管韋世沖擊走之 帝大怒 命漢王諒爲元帥 總水陸討之 (『北史』 94 列傳 82 高句麗)[3606]

신라	夏四月 難波吉士磐金 至自新羅 而獻鵲二隻 乃俾養於難波社 因以巢枝而産之 (『日本書紀』 22 推古紀)

고구려	六月景[3607]寅 下詔黜高麗王高元官爵 (『隋書』 2 帝紀 2 高祖 下)
고구려	六月景[3608]寅 詔黜高麗王高元官爵 (『北史』 11 隋本紀 上 高祖文皇帝)

3595) 본 기사는 내용은 月·日이 보이지 않는데, 『資治通鑑』 隋紀에 二月 甲辰(3)으로 나온다. 따라서 2월 甲辰(3)으로 편년하고 편제하였다.
3596) 본 기사는 내용은 月·日이 보이지 않는데, 『資治通鑑』 隋紀에 二月 甲辰(3)으로 나온다. 따라서 2월 甲辰(3)으로 편년하고 편제하였다.
3597) ‘三’은 二의 잘못이다.
3598) 본 기사는 정확한 연대는 알 수 없으나, 수가 고구려를 침공하기 직전의 일로 편년하고 편제하였다.
3599) 帥 所類翻 將 卽亮翻
3600) 長 知兩翻
3601) 본 기사는 내용은 日이 보이지 않는데, 『隋書』 帝紀와 『北史』 隋本紀에 二月 乙巳(4)로 나온다. 따라서 2월 乙巳(4)로 편년하고 편제하였다.
3602) 저본의 績은 積이 맞다.
3603) 본 기사는 내용은 日이 보이지 않는데, 『隋書』 帝紀와 『北史』 隋本紀에 二月 乙巳(4)로 나온다. 따라서 2월 乙巳(4)로 편년하고 편제하였다.
3604) 본 기사는 내용은 日이 보이지 않는데, 『隋書』 帝紀와 『北史』 隋本紀에 二月 乙巳(4)로 나온다. 따라서 2월 乙巳(4)로 편년하고 편제하였다.
3605) 본 기사에는 月·日을 알 수 없으나, 『隋書』 高祖紀에 二月 乙巳(4)로 나온다. 따라서 2월 乙巳(4)로 편년하고 편제하였다.
3606) 본 기사에는 月·日을 알 수 없으나, 『隋書』 高祖紀에 二月 乙巳(4)로 나온다. 따라서 2월 乙巳(4)로 편년하고 편제하였다.
3607) 景은 丙을 避諱한 것이다.

고구려	六月丙寅 下詔黜高麗王元官爵3609) 漢王諒軍出臨渝關3610) 値水潦 餽運不繼 軍中乏食 復遇疾疫3611) 周羅睺自東萊泛海趣平壤城3612) 亦遭風 船多飄沒 (『資治通鑑』178 隋紀 2 高祖文皇帝)
고구려	夏六月 帝下詔黜王官爵 漢王諒軍出臨渝關 値水潦 餽轉不繼 軍中乏食 復遇疾疫 周羅睺自東萊泛海 趣平壤城 亦遭風 船多漂沒 (『三國史記』20 高句麗本紀 8)3613)
고구려	夏六月 帝下詔黜王官爵 漢王諒軍出臨渝關 値水潦 餽轉不繼 軍中乏食 復遇疾疫 周羅睺自東萊泛海 趣平壤城 亦遭風 舩多漂沒 (『三國史節要』7)3614)
고구려	(開皇十七年明年) 下詔黜其爵位 時餽運不繼 六軍乏食 師出臨渝關 復遇疾疫 王師不振 (『隋書』81 列傳 46 東夷 高麗)3615)
고구려	(開皇十七年明年) 下詔黜其爵位 時餽運不繼 六軍乏食 師出臨渝關 復遇疾疫 王師不振 (『北史』94 列傳 82 高句麗)3616)
고구려	周羅睺 當遼東之役 徵爲本軍總管 自東萊汎海 趣平壤城 遭風船多飄沒 無功以還 (『册府元龜』438 將帥部 99 無功)3617)
신라	秋八月己亥朔 新羅貢孔雀一隻 (『日本書紀』22 推古紀)
신라	(推古)六年 此秋 新羅王獻孔雀一隻 天皇御看奇其美麗 太子奏曰 是不足怪 有稱鳳者 在南海丹穴之山 非聖人德不能致之 天皇則太子曰 朕夢得見足矣 其夜 天皇夢見鳳凰 晨說其容 太子大悅 是遐壽之表也 (『聖德太子傳曆』上)
고구려	九月己丑 漢王諒師遇疾疫而旋 死者十八九 (『隋書』2 帝紀 2 高祖 下)
고구려	九月己丑 漢王諒 師遇疾疫而旋 死者十二三 (『北史』11 隋本紀 上 高祖文皇帝)
고구려 백제	秋九月己丑 師還 死者什八九 高麗王元亦惶懼遣使謝罪3618) 上表稱遼東糞土臣元 上於是罷兵 待之如初 百濟王昌遣使奉表 請爲軍導 帝下詔諭以高麗服罪 朕已赦之 不可致伐 厚其使而遣之 高麗頗知其事 以兵侵掠其境 (『資治通鑑』178 隋紀 2 高祖文皇帝)
고구려 백제	秋九月 還師 死者十八九 王亦恐懼 遣使謝罪 上表稱遼東糞土臣某 帝於是罷兵 待之如初 百濟王昌遣使奉表 請爲軍導 帝下詔諭以高句麗服罪 朕已赦之 不可致伐 厚其使而遣之 王知其事 侵掠百濟之境 (『三國史記』20 高句麗本紀 8)3619)
고구려	秋九月 師還 死者十八九 高勾麗王亦懼 遣使謝罪 上表稱遼東糞土臣元 於是帝罷兵 待之如初 (『三國史節要』7)3620)

3608) 景은 丙을 避諱한 것이다.
3609) 麗 力知翻
3610) 臨渝關 在柳城 西四百八十里 所謂盧龍之險也 渝 漢書音喩
3611) 復 扶又翻
3612) 隋書 平壤城 東西六里 隨山屈曲 南臨浿水 杜佑曰 平壤城則故朝鮮國王險城也 趣 七喩翻
3613) 본 기사는 내용은 日이 보이지 않는데, 『隋書』帝紀와 『北史』隋本紀에 丙寅(27)으로 나온다. 따라서 丙寅(27)으로 편년하고 편제하였다.
3614) 본 기사는 내용은 日이 보이지 않는데, 『隋書』帝紀와 『北史』隋本紀에 丙寅(27)으로 나온다. 따라서 丙寅(27)으로 편년하고 편제하였다.
3615) 본 기사에는 月·日을 알 수 없으나, 『隋書』帝紀와 『北史』隋本紀에 六月丙寅(27)으로 나온다. 따라서 6월 丙寅(27)으로 편년하고 편제하였다.
3616) 본 기사에는 月·日을 알 수 없으나, 『隋書』帝紀와 『北史』隋本紀에 六月丙寅(27)으로 나온다. 따라서 6월 丙寅(27)으로 편년하고 편제하였다.
3617) 본 기사에는 연대를 알 수 없으나, 『隋書』帝紀와 『北史』隋本紀에 開皇十八年 六月丙寅(27)으로 나온다. 따라서 開皇18년(598) 6월 丙寅(27)으로 편년하고 편제하였다.
3618) 使 疏史翻 下同
3619) 본 기사는 내용은 日이 보이지 않는데, 『隋書』帝紀와 『北史』隋本紀에 己丑(21)으로 나온다. 따라서 己丑(21)으로 편년하고 편제하였다.
3620) 본 기사는 내용은 日이 보이지 않는데, 『隋書』帝紀와 『北史』隋本紀에 己丑(21)으로 나온다. 따라서

고구려	(開皇十八年)九月 遇疫而還 (『册府元龜』984 外臣部 29 征討 3)3621)
고구려	(開皇十七年明年) 及次遼水 元亦惶懼 遣使謝罪 上表稱遼東糞土臣元云云 上於是罷兵 待之如初 元亦歲遣朝貢 (『隋書』81 列傳 46 東夷 高麗)3622)
고구려	(開皇十七年明年) 及次遼水 元亦惶懼 遣使謝罪 上表稱遼東糞土臣元云云 上於是罷兵 待之如初 元亦歲遣朝貢 (『北史』94 列傳 82 高句麗)3623)
고구려	庶人諒 字德章 一名傑 開皇元年 立爲漢王 (…) 十八年 起遼東之役 以諒爲行軍元帥率衆至遼水 遇疾疫 不利而還 (…) (『隋書』45 列傳 10 文四子 楊諒)3624)
고구려	庶人諒 字德章 一名傑 小字益錢 開皇元年 立爲漢王 (…) 十八年 起遼東之役 以諒爲行軍元帥 至遼水 師遇疾疫 不利而還 (…) (『北史』71 列傳 59 隋宗室諸王 文帝四王楊諒)3625)
고구려	隋遣漢王諒總兵討之 次遼水 大遭疾疫 又乏糧 元復惶懼 遣使請罪 遂班師 (『通典』186 邊防 2 東夷 下 高句麗)
고구려	僧壽 字玄慶 (…) (開皇十七年)明年 遼東之役 領行軍總管 還 檢校靈州總管事 (…) (『隋書』52 列傳 17 韓擒虎 弟 僧壽)
고구려	杜彦 雲中人也 (…) (開皇)十八年 遼東之役 以行軍總管從漢王至營州 上以彦曉習軍旅 令總統五十營事 及還 拜朔州總管 (…) (『隋書』55 列傳 20 杜彦)
고구려	杜彦 雲中人也 (…) (開皇)十八年 遼東之役 以行軍總管從漢王至營州 上以彦曉習軍旅 令總統五十營事 及還 拜朔州總管 (…) (『北史』73 列傳 61 杜彦)
고구려	宇文㢨 字公輔 河南洛陽人也 (…) (開皇)十八年 遼東之役 授元帥漢王府司馬 仍尋領行軍總管 (…) (『隋書』56 列傳 21 宇文㢨)
고구려	宇文㢨 字公輔 河南洛陽人也 (…) (開皇)十八年 遼東之役 授元帥漢王府司馬 仍領行軍總管 (…) (『北史』75 列傳 63 宇文㢨)
고구려	張奫 字文懿 自云淸河人也 (…) 開皇十八年 爲行軍總管 從漢王諒征遼東 諸軍多物故 奫衆獨全 高祖善之 賜物二百五十段 (…) (『隋書』64 列傳 29 張奫)
고구려	張奫 字文懿 淸河東武城人也 (…) 開皇十八年 爲行軍總管 從漢王諒征遼東 諒軍多物故 奫衆獨全 帝善之 (『北史』78 列傳 66 張奫)
고구려	王世積 闡熙 新囿人也 (…) 及起遼東之役 世積與漢王並爲行軍元帥 至柳城 遇疾疫而還 (『隋書』40 列傳 5 王世積)
고구려	高熲字昭玄 一名敏 自云渤海蓚人也 (…) 會議伐遼東 熲固諫不可 上不從 以熲爲元帥長史 從漢王征遼東 遇霖潦疾疫 不利而還 (『隋書』41 列傳 6 高熲)
고구려	高熲字昭玄 一名敏 自言勃海蓚人也 (…) 曾祖暠 以太和中自遼東歸魏 官至衛尉卿 (…) 會議伐遼東 熲固諫不可 帝不從 以熲爲元帥長史 從漢王征遼東 遇霖潦疾疫 不利而還 (…) (『北史』72 列傳 60 高熲)
고구려	論曰 (…) 洎開皇之末 方征遼左 天時不利 師遂無功 (『北史』94 列傳 82 史論)
고구려	史臣曰 (…) 開皇之末 方事遼左 天時不利 師遂無功 (『隋書』81 列傳 48 史論)

己丑(21)으로 편년하고 편제하였다.

3621) 본 기사는 내용은 日이 보이지 않는데, 『隋書』帝紀와 『北史』隋本紀에 己丑(21)으로 나온다. 따라서 己丑(21)으로 편년하고 편제하였다.

3622) 본 기사에는 月·日을 알 수 없으나, 『隋書』帝紀와 『北史』隋本紀에 九月己丑(21)으로 나온다. 따라서 9월 己丑(21)으로 편년하고 편제하였다.

3623) 본 기사에는 月·日을 알 수 없으나, 『隋書』帝紀와 『北史』隋本紀에 九月己丑(21)으로 나온다. 따라서 9월 己丑(21)으로 편년하고 편제하였다.

3624) 본 기사에는 月·日을 알 수 없으나, 『隋書』帝紀와 『北史』隋本紀에 九月己丑(21)으로 나온다. 따라서 9월 己丑(21)으로 편년하고 편제하였다.

3625) 본 기사에는 月·日을 알 수 없으나, 『隋書』帝紀와 『北史』隋本紀에 九月己丑(21)으로 나온다. 따라서 9월 己丑(21)으로 편년하고 편제하였다.

고구려	褒字孝整 便弓馬 少有成人之量 (…) (開皇)十四年 以行軍總管屯兵備邊 遼東之役 復以行軍總管從漢王至柳城而還 (『隋書』50 列傳 15 元褒)
고구려	沖字世沖 少以名家子 在周釋褐衛公府禮曹叅軍 (…) 沖容貌都雅 寬厚得衆心 懷撫靺鞨契丹 皆能致其死力 奚霫畏懼 朝貢相續 高麗嘗入寇 沖率兵擊走之 (『隋書』47 列傳 12 韋沖)
고구려	韋沖 開皇中 爲營州總管 容貌都雅寬厚 得衆懷撫 靺鞨契丹皆能致其死 奚霫畏懼 朝貢相續 高麗嘗入寇 沖率兵擊之 (『册府元龜』429 將帥部 90 守邊)
고구려	封德彝之少也 僕射楊素[3626]見而奇之 遂妻以姪女 常撫座曰 封郎必居此坐 後討遼東 封公船沒 衆皆謂死 楊素曰 封郎當得僕射 此必未死 使人求之 公抱得一板 沒於大海中 力盡欲放之 忽憶楊公之言 復勉力持之 胸前爲板所摩擊 肉破至骨 衆接救得之 後果官至僕射[出定命錄] (『太平廣記』169 知人 1 楊素)
고구려	公諱直 字子政 京兆長安人 (…) (開皇)十八年 勅授遼東行軍總管司馬 (「唐直 墓誌銘」:『全隋文補遺』;『隋唐五代墓誌滙篇 洛陽』1)
고구려	父淵 隋上開府儀同三司 撫顯濟三州刺史 遼東道行軍總管 潭連郴永衡五州諸軍事 潭州總管 上大將軍 文安縣公 謚曰莊 隋史有傳 (「張楚賢 墓誌銘」:『唐代墓誌滙篇續集』;『全唐文補遺』1;『全唐文新編』993;『唐代墓誌滙篇附考』5)[3627]
고구려	曾祖淵 隋開府儀同三司江南遼東二道行軍總管衛尉卿上大將軍文安縣開國公食邑壹千戶 謚曰莊 (「張璥 墓誌銘」:『全唐文新編』358)[3628]
백제 고구려	秋九月 王使長史王辯那 入隋朝獻 王聞隋興遼東之役 遣使奉表 請爲軍道 帝下詔曰 往歲高句麗不供職貢 無人臣禮 故命將討之 高元君臣恐懼 畏服歸罪 朕已赦之 不可致伐 厚我使者而還之 高句麗頗知其事 以兵侵掠國境 (『三國史記』27 百濟本紀 5)
백제 고구려	(秋九月) 百濟王聞隋有遼東之役 遣長史王辯那 奉表請爲鄕道 隋下詔曰 往歲高勾麗不供職貢 無人臣禮 故命將討之 今高元君臣畏服歸罪 朕已赦之 不可致伐 厚其使者而還之 高勾麗王恨之 屢以兵侵掠百濟 (『三國史節要』7)
백제 고구려	開皇十八年 昌使其長史王辯那來獻方物 屬興遼東之役 遣使奉表 請爲軍導 帝下詔曰 往歲高麗不供職貢 無人臣禮 故命將討之 高元君臣恐懼 畏服歸罪 朕已赦之 不可致伐 厚其使而遣之 高麗頗知其事 以兵侵掠其境 (『隋書』81 列傳 46 東夷 百濟)
백제 고구려	(開皇)十八年 餘昌使其長史王辯那來獻方物 屬興遼東之役 遣奉表 請爲軍導 帝下詔厚其使而遣之 高麗頗知其事 兵侵其境 (『北史』94 列傳 82 百濟)
백제 고구려	(開皇)十八年 百濟王昌懷其長史辯那來獻方物 屬興途秉之役 遣使奉請爲軍導帝不許 詔曰住歲爲高麗不供職貢 無人臣禮 故命將討 毒冕君臣恐懼畏服歸罪 朕巳赦之 不可致伐 厚其使而遣之 (『册府元龜』980 外臣部 25 通好)
백제 고구려	(開皇)十八年 昌復使長史王辯郍 來獻方物 屬興遼東之役 奉表 請爲軍導 高麗頗知其事 兵侵其境 (『太平御覽』781 四夷部 2 東夷 2 百濟)
백제	冬十二月 王薨 群臣議謚曰威德 (『三國史記』27 百濟本紀 5)
백제	惠王 諱季 明王第二子 昌王薨 卽位[3629] (『三國史記』27 百濟本紀 5)
백제	冬十二月 百濟王昌薨 謚曰威德 第二子季明立 (『三國史節要』7)
백제	昌死 子餘宣立 死 子餘璋立 (『隋書』81 列傳 46 東夷 百濟)[3630]

3626) 楊素(544-606)는 隋 文帝 開皇12년(592) 尙書右僕射에 임명됨.
3627) 이 기사에는 연대 표기가 없으나,『隋書』64. 列傳 29 張鬚에는 "開皇十八年 爲行軍總管 從漢王諒征
　　　遼東"이라는 내용이 보인다. 그에 따라 598년으로 편년하였다.
3628) 이 기사에는 연대 표기가 없으나,『隋書』64. 列傳 29 張鬚에는 "開皇十八年 爲行軍總管 從漢王諒征
　　　遼東"이라는 내용이 보인다. 그에 따라 598년으로 편년하였다.
3629)『三國遺事』1 王曆 1에 "第二十八惠王[名季 一云献王 威德子 戊午立]"으로 나온다.

백제	餘昌死 子餘璋立 (『北史』 94 列傳 82 百濟)3631)
백제	八族殊胤 五部分司[括地志曰 隨間[隋開]皇中 其王名昌 昌死子餘宣 子死餘憚立 (…)] (『翰苑』 蕃夷部 百濟)3632)

신라	二弓[或云外弓] 一曰漢山州弓尺 眞德王六年 置 二曰河西州弓尺 眞平王二十年 置 無衿 (『三國史記』 40 雜志 9 職官 下)
신라	新羅置河西州弓尺 無衿 (『三國史節要』 7)

고구려	釋智越 姓鄭氏 南陽人也 (…) 台山又有沙門波若者 俗姓高句麗人也 (…) 其卽遵旨 以開皇十八年 往彼山所 曉夜行道不敢睡臥 影不出山十有六載 (『續高僧傳』 17 習禪 2 隋 天台山 國淸寺 釋智越11)
고구려	隋 沙門波若 高句麗人也 (…) 開皇十八年 始杖錫孤涉 以履踐所訓 (『新修科分六學僧傳』 3 慧學 傳宗科 隋 沙門波若)
고구려	又高麗釋波若 入中國天台山 (『三國遺事』 5 避隱 8 惠現求靜)

599(己未/신라 진평왕 21 建福 16/고구려 영양왕 10/백제 혜왕 2, 법왕 1/隋 開皇 19/倭 推古 7)

백제	秋九月癸亥朔 百濟貢駱駝一匹驢一匹羊二頭白雉一隻 (『日本書紀』 21 推古紀)

백제	王薨 諡曰惠 (『三國史記』 27 百濟本紀 5)3633)
백제	法王 諱宣[或云孝順] 惠王之長子 惠王薨 子宣繼位[隋書以宣爲昌王之子]3634) (『三國史記』 27 百濟本紀 5)3635)
백제	百濟王季明薨 諡曰惠 長子宣立 (『三國史節要』 7)3636)
백제	百濟第二十九主法王諱宣 或云孝順 開皇十年 己未卽位 (『三國遺事』 3 興法 3 法王禁殺)3637)
백제	昌死 子餘宣立 死 子餘璋立 (『隋書』 81 列傳 46 東夷 百濟)3638)
백제	餘昌死 子餘璋立 (『北史』 94 列傳 82 百濟)3639)

3630) 이 기사에는 연대 표기가 없으나, 『三國史記』 百濟本紀 등에 의거하여 威德王45년(598) 12월로 편년하였다. 原文의 '昌死 子餘宣立 死 子餘璋立'은 誤謬이다. 이 시기의 百濟王系는 (27) 威德王-(28) 惠王-(29) 法王-(30) 武王의 順으로 『三國史記』에 나와 있다. 惠王(季)과 法王(宣)이 모두 短命으로 在位 기간이 2年도 채 안된 관계로 인하여 惠王(季)의 在位가 隋에 전하여지지 않은 때문에 생긴 착오인 것 같다

3631) 이 기사에는 연대 표기가 없으나, 『三國史記』 百濟本紀 등에 의거하여 威德王45년(598) 12월로 편년하였다.

3632) 이 기사에는 연대 표기가 없으나, 『三國史記』 百濟本紀 등에 의거하여 威德王45년(598) 12월로 편년하였다.

3633) 본 기사의 내용은 그 月을 알 수 없지만, 冬12月 法王이 살생을 금하는 명령을 내린 이전 기사이다. 따라서 1~11월로 기간편년하고 11월에 편제하였다.

3634) 『三國遺事』 1 王曆 1에 "第二十九 法王[名孝順 又宣 惠王子 己未立]"으로 나온다.

3635) 본 기사의 내용은 그 月을 알 수 없지만, 冬12月 法王이 살생을 금하는 명령을 내린 이전 기사이다. 따라서 1~11월로 기간편년하고 11월에 편제하였다.

3636) 본 기사의 내용은 그 月을 알 수 없지만, 冬12月 法王이 살생을 금하는 명령을 내린 이전 기사이다. 따라서 1~11월로 기간편년하고 11월에 편제하였다.

3637) 이 기사에는 연대 표기가 없으나, 『三國史記』 百濟本紀 등에 의거하여 惠王 2년(599)으로 편년하였다.

3638) 이 기사에는 연대 표기가 없으나, 『三國史記』 百濟本紀 등에 의거하여 惠王 2년(599)으로 편년하였다. 原文의 '昌死 子餘宣立 死 子餘璋立'은 誤謬이다. 이 시기의 百濟王系는 (27) 威德王-(28) 惠王-(29) 法王-(30) 武王의 順으로 『三國史記』에 나와 있다. 惠王(季)과 法王(宣)이 모두 短命으로 在位 기간이 2年도 채 안된 관계로 인하여 惠王(季)의 在位가 隋에 전하여지지 않은 때문에 생긴 착오인 것 같다

3639) 이 기사에는 연대 표기가 없으나, 『三國史記』 百濟本紀 등에 의거하여 惠王 2년(599)으로 편년하였다.

백제	冬十二月 下令禁殺生 收民家所養鷹鷂 放之 漁獵之具焚之 (『三國史記』27 百濟本 紀 5)
백제	冬十二月 百濟下令禁殺生 收民家所養鷹鷂 放之 又焚漁獵之具 (『三國史節要』7)
백제	(開皇十年己未)是年冬 下詔禁殺生 放民家所養鷹鸇之類 焚漁獵之具 一切禁止 (『三 國遺事』3 興法 3 法王禁殺)3640)
고구려	公諱德 字和義 監川五原人也 (…) (開皇)十九年 夷狄背叛 侯乱疆場 配上柱國越公 摠率戎徒 橫行討爵 乃摧冒頓之陣 挫鳴鏑之鋒 六軍凱旋 三邊大定 授儀同三司 (「隋 金紫光祿大夫梁郡太守劉府君墓誌銘幷序」)3641)
고구려	延嘉七年歲在己未 高麗國 樂良東寺主敬 弟子僧演 師徒卅人 造賢劫千佛 流布 第廿 九 回現義佛比丘△頴3642)供養 (「延嘉七年銘 金銅光背」)3643)

600(庚申/신라 진평왕 22 建福 17/고구려 영양왕 11/백제 법왕 2, 무왕 1/隋 開皇 20/ 倭 推古 8)

고구려	春正月辛酉朔 上在仁壽宮 突厥高麗契丹並遣使貢方物 (『隋書』2 帝紀 2 高祖 下)
고구려	春正月辛酉朔 突厥高麗契丹並遣使朝貢 (『北史』11 隋本紀 上 高祖文皇帝)
고구려	春正月 遣使入隋朝貢 (『三國史記』20 高句麗本紀 8)3644)
고구려	春正月 高句麗遣使如隋朝貢 (『三國史節要』7)3645)
고구려	(春正月) 詔太學博士李文眞 約古史爲新集五卷 國初始用文字時 有人記事一百卷 名 曰留記 至是刪修 (『三國史記』20 高句麗本紀 8)
고구려	(春正月) 高句麗命大學博士李文眞 脩國史 初有記事百卷 名曰留記 至是脩之 約爲新 集五卷 (『三國史節要』7)
백제	春正月 創王興寺 度僧三十人 (『三國史記』27 百濟本紀 5)
백제	(春正月) 百濟創王興寺 度僧三十人 (『三國史節要』7)
백제	明年庚申度僧三十人 創王興寺於時都泗沘城[今扶餘] 始立栽而升遐 武王繼統 父基子 構歷數紀而畢成 其寺亦名弥勒寺 附山臨水花木秀麗四時之美具焉 王每命舟沿河入寺 賞其形勝壯麗[与古記所載小異 武王是貧母與池龍通交而所生 小名薯蕷 即位後謚号武 王 初与王妃草創也] 讚曰 詔寬翽狹千丘惠 澤洽豚魚四海仁 莫遣聖君輕下世 上方兜 率正芳春 (『三國遺事』3 興法 3 法王殺禁)
백제	(春正月) 大旱 王幸漆岳寺 祈雨 (『三國史記』27 百濟本紀 5)
백제	(春正月) 百濟大旱 王幸漆岳寺 祈雨 (『三國史節要』7)
신라 가야	春二月 新羅與任那相攻 天皇欲救任那 (『日本書紀』22 推古紀)
백제	夏五月 薨 上謚曰法 (『三國史記』27 百濟本紀 5)

3640) 이 기사에는 월 표기가 없으나, 『三國史記』百濟本紀 등에 의거하여 12월로 편년하였다.
3641) 『隋唐五代墓誌滙編』에 수록되어 있으며, 묘지명은 陝西省博物館에 소재하고 있다. 유덕은 611년 수 양제의 고구려 침공에 참여하여 고구려군을 유인하는 공을 세우기도 하였다. 『隋唐五代墓誌滙編』
3642) 顯, 類, 招로도 판독하고 있다.
3643) 연가 7년을 539년으로 보기도 한다.
3644) 이 기사에는 일자 표기가 없으나, 『隋書』帝紀 등에 의거하여 정월 1일(辛酉)로 편년하였다.
3645) 이 기사에는 일자 표기가 없으나, 『隋書』帝紀 등에 의거하여 정월 1일(辛酉)로 편년하였다.

백제	武王 諱璋 法王之子 風儀英偉 志氣豪傑 法王卽位翌年薨 子嗣位 (『三國史記』 27 百濟本紀 5)
백제	夏五月 百濟王宣薨 諡曰法 子璋立 風儀英偉 志氣豪傑(『三國史節要』 7)

權近曰 佛氏以因緣罪福之說 誑誘愚民 以爲崇信其法 則報應不差 生增福壽 死亦蒙益 此其所以久惑乎世者也 百濟王宣 見其父季明早死 謂苟崇佛 可以得壽也 卽位之初 下令禁民畜養鷹鷂 又收民家綱罟漁獵之具 而焚之 及其遘疾 親詣佛寺聽講其法 又多度人爲僧 蓋欲以是得壽享福也 然卒罔效 在位僅一年而死 其所謂報應者 果安在歟

昔三代聖王 享年之久 以修德耳 非徼福也 故唐韓愈謂 佛法未入中國之前 享年永久 天下治平 漢魏以降事佛愈謹 年代尤促 佛不足信明矣 誠確論也

今宣之事佛勤矣 其死也諡爲法王 然生旣不能使之增壽 則死亦不能使之蒙益 必矣 後之惑佛者觀此 亦知其妄矣 (『三國史節要』 7)

백제	第三十武王[或云武康獻丙戌 小名一耆篩德3646) 庚申立 治四十一年] (『三國遺事』 1 王曆)3647)
백제 신라	武王[古本作武康 非也 百濟無武康] 第三十武王 名璋 母寡居築室扵京師南池邊 池龍文3648)通而生 小名薯童 器量難測 常掘薯蕷 賣爲活業 國人因以爲名

聞新羅眞平王第三公主善花[一作善化] 美艶無雙 剃髮來京師 以薯蕷餉閭里群童 群童親附之 乃作謠 誘群童而唱之云 善化公主主隱 他密只嫁良置古 薯童房乙 夜矣卯乙抱遣去如

童謠滿京 達扵宮禁 百官極諫 竄流公主扵遠方 將行 王后以純金一斗贈行 公主將至竄所 薯童出拜途中 將欲侍衛而行 公主雖不識其從來 偶爾信悅 因此隨行 潛通焉然後 知薯童名 乃信童謠之驗

同至百濟 出母后所贈金 將謀計活 薯童大笑曰 此何物也 主曰 此是黃金 可致百年之富 薯童曰 吾自小掘薯之地 委積如泥土 主聞大驚曰 此是天下至寶 君今知金之所在 則此寶輸送父母宮殿何如 薯童曰 可

於是聚金 積如丘陵 詣龍華山師子寺知命法師所 問輸金之計 師曰 吾以神力可輸 將金來矣 主作書 幷金置扵師子前 師以神力 一夜輸置新羅宮中 眞平王異其神變 尊敬尤甚常馳書問安否 薯童由此 得人心 卽王位

一日王與夫人 欲幸師子寺 至龍華山下大池邊 彌勒三尊出現池中 留駕致敬 夫人謂王曰 湏創大伽藍扵此地 固所願也 王許之 詣知命所 問塡池事 以神力 一夜頹山塡池爲平地 乃法像彌勒三會 殿塔廊廡各三所創之 額曰彌勒寺[国史云 王興寺] 眞平王遣百工助之 至今存其寺[三国史云 是法王之子 而此傳之獨女之子 未詳] (『三國遺事』 2 紀異 2 武王)3649)

신라	高僧圓光 隨朝聘使 奈麻諸文 大舍橫川 還 (『三國史記』 4 新羅本紀 4)
신라	勤業旣成 道東湏継 夲國遠聞 上啓頻請 有勅厚加勞問 放歸桑梓 光徃還累紀 老幼相欣 新羅王金氏面申虔敬 仰若聖人

光性在虛閑 情多汎愛 言常含笑 慍結不形 而牋表啓書 徃還國命 並出自胷襟 一隅傾奉 皆委以治方 詢之道化 事異錦衣 請同觀國 乘機敷訓 垂範于今 年齒旣高 乘輿入內 衣服藥食 並王手自營 不許佐助 用希專福 其感敬爲此類也 將終之前 王親執慰囑累遺法 兼濟民斯 爲說徵祥 被于海曲 有弟子圓安 神志機頴 性希歷覽 慕仰幽求

3646) '德' 뒤에 '庚'이 빠졌다.
3647) 이 기사에는 월 표기가 없으나, 『三國史記』 百濟本紀 등에 의거하여 5월로 편년하였다.
3648) '文'은 '交'의 오기이다.
3649) 이 기사에는 월 표기가 없으나, 『三國史記』 百濟本紀 등에 의거하여 5월로 편년하였다.

逐北趨九都　東觀不耐　又西燕魏　後展帝京　備通方俗　尋諸経論　跨轢大綱　洞清纖旨
晚歸心學　高軓光塵　初住京寺　以道素有聞　特進蕭瑀奏請住於藍田所造津梁寺　四事供
給　無替六時矣　安昔叙光云　夲國王染患　醫治不損　請光入宮　別省安置　夜別二時爲說
深法　受戒懺悔　王大信奉　一時初夜　王見光首　金色晃然　有象日輪　隨身而至　王后宮
女同共觀之　由是　重發勝心　克留疾所　不久遂差　光於辰韓馬韓之間　盛通正法　每歲再
講　匠成後學之資　並充營寺　餘惟衣盋而已[載達凾]　又東京安逸戶長貞孝家在古夲　殊
異傳載圓光法師傳曰　(…)　眞平王二十二年庚申[三國史云　明年辛酉來]　師將理策東還
乃隨中國朝聘使還國　法師欲謝神　至前住三岐山寺　夜中神亦來呼其名曰　海陸途間　往
還如何　對曰　蒙神鴻恩　平安到訖　神曰　吾亦授戒於神　仍結生生相濟之約　又請曰　神
之眞容　可得見耶　神曰　法師若欲見我形　平旦可望東天之際　法師明日望之　有大臂貫
雲　接於天際　其夜神亦來曰　法師見我臂耶　對曰　見已　甚奇絶異　因此俗號臂長山　神
曰　雖有此身　不免無常之害　故吾無月日　捨身其嶺　法師來送長逝之魂　待約日往看　有
一老狐黑如漆　但吸吸無息　俄然而死

法師始自中國來　本朝君臣敬重爲師　常講大乘經典　此時　高麗百濟常侵邊鄙　王甚患之
欲請兵於隋[宜作唐]　請法師作乞兵表　皇帝見以三十萬兵親征高麗　自此知法師旁通儒
術也　享年八十四入寂　葬明活城西　又三國史列傳云　賢士貴山者沙梁部人也　與同里箒
項爲友　二人相謂曰　我等期與士君子遊　而不先正心持身　則恐不免於招辱　盍問道於賢
者之側乎　時聞圓光法師入隋回　寓止嘉瑟岬[或作加西　又嘉栖　皆方言也　岬　俗云古尸
故或云古尸寺　猶言岬寺也　今雲門寺東九千步許　有加西峴　或云嘉瑟峴　峴之北洞有寺
基　是也]　二人詣門進告昌[3650]　俗士顚蒙　無所知識　願賜一言　以爲終身之誡　光曰　佛
教有菩薩戒　其別有十　若等爲人臣子　恐不能堪　今有世俗五戒　一曰　事君以忠　二曰
事親以孝　三曰　交友有信　四曰　臨戰無退　五曰　殺生有擇　若[3651]行之無忽　貴山等曰
他則旣受命矣　所謂殺生有擇　特未曉也　光曰　六齋日春夏月不殺　是擇時也　不殺使畜
謂馬牛犬雞　不殺細物　謂肉不足一臠　是擇物也　此亦唯其所用　不求多殺　此是世俗之
善戒也　貴山等曰　自今以後　奉以周旋　不敢失墜　後二人從軍事　皆有奇功於國家 (『三
國遺事』4 義解 5 圓光西學)

신라　　時圓光法師　入隋遊學　還居加悉寺　爲時人所尊禮　貴山等詣門　摳衣進告曰　俗士顚蒙
無所知識　願賜一言　以爲終身之誡　法師曰　佛戒有菩薩戒　其別有十　若等爲人臣子　恐
不能堪　今有世俗五戒　一曰事君以忠　二曰事親以孝　三曰交友以信　四曰臨戰無退　五
曰殺生有擇　若等行之無忽　貴山等曰　他則旣受命矣　所謂殺生有擇　獨未曉也　師曰　六
齋日春夏月不殺　是擇時也　不殺使畜　謂馬牛雞犬　不殺細物　謂肉不足一臠　是擇物也
如此　唯其所用　不求多殺　此可謂世俗之善戒也　貴山等曰　自今已後　奉以周旋　不敢失
墜 (『三國史記』45 列傳 5 貴山)[3652]

신라　　新羅僧圓光　曾入陳求法　至是隨奈麻諸文大舍橫川　還自隋　爲時人所重　沙梁部人貴山
與箒項友善　相謂曰　我輩期與士君子遊　而不正心脩身　恐不免招辱　盍聞道於賢者　乃
詣光曰　俗士顚蒙　無所知識　願賜一言　爲終身之誡　光曰　佛有菩薩戒　其別有十　若等
爲人臣子　恐不能行　今有世俗五戒　一曰事君以忠　二曰事親以孝　三曰交友以信　四曰
臨戰無退　五曰殺傷有擇　若等行之無忽　貴山等曰　不敢 (『三國史節要』7)[3653]

신라　　沙梁部貴山箒項[3654]　詣門摳衣告曰　俗士顚蒙　無所知識　願賜一言　爲終身之誠　師曰

3650) ‘昌’은 ‘曰’의 오기로 보인다.
3651) 『삼국사기』 열전에는 이 뒤에 ‘等’자가 있다.
3652) 이 기사에는 연대 표기가 없으나, 『三國史記』 新羅本紀 등에 의거하여 眞平王22년(600)으로 편년하였
다.
3653) 이 기사에는 연대 표기가 없으나, 『三國史記』 新羅本紀 등에 의거하여 眞平王22년(600)으로 편년하였
다.
3654) 『삼국사기』 45 열전 5 貴山, 『三國遺事』 4 義解 5 圓光西學에 의하면 箒項이 맞다.

有菩薩戒　其別有十　若等爲人臣子　恐不能行　今有世俗五戒　一曰事君以忠　二曰奉[3655]親以孝　三曰交友以[3656]信　四曰臨戰不　退　五曰殺生有擇　若等行之無[3657]忽貴山曰　他則旣受命矣　但不曉殺生有擇　師曰　春夏月及六齋日不殺　是擇時也　不殺使畜　謂牛馬鷄犬　不殺細物謂肉不足一臠　是擇物也　過此雖[3658]△[3659]所△[3660]　但不求多殺此可謂世俗之善戒　貴山等　守而勿墮 (『海東高僧傳』2　流通　1-2(一之二))[3661]

고구려	劉炫字光伯　河間景城人也 (…) 開皇之末　國家殷盛　朝野皆以遼東爲意　炫以爲遼東不可伐　作撫夷論　以諷焉　當時莫有悟者　及大業之季　三征不克　炫言方驗 (『隋書』 75 列傳 40 儒林 劉炫)
고구려	時國家殷盛　皆以遼東為意　炫以為遼東不可伐　作撫夷論　以諷焉　當時莫有悟者　及大業之季　三征不剋　炫言方驗 (『北史』82 列傳 70 儒林 下 劉炫)
고구려	隋書曰　開皇之末　國家殷盛　朝野皆以遼東爲意　劉炫以爲遼東不可伐　作撫夷論　以諷焉　當時莫有悟者　及大業之年　三征不克　炫言方驗 (『太平御覽』595 文部 11 論)

가야 신라	是歲　命境部臣爲大將軍　以穗積臣爲副將軍[竝闕名]　則將萬餘衆　爲任那擊新羅　於是直指新羅　以泛海往之　乃到于新羅　攻五城而拔　於是　新羅王　惶之擧白旗　到于將軍之麾下而立　割多多羅素奈羅弗知鬼委陀南迦羅阿羅羅六城　以請服　時將軍共議曰　新羅知罪服之　强擊不可　則奏上　爰天皇更遣難波吉師神於新羅　復遣難波吉士木蓮子於任那　竝檢校事狀　爰新羅任那　二國遣使貢調　仍奏表之曰　天上有神　地有天皇　除是二神　何亦有畏乎　自今以後　不有相攻　且不乾船柁　每歲必朝　則遣使以召還將軍　將軍等至自新羅　卽新羅亦侵任那 (『日本書紀』22 推古紀)

601(辛酉/신라 진평왕 23 建福 18/고구려 영양왕 12/백제 무왕 2/隋 仁壽 1/倭 推古 9)

고구려 백제 가야

三月甲申朔戊子　遣大伴連囓于高麗　遣坂本臣糠手于百濟　以詔之曰　急救任那 (『日本書紀』22 推古紀)

신라	秋九月辛巳朔戊子　新羅之間諜者迦摩多到對馬　則捕以貢之　流上野 (『日本書紀』22 推古紀)
신라	冬十一月庚辰朔甲申　議攻新羅 (『日本書紀』22 推古紀)
백제	(開皇二十年)明年　帝遣文林郎裴淸使於倭國　渡百濟　東至一支國 (『通典』185 邊防 1 東夷 上 倭)[3662]

3655) '事'가 맞다.
3656) 규장각본, 조선총독부 중추원 필사본에는 以는 爲로 되어 있다.
3657) 규장각본, 조선총독부 중추원 필사본, 최남선본에는 無는 毌로 되어 있다.
3658) 규장각본, 조선총독부 중추원 필사본에는 雖는 椎로 되어 있다. 최남선본에는 雖는 惟로 되어 있다. 천견윤태랑본, 소화2년 불교사간 대동선교고 합간본에는 雖를 惟로 교정하였다.
3659) 규장각본, 조선총독부 중추원 필사본, 천견윤태랑본, 최남선본, 소화2년 불교사간 대동선교고 합간본에는 △는 其로 되어 있다.
3660) 규장각본, 조선총독부 중추원 필사본, 천견윤태랑본, 최남선본, 소화2년 불교사간 대동선교고 합간본에는 △는 用으로 되어 있다. 『신수대장경(新修大藏經)』제50권, 『대일본불교전서유방총서(大日本佛敎全書遊方叢書)』제2에는 註曰二空字宜作有用二字遺事作唯其所用으로 되어 있다.
3661) 이 기사에는 연대 표기가 없으나, 『三國史記』新羅本紀 등에 의거하여 眞平王22년(600)으로 편년하였다.

602(壬戌/신라 진평왕 24 建福 19/고구려 영양왕 13/백제 무왕 3/隋 仁壽 2/倭 推古 10)

| 신라 | 春二月己酉朔 來目皇子爲擊新羅將軍 授諸神部及國造伴造等 幷軍衆二萬五千人 (『日本書紀』 22 推古紀) |

| 신라 | 夏四月戊申朔 將軍來目皇子 到于筑紫 乃進屯嶋郡 而聚船舶運軍糧 (『日本書紀』 22 推古紀) |

| 백제 신라 | 六月丁未朔己酉 大伴連囓坂本臣糠手 共至自百濟 是時 來目皇子 臥病以不果征討 (『日本書紀』 22 推古紀) |

| 신라 | 遣使大奈麻上軍入隋 進方物 (『三國史記』 4 新羅本紀 4)3663) |
| 신라 | 新羅遣使大奈麻上軍如隋朝貢 (『三國史節要』 7)3664) |

| 신라 백제 | 秋八月 百濟來攻阿莫城 王使將士逆戰 大敗之 貴山箒項死之 (『三國史記』 4 新羅本紀 4) |

| 백제 신라 | 秋八月 王出兵圍新羅阿莫山城[一名母山城] 羅王眞平遣精騎數千 拒戰之 我兵失利而還 新羅築小陁畏石泉山甕岑四城 侵逼我疆境 王怒 令佐平解讎 帥步騎四萬 進攻其四城 新羅將軍乾品武殷帥衆拒戰 解讎不利 引軍退於泉山西大澤中 伏兵以待之 武殷乘勝 領甲卒一千追至大澤 伏兵發急擊之 武殷墜馬 士卒驚駭 不知所爲 武殷子貴山大言曰 吾嘗受敎於師 曰士當軍無退 豈敢奔退以墜師敎乎 以馬授父 卽與小將箒項 揮戈力鬪以死 餘兵見此益奮 我軍敗績 解讎僅免 單馬以歸 (『三國史記』 27 百濟本紀 5) |

| 신라 백제 | 秋八月 百濟王圍新羅阿莫山城 新羅遣精騎數千拒之 百濟王失利而還 新羅築小陁畏石泉山甕岑四城 以逼之 百濟王怒 令佐平解讎 帥步騎四萬 攻四城 (『三國史節要』 7) |

| 신라 백제 | 眞平王建福十九年壬戌秋八月 百濟大發兵 來圍阿莫[一作莫3665)]城 王使將軍波珍千3666)乾品武梨屈伊梨伐級干武殷比梨耶等 領兵拒之 貴山箒項 幷以少監赴焉 百濟敗 退於泉山之澤 伏兵以待之 我軍進擊 力困引還 時武殷爲殿 立於軍尾 伏猝出 鉤而下之 貴山大言曰 吾嘗聞之師曰士當軍無退 豈敢奔北乎 擊殺賊數十人 以己馬出父 與箒項揮戈力鬪 諸軍見之奮擊 橫尸滿野 匹馬隻輪無反者 貴山等金瘡滿身 半路而卒 王與羣臣迎於阿那之野 臨尸痛哭 以禮殯葬 追賜位貴山奈麻 箒項大舍 (『三國史記』 45 列傳 5 貴山) |

| 신라 백제 | 新羅王使將軍波珍干乾品武梨屈伊梨伐 級干武殷比梨耶 帥衆逆戰 貴山箒項 亦以少監赴焉 解讎不利 引軍而退 伏於泉山西大澤中 以待之 武殷領甲騎一千 乘勝長驅 至大澤 伏發急擊之 武殷墜馬 士卒錯愕 不知所爲 貴山大言曰 吾嘗受敎於師曰 臨戰無退 豈敢奔竄以墜師敎乎 乃以馬授其父武殷 卽與箒項力鬪 害數十人 諸軍因而奮擊 百濟敗績 橫屍滿野 解讎僅以身免 貴山等金瘡滿身而死 王與群臣 迎於阿那之野 臨屍痛哭 以禮殯葬 追贈貴山奈麻 箒項大舍 (『三國史節要』 7)3667) |

3662) 『三國史記』 百濟本紀 등에는 大業 4년(608)으로 되어 있다.
3663) 이 기사에는 연대 표기가 없으나, 8월의 앞에 있으므로 1~7월로 기간편년하고 마지막달인 7월에 배치하였다.
3664) 이 기사에는 연대 표기가 없으나, 8월의 앞에 있으므로 1~7월로 기간편년하고 마지막달인 7월에 배치하였다.
3665) 을해목활자본에는 '暮'라고 되어 있다.
3666) 원문에는 '千'으로 되어 있으나, '干'이 맞다.

신라	九月 高僧智明隨入朝使上軍還 王尊敬明公戒行爲大德 (『三國史記』4 新羅本紀 4)
신라	九月 新羅僧智明 入陳求法 至是隨上軍還自隋 王以智明爲大德 (『三國史節要』7)

백제	冬十月 百濟僧觀勒來之 仍貢曆本及天文地理書 幷遁甲方術之書也 是時 選書生三四人 以俾學習於觀勒矣 陽胡史祖玉陳習曆法 大友村主高聰學天文遁甲 山背臣日立學方術 皆學以成業 (『日本書紀』22 推古紀)

고구려	閏十月乙亥朔己丑 高麗僧僧隆雲聰 共來歸 (『日本書紀』22 推古紀)

603(癸亥/신라 진평왕 25 建福 20/고구려 영양왕 14/백제 무왕 4/隋 仁壽 3/倭 推古 11)

신라	春二月癸酉朔丙子 來目皇子 薨於筑紫 仍驛使以奏上 爰天皇聞之大驚 則召皇太子蘇我大臣 謂之曰 征新羅大將軍來目皇子薨之 其臨大事 而不遂矣 甚悲乎 仍殯于周芳娑婆 乃遣土師連猪手 令掌殯事 故猪手連之孫曰娑婆連 其是之緣也 後葬於河內埴生山岡上 (『日本書紀』22 推古紀)

신라	夏四月壬申朔 更以來目皇子之兄當摩皇子 爲征新羅將軍 (『日本書紀』22 推古紀)

신라	秋七月辛丑朔癸卯 當摩皇子 自難波發船 (『日本書紀』22 推古紀)

신라	(七月)丙午 當摩皇子到播磨 時從妻舍人姬王薨於赤石 仍葬于赤石檜笠岡上 乃當摩皇子返之 遂不征討 (『日本書紀』22 推古紀)

신라 고구려	秋八月 高句麗侵北漢山城 王親率兵一萬以拒之 (『三國史記』4 新羅本紀 4)
신라 고구려	秋八月 高勾麗王遣將軍高勝 攻新羅北漢山城 新羅王親率兵一萬 過漢水 城中鼓噪相應 勝以彼衆我寡 乃退 (『三國史節要』7)
고구려 신라	王遣將軍高勝攻新羅北漢山城 羅王率兵 過漢水 城中鼓噪相應 勝以彼衆我寡 恐不克而退 (『三國史記』20 高句麗本紀 8)[3668]

604(甲子/신라 진평왕 26 建福 21/고구려 영양왕 15/백제 무왕 5/隋 仁壽 4/倭 推古 12)

신라	秋七月 遣使大奈麻萬世惠文等朝隋 (『三國史記』4 新羅本紀 4)
신라	秋七月 新羅遣使大奈麻萬世惠文等 如隋朝貢 (『三國史節要』7)

신라	(秋七月) 廢南川州 還置北漢山州 (『三國史記』4 新羅本紀 4)
신라	眞平王二十六年 罷南川停 置漢山停 衿色黃靑 (『三國史記』40 雜志 9 職官 下 武官)[3669]
신라	新羅廢南川州 復置北漢山州 (…) 新羅罷南川停 置北漢山停 衿色黃靑 (『三國史節要』7)[3670]

3667) 이 기사에는 월 표기가 없으나, 『三國史記』新羅本紀 등에 의거하여 8월로 편년하였다.
3668) 이 기사에는 월 표기가 없으나, 『三國史記』新羅本紀 등에 의거하여 8월로 편년하였다.
3669) 이 기사에는 월 표기가 없으나, 『三國史記』新羅本紀에 의거하여 7월로 편년하였다.
3670) 이 기사에는 월 표기가 없으나, 『三國史記』新羅本紀에 의거하여 7월로 편년하였다.

신라	軍師幢 眞平王二十六年 始置 衿色白 (『三國史記』40 雜志 9 職官 下 武官)
신라	置軍師幢 衿色白 (『三國史節要』7)

605(乙丑/신라 진평왕 27 建福 22/고구려 영양왕 16/백제 무왕 6/隋 大業 1/倭 推古 13)

백제	春二月 築角山城 (『三國史記』27 百濟本紀 5)
백제	春二月 百濟築角山城 (『三國史節要』7)

신라	春三月 高僧曇育隨入朝使惠文還 (『三國史記』4 新羅本紀 4)

고구려	夏四月辛酉朔 天皇詔皇太子大臣及諸王諸臣 共同發誓願 以始造銅繡丈六佛像 各一軀 乃命鞍作鳥 爲造佛之工 是時 高麗國大興王 聞日本國天皇造佛像 貢上黃金三百兩 (『日本書紀』22 推古紀)

고구려	(八月壬寅) 契丹寇營州3671) (…) 雲起旣入其境 使突厥詐云向柳城3672) 與高麗交易 敢漏泄事實者斬 (『資治通鑑』180 隋紀 4 煬皇帝 上之上)
고구려	韋雲起 雍州萬年人 (…) 會契丹入抄營州 (…) 雲起旣入其界 使突厥詐云向柳城郡 欲共高麗交易 勿言營中有隋使 敢漏泄者斬之 (『舊唐書』75 列傳 25 韋雲起)3673)
고구려	韋雲起 京兆萬年人 (…) 會契丹寇營州 (…) 雲起至旣入境 使突厥紿云詣柳城 與高麗市易 敢言有隋使在者斬 (『新唐書』103 列傳 28 韋雲起)3674)

신라 백제	秋八月 發兵侵百濟 (『三國史記』4 新羅本紀 4)
백제 신라	秋八月 新羅侵東鄙 (『三國史記』27 百濟本紀 5)
신라 백제	秋八月 新羅侵百濟東鄙 (『三國史節要』7)

신라	急幢 眞平王二十七年置 衿色黃綠 (『三國史記』40 雜志 9 職官 下 武官)
신라	新羅置急幢 衿色黃綠 (『三國史節要』7)

고구려	雁門百姓間犬多去其主 群聚於野 形頓變如狼而噉噬行人 數年而止 五行傳曰 犬守禦者也 而今去其主 臣下不附之象 形變如狼 狼色白 爲主兵之應也 其後帝窮兵黷武 勞役不息 天戒若曰 無爲勞役 守禦之臣將叛而爲害 帝不悟 遂起長城之役 續有西域遼東之擧 天下怨叛 及江都之變 並宿衛之臣也 (『隋書』22 志 17 五行 上 犬禍)

606(丙寅/신라 진평왕 28 建福 23/고구려 영양왕 17/백제 무왕 7/隋 大業 2/倭 推古 14)

백제	春三月 王都雨土 晝暗 (『三國史記』27 百濟本紀 5)
백제	春三月 百濟王都雨土 晝暗 (『三國史節要』7)

백제	夏四月 大旱 年饑 (『三國史記』27 百濟本紀 5)
백제	夏四月 百濟大旱 年饑 (『三國史節要』7)

3671) 遼西郡 置營州 契 欺訖翻 又音喫
3672) 此古柳城也 隋志 遼西郡營州 並治柳城縣 乃龍城縣 龍城本和龍城 自後魏以來 營州治焉 開皇元年 改爲龍山縣 十八年 改爲柳城
3673) 이 기사에는 월일 표기가 없으나, 『資治通鑑』에 의거하여 8월15일(壬寅)로 편년하였다.
3674) 이 기사에는 월일 표기가 없으나, 『資治通鑑』에 의거하여 8월15일(壬寅)로 편년하였다.

고구려	(十二月) 初 齊溫公之世[3675] 有魚龍山車等戲 謂之散樂[3676] 周宣帝時 鄭譯奏徵之[3677] 高祖受禪 命牛弘定樂 非正聲清商及九部四舞之色 悉放遣之[3678] (『資治通鑑』 180 隋紀 4 煬皇帝 上之上)
고구려	大業中 煬帝乃定清樂西涼龜茲天竺康國疏勒安國高麗禮畢 以爲九部 樂器工衣創造既成 大備於茲矣 (…) 疏勒安國高麗 並起自後魏平馮氏及通西域 因得其伎 後漸繁會其聲 以別於太樂 (…) 高麗 歌曲有芝栖 舞曲有歌芝栖 樂器有彈筝臥箜篌豎箜篌琵琶五弦笛笙簫小篳篥桃皮篳篥腰鼓齊鼓擔鼓貝等十四種 爲一部 工十八人 (『隋書』 15 志 10 音樂 下)[3679]
고구려	燕樂 高祖即位 仍隋制設九部樂 (…) 高麗伎 有彈筝搊筝鳳首箜篌臥箜篌豎箜篌琵琶 以蛇皮爲槽 厚寸餘 有鱗甲 楸木爲面 象牙爲捍撥 畫國王形 又有五絃義觜笛笙葫蘆笙簫小觱篥桃皮觱篥腰鼓齊鼓檐鼓龜頭鼓鐵版貝大觱篥 胡旋舞 舞者立毬[3680]上 旋轉如風 (『新唐書』 21 志 11 禮樂 10)[3681]
고구려	唐五絃 [志] 西涼伎有五絃 天竺高麗龜茲安國疏勒伎 皆有之 五絃 如琵琶而小 北國所出 舊以木撥彈 樂工裴神符 初以手彈 太宗悅甚 後人習爲搊琵琶 (『玉海』 110 音樂 樂器)[3682]
고구려	唐銅鼓 [志] (…) 高麗伎有腰鼓齊鼓檐鼓龜頭鼓 (『玉海』 110 音樂 樂器)[3683]
고구려	漠南胡未空 漢將復臨戎 飛狐出塞北 碣石指遼東 冠軍臨瀚海 長平翼大風 橫虎落陣氣 抱龍繞城虹 橫行萬里外 胡運百年窮 兵寢星芒落 戰解月輪空 嚴鐎息夜斗 駢角罷鳴弓 北風嘶朔馬 胡霜切塞鴻 休明大道暨 幽荒日用同 方就長安邸 來謁建章宮 (『文苑英華』 197 詩 47 樂府 6 楊素 出塞 二首 1)[3684]

607(丁卯/신라 진평왕 29 建福 24/고구려 영양왕 18/백제 무왕 8/隋 大業 3/倭 推古 15)

고구려	(大業)三年三月辛亥 長星見西方 竟天 干歷奎婁角亢而沒 至九月辛未 轉見南方 亦竟天 又干角亢 頻掃太微帝座 干犯列宿 唯不及叄井 經歲乃滅 占曰 去穢布新 天所以去無道 建有德 見久者災深 星大者事大 行遲者期遠 兵大起 國大亂而亡 餘殃爲水旱饑饉 土功疾疫 其後 築長城 討吐谷渾及高麗 兵戎歲駕 略無寧息 水旱饑饉疾疫 土功相仍 而有群盜並起 邑落空虛 (『隋書』 21 志 16 天文 下 五代災變應)
백제 고구려	春三月 遣扞率燕文進入隋朝貢 又遣佐平王孝隣入貢 兼請討高句麗 煬帝許之 令覘高句麗動靜 (『三國史記』 27 百濟本紀 5)

3675) 齊主緯 周封爲溫公
3676) 散 悉亶翻
3677) 見一百七十四卷 陳高宗太建 十一年 散 悉亶翻
3678) 正聲 謂鄭譯等所定之樂也 開皇九年 平陳 置清商署 管宋齊舊樂 即清樂也 杜佑曰 清樂者 其始即清商三調是也 並漢氏以來舊典 樂器形制幷歌章古調 與魏三祖所作者 皆備於史籍 屬晉朝遷播 夷羯竊據 其音分散 符堅平張氏 於涼州得之 宋武平關中 因而入南 及隋平陳後 文帝聽而善其節奏曰 此華夏正聲也 因置清商署 總謂之清樂 帝定清樂西涼龜茲天竺康國疏勒安國高麗禮畢爲九部 又開皇定令 牛弘請存鞞鐸巾拂四舞 與諸伎並陳 因謂之四舞
3679) 이 기사에는 월 연대 표기가 없으나, 『資治通鑑』에 의거하여 大業 2년(606) 12월로 편년하였다.
3680) '毬'는 '氈'의 오기로 보인다.
3681) 이 기사에는 월 연대 표기가 없으나, 『資治通鑑』에 의거하여 大業 2년(606) 12월로 편년하였다.
3682) 이 기사에는 월 연대 표기가 없으나, 『資治通鑑』에 의거하여 大業 2년(606) 12월로 편년하였다.
3683) 이 기사에는 월 연대 표기가 없으나, 『資治通鑑』에 의거하여 大業 2년(606) 12월로 편년하였다.
3684) 楊素의 생몰년이 544~606년이므로, 그에 따라 기간편년하고 마지막해인 606년에 배치하였다.

백제 고구려   春三月 百濟遣杆[3685]率燕文進 如隋朝貢 又遣佐平王孝隣請討高句麗 帝許之 令覘高
              勾麗動靜 (『三國史節要』7)

백제 고구려   大業三年 璋遣使者燕文進朝貢 其年 又遣使者王孝鄰入獻 請討高麗 煬帝許之 令覘
              高麗動靜 然璋內與高麗通和 挾詐以窺中國 (『隋書』81 列傳 46 東夷 百濟) [3686]

고구려   初 煬帝之幸啓民帳也 我使者在啓民所 啓民不敢隱 與之見帝 黃門侍郎裴矩說帝曰
              高句麗本箕子所封之地 漢晉皆爲郡縣 今乃不臣 別爲異域 先帝欲征之久矣 但楊諒不
              肖 師出無功 當陛下之時 安可不取 使冠帶之境 遂爲蠻貊之鄕乎 今其使者親見啓民
              擧國從化 可因其恐懼 脅使入朝 帝從之 勅牛弘宣旨曰 朕以啓民誠心奉國 故親至其
              帳 明年當往涿郡 爾還日語爾王 宜早來朝 勿自疑懼 存育之禮 當如啓民 苟或不朝
              將帥啓民 往巡彼土 王懼藩禮頗闕 帝將討之 啓民 突厥可汗也 (『三國史記』20 高句
              麗本紀 8)[3687]

고구려   初 帝幸突厥可汗啓民帳 高勾麗使者在啓民所 啓民不敢隱 與之見帝 黃門侍郎裴矩說
              帝曰 高勾麗本箕子所封之地 漢晉皆爲郡縣 今乃不臣 別爲異域 先帝欲征之久矣 但
              楊諒不肖 師出無功 當陛下之時 安可不取 使冠帶之境 遂爲蠻貊之鄕乎 今其使者 親
              見啓民擧國從化 可因其恐懼 脅使入朝 帝從之 勅牛弘宣旨曰 朕以啓民誠心奉國 故
              親至其帳 明年當往涿郡 爾還日語爾王 宜早來朝 勿自疑懼 存育之禮 當如啓民 苟或
              不朝 將率啓民 往巡爾土 王懼不從 (『三國史節要』7)[3688]

고구려 백제   夏五月 遣師攻百濟松山城 不下 移襲石頭城 虜男女三千而還 (『三國史記』20 高句
              麗本紀 8)

백제 고구려   夏五月 高句麗來攻松山城 不下 移襲石頭城 虜男女三千而歸 (『三國史記』27 百濟
              本紀 5)

고구려 백제   夏五月 高勾麗攻百濟松山城 不下 移襲石頭城 虜男女三千而歸 (『三國史節要』7)

고구려   (八月)乙酉 啓民飾廬淸道 以候乘輿 帝幸其帳 啓民奉觴上壽 宴賜極厚 上謂高麗使者
              曰 歸語爾王 當早來朝見 不然者 吾與啓民巡彼土矣 (『隋書』3 帝紀 3 煬帝 上)

고구려   (八月)乙酉 啟民飾廬淸道 以候乘輿 帝幸其帳 啟民奉觴上壽 宴賜極厚 上謂高麗使者
              曰 歸語爾王 當早來朝見 不然者 吾與啟民巡彼土矣 (『北史』12 隋本紀 下 煬皇帝)

고구려   (八月)乙酉 啓民飾廬淸道 以候乘輿 帝幸其帳 啓民奉觴上壽 宴賜極厚 上謂高麗使者
              曰 歸語尒王 當早來朝見 不然者 吾與啓民巡彼土矣 (『太平御覽』106 皇王部 31 隋
              煬皇帝)

고구려   (大業六年[3689]) 帝之幸啓民帳也[3690] 高麗使者在啓民所[3691] 啓民不敢隱 與之見
              帝[3692] 黃門侍郎裴矩說帝曰 高麗本箕子所封之地 漢晉皆爲郡縣[3693] 今乃不臣 別爲

3685) '杆'는 '扞'의 오기로 보인다.
3686) 이 기사에는 월 표기가 없으나, 『三國史記』百濟本紀 등에 의거하여 3월로 편년하였다.
3687) 이 기사는 5월 앞에 배치되어 있다. 그에 따라 1~4월로 기간편년하고 마지막달인 4월에 배치하였다.
     수 양제가 계민의 장막을 방문하여 고구려 사신에게 한 내용에 대해서는 『隋書』帝紀 등에는 8월 9일(乙
     酉)로 되어 있다. 『資治通鑑』에는 大業 6년(610) 말미에 배치되어 있으나, 세주에 大業 3년(607)의 일임을
     밝히고 있다. 『資治通鑑』에서도 양제가 계민의 장막을 방문한 날짜는 『隋書』帝紀 등과 마찬가지로 8월 9
     일(乙酉)로 되어 있다.
3688) 이 기사는 5월 앞에 배치되어 있다. 그에 따라 1~4월로 기간편년하고 마지막달인 4월에 배치하였다.
3689) 이 기사는 大業 6년(610)의 말미에 배치되어 있으나, 맨 앞부분의 세주에 大業 3년(607)의 일임을 밝
     히고 있다. 『資治通鑑』에서도 양제가 계민의 장막을 방문한 날짜는 『隋書』帝紀 등과 마찬가지로 8월 9일
     (乙酉)로 되어 있다. 그에 따라 大業 3년(607) 8월 9일(乙酉)로 편년하였다.
3690) 見上卷 三年
3691) 麗 力知翻 使 疏吏翻
3692) 見賢遍翻

異域　先帝欲征之久矣　但楊諒不肖　師出無功[3694]　當陛下之時　安可不取　使冠帶之境
遂爲蠻貊之鄉乎　今其使者親見啓民舉國從化　可因其恐懼　脅使入朝[3695]　帝從之　敕牛
弘宣旨曰　朕以啓民誠心奉國　故親至其帳　明年當往涿郡　爾還日語高麗王[3696]　勿自疑
懼　存育之禮　當如啓民　苟或不朝　將帥啓民往巡彼土[3697]　高麗王元懼　藩禮頗闕　帝將
討之　課天下富人買武馬　匹至十萬錢　簡閱器仗　務令精新　或有濫惡　則使者立斬[3698]
(『資治通鑑』181 隋紀 5 煬皇帝 上之下)

고구려 요동　(隋煬帝大業三年)八月　帝巡于塞北　幸啓民帳　時高麗遣使　先通于突厥　啓民不敢隱　引
之見帝　內使侍郞裵矩　因奏狀曰　高麗之地　本孤竹國也　周代以之封于箕子　漢世分爲
三郡　晉氏亦統遼東　今乃不臣　別爲外域　故先帝疾焉　欲征之久矣　但以楊諒不肖　師出
無功　當陛下之時　安得不事　使此冠帶之境　仍爲蠻貊之鄉乎　今其使者　朝於突厥　親見
啓民　合國從化　必懼皇靈之遠　暢慮後伏之先　囚脅令曰　朝當可致也　帝曰　如何　矩曰
請面詔其使　放還本國　遣語其王　令速朝覲　不然者　當率突厥　卽日誅之　帝納焉　其王
高元　不用命　始建征遼之策 (『冊府元龜』990 外臣部 35 備禦 3)[3699]

고구려　(大業三年) 從帝巡于塞北　幸啓民帳　時高麗遣使先通于突厥　啓民不敢隱　引之見帝　矩
因奏狀曰　高麗之地　本孤竹國也　周代以之封于箕子　漢世分爲三郡　晉氏亦統遼東　今
乃不臣　別爲外域　故先帝疾焉　欲征之久矣　但以楊諒不肖　師出無功　當陛下之時　安得
不事　使此冠帶之境　仍爲蠻貊之鄉乎　今其使者朝於突厥　親見啓民　合國從化　必懼皇
靈之遠暢　慮後伏之先亡　脅令入朝　當可致也　帝曰　如何　矩曰　請面詔其使　放還本國
遣語其王　今速朝覲　不然者　當率突厥　卽日誅之　帝納焉　高元不用命　始建征遼之策
王師臨遼　以本官領武賁郞將 (『隋書』 67 列傳 32 裵矩)[3700]

고구려　煬帝嗣位　天下全盛　高昌王突厥啓人[3701]可汗並親詣闕貢獻　於是徵元入朝　元懼　藩禮
頗闕 (『隋書』 81 列傳 46 東夷 高麗)[3702]

고구려　先是　高麗私通使啓民所　啓民推誠奉國　不敢隱境外之交　是日　將高麗使人見　敕令牛
弘宣旨謂之曰　朕以啓民誠心奉國　故親至其所　明年當往涿郡　爾還日　語高麗王知　宜
早來朝　勿自疑懼　存育之禮　當同於啓民　如或不朝　必將啓民巡行彼土　使人甚懼 (『隋
書』 84 列傳 49 北狄 突厥)[3703]

고구려　從帝巡于塞北　幸啓人[3704]帳　時高麗遣使先通于突厥　啓民不敢隱　引之見帝　矩因奏曰
高麗地　本孤竹國　周代以之封箕子　漢世分爲三郡　晉氏亦統遼東　今乃不臣　別爲外域
故先帝欲征之久矣　但以楊諒不肖　師出無功　當陛下時　安得不事　使此冠帶之境　仍爲
蠻貊之鄉乎　今其使者朝於突厥　親見啓人　合國從化　必懼皇靈之遠暢　慮後伏之先亡
脅令入朝　當可致也　帝曰　如何　矩曰　請面詔其使　放還本國　遣語其王　令速朝覲　不然

3693) 周武王封箕子於朝鮮　秦末衛滿據之　傳國至孫右渠　漢武帝滅之　開爲四郡　漢末　公孫度據之　傳國至孫淵
　　魏滅之　至晉皆爲郡縣　高麗之先　出於夫餘　朱蒙建國　號高句麗　以高爲氏　魏晉以來　中國兵亂　高麗內侵　幷有
　　遼東地　說　輸芮翻　朝　漢書音義音潮
3694) 事見一百七十八卷開皇十八年
3695) 朝　直遙翻　下同
3696) 還　從宣翻　又音如字　語　牛倨翻　麗　力知翻
3697) 帥　讀曰率
3698) 令力丁翻
3699) 이 기사에는 일자 표기가 없으나, 『隋書』 帝紀 등에 의거하여 8월 9일(乙酉)로 편년하였다.
3700) 이 기사에는 월일 표기가 없으나, 『隋書』 帝紀 등에 의거하여 8월 9일(乙酉)로 편년하였다.
3701) '人'은 '民'의 잘못으로 당나라에서 太宗 李世民의 이름을 피휘한 것이다.
3702) 이 기사에는 연대 표기가 없으나, 『隋書』 帝紀 등에 의거하여 大業 3년(607) 8월 9일(乙酉)로 편년하
　　였다. 고창왕이 수나라에 입조한 것은 大業 5년(609)이다. 이 기사에서 계민가한이 입조했다는 것은 사실
　　이 아니고, 수 양제가 계민가한을 방문한 것을 가리킨다.
3703) 이 기사에는 연대 표기가 없으나, 『隋書』 帝紀 등에 의거하여 大業 3년(607) 8월 9일(乙酉)로 편년하
　　였다.
3704) '人'은 '民'의 잘못으로 당나라에서 太宗 李世民의 이름을 피휘한 것이다.

者 當率突厥 卽日誅之 帝納焉 高元不用命 始建征遼之策 (『北史』 38 列傳 26 裴矩)3705)

고구려	幸啓民可汗帳 時高麗遣使先通于突厥 啓民不敢隱 引之見帝 矩因奏曰 高麗之地 本孤竹國也 周代以之封箕子 漢時分爲三郡 晉氏亦統遼東 今乃不臣 列爲外域 故先帝欲征之久矣 但以楊諒不肖 師出無功 當陛下時 安得不有事於此 使冠帶之境 仍爲蠻貊之鄕乎 今其使者朝於突厥 親見啓民從化 必懼皇靈之遠暢 慮後服之先亡 脅令入朝 當可致也 請面詔其使還本國 遣語其王令速朝覲 不然者 當率突厥卽日誅之 帝納焉 高麗不用命 始建征遼之策 (『舊唐書』 63 列傳 13 裴矩)3706)
고구려	從帝巡塞北 幸啓民帳 時高麗遣使先在突厥 啓民引見帝 矩因奏言 高麗本孤竹國 周以封箕子 漢分三郡 今乃不臣 先帝疾之 欲討久矣 方陛下時 安得不事 今其使朝突厥 及見啓民 擧國臣服 脅令入朝 可致也 請面詔其使 令歸語王 有如旅拒 方率突厥誅之 帝納焉 高麗不聽命 征遼自此始 (『新唐書』 100 列傳 25 裴矩)3707)
고구려	至煬帝徵元入朝 不至 (『通典』 186 邊防 2 東夷 下 高句麗)3708)
고구려	煬帝嗣位 天下全盛 高昌王突厥啓人可汗 並親詣闕貢獻 於是 徵元入朝 元懼 蕃禮頗闕 (『太平御覽』 783 四夷部 4 東夷 4 高句驪)3709)
고구려	高麗風俗一卷[裴矩撰] (『舊唐書』 49 志 26 經籍 上)3710)
고구려	裴矩高麗風俗一卷 (『新唐書』 58 志 48 藝文 2 乙部史錄 地理類)
고구려	隋西域圖記 [唐志] 裴矩高麗風俗一卷 (『玉海』 16 地理 異域圖書)
신라	隋煬帝時 始賜衣冠 令以綵錦爲冠飾 裳皆施襈3711) 綴以金玉 衣服之制 頗同新羅 (『通典』 185 便房 1 東夷 上 倭)
신라	煬帝時 始賜以衣冠 令以綿綵爲冠飾 裳皆施襈3712) 綴以金玉 衣服之制 頗同新羅 (『太平寰宇記』 174 四夷 3 東夷 3 倭國)

608(戊辰/신라 진평왕 30 建福 25/고구려 영양왕 19/백제 무왕 9/隋 大業 4/倭 推古 16)

신라 고구려	王患高句麗屢侵封場 欲請隋兵以征高句麗 命圓光修乞師表 光曰 求自存而滅他 非沙門之行也 貧道在大王之土地 食大王之水草 敢不惟命是從 乃述以聞 (『三國史記』 4 新羅本紀 4)3713)
신라 고구려	新羅王患高勾麗屢侵封場 欲請隋兵伐之 命僧圓光脩乞師表 光曰 求自存而滅他 非沙門之行也 然在大王之土地 食大王之水草 敢不惟命 乃述以進 (『三國史節要』 7)3714)

3705) 이 기사에는 연대 표기가 없으나, 『隋書』 帝紀 등에 의거하여 大業 3년(607) 8월 9일(乙酉)로 편년하였다.
3706) 이 기사에는 연대 표기가 없으나, 『隋書』 帝紀 등에 의거하여 大業 3년(607) 8월 9일(乙酉)로 편년하였다.
3707) 이 기사에는 연대 표기가 없으나, 『隋書』 帝紀 등에 의거하여 大業 3년(607) 8월 9일(乙酉)로 편년하였다.
3708) 이 기사에는 연대 표기가 없으나, 『隋書』 帝紀 등에 의거하여 大業 3년(607) 8월 9일(乙酉)로 편년하였다.
3709) 이 기사에는 연대 표기가 없으나, 『隋書』 帝紀 등에 의거하여 大業 3년(607) 8월 9일(乙酉)로 편년하였다.
3710) 607년 고구려 사신파견시 고구려에 대한 정보를 제공한 것을 토대로 이 때 배치함.
3711) 音饌
3712) 音撰 緣也
3713) 이 기사에는 월 표기가 없으나, 2월보다 앞에 배치되어 있으므로 정월로 편년하였다.
3714) 이 기사에는 월 표기가 없으나, 2월보다 앞에 배치되어 있으므로 정월로 편년하였다.

신라 고구려	二月 高句麗侵北境 虜獲八千人 (『三國史記』 4 新羅本紀 4)	
고구려 신라	春二月 命將襲新羅北境 虜獲八千人 (『三國史記』20 高句麗本紀 8)	
신라 고구려	春二月 高勾麗遣將 侵新羅北境 虜獲八千人 (『三國史節要』7)	

백제	(三月)壬戌 百濟倭赤土迦羅含國並遣使 貢方物 (『隋書』 3 帝紀 3 煬帝 上)
백제	(三月)壬戌 百濟倭赤土迦羅含國並遣使 貢方物 (『北史』12 隋本紀 下 煬皇帝)
백제	春三月 遣使入隋朝貢 隋文林郎裴淸奉使倭國 經我國南路 (『三國史記』27 百濟本紀 5)3715)
백제	三月 百濟遣使如隋朝貢 隋遣文林郎裴淸使倭國 裴淸經我國南路 百濟王護遣之 (『三國史節要』7)3716)
백제	(煬帝大業)四年三月 百濟倭赤土伽羅舍國 並遣使貢方物 (『冊府元龜』970 外臣部 15 朝貢 3)3717)
백제 탐라	(大業三年)明年 上遣文林郎裴淸3718)使於倭國 度百濟 行至竹島 南望 躭羅國 經都斯麻國 迥在大海中 (『隋書』81 列傳 46 東夷 倭國)3719)

신라 고구려	四月 高句麗拔牛鳴山城 (『三國史記』 4 新羅本紀 4)	
고구려 신라	夏四月 拔新羅牛鳴山城 (『三國史記』20 高句麗本紀 8)	
고구려 신라	夏四月 高勾麗拔新羅牛鳴山城 (『三國史節要』7)	

고구려	夏四月 小野臣妹子至自大唐 唐國號妹子臣曰蘇因高 卽大唐使人裴世淸 下客十二人 從妹子臣至於筑紫 遣難波吉士雄成 召大唐客裴世淸等 爲唐客更造新舘於難波高麗舘 之上 (『日本書紀』22 推古紀)

백제	六月壬寅朔丙辰 客等泊于難波津 是日 以飾船卅艘 迎客等于江口 安置新館 於是 以中臣宮地連烏摩呂大河內直糠手船史王平爲掌客 爰妹子臣奏之曰 臣參還之時 唐帝以書授臣 然經過百濟國之日 百濟人探以掠取 是以不得上 於是 群臣議之曰 夫使人雖死之 不失旨 是使矣何怠之 失大國之書哉 則坐流刑 時天皇勅之曰 妹子雖有失書之罪 輒不可罪 其大國客等聞之 亦不良 乃赦之 不坐也 (『日本書紀』22 推古紀)

고구려	大業四年 太原厩馬死者太半 帝怒 遣使案問 主者曰 每夜厩中馬無故自驚 因而致死 帝令巫者視之 巫者知帝將有遼東之役 因希旨言曰 先帝令楊素史萬歲將之 將鬼兵以 伐遼東也 帝大悅 因釋主者 洪範五行傳曰 逆天氣 故馬多死 是時 帝每歲巡幸 北事 長城 西通且末 國內虛耗 天戒若曰 除厩馬 無事巡幸 帝不悟 遂至亂 (『隋書』23 志 18 五行 下 馬禍)

신라	是歲 新羅人多化來 (『日本書紀』22 推古紀)

609(己巳/신라 진평왕 31 建福 26/고구려 영양왕 20/백제 무왕 10/隋 大業 5/倭 推古 17)

신라	春正月 毛只嶽下地燒 廣四步 長八步 深五尺 至十月十五日滅 (『三國史記』 4 新羅

3715) 이 기사에는 일자 표기가 없으나, 『隋書』 帝紀에 의거하여 3월 18일(壬戌)로 편년하였다.
3716) 이 기사에는 일자 표기가 없으나, 『隋書』 帝紀에 의거하여 3월 18일(壬戌)로 편년하였다.
3717) 이 기사에는 일자 표기가 없으나, 『隋書』 帝紀에 의거하여 3월 18일(壬戌)로 편년하였다.
3718) 裴淸은 裴世淸을 이른다. 당나라에서 당 태종 이세민을 피휘하여 '世'자를 생략하였다.
3719) 이 기사에는 월일 표기가 없으나, 『隋書』 帝紀에 의거하여 3월 18일(壬戌)로 편년하였다.

	本紀 4)
신라	春正月 新羅毛只嶽下地燒 廣四步 長八步 深五尺 至十月而滅 (『三國史節要』7)
백제	夏四月丁酉朔庚子 筑紫大宰奏上言 百濟僧道欣惠彌爲首 一十人 俗七十五人 泊于肥後國葦北津 是時 遣難波吉士德摩呂船史龍 以問之曰 何來也 對曰 百濟王命以遣於吳國 其國有亂不得入 更返於本鄕 忽逢暴風 漂蕩海中 然有大幸 而泊于聖帝之邊境 以歡喜 (『日本書紀』22 推古紀)
고구려	(夏四月)壬寅 高麗3720)吐谷渾伊吾並遣使來朝 (『北史』12 隋本紀 下 煬皇帝)
고구려	(隋煬帝大業五年)是年 高麗吐谷渾伊吾 並遣使來朝 (『冊府元龜』970 外臣部 15 朝貢 3)3721)
백제	五月丁卯朔壬午 德摩呂等復奏之 則返德摩呂龍 二人 而副百濟人等 送本國 至于對馬 以道人等十一 皆請之欲留 乃上表而留之 因令住元興寺 (『日本書紀』22 推古紀)
고구려	(六月)丙辰 上御觀風殿3722) 大備文物 引高昌王麴伯雅及伊吾吐屯設升殿宴飮3723) 其餘蠻夷使者陪階庭者二十餘國 奏九部樂3724) 及魚龍戲以娛之 賜賚有差 (『資治通鑑』181 隋紀 5 煬皇帝 上之下)
고구려	(大業四年)明年 伯雅來朝 因從擊高麗 (『隋書』83 列傳 48 西域 高昌)3725)
고구려	(大業四年)明年 伯雅來朝 因從擊高麗 (『北史』97 列傳 85 西域 高昌)3726)
고구려	(北史又曰) (大業四年)明年 伯雅來朝3727) 因從擊高麗 (『太平御覽』794 四夷部 15 西戎 3 高昌)3728)
신라	公年十五歲 爲花郎 時人洽然服從 號龍華香徒 (『三國史記』41 列傳 1 金庾信 上)
고구려	府君諱孝緒 字△ (…) 隋大業五年 從駕遼佐 授大將軍 (「張孝緒 墓誌銘」:『唐代墓誌滙篇』;『全唐文補遺』6;『全唐文新編』992))3729)

610(庚午/신라 진평왕 32 建福 27/고구려 영양왕 21/백제 무왕 11/隋 大業 6/倭 推古 18)

고구려	春三月 高麗王貢上僧曇徵法定曇徵知五經 且能作彩色及紙墨 幷造碾磑 蓋造碾磑 始于是時歟 (『日本書紀』22 推古紀)
신라 가야	秋七月 新羅使人沙㖨部奈末竹世士 與任那使人㖨部大舍首智買 到于筑紫 (『日本書紀』22 推古紀)

3720) 『隋書』에서는 '高麗'를 '高昌'이라고 하였다.
3721) 이 기사에는 월일 표기가 없으나,『北史』本紀에 의거하여 4월 6일(壬寅)로 편년하였다.
3722) 卽觀風行殿也
3723) 考異曰 略記在六月壬寅 今從隋帝紀
3724) 杜佑曰 煬帝立淸樂龜玆西涼天竺康國疏勒安國高麗禮畢爲九部 使 疏吏翻
3725) 이 기사에는 월일 표기가 없으나,『資治通鑑』에 의거하여 6월21일(丙辰)로 편년하였다.
3726) 이 기사에는 월일 표기가 없으나,『資治通鑑』에 의거하여 6월21일(丙辰)로 편년하였다.
3727) 伯雅 高昌國王名也
3728) 이 기사에는 월일 표기가 없으나,『資治通鑑』에 의거하여 6월21일(丙辰)로 편년하였다.
3729) 이 기사에는 大業 5년(609)으로 되어 있으나, 수 양제의 고구려 원정은 大業 8년(612)의 일이다.

신라 가야   九月 遣使召新羅任那使人 (『日本書紀』 22 推古紀)

신라 가야   冬十月己丑朔丙申 新羅任那使人 臻於京 是日 命額田部連比羅夫 爲迎新羅客莊馬之
           長 以膳臣大伴爲迎任那客莊馬之長 卽安置阿斗河邊館 (『日本書紀』 22 推古紀)

신라 가야   (十月)丁酉 客等拜朝庭 於是 命秦造河勝土部連菟 爲新羅導者 以間人連鹽蓋阿閉臣
           大籠 爲任那導者 共引以自南門入 立于庭中 時大伴咋連蘇我豊浦蝦夷臣坂本糠手臣
           阿倍鳥子臣 共自位起之 進伏于庭 於是 兩國客等各再拜 以奏使旨 乃四大夫 起進啓
           於大臣 時大臣自位起 立廳前而聽焉 旣而賜祿諸客 各有差 (『日本書紀』 22 推古紀)

신라 가야   (十月)乙巳 饗使人等於朝 以河內漢直贄爲新羅共食者 錦織首久僧爲任那共食者 (『日
           本書紀』 22 推古紀)

신라 가야   (十月)辛亥 客等禮畢 以歸焉 (『日本書紀』 22 推古紀)

신라   建福二十七年庚午 眞平大王選爲椵岑城縣令 (『三國史記』 47 列傳 7 奚論)
신라   新羅以讚德爲椵岑城縣令 讚德牟梁人 有志節勇略 王甚重之 (『三國史節要』 7)

고구려   (大業)六年 將征高麗 有司奏兵馬已多損耗 詔又課天下富人 量其貲産 出錢市武馬 塡
           元數 限令取足 復點兵具器仗 皆令精新 濫惡則使人便斬 於是馬匹至十萬 (『隋書』
           24 志 19 食貨)

고구려   帝之幸啓民帳也3730) 高麗使者在啓民所3731) 啓民不敢隱 與之見帝3732) 黃門侍郎裴
           矩說帝曰 高麗本箕子所封之地 漢晉皆爲郡縣3733) 今乃不臣 別爲異域 先帝欲征之久
           矣 但楊諒不肖 師出無功3734) 當陛下之時 安可不取 使冠帶之境 遂爲蠻貊之鄕乎 今
           其使者親見啓民擧國從化 可因其恐懼 脅使入朝3735) 帝從之 敕牛弘宣旨曰 朕以啓民
           誠心奉國 故親至其帳 明年當往涿郡 爾還日語高麗王3736) 勿3737)自疑懼 存育之禮
           當如啓民 苟或不朝 將帥啓民往巡彼土3738) 高麗王元懼 藩禮頗闕 帝將討之 課天下
           富人買武馬 匹至十萬錢 簡閱器仗 務令精新 或有濫惡 則使者立斬3739) (『資治通鑑』
           181 隋紀 5 煬皇帝 上之下)3740)

611(辛未/신라 진평왕 33 建福 28/고구려 영양왕 22/백제 무왕 12/隋 大業 7/倭 推古 19)

신라 고구려   王遣使隋 奉表請師 隋煬帝許之 行兵事在高句麗紀 (『三國史記』 4 新羅本紀 4)3741)

3730) 見上卷三年
3731) 麗 力知翻 使 疏史翻
3732) 見 賢遍翻
3733) 周武王封箕子於朝鮮 秦末衛滿據之 傳國至孫右渠 漢武帝滅之 開爲四郡 漢末 公孫度據之 傳國至孫淵
    魏滅之 至晉皆爲郡縣 高麗之先 出於夫餘 朱蒙建國 號高句麗 以高爲氏 魏晉以來 中國兵亂 高麗內侵 幷有
    遼東地 說 輸芮翻 朝 漢書音義音潮
3734) 事見一百七十八卷開皇十八年
3735) 朝 直遙翻 下同
3736) 還 從宣翻 又音如字 語 牛倨翻 麗 力知翻
3737) [章:十二行本「勿」上有「宜早來朝」四字 乙十一行本同 孔本同 張校同 退齋校同]
3738) 帥 讀曰率
3739) 令 力丁翻
3740) 이 기사는 대업 3년 8월의 일이다. 사료 배치 원칙에 따라 여기에도 배치하였다.

백제	(二月)庚申 百濟遣使朝貢 (『隋書』3 帝紀 3 煬帝 上)	
백제	(二月)庚申 百濟遣使朝貢 (『北史』12 隋本紀 下 煬皇帝)	
백제	(隋書曰) (大業七年二月)庚申 百濟遣使朝貢 (『太平御覽』106 皇王部 31 隋 煬皇帝)	

백제 고구려　　春二月 遣使入隋朝貢 隋煬帝將征高句麗 王使國智牟入請軍期 帝悅 厚加賞錫 遣尙書起部郞席律來 與王相謀 (『三國史記』27 百濟本紀 5)[3742]

백제　　　　(隋煬帝大業)七年二月 百濟遣使朝貢 (『冊府元龜』970 外臣部 15 朝貢 3)[3743]

백제 고구려　　(大業)七年 帝親征高麗 璋使其臣國智牟來請軍期 帝大悅 厚加賞錫 遣尙書起部郞席律詣百濟 與相知 (『隋書』81 列傳 46 東夷 百濟)[3744]

백제 고구려　　大業七年 帝親征高麗 其王餘璋 使國智牟 來請軍期 帝遣尙書起居郞席律詣彼 與相知 (『太平御覽』781 四夷部 2 東夷 2 百濟)[3745]

고구려　　(二月)壬午 詔曰 武有七德 先之以安民 政有六本 興之以敎義 高麗高元虧失藩禮 將欲問罪遼左 恢宣勝略 雖懷伐國 仍事省方 (『隋書』3 帝紀 3 煬帝 上)

고구려　　(二月)壬午 詔曰 武有七德 先之以安民 政有六本 興之以敎義 高麗虧失藩禮 將欲問罪遼左 恢宣勝略 (『北史』12 隋本紀 下 煬皇帝)

고구려　　(二月)壬午 下詔討高麗 敕幽州總管元弘嗣[3746] 往東萊海口[3747] 造船三百艘[3748] 官吏督役 晝夜立水中 略不敢息 自腰以下皆生蛆 死者什三四[3749] (『資治通鑑』181 隋紀 5 煬皇帝 上之下)

고구려　　(隋煬帝大業七年二月)壬午 詔曰 武有七德 先之以安民 攻有六本 興之以敎義 高麗高元虧失藩禮 將欲問罪 遼左恢宣勝畧 (『冊府元龜』117 帝王部 117 親征 2)

고구려　　(隋煬帝大業)七年二月 詔以高麗高元 虧[3750]失藩禮 將欲問罪遼左[3751] (『冊府元龜』984 外臣部 29 征討 3)[3752]

고구려　　春二月 煬帝下詔 討高句麗 (『三國史記』20 高句麗本紀 8)[3753]

고구려 신라　　春二月 隋下詔 討高勾麗 先是 新羅王遣使如隋奉表請師 帝許之 (『三國史節要』7)[3754]

고구려　　夏四月庚午 車駕至涿郡之臨朔宮 文武從官九品以上 並令給宅安置 先是 詔總征天下之兵 無問遠近 俱會於涿 又發江淮以南水手一萬人 弩手三萬人 嶺南排鑹手三萬人 於是四遠奔赴如流 (『資治通鑑』181 隋紀 5 煬皇帝 上之下)

고구려 요동　　四月庚午 至涿郡之臨朔宮 于時 遼東戰士及餽運者 塡咽於道 晝夜不絶 苦役者始爲羣盜 (『冊府元龜』117 帝王部 117 親征 2)

고구려　　夏四月 車蓋至涿郡之臨朔宮 四方兵皆集涿郡 (『三國史記』20 高句麗本紀 8)[3755]

3741) 『삼국사기』 신라본기에서는 겨울 10월 기사 앞에 배치하였는데, 고구려본기 기사 내용에 따라 2월 앞에 배치하였다.
3742) 이 기사에는 일자 표기가 없으나, 『隋書』 帝紀 등에 의거하여 2월 4일(庚申)로 편년하였다.
3743) 이 기사에는 일자 표기가 없으나, 『隋書』 帝紀 등에 의거하여 2월 4일(庚申)로 편년하였다.
3744) 이 기사에는 월일 표기가 없으나, 『隋書』 帝紀 등에 의거하여 2월 4일(庚申)로 편년하였다.
3745) 이 기사에는 월일 표기가 없으나, 『隋書』 帝紀 등에 의거하여 2월 4일(庚申)로 편년하였다.
3746) 大業初已廢諸州總管府 此書元弘嗣前官
3747) 帝改萊州爲東萊郡
3748) 艘 蘇遭翻
3749) 蛆 子余翻
3750) '獻'은 '虧'의 오자로 보인다.
3751) 事具帝王親征
3752) 이 기사에는 일자 표기가 없으나, 『隋書』 帝紀 등에 의거하여 2월26일(壬午)로 편년하였다.
3753) 이 기사에는 일자 표기가 없으나, 『隋書』 帝紀 등에 의거하여 2월26일(壬午)로 편년하였다.
3754) 이 기사에는 일자 표기가 없으나, 『隋書』 帝紀 등에 의거하여 2월26일(壬午)로 편년하였다.

고구려	夏四月 帝親征高勾麗 至涿郡之臨朔宮 四方兵皆集(『三國史節要』 7)3756)
고구려	君諱瑒 字同文 蘭蘭陵陵人 (…) (大業)七年 行幸幽燕 有事遼碣 詔檢校左驍衛將軍 餘並如故 以其年十二月十七日 遘疾薨于涿郡蓟 縣之燕夏鄕歸善里 春秋卅有九 (「蕭瑒 墓誌銘」: 『隋唐五代墓誌滙篇 洛陽』 1)3757)
고구려	公諱德 字和義 鹽川五原人也 (…) (大業)七年 被追涿郡方應受詔遼海 綏誘邊戎 天不憖遺 山頹木壞 (「劉德 墓誌銘」: 『隋唐五代墓誌滙篇 洛陽』 1)3758)
백제	秋八月 築赤嵒城 (『三國史記』 27 百濟本紀 5)
백제	秋八月 百濟築赤嵒城 (『三國史節要』 7)
신라 가야	秋八月 新羅遣沙㖨部奈末北叱智 任那遣習部大舍親智周智 共朝貢 (『日本書紀』 22 推古紀)
요동(고구려)	砥柱山崩 壅河 逆流數十里 劉向洪範五行傳曰 山者 君之象 水者 陰之表 人之類也 天戒若曰 君人擁威重 將崩壞 百姓不得其所 時帝興遼東之師 百姓不堪其役 四海怨叛 帝不能悟 卒以滅亡 (『隋書』 23 志 18 五行 下 木金水火沴土)3759)
신라 백제	冬十月 百濟兵來圍椴岑城百日 縣令讚德固守 力竭死之 城沒 (『三國史記』 4 新羅本紀 4)
백제 신라	冬十月 圍新羅椴岑城 殺城主讚德 滅其城 (『三國史記』 27 百濟本紀 5)
신라 백제	明年辛未冬十月 百濟大發兵 來攻椴岑城一百餘日 眞平王命將 以上州下州新州之兵救之 遂往與百濟人戰 不克引還 讚德憤恨之 謂士卒曰 三州軍帥見敵強不進 城危不救 是無義也 與其無義而生 不若有義而死 乃激昂奮勵 且戰且守 以至粮盡水竭 而猶食屍飮尿 力戰不怠 (『三國史記』 47 列傳 7 奚論)
백제 신라	冬十月 百濟兵圍新羅椴岑城 百餘日 贊德固守 王命上州下州新州之兵救之 不克引還 贊德憤之 謂士卒曰 三州軍帥 見敵強不進 城危不救 是無義也 與其無義而生 不若死 乃激昂奮勵 且戰且守 以至粮盡水竭 有力戰不怠 城將陷 贊德仰天大呼曰 吾王委我 以一城 而不能全 爲敵所敗 死必爲厲鬼 殲盡百濟人 以復此城 遂攘臂瞋目 觸槐而死 城遂陷 軍士皆降 新羅以其子奚論爲大奈麻 (『三國史節要』 7)
고구려	(大業)七年冬 大會涿郡 分江淮南兵 配驍衛大將軍來護兒 別以舟師濟滄海 舳艫數百里 並載軍糧 期與大兵會平壤 是歲山東河南大水 漂沒四十餘郡 重以遼東覆敗 死者數十萬 因屬疫疾 山東尤甚 所在皆以徵斂供帳軍旅所資爲務 百姓雖困 而弗之恤也 每急徭卒賦 有所徵求 長吏必先賤買之 然後宣下 乃貴賣與人 旦暮之間 價盈數倍 衰刻徵斂 取辦一時 強者聚而爲盜 弱者自賣爲奴婢 (『隋書』 24 志 19 食貨)
고구려	(大業)七年冬 大會涿郡 分江淮南兵 配驍衛大將軍來護兒 別以舟師濟滄海 舳艫數百里 並載軍粮 期與大兵會於平壤3760) (『通典』 10 食貨 10 漕運)
고구려	(隋煬帝大業)七年冬 大會涿郡 分江淮南兵 配驍衛大將軍來護兒 別以舟師濟滄海 舳艫數百里 並載軍糧 期與大兵 會於平壤3761) (『冊府元龜』 498 邦計部 16 漕運)

3755) 이 기사에는 일자 표기가 없으나, 『資治通鑑』 등에 의거하여 4월 15일(庚午)로 편년하였다.
3756) 이 기사에는 일자 표기가 없으나, 『資治通鑑』 등에 의거하여 4월 15일(庚午)로 편년하였다.
3757) 이 기사에는 월일 표기가 없으나, 『資治通鑑』 등에 의거하여 4월 15일(庚午)로 편년하였다.
3758) 이 기사에는 월일 표기가 없으나, 『資治通鑑』 등에 의거하여 4월 15일(庚午)로 편년하였다.
3759) 『資治通鑑』 181 수기 5 양황제조에 의하면 지주산이 무너져 황하가 역류한 것은 겨울 10월 을묘일(3)의 일이다.
3760) 高麗所都

真平王建福二十八年辛未 公年十七歲 見高句麗百濟靺鞨侵軼國疆 慷慨有平寇賊之志 獨行入中嶽石崛 齊戒告天盟誓曰 敵國無道 爲豺虎 以擾我封場略 無寧歲 催[3762]是 一介微臣 不量材力 志淸禍亂 惟天降監 假手於我 居四日 忽有一老人 被褐而來曰 此虜多毒蟲猛獸 可畏之地 貴少年爰來獨處 何也 答曰 長者從何許來 尊名可得聞乎 老人曰 吾無所住 行止隨緣 名則難勝也 公聞之 知非常人 再拜進曰 僕新羅人也 見 國之讎 痛心疾首 故来此 冀有所遇耳 伏乞長者憫我精誠 受[3763]之方術 老人默然無 言 公涕淚懇請不倦 至于六七 老人乃言曰 子幼而有幷三國之心 不亦壯乎 万[3764]授 以秘法曰 愼勿妄傳 若用之不義 反受其殃 言訖而辭 行二里許 追而望之 不見 唯山 上有光 爛然若五色焉 (『三國史記』41 列傳 1 金庾信 上)

고구려　　　大業七年 親征遼東 綸欲上表 請從軍自效 爲郡司所遏 未幾 復徙朱崖 及天下大亂 爲賊林仕弘所逼 攜妻子 竄于儋耳 後歸大唐 爲懷化縣公 (『隋書』44 列傳 9 滕穆王 瓚)

고구려　　　煬帝卽位 拜齊州刺史 尋改爲齊郡太守 吏民安之 及興遼東之役 郡官督事者前後相屬 有西曹掾當行 詐疾 褒詰之 掾理屈 褒杖之 掾遂大言曰 我將詣行在所 欲有所告 褒 大怒 因杖百餘 數日而死 坐是免官 卒於家 時年七十三 (『隋書』50 列傳 15 元褒)

고구려　　　元壽字長壽 河南洛陽人也 (大業)七年 兼左翊衛將軍 從征遼東 行至涿郡 遇疾卒 時 年六十三 (『隋書』63 列傳 28 元壽)

고구려　　　耿詢字敦信 丹陽人也 (…) 七年 車駕東征 詢上書曰 遼東不可討 師必無功 帝大怒 命左右斬之 何稠苦諫得免 及平壤之敗 帝以詢言爲中 以詢守太史丞 (『隋書』78 列 傳 43 藝術 耿詢)

고구려　　　李景字道興 天水休官人也 (…) (大業五年歲餘)明年 攻高麗武厲城 破之 賜爵苑丘侯 物一千段 (『隋書』65 列傳 30 李景)

고구려　　　大業七年 帝將討元之罪 車駕渡遼水 上營於遼東城 分道出師 各頓兵於其城下 高麗 率兵出拒 戰多不利 於是皆嬰城固守 帝令諸軍攻之 又勑諸將 高麗若降者 卽宜撫納 不得縱兵 城將陷 賊輒言請降 諸將奉旨不敢赴機 先令馳奏 比報至 賊守禦亦備 隨出 拒戰 如此者再三 帝不悟 由是食盡師老 轉輸不繼 諸軍多敗績 於是班師 是行也 唯 於遼水西拔賊武厲邏 置遼東郡及通定鎭而還 (『隋書』81 列傳 46 東夷 高麗)

고구려　　　李景字道興 天水休官人也 (…) 明年 攻高麗武列城 破之 賜爵苑丘侯 (『北史』76 列 傳 64 李景)

고구려　　　大業七年 帝親征元 師度遼水 東城分道出師 頓兵於其城下 高麗嬰城固守 帝命諸軍 攻之 又勑諸將 高麗若降者 卽宜撫納 不得縱兵 城將陷 賊輒言請降 諸將奉旨 不敢 赴機 先令馳奏 比報至 賊守禦亦備 隨出拒戰 如此者再三 帝不悟 食盡師老 輸糧不 繼 諸軍敗績 還者千人而已 是行 唯於遼水西拔賊武列邏而已還 (『通典』186 邊防 2 東夷 下 高句麗)

고구려　　　大業七年 帝親征元 (『太平寰宇記』173 四夷 2 東夷 2 高勾驪國)

고구려　　　帝自去歲謀討高麗 詔山東置府 令養馬以供軍役 又發民夫運米 積於瀘河懷遠二

鎭³⁷⁶⁵⁾ 車牛往者皆不返　士卒死亡過半　耕稼失時　田疇多荒 (…) 百姓困窮　財力俱竭　安居則不勝凍餒³⁷⁶⁶⁾ 死期交急　剽掠則猶得延生³⁷⁶⁷⁾ 於是始相聚爲羣盜 (…) 鄒平民王薄 (…) 又作無向遼東浪死歌　以相感勸³⁷⁶⁸⁾ 避征役者多往歸之 (『資治通鑑』 181 隋紀 5 煬皇帝 上之下)

고구려	公諱 安貴 字孝昇 朔方巖淥縣人也 (…) (大業)七年　皇帝躬秉武節　致討遼左　謀彼元師　非才莫居　以公統險瀆道　用懷勝略　公親稟　聖規奉以從事　磬誠竭力　克著勳庸　九年　改授左候衛大將軍　餘如故　以十一年六月八日　薨於行陣　春秋五十有五 (「范安貴 墓誌銘」: 新唐五代墓誌滙篇 洛陽→1)
고구려	君諱匡伯 京兆杜陵人　帝高陽之苗裔也 (…) 大業七年　陪麾遼左　授朝散大夫　俄遷尚衣奉御　侍從乘輿　密勿帷辰 (「韋匡伯 墓誌銘」: 新唐五代墓誌滙篇 洛陽→1; 全唐文補遺→6; 全唐文新編→992; 全隋文補遺→ 新唐代墓誌銘彙編附考→1)

612(壬申/신라 진평왕 34 建福 29/고구려 영양왕 23/백제 무왕 13/隋 大業 8/倭 推古 20)

고구려	正月辛巳　大軍集於涿郡　以兵部尙書段文振爲左候衛大將軍 (『隋書』 4 帝紀 4 煬帝 下)
고구려	(隋煬帝大業)八年春正月辛巳　大軍集於涿郡　以兵部尙書段文振爲左候衛大將軍 (『冊府元龜』 117 帝王部 117 親征 2)
고구려	(隋書曰) (大業)八年正月辛巳　大軍集於涿郡 (『太平御覽』 106 皇王部 31 隋 煬皇帝)
고구려	(春正月) 四方兵皆集涿郡　帝徵合水令庾質³⁷⁶⁹⁾ 問曰　高麗之衆不能當我一郡　今朕以此衆伐之　卿以爲克不³⁷⁷⁰⁾ 對曰　伐之可克　然臣竊有愚見　不願陛下親行　帝作色曰　朕今總兵至此　豈可未見賊而先自退邪³⁷⁷¹⁾ 對曰　戰而未克　懼損威靈　若車駕留此　命猛將勁卒³⁷⁷²⁾ 指授方略　倍道兼行　出其不意　克之必矣　事機在速　緩則無功　帝不悅曰　汝旣憚行　自可留此　右尙方署監事耿詢上書切諫³⁷⁷³⁾ 帝大怒　命左右斬　何稠苦　得免 (『資治通鑑』 181 隋紀 5 煬皇帝 上之下)³⁷⁷⁴⁾
요동 고구려	庾質字行修　少而明敏　早有志尙 (…) (大業)八年　帝親伐遼東　徵詣行在所　至臨渝謁見　帝謂質曰　朕承先旨　親事高麗　度其土地人民　纔當我一郡　卿以爲剋不　質對曰　以臣管窺　伐之可剋　切有愚見　不願陛下親行　帝作色曰　朕今總兵至此　豈可未見賊而自退也　質又曰　陛下若行　慮損軍威　臣猶願安駕住此　命驍將勇士指授規模　倍道兼行　出其不意　事宜在速　緩必無功　帝不悅曰　汝旣難行　可住此也　及師還　授太史令 (『隋書』 78 列傳 43 藝術 庾季才)³⁷⁷⁵⁾
요동 고구려	庾質爲太史令　大業八年　煬帝親伐遼東　徵詣行在所　至臨渝謁見　帝爲質曰　朕承先旨　親事高麗　度其土地人民纔當我一郡　卿以爲剋否　質對曰　以臣管窺伐之可剋　竊有愚見　不願陛下親行　帝作色曰　朕令總兵至此　豈未見賊而自退也　質又曰　陛下若慮損軍威

3765) 新唐志曰 隋於營州之境 汝羅故城置遼西郡 領遼西瀘河懷遠三縣 瀘 音盧
3766) 勝 音升
3767) 剽 匹妙翻
3768) 浪死 猶言徒死也
3769) 質出合水 見上四年
3770) 麗 力知翻 不 讀曰否
3771) 邪 音耶
3772) 將 卽亮翻
3773) 監事 監作者也 秩九品 監 古銜翻 上 時掌翻
3774) 이 기사는 612년 정월 임오일 앞에 기록되어 있다. 임오는 1월 2일로 따라서 이 기사는 이달 삭일인 辛巳에 해당된다.
3775) 이 기사에는 월일 표기가 없으나, 『資治通鑑』에 의거하여 정월 1일(辛巳)로 편년하였다.

臣猶願安駕住此 命驍將勇士指受規模 倍道兼行 出其不意 事宜在速 緩必無功 帝不
悅曰 汝難行 可住此也 及師還 授太史令 (『冊府元龜』498 邦計部 16 漕運)[3776]

고구려 예 부여 요동 현도 조선 옥저 낙랑 임둔 대방

春正月壬午 帝下詔曰 高句麗小醜 迷昏不恭 崇聚勃碣之間 荐食遼濊之境 雖復漢魏
誅戮 巢穴暫傾 亂離多阻 種落還集 萃川藪於往代 播寔繁以訖今 睠彼華壤 翦爲夷類
歷年永久 惡稔旣盈 天道禍淫 亡徵已兆 亂常敗德 非可勝圖 掩慝懷姦 唯日不足 移
告之嚴 未嘗面受 朝覲之禮 莫肯躬親 誘納亡叛 不知紀極 充斥邊垂 亟勞烽候 關柝
以之不靜 生人爲之廢業 在昔薄伐 已漏天網 旣緩前禽之戮 未卽後服之誅 曾不懷恩
翻爲長惡 乃兼契丹之黨 處[3777]劉海戍 習靺鞨之服 侵軼遼西 又靑丘之表 咸修職貢
碧海之濱 同稟正朔 遂復敓攘琛賮 遏絶往來 虐及弗辜 誠而遇禍 輶車奉使 爰曁海東
旌節所次 途經藩境 而擁塞道路 拒絶王人 無事君之心 豈爲臣之禮 此而可忍 孰不可
容 且法令苛酷 賦斂煩重 强臣豪族 咸執國鈞 朋黨比周 以之成俗 賄貨如市 冤枉莫
申 重以仍歲災凶 比屋饑饉 兵戈不息 徭役無期 力竭轉輸 身塡溝壑 百姓愁苦 爰誰
適從 境內哀惶 不勝其弊 廻首面內 各懷性命之圖 黃髮稚齒 咸興酷毒之歎 省俗觀風
爰屆幽朔 弔人問罪 無俟再駕 於是 親摠六師 用申九伐 拯厥阽危 恊從天意 殄玆逋
穢 剋嗣先謨 今宜授律啓行 分麾屆路 掩渤海而雷震 歷扶餘以電掃 比干按甲 誓旅而
後行 三令五申 必勝而後戰 左十二軍 出鏤方長岑溟海蓋馬建安南蘇遼東玄菟扶餘朝
鮮沃沮樂浪等道 右十二軍 出黏蟬含資渾彌臨屯候城提奚踏頓肅愼碣石東暆帶方襄平
等道 絡驛引途 摠集平壤 凡一百十三萬三千八百人 號二百萬 其餽輸者倍之 宜社於
南桑乾水上 類上帝於臨朔宮南 祭馬祖於薊城北 帝親授節度 每軍上將亞將各一人 騎
兵四十隊 隊百人 十隊爲團 步卒八十隊 分爲四團 團各有偏將一人 其鎧冑纓拂旗旛
每團異色 日遣一軍 相去四十里 連營漸進 終四十日發乃盡 首尾相繼 鼓角相聞 旌旗
亙九百六十里 御營內合十二衛三臺五省九寺 分隸內外前後左右六軍 次後發 又亙八
十里 近古出師之盛 未之有也 (『三國史記』20 高句麗本紀 8)

고구려 예 부여 요동 현도 조선 옥저 낙랑 임둔 대방

春正月壬午 帝下詔曰 高勾麗小醜 昏迷不恭 崇聚勃碣之間 荐食遼濊之境 雖復漢魏
誅戮 巢穴暫傾 亂離多阻 種落還集 萃川藪於往代 播寔繁以訖今 睠彼華壤 翦爲夷類
歷年永久 惡稔旣盈 天道禍淫 亡徵已兆 亂常敗德 非可勝圖 掩慝懷姦 唯日不足 移
告之嚴 未嘗面受 朝覲之禮 莫肯躬親 誘納亡叛 不知紀極 充斥邊垂 亟勞烽候 關柝
以之不靜 生人爲之廢業 昔在薄伐 已漏天網 旣緩前禽之戮 未卽後服之誅 曾不懷恩
翻爲長惡 乃兼契丹之黨 虐劉海戍 習靺鞨之服 侵軼遼西 又靑丘之表 咸修職貢 碧海
之濱 同稟正朔 遂復敓攘琛貢 遏絶往來 虐及不辜 誠而遇禍 輶車奉使 爰曁海東 旌
節所次 途經藩境 而擁塞道路 拒絶王人 無事君之心 豈爲臣之禮 此而可忍 孰不可容
且法令苛酷 賦斂煩重 强臣豪族 咸執國鈞 朋黨比周 以之成俗 賄貨如市 冤枉莫伸
重以仍歲災凶 比屋饑饉 兵戈不息 徭役無期 力竭轉輸 身塡溝壑 百姓愁苦 爰誰適從
境內哀惶 不勝其弊 回首面內 各懷性命之圖 黃髮稚齒 咸興酷毒之歎 省俗觀風 爰屆
幽朔 弔人問罪 無俟再駕 於是 親摠六師 用伸九伐 拯厥阽危 恊從天意 殄玆逋穢 剋
嗣先謨 今宜授律啓行 分麾屆路 掩渤海而雷震 歷扶餘以電掃 比干按甲 誓旅而後行
三令五申 必勝而後戰 左十二軍 出鏤方長岑溟海蓋馬建安南蘇遼東玄菟扶餘朝鮮沃沮
樂浪等道 右十二軍 出黏蟬含資渾彌臨屯候城提奚踏頓肅愼碣石東暆帶方襄平等道 絡
驛引途 摠集平壤 凡一百十三萬三千八百人 號二百萬 其餽輸者倍之 宜社於南桑乾水

3776) 이 기사에는 월일 표기가 없으나, 『資治通鑑』에 의거하여 정월 1일(辛巳)로 편년하였다.
3777) 『隋書』 및 『三國史節要』에는 '虐'으로 되어 있다. '虐劉'는 죽이다는 뜻이다.

上 類上帝於臨朔宮南 祭馬祖於薊城北 帝親授節度 每軍上將亞將各一人 騎兵四十隊 隊百人 十隊爲團 步卒八十隊 分爲四團 團各有偏將一人 其鎧胄纓拂旗旛 每團異色 日遣一軍 相去四十里 連營漸進 終四十日發乃盡 首尾相繼 鼓角相聞 旌旗亘九百六 十里 御營內合十二衛三臺五省九寺 分隷內外前後左右六軍 次後發 又亘八十里 近古 出師之盛 未之有也 (『三國史節要』7)

고구려 예 부여 요동 현도 조선 옥저 낙랑 임둔 대방

(春正月)壬午 下詔曰 天地大德 降繁霜於秋令 聖哲至仁 著甲兵於刑典 故知造化之有 肅殺 義在無私 帝王之用干戈 蓋非獲已 版泉丹浦 莫匪龔行 取亂覆昏 咸由順動 況 乎甘野誓師 夏開承大禹之業 商郊問罪 周發成文王之志 永監載籍 屬當朕躬 粵我有 隋 誕膺靈命 兼三才而建極 一六合而爲家 提封所漸 細柳盤桃之外 聲教爰曁 紫舌黃 枝之域 遠至瀚安 罔不和會 功成治定 於是乎在 而高麗小醜 迷昏不恭 崇聚勃碣之間 荐食遼獩之境 雖復漢魏誅戮 巢窟暫傾 亂離多阻 種落還集遷 萃川藪於往代 播實繁 以迄今 眷彼華壤 翦爲夷類 歷年永久 惡稔旣盈 天道禍淫 亡徵已兆 亂常敗德 非可 勝圖 掩慝懷姦 唯日不足 移告之嚴 未嘗面受 朝覲之禮 莫肯躬親 誘納亡叛 不知紀 極 充斥邊垂 亟勞烽候 關柝以之不靜 生人爲之廢業. 在昔薄伐 已漏天網 旣緩前擒之 戮 未卽後服之誅 曾不懷恩 翻爲長惡 乃兼契丹之黨 虔劉海戍 習靺鞨之服 侵軼遼西 又靑丘之表 咸修職貢 碧海之濱 同稟正朔 遂復奪攘琛賮 遏絶往來 虐及弗辜 誠而遇 禍 軺軒奉使 爰曁海東 旌節所次 途經藩境 而擁塞道路 拒絶王人 無事君之心 豈爲 臣之禮 此而可忍 孰不可容 且法令苛酷 賦斂煩重 强臣豪族 咸執國鈞 朋黨比周 以 之成俗 賄貨如市 冤枉莫申 重以仍歲災凶 比屋饑饉 兵戈不息 徭役無期 力竭轉輸 身塡溝壑 百姓愁苦 爰誰適從 境內哀惶 不勝其弊 迴首面內 各懷性命之圖 黃髮稚齒 咸興酷毒之歎 省俗觀風 爰屆幽朔 弔人問罪 無俟再駕 於是親總六師 用申九伐 拯厥 阽危 協從天意 殄茲逋穢 克嗣先謨 今宜授律啓行 分麾屆路 掩勃澥而雷震 歷夫餘以 電掃 比戈按甲 誓旅而後行 三令五申 必勝而後戰 左第一軍可鏤方道 第二軍可長岑 道 第三軍可海冥道 第四軍可蓋馬道 第五軍可建安道 第六軍可南蘇道 第七軍可遼東 道 第八軍可玄菟道 第九軍可扶餘道 第十軍可朝鮮道 第十一軍可沃沮道 第十二軍可 樂浪道 右第一軍可黏蟬道 第二軍可含資道 第三軍可渾彌道 第四軍可臨屯道 第五軍 可候城道 第六軍可提奚道 第七軍可踏頓道 第八軍可肅愼道 第九軍可碣石道 第十軍 可東暆道 第十一軍可帶方道 第十二軍可襄平道 凡此衆軍 先奉廟略 駱驛引途 總集 平壤 莫非如豺如貔之勇 百戰百勝之雄 顧眄則山岳傾頹 叱咤則風雲騰鬱 心德攸同 爪牙斯在 朕躬馭元戎 爲其節度 涉遼而東 循海之右 解倒懸於遐裔 問疾苦於遺黎 其 外輕齎遊闕 隨機赴響 卷甲銜枚 出其不意 又滄海道軍舟艫千里 高帆電逝 巨艦雲飛 橫斷浿江 遙造平壤 島嶼之望斯絶 坎井之路已窮 其餘被髮左衽之人 控弦待發 微盧 彭濮之旅 不謀同辭 杖順臨逆 人百其勇 以此衆戰 勢等摧枯 然則王者之師 義存止殺 聖人之敎 必也勝殘 天罰有罪 本在元惡 人之多僻 脅從罔治 若高元泥首轅門 自歸司 寇 卽宜解縛焚櫬 弘之以恩 其餘臣人歸朝奉順 咸加慰撫 各安生業 隨才任用 無隔夷 夏 營壘所次 務在整肅 芻蕘有禁 秋毫勿犯 布以恩宥 喩以禍福 若其同惡相濟 抗拒 官軍 國有常刑 俾無遺類 明加曉示 稱朕意焉 總一百一十三萬三千八百 號二百萬 其 餽運者倍之 (『隋書』4 帝紀 4 煬帝 下)

고구려 요동 현도 부여 조선 옥저 낙랑 임둔 대방

(正月)壬午　　詔左十二軍出鏤方長岑溟海蓋馬建安南蘇遼東玄菟扶餘朝鮮沃沮樂浪等 道[3778]　　右十二軍出黏蟬含資渾彌臨屯候城提奚踏頓肅愼碣石東暆帶方襄平等道[3779]

[3778] 帝指授諸軍所出之道 多用漢縣舊名 漢志 鏤方長岑朝鮮 屬樂浪郡 蓋馬 屬玄菟郡 有蓋馬大山 遼東 漢郡 名 溟海 蓋卽漢樂浪郡之海冥縣 建安南蘇扶餘 皆高麗國城守之處 沃沮 亦古地名 是時其地已入新羅界 鏤 郎豆翻 菟 音塗 朝 音潮 鮮 音仙 沮 子餘翻 樂 音洛 浪 音郎

駱驛引途3780) 總集平壤3781) 凡一百一十三萬三千八百人 號二百萬 其餽運者倍之 宜社於南桑乾水上 類上帝於臨朔宮南3782) 祭馬祖於薊城北3783) 帝親授節度 每軍大將亞將各一人 騎兵四十隊 隊百人 十隊爲團 步卒八十隊 分爲四團 團各有偏將一人 其鎧胄纓拂旗旛 每團異色3784) 受降使者一人 承詔慰撫 不受大將節制 其輜重散兵等亦爲四團3785) 使步卒挾之而行 進止立營 皆有次敍儀法 (『資治通鑑』181 隋紀 5 煬皇帝 上之下)

고구려 예 부여 요동 현도 조선 옥저 낙랑 임둔 대방

(隋煬帝大業八年春正月)壬午 詔曰 天地大德 降繁霜於秋令 聖哲至仁 著甲兵於刑典 故知造化之有肅殺 義在無私 帝王之用干戈 蓋非獲已 坂泉丹浦 莫匪龔行 取亂覆昏 咸繇順動 況乎甘野誓師 夏開承大禹之業 商郊問罪 周發成文王之志 永監前載 屬當朕躬 粤我有隋 誕膺靈命 兼三才而建極 一六合而爲家 提封所漸 細柳蟠桃之外 聲敎爰暨 紫舌黃枝之域 遠至邇安 罔不和會 功成治定 於是乎在 而高麗小醜 迷昏不恭 崇聚渤碣之間 荐食遼濊之境 雖復漢魏誅翦 巢窟暫傾 亂離多阻 種落還集 成川藪於累代 播宣繁以迄今 睠彼華壤 翦爲夷類 歷年永久 惡稔旣盈 天道禍淫 亡徵已兆 亂嘗 [常]敗德 非可勝圖 掩慝懷姦 唯日不足 移告之嚴 未嘗面受 朝覲之禮 莫肯躬親 誘納亡叛 不知紀極 充斥邊陲 亟勞烽候 關柝以之不靜 生人爲之廢業 在昔薄伐 已漏天網 旣緩前禽之戮 未卽後服之誅 曾不懷恩 翻爲長惡 乃兼契丹之黨 虔劉海戍 習靺鞨之服 侵軼遼西 又靑丘之表 咸修職貢 碧海之濱 同稟正朔 遂復斂攗琛賮 遏絕往來 虐及弗辜 誠而遇禍 輶軒奉使 爰及海東 旌節所次 途經藩境 而壅塞道路 距絕王人 無事君之心 豈爲臣之禮 此而可忍 孰不可容 且法令苛酷 賦斂煩重 強臣豪族 咸執國鈞 朋黨比周 以之成俗 賄貨如市 冤枉莫申 重以仍歲災凶 比屋饑饉 兵戈不息 徭役無期 力竭轉輸 身塡溝壑 百姓愁苦 爰誰適從 境內哀惶 不勝其弊 廻首面內 各懷性命之圖 黃髮稚齒 咸興酷毒之嘆 省俗觀風 爰屆幽朔 弔人問罪 無俟再駕 予親摠六師 用申九伐 拯厥阽危 協從天意 殄玆逋穢 克嗣先謨 今宜援律 啓行分旅 屆路掩渤澥而雷震 歷扶餘以電掃 比戈按甲 誓旅而後行 三令五申 必勝而後戰 左第一軍可鏤方道 第二軍可長岑道 第三軍可海冥道 第四軍可蓋馬道 第五軍可建安道 第六軍可南蘇道 第七軍可遼東道 第八軍可玄菟道 第九軍可扶餘道 第十軍可朝鮮道 第十一軍可沃沮道 第十二軍可樂浪道 右第一軍可黏蟬道 第二軍可捨資道 第三軍可渾彌道 第四軍可臨屯道 第五軍可候城道 第六軍可提奚道 第七軍可達頓道 第八軍可肅愼道 第九軍可碣石道 第十軍可東暆道 第十一軍可帶方道 第十二軍可襄平道 凡此衆軍 先奉廟略 絡繹引途 摠集平壤 莫匪如狼如貔之勇 百戰百勝之雄 顧眄則山嶽傾頹 叱咤則風雲騰鬱 心德攸同 爪牙斯在 朕御元戎 爲其節度 涉遼而東 循海之右 解倒懸於遐裔 問疾苦於遺黎 其外輕齎遊闕 隨機赴響 卷甲銜枚 出其不意 又滄海道軍 舟艫十里 高颺電逝 巨艦雲飛 橫斷沮江 逕造平壤 島嶼之望斯絕 坎井之路已窮 其餘被髮左衽之人 控弦

3779) 漢志 黏蟬含資渾彌提奚東暆帶方等縣 屬樂浪郡 候城襄平 屬遼東郡 臨屯 亦漢武帝所置郡名 蹋頓 卽漢末遼西烏丸蹋頓所居 肅愼 古肅愼氏之國 其地時爲靺鞨所居 碣石 禹貢之碣石也 杜佑以爲此碣石在高麗中 佑曰 碣石山 在漢樂浪郡遂城縣 秦長城起於此山 今驗長城東截遼水而入高麗 遺址猶存 黏 女廉翻 蟬 服虔音提 蹋 徒盍翻 碣 其列翻 暆 應劭曰 音移
3780) 駱驛 相繼不絶也
3781) 平壤城 高麗國都也 亦曰長安城 東西六里 隨山屈曲 南臨浿水 杜佑曰: 高麗王自東晉以後居平壤城 卽漢樂浪郡王險城
3782) 記王制 天子將出 類乎上帝 宜乎社 鄭氏註 類宜 皆祭名 孔穎達曰 天道遠 以事類而祭告之也 社主殺戮 故求便宜 社主陰 萬物於此斷殺 故曰宜 桑乾河 逕薊城南 水經 濕水出鴈門陰館縣 東北過代郡桑乾縣 謂之桑乾水 東過廣陽薊縣北 今在薊城南 城邑有變遷也 乾 音干
3783) 周禮祭馬祖 鄭氏註曰 馬祖 天駟也
3784) 將 卽亮翻 騎 奇寄翻 鎧 可亥翻
3785) 降 戶江翻 使 疏吏翻 重 直用翻 散 悉但翻

待發 微盧彭濮之衆 不謀同辭 仗順臨逆 人百其勇 以此衆戰 勢等摧拉 然則王者之師 義存止殺 聖人之敎 必也勝殘 天罰有罪 本在元惡 人之多僻 脅從罔治 若高元 泥首轅門 自歸司寇 卽冝解縛焚櫬 弘之以恩 其餘臣人 歸朝奉順 咸加慰撫 各安其業 隨才任用 無隔夷夏 營壘所次 務在整肅 芻蕘有禁 秋毫勿犯 布以恩宥 喩以禍福 若其同惡相濟 抗拒官軍 國有嘗[常]刑 俾無遺類 明加曉諭 稱朕意焉 摠管一百一十萬三千八百 號二百萬 其餽運者倍之 (『冊府元龜』117 帝王部 117 親征 2)

고구려 요동 (隋書曰) (大業八年正月)壬午 下詔曰 高麗小醜 昏迷不恭 崇聚渤碣之間 荐食遼穢之境 親惣六師 用伸九伐 拯厥阽危 協從天意 若高麗泥首轅門 自歸司寇 卽宜解縛焚櫬 弘之以恩 其餘臣人歸朝奉順 咸加撫慰 各安生業 隨才任用 無隔夷夏 營壘所次 務在整肅 芻蕘有禁 秋毫勿犯 布以恩宥 喩以禍福 若其同惡相濟 抗拒官軍 國有常刑 俾無遺類 明加曉示 稱朕意焉』 摠管一百一十三萬三千八百 號二百萬 其餽運者倍之 (『太平御覽』106 皇王部 31 隋 煬皇帝)

고구려 예 부여 요동 현도 조선 옥저 낙랑 임둔 대방 (春正月) 下詔曰 天地大德 降繁霜於秋令 聖哲至仁 著兵甲於刑典 故知造化之有肅殺 義在無私 帝王之用干戈 蓋非獲已 版泉 丹浦 莫匪龔行 取亂覆昏 咸由順動 況乎甘野 誓師 夏開承大禹之業 商郊問罪 周發成文王之志 永監載籍 屬當朕躬 粤我有隋 誕膺靈命 兼三才而建極 一六合而為家 提封所漸 細柳 蟠桃之外 聲敎爰暨 紫舌 黃枝之域 遠至邇安 岡弗和會 功成理定 於是乎在 而高麗小醜 迷昏不恭 崇聚勃碣之間 荐食遼 濊之境 雖復漢 魏誅夷 巢窟暫擾 亂離多阻 種落還集 萃川藪於前代 播實繁以迄今 眷彼華壤 翦為夷類 歷年永久 惡稔旣 盈 天道禍淫 亡徵已兆 亂常敗德 非可勝圖 掩慝懷姦 唯日不足 移告之嚴 未嘗 面受 朝覲之禮 莫肯躬親 誘納亡叛 不知紀極 充斥邊垂 亟勞烽候 關柝以之不靜 三[3786]人為之廢業 在昔薄伐 已漏天網 旣緩前禽之戮 未卽後服之誅 曾不懷 恩 翻其長惡 乃兼契丹之黨 虔劉海戍 習靺鞨之服 侵軼遼西 又青丘之表 咸脩職 貢 碧海之濱 同稟正朔 遂復寇攘琛贄 遏絶往來 虐及弗辜 誠而遇禍 軺軒奉使 爰暨海東 旌節所次 途經藩境 而擁塞道路 拒絶王人 無事君之心 豈為臣之禮 此而可忍 孰不可容 且法令苛酷 賦斂煩重 强因豪族 咸執國均 朋黨比周 以之成 俗 賄貨如市 寃枉莫申 重以仍歲災凶 比屋飢饉 兵戈不息 徭役無期 力竭轉 輸 身塡溝壑 百姓愁苦 爰誰適從 境內哀惶 不勝其弊 回面內向 各懷性命之 圖 黃髮稚齒 咸興酷毒之歎 省俗觀風 爰屆幽朔 弔人問罪 無俟再駕 親總六師 用申九伐 拯厥阽危 協從天意 殄茲逋穢 克嗣先謨 今宜授律啓行 分麾屆路 掩勃澥而雷震 及夫餘以電掃 比戈按甲 俟誓而後 行 三令五申 必勝而後戰 左第一軍可鏤方道 第二軍可長岑道 第三軍可海冥道 第四軍可蓋馬道 第五軍可建安道 第六軍可南蘇道 第七軍可遼東道 第八軍可玄菟道 第九軍可扶餘道 第十軍可朝鮮道 第十一軍可沃沮道 第十二軍可樂浪道 右第一軍可黏蟬道 第二軍可含資道 第三軍可渾彌道 第四軍可臨屯道 第五軍可候城 道 第六軍可提奚道 第七軍可踏頓道 第八軍可肅慎道 第九軍可碣石道 第十軍可 東道 第十一軍可帶方道 第十二軍可襄平道 凡此衆軍 先奉廟略 絡繹引途 總集 平壤 莫非如豼如貔之勇 百戰百勝之雄 顧眄則山岳傾頹 叱咤則風雲騰鬱 腹心 攸同 爪牙斯在 朕躬馭元戎 為其節度 涉遼而東 循海之右 解倒懸於遐裔 問疾 苦於遺黎 其外輕齎游闕 隨機赴響 卷甲銜枚 出其不意 又滄海道軍 舟艫千里 高颿電逝 巨艦雲飛 橫斷沮江 逕造平壤 島嶼之望斯絶 坎井之路已窮 其餘被 髮左衽之人 控弦待發 微 盧 彭 濮之旅 不謀同辭 杖順臨逆 人百其勇 以此衆戰 勢等摧枯 然則王者之師 義存止殺 聖人之敎 必也勝殘 天罰有罪 本在元惡 人之多辟 脅從罔理 若高元泥首轅門 自歸司寇 卽解縛焚櫬 弘之以恩 其餘臣人 願歸朝奉化 咸加慰撫 各

3786) 『隋書』에서는 '生'으로 하였다.

	安生業 隨才任用 無隔夷夏 營壘所次 務在整肅 芻蕘有禁 秋毫 勿犯 以布恩宥 以喻 禍福 若其同惡相濟 抗拒官軍 國有常刑 俾無遺類 明加曉 示 稱朕意焉 總一百一十 三萬三千八百 號二百萬 其餽運者倍之 (『北史』 12 隋本紀 下 煬皇帝)[3787]
고구려	(隋煬帝大業)八年正月 親征高麗 大軍集于涿郡 摠管一百一十萬三千八百 號二百萬 其饋運者倍之 (『冊府元龜』 135 帝王部 135 好邊功)[3788]
고구려 부여	宇文述字伯通 代郡武川人也 本姓破野頭 役屬鮮卑俟豆歸 後從其主爲宇文氏 (…) 及 征高麗 述爲扶餘道軍將 臨發 帝謂述曰 禮 七十者行役以婦人從 公宜以家累自隨 古 稱婦人不入軍 謂臨戰時耳 至於營壘之間 無所傷也 項籍虞姬 卽其故事 (『隋書』 61 列傳 26 宇文述)[3789]
고구려 부여	宇文述字伯通 代郡武川人也 (…) 及征高麗 述爲扶餘道軍將 臨發 帝謂曰 禮 七十者 行役以婦人從 公宜以家累自隨 古稱婦人不入軍 謂臨戰時耳 至軍壘間 無所傷也 項 籍虞兮 卽其故事 (『北史』 79 列傳 67 宇文述)[3790]
고구려 부여	隋書曰 煬帝征高麗 宇文述爲扶餘道將軍 臨發 帝謂述曰 禮 七十者行役以婦人從 公 宜以家累自隨 古稱婦人不入軍 臨戰時耳 至於營壘之間 無所傷也 項籍虞姬 卽其故 事 (『太平御覽』 306 兵部 37 軍行)[3791]
고구려	(春正月)癸未 第一軍發 終四十日 引師乃盡 旌旗亘千里 近古出師之盛 未之有也 (『隋書』 4 帝紀 4 煬皇帝 下)
고구려	(春正月)癸未 第一軍發 終四十日 引師乃盡 旌旗亘千里 近古出師之盛 未之有也 (『北史』 12 隋本紀 下 煬皇帝)
고구려	(春正月)癸未 第一軍發 日遣一軍 相去四十里 連營漸進 終四十日 發乃盡 首尾相繼 鼓角相聞 旌旗亘九百六十里 御營內合十二衛三臺五省九寺 分隷內外前後左右六軍 次後發 又亘八十里 近古出師之盛 未之有也 (『資治通鑑』 181 隋紀 5 煬皇帝 上之 下)
고구려	(春正月)癸未 第一軍發 終三十日 引師乃盡 旌旗互千里 近古出師之盛 未有之也 (『冊府元龜』 117 帝王部 117 親征 2)
고구려	(春正月)癸未 第一軍發 終四十日 引師乃盡 旌旗互千里 近古出師之盛 未之有也 (『太平御覽』 106 皇王部 31 隋 煬皇帝)
고구려	以大業 八年正月九日壬子[3792] 遘疾終于涿郡 時年六十有七 (「劉德 墓誌銘」: 『隋唐 五代墓誌滙篇 洛陽』 1)
신라 백제	至春正月 人旣疲 城將破 勢不可復完 乃仰天大呼曰 吾王委我以一城 而不能全 爲敵 所敗 願死爲大厲 喫盡百濟人 以復此城 遂攘臂瞋目 走觸槐樹而死 於是 城陷 軍士 皆降 (『三國史記』 47 列傳 7 奚論)
고구려	(二月壬戌) 及征高麗 以文振爲左候衛大將軍 出南蘇道 文振於道中疾篤 上表曰 竊見

3787) 이 기사에는 일자 표기가 없으나, 『三國史記』 高句麗本紀 등에 의거하여 정월 2일(壬午)로 편년하였다.
3788) 이 기사에는 일자 표기가 없으나, 『三國史記』 高句麗本紀 등에 의거하여 정월 2일(壬午)로 편년하였다.
3789) 이 기사에는 연대 표기가 없으나, 『三國史記』 高句麗本紀 등에 의거하여 大業 8년(612) 정월 2일(壬 午)로 편년하였다.
3790) 이 기사에는 연대 표기가 없으나, 『三國史記』 高句麗本紀 등에 의거하여 大業 8년(612) 정월 2일(壬 午)로 편년하였다.
3791) 이 기사에는 연대 표기가 없으나, 『三國史記』 高句麗本紀 등에 의거하여 大業 8년(612) 정월 2일(壬 午)로 편년하였다.
3792) 이달 9일은 임자일이 아니다. 임자일은 2월 2일이다.

遼東小醜　未服嚴刑　遠降六師　親勞萬乘　但夷狄多詐　深須防擬　口陳降款　毋宜遽
受3793)　水潦方降　不可淹遲　唯願嚴勒諸軍　星馳速發　水陸俱前　出其不意　則平壤孤城
勢可拔也　若傾其本根　餘城自克　如不時定　脫遇秋霖　深爲艱阻　兵糧旣竭　强敵在前
靺鞨出後3794)　遲疑不決　非上策也（『資治通鑑』181 隋紀 5 煬皇帝 上之下)

고구려　　段文振　北海期原人也（…）及遼東之役　授左候衛大將軍　出南蘇道　在道疾篤　上表曰
（…）竊見遼東小醜　未服嚴刑　遠降六師　親勞萬乘　但夷狄多詐　深須防擬　口陳降款　心
懷背叛　詭伏多端　勿得便受　水潦方降　不可淹遲　唯願嚴勒諸軍　星馳速發　水陸俱前
出其不意　則平壤孤城　勢可拔也　若傾其本根　餘城自剋　如不時定　脫遇秋霖　深爲艱阻
兵糧又竭　强敵在前　靺鞨出後　遲疑不決　非上策也　後數日　卒於師　帝省表　悲歎久之
贈光祿大夫尙書右僕射北平侯　謚曰襄　賜物一千段　粟麥二千石　威儀鼓吹　送至墓所
有子十人

史臣曰（…）仲文博涉書記　以英略自許　尉迥之亂　遂立功名　自茲厥後　屢當推轂　遼東
之役　實喪師徒　斯乃大樹將顚　蓋亦非戰人之罪也　(段)文振少以膽略見重　終懷壯夫之
志　時進讜言　頻稱諒直　其取高位厚秩　良有以也（『隋書』60 列傳 25 段文振)3795)

고구려　　段文振　北海期原人也（…）及遼東之役　授左候衛大將軍　出南蘇道　在軍疾篤　上表以
爲　遼東小醜　未服嚴刑　但夷狄多詐　深須防擬　口陳降款　心懷背叛　詭伏多端　勿得便
受　水潦方降　不可淹遲　唯願嚴勒諸軍　星馳速發　則平壤孤城　勢可拔也　若傾其本根
餘城自剋　如不時定　脫遇秋霖　深爲艱弊　兵糧又竭　强敵在前　靺鞨出後　遲疑不決　非
上策也　卒於師　帝省表　悲歎久之　贈光祿大夫尙書右僕射北平公　謚曰襄（『北史』76
列傳 64 段文振)3796)

고구려　요동　二月　帝御師進至遼水　衆軍摠會　臨水爲大陣　我兵阻水拒守　隋兵不得濟　帝命工部尙
書宇文愷　造浮橋三道於遼水西岸　旣成　引橋趣東岸　短不及岸丈餘　我兵大至　隋兵驍
勇者　爭赴水接戰　我兵乘高擊之　隋兵不得登岸　死者甚衆　麥鐵杖躍登岸　與錢士雄孟
叉等皆戰死　乃歛兵引橋　復就西岸　更命少府監何稠接橋　二日而成　諸軍相次繼進　大
戰于東岸　我兵大敗　死者萬計　諸軍乘勝　進圍遼東城則漢之襄平城也　車駕到遼　下詔
赦天下　命刑部尙書衛文昇等撫遼左之民　給復十年　建置郡縣　以相統攝（『三國史記』
20 高句麗本紀 8)3797)

고구려　요동　二月　帝御師進至遼水　衆軍摠會　臨水爲大陣　高勾麗兵阻水拒守　隋兵不得濟　帝命工
部尙書宇文愷　造浮橋三道於遼水西岸　旣成　引橋趣東岸　短不及岸丈餘　高勾麗兵大至
隋兵驍勇者　爭赴水接戰　高勾麗兵乘高擊之　隋兵不得登岸　死者甚衆　麥鐵杖躍登岸
與錢士雄孟叉又等皆戰死　乃歛兵引橋　復就西岸　更命少府監何稠接橋　二日而成　諸軍相
次繼進　大戰于東岸　高勾麗兵大敗　死者萬計　諸軍乘勝　進圍遼東城　則漢之襄平城也
車駕到遼　下詔赦天下　命刑部尙書衛文昇等撫遼左之民　給復十年　建置郡縣　以相統攝
（『三國史節要』7)

고구려　　(大業八年)三月辛巳　帝御師（『冊府元龜』117 帝王部 117 親征 2)3798)

3793) 乘 繩證翻 降 戶江翻
3794) 靺 音末 鞨 音曷
3795) 이 기사에는 연대 표기가 없으나,『資治通鑑』에 大業 8년(612) 2월12일(辛卯)에 죽었다는 기사에 의거
　　하여 편년하고 배치하였다.
3796) 이 기사에는 연대 표기가 없으나,『資治通鑑』에 大業 8년(612) 2월12일(辛卯)에 죽었다는 기사에 의거
　　하여 편년하고 배치하였다.
3797)『資治通鑑』에서는 이 일이 3월14일(癸巳)에 있었다고 하였다.
3798)『隋書』帝紀 등에는 3월14일(癸巳)로 되어 있다.

고구려 (大業八年三月)戊子 臨戎于遼水橋 (『冊府元龜』 117 帝王部 117 親征 2)[3799]

고구려 (大業八年三月)辛卯 大軍爲賊所拒 不果濟 右屯衛大將軍左光祿大夫麥鐵杖武賁郎將
錢士雄孟金義等皆死之 (『冊府元龜』 117 帝王部 117 親征 2)[3800]

고구려 (三月)癸巳 上御師 (『隋書』 4 帝紀 4 煬帝 下)[3801]
고구려 (三月)癸巳 上御師 (『北史』 12 隋本紀 下 煬皇帝)
고구려 (三月)癸巳 上始御師 進至遼水 衆軍總會 臨水爲大陳[3802] 高麗兵阻水拒守 隋兵不得
濟 左屯衛大將軍麥鐵杖謂人曰 丈夫性命自有所在 豈能然艾灸顋 瓜蔕歕鼻 治黃不差
而臥死兒女手中乎[3803] 乃自請爲前鋒 謂其三子曰 吾荷國恩[3804] 今爲死日 我得良殺
汝當富貴 帝命工部尚書宇文愷造浮橋三道於遼水西岸 旣成 引橋趣東岸[3805] 橋短不
及岸丈餘 高麗兵大至 隋兵驍勇者爭赴水接戰[3806] 高麗兵乘高擊之 隋兵不得登岸 死
者甚衆 麥鐵杖躍登岸 與虎賁郎將錢士雄孟又等皆戰死[3807] 乃斂兵 引橋復就西岸 詔
贈鐵杖宿公[3808] 使其子孟才襲爵 次子仲才季才並拜正議大夫 更命少府監何稠接
橋[3809] 二日而成 諸軍相次繼進 大戰于東岸 高麗兵大敗 死者萬計 諸軍乘勝進圍遼
東城 卽漢之襄平城也 車駕渡遼[3810] 引曷薩那可汗及高昌王伯雅觀戰處以懾憚之[3811]
因下詔赦天下 命刑部尚書衛文昇尚書右丞劉士龍撫遼左之民 給復十年[3812] 建置郡縣
以相統攝 (『資治通鑑』 181 隋紀 5 煬皇帝 上之下)[3813]
고구려 (隋書曰) (大業八年)三月癸巳 上御師 (『太平御覽』 106 皇王部 31 隋 煬皇帝)
고구려 (大業八年)三月 帝御師于遼水 (『冊府元龜』 135 帝王部 135 好邊功)[3814]

고구려 (三月)甲午 臨戎于遼水橋 (『隋書』 4 帝紀 4 煬帝 下)[3815]
고구려 (三月)甲午 臨戎于遼水橋 (『北史』 12 隋本紀 下 煬皇帝)
고구려 (隋書曰) (大業八年三月)甲子[3816] 臨戎於遼水橋 (『太平御覽』 106 皇王部 31 隋 煬
皇帝)

고구려 (大業八年三月)甲午 車駕渡遼 戰于東岸 擊賊破之 進圍遼東 于時 諸將爲奉旨 不敢
赴機 而高麗城守 攻之不下 (『冊府元龜』 117 帝王部 117 親征 2)[3817]

3799) 『隋書』 帝紀 등에는 3월15일(甲午)로 되어 있다.
3800) 『隋書』 帝紀 등에는 3월19일(戊戌)로 되어 있다.
3801) 『冊府元龜』 帝王部에는 3월 2일(辛巳)로 되어 있다.
3802) 陳 讀曰陣
3803) 黃 熱病也 熱則頭痛 故燃艾以灸顋 熱則上壅 瓜蔕味苦寒 故歕鼻以通關鬲 差 愈也 然 與燃同 灸 居又
翻 顋 烏葛翻 鼻顋 說文曰 顋 鼻莖 蔕 音帝 歕 蒲悶翻 差 楚懈翻 治 直之翻
3804) 荷 下可翻
3805) 趣 七喩翻
3806) 驍 堅堯翻
3807) 考異曰 雜記作 錢英孟金釵 今從隋帝紀
3808) 宿 古國名
3809) 更 工衡翻 少 始照翻
3810) 考異曰 隋帝紀 癸巳 上御師 甲子 臨遼水橋 戊戌 麥鐵杖死 甲午 車駕渡遼 乙未 大頓 丙申 大赦 按長
曆 是月庚辰朔 不容有甲子 又戊戌之下 不容有甲午乙未丙申 此必誤也 今並除之
3811) 懾 之涉翻
3812) 復 方目翻
3813) 『三國史記』 등에는 2월, 『隋書』 帝紀 등에는 3월 무술일(19)의 일로 기록하였다.
3814) 이 기사에는 연대 표기가 없으나, 『隋書』 帝紀 등에 의거하여 大業 8년(612) 3월14일(癸巳)로 편년하
였다.
3815) 『冊府元龜』 帝王部에는 3월 9일(戊子)로 되어 있다.
3816) '甲午'의 오기로 보인다. '甲子'는 3월에 없고, 2월·4월에 있다.
3817) 『隋書』 帝紀 등에는 3월25일(甲辰)로 되어 있다.

고구려	(三月)乙未 大頓見二大鳥 高丈餘 皜身朱足 游泳自若 上異之 命工圖寫 幷立銘頌 (『北史』12 隋本紀 下 煬皇帝)[3818]
고구려	隋書曰 煬帝征遼東 帝舍臨頓 見大鳥丈餘 縞身朱足 游泳自若 上異之 詔虞綽爲銘 帝覽而善之 命有司勒於海上 (『太平御覽』914 羽族部 1 鳥)[3819]
고구려	(三月)戊戌 大軍爲賊所拒 不果濟 右屯衛大將軍左光祿大夫麥鐵杖 武賁郎将錢士雄孟金叉等皆死之 (『隋書』4 帝紀 4 煬帝 下)[3820]
고구려	(三月)戊戌 大軍爲賊所拒 不果濟 右屯衛大將軍左光祿大夫麥鐵杖 武賁郎将錢士雄孟金叉等皆死之 (『北史』12 隋本紀 下 煬皇帝)
고구려	(隋書曰) (大業八年三月)戊戌 大軍爲賊所拒 不果濟 右屯衛大將軍左光祿大夫麥鐵杖 武賁郎将錢士雄孟金叉等 皆死之 (『太平御覽』106 皇王部 31 隋 煬皇帝)
고구려	麥鐵杖 始興人也 (…) 及遼東之役 請爲前鋒 顧謂醫者吳景賢曰 大丈夫性命自有所在 豈能艾炷灸頯 瓜蔕歠鼻 治黃不差 而臥死兒女手中乎 將渡遼 謂其三子曰 阿奴當備 淺色黃衫 吾荷國恩 今是死日 我旣被殺 爾當富貴 唯誠與孝 爾之勉之 及濟 橋未成 去東岸尚數丈 賊大至 鐵杖跳上岸 與賊戰 死 武賁郎将錢士雄孟金叉亦死之 左右更無及者 帝爲之流涕 購得其屍 下詔曰 鐵杖志氣驍果 夙著勳庸 陪麾問罪 先登陷陣 節高義烈 身殞功存 興言至誠 追懷傷悼 宜賁殊榮 用彰飾德 可贈光祿大夫 宿國公 諡曰武烈 子孟才嗣 尋授光祿大夫 孟才有二弟 仲才季才 俱拜正議大夫 賵贈鉅萬 賜輼輬車 給前後部羽葆鼓吹 平壤道敗將宇文述等百餘人皆爲執絏 王公已下送至郊外 士雄贈左光祿大夫右屯衛將軍武强侯 諡曰剛 子傑嗣 金叉贈右光祿大夫 子善誼襲官 (『隋書』64 列傳 29 麥鐵杖)[3821]
고구려	宇文愷字安樂 杞國公忻之弟也 (…) 會遼東之役 事不果行 以渡遼之功 進位金紫光祿大夫 其年卒官 時年五十八 (『隋書』68 列傳 33 宇文愷)[3822]
고구려	何稠字桂林 國子祭酒妥之兄子也 (…) 遼東之役 攝右屯衛將軍 領御營弩手三萬人 時工部尚書宇文愷造遼水橋不成 師不得濟 右屯衛大將軍麥鐵杖因而遇害 帝遣稠造橋 二日而就 初 稠制行殿及六合城 至是 帝於遼左與賊相對 夜中施之 其城周迴八里 城及女垣合高十仞 上布甲士 立仗建旗 四隅置閣 面別一觀 觀下三門 遲明而畢 高麗望見 謂若神功 是歲 加金紫光祿大夫 (『隋書』68 列傳 33 何稠)[3823]
고구려	麥鐵杖 始興人也 (…) 及遼東之役 請爲前鋒 顧謂醫者吳景賢曰 大丈夫性命自有所在 豈能艾炷灸頯 瓜蔕歠鼻 療黃不差 而臥死兒女手中乎 將度遼 呼其三子曰 阿奴 當備 淺色黃衫 吾荷國恩 今是死日 我得被殺 爾當富貴 唯誠與孝 爾其勉之 及濟 橋未成 去東岸尚數丈 賊大至 鐵杖跳上岸 與賊戰死 武賁郎将錢士雄孟金叉亦死之 左右更無及者 帝爲之流涕 購得其屍 贈光祿大夫宿國公 諡曰武烈 子孟才嗣 授光祿大夫 孟才二弟仲才季才 俱拜正議大夫 賵贈鉅萬 賜輼輬車 給前後部羽葆鼓吹 命平壤道敗將宇文述等百餘人皆爲執絏 王公以下送至郊外 士雄贈左光祿大夫右屯衛將軍武强侯 諡曰剛 子傑嗣 金叉贈右光祿大夫 子善誼襲官 (『北史』78 列傳 66 麥鐵杖)[3824]

3818) 『수서』76 列傳 41 文學 虞綽전에서는 4월 병자일의 일로 기록하였다.
3819) 이 기사에는 연대 표기가 없으나, 『北史』本紀에 의거하여 3월16일(乙未)로 편년하였다.
3820) 『冊府元龜』帝王部에는 3월12일(辛卯)로 되어 있다.
3821) 이 기사에는 연대 표기가 없으나, 『隋書』帝紀 등에 의거하여 大業 8년(612) 3월19일(戊戌)로 편년하였다.
3822) 이 기사에는 연대 표기가 없으나, 『隋書』帝紀 등에 의거하여 大業 8년(612) 3월19일(戊戌)로 편년하였다.
3823) 이 기사에는 연대 표기가 없으나, 『隋書』帝紀 등에 의거하여 大業 8년(612) 3월19일(戊戌)로 편년하였다.
3824) 이 기사에는 연대 표기가 없으나, 『隋書』帝紀 등에 의거하여 大業 8년(612) 3월19일(戊戌)로 편년하

고구려 　　　(隋書) 又曰 麥鐵杖 遼東之役 將渡遼 謂其三子曰 阿奴當備淺色黃衫 吾荷國恩 今是
　　　　　　死日 我旣被殺 尒當富貴 唯誠與孝 尒其勉之 及濟 橋未成 去東岸尙數丈 賊大至 鐵
　　　　　　杖跳上岸 與賊戰死 武賁郎將錢士雄孟金又亦死之 左右更無及者 帝爲之流涕 購得其
　　　　　　屍 (『太平御覽』 310 兵部 41 戰 下)3825)

고구려 　　　隋書曰 遼東之役 何稠攝右屯衝將軍 領御營弩手三萬人 時工部尙書宇文愷 造遼水橋
　　　　　　不成 師未得濟 右屯衝大將軍麥鐵杖 因而遇害 帝遣稠 造橋 二日而就 初 稠製行殿
　　　　　　及六合城 至是 帝於遼左 與賊相對 夜中施之 其城 周迴八里 城及女垣 各高十仞 上
　　　　　　布甲士 立仗建旗 四隅置闕 面別一觀 觀下三門 遲明而畢 高麗望見 謂若神功 是歲
　　　　　　加金紫光祿大夫 (『太平御覽』 336 兵部 67 攻具 上)3826)

고구려 　　　(三月)甲午3827) 車駕度遼 大戰于東岸 擊賊破之 進圍遼東 (『隋書』 4 帝紀 4 煬帝
　　　　　　下)3828)

고구려 　　　(三月)甲午3829) 車駕度遼 大戰于東岸 擊賊破之 進圍遼東 (『北史』 12 隋本紀 下 煬
　　　　　　皇帝)

고구려 　　　(隋書曰) (大業八年三月)甲午3830) 車駕渡遼 大戰於東岸 擊賊破之 進圍遼東 時 諸將
　　　　　　各奉旨 不敢赴機 旣而高麗各城守 攻之不下 (『太平御覽』 106 皇王部 31 隋 煬皇帝)

고구려 　　　(大業)八年 師渡遼水 營於遼東地 分道出師 頓兵於其城下 高勾驪 嬰城固守 帝命諸
　　　　　　軍攻之 又勅諸將 勾驪若降 卽宜撫納 不得縱兵 城將陷 賊輒言 請降 諸將奉指不敢
　　　　　　赴機 先令馳奏 比報至賊守禦亦備 隨出拒戰 如此者再三 帝不悟 食盡師老 輸糧不繼
　　　　　　諸軍敗 績還者千人而已 是行也 惟於遼水西拔賊武屬邏置遼東郡及通定鎭而還 (『太平
　　　　　　寰宇記』 173 四夷 2 東夷 2 高勾驪國)3831)

백제 　　　　隋六軍度遼 王嚴兵於境 聲言助隋 實持兩端 (『三國史記』 27 百濟本紀 5)3832)

백제 신라 　(大業七年)明年 六軍渡遼 璋亦嚴兵於境 聲言助軍 實持兩端 尋與新羅有隙 每相戰爭
　　　　　　(『隋書』 81 列傳 46 東夷 百濟)3833)

백제 신라 　(大業七年)明年 六軍度遼 餘璋亦嚴兵於境 聲言助軍 實持兩端 尋與新羅有隙 每相戰
　　　　　　爭 (『北史』 94 列傳 82 百濟)3834)

백제 신라 　(大業七年)明年 六軍度遼 餘璋亦嚴兵於境 聲言助軍 實持兩端 尋與新羅有彈 每相戰
　　　　　　爭 (『太平御覽』 781 四夷部 2 東夷 2 百濟)3835)

고구려 삼한 　虞綽字士裕 會稽餘姚人也 (…) 從征遼東 帝舍臨海頓 見大鳥 異之 詔綽爲銘 其辭曰

　　　였다.
3825) 이 기사에는 연대 표기가 없으나,『隋書』帝紀 등에 의거하여 大業 8년(612) 3월19일(戊戌)로 편년하
　　　였다.
3826) 이 기사에는 연대 표기가 없으나,『隋書』帝紀 등에 의거하여 大業 8년(612) 3월19일(戊戌)로 편년하
　　　였다.
3827) 여기의 甲午는 착오로 보인다. 이해 3월에 갑오 다음에 甲자가 들어간 날은 甲辰이 있다.
3828) 『冊府元龜』帝王部에는 3월15일(甲午)로 되어 있다.
3829) 여기의 甲午는 착오로 보인다. 이해 3월에 갑오 다음에 甲자가 들어간 날은 甲辰이 있다.
3830) 여기의 甲午는 착오로 보인다. 이해 3월에 갑오 다음에 甲자가 들어간 날은 甲辰이 있다.
3831) 이 기사에는 월일 표기가 없으나,『太平御覽』에 의거하여 3월25일(甲辰)로 편년하였다.
3832) 이 기사는 4월 앞에 배치되어 있으므로, 1~3월로 기간편년하고 마지막달인 3월에 배치하였다.
3833) 이 기사에는 월 표기가 없으나,『三國史記』百濟本紀에 의거하여 1~3월로 기간편년하고 마지막달인
　　　3월에 배치하였다.
3834) 이 기사에는 월 표기가 없으나,『三國史記』百濟本紀에 의거하여 1~3월로 기간편년하고 마지막달인
　　　3월에 배치하였다.
3835) 이 기사에는 월 표기가 없으나,『三國史記』百濟本紀에 의거하여 1~3월로 기간편년하고 마지막달인
　　　3월에 배치하였다.

	維大業八年歲在壬申夏四月丙子 皇帝底定遼碣 班師振旅 龍駕南轅 鷺旗西邁 行宮次 于柳城縣之臨海頓焉 (…) 帝覽而善之 命有司勒於海上 (『隋書』76 列傳 41 文學 虞 綽)	
고구려 삼한	虞綽字士裕 會稽餘姚人也 (…) 從征遼東 帝舍臨海頻[3836] 見大鳥 異之 詔綽爲銘 帝 覽而善之 命有司勒於海上 (『北史』83 列傳 71 文苑)[3837]	
고구려	四月 進遼東時 諸將各奉旨 不敢赴機 旣而高麗各城守 攻之不下 (『冊府元龜』135 帝王部 135 好邊功)[3838]	
백제	夏四月 震宮南門 (『三國史記』27 百濟本紀 5)	
백제	夏四月 震百濟宮南門 (『三國史節要』7)	
고구려	(五月壬午) 于時 諸將各奉旨 不敢赴機 旣而高麗各城守 攻之不下 (『隋書』4 帝紀 4 煬帝 下)[3839]	
고구려	(五月壬午) 于時 諸將各奉旨 不敢越[3840]機 旣而高麗各固城守 攻之不下 (『北史』12 隋本紀 下 煬皇帝)	
고구려	(五月壬午) 諸將之東下也 帝親戒之曰 (…) 凡軍事進止 皆須奏聞待報 毋得專擅 遼東 數出戰不利[3841] 乃嬰城固守 帝命諸軍攻之 又敕諸將 高麗若降 卽宜撫納 不得縱兵 遼東城將陷 城中人輒言請降[3842] 諸將奉旨不敢赴機 先令馳奏 比報至[3843] 城中守禦 亦備 隨出拒戰 如此再三 帝終不寤 旣而城久不下 (『資治通鑑』181 隋紀 5 煬皇帝 上之下)	
고구려	夏五月 初 諸將之東下也 帝戒之曰 凡軍事進止 皆須奏聞待報 無得專擅 遼東數出戰 不利 乃嬰城固守 帝命諸軍攻之 又敕諸將 高句麗若降 則宜撫納 不得從兵 遼東城將 陷 城中人輒言請降 諸將奉旨 不敢赴期 先令馳奏 比報至 城中守禦亦備 隨出拒戰 如此再三 帝終不悟 旣而城久不下 (『三國史記』20 高句麗本紀 8)[3844]	
고구려	(五月) 初 隋諸將之東下也 帝戒之曰 凡軍事進止 皆須奏聞待報 無得專擅 遼東數出 戰不利 乃嬰城固守 帝命諸軍攻之 又敕諸將 高勾麗若降 則宜撫納 不得縱兵 遼東城 將陷 城中人輒言請降 諸將奉旨 不敢赴先期 令馳奏 比報至 城中守禦亦備 隨出拒戰 如此再三 帝終不悟 旣而城久不下 (『三國史節要』7)[3845]	
백제	五月 大水 漂沒人家 (『三國史記』27 百濟本紀 5)	
백제	五月 百濟大水 漂沒人家 (『三國史節要』7)	
고구려	六月己未 帝幸遼東城南 觀其城池形勢 因召諸將詰責之曰 公等自以官高 又恃家世 欲以暗懦待我邪 在都之日 公等皆不願我來 恐見病敗耳 我今來此 正欲觀公等所爲 斬公輩爾 公今畏死 莫肯盡力 謂我不能殺公邪 諸將咸戰懼失色 帝因留止城西數里	

3836) '頻'은 '頓'의 오자이다.
3837) 이 기사에는 연대 표기가 없으나, 『隋書』虞綽傳에 의거하여 大業 8년(612) 4월27일(丙子)로 편년하였 다.
3838) 『隋書』帝紀 등에는 5월 4일(壬午)로 되어 있다.
3839) 『冊府元龜』帝王部에는 4월로 되어 있다.
3840) '越'은 '赴'의 오자이다.
3841) 數 所角翻
3842) 降 戶江翻
3843) 比 必寐翻
3844) 이 기사에는 일자 표기가 없으나, 『隋書』帝紀 등에 의거하여 5월 4일(壬午)로 편년하였다.
3845) 이 기사에는 일자 표기가 없으나, 『隋書』帝紀 등에 의거하여 5월 4일(壬午)로 편년하였다.

	御六合城 我諸城堅守不下 (『三國史記』20 高句麗本紀 8)
고구려	六月己未 帝幸遼東城南 觀其城池形勢 因召諸將詰責之曰 公等自以官高 又恃家世 欲以暗懦待我耶 在都之日 公等皆不願我來 恐見病敗耳 我今來此 正欲觀公等所爲 斬公輩耳 公今畏死 莫肯盡力 謂我不能殺公耶 諸將皆戰懼失色 帝因留止城西數里 御六合城 高勾麗諸城堅守不下 (『三國史節要』7)
고구려	六月己未 幸遼東 責怒諸將 止城西數里 御六合城 (『隋書』4 帝紀 4 煬帝 下)
고구려	六月己未 幸遼東 責怒諸將 止城西數里 御六合城 (『北史』12 隋本紀 下 煬皇帝)
고구려	六月己未 帝幸遼東城南 觀其城池形勢 因召諸將詰責之曰 公等自以官高 又恃家世 欲以暗懦待我邪3846) 在都之日 公等皆不願我來 恐見病敗耳 我今來此 正欲觀公等所 爲 斬公輩耳 公今畏死 莫肯盡力 謂我不能殺公邪 諸將咸戰懼失色 帝因留城西數里 御六合城3847) 高麗諸城各堅守不下 (『資治通鑑』181 隋紀 5 煬皇帝 上之下)
고구려	六月己未 幸遼東 責怒諸將 止城西數里 御六合城 (『冊府元龜』117 帝王部 117 親 征 2)
고구려	六月己未 幸遼東 責怒諸將 止城西數里 御六合城 (『冊府元龜』135 帝王部 135 好 邊功)
고구려	(隋書曰) (大業八年)六月己未 幸遼東 責怒諸將 止城西數里 御六合城 (『太平御覽』 106 皇王部 31 隋 煬皇帝)
고구려	及征遼東 以本官領武賁郎將 典宿衛 時衆軍圍遼東城 帝令毗詣城下宣諭 賊弓弩亂發 所乘馬中流矢 毗顏色不變 辭氣抑揚 卒事而去 尋拜朝請大夫 遷殿內少監 又領將作 少監事 (『隋書』68 列傳 33 閻毗)3848)
고구려	及征遼東 以本官領武賁郎將 典宿衛 時軍圍遼東城 帝令毗詣城下宣諭 賊弓弩亂發 流矢中所乘馬 毗顏色不變 辭氣抑揚 卒事而去 遷殿內少監 又領將作少監 (『北史』 61 列傳 49 閻毗)3849)
고구려	閻毗 領武賁郎將典宿衛 煬帝軍圍遼東城 令毗詣城下宣諭 賊弓弩亂發 矢中所乘馬 毗顏色不變 辭氣抑揚 事卒而去 (『冊府元龜』395 下 將帥部 56 勇敢 2 下)3850)
고구려	(六月己未) 左翊衛大將軍來護兒帥江淮水軍 舳艫數百里浮海先進 入自浿水 去平壤六 十里 與我軍相遇 進擊大破之 護兒欲乘勝趣其城 副摠管周法尚止之 請俟諸軍至 俱 進 護兒不聽 簡精甲數萬 直造城下 我將伏兵於羅郭內空寺中 出兵與護兒戰而僞敗 護兒逐至入城 縱兵俘掠 無復部伍 伏兵發 護兒大敗 僅而獲免 士卒還者不過數千人 我軍追至舡所 周法尚整陣待之 我軍乃退 護兒引兵還屯海浦 不敢復留應接諸軍 (『三 國史記』20 高句麗本紀 8)
고구려	(六月己未) 左翊衛大將軍來護兒 帥江淮水軍 舳艫數百里浮海先進 入自浿水 去平壤 六十里 與 高勾麗軍相遇 進擊大破之 護兒欲乘勝趣其城 副摠管周法尚止之 請俟諸 軍至俱進 護兒不聽 簡精甲數萬 直造城下 高勾麗將伏兵於羅郭內空寺中 出兵與護兒 戰而僞敗 護兒逐至入城 縱兵俘掠 無復部伍 伏兵發 護兒大敗 僅而獲免 士卒還者不 過數千人 高勾麗軍追至船所 周法尚整陣待之 高勾麗軍乃退 護兒引兵還屯海浦 不敢 復留應接諸軍 (『三國史節要』7)

3846) 詰 去吉翻 懦 乃臥翻 又乃亂翻 邪 音耶 下同
3847) 此六合城略如三年行 城之制 周回八里 城及女垣 高十仞
3848) 이 기사에는 연대 표기가 없으나, 『三國史記』高句麗本紀 등에 의거하여 大業 8년(612) 6월11일(己未) 로 편년하였다.
3849) 이 기사에는 연대 표기가 없으나, 『三國史記』高句麗本紀 등에 의거하여 大業 8년(612) 6월11일(己未) 로 편년하였다.
3850) 이 기사에는 연대 표기가 없으나, 『三國史記』高句麗本紀 등에 의거하여 大業 8년(612) 6월11일(己未) 로 편년하였다.

고구려   (六月己未) 右翊衛大將軍來護兒帥江淮水軍 舳艫數百里 浮海先進 入自浿水[3851) 去平壤六十里 與高麗相遇 進擊 大破之 護兒欲乘勝趣其城[3852) 副總管周法尚止之 請俟諸軍至俱進 護兒不聽 簡精甲四萬 直造城下[3853) 高麗伏兵於羅郭內空寺中 出兵與護兒戰而僞敗 護兒逐之入城 縱兵俘掠 無復部伍 伏兵發 護兒大敗 僅而獲免 士卒還者不過數千人 高麗追至船所 周法尚整陳待之 高麗乃退 護兒引兵還屯海浦 不敢復留應接諸軍[3854) (『資治通鑑』181 隋紀 5 煬皇帝 上之下)

고구려   來護兒字崇善 江都人也 (…) 遼東之役 護兒率樓船 指滄海 入自浿水 去平壤六十里 與高麗相遇 進擊 大破之 乘勝直造城下 破其郛郭 於是縱軍大掠 稍失部伍 高元弟建 武募敢死士五百人邀擊之 護兒因却 屯營海浦 以待期會 (『隋書』64 列傳 29 來護兒)[3855)

고구려   來護兒字崇善 本南陽新野人 (…) 遼東之役 以護兒爲平壤道行軍總管 兼檢校東萊郡太守 率樓船指滄海 入自浿水 去平壤六十里 高麗主高元掃境內兵以拒之 列陣數十里 諸將咸懼 護兒笑謂副將周法尙及軍吏曰 吾本謂其堅城淸野以待王師 今來送死 當殄之而朝食 高元弟建驍勇絶倫 率敢死數百人來致師 護兒命武賁郎將費靑奴及第六子左千牛整馳斬其首 乃縱兵追奔 直至城下 俘斬不可勝計 因破其郛 營於城外 以待諸軍 高麗晝閉城門 不敢出 (『北史』76 列傳 64 來護兒)[3856)

고구려 부여 낙랑 옥저 현도
         (六月己未) 左翊衛大將軍宇文述出扶餘道 右翊衛大將軍于仲文出樂浪道 左驍衛大將軍荊元恒出遼東道 右翊衛大將軍薛世雄出沃沮道 右屯衛將軍辛世雄出玄菟道 右禦衛將軍張瑾出襄平道 右武侯將軍趙孝才出碣石道 涿郡太守檢校左武衛將軍崔弘昇出遂城道 檢校右禦衛虎賁郞將衛文昇出增地道 皆會於鴨綠水西 述等兵自瀘河懷遠二鎭 人馬皆給百日糧 又給排甲槍矟幷衣資戎具火幕 人別三石已上 重莫能勝致 下令軍中 遺棄米粟者斬 士卒皆於幕下 掘坑埋之 纔行及中路 糧已將盡 王遣大臣乙支文德 詣其營詐降 實欲觀虛實 于仲文先奉密旨若遇王及文德來者 必擒之 仲文將執之 尙書右丞劉士龍爲慰撫使 固止之 仲文遂聽文德還 旣而悔之 遣人紿文德曰 更欲有言 可復來 文德不顧 濟鴨綠水而去
         仲文與述等 旣失文德 內不自安 述以糧盡欲還 仲文議以精銳追文德 可以有功 述固止之 仲文怒曰 將軍仗十萬之衆 不能破小賊 何顏以見帝 且仲文此行 固知無功 何則 古之良將能成功者 軍中之事 決在一人 今人各有心 何以勝敵 時 帝以仲文有計畫 令諸軍諮禀節度 故有此言 由是 述等不得已而從之 與諸將渡水追文德 文德見述軍士有饑色 故欲疲之 每戰輒走 述一日之中 七戰皆捷 旣恃驟勝 又逼群議 於是 遂進東濟薩水 去平壤城三十里 因山爲營 文德復遣使詐降 請於述曰 若旋師者 當奉王 朝行在所 述見士卒疲弊 不可復戰 又平壤城險固 度難猝拔 遂因其詐而還 述等爲方陣而行 我軍四面鈔擊 述等且戰且行 (『三國史記』20 高句麗本紀 8)

고구려 부여 낙랑 옥저 현도
         (六月己未) 左翊衛大將軍宇文述出扶餘道 右翊衛大將軍于仲文出樂浪道 左驍衛大將

3851) 班志 浿水西至增地縣入海 皆在樂浪界 帥 讀曰率 舳艫 音逐盧 浿 普大翻

3852) 趣 七喩翻

3853) 造 七到翻

3854) 陳 讀曰陣 復 扶又翻 考異曰 北史云 護破高麗 斬高元弟建武 因破其郛 營於城外 以待諸軍 今從隋書及革命記

3855) 이 기사에는 연대 표기가 없으나, 『三國史記』高句麗本紀 등에 의거하여 大業 8년(612) 6월11일(己未)로 편년하였다.

3856) 이 기사에는 연대 표기가 없으나, 『三國史記』高句麗本紀 등에 의거하여 大業 8년(612) 6월11일(己未)로 편년하였다.

軍荊元恒出遼東道 右翊衛大將軍薛世雄出沃沮道 右屯衛將軍辛世雄出玄菟道 右禦衛
將軍張瑾出襄平道 右武侯將軍趙孝才出碣石道 涿郡太守檢校左武衛將軍崔弘昇出遂
城道 檢校右禦衛虎賁郎將衛文昇出增地道 皆會於鴨綠水西 述等兵自瀘河懷遠二鎮
人馬皆給百日糧 又給排甲槍稍幷衣資戎具火幕 人別三石已上 重莫能勝致 下令軍中
遺棄粟米者斬 士卒皆於幕下 掘坑埋之 纔行及中路 糧已將盡 高勾麗王遣大臣乙支文
德 詣其營詐降 實欲觀虛實 于仲文先奉密旨 若遇王及文德來者 必擒之 仲文將執之
尚書右丞劉士龍爲慰撫使 固止之 仲文遂聽文德還 既而悔之 遣人紿文德曰 更欲有言
可復來 文德不顧 濟鴨綠水而去

仲文與述等 既失文德 內不自安 述以糧盡欲還 仲文議以精銳追文德 可以有功 述固
止之 仲文怒曰 將軍仗十萬之衆 不能破小賊 何顏以見帝 且仲文此行 固知無功 何則
古之良將能成功者 軍中之事 決在一人 今人各有心 何以勝敵 時帝以仲文有計畫 令
諸軍諮稟節度 故有此言 由是 述等不得已而從之 與諸將渡水追文德 文德見述軍士有
饑色 故欲疲之 每戰輒走 述等一日之中 七戰皆捷 既恃驟勝 又逼群議 於是 遂進東
濟薩水 去平襄城三十里 因山爲營 文德遺仲文詩曰 神策究天文 妙算窮地理 戰勝功
既高 知足願云止 仲文答書諭之 文德復遣使詐降 請於述曰 若旋師者 當奉王 朝行在
所 述見士卒疲弊 不可復戰 又平壤城險固 度難以猝拔 遂因其詐而還 述等爲方陣而
行 文德出軍 四面鈔擊 且戰且行 (『三國史節要』7)

고구려 부여 낙랑 옥저 현도

(六月己未) 左翊衛大將軍宇文述出扶餘道 右翊衛大將軍于仲文出樂浪道[3857] 左驍衛
大將軍荊元恆出遼東道[3858] 右翊衛將軍薛世雄出沃沮道 左屯衛將軍辛世雄出玄菟
道[3859] 右禦衛將軍張瑾出襄平道 右武候將軍趙孝才出碣石道 涿郡太守檢校左武衛將
軍崔弘昇出遂城道 檢校右禦衛虎賁郎將衛文昇出增地道[3860] 皆會於鴨綠水西[3861] 述
等兵自瀘河懷遠二鎮 人馬皆給百日糧 又給排甲槍稍稍[3862] 幷衣資戎具火幕 人別三
石已上 重莫能勝致[3863] 下令軍中 士卒有[3864] 遺棄米粟者斬 軍士皆於幕下掘坑埋之
纔行及中路 糧已將盡 高麗遣大臣乙支文德詣其營詐降[3865] 實欲觀虛實 于仲文先奉
密旨 若愚高元及文德來者 必擒之 仲文將執之 尚書右丞劉士龍爲慰撫使[3866] 固止之
仲文遂聽文德還[3867] 既而悔之 遣人紿文德曰 更欲有言 可復來[3868] 文德不顧 濟鴨
綠水而去

仲文與述等既失文德 內不自安 述以糧盡 欲還 仲文議以精銳追文德 可以有功 述固
止 仲文怒曰 將軍仗十萬之衆 不能破小賊 何顏以見帝 且仲文此行 固知無功 何則
古之良將能成功者 軍中之事 決在一人[3869] 今人各有心 何以勝敵 時帝以仲文有計畫
令諸軍諮稟節度 故有此言 由是述等不得已而從之 與諸將渡水追文德 文德見述軍士
有飢色 故欲疲之 每戰輒走 述一日之中 七戰皆捷 既恃驟勝 又逼羣議 於是遂進 東

3857) 隋制 十二衛各置大將軍一人 來護兒于仲文並書右翊衛大將軍 何也 考二人本傳 于仲文 帝卽位之初爲右
　　 翊衛大將軍 征吐渾時 來護兒已爲右翊衛大將軍 通鑑蓋追書仲文官也
3858) 驍 堅堯翻 恆 戶登翻
3859) 沮 子余翻 菟 音塗
3860) 守 式又翻 將 卽亮翻
3861) 班志 玄菟郡西蓋馬縣有馬訾水 新唐書 馬訾水出靺鞨之白山 色若鴨頭 號鴨綠水 平壤城在鴨綠東南 金人
　　 謂鴨綠水爲混同江 杜佑曰 鴨淥水闊三百步 在平壤西北四百五十里 遼水東南四百八十里
3862) 色角翻
3863) 勝 音升
3864) [章:十二行本無上三字 乙十一行本同 孔本同 張校同]
3865) 乙支 東夷複姓 支 力知翻 降 戶江翻 下同 考異曰 革命記作「尉支文德」今從隋書及北史
3866) 使 疏吏翻下同
3867) 還 從宣翻
3868) 紿 待亥翻 復 扶又翻
3869) 將 卽亮翻下同

濟薩水[3870] 去平壤城三十里 因山爲營 文德復遣使詐降[3871] 請於述曰 若旋師者 當
奉高元朝行在所[3872] 述見士卒疲弊 不可復戰[3873] 又平壤城險固 度難猝拔[3874] 遂因
其詐而還[3875] 述等爲方陳而行 高麗四面鈔擊[3876] 述等且戰且行 (『資治通鑑』 181
隋紀 5 煬皇帝 上之下)

고구려 부여 낙랑

乙支文德 未詳其世系 資沈鷙有智數 兼解屬文 隋開皇中 煬帝下詔征高句麗 於是 左
翊衛大將軍宇文述出扶餘道 右翊衛大將軍于仲文出樂浪道 與九軍至鴨淥水 文德受王
命 詣其營詐降 實欲觀其虛實 述與仲文 先奉密旨 若遇王及文德來則執之 仲文等將
留之 尚書右丞劉士龍爲慰撫使 固止之 遂聽文德歸 深悔之 遣人紿文德曰 更欲有議
可復來 文德不顧 遂濟鴨淥而歸

述與仲文旣失文德 內不自安 述以粮盡欲還 仲文謂以精銳追文德 可以有功 述止之
仲文怒曰 將軍仗十萬兵 不能破小賊 何顔以見帝 述等不得已而從之 度鴨淥水追之
文德見隋軍士有饑色 欲疲之 每戰輒北 述等一日之中 七戰皆捷 旣恃驟勝 又逼羣議
遂進東濟薩水去平壤城三十里 因山爲營 文德遺仲文詩曰 神策究天文 妙算窮地理 戰
勝功旣高 知足願云止 仲文答書諭之 文德又遣使詐降 請於述曰 若旋師者 當奉王朝
行在所 述見士卒疲弊不可復戰 又平壤城險固 難以猝拔 遂因其詐而還 爲方陣而行
文德出軍 四面鈔擊之 述等且戰且行 (『三國史記』 44 列傳 4 乙支文德)[3877]

고구려 낙랑

遼東之役 仲文率軍指樂浪道 軍次烏骨城 仲文簡贏馬驢數千 置於軍後 旣而率衆東過
高麗出兵掩襲輜重 仲文迴擊 大破之 至鴨綠水 高麗將乙支文德詐降 來入其營 仲文
先奉密旨 若遇高元及文德者 必擒之 至是 文德來 仲文將執之 時尚書右丞劉士龍爲
慰撫使 固止之 仲文遂捨文德 尋悔 遣人紿文德曰 更有言議 可復來也 文德不從 遂
濟 仲文選騎渡水追之 每戰破賊 文德遺仲文詩曰 神策究天文 妙算窮地理 戰勝功旣
高 知足願云止 仲文答書諭之 文德燒柵而遁 時宇文述以糧盡欲還 仲文議以精銳追文
德 可以有功 述固止之 仲文怒曰 將軍仗十萬之衆 不能破小賊 何顔以見帝 且仲文此
行也 固無功矣 述因厲聲曰 何以知無功 仲文曰 昔周亞夫之爲將也 見天子 軍容不變
此決在一人 所以功成名遂 今者人各其心 何以赴敵 初 帝以仲文有計畫 令諸軍諮稟
節度 故有此言 由是述等不得已而從之 遂行 東至薩水 宇文述以兵餒退歸 師遂敗績
(『隋書』 60 列傳 25 于仲文)

고구려

述與九軍至鴨綠水 糧盡 議欲班師 諸將多異同 述又不測帝意 會乙支文德來詣其營
述先與于仲文俱奉密旨 令誘執文德 旣而緩縱 文德逃歸 語在仲文傳

述內不自安 遂與諸將渡水追之 時文德見述軍中多飢色 欲疲述衆 每鬥便北 述一日之
中七戰皆捷 旣恃驟勝 又內逼群議 於是遂進 東濟薩水 去平壤城三十里 因山爲營 文
德復遣使僞降 請述曰 若旋師者 當奉高元朝行在所 述見士卒疲敝 不可復戰 又平壤
嶮固 卒難致力 遂因其詐而還 (『隋書』 61 列傳 26 宇文述)[3878]

───────────

3870) 薩 桑葛翻
3871) 復 扶又翻
3872) 朝 直遙翻
3873) 復 扶又翻
3874) 度 徒洛翻
3875) 使來護兒之師不敗而先退 則營於平壤城外 與宇文述諸軍猶聲援相接 不致有薩水之狼狽也 還 從宣翻 又
如字下同 考異曰 革命記云 許公卽至平壤 城頭卽樹降幡 約至五日 檢錄簿籍圖書 開門待命 期過五日 無一
言 許公頻催 竟無報答 又十數日 乃云 船糧敗卻迴 公今更欲何待 然始抗旌拒守 分兵以掩險要 許公知被欺
卽卷甲歸 每日常設方陳而行 四面俱時受敵 傷殺旣衆 糧食又盡 過遼水者什無二三」按煬帝驕暴 高麗若明言
不降 述等必不敢還 今從隋書
3876) 陳 讀曰陣 鈔 楚交翻 麗 力知翻
3877) 이 기사에는 연대 표기가 없으나, 『三國史記』 高句麗本紀 등에 의거하여 大業 8년(612) 6월11일(己未)
로 편년하였다.
3878) 이 기사에는 연대 표기가 없으나, 『三國史記』 高句麗本紀 등에 의거하여 大業 8년(612) 6월11일(己未)

고구려	숙신	楊義臣 代人也 本姓尉遲氏 (…) 其後復征遼東 以軍將指肅愼道 至鴨綠水 與乙支文德戰 每爲先鋒 一日七捷 (『隋書』63 列傳 28 楊義臣)[3879]
고구려		衛玄字文昇 河南洛陽人也 (…) 大業八年 轉刑部尙書 遼東之役 檢校右禦衛大將軍 率師出增地道 (『隋書』63 列傳 28 衛玄)[3880]
고구려	옥저	薛世雄字世英 本河東汾陰人也 (…) 遼東之役 以世雄爲沃沮道軍將 (『隋書』65 列傳 30 薛世雄)[3881]
고구려		趙才字孝才 張掖酒泉人也 (…) 及遼東之役 再出碣石道 還授左候衛將軍 俄遷右候衛大將軍 (『隋書』65 列傳 30 趙才)[3882]
고구려		弘昇字上客遼東之役 檢校左武衛大將軍事 指平壤 (『隋書』74 列傳 39 酷吏 崔弘度)[3883]
고구려	낙랑	遼東之役 仲文率軍指樂浪道 次烏骨城 仲文簡羸馬驢數千 置於軍後 既而率衆東過 高麗出兵掩襲輜重 仲文回擊 大破之 至鴨綠水 高麗將乙支文德詐降 來入其營 仲文先奉密旨 若遇高元及文德者 必禽之 至是 文德來 仲文將執之 時尙書右丞劉士龍爲慰撫使 固止之 仲文遂捨文德 尋悔 遣人紿文德曰 更有言議 可復來也 文德 不從 遂濟 仲文選騎度水追之 每戰破賊 文德遺仲文詩曰 神策究天文 妙算窮地理 戰勝功既高 知足願云止 仲文答書諭之 文德燒柵而遁 時宇文述以糧盡欲還 仲文議 以精銳追文德 可以有功 述固止之 仲文怒曰 將軍杖十萬之衆 不能破小賊 何顏以見帝 且仲文此行也 固無功矣 述因厲聲曰 何以知無功 仲文曰 昔周亞夫之爲將也 見天子 軍容不變 此決在一人 所以功成名遂 今者人各其心 何以赴敵 初 帝以仲文 有計畫 令諸軍諮稟節度 故有此言 由是述等不得已而從之 遂行 東至薩水 宇文述 以兵餒退歸 師遂敗績 (『北史』23 列傳 11 于栗磾)[3884]
고구려		復從征遼東 以軍將指肅愼道 至鴨綠水 與乙支文德戰 每爲先鋒 一日七捷 (『北史』73 列傳 61 楊義臣)[3885]
고구려		衛玄字文昇 河南洛陽人也 (…) 遼東之役 檢校右禦衛大將軍 率師出增地道 (『北史』76 列傳 64 衛玄)[3886]
고구려		述與九軍至鴨綠水 糧盡 議欲班師 諸將多異同 述又不測帝意 會乙支文德來詣其營 述先與于仲文俱奉密旨 令誘執文德 既而緩縱 文德逃歸 述內不自安 遂與諸將度水追之 時文德見述軍中多饑色 欲疲述衆 每鬪便北 述一日中七戰皆捷 既恃驟勝 又內逼群議 遂進 東濟薩水 去平壤城三十里 因山爲營 文德復遣使僞降 請述曰 若旋師者 當奉高元朝行在所 述見士卒疲弊 不可復戰 又平壤險固 卒難致力 遂因其詐而還 (『北史』79 列傳 67 宇文述)[3887]

로 편년하였다.
3879) 이 기사에는 연대 표기가 없으나, 『三國史記』 高句麗本紀 등에 의거하여 大業 8년(612) 6월11일(己未)로 편년하였다.
3880) 이 기사에는 연대 표기가 없으나, 『三國史記』 高句麗本紀 등에 의거하여 大業 8년(612) 6월11일(己未)로 편년하였다.
3881) 이 기사에는 연대 표기가 없으나, 『三國史記』 高句麗本紀 등에 의거하여 大業 8년(612) 6월11일(己未)로 편년하였다.
3882) 이 기사에는 연대 표기가 없으나, 『三國史記』 高句麗本紀 등에 의거하여 大業 8년(612) 6월11일(己未)로 편년하였다.
3883) 이 기사에는 연대 표기가 없으나, 『三國史記』 高句麗本紀 등에 의거하여 大業 8년(612) 6월11일(己未)로 편년하였다.
3884) 이 기사에는 연대 표기가 없으나, 『三國史記』 高句麗本紀 등에 의거하여 大業 8년(612) 6월11일(己未)로 편년하였다.
3885) 이 기사에는 연대 표기가 없으나, 『三國史記』 高句麗本紀 등에 의거하여 大業 8년(612) 6월11일(己未)로 편년하였다.
3886) 이 기사에는 연대 표기가 없으나, 『三國史記』 高句麗本紀 등에 의거하여 大業 8년(612) 6월11일(己未)로 편년하였다.
3887) 이 기사에는 연대 표기가 없으나, 『三國史記』 高句麗本紀 등에 의거하여 大業 8년(612) 6월11일(己未)

고구려	隋煬帝征高麗 九軍已渡鴨淥水 糧盡 議欲班師 諸將多異同 又不測帝意 會高麗國相乙支文德來詣其營 都將宇文述不能執 文德逃歸 述內不自安 遂與諸將更進追擊 時文德見軍中多飢色 欲疲述衆 每鬪便北 述一日之中七戰皆捷 既恃驟勝 又內逼羣議 於是遂進逼平壤城 文德僞降 述料攻之未可卒拔 因而班師 (『通典』 155 兵 8 敵飢以持久弊之)[3888]
고구려 낙랑	隋煬帝征高麗 隋將于仲文率軍指樂浪道 軍次烏骨城 仲文簡羸馬驢數千 置於車後 既而率衆東過 高麗出兵掩襲輜重 仲文迴擊 大破之 (『通典』 156 兵 9 餌敵取勝)[3889]
고구려	隋煬帝征高麗 大將宇文述與九軍過鴨淥水 又東濟薩水 去高麗平壤城三十里 因山爲營 高麗國相乙支文德遣使僞降 請述曰 遂旋師者 奉其主高元朝行在所 述見士卒疲弊 不可復戰 又平壤險固 卒難致力 遂因其詐而還 (『通典』 162 兵 15 敵無固志可取之)[3890]
고구려	(隋書) 又曰 于仲文討高麗 大破之 至鴨淥水 高麗將乙支文德詐降 來入其營 仲文先奉密旨 若遇高元及乙支文德者 必擒之 至是 文德來仲文 將執之 時尙書右丞劉士龍 爲慰撫使 固止之 仲文遂捨文德 尋悔 遣人紿文德曰 更有言議 可復求也 文德不從遂濟 仲文選騎渡水追之 每戰破賊 文德遺仲文詩曰 神策究天文 妙筭窮地理 戰勝功旣高 知足願云止 仲文答書 諭之 文德燒柵而遁 (『太平御覽』 277 兵部 8 儒將)[3891]
고구려 낙랑	(通典) 又曰 隋煬帝征高麗 隋將于仲文率軍從樂浪道軍 次烏骨城 仲文揀羸馬驢數千 置於軍後 旣而率衆東過 高麗出兵 掩襲輜重 仲文廻擊大破之 (『太平御覽』 289 兵部 20 機略 8)[3892]
고구려	(隋書) 又曰 煬帝征高麗 隋大將宇文述與九軍過鴨綠水 又東注薩水 去高麗平壤城三十里 因山爲營 高麗國相乙支文德 遣使僞降 請述曰 遂旋師者 奉其主高元朝行在所 述見⊥卒疲弊 不可復戰 又平壤嶮固 卒難致力 遂因其詐而還 (『太平御覽』 313 兵部 44 決戰 下)[3893]
고구려	(通典) 又曰 隋煬帝征高麗 九軍以度鴨綠水 粮盡 議欲班師 諸將多異同 又不測帝意 會高麗國相乙支文德來詣其營 都將宇文述不能執 文德逃歸 述內不自安 遂與諸將 更進追擊 時文德見軍中多飢色 欲疲述衆 每鬪便北 述一日之中 七戰皆捷 旣恃驟勝 又內逼郡議 於是遂進 逼平壤城 文德僞降 述料攻之 未可卒拔 因而班師 (『太平御覽』 324 兵部 55 詐降)[3894]
고구려 부여	宇文述 爲扶餘道將軍 煬帝征高麗 述與九軍至鴨綠水 糧盡 議欲班師 諸將多異司[同] 述又不測帝意 會乙支文德來詣其營 述先與光祿大夫宇仲文俱奉密旨 令誘執文德 旣而緩縱 文德逃歸 述內不自安 遂與諸將渡水 追之 時文德見述軍中多飢色 欲疲述衆 每鬪便北 述一日之中七戰皆捷 旣恃驟勝 又內逼羣議 於是 遂進東濟陸水 去平壤城三十里 回山爲營

로 편년하였다.

3888) 이 기사에는 연대 표기가 없으나, 『三國史記』 高句麗本紀 등에 의거하여 大業 8년(612) 6월11일(己未)로 편년하였다.
3889) 이 기사에는 연대 표기가 없으나, 『三國史記』 高句麗本紀 등에 의거하여 大業 8년(612) 6월11일(己未)로 편년하였다.
3890) 이 기사에는 연대 표기가 없으나, 『三國史記』 高句麗本紀 등에 의거하여 大業 8년(612) 6월11일(己未)로 편년하였다.
3891) 이 기사에는 연대 표기가 없으나, 『三國史記』 高句麗本紀 등에 의거하여 大業 8년(612) 6월11일(己未)로 편년하였다.
3892) 이 기사에는 연대 표기가 없으나, 『三國史記』 高句麗本紀 등에 의거하여 大業 8년(612) 6월11일(己未)로 편년하였다.
3893) 이 기사에는 연대 표기가 없으나, 『三國史記』 高句麗本紀 등에 의거하여 大業 8년(612) 6월11일(己未)로 편년하였다.
3894) 이 기사에는 연대 표기가 없으나, 『三國史記』 高句麗本紀 등에 의거하여 大業 8년(612) 6월11일(己未)로 편년하였다.

文德復遣使僞降 詣述曰 若旋師者 當奉高元[3895] 朝行在所 述見士卒疲弊 不可復戰
又平壤險固 卒難致力 遂因其詐而還 (…) 先是 仲文率衆至鴨綠水 述以糧盡 欲還 仲
文議以精銳追文德 可以有功 述固止之 仲文怒曰 將軍提十萬之衆 不能破小賊 何顔
以見帝 且仲文此行也 固知無功矣 述因厲聲曰 何以知無功 仲文曰 昔周亞夫之爲將
也 見天下軍容不變 此決在一人 所以功成名立令者 人各有心 何以赴敵 初 帝以仲文
有計劃 令諸軍諮稟節度 故有此言繇是 述等不得已而從之 遂行東至薩水 宇文述兵餒
退歸師 遂敗積 (『冊府元龜』 442 將帥部 103 敗衂 2)[3896]

고구려　　　崔弘昇 爲涿郡太守 遼東之役 簡較左武衛大將軍事 至平壤 (『冊府元龜』 442 將帥部
　　　　　　103 敗衂 2)[3897]

고구려　　　隋宇仲文 高祖大業中 爲光祿大夫 遼東之役 率衆屯鴨淥水 高麗將乙支文德詐降來入
　　　　　　其營 仲文先奉密旨 若遇高元及文德者 必擒之 至是 文德來 仲文將執之 時尚書右丞
　　　　　　劉士龍爲慰撫使 固止之 仲文遂捨文德 尋悔遣人 紿文德曰 更有言議 可復來也 文德
　　　　　　不從 遂濟 仲文選騎渡水 追之 每戰破賊 文德遺仲文詩曰 神策究天文 妙算窮地理
　　　　　　戰勝功旣高 知足願云止 仲文答書諭之 文德燒柵以遁 (『冊府元龜』 445 將帥部 106
　　　　　　無謀))[3898]

고구려　　　七月壬午[3899] 宇文述等敗績于薩水 右屯衛將軍薛[3900]世雄死之 九軍並陷 師奔還 亡
　　　　　　者千餘騎 (『北史』 12 隋本紀 下 煬皇帝)

고구려　　　七月壬午 宇文述等敗績於薛水 右屯衛將軍辛世雄死之 九軍竝陷 將帥奔還 亡者二千
　　　　　　餘騎 (『冊府元龜』 117 帝王部 117 親征 2)

고구려　　　時諸軍多不利 玄獨全衆而還 (『北史』 76 列傳 64 衛玄)[3901]

고구려　　　衆半濟 賊擊後軍 於是大潰不可禁止 九軍敗績 一日一夜 還至鴨綠水 行四百五十里
　　　　　　初度遼 九軍三十萬五千人 及還至遼東城 唯二千七百人 (『北史』 79 列傳 67 宇文
　　　　　　述)[3902]

고구려　　　七月壬寅 宇文述等敗績于薩水 右屯衛將軍辛世雄死之 九軍並陷 將帥奔還 亡者二千
　　　　　　餘騎 (『隋書』 4 帝紀 4 煬帝 下)

고구려　　　秋七月壬寅 至薩水 軍半濟 高麗自後擊其後軍 右屯衛將軍辛世雄戰死 於是諸軍俱潰
　　　　　　不可禁止 將士奔還 一日一夜至鴨綠水 行四百五十里 將軍天水王仁恭爲殿[3903] 擊高
　　　　　　麗 卻之 來護兒聞述等敗 亦引還 唯衛文昇一軍獨全[3904] 初九軍度遼 凡三十萬五千
　　　　　　及還至遼東城 唯二千七百人 資儲器械巨萬計[3905] 失亡蕩盡 帝大怒 鎖繫述等 (『資治

———————————————

3895) 高麗之君
3896) 이 기사에는 연대 표기가 없으나, 『三國史記』 高句麗本紀 등에 의거하여 大業 8년(612) 6월11일(己未)
　　　로 편년하였다.
3897) 이 기사에는 연대 표기가 없으나, 『三國史記』 高句麗本紀 등에 의거하여 大業 8년(612) 6월11일(己未)
　　　로 편년하였다.
3898) 이 기사에는 연대 표기가 없으나, 『三國史記』 高句麗本紀 등에 의거하여 大業 8년(612) 6월11일(己未)
　　　로 편년하였다.
3899) 『隋書』와 『資治通鑑』에서는 壬寅이라고 하였다. 참고로 이해 7월은 己卯가 朔日이므로, 살수에서 패전
　　　했다고 하는 임오는 4일이고, 임인은 24일, 그리고 뒤의 기사에서는 회군한 날인 癸卯는 곧 25일이다.
3900) 『隋書』에는 '薛'을 '辛'이라 하였다.
3901) 이 기사에는 연대 표기가 없으나, 『北史』 本紀 등에 의거하여 大業 8년(612) 7월 4일(壬午)로 편년하
　　　였다.
3902) 이 기사에는 연대 표기가 없으나, 『北史』 本紀 등에 의거하여 大業 8년(612) 7월 4일(壬午)로 편년하
　　　였다.
3903) 殿 丁練翻
3904) 還 從宣翻 又如字
3905) 巨萬 萬萬也

고구려	七月壬寅 宇文述等敗績于薩水 右屯衛將軍辛世雄死之 九軍竝陷 一日一夜 還至鴨淥 水 行四百五十里 初度遼九軍三十萬五千人 及還至遼東城 唯二千七百 旣班師 敗將 宇文述于仲文等 除名爲民 斬尙書右丞劉士就 以謝天下 (『冊府元龜』 135 帝王部 135 好邊功)
고구려	(隋書曰) (大業八年)七月壬寅 宇文述等敗績於薩水 右屯衛將軍辛世雄死之 九軍並陷 將帥奔還 亡者二千餘騎 (『太平御覽』 106 皇王部 31 隋 煬皇帝)
고구려	秋七月 至薩水 軍半濟 我軍自後擊其後軍 右屯衛將軍辛世雄戰死 於是 諸軍俱潰 不 可禁止 將士奔還 一日一夜 至鴨綠水 行四百五十里 將軍天水王仁恭爲殿 擊我軍却 之 來護兒聞述等敗 亦引還 唯衛文昇一軍獨全 初九軍到遼 凡三十萬五千 及還至遼 東城 唯二千七百人 資儲器械巨萬計 失亡蕩盡 帝大怒 鎖繫述等 (『三國史記』20 高 句麗本紀 8)3906)
고구려	秋七月 至薩水 軍半濟 高勾麗軍自後擊其後軍 右屯衛將軍辛世雄戰死 於是 諸軍俱 潰 不可禁止 將士奔還 一日一夜 至鴨綠水 行四百五十里 將軍王仁恭爲殿 擊高勾麗 軍却之 來護兒聞述等敗 亦引還 唯衛文昇一軍獨全 初九軍到遼 凡三十萬五千 及還 至遼東城 唯二千七百人 資儲器械巨萬計 失亡蕩盡 帝大怒 鎖繫述等 (『三國史節要』 7)3907)
고구려	至薩水軍半濟 文德進軍擊其後軍 殺右屯衛將軍辛世雄 於是 諸軍俱潰 不可禁止 九 軍將士奔還 一日一夜至鴨淥水 行四百五十里 初度遼 九軍三十萬五千人 及還至遼東 城 唯二千七百人 論曰 煬帝遼東之役 出師之盛 前古未之有也 高句麗一偏方小國 而 能拒之 不唯自保而已 滅其軍幾盡者 文德一人之力也 傳曰 不有君子 其能國乎 信哉 (『三國史記』 44 列傳 4 乙支文德)3908)
고구려	衆半濟 賊擊後軍 於是大潰不可禁止 九軍敗績 一日一夜 還至鴨綠水 行四百五十里 初 渡遼九軍三十萬五千人 及還至遼東城 唯二千七百人 (『隋書』 61 列傳 26 宇文 述)3909)
고구려	時諸軍多不利 玄獨全衆而還 (『隋書』 63 列傳 28 衛玄)3910)
고구려	與宇文述同敗績於平壤 還次白石山 爲賊所圍百餘重 四面矢下如雨 世雄以羸師爲方 陣 選勁騎二百先犯之 賊稍卻 因而縱擊 遂破之而還 所亡失多 竟坐免 (『隋書』 65 列傳 30 薛世雄)3911)
고구려	王仁恭字元實 天水上邽人也 (…) 遼東之役 以仁恭爲軍將 及帝班師 仁恭爲殿 遇賊 擊走之 進授左光祿大夫 賜絹六千段 馬四十匹 (『隋書』 65 列傳 30 王仁恭)3912)
고구려	與宇文述等同敗績 奔還 發病而卒 時年六十 (『隋書』 74 列傳 39 酷吏 崔弘度)3913)
고구려	文德隨擊之 大敗3914) (『通典』 155 兵 8 敵飢以持久弊之)3915)

3906) 이 기사에는 일자 표기가 없으나, 『隋書』 帝紀 등에 의거하여 7월24일(壬寅)로 편년하였다.
3907) 이 기사에는 일자 표기가 없으나, 『隋書』 帝紀 등에 의거하여 7월24일(壬寅)로 편년하였다.
3908) 이 기사에는 연대 표기가 없으나, 『隋書』 帝紀 등에 의거하여 大業 8년(612) 7월24일(壬寅)로 편년하였다.
3909) 이 기사에는 연대 표기가 없으나, 『隋書』 帝紀 등에 의거하여 大業 8년(612) 7월24일(壬寅)로 편년하였다.
3910) 이 기사에는 연대 표기가 없으나, 『隋書』 帝紀 등에 의거하여 大業 8년(612) 7월24일(壬寅)로 편년하였다.
3911) 이 기사에는 연대 표기가 없으나, 『隋書』 帝紀 등에 의거하여 大業 8년(612) 7월24일(壬寅)로 편년하였다.
3912) 이 기사에는 연대 표기가 없으나, 『隋書』 帝紀 등에 의거하여 大業 8년(612) 7월24일(壬寅)로 편년하였다.
3913) 이 기사에는 연대 표기가 없으나, 『隋書』 帝紀 등에 의거하여 大業 8년(612) 7월24일(壬寅)로 편년하였다.
3914) 文德七戰七北 遷延令敵飢疲 亦同持久之義

고구려	半濟 賊擊後軍 於是大潰不可禁止 九軍敗績 一日一夜還至鴨淥水 行四五百里 初渡 遼九軍三十萬人 還至遼東城 唯二千七百人耳 (『通典』 162 兵 15 敵無固志可取 之)3916)
고구려	(隋書又曰) 半濟 賊擊後軍 於是大潰 不可禁止 九軍敗績 一日一夜 還至鴨綠水 行四 五十里 初度遼九軍三十萬人 還至遼東城 唯二千七百人 (『太平御覽』 313 兵部 44 決戰 下)3917)
고구려	隋書曰 高麗之役 煬帝使宇文述將兵東濟薩水 去平壤三十里 因山為營 乙支文德復遣 使偽降 請述曰 若旋師者 當奉高元朝行在所 述見士卒疲弊 不可復戰 又平壤險固 卒 難致力 遂因其詐而還 眾半濟 賊擊后軍 於是 大潰不可禁止 九軍敗績 一日一夜 還 至鴨淥水 行四百五十里 初渡遼 九軍三十萬五千人 及還至遼東城 惟二千七百人 (『太 平御覽』 323 兵部 54 敗)3918)
고구려	(通典又曰) 文德隨擊之 大敗3919) (『太平御覽』 324 兵部 55 詐降)3920)
고구려	眾半濟 賊擊後軍 於是 大潰不可禁止 九軍敗績 一日一夜 還至鴨綠水 行四百五十里 初渡遼九軍 三十萬五千人 及還至遼東城 唯二千七百人 (『冊府元龜』 442 將帥部 103 敗衂 2)3921)
고구려	與宇文述等 同敗績奔還 發病而卒 (『冊府元龜』 442 將帥部 103 敗衂 2)3922)
고구려 백제	(秋七月)癸卯 引還 初 百濟王璋遣使 請討高句麗 帝使之覘我動靜 璋內與我潛通 隋 軍將出 璋使其臣國知牟 入隋請師期 帝大悅 厚加賞賜 遣尚書起部郎席律詣百濟 告 以期會 及隋軍渡遼 百濟亦嚴兵境上 聲言助隋 實持兩端 是行也 唯於遼水西 拔我武 厲邏 置遼東郡及通定鎮而已 (『三國史記』 20 高句麗本紀 8)
고구려 백제	(秋七月)癸卯 引還 初百濟王遣使 請討高勾麗 帝使之覘高勾麗動靜 百濟王內與麗潛 通 隋軍將出 百濟王使其臣國知牟 入隋請師期 帝大悅 厚加賞賜 遣尚書起部郎席律 詣百濟 告以期會 及隋軍渡遼 百濟亦嚴兵境上 聲言助隋 實持兩端 是行也 唯於遼水 西 拔高勾麗武厲邏 置遼東郡及通定鎮而已 乙支文德 資質沈鷙 有智數 兼解屬文 金富軾曰 煬帝遼東之役 出師之盛 前古未之有也 高勾麗一偏方小國 而能拒之 不唯 自保而已 滅其軍幾盡者 文德一人之力也 傳曰 不有君子 其能國乎 信哉 (『三國史節 要』 7)
고구려	(七月)癸卯 班師 (『隋書』 4 帝紀 4 煬帝 下)
고구려	(七月)癸卯 班師 (『北史』 12 隋本紀 下 煬皇帝)
고구려 백제	(七月)癸卯 引還3923) 初 百濟王璋遣使請討高麗 帝使之覘高麗動靜3924) 璋內與高麗

3915) 이 기사에는 연대 표기가 없으나,『隋書』帝紀 등에 의거하여 大業 8년(612) 7월24일(壬寅)로 편년하 였다.
3916) 이 기사에는 연대 표기가 없으나,『隋書』帝紀 등에 의거하여 大業 8년(612) 7월24일(壬寅)로 편년하 였다.
3917) 이 기사에는 연대 표기가 없으나,『隋書』帝紀 등에 의거하여 大業 8년(612) 7월24일(壬寅)로 편년하 였다.
3918) 이 기사에는 연대 표기가 없으나,『隋書』帝紀 등에 의거하여 大業 8년(612) 7월24일(壬寅)로 편년하 였다.
3919) 文德之戰之北 遷延令敵飢疲 亦同持久之義
3920) 이 기사에는 연대 표기가 없으나,『隋書』帝紀 등에 의거하여 大業 8년(612) 7월24일(壬寅)로 편년하 였다.
3921) 이 기사에는 연대 표기가 없으나,『隋書』帝紀 등에 의거하여 大業 8년(612) 7월24일(壬寅)로 편년하 였다.
3922) 이 기사에는 연대 표기가 없으나,『隋書』帝紀 등에 의거하여 大業 8년(612) 7월24일(壬寅)로 편년하 였다.
3923) 考異曰 雜記 七月 帝自涿郡還東都 十一月 宇文述等糧盡遁歸 高麗出兵邀截 亡失蕩盡 帝怒 敕所司鎖將 隨行 無幾 斬劉士龍等於軍市 特赦述 今從隋書
3924) 麗 力知翻 使 疏吏翻 覘 丑廉翻 又丑豓翻

潛通 隋軍將出 璋使其臣國智牟來請師期 帝大悅 厚加賞賜 遣尙書起部郎席律詣百
濟3925) 告以期會3926) 及隋軍渡遼 百濟亦嚴兵境上 聲言助隋 實持兩端 是行也 唯於
遼水西拔高麗武厲邏3927) 置遼東郡及通定鎭而已 (『資治通鑑』 181 隋紀 5 煬皇帝
上之下)

고구려	(隋書曰) (大業八年七月)癸卯 班師 (『太平御覽』 106 皇王部 31 隋 煬皇帝)
고구려	後知宇文述等敗 遂班師 (『隋書』 64 列傳 29 來護兒)3928)
고구려	吐萬緒字長緒 代郡鮮卑人也 (…) 遼東之役 請爲先鋒 帝嘉之 拜左屯衛大將軍 率馬 步數萬指蓋馬道 及班師 留鎭懷遠 進位左光祿大夫 (『隋書』 65 列傳 30 吐萬緒)3929)
고구려	會宇文述等衆軍皆敗 乃旋軍 以功賜物五千段 以第五子弘爲杜城府鷹揚郎將 以先封 襄陽公賜其子整 (『北史』 76 列傳 64 來護兒)3930)
고구려	楊屯 大業中 應募擊高麗 力戰於遼東 見稱勇敢 宇文述之敗也 煬帝夜焚攻具 詰朝遁 還 恐爲高麗所躡 選壯士殿後 以捍禦之 及將度遼 而高麗追至 屯先登力戰 其功居最 (『册府元龜』 395下 將帥部 56 勇敢 2下)3931)
고구려	君諱實 字天裕 本河南洛陽人也 今屬京兆郡鄭縣威菩鄕之赤水里 (…) (大業五年) 天 子問罪東夷 陳兵朔野 以公爲左第二軍海冥道副將 猶典禁兵 公蒙犯霜露 率先士卒 軍井不飮 將蓋靡張 撫而勉之 人思效節 於是 六軍臨道 七萃同奮 剗殄夷醜 預有英 勳 以平道功 詔授金紫光祿大夫公從戎已久 利疾浸加 志在報國 盧不私己 氣力已衰 俛勉從事 誠節無感 報施徒欺 以其年八月四日 卒於軍幕 春秋六十 (「豆盧實 墓誌銘 」:『全隋文補遺』; 』隋唐五代墓誌滙篇 洛陽』 1)3932)
고구려	(十一月)甲申 敗將宇文述于仲文等 除名爲民 斬尙書右丞劉士龍 以謝天下 (『隋書』 4 帝紀 4 煬帝 下)
고구려	(十一月)甲申 敗將宇文述于仲文等 除名爲民 斬尙書右丞劉士龍 以謝天下 (『北史』 12 隋本紀 下 煬皇帝)
고구려	(十一月)甲申 與于仲文等皆除名爲民 斬劉士龍以謝天下3933) 薩水之敗 高麗追圍薛世 雄於白石山 世雄奮擊 破之 由是獨得免官 以衛文昇 爲金紫光祿大夫 諸將皆委罪於 于仲文 帝旣釋諸將 獨繫仲文 仲文憂恚 發病困篤 乃出之 卒于家3934) (『資治通鑑』 181 隋紀 5 煬皇帝 上之下)
고구려	帝以屬吏 諸將皆委罪於仲文 帝大怒 釋諸將 獨繫仲文 仲文憂恚發病 困篤方出之 卒 於家 時年六十八 (『隋書』 60 列傳 25 于仲文)3935)
고구려	帝大怒 以述等屬吏 至東都 除名爲民 (『隋書』 61 列傳 26 宇文述)3936)

3925) 隋志 起部郎 屬工部尙書 姓苑 席姓 其先姓籍 避項羽諱 改姓席氏
3926) 告以起師之期 及會師之日也
3927) 高麗置邏於遼水之西 以警察度遼者 邏 郎佐翻
3928) 이 기사에는 연대 표기가 없으나, 『三國史記』 高句麗本紀 등에 의거하여 大業 8년(612) 7월25일(癸卯)
  로 편년하였다.
3929) 이 기사에는 연대 표기가 없으나, 『三國史記』 高句麗本紀 등에 의거하여 大業 8년(612) 7월25일(癸卯)
  로 편년하였다.
3930) 이 기사에는 연대 표기가 없으나, 『三國史記』 高句麗本紀 등에 의거하여 大業 8년(612) 7월25일(癸卯)
  로 편년하였다.
3931) 이 기사에는 연대 표기가 없으나, 『三國史記』 高句麗本紀 등에 의거하여 大業 8년(612) 7월25일(癸卯)
  로 편년하였다.
3932) 이 기사에는 大業 5년(609)으로 되어 있으나, 수 양제의 고구려 원정은 大業 8년(612)의 일이다.
3933) 以士龍縱乙支文德也
3934) 恚 於避翻 卒 子恤翻 考異曰 略記 于仲文以下斬於市 今從隋書
3935) 이 기사에는 연대 표기가 없으나, 『隋書』 帝紀 등에 의거하여 大業 8년(612) 11월 8일(甲申)로 편년하
  였다.

고구려	後與諸軍俱敗 竟坐免 俄而復位 (『隋書』63 列傳 28 楊義臣)3937)
고구려	拜金紫光祿大夫 (『隋書』63 列傳 28 衛玄)3938)
고구려	游元字楚客 廣平任人 (…) 遼東之役 領左驍衛長史 爲蓋牟道監軍 拜朝請大夫 兼治書侍御史 宇文述等九軍敗績 帝令元按其獄 (『隋書』71 列傳 36 誠節 游元)3939)
고구려	帝以屬吏 諸將皆委罪於仲文 帝大怒 釋諸將 獨繫仲文 仲文 憂恚發病 困篤 方出之 卒於家 時年六十八 論曰 (…) 仲文博涉書記 以英略自許 尉迥之亂 遂立功名 自茲厥後 屢當推轂 遼東之役 實喪師徒 斯乃大樹將顚 蓋非一繩之罪也 (『北史』23 列傳 11 于栗磾)3940)
고구려	後與諸軍俱敗 竟坐免 俄而復位 (『北史』73 列傳 61 楊義臣)3941)
고구려	拜金紫光祿大夫 (『北史』76 列傳 64 衛玄)3942)
고구려	帝怒 除其名 (『北史』79 列傳 67 宇文述)3943)
고구려	帝怒 以述等屬吏 至東都 除名爲民 (『太平御覽』323 兵部 54 敗)3944)
고구려	帝大怒 以述等屬吏 至東都 除名爲民 (…) 帝以屬吏諸將皆委罪於仲文 帝大怒 釋諸將 獨繫仲文 憂恚發病困篤 方出之 卒於家 (『冊府元龜』442 將帥部 103 敗衂 2)3945)
신라	建福二十九年 鄰賊轉迫 公愈激壯心 獨携寶劒 入咽薄山深壑之中 燒香告天祈祝 若在中嶽誓辭 仍禱天官垂光 降靈於寶劒 三日夜 虛角二星 光芒赫然下垂 劒若動搖然 (『三國史記』41 列傳 1 金庾信 上)
신라 고구려 백제	年至十八壬申 修釰得術 爲國仚時 有白石者 不知其所自來 屬於徒中有年 郎以伐麗濟之事 日夜深謀 白石知其謀 告於郎曰 僕請與公密先探於彼 然後圖之何如 郎喜親率白石 夜出行 方憩於峴上 有二女隨郎而行 至骨火川留宿 又有一女忽然而至 公與三娘子 喜話之時 娘等以羙菓餽之 郎受而啖之 心諾相許 乃說其情娘等告云 公之所言 已聞命矣 願公謝白石 而共入林中更陳情實乃與俱入 娘等便現神形曰 我等奈林穴禮骨火等三所護國之神 今敵國之人 誘郎引之 郎不知而進途 我欲留郎而至此矣 言訖而隱 公聞之驚仆 再拜而出 宿於骨火舘 謂白石曰 今歸他國 忘其要文 請與爾還家取來 遂與還至家 拷縛白石 而問其情曰 我本高麗人[古本云 百濟誤矣 楸南乃高麗之士 又逆行陰陽 亦寶藏王事] 我國群臣曰 新羅庾信 是我國卜筮之士楸南也[古本作 春南 誤矣] 國界有逆流之水[或云 雄雌尤反覆之事] 使其卜之 奏曰 大王夫人逆行陰陽之道

3936) 이 기사에는 연대 표기가 없으나,『隋書』帝紀 등에 의거하여 大業 8년(612) 11월 8일(甲申)로 편년하였다.
3937) 이 기사에는 연대 표기가 없으나,『隋書』帝紀 등에 의거하여 大業 8년(612) 11월 8일(甲申)로 편년하였다.
3938) 이 기사에는 연대 표기가 없으나,『隋書』帝紀 등에 의거하여 大業 8년(612) 11월 8일(甲申)로 편년하였다.
3939) 이 기사에는 연대 표기가 없으나,『隋書』帝紀 등에 의거하여 大業 8년(612) 11월 8일(甲申)로 편년하였다.
3940) 이 기사에는 연대 표기가 없으나,『隋書』帝紀 등에 의거하여 大業 8년(612) 11월 8일(甲申)로 편년하였다.
3941) 이 기사에는 연대 표기가 없으나,『隋書』帝紀 등에 의거하여 大業 8년(612) 11월 8일(甲申)로 편년하였다.
3942) 이 기사에는 연대 표기가 없으나,『隋書』帝紀 등에 의거하여 大業 8년(612) 11월 8일(甲申)로 편년하였다.
3943) 이 기사에는 연대 표기가 없으나,『隋書』帝紀 등에 의거하여 大業 8년(612) 11월 8일(甲申)로 편년하였다.
3944) 이 기사에는 연대 표기가 없으나,『隋書』帝紀 등에 의거하여 大業 8년(612) 11월 8일(甲申)로 편년하였다.
3945) 이 기사에는 연대 표기가 없으나,『隋書』帝紀 등에 의거하여 大業 8년(612) 11월 8일(甲申)로 편년하였다.

其瑞如此　大王驚怵　而王妃大怒　謂是妖狐之語　告於王　更以他事驗問之　失言則加重
刑　乃以一鼠藏於合中　問是何物　其人奏曰　是必鼠　其命有八　乃以謂失言　将加斬罪
其人誓曰　吾死之後　願爲大将　必滅高麗矣　即斬之　剖鼠腹視之　其命有七　於是　知前
言有中　其日夜大王夢楸南入于新羅舒玄公夫人之懷　以告於羣臣　皆曰　楸南誓心而死
是其果然　故遣我至此謀之爾　公乃刑白石　備百味祀三神　皆現身受奠　金氏宗財買夫人
死葬於青淵上谷　因名財買谷　每年　春月一宗士女　會宴於其谷之南澗　于時　百卉敷榮
松花滿洞府林　谷口架築爲庵　因名松花房　傳爲願刹　至五十四景明王　追封公　爲興虎
大王　陵在西山毛只寺之北東向走峰（『三國遺事』1　紀異 1　金庾信）

| 고구려 | (大業)八年　天下旱　百姓流亡　時發四海兵　帝親征高麗　六軍凍餒　死者十八九（『隋書』22 志 17 五行 上 言咎 旱） |

| 고구려 | (隋書) 又曰（…）至八年　天下旱　百姓流亡　時發四海兵　親征高麗　六軍凍餒　死者十八九（『太平御覽』879 咎徵部 6 旱） |

고구려	(隋煬帝大業)八年　突厥處羅從征高麗　賜號爲曷薩那可汗　賞賜甚厚（『冊府元龜』974 外臣部 19 褒異 1）
고구려	處羅從征高麗　賜號爲曷薩那可汗　賞賜甚厚（『隋書』84 列傳 49 北狄 西突厥）
고구려	煬帝初　與高麗戰　頻敗其衆　渠帥突地稽　率其部降　拜右光祿大夫　居之柳城　與邊人來往　悅中國風俗　請被冠帶　帝嘉之　賜以錦綺而褒寵之　及遼東之役　突地稽率其徒以從每有戰功　賞賜甚厚（『北史』94 列傳 82 勿吉）
고구려	處羅從征高麗　賜號爲曷薩那可汗　賞賜甚厚（『北史』99 列傳 87 西突厥）
고구려	處羅可汗　隋煬帝大業中　與其弟闕達設及特勤大奈入朝　仍從煬帝征高麗　賜號爲曷薩那可汗（『舊唐書』194 下 列傳 144 下 突厥 下）

| 백제 | 是歲　自百濟國有化來者　其面身皆斑白　若有白癩者乎　惡其異於人　欲棄海中嶋　然其人曰　若惡臣之斑皮者　白斑牛馬　不可畜於國中　亦臣有小才　能構山岳之形　其留臣而用　則爲國有利　何空之棄海嶋耶　於是　聽其辭以不棄　仍令構須彌山形及吳橋於南庭時人號其人　曰路子工　亦名芝耆摩呂　又百濟人味摩之歸化　曰　學于吳　得伎樂儛　則安置櫻井　而集少年　令習伎樂儛　於是　眞野首弟子新漢濟文　二人習之傳其儛　此今大市首辟田首等祖也（『日本書紀』22 推古紀） |

고구려	君諱叔明　字△尚　吳興長城人也（…）(大業)八年　授朝散大夫　其年　以臨遼勳　例授通議大夫　尋攝判吏部侍郎事（…）終以十一年（「陳叔明 墓誌銘」：『隋唐五代墓誌滙篇 洛陽』→1）
고구려	君諱永貴　字道生　西河郡人也（…）(大業)八年　天子親臨遼燧　問罪燕郊　分命方叔長驅被練四綱　周設一谷而摧　以勛進授通儀大夫　長史如故　大業十年　從駕北巡　言經朔野不幸構疾　終於樓煩郡　春秋五十有四（…）大業十二年歲次丙子十一月癸丑朔二十一日癸酉　歸葬於京兆郡長安縣龍首鄉之山（「宋永貴 墓誌銘」：『隋文補遺』→『隋唐五代墓誌滙篇 陝西』→1）
고구려	(大業)八年　從駕倍麾　問罪遼碣　聖上君臨天下　包括區宇　日月所出　風雨所沾　並梯山架海　網弗來庭　而蕞尒高麗　獨隔聲教　躬行弔伐　親御六軍　而彼鳥夷　尚懷小羗　帥領兇儀　抗我王師　於是　白羽一麾　旌旗暫動　賊徒慣散　一擧而滅　君任居心膂　倍奉麾輪持簡帝心　恩光挺衆　授君通議大夫　領右武侍　效節府鷹揚郎將（「長孫汪 墓誌銘」：『唐西市博物館藏墓誌』→
고구려	公規模遠大　隋大業八年　占募從戎　授建節尉（「蔣合 墓誌銘」：『唐代墓誌滙篇續集』→ 통

洛陽出土歷代墓誌輯繩→

고구려	君諱喜 字玄符 洛陽人也 (…) 隋大業八年 占募從戎 授延節尉 (「蔣喜 墓誌銘」: 全唐文新編→992)
고구려	隋大業八年 身從戎律 摧剪兇徒 飮至策勳 蒙授康義尉 (「尉支茂 墓誌銘」: 全唐文新編→992)
고구려	(大業)八年 從往遼東 任右衛行軍長史 (「陳毅 墓誌銘」: 全唐文補遺→千唐誌齋新藏專輯)
고구려	又按唐書云 先是 隋煬帝征遼東 有裨將羊皿 不利於軍 將死 有誓曰 必爲寵臣 滅彼國矣 及盖氏擅朝 以盖爲氏 乃以羊皿 是之應也 又桉[3946] 高麗古記云 隋煬帝 以大業八年壬申 領三十萬兵 渡海來征 (『三國遺事』 3 興法 3 寶藏奉老 普德移庵)
고구려	蘇威字無畏 京兆武功人也 (…) 及遼東之役 以本官領左武衛大將軍 進位光祿大夫 賜爵寧陵侯 其年 進封房公 威以年老 上表乞骸骨 上不許 復以本官叄掌選事 (『隋書』 41 列傳 6 蘇威)
고구려	觀德王雄 初名惠 高祖族子也 (…) 遼東之役 檢校左翊衛大將軍 出遼東道 次瀘河鎭 遘疾而薨 時年七十一 (『隋書』 43 列傳 8 觀德王雄)
고구려	雄弟達 字士達 少聰敏 有學行 (…) 煬帝嗣位 轉納言 仍領營東都副監 帝甚信重之 遼東之役 領右武衛將軍 進位左光祿大夫 卒於師 時年六十二 (『隋書』 43 列傳 8 觀德王雄)
고구려	河東裴仁基 字德本 祖伯鳳 周汾州刺史 父定 上儀同 仁基少驍武 便弓馬 開皇初 爲親衛 平陳之役 先登陷陣 拜儀同 賜物千段 (…) 從征高麗 進位光祿大夫 (『隋書』 50 列傳 35 裴仁基)
고구려	樊子蓋字華宗 廬江人也 (…) 遼東之役 徵攝左武衛將軍 出長岑道 後以宿衛不行 進授左光祿大夫 尚書如故 其年 帝還東都 以子蓋爲涿郡留守 (『隋書』 63 列傳 28 樊子蓋)
고구려	史祥字世休 朔方人也 (…) 及遼東之役 出蹋頓道 不利而還 由是除名爲民 (『隋書』 63 列傳 28 史祥)
고구려	王辯字警略 馮翊蒲城人也 (…) 遼東之役 以功加通議大夫 尋遷武賁郎將 (『隋書』 64 列傳 29 王辯)
고구려	陸知命字仲通 吳郡富春人也 (…) 遼東之役 爲東暆道受降使者 卒於師 贈御史大夫 (『隋書』 66 列傳 31 陸知命)
고구려	袁充字德符 本陳郡陽夏人也 (…) 從征遼東 拜朝請大夫秘書少監 (『隋書』 69 列傳 34 袁充)
고구려	文謙弘雅有父風 以上柱國嫡子 例授儀同 (…) 遼東之役 領武賁郎將 尋以本官兼檢校太府衛尉二少卿 (『隋書』 73 列傳 38 循吏 梁彦光)
고구려	王胄字承基 琅邪臨沂人也 (…) 從征遼東 進授朝散大夫 (『隋書』 76 列傳 41 文學 王胄)
고구려	賾字祖濬 七歲能屬文 容貌短小 有口才 (…) 遼東之役 授鷹揚長史 置遼東郡縣名 皆賾之議也 奉詔作東征記 (『隋書』 77 列傳 42 隱逸 崔廓)
고구려	裴仁基 字德本 河東人也 祖伯鳳 周汾州刺史 父定 上儀同 仁基少驍武 便弓馬 平陳之役 以親衛從征 先登陷陣 拜儀同 賜物千段 (…) 從征高麗 進位光祿大夫 (『北史』 38 列傳 26 裴仁基)

3946) '按'의 오기로 보인다.

고구려	祥字世休 (…) 及征遼東 出蹋頓道 不利 由是除名 (『北史』 61 列傳 49 史寧)
고구려	樊子蓋字華宗 廬江人也 (…) 遼東之役 攝左武衛將軍 出長岑道 後以宿衛不行 加左光祿大夫 其年 帝還東都 以子蓋爲涿郡留守 (『北史』 76 列傳 64 樊子蓋)
고구려	王胄字承基 琅邪臨沂人也 (…) 從征遼東 進授朝散大夫 (『北史』 83 列傳 71 文苑 王胄)
고구려	馮盎字明達 高州良德人 本北燕馮弘裔孫 (…) 從煬帝伐遼東 遷左武衛大將軍 (『新唐書』 110 列傳 35 馮盎)
고구려	煬帝初 與高麗戰 頻敗其衆 渠帥度地稽率其部來降 拜爲右光祿大夫 居之柳城 與邊人來往 悅中國風俗 請被冠帶 帝嘉之 賜以錦綺而褒寵之 及遼東之役 度地稽率其徒以從 每有戰功 賞賜優厚 (『隋書』 81 列傳 46 東夷 靺鞨)
고구려	煬帝初 與高麗戰 頻敗其衆 渠帥突地稽 率其部降 拜右光祿大夫 居之柳城 與邊人來往 悅中國風俗 請被冠帶 帝嘉之 賜以錦綺而褒寵之 及遼東之役 突地稽率其徒以從 每有戰功 賞賜甚厚 (『北史』 94 列傳 82 勿吉)
고구려	隋書曰 (…) 煬帝初 與高麗戰 頻敗其衆 渠師突地稽率其部降 拜右光祿大夫 居之柳城 與邊人來往 悅中國風俗 請被冠帶 帝嘉之 賜以錦綺而褒寵之 及遼東之役 突地稽率其徒以從 每有戰功 賞賜甚厚 (『太平御覽』 784 四夷部 5 東夷 5 勿吉)
고구려	公諱△ 字志玄 齊州鄒平縣人也 (…) 隨大業中 薄伐遼左 公占募從征 年始十四 夫兵戰凶危也 遼碣遐阻也 童牙而從兵戰 忘△而涉遼碣 △△之識 基於是矣 (「段志玄碑」: 전全唐文新編→991; 전全唐文補遺→7; 1993 전昭陵碑石→)3947)
고구려	大業七年 辟蔡王府叅軍 俄除善政府校尉 于時浿水未賓 九山作梗 五師薄伐 君乃叅之 每先啓行 威稜莫二 (「趙安 墓誌銘」: 전全唐文新編→992; 전全唐文補遺→4; 전唐代墓誌滙篇附考→3)3948)
고구려	君諱世琛 字聞德 馮翊郡馮翊縣人也 (…) 起家勳侍 値王師薄伐 陪駕遼東 始預前驅 一發便中 蒙授舊武尉 (「王世琛 墓誌銘」: 전隋唐五代墓誌滙篇 洛陽→1; 전隋文補遺→)3949)
고구려	君諱通 字坦豆拔 昌黎徒河人 (…) (煬帝大業)七年 東夷不賓 職貢時怠 天子把旄杖鉞 風馳電逝 乘六龍以大討 詔七萃以長驅 公董帥貔貅 爰陪軍幕 摧鋒却敵 公有力焉 遷右光祿大夫 授左候衛將軍 (「屈突通 墓誌銘」: 전全唐文補遺→1)3950)
고구려	公姓楊氏 諱溫 字恭仁 弘農華陰人也 (…) (仁壽)十一年 授遼東道行軍總管 破高麗軍三萬人 拜銀靑光祿大夫 軍還 授河南道黜陟大使 (「楊溫 墓誌銘」: 전唐代墓誌滙篇續集→ 전全唐文新編→992)3951)

613(癸酉/신라 진평왕 35 建福 30/고구려 영양왕 24/백제 무왕 14/隋 大業 9/倭 推古

3947) 이 기사에는 연대 표기가 없으나, 段志玄은 598년에 출생하여 14세가 된 것은 611년이었고 실제 전쟁이 벌어진 것은 612년이었다. 그에 따라 611~612년으로 기간편년하고 마지막해인 612년에 배치하였다.

3948) 이 기사는 大業 7년(611)으로 되어 있으나, 뒷부분에 612년의 고구려 공격과 관련된 내용이 포함되어 있다. 그에 따라 611~612년으로 기간편년하고 마지막해인 612년에 배치하였다.

3949) 이 기사에는 연대 표기가 없으나, "値王師薄伐 陪駕遼東"이라는 고구려 원정과 관련된 내용이 포함되어 있고 이 뒤에 613년의 두번째 고구려 원정에 대한 나온다. 王世琛의 연령을 고려하면 612년의 고구려원정을 가리키는 것이므로 612년으로 편년하였다.

3950) 이 기사는 大業 7년(611)으로 되어 있으나, 뒷부분에 612년의 고구려 공격과 관련된 내용이 포함되어 있다. 그에 따라 611~612년으로 기간편년하고 마지막해인 612년에 배치하였다.

3951) 이 기사는 仁壽11년(611)으로 되어 있으나, 612년 고구려 원정군의 귀환을 보여주는 "軍還"이 보인다. 그에 따라 611~612년으로 기간편년하고 마지막해인 612년에 배치하였다.

21)

고구려	春正月丁丑 徵天下兵 募民爲驍果 集于涿郡 (『隋書』 4 帝紀 4 煬帝 下)
고구려	春正月丁丑 徵天下兵 募民爲驍果 集于涿郡 (『北史』 12 隋本紀 下 煬皇帝)
고구려	春正月丁丑 詔徵天下兵集涿郡 始募民爲驍果3952) 脩遼東古城以貯軍糧3953) (『資治通鑑』 182 隋紀 6 煬皇帝 中)
고구려	(隋書曰) (大業)九年春正月丁丑 徵天下兵 募民爲驍果 集於涿郡 (『太平御覽』 106 皇王部 31 隋 煬皇帝)
고구려	春正月 帝昭徵天下兵 集涿郡 募民爲驍果 修遼東古城以貯軍糧 (『三國史記』 20 高句麗本紀 8)3954)
고구려	春正月 帝復欲伐高句麗 昭徵天下兵 集涿郡 募民爲驍果 修遼東古城以貯軍糧 (『三國史節要』 7)3955)
고구려	(隋煬帝大業)九年正月 徵天下兵 募民爲驍果 集于涿郡 復宇文述等官爵 又徵兵討高麗 (『冊府元龜』 135 帝王部 135 好邊功)3956)
고구려	(二月)壬午3957) 復宇文述等官爵 又徵兵討高麗 (『隋書』 4 帝紀 4 煬帝 下)
고구려	(二月)壬午 復宇文述等官爵 又徵兵討高麗 (『北史』 12 隋本紀 下 煬皇帝)
고구려	二月壬午 詔 宇文述以兵糧不繼 遂陷王師3958) 乃軍吏失於支料 非述之罪 宜復其官爵3959) 尋又加開府儀同三司 帝謂侍臣曰 高麗小虜 侮慢上國 今拔海移山 猶望克果3960) 況此虜乎 乃復議伐高麗3961) 左光祿大夫郭榮諫曰 戎狄失禮 臣下之事 千鈞之弩 不爲鼷鼠發機3962) 奈何親辱萬乘以敵小寇乎3963) 帝不聽 (『資治通鑑』 182 隋紀 6 煬皇帝 中)
고구려	二月 帝謂侍臣曰 高句麗小虜 侮慢上國 今拔海移山 猶望克果 況此虜乎 乃復議伐 左光祿大夫郭榮諫曰 戎狄失禮 臣下之事 千鈞之弩 不爲鼷鼠發機 奈何親辱萬乘 以敵小寇乎 帝不聽 (『三國史記』 20 高句麗本紀 8)3964)
고구려	二月 帝謂侍臣曰 高勾麗小虜 侮慢上國 今拔海移山 猶望克果 況此虜乎 乃復議伐 左光祿大夫郭榮諫曰 戎狄失禮 臣下之事 千鈞之弩 不爲鼷鼠發機 奈何親辱萬乘 以敵小寇乎 帝不聽 (『三國史節要』 7)3965)
고구려	遼東之役 以功進位左光祿大夫 明年 帝復事遼東 榮以爲中國疲敝 萬乘不宜屢動 乃言於帝曰 戎狄失禮 臣下之事 臣聞千鈞之弩不爲鼷鼠發機 豈有親辱大駕以臨小寇 帝不納 復從軍攻遼東城 榮親蒙矢石 晝夜不釋甲冑百餘日 帝每令人窺諸將所爲 知榮如是 帝大悅 每勞勉之 (『隋書』 50 列傳 15 郭榮)3966)

3952) 爲驍果作逆張本 驍 古堯翻
3953) 漢晉以來 遼東郡皆治襄平 慕容氏始鎭平郭 前伐高麗 圍遼東 言卽漢襄平城 今言復脩古城 蓋城郭有遷徙也 貯 丁呂翻
3954) 이 기사에는 일자 표기가 없으나, 『隋書』 帝紀 등에 의거하여 정월 3일(丁丑)으로 편년하였다.
3955) 이 기사에는 일자 표기가 없으나, 『隋書』 帝紀 등에 의거하여 정월 3일(丁丑)으로 편년하였다.
3956) 이 기사에는 일자 표기가 없으나, 『隋書』 帝紀 등에 의거하여 정월 3일(丁丑)으로 편년하였다.
3957) 이 해 2월은 乙巳가 초하루로 임오일은 없다. 임자일(8)의 오류일 가능성이 있다. 이하 『北史』·『資治通鑑』도 마찬가지이다.
3958) 事見上卷上年
3959) 考異曰 雜記在去年十二月 今從隋書
3960) 克 能也 果 決也 麗 力知翻
3961) 復 扶又翻
3962) 杜襲諫曹操嘗有是言 鼷 音奚 小鼠也
3963) 乘 繩證翻
3964) 이 기사에는 일자 표기가 없으나, 『隋書』 帝紀 등에 의거하여 2월 8일(?: 壬子?)로 편년하였다.
3965) 이 기사에는 일자 표기가 없으나, 『隋書』 帝紀 등에 의거하여 2월 8일(?: 壬子?)로 편년하였다.
3966) 이 기사에는 월일 표기가 없으나, 『隋書』 帝紀 등에 의거하여 2월 8일(?: 壬子?)로 편년하였다.

고구려	(大業八年)明年 帝有事遼東 復述官爵 待之如初 (『隋書』 61 列傳 26 宇文述)3967)
고구려	(大業八年)明年 帝又事遼東 復述官爵 待之如初 (『北史』 79 列傳 67 宇文述)3968)
고구려	隋書曰 郭榮 遼東之役 以功進位 左光祿大夫 明年 帝復事遼東 榮以爲中國疲敝 万乘不宜屢動 乃言於帝曰 戎狄失禮 臣下之事 臣聞千鈞之弩 不爲鼷鼠發機 豈有親辱大駕以臨小寇 帝不納 復從軍攻遼東城 榮親蒙矢石 晝夜不釋甲胄 (『太平御覽』 328 兵部 59 從軍)3969)
고구려	(三月)戊寅 幸遼東 以越王侗民部尙書樊子蓋鎭東都 (『隋書』 4 帝紀 4 煬帝 下)
고구려	(三月)戊寅 幸遼東 以越王侗工3970)部尙書樊子蓋鎭東都 (『北史』 12 隋本紀 下 煬皇帝)
고구려	(三月)戊寅 帝幸遼東 命民部尙書樊子蓋等3971) 輔越王侗留守東都3972) (『資治通鑑』 182 隋紀 6 煬皇帝 中)
고구려	(隋書曰) (大業九年)二月3973)戊寅 幸遼東 以越王侗民部尙書樊子盖留守東都 (『太平御覽』 106 皇王部 31 隋 煬皇帝)
고구려	(大業)九年 車駕復幸遼東 命子蓋爲東都留守 屬楊玄感作逆 來逼王城 子蓋遣河南贊治裴弘策逆擊之 返爲所敗 遂斬弘策以徇 國子祭酒楊汪小有不恭 子蓋又將斬之 汪拜謝 頓首流血 久乃釋免 於是三軍莫不戰慄 (『隋書』 63 列傳 28 樊子蓋)3974)
신라	春 旱 夏四月 降霜 (『三國史記』 4 新羅本紀 4)
신라	新羅旱 夏四月 新羅降霜 (『三國史節要』 7)
고구려	夏四月庚午 車駕度遼 (『隋書』 4 帝紀 4 煬帝 下)
고구려	夏四月庚午 車駕度遼 (『北史』 12 隋本紀 下 煬皇帝)
고구려	夏四月庚午 車駕渡遼 (『資治通鑑』 182 隋紀 6 煬皇帝 中)
고구려	四月庚午 車駕度遼 (『冊府元龜』 135 帝王部 135 好邊功)
고구려	(隋書曰) (大業九年)夏四月庚午 車駕渡遼 (『太平御覽』 106 皇王部 31 隋 煬皇帝)
고구려	(四月)壬申 遣宇文述楊義臣 趣平壤 (『隋書』 4 帝紀 4 煬帝 下)
고구려	(四月)壬申 遣宇文述楊義臣 趣平壤城 (『北史』 12 隋本紀 下 煬皇帝)
고구려 부여	(夏四月)壬申 遣宇文述與上大將軍楊義臣 趣平壤3975) 左光祿大夫王仁恭出扶餘道 仁恭進軍至新城3976) 高麗兵數萬拒戰 仁恭帥勁騎一千擊破之 高麗嬰城固守 帝命諸將攻遼東 聽以便宜從事3977) 飛樓橦雲梯地道四面俱進3978) 晝夜不息 而高麗應變拒之 二十餘日不拔 主客死者甚衆3979) 衝梯竿長十五丈 驍果吳興沈光升其端3980) 臨城與高麗戰 短兵接 殺十數人 高麗競擊之而墜 未及地

3967) 이 기사에는 월일 표기가 없으나, 『隋書』 帝紀 등에 의거하여 2월 8일(?: 壬子?)로 편년하였다.
3968) 이 기사에는 월일 표기가 없으나, 『隋書』 帝紀 등에 의거하여 2월 8일(?: 壬子?)로 편년하였다.
3969) 이 기사에는 월일 표기가 없으나, 『隋書』 帝紀 등에 의거하여 2월 8일(?: 壬子?)로 편년하였다.
3970) 『수서』에는 '工'이 '民'으로 되어 있다.
3971) 開皇三年 改度支尙書爲戶部尙書 帝乃改爲民部尙書 併曹郎亦改之
3972) 是後逐階王世充僭竊 侗 他紅翻
3973) 이 해 2월에는 무인일이 없다. '二月'은 '三月'의 잘못으로 보인다.
3974) 이 기사에는 월일 표기가 없으나, 『隋書』 帝紀 등에 의거하여 3월 4일(戊寅)로 편년하였다.
3975) 趣 七喩翻
3976) 新城在南蘇城之西
3977) 麗 力知翻 帥 讀曰率 騎 奇寄翻 將 卽亮翻
3978) 橦 宅江翻
3979) 守者爲主 攻者爲客

適遇竿有垂絚[3981] 光接而復上[3982] 帝望見 壯之 卽拜朝散大夫[3983] 恆置左右[3984]
(…) 時右驍衛大將軍來護兒以舟師自東萊將入海趣平壤 玄感遣家奴僞爲使者從東方來
詐稱護兒反[3985] (『資治通鑑』182 隋紀 6 煬皇帝 中)

고구려 　(隋書曰) (大業九年夏四月)壬申 遣宇文述楊義臣趣平壤 (…) (『太平御覽』106 皇王部
　　　　31 隋 煬皇帝)

고구려 　(四月)壬申 遣宇文述楊義以趣平壤 (『冊府元龜』135 帝王部 135 好邊功)

고구려 부여 　夏四月 車駕度遼 遣宇文述與楊義臣 趣平壤
　　　　王仁恭出扶餘道 進軍至新成 我兵數萬拒戰 仁恭帥勁騎一千擊破之 我軍嬰城固守 帝
　　　　命諸將攻遼東 聽以便宜從事 飛樓橦雲梯地道 四面俱進 晝夜不息 我應變拒之 二十
　　　　餘日不拔 主客死者甚衆 衝梯竿長十五丈 驍果沉光升其端 臨城 與我軍戰 短兵接殺
　　　　十數人 我軍競擊之 而墜未及地 適遇竿有垂絚 光接而復上 帝望見壯之 卽拜朝散大
　　　　夫 遼東城久不下 帝遣造布囊百餘萬口 滿貯土 欲積爲魚梁大道 闊三十步 高與城齊
　　　　使戰士登而攻之 又作八輪樓車 高出於城 夾魚梁道 欲俯射城內 指期將攻 城內危蹙
　　　　會 楊玄感叛 書至 帝大懼 又聞達官子弟皆在玄感所 益憂之 兵部侍郎 斯政 素與玄
　　　　感善 內不自安 來奔 帝夜密召諸將 使引軍還 軍資器械攻具 積如丘山 營壘帳幕 案
　　　　堵不動 衆心恟懼 無復部分 諸道分散 我軍卽時覺之 然不敢出 但於城內鼓噪 至來日
　　　　午時 方漸出外 猶疑隋軍詐之 經二日 乃出數千兵追躡 畏隋軍之衆 不敢逼 常相去八
　　　　九十里 將至遼水 知御營畢度 乃敢逼後軍 時 後軍猶數萬人 我軍隨而鈔擊 殺畧數千
　　　　人 (『三國史記』20 高句麗本紀 8)[3986]

고구려 부여 　(四月) 帝度遼 遣宇文述楊義臣趣平壤
　　　　王仁恭出扶餘道 進軍至新城 高勾麗兵數萬拒戰 仁恭帥勁騎一千擊破之 高勾麗軍嬰
　　　　城固守 帝命諸將攻遼東 聽以便宜從事 飛樓橦雲梯地道 四面俱進 晝夜不息 高勾麗
　　　　應變拒之 二十餘日不拔 主客死者甚衆 衝梯竿長十五丈 驍果沈光升其端臨城 與高勾
　　　　麗軍戰 短兵接殺十數人 高勾麗軍競擊之 而墜未及地 適遇竿有垂絚 光接而復上 帝
　　　　望見壯之 卽拜朝散大夫 城久不下 帝遣造布囊百餘萬口 滿貯土 欲積爲魚梁大道 闊
　　　　三十步 高與城齊 使戰士登而攻之 又作八輪樓車 高出於城 夾魚梁道 欲俯射城內 指
　　　　期將攻 城內危蹙
　　　　會 楊玄感叛 書至 帝大懼 又聞達官子弟 皆在玄感所 益憂之 兵部侍郎 斯政 素與玄
　　　　感善 內不自安 來奔高勾麗 帝夜密召諸將 使引軍還 軍資器械攻具 積如丘山 營壘帳
　　　　幕不動 衆心恟懼 無復部分 諸道分散 高勾麗軍卽時覺之 然不敢出 但於城內鼓噪 至
　　　　來日午時 方漸出外 猶疑隋軍詐之 經二日 乃出數千兵追躡 畏隋軍之衆 不敢逼 常相
　　　　去八九十里 將至遼水 知御營畢度 乃敢逼後軍 時後軍猶數萬人 高勾麗軍隨而鈔擊
　　　　殺掠數千人 (『三國史節要』7)[3987]

고구려 　(大業八年明年) 從至遼東 與將軍楊義臣率兵 復臨鴨綠水 (『隋書』61 列傳 26 宇文
　　　　述)[3988]

고구려 　(大業八年)明年 以爲軍副 與大將軍宇文述趣平壤 至鴨綠水 會楊玄感作亂 班師 (…)
　　　　尋從帝復征遼東 進位左光祿大夫 (『隋書』63 列傳 28 楊義臣)[3989]

3980) 隋志 吳郡烏程縣舊置吳興郡 史以舊郡名書 長 直亮翻 驍 堅堯翻 下同
3981) 絚 古恆翻 索也
3982) 復 扶又翻 上 時掌翻
3983) 朝 直遙翻 散 悉但翻
3984) 恆 戶登翻
3985) 驍 堅堯翻
3986) 이 기사에는 일자 표기가 없으나, 『隋書』帝紀 등에 의거하여 4월29일(壬申)로 편년하였다.
3987) 이 기사에는 일자 표기가 없으나, 『隋書』帝紀 등에 의거하여 4월29일(壬申)로 편년하였다.
3988) 이 기사에는 월일 표기가 없으나, 『隋書』帝紀 등에 의거하여 4월29일(壬申)로 편년하였다.

고구려	(大業八年)明年 又出滄海道 師次東萊 會楊玄感作逆黎陽 進逼鞏洛 護兒勒兵與宇文述等擊破之 封滎國公 邑二千戶 (『隋書』 64 列傳 29 來護兒)[3990]
고구려	周法尙字德邁 汝南安成人也 (…) 遼東之役 以舟師指朝鮮道 會楊玄感反 與將軍宇文述來護兒等破之 以功進右光祿大夫 賜物九百段 (『隋書』 64 列傳 29 周法尙)[3991]
고구려 부여	(大業八年)明年 復以軍將指扶餘道 帝謂之曰 往者諸軍多不利 公獨以一軍破賊 古人云 敗軍之將不可以言勇 諸將其可任乎 今委公爲前軍 當副所望也 賜良馬十匹 黃金百兩 仁恭遂進軍 至新城 賊數萬背城結陣 仁恭率勁騎一千擊破之 賊嬰城拒守 仁恭四面攻圍 帝聞而大悅 遣舍人詣軍勞問 賜以珍物 進授光祿大夫 賜絹五千匹 (『隋書』 65 列傳 30 王仁恭)[3992]
고구려 부여	房彦謙字孝沖 本淸河人也 (…) 大業九年 從駕渡遼 監扶餘道軍 其後隋政漸亂 朝廷靡然 莫不變節 彦謙直道守常 介然孤立 頗爲執政者之所嫉 出爲涇陽令 未幾 終于官 時年六十九 (『隋書』 66 列傳 31 房彦謙)[3993]
고구려	(大業)九年 帝復親征之 乃敕諸軍以便宜從事 諸將分道攻城 賊勢日蹙 (『隋書』 81 列傳 46 東夷 高麗)[3994]
고구려 부여	大業九年 從駕度遼 監扶餘道軍事 (『北史』 39 列傳 27 房法壽)[3995]
고구려	(大業八年明年) 從至遼東 與將軍楊義臣率兵 復臨鴨綠水 (『北史』 79 列傳 67 宇文述)[3996]
고구려	沈光字總持 吳興人也 (…) 大業中 煬帝徵天下驍果之士以伐遼左 光預焉 同類數萬人 皆出其下 光將詣行在所 賓客送至灞上者百餘騎 光酌酒而誓曰 是行也 若不能建立功名 當死於高麗 不復與諸君相見矣 及從帝攻遼東 以衝梯擊城 竿長十五丈 光升其端 臨城與賊戰 短兵接 殺十數人 賊競擊之而墜 未及於地 適遇竿有垂絙 光接而復上 帝望見 壯異之 馳召與語 大悅 卽日拜朝請大夫 賜寶刀良馬 恒致左右 親顧漸密 (『隋書』 64 列傳 29 沈光)[3997]
고구려	劉武周 河間景城人 (…) 武周因去家入洛 爲太僕楊義臣帳內 募征遼東 以軍功授建節校尉 (『舊唐書』 55 列傳 5 劉武周)[3998]
고구려	隋書曰 大業中 煬帝徵天下驍果之士 以伐遼左 沈光預焉 同類數萬人 皆出其下 光將詣行在所 賓客送至灞上者百餘騎 光酌酒而誓曰 是行也 若不能建功立名 當死於高麗 不復與諸君相見矣 及從帝攻遼東 以衝梯擊城 竿長十五丈 光昇其端 臨城與賊戰 短兵接 殺十數人 賊竟擊之而墜 未及於地 適遇竿上有垂絙 光接而復上 帝望見 壯異之 馳召與語 大悅 卽日拜朝請大夫 賜寶刀良馬 恒致左右 親顧漸密 (『太平御覽』 318 兵部 49 攻圍 下)[3999]
고구려	帝伐高麗 命玄感於黎陽督運 遂與虎賁郎將王仲伯汲郡贊治趙懷義等謀 故逗遛漕運 不時進發 欲令渡遼諸軍乏食 帝遣使者促之 玄感揚言水路多盜 不可前後而發 玄感弟

3989) 이 기사에는 월일 표기가 없으나, 『隋書』 帝紀 등에 의거하여 4월29일(壬申)로 편년하였다.
3990) 이 기사에는 월일 표기가 없으나, 『隋書』 帝紀 등에 의거하여 4월29일(壬申)로 편년하였다.
3991) 이 기사에는 월일 표기가 없으나, 『隋書』 帝紀 등에 의거하여 4월29일(壬申)로 편년하였다.
3992) 이 기사에는 월일 표기가 없으나, 『隋書』 帝紀 등에 의거하여 4월29일(壬申)로 편년하였다.
3993) 이 기사에는 월일 표기가 없으나, 『隋書』 帝紀 등에 의거하여 4월29일(壬申)로 편년하였다.
3994) 이 기사에는 월일 표기가 없으나, 『隋書』 帝紀 등에 의거하여 4월29일(壬申)로 편년하였다.
3995) 이 기사에는 월일 표기가 없으나, 『隋書』 帝紀 등에 의거하여 4월29일(壬申)로 편년하였다.
3996) 이 기사에는 월일 표기가 없으나, 『隋書』 帝紀 등에 의거하여 4월29일(壬申)로 편년하였다.
3997) 이 기사에는 연대 표기가 없으나, 『隋書』 帝紀 등에 의거하여 大業 9년(613) 4월29일(壬申)로 편년하였다.
3998) 이 기사에는 연대 표기가 없으나, 『隋書』 帝紀 등에 의거하여 大業 9년(613) 4월29일(壬申)로 편년하였다.
3999) 이 기사에는 연대 표기가 없으나, 『隋書』 帝紀 등에 의거하여 大業 9년(613) 4월29일(壬申)로 편년하였다.

虎賁郎將玄縱 鷹揚郎將萬石 並從幸遼東 玄感潛遣人召之 二人皆亡還 萬石至高陽
爲監事許華所執 斬於涿郡 時右驍衛大將軍來護兒 以舟師自東萊 將入海趣平壤 玄感
遣家奴僞爲使者從東方來 詐稱護兒反 (『資治通鑑』182 隋紀 6 煬皇帝 中)[4000]

고구려   (大業)九年 詔又課關中富人 計其貲産出驢 往伊吾河源且末運糧 多者至數百頭 每頭
價至萬餘 又發諸州丁 分爲四番 於遼西柳城營屯 往來艱苦 生業盡罄 盜賊四起 道路
南絶 隴右牧馬 盡爲奴賊所掠 楊玄感乘虛爲亂 時帝在遼東 聞之 遽歸于高陽郡 及玄
感平 帝謂侍臣曰 玄感一呼而從者如市 益知天下人不欲多 多則爲賊 不盡誅 後無以
示勸 乃令裴蘊窮其黨與 詔郡縣坑殺之 死者不可勝數 所在驚駭 擧天下之人十分九
爲盜賊 皆盜武馬 始作長槍 攻陷城邑 帝又命郡縣置督捕以討賊
益遣募人征遼 馬少不充八馱 而許爲六馱 又不足 聽半以驢充 在路逃者相繼 執獲皆
斬之 而莫能止 帝不懌 遇高麗執送叛臣斛斯政 遣使求降 發詔赦之 囚政至于京師 於
開遠門外 磔而射殺之 (『隋書』24 志 19 食貨)[4001]

고구려   (大業八年)明年 從征遼東 領右禦衛大將軍 楊玄感之反也 帝引威帳中 懼見於色 謂威
曰 此小兒聰明 得不爲患乎 威曰 夫識是非 審成敗者 乃所謂聰明 玄感粗疏 非聰明
者 必無所慮 但恐寖成亂階耳 威見勞役不息 百姓思亂 微以此諷帝 帝竟不寤 (『隋書』
41 列傳 6 蘇威)[4002]

고구려   (大業八年明年) 會楊玄感作亂 帝召述班師 令馳驛赴河陽 發諸郡兵以討玄感 時玄感
逼東都 聞述軍將至 懼而西遁 將圖關中 述與刑部尚書衛玄左禦衛將軍來護兒武衛將
軍屈突通等躡之 至閿鄉皇天原 與玄感相及 述與來護兒列陣當其前 遣屈突通以奇兵
擊其後 大破之 遂斬玄感 傳首行在所 賜物數千段
復從東征 至懷遠而還 (『隋書』61 列傳 26 宇文述)[4003]

고구려   (大業八年)明年 帝復征高麗 以元淑鎭臨渝 及玄感作亂 其弟玄縱自帝所逃歸 路經臨
渝 元淑出其小妻魏氏見玄縱 對宴極歡 因與通謀 幷授玄縱賂遺 及玄感敗 人有告其
事者 帝以屬吏 元淑言與玄感結婚 所得金寶則爲財娉 實無他故 魏氏復言初不受金
帝親臨問 卒無異辭 帝大怒 謂侍臣曰 此則反狀 何勞重問 元淑及魏氏俱斬於涿郡 籍
沒其家 (『隋書』70 列傳 35 趙元淑)[4004]

고구려   元弘嗣 河南洛陽人也 (…) (大業八年)明年 帝復征遼東 會奴賊寇隴右 詔弘嗣擊之 及
玄感作亂 逼東都 弘嗣屯兵安定 或告之謀應玄感者 代王侑遣使執之 送行在所 以無
反形當釋 帝疑不解 除名 徙日南 道死 時年四十九 有子仁觀 (『隋書』74 列傳 39
酷吏 元弘嗣)[4005]

고구려   盧太翼字協昭 河間人也 本姓章仇氏 (…) 大業九年 從駕至遼東 太翼言於帝曰 黎陽
有兵氣 後數日而玄感反書聞 帝甚異之 數加賞賜 太翼所言天文之事 不可稱數 關諸
秘密 世莫得聞 後數載 卒於洛陽 (『隋書』78 列傳 43 藝術 盧太翼)[4006]

고구려   (大業九年) 會楊玄感作亂 反書至 帝大懼 卽日六軍並還 (『隋書』81 列傳 46 東夷

4000) 이 기사 다음에 6월 을사일(3)의 기사가 이어져 4월과 6월 사이에 배치하였다.
4001) 이 기사에는 월일 표기가 없으나, 『資治通鑑』에 의거하여 4월~6월 을사일(3)로 기간편년하고 마지막
    날인 6월 을사일(3)에 배치하였다.
4002) 이 기사에는 월일 표기가 없으나, 『資治通鑑』에 의거하여 4월~6월 을사일(3)로 기간편년하고 마지막
    날인 6월 을사일(3)에 배치하였다.
4003) 이 기사에는 월일 표기가 없으나, 『資治通鑑』에 의거하여 4월~6월 을사일(3)로 기간편년하고 마지막
    날인 6월 을사일(3)에 배치하였다.
4004) 이 기사에는 월일 표기가 없으나, 『資治通鑑』에 의거하여 4월~6월 을사일(3)로 기간편년하고 마지막
    날인 6월 을사일(3)에 배치하였다.
4005) 이 기사에는 월일 표기가 없으나, 『資治通鑑』에 의거하여 4월~6월 을사일(3)로 기간편년하고 마지막
    날인 6월 을사일(3)에 배치하였다.
4006) 이 기사에는 월일 표기가 없으나, 『資治通鑑』에 의거하여 4월~6월 을사일(3)로 기간편년하고 마지막
    날인 6월 을사일(3)에 배치하였다.

高麗)4007)

고구려 (大業八年)明年 帝復征高麗 以元淑鎭臨渝 及玄感作亂 其弟玄縱自駕所逃歸 路經臨
渝 元淑出其小妻魏氏見玄縱 對宴極歡 因與通謀 幷受玄縱賂遺 及玄感敗 人有告其
事者 帝以屬吏 元淑及魏氏俱斬於涿郡 籍沒其家 (『北史』 41 列傳 29 楊敷)4008)

고구려 (大業八年)明年 從征遼東 領右禦衛大將軍 楊玄感之反 帝引威於帳中 懼見於色 謂曰
此小兒聰明 得不爲患邪 威曰 粗疏 非聰明者 必無慮 但恐浸成亂階耳 威見勞役不已
百姓思亂 以此微欲諷帝 帝竟不悟 從還 至涿郡 詔威安撫關中 (…) 後復問伐遼東事
威對願赦羣盜 遣討高麗 帝益怒 (『北史』 63 列傳 51 蘇綽)4009)

고구려 (大業八年明年) 會楊玄感作亂 帝召述馳驛討玄感 時玄感逼東都 聞述軍至 西遁 將圖
關中 述與刑部尙書衛玄右驍衛大將軍來護兒武衛將軍屈突通等躡之 至閿鄕皇天原 與
玄感相及 斬其首 傳行在所
復從東征 至懷遠而還 (『北史』 79 列傳 67 宇文述)4010)

고구려 大業九年 煬帝伐高麗 使玄感於黎陽監運 時天下騷動 玄感將謀舉兵 潛遣人入關 迎
密 以爲謀主 密至 謂玄感曰 今天子出征 遠在遼外 地去幽州 懸隔千里 南有巨海之
限 北有胡戎之患 中間一道 理極艱危 今公擁兵出其不意 長驅入薊 直扼其喉 前有高
麗 退無歸路 不過旬朔 資糧必盡 舉麾一召 其衆自降 不戰而擒 此計之上也 (『舊唐
書』 53 列傳 3 李密)4011)

고구려 大業九年 玄感舉兵黎陽 遣人入關迎密 密至 謀曰 今天子遠在遼左 去幽州尙千里 南
限鉅海 北阻彊胡 號令所通 惟楡林一道爾 若鼓而入薊 直扼其喉 高麗抗其前 我乘其
後 不旬月齎糧竭 舉麾召之 衆可盡取 然後傳檄而南 天下定矣 上計也 (『新唐書』 84
列傳 9 李密)4012)

고구려 (唐書曰) 大業九年 煬帝伐高麗 使玄感於麗陽監運 時天下騷動 玄感將謀舉兵 潛遣人
入關迎密 以爲謀主 密至 謂玄感曰 今天子出征 遠在遼外 今公擁兵出其不意 長驅入
薊 直扼其喉 前有高麗 退無歸路 不過旬朔 資粮必盡 舉麾一召 其衆自降 不戰而擒
此計之上也 (…) 密計遂不行 及玄感敗 密乃間行入關 爲捕者所獲 時煬帝在高麗 密
與其黨 俱送帝所 及出關外 防禁漸弛 (『太平御覽』 107 皇王部 32 隋 煬恭皇帝 附
李密)4013)

고구려 又帝問蘇威以討遼之策 威不願帝復行 且欲令帝知天下多賊 乃詭答曰 今者之役 不願
發兵 但詔赦群盜 自可得數十萬 遣關內奴賊及山東歷山飛張金稱等頭別爲一軍 出遼
西道 諸河南賊王薄孟讓等十餘頭 並給舟楫 浮滄海道 必喜於免罪 競務立功 一歲之
間 可滅高麗矣 帝不懌曰 我去尙猶未克 鼠竊安能濟乎 (『隋書』 67 列傳 32 裴
蘊)4014)

4007) 이 기사에는 월일 표기가 없으나, 『資治通鑑』에 의거하여 4월~6월 을사일(3)로 기간편년하고 마지막
날인 6월 을사일(3)에 배치하였다.
4008) 이 기사에는 월일 표기가 없으나, 『資治通鑑』에 의거하여 4월~6월 을사일(3)로 기간편년하고 마지막
날인 6월 을사일(3)에 배치하였다.
4009) 이 기사에는 월일 표기가 없으나, 『資治通鑑』에 의거하여 4월~6월 을사일(3)로 기간편년하고 마지막
날인 6월 을사일(3)에 배치하였다.
4010) 이 기사에는 월일 표기가 없으나, 『資治通鑑』에 의거하여 4월~6월 을사일(3)로 기간편년하고 마지막
날인 6월 을사일(3)에 배치하였다.
4011) 이 기사에는 월일 표기가 없으나, 『資治通鑑』에 의거하여 4월~6월 을사일(3)로 기간편년하고 마지막
날인 6월 을사일(3)에 배치하였다.
4012) 이 기사에는 월일 표기가 없으나, 『資治通鑑』에 의거하여 4월~6월 을사일(3)로 기간편년하고 마지막
날인 6월 을사일(3)에 배치하였다.
4013) 이 기사에는 월일 표기가 없으나, 『資治通鑑』에 의거하여 4월~6월 을사일(3)로 기간편년하고 마지막
날인 6월 을사일(3)에 배치하였다.
4014) 이 기사에는 연대 표기가 없으나, 『資治通鑑』에 의거하여 大業 9년(613) 4월~6월 을사일(3)로 기간편
년하고 마지막날인 大業 9년(613) 6월 을사일(3)에 배치하였다.

고구려	楊玄感 司徒素之子也 (…) 帝征遼東 命玄感於黎陽督運 于時百姓苦役 天下思亂 玄感遂與武賁郎將王仲伯汲郡贊治趙懷義等謀議 欲令帝所軍衆飢餒 每爲逗遛 不時進發 帝遲之 遣使者逼促 玄感揚言曰 水路多盜賊 不可前後而發 其弟武賁郎將玄縱鷹揚郎將萬碩並從幸遼東 玄感潛遣人召之 時將軍來護兒以舟師自東萊將入海 趣平壤城 軍未發 玄感無以動衆 乃遣家奴僞爲使者 從東方來 謬稱護兒失軍期而反 玄感遂入黎陽縣 閉城大索男夫 (『隋書』70 列傳 35 楊玄感)4015)
고구려	及楊玄感在黎陽 有逆謀 陰遣家僮至京師召密 令與弟玄挺等同赴黎陽 玄感舉兵 而密至 玄感大喜 以爲謀主 玄感謀計於密 密曰 愚有三計 惟公所擇 今天子出征 遠在遼外 地去幽州 懸隔千里 南有巨海之限 北有胡戎之患 中間一道 理極艱危 今公擁兵出其不意 長驅入薊 直扼其喉 前有高麗 退無歸路 不過旬月 齎糧必盡 舉麾一召 其衆自降 不戰而擒 此計之上也 (『隋書』70 列傳 35 李密)4016)
고구려	遼東之役 帝令從軍自效 因從來護兒自東平將指滄海 會楊玄感反於黎陽 帝疑之 詔鎖子雄送行在所 子雄殺使者 亡歸玄感 玄感每請計於子雄 語在玄感傳 及玄感敗 伏誅 籍沒其家 (『隋書』70 列傳 35 李子雄)4017)
고구려	帝征遼東 令玄感於黎陽督運 遂與武賁郎將王仲伯汲郡贊治趙懷義等謀 不時進發 帝遣使者逼促 玄感揚言曰 水路多盜 不可前後而發 其弟武賁郎將玄縱鷹揚郎將萬石並從幸遼東 玄感潛遣人召之 時來護兒以舟師自東萊 將入海趣平壤城 軍未發 玄感無以動衆 乃遣家奴僞爲使 從東方來 謬稱護失軍期而反 玄感遂入黎陽縣 閉城大募男夫 於是取縑布爲牟甲 署置官屬皆準開皇之舊 移書傍郡以討護爲名 令發兵會於倉所 (『北史』41 列傳 29 楊敷)4018)
고구려	及玄感有逆謀 召密 令與弟玄挺赴黎陽 以爲謀主 密進三計曰 今天子遠在遼外 公長驅入薊 直扼其喉 前有高麗 退無歸路 不戰而禽 此計上也 (『北史』60 列傳 48 李弼)4019)
고구려	又帝問蘇威以討遼之策 威不願帝復行 且欲令帝知天下多賊 乃詭答 今者之役 不願發兵 但詔赦羣盜 自可得數十萬 遣關內奴賊及山東歷山飛 張金稱等頭別爲一軍 出遼西道 諸河南賊王薄孟讓等十餘頭 並給舟楫 浮滄海道 必喜於免罪 競務立功 一歲之間 可滅高麗矣 帝不懌曰 我去尚猶未克 鼠竊安能濟乎 (『北史』74 列傳 62 裴蘊)4020)
고구려	先是 玄感陰遣家僮至長安4021) 召李密及弟玄挺赴黎陽 (…) 密曰 (…) 天子 (…) 歸路既絕 高麗聞之 必躡其後 不過旬月 資糧皆盡 其衆不降則潰 可不戰而擒 此上計也4022) (『資治通鑑』182 隋紀 6 煬皇帝 中)4023)
고구려	(六月)戊辰 兵部侍郎斛斯政 奔于高麗 (『隋書』4 帝紀 4 煬帝 下)

4015) 이 기사에는 연대 표기가 없으나,『資治通鑑』에 의거하여 大業 9년(613) 4월~6월 을사일(3)로 기간편년하고 마지막날인 大業 9년(613) 6월 을사일(3)에 배치하였다.
4016) 이 기사에는 연대 표기가 없으나,『資治通鑑』에 의거하여 大業 9년(613) 4월~6월 을사일(3)로 기간편년하고 마지막날인 大業 9년(613) 6월 을사일(3)에 배치하였다.
4017) 이 기사에는 연대 표기가 없으나,『資治通鑑』에 의거하여 大業 9년(613) 4월~6월 을사일(3)로 기간편년하고 마지막날인 大業 9년(613) 6월 을사일(3)에 배치하였다.
4018) 이 기사에는 연대 표기가 없으나,『資治通鑑』에 의거하여 大業 9년(613) 4월~6월 을사일(3)로 기간편년하고 마지막날인 大業 9년(613) 6월 을사일(3)에 배치하였다.
4019) 이 기사에는 연대 표기가 없으나,『資治通鑑』에 의거하여 大業 9년(613) 4월~6월 을사일(3)로 기간편년하고 마지막날인 大業 9년(613) 6월 을사일(3)에 배치하였다.
4020) 이 기사에는 연대 표기가 없으나,『資治通鑑』에 의거하여 大業 9년(613) 4월~6월 을사일(3)로 기간편년하고 마지막날인 大業 9년(613) 6월 을사일(3)에 배치하였다.
4021) 先 悉薦翻
4022) 麗 力知翻 降 戶江翻
4023) 이 기사에는 연대 표기가 없으나,『資治通鑑』에 의거하여 大業 9년(613) 4월~6월 을사일(3)로 기간편년하고 마지막날인 大業 9년(613) 6월 을사일(3)에 배치하였다.

고구려 (六月)戊辰 兵部侍郎斛斯政 奔于高麗 (『北史』 12 隋本紀 下 煬皇帝)

고구려 (六月) 遼東城久不拔 帝遣造布囊百餘萬口 滿貯土[4024] 欲積爲魚梁大道[4025] 闊三十步 高與城齊 使戰士登而攻之 又作八輪樓車[4026] 高出於城 夾魚梁道 欲俯射城內[4027] 指期將攻 城內危蹙 會楊玄感反書至 帝大懼 (…) 帝又聞達官子弟皆在玄感所 益憂之 兵部侍郎斛斯政素與玄感善 玄感之反 政與之通謀 玄縱兄弟亡歸 政潛遣之 帝將窮治玄縱等黨與[4028] 政內不自安 戊辰 (斛斯政)亡奔高麗[4029] (『資治通鑑』 182 隋紀 6 煬皇帝 中)

고구려 (隋書曰) (大業九年六月)戊辰 兵部侍郎斛斯政奔於高麗 (『太平御覽』 106 皇王部 31 隋 煬皇帝)

고구려 (大業九年)六月 禮部尙書楊玄感反於黎陽 遂逼東都 兵部侍郎斛斯政 奔于高麗 帝乃班師 (『冊府元龜』 135 帝王部 135 好邊功)[4030]

고구려 (大業八年)明年 復從至遼東 兵部侍郎斛斯政亡入高麗 帝令矩兼掌兵事 以前後渡遼之役 進位右光祿大夫 (『隋書』 67 列傳 32 裴矩)[4031]

고구려 (大業九年) 兵部侍郎斛斯政亡入高麗 高麗具知事實 悉銳來追 殿軍多敗 (『隋書』 81 列傳 46 東夷 高麗)[4032]

고구려 (大業八年)明年 復從至遼東 兵部侍郎斛斯政亡入高麗 帝令矩兼掌兵事 以前後度遼功 進位右光祿大夫 (『北史』 38 列傳 26 裵佗)[4033]

고구려 (大業八年)明年 復從至遼東 兵部侍郎斛斯政亡入高麗 帝令矩兼掌兵部事 以前後渡遼功 進位右光祿大夫 (『舊唐書』 63 列傳 13 裴矩)[4034]

고구려 (大業)九年 帝復親征 乃敕諸軍以便宜從事 諸將分道攻城 賊勢日蹙 會楊玄感作亂 反書至 帝班師 兵部侍郎斛斯政 玄感之黨 亡入高麗 高麗具知事實 悉銳兵來追 殿軍多敗 (『通典』 186 邊防 2 東夷 下 高句麗)[4035]

고구려 (大業)九年 帝復親征 乃勅諸軍 以便宜從事 諸將分道攻城 賊勢日蹙 會楊玄感作亂反 書至帝班師 兵部侍郎斛斯政 玄感之黨 亡入高麗 知其事實 悉銳兵來追 殿軍多敗 (『太平寰宇記』 173 四夷 2 東夷 2 高勾驪國)[4036]

고구려 後復從帝征遼東 會楊玄感作逆 帝班師 兵部侍郎斛斯政奔遼東 帝令毗率騎二千追之 不及 政據高麗柏崖城 毗攻之二日 有詔徵還 從至高陽 暴卒 時年五十 帝甚悼惜之 贈殿內監 (『隋書』 68 列傳 33 閻毗)[4037]

고구려 玄感之反也 政與通謀 及玄縱等亡歸 亦政之計也 帝在遼東 將班師 窮治玄縱黨與 內不自安 遂亡奔高麗 (『隋書』 70 列傳 35 斛斯政)[4038]

고구려 大業中 位尙書兵曹郞 漸見委遇 玄感兄弟 俱與之交 遼東之役 兵部尙書段文振卒 侍

4024) 貯 丁呂翻
4025) 築道若魚梁然
4026) 樓車下施八輪
4027) 射 而亦翻
4028) 治 直之翻
4029) 史言段文振之言驗 麗 力知翻
4030) 이 기사에는 일자 표기가 없으나, 『隋書』 帝紀 등에 의거하여 6월26일(戊辰)로 편년하였다.
4031) 이 기사에는 월일 표기가 없으나, 『隋書』 帝紀 등에 의거하여 6월26일(戊辰)로 편년하였다.
4032) 이 기사에는 월일 표기가 없으나, 『隋書』 帝紀 등에 의거하여 6월26일(戊辰)로 편년하였다.
4033) 이 기사에는 월일 표기가 없으나, 『隋書』 帝紀 등에 의거하여 6월26일(戊辰)로 편년하였다.
4034) 이 기사에는 월일 표기가 없으나, 『隋書』 帝紀 등에 의거하여 6월26일(戊辰)로 편년하였다.
4035) 이 기사에는 월일 표기가 없으나, 『隋書』 帝紀 등에 의거하여 6월26일(戊辰)로 편년하였다.
4036) 이 기사에는 월일 표기가 없으나, 『隋書』 帝紀 등에 의거하여 6월26일(戊辰)로 편년하였다.
4037) 이 기사에는 연대 표기가 없으나, 『隋書』 帝紀 등에 의거하여 大業 9년(613) 6월26일(戊辰)로 편년하였다.
4038) 이 기사에는 연대 표기가 없으나, 『隋書』 帝紀 등에 의거하여 大業 9년(613) 6월26일(戊辰)로 편년하였다.

	郎明雅復以罪廢 帝彌屬意於政 尋遷兵部侍郎 稱爲幹理 玄感之反 政與通謀 及玄縱等亡歸 亦政之計 及帝窮玄縱黨與 政亡奔高麗 (『北史』50 列傳 38 斛斯椿)[4039]
고구려	後復從帝征遼東 會楊玄感作逆 帝班師 從至高陽郡 卒 帝甚悼惜之 贈殿內監 (『北史』61 列傳 49 閻毗)[4040]
고구려	高儉字士廉 渤海蓨人 (…) 隋軍伐遼 時兵部尙書斛斯政亡奔高麗 士廉坐與交遊 謫爲朱鳶主簿 (『舊唐書』65 列傳 15 高士廉)[4041]
고구려	高儉字士廉 以字顯 (…) 斛斯政奔高麗 坐與善 貶爲朱鳶主簿 以母老不可居瘴癘地 乃留妻鮮于奉養而行 (『新唐書』95 列傳 20 高儉)[4042]
고구려	隋 閻毗 爲殿內少監 從煬帝征遼東 帝班師 兵部郞中斛斯政奔遼東 帝令毗率騎二千追之 不及 政投高麗栢崖城 毗攻之二月 有詔徵還 (『册府元龜』438 將帥部 99 無功)[4043]
고구려	公太原祁人 諱彥博 字太臨 (…) 後或斛斯政出奔高麗 既而乘轅南反 詔公 銜命蕃境申明臣節 陳之以逆順 曉暢皇威 (「唐故特進尙書右僕射上柱國虞恭公溫公碑」『全唐文』10530～10533)[4044]
고구려	(六月)庚午 上班師 高麗犯後軍 敕右武衛大將軍李景爲後拒 遣左翊衛大將軍宇文述左候衛將軍屈突通等馳傳發兵 以討玄感 (『隋書』4 帝紀 4 煬帝 下)
고구려	(六月)庚午 上班師 高麗犯後軍 敕右武衛大將軍李景爲後拒 遣左翊衛大將軍宇文述左候衛將軍屈突通等馳傳發兵 以討玄感 (『北史』12 隋本紀 下 煬皇帝)
고구려	(六月)庚午 夜二更[4045] 帝密召諸將 使引軍還[4046] 軍資器械攻具 積如丘山 營壘帳幕按堵不動 皆棄之而去 衆心恟懼[4047] 無復部分 諸道分散[4048] 高麗即時覺之 然不敢出 但於城內鼓譟 至來日午時 方漸出外 四遠覘偵[4049] 猶疑隋軍詐之 經二日 乃出數千兵追躡 畏隋兵之衆 不敢逼 常相去八九十里 將至遼水 知御營畢渡 乃敢逼後軍 時後軍猶數萬人 高麗隨而抄擊 最後羸弱數千人爲所殺略[4050] 初 帝再征高麗 復問太史令庾質曰 今段何如[4051] 對曰 臣實愚迷猶執前見[4052] 陛下若親動萬乘 勞費實多[4053] 帝怒曰 我自行猶不克 直遣人去 安得有功 及還謂質曰 卿前不欲我行 當爲此耳[4054] 玄感其有成乎 質曰 玄感地勢雖隆 素非人望 因百姓之勞 冀幸成功 今天下一家 未易可動[4055] (『資治通鑑』182 隋紀 6 煬皇帝 中)

4039) 이 기사에는 연대 표기가 없으나,『隋書』帝紀 등에 의거하여 大業 9년(613) 6월26일(戊辰)로 편년하였다.
4040) 이 기사에는 연대 표기가 없으나,『隋書』帝紀 등에 의거하여 大業 9년(613) 6월26일(戊辰)로 편년하였다.
4041) 이 기사에는 연대 표기가 없으나,『隋書』帝紀 등에 의거하여 大業 9년(613) 6월26일(戊辰)로 편년하였다.
4042) 이 기사에는 연대 표기가 없으나,『隋書』帝紀 등에 의거하여 大業 9년(613) 6월26일(戊辰)로 편년하였다.
4043) 이 기사에는 연대 표기가 없으나,『隋書』帝紀 등에 의거하여 大業 9년(613) 6월26일(戊辰)로 편년하였다.
4044) 이 기사에는 연대 표기가 없으나,『隋書』帝紀 등에 의거하여 大業 9년(613) 6월26일(戊辰)로 편년하였다.
4045) 二更 乙夜也 甲乙丙丁戊分爲五夜 守卒分番守漏 鳴鼓以相警 謂之持更 更 工衡翻
4046) 還 從宣翻 又音如字
4047) 恟 許拱翻
4048) 復 扶又翻 部分 扶問翻
4049) 覘 丑廉翻 又丑豔翻 偵 丑鄭翻
4050) 麗 力知翻 抄 楚交翻 羸 倫爲翻
4051) 今段 言自今以後 一段事也 復 扶又翻
4052) 庚質前對 見上卷八年
4053) 乘 繩證翻
4054) 還 從宣翻 又音如字 爲 于僞翻

고구려	(隋書曰) (大業九年六月)庚午 上班師 高麗犯後軍 (『太平御覽』106 皇王部 31 隋 煬皇帝)
고구려	(大業)九年 復出遼東 及旋師 以景爲殿 高麗追兵大至 景擊走之 賚物三千段 進爵滑國公 (『隋書』65 列傳 30 李景)[4056]
고구려	(大業)九年 復征高麗 又問質曰 今段復何如 對曰 臣實愚迷 猶執前見 陛下若親動萬乘 糜費實多 帝怒曰 我自行尙不能剋 直遣人去 豈有成功也 帝遂行 旣而禮部尙書楊玄感據黎陽反 兵部侍郎斛斯政奔高麗 帝大懼 遽而西還 謂質曰 卿前不許我行 當爲此耳 今者玄感其成事乎 質曰 玄感地勢雖隆 德望非素 因百姓之勞苦 冀僥倖而成功 今天下一家 未易可動 (『隋書』78 列傳 43 藝術 庾季才)[4057]
고구려	(北史) 又曰 隋大業九年 煬帝復親征高麗 勅諸軍以便宜從事 諸將分道攻城 賊勢日盛 會楊玄感作亂 帝大懼 卽日六軍並還 (『太平御覽』783 四夷部 4 東夷 4 高句驪)[4058]
고구려	(大業)九年 復征高麗 又問質曰 今復何如 對曰 臣實愚迷 猶執前見 陛下若親動萬乘 糜費實多 帝怒曰 我自行不能剋 直遣人去 豈有成功也 帝遂行旣 而禮部尙書楊立感據黎陽反 兵部侍郎鮮[4059]斯政奔 帝大懼而西還 謂質曰 卿前不許我行 當爲此耳 (『冊府元龜』498 邦計部 16 漕運)[4060]
고구려	秋七月癸未 餘杭民劉元進起兵以應玄感 元進手長尺餘 臂垂過膝 自以相表非常 有異志 會帝再發三吳兵征高麗 三吳兵皆相謂曰 往歲天下全盛 吾輩父兄征高麗者猶太半不返[4061] 今已罷弊 復爲此行[4062] 吾屬無遺類矣 由是多亡命 (『資治通鑑』182 隋紀 6 煬皇帝 中)
고구려	餘杭劉元進 少好任俠 爲州里所宗 兩手各長尺餘 臂垂過膝 煬帝興遼東之役 百姓騷動 元進自以相表非常 陰有異志 遂聚衆 合亡命 會帝復征遼東 徵兵吳會 士卒皆相謂曰 去年吾輩父兄從帝征者 當全盛之時 猶死亡太半 骸骨不歸 今天下已罷敝 是行也 吾屬其無遺類矣 於是多有亡散 郡縣捕之急 旣而楊玄感起於黎陽 元進知天下思亂 於是擧兵應之 (『隋書』70 列傳 35 劉元進)[4063]
신라	秋七月 隋使王世儀至皇龍寺 設百高座 邀圓光等法師 說經 (『三國史記』4 新羅本紀 4)
신라	秋七月 隋使王世儀至新羅皇龍寺 設百高座 邀僧圓光 說經 (『三國史節要』7)
고구려	八月壬寅 左翊衛大將軍宇文述等破楊玄感於閿鄕 斬之 餘黨悉平 (『隋書』4 帝紀 4 煬帝 下)
고구려	八月壬寅 左翊衛大將軍宇文述等破楊玄感於閿鄕 斬之 餘黨悉平 (『北史』12 隋本紀 下 煬皇帝)
고구려	(隋書曰) (大業九年)八月壬寅 左翊衛大將軍宇文述等 破楊玄感於閿鄕 斬之 餘黨悉平 (『太平御覽』106 皇王部 31 隋 煬皇帝)

4055) 易 以豉翻
4056) 이 기사에는 월일 표기가 없으나, 『隋書』帝紀 등에 의거하여 6월28일(庚午)로 편년하였다.
4057) 이 기사에는 월일 표기가 없으나, 『隋書』帝紀 등에 의거하여 6월28일(庚午)로 편년하였다.
4058) 이 기사에는 월일 표기가 없으나, 『隋書』帝紀 등에 의거하여 6월28일(庚午)로 편년하였다.
4059) '斛'의 오자이다.
4060) 이 기사에는 월일 표기가 없으나, 『隋書』帝紀 등에 의거하여 6월28일(庚午)로 편년하였다.
4061) 此指八年事
4062) 罷 讀曰疲 復 扶又翻
4063) 이 기사에는 연대 표기가 없으나, 『資治通鑑』에 의거하여 大業 9년 7월11일(癸未)로 편년하였다.

고구려	大隋大業九年九月八日 佛弟子豊川府△揚郎將△永貴 征遼平安 在遼西郡 敬造觀世 <音>像一軀 上爲皇帝陛下聖化無窮 干戈永息 (「△永貴 發願文」: 몸全隋文補遺→ 몸文物→1991-2)
신라	九誓幢 一曰綠衿誓幢 眞平王五年 始置 但名誓幢 三十五年 改爲綠衿誓幢 衿色綠紫 (『三國史記』40 雜志 9 職官 下 武官)
요동(고구려)	世師少有節槪 性忠厚 多武藝 (…) 遼東之役 出襄平道 明年 帝復擊高麗 以本官爲涿 郡留守 于時盜賊蜂起 世師逐捕之 往往剋捷 及帝還 大加賞勞 拜樓煩太守 (『隋書』 39 列傳 4)
고구려	(大業)九年 伐遼 授都水丞 充使監運 頗有功 然性奢華 以駱駝負函盛水養魚而自給 (『隋書』40 列傳 5 虞慶則)
고구려	魚俱羅 馮翊下邽人也 (…) 大業九年 重征高麗 以俱羅爲碣石道軍將 (『隋書』64 列 傳 29 魚俱羅)
고구려	薛世雄 字世英 本河東汾陰人也 (…) (大業八年)明年 帝復征遼東 拜右候衛將軍 兵指 蹋頓道 軍至烏骨城 會楊玄感作亂 班師 帝至柳城 以世雄爲東北道大使 行燕郡太守 鎭懷遠 于時突厥頗爲寇盜 緣邊諸郡多苦之 詔世雄發十二郡士馬 巡塞而還 (『隋書』 65 列傳 30 薛世雄)
고구려	(大業八年)明年 攝左屯衛將軍 從至遼左 (『隋書』68 列傳 33 何稠)
고구려	君諱△ 字△智 河南洛陽人 魏昭成皇帝之後也 (…) 大業九年 扈從遼碣 △月△日 遘 疾云亡 薨於懷遠之鎭 春秋六十有四 (「元△ 墓誌銘」: 몸全隋文補遺→
고구려	君△△ 字寶明 南陽新野人也 (…) (大業)九年 轉尙義府鷹楊郎將 領亡身子弟驍果等 色 從駕功遼 在所着効 授朝散大夫 轉朝請大夫檢校虎賁郎將 留守雁門 (「鄧眆 墓誌 銘」: 몸隋唐五代墓誌滙篇 洛陽→1)
고구려	(大業)九年 轉授右翊衛大將軍 天子問罪遼東 宿兵海外 以公誠武之臣 任叅鎭撫 分玉 握符於東都留守 梟玄感惡稔禍盈 縱其狂狡 及問始聞 兇徒遄暨 親先士卒 妖氛挫氣 公有力焉 逆虜旣亡 策功爲最 (「張壽 墓誌銘」: 몸全隋文補遺→
고구려	(大業)九年 從駕伐遼 全軍獨剋 詔書褒美 授鄧城府鷹揚 (「段師 墓誌銘」: 몸唐代墓誌 滙篇→ 몸全唐文補遺→3; 몸全唐文新編→992; 몸唐代墓誌滙篇附考→2)
고구려	君諱世琛 字閏德 馮翊郡馮翊縣人也 (…) 起家勳侍 値王師薄伐 陪駕遼東 始預前驅 一發便中 蒙授舊武尉 (大業)九年 重從平遼 即授朝散大夫 旣邊塵已靜 有詔休兵 陪 凱樂以言旋 蓄餘勇而莫賈 (…) 以大業十一年十二月二十五日卒 春秋三十有三 十二 年太歲丙子七月乙卯朔三十日甲申 權瘞洛陽北邙山安川里 禮也 (「隋朝散大夫王君墓 誌」 『全隋文補遺』 355～356/『隋唐五代墓誌滙編』 洛陽卷 1-162)
고구려	君諱世琛 字閏德 馮翊郡馮翊縣人也 (…) (大業)九年 重從平遼 即授朝散大夫 旣邊塵 已靜 有詔休兵 陪凱樂以言旋 蓄餘勇而莫賈 (「王世琛 墓誌銘」: 몸隋唐五代墓誌滙篇 洛陽→1; 몸全隋文補遺→
고구려	(大業)九年 從駕伐遼 全軍獨剋 詔書褒美 授鄧城府鷹揚 (「段師 墓誌銘」: 몸唐代墓誌 滙篇→ 몸全唐文補遺→3; 몸全唐文新編 →992; 몸唐代墓誌滙篇附考 →2)
고구려	後十四代孫 逵 (…) 第七瑱公 (…) 隋大業九年 平滄海道征 (…) 第八瑇公 (…) 大業 九年 平滄海道征 (「錢氏九州廟碑記」: 몸全唐文新編→897)
고구려	後或斛斯政出奔高麗 旣而乘轅南反 詔公銜命蕃境 申明臣節 陳之以逆順 曉暢皇威

		喻之以禍福　遂致蠢玆蘇亞　咸能以△心△以糾密△　蓋△返西日之戈　夷庭去焚平之刑　豈如郭公申禮　△旋於遼海　張騫擁節　無功於月氏 (「溫彦博碑」: 唐文新編→ 15 0)[4064]
고구려	요동	祖仁 (…) 有隋之日　爰命征遼　于時山東諸州　並未實款　往討德州　遭陷城沒落　子孫奔投上黨　遂乃家焉 (「陳領 墓誌銘」: 唐文新編→992; 唐文補遺→6; 隋唐五代墓誌滙篇 山西→)[4065]
고구려	요동	隨救召六品以下子卄人强識聰敏者　令仕越王　入遼時　乃以公應調　旣而腰鞬入幕　仗戟從戎　越玄菟以長驅　背滄鯷而直指　臥鼓偃旗之變　出入諏謀　推鋒陷陣之奇　縱橫奮擊及還　乃授趙王府國尉　又爲鄉長 (「田濤 墓誌銘」: 大唐西市博物館藏墓誌→)[4066]
고구려		從征高麗　領新城道軍　加光祿大夫 (『北史』 59 列傳 47 李賢)
고구려		夫又高麗釋波若　入中國天台山　受智者教觀　以神異間山中而滅　唐僧傳亦有章　頗多靈範　讚曰　鹿尾傳經倦一場　去年清誦倚雲藏　風前青史名流遠　火後紅蓮舌帶芳 (『三國遺事』 5 避隱 8 惠現求靜)
삼한	조선	白馬黃金鞭　蹀躞柳城前　問此何鄉客　長安惡少年　結髮從戎事　馳名振朔邊　良弓控繁弱　利劍揮龍淵　披林扼彫虎　仰手接飛鳶　前年破沙漠　昔歲取祁連　折衝摧右校　搴旗殪左賢　昆彌還謝力　慶忌本推偄　海外平遐險　來庭識負襄　三韓勞薄伐　六事指幽燕　良家選河右　猛將徵西山　浮雲屯羽騎　蔽日引長旃　自矜有餘勇　應募忽爭先　王師已得儁　夷首諒失全　皷行徇玉檢　乘勝蕩朝鮮　志勇期功立　寧憚微軀捐　不羨山河賞　唯希竹素傳 (『文苑英華』 209 詩 59 樂府 18 王胄 白馬)[4067]

614(甲戌/신라 진평왕 36 建福 31/고구려 영양왕 25/백제 무왕 15/隋 大業 10/倭 推古 22)

고구려	(春二月)辛未　詔百僚議伐高句麗　數日無敢言者 (『三國史節要』7)
고구려	二月辛未　詔百僚議伐高麗　數日無敢言者 (『隋書』 4 帝紀 4 煬帝 下)
고구려	二月辛未　詔百僚議伐高麗　數日無敢言者 (『北史』 12 本紀 下 煬皇帝)
고구려	二月辛未　詔百僚議伐高麗　數日無敢言者 (『資治通鑑』 182 隋紀 6 煬帝 中)
고구려	(大業)十年二月辛未　詔百僚　議伐高麗　數日無敢言者 (『冊府元龜』 117 帝王部 117 親征 2)
고구려	春二月　帝詔百寮議伐高句麗　數日無敢言者　詔復徵天下兵百道俱進 (『三國史記』 25 高句麗本紀 8)[4068]
고구려	(隋煬帝大業)十年二月　詔百寮　議伐高麗　數日無敢言者　遂下詔親征 (『冊府元龜』 135 帝王部 135 好邊功)[4069]

4064) 이 기사에는 연대 표기가 없으나, "後或斛斯政出奔高麗"에서 보이는 斛斯政의 고구려 망명은 613년이다. 그에 따라 613년으로 편년하였다.

4065) 이 기사에는 연대 표기가 없으나, "爰命征遼 于時山東諸州 並未實款"의 내용은 613년의 일이다. 그에 따라 613년으로 편년하였다.

4066) 이 기사에는 연대 표기가 없으나, 越王이 煬帝의 고구려 원정에 따라 東都를 유수한 것은 613년이다. 그에 따라 613년으로 편년하였다.

4067) 王胄의 생몰년은 558~613년이다. 그에 따라 558~613년으로 기간편년하고 마지막해인 613년에 배치하였다.

4068) 이 기사에는 일자 표기가 없으나, 『三國史節要』 등에 의거하여 2월 4일(辛未)로 편년하였다.

4069) 이 기사에는 일자 표기가 없으나, 『三國史節要』 등에 의거하여 2월 4일(辛未)로 편년하였다.

고구려 (二月)戊子 詔曰 竭力王役 致身戎事 咸由徇義 莫匪勤誠 委命草澤 棄骸原野 興言念之 每懷愍惻 往年出車問罪 將屆遼濱 廟算勝略 具有進止 而諒悟凶 罔識成敗 高頴悷很 本無智謀 臨三軍猶兒戲 視人命如草芥 不遵成規 坐貽撓退 遂令死亡者衆 不及埋藏 今宜遣使人分道收葬 設祭於遼西郡 立道場一所 恩加泉壤 庶弭窮魂之冤 澤及枯骨 用弘仁者之惠 (『隋書』4 帝紀 4 煬帝 下)

고구려 (二月)戊子 詔曰 竭力王役 致身戎事 咸由徇義 莫匪勤誠 委命草芥 暴骸原野 興言念之 每懷愍惻 往年問罪 將屆遼濱 廟算勝略 具有進止 而諒昏凶 罔識成敗 高頴悷狠 本無智謀 臨三軍猶兒戲 視人命如草芥 不遵成規 坐貽撓退 遂令死亡者衆 不及埋藏 今宜遣使人 分道收葬 設祭於遼西郡 立道場一所 恩加泉壤 庶弭窮魂之冤 澤及枯骨 用弘仁者之惠 (『北史』12 隋本紀 下 煬皇帝)

고구려 (二月)戊子 詔復徵天下兵[4070] 百道俱進 (『資治通鑑』182 隋紀 6 煬皇帝 中)

고구려 (春二月)辛卯 詔曰 黃帝五十二戰 成湯二十七征 方乃德施諸侯 令行天下 盧芳小盜 漢祖尙且親戎 隗囂餘燼 光武猶自登隴 豈不欲除暴止戈 勞而後逸者哉 朕纂承寶業 君臨天下 日月所照 風雨所沾 孰非我臣 獨隔聲教 叢爾高麗 僻居荒表 鴟張狼噬 侮慢不恭 鈔竊我邊陲 侵軼我城鎭 是以去歲出車 問罪遼碣 殪長蛇於玄菟 戮封豕於平壤 扶餘衆軍 風馳電逝 追奔逐北 徑踰沮水 滄海舟楫 衝賊腹心 焚其城郭 汚其宮室 高元伏鑕泥首 送款軍門 尋請入朝 歸罪司寇 朕許其改過 乃詔班師 而長惡未悛 宴安鴆毒 此而可忍 孰不可容 便可分命六師 百道俱進 朕當親執武節 臨禦諸軍 秣馬丸都 觀兵遼水 順天誅於海外 救窮民於倒懸 征伐以正之 明德以誅之 止除元惡 餘無所問 若有識存亡之分 悟安危之機 翻然北首 首聿求多福 必期同惡相濟 抗拒王師 若火燎原 刑茲無赦 有可便宜宣布 鹹使聞知 (『三國史節要』7)

고구려 (二月)辛卯 詔曰 黃帝五十二戰 成湯二十七征 方乃德施諸侯 令行天下 盧芳小盜 漢祖尙且親戎 隗囂餘燼 光武猶自登隴 豈不欲除暴止戈 勞而後逸者哉 朕纂成寶業 君臨天下 日月所照 風雨所沾 孰非我臣 獨隔聲敎 蕞爾高麗 僻居荒表 鴟張狼噬 侮慢不恭 鈔竊我邊陲 侵軼我城鎭 是以去歲出軍 問罪遼碣 殪長蛇於玄菟 戮封豕於襄平 扶餘衆軍 風馳電逝 追奔逐北 徑踰浿水 滄海舟楫 衝賊腹心 焚其城郭 汚其宮室 高元伏鑕泥首 送款軍門 尋請入朝 歸罪司寇 朕以許其改過 乃詔班師 而長惡靡悛 宴安鴆毒 此而可忍 孰不可容 便可分命六師 百道俱進 朕當親執武節 臨御諸軍 秣馬丸都 觀兵遼水 順天誅於海外 救窮民於倒懸 征伐以正之 明德以誅之 止除元惡 餘無所問 若有識存亡之分 悟安危之機 翻然北首 自求多福 必其同惡相濟 抗拒王師 若火燎原 刑茲無赦 有司便宜宣布 咸使知聞 (『隋書』4 帝紀 4 煬帝 下)

고구려 (二月)辛卯 詔曰 黃帝五十二戰 成湯二十七征 方乃德施諸侯 令行天下 盧芳小盜 漢祖尙且親戎 隗囂餘燼 光武猶自登隴 豈不欲除暴止戈 勞而後逸者哉 朕纂承寶業 君臨天下 日月所照 風雨所霑 孰非我臣 獨隔聲敎 蕞爾高麗 僻居荒裔 鴟張狼噬 侮慢不恭 鈔竊我邊垂 侵逼我城鎭 是以去歲出軍 問罪遼碣 殪長蛇於玄菟 戮封豕於襄平 扶餘衆軍 風馳電逝 追奔逐北 徑踰浿水 滄海舟楫 衝賊腹心 焚其城郭 汙其宮室 高元伏鑕泥首 送款軍門 尋請入朝 歸罪司寇 朕以許其改過 乃詔班師 而長惡靡悛 宴安鴆毒 此而可忍 孰不可容 便可分命六師 百道俱進 朕當親執武節 臨御諸軍 秣馬九[4071]都 觀兵遼水 順天誅於海外 拯窮民於倒懸 征伐以正之 明德以誅之 止除元惡 餘無所問 若有識存亡之分 悟安危之機 翻然北首 自求多福 必其同惡相濟 抗拒王師 若火燎原 刑茲無赦 有司便宜宣布 咸使知聞 (『北史』12 隋本紀 下 煬皇帝)

4070) 復 扶又翻
4071) '九'는 '丸'의 誤記이다

고구려 현도 부여

(隋書曰) (大業)十年二月辛卯 詔曰 蕞尒高麗 僻居荒表 鴟張狼噬 侮慢不恭 抄竊我邊
陲 侵軼我城鎮 是以去歲出軍 問罪遼碣殪長蛇於玄菟 戮封豕於襄平 扶餘衆軍 風馳
電逝 追奔逐北 徑踰沮水 滄海舟楫 衝賊腹心 焚其城郭 汚其宮室 高元伏鑕泥首 送
款軍門 尋請入朝 歸罪司寇 朕以許其改過 乃詔班師 而長惡靡悛 宴安鴆毒 此而可忍
孰不可容 便可分命六師 百道俱進 朕當親執武節 臨御諸軍 秣馬九都 觀兵遼水 順天
誅於海外 救窮民於倒懸 征伐以正之 明德以誅之 止除元惡 餘無所問 (『太平御覽』
106 皇王部 31 隋 煬皇帝)

고구려　(大業十年二月)辛卯 詔曰 黃帝五十二戰 成湯一十七征 方乃德施諸侯 令行天下 盧芳
小盜 漢高祖尙且親戎 隗囂餘燼 光武猶自登隴 豈不欲除暴止戈 勞而後逸者哉 朕纂
承寶業 君臨天下 日月所炤 風雨所沾 孰非我臣 獨隔聲敎 蕞爾高麗 僻居荒表 鴟張
狼噬 侮慢不恭 鈔竊我邊陲 侵軼我城鎮 是以去歲 出車問罪 遼碣殪長蛇于玄菟 戮封
豕於襄平扶餘 衆軍風馳電逝 追奔逐北 徑踰沮水 滄海舟檝 衝賊腹心 焚其城郭 汚其
宮室 高元伏鑕泥首 送款軍門 尋請入朝 歸罪司寇 朕已許其改過 乃詔班師 而長惡靡
悛 宴安鴆毒 此而可忍 孰不可容 便可分命六師 百道俱遣 朕當親執武節 臨御諸軍
按馬九都 觀兵遼水 順天誅於海外 問救民於倒懸 征伐以正之 明德以誅之 止除元惡
餘無所問 若有識存亾之分 悟安危之機 翻然北首 聿求多福 必期同惡相濟 抗拒王師
若火燎原 刑玆無赦 有司便亐宣布 咸使知聞 (『冊府元龜』 117 帝王部 117 親征 2)

신라　春二月 廢沙伐州 置一善州 以一吉湌日夫爲軍主 (『三國史記』 4 新羅本紀 4)
신라　春二月 新羅廢沙伐州 置一善州 以一吉湌日夫爲軍主 (『三國史節要』 7)
신라　嵩善郡 本一善郡 眞平王三十六年 爲一善州 置軍主 (『三國史記』 34 雜志 3 地理
1)4072)
신라　開寧郡 古甘文小國也 眞興王十八年 梁4073)永定元年 置軍主 爲靑州 眞平王時 州廢
(『三國史記』 34 雜志 3 地理 1)4074)

신라　(春二月) 永興寺塑佛自壞 末幾 眞興王妃比丘尼死 (『三國史記』 4 新羅本紀 4)
신라　(春二月) 永興寺塑佛自壞 末幾 眞興王妃比丘尼死 (『三國史節要』 7)
신라　國史云 建福三十一年 永興寺塑像自壞 未幾 眞興王妃比丘尼卒 按眞興乃法興之姪子
妃思刀夫人朴氏 牟梁里英失角干之女 亦出家爲尼 而非永興寺之創主也 則恐眞字當
作法 謂法興之妃巴刁夫人爲尼者之卒也 乃創寺立像之主故也 二興捨位出家 史不書
非經世之訓也 (『三國遺事』 3 興法 3 原宗興法 厭髑滅身)4075)

고구려　三月壬子 行幸涿郡 (『三國史節要』 7)
고구려　三月壬子 行幸涿郡 (『隋書』 4 帝紀 4 煬帝 下)
고구려　三月壬子 行幸涿郡 (『北史』 12 隋本紀 下 煬皇帝)
고구려　(隋書曰) (大業十年)三月壬子 行幸涿郡 (『太平御覽』 106 皇王部 31 隋 煬皇帝)
고구려　(大業十年)三月壬子 行幸涿郡 (『冊府元龜』 117 帝王部 117 親征 2)
고구려　(大業十年)三月壬子 行幸涿郡 (『冊府元龜』 135 帝王部 135 好邊功)

4072) 이 기사에는 월 표기가 없으나, 『三國史記』 新羅本紀 등에 의거하여 2월로 편년하였다.
4073) '陳'의 오기이다.
4074) 이 기사에는 연대 표기가 없으나, 『三國史記』 新羅本紀 등에 의거하여 眞平王 36(614) 2월로 편년
하였다.
4075) 이 기사에는 월 표기가 없으나, 『三國史記』 新羅本紀 등에 의거하여 2월로 편년하였다.

고구려	(三月)癸亥 次臨渝宮 親御戎服 禡祭黃帝 斬叛軍者以釁鼓 (『三國史節要』7)
고구려	(三月)癸亥 次臨渝宮 親御戎服 禡祭黃帝 斬叛軍者以釁鼓 (『隋書』4 帝紀 4 煬帝 下)
고구려	(三月)癸亥 次臨渝宮 親御戎服 禡祭黃帝 斬叛軍者以釁鼓 (『北史』12 隋本紀 下 煬皇帝)
고구려	(隋書曰) (大業十年三月)癸亥 次臨渝宮 親御戎服 禡祭黃帝 斬叛軍者以釁鼓 (『太平御覽』106 皇王部 31 隋 煬皇帝)
고구려	(大業十年三月)癸亥 次臨渝宮 親御戎服 禡祭黃帝 斬叛軍者以釁皷 (『冊府元龜』117 帝王部 117 親征 2)
고구려	(四月)甲午 車駕次北平 (『隋書』4 帝紀 4 煬帝 下)
고구려	(大業十年)四月甲午 車駕次北平 (『冊府元龜』117 帝王部 117 親征 2)
고구려	(大業十年)四月甲午 次北平 (『冊府元龜』135 帝王部 135 好邊功)
고구려	四月 車駕次北平 (『三國史節要』7)[4076]
고구려	七月癸丑 車駕次懷遠鎭 時天下已亂 所徵兵多失期不至 高勾麗亦困弊 來護兒至卑奢城 高勾麗兵逆戰 護兒克之 將趣平壤 高勾麗王懼 遣使乞降 因送斛斯政 帝大悅 遣使持節 召護兒還 (『三國史節要』7)
고구려	秋七月癸丑 車駕次懷遠鎭 (『北史』12 隋本紀 下 煬皇帝)
고구려	秋七月癸丑 車駕次懷遠鎭 時天下已亂 所徵兵多失期不至 高麗亦困弊 來護兒至畢奢城[4077] 高麗擧兵逆戰 護兒擊破之 將趣平壤[4078] 高麗王元懼 (『資治通鑑』182 隋紀 6 煬皇帝 中)
고구려	(大業十年)七月癸丑 次懷遠鎭 (『冊府元龜』117 帝王部 117 親征 2)
고구려	(七月)甲子 高麗遣使請降 囚送斛斯政 上大悅 (『隋書』4 帝紀 4 煬帝 下)
고구려	(七月)甲子 高麗遣使請降 囚送斛斯政 上大悅 (『北史』12 隋本紀 下 煬皇帝)
고구려	(七月)甲子 遣使乞降 囚送斛斯政[4079] 帝大悅 遣使持節召護兒還 護兒集衆曰 大軍三出 未能平賊 此還不可復來[4080] 勞而無功 吾竊恥之 今高麗實困 以此衆擊之 不日可克 吾欲進兵徑圍平壤 取高元 獻捷而歸 不亦善乎 答表請行 不肯奉詔 長史崔君肅固爭[4081] 護兒不可 曰 賊勢破矣 獨以相任 自足辦之 吾在閫外 事當專決 寧得高元還而獲譴 捨此成功 所不能矣 君肅告衆曰 若從元帥違拒詔書 必當聞奏 皆應獲罪 諸將懼 俱請還 乃始奉詔[4082] (『資治通鑑』182 隋紀 6 煬皇帝 中)
고구려	(隋書曰) (大業十年)秋七月甲子 高麗遣使降 囚送斛斯政 上大悅 (『太平御覽』106 皇王部 31 隋 煬皇帝)
고구려	(大業十年七月)甲子 高麗遣使降 因送斛斯政 帝大悅 (『冊府元龜』117 帝王部 117 親征 2)
고구려	(大業十年)七月甲子 高麗遣使降 囚送斛斯政 帝大悅 遂班師 初帝以天下承平日久 召募行人 分使絶域 諸番至者 厚加禮賜 有不恭命 以兵擊之 盛興屯田於玉門柳城之外 課天下富實益市 武馬 正值十餘萬 坐而凍餒者十家而九 (『冊府元龜』135 帝王部

4076) 이 기사에는 일자 표기가 없으나, 『隋書』 帝紀 등에 의거하여 4월27일(甲午)로 편년하였다.
4077) 卽卑沙城 自登萊海道趨平壤 先至卑沙城 唐貞觀末 程名振亦由此道 麗 力知翻
4078) 趣 七喩翻
4079) 斛斯政去年奔高麗 使 疏吏翻 下同 降 戶江翻
4080) 還 從宣翻 復 扶又翻
4081) 長 知兩翻
4082) 帥 所類翻 下賊帥將帥同 將 卽亮翻 下同

135 好邊功)

고구려	秋七月 車駕次懷遠鎮 時 天下已亂 所徵兵多失期不至 吾國亦困弊 來護兒至卑奢城 我兵逆戰 護兒擊克之 將趣平壤 王懼 遣使乞降 因送斛斯政 帝大悅 遣使持節 召護兒還 (『三國史記』20 高句麗本紀 8)[4083]
고구려	(大業)十年 又帥師度海 至卑奢城 高麗擧國來戰 護兒大破之 斬首千餘級 將趣平壤 高元震懼 遣使執叛臣斛斯政 詣遼東城下 上表請降 帝許之 遣人持節詔護兒旋師 護兒集衆曰 三度出兵 未能平賊 此還也 不可重來 今高麗困弊 野無靑草 以我衆戰 不日剋之 吾欲進兵 徑圍平壤 取其僞主 獻捷而歸 答表請行 不肯奉詔 長史崔君肅固爭 不許 護兒曰 賊勢破矣 專以相任 自足辦之 吾在閫外 事合專決 豈容千里稟聽成規 俄頃之間 動失機會 勞而無功 故其宜也 吾寧征得高元 還而獲譴 捨此成功 所不能矣 君肅告衆曰 若從元帥 違拒詔書 必當聞奏 皆獲罪也 諸將懼 盡勸還 方始奉詔 (『隋書』64 列傳 29 來護兒)[4084]
고구려	(大業)十年 又發天下兵 會盜賊蜂起 人多流亡 所在阻絶 軍多失期 至遼水 高麗亦困弊 遣使乞降 囚送斛斯政以贖罪 帝許之 頓於懷遠鎮 受其降款 仍以俘囚軍實歸 至京師 以高麗使者親告於太廟 因拘留之 仍徵元入朝 元竟不至 帝敕諸軍嚴裝 更圖後擧 會天下大亂 遂不克復行 (『隋書』81 列傳 46 東夷 高麗)[4085]
고구려	(大業九年)明年 帝復東征 高麗請和 遂送政 鎖至京師以告廟 左翊衛大將軍宇文述請 變常法行刑 帝許之 以出金光門 縛之於柱 公卿百僚 並親擊射 臠其肉 多有噉者 然後烹焚 揚其骨灰 (『北史』50 列傳 38 斛斯椿)[4086]
고구려	(大業)十年 又發天下兵 會盜賊蜂起 所在阻絶 軍多失期 少至遼水 又屬饑饉 六軍遞相掠奪 復多疾疫 自黃龍以東 骸骨相屬 止泊之處 軍人皆積屍以禦風雨 死者十八九 高麗亦困弊於守禦 遣使乞降 囚送斛斯政以贖罪 帝許之 頓於懷遠鎮 受其降款 旋師 仍徵元入朝 不至 帝更圖後擧 會天下大亂 不克復行 (『通典』186 邊防 2 東夷 下 高句麗)[4087]
고구려	(大業)十年 又發天下兵 會盜賊蜂起 所在阻絶 軍多失期 少至遼水 又屬饑饉 六軍遞相掠奪 復多疾疫 自黃龍以東 骸骨相屬 止泊之處 軍人皆積屍以禦風雨 死者十有八九 高麗 亦困斃於禦守 遣使乞降 囚送斛斯政 以贖罪 帝許之 頓於懷遠鎮 受其降款 旋班師 仍徵元入朝 不至帝更圖後擧 會天下大亂 不克復行 (『太平寰宇記』173 四夷 2 東夷 2 高勾驪國)[4088]
고구려	(大業)十年 發天下兵 會賊盜蜂起 所在阻絶 軍多失期 至遼水 高麗亦困弊 遣使乞降 帝許之 頓懷遠鎮受其降 仍以俘囚軍實歸 至京師(『太平御覽』783 四夷部 4 東夷 4 高句驪)[4089]
고구려	公諱彥博 字大臨 太原祁人也 (…) 屬煬帝巡歷六合 征伐八荒 鷹揚之將載馳 鳳擧之 使結轍 公伏軾遼左 則夷貊革心 張△薊北 則姦宄改過 亦如傅介之斬樓蘭 暴勝之靜 勃海也 (「溫彥博 墓誌銘」:『唐代墓誌滙篇→』『唐文拾遺→』14;『全唐文新編→』146;『隋唐五代墓誌滙篇 北京→』1)[4090]

4083) 이 기사에는 일자 표기가 없으나, 『隋書』帝紀 등에 의거하여 7월27일(甲子)로 편년하였다.
4084) 이 기사에는 월일 표기가 없으나, 『隋書』帝紀 등에 의거하여 7월27일(甲子)로 편년하였다.
4085) 이 기사에는 월일 표기가 없으나, 『隋書』帝紀 등에 의거하여 7월27일(甲子)로 편년하였다.
4086) 이 기사에는 월일 표기가 없으나, 『隋書』帝紀 등에 의거하여 7월27일(甲子)로 편년하였다.
4087) 이 기사에는 월일 표기가 없으나, 『隋書』帝紀 등에 의거하여 7월27일(甲子)로 편년하였다.
4088) 이 기사에는 월일 표기가 없으나, 『隋書』帝紀 등에 의거하여 7월27일(甲子)로 편년하였다.
4089) 이 기사에는 월일 표기가 없으나, 『隋書』帝紀 등에 의거하여 7월27일(甲子)로 편년하였다.
4090) '夷貊革心'의 문구와 관련하여 고구려가 수나라에 마지막으로 저자세를 보인 것은 614년 7월 來護兒가 평양으로 향하려고 할 때 왕이 항복을 청하고 곡사정을 돌려보낼 때였다. 이를 근거로 『隋書→』帝紀 등에 의거하여 7월27일(甲子)로 편년하였다.

백제	(隋煬帝大業十年)七月 曹國百濟國 並遣使貢方 (『冊府元龜』970 外臣部 15 朝貢 3)

고구려	八月己巳 帝自懷遠鎭班師 徵王入朝 王竟不從 (『三國史節要』7)
고구려	八月己巳 班師 (『隋書』4 帝紀 4 煬帝 下)
고구려	八月己巳 班師 (『北史』12 隋本紀 下 煬皇帝)
고구려	八月己巳 帝自懷遠鎭班師 邯鄲賊帥楊公卿帥其黨八千人[4091] 抄駕後第八隊 得飛黃 上廐馬四十二匹而去[4092] (『資治通鑑』182 隋紀 6 煬帝 中)
고구려	(隋書曰) (大業十年)八月己巳 班師 (『太平御覽』106 皇王部 31 隋 煬皇帝)
고구려	(大業十年)八月己巳 班師 (『冊府元龜』117 帝王部 117 親征 2)
고구려	八月 帝自懷遠鎭班師 (『三國史記』20 高句麗本紀 8)[4093]

고구려	冬十月丁卯 上至東都 (『隋書』4 帝紀 4 煬帝 下)
고구려	冬十月丁卯 上至東都 (『北史』12 隋本紀 下 煬皇帝)
고구려	冬十月丁卯 上至東都 (『資治通鑑』182 隋紀 6 煬帝 中)

고구려	(冬十月)己丑 還京師 (『隋書』4 帝紀 4 煬帝 下)
고구려	(冬十月)己丑 還京師 (『北史』12 隋本紀 下 煬皇帝)
고구려	(冬十月)己丑 還西京 以高麗使者及斛斯政告太廟 仍徵高麗王元入朝 元竟不至[4094] 敕將帥嚴裝 更圖後擧 竟不果行 初 開皇之末 國家殷盛 朝野皆以高麗爲意 劉炫獨以 爲不可[4095] 作撫夷論以刺之 至是 其言始驗 (『資治通鑑』182 隋紀 6 煬帝 中)
고구려	冬十月 帝還西京 以我使者及斛斯政 告太廟 仍徵王入朝 王竟不從 勅將帥嚴裝更圖 後擧 竟不果行 (『三國史記』20 高句麗本紀 8)[4096]
고구려	(大業)十年甲戌十月 高麗王[時第三[4097]十六代嬰陽王立二十五年也] 上表乞降 時有一 人 密持小弩於懷中 隨持表使 到煬帝舡中 帝奉表讀之 弩發中帝胷 帝將旋師 謂左右 曰 朕爲天下之主 親征小國而不利 萬代之所嗤 時右相羊皿奏曰 臣死爲高麗大臣 必 滅國 報帝王之讐 帝崩後 生於高麗 十五聰明神武 時武陽王聞其賢[囯史榮留王名建武 或云 建成 而此云 武陽未詳] 徵入爲臣 自稱姓盖名金 位至蘇文 乃侍中職也[唐書云 盖蘇文自謂莫離攴 猶中書令 又按 神誌秘詞序云 蘇文大英弘序并注 則蘇文乃職名 有文證 而傳云 文人蘇英弘序 未詳孰是] (『三國遺事』3 興法 3 寶藏奉老 普德移 庵)[4098]

고구려	十一月丙申 支解斛斯政於金光門外 (『隋書』4 帝紀 4 煬帝 下)
고구려	十一月丙申 支解斛斯政於金光門外 (『北史』12 隋本紀 下 煬皇帝)
고구려	十一月丙申 殺解斛斯政於金光門外 如楊積善之法 仍烹其肉 使百官噉之 佞者或啖之 至飽 收其餘骨 焚而揚之 (『資治通鑑』182 隋紀 6 煬帝 中)

백제	(大業)十年 復遣使朝貢 後天下亂 使命遂絶 (『隋書』81 列傳 46 東夷 百濟)

4091) 隋志 邯鄲縣屬武安郡 帥 讀曰率
4092) 抄 楚交翻 帝置殿內省 統尙食尙藥尙衣尙舍尙乘尙輦等六局 尙乘局置左右六閑 一曰左右飛黃閑 二左右
　　吉良閑 三左右龍媒閑 四左右騊駼閑 五左右駃騠閑 六左右天苑閑
4093) 이 기사에는 일자 표기가 없으나, 『三國史節要』등에 의거하여 8월 4일(己巳)로 편년하였다.
4094) 朝 直遙翻 下同
4095) 炫 榮絹翻
4096) 이 기사에는 일자 표기가 없으나, 『隋書』帝紀 등에 의거하여 10월25일(己丑)로 편년하였다.
4097) '三'은 '二'의 오류이다.
4098) 이 기사에는 일자 표기가 없으나, 『隋書』帝紀 등에 의거하여 10월25일(己丑)로 편년하였다.

백제	(大業)十年 復遣使朝貢 後天下亂 使命遂絶 (『太平御覽』 781 四夷部 2 東夷 2 百濟)

고구려	(大業)十年 帝復征遼東 遣敏黎陽督運 時或言敏一名洪兒 帝疑洪字當讖 嘗面告之 其引決 由是大懼 與金才 善衡等屛人私語 宇文述知而奏之 竟與渾同誅 其妻宇文氏尋亦賜鴆而終 (『北史』 59 列傳 47 李賢)4099)

요동(고구려)	遼東海北剪長鯨 風雲萬里淸 方當銷鋒散馬牛 旋師宴鎬京 前歌後舞振軍威 飮至解戎衣 判不徒行萬里去 空道五原歸 (『文苑英華』 201 詩 51 樂府 10 隋煬帝 紀遼東二首 1)4100)

요동(고구려)	秉旄杖節定遼東 俘馘振夷風 淸歌凱捷九4101)都水 歸宴雒陽宮 策功行賞不淹留 全軍藉智謀 詎似南宮複道上 先封雍齒侯 (『文苑英華』 201 詩 51 樂府 10 隋煬帝 紀遼東二首 2)

한예(고구려)	隋政悖道 區夏殲潰 星亡日鬪 天瘥地反 馭朽無秋駕之術 履薄罕春氷之懼 竭人力於醉飽 輕神器於奕棊 玉杯非藜藿之用 金柱乃驕淫之靡 旌蹕遍天下 馳道窮華裔 暴師韓濊 宿兵遼碣 貪石田之地 忘金鏡之寶 (「昭仁寺碑」: 登唐文新編→135)4102)

고구려 요동	公諱君漢 字景雲 東郡胙城人也 (…) 隋煬帝驅役中夏 遠征遼浿 鄕閭首望 咸遣募人 公義不獲已 僶俛從事 雖師徒覆敗 猶以先登獲賞 授立信尉本州勅置軍府 選補越騎校尉 仍爲本府司馬 (「黃君漢碑」: 登唐文新編→143; 登唐文拾遺→14)4103)
고구려	君諱琮 字文瑾 武威姑臧人也 (…) 公釋褐隨奮武尉 于時 東夷不賓 阻遼水以爲固 頻擾黃龍之戍 亟侵元菟之城 隋煬帝親御貔狄 以誅梟獍 公壯蹻投石 △△△旗 命賞疇庸 以居其最 特蒙標異 授朝散大夫 尋除新鄭縣令 (「張琮碑」: 登唐文新編→145)4104)
고구려	君諱騷 字孝質 南陽白水人也 (…) 君隨慕討遼 勅授建節尉 (「張騷 墓誌銘」: 登唐文新編→992)4105)
고구려	君諱開遠 字行亶 河南洛陽人也 (…) 高驪恃滄海之洪波 負帶方之遐阻 任土輟苞茅之禮 繼好絶朝覲之儀 煬帝御革路以總戎 鳴金鼓以問罪 公從駕來往 錄侍衞之功 蒙授宣惠尉 遷左千牛 左右鳥夷 未革豺狼之心 猶據蛙黽之穴 六龍於是效駕 七萃所以戴馳 公扈從有勞 蒙授建節尉 千牛如故 (「獨孤開遠 墓誌銘」: 登唐文新編→992; 登唐文補遺→3)4106)

4099) 『資治通鑑』에는 이 일이 대업 11년 3월 정유일(5) 이전에 벌어진 것으로 기록하였다.

4100) 煬帝의 고구려 원정은 612~614년이다. 그에 따라 612~614년으로 기간편년하고 마지막해인 614년에 배치하였다.

4101) '丸'의 오자로 보인다.

4102) 이 기사에는 연대 표기가 없으나, 煬帝代(605~617)에 고구려 원정군이 최초로 파견된 것은 612년이고 마지막 고구려 원정군이 돌아온 것은 614년이다. 그에 따라 612~614년으로 기간편년하고 마지막해인 614년에 배치하였다.

4103) 이 기사에는 연대 표기가 없으나, 煬帝代(605~617)에 고구려 원정군이 최초로 파견된 것은 612년이고 마지막 고구려 원정군이 돌아온 것은 614년이다. 그에 따라 612~614년으로 기간편년하고 마지막해인 614년에 배치하였다.

4104) 이 기사에는 연대 표기가 없으나, 張騷가 577년에 출생하였고 煬帝代(605~617)에 고구려 원정군이 최초로 파견된 것은 612년이며 마지막 고구려 원정군이 돌아온 것은 614년이다. 그에 따라 612~614년으로 기간편년하고 마지막해인 614년에 배치하였다.

4105) 이 기사에는 연대 표기가 없으나, 煬帝代(605~617)에 고구려 원정군이 최초로 파견된 것은 612년이고 마지막 고구려 원정군이 돌아온 것은 614년이다. 그에 따라 612~614년으로 기간편년하고 마지막해인 614년에 배치하였다.

고구려	値隋世道消 鳥夷憑甸 龍旂爰擧 問罪三韓 既拔垂城 齋△獻凱 爰加正議大夫 (「曹諒墓誌銘」: 瑩唐文新編→992; 瑩唐文補遺→4)[4107]
고구려	煬帝親董戎律 問罪遼東 公執戟前驅 邀功海北 授朝散大夫 除左御衛鷹揚郎將 (「周護碑銘」: 瑩唐文補遺→1)[4108]
고구려	隋煬帝申威海外 薄伐遼陽 征駕南轅 乘輿西反 公時領千騎 迎于幽州 (「尉遲融 墓誌銘」: 瑩唐文新編→992; 瑩唐文補遺→2; 瑩唐代墓誌滙篇→[4109]
고구려	大業 問罪辰韓 陳兵遼碣 君素懷文武 檢校司兵 屯騎仰以成規 射聲資而增銳 遂授建節尉 潤政云謝 欽明在辰 (「索玄 墓誌銘」: 瑩唐代墓誌滙篇→ 瑩唐文新編→993)[4110]
고구려	大業年中 先鋒遼左 處軍中 冬無服裘 夏無操扇 對敵身爲士先 敗軍恒蔽於後 以心勇於物 飛矢遇公於右股 自此迄今 絶於宦矣 (「王君 墓誌銘」: 瑩唐代墓誌滙篇→上; 瑩唐文補遺→2; 瑩唐代墓誌滙篇附考→6)[4111]
고구려	及煬帝入膺大位 (…) 尋而從擊高驪 甫陟猿巖 預追隨於輦轂 卽泛鯤壑 仍迅鶩於樓船 是翼鸞驂 兼摧鶴陣 雖聆噴玉之響 無廢摐金之節 以勳授立信尉 (「斛斯政則 墓誌銘」: 瑩唐文新編→993; 瑩唐代墓誌滙篇續集→[4112]
고구려	君諱安 字海寧 河南偃師人也 (…) 煬帝親伐遼東 拔君任滄海道行軍司馬 軍還 授太僕寺典牧署丞 復除冀州斌强縣令 (「王安 墓誌銘」: 瑩唐文補遺→1)[4113]
고구려	君諱德備 字仁周 琅耶人 (…) 大業中 以資入為左武侍 煬帝親董六軍 遠出遼左 任屬心膂 近侍帷帳 朝夕宿衛 備盡勤誠 蓄銳賈勇 固敵是求 簡在帝心 特加褒尚 以先鋒陷陣 拜朝請大夫 (「邢德備 墓誌銘」: 瑩唐文新編→992; 瑩唐代墓誌滙篇續集→ 瑩唐文補遺→5)[4114]
고구려	皇上問罪遼東 貔虎百萬 雖承廟略 亦寄英奇 又拜公行軍總管 師旋 改授左武衛虎賁郎將 北平跨帶東夷 據臨險陁 撫背扼喉 莫此爲重 (「田行達 墓誌銘」: 瑩新中國出土墓誌 陝西→1下; 瑩隋文補遺→ 瑩新出土魏晉南北朝墓誌疏證→)[4115]

4106) 이 기사에는 연대 표기가 없으나, 煬帝代(605~617)에 고구려 원정군이 최초로 파견된 것은 612년이고 마지막 고구려 원정군이 돌아온 것은 614년이다. 그에 따라 612~614년으로 기간편년하고 마지막해인 614년에 배치하였다.

4107) 이 기사에는 연대 표기가 없으나, "値隋世道消"의 시기인 煬帝代(605~617)에 고구려 원정군이 최초로 파견된 것은 612년이고 마지막 고구려 원정군이 돌아온 것은 614년이다. 그에 따라 612~614년으로 기간편년하고 마지막해인 614년에 배치하였다.

4108) 이 기사에는 연대 표기가 없으나, 煬帝代(605~617)에 고구려 원정군이 최초로 파견된 것은 612년이고 마지막 고구려 원정군이 돌아온 것은 614년이다. 그에 따라 612~614년으로 기간편년하고 마지막해인 614년에 배치하였다.

4109) 이 기사에는 연대 표기가 없으나, 煬帝代(605~617)에 고구려 원정군이 최초로 파견된 것은 612년이고 마지막 고구려 원정군이 돌아온 것은 614년이다. 그에 따라 612~614년으로 기간편년하고 마지막해인 614년에 배치하였다.

4110) 이 기사에는 연대 표기가 없으나, 大業 연간(605~617)에 고구려 원정군이 최초로 파견된 것은 612년이고 마지막 고구려 원정군이 돌아온 것은 614년이다. 그에 따라 612~614년으로 기간편년하고 마지막해인 614년에 배치하였다.

4111) 이 기사에는 연대 표기가 없으나, 大業 연간(605~617)에 고구려 원정군이 최초로 파견된 것은 612년이고 마지막 고구려 원정군이 돌아온 것은 614년이다. 그에 따라 612~614년으로 기간편년하고 마지막해인 614년에 배치하였다.

4112) 이 기사에는 연대 표기가 없으나, 煬帝代(605~617)에 고구려 원정군이 최초로 파견된 것은 612년이고 마지막 고구려 원정군이 돌아온 것은 614년이다. 그에 따라 612~614년으로 기간편년하고 마지막해인 614년에 배치하였다.

4113) 이 기사에는 연대 표기가 없으나, 煬帝代(605~617)에 고구려 원정군의 조직 편성이 시작된 것은 611년이고 마지막 고구려 원정군이 돌아온 것은 614년이다. 그에 따라 611~614년으로 기간편년하고 마지막해인 614년에 배치하였다.

4114) 이 기사에는 연대 표기가 없으나, 煬帝가 군대를 출동시킨 것은 611년이었고 마지막 고구려 원정군이 돌아온 것은 614년이다. 그에 따라 611~614년으로 기간편년하고 마지막해인 614년에 배치하였다.

4115) 이 기사에는 연대 표기가 없으나, 煬帝代(605~617)에 고구려 원정군의 조직 편성이 시작된 것은 611년이고 마지막 고구려 원정군이 돌아온 것은 614년이다. 그에 따라 611~614년으로 기간편년하고 마지막해인 614년에 배치하였다.

고구려	隋後主薄伐元菟　先生屓從黃龍　車駕凱旋　陪還洛邑 (「王軌　碑銘」: 통全唐文新編→186)[4116]
고구려	隋煬帝親總戎軒　弔人洌水　以君薊門義勇　上谷良家　授游擊将軍　賢能也 (「侯彪　墓誌銘」: 통全唐文新編→993)[4117]
고구려	控顏高之六鈞　穿潘黨之七札　以平遼之勳　授建節尉　俄遷朝散大夫 (「張伽　墓誌銘」: 통全唐文新編→992)[4118]
고구려	父隋幷州別駕　武賁郎將　遼東道前軍總管　襲封武陽公 (「溫綽　墓誌銘」: 통全唐文補遺→千唐誌齋新藏專輯)[4119]
고구려	父暢　隋上柱國　△部員外郎　兼監軍長史 (…) 旣而△麾萬里　杖劍三韓　顧胡塵△未息　甲第著營　思馬革以苞骸　果遊蒿里 (「王令德　墓誌銘」: 통全唐文補遺→千唐誌齋新藏專輯)[4120]
고구려	祖元濟　周成都郡守　隨使持節隆州諸軍事隆州刺史　遼東道大總管　上柱國天水郡開國男 (「趙玄應　墓誌銘」: 통全唐文補遺→千唐誌齋新藏專輯)[4121]
고구려	大父圓　隨幷州別駕　武賁郎將　遼東行軍總管　襲封武陽郡公 (「溫思暎　墓誌銘」: 통全唐文補遺→千唐誌齋新藏專輯)[4122]
고구려	隋國子學生寧　上書征遼　仕至虞侯護軍郎將 (…) 卽夫人六代祖也 (「鞏氏夫人　墓誌銘」: 통全唐文新編→802)[4123]

615(乙亥/신라 진평왕 37 建福 32/고구려 영양왕 26/백제 무왕 16/隋 大業 11/倭 推古 23)

| 신라 | 春正月甲午朔　大宴百僚　突厥新羅靺鞨畢大辭訶咄傅越烏那曷波臘吐火羅俱慮建忽論靺鞨訶多沛汗龜茲疎勒于闐安國曹國何國穆國畢衣密失范延伽折契丹等國　並遣使朝貢 (『隋書』 4 帝紀 4 煬帝 下) |
| 신라 | 春正月甲午朔　宴百僚　突厥新羅靺鞨畢大辭訶咄傅越烏那曷波臘吐火羅俱慮建忽論靺鞨訶多沛汗龜茲疏勒于闐安國曹國何國穆國畢衣密失範延伽折契丹等國　並遣使朝貢 (『北史』 12 隋本紀 下 煬皇帝) |

4116) 이 기사에는 연대 표기가 없으나, 煬帝가 군대를 출동시킨 것은 611년이었고 마지막 고구려 원정군이 돌아온 것은 614년이다. 그에 따라 611~614년으로 기간편년하고 마지막해인 614년에 배치하였다.

4117) 이 기사에는 연대 표기가 없으나, 煬帝代(605~617)에 고구려 원정군의 조직 편성이 시작된 것은 611년이고 마지막 고구려 원정군이 돌아온 것은 614년이다. 그에 따라 611~614년으로 기간편년하고 마지막해인 614년에 배치하였다.

4118) 이 기사에는 연대 표기가 없으나, 수에서 최초로 고구려 원정군이 파견된 것은 598년이고 마지막 고구려 원정군이 돌아온 것은 614년이다. 그에 따라 598~614년으로 기간편년하고 마지막해인 614년에 배치하였다.

4119) 이 기사에는 연대 표기가 없으나, 수에서 최초로 고구려 원정군이 파견된 것은 598년이고 마지막 고구려 원정군이 돌아온 것은 614년이다. 그에 따라 598~614년으로 기간편년하고 마지막해인 614년에 배치하였다.

4120) 이 기사에는 연대 표기가 없으나, 수에서 최초로 고구려 원정군이 파견된 것은 598년이고 마지막 고구려 원정군이 돌아온 것은 614년이다. 그에 따라 598~614년으로 기간편년하고 마지막해인 614년에 배치하였다.

4121) 이 기사에는 연대 표기가 없으나, 수에서 최초로 고구려 원정군이 파견된 것은 598년이고 마지막 고구려 원정군이 돌아온 것은 614년이다. 그에 따라 598~614년으로 기간편년하고 마지막해인 614년에 배치하였다.

4122) 이 기사에는 연대 표기가 없으나, 수에서 최초로 고구려 원정군이 파견된 것은 598년이고 마지막 고구려 원정군이 돌아온 것은 614년이다. 그에 따라 598~614년으로 기간편년하고 마지막해인 614년에 배치하였다.

4123) 이 기사에는 연대 표기가 없으나, 수에서 최초로 고구려 원정군이 파견된 것은 598년이고 마지막 고구려 원정군이 돌아온 것은 614년이다. 그에 따라 598~614년으로 기간편년하고 마지막해인 614년에 배치하였다.

신라	(春正月)乙卯 大會蠻夷 設魚龍曼延之樂 頒賜各有差 (『隋書』4 帝紀 4 煬帝 下)
신라	(春正月)乙卯 大會蠻夷 設魚龍曼延之樂 頒賜各有差 (『北史』12 隋本紀 下 煬皇帝)

신라	春二月 賜大酺三日 (『三國史記』4 新羅本紀 4)
신라	春二月 新羅大酺三日 (『三國史節要』8)

고구려	(八月癸酉) 民部尙書樊子蓋曰 陛下乘危徼幸[4124] 一朝狼狽 悔之何及 不若據堅城以挫其銳 坐徵四方兵使入援 陛下親撫循士卒 諭以不復征遼[4125] 厚爲勳格 必人人自奮 何憂不濟 內史侍郎蕭瑀以爲 突厥之俗 可賀敦預知軍謀[4126] 且義成公主以帝女嫁外夷 必恃大國之援 若使一介告之 借使無益 庸有何損 又 將士之意 恐陛下旣免突厥之患 還事高麗[4127] 若發明詔 諭以赦高麗專討突厥 則衆心皆安 人自爲戰矣 瑀 皇后之弟也 虞世基亦勸帝重爲賞格 下詔停遼東之役 帝從之 (『資治通鑑』182 隋紀 6 煬皇帝 中)
고구려	煬帝至鴈門 爲突厥所圍 瑀進謀曰 (…) 臣又竊聽輿人之誦 乃慮陛下平突厥後更事遼東 所以人心不一 或致挫敗 請下明詔告軍中 赦高麗而專攻突厥 則百姓心安 人自爲戰 煬帝從之 (『舊唐書』63 列傳 13 蕭瑀)[4128]
고구려	帝至鴈門 爲突厥所圍 蕭瑀謀曰 (…) 又衆商陛下已平突厥 方復事遼東 故怠不肯戰 願下詔赦高麗 專討突厥 則人自奮矣 帝從之 (『新唐書』101 列傳 26 蕭瑀)[4129]

백제	秋九月 犬上君御田鍬矢田部造 至自大唐 百濟之使 則從犬上君 而來朝 (『日本書紀』22 推古紀)

고구려	冬十月壬戌 帝至東都[4130] (…) 帝性吝官賞 (…) 會仍議伐高麗 由是將士無不憤怨[4131] (『資治通鑑』182 隋紀 6 煬皇帝 中)

신라	冬十月 地震 (『三國史記』4 新羅本紀 4)
신라	冬十月 新羅地震 (『三國史節要』8)

백제	十一月己丑朔庚寅 饗百濟客 (『日本書紀』22 推古紀)

고구려	(十一月)癸卯 高麗僧慧慈歸于國 (『日本書紀』22 推古紀)

고구려	公姓楊氏 諱溫 字恭仁 弘農華陰人也 (…) (大業)十一年 授遼東道行軍總管 破高麗軍三萬人 拜銀青光祿大夫 軍還 授河南道黜陟大使 仍從煬帝巡幸江都 (「大唐故特進觀國公楊君墓誌」 『新中國出土墓誌』陝西 壹下-25~ 26; 『全唐文新編』20-13784~ 13785』)

616(丙子/신라 진평왕 38 建福 33/고구려 영양왕 27/백제 무왕 17/隋 大業 12/倭 推古

4124) 徼 堅堯翻 徼幸 覬非望也
4125) 復 扶又翻
4126) 突厥可汗之妻爲可賀敦 可 從刊入聲
4127) 麗 力知翻
4128) 이 기사에는 연대 표기가 없으나, 『資治通鑑』에 의거하여 大業11년(615) 8월13일(癸酉)로 편년하였다.
4129) 이 기사에는 연대 표기가 없으나, 『資治通鑑』에 의거하여 大業11년(615) 8월13일(癸酉)로 편년하였다.
4130) 考異曰 略記 九月 辛未 帝入東都 今從隋帝紀
4131) 行 戶剛翻 陳 讀曰陣 麗 力知翻 將 卽亮翻

24)

고구려	(五月) 頃之 (…) 帝問威以伐高麗事 威欲帝知天下多盜 (蘇威)對曰 今茲之役 願不發兵 但赦群盜 自可得數十萬 遣之東征 彼喜於免罪 爭務立功 高麗可滅 帝不懌 (『資治通鑑』 183 隋紀 7 煬皇帝 下)
고구려	時天下大亂 威知帝不可改 意甚患之 屬帝問侍臣盜賊事 宇文述曰 盜賊信少 不足爲虞 威不能詭對 以身隱於殿柱 帝呼威而問之 威對曰 臣非職司 不知多少 但患其漸近 帝曰 何謂也 威曰 他日賊據長白山 今者近在滎陽 汜水 帝不悅而罷 尋屬五月五日 百僚上饋 多以珍玩 威獻尚書一部 微以諷帝 帝彌不平 後復問伐遼東事 威對願赦群盜 遣討高麗 帝益怒 (『隋書』 41 列傳 6 蘇威)4132)
고구려	君諱世琛 字閏德 馮翊郡馮翊縣人也 (…) 以大業十一年十二月二十五日卒 春秋三十有三 十二年太歲丙子七月乙卯朔三十日甲申 權瘞洛陽北邙山安川里 禮也 (「王世琛墓誌銘」: 『隋唐五代墓誌滙篇 洛陽→1; 『全隋文補遺→)
신라	秋七月 新羅遣奈末竹世士 貢佛像 (『日本書紀』 22 推古紀)
신라 백제	冬十月 百濟來攻母山城 (『三國史記』 4 新羅本紀 4)
백제 신라	冬十月 命達率苩奇 領兵八千 攻新羅母山城 (『三國史記』 27 百濟本紀 5)
백제 신라	冬十月 百濟命達率苩奇 領兵八千 攻新羅母山城 (『三國史節要』 8)
백제	十一月 王都地震 (『三國史記』 27 百濟本紀 5)
백제	十一月 百濟王都地震 (『三國史節要』 8)
고구려	(十二月) 初 帝謀伐高麗4133) 器械資儲 皆積於涿郡 涿郡人物殷阜 屯兵數萬 (『資治通鑑』 183 隋紀 7 煬皇帝 下)
고구려 백제	正藏字爲善 尤好學 善屬文 (…) 大業中 學業該通 應詔擧秀才 兄弟三人俱以文章一時詣闕 論者榮之 著碑誄銘頌詩賦百餘篇 又著文章體式 大爲後進所寶 時人號爲文軌 乃至海外高麗百濟 亦共傳習 稱爲杜家新書 (『隋書』 76 列傳 41 文學 杜正玄)
신라 백제	大業以來 歲遣朝貢 新羅地多山險 雖與百濟構隙 百濟亦不能圖之 (『隋書』 81 列傳 46 東夷 新羅)
신라	大業以來 歲遣朝貢 (『太平御覽』 781 四夷部 2 東夷 2 新羅)

617(丁丑/신라 진평왕 39 建福 34/고구려 영양왕 28/백제 무왕 18/隋 大業 13, 義寧 1/倭 推古 25)

고구려	(四月) 劉文靜謂裵寂曰 先發制人 後發制於人 何不早勸唐公擧兵 而推遷不已4134) 且公爲宮監 而以宮人侍客 公死可爾 何誤唐公也 寂甚懼 屢趣淵起兵4135) 淵乃使文靜詐爲敕書 發太原西河鴈門馬邑民年二十已上五十已下 悉爲兵 期歲暮集涿郡 擊高麗4136) 由是人情恟恟 思亂者益衆4137) (『資治通鑑』 183 隋紀 7 恭皇帝 上)

4132) 『資治通鑑』에 따르면 이 일은 대업 12년 5월 경에 있었다.

4133) 麗 力知翻

4134) 推遷 言推故遷延也 推 吐雷翻

4135) 趣 讀曰促

4136) 麗 力知翻

고구려	享兄子奭 奭父則 隋左衛騎曹 因使卒於高麗 奭入蕃迎喪柩 哀號逾禮 深爲夷人所慕 (『舊唐書』77 列傳 27 柳享)
고구려	奭字子邵 以父隋時使高麗卒焉 故往迎喪 號踊盡哀 爲夷人所慕 (『新唐書』112 列傳 37 柳奭)
고구려	隋煬逐吐谷渾 開通西域 招來突厥 征伐高麗 身弑祀絶 近代殷鑒也 (『通典』171 州郡 1 州郡 序)
신라	聖師元曉 俗姓薛氏 祖仍皮公 亦云赤大公 今赤大淵側 有仍皮公廟 父談㮈乃末 初示生于押梁郡南[今章山郡] 佛地村北 栗谷裟羅樹下 村名佛地 或作發智村[俚云弗等乙村]
	裟羅樹者 諺云 師之家夲住此谷西南 毋4138)既娠而月滿 適過此谷栗樹下 忽分産 而倉皇不能歸家 且以夫衣掛樹 而寢處其中 因号樹曰裟羅樹 其樹之實亦異於常 至今稱裟羅栗 古傳 昔有主寺者 給寺奴一人 一夕饌栗二枚 奴訟于官 官吏怪之 取栗撿之 一枚盈一鉢 乃飯判給一枚 故因名栗谷
	師旣出家 捨其宅爲寺 名初開 樹之旁置寺曰裟羅 師之行狀云 是京師人 從祖考也 唐僧傳云 夲下湘州之人 按麟德二年間 文武王割上州下州之地 置歃良州則下州 乃今之昌寧郡也 押梁郡夲下州之屬縣 上州則今尚州 亦作湘州也 佛地村 今屬慈仁縣 則乃押梁之所分開也
	師生小名誓幢 第名新幢[幢者 俗云 毛也] 初母夢流星入懷 因而有娠 及将産 有五色雲覆地 真平王三十九年 大業十三年丁丑歲也 生而穎異 學不從師 其遊方始末 弘通茂跡 具載唐傳與行狀 不可具載 唯鄉傳所記有一二段異事 師嘗一日風顚唱街云 誰許没柯斧 我斫支天柱 人皆未喻 時太宗聞之曰 此師殆欲得貴婦 産賢子之謂爾 國有大賢 利莫大焉
	時瑤石宮[今學院是也] 有寡公主 勑宮吏覔曉引入 宮吏奉勑将求之 已自南山来過蚊川橋[沙川 俗云年川 又蚊川 又橋名榆橋也]遇之 佯墮水中濕衣袴 吏引師於宮 褫衣曬眼 因留宿焉 公主果有娠 生薛聰
	聰生而睿敏博通経史 新羅十賢中一也 以方音通會華夷方俗物名 訓解六経文學 至今海東業明経者 傳受不絶 曉旣失戒生聰 已後易俗服 自号小姓居士
	偶得優人舞弄大瓠 其狀瑰奇 因其形製爲道具 以華嚴経一切無㝵人 一道出生死 命名曰無㝵 仍作歌流于世 嘗持此 千村萬落且歌且舞 化詠而歸 使桑樞瓮牖玃猴之輩 皆識佛陁之号 咸作南無之稱 曉之化大矣哉 其生緣之村名佛地 寺名初開 自稱元曉者 蓋初輝佛日之意爾 元曉亦是方言也 當時人皆以鄉言稱之始旦4139)也
	曾住芬皇寺 纂華嚴疏 至第四十廻向品 終乃絶筆 又嘗因訟 分軀於百松 故皆謂位階初地矣 亦因海龍之誘 承詔於路上 撰三昧経疏 置筆硯於牛之両角工4140) 因謂之角乘 亦表夲始二覺之微旨也 大安法師排来而粘紙 亦知音唱和也
	旣入寂 聰碎遺骸 塑真容 安芬皇寺 以表敬慕終天之志 聰時旁禮 像忽廻顧 至今猶顧矣 曉嘗所居穴寺旁 有聰家之墟云
	讚曰 角乘初開三昧軸 舞壺終掛萬街風 月明瑤石春眠去 門掩芬皇顧影空 廻顧至4141)

4137) 恠 許拱翻
4138) '母'의 오기이다.
4139) '旦'의 오기로 보인다.
4140) '上'의 오기로 보인다.
4141) '廻顧至'은 衍文으로 보인다.

(『三國遺事』 4 義解 5 元曉不羈)

618(戊寅/신라 진평왕 40 建福 35/고구려 영양왕 29, 영류왕 1/백제 무왕 19/隋 義寧 2, 唐 武德 1/倭 推古 26)

고구려	(五月)辛未 突厥始畢可汗遣骨咄祿特勒來[4142] 宴之於太極殿 奏九部樂[4143] (『資治通鑑』 185 唐紀 1 高祖神堯大聖光孝皇帝 上之上)
고구려	武德初 未暇改作 每讌享 因隋舊制 奏九部樂 一讌樂 二淸商 三西涼 四扶南 五高麗 六龜茲 七安國 八疏勒 九康國 (『通典』 146 樂 6 坐立部伎)[4144]
고구려	武德初 未暇改作 每讌享 因隋舊制 奏九部樂 一讌樂 二淸商 三西涼 四扶南 五高麗 六龜茲 七安國 八疎勒 九康國 (『唐會要』 33 讌樂)[4145]
고구려	[通典] 讌樂 武德初 因隋舊制 奏九部樂 一讌樂 二淸商 三西涼 四扶南 五高麗 六龜茲 七安國 八疎勒 九康國[4146] (『玉海』 105 淫樂 樂 3 唐九部樂 十部樂 十四國樂 二部樂)[4147]
고구려	秋八月癸酉朔 高麗遣使貢方物 因以言 隋煬帝 興卅萬衆攻我 返之爲我所破 故貢獻俘虜貞公普通二人 及鼓吹弩抛石之類十物 幷土物駱駝一匹 (『日本書紀』 22 推古紀)
고구려	秋九月 王薨 號曰嬰陽王 (『三國史記』 20 高句麗本紀 8)
고구려	榮留王 諱建武[一云成] 嬰陽王異母弟也 嬰陽在位二十九年薨 卽位 (『三國史記』 20 高句麗本紀 8)
고구려	秋九月 高勾麗王元薨 號曰嬰陽王 異母弟建武立 (『三國史節要』 8)
고구려	第二十七榮留王[名△△△ 又建歲 戊寅立 治二十四年] (『三國遺事』 1 王曆)[4148]
고구려	隋末 其王高元死 異母弟建武嗣 (『新唐書』 220 列傳 145 東夷 高麗)[4149]
고구려	唐駐蹕山紀功 破陣圖 漢武臺紀功 [高麗傳]本扶餘別種也 隋末 其王建武嗣 (『玉海』 194 兵捷 紀功 碑銘附)[4150]
신라 백제	北漢山州軍主邊品謀復椵岑城 發兵與百濟戰 奚論從軍赴適力戰 死之 論 讚德之子也 (『三國史記』 4 新羅本紀 4)
백제 신라	新羅將軍邊品等來攻椵岑城 復之 奚論戰死 (『三國史記』 27 百濟本紀 5)
신라 백제	建福三十五年戊寅 王命奚論爲金山幢主 與漢山州都督邊品 興師襲椵岑城 取之 百濟聞之 擧兵來 奚論等逆之 兵旣相交 奚論謂諸將曰 昔吾父殞身於此 我今亦與百濟人戰於此 是我死日也 遂以短兵赴敵 殺數人而死 王聞之爲流涕 贈䘏其家甚厚 時人無不哀悼 爲作長歌弔之 (『三國史記』 47 列傳 7 奚論)
신라 백제	新羅王以奚論爲金山幢主 與北漢山州都督邊品 發兵襲椵岑城 取之 百濟聞之 擧兵而

4142) 厥 九勿翻 可 從刊入聲 汗 音寒 突厥官子弟曰特勒 咄 當沒翻

4143) 杜佑曰 武德初 因隋舊制 九部樂 一讌樂 二淸商 三西涼 四扶南 五高麗 六龜茲 七安國 八疎勒 九康國 前一百八十卷 隋大業四年引杜佑註 九部樂與此不同 又考宋祁新唐志:唐有十部樂 有十四國技 以八國入十部 而不明指八國爲何國 此亦異同而難考者也

4144) 이 기사에는 연대 표기가 없으나,『資治通鑑』에 의거하여 武德元年(618) 5월27일(辛未)로 편년하였다.

4145) 이 기사에는 연대 표기가 없으나,『資治通鑑』에 의거하여 武德元年(618) 5월27일(辛未)로 편년하였다.

4146) 會要同 志無扶南 有天竺

4147) 이 기사에는 연대 표기가 없으나,『資治通鑑』에 의거하여 武德元年(618) 5월27일(辛未)로 편년하였다.

4148) 이 기사에는 월 표기가 없으나,『三國史記』高句麗本紀 등에 의거하여 9월로 편년하였다.

4149) 이 기사에는 연대 표기가 없으나,『三國史記』高句麗本紀 등에 의거하여 義寧 2년(618) 9월로 편년하였다.

4150) 이 기사에는 연대 표기가 없으나,『三國史記』高句麗本紀 등에 의거하여 義寧 2년(618) 9월로 편년하였다.

來 奚論等逆之 兵旣相交 奚論謂諸將曰 昔吾父隕身於此 我今亦與百濟人戰於此 是
我死日也 遂以短兵赴敵 斬數人而死 王聞之流涕 贈賵其家甚厚 時人無不哀悼 爲作
長歌弔之 (『三國史節要』8)

백제 隨末有萊州刺史稱善者 盖東漢平原処士之後也 知天猒隨德 乘桴竄海 遂至百済国 王
中其説 立為丞相 以国聴之 (「禰仁秀 墓誌銘」: 2012 號史論叢→14)[4151]

대방(고구려) 白馬金具裝 橫行遼水傍 問是誰家子 宿衛羽林郎 文犀六屬鎧 寶劍七星光 山虛弓響
徹 地迥角聲長 宛河推勇氣 隴蜀擅威強 輪臺受降虜 高闕剪名王 射熊入飛觀 校獵下
長楊 英名欺衛霍 智策蔑平良 島夷時失禮 卉服犯邊彊 徵兵集薊北 輕騎出漁陽 進軍
隨日暈 挑戰逐星芒 陣移龍勢動 營開虎翼張 衝冠入死地 攘臂越金湯 塵飛戰皷急 風
交征斾揚 轉鬪平華地 追奔掃帶方 本持身許國 況復武功彰 會令千載後 流譽滿旂常
(『文苑英華』209 詩 59 樂府 18 隋煬帝 白馬)[4152]

619(己卯/신라 진평왕 41 建福 36/고구려 영류왕 2/백제 무왕 20/唐 武德 2/倭 推古 27)

고구려 春二月 遣使如唐朝貢 (『三國史記』20 高句麗本紀 8)
고구려 春二月 高勾麗王 遣使如唐朝貢 (『三國史節要』8)
고구려 武德二年 遣使來朝 (『舊唐書』199上 列傳 149上 東夷 高麗)[4153]
고구려 (唐書) 又曰 武德二年 高麗王建武遣使來朝 (『太平御覽』783 四夷部 4 東夷 4 高句
驪)[4154]
고구려 (唐高祖武德二年)是年 高麗王高建武遣使來朝 (『冊府元龜』970 外臣部 15 朝貢
3)[4155]

고구려 夏四月 王幸卒本 祀始祖廟 (『三國史記』20 高句麗本紀 8)
고구려 古記云 (…) 新大王四年秋九月 如卒本祀始祖廟 (…) 建武王二年夏四月 並如上行
(『三國史記』32 雜志 1 祭祀)
고구려 夏四月 高勾麗王幸卒本 祀始祖廟 (『三國史節要』8)

고구려 五月 王至自卒本 (『三國史記』20 高句麗本紀 8)
고구려 五月 王至自卒本 (『三國史節要』8)

620(庚辰/신라 진평왕 42 建福 37/고구려 영류왕 3/백제 무왕 21/唐 武德 3/倭 推古 2

요동(고구려) 華亭失侶鶴 乘軒寵遂終 三山陵若霧 千里激悲風 心危白露下 聲斷綵絃中 何言斯物
變 翻復似遼東 (『文苑英華』328 詩 178 禽獸 1 孔德紹 賦得華亭鶴[見初學記])[4156]

621(辛巳/신라 진평왕 43 建福 38/고구려 영류왕 4/백제 무왕 22/唐 武德 4/倭 推古 29)

4151) 稱善의 자사 취임 시기는 알 수 없으나, 연령을 고려하면 613년 이후로 추정되고 隋는 618년에 멸망
하였다. 그에 따라 613~618년으로 기간편년하고 마지막해인 618년에 배치하였다.
4152) 煬帝의 생몰년은 569~618년이다. 그에 따라 기간편년하고 마지막해인 618년에 배치하였다.
4153) 이 기사에는 월 표기가 없으나, 『三國史記』高句麗本紀 등에 의거하여 2월로 편년하였다.
4154) 이 기사에는 월 표기가 없으나, 『三國史記』高句麗本紀 등에 의거하여 2월로 편년하였다.
4155) 이 기사에는 월 표기가 없으나, 『三國史記』高句麗本紀 등에 의거하여 2월로 편년하였다.
4156) 孔德紹의 생몰년은 알 수 없다. 다만 그가 竇建德의 휘하에 있었고, 후에 唐 太宗에게 죽임을 당하였
다고 한다. 617~620년으로 기간편년하고 마지막해인 620년에 배치하였다.

고구려　(春二月)是月 葬上宮太子於磯長陵 當于是時 高麗僧慧慈 聞上宮皇太子薨 以大悲之 爲皇太子 請僧而設齋 仍親說經之日 誓願曰 於日本國有聖人 曰上宮豐聰耳皇子 固 天攸縱 以玄聖之德 生日本之國 苞貫三統 纂先聖之宏猷 恭敬三寶 救黎元之厄 是實 大聖也 今太子旣薨之 我雖異國 心在斷金 其獨生之 何益矣 我以來年二月五日必死 因以遇上宮太子於淨土 以共化衆生 於是 慧慈當于期日而死之 是以 時人之彼此共言 其獨非上宮太子之聖 慧慈亦聖也 (『日本書紀』22 推古紀)

고구려　(七月)乙丑 高句麗王建武遣使入貢[4157] 建武 元之弟也[4158] (『資治通鑑』185 唐紀 1 高祖神堯大聖光孝皇帝 上之上)

고구려　[通監][4159] 武德四年七月乙丑 高麗王建武遣使入貢 (『玉海』153 朝貢 外夷來朝 內 附)

고구려　([高麗傳]) 武德初[四年七月乙丑] 再遣使入朝 高祖下書脩好 (『玉海』194 兵捷 紀功 碑銘附)

고구려　秋七月 遣使如唐朝貢 (『三國史記』20 高句麗本紀 8)[4160]

고구려　高勾麗王遣使如唐朝貢 (『三國史節要』8)[4161]

고구려　(武德)四年 又遣使朝貢 高祖感隋末戰士多陷其地 (『舊唐書』199上 列傳 149上 東夷 高麗)[4162]

고구려　大唐武德四年 遣使朝貢 其國建官有九等 其國建官有九等 其一曰吐捽 舊名大對盧 總知國事 次曰太大兄 次鬱折 華言主簿 次太大夫使者 次皂衣頭大兄 東夷相傳所謂 皂衣先人者也 以前五官掌機密 謀政事 徵發兵馬 選授官爵 次大使者 次大兄 次收位 使者 次上位使者 次小兄 次諸兄 次過節 次不過節 次先人 又有狀古雛加 掌賓客 比 鴻臚卿 以大夫使者爲之 又有國子博士·大學博士·舍人·通事·典書客 皆以小兄以上爲之 又 其諸大城置傉 內屋反薩 比都督 諸城置處閭近支 比刺史 亦謂之道使 其武官曰大 模達 比衛將軍 以皂衣頭大兄以上爲之 次末客 比中郎將 以大兄以上爲之 其次領千 人以下 各有差等 又其國有五部 皆貴人之族也: 一曰內部 卽後漢時桂婁部也 二曰北 部 卽絶奴部也 三曰東部 卽順奴部也 四曰南部 卽灌奴部也 五曰西部 卽消奴部也 碣石山在漢樂浪郡遂成縣 長城起於此山 今驗長城東截遼水而入高麗 遺址猶存 又平 壤城東北有魯陽山 魯城在其上 西南二十里有葦山 南臨浿水 其大遼水源出靺鞨國西 南山 南流至安市 小遼水源出遼山 西南流與大梁水會 大梁水在國西 出塞外 西南流 注小遼水 馬訾水 一名鴨綠水 水源出東北靺鞨白山 水色似鴨頭 故俗名之 去遼東五 百里 經國內城南 又西與一水合 卽鹽難水也 二水合流 西南至安平城 入海 高麗之中 此水最大 波瀾淸澈 所經津濟 皆貯大船 其國恃此以爲天塹 水闊三百步 在平壤城西 北四百五十里 遼水東南四百八十里 (『通典』186 邊防 2 東夷 下 高句麗)[4163]

고구려　唐武德四年 遣使朝貢 其國建官有九等 (『太平寰宇記』173 四夷 2 東夷 2 高勾驪 國)[4164]

고구려　(唐書又曰) (武德)四年 又遣使朝貢 高祖感隋末戰士多陷其地 (『太平御覽』783 四夷 部 4 東夷 4 高句驪)[4165]

4157) 句 音駒 麗 鄰知翻
4158) 高元 見隋紀
4159) 兼本傳
4160) 이 기사에는 일자 표기가 없으나, 『資治通鑑』 등에 의거하여 7월 10일(乙丑)로 편년하였다.
4161) 이 기사에는 월일 표기가 없으나, 『資治通鑑』 등에 의거하여 7월 10일(乙丑)로 편년하였다.
4162) 이 기사에는 월일 표기가 없으나, 『資治通鑑』 등에 의거하여 7월 10일(乙丑)로 편년하였다.
4163) 이 기사에는 월일 표기가 없으나, 『資治通鑑』 등에 의거하여 7월 10일(乙丑)로 편년하였다.
4164) 이 기사에는 월일 표기가 없으나, 『資治通鑑』 등에 의거하여 7월 10일(乙丑)로 편년하였다.
4165) 이 기사에는 월일 표기가 없으나, 『資治通鑑』 등에 의거하여 7월 10일(乙丑)로 편년하였다.

고구려	[傳] 高麗 武德初 其王高建武再遣使入朝 (『玉海』153 朝貢 外夷來朝 內附)[4166]
신라	秋七月 王遣使大唐 朝貢方物 高祖親勞問之 遣通直散騎常侍庾文素來聘 賜以璽書及畵屏風錦綵三百段 (『三國史記』4 新羅本紀 4)
신라	秋七月 新羅王遣使大唐朝貢 高祖親勞問之 遣通直散騎常侍庾文素來聘 賜以璽書及畵屏風錦綵三百段 (『三國史節要』8)
신라	武德四年 王眞平遣使者入朝 高祖詔通直散騎侍郎庾文素 持節答賚 (『新唐書』220 列傳 145 東夷 新羅)[4167]
신라	唐武德四年 封樂浪郡王 (『五代會要』13 新羅)[4168]
신라	唐書曰 新羅王所居 曰金城 周七八里 衛兵三千人 設師子隊 文武官凡有十七等 武德四年 其王金眞平 遣使朝貢 高祖遣通使 賜以璽書及畵屏風錦綵 自此朝貢不絶 (『太平御覽』781 四夷部 2 東夷 2 新羅)[4169]
신라	[傳] 初 武德四年 王眞平 遣使入朝 高祖詔庾文素 持節答勞 (『玉海』153 朝貢 外夷來朝 內附)[4170]
신라 변한	唐鷄林道行軍大摠管敗新羅 (…) [新羅傳] 新羅 弁韓苗裔也 武德四年 王眞平 遣使入貢 (『玉海』191 兵捷 兵捷 露布 3)[4171]
백제	冬十月 遣使入唐獻果下馬 (『三國史記』27 百濟本紀 5)
백제	冬十月 百濟遣使如唐獻果下馬 (『三國史節要』8)
백제 신라 고구려	(唐高祖武德四年)十月 百濟遣使獻果下馬 是月 新羅國句麗及西域二十二國 並遣使朝貢 (『冊府元龜』970 外臣部 15 朝貢 3)
백제	武德四年 其王扶餘璋遣使 來獻果下馬 (『舊唐書』199上 列傳 149上 東夷 百濟)[4172]
백제	武德四年 王扶餘璋始遣使獻果下馬 自是數朝貢 高祖冊爲帶方郡王百濟王 (『新唐書』220 列傳 145 東夷 百濟)[4173]
백제 신라	唐武德四年 其王夫餘璋遣使 獻果下馬 與新羅 世爲仇讐 (『太平寰宇記』172 四夷 1 東夷 1 百濟國)[4174]
백제	(唐書) 又曰 武德四年 百濟王扶餘璋 遣使來獻果下馬 (『太平御覽』781 四夷部 2 東夷 2 百濟)[4175]
백제	[百濟傳] 武德四年 獻果下馬 (『玉海』151 兵制 劍戰 鎧甲)[4176]
백제	唐百濟獻明光鎧 [東夷傳] 百濟 扶餘別種也[東明之後 帶方故地 有八姓 行元嘉曆 有三島 生黃麥] 武德四年 王扶餘璋 遣使獻果下馬 自是數朝貢 高祖冊爲帶方郡王百濟王 (『玉海』154 朝貢 獻方物)[4177]
백제	唐神丘道行軍大摠管蘇定方俘百濟 [東夷傳] 百濟 扶餘別種也 濱海之陽 直京師六千

4166) 이 기사에는 연대 표기가 없으나, 『資治通鑑』 등에 의거하여 武德 4년(619) 7월10일(乙丑)로 편년하였다.
4167) 이 기사에는 월 표기가 없으나, 『三國史記』 新羅本紀 등에 의거하여 7월로 편년하였다.
4168) 이 기사에는 월 표기가 없으나, 『三國史記』 新羅本紀 등에 의거하여 7월로 편년하였다.
4169) 이 기사에는 월 표기가 없으나, 『三國史記』 新羅本紀 등에 의거하여 7월로 편년하였다.
4170) 이 기사에는 월 표기가 없으나, 『三國史記』 新羅本紀 등에 의거하여 7월로 편년하였다.
4171) 이 기사에는 월 표기가 없으나, 『三國史記』 新羅本紀 등에 의거하여 7월로 편년하였다.
4172) 이 기사에는 월 표기가 없으나, 『三國史記』 百濟本紀 등에 의거하여 10월로 편년하였다.
4173) 이 기사에는 월 표기가 없으나, 『三國史記』 百濟本紀 등에 의거하여 10월로 편년하였다.
4174) 이 기사에는 월 표기가 없으나, 『三國史記』 百濟本紀 등에 의거하여 10월로 편년하였다.
4175) 이 기사에는 월 표기가 없으나, 『三國史記』 百濟本紀 등에 의거하여 10월로 편년하였다.
4176) 이 기사에는 월 표기가 없으나, 『三國史記』 百濟本紀 등에 의거하여 10월로 편년하였다.
4177) 이 기사에는 월 표기가 없으나, 『三國史記』 百濟本紀 등에 의거하여 10월로 편년하였다.

里而嬴 武德四年 其王扶餘璋 遣使獻果下馬 自是朝貢 高祖冊爲帶方郡王 (『玉海』
191 兵捷 兵捷 露布 3)[4178]

| 신라 | 領客府本名倭典 眞平王四十三年 改爲領客典[後又別置倭典] (『三國史記』38 雜志 7 職官 上) |
| 신라 | 新羅改倭典爲領客典 (『三國史節要』8) |

| 신라 | 薛[一本作薩]罽頭亦新羅衣冠子孫也 嘗與親友四人同會 燕飮各言其志 罽頭曰 新羅用人論骨品 苟非其族 雖有鴻才 傑功不能踰越 我願西遊中華國 奮不世之略 立非常之功 自致榮路 備簪紳劍佩 出入天子之側 足矣 武德四年辛巳 潛隨海舶入唐 (『三國史記』47 列傳 7 薛罽頭) |
| 신라 | 新羅薛罽頭 嘗與親友言其志曰 國家用人論骨品 苟非其族 雖有鴻才傑功 不能自振 我願西遊中華 奮不世之略 立非常之功 自致榮路 簪紳劍佩 出入天子之側 足矣 至是 隨海舶入唐 (『三國史節要』8) |

| 신라 | 是歲 新羅遣奈末伊彌買朝貢 仍以表書奏使旨 凡新羅上表 蓋始起于此時歟 (『日本書紀』22 推古紀) |

622(壬午/신라 진평왕 44 建福 39/고구려 영류왕 5/백제 무왕 23/唐 武德 5/倭 推古 30)

| 신라 | 春正月 王親幸皇龍寺 (『三國史記』4 新羅本紀 4) |
| 신라 | 春正月 新羅王幸皇龍寺 (『三國史節要』8) |

신라	二月 以伊湌龍樹爲內省私臣 初 王七年 大宮梁宮沙梁宮三所各置私臣 至是 置內省私臣一人 兼掌三宮 (『三國史記』4 新羅本紀 4)
신라	二月 新羅以伊湌龍樹爲內省私臣 初王卽位 大宮梁宮沙梁宮三所各置私臣 至是 置內省私臣一人 兼掌三宮 位自衿荷 至太大角干 選人授之 (『三國史節要』8)
신라	內省 (…) 私臣 一人 眞平王七年 三宮 各置私臣 大宮和文大阿湌 梁宮首肹夫阿湌沙梁宮弩知伊湌 至四十四年 以一員 兼掌三宮 位自衿荷 至太大角干 惟其人則授之 亦無年限 (『三國史記』39 雜志 8 職官 中)[4179]

| 고구려 | (十二月乙丑) 上以隋末戰士多沒於高麗 是歲 賜高麗王建武書 使悉遣還 亦使州縣索高麗人在中土者 遣歸其國[4180] 建武奉詔 遣還中國民前後以萬數 (『資治通鑑』190 唐紀 6 高祖神堯大聖光孝皇帝 中之下) |
| 고구려 | 遣使如唐朝貢 唐高祖感隋末戰士 多陷於此 賜王詔書曰 朕恭膺寶命 君臨率土 祇順三靈 懷柔萬國 普天之下 情均撫字 日月所炤 咸使乂安 王統攝遼左 世居藩服 思稟正朔 遠循職貢 故遣使者 跋涉山川 申布誠懇 朕甚嘉揖 方今六合寧晏 四海淸平 玉帛旣通 道路無壅 方申緝睦 永敦聘好 各保疆場 豈非盛美 但隋氏季年 連兵構難 攻戰之所 各失其氓 遂使骨肉乖離 室家分析 多歷年歲 怨曠不申 今二國通和 義無阻異 在此所有高句麗人等 已令追括 尋卽遣送 彼處所有此國人者 王可放還 務盡綏育之方 共弘仁恕之道 於是 悉搜括華人以送之 數至萬餘 高祖大喜 (『三國史記』20 高句麗本紀 8)[4181] |

4178) 이 기사에는 월 표기가 없으나, 『三國史記』百濟本紀 등에 의거하여 10월로 편년하였다.
4179) 이 기사에는 월 표기가 없으나, 『三國史記』新羅本紀 등에 의거하여 2월로 편년하였다.
4180) 麗 力知翻 索 山客翻

고구려	高勾麗遣使如唐朝貢 帝感隋末戰士 多陷於高句麗 賜王詔書曰 朕恭膺寶命 君臨率土 祇順三靈 懷柔萬國 普天之下 情均撫字 日月所炤 咸使乂安 王統攝遼左 世居藩服 思稟正朔 遠循職貢 故遣使者 跋涉山川 申布誠懇 朕甚嘉之 方今六合寧晏 四海淸平 玉帛旣通 道路無壅 方申緝睦 永敦聘好 各保疆場 豈非盛美 但隋氏季年 連兵構難 攻戰之所 各失其氓 遂使骨肉乖離 室家分析 多歷年歲 怨曠不申 今二國通和 義無阻異 在此所有高勾麗人等 已令追括 尋卽遣送 彼處所有此國人者 王可放還 務盡綏育之方 共弘仁恕之道 於是 高句麗悉搜隋人未還者 萬餘送之 帝大喜 (『三國史節要』8)[4182]
고구려	(武德)五年 賜建武書曰 朕恭膺寶命 君臨率土 祇順三靈 綏柔萬國 普天之下 情均撫字 日月所照 咸使乂安 王旣統攝遼左 世居藩服 思稟正朔 遠循職貢 故遣使者 跋涉山川 申布誠懇 朕甚嘉焉 方今六合寧晏 四海淸平 玉帛旣通 道路無壅 方申輯睦 永敦聘好 各保疆場 豈非盛美 但隋氏季年 連兵構難 攻戰之所 各失其民 遂使骨肉乖離 室家分析 多歷年歲 怨曠不申 今二國通和 義無阻異 在此所有高麗人等 已令追括 尋卽遣送 彼處有此國人者 王可放還 務盡撫育之方 共弘仁恕之道 於是建武悉搜括華人 以禮賓送 前後至者萬數 高祖大喜 (『舊唐書』199上 列傳 149上 東夷 高麗)[4183]
고구려	(唐書) (又曰) (武德) 五年 賜建武書云 在此所有高麗人等 已令追括 尋卽遣送 彼處有此國人者 立可放還 務盡綏育之方 共弘仁恕之道 於是 建武悉搜括華人 以禮賓送 前後至者萬數 高祖大喜 (『太平御覽』783 四夷部 4 東夷 4 高句驪)[4184]
고구려	(唐高祖武德五年)是年 突厥頡利可汗及高麗 並遣使朝貢 (『冊府元龜』970 外臣部 15 朝貢 3)[4185]
고구려	武德初 再遣使入朝 高祖下書 脩好 約高麗人在中國者護送 於是建武 悉搜亡命歸有司 且萬人 (『新唐書』220 列傳 145 東夷 高麗)[4186]
고구려	[傳] 武德初 建武再遣使入朝 高祖下書脩好 (『玉海 188 兵捷 檄書 下)[4187]

623(癸未/신라 진평왕 45 建福 40/고구려 영류왕 6/백제 무왕 24/唐 武德 6/倭 推古 31)

신라	春正月 置兵部大監二員 (『三國史記』4 新羅本紀 4)
신라	春正月 新羅置兵部大監二員 (『三國史節要』8)
신라	兵部 (…) 大監二人 眞平王四十五年 初置 (『三國史記』38 雜志 7 職官 上)[4188]

신라 가야	秋七月 新羅遣大使奈末智洗爾 任那遣達率奈末智 竝來朝 仍貢佛像一具及金塔幷舍利 且大觀頂幡一具小幡十二條 卽佛像居於葛野秦寺 以餘舍利金塔觀頂幡等 皆納于四天王寺 是時 大唐學問者僧惠齋惠光及醫惠日福因等 竝從智洗爾等來之 於是 惠日等共奏聞曰 留于唐國學者 皆學以成業 應喚 且其大唐國者 法式備定之珍國也 常須達 (『日本書紀』22 推古紀)
백제 신라	秋 遣兵侵新羅勒弩縣 (『三國史記』27 百濟本紀 5)
백제 신라	秋 百濟侵新羅勒弩縣 (『三國史節要』8)

4181) 이 기사에는 월일 표기가 없으나, 『資治通鑑』에 의거하여 12월18일(乙丑)로 편년하였다.
4182) 이 기사에는 월일 표기가 없으나, 『資治通鑑』에 의거하여 12월18일(乙丑)로 편년하였다.
4183) 이 기사에는 월일 표기가 없으나, 『資治通鑑』에 의거하여 12월18일(乙丑)로 편년하였다.
4184) 이 기사에는 월일 표기가 없으나, 『資治通鑑』에 의거하여 12월18일(乙丑)로 편년하였다.
4185) 이 기사에는 월일 표기가 없으나, 『資治通鑑』에 의거하여 12월18일(乙丑)로 편년하였다.
4186) 이 기사에는 연대 표기가 없으나, 『資治通鑑』에 의거하여 武德 5년(622) 12월18일(乙丑)로 편년하였다.
4187) 이 기사에는 연대 표기가 없으나, 『資治通鑑』에 의거하여 武德 5년(622) 12월18일(乙丑)로 편년하였다.
4188) 이 기사에는 월 표기가 없으나, 『三國史記』新羅本紀 등에 의거하여 정월로 편년하였다.

신라 백제	百濟襲勒弩縣 (『三國史記』 4 新羅本紀 4)4189)

신라	冬十月 遣使大唐朝貢 (『三國史記』 4 新羅本紀 4)
신라	冬十月 新羅遣使如唐朝貢 (『三國史節要』 8)
신라	(唐高祖武德六年) 十月 新羅 (…) 並遣使朝貢 (『冊府元龜』 970 外臣部 15 朝貢 3)

신라 가야	冬十一月 磐金倉下等 至自新羅 時大臣問其狀 對曰 新羅奉命 以驚懼之 則竝差專使 因以貢兩國之調 然見船師至 而朝貢使人更還耳 但調猶貢上 爰大臣曰 悔乎 早遣師矣 時人曰 是軍事者 境部臣阿曇連 先多得新羅幣物之故 又勸大臣 是以 未待使旨 而早征伐耳 初磐金等 度新羅之日 比及津 莊船一艘 迎於海浦 磐金問之曰 是船者何國迎船 對曰 新羅船也 磐金亦曰 曷無任那之迎船 卽時 更爲任那加一船 其新羅以迎船二艘 始于是時歟) (『日本書紀』 22 推古紀)

고구려	冬十二月 遣使如唐朝貢 (『三國史記』 20 高句麗本紀 8)
고구려	十二月 高勾麗遣使如唐朝貢 (『三國史節要』 8)
고구려	(唐高祖武德六年)十二月 白簡白狗羌高麗突厥吐谷渾 並遣使朝貢 (『冊府元龜』 970 外臣部 15 朝貢 3)

신라 가야 백제	是歲 新羅伐任那 任那附新羅 於是 天皇將討新羅 謀及大臣 詢于群卿 田中臣對曰 不可急討 先察狀 以知逆後擊之不晚也 請試遣使覘其消息 中臣連國曰 任那是元我內官家 今新羅人伐而有之 請戒戎旅征伐新羅 以取任那 附百濟 寧非益有于新羅乎 田中臣曰 不然 百濟是多反覆之國 道路之間尚詐之 凡彼所請皆非之 故不可附百濟 則不果征焉 爰遣吉士磐金於新羅 遣吉士倉下於任那 令問任那之事 時新羅國主 遣八大夫 啓新羅國事於磐金 且啓任那國事於倉下 因以約曰 任那小國 天皇附庸 何新羅輒有之 隨常定內官家 願無煩矣 則遣奈末智洗遲 副於吉士磐金 復以任那人達率奈末遲 副於吉士倉下 仍貢兩國之調 然磐金等 未及于還 卽年 以大德境部臣雄摩侶小德中臣連國爲大將軍 以小德河邊臣禰受 小德物部依網連乙等小德波多臣廣庭小德近江脚身臣飯蓋小德平群臣宇志小德大伴連[闕名]小德大宅臣軍爲副將軍 率數萬衆 以征討新羅 時磐金等 共會於津 將發船以候風波 於是 船師滿海多至 兩國使人 望瞻之愕然 乃還留焉 更代堪遲大舍 爲任那調使而貢上 於是 磐金等相謂之曰 是軍起之 旣違前期 是以任那之事 今亦不成矣 則發船而度之 唯將軍等 始到任那而議之 欲襲新羅 於是 新羅國主 聞軍多至 而豫慴之請服 時將軍等 共議以上表之 天皇聽矣 (『日本書紀』 22 推古紀)

624(甲申/신라 진평왕 46 建福 41/고구려 영류왕 7/백제 무왕 25/唐 武德 7/倭 推古 32)

고구려 백제 신라	(武德)七年春正月己酉4190) 封高麗王高武爲遼東郡王 百濟王扶餘璋爲帶方郡王 新羅王金眞平爲樂浪郡王 (『舊唐書』 1 本紀 1 高祖)
백제	春正月 遣大臣入唐朝貢 高祖嘉其誠款 遣使就冊爲帶方郡王百濟王 (『三國史記』 27

4189) 이 기사에는 월 표기가 없으나, 『三國史記』 百濟本紀 등에 의거하여 7~9월로 기간편년하고 마지막달인 9월에 배치하였다.

4190) 이 해 정월 초하루는 壬申으로 己酉는 없다. 정월 乙酉(14일) 또는 2월 己酉(9일)의 오류일 가능성이 있다.

	百濟本紀 5)4191)
백제	(春正月) 百濟遣大臣如唐朝貢 帝嘉其誠款 遣使就冊爲帶方郡公百濟王 (『三國史節要』 8)4192)

고구려 백제 신라

	(唐高祖武德)七年正月 封高麗王高建武 爲遼東郡王 百濟王扶餘璋 爲帶方郡王 新羅王金眞平 爲樂浪郡王 (『冊府元龜』 964 外臣部 9 冊封 2)4193)
백제	(武德)七年 又遣大臣奉表朝貢 高祖嘉其誠款 遣使就册爲帶方郡王百濟王 自是 歲遣朝貢 高祖撫勞甚厚 因訟高麗閉其道路 不許來通中國 詔遣朱子奢 往和之 又相與新羅世爲讎敵 數相侵伐 (『舊唐書』 199上 列傳 149上 東夷 百濟)4194)
고구려	(武德初) 後三4195)年 遣使者 拜爲上柱國遼東郡王高麗王 命道士 以像4196)法往 爲講老子 建武大悅 率國人共聽之 日數千人 (『新唐書』 220 列傳 145 東夷 高麗)4197)
백제	(唐書) (又曰) (武德)七年 又遣大臣奉表朝貢 高祖嘉其誠款 遣使就册爲帶方郡王百濟王 自此歲遣朝貢 高祖勞撫甚厚 因訟高麗閉其道路 不許來通中國 詔遣朱子奢往和之 又與新羅世爲讎敵 數相侵伐 (『太平御覽』 781 四夷部 2 東夷 2 百濟)4198)

신라	春正月 置侍衛府大監六員 賞賜署大正一員 大道署大正一員 (『三國史記』 4 新羅本紀 4)
신라	春正月 新羅置侍衛府大監六員 位自奈麻至阿飡爲之 又置賞賜署大匠一員 大道署大正一員 (『三國史節要』 8)
신라	賞賜署 (…) 大正一人 眞平王四十六年置 (『三國史記』 38 雜志 7 職官 上)4199)
신라	大道署 (…) 大正一人 眞平王四十六年置 (『三國史記』 38 雜志 7 職官 上)4200)

고구려 백제 신라

	(二月)丁未 高麗王建武遣使來請班曆 遣使册建武爲遼東郡王高麗王 以百濟王扶餘璋爲帶方郡王 新羅王金眞平爲樂浪郡王4201) (『資治通鑑』 185 唐紀 1 高祖神堯大聖光孝皇帝 中之下)
고구려	[通監] (…) 七年二月丁未[七日] 建武遣使請班曆4202) 冊爲遼東郡王 (『玉海』 153 朝貢 外夷來朝 內附)
고구려	春二月 王遣使如唐 請班曆 遣刑部尙書沈叔安 策王爲上柱國遼東郡公高句麗國王 命道士以天尊像及道法 往爲之講老子 王及國人聽之 (『三國史記』 20 高句麗本紀 8)4203)
고구려	二月 高勾麗王遣使如唐 請頒曆 帝遣刑部尙書沈叔安 策王爲上柱國遼東郡公高勾麗王 又命道士以天尊像及道法 來爲講老子書 王率國人聽之 (『三國史節要』 8)4204)

4191) 이 기사에는 일자 표기가 없으나.『舊唐書』本紀에 의거하여 정월14일(乙酉)로 편년하였다.
4192) 이 기사에는 일자 표기가 없으나.『舊唐書』本紀에 의거하여 정월14일(乙酉)로 편년하였다.
4193) 이 기사에는 일자 표기가 없으나.『舊唐書』本紀에 의거하여 정월14일(乙酉)로 편년하였다.
4194) 이 기사에는 월일 표기가 없으나.『舊唐書』本紀에 의거하여 정월14일(乙酉)로 편년하였다.
4195) '三'은 '二'의 잘못이다.『舊唐書』高句麗傳에 의하면 당이 영류왕을 상주국 요동군왕 고려왕에 봉한 것은 武德 7年의 일이다. 위의 詔書를 보낸 것은『舊唐書』에 의하면 武德 5年의 일이다. 따라서 '三'은 '二'로 고쳐저야 한다.
4196)『舊唐書』「高句麗傳」에는 '天尊像'으로 되어 있다.
4197) 이 기사에는 월일 표기가 없으나.『舊唐書』本紀에 의거하여 정월14일(乙酉)로 편년하였다.
4198) 이 기사에는 월일 표기가 없으나.『舊唐書』本紀에 의거하여 정월14일(乙酉)로 편년하였다.
4199) 이 기사에는 월 표기가 없으나.『三國史記』新羅本紀 등에 의거하여 정월로 편년하였다.
4200) 이 기사에는 월 표기가 없으나.『三國史記』新羅本紀 등에 의거하여 정월로 편년하였다.
4201) 麗 力知翻 樂浪 音洛郎
4202) 會要云 遣使內附 受正朔 請頒曆
4203) 이 기사에는 일자 표기가 없으나,『資治通鑑』등에 의거하여 2월 7일(丁未)로 편년하였다.

고구려	又遣使請道教 詔沈叔安將天尊像幷道士至其國 講五千文 開釋玄宗 自是始崇重之 化行於國 有踰釋典 其後東部大人蓋蘇文弑其王高武 立其姪藏爲主 自爲莫離支 此官總選兵 猶吏部·兵部尚書也 於是號令遠近 遂專國命 蘇文鬚面甚偉 形體魁傑 衣服冠履皆飾以金綵 身佩五刀 常挑臂高步 意氣豪逸 左右莫敢仰視 常令武官貴人俯伏於地 登背上下馬 (武德)七年二月 遣使內附 受正朔 請頒曆 許之 (『通典』186 邊防 2 東夷 下 高句麗)4205)
고구려	(武德)七年二月 遣使內附 受正朔 請頒書 許之 詔沈叔安 持天尊像 併道士至其國 講五千文 開釋元宗 自是始崇重之 化行於國 有踰釋典 (『太平寰宇記』173 四夷 2 東夷 2 高勾驪國)4206)
고구려	(唐高祖武德)七年二月 高句麗遣使內附 受正朔 請班曆 許之 (『冊府元龜』977 外臣部 22 降附)4207)
고구려	[舊紀] (…) 武德七年二月 高麗請班曆 (『玉海』10 律歷 歷法 下)4208)
고구려	([傳] 武德初) 後三年[七年二月] 拜上柱國遼東郡王 (『玉海 188 兵捷 檄書 下)4209)
고구려	高麗本記云 麗季武德貞觀間 國人爭奉五斗米教 唐高祖聞之 遣道士 送天尊像 來講道德經 王與國人聽之 即第二十七代 榮留王即位七年 武德七年甲申也 (『三國遺事』3 興法 3 寶藏奉老 普德移庵)4210)
고구려 현도	(武德)七年 遣前刑部尚書沈叔安往 冊建武 爲上柱國遼東郡王高麗王 仍將天尊像及道士往彼 爲之講老子 其王及道俗等觀聽者數千人 高祖嘗謂侍臣曰 名實之間 理須相副 高麗稱臣於隋 終拒煬帝 此亦何臣之有 朕敬於萬物 不欲驕貴 但據有土宇 務共安人 何必令其稱臣 以自尊大 即爲詔述朕此懷也 侍中裴矩中書侍郎溫彦博曰 遼東之地 周爲箕子之國 漢家玄菟郡耳 魏晉已前 近在提封之內 不可許其不臣 且中國之於夷狄 猶太陽之對列星 理無降尊 俯同藩服 高祖乃止 (『舊唐書』199上 列傳 149上 東夷 高麗)4211)
고구려	(武德初後三年) 帝謂左右曰 名實須相副 高麗雖臣於隋 而終拒煬帝 何臣之爲 朕務安人 何必受其臣 裴矩溫彦博 諫曰 遼東本箕子國 魏晉時故封內 不可不臣 中國與夷狄 猶太陽於列星 不可以降 乃止 (『新唐書』220 列傳 145 東夷 高麗)4212)
고구려	(唐書又曰 武德)七年 遣使往冊建武爲上柱國遼東郡王高麗王 仍將天尊像及道士 彼爲之講老子 其王及道俗等觀聽者數千人 (『太平御覽』783 四夷部 4 東夷 4 高句驪)4213)
신라	三月 唐高祖降使 冊王爲柱國樂浪郡公新羅王 (『三國史記』4 新羅本紀 4)
신라	三月 唐遣使 冊新羅王爲柱國樂浪郡公新羅王 (『三國史節要』8)
신라	(武德)七年 遣使冊拜金眞平爲柱國 封樂浪郡王新羅王 (『舊唐書』199上 列傳 149上 東夷 新羅)4214)

4204) 이 기사에는 일자 표기가 없으나, 『資治通鑑』 등에 의거하여 2월 7일(丁未)로 편년하였다.
4205) 이 기사에는 일자 표기가 없으나, 『資治通鑑』 등에 의거하여 2월 7일(丁未)로 편년하였다. 다만 앞의 도교를 청하는 내용은 2월 기사와 함께 기술되어야 하고 연개소문 관련 기사는 642년에 들어가야 하나 『통전』의 기술 순서에 따라 함께 처리하여 배치하고, 해당 연도에도 배치하였다.
4206) 이 기사에는 일자 표기가 없으나, 『資治通鑑』 등에 의거하여 2월 7일(丁未)로 편년하였다.
4207) 이 기사에는 일자 표기가 없으나, 『資治通鑑』 등에 의거하여 2월 7일(丁未)로 편년하였다.
4208) 이 기사에는 일자 표기가 없으나, 『資治通鑑』 등에 의거하여 2월 7일(丁未)로 편년하였다.
4209) 이 기사에는 일자 표기가 없으나, 『資治通鑑』 등에 의거하여 2월 7일(丁未)로 편년하였다.
4210) 이 기사에는 월일 표기가 없으나, 『資治通鑑』 등에 의거하여 2월 7일(丁未)로 편년하였다.
4211) 이 기사에는 월일 표기가 없으나, 『資治通鑑』 등에 의거하여 2월 7일(丁未)로 편년하였다.
高祖와 溫彦博의 대화 부분은 『唐會要』 등에 武德 8년(625) 3월11일로, 『冊府元龜』 外臣部에 武德 8년(625) 5월16일(己酉)로 되어 있다.
4212) 이 기사에는 월일 표기가 없으나, 『資治通鑑』 등에 의거하여 2월 7일(丁未)로 편년하였다.
4213) 이 기사에는 월일 표기가 없으나, 『資治通鑑』 등에 의거하여 2월 7일(丁未)로 편년하였다.

신라	(武德四年)後三年 拜柱國 封樂浪郡王新羅王 (『新唐書』 220 列傳 145 東夷 新羅)[4215]
신라	[傳] (…) 後三年 拜柱國 封新羅王 (『玉海』 153 朝貢 外夷來朝 內附)[4216]
신라	([新羅傳] 武德五年)後二年 拜柱國 封樂浪郡王 (『玉海』 191 兵捷 兵捷 露布 3)[4217]

백제	夏四月丙午朔戊申 有一僧 執斧毆祖父 時天皇聞之召大臣 詔之曰 夫出家者頓歸三寶 具懷戒法 何無懺忌 輒犯惡逆 今朕聞 有僧以毆祖父 故悉聚諸寺僧尼 以推問之 若事實者 重罪之 於是 集諸僧尼而推之 則惡逆僧及諸僧尼 竝將罪 於是 百濟觀勒僧 表上以言 夫佛法 自西國至于漢 經三百歲 乃傳之至於百濟國 而僅一百年矣 然我王聞日本天皇之賢哲 而貢上佛像及內典 未滿百歲 故當今時 以僧尼未習法律 輒犯惡逆 是以 諸僧尼惶懼 以不知所如 仰願 其除惡逆者以外僧尼 悉赦而勿罪 是大功德也 天皇乃聽之 (『日本書紀』 22 推古紀)
백제	(夏四月)壬戌 以觀勒僧爲僧正 以鞍部德積爲僧都 卽日 以阿曇連[闕名]爲法頭 (『日本書紀』 22 推古紀)

백제	(唐高祖武德)七年五月 百濟 (…) 七月 百濟康國曹國 並遣使朝貢 (『冊府元龜』 970 外臣部 15 朝貢 3)
백제	秋七月 遣使入唐朝貢 (『三國史記』 27 百濟本紀 5)
백제	秋七月 百濟遣使如唐朝貢 (『三國史節要』 8)

백제	(唐高祖武德七年)九月 百濟遣使獻光明甲 (『冊府元龜』 970 外臣部 15 朝貢 3)

신라 백제	冬十月 百濟兵來圍我速含櫻岑歧岑烽岑旗懸穴柵等六城 於是 三城或沒或降 級湌訥催合烽岑櫻岑旗懸三城兵堅守 不克死之 (『三國史記』 4 新羅本紀 4)
백제 신라	冬十月 攻新羅速含櫻岑歧岑烽岑旗懸冗柵等六城 取之 (『三國史記』 27 百濟本紀 5)
신라 백제	訥催 沙梁人 大奈麻都非之子也 眞平王建福四十一年甲申冬十月 百濟大擧來侵 分兵圍攻速含櫻岑歧岑烽岑旗懸冗柵等六城 王命上州下州貴幢法幢誓幢五軍 往救之 旣到見百濟兵陣堂堂 鋒不可當 盤桓不進 或立議曰 大王以五軍委之諸將 国之存亡在此一役 兵家之言曰見可而進 知難而退 今强敵在前 不以好謀而直進 萬一有不如意 則悔不可追 將佐皆以爲然 而業已受命出師 不得徒還 先是 國家欲築奴珍等六城而未遑 遂於其地 築畢而歸 於是 百濟侵攻愈急 速含岐岑冗柵三城 或滅或降 訥催以三城固守 及聞五軍不救而還 慷慨流涕 謂士卒曰 陽春和氣 草木皆華 至於歲寒 獨松栢後彫 今 孤城無援 日益阽危 此誠志士義夫盡節揚名之秋 汝等將若之何 士卒揮淚曰 不敢惜死 唯命是從 及城將隤 軍士死亡無幾 人皆殊死戰 無苟免之心 訥催有一奴 强力善射 或嘗語曰 小人而有異才 鮮不爲害 此奴宜遠之 訥催不聽 至是 城陷賊入 奴張弓挾矢 在訥催前 射不虛發 賊懼不能前 有一賊出後 以斧擊訥催 乃仆 奴反與鬪俱死 王聞之悲慟 追贈訥催職級湌 (『三國史記』 47 列傳 7 訥催)
백제 신라	冬十月 百濟兵圍新羅速含等六城 王命上州下州貴幢法幢誓幢五軍 往救之 五軍旣到見百濟兵强 逗留不進 諸將議曰 王以五軍 委諸吾輩 國之存亡 在此一擧 兵法曰 見可而進 知難而退 今敵强在前 輕進 萬一失利 悔不可追 遂不進只築奴珍等六城而歸

4214) 이 기사에는 월 표기가 없으나, 『三國史記』 新羅本紀 등에 의거하여 3월로 편년하였다.
4215) 이 기사에는 월 표기가 없으나, 『三國史記』 新羅本紀 등에 의거하여 3월로 편년하였다.
4216) 이 기사에는 월 표기가 없으나, 『三國史記』 新羅本紀 등에 의거하여 3월로 편년하였다.
4217) 이 기사에는 월 표기가 없으나, 『三國史記』 新羅本紀 등에 의거하여 3월로 편년하였다.

於是 百濟兵侵攻 速含歧岑穴柵三城 降之 沙梁部人訥催 獨以烽岑櫻岑旗懸三城固守
聞五軍不救而還 慷慨謂士卒曰 陽春和氣 草木皆華 至於歲寒 獨松栢後彫 今孤城無
援 日益阽危 此誠志士盡節揚名之秋 若等將若之何 士卒曰 不敢惜死 人皆殊死戰 訥
催遂力戰死之 初訥催有一奴 强力善射 或謂曰 小人而有異材 鮮不爲害 宜遠之 訥催
不聽 是戰也 奴常在訥催左右 盡力捍禦 遂與同死 王贈訥催職級湌 (『三國史節要』8)

| 고구려 | 冬十二月 遣使入唐朝貢 (『三國史記』20 高句麗本紀 8) |
| 고구려 | (唐高祖武德七年)十二月 高麗國 並遣使來貢方物 (『冊府元龜』970 外臣部 15 朝貢 3) |

| 백제 | 甲<申>年 △△施造釋加像 <正遇>諸佛 永<離苦利> △ (「甲申銘 金銅釋迦像 光背」) |

625(乙酉/신라 진평왕 47 建福 42/고구려 영류왕 8/백제 무왕 26/唐 武德 8/倭 推古 33)

| 고구려 | 春正月壬申朔戊寅 高麗王貢僧惠灌 仍任僧正 (『日本書紀』22 推古紀) |

고구려 현도	(武德)八年三月十一日 高祖謂羣臣曰 名實之間 理須相副 高麗稱臣於隋 終拒煬帝 何 必令其稱臣 以自尊大 可卽詔述朕此懷也 裴矩溫彦博進曰 遼東之地 周爲箕子之國 漢家 玄菟郡耳 魏晉以前 近在提封之內 不可許以不臣 若與高麗抗禮 四夷必當輕漢 且中國之於夷狄 猶太陽之於列星 理無降尊 俯同藩服 乃止 (『唐會要』95 高句 麗)[4218]
고구려 현도	[溫彦博傳] 高麗貢方物 高祖欲遜而不臣 彦博曰 遼東本周箕子國 漢玄菟郡 不使北面 則四夷何所瞻仰 帝納而止 [會要] 武德八年三月十一日[云云同上] (『玉海』154 朝貢 獻方物)
고구려 현도	(武德)八年三月 高祖謂羣臣曰 名實之間 理須相副 高麗稱臣於隋 終拒煬帝 此亦何臣 之有 朕敬於萬物 不欲驕貴 但據有土宇 務共安人 何必令其稱臣以自尊大 可卽詔述 朕此懷也 裴矩溫彦博進曰 遼東之地 周爲太師之國 漢家之玄菟郡耳 魏晉以前 近在 提封之內 不可許以不臣 若以高麗抗禮 四夷必當輕漢 且中國之於夷狄 猶太陽之於列 星 理無降尊 俯同藩服 乃止 (『通典』186 邊防 2 東夷 下 高句麗)[4219]
고구려 현도	(武德)八年三月 高祖謂羣臣曰 名實之間 理須相副 高麗稱臣於隋 終拒煬帝 此亦何臣 之有 朕敬於萬物 不欲驕貴 但據有土宇 務在安 人何必令其稱臣 以自尊大 可卽詔 述朕此懷也 裴矩溫彦博進曰 遼東之地 周爲太師之國 漢家之玄菟郡耳 魏晉以前 近 在提封之內 不可許以不臣 若以高麗抗禮 四夷必當輕漢 其中國之於夷狄 如太陽之與 列星 理無降尊 俯同藩服 乃止 其後東部大人蓋蘇文 弑其主高武[4220] 立其姪藏爲王 自爲莫離支[4221] 於是 號令遠近 遂專國命[4222] (『太平寰宇記』173 四夷 2 東夷 2 高勾驪國)[4223]
고구려 현도	時高麗遣使貢方物 高祖謂羣臣曰 名實之間 理須相副 高麗稱臣於隋 終拒煬帝 此亦 何臣之有 朕敬於萬物 不欲驕貴 但據土宇 務共安人 何必令其稱臣以自尊大 可卽爲 詔 述朕此懷也 彦博進曰 遼東之地 周爲箕子之國 漢家之玄菟郡耳 魏晉已前 近在提

4218) 『冊府元龜』外臣部에는 5月16日(己酉)로, 『舊唐書』高麗傳 등에는 武德 7년(624)으로 기록하였다.
4219) 이 기사에는 일자 표기가 없으나, 『唐會要』등에 의거하여 3월11일로 편년하였다.
4220) 其主元 在位十八年死 高武卽元異母弟
4221) 此官總選兵 猶吏部兵部尚書也
4222) 蘇文鬚面甚偉 形體魁傑 衣服冠履 皆飾以金彩 身佩五刀 常挑臂高步 意氣豪逸 左右莫敢仰視 恒令武官 貴人俯伏於地 登背上下馬
4223) 이 기사에는 일자 표기가 없으나, 『唐會要』등에 의거하여 3월11일로 편년하였다.

封之內 不可許以不臣 若與高麗抗禮 則四夷何以瞻仰 且中國之於夷狄 猶太陽之比列
星 理無降尊 俯同夷貊 高祖乃止 (『舊唐書』61 列傳 11 溫大雅)[4224]

고구려 현도 　高麗貢方物 高祖欲讓而不臣 彦博執不可曰 遼東本周箕子國 漢玄菟郡 不使北面 則
四夷何所瞻仰 帝納而止 (『新唐書』91 列傳 16 溫大雅)[4225]

고구려 현도 　(唐高祖武德八年)五月己酉 帝謂羣臣曰 名實之間 理須相副 高麗稱臣於隋 始拒煬帝
此亦何臣之有 朕敬於萬物 不欲驕貴 但據此土宇 務共安民 何必令其稱臣以自尊大
可爲詔述朕此懷也 侍中裴矩 中書侍郎溫彦博 進對曰 遼東之地 周爲箕子之國 漢家
之玄菟郡耳 魏晉前立於提封之內 不可許以不臣 若與高麗抗禮 四夷必當輕漢 且中國
之於四夷 猶太陽之與列星 理無降尊 俯同藩服 帝乃止 (『册府元龜』990 外臣部 35
備禦 3)[4226]

신라 고구려 　冬十一月 遣使大唐朝貢 因訟 高句麗塞路 使不得朝 且數侵入 (『三國史記』4 新羅
本紀 4)[4227]
백제 　　　　冬十一月 遣使入唐朝貢 (『三國史記』27 百濟本紀 5)
신라 고구려 　冬十一月 新羅遣使如唐朝貢 因訟 高勾麗梗路 使不得朝 且數見侵掠 (『三國史節要』
8)
신라 백제 　(唐高祖武德)八年十一月 新羅 百濟 並遣使朝貢 (『册府元龜』970 外臣部 15 朝貢
3)
백제 　　　　百濟遣使入唐朝貢 (『三國史節要』8)[4228]

고구려 　　　王遣使入唐 求學佛老敎法 帝許之 (『三國史記』20 高句麗本紀 8)
고구려 　　　高勾麗王遣人如唐 求學佛老法 帝許之 (『三國史節要』8)
고구려 　　　(武德七年甲申)明年 遣使徃唐 求學佛老 唐帝[謂髙祖也]許之 (『三國遺事』3 興法 3
寶藏奉老 普德移庵)
고구려 　　　(唐高祖武德)八年 高麗遣人來學道 佛法 詔許之 (『册府元龜』999 外臣部 44 請求)

신라 　　　　九誓幢 (…) 二曰紫衿誓幢 眞平王四十七年 始置郞幢 (『三國史記』40 雜志 9 職官
下)

626(丙戌/신라 진평왕 48 建福 43/고구려 영류왕 9/백제 무왕 27/唐 武德 9/倭 推古 34)

신라 고구려 　秋七月 遣使大唐朝貢 唐高祖遣朱子奢來 詔諭 與高句麗連和 (『三國史記』4 新羅本
紀 4)
신라 고구려 　秋七月 新羅遣使如唐朝貢 帝遣散騎常侍朱子奢來 詔諭 新羅百濟與 高勾麗連和 (『三
國史節要』8)
신라 　　　　(唐高祖武德九年)七月 新羅 並遣使朝貢 (『册府元龜』970 外臣部 15 朝貢 3)

신라 백제 　八月 百濟攻主在城 城主東所拒戰 死之 (『三國史記』4 新羅本紀 4)
백제 신라 　秋八月 遣兵攻新羅王在城 執城主東所殺之 (『三國史記』27 百濟本紀 5)

4224) 이 기사에는 연대 표기가 없으나, 『唐會要』 등에 의거하여 武德 8년(625) 3월11일로 편년하였다.
4225) 이 기사에는 연대 표기가 없으나, 『唐會要』 등에 의거하여 武德 8년(625) 3월11일로 편년하였다.
4226) 『唐會要』 등에는 3월11일로, 『舊唐書』 高麗傳 등에는 武德 7년(624)으로 되어 있다.
4227) 『三國史記』 高句麗本紀 등에는 武德 9년(626)으로, 『舊唐書』 朱子奢傳 등에는 貞觀 初로 되어 있다.
4228) 이 기사에는 월 표기가 없으나, 『三國史記』 百濟本紀에 의거하여 11월로 편년하였다.

백제 신라　　　秋八月 百濟攻新羅主在城 城主東所拒戰死之 (『三國史節要』8)

신라　　　　　(八月) 築高墟城 (『三國史記』4 新羅本紀 4)
신라　　　　　(秋八月) 新羅築高墟城 (『三國史節要』8)

백제　　　　　冬十二月 遣使入唐朝貢 (『三國史記』27 百濟本紀 5)
백제　　　　　冬十二月 百濟遣使如唐朝貢 (『三國史節要』8)

고구려 신라 백제

　　　　　新羅百濟遣使於唐 上言 高句麗閉道 使不得朝 又屢相侵掠 帝遣散騎侍郎朱子奢 持
　　　　　節諭和 王奉表謝罪 請與二國平 (『三國史記』20 高句麗本紀 8)[4229]

백제 고구려　　遣使入唐獻明光鎧 因訟高句麗梗道路 不許來朝上國 高祖遣散騎常侍朱子奢來 詔諭
　　　　　我及高句麗 平其怨 (『三國史記』27 百濟本紀 5)

백제 고구려　　신라

　　　　　百濟遣使如唐獻明光鎧 因訟高句麗梗路 使不得朝 高勾麗王遣使奉表 如唐謝罪 請與
　　　　　新羅百濟二國平 (『三國史節要』8)

신라 고구려 백제

　　　　　是歲 新羅龜茲突厥高麗百濟党項 幷遣使朝貢 (『舊唐書』2 本紀 2 太宗 上)

고구려 신라 백제

　　　　　(武德)九年 新羅百濟遣使訟建武 云閉其道路 不得入朝 又相與有隙 屢相侵掠 詔員外
　　　　　散騎侍郎朱子奢往和解之 建武奉表謝罪 請與新羅對使會盟 (『舊唐書』199上 列傳
　　　　　149上 東夷 高麗)

고구려 신라 백제

　　　　　(武德初後三年)明年 新羅百濟上書 言建武閉道 使不得朝 且數侵入 有詔散騎侍郎朱
　　　　　子奢持節諭和 建武謝罪 乃請與二國平 (『新唐書』220 列傳 145 東夷 高麗)[4230]

고구려 신라 백제

　　　　　[傳] (武德七年)明年 新羅百濟上書言 建武閉道 使不得朝 且數侵入 有詔散騎侍郎朱
　　　　　子奢持節諭和 建武謝罪 乃請與二國平 (『玉海』188 兵捷 檄書 下)[4231]

백제 고구려　　(武德四年)後五年 獻明光鎧 且訟高麗梗貢道 (『新唐書』220 列傳 145 東夷 百濟)

신라 백제 고구려

　　　　　(是歲) 新羅百濟高麗三國有宿仇[4232] 迭相攻擊 上遣國子助教朱子奢往諭指[4233] 三國
　　　　　皆上表謝罪[4234] (『資治通鑑』192 唐紀 8 高祖神堯大聖光孝皇帝 下之下)

고구려 백제　　(唐高祖武德九年) 高麗百濟黨項 並遣使朝貢 (『冊府元龜』970 外臣部 15 朝貢 3)

신라 백제 고구려

　　　　　唐新羅百濟 武德九年 遣使訟 高麗王建武閣其道路 不得入朝 又相與有隙 屢相侵掠
　　　　　詔員外散騎侍郎朱子奢 往和解之 建武奉表謝罪 請與新羅 對使會盟 (『冊府元龜』

4229) 『三國史記』新羅本紀 등에는 武德 8년(625) 11월로, 『舊唐書』朱子奢傳 등에는 貞觀 初로 되어 있다.
4230) 이 기사에는 월 표기가 없으나, 『三國史記』新羅本紀에 의거하여 11월로 편년하였다.
4231) 이 기사에는 월 표기가 없으나, 『三國史記』新羅本紀에 의거하여 11월로 편년하였다.
4232) 北史曰 新羅本辰韓種 在高麗東南 亦曰秦韓 相傳秦世亡人避役 來適馬韓 割東界居之 故名秦韓 始有六
　　　國 稍分爲十二 新羅其一也 或稱魏毌丘儉破高麗 奔沃沮 後復國 其留者爲新羅 兼有沃沮不耐韓濊之地 其王
　　　本百濟人 自海逃入新羅 遂王其國 附庸百濟 後致强盛 因與百濟爲敵 百濟伐高麗 來請救 悉兵往破之 自是
　　　相攻不置 後獲百濟王 殺之 滋結怨 麗 力知翻
4233) 晉武帝 咸寧四年 立國子學 置祭酒博士各一人 助教十五人 以教生徒 孝武太元十年 損助教爲十人 唐助
　　　教五人 從六品上 掌佐博士分經教授
4234) 上 時掌翻

```
                     1000 外臣部 45 讐怨)
백제         [百濟傳] (…) (武德四年)後五年 獻明光鎧 (『玉海』 151 兵制 劍戰 鎧甲)
백제         [東夷傳] (…) (武德四年)後五年 獻明光鎧 (『玉海』 154 朝貢 獻方物)
백제 고구려   [東夷傳] (…) (武德四年)後五年 訟高麗梗貢道 (『玉海』 191 兵捷 兵捷 露布 3)


고구려       歐陽詢字信本 潭州臨湘人 (…) 詢初學王羲之書 後更漸變其體 筆力險勁 爲一時之絶
             人得其尺牘文字 咸以爲楷範焉 高麗甚重其書 嘗遣使求之 高祖嘆曰 不意詢之書名
             遠播夷狄 彼觀其跡 固謂其形魁梧耶 (『舊唐書』 189 上 列傳 139 上 儒學 上)4235)
고구려       歐陽詢字信本 潭州臨湘人 (…) 詢初倣王羲之書 後險勁過之 因自名其體 尺牘所傳
             人以爲法 高麗嘗遣使求之 帝歎曰 彼觀其書 固謂形貌魁梧邪 (『新唐書』 198 列傳
             123 儒學 上)
고구려       (唐書) 又曰 歐陽詢 潭州臨湘人也 初學王羲之書 後更漸變其體 筆力險勁爲一時之絶
             時人得其尺牘文字 咸以爲楷範焉 高麗甚重其書 嘗遣使求之 高祖歎曰 不意 詢之書
             名 遠播夷狄 彼觀其跡 固謂其形貌魁梧耶4236) (『太平御覽』 747 工藝部 4 書 上)
고구려       唐歐陽詢字信本 博覽今古 官至銀青光祿大夫率更令 書則八體盡能 筆力勁險 高麗愛
             其書 遣使請焉 神堯歎曰 不意詢之書名 遠播夷狄 (『太平廣記』 208 書 3 歐陽詢)
고구려       [傳] 高麗嘗遣使 求歐陽詢書 (『玉海』 154 朝貢 獻方物)

627(丁亥/신라 진평왕 49 建福 44/고구려 영류왕 10/백제 무왕 28/唐 貞觀 1/倭 推古
35)
신라         春三月 大風雨土 過五日 (『三國史記』 4 新羅本紀 4)
신라         春三月 新羅大風雨土五日 (『三國史節要』 8)


신라         夏六月 遣使大唐朝貢 (『三國史記』 4 新羅本紀 4)
신라         夏六月 新羅遣使如唐朝貢 (『三國史節要』 8)
신라         (唐太宗貞觀元年)六月 新羅 (…) 並遣使朝貢 (『冊府元龜』 970 外臣部 15 朝貢 3)


신라 백제     秋七月 百濟將軍沙乞拔西鄙二城 虜南女三白餘口 (『三國史記』 4 新羅本紀 4)
백제 신라     秋七月 王命將軍沙乞拔新羅西鄙二城 虜男女三百餘口 王欲復新羅侵奪地分 大擧兵
             出 屯於熊津 羅王眞平聞之 遣使告急於唐 王聞之 乃止 (『三國史記』 27 百濟本紀 5)
백제 신라     秋七月 百濟王命將軍沙乞侵新羅西鄙拔二城 虜男女三百餘口 又欲復新羅所侵地 大
             擧兵出 屯於熊津 新羅王遣使告急於唐 百濟王聞之乃止 (『三國史節要』 8)


신라         八月 隕霜殺穀 (『三國史記』 4 新羅本紀 4)
신라         八月 新羅隕霜殺穀 (『三國史節要』 8)
신라         建福四十四年丁亥秋八月 隕霜殺諸穀 (『三國史記』 48 列傳 8 劍君)


백제 신라 고구려
             秋八月 遣王姪福信 入唐朝貢 太宗謂與新羅世讐 數相侵伐 賜王璽書曰 王世爲君長
             撫有東蕃 海隅遐曠 風濤艱阻 忠款之至 職貢相尋 尙想嘉猷 甚以欣慰 朕祗承寵命
             君臨區宇 思弘正道 愛育黎元 舟車所通 風雨所及 期之遂性 咸使乂安 新羅王金眞平
             朕之蕃臣 王之鄰國 每聞遣師 征討不息 阻兵安忍 殊乖所望 朕已對王姪福信及高句
```

4235) 고구려가 구양순의 서책을 요구한 정확한 시기는 알 수 없고, 唐 高祖의 치세인 것은 분명하다. 이에
    高祖의 재위기간인 618~626년으로 기간편년하고 마지막해인 626년에 배치하였다.
4236) 詢形體么麽 故高祖有是言耳

麗新羅使人 具勑通和 咸許輯睦 王必須忘彼前怨 識朕本懷 共篤鄰情 卽停兵革 王因
遣使奉表陳謝 雖外稱順命 內實相仇如故 (『三國史記』27 百濟本紀 5)

백제 신라 고구려

百濟王遣姪福信 如唐朝貢 帝以羅濟世讎 數相侵伐 賜百濟王璽書曰 王世爲君長 撫
有東蕃 海隅遐曠 風濤艱阻 忠款之至 職貢相尋 尙想嘉猷 甚以欣慰 朕祇承寵命 君
臨區宇 思弘正道 愛育黎元 舟車所通 風雨所及 期之遂性 咸使乂安 新羅王朕之蕃臣
王之鄰國 每聞遣使 侵伐不息 阻兵安忍 殊乖所望 朕已對王姪福信及高句麗新羅使人
具勑通和 咸許輯睦 王必須忘彼前怨 識朕本懷 共篤鄰情 卽停兵革 百濟王因遣使奉
表陳謝 外雖順服 內實相仇如故 (『三國史節要』8)4237)

백제 신라 고구려

貞觀元年 太宗賜其王璽書曰 王世爲君長 撫有東蕃 海隅遐曠 風濤艱阻 忠款之至 職
貢相尋 尙想徽猷 甚以嘉慰 朕自祇承寵命 君臨區宇 思弘王道 愛育黎元 舟車所通
風雨所及 期之遂性 咸使乂安 新羅王金眞平 朕之藩臣 王之鄰國 每聞遣師 征討不息
阻兵安忍 殊乖所望 朕已對王姪信福 及高麗新羅使人 具救通和 咸許輯睦 王必須忘
彼前怨 識朕本懷 共篤鄰情 卽停兵革 璋因遣使奉表陳謝 雖外稱順命 內實相仇如故
(『舊唐書』199上 列傳 149上 東夷 百濟)4238)

백제

(唐書又曰) 貞觀元年 太宗賜其王璽書 令卽停兵革 璋因遣使 奉表陳謝 雖外稱順命
內實相仇如故 (『太平御覽』781 四夷部 2 東夷 2 百濟)4239)

백제 신라 고구려

太宗貞觀初 詔使者平其怨 又與新羅世仇 數相侵 帝賜璽書曰 新羅 朕蕃臣 王之鄰國
聞數相侵暴 朕已詔高麗新羅申和 王宜忘前怨 識朕本懷 璋奉表謝 然兵亦不止 再遣
使朝 上鐵甲雕斧 帝優勞之 賜帛段三千 (『新唐書』220 列傳 145 東夷 百濟)4240)

백제 신라

[東夷傳] 太宗正4241)觀初 遣使平其怨 又與新羅世仇 數相侵 帝賜璽書 令忘前怨 璋
奉表謝 然亦兵不止 再遣使入朝 上優勞之 (『玉海』191 兵捷 兵捷 露布 3)4242)

신라   冬十一月 遣使大唐朝貢 (『三國史記』4 新羅本紀 4)
신라   冬十一月 新羅遣使如唐朝貢 (『三國史節要』8)
신라   (唐太宗貞觀元年)十一月 新羅 並遣使朝貢 (『冊府元龜』970 外臣部 15 朝貢 3)

백제   釋惠現 百濟人 小出家 苦心專志 誦蓮經爲業 祈禳請福 靈應良稠 兼攻三論 染指通
神 初住北部修德寺 有衆則講 無則持誦 四遠欽風 戶外之履滿矣 稍猒煩擁 遂徃江南
達拏山居焉 山極嵓險 來徃艱稀 現靜坐求忘 終于山中 同學舁尸 置石室中 虎啖盡遺
骸 唯髑舌存焉 三周寒暑 舌猶紅軟 過後方變 紫硬如石 道俗敬之 藏于石塔 俗齡五
十八 卽貞觀之初 現不西學 靜退以終 而乃名流諸夏 立傳在唐聲著矣 (…) 讚曰 鹿尾
傳經倦一塲 去年淸誦倚雲藏 風前靑史名流遠 火後紅蓮舌帶芳 (『三國遺事』5 避隱
8 惠現求靜)

고구려 백제 신라

朱子奢 蘇州吳人也 (…) 貞觀初 高麗百濟同伐新羅 連兵數年不解 新羅遣使告急 乃

4237) 이 기사에는 월 표기가 없으나, 『三國史記』百濟本紀에 의거하여 8월로 편년하였다.
4238) 이 기사에는 월 표기가 없으나, 『三國史記』百濟本紀에 의거하여 8월로 편년하였다.
4239) 이 기사에는 월 표기가 없으나, 『三國史記』百濟本紀에 의거하여 8월로 편년하였다.
4240) 이 기사에는 연대 표기가 없으나, 『三國史記』百濟本紀에 의거하여 貞觀元年(627) 8월로 편년하였다.
4241) '貞'의 오자이다.
4242) 이 기사에는 연대 표기가 없으나, 『三國史記』百濟本紀에 의거하여 貞觀元年(627) 8월로 편년하였다.

假子奢員外散騎侍郎充使　喩可以釋三國之憾　雅有儀觀　東夷大欽敬之　三國王皆上表
謝罪　賜遣甚厚　初　子奢之出使也　太宗謂曰　海夷頗重學問　卿爲大國使　必勿藉其束脩
爲之講說　使還稱旨　當以中書舍人待卿　子奢至其國　欲悅夷虜之情　遂爲發春秋左傳題
又納其美女之贈　使還　太宗責其違旨　猶惜其才　不至深譴　令散官直國子學 (『舊唐書』
189 上 列傳 139 儒學 上 朱子奢)[4243]

고구려 백제 신라

　　　　朱子奢　蘇州吳人也 (…) 太宗貞觀初　高麗百濟同伐新羅　連年兵不解　新羅告急　帝假
子奢員外散騎侍郎　持節諭旨　平三國之憾　子奢有儀觀　夷人尊畏之　二國上書謝罪　贈
遣甚厚　初　子奢行　帝戒曰　海夷重學　卿爲講大誼　然勿入其幣　還當以中書舍人處卿
子奢唯唯　至其國　爲發春秋題　納其美女　帝責違旨　而猶愛其才　以散官直國子學　累轉
諫議大夫弘文館學士 (『新唐書』 198 列傳 123 朱子奢)

고구려 백제　　貞觀初　朱子奢至高麗百濟　爲發春秋題 (『玉海』 153 朝貢 外夷來朝 內附)

고구려 백제 신라

　　　　唐散騎侍郎諭高麗 [朱子奢傳] 正[4244]觀初　高麗百濟同伐新羅　連年兵不解　新羅告急
帝遣子奢持節諭旨　平三國之憾 (『玉海』 188 兵捷 檄書 下)

고구려　　　公孫之社　童幼群嬉　已綴陶謙之帛　郊原博覽　俄分鄧艾之營　器宇卓絶　標置宏遠　馳策
藝能　千櫓道德 (「李他仁 墓誌銘」 : 용望集→下; 2015 용高句麗渤海研究→52)[4245]

628(戊子/신라 진평왕 50 建福 45/고구려 영류왕 11/백제 무왕 29/唐 貞觀 2/倭 推古 36)

신라 백제　　春二月 百濟圍椵岑城 王出師擊破之 (『三國史記』 4 新羅本紀 4)
백제 신라　　春二月 遣兵攻新羅椵岑城 不克而還 (『三國史記』 27 百濟本紀 5)
신라 백제　　春二月 百濟圍椵岑城 新羅出師擊破之 (『三國史節要』 8)

신라　　　　夏 大旱 移市 畫龍祈雨 (『三國史記』 4 新羅本紀 4)
신라　　　　夏 新羅大旱 (『三國史節要』 8)
신라　　　　(建福四十四年)明季春夏　大飢民賣子而食　於時 宮中諸舍人　同謀盜唱翳倉穀　分之　劒
君獨不受　諸舍人曰　衆人皆受　君獨却之　何也　若嫌小　請更加之　劒君笑曰　僕編名於
近郎之徒　修行於風月之庭　苟非其義　雖千金之利　不動心焉　時　大日伊湌之子　爲花郎
號近郎　故云爾　劒君出至近郎之門　舍人等密議不殺此人　心有漏言　遂召之　劒君知其
謀殺　辭近郎曰　今日之後　不復相見　郎問之　劒君不言　再三問之　乃畧言其由　郎曰　胡
不言於有司　劒君曰　畏己死　使衆人入罪　情所不忍也　然則盍逃乎　曰　彼曲我直　而反
自逃　非丈夫也　遂往　諸舍人置酒謝之　密以藥置食　劒君知而强食　乃死　君子曰　劒君
死非其所　可謂輕泰山於鴻毛者也 (『三國史記』 48 列傳 8 劒君)
신라　　　　新羅饑時　劒君爲沙梁宮舍人　宮中諸舍人　盜分倉穀　劒君獨不受　諸舍人曰　衆人皆受
君獨却之　何也　若嫌少　請加之　劒君笑曰　僕編名近郎之徒　苟非其義　雖千金不動心焉
近郎伊湌大日之子爲花郎者也　劒君詣近郎　諸舍人曰　不殺此虜言必漏　遂召劒君　劒君
辭近郎曰　今日之後　必不得復見　郎問其故　劒君不言　强之乃言　近郎曰　胡不白於有
司　劒君曰　畏我死　而抵人罪所不忍也　曰　然則盍逃乎　曰　彼曲我直　而反自逃　非丈夫

4243) 『三國史記』 新羅本紀 등에는 武德 8년(625) 11월로, 『三國史記』 高句麗本紀 등에는 武德 9년(626)으
로 되어 있다.
4244) ‘貞’의 오기이다.
4245) 李他仁이 609년에 출생하였고, 이 다음에는 20세 이후의 행적이 나온다. 627년 이전의 행적이라고 판
단되므로, 609~627년으로 기간편년하고 마지막해인 627년에 배치하였다.

也 逐往 諸舍人陽謝之 置毒於食 劒君知而食之 逐死 劒君大舍仇文之子 (『三國史節要』 8)4246)

고구려	秋九月 遣使入唐 賀太宗擒突厥頡利可汗 兼上封域圖 (『三國史記』 20 高句麗本紀 8)4247)
고구려	秋九月 高句麗遣使如唐 賀擒突厥頡利可汗 仍上封域圖 (『三國史節要』 8)
고구려	(唐太宗貞觀二年)九月 高麗王建武 遣使奉賀破突厥頡利可汗 並上封域圖 (『冊府元龜』 970 外臣部 15 朝貢 3)
고구려	貞觀二年 破突厥頡利可汗 建武遣使奉賀 幷上封域圖 (『舊唐書』 199上 列傳 149上 東夷 高麗)4248)
고구려	(唐書又曰) 貞觀二年 破突厥頡利可汗 建武遣使奉賀 幷上封域圖 (『太平御覽』 783 四夷部 4 東夷 4 高句驪)4249)
고구려	太宗已禽突厥頡利 建武遣使者賀 幷上封域圖 (『新唐書』 220 列傳 145 東夷 高麗)4250)
고구려	己禽頡利 建武遣使者賀 幷上封城圖 (『玉海』 153 朝貢 外夷來朝 內附)4251)
고구려	([高麗傳]) 太宗已禽突厥頡利 建武遣使者賀 並上封域圖 (『玉海』 194 兵捷 紀功 碑銘附)4252)
신라	秋冬 民飢 賣子女 (『三國史記』 4 新羅本紀 4)

고구려 백제 신라

貞觀二年 停以周公爲先聖 始立孔子廟堂於國學 以宣父爲先聖 顔子爲先師 大徵天下
儒士 以爲學官 數幸國學 令祭酒博士講論 畢 賜以束帛 學生能通一大經已上 咸得署
吏 又於國學增築學舍一千二百間 太學四門博士亦增置生員 其書算各置博士學生 以
備藝文 凡三千二百六十員 其玄武門屯營飛騎 亦給博士 授以經業 有能通經者 聽之
貢擧 是時四方儒士 多抱負典籍 雲會京師 俄而高麗及百濟新羅高昌吐蕃等諸國酋長
亦遣子弟請入於國學之內 鼓篋而升講筵者 八千餘人 濟濟洋洋焉 儒學之盛 古昔未之
有也 (『舊唐書』 189 上 列傳 139 儒學 上)4253)

629(己丑/신라 진평왕 51 建福 46/고구려 영류왕 12/백제 무왕 30/唐 貞觀 3/倭 舒明 1)

신라 고구려	秋八月 王遣大將龍春舒玄 副將軍庾信 侵高句麗娘臂城 麗人出城列陣 軍勢甚盛 我 軍望之懼 殊無鬪心 庾信曰 吾聞振領而裘正 提綱而網張 吾其爲綱領乎 乃跨馬拔劒

4246) 이 기사에는 월 표기가 없으나, 『三國史記』 新羅本紀 등에 의거하여 4~6월로 기간편년하고 마지막달인 6월에 배치하였다.
4247) 『舊唐書』 돌궐전에 의하면 당 태종이 힐리가한을 사로잡은 것은 정관 4년(630)의 일이다.
4248) 이 기사에는 월 표기가 없으나, 『三國史記』 高句麗本紀 등에 의거하여 9월로 편년하였다.
4249) 이 기사에는 월 표기가 없으나, 『三國史記』 高句麗本紀 등에 의거하여 9월로 편년하였다.
4250) 이 기사에는 연대 표기가 없으나, 『三國史記』 高句麗本紀 등에 의거하여 貞觀 2년(628) 9월로 편년하였다.
4251) 이 기사에는 연대 표기가 없으나, 『三國史記』 高句麗本紀 등에 의거하여 貞觀 2년(628) 9월로 편년하였다.
4252) 이 기사에는 연대 표기가 없으나, 『三國史記』 高句麗本紀 등에 의거하여 貞觀 2년(628) 9월로 편년하였다.
4253) 『通典』 등에는 貞觀 5년(631)으로, 『新唐書』 儒學傳 등에는 貞觀 6년(632)으로, 『新唐書』 選擧志 등에는 貞觀13년(639)으로, 『資治通鑑』에는 貞觀14년(640) 2월10일(丁丑)로, 『三國史記』 新羅本紀에는 善德王 9년(640) 5월로 되어 있다.

向敵陣直前 三入三出 每入或斬將或搴旗 諸軍乘勝 鼓噪進擊 斬殺五千餘級 其城乃
降 (『三國史記』4 新羅本紀 4)

고구려 신라 　秋八月 新羅將軍金庾信來侵東邊 破娘臂城 (『三國史記』20 高句麗本紀 8)

신라 고구려 　建福四十六年己丑秋八月 王遣伊飡任永里波珍飡龍春白龍蘇判大因舒玄等 率兵攻高
句麗娘臂城 麗人出兵 逆擊之 吾人失利 死者衆多 衆心折衂無復鬪心 庾信時爲中幢
幢主 進於父前 脫冑而告曰 我兵敗北 吾平生 以忠孝 自期臨戰 不可不勇 盖聞振領
而裘正 提綱而網張 吾其爲綱領乎 迺跨馬拔劒 跳坑出入賊陣 斬將軍提其首而來 我
軍見之 乘勝奮擊 斬殺五千餘級 生擒一千人 城中兇懼 無敢坑 皆出降 (『三國史記』
41 列傳 1 金庾信 上)

신라 고구려 　가야 백제

秋八月 新羅王遣伊飡任末里 波珍飡龍春白龍 蘇判大因舒玄等 率兵攻高句麗娘臂城
高句麗出兵逆擊之 羅軍失利死者甚衆 無復鬪志 時舒玄子庾信爲中幢幢主 語舒玄曰
庾信平生 以忠孝 自期臨戰 不可不勇 跨馬突陣 斬其將提首而來 諸軍因乘勝奮擊 斬
獲甚多 城遂陷

舒玄駕洛國王金首露 十一世孫也 初舒玄見新羅宗姓肅訖宗之女萬明 悅之 不媒而通
舒玄爲萬弩郡太守 欲與偕往 訖宗知之 囚萬明別室 使人以守 忽震屋門 守者驚亂 萬
明逃出 遂與△△△△舒玄 嘗於庚辰夜夢 熒惑鎮二星降於己 萬明亦於辛丑夜夢 有童
子 衣金甲乘雲△△△ 有娠 二十月而生庾信[4254] 背有七星文 舒玄謂萬明曰 庚辰夜
有吉夢得此兒 宜以爲名 然禮不以日月爲名 今庚與庾字相似 辰與信聲相近 況古人有
名庾信 遂名之 庾信見麗濟靺鞨侵軼國疆 慨然有削平之志 獨入中嶽石窟 告天誓曰
敵國無道 侵擾我封場 略無寧歲 一介微臣 不量材力 志淸禍亂 惟天降監 假手於我
無何 一老人來謂曰 此間多毒虫猛獸 貴年少來處 何也 遂授祕訣曰 愼勿妄傳 用之不
義 反受其殃 言訖不見 庾信嘗携寶劒 入咽薄山 其告天誓詞若中嶽者 夜有 虛角二星
光芒下垂 劒若搖動然[庾信年十八[4255) 修劒得術爲國仙 時有白石者 亦在徒中庾信謀
伐麗濟 白石曰 僕請與公密往高句麗先覘 然後可圖之 庾信與白石行 路遇三女 語庾
信曰 願有所陳謝白石 同入林中 遂告曰 我等奈林穴禮骨火三所護國之神 今敵國人誘
郎 郎不知而從之 故來告爾 庾信驚喜 給白石曰 宜與若還家取△記 旣還訊之 則白石
曰 我實高麗人 國人曰 新羅庾信本我國卜筮士楸南後身也 國界有水逆流 王使卜之
楸南曰 王與夫人反陰陽之道 其應如是 王與妃大怒 更驗以他事 不中則殺之 乃盛鼠
於合 令卜之 楸南曰鼠也 其命八 王以謂不中 將殺之 楸南臨刑誓曰 吾當爲大將 必
滅高句麗 遂斬之 剖鼠腹視之 果有七子在 是夜王夢 楸南入新羅舒玄夫人之懷 是以
國人遣我圖之 庾信乃殺白石 祀三神] (『三國史節要』8)

신라 　九月 遣使大唐朝貢 (『三國史記』4 新羅本紀 4)
고구려 　九月 遣使入唐朝貢 (『三國史記』20 高句麗本紀 8)
백제 　秋九月 遣使入唐朝貢 (『三國史記』27 百濟本紀 5)
신라 　九月 新羅遣使如唐朝貢 (『三國史節要』8)
고구려 　(九月) 高句麗遣使如唐朝貢 (『三國史節要』8)
백제 　(九月) 百濟遣使如唐朝貢 (『三國史節要』8)
고구려 백제 신라

(唐太宗貞觀三年)九月 高麗百濟新羅 並遣使朝貢 (『冊府元龜』970 外臣部 15 朝貢
3)

4254) 이 기사는 『삼국사기』 김유신 열전에 따르면 진평왕 17년 595년의 일이다.
4255) 612년이다.

630(庚寅/신라 진평왕 52 建福 47/고구려 영류왕 13/백제 무왕 31/唐 貞觀 4/倭 舒明 2)

| 백제 | 春二月 重修泗沘之宮 (『三國史記』27 百濟本紀 5) |
| 백제 | 春二月 百濟修泗沘宮 (『三國史節要』8) |

| 백제 | (春二月) 王幸熊津城 (『三國史記』27 百濟本紀 5) |
| 백제 | (春二月) 百濟王幸熊津城 (『三國史節要』8) |

| 고구려 백제 | 三月丙寅朔 高麗大使宴子拔小使若德 百濟大使恩率素子小使德率武德 共朝貢 (『日本書紀』23 舒明紀) |

| 백제 | 夏 旱 停泗沘之役 (『三國史記』27 百濟本紀 5) |
| 백제 | 夏 旱 百濟停泗沘役 (『三國史節要』8) |

| 백제 | 秋七月 王至自熊津 (『三國史記』27 百濟本紀 5) |
| 백제 | 秋七月 百濟王至自熊津 (『三國史節要』8) |

| 고구려 백제 | (八月)庚子 饗高麗百濟客於朝 (『日本書紀』23 舒明紀) |
| 고구려 백제 | 九月癸亥朔丙寅 高麗百濟客歸于國 (『日本書紀』23 舒明紀) |

| 신라 | 大宮庭地裂 (『三國史記』4 新羅本紀 4) |
| 신라 | 新羅大宮庭地裂 (『三國史節要』8) |

| 예맥 | 唐幸國子學 [傳] (…) 孔穎達 貞觀四年 爲祭酒 詔講孝經 穎達作頌 呂溫頌曰 辟雍沈沈 天子所臨 或絃或歌 講古述今 其徒八千 纓弁森森 濊貊羌髳 咸詠德音 羽林孤兒 亦垂靑衿 (『玉海』113 學校 視學) |

| 삼한 | 是歲 改修理難波大郡及三韓館 (『日本書紀』23 舒明紀) |

631(辛卯/신라 진평왕 53 建福 48/고구려 영류왕 14/백제 무왕 32/唐 貞觀 5/倭 舒明 3)

고구려	唐遣廣州司馬長孫師 臨瘞隋戰士骸骨 祭之 毀當時所立京觀 (『三國史記』20 高句麗本紀 8)[4256]
고구려	(貞觀)五年 詔遣廣州都督府司馬長孫師 往收瘞隋時戰亡骸骨 毀高麗所立京觀 (『舊唐書』199上 列傳 149上 東夷 高麗)[4257]
고구려	(唐書又曰) (貞觀)五年 詔遣廣州都督府司馬長孫師 往收瘞隋時戰亡骸骨 毀高麗所立京觀 (『太平御覽』783 四夷部 4 東夷 4 高句驪)[4258]
고구려	帝詔廣州司馬長孫師 臨瘞隋士戰胔 毀高麗所立京觀 (『新唐書』220 列傳 145 東夷 高麗)[4259]

4256) 『삼국사기』에서는 이 기사를 2월 이전의 일로 기록하였으나 『三國史節要』에서는 봄 2월 기사로 배치하였다. 『舊唐書』 本紀 등에는 8월17일(甲辰)로 되어 있다.
4257) 이 기사에는 월 표기가 없으나, 『三國史記』 高句麗本紀에 의거하여 2월 이전으로 편년하였다.
4258) 이 기사에는 월 표기가 없으나, 『三國史記』 高句麗本紀에 의거하여 2월 이전으로 편년하였다.
4259) 이 기사에는 연대 표기가 없으나, 『三國史記』 高句麗本紀에 의거하여 貞觀 5년(631) 2월 이전으로 편

신라	春二月 白狗上于宮墻 (『三國史記』 4 新羅本紀 4)

고구려	春二月 王動衆築長城 東北自扶餘城 東南至海千有餘里 凡一十六年畢功 (『三國史記』 20 高句麗本紀 8)
고구려	(春二月) 高句麗築長城 東北自扶餘城 東南至海 千有餘里 凡十六年乃畢 (『三國史節要』 8)
고구려	(貞觀五年) 建武懼伐其國 乃築長城 東北自扶餘城 西南至海 千有餘里 (『舊唐書』 199上 列傳 149上 東夷 高麗)[4260]
고구려	貞觀五年 高麗又發其國衆 築長城東北自夫餘城 西南至海千有餘里 (『冊府元龜』 957 外臣部 2 國邑)[4261]
고구려	建武懼 乃築長城千里 東北首扶餘 西南屬之海 (『新唐書』 220 列傳 145 東夷 高麗)[4262]

고구려	春二月 唐遣廣州司馬長孫師 臨于高句麗瘞隋戰士骸骨 祭之 毁當時所立京觀 (『三國史節要』 8)[4263]

백제	三月庚申朔 百濟王義慈入王子豊璋爲質 (『日本書紀』 23 舒明紀)

신라	夏五月 伊湌柒宿與阿湌石品謀叛 王覺之 捕捉柒宿 斬之東市 幷夷九族 阿湌石品亡 至百濟國境 思見妻子 晝伏夜行 還至叢山 見一樵夫 脫依換[4264]樵夫敝衣衣之 負薪 潛至於家 被捉伏刑 (『三國史記』 4 新羅本紀 4)
신라	夏五月 新羅伊湌柒宿與伊湌石品謀叛 收柒宿斬之 夷九族 石品亡至百濟 後還其家 見捕伏誅 (『三國史節要』 8)

신라	秋七月 遣使大唐獻美女二人 魏徵以爲不宜受 上喜曰 彼林邑獻鸚鵡 猶言苦寒 思歸 其國 況二女遠別親戚乎 付使者歸之 (『三國史記』 4 新羅本紀 4)[4265]
신라	秋七月 新羅遣使如唐 獻二美女 魏徵以爲不宜受 上喜曰 彼林邑獻鸚鵡 猶言苦寒 思 歸其國 況二女遠別親戚乎 付使者歸之 (『三國史節要』 8)
신라	貞觀五年 遣使獻女樂二人 皆鬒髮美色 太宗謂侍臣曰 朕聞聲色之娛 不如好德 且山 川阻遠 懷土可知 近日林邑獻白鸚鵡 尚解思鄉 訴請還國 鳥猶如此 況人情乎 朕愍其 遠來 必思親戚 宜付使者 聽遣還家 (『舊唐書』 199上 列傳 149上 東夷 新羅)[4266]
신라	貞觀五年 獻女樂二 太宗曰 比林邑獻鸚鵡 言思鄉 丐還 況於人乎 付使者歸之 (『新唐 書』 220 列傳 145 東夷 新羅)[4267]
신라	(唐書) 又曰 貞觀五年 新羅遣使獻女樂二人 皆鬒髮美色 太宗謂侍臣曰 朕聞聲色之娛 不如好德 且山川阻遠 懷土可知 近日林邑獻白鸚鵡 尚解思鄉 訴請還國 鳥猶如此 況

년하였다.

4260) 이 기사에는 월 표기가 없으나, 『三國史記』 高句麗本紀 등에 의거하여 2월로 편년하였다.
4261) 이 기사에는 월 표기가 없으나, 『三國史記』 高句麗本紀 등에 의거하여 2월로 편년하였다.
4262) 이 기사에는 연대 표기가 없으나, 『三國史記』 高句麗本紀 등에 의거하여 貞觀 5년(631) 2월로 편년하였다.
4263) 『三國史節要』에서는 이 기사를 봄 2월의 일로 기록하였으나 『삼국사기』에서는 2월 이전 기사로 배치하였다. 『舊唐書』 本紀 등에는 8월17일(甲辰)로 되어 있다.
4264) 원본에서는 木변에 奐으로 되어 있다
4265) 『資治通鑑』에는 11월12일(丁卯)로 되어 있다.
4266) 이 기사에는 월 표기가 없으나, 『三國史記』 新羅本紀 등에 의거하여 7월로 편년하였다.
4267) 이 기사에는 월 표기가 없으나, 『三國史記』 新羅本紀 등에 의거하여 7월로 편년하였다.

	人情乎 但愍其遠來 思戀親戚 宜付使者 聽其還家 (『太平御覽』781 四夷部 2 東夷 2 新羅)4268)
신라	唐新羅獻女樂 [新羅傳] 貞觀五年 獻女樂二 太宗曰 比林邑獻鸚鵡言思鄉乞還 況於人 乎 付使者歸之 (『玉海』108 音樂 四夷樂)4269)
신라	[傳] (…) 貞觀三[五]年 獻女樂二 大宗付使者歸之 是歲眞平死 無子 立善德爲王 (『玉 海』153 朝貢 外夷來朝 內附)4270)
신라	正4271)觀五年 獻雅樂 更數世 並襲封爲王 (『玉海』191 兵捷 兵捷 露布 3)4272)
신라	(秋七月) 白虹飮于宮井 土星犯月 (『三國史記』4 新羅本紀 4)
신라	(秋七月) 新羅白虹飮宮井 土星犯月 (『三國史節要』8)
고구려	秋七4273)月甲辰 遣使毁高麗所立京觀 收隋人骸骨 祭而葬之 (『舊唐書』3 本紀 3 太宗 下)4274)
고구려	八月甲辰 遣使高麗 祭隋人戰亡者 (『新唐書』2 本紀 2 太宗)
고구려	秋八月甲辰 遣使詣高麗4275) 收隋氏戰亡骸骨 葬而祭之 (『資治通鑑』193 唐紀 9 太 宗文武大聖大廣孝皇帝 上之中)
백제	秋九月 遣使入唐朝貢 (『三國史記』27 百濟本紀 5)
백제	九月 百濟遣使如唐朝貢 (『三國史節要』8)
백제	(唐太宗貞觀)五年九月 百濟 (…) 並遣使朝貢 (『冊府元龜』970 外臣部 15 朝貢 3)
신라	(十一月)丁卯 新羅獻美女二人 魏徵以爲不宜受 上喜曰 林邑鸚鵡猶能自言苦寒 思歸 其國 況二女遠別親戚乎 幷鸚鵡 各付使者而歸之4276) (『資治通鑑』193 唐紀 9 太宗 文武大聖大廣孝皇帝 上之中)4277)
신라	捺絃引 眞平王時人淡水作也 (『三國史記』32 雜志 1 樂)4278)
신라	實兮大舍純德之子也 性剛直不可屈以非義 眞平王時 爲上舍人 時下舍人珍堤 其爲人 便佞 爲王所嬖 雖與實兮同寮 臨事互相是非 實兮守正不苟且 珍堤嫉恨 屢讒於王曰 實兮無智慧 多膽氣 急於喜怒 雖大王之言 非其意 則憤不能已 若不懲艾 其将爲亂 盍黜退之 待其屈服而後用之 非晚也 王然之 謫官泠林 或謂實兮曰 君自祖考 以忠誠 公材聞於時 今爲佞臣之讒毁 遠宦於竹嶺之外 荒僻之地 不亦痛乎 何不直言自辨 實 兮答曰 昔屈原孤直 爲楚擯黜 李斯盡忠 爲秦極刑 故知佞臣惑主 忠士被斥 古亦然也 何足悲乎 遂不言而徃 作長歌見意 (『三國史記』48 列傳 8 實惠)4279)

4268) 이 기사에는 월 표기가 없으나, 『三國史記』新羅本紀 등에 의거하여 7월로 편년하였다.
4269) 이 기사에는 월 표기가 없으나, 『三國史記』新羅本紀 등에 의거하여 7월로 편년하였다.
4270) 이 기사에는 월 표기가 없으나, 『三國史記』新羅本紀 등에 의거하여 7월로 편년하였다.
4271) '貞'의 오자이다.
4272) 이 기사에는 월 표기가 없으나, 『三國史記』新羅本紀 등에 의거하여 7월로 편년하였다.
4273) 이해 7월에 甲辰일이 없고 『新唐書』本紀 등에는 8월17일(甲辰)로 되어 있어, '七'은 '八'의 오류이다.
4274) 『三國史記』高句麗本紀에는 2월 이전으로, 『三國史節要』에는 2월 기사로 기록되어 있다.
4275) 麗 力知翻
4276) 使 疏史翻
4277) 『三國史記』新羅本紀 등에서는 7월로 기록하였다.
4278) 진평왕대의 일로 기록되어 있어 진평왕의 몰년인 632년에 배치해야 하나 진평왕이 정월에 사망한 사실 과 수년에 걸쳐 진행된 내용을 고려하여 631년에 배치하였다
4279) 진평왕대의 일로 기록되어 있어 진평왕의 몰년인 632년에 배치해야 하나 진평왕이 정월에 사망한 사실 과 수년에 걸쳐 진행된 내용을 고려하여 631년에 배치하였다

신라　新羅　上舍人實兮剛直　下舍人珍堤便佞　爲王所嬖　臨事互相是非　實兮守正不苟　珍堤疾之　屢讒於王曰　實兮無知慧　多膽氣　急於喜怒　雖大王之言　非其意則憤不能已　若不懲艾　其將爲亂　盍黜之　悔謝後用　非晩也　王然之　謫冷林　或謂實兮曰　君自先世以忠誠聞　今爲佞臣所毁　遠謫荒僻之地　不亦痛乎　何不直言自辨　實兮曰　昔屈原孤直而見擯黜　李斯盡忠而被極刑　佞臣惑主　忠士被斥　何足怪乎　遂不言而往　作長歌見意 (『三國史節要』8)

신라　薛氏女　栗里民家女子也　雖寒門單族　而顔色端正　志行脩整　見者無不歆艶　而不敢犯真平王時　其父季老　番當防秋於正谷　女以父衰病　不忍遠別　又恨女身不得待　行徒自愁悶　沙梁部少季嘉實　雖貧且窶　而其養志貞男子也　嘗悅美薛氏　而不敢言　聞薛氏憂父老而從軍　遂請薛氏曰　僕[4280]雖一懦夫　而嘗以志氣自許　願以不肖之身　代嚴君之役薛氏甚喜　入告於父　父引見曰　聞公欲代老人之行　不勝喜懼　思所以報之　若公不以愚陋見棄　願薦幼女子　以奉箕箒　嘉實再拜曰　非敢望也　是所願焉　於是　嘉實退而請期薛氏曰　婚姻人之大倫　不可以倉猝　妾旣以心許　有死無易　願君赴防　交代而歸　然後卜日成禮　未晩也　乃取鏡分半　各執一片　云　此所以爲信　後日當合之　嘉實有一馬　謂薛氏曰　此天下良馬　後必有用　今我徒行　無人爲養　請留之　以爲用耳　遂辭而行　會國有故　不使人交代　淹六季未還　父謂女曰　始以三季爲期　今旣踰矣　可歸于他族矣　薛氏曰向以安親　故強與嘉實約　嘉實信之　故從軍累季　飢寒辛若[4281]　況迫賊境　手不釋兵　如近虎口　恒恐見咥　而弃信食言　豈人情乎　終不敢從父之命　請無復言　其父老且耄　以其女壯而無伉儷　欲強嫁之　潛約婚於里人　既定日引其人　薛氏固拒　密圖遁去而未果　至庭　見嘉實所留馬　大息流淚　於是　嘉實代來　形骸枯槁　衣裳藍縷　室人不知　謂爲別人嘉實直前　以破鏡投之　薛氏得之呼泣　父反[4282]室人失喜　遂約異日相會　與之偕老 (『三國史記』48 列傳 8 薛氏女)[4283]

신라　新羅　栗里民家女子薛氏　姿色端正　志行脩整　見者無不歆艶　而莫敢犯　薛氏父當防秋年老衰病　不堪遠征　而薛氏自以婦人　不得代行　居常憤鬱　沙梁部人嘉實　貧而有志節詣薛氏曰　願代嚴君之役　薛氏喜告於父　父謝嘉實曰　公若不以愚陋見棄　則願以弱息奉箕箒　嘉實退而請期　薛氏曰　婚姻人之大倫　不可以猝成　妾旣心許　有死無貳　待君見代而歸　筮日成禮未晩也　乃破鏡中分　以爲後信　嘉實以一馬屬薛氏曰　此天下良駿　後必有需　請善飼之　遂行　會國多難　不以時代　奄忽六載　父謂女曰　始以三年爲期　期已盡　可歸他族　薛氏曰　向以親故　強與嘉實成約　嘉實代戍邊城　辛苦歲月　棄信食言　吾不忍爲也　請無復言　父哀其女齒壯　而無伉儷　欲奪情改婚　婚期既定　女將逃之　見嘉實所留馬　大息流涕　嘉實適至　形容衣服　枯槁藍縷　女見之不識其爲嘉實也　以破鏡驗之遂爲夫婦 (『三國史節要』8)

신라　釋惠宿　沉光於好世郎徒　郞旣讓名黃卷　師亦隱居赤善村[今安康縣有赤谷村]二十餘年時國仙瞿旵公　嘗往其郊　縱獵一日　宿出於道左　攬轡而請曰　庸僧亦願隨從　可乎　公許之　於是　縱橫馳突　裸袒相先　公旣悅　及休勞坐　數炮烹相餉　宿亦與啖嚼　略無忤色　既而進於前曰　今有美鮮於此　益薦之何　公曰　善　宿屛人割其股　寘盤以薦　衣血淋漓　公愕然曰　何至此耶　宿曰　始吾謂公仁人也　能恕己通物也　故從之爾　今察公所好　唯殺戮之耽篤　害彼自養而已　豈仁人君子之所爲　非吾徒也　遂拂衣而行　公大慚　視其所食　盤

4280) 원본에서는 판각이 잘못되어 있어 성암본에 따라 수정하였다
4281) ‘苦’의 오각으로 보인다
4282) ‘及’의 오각이다
4283) 진평왕대의 일로 기록되어 있어 진평왕의 몰년인 632년에 배치해야 하나 진평왕이 정월에 사망한 사실과 수년에 걸쳐 진행된 내용을 고려하여 631년에 배치하였다

中鮮蕆不滅 公甚異之 歸奏於朝 真平王聞之 遣使徵迎 宿示臥婦床而寢 中使陋焉 返
行七八里 逢師於途 問其所從来 曰城中檀越家 赴七日齋 席罷而來矣 中使以其語達
於上 又遣人撿檀越家 其事亦實 未幾 宿忽死 村人轝葬於耳峴[一作硎峴]東 其村人有
自峴西來者 逢宿於途中 問其何往 曰 久居此地 欲遊他方爾 相揖而別 行半許里 躡
雲而逝 其人至峴東 見葬者未散 具說其由 開塚視之 唯芒鞋一隻而已 今安康縣之北
有寺名惠宿 乃其所居云 亦有浮啚焉 (『三國遺事』4 義解 5 二惠同塵)[4284]

<table>
<tr><td>신라</td><td>真平王朝 有比丘尼名智惠 多賢行 住安興寺 擬新修佛殿而力未也 夢一女仙 風儀婥</td></tr>
</table>

真平王朝 有比丘尼名智惠 多賢行 住安興寺 擬新修佛殿而力未也 夢一女仙 風儀婥
約 珠翠餙鬟 来慰曰 我是仙桃山神母也 喜汝欲修佛殿 願施金十斤以助之 冝取金於
予座下 粧點主尊三像 壁上繪五十三佛六類聖衆 及諸天神 五岳神君[羅時五岳 謂東吐
含山 南智異山 西雞龍 北太伯 中父岳 亦云公山也] 每春秋二季之十日 叢會善男善女
廣爲一切含靈 設占察法會 以爲恒規[李朝屈弗池龍 託夢於帝 請於靈鷲山 長開藥師道
場 △平海途 其事亦同] 惠乃驚覺 率徒徃神祠座下 堀得黃金一百六十两 克就乃功 皆
依神母所諭 其事唯存 而法事廢矣 神母夲中國帝室之女 名娑蘇 早得神仙之術 歸止
海東 久而不還 父皇寄書繫[4285]足云 隨鳶所止爲家 蘇得書放鳶 飛到此山而止 遂来
宅爲地仙 故名西鳶山 神母久據玆山 鎭祐邦國 靈異甚多 有國已来 常爲三祀之一 秩
在群望之上 第五十四景明王好使鷹 甞登此放鷹而失之 禱於神母曰 若得鷹 當封爵
俄而鷹飛来止机上 因封爵大王焉 其始到辰韓也 生聖子爲東國始君 盖赫居閼英二聖
之所自也 故稱雞龍雞林白馬等 雞属西故也 甞使諸天仙 織羅緋染作朝衣 贈其夫 國
人因此始知神驗 又國史 史臣曰 軾政和中 甞奉使入宋 詣佑神舘 有一堂 設女仙像
舘伴學士王黼曰 此是貴國之神 公知之乎 遂言曰 古有中國帝室之女 泛海抵辰韓 生
子爲海東始祖 女爲地仙 長在仙桃山 此其像也 又大宋國使王襄到我朝 祭東神聖母
女[4286]有娠賢肇邦之句 今能施金奉佛 爲含生開香火 作津梁 豈徒學長生 而囿於溟濛
者哉
讚曰 来宅西鳶幾十霜 招呼帝子織霓裳 長生未必無生異 故謁金仙作玉[4287]皇 (『三國
遺事』5 感通 7 仙桃聖母隨喜佛事)[4288]

<table>
<tr><td>신라</td><td>第五居烈郎 第六實處郎一作突處郎 第七寶同郎等 三花之徒 欲遊楓岳 有彗星犯心大</td></tr>
</table>

第五居烈郎 第六實處郎一作突處郎 第七寶同郎等 三花之徒 欲遊楓岳 有彗星犯心大
星 郎徒疑之 欲罷其行 時天師作歌歌之 星怪即滅 日夲兵還國 反成福慶 大王歡喜
遣郎遊岳焉
歌曰 舊理東尸汀叱 乹達婆矣遊烏隱城叱肐良望良古 倭理叱軍置來叱多烽燒邪隱邊也
藪耶 三花矣岳音見賜烏尸聞古 月置八切爾數於將来尸波衣 道尸掃尸星利望良古 彗
星也白反也人是有叱多 後句 達阿羅浮去伊叱等邪 此也友物比所音叱彗叱只有叱故
(『三國遺事』5 感通 7 融天師 彗星歌 - 真平王代)[4289]

<table>
<tr><td>신라</td><td>(貞觀五年)是歲 眞平卒 無子 立其女善德爲王 宗室大臣乙祭總知國政 詔贈眞平左光</td></tr>
</table>

(貞觀五年)是歲 眞平卒 無子 立其女善德爲王 宗室大臣乙祭總知國政 詔贈眞平左光
祿大夫 賻物二百段 (『舊唐書』199上 列傳 149上 東夷 新羅)[4290]

4284) 이 기사는 진평왕대의 일이나 진평왕이 정월에 사망한 사실을 고려하여 631년에 배치하였다. 『三國史
節要』에는 632년에 배치되어 있다.
4285) '鳶'의 오자로 보인다.
4286) '文'의 오자로 보인다.
4287) '玉'의 오자로 보인다.
4288) 이 기사는 진평왕대의 일이나 진평왕이 정월에 사망한 사실을 고려하여 631년에 배치하였다. 『三國史
節要』에는 632년에 배치되어 있다.
4289) 이 기사는 진평왕대의 일이나 진평왕이 정월에 사망한 사실을 고려하여 631년에 배치하였다. 『三國史
節要』에는 632년에 배치되어 있다.
4290) 『三國史記』新羅本紀 등에는 眞平王 54년(632) 정월로 되어 있다.

| 신라 | (貞觀五年)是歲 眞平死 無子 立女善德爲王 大臣乙祭柄國 詔贈眞平左光祿大夫 贈物段二百(『新唐書』220 列傳 145 東夷 新羅) |

| 신라 | (貞觀五年是歲) 新羅王眞平卒[4291] 無嗣 國人立其女善德爲王 (『資治通鑑』193 唐紀 9 太宗文武大聖大廣孝皇帝 上之中) |

| 신라 | (唐書) 又曰 新羅王金眞平安卒 無子 立其女善德爲王 (『太平御覽』781 四夷部 2 東夷 2 新羅)[4292] |

고구려 백제 신라

貞觀五年 太宗數幸國學 遂增築學舍千二百閒 國學太學四門亦增生員 其書算各置博士 凡三千二百六十員 其屯營飛騎 亦給博士 授以經業 無何 高麗百濟新羅高昌吐蕃 諸國酋長 亦遣子弟請入國學 於是國學之內八千餘人 國學之盛 近古未有 (『通典』53 禮 13 沿革 13 吉禮 12 大學)[4294]

고구려 백제 신라

貞觀五年以後 太宗數幸國學太學 遂增築學舍一千二百間 國學太學四門 亦增生員 其書算等 各置博士 凡三千二百六十員 其屯營飛騎 亦給博士 授以經業 已而高麗百濟新羅高昌吐蕃諸國酋長 亦遣子弟 請入國學 于是國學之內 八千餘人 國學之盛 近古未有 (『唐會要』35 學校)

632(壬辰/신라 진평왕 54, 선덕왕 1 建福 49/고구려 영류왕 15/백제 무왕 33/唐 貞觀 6/倭 舒明 4)

| 신라 | 春正月 王薨 諡曰眞平 葬于漢只 唐太宗詔 贈左光祿大夫 贈物段二百[古記云 貞觀六年壬辰正月 卒 而新唐書資理通監皆云 貞觀五年幸卯 羅王眞平卒 豈其誤耶] (『三國史記』4 新羅本紀 4)[4295] |

| 신라 | 善德王 善德王立 諱德曼 眞平王長女也 母金氏摩耶[4296]夫人 德曼性寬仁明敏 王薨 無子 國人立德曼 上號聖祖皇姑 前王時得自唐來牡丹花圖幷花子 以示德曼 德曼曰 此花雖絶艶 必是無香[4297]氣 王笑曰 爾何以[4298]知之 對曰 畫花而無蝶 故知之 大抵女有國色△△△△△△△△△△△△△此花絶艶 而圖畫又無蜂蝶 是必無香花 種植之 果如所言 其先識如此 (『三國史記』5 新羅本紀 5) |

| 신라 | 春正月 新羅王伯淨薨 諡曰眞平 葬于漢只 唐詔贈左光祿大夫 贈物段二百 王薨 無子 國人以長女德曼寬仁明敏立爲主 初唐帝賜牡丹花圖幷花子 眞平王以示德曼 曼曰 此花絶艶 而畫花無蝶 是必無香 種其子 果如其言 其先識如此[殊異傳 唐太宗以牧丹子 幷畫花遣之 王見花笑謂左右曰 此花妖艶富貴 雖號花王 畫無蜂蝶 必不香 帝遺此 豈 |

4291) 卒 子恤翻
4292) 이 기사에는 연대 표기가 없으나, 『舊唐書』 新羅傳에 의거하여 貞觀 5년(631)으로 편년하였다.
4293) 『日本書紀』에는 舒明 4년(632) 8월로 되어 있다.
4294) 『舊唐書』 儒學傳에는 貞觀 2년(628)으로, 『新唐書』 儒學傳 등에는 貞觀 6년(632)으로, 『新唐書』 選擧志 등에는 貞觀13년(639)으로, 『資治通鑑』에는 貞觀14년(640) 2월10일(丁丑)로, 『三國史記』 新羅本紀에는 善德王 9년(640) 5월로 되어 있다.
4295) 『舊唐書』 新羅傳 등에는 貞觀 5년(631)으로 되어 있다.
4296) 원본에서는 '耶'가 결락되어 있다. 『삼국사기』 진평왕 즉위년조에 의거하여 보충하였다.
4297) 원본에서는 '雖絶艶 必是無香'의 글자가 결락되어 있어 『東國通鑑』에 의거하여 보충하였다.
4298) 원본에서는 '何以' 이하부터 '之大' 사이가 결락되어 있어 『東國通鑑』에 의거하여 보충하였다.

朕以女人爲王耶 亦有微意 種待花發 果不香]

　　　權近曰 古有女媧氏 洪荒之世 不可稽也 漢雉唐嬰 値幼弱之主 臨朝稱制 凶逆亦甚矣
　　　新羅以王無子 立其女而主之 以亂綱常 國之不亡幸也 書云 牝雞無晨 牝雞之晨 惟家
　　　之索 可不爲之戒乎 (『三國史節要』8)

신라　　　第二十七善德女王[名德曼 父眞平王 母麻耶夫人 金氏 聖骨男盡 故女王立 王之匹飮
　　　葛文王 仁平 甲午立 治十四年] (『三國遺事』1 王曆)4299)

신라　　　第二十七德曼[一作万] 諡善德女大王 姓金氏 父眞平王 以貞觀六年壬辰 即位 御國十
　　　六年凡知幾有三事 初唐太宗送畫牧丹三色紅紫白 以其實三升 王見畫花曰 此花定無
　　　香 仍命種於庭 待其開落 果如其言 二於靈廟4300)寺玉門池 冬月 衆蛙集鳴三四日 國
　　　人恠之 問於王 王急命角干閼川弼呑等 鍊精兵二千人 速去西郊 問女根谷 必有賊兵
　　　掩取 殺之 二角干旣受命 各率千人 問西郊富山下 果有女根谷 百濟兵五百人來藏於
　　　彼 並取殺之 百濟将軍亏召者藏於南山嶺石上 又圍而射之殪 又有後兵 一千二百人來
　　　亦擊而殺之 一無孑遺 三王無恙時 謂群臣曰 朕死於某年某月日 葬我於忉利天中 群
　　　臣罔知其處 奏云 何所 王曰 狼山南也 至其月日 王果崩 群臣葬於狼山之陽 後十餘
　　　年 文虎大王創四天王寺於王墳之下 佛経云 四天王天之上 有忉利天 乃知大王之靈聖
　　　也 當時 群臣啓於王曰 何知花蛙二事之然乎 王曰 畫花而無蝶 知其無香 斯乃唐帝欺
　　　寡人之無耦也 蛙有怒形兵士之像 玉門者 女根也女 爲陰也 其色白 白西方也 故知兵
　　　在西方 男根入於女根則必死矣 以是 知其易捉 於是 群臣皆服其聖智 送花三色者 盖
　　　知新羅有三女王而然耶 謂善德眞德眞聖是也 唐帝以有懸解之明 善德之創 靈廟寺具
　　　載 良志師傳詳之別記云 是王代 鍊石築瞻星臺 (『三國遺事』1 紀異 1 善德王 知機
　　　三事)4301)

백제　　　春正月 封元子義慈爲太子 (『三國史記』27 百濟本紀 5)
백제　　　(春正月) 百濟王封元子義慈爲太子 (『三國史節要』8)

신라　　　二月 以大臣乙祭摠持國政 (『三國史記』5 新羅本紀 5)
신라　　　二月 新羅以大臣乙祭 摠持國政(『三國史節要』8)

백제　　　二月 改築馬川城 (『三國史記』27 百濟本紀 5)
백제　　　(二月) 百濟修馬川城 (『三國史節要』8)

신라　　　夏五月 旱 至六月乃雨 (『三國史記』5 新羅本紀 5)
신라　　　夏五月 新羅旱 至六月乃雨 (『三國史節要』8)

백제 신라　　　秋七月 發兵伐新羅 不利 (『三國史記』27 百濟本紀 5)
백제 신라　　　秋七月 百濟王伐新羅 不克 (『三國史節要』8)

백제　　　(秋七月) 王田于生草之原 (『三國史記』27 百濟本紀 5)
백제　　　(秋七月) 遂田于生草原 (『三國史節要』8)

신라　　　秋八月 大唐遣高表仁 送三田耜 共泊于對馬 是時 學問僧靈雲僧旻及勝鳥養 新羅送
　　　使等從之 (『日本書紀』23 舒明紀)4302)

4299) 이 기사에는 월 표기가 없으나, 『三國史記』 新羅本紀 등에 의거하여 정월로 편년하였다.
4300) 『삼국유사』 3 塔像 靈妙寺丈六조에는 '妙'로 되어 있다.
4301) 이 기사에는 월 표기가 없으나, 『三國史記』 新羅本紀 등에 의거하여 정월로 편년하였다.

신라   冬十月 遣使 撫問國內鰥寡孤獨不能自存者 賑恤之 (『三國史記』5 新羅本紀 5)
신라   冬十月 新羅遣使 撫問國內鰥寡孤獨不能自存者 賑恤之 (『三國史節要』8)

백제 신라   (唐太宗貞觀)六年十一月 雪山黨項百濟新羅 並遣使朝貢 (『冊府元龜』970 外臣部 15
        朝貢 3)[4303]

신라   十二月 遣使入唐朝貢 (『三國史記』5 新羅本紀 5)[4304]
신라   十二月 新羅遣使如唐朝貢 (『三國史節要』8)

백제   冬十二月 遣使入唐朝貢 (『三國史記』27 百濟本紀 5)[4305]
백제   (十二月) 百濟遣使如唐朝貢 (『三國史節要』8)

신라   按金光寺夲記云 師挺生新羅 入唐學道 將還 因海龍之請 入龍宮傳秘法 施黃金千兩
        [一云千斤] 潛行地下 湧出夲宅井底 乃捨爲寺 以龍王所施黃金飾塔像 光曜殊特 因名
        金光焉[僧傳作金羽寺 誤] 師諱明郎 字國育 新羅沙干才良之子 母曰南澗夫人 或云法
        乘娘 蘇判茂[4306]林之子金氏 則慈藏之妹[4307]也 三息 長曰國教大德 次曰義安大德
        師其季也 初母夢吞青色珠而有娠 善德王元年 入唐 貞觀九年乙未 来歸 (『三國遺事』
        5 神呪 6 明朗神印)

신라   新羅國仙瞿旵 嘗縱獵於郊 赤善村僧慧宿出道左 攬轡請從 瞿旵許之 縱橫馳突 裸袒
        相先 瞿旵悅之 及炮烹相餉 宿亦啖嚼 略無忤色 旣而進曰 我有鮮肉 可獻耶 瞿旵曰
        善 宿割其股 寘盤以薦 衣血淋漓 瞿旵愕然曰 何至此 宿曰 始吾謂公爲仁人 以能恕
        己通物也 故請從之 今察公所好 唯殺戮之耽 豈仁人君子之所爲 遂拂衣而行 公大慚
        (『三國史節要』8)[4308]

신라 백제 고구려
        貞觀六年 詔罷周公祠 更以孔子爲先聖 顔子爲先師 盡召天下惇師老德以爲學官 數臨
        幸觀釋菜 命祭酒博士講論經義 賜以束帛 生能通一經者 得署吏 廣學舍千二百區 三
        學益生員 幷置書算二學 皆有博士 大抵諸生員至三千二百 自玄武屯營飛騎 皆給博士
        受經 能通一經者 聽入貢限 四方秀艾 挾策負素 坌集京師 文治燗然勃興 於是新羅高
        昌百濟吐蕃高麗等羣酋長並遣子弟入學 鼓笥踵堂者 凡八千餘人 紆侈袂 曳方履 闑闑
        秩秩 雖三代之盛 所未聞也 (『新唐書』198 列傳 123 儒學 上)[4309]
신라 백제 고구려
        [儒學傳序] (…) 貞觀六年 詔罷周公祠 更以孔子爲先聖 顔子爲先師 盡召天下名儒老
        師 以爲學官 數臨幸觀釋奠 命祭酒博士 講經義 生能通一藝者得除吏廣學舍千二百區

4302) 『新唐書』日本傳에는 貞觀 5년(631)으로 되어 있다.
4303) 『三國史記』新羅本紀 등에는 12월로 되어 있다.
4304) 『冊府元龜』外臣部에는 11월로 되어 있다.
4305) 『冊府元龜』外臣部에는 11월로 되어 있다.
4306) 고려 2대 임금 惠宗의 이름인 武를 피휘하였다.
4307) '妹'의 오자로 보인다.
4308) 『三國遺事』義解에는 진평왕대로 되어 있어, 진평왕이 정월에 사망한 사실을 고려하여 631년에 배치하
     였다.
4309) 『舊唐書』儒學傳에는 貞觀 2년(628)으로, 『通典』등에는 貞觀 5년(631)으로, 『新唐書』選擧志 등에는
     貞觀13년(639)으로, 『資治通鑑』에는 貞觀14년(640) 2월10일(丁丑)로, 『三國史記』新羅本紀에는 善德王 9
     년(640) 5월로 되어 있다.

益生員[4310] 國子監三百人　太學生六百人　四門學生千三百人　幷置書算二學　皆有博士[4311]　大抵諸生員　至三千二百六十員　自玄武屯營飛騎[4312]　皆給博士授經　能通一藝聽入貢限　四方秀艾　挾策負素　弅集京師　文治焞然勃興　於是新羅高昌百濟吐蕃高麗等羣酋　並遣子弟入學　鼓笥踵堂者　凡八千餘　紆佟袂曳方履闉闉秋秋　雖三代之盛　所未聞 (『玉海』112 學校 學校)

고구려　　　[儒學傳] 貞觀中　廣學舍千二百區　吐蕃高麗等群酋　並遣子弟入學　鼓笥踵堂凡八千餘人 (『玉海』42 禮文 經解 唐五經正義 五經義訓 義贊)[4313]

633(癸巳/신라 선덕왕 2 建福 50/고구려 영류왕 16/백제 무왕 34/唐 貞觀 7/倭 舒明 5)

신라　　　　春正月 親祀神宮 大赦 復諸州郡一年租調 (『三國史記』5 新羅本紀 5)
신라　　　　春正月 新羅王親祀神宮 大赦 復州郡一年租調(『三國史節要』8)

신라　　　　二月 京都地震 (『三國史記』5 新羅本紀 5)
신라　　　　二月 新羅京都地震 (『三國史節要』8)

신라　　　　秋七月 遣使大唐朝貢 (『三國史記』5 新羅本紀 5)
신라　　　　秋七月 新羅遣使如唐朝貢 (『三國史節要』8)

신라 백제　　八月 百濟侵西邊 (『三國史記』5 新羅本紀 5)
백제 신라　　秋八月 遣將攻新羅西谷城十三日 拔之 (『三國史記』27 百濟本紀 5)
백제 신라　　秋八月 百濟遣將攻新羅西谷城 拔之(『三國史節要』8)

634(甲午/신라 선덕왕 3 仁平 1/고구려 영류왕 17/백제 무왕 35/唐 貞觀 8/倭 舒明 6)

신라　　　　春正月 改元仁平 (『三國史記』5 新羅本紀 5)
신라　　　　春正月 新羅改元仁平 (『三國史節要』8)

신라　　　　(春正月) 芬皇寺成 (『三國史記』5 新羅本紀 5)
신라　　　　(春正月) 新羅芬皇寺成 (『三國史節要』8)

백제　　　　春二月 王興寺成 其寺臨水 彩飾壯麗 王每乘舟 入寺行香 (『三國史記』27 百濟本紀 5)

백제　　　　二月 初百濟自法王時創王興寺 至是告成 窮極壯麗 王每親詣行香
　　　　　　又鑿池於宮南 引水二十餘里注之 池中築島嶼 擬海上方丈仙山 (『三國史節要』8)[4314]

신라　　　　三月 雹 大如栗 (『三國史記』5 新羅本紀 5)
신라　　　　三月 新羅雨雹 大如栗 (『三國史節要』8)

백제　　　　三月 穿池於宮南 引水二十餘里 四岸植以楊柳 水中築島嶼 擬方丈仙山 (『三國史記』27 百濟本紀 5)[4315]

4310) 劉禹錫傳 貞觀時學舍千二百區 生徒三千餘 外夷遣子入附者五國 李觀云 學有六館 生有三千
4311) 官志 凡六學東修之禮 督課試擧 皆如國子學 助敎以下所掌亦如之
4312) 貞觀十二年始置
4313) 이 기사에는 연대 표기가 없으나,『新唐書』儒學傳 등에 의거하여 貞觀 6년(632)으로 편년하였다.
4314)『三國史節要』의 '宮南'에 연못을 팠다는 기사는『삼국사기』에서는 3월로 기록하고 있다.

| 백제 | 君淸識邁於齠年 雅道彰於卝日 析薪流譽 良冶傳芳 (「陳法子 墓誌銘」: 大唐西市博
物館藏墓誌)[4316] |

635(乙未/신라 선덕왕 4 仁平 2/고구려 영류왕 18/백제 무왕 36/唐 貞觀 9/倭 舒明 7)

| 백제 | 夏六月乙丑朔甲戌 百濟遣達率柔等朝貢 (『日本書紀』23 舒明紀) |

| 백제 | 秋七月乙未朔辛丑 饗百濟客於朝 (『日本書紀』23 舒明紀) |

| 신라 | 唐遣使持節冊命王爲柱國樂浪郡公新羅王 以襲父封 (『三國史記』5 新羅本紀 5)[4317] |
| 신라 | 唐遣使持節冊命新羅王爲柱國樂浪郡公新羅王 以襲父封 (『三國史節要』8) |

權近曰 天道陽剛而陰柔 人道男尊而女婢 男正位乎外 女正位乎內 此天地之常經也 人君無後 當求宗室之賢 以正儲副之位 此古今之通義也 新羅眞平王無子 奇愛其女德曼 而欲立之 及其卽位 君臣又不能以大義擇立宗室之賢 內探先君之邪志 而立其女 其亂常甚矣 苟有明天子在上 當正其名 遣使責讓 擇立賢君可也 若以遐方 難同中國 則置之度外 亦可也 顧以唐太宗之英明 不能正名 以定陰陽男女之分 而乃遣使錫命 冊女子爲樂浪郡公新羅王 夫公與王 皆主國君民之稱 濫加陰柔之身 是則尊卑之瓣 綱常之重 太宗自毀而盡棄之矣 未幾 遂致武氏僭竊之 禍濁亂天常 唐之宗支夷滅殆盡 是其陰悇之毒 實因太宗 此擧而啓之矣 (『三國史節要』8)

신라	(貞觀)九年 遣使持節冊命善德柱國 封樂浪郡王新羅王 (『舊唐書』199上 列傳 149上 東夷 新羅)[4318]
신라	(貞觀)九年 遣使者冊善德襲父封 國人號聖祖皇姑 (『新唐書』220 列傳 145 東夷 新 羅)[4319]
신라	貞觀九年 遣使冊命善德爲樂浪郡王新羅王 (『太平御覽』781 四夷部 2 東夷 2 新 羅)[4320]
신라	(唐太宗貞觀九年)是年 遣使持節冊命新羅金善德[4321]柱國 封樂浪郡公新羅王 (『冊府 元龜』964 外臣部 9 冊封 2)[4322]

| 신라 | 靈廟寺成 (『三國史記』5 新羅本紀 5)[4323] |
| 신라 | 新羅靈廟寺成 (『三國史節要』8) |

| 신라 | 冬十月 遣伊飡水品龍樹[一云龍春] 巡撫州縣 (『三國史記』5 新羅本紀 5) |
| 신라 | 冬十月 新羅王命伊飡水品龍樹 巡撫州縣 (『三國史節要』8) |

4315) 이 기사는 『三國史節要』에 2월 기사로 되어 있다.
4316) 陳法子는 615년에 출생하였고 이 다음에는 성인이 된 이후의 행적이 나온다. 634년 이전의 행적이라
고 판단되므로, 615~634년으로 기간편년하고 마지막해인 634년에 배치하였다.
4317) 이 기사는 10월 기사 앞에 배치되어 있으므로, 1~9월로 기간편년하고 마지막달인 9월에 배치하였다.
4318) 이 기사에는 월 표기가 없으나, 『三國史記』 新羅本紀 등에 의거하여 1~9월로 기간편년하고 마지막달
인 9월에 배치하였다.
4319) 이 기사에는 월 표기가 없으나, 『三國史記』 新羅本紀 등에 의거하여 1~9월로 기간편년하고 마지막달
인 9월에 배치하였다.
4320) 이 기사에는 월 표기가 없으나, 『三國史記』 新羅本紀 등에 의거하여 1~9월로 기간편년하고 마지막달
인 9월에 배치하였다.
4321) 臣欽若等曰 善德 金眞平之女也 眞平卒 無子 乃立善德爲王 以宗室大臣乙祭 總知政國
4322) 이 기사에는 월 표기가 없으나, 『三國史記』 新羅本紀 등에 의거하여 1~9월로 기간편년하고 마지막달
인 9월에 배치하였다.
4323) 이 기사는 10월 기사 앞에 배치되어 있으므로, 1~9월로 기간편년하고 마지막달인 9월에 배치하였다.

| 백제 | (唐太宗貞觀九年)十一月 百濟 (…) 並遣使來朝貢方物 (『冊府元龜』 970 外臣部 15 朝貢 3) |

636(丙申/신라 선덕왕 5 仁平 3/고구려 영류왕 19/백제 무왕 37/唐 貞觀 10/倭 舒明 8)

| 신라 | 春正月 拜伊飡水品爲上大等(『三國史記』 5 新羅本紀 5) |
| 신라 | 春正月 新羅以伊飡水品爲上大等 (『三國史節要』 8) |

백제	春二月 遣使入唐朝貢 (『三國史記』 27 百濟本紀 5)
백제	二月 百濟遣使如唐朝貢 (『三國史節要』 8)
백제	(唐太宗貞觀十年)二月 百濟焉耆于闐疏勒 (…) 並遣使朝貢 (『冊府元龜』 970 外臣部 15 朝貢 3)

| 신라 | 三月 王疾 醫禱無効 於皇龍寺設百高座 集僧講仁王經 許度僧一百人 (『三國史記』 5 新羅本紀 5) |
| 신라 | 三月 新羅王疾病 設百高座於皇龍寺 講仁王經 度僧百人 (『三國史節要』 8) |

백제	三月 王率左右臣寮 遊燕於泗沘河北浦 兩岸奇巖怪石錯立 間以奇花異草 如畫圖 王飮酒極歡 鼓琴自歌 從者屢舞 時人謂其地爲大王浦 (『三國史記』 27 百濟本紀 5)
백제	(三月) 百濟王每率臣寮 遊泗沘河北浦 宴飮之樂之 王醉必鼓琴自歌 令從者舞之 時人稱爲大王浦 (『三國史節要』 8)
백제	又泗沘河兩崖 如畫屛 百濟王 每遊宴歌舞 故至今稱爲大土浦 (『三國遺事』 2 紀異 南夫餘前百濟北扶餘)[4324]

신라 백제	夏五月 蝦蟆大集宮西玉門池 王聞之 謂左右曰 蝦蟆怒目 兵士之相也 吾嘗聞西南邊亦有地名玉門谷者 意或有隣國兵潛入其中乎 乃命將軍閼川弼呑率兵 往搜之 果百濟將軍于召欲襲獨山城 率甲士五百人來伏其處 閼川掩擊 盡殺之 慈藏法師入唐求法 (『三國史記』 5 新羅本紀 5)
백제 신라	夏五月 王命將軍于召 帥甲士五百往襲新羅獨山城 于召至玉門谷日暮 解鞍休士 新羅將軍閼川將兵掩至鏖擊之 于召登大石上 彎弓拒戰 矢盡爲所擒 (『三國史記』 27 百濟本紀 5)
신라 백제	夏五月 新羅宮西玉門池 蝦蟆大集 王謂左右曰 蝦蟆怒目 兵士之相也 吾嘗聞西南邊谷有名玉門者 意有隣兵至其谷乎 乃命將軍閼川往搜之 果百濟將軍于召 率甲騎五百 欲襲獨山城 至玉門谷觸鞍休士 閼川突至掩擊 盡殺之 王喜賜絹二百匹 (『三國史節要』 8)
신라 백제	二於靈廟[4325]寺玉門池 冬月 衆蛙集鳴三四日 國人怪之 問於王 王急命角干閼川弼呑等 鍊精兵二千人 速去西郊 問女根谷 必有賊兵 掩取 殺之 二角干旣受命 各率千人 問西郊富山下 果有女根谷 百濟兵五百人來藏於彼 並取殺之 百濟将軍亐召者藏於南山嶺石上 又圍而射之殪 又有後兵 一千二百人來 亦擊而殺之 一無孑遺 (『三國遺事』 1 紀異 1 善德王 知機三事)[4326]

4324) 이 기사에는 연대 표기가 없으나, 『三國史記』 百濟本紀 등에 의거하여 武王37년(636) 3월로 편년하였다.

4325) 『삼국유사』 3 塔像 靈妙寺丈六조에는 '妙'로 되어 있다.

4326) 이 기사에는 연대 표기가 없으나, 『三國史記』 新羅本紀 등에 의거하여 善德王 5년(636) 5월로 편년하였다.

백제	六月 旱 (『三國史記』 27 百濟本紀 5)
백제	六月 百濟旱 (『三國史節要』 8)
백제	秋八月 燕群臣於望海樓 (『三國史記』 27 百濟本紀 5)
백제	秋八月 百濟燕群臣於望海樓 (『三國史節要』 8)
신라	慈藏法師入唐求法 (『三國史記』 5 新羅本紀 5)

신라 고구려 백제

新羅第二十七善德王卽位五年 貞觀十年丙申 慈藏法師西學 乃於五臺感文殊授法 [詳見本傳] 文殊又云 汝國王是天竺刹利種王 預受佛記 故別有因緣不同東夷共工之族 然以山川崎嶮 故人性麤悖 多信邪見 而時或天神降禍 然有多聞比丘 在於國中 是以君臣安泰 萬庶和平矣 言已不現 藏知是大聖變化 泣血而退 經由中國太和池邊 忽有神人出問 胡爲至此 藏答曰 求菩提故 神人禮拜 又問 汝國有何留難 藏曰 我國北連靺鞨 南接倭人 麗濟二國 迭犯封埸 後寇縱橫 是爲民梗 神人云 今汝國以女爲王 有德而無威 故隣國謀之 宜速歸本國 藏問歸鄕將何爲利益乎 神曰 皇龍寺護法龍 是吾長子 受梵王之命 來護是寺 歸本國成九層塔於寺中 後國降伏 九韓來貢 王祚永安矣 建塔之後 設八關會 赦罪人 則外賊不能爲害 更爲我於京畿南岸置一精廬 共資予福 予亦報之德矣 言已遂奉玉而獻之 忽隱不現[寺中記云 於終南山圓香禪師處 受建塔因由] (『三國遺事』 3 塔像 4 皇龍寺九層塔)

신라	桉[4327]山中古傳 此山之署名 真聖住處者 始自慈藏法師 初法師欲見中國五臺山文殊真身 以善德王代 貞觀十年丙申[唐僧傳云 十二年 今從三國本史] 入唐 初至中國太和池邊石文殊處 虔祈七日 忽夢大聖授四句偈 覺而記憶 然皆梵語 罔然不解 明旦忽有一僧 将緋羅金點袈裟一領 佛鉢一具 佛頭骨一片 到于師邊 問何以無聊 師答以夢所受四句偈 梵音不解爲辞 僧譯之云 呵囉婆佐曩 是曰了知一切法 達嚇哆[4328]佉嘢 云自性無所有 曩伽呬伽曩 云如是解法性 達嚇盧舍那 云即見盧舍那 仍以所将袈裟等付而囑云 此是本師釋迦尊之道具也 汝善護持 又曰 汝本國艮方溟州界有五臺山 一萬文殊常住在彼 汝往見之 言已不現 遍尋靈迹 将欲東還 太和池龍現身請齋 供養七日 乃告云 昔之傳偈老僧 是真文殊也 亦有叮囑創寺立塔之事 具載別傳 (『三國遺事』 3 塔像 4 臺山五萬眞身)
신라	藏自嘆邊生 西希大化 以仁平三年丙申歲[即貞觀十年也] 受勑 與門人僧實等十餘輩西入唐 謁清涼山 山有曼殊大聖塑相 彼國相傳云 帝釋天将工來彫也 藏於像前禱祈冥感 夢像摩頂授梵偈 覺而未解 及旦有異 僧来釋云[已出皇龍塔篇] 又曰 雖學萬教 未有過此 又以袈裟舍利等付之而滅[藏公初匿之 故唐僧傳 不載] 藏知已蒙聖莂 乃下北臺 抵太和池 入京師 太宗勑使慰撫 安置勝光別院 寵賜頻厚 藏嫌其繁擁 啓表入終南雲際寺之東崿 架嵓爲室 居三年 人神受戒 靈應日錯 辞煩不載 既而再入京 又蒙勑慰賜絹二百正 用資衣費 (『三國遺事』 4 義解 5 慈藏定律)

637(丁酉/신라 선덕왕 6 仁平 4/고구려 영류왕 20/백제 무왕 38/唐 貞觀 11/倭 舒明 9)

신라	春正月 拜伊湌思眞爲舒弗邯 (『三國史記』 5 新羅本紀 5)

4327) 按의 오기로 보인다.
4328) '哆'의 오기로 보인다.

신라	春正月 新羅以伊湌思眞爲舒弗邯 (『三國史節要』8)
백제	春二月 王都地震 三月 又震 (『三國史記』27 百濟本紀 5)
백제	春二月 百濟王都地震 三月 又震(『三國史節要』8)
신라	秋七月 拜閼川爲大將軍 (『三國史記』5 新羅本紀 5)
신라	秋七月 新羅以閼川爲大將軍 (『三國史節要』8)
백제	(貞觀十一年)十二月辛酉 百濟王 遣其太子隆來朝 (『舊唐書』3 本紀 3 太宗 下)
백제	冬十二月 遣使入唐獻鐵甲雕斧 太宗優勞之 賜錦袍幷彩帛三千段 (『三國史記』27 百濟本紀 5)[4329]
백제	冬十二月 百濟遣使如唐 獻鐵甲雕斧 太宗優勞之 賜錦袍幷彩帛三千段 (『三國史節要』8)[4330]
백제	(唐太宗貞觀十一年)十二月 百濟王扶餘璋 遣太子隆來朝 幷獻鐵甲雕斧 帝優勞之 (『冊府元龜』970 外臣部 15 朝貢 3)[4331]
백제	(貞觀)十一年 遣使來朝 獻鐵甲雕斧 太宗優勞之 賜綵帛三千段 幷錦袍等 (『舊唐書』199上 列傳 149上 東夷 百濟)[4332]
백제	(唐書又曰) (貞觀)十一年 遣使來朝 獻鐵甲雕斧 太宗優勞之 賜綵帛錦袍等 (『太平御覽』781 四夷部 2 東夷 2 百濟)[4333]
백제	[百濟傳] (…) 貞觀中 上鐵甲雕斧 帝優勞之 賜帛 (『玉海』151 兵制 劍戰 鎧甲)[4334]
백제	[東夷傳] (…) 貞觀中 再遣使朝 上鐵甲雕斧 賜帛段三千 (『玉海』154 朝貢 獻方物)[4335]
신라	善德王六年唐貞觀十一年 爲中首州[4336] 置軍主[一云文武王十三年唐咸亨四年 置首若州] (『三國史記』35 雜志 4 地理 2 朔州)
신라	新羅以北朔州爲牛首州 置軍主 (『三國史節要』8)
신라	年過小學 神叡澄蘭 獨拔恒心 而於世數史籍 略皆周覽 情意漠漠 無心染趣 會二親俱喪 轉厭世華 深體無常 終歸空寂 乃捐捨妻子第宅田園 隨須便給 行悲敬業 子爾隻身 投於林壑 麤服草屩 用卒餘報 遂登陷陳 獨靜行禪 不避虎兕 當思難施 時或弊睡 心行將徵 遂居小室 周障棘刺 露身直坐 動便刺肉 懸髮在梁 用祛昏漠 修白骨觀 轉向明利 而冥行顯被 物望所歸 位當宰相 頻徵不就 王大怒 敕往山所 將加手刃 藏曰 吾寧持戒 一日而死 不願一生 破戒而生 使者見之 不敢加刃 以事上聞 王愧服焉 放令出家 任修道業 卽又深隱 外絶來往 糧粒固窮 以死爲命 便感 異鳥各衘諸果 就手送與 鳥於藏手 就而共食 時至必爾 初無乖候 斯行感玄徵 罕有聯者 而常懷感慼 慈哀含識 作何方便令免生死 遂於眠寐見二丈夫曰 卿在幽隱欲爲何利 藏曰 惟爲利益衆生 乃授藏五戒訖曰 可將此五戒利益衆生 又告藏曰 吾從忉利天來 故授汝戒 因騰空滅

4329) 이 기사에는 일자 표기가 없으나, 『舊唐書』本紀에 의거하여 12월11일(辛酉)로 편년하였다.
4330) 이 기사에는 일자 표기가 없으나, 『舊唐書』本紀에 의거하여 12월11일(辛酉)로 편년하였다.
4331) 이 기사에는 일자 표기가 없으나, 『舊唐書』本紀에 의거하여 12월11일(辛酉)로 편년하였다.
4332) 이 기사에는 월일 표기가 없으나, 『舊唐書』本紀에 의거하여 12월11일(辛酉)로 편년하였다.
4333) 이 기사에는 월일 표기가 없으나, 『舊唐書』本紀에 의거하여 12월11일(辛酉)로 편년하였다.
4334) 이 기사에는 연대 표기가 없으나, 『舊唐書』本紀에 의거하여 貞觀11년(637) 12월11일(辛酉)로 편년하였다.
4335) 이 기사에는 연대 표기가 없으나, 『舊唐書』本紀에 의거하여 貞觀11년(637) 12월11일(辛酉)로 편년하였다.
4336) 『高麗史』에는 해당 지명이 '牛首州'로 되어 있다

於是出山 一月之間 國中士女咸受五戒 又深惟曰 生在邊壤佛法未弘 自非目驗無由承
奉 乃啓本王西觀大化 (『續高僧傳』24 護法 下 唐新羅國大僧統 釋慈藏 5(圓勝))[4337]

638(戊戌/신라 선덕왕 7 仁平 5/고구려 영류왕 21/백제 무왕 39/唐 貞觀 12/倭 舒明 10)

| 신라 | 春三月 七重城南大石自移三十五步 (『三國史記』5 新羅本紀 5) |
| 신라 | 春三月 新羅七重城南大石 自移三十五步 (『三國史節要』8) |

| 백제 | 春三月 王與嬪御泛舟大池 (『三國史記』27 百濟本紀 5) |
| 백제 | (春三月) 百濟王與嬪御泛舟大池 (『三國史節要』8) |

| 신라 | 秋九月 雨黃花 (『三國史記』5 新羅本紀 5) |
| 신라 | 秋九月 新羅雨黃花 (『三國史節要』8) |

| 백제 | (貞觀十二年冬十月)己亥 百濟遣使貢金甲雕斧 (『舊唐書』3 本紀 3 太宗 下)[4338] |
| 백제 | [舊紀] 貞觀十二年十月己亥 百濟貢金甲雕斧 (『玉海』151 兵制 劍戰 鎧甲) |

신라 고구려　冬十月 高句麗侵北邊七重城 百姓驚擾入山谷 王命大將軍閼川安集之 (『三國史記』5 新羅本紀 5)

고구려 신라　冬十月 侵新羅北邊七重城 新羅將軍閼川逆之 戰於七重城外 我兵敗衄 (『三國史記』20 高句麗本紀 8)

고구려 신라　冬十月 高勾麗侵新羅北邊七重城 百姓驚擾入山谷 王命大將軍閼川安集之 閼川與高勾麗兵戰於七重城外 克之 殺虜甚衆 (『三國史節要』8)[4339]

신라 고구려　十一月 閼川與高句麗兵戰於七重城外 克之 殺虜甚衆 (『三國史記』5 新羅本紀 5)[4340]

백제 신라 가야
　　　是歲 百濟新羅任那 竝朝貢 (『日本書紀』23 舒明紀)

신라　以貞觀十二年 將領門人僧實等十有餘人 東辭至京 蒙敕慰撫 勝光別院 厚禮殊供 人物繁擁 財事既積 便來外盜 賊者將取 心戰自驚 返來露過 便授其戒 有患生盲 詣藏陳懺 後還得眼 由斯祥應 從受戒者 日有千計 性樂栖靜 啓敕入山 於終南雲際寺東懸崿之上 架室居焉 旦夕人神歸戒又集 時染少疹 見受戒神 爲摩所苦 尋卽除愈 (『續高僧傳』24 護法 下 唐新羅國大僧統 釋慈藏 5(圓勝))

신라　侍讀 右軍大監兼省公臣朴居勿 奉敎撰 詳夫 皇龍寺九層塔者 善德大王代之所建也 昔有善宗郎眞骨貴人也 少好殺生放鷹摯雉雉出淚 而泣感此發心請出家入道法號慈藏 大王卽位七年大唐貞觀十二年我國仁平五年 戊戌歲隨我使神通入於西國 (「皇龍寺刹柱本記」)

4337) 자장이 10세가 지난 것은 600년이고 貞觀12(638)의 앞에 있는 내용이므로, 600~637년으로 기간편년하고 마지막해인 637년에 배치하였다.
4338) 『三國史記』百濟本紀 등에는 貞觀13년(639) 10월로 되어 있다.
4339) 『三國史記』新羅本紀에는 뒷부분이 11월로 되어 있다.
4340) 『三國史節要』에서는 10월에 일어난 사건으로 기록하였다

639(己亥/신라 선덕왕 8 仁平 6/고구려 영류왕 22/백제 무왕 40/唐 貞觀 13/倭 舒明 11)

백제	竊以 法王出世 隨機赴感應物 現身如水中月 是以託生王宮 示滅雙樹 遺形八斛 利益 三千逐使 光曜五色 行遶七遍 神通變化 不可思議 我百濟王后 佐平沙乇積德女 種善 因於曠劫 受勝報於今生 撫育萬民 棟梁三寶 故能謹捨淨財 造立伽藍 以己亥年正月 十九日 奉迎舍利 願使世世供養 劫劫無盡 用此善根 仰資 大王陛下年壽 與山岳齊固 寶曆共天地同久 上弘正法 下化蒼生 又願 王后卽身心同水鏡 照法界而恒明 身若金 剛 等虛空而不滅 七世久遠 幷蒙福利 凡是有心 俱成佛道 (「彌勒寺址 出土 金製舍利 奉安記」)
신라	春正月 新羅以何瑟羅州爲北小京 置仕臣 命沙湌眞珠鎭之 (『三國史節要』8)[4341]
신라	春二月 以何瑟羅州爲北小京 命沙湌眞珠鎭之 (『三國史記』5 新羅本紀 5)[4342]
신라	秋七月 東海水赤且熱 魚鼈死 (『三國史記』5 新羅本紀 5)
신라	秋七月 新羅東海水赤且熱 魚鼈死 (『三國史節要』8)
백제	秋七月 詔曰 今年 造作大宮及大寺 則以百濟川側爲宮處 是以西民造宮 東民作寺 便 以書直縣爲大匠 (『日本書紀』23 舒明紀)
신라	秋九月 大唐學問僧惠隱惠雲 從新羅送使入京 (『日本書紀』23 舒明紀)
백제	冬十月 又遣使於唐 獻金甲雕斧 (『三國史記』27 百濟本紀 5)[4343]
백제	冬十月 百濟遣使如唐 獻金甲雕斧 (『三國史節要』8)
백제	(唐太宗貞觀十三年)十月 百濟遣使貢金甲雕斧 (『冊府元龜』970 外臣部 15 朝貢 3)
신라	冬十一月庚子朔 饗新羅客於朝 因給冠位一級 (『日本書紀』23 舒明紀)
백제	百濟武廣王 遷都枳慕蜜地 新營精舍 以貞觀十三年歲次己亥冬十一月 天大雷雨 遂災 帝釋精舍 佛堂七級浮圖 乃至廊房 一皆燒盡 塔下礎石中 有種種七寶 亦有佛舍利 晬 水晶瓶 又以銅作紙 寫金剛波若經 貯以木漆函 發礎石開視 悉皆燒盡 唯佛舍利瓶 與 波若經漆函如故 水晶瓶內外徹見 盖亦不動 而舍利悉無 不知所出 將瓶以歸大王 大 王請法師 發卽懺悔 開瓶視之 佛舍利六箇俱在處內瓶 自外視之 六箇悉見 於是 大王 及諸宮人 倍加敬信 發卽供養 更造寺貯焉 右一條 普門品云 火不能燒 夫聖人神迹 導化無方 若能至心仰信 無不照復捨 右條追繼焉 (『觀世音應驗記』百濟武廣王)
고구려 신라	(唐書曰) (貞觀十三年十二月) 高麗新羅西突厥吐火羅康國安國波斯棘勒于闐焉耆高昌 林邑昆明及荒服蠻酋 相次遣使朝貢 (『太平御覽』109 皇王部 34 唐 太宗文皇帝)
고구려 신라	是歲 (…) 高麗新羅西突厥吐火羅康國安國波斯疎勒于闐焉耆高昌林邑昆明及荒服蠻酋 相次遣使朝貢 (『舊唐書』3 本紀 3 太宗 下)[4344]

4341) 『三國史記』新羅本紀에는 2월로 되어 있다.
4342) 조병순본『삼국사기』와『三國史節要』에서는 정월로 기록하였다
4343) 『舊唐書』本紀 등에는 貞觀12년(638) 10월25일(己亥)로 되어 있다.
4344) 이 기사에는 월 표기가 없으나, 『太平御覽』에 의거하여 12월로 편년하였다.

백제   (十二月)是月 於百濟川側 建九重塔 (『日本書紀』 23 舒明紀)

고구려 백제 신라
          (貞觀)十三年 東宮置崇文館 自天下初定 增築學舍至千二百區 雖七營飛騎 亦置生 遣博士爲授經 四夷若高麗百濟新羅高昌吐蕃 相繼遣子弟入學 遂至八千餘人 (『新唐書』 44 志 34 選擧志 上)[4345]

고구려 백제 신라
          唐增築學舍二館[4346] [選擧志] 凡館二 門下省有弘文館 生三十人 東宮有崇文館 生二十人 太宗卽位 益崇儒術 乃於門下 別置弘文館 又增置書律學 進加讀經史一部 (貞觀)十三年 東宮置崇文館 自天下初定 增築學舍 至千二百區 雖七營飛騎 亦置生 遣博士爲授經 四夷若高麗百濟新羅高昌吐蕃 相繼遣子弟入學 遂至八千餘人 (『玉海』 112 學校 學校)

고구려 백제 신라
          [唐選擧志] 太宗崇儒術 四夷若高麗百濟新羅高昌吐蕃 遣子弟入學 (『玉海』 116 選擧 科擧 3)

640(庚子/신라 선덕왕 9 仁平 7/고구려 영류왕 23/백제 무왕 41/唐 貞觀 14/倭 舒明 12)

백제   春正月 星孛于西北 (『三國史記』 27 百濟本紀 5)

백제   春正月 百濟有星孛于西北 (『三國史節要』 8)

고구려 백제 신라
          二月丁丑 上幸國子監 觀釋奠[4347] 命祭酒孔穎達講孝經 賜祭酒以下至諸生高第帛有差[4348] 是時上大徵天下名儒爲學官 數幸國子監 使之講論 學生能明一大經已上皆得補官[4349] 增築學舍千二百間 增學生滿二千二百六十員 自屯營飛騎 亦給博士 使授以經 有能通經者 聽得貢擧 於是四方學者雲集京師 乃至高麗百濟新羅高昌吐蕃諸酋長 亦遣子弟請入國學 升講筵者至八千餘人[4350] 上以師說多門 章句繁雜 命孔穎達與諸儒撰定五經疏 謂之正義 令學者習之[4351] (『資治通鑑』 195 唐紀 11 太宗文武大聖大廣孝皇帝 中之上)[4352]

고구려   (春二月) 王遣子弟入唐 請入國學 (『三國史記』 20 高句麗本紀 8)[4353]

백제   二月 遣子弟於唐 請入國學 (『三國史記』 27 百濟本紀 5)[4354]

고구려   (二月) 高勾麗遣子弟如唐 請入國學 (『三國史節要』 8)[4355]

4345) 『舊唐書』 儒學傳에는 貞觀 2년(628)으로, 『通典』 등에는 貞觀 5년(631)으로, 『新唐書』 儒學傳 등에는 貞觀 6년(632)으로, 『資治通鑑』에는 貞觀14년(640) 2월10일(丁丑)로, 『三國史記』 新羅本紀에는 善德王 9년(640) 5월로 되어 있다.

4346) 詳見館類

4347) 按唐國子監在安上門西 唐制 仲春仲秋釋奠于文宣王 皆以上丁上戊 以祭酒司業博士三獻

4348) 周官有師氏保氏 漢始置祭酒博士 晉始立國子學 唐國子祭酒 從三品 掌邦國儒學訓導之政令

4349) 唐取士 以禮記春秋左氏傳爲大經 詩儀禮周禮爲中經 易尙書春秋公羊穀梁傳爲小經 數 所角翻 已上 時 掌翻

4350) 騎 奇寄翻 麗 力知翻 酋 慈由翻 長 知兩翻 吐 從嘽入聲 考異曰 舊傳云 八十餘人 今從新書

4351) 五經正義今行於世 撰 士免翻 疏 所去翻 令 力丁翻

4352) 『舊唐書』 儒學傳에는 貞觀 2년(628)으로, 『通典』 등에는 貞觀 5년(631)으로, 『新唐書』 儒學傳 등에는 貞觀 6년(632)으로, 『新唐書』 選擧志 등에는 貞觀13년(639)으로, 『三國史記』 新羅本紀에는 善德王 9년(640) 5월로 되어 있다.

4353) 이 기사에는 일자 표기가 없으나, 『資治通鑑』에 의거하여 2월10일(丁丑)로 편년하였다.

4354) 이 기사에는 일자 표기가 없으나, 『資治通鑑』에 의거하여 2월10일(丁丑)로 편년하였다.

백제	(二月) 百濟遣子弟如唐 請入國學 (『三國史節要』8)[4356]
고구려	春二月 遣世子桓權入唐朝貢 太宗勞慰 賜賚之特厚 (『三國史記』20 高句麗本紀 8)[4357]
고구려	二月 高勾麗王遣世子桓權如唐朝貢 帝勞慰 賜賚特厚 (『三國史節要』8)
신라	夏五月 王遣子弟於唐 請入國學 是時 太宗大徵天下名儒爲學官 數幸國子監 使之講論 學生能明一大經已上 皆得補官 增築學舍千二百間 增學生滿三千二百六十員 於是 四方學者雲集京師 於是 高句麗百濟高昌吐蕃亦遣子弟入學 (『三國史記』5 新羅本紀 5)[4358]
신라	夏五月 新羅遣子弟如唐 請入國學 是帝大徵天下名儒爲學官 數幸國子監 使之講論 學生能明一經已上 皆得補官 增築學舍千二百間 增學生滿三千二百六十員 於是 四方學者雲集京師 三國亦遣子弟入學 (『三國史節要』8)
고구려	秋九月 日無光 經三日復明 (『三國史記』20 高句麗本紀 8)
고구려	秋九月 高句麗日無光三日 (『三國史節要』8) 權近曰 日者 衆陽之宗 人君之象也 而三日無光 蓋蘇文弑逆之徵 已先著矣 麗之君臣 當戒謹恐懼 防患於未然也 惜乎 其不能也 (『三國史節要』8)
백제 신라	冬十月乙丑朔乙亥 大唐學問僧淸安學生高向漢人玄理 傳新羅而至之 仍百濟新羅朝貢之使 共從來之 則各賜爵一級 (『日本書紀』23 舒明紀)
백제	(十月)是月 徙於百濟宮 (『日本書紀』23 舒明紀)
고구려	十二月丁酉 侯君集獻俘于觀德殿[4359] 行飮至禮 大酺三日[4360] 尋以智盛爲左武衛將軍金城郡公 上得高昌樂工 以付太常 增九部樂爲十部[4361] (『資治通鑑』195 唐紀 11 太宗文武大聖大廣孝皇帝 中之上)
고구려	(貞觀十四年十二月)乙卯 高麗世子相權來朝 (『舊唐書』3 本紀 3 太宗 下)[4362]
고구려	(唐太宗貞觀)十四年十二月乙卯 高麗長子桓權來朝 遣職方郎中陳大德 迎勞於柳城 (『冊府元龜』974 外臣部 19 褒異 1)
고구려	(貞觀)十四年 遣其太子桓權來朝 幷貢方物 太宗優勞甚至 (『舊唐書』199上 列傳 149 上 東夷 高麗)[4363]
고구려	(唐太宗貞觀十四年)是年 高麗王遣其太子桓權來朝 幷獻方物 (『冊府元龜』970 外臣

4355) 이 기사에는 일자 표기가 없으나, 『資治通鑑』에 의거하여 2월10일(丁丑)로 편년하였다.
4356) 이 기사에는 일자 표기가 없으나, 『資治通鑑』에 의거하여 2월10일(丁丑)로 편년하였다.
4357) 『舊唐書』本紀 등에는 12월23일(乙卯)로 되어 있다.
4358) 『舊唐書』儒學傳에는 貞觀 2년(628)으로, 『通典』 등에는 貞觀 5년(631)으로, 『新唐書』儒學傳 등에는 貞觀 6년(632)으로, 『新唐書』選擧志 등에는 貞觀13년(639)으로, 『資治通鑑』에는 貞觀14년(640) 2월10일(丁丑)로 되어 있다.
4359) 觀德殿 射殿也 閣本太極宮圖 射殿在宜春門北
4360) 酺 薄乎翻
4361) 唐六典曰 凡大宴會 則設十部之伎於庭 以備華夷 一曰宴樂伎 有景雲樂之舞 慶善樂之舞 破陳樂之舞 承天樂之舞 二曰淸樂伎 三曰西涼伎 四曰天竺伎 五曰高麗伎 六曰龜兹伎 七曰安國伎 八曰疏勒伎 九曰高昌伎 十曰康國伎
4362) 『삼국사기』에서는 2월의 일로 기록하였다.
4363) 이 기사에는 월일 표기가 없으나, 『舊唐書』本紀 등에 의거하여 12월23일(乙卯)로 편년하였다.

	部 15 朝貢 3)[4364]
고구려	久之 遣太子桓權 入朝獻方物 帝厚賜賚 詔使者陳大德持節答勞 且觀釁 大德入其國 厚餉官守 悉得其纖曲 見華人流客者 爲道親戚存亡 人人垂涕 故所至士女夾道觀 (『新唐書』 220 列傳 145 東夷 高麗)[4365]

641(辛丑/신라 선덕왕 10 仁平 8/고구려 영류왕 24/백제 무왕 42, 의자왕 1/唐 貞觀 15/倭 舒明 13)

백제	春三月 王薨 諡曰武 使者入唐 素服奉表曰 君外臣扶餘璋卒 帝擧哀玄武門 詔曰 懷遠之道 莫先於寵命 飾終之義 無隔於遐方 故柱國帶方郡王百濟王扶餘璋 棧山航海 遠稟正朔 獻琛奉贖 克固始終 奄致薨殞 追深愍悼 宜加常數 式表哀榮 贈光祿大夫 賻賜甚厚 (『三國史記』 27 百濟本紀 5)[4366]
백제	義慈王 武王之元子 雄勇有膽決 武王在位三十三年 立爲太子 事親以孝 與兄弟以友 時號海東曾子 武王薨 太子嗣位 太宗遣祠部郎中鄭文表 冊命爲柱國帶方郡王百濟王 (『三國史記』 28 百濟本紀 6)
백제	春三月 百濟王璋薨 諡曰武 太子義慈立 義慈幼有孝友之行 時號海東曾子 百濟遣使者入唐告哀 帝擧哀玄武門 遂詔曰 懷遠之道 莫先於寵命 飾終之義 無隔於遐方 故柱國帶方郡公百濟王扶餘璋 棧山航海 遠稟正朔 獻琛奉贖 克固始終 奄致薨殞 追深愍悼 宜加常數 式表哀榮 贈光祿大夫 賻賜甚厚 遣祠部郎中鄭文表 冊命義慈爲柱國帶方郡公百濟王 (『三國史節要』8)
백제	第三十一義慈王[武王子 辛丑立 治二十年] (『三國遺事』 1 王曆)[4367]
백제	時百濟末王 義慈乃虎[4368]王之元子也 雄猛有膽氣 事親以孝 友于兄弟 時號海東曽子 以貞觀十五年辛丑即位 耽婬酒色 政荒國危 佐平[百済爵名]成忠極諫 不聴 囚於獄中 瘦困濱死 書曰 忠臣死不忘君 願一言而死 臣甞觀時變 必有兵革之事 凡用兵 審擇其地 處上流而迎敵 可以保全 若異國兵來陸路 不使過炭峴[一云 沈峴 百済要害之地] 水軍不使入伎伐浦[即長嵓 又孫梁 一作只火浦 又白江] 擄其險隘 以禦之 然後可也 王不省 (『三國遺事』 1 紀異 1 太宗春秋公)[4369]
백제	(五月)丙子 百濟王扶餘璋卒 詔立其世子扶餘義慈嗣其父位 仍封爲帶方郡王 (『舊唐書』 3 本紀 3 太宗 下)[4370]
백제	(五月)丙子 百濟來告其王扶餘璋之喪 遣使冊命其嗣子義慈[4371] (『資治通鑑』 196 唐紀 12 太宗文武大聖大廣孝皇帝 中之中)
백제	(唐太宗貞觀)十五年五月 詔曰 懷遠之道 莫先於寵命 飾中之義 無隔於遐方 故柱國帶方郡王百濟王扶餘璋 棧山航海 遠稟正朔 獻琛奉貢 克固始終 奄致夢殞 追遠愍悼 宜加嘗[4372]數 式表哀榮 可贈光祿大夫 令其嫡子義慈嗣位 授柱國 封帶方郡王百濟王 使祠部郎中鄭文表 持節備禮冊命 (『冊府元龜』 964 外臣部 9 冊封 2)[4373]
백제	(貞觀)十五年 璋卒 其子義慈遣使奉表告哀 太宗素服哭之 贈光祿大夫 賻物二百段 遣

4364) 이 기사에는 월일 표기가 없으나, 『舊唐書』 本紀 등에 의거하여 12월23일(乙卯)로 편년하였다.
4365) 이 기사에는 연대 표기가 없으나, 『舊唐書』 本紀 등에 의거하여 貞觀14년(640) 12월23일(乙卯)로 편년하였다.
4366) 『舊唐書』 本紀 등에는 5월16일(丙子)로 되어 있다.
4367) 이 기사에는 월 표기가 없으나, 『三國史記』 百濟本紀에 의거하여 3월로 편년하였다.
4368) '虎'는 고려 혜종의 휘인 '武'의 避諱이다.
4369) 이 기사에는 월 표기가 없으나, 『三國史記』 百濟本紀에 의거하여 3월로 편년하였다.
4370) 『三國史記』 百濟本紀 등에는 3월로 되어 있다.
4371) 使 疏史翻 嗣 祥史翻
4372) '常'의 避諱이다.
4373) 이 기사에는 일자 표기가 없으나, 『舊唐書』 本紀 등에 의거하여 5월16일(丙子)로 편년하였다.

백제	使册命義慈爲柱國 封帶方郡王百濟王 (『舊唐書』199上 列傳 149上 東夷 百濟)4374)
백제	(貞觀)十五年 璋死 使者素服奉表曰 君外臣百濟王扶餘璋卒 帝爲擧哀玄武門 贈光祿 大夫 賻賜甚厚 命祠部郎中鄭文表册其子義慈爲柱國 紹王 義慈事親孝 與兄弟友 時 號 海東曾子 (『新唐書』220 列傳 145 東夷 百濟)4375)
백제	唐神丘道行軍大摠管蘇定方俘百濟 (…) [東夷傳] (貞觀)十五年 璋死 太宗册其子義慈 爲柱國 紹王其國 (『玉海』191 兵捷 兵捷 露布 3)4376)

·고구려	(元年二月)丁未 遣諸大夫於難波郡 檢高麗國所貢金銀等 幷其獻物 使人貢獻既訖 而 諮云 去年六月 弟王子薨 (…) (『日本書紀』24 皇極紀)

고구려	(七月丙子) 上遣職方郎中陳大德使高麗4377) (『資治通鑑』196 唐紀 12 太宗文武大聖 大廣孝皇帝 中之中)

고구려	八月己亥 自高麗還 大德初入其境 欲知山川風俗 所至城邑 以綾綺遺其守者 曰 吾雅 好山水4378) 此有勝處 吾欲觀之 守者喜 導之遊歷 無所不至 往往見中國人 自云 家 在某郡 隋末從軍 沒於高麗 高麗妻以遊女4379) 與高麗錯居 殆將半矣 因問親戚存沒 大德給之曰 皆無恙4380) 咸涕泣相告 數日後 隋人望之而哭者 徧於郊野 大德言於上 曰 其國聞高昌亡 大懼 館候之勤 加於常數 上曰 高麗本四郡地耳4381) 吾發卒數萬攻 遼東 彼必傾國救之 別遣舟師出東萊 自海道趨平壤4382) 水陸合勢 取之不難 但山東 州縣彫瘵未復 吾不欲勞之耳4383) (『資治通鑑』196 唐紀 12 太宗文武大聖大廣孝皇 帝 中之中)
고구려	唐太宗貞觀十五年八月 職方郎中陳大德使高麗迴 言於帝曰 其國聞高昌之滅 大懷震 懼 大德封盧 三至舘候 五接之禮 加於嘗數 太宗曰 高麗所居本四郡 發卒數萬 攻遼 東諸城 其國精兵 必來救援 又遣舟師 自東萊橫海 以趣平壤 水陸合勢 此固取之不難 但關東諸州戶口未復 朕意在含育 不欲勞之耳 (『册府元龜』142 帝王部 142 弭 兵)4384)
고구려	帝以我太子入朝 遣職方郎中陳大德答勞 大德入境 所至城邑 以綾綺厚餉官守者曰 吾 雅好山水 此有勝處 吾欲觀之 守者喜導之 遊歷無所不至 由是 悉得其纖曲 見華人隋 末從軍沒留者 爲道親戚存亡 人人垂涕 故所至士女夾道觀之 王盛陳兵衛 引見使者 大德因奉使覘國虛實 吾人不知 大德還奏 帝悅 大德言於帝曰 其國聞高昌亡 大懼 館 候之勤 加於常數 帝曰 高句麗本四郡地耳 吾發卒數萬攻遼東 彼必傾國救之 別遣舟 師出東萊 自海道趨平壤 水陸合勢 取之不難 但山東州縣凋瘵未復 吾不欲勞之耳 (『三 國史記』20 高句麗本紀 8)4385)
고구려	帝嘉高句麗太子桓權入朝 遣職方郎中陳大德報之 大德入高句麗 所至城邑 以綾綺厚

4374) 이 기사에는 월일 표기가 없으나, 『舊唐書』 本紀 등에 의거하여 5월16일(丙子)로 편년하였다.
4375) 이 기사에는 월일 표기가 없으나, 『舊唐書』 本紀 등에 의거하여 5월16일(丙子)로 편년하였다.
4376) 이 기사에는 월일 표기가 없으나, 『舊唐書』 本紀 등에 의거하여 5월16일(丙子)로 편년하였다.
4377) 職方 掌天下地圖及城隍鎭戍烽候之數 辨其邦國之遠近及四夷之歸化 凡五方之區域 都邑之廢置 疆場之爭
訟 擧而正之 使 疏吏翻 麗 力知翻
4378) 遺 于季翻 好 呼到翻
4379) 妻 七細翻
4380) 給 蕩亥翻 恙 余亮翻
4381) 漢武帝置臨屯眞番樂浪玄菟四郡 高麗有其地
4382) 趨 七喻翻
4383) 觀帝此言 已有取高麗之心 瘵 則界翻
4384) 이 기사에는 일자 표기가 없으나, 『資治通鑑』에 의거하여 8월10일(己亥)로 편년하였다.
4385) 이 기사에는 월일 표기가 없으나, 『資治通鑑』에 의거하여 8월10일(己亥)로 편년하였다.

	餉官守者曰 大德雅好山水 如有勝處 欲觀之 守者喜導大德 遊歷殆不 悉得山川道里 險易 見隋末華人從軍陷沒者 爲道親戚故舊存亡 人人感泣 及至都 王盛陳兵衛迎之 及大德還因 實陳高句麗虛實 且奏曰 高句麗聞高昌亡 大懼 館候之勤 加於常數 帝悅 曰 高句麗本四郡之地 吾發卒數萬攻遼東 彼必傾國救之 別遣舟師出東萊 自海道趨平 壤 水陸合勢 取之不難 但山東州縣凋瘵未復 吾不欲勞之耳 (『三國史節要』8)[4386]
고구려	唐陳大德 爲職方郎中 貞觀十五年 大德使于高麗 初入其境 欲窺其國俗 每至城邑 輒 以綾綺遺其官守 莫不懽悅 大德因謂之曰 吾性好山水 所不能忘 在此何處有林泉勝地 吾欲時往遊踐 其國人信之 遇有好山水之處 輒引大德觀之 逐得在道屈曲而行 往往見 中國人 自云 家在某郡 隋大業末 因平壤敗 遂沒於此 高麗妻以遊女 子孫盈室 與高 麗錯居 殆將半矣 因謂親戚存不 大德紿之曰 汝之親屬悉無恙 莫不垂涕而去 更相告 示 數日之後 大德在塗 隋人望之而哭者 徧於田野 大德未至平壤五十里 士女夾道 而 觀者如堵 以屬於其都 及與其王相見 乃盛陳兵甲 蓋懼中國 而自强也 (『冊府元龜』 657 奉使部 6 機變)[4387]
고구려	[通監] (…) 貞觀十五年 遣子入朝獻方物 (『玉海』153 朝貢 外夷來朝 內附)[4388]
고구려	詔使者陳大德 持節答勞 且觀釁 大德入其國 厚餉官守 悉得其纖曲 見華人流客者 爲 道親戚存亡 人人垂涕 故所至士女夾道觀 建武盛陳兵見使者 大德還奏 帝悅 大德又 言 聞高昌滅 其大對盧三至館 有加禮焉 帝曰 高麗地止四郡 我發卒數萬攻遼東 諸城 必救 我以舟師自東萊帆 海趨平壤 固易 然天下甫平 不欲勞人耳 (『新唐書』220 列 傳 145 東夷 高麗)[4389]
고구려	奉使高麗記一卷 (『舊唐書』46 志 26 經籍 上 乙部史錄 地理類)[4390]
고구려	奉使高麗記一卷 (『新唐書』58 志 48 藝文 2 乙部史錄 地理類)
고구려	高麗記曰 其國建官有九等 其一曰吐捽 比一品 舊名大對盧 惣知國事 三年一伐[代] 若稱職者 不拘年限 交替之日 或不相祇服 皆勒兵相政[攻] 勝者爲之 其王但閉宮自守 不能制禦 次曰太大兄 比二品 一名莫何何羅支 次鬱折 比從二品 華言主簿 次大夫使 者 比正三品 亦名謂謁奢 次皀衣頭大兄 比從三品 一名中裏皀衣頭大兄 東夷相傳 所 謂皀衣先人者也 以前五官 掌機密謀政事徵發兵 選授官爵 次大使者 比正四品 一名 大奢 次大兄加 比正五品 一名纈支 次拔位使者 比從五品 一名儒奢 次上位使者 比 正六品 一名契達奢使者 一名乙耆 次小兄 比正七品 一名失支 次諸兄 比從七品 一 名翳屬 一名伊紹 一名河紹還 次過節 比正八品 次不節 比從八品 次先人 比正九品 一名失元 一名庶人 又有拔古鄒鄒大加 掌賓客 比鴻臚卿 以大夫使爲之 又有國子博 士・大學士・舍人通事・典容 皆以小兄以上爲之 又其諸大城置傉薩 比都督 諸城置 處閭匹刺史 亦謂之道使 道使治所名之曰備 諸小城置可邏達 比長史 又城置婁肖 比 縣令 其武官曰大模達 比衛將軍 一名莫何邏繡支 一名大幢主 以皀衣頭大兄以上爲之 次末若 比中郎將 一名郡頭 以大兄以上爲之 其領千人 以下各有等級 (『翰苑』蕃夷部 高麗)[4391]
백제	秋八月 遣使入唐表謝 兼獻方物 (『三國史記』28 百濟本紀 6)

4386) 이 기사에는 월일 표기가 없으나, 『資治通鑑』에 의거하여 8월10일(己亥)로 편년하였다.
4387) 이 기사에는 월일 표기가 없으나, 『資治通鑑』에 의거하여 8월10일(己亥)로 편년하였다.
4388) 이 기사에는 월일 표기가 없으나, 『資治通鑑』에 의거하여 8월10일(己亥)로 편년하였다.
4389) 이 기사에는 연대 표기가 없으나, 『資治通鑑』에 의거하여 貞觀15년(641) 8월10일(己亥)로 편년하였다.
4390) 『奉使高麗記』는 641년에 진대덕이 고구려에 사신을 갔다온 후 작성한 것으로 알려져 있다.
4391) 진대덕의 귀국이 8월임을 고려하여 여기에 배치하였다.

백제	秋八月 遣使如唐表謝 兼獻方物 (『三國史節要』8)
고구려	(元年二月)丁未 遣諸大夫於難波郡 檢高麗國所貢金銀等 幷其獻物 使人貢獻既訖 而諮云 (…) (去年)秋九月 大臣伊梨柯須彌弑大王 幷殺伊梨渠世斯等百八十餘人 仍以弟王子兒爲王 以己同姓都須流金流爲大臣 (『日本書紀』24 皇極紀)[4392]
백제	冬十月己丑朔丁酉 天皇崩于百濟宮 (『日本書紀』23 舒明紀)
백제	(冬十月)丙午 殯於宮北 是謂百濟大殯 (『日本書紀』23 舒明紀)
백제	元年二月丁亥朔戊子 (…) 百濟弔使傔人等言 去年十一月 大佐平智積卒 又百濟使人擲崐崘使於海裏 (…) (『日本書紀』24 皇極紀)
신라	(貞觀十二年) 往還三夏 常在此山 將事東蕃 辭下雲際 見大鬼神 其衆無數 帶甲持仗云 將此金輿 迎取慈藏 復見大神 與之共鬪 拒不許迎 藏聞臭氣塞谷蓬勃 卽就繩床 通告訣別 其一弟子又被鬼打 蹶死乃蘇 藏卽捨諸衣財 行僧德施 又聞香氣遍滿身心 神語藏曰 今者不死 八十餘矣 旣而入京 蒙敕慰問 賜絹二百匹 用充衣服 (『續高僧傳』24 護法 下 唐新羅國大僧統 釋慈藏 5(圓勝))[4393]
고구려	屬何孫海嶐 作梗遼陽 日鳥風禽 挻袄耐嶺 天子按劍 馳羽檄而徵兵 將軍擁旄 登廟堂而受脤 公年甫十八 卽預戎旃 從俠少而先鳴 應林官而賈勇 俄以△功行賞 方加蔡陽之勳 論德疇庸 卽踐仇香之位 其年 蒙授上柱國 同州韓城縣主簿 (「溫思晦 墓誌銘」: 통全唐文補遺→千唐誌齋新藏專輯)[4394]
백제	祖佐平譽多 父佐平思善 幷蕃官正一品 雄毅爲姿 忠厚成性 馳聲滄海 效節靑丘 (「禰寔進 墓誌銘」: 통中國歷史地理論叢→2006-2)[4395]
백제	曾祖福 祖譽 父善 皆是本藩一品 官号佐平 並緝地義以光身 佩天爵而勳國 忠侔鐵石 操埒松筠 範物者 道德有成 則士者 文武不墜 (「禰軍 墓誌銘」: 통社會科學戰線→2011-7)
백제	曾祖眞 帶方州刺史 祖善 隨任萊州刺史 (「禰素士 墓誌銘」: 2012 통唐史論叢→14)
백제	曾祖春 本邦太學正 恩率 祖德止 麻連大郡將 達率 父微之 馬徒郡叅司軍 德率 並英靈傑出 雄略該通 廱管一方 績宣於字育 撫綏五部 業劭於毗謠 (「陳法子 墓誌銘」: 통大唐西市博物館藏墓誌→)[4396]
백제	高祖珇 仕遼任達率官 亦猶今宗正卿焉 (「難元慶 墓誌銘」: 2000 통洛陽出土墓誌研究文集→)[4397]

4392) 『三國史記』高句麗本紀 등에는 榮留王25년(642) 10월, 『資治通鑑』에는 貞觀16년(642) 11월 5일(丁巳)로 되어 있다.

4393) 貞觀12년(638)으로부터 3년 후이므로 貞觀15년(641)으로 편년하였다.

4394) 溫思晦은 624년에 출생하였으므로 18세가 되는 것은 641년이다. 그에 따라 641년으로 편년하였다.

4395) 조부와 부친의 좌평 취임은 정확한 연대를 알 수 없으나, 연령 등으로 판단하면 무왕대(600~641)로 추정된다. 그에 따라 600~641년으로 기간편년하고 마지막해인 641년에 배치하였다.

4396) 증조의 은솔, 조부의 달솔, 부친의 덕솔 취임은 정확한 연대를 알 수 없으나, 연령 등으로 판단하면 위덕왕·무왕대(554~641)로 추정된다. 그에 따라 554~641년으로 기간편년하고 마지막해인 641년에 배치하였다.

642(壬寅/신라 선덕왕 11 仁平 9/고구려 영류왕 25, 보장왕 1/백제 의자왕 2/唐 貞觀 16/倭 皇極 1)

백제   (春正月)乙酉 百濟使人大仁阿曇連比羅夫 從筑紫國 乘驛馬來言 百濟國 聞天皇崩 奉遣弔使 臣隨弔使 共到筑紫 而臣望仕於葬 故先獨來也 然其國者 今大亂矣 (『日本書紀』 24 皇極紀)

신라   春正月 遣使大唐獻方物 (『三國史記』 5 新羅本紀 5)
고구려   春正月 遣使入唐朝貢 (『三國史記』 20 高句麗本紀 8)
백제   春正月 遣使入唐朝貢 (『三國史記』 28 百濟本紀 6)
신라   春正月 新羅遣使如唐朝貢 (『三國史節要』 8)
고구려   (春正月) 高勾麗遣使如唐朝貢 (『三國史節要』 8)
백제   (春正月) 百濟遣使如唐朝貢 (『三國史節要』 8)

백제 고구려 신라
      (唐太宗貞觀)十六年春正月 吐蕃于闐百濟高麗新羅康國龜玆吐谷渾曹國賀國史國婆羅國曇陵叁半 (…) 遣使獻方物 (『冊府元龜』 970 外臣部 15 朝貢 3)

고구려   (春正月) 王命西部大人蓋蘇文 監長城之役 (『三國史記』 20 高句麗本紀 8)
고구려   (春正月) 高勾麗王命東部大人蓋蘇文 築長城
      權近曰 自古 弑逆之賊 必欲其衆之附已也 蓋蘇文旣爲東部大人 又因築城 招集徒衆 以行誅賞 蓋欲其附已者衆也 惜乎 麗之君臣 不能察之於微以制於未難也 (『三國史節要』 8)

백제   二月丁亥朔戊子 (…) 百濟弔使傔人等言 (…) 今年正月 國主母薨 又弟王子兒翹岐及其母妹女子四人 內佐平岐味 有高名之人卌餘 被放於嶋 (『日本書紀』 24 皇極紀)

백제   二月丁亥朔戊子 遣阿曇山背連比夫草壁吉士磐金倭漢書直縣 遣百濟弔使所 問彼消息 弔使報言 百濟國主謂臣言 塞上恒作惡之 請付還使 天朝不許 百濟弔使傔人等言 去年十一月 大佐平智積卒 又百濟使人 擲崑崙使於海裏 今年正月 國主母薨 又弟王子兒翹岐及其母妹女子四人 內佐平岐味 有高名之人卌餘 被放於嶋 (『日本書紀』 24 皇極紀)

고구려   (二月)壬辰 高麗使人 泊難波津 (『日本書紀』 24 皇極紀)

고구려   (二月)丁未 遣諸大夫於難波郡 檢高麗國所貢金銀等 幷其獻物 使人貢獻旣訖 而諮云 去年六月 弟王子薨 秋九月 大臣伊梨柯須彌弑大王 幷殺伊梨渠世斯等百八十餘人 仍以弟王子兒爲王 以己同姓都須流金流爲大臣 (『日本書紀』 24 皇極紀)

고구려 백제 신라 가야
      (二月)戊申 饗高麗百濟客於難波郡 詔大臣曰 以津守連大海可使於高麗 以國勝吉士水鷄可使於百濟[水鷄 此云俱毗那] 以草壁吉士眞跡可使於新羅 以坂本吉士長兄可使於任那 (『日本書紀』 24 皇極紀)

4397) 고조의 달솔 취임은 정확한 연대를 알 수 없으나, 연령 등으로 판단하면 위덕왕·무왕대(554~641)로 추정된다. 그에 따라 554~641년으로 기간편년하고 마지막해인 641년에 배치하였다.

백제   (二月)庚戌 召翹岐 安置於阿曇山背連家 (『日本書紀』24 皇極紀)

고구려 백제   (二月)辛亥 饗高麗百濟客 (『日本書紀』24 皇極紀)

고구려 백제   (二月)癸丑 高麗使人百濟使人 竝罷歸 (『日本書紀』24 皇極紀)

백제   二月 王巡撫州郡 慮囚 除死罪皆原之 (『三國史記』28 百濟本紀 6)
백제   二月 百濟王巡撫州郡 慮囚 除死罪皆原之 (『三國史節要』8)

신라   (三月)辛酉 新羅遣賀騰極使與弔喪使 (『日本書紀』24 皇極紀)

신라   (三月)庚午 新羅使人罷歸 (『日本書紀』24 皇極紀)

백제   夏四月丙戌朔癸巳 大使翹岐 將其從者拜朝 (『日本書紀』24 皇極紀)

백제   (四月)乙未 蘇我大臣 於畝傍家 喚百濟翹岐等 親對語話 仍賜良馬一匹鐵廿鋌 唯不喚塞上 (『日本書紀』24 皇極紀)

백제   五月乙卯朔己未 於河內國依網屯倉前 召翹岐等 令觀射獵 (『日本書紀』24 皇極紀)

백제   (五月)庚午 百濟國調使船與吉士船 俱泊于難波津[蓋吉士前奉使於百濟乎] (『日本書紀』24 皇極紀)

백제   (五月)壬申 百濟使人進調 吉士服命 (『日本書紀』24 皇極紀)

백제   (五月)乙亥 翹岐從者一人死去 (『日本書紀』24 皇極紀)

백제 신라   (五月)丙子 翹岐兒死去 是時 翹岐與妻 畏忌兒死 果不臨喪 凡百濟新羅風俗 有死亡者 雖父母兄弟夫婦姉妹 永不自看 以此而觀 無慈之甚 豈別禽獸 (『日本書紀』24 皇極紀)

백제   (五月)戊寅 翹岐將其妻子 移於百濟大井家 乃遣人葬兒於石川 (『日本書紀』24 皇極紀)

백제   (秋七月)乙亥 饗百濟使人大佐平智積等於朝[或本云 百濟使人大佐平智積及兒達率闕名恩率軍善] 乃命健兒 相撲於翹岐前 智積等 宴畢而退 拜翹岐門 (『日本書紀』24 皇極紀)

신라 백제   秋七月 百濟王義慈大擧兵 攻取國西四十餘城 (『三國史記』5 新羅本紀 5)
백제 신라   秋七月 王親帥兵 侵新羅 下獼猴等四十餘城 (『三國史記』28 百濟本紀 6)
백제 신라   秋七月 百濟王親帥兵 侵新羅 取國西獼猴等四十餘城 (『三國史節要』8)
백제 신라 고구려

        (貞觀)十六年 義慈興兵伐新羅四十餘城 又發兵以守之 與高麗和親通好 (『舊唐書』199上 列傳 149上 東夷 百濟)[4398]

백제 신라 고구려

    (貞觀十五年)明年 與高麗連和 伐新羅 取四十餘城 發兵守之 (『新唐書』 220 列傳 145 東夷 百濟)4399)

백제 신라 고구려

    (唐書) 又曰 貞觀十六年 百濟王義慈興兵 伐新羅四十餘城 又與高麗和親通好 (『太平御覽』 781 四夷部 2 東夷 2 百濟)4400)

백제 고구려 신라

    唐神丘道行軍大摠管蘇定方俘百濟 (…) [東夷傳] (貞觀十五年)明年 與高麗連和 伐新羅 取四十餘城 (『玉海』 191 兵捷 兵捷 露布 3)4401)

백제

    (八月)己丑 百濟使參官等罷歸 仍賜大舶與同船三艘[同船 母慮紀舟] 是日夜半 雷鳴於西南角而風雨 參官等所乘船舶 觸岸而破 (『日本書紀』 24 皇極紀)

백제

    (八月)丙申 以小德授百濟質達率長福 中客以下 授位一級 賜物各有差 (『日本書紀』 24 皇極紀)

백제

    (八月)戊戌 以船賜百濟參官等發遣 (『日本書紀』 24 皇極紀)

고구려

    (八月)己亥 高麗使人罷歸 (『日本書紀』 24 皇極紀)

백제 신라

    (八月)己酉 百濟新羅使人罷歸 (『日本書紀』 24 皇極紀)

신라 고구려

    八月 又與高句麗謀欲取党項城 以絶歸唐之路 王遣使告急於太宗 (『三國史記』 5 新羅本紀 5)4402)

고구려 신라

    八月 又與高勾麗謀欲取新羅党項城 以絶歸唐之路 新羅王遣使告急於唐 (『三國史節要』 8)

백제 고구려 신라

    (貞觀十六年) 謀欲取黨項城 以絶新羅入朝之路 新羅遣使告急請救 (『舊唐書』 199上 列傳 149上 東夷 百濟)4403)

백제 신라

    (貞觀十五年明年) 又謀取棠項城 絶貢道 新羅告急 (『新唐書』 220 列傳 145 東夷 百濟)4404)

백제 고구려 신라

    貞觀十六年 與高麗通和 以絶新羅入朝之道 (『唐會要』 95 百濟)4405)

백제 신라

    (唐書又曰) (貞觀十六年) 謀欲取党項城 以絶新羅入朝之道 新羅遣使告急請救 (『太平御覽』 781 四夷部 2 東夷 2 百濟)4406)

백제 고구려 신라

4398) 이 기사에는 월 표기가 없으나, 『三國史記』 新羅本紀 등에 의거하여 7월로 편년하였다.
4399) 이 기사에는 월 표기가 없으나, 『三國史記』 新羅本紀 등에 의거하여 7월로 편년하였다.
4400) 이 기사에는 월 표기가 없으나, 『三國史記』 新羅本紀 등에 의거하여 7월로 편년하였다.
4401) 이 기사에는 월 표기가 없으나, 『三國史記』 新羅本紀 등에 의거하여 7월로 편년하였다.
4402) 『資治通鑑』 등에는 貞觀17(643) 9월 4일(庚辰)로, 『三國史記』 百濟本紀 등에는 義慈王 3년(643) 11월로 되어 있다.
4403) 이 기사에는 월 표기가 없으나, 『三國史記』 新羅本紀 등에 의거하여 8월로 편년하였다.
4404) 이 기사에는 월 표기가 없으나, 『三國史記』 新羅本紀 등에 의거하여 8월로 편년하였다.
4405) 이 기사에는 월 표기가 없으나, 『三國史記』 新羅本紀 등에 의거하여 8월로 편년하였다.
4406) 이 기사에는 월 표기가 없으나, 『三國史記』 新羅本紀 등에 의거하여 8월로 편년하였다.

貞觀十六年 與高麗通和 以絶新羅入朝之道 (『太平寰宇記』172 四夷 1 東夷 1 百濟國)4407)

백제 신라　唐神丘道行軍大摠管蘇定方俘百濟 (…) [東夷傳] (貞觀十五年明年) 又謀取党項城 絶貢道 新羅告急 (『玉海』191 兵捷 兵捷 露布 3)4408)

신라 백제　(八月)是月 百濟將軍允忠領兵攻拔大耶城 都督伊湌品釋舍知竹竹龍石等死之 (『三國史記』5 新羅本紀 5)

백제 신라　八月 遣將軍允忠領兵一萬 攻新羅大耶城 城主品釋與妻子出降 允忠盡殺之 斬其首傳之王都 生獲男女一萬餘人 分居國西州縣 留兵守其城 王賞允忠功 馬二十匹穀一千石 (『三國史記』28 百濟本紀 6)

신라 백제　竹竹 大耶州人也 父郝熱爲撰于4409) 善德王時爲舍知 佐大耶城都督金品釋幢下 王十一年壬寅秋八月 百濟將軍允忠領兵 來攻其城 先是 都督品釋見幕客舍知黔日之妻有色 奪之 黔日恨之 至是 爲內應 燒其倉庫 故城中兇懼 恐不能固守 品釋之佐阿湌西川[一云沙湌 祇之那] 登城謂允忠曰 若將軍不殺我 願以城降 允忠曰 若如是 所不與公同好者 有如白日 西川勸品釋及諸將士欲出城 竹竹止之曰 百濟反覆之國 不可信也 而允忠之言甘 必誘我也 若出城 必爲賊之所虜 與其竄伏而求生 不若虎鬪而至死 品釋不聽 開門 士卒先出 百濟發伏兵 盡殺之 品釋將出 聞將士死 先殺妻子而自刎 竹竹收殘卒 閉城門自拒 舍知龍石謂竹竹曰 今兵勢如此 必不得全 不若生降以圖後効 荅曰 君言當矣 而吾父名我以竹竹者 使我歲寒不凋 可折而不可屈 豈可畏死而生降乎 遂力戰 至城陷 與龍石同死 王聞之 哀傷 贈竹竹以級湌 龍石以大奈麻 賞其妻子 遷之王都 (『三國史記』47 列傳 7 竹竹)

백제 신라　(八月) 百濟遣將軍允忠 領兵一萬 攻新羅大耶城 城主品釋禦之 初品釋悅幕客黔日妻 奪之 黔日恨之 至是百濟來攻 黔日內應 燒其倉庫 城中洶懼 品釋之佐西川 登城謂允忠曰 將軍若不殺我 願以城降 允忠許之以不殺 西川遂勸品釋及諸將士出城降 幢下竹竹止之曰 百濟反覆之國 不可信也 而允忠言甘 必誘我也 若出城必爲所殺 與其竄伏而求生 不若虎鬪而死 品釋不聽開門 先出士卒 百濟發伏 盡殺之 品釋聞將士死 先殺妻子而自刎 竹竹收殘卒 閉城門自拒 舍知龍石謂竹竹曰 今兵勢如此 必不得全 不若生降以圖後效 竹竹曰 吾父名我以竹竹者 使我歲寒不凋 可折而不可屈 豈可畏死而生降乎 遂力戰 城陷 與龍石同死 允忠生獲男女一千餘人 分居國西州縣 留兵守其城 新羅王聞竹竹龍石死 贈竹竹級湌 龍石大奈麻 移其妻子於王都 厚賜之 竹竹大耶州人 撰干郝勢之子也 (『三國史節要』8)

백제　九月癸丑朔乙卯 天皇詔大臣曰 朕思欲起造大寺 宜發近江與越之丁百濟大寺 復課諸國 使造船舶 (『日本書紀』24 皇極紀)

신라　(冬十月)丁酉 蘇我大臣設蝦夷於家 而躬慰問 是日 新羅弔使船與賀騰極使船 泊于壹岐嶋 (『日本書紀』24 皇極紀)

고구려　冬十月 蓋蘇文弑王 (『三國史記』20 高句麗本紀 8)4410)

고구려　寶藏王 諱臧[或云寶臧] 以失國故無諡 建武王弟大陽王之子也 建武王在位第二十五年 盖蘇文弑之 立臧繼位 (『三國史記』21 高句麗本紀 9)

4407) 이 기사에는 월 표기가 없으나, 『三國史記』新羅本紀 등에 의거하여 8월로 편년하였다.
4408) 이 기사에는 월 표기가 없으나, 『三國史記』新羅本紀 등에 의거하여 8월로 편년하였다.
4409) '干'의 誤刻이다
4410) 『資治通鑑』에는 11월 5일(丁巳), 『日本書紀』에는 榮留王24년(641) 9월로 되어 있다.

고구려	冬十月 高勾麗蓋蘇文 弑其君建武 立王姪臧 蓋蘇文一名蓋金 姓泉氏 自云生水中 以惑衆 壯貌雄偉 意氣豪悍 其父東部大人大對盧死 蘇文當嗣 而國人惡猜暴 不之立 蘇文謝衆請攝 如有不可 雖廢無悔 衆哀之 遂嗣父 而凶殘尤甚 諸大人與王 密議欲誅 事洩 蘇文悉集部兵 若將校閱者 盛陳酒饌於城南 召諸大人臨視 至皆殺之 凡百餘人 遂入宮弑王 斷爲數段 棄之溝中 立臧[或云寶臧]爲王 自爲莫離支 莫離支官名 如唐兵部尚書兼中書令也 於是 專擅國事 莫敢誰何 常身佩五刀 左右莫敢仰視 每騎馬 必令貴人武將伏地 履以上下之 出入以兵自隨 前導者至 則人皆奔迸 不避坑谷 (『三國史節要』8)
고구려	第二十八宝藏王[壬寅立 治二十七年] (『三國遺事』1 王曆)4411)
고구려	蓋蘇文[或云蓋金] 姓泉氏 自云生水中 以惑衆 儀表雄偉 意氣豪逸 其父東部[或云西部]大人大對盧死 蓋蘇文當嗣 而國人以性忍暴 惡之 不得立 蘇文頓首謝衆 請攝職 如有不可 雖廢無悔 衆哀之 遂許 嗣位而凶殘不道 諸大人與王密議欲誅 事洩 蘇文悉集部兵 若將校閱者 幷盛陳酒饌於城南 召諸大臣共臨視 賓至 盡殺之 凡百餘人 馳入宮弑王 斷爲數段 棄之溝中 立王弟之子臧爲王 自爲莫離支 其官如唐兵部尚書兼中書令職也 於是 號令遠近 專制國事 甚有威嚴 身佩五刁4412) 左右莫敢仰視 每上下馬 常令貴人武將伏地而履之 出行 必布隊伍 前導者長呼 則人皆奔迸 不避坑谷 國人甚苦之 (『三國史記』49 列傳 9 蓋蘇文)4413)
고구려	(十一月)丁巳 營州都督張儉奏高麗東部大人泉蓋蘇文弑其王武4414) 蓋蘇文凶暴多不法 其王及大臣議誅之 蓋蘇文密知之 悉集部兵若校閱者 幷盛陳酒饌於城南4415) 召諸大臣共臨視 勒兵盡殺之 死者百餘人 因馳入宮 手弑其王 斷爲數段 棄溝中4416) 立王弟子臧爲王 自爲莫離支 其官如中國吏部兼兵部尚書 於是號令遠近 專制國事 蓋蘇文狀貌雄偉 意氣豪逸 身佩五刀 左右莫敢仰視 每上下馬 常令貴人武將伏地而履之4417) 出行必整隊伍 前導者長呼 則人皆奔迸 不避阬谷 路絶行者 國人甚苦之4418) (『資治通鑑』196 唐紀 12 太宗文武大聖大廣孝皇帝 中之中)4419)
고구려	十一月 太宗聞王死 擧哀於苑中 招贈物三百段 遣使持節弔祭 (『三國史記』20 高句麗本紀 8)4420)
고구려	十一月 帝聞高勾麗王訃 擧哀於苑中 詔贈物三百段 遣使持節弔祭 (『三國史節要』8)4421)
고구려	是歲 高麗大臣蓋蘇文弑其君高武 而立武兄子臧爲王 (『舊唐書』3 本紀 3 太宗下)4422)
고구려	(貞觀)十六年 西部大人 蓋蘇文攝職有犯 諸大臣與建武議欲誅之 事洩 蘇文乃悉召部兵 云將校閱 幷盛陳酒饌於城南 諸大臣皆來臨視 蘇文勒兵盡殺之 死者百餘人 焚倉

4411) 이 기사에는 월 표기가 없으나, 『三國史記』 高句麗本紀 등에 의거하여 10월로 편년하였다.

4412) 『구당서』 199 상 고려전 : 『신당서』 220 열전 145 동이 고려 : 『資治通鑑』 196 唐紀 16년 11월 丁巳에는 '刀'라 하였다.

4413) 이 기사에는 연대 표기가 없으나, 『三國史記』 高句麗本紀 등에 의거하여 榮留王25년(642) 10월로 편년하였다.

4414) 泉 姓也 新書曰 蓋蘇文者 或號蓋金 姓泉氏 自云生水中 以惑衆 麗 力知翻 考異曰 舊傳云 西部大人 今從實錄

4415) 饌 雛戀翻 又雛皖翻

4416) 斷 丁管翻

4417) 將 卽亮翻

4418) 呼 火故翻 迸 比孟翻 爲征高麗張本

4419) 『三國史記』 高句麗本紀 등에는 10월, 『日本書紀』에는 貞觀15년(641) 9월로 되어 있다.

4420) 이 기사에는 일자 표기가 없으나, 『資治通鑑』에 의거하여 11월 5일(丁巳)로 편년하였다.

4421) 이 기사에는 일자 표기가 없으나, 『資治通鑑』에 의거하여 11월 5일(丁巳)로 편년하였다.

4422) 이 기사에는 월일 표기가 없으나, 『資治通鑑』에 의거하여 11월 5일(丁巳)로 편년하였다.

庫 因馳入王宮 殺建武 立建武弟大陽子藏 爲王 自立爲莫離支 猶中國兵部尙書兼中書令職也 自是專國政 蘇文姓泉氏 鬚貌甚偉 形體魁傑 身佩五刀 左右莫敢仰視 恆令其屬官俯伏於地 踐之上馬 及下馬 亦如之 出必先布隊仗 導者長呼以辟行人 百姓畏避 皆自投坑谷 太宗聞建武死 爲之擧哀 使持節弔祭 (『舊唐書』 199上 列傳 149上 東夷 高麗)[4423]

고구려	(唐書) 又曰 貞觀十六年 高麗西部大人蓋蘇文有罪 其王建武議欲誅之 蘇文乃召部兵於城南 云將校閱 諸大臣皆來臨視 蘇文勒兵盡殺之 因馳入王宮 殺建武 立其弟大陽子藏爲王 自立爲莫離支 猶中國兵部尙書兼中書令之職也 自是專國政 蘇文姓泉氏 鬚面甚偉 形體魁傑 身佩五刀 左右莫敢仰視恒令 其屬官俯伏於地 踐之上馬 下亦如之 出必先布隊仗 導者長呼以辟行人 百姓畏避 皆自投坑谷 太宗聞之 遂出師弔伐 (『太平御覽』 783 四夷部 4 東夷 4 高句驪)[4424]
고구려	有蓋蘇文者 或號蓋金 姓泉氏 自云生水中以惑衆 性忍暴 父爲東部大人大對盧 死 蓋蘇文當嗣 國人惡之 不得立 頓首謝衆 請攝職 有不可 雖廢無悔 衆哀之 遂嗣位 殘凶不道 諸大臣與建武議誅之 蓋蘇文覺 悉召諸部 紿云大閱兵 列饌具請大臣臨視 賓至盡殺之 凡百餘人 馳入宮殺建武 殘其尸投諸溝 更立建武弟之子藏爲王 自爲莫離支 專國 猶唐兵部尙書中書令職云 貌魁秀 美須髯 冠服皆飾以金 佩五刀 左右莫敢仰視 使貴人伏諸地 踐以升馬 出入陳兵 長呼禁切 行人畏竄 至投坑谷 帝聞建武爲下所殺 惻然遣使者持節弔祭 或勸帝可遂討之 帝不欲因喪伐罪 乃拜藏爲遼東郡王高麗王 (『新唐書』 220 列傳 145 東夷 高麗)[4425]
고구려	其後東部大人蓋蘇文弑其王高武[4426] 立其姪藏爲主 自爲莫離支 此官總選兵 猶吏部兵部尙書也 於是 號令遠近 遂專國命 蘇文鬚面甚偉 形體魁傑 衣服冠履皆飾以金綵 身佩五刀 常挑臂高步 意氣豪逸 左右莫敢仰視 常令武官貴人俯伏於地 登背上下馬 (『通典』 186 邊防 2 東夷 下 高句麗)[4427]
고구려	正[4428]觀中 蓋蘇文弑其君高建武而立其弟之子藏 爲王 自爲莫離支專國 帝聞自討之 (『玉海』 191 兵捷 兵捷 露布 3)[4429]
고구려	唐遼東道行臺大摠管李勣俘高麗 獻俘昭陵 檄高麗 含元殿數俘 (…) [高麗傳] 高麗 扶餘別種 其地本周箕子之國 漢樂浪元[4430]菟郡 正[4431]觀中 蓋蘇文弑其君高建武 而立其弟之子藏 爲王 自爲莫離支專國 帝聞自討之 (『玉海』 191 兵捷 兵捷 露布 3)[4432]
고구려	([高麗傳]) 有蓋蘇文者 殘凶不道 殺建武 更立建武弟之子藏 爲王[4433] (『玉海』 194 兵捷 紀功 碑銘附)[4434]
고구려	(十一月壬申) 亳州刺史裴行莊奏請伐高麗 亳 旁各翻 麗 力知翻 上曰 高麗王武職貢不絶 爲賊臣所弑 朕哀之甚深 固不忘也 但因喪乘亂而取之 雖得之不貴 且山東彫弊 吾未忍言用兵也 (『資治通鑑』 196 唐紀 12 太宗文武大聖大廣孝皇帝 中之中)
고구려	(唐太宗貞觀)十六年十一月 亳州刺史裴思莊奏請伐高麗 帝曰 高麗附庸之主 朝貢不絶

4423) 이 기사에는 월일 표기가 없으나, 『資治通鑑』에 의거하여 11월 5일(丁巳)로 편년하였다.
4424) 이 기사에는 월일 표기가 없으나, 『資治通鑑』에 의거하여 11월 5일(丁巳)로 편년하였다.
4425) 이 기사에는 연대 표기가 없으나, 『資治通鑑』에 의거하여 貞觀16(642) 11월 5일(丁巳)로 편년하였다.
4426) 其王元在位十八年 高武卽元異母弟
4427) 이 기사에는 연대 표기가 없으나, 『資治通鑑』에 의거하여 貞觀16년(642) 11월 5일(丁巳)로 편년하였다.
4428) '貞'의 오자이다.
4429) 이 기사에는 연대 표기가 없으나, 『資治通鑑』에 의거하여 貞觀16년(642) 11월 5일(丁巳)로 편년하였다.
4430) '玄'의 오자이다.
4431) '貞'의 오자이다.
4432) 이 기사에는 연대 표기가 없으나, 『資治通鑑』에 의거하여 貞觀16년(642) 11월 5일(丁巳)로 편년하였다.
4433) 正(貞의 오자이다)觀 十六年 十一月 丁巳 營州都督張儉奏
4434) 이 기사에는 연대 표기가 없으나, 『資治通鑑』에 의거하여 貞觀16년(642) 11월 5일(丁巳)로 편년하였다.

聞有簒弑 哀之甚深 因喪致討 乘危取亂 雖必得之 君子不貴 且復山東諸州 凋弊未復
吾不忍發言舉兵耳 (『册府元龜』142 帝王部 142 弭兵)4435)

고구려　　　(唐太宗貞觀十六年)十一月甲申4436) 帝爲高麗王高武 舉哀於苑中 詔贈物三百段 遣使
　　　　　　持節 往弔祭焉 (『册府元龜』974 外臣部 19 褒異 1)

고구려 신라 백제
　　　　　　(十一月) 新羅謀伐百濟 遣金春秋乞師 不從 (『三國史記』21 高句麗本紀 9)

신라 백제 고구려
　　　　　　冬 王將伐百濟以報大耶之役 乃遣伊湌金春秋於高句麗以請師 初 大耶之敗也 都督品
　　　　　　釋之妻死焉 是春秋之女也 春秋聞之 倚柱而立 終日不瞬 人物過前而不之省 旣而言
　　　　　　曰 嗟乎 大丈夫 豈不能呑百濟乎 便詣王曰 臣願奉使高句麗請兵 以報怨於百濟 王許
　　　　　　之 高句麗王高臧 素聞春秋之名 嚴兵衛而後見之 春秋進言曰 今百濟無道 爲長蛇封
　　　　　　豕 以侵軼我封疆 寡君願得大國兵馬 以洗其恥 乃使下臣致命於下執事 麗王謂曰 竹
　　　　　　嶺本是我地分 汝若還竹嶺西北之地 兵可出焉 春秋對曰 臣奉君命乞師 大王無意救患
　　　　　　以善鄰 佀威刧行人 以要歸地 臣有死而已 不知其他 臧怒其言之不遜 囚之別館 春秋
　　　　　　潛使人告本國王 王命大將軍金庾信 領死士一萬人赴之 庾信行軍過漢江 入高句麗南
　　　　　　境 麗王聞之 放春秋以還 拜庾信爲押梁州軍主 (『三國史記』5 新羅本紀 5)4437)

신라　　　　冬 新羅王欲伐百濟 以報大耶之役 乃遣伊湌金春秋乞師於高勾麗 初大耶之敗 品釋死
　　　　　　之 其妻金氏亦死焉 金氏卽春秋之女也 春秋憤然 有呑百濟之志 是請王自行 將行謂
　　　　　　庾信曰 春秋與君爲王股肱 休戚同之 若我往而不返 君何以處之 庾信曰 若然 僕之馬
　　　　　　跡 必踐於麗濟兩王之庭矣 不然 將何面目見國人乎 春秋遂與庾信嚙指 而誓曰 以愚
　　　　　　料之 六旬當還 過此無再見之理 行至代買縣 縣人豆斯支 贈青布三百步 旣入麗境 麗
　　　　　　王遣太大對盧蓋金館之 燕慰有加 或告麗王曰 新羅使者 非庸人 殆欲觀我形勢乎 王
　　　　　　其圖之 俾無後患 王亦素聞春秋名 嚴兵衛而後見之 春秋進曰 今百濟無道 爲長蛇封
　　　　　　豕 侵軼我疆場 寡君願仗大國之威 一雪之 使下臣致命於下執事 王謂曰 麻峴竹嶺 本
　　　　　　我國地 地若還兵可出 春秋對曰 臣奉君命來乞師 大王無意救患 而怯行人以歸地 臣
　　　　　　有死而已 王怒囚之 春秋以其青布賂王寵臣先道解 道解語春秋曰 子亦嘗聞龜兎之說
　　　　　　乎 昔東海龍女病心 醫言 得兎肝則可療也 然海中無兎 龍王患之 有一龜曰 吾能得之
　　　　　　遂登陸見兎言 海中有一島 清泉白石 茂林佳菓 寒暑不能到 鷹隼不能侵 爾若得至 可
　　　　　　以安居無患 因負兎游行二三里 顧謂兎曰 今龍女病 須兎肝爲藥 故不憚勞 負汝來耳
　　　　　　兎曰 噫 吾神明之後 能出五藏 洗而納之 日者 小覺心煩 遂出肝洗之 暫置巖石之底
　　　　　　聞爾甘言徑來 肝尚在彼 若歸取肝 汝得所求 吾雖無肝尚活 豈不兩相宜哉 龜信之乃
　　　　　　還 纔上岸 兎脫入草中 謂龜曰 愚哉汝也 豈有無肝而生者乎 龜憫默而去 春秋聞之
　　　　　　喻其意 移書於王曰 二嶺 本大國地分 臣得歸國 所不請寡君還地者 有如皦日 春秋旣
　　　　　　六不返 庾信請王將伐高句麗 募兵三千 語曰 吾聞 見危致命 臨難忘身 夫一人致死當
　　　　　　百人 百人致死當千人 千人致死當萬人 則可以橫行天下 今隣國無道 國相見勢 志士
　　　　　　仁人 腐心之秋也 遂請王 以行庾信渡漢江 高句麗諜者奔告 王旣見春秋書 又聞諜者
　　　　　　之言 遂厚禮春秋而歸之 春秋出境 謂送者曰 國家彊理 非使臣所得專 嚮與大王書云
　　　　　　云者 圖逭死耳 新羅王喜 拜庾信押梁州軍主 (『三國史節要』8)4438)
신라 백제 고구려

4435) 이 기사에는 일자 표기가 없으나, 『資治通鑑』에 의거하여 11월20일(壬申)로 편년하였다.
4436) 이달에는 갑신이 없고, 12월 3일이 갑신이다.
4437) 이 기사에는 월 표기가 없으나, 『三國史記』 高句麗本紀에 의거하여 11월로 편년하였다.
4438) 이 기사에는 월 표기가 없으나, 『三國史記』 高句麗本紀에 의거하여 11월로 편년하였다.

善德大王十一年壬寅 百濟敗大梁州 春秋公女子古陁炤娘 從夫品釋死焉 春秋恨之 欲
請高勾麗兵以報百濟之怨 王許之 將行 謂庾信曰 吾與公同體 爲國股肱 今我若入彼
見害 則公其無心乎 庾信曰 公若往而不還 則僕之馬跡必踐於麗濟兩王之庭 苟不如此
將何面目以見國人乎 春秋感悅 與公互噬手指 歃血以盟曰 吾計日六旬乃還 若過此不
來 則無再見之期矣 遂相別 後庾信爲押梁州軍主 春秋與訓信沙干 聘高句麗 行至代
買縣 縣人豆斯支沙干贈靑布三百步 旣入彼境 麗王遣太大對盧盖金舘之 燕饗有加 或
告麗王曰 新羅使者非庸人也 今來 殆欲觀我形勢也 王其圖之 俾無後患 王欲橫問 因
其難對而辱之 謂曰 麻木峴與竹嶺本我國地 若不我還 則不得歸 春秋答曰 國家土地
非臣子所專 臣不敢聞命 王怒囚之 欲戮未果 春秋以靑布三百步 密贈王之寵臣先道解
道解以饌具來相飮 酒酣 戱語曰 子亦嘗聞龜兔之說乎 昔東海龍女病心 醫言 得兔肝
合藥則可療也 然海中無兔 不奈之何 有一龜白龍王言 吾能得之 遂登陸見兔言 海中
有一島 淸泉白石 茂林佳菓 寒暑不能到 鷹隼不能侵 爾若得至 可以安居無患 因負兔
背上 游行二三里許 龜顧謂兔曰 今龍女被病 須兔肝爲藥 故不憚勞 負爾來耳 兔曰
噫 吾神明之後 能出五藏 洗而納之 日者小覺心煩 遂出肝心洗之 暫置巖石之底 聞爾
甘言徑來 肝尙在彼 何不迴歸取肝 則汝得所求 吾雖無肝尙活 豈不兩相宜哉 龜信之
而還 纔上岸 兔脫入草中 謂龜曰 愚哉汝也 豈有無肝而生者乎 龜憫默而退 春秋聞其
言 喩其意 移書於王曰 二嶺本大國地 令臣歸國 請吾王還之 謂予不信 有如皦日 王
迺悅焉 春秋入高句麗 過六旬未還 庾信揀得國內勇士三千人 相語曰 吾聞見危致命
臨難忘身者 烈士之志也 夫一人致死當百人 百人致死當千人 千人致死當萬人 則可以
橫行天下 今國之賢相 被他國之拘執 其可畏不犯難乎 於是衆人曰 雖出萬死一生之中
敢不從將軍之令乎 遂請王以定行期 時高句麗諜者浮屠德昌 使告於王 王前聞春秋盟
辭 又聞諜者之言 不敢復留 厚禮而歸之 及出境 謂送者曰 吾欲釋憾於百濟 故來請師
大王不許之而反求土地 此非臣所得專 嚮與大王書者 圖逭死耳(此與本記眞平王十二年
所書 一事而小異 以皆古記所傳 故兩存之) (『三國史記』41 列傳 1 金庾信 上)[4439]

고구려 백제	貞觀十六年十一月 宴百寮 奏十部 先是伐高昌 收其樂 付太常 增爲十部[4440] 後魏平 中原 獲龜玆樂 周武帝有龜玆踈勒安國康國之樂 初張重華時 天竺重譯致樂伎 宋得高 麗百濟伎 周師滅齊 二國獻其樂 合西涼樂凡七部 謂之國伎 隋文帝平陳 得淸樂 及文 康禮畢 而黜百濟 至煬帝[4441] 立淸樂龜玆西涼天竺康國踈勒安國高麗禮畢 爲九部 平 林邑 獲扶南工人 及其匏瑟琴 陋不可用 但以天竺樂 傳寫其聲 而不列樂部 (『玉海』 105 音樂 樂 3 唐九部樂 十部樂 十四國樂 二部樂)
고구려	及寶藏王卽位[貞觀十六年壬寅也] 亦欲倂興三敎 時寵相盖蘇文 說王 以儒釋並熾 而 黃冠未盛 特使於唐 求道敎 (『三國遺事』3 興法 3 寶藏奉老 普德移庵)[4442]
고구려	金奏曰 鼎有三足 國有三敎 臣見國中唯有儒釋 無道敎 故國危矣 王然之 奏唐請之 太宗遣叙達等道士八人[国史云 武德八年乙酉 遣使入唐永[4443]佛老 唐帝許之 㨿此則 羊血 自甲戌年死 而托生于此 則才年十餘歲矣 而云寵宰 說王遣請 其年月必有一誤 今兩存] 王喜 以佛寺爲道舘 尊道士坐儒士之上 道士等行鎭國內 有名山川 古平壤城 勢新月城也 道士等 呪勅南河龍 加築爲滿月城 因名龍堰城 作讖曰 龍堰堵 且云千年 寶藏堵 或鑿破靈石[俗云 都帝嵓 亦云 朝天石 盖昔聖帝騎此石 朝上帝故也] 盖金又

4439) 이 기사에는 월 표기가 없으나, 『三國史記』高句麗本紀에 의거하여 11월로 편년하였다.
4440) 高昌樂 用答臘鼓 至笙凡十二
4441) 大業(605~616)中
4442) 『三國史記』高句麗本紀에는 寶藏王 2년(643) 3월로 되어 있다.
4443) ‘求’의 오기로 보인다.

奏築長城 東北西南 時男役女耕 役至十六年 乃畢 (『三國遺事』 3 興法 3 寶藏奉老普德移庵)4444)

고구려　祖岑 東部受建武太王中裏小兄執垧事 縁教責 追垧事 降黜外官 轉任經歷數政 遷受遼府都督 即奉教 追受對盧 官依舊執垧事 任評臺之職 (「高乙德 墓誌銘」: 2015 『韓國古代史研究』79)4445)

고구려　曾祖伏仁 大相 水境城道使 遼東城大首領 (「高提昔 墓誌銘」: 『歷史學報』 2013-3)4446)

고구려　曾祖寶 任本州都督 祖方 任平壤城刺史 (「高玄 墓誌銘」: 1999 『박물관연보』10(서울대))4447)

고구려　祖福鄒 本朝大兄 父孟眞 本朝大相 幷以鯤墾 景靈卞韓 英伐國楨人幹 疊祉連花 惟公二穴 龍媒誕靈 君子之國十洲 麟定降祉 (「李他仁 墓誌銘」: 『廣望集』下; 2015 『高句麗渤海研究』52)4448)

4444) 이 기사에는 연대 표기가 없으나, 『三國遺事』에 의거하여 寶藏王元年(642)으로 편년하였다.
4445) 조부의 활동시기는 정확한 연대를 알 수 없으나, 영류왕대(618~642)라고 명시되어 있다. 그에 따라 618~642년으로 기간편년하고 마지막해인 642년에 배치하였다.
4446) 증조의 도사 및 대수령 취임은 정확한 연대를 알 수 없으나, 연령 등으로 판단하면 영류왕대(618~642)로 추정된다. 그에 따라 618~642년으로 기간편년하고 마지막해인 642년에 배치하였다.
4447) 조부의 도독 취임과 부친의 자사 취임은 정확한 연대를 알 수 없으나, 연령 등으로 판단하면 영류왕대(618~642)로 추정된다. 그에 따라 618~642년으로 기간편년하고 마지막해인 642년에 배치하였다.
4448) 조부의 대형 취임과 부친의 대상 취임은 정확한 연대를 알 수 없으나, 연령 등으로 판단하면 영양왕·영류왕대(590~642)로 추정된다. 그에 따라 590~642년으로 기간편년하고 마지막해인 642년에 배치하였다.